Anthony Giddens
Soziologie

Anthony Giddens

Soziologie

herausgegeben von Christian Fleck und H. G. Zilian

übersetzt von Angela Kornberger, Maria Nievoll und H. G. Zilian

NAUSNER & NAUSNER
Graz–Wien 1995

Copyright © Anthony Giddens 1989, 1993
1. englische Ausgabe 1989
2. überarbeitete Ausgabe 1993
Giddens Anthony: Sociology

CIP–Titelaufnahme

Giddens, Anthony:
Soziologie, hrsg. von Christian Fleck und H. G. Zilian
übers. von Angela Kornberger, Maria Nievoll und H. G. Zilian
1. deutsche Aufl. Graz–Wien: NAUSNER & NAUSNER 1995
(nach der Ausgabe 1993)
ISBN 3-901402-01-2

Erste Auflage
© 1995. Verlag NAUSNER & NAUSNER
A-8010 Graz, Leechgasse 56, A-1010 Wien, Marc Aurelstr. 2b/19
Alle Rechte vorbehalten
Umschlag: Gerhart Langthaler
Druck: Wirtschaftsdruck &Werbung
Printed in Austria

Inhaltsverzeichnis

Danksagungen	1
Vorwort zur zweiten Ausgabe	2
Vorwort zur deutschen Ausgabe	2
Über dieses Buch	4
Grundlegende Themen	4
Der Aufbau des Buches	6
Zusammenfassung der Kapitel und Glossare	7
Weiterführende Literatur und Bibliotheken	7
Für Studenten und Studentinnen: Wie ist das Buch zu verwenden?	7
Teil I Einführung in die Soziologie	9
1 Soziologie: Probleme und Perspektiven	11
Worum geht es der Soziologie? Einige Beispiele	12
Liebe und Ehe	12
Gesundheit und Krankheit	13
Verbrechen und Bestrafung	14
Schlußfolgerungen: Das Wesen der Soziologie	16
Wandel in der modernen Welt	16
Soziologie und Common sense	17
Soziologische Fragen	19
Tatsachenfragen	19
Vergleichende Fragen	20
Entwicklungsfragen	20
Theoretische Fragen	20
Beabsichtigte und unbeabsichtigte Konsequenzen menschlichen Handelns	21
Was kann uns die Soziologie über unsere eigenen Handlungen sagen?	22
Struktur und Handlung	23
Die Entwicklung einer soziologischen Sichtweise	23
Ist die Soziologie eine Wissenschaft?	25
Objektivität	26
Die praktische Bedeutung der Soziologie	27
Das Verstehen sozialer Situationen	27
Gewahr-Werden kultureller Unterschiede	27

Bewertung der Auswirkungen von Planungsstrategien	28
Zunehmende Selbsterkenntnis	28
Die Rolle des Soziologen in der Gesellschaft	29
Abschließende Bemerkungen	29
Zusammenfassung	30
Grundbegriffe	31
Wichtige Fachausdrücke	31

Teil II	Kultur, Individuum und soziale Interaktion	33

2	**Kultur und Gesellschaft**	35
	Die Begegnung der Kulturen	36
	Frühe Kontakte mit anderen Kulturen	36
	Der Begriff der Kultur	37
	Die menschliche Gattung	38
	Evolution	39
	Menschen und Affen	40
	Veranlagung und Umwelt	41
	Soziobiologie	41
	Instinkte	43
	Kulturelle Vielfalt	44
	Kulturelle Identität und Ethnozentrismus	45
	Kulturelle Universalien	46
	Sprache	47
	Reden und Schreiben	47
	Semiotik und materielle Kultur	48
	Typen von prämodernen Gesellschaften	49
	Jäger und Sammler	51
	Die Mbuti–Pygmäen	53
	Die ursprünglichen „Überflußgesellschaften"?	53
	Weide– und Agrargesellschaften	54
	Weidegesellschaften	55
	Agrargesellschaften	56
	Nicht–industrielle Zivilisationen oder traditionelle Staaten	57
	Die Maya	58
	Merkmale des traditionellen Staates	59
	Gesellschaften in der modernen Welt	59
	Die industrialisierten Gesellschaften	60
	Dritte Welt–Gesellschaften	61
	Schlußfolgerung	63
	Zusammenfassung	64
	Grundbegriffe	65
	Wichtige Fachausdrücke	65
	Weiterführende Literatur	65

3	**Sozialisation und Lebenszyklus**	**66**
	„Unsozialisierte" Kinder	68
	Der „wilde Junge von Aveyron"	68
	Genie	69
	Die Frühentwicklung des Kleinkinds	70
	Entwicklung der Wahrnehmung	70
	Weinen und Lächeln	71
	Kinder und Bezugspersonen	72
	Die Entwicklung sozialer Reaktionen	73
	Beziehung und Verlust	74
	Affen in Isolation	75
	Deprivation bei Kleinkindern	75
	Langzeitauswirkungen	76
	Die Sozialisierung des Kleinkinds	76
	Theorien der Entwicklung des Kindes	77
	Freud und die Psychoanalyse	77
	Persönlichkeitsentwicklung	78
	Kritik	79
	Die Theorie von G. H. Mead	79
	Piaget: Kognitive Entwicklung	80
	Die Stadien der kognitiven Entwicklung	81
	Kritik	82
	Verbindungen zwischen den Theorien	83
	Sozialisationsinstanzen	84
	Die Familie	84
	Peer–Beziehungen	85
	Schulen	86
	Die Massenmedien	87
	Andere Sozialisationsinstanzen	88
	Resozialisation	88
	Verhalten im Konzentrationslager	89
	„Gehirnwäsche"	90
	Der Lebenszyklus	91
	Die Kindheit	91
	Die Jugend	92
	Der junge Erwachsene	93
	Der reife Erwachsene	93
	Das Alter	94
	Der Tod und die Generationenfolge	94
	Sozialisation und individuelle Freiheit	95
	Zusammenfassung	96
	Grundbegriffe	97
	Wichtige Fachausdrücke	97
	Weiterführende Literatur	97

4	**Soziale Interaktion und Alltagsleben**	99
	Die Untersuchung des alltäglichen sozialen Lebens	100
	Nonverbale Kommunikation	102
	Gesicht und Emotion	102
	„Gesicht" und Kultur	104
	Soziale Regeln, Konversationen und das Reden	104
	Gemeinsames Hintergrundverstehen	105
	Garfinkels Experimente	106
	Formen des Redens	107
	Körperliche und sprachliche Fehlleistungen	108
	Reaktionsrufe	108
	Versprecher	109
	Gesicht, Körper und Sprache in der Interaktion	111
	Begegnungen	111
	Kontexte und Orte	112
	Eindrucksmanipulation	113
	Vorder- und Hinterbühne	114
	Rollenübernahme: Intime Untersuchungen	114
	Begegnungen und persönlicher Raum	116
	Interaktion in Zeit und Raum	117
	Metrische Zeit	118
	Zeitgeographie	119
	Zeit–räumliche Beschränkungen	119
	Zeit–räumliche Zonen	121
	Das Alltagsleben aus kultureller und historischer Sicht	122
	Mikrosoziologie und Makrosoziologie	124
	Zusammenfassung	125
	Grundbegriffe	126
	Wichtige Fachausdrücke	126
	Weiterführende Literatur	126
5	**Konformität und Devianz**	127
	Was ist Devianz?	128
	Normen und Sanktionen	130
	Gesetze, Verbrechen und Bestrafung	132
	Verbrechen in vorindustriellen Zeiten	132
	Veränderungen des Strafsystems	133
	Gefängnisse und Irrenanstalten	133
	Die Erklärung des abweichenden Verhaltens	134
	Biologische und psychologische Theorien des Verbrechens und der Devianz	134
	Das biologische Argument	134
	Verbrechen und die psychopathische Persönlichkeit: Die psychologische Sichtweise	136
	Gesellschaft und Verbrechen: Soziologische Theorien	137
	Differentielle Assoziation	138

Anomie als Ursache der Kriminalität	139
Anomie und Assoziation: Delinquente Subkulturen	140
Bewertung	140
Etikettierungen	141
Rationales Handeln und „Situations"-Interpretationen der Kriminalität	144
Theoretische Schlußfolgerungen	145
Verbrechen und Verbrechensstatistik	146
Neu-linker Realismus	148
Mord und andere Gewaltverbrechen	149
Mord	149
Gewaltverbrechen in den USA	150
Gefängnisse und Bestrafungen	152
Gefängnisrevolten und Alternativen zur Haftstrafe	153
Die Todesstrafe	154
Geschlecht und Verbrechen	155
Männliche und weibliche Kriminalitätsraten	155
Die Mädchen in der Bande	157
Gewalt in Frauengefängnissen	158
Bewertung	158
Verbrechen gegen Frauen	159
Verbrechen der Wohlhabenden und Mächtigen	159
White-collar-Verbrechen	160
Regierungsverbrechen	162
Das organisierte Verbrechen	163
Verbrechen ohne Opfer	166
Der Begriff der Geisteskrankheit	167
Psychosen und Neurosen	167
Physische Behandlungsformen	167
Die Diagnose der Geisteskrankheit	168
Einkerkerung und Entkerkerung	169
Das Wesen des Irrsinns: Residuale Regelverletzungen	169
Entkerkerung	170
Devianz und Gesellschaftsordnung	172
Zusammenfassung	173
Grundbegriffe	174
Wichtige Fachausdrücke	174
Weiterführende Literatur	174

6	**Geschlecht und Sexualität**	**176**
	Natürliches und soziales Geschlecht	177
	Die Ursprünge der Unterschiede zwischen den Geschlechtern	178
	Sind Verhaltensunterschiede biologisch bedingt?	179
	Verhaltensunterschiede bei Tieren	179
	Verhaltensunterschiede bei Menschen	180
	Geschlechtsgebundene Sozialisation	181

Reaktionen von Eltern und Erwachsenen	181
Das Erlernen der Geschlechterrolle	182
Bücher und Geschichten	183
Fernsehen	184
Schule und Einflüsse der Peer-Gruppe	184
Die Schwierigkeiten der geschlechtsindifferenten Erziehung	185
Geschlechtliche Identität und Sexualität: Drei Theorien	185
Freuds Theorie der Geschlechtsentwicklung	185
Kommentar	186
Chodorows Theorie der Geschlechtsentwicklung	187
Kommentar	188
Geschlecht, Ich und Moral: Die Theorie Carol Gilligans	188
Kommentar	189
Patriarchat und Produktion	189
Die Herrschaft der Männer	189
Frauen in der Arbeitswelt: Ein historischer Rückblick	190
Ungleichheiten am Arbeitsplatz	192
Das Problem des Erfolgs	193
Die Gleichbehandlungsgesetzgebung	195
Niedriglöhne und die Armutsfalle der Frauen	196
Die Lage in Schweden	196
Die Hausarbeit	197
Feministische Bewegungen	198
Der frühe Feminismus in Frankreich	198
Der Kampf in den Vereinigten Staaten	199
Die Entwicklung in Europa	200
Das Wiederaufleben des Feminismus	201
Die Auswirkungen des Feminismus	202
Gewalt in der Familie, sexuelle Belästigung und Vergewaltigung	203
Gewalt in der Familie	203
Sexuelle Belästigung	204
Vergewaltigung	205
Vergewaltigung und weibliche Angst: Die These Brownmillers	207
„Normales" sexuelles Verhalten	208
Kulturelle Unterschiede	208
Die Sexualität in der westlichen Kultur	209
Das Sexualverhalten	210
Männliche Sexualität und die „Männerbefreiung"	212
Homosexualität	213
Homosexualität in nichtwestlichen Kulturen	213
Homosexualität in der westlichen Kultur	214
Die Verbreitung von Homosexualität	214
Die Einstellung zur Homosexualität	215
Schwulen-Subkulturen	215
Weibliche Homosexualität	216

AIDS	216
AIDS in der heterosexuellen Bevölkerung	217
Prostitution	219
Prostitution heute	219
Kinderprostitution	221
Schlußfolgerung: Die Soziologie und die Beziehungen zwischen den Geschlechtern	222
Zusammenfassung	223
Grundbegriffe	224
Wichtige Fachausdrücke	224
Weiterführende Literatur	224

Teil III   Machtstrukturen   227

7   Schichtung und Klassenstruktur   229

Systeme der sozialen Schichtung	230
Sklaverei	230
Das Kastenwesen	231
Stände	232
Klasse	232
Theorien der sozialen Schichtung in modernen Gesellschaften	234
Die Theorie Karl Marx'	234
Was ist eine Klasse?	235
Die Komplexität von Klassensystemen	236
Die Theorie Max Webers	236
Der Stand	237
Die Partei	237
Erik Olin Wrights Klassentheorie	238
Frank Parkin: ein Weberscher Ansatz	239
Die Klassen in den heutigen westlichen Gesellschaften	239
Vermögens- und Einkommensunterschiede	240
Vermögen	241
Einkommen	242
Die Oberschicht	242
Die Mittelschicht	243
Die Arbeiterklasse	244
Die Untersuchung des Klassenbewußtseins: unterschiedliche Ansätze	245
Der Reputationsansatz	245
Der subjektive Ansatz	245
Bilder der Klassenstruktur	246
Geschlecht und Schichtung	248
Klassenunterschiede und Geschlecht	248
Die Diskussion geht weiter	250
Der Wandel des Klassensystems	250

Trends in der Berufswelt	250
Löst sich die Oberschicht auf?	252
Manager, hochrangige Verwaltungsbeamte und die Mitglieder der Professionen	253
Angestellte und Arbeiter: Feminisierung und Proletarisierung	254
Der Wandel der Arbeiterklasse	255
Soziale Mobilität	256
Vergleichende Mobilitätsstudien	257
Abwärtsmobilität	258
Soziale Mobilität in Großbritannien	259
Grade der Mobilität	260
Probleme bei der Untersuchung der sozialen Mobilität	261
Ihre eigenen Mobilitätschancen	262
Armut und Ungleichheit	263
Was ist Armut?	263
Armut heute	264
Warum sind die Armen noch immer arm?	265
Zusammenfassung	266
Grundbegriffe	267
Wichtige Fachausdrücke	267
Weiterführende Literatur	267

8 Ethnizität und Rasse — 269

Ethnische Gruppen, Minderheiten und Rasse in pluralen Gesellschaften	270
Minderheiten	272
Rasse und Biologie	273
Ethnischer Antagonismus, Vorurteil und Diskriminierung	274
Stereotypen und Sündenböcke	274
Die autoritäre Persönlichkeit	276
Ethnizität und Kindheit	277
Die Einstellungen der Mehrheit	277
Soziologische Interpretationen	278
Allgemeine Faktoren	279
Eine historische Perspektive	279
Ethnische Beziehungen in historischer Perspektive: einige Beispiele	283
Ethnische Beziehungen in Brasilien	284
Die gesellschaftliche Entwicklung in Südafrika	285
Die Bürgerrechte der Schwarzen in den USA	287
Die Abschaffung der Sklaverei und frühe Entwicklungen	287
Die Bürgerrechtsbewegung	289
Integration und Antagonismus	290
Die Geschichte der Einwanderung in Großbritannien	292
Frühe Einwanderer	292
Spätere Entwicklungen	293

Inhaltsverzeichnis XIII

Rasse, Rassismus und Ungleichheit	295
Ethnizität und Unterklasse	296
Staatliche Kontrolle und Minderheiten	298
Ethnische Beziehungen im übrigen Europa	299
Mögliche zukünftige Entwicklungen	300
Zusammenfassung	301
Grundbegriffe	302
Wichtige Fachausdrücke	302
Weiterführende Literatur	302

9 Gruppen und Organisationen — 304
- Formen der Assoziation — 305
  - *Primär- und Sekundärgruppen* — 306
  - *Formale Organisationen* — 306
- Bürokratie — 307
  - *Webers Theorie der Bürokratie* — 308
  - *Die Effizienz der Bürokratie* — 309
  - *Formelle und informelle Beziehungen innerhalb der Bürokratien* — 310
  - *Bürokratie und Oligarchie* — 311
  - *Japanische Firmen* — 313
  - *Die Bedeutung des japanischen Systems für die Organisationstheorie* — 314
- Einflüsse auf Organisationen in der modernen Welt — 316
  - *Die Professionen* — 316
  - *EDV–Technologie* — 318
  - *Die physischen Voraussetzungen von Organisationen* — 319
- Überwachung und Disziplin in Organisationen — 320
  - *Überwachung* — 320
  - *Disziplin* — 321
- Kerkerorganisationen — 322
  - *Die Entwicklung von Kerkerorganisationen* — 322
- Nicht–bürokratische Organisationen: Selbsthilfegruppen — 324
  - *Merkmale von Selbsthilfegruppen* — 324
- Schlußfolgerung — 325
- Zusammenfassung — 325
- Grundbegriffe — 327
- Wichtige Fachausdrücke — 327
- Weiterführende Literatur — 327

10 Politik, Regierung und Staat — 328
- Merkmale des Staates — 329
  - Der politische Apparat — 329
  - Das Staatsgebiet — 330
  - Gesetze und ihre Durchsetzung — 330
- Moderne Staaten — 331

Definitionen	331
Staatsbürgerliche Rechte	332
Politische Parteien und Wahlen in den westlichen Ländern	**334**
Parteiensysteme	334
Wählerverhalten und Klassenzugehörigkeit	335
Parteien und Wählerverhalten in Großbritannien	336
Wählerverhalten – Zunahme der Wechselwähler	*337*
Der derzeitige Stand der Debatte	*339*
Die Wahlen 1992	*340*
Der Thatcherismus und die Zeit danach	*341*
Parteipolitik: Strukturbrüche im ausgehenden 20. Jahrhundert?	**343**
Die Theorien der Überforderung des Staates und die Legitimationskrise	343
Kommentar	*344*
Die politische Beteiligung der Frauen	**345**
Wählerverhalten und politische Einstellungen	346
Frauen in politischen Organisationen	347
Nicht-institutionalisiertes politisches Handeln	**348**
Demokratie	**350**
Arten der Demokratie	351
Repräsentative Mehrparteiensysteme	*352*
Repräsentative Einparteiensysteme	*352*
Partizipatorische Demokratie	*352*
Die universelle Anziehungskraft der Demokratie und der Niedergang der Monarchien	353
Demokratischer Elitismus und pluralistische Theorien	**353**
Demokratischer Elitismus	354
Die Sicht Max Webers	*354*
Die Ideen Joseph Schumpeters	*355*
Pluralistische Theorien	355
Kritik und Kommentar	356
Wer herrscht?	**357**
Der „innere Kreis" in den USA	359
Eliten in Großbritannien	360
Kommentar	361
Politik im internationalen Kontext	**361**
Nationalismus und der moderne Staat	362
Die Europäische Gemeinschaft und die Veränderungen auf der europäischen Landkarte	364
Die Entwicklung der Gemeinschaft	*364*
Die neue Landkarte Europas	366
Zusammenfassung	**369**
Grundbegriffe	**370**
Wichtige Fachausdrücke	**371**
Weiterführende Literatur	**371**

11	**Krieg und Militär**	372
	Kriegsführung in der Vergangenheit	374
	Frühe Gesellschaften	374
	Kriegsführung in Europa und in den europäischen Kolonien	375
	Die Industrialisierung des Krieges	375
	Der totale Krieg	376
	Krieg und Aggression	378
	Muster der militärischen Organisation	379
	Die Kennzeichen des modernen Militärs	381
	Das Militär in Großbritannien	382
	Die Lage vor dem Zweiten Weltkrieg	383
	Die Lage nach dem Zweiten Weltkrieg	384
	Frauen und Krieg	385
	Anti-Kriegs-Kampagnen der Frauen	388
	Militär, Politik und Gesellschaft	390
	Herrschaft und Einfluß des Militärs	390
	Der militärisch-industrielle Komplex	391
	Die Streitkräfte in der Dritten Welt	392
	Die verschiedenen Arten militärischer Herrschaft	393
	Terrorismus und Guerillabewegungen	394
	Terrorismus	394
	Guerillabewegungen	397
	Muster der Guerillaaktivitäten	399
	Globale Rüstungsausgaben und Waffenhandel	400
	Der Waffenhandel	400
	Das Wettrüsten	401
	„Star Wars" und danach	403
	Gegenwärtige Entwicklungen: Wohin führt die nukleare Ausbreitung?	404
	Gibt es eine Welt ohne Krieg?	405
	Zusammenfassung	406
	Grundbegriffe	407
	Wichtige Fachausdrücke	407
	Weiterführende Literatur	408
Teil IV	**Soziale Institutionen**	**409**
12	**Verwandtschaft, Ehe und Familie**	411
	Verwandtschaft	412
	Sippen	413
	Familiäre Beziehungen	414
	Monogamie und Polygamie	414
	Polyandrie	415
	Polygynie	415
	Familie und Ehe in der Geschichte Europas	416

Die Entwicklung des Familienlebens	417
Die Ursachen des Wandels	418
Weltweite Veränderungen der Familienstrukturen	**420**
Entwicklungstendenzen	420
Familie und Ehe in Großbritannien	**422**
Allgemeine Charakteristika	422
Entwicklungstendenzen	423
Neuartige Variationen der Familienstrukturen	423
Südasiatische Familien	424
Gegenwärtige Einflüsse auf Familie und Ehe	425
Scheidung und Trennung im Westen	**426**
Das Ansteigen der Scheidungsraten	426
Die Scheidung als Erfahrung	428
Die Entkopplung	428
Stadien der Scheidung	430
Scheidung und Kinder	431
Alleinerzieherhaushalte	432
Wiederheirat und Stiefelternschaft	**434**
Wiederheirat	434
Stieffamilien	435
Die dunklen Seiten der Familie	**437**
Sexueller Mißbrauch	437
Erklärungen des sexuellen Mißbrauchs	440
Gewalt in der Familie	441
Alternativen zu Ehe und Familie	**442**
Kommunen	442
Lebensgemeinschaften	443
Homosexuellenfamilien	444
Alleinstehende	445
Niedergang der Familie?	**445**
Zusammenfassung	**446**
Grundbegriffe	**447**
Wichtige Fachausdrücke	**447**
Weiterführende Literatur	**447**

13	**Bildung, Kommunikation und Medien**	**448**
	Die frühe Entwicklung von Alphabetisierung und Schulwesen	450
	Die Entwicklung des Schulwesens in Großbritannien	451
	Die Ursprünge des modernen Systems	451
	Die „Public Schools"	453
	Vergleiche zwischen den Schulsystemen der Industriestaaten	453
	Höhere Bildung	454
	Internationale Vergleiche	454
	Das britische System	455
	Bildung und Ungleichheit	456

	Colemans Studie über die Ungleichheit im Bildungswesen der USA	457
	Spätere Studien	458
	Schultheorien	460
	Bernstein: Sprachcodes	460
	Bowles und Gintis: Schule und industrieller Kapitalismus	462
	Illich: Der verborgene Lehrplan	462
	Bildung und kulturelle Reproduktion	464
	Willis: Eine Analyse der kulturellen Reproduktion	465
	Intelligenz und Ungleichheit	467
	Was ist Intelligenz?	467
	IQ und genetische Faktoren: die Jensen-Kontroverse	467
	Trennung von Genetik und IQ: eineiige Zwillinge	468
Geschlecht und Bildungssystem		469
Bildungswesen und Alphabetisierung in der Dritten Welt		471
Kommunikation und Medien		472
Massenkommunikation		473
	Die Entwicklung der Zeitungen	473
	Die Publikation von Zeitungen	474
	Der Einfluß des Fernsehens	475
	Fernsehgesellschaften	476
	Die Auswirkungen des Fernsehens auf das Verhalten	477
	Fernsehen als Vermittler sozialer Haltungen	479
Schlußfolgerungen		479
Zusammenfassung		480
Grundbegriffe		481
Fachausdrücke		481
Weiterführende Literatur		481

14 Religion — 482

Definition von Religion (und Magie)		485
	Was Religion nicht ist	485
	Was Religion ist	485
Formen der Religion		487
	Totemismus und Animismus	487
	Judentum, Christentum und Islam	488
	Judentum	488
	Christentum	488
	Islam	489
	Die fernöstlichen Religionen	489
	Hinduismus	489
	Buddhismus, Konfuzianismus, Taoismus	490
Theorien der Religion		491
	Marx und die Religion	491
	Durkheim und das religiöse Ritual	493
	Durkheim und die Zukunft der Religion	494

Weber und die Weltreligionen	495
Bewertung	496
Arten der religiösen Organisation	497
Weber und Troeltsch: Kirchen und Sekten	497
Becker: Konfessionen und Kulte	498
Bewertung	498
Geschlecht und Religion	499
Religiöse Symbolik	500
Frauen in religiösen Organisationen	501
Chiliastische Bewegungen	503
Die Jünger Joachims	504
Der „Ghost Dance"	504
Die Natur der chiliastischen Bewegungen	505
Gegenwärtige religiöse Entwicklungen: die islamische Revolution	506
Die Entwicklung des islamischen Glaubens	506
Der Islam und der Westen	508
Religion in Großbritannien	509
Religion in den Vereinigten Staaten	511
Vielfalt	511
Christlicher Fundamentalismus	513
Das Problem der Säkularisierung	515
Abschließende Bewertung	516
Zusammenfassung	517
Grundbegriffe	518
Wichtige Fachausdrücke	518
Weiterführende Literatur	518

15	**Arbeit und Wirtschaftsleben**	**519**
	Die Arbeitsteilung	521
	Primärer, sekundärer und tertiärer Sektor	522
	Industrielle Arbeitsteilung: Taylorismus und Fordismus	523
	Arbeit am Fließband	524
	Die Grenzen von Fordismus und Taylorismus	525
	Fordismus und darüber hinaus	526
	Post-Fordismus und flexible Fertigung	526
	Automatisierung	526
	Low-trust-Systeme, high-trust-Systeme und Gruppenproduktion	528
	Betriebliche Mitbestimmung	529
	Unternehmen und Unternehmensmacht	530
	Typen des bürokratisierten Kapitalismus	532
	Gewerkschaften und Arbeitskonflikte	534
	Die Entwicklung der Gewerkschaften	534
	Warum gibt es Gewerkschaften?	535
	Neuere Entwicklungen	536
	Streiks	538

Streikstatistik	539
Jüngste Trends des industriellen Konflikts	540
Arbeitslosigkeit, Frauenarbeit und die informelle Ökonomie	541
Arbeitslosigkeit	541
Die Analyse der Arbeitslosigkeit	542
Beschäftigt oder arbeitslos	544
Warum sind die Arbeitslosenraten gestiegen?	545
Frauen und Arbeit	546
Hausarbeit	546
Frauenarbeit außerhalb des Haushalts	548
Die informelle Ökonomie	549
Die Zukunft der Arbeit	550
Zusammenfassung	553
Grundbegriffe	554
Wichtige Fachausdrücke	554
Weiterführende Literatur	554

Teil V Der soziale Wandel in der modernen Welt 557

16 Die Globalisierung des sozialen Lebens 559

Gesellschaften in der Dritten Welt	561
Die Entstehung der Nationen	561
Die wirtschaftlichen Folgen des Kolonialismus	562
Armut	563
Die Schwellenländer	564
Unterschiede zwischen reichen und armen Ländern	566
Zusammenhänge zwischen der Ersten und der Dritten Welt	566
Nahrungsmittelproduktion und Hunger in der Welt	567
Hunger	567
Agribusiness	569
Nahrungsmittelproduktion und Ökologie	571
Theoretische Perspektiven	571
Imperialismus	572
Neoimperialismus	572
Die Dependenztheorie	572
Die Weltsystem-Theorie	573
Kritik und Kommentar	574
Die multinationalen Konzerne	575
Verschiedene Arten multinationaler Konzerne	576
Das Wachstum der multinationalen Konzerne	577
Die internationale wirtschaftliche Integration	578
Ein Beispiel: die Automobilindustrie	578
Gegenwärtige Entwicklungen	579
Nichtstaatliche Akteure	581

Die Vereinten Nationen	581
Andere internationale Organisationen	582
Handelsnetzwerke	583
Gefahren für die globale Umwelt	583
Gefahrenquellen	587
Ist die Umwelt ein soziologisches Thema?	588
Die Globalisierung der Medien	588
Das Nachrichtenwesen	589
Kino, Fernsehen, Werbung und elektronische Kommunikation	590
Kino	590
Fernsehen	590
Werbung	590
Elektronische Kommunikation	591
Der Medienimperialismus	591
Schlußfolgerung	593
Zusammenfassung	593
Grundbegriffe	595
Wichtige Fachausdrücke	595
Weiterführende Literatur	595

17 Der moderne Urbanismus — 597

Die traditionelle Stadt	598
Merkmale des modernen Urbanismus	599
Die Entwicklung der modernen Städte: Bewußtsein und Kultur	600
Interpretationen des städtischen Lebens	601
Urbanismustheorien	602
Die Chicagoer Schule	602
Sozialökologie	602
Urbanismus als Lebensform	604
Urbanismus und geschaffene Umwelt	606
Harvey: Die Umstrukturierung des Raumes	607
Castells: Urbanismus und soziale Bewegungen	608
Kommentar	609
Muster urbaner Entwicklungen im Westen nach dem Zweiten Weltkrieg	610
Urbanismus in den Vereinigten Staaten	610
Suburbanisierung	610
Der Verfall der Innenstädte	611
Finanzielle Krisen	612
Urbanismus in Großbritannien	613
Suburbanisierung und der innerstädtische Verfall	613
Finanzielle Krisen in britischen Städten	615
Vom öffentlichen zum privaten Wohnen	616
Gentrification oder „Stadt-Recycling"	617
Urbanismus und internationale Einflüsse	618

Inhaltsverzeichnis XXI

Die globale Stadt	619
Die Urbanisierung der Dritten Welt	620
Delhi	621
Mexico City	621
Mögliche Entwicklungen	623
Zusammenfassung	623
Grundbegriffe	624
Wichtige Fachausdrücke	624
Weiterführende Literatur	625

18 Bevölkerung, Gesundheit und Alterung 626
   Weltbevölkerungswachstum 628
   Bevölkerungsanalyse: Demographie 628
      Grundlegende demographische Konzepte 629
   Die Dynamik der Bevölkerungsveränderung 631
      Malthusianismus 632
      Bevölkerungswachstum in der Dritten Welt 633
      Der demographische Übergang 634
      Die Zukunftsaussichten für die Dritte Welt 635
      Bevölkerung in Großbritannien 636
   Gesundheit und Krankheit 637
      Die Behandlung von Krankheiten in der Vergangenheit 638
      Die Entwicklung der modernen Medizin 638
      Die Dritte Welt 639
      Kolonialismus und die Ausbreitung von Krankheiten 639
      Die Infektionskrankheiten heute 641
      Gesundheit und Krankheit in den entwickelten Ländern 642
      Die Verbreitung von Krankheiten und die wesentlichsten Krankheitstypen 642
      Das Gesundheitswesen in Großbritannien 643
      Das Gesundheitswesen in den Vereinigten Staaten 645
      Gesundheit und die globale Umwelt 647
   Alter und Alterung im Westen 648
      Demographische Tendenzen 648
      Was ist „Alter"? 649
      Verrentung 649
      Die physischen Auswirkungen der Alterung 651
      Die Zukunft 651
   Zusammenfassung 652
   Grundbegriffe 653
   Wichtige Fachausdrücke 653
   Weiterführende Literatur 654

19 Revolution und soziale Bewegungen 655
   Definition des Begriffs „Revolution" 657

Die Revolutionen des 20. Jahrhunderts	658
Die Russische Revolution	658
Die Revolution in China	660
Theorien der Revolution	661
Marx' Theorie	662
Chalmers Johnson: Revolution als „Ungleichgewicht"	663
Bewertung	665
James Davies: Warum kommt es zu Revolutionen?	665
Bewertung	666
Charles Tillys Protesttheorie	667
Bewertung	669
Die Folgen der Revolutionen	670
Kurzfristige Konsequenzen	670
Ein Vergleich zwischen China und Indien	671
1989: Die Revolutionen in Osteuropa	673
Bewegungen und Übergänge	674
Veränderungen und ihre Ursprünge	675
Aufstand, Aufruhr und andere Arten kollektiver Aktion	677
Le Bons Theorie der Masse	677
Rationale Aspekte der Massenaktion	678
Soziale Bewegungen	680
Definition	680
Die Klassifizierung sozialer Bewegungen	681
Theorien der sozialen Bewegungen	681
Neil Smelser: Sechs Vorbedingungen für soziale Bewegungen	682
Kommentar	683
Alain Touraine: Historizität	683
Kommentar	684
Soziale Bewegungen und die Soziologie	685
Zusammenfassung	685
Grundbegriffe	686
Wichtige Fachausdrücke	686
Weiterführende Literatur	686

20	**Sozialer Wandel – Vergangenheit, Gegenwart und Zukunft**	**688**
	Definition	689
	Theorien des sozialen Wandels	690
	Evolutionäre Theorien	690
	Sozialdarwinismus	691
	Unilineare und multilineare Evolution	692
	Die Parsonssche Evolutionstheorie	692
	Kommentar	694
	Historischer Materialismus	694
	Kritik	695
	Die Grenzen der Theorien: Webers Interpretation des Wandels	696

Bestimmungsgründe des Wandels	696
Die physische Umwelt	696
Die politische Organisation	697
Kulturelle Faktoren	698
Analyse einzelner Episoden des Wandels	698
Der Wandel in der jüngsten Vergangenheit	699
Wirtschaftliche Einflüsse	700
Politische Einflüsse	701
Kulturelle Einflüsse	701
Der gegenwärtige Wandel und Aussichten für die Zukunft	702
Sind wir auf dem Weg zu einer postindustriellen Gesellschaft?	702
Kritische Bewertung	703
Die Postmoderne und das „Ende der Geschichte"	704
Kapitalismus, Sozialismus und Demokratie	706
Der soziale Wandel – Zukunftsperspektiven	707
Zusammenfassung	709
Grundbegriffe	710
Wichtige Fachausdrücke	710
Weiterführende Literatur	710

Teil VI   Methoden und Theorie der Soziologie   711

21 Die Arbeit des Soziologen: Forschungsmethoden	**713**
Forschungsstrategien	714
Das Forschungsproblem	714
Sichtung des Beweismaterials	715
Präzisierung des Forschungsproblems	716
Das Forschungsdesign	716
Durchführung des Forschungsprojekts	716
Interpretation der Ergebnisse	716
Darstellung der Forschungsergebnisse	718
Der Gesamtprozeß	718
Allgemeine Methodologie	718
Kausalität und Korrelation	719
Kausale Mechanismen	721
Kontrollen	721
Die Identifikation von Ursachen	722
Forschungsmethoden	723
Feldforschung	723
Voraussetzungen der Feldforschung	724
Die Vor- und Nachteile der Feldforschung	726
Umfragen	726
Standardisierte und offene Fragebögen	726
Die Stichprobe	728

Beispiel: „Wahlen und Wähler"	728
Bewertung der Umfrageforschung	729
Dokumentenanalyse	731
Stolpersteine der Dokumentenanalyse	734
Experimente	734
Andere Methoden	736
Interviews	736
Biographien	736
Tagebücher	737
Konversationsanalyse	737
Triangulation	738
Ein Beispiel: Wallis und die Scientology-Sekte	738
Ethische Probleme der Forschung: Die Befragten reden zurück	740
Probleme bei der Publikation: Wallis' Erfahrung	742
Der Einfluß der Soziologie	743
Zusammenfassung	744
Grundbegriffe	745
Wichtige Fachausdrücke	745
Weiterführende Literatur	745

22 Die Entwicklung der soziologischen Theorie — 746

Frühe Ursprünge	747
Auguste Comte	748
Émile Durkheim	748
Karl Marx	749
Max Weber	750
Spätere Entwicklungen	751
Gegenwärtige Ansätze	752
Funktionalismus	752
Mertons Version des Funktionalismus	753
Jüngste Entwicklungen	754
Strukturalismus	755
Sprache und Bedeutung	755
Strukturalismus und Semiotik	756
Symbolischer Interaktionismus	757
Symbole	757
Marxismus	758
Theoretische Dilemmas	760
Struktur und Handlung	761
Bewertung	762
Konsens und Konflikt	763
Bewertung	764
Die Formung der modernen Welt	765
Die marxistische Perspektive	765
Webers Auffassung	766

	Bewertung	766
	Das Problem des Geschlechts	768
	Bewertung	769
Theorien		769
	Ein Beispiel: Die protestantische Ethik	770
Das theoretische Denken in der Soziologie		773
Zusammenfassung		773
Grundbegriffe		774
Wichtige Fachausdrücke		775
Weiterführende Literatur		775

Teil VII Appendix und Glossare   777

Appendix: Über die Benutzung von Bibliotheken   779
Allgemeine soziologische Informationsquellen   780
Soziologische Fachzeitschriften   781
Literaturrecherchen für Dissertationen oder größere Projekte 781
Weitere Recherchen   782

Glossar der Grundbegriffe   783

Glossar der Fachausdrücke   794

Bibliographie   817

Index   847

Danksagungen

Bei der Fertigstellung der ersten Ausgabe dieses Buches waren mir viele Leute behilflich. Besondere Erwähnung verdient Graham McCann, der an dem Projekt von Anfang an beteiligt war. Er hat Material gesammelt, das direkt in das Werk eingeflossen ist, und war mir auch sonst in vielfältiger Weise behilflich.

Ich bin Don Fusting von Norton Inc., New York, zu tiefem Dank verpflichtet: seine detaillierten Kommentare zu früheren Entwürfen waren von großer Bedeutung. Zu jenen, deren Hilfestellung und Ermutigung von unschätzbarem Wert waren, und denen ich hier ebenfalls besonders danken möchte, gehören: Pip Hurd, Claire Robinson, Gill Motley, Helen Pilgrim, David Held, Michael Hay, John Thompson, Silvana Dean und Claire Andrews. Die verschiedenen Versionen des Manuskriptes wurden von Avril Symonds in außergewöhnlich effizienter Weise geschrieben und umgeschrieben. Als Lektorin des Buches leistete Harriet Barry Großartiges: sie machte viele nützliche Veränderungsvorschläge und nahm auf die endgültige Gestalt des Buches entscheidenden Einfluß.

Eine Anzahl von Personen nahm sich die Zeit, verschiedene Kapitel der ersten Ausgabe zu lesen und zu kommentieren, und beeinflußte die Gestalt des Endproduktes. Mein Dank gilt vor allem: Andy Webster, Kevin Bonnett, Dede Boden, Abigail Buckle, Michelle Stanworth, James Slevin, Teresa Brennan, Phil Manning, Sam Hollick und Michele Giddens.

Vorwort zur zweiten Ausgabe

Diese Neuausgabe von *Sociology* wurde gegenüber ihrer früheren Form gründlich überarbeitet. Ich habe die Grundstruktur des Buches beibehalten, da sie auf allgemeine Zustimmung gestoßen zu sein scheint: Doch ein Großteil des Inhaltes der einzelnen Kapitel wurde neu geschrieben. Alle Verweise auf empirische Arbeiten habe ich auf den neuesten Stand gebracht, mit Ausnahme von Hinweisen auf diverse „klassische" Forschungsarbeiten. Seit dem Erscheinen der Originalversion hat sich in der weiten Welt sehr viel ereignet: Damals existierte z. B. die Sowjetunion noch, Ronald Reagan war in den Vereinigten Staaten an der Macht und Mrs. Thatcher in Großbritannien. All das hat sich geändert, und ich habe ausführliche Darstellungen dieser Veränderungen und ihrer Auswirkungen in den Text eingearbeitet. Diese Ausgabe beinhaltet ungefähr 40 000 Wörter neuen Textmaterials, viele neue Karten, Tabellen, Illustrationen und andere Änderungen.

Einige der vorgenommenen Veränderungen gehen auf die Kommentare und Anregungen jener zurück, die das ursprüngliche Buch verwendet haben. Ich möchte den vielen Leuten, die sich die Mühe gemacht haben, mir auf so großzügige Weise zu schreiben, meinen Dank ausdrücken: Ich habe aus ihrer Hilfe großen Nutzen gezogen. Ich stehe auch in der Schuld einer Anzahl von Personen, die an der vorliegenden Ausgabe in grundlegender Weise mitgewirkt haben. Ich möchte Sasha Roseneil, Ros Tallet, Jean van Altena, Michael MacGwire und Orly Benjamin für ihre sehr nützlichen Veränderungsvorschläge bezüglich des Manuskriptes danken. Ich bin Rebecca Harkin, Debbie Seymour, Pam Thomas und Frances Tomlinson wegen der vielen Arbeit, die sie im Zusammenhang mit dem Projekt geleistet haben, zu großem Dank verpflichtet. Besonderen Dank schulde ich Ann Bone für die Dynamik und die Kompetenz, die sie in das Lektorieren des Buches einbrachte.

Vorwort zur deutschen Ausgabe

Gute sozialwissenschaftliche Lehrbücher deutschsprachiger Autoren sind selten. Noch seltener zählen deren Verfasser zu den führenden Vertretern ihres Faches. In der angloamerikanischen Welt ist das anders und nicht zuletzt deswegen lernen deutsche und österreichische Sozialwissenschaftler seit einem halben Jahrhundert aus (übersetzten) englischen oder amerikanischen Lehrbüchern.

Vor mehr als fünf Jahren veröffentlichte Anthony Giddens sein Lehrbuch der Soziologie, das vom englischen Verlag nicht zu Unrecht als „Textbook of the Nineties" angekündigt wurde. Obwohl Zweisprachigkeit für Soziologen eine Selbstverständlichkeit sein sollte, hat sich dieses Buch an den deutschsprachigen Universitäten bislang nicht als Lehrbuch einzubürgern vermocht – ganz im Gegensatz zu anderen Ländern, in deren Sprache Giddens' Einführungstext bereits übersetzt wurde.

Wir haben für die deutschsprachige Ausgabe davon abgesehen, den Text inhaltlich zu adaptieren. Giddens schrieb keine abstrakte Einführung in die Begrifflichkeit, Methoden und Theorien der Soziologie, sondern stellt diese als empirische Wissenschaft vor. Das der Illustration dienende Material aus Großbritannien und den USA ist jedoch nicht einfach gegen Beispiele aus Österreich oder Deutschland austauschbar. Es unverändert in die deutsche Ausgabe zu übernehmen, kann dem Studienanfänger zugleich ein wenig empirisches Wissen über andere Kulturen vermitteln. Daten, Fakten und Namen, die Giddens anführt, wurden nicht aktualisiert. Die vorliegende deutsche Ausgabe folgt vollständig der überarbeiteten zweiten englischen Auflage, auch dort, wo sich in der Zwischenzeit die sozialen und institutionellen Gegebenheiten - beispielsweise beim Übergang von der Europäischen Gemeinschaft zur Europäischen Union verändert haben. Ergänzungen findet man jedoch bei der am Ende jedes Kapitels angeführten weiterführenden Literatur; hier haben wir entsprechende deutschsprachige Veröffentlichungen ergänzt.

Bei der Herstellung der deutsche Ausgabe waren uns viele Kolleginnen und Kollegen mit Rat und Tat behilflich. Wir danken Andreas Balog, Rudolf Egger, Jörg Flecker, Peter Gasser–Steiner, Christine Goldberg, Max Haller, Helmut Kramer, Rolf Lindner, Hannes Moser, Ingo Mörth, Reinhard Müller, Rainer Münz, Max Preglau, Johann August Schülein, Reinhard Sieder, Wolfgang Stangl, Hermann Strasser und Franz Traxler dafür, daß sie sich der Mühe unterzogen haben, die Übersetzung einzelner Kapitel gegenzulesen. Sie haben durch ihre Ratschläge wesentlich zur Verbesserung beigetragen. Helmut Kuzmics hat mehrere Kapitel mit feinem Sprachgefühl und großer Sachkenntnis durchgesehen. Wertvolle Hilfe bei der Überprüfung der bibliographischen Angaben und beim Erstellen des Registers leistete Josef Hödl. Für Schreibarbeiten danken wir Gertrude Selbitschka und für die Herstellung der Druckvorlagen Ulrike Renner–Martin. Für ihr penibles Endlektorat sind wir Karin Kranich-Hofbauer zu Dank verpflichtet.

Graz, im Juni 1995   Christian Fleck und H. G. Zilian

Über dieses Buch

Dieses Buch wurde in der Überzeugung geschrieben, daß der Soziologie im modernen intellektuellen Leben eine Schlüsselrolle zukommt und daß sie innerhalb der Sozialwissenschaften eine zentrale Stellung einnimmt. Nachdem ich nun schon seit geraumer Zeit Soziologie auf den verschiedensten Ebenen unterrichtet habe, bin ich zur Auffassung gelangt, daß es notwendig ist, die derzeitigen Fortschritte und Entwicklungen der Disziplin in einer elementaren Einführung zusammenzufassen. Dieses Buch ist mehr als ein weiterer einführender Text; es versucht, einige der wichtigsten Perspektiven und Anliegen des Gebietes neu zu formulieren.

Es ging mir darum, ein Buch zu schreiben, das ein gewisses Ausmaß an Originalität mit einer Analyse der grundlegenden Fragen verknüpft, die heute für die Soziologie von Interesse sind. Obwohl viele meiner früheren Arbeiten sich mit theoretischen Fragen befaßt haben, habe ich nie geglaubt, daß theoretische Debatten um ihrer selbst willen geführt werden sollten. Theoretische Erörterungen haben nur dann einen Sinn, wenn sie einen Beitrag zur Klärung empirischer Fragen leisten. Im vorliegenden Text habe ich versucht, den Hintergrund der bedeutsamen theoretischen Fortschritte, die derzeit erzielt werden, auszuleuchten. Doch die Verknüpfungen zwischen Theorie und empirischer Forschung lassen sich am besten erfassen, wenn man den aktiven Versuch unternimmt, soziale Institutionen zu verstehen. Daher habe ich die Untersuchung spezifischer Probleme und Bereiche innerhalb der Soziologie besonders betont. In diesem Buch werden keine allzu komplexen theoretischen Ideen eingeführt; dennoch wurden überall Ideen und Befunde einbezogen, die an der Frontlinie der Disziplin gewonnen wurden. Ich hoffe, daß ich nirgendwo in den Fehler der Parteilichkeit verfallen bin, und daß es mir gelungen ist, die wichtigsten zur Verfügung stehenden soziologischen Perspektiven in ausgewogener Weise zu behandeln.

Grundlegende Themen

Im Zentrum des Buches stehen einige grundlegende Themen, von denen ich hoffe, daß sie den eigenständigen Charakter der Arbeit ausmachen. Ein solches Thema ist die Beziehung zwischen dem *Sozialen* und dem *Persönlichen*. Das soziologische Denken ist von entscheidender Bedeutung für das Selbstverständnis des einzelnen, das seinerseits wieder in ein vertieftes Verständnis der sozialen Welt eingebracht werden kann. Soziologie zu studieren sollte eine befreiende Erfahrung sein: Die Soziologie vertieft unsere Sympathien und beflügelt unsere Phantasie, sie eröffnet neue Sichtweisen der Ursprünge unseres eigenen Verhaltens

Über dieses Buch

und erhöht unsere Sensibilität gegenüber kulturellen Milieus, die sich von dem unsrigen unterscheiden. Insoweit die soziologische Arbeit Dogmen in Frage stellt, den Blick für die Vielfalt kultureller Erscheinungsformen schärft und uns Einsicht in die Funktionsweise sozialer Institutionen verschafft, erweitert die Praxis der Soziologie die Freiheitsgrade menschlichen Handelns.

Ein zweites Hauptthema ist das einer *Welt im Wandel*. Die Soziologie entstand aus jenen Umwälzungen, die auch die sich industrialisierende Gesellschaftsordnung des Westens aus den Lebensformen, die für frühere Gesellschaften kennzeichnend waren, hervorbrachten. Die so entstandene Welt ist das Hauptanliegen der soziologischen Analyse. Das Tempo des sozialen Wandels hat sich weiter beschleunigt, und es könnte sein, daß wir an der Schwelle von Transformationen stehen, die nicht weniger tiefgreifend sind als jene des späten 18. und 19. Jahrhunderts. Es ist die vornehmste Aufgabe der Soziologie, die Wandlungsprozesse der Vergangenheit nachzuzeichnen und die bedeutsamsten Entwicklungslinien der Gegenwart zu verfolgen.

Drittens nimmt das Buch eine stark *vergleichende* Haltung ein. Soziologie kann nicht unterrichtet werden, wenn man sich lediglich mit den Institutionen einer bestimmten Gesellschaft auseinandersetzt. Obwohl oft Fragen der britischen Gesellschaft erörtert werden, werden solche Diskussionen stets durch eine reiche Vielfalt von Material ergänzt, das aus anderen Gesellschaften oder Kulturen stammt. Hierher gehören auch Untersuchungen, die in anderen westlichen Ländern durchgeführt wurden. Die Industriegesellschaften können allerdings nicht mehr analysiert werden, indem man den Rest der Welt ignoriert, und das vorliegende Buch enthält mehr Material über die Länder der Dritten Welt, als bisher in Einführungstexten der Soziologie üblich war. Darüberhinaus widme ich den Beziehungen zwischen der Soziologie und der Ethnologie, deren Fragestellungen einander weitgehend überschneiden, große Aufmerksamkeit. Angesichts der engen Verflechtungen zwischen den Gesellschaften unserer heutigen Welt und angesichts des Verschwindens vieler traditioneller Gesellschaftssysteme lassen sich heute Soziologie und Ethnologie immer weniger voneinander unterscheiden.

Viertens geht das Buch von der Notwendigkeit aus, der Soziologie eine *historische Dimension* zu verleihen. Dazu gehört weit mehr, als die Ereignisse in ihren „historischen Kontext" einzubetten. Freilich sind solche Informationen notwendig angesichts der Tatsache, daß das Wissen der Studenten auch über vergleichsweise jüngere historische Abläufe begrenzt sein mag. Doch eine der wichtigsten Entwicklungen der letzten paar Jahre in der Soziologie war das Wiederaufleben einer historischen Orientierung. Diese beschränkt sich nicht darauf, eine soziologische Perspektive an die Vergangenheit heranzutragen, sondern liefert einen grundlegenden Beitrag zu unserem Verständnis der Institutionen der Gegenwart. Neuere Arbeiten der historischen Soziologie werden in diesem Buch ausgiebig herangezogen und liefern einen Hintergrund für die Interpretationen, die in den meisten einzelnen Kapitel enthalten sind.

Fünftens wird *Fragen der Geschlechterbeziehungen* im gesamten Text besondere Aufmerksamkeit gewidmet. Dieser Problembereich wird im allgemeinen als spezifisches Teilgebiet der Soziologie aufgefaßt – und der vorliegende Band enthält ein Kapitel, das sich mit den theoretischen und den empirischen Aspekten der

Fragestellung befaßt (Kapitel 6). Jedoch sind Fragen der Geschlechterbeziehungen für die soziologische Analyse derart grundlegend, daß sie nicht einfach nur einem bestimmten Teilbereich der Disziplin zugeordnet werden können. Daher enthalten viele der folgenden Kapitel Unterabschnitte, die sich mit geschlechtsspezifischen Fragen auseinandersetzen.

Ein zentrales Thema des Buches ist sechstens die *Globalisierung des sozialen Lebens*. Seit allzu langer Zeit war die Soziologie von der Auffassung beherrscht, daß Gesellschaften als unabhängige Einheiten untersucht werden können. Dies war auch in der Vergangenheit niemals wirklich der Fall, heute jedoch ist eine Beschleunigung der globalen Integrationsprozesse unübersehbar. Im Fall der Ausweitung des grenzüberschreitenden internationalen Handels ist dies z.B. offenkundig. Doch sogar in der soziologischen Fachliteratur sind die Konsequenzen der rasch zunehmenden Globalisierung noch alles andere als gründlich erforscht, und in Einführungstexten werden sie im allgemeinen überhaupt ignoriert. Die Betonung der Globalisierung im vorliegenden Buch steht auch in engem Zusammenhang mit der Bedeutung, die der Verflechtung der industrialisierten und der weniger entwickelten Gesellschaften in der heutigen Welt beigemessen wird.

Der Aufbau des Buches

Das Buch beginnt nicht mit einer abstrakten Diskussion grundlegender soziologischer Begriffe. Stattdessen werden solche Begriffe erläutert, wenn sie in den betreffenden Kapiteln das erste Mal vorkommen, und ich habe mich ständig darum bemüht, Ideen, Begriffe und Theorien mit Hilfe konkreter Beispiele zu erläutern. Diese sind zwar im allgemeinen der soziologischen Forschungsliteratur entnommen, doch habe ich auch nicht selten Material aus anderen Quellen (wie zum Beispiel Zeitungsberichte) verwendet, um bestimmte Punkte zu illustrieren. Ich habe versucht, den sprachlichen Stil so einfach und direkt wie möglich zu halten, wobei ich dennoch angestrebt habe, das Buch lebhaft und „voll von Überraschungen" zu gestalten. Wird es in der angemessenen Form unterrichtet, dann gibt es kein Gebiet des akademischen Lehrplans, das faszinierender, erhellender und herausfordernder wäre als die Soziologie.

Die Anordnung der Kapitel soll es dem Leser ermöglichen, sich allmählich in die verschiedenen Gebiete der Soziologie einzuarbeiten. Doch habe ich auch danach getrachtet, daß das Buch flexibel verwendet und mit den Anforderungen bestimmter Lehrveranstaltungen problemlos in Übereinstimmung gebracht werden kann. Die einzelnen Kapitel können umgeordnet oder gänzlich ausgelassen werden, ohne daß dies den Nutzen des Buches sonderlich beeinträchtigen würde. Jedes Kapitel wurde als ziemlich autonome Einheit gestaltet, wobei es an den relevanten Stellen Querverweise auf andere Kapitel gibt.

Die sechs Teile des Buches liefern einen umfassenden Überblick über die wichtigsten Gebiete der Soziologie. Teil I besteht aus einem einzigen Kapitel und skizziert die grundlegenden Anliegen der Disziplin. Teil II befaßt sich mit Kultur, Gesellschaft und Individuum und analysiert die Wechselbeziehungen zwischen sozialen Faktoren und der persönlichen Erfahrung, wobei die Frage der Geschlechterbeziehungen ein wichtiges Thema darstellt. Die Kapitel behandeln das Thema Kultur, die Entwicklung verschiedener Typen von menschlicher Gesellschaft, den Sozialisationsprozeß, die soziale Interaktion im Alltag, Konformität und Verbrechen. In Teil III werden die Themen Ungleichheit, Macht und Ideologie untersucht. Hier werden verschiedene zentrale Bereiche der Soziologie erörtert: Schichtung, Ethnizität und Rasse, Gruppen und Organisationen, Politik und Staat und Krieg und Militär. Teil IV befaßt sich mit wichtigen sozialen Institutionen und analysiert ihren Einfluß auf zentrale Bereiche des menschlichen Verhaltens. Die Kapitel dieses Teils behandeln Ehe und Familie, Erziehung und Medien, Religion und Arbeit und Wirtschaftsleben. Teil V umfaßt Kapitel, in denen das Thema des *Wandels* besonders gründlich behandelt wird; sie analysieren die Phänomene der Globalisierung, des modernen Urbanismus, der Bevölkerung, der Gesundheit und der Alterung und der Revolutionen und sozialen Bewegungen. Teil V endet mit einer Erörterung des sozialen Wandels im allgemeinen.

Schließlich werden in Teil VI die wichtigsten Forschungsmethoden und theoretischen Perspektiven der Soziologie diskutiert. Obwohl die beiden Kapitel den Abschluß des Buches bilden, können sie zu jedem beliebigen Zeitpunkt gelesen werden.

Zusammenfassungen der Kapitel und Glossare

Jedes Kapitel wurde auf eine Weise aufgebaut, die den Lernprozeß so unterhaltsam und doch so systematisch wie nur möglich machen soll. Am Ende jedes Kapitels findet sich eine Zusammenfassung des Inhalts, sowie eine Liste der im Kapitel eingeführten grundlegenden Begriffe und wichtigen Fachausdrücke. Die Grundbegriffe und Fachausdrücke erscheinen im Text **fett** und sind auch in den Glossaren am Ende des Buches, die einen ausführlichen Nachschlagbehelf darstellen, enthalten.

Weiterführende Literatur und Bibliotheken

In den Bibliotheken findet sich ein außergewöhnlich reichhaltiges Material, das der Leser heranziehen kann, um die in diesem Buch erörterten Fragen weiterzuverfolgen. Der gesamte Text enthält Literaturhinweise, die in der Bibliographie vollständig wiedergegeben sind. Zusätzlich enthält jedes Kapitel eine Liste empfohlener weiterführender Literatur, und ich habe auch einen kurzen Appendix verfaßt, der eine Anleitung zur sinnvollen Nutzung von Bibliotheken darstellen soll.

Für Studenten und Studentinnen: Wie ist das Buch zu verwenden?

Behandeln Sie dieses Buch als Freund und nicht als Feind! Es ist dick, weil es ausführlich ist. Sie brauchen nicht zu befürchten, daß Sie jedes einzelne Kapitel lesen müssen, oder daß diese in der vorgegeben Reihenfolge gelesen werden müssen. Jedes Kapitel kann als mehr oder weniger abgeschlossene Einheit behandelt werden. Wenn Sie das Buch in Verbindung mit einer Vorlesung oder einem

Seminar benutzen, dann können Sie die Kapitel in der vom Lehrer bevorzugten Reihenfolge anordnen.

Verwenden Sie Teil VI (Methoden und Theorien der Soziologie) als Hilfsmittel, um ein besseres Verständnis der übrigen Kapitel zu gewinnen. Wenn Sie wollen, können Sie diesen Teil zuletzt lesen, wie er im Text abgedruckt ist. Wer ohne Vorkenntnisse der Soziologie an dieses Buch herangeht, sollte diese Strategie verfolgen. Für jene, die bereits einige Vorkenntnisse mitbringen, könnte es sich lohnen, Kapitel 21 und 22 *relativ früh* zu lesen – vielleicht sogar unmittelbar nach Kapitel 1. Dies wird Sie in die Lage versetzen, ein Grundverständnis der Methoden und Theorien an die Lektüre der anderen Kapitel heranzubringen.

TEIL I
Einführung in die Soziologie

Die Soziologie bietet einen eigenständigen und höchst instruktiven Blick auf das menschliche Verhalten. Soziologie zu lernen heißt, gegenüber unseren eigenen persönlichen Interpretationen der Welt zurückzutreten und die sozialen Einflüsse zu betrachten, die unser Leben formen. Der Soziologie geht es nicht darum, die Realität der individuellen Erfahrung zu leugnen oder abzuwerten. Aber wir gelangen zu einem reichhaltigeren Bewußtsein von unseren eigenen individuellen Merkmalen und von denen anderer, indem wir eine gewisse Sensibilität gegenüber dem weiteren Universum sozialer Aktivitäten, in das wir alle eingebettet sind, entwickeln.

Im ersten Teil dieses Buches betrachten wir die Grundfragen der Soziologie und erörtern ihre Beziehung zu anderen sozialwissenschaftlichen Fächern. Soziologie zu lernen heißt, sich teilweise auf einen Prozeß der Selbst-Erforschung einzulassen. Niemand kann Soziologie studieren, ohne sich dabei mit einigen seiner tief verankerten Überzeugungen auseinandersetzen zu müssen.

Kapitel 1

Soziologie: Probleme und Perspektiven

Worum geht es der Soziologie?
Einige Beispiele
    Liebe und Ehe
    Gesundheit und Krankheit
    Verbrechen und Bestrafung
    Schlußfolgerungen: Das Wesen der Soziologie

Wandel in der modernen Welt

Soziologie und Common sense

Soziologische Fragen
    Tatsachenfragen
    Vergleichende Fragen
    Entwicklungsfragen
    Theoretische Fragen

Beabsichtigte und unbeabsichtigte Konsequenzen menschlichen Handelns

Was kann uns die Soziologie über unsere eigenen Handlungen sagen?

Struktur und Handlung

Die Entwicklung einer soziologischen Sichtweise

Ist die Soziologie eine Wissenschaft?

Objektivität

Die praktische Bedeutung der Soziologie
    Das Verstehen sozialer Situationen
    Gewahr–Werden kultureller Unterschiede
    Bewertung der Auswirkungen von Planungsstrategien
    Zunehmende Selbsterkenntnis
    Die Rolle des Soziologen in der Gesellschaft

Abschließende Bemerkungen

Zusammenfassung

Grundbegriffe

Wichtige Fachausdrücke

Wir leben heute – gegen Ende des 20. Jahrhunderts – in einer Welt, die uns zutiefst beunruhigt, und die dennoch außergewöhnliche Verheißungen für die Zukunft bereithält. Es ist eine sich in vielfältiger Weise wandelnde Welt, die von tiefen Konflikten, Spannungen und sozialen Spaltungen ebenso gekennzeichnet ist wie von der zerstörerischen Attacke der modernen Technologie auf die natürliche Umwelt. Dennoch liegt es in unserer Hand, unser Schicksal zu kontrollieren und unser Leben besser zu gestalten, was früheren Generationen noch gänzlich unvorstellbar gewesen wäre. Wie ist diese Welt entstanden? Warum sind unsere Lebensbedingungen von denen unserer Vorfahren so verschieden? In welche Richtungen werden sich zukünftige Wandlungsprozesse bewegen? Diese Fragen sind das zentrale Anliegen der Soziologie, einer Disziplin, der daher in der modernen intellektuellen Kultur eine grundlegende Rolle zukommt.

Soziologie ist die Untersuchung des gesellschaftlichen Lebens der Menschen, von Gruppen und Gesellschaften. Ihr Gegenstand ist unser eigenes Verhalten als soziale Lebewesen; daher ist sie ein spektakuläres und faszinierendes Unterfangen. Der Gegenstandsbereich der Soziologie ist äußerst weit gespannt und reicht von der Analyse der flüchtigen Begegnungen zwischen Einzelpersonen auf der Straße bis hin zur Untersuchung globaler sozialer Prozesse. Einige wenige Beispiele können einen Vorgeschmack ihres Wesens und ihrer Ziele geben.

Worum geht es der Soziologie? Einige Beispiele

Liebe und Ehe

Warum verlieben sich Leute, und warum heiraten sie? Auf den ersten Blick scheint die Antwort offensichtlich zu sein. Liebe ist der Ausdruck der wechselseitigen körperlichen und persönlichen Anziehung, die zwei Individuen für einander empfinden. Heutzutage mögen viele von uns gegenüber der Idee, die Liebe müsse „ewig" währen, skeptisch sein, doch neigen wir zur Auffassung, daß das „Sich–Verlieben" auf universellen menschlichen Empfindungen und Emotionen beruht. Es erscheint als gänzlich natürlich, daß zwei Leute, die sich verliebt haben, miteinander einen Haushalt gründen wollen und in ihrer Beziehung persönliche und sexuelle Erfüllung suchen.

Diese Auffassung, die so evident erscheint, ist nichtsdestoweniger ziemlich ungewöhnlich. Die Erfahrung, sich zu verlieben, ist vielen Menschen unbekannt und wird selten mit der Eheschließung in Verbindung gebracht. Die Idee der romantischen Liebe hat sich im Westen erst vor nicht allzu langer Zeit ausgebreitet und hat in den meisten anderen Kulturen niemals existiert. Erst in der Moderne setzte sich die Auffassung durch, daß Liebe, Ehe und Sexualität in sehr enger Beziehung stehen. Im Mittelalter und noch Jahrhunderte später heirateten die Leute vor allem, um die Weitergabe von Titeln oder Besitztümern innerhalb der Familie zu sichern oder um Kinder großzuziehen, die am elterlichen Bauernhof arbeiten konnten. Waren sie einmal verheiratet, dann mag es sein, daß sie manchmal zu sehr engen Gefährten wurden; dies geschah jedoch nach der Eheschließung, nicht vorher. Es gab außereheliche sexuelle Beziehungen, doch spielten dabei nur wenige der Empfindungen, die wir mit der Liebe verknüpfen, eine

Rolle. Die Liebe wurde „bestenfalls als notwendige Schwäche und schlimmstenfalls als eine Art von Krankheit" aufgefaßt (Monter, 1977, S. 123).

Die romantische Liebe entstand zuerst in höfischen Kreisen, als Merkmal der außerehelichen sexuellen Abenteuer der Mitglieder der Aristokratie. Bis vor ungefähr 200 Jahren war sie zur Gänze auf diese Kreise beschränkt und wurde von der Idee der Ehe streng getrennt. Die Beziehungen zwischen Mann und Frau in aristokratischen Gruppen waren oft kühl und distanziert – ganz sicherlich verglichen mit den Erwartungen, die wir heute gegenüber der Ehe hegen. Die Wohlhabenden lebten in großen Häusern, wobei jeder Ehepartner über ein eigenes Schlafzimmer und eigene Diener verfügte; privat mögen sie sich nur selten getroffen haben. Sexuelle Übereinstimmung war eine Frage des Zufalls und wurde als für die Ehe nicht relevant erachtet. Bei Reich und Arm wurde die Entscheidung zur Eheschließung von der Familie und der Verwandtschaft getroffen, nicht von den betroffenen Individuen, die in der Angelegenheit nur wenig oder überhaupt kein Mitspracherecht hatten. (Dies trifft noch heute auf viele nichtwestliche Kulturen zu.)

Somit können weder die romantische Liebe noch ihre Assoziation mit der Ehe als „gegebene" Merkmale des menschlichen Lebens aufgefaßt werden; beides ist von allgemeinen sozialen Faktoren geformt. Dies sind die Faktoren, die Soziologen untersuchen – und die sich auch in anscheinend rein persönlichen Erfahrungen bemerkbar machen. Die meisten von uns sehen die Welt in den vertrauten Kategorien unseres eigenen Lebens. Die Soziologie beweist, daß es notwendig ist, eine wesentlich weitere Perspektive gegenüber unseren Handlungsgründen einzunehmen.

Gesundheit und Krankheit

Im allgemeinen meinen wir, daß Gesundheit und Krankheit lediglich mit der körperlichen Verfassung des Menschen zu tun haben. Eine Person empfindet Schmerzen und Beschwerden, oder sie beginnt zu fiebern. Wie könnte das irgend etwas mit allgemeineren sozialen Faktoren zu tun haben? In der Tat jedoch haben solche Faktoren profunde Auswirkungen auf die Erfahrung und das Auftreten von Krankheit, ebenso wie auf unsere Reaktionen. Sogar unser Begriff von „Krankheit", der sich auf Funktionsstörungen des Körpers bezieht, variiert in verschiedenen Gesellschaften. In einigen anderen Kulturen wird Krankheit und sogar der Tod als etwas aufgefaßt, das von bösen Geistern hervorgebracht wird statt von behandelbaren körperlichen Ursachen. In unserer Gesellschaft verwerfen die Anhänger von Christian Science einen Großteil der orthodoxen Auffassung der Krankheit und glauben, daß wir als Ebenbild Gottes in Wirklichkeit spirituell und vollkommen sind, und daß die Krankheit aus einem Mißverständnis der Wirklichkeit entsteht, aus dem „Hereinlassen des Irrtums".

Die Lebenserwartung und die Wahrscheinlichkeit, schweren Krankheiten wie Herzanfällen, Krebs oder Lungenentzündung zum Opfer zu fallen, sind von sozialen Merkmalen stark beeinflußt. Je wohlhabender der soziale Hintergrund einer Person, desto geringer ist die Wahrscheinlichkeit, daß sie zu irgend einem Zeitpunkt ihres Lebens an einer ernsthaften Krankheit leidet. Zusätzlich gibt es strenge soziale Regeln, die definieren, welches Verhalten von uns im Krankheitsfall erwartet wird. Ein Kranker wird von vielen oder allen Alltagspflichten entbunden, doch muß die Krankheit als „hinreichend ernsthaft" anerkannt sein, damit man auf derartige Nachsicht zählen kann. Jemand, von dem angenommen wird, daß er bloß an einer vergleichsweise milden Form von Krankheit leidet, oder dessen Krankheit nicht genau identifiziert wurde, wird meist als „Simulant" aufgefaßt – als jemand, der nicht wirklich das Recht hat, sich seinen alltäglichen Verpflichtungen zu entziehen.

Verbrechen und Bestrafung

Die folgende schreckliche Beschreibung betrifft die letzten Stunden eines Mannes, der 1757 hingerichtet wurde; man hatte ihn beschuldigt, die Ermordung des Königs von Frankreich geplant zu haben. Das unglückliche Individuum wurde dazu verurteilt, daß man ihm Fleischstücke aus Brust, Armen und Beinen riß und eine Mischung aus siedendem Öl, Wachs und Schwefel über die Wunden goß. Dann sollte er von vier Pferden zerrissen werden, und die einzelnen Körperteile sollten im Anschluß daran verbrannt werden. Ein Wachoffizier hinterließ eine Darstellung der Prozedur:

> „Derselbe Scharfrichter nahm nun mit einem Eisenlöffel aus einem Topf die siedende Flüssigkeit, die er auf jede Wunde goß. Darauf knüpfte man dünne Stricke an die Seile, die an die Pferde gespannt werden sollten, und band damit die Pferde an je ein Glied ...
>
> Die Pferde gaben einen kräftigen Ruck und zerrten dabei jeweils an einem Glied; jedes Pferd wurde von einem Scharfrichter gehalten. Eine Viertelstunde später dieselbe Zeremonie noch einmal; und nach weiteren Versuchen war man gezwungen, die Pferde ziehen zu lassen: diejenigen an den Armen in Richtung Kopf, diejenigen an den Schenkeln in Richtung Arme, was ihm die Arme an den Gelenken gebrochen hat. Dieses Ziehen wurde mehrmals wiederholt – ohne Erfolg ...
>
> Nach zwei oder drei Versuchen zogen die Scharfrichter Samson und derjenige, der ihn mit der Zange gepeinigt hatte, Messer aus ihren Taschen und schnitten die Schenkel vom Rumpf des Körpers ab; die vier Pferde rissen nun mit voller Kraft die Schenkel los: zuerst den der rechten Seite, dann den andern; dasselbe wurde bei den Armen gemacht, und zwar an den Schultern und an den Achselhöhlen; man mußte das Fleisch beinahe bis zu den Knochen durchschneiden; die Pferde legten sich ins Geschirr und rissen zuerst den rechten Arm und dann den andern los." (Foucault, 1977, S. 10f.)

Das Opfer lebte bis zur endgültigen Abtrennung der Glieder vom Rumpf. In prämodernen Zeiten waren Bestrafungen wie diese nicht ungewöhnlich. Wie John Lofland bei seiner Beschreibung traditioneller Hinrichtungsformen anmerkte:

> Die Hinrichtungen vergangener Zeiten zielten darauf ab, das Sterben zu einem möglichst langgezogenen Prozeß zu machen, dessen sich der Verurteilte, so weit es nur ging, bewußt war. Man quetschte die Leute zu Tode, indem man ihnen immer schwerere Gewichte auf die Brust legte, man flocht sie auf's Rad, riß ihnen Fleischstücke heraus und stach sie in Körperteile, die nicht überlebenswichtig waren; wie diese und andere Techniken erforderten auch die Kreuzigung, das Erwürgen, das Verbrennen auf dem Scheiterhaufen und die Vierteilung ziemlich viel Zeit. Sogar das Hängen war während eines Großteils seiner Geschichte ein zeitraubendes Verfahren. Wurde der Henkerskarren lediglich fortgetrieben, die Falltüre lediglich geöffnet, dann wurde der Verurteilte langsam erwürgt, während er sich viele Minuten lang hin- und herwand ... um seinen Kampf abzukürzen, ging der Henker manchmal unter das Schafott, um an den Beinen des Verurteilten zu ziehen. (Lofland, 1977, S. 311)

Hinrichtungen fanden oft vor großem Publikum statt – eine Praxis, die sich in manchen Ländern bis weit ins 18. Jahrhundert hinein hielt. Die zum Tode Verurteilten wurden in einem offenen Karren durch die Straßen gezogen; sie sollten in einem jedermann zugänglichen Schauspiel ihr Ende finden, das von der Menge bejubelt oder ausgezischt wurde, je nach ihrer Einstellung gegenüber dem betreffenden Opfer. Die Henker waren Publikumslieblinge. Ihr Ruhm und ihre Fangemeinde waren jenen der Filmstars der Moderne nicht unähnlich.

Heute finden wir solche Strafmethoden gänzlich abstoßend. Wenige von uns können sich vorstellen, daß sie aktiv Vergnügen daraus ziehen könnten, wenn sie zusehen, wie jemand gefoltert oder gewaltsam zu Tode gebracht wird, welche Verbrechen die betreffenden Personen auch begangen haben mögen. Unser Strafsystem basiert auf der Haftstrafe statt auf der Zufügung körperlicher Schmerzen, und in den meisten westlichen Ländern ist die Todesstrafe überhaupt abgeschafft. Warum haben sich die Dinge verändert? Warum haben Gefängnisstrafen die älteren, gewalttätigeren Formen der Bestrafung verdrängt?

Man ist versucht anzunehmen, daß in der Vergangenheit die Leute schlicht brutaler waren, während wir humaner geworden sind. Für den Soziologen ist eine derartige Erklärung jedoch nicht sonderlich überzeugend. Die öffentliche Anwendung von Gewalt als Mittel der Bestrafung hatte in Europa eine jahrhundertelange Tradition. Die Leute änderten ihre Einstellungen gegenüber solchen Praktiken nicht plötzlich „aus heiterem Himmel"; am Werk waren allgemeinere gesellschaftliche Einflüsse, die mit bedeutenden Wandlungsprozessen dieser Periode verknüpft waren. Damals begannen sich die europäischen Gesellschaften zu *industrialisieren* und zu *urbanisieren*. Die alte ländliche Gesellschaftsordnung wurde sehr schnell von einer anderen verdrängt, bei der mehr und mehr Leute in Fabriken und Werkstätten arbeiteten und sich in den schnell expandierenden städtischen Regionen niederließen. Die soziale Kontrolle über städtische Bevölkerungsschichten konnte nicht mehr durch die älteren Formen der Bestrafung ausgeübt werden, die darauf beruht hatten, ein schreckliches Exempel zu statuieren, und nur in sehr eng geknüpften, kleinen Gemeinschaften angebracht waren, wo es selten zu derartigen Vorfällen kam.

Gefängnisse entwickelten sich als Teil eines allgemeinen Trends in Richtung von Organisationen, in denen Individuen gegenüber der Außenwelt „weggesperrt" waren – als Mittel der Kontrolle und Disziplinierung ihres Verhaltens. Zu den Eingesperrten gehörten anfangs nicht nur Kriminelle, sondern auch Vagabunden, Kranke, Arbeitslose, Schwachsinnige und Verrückte. Gefängnisse wurden nur allmählich von Irrenanstalten und Spitälern für die körperlich Kranken getrennt. In den Gefängnissen sollten die Gefangenen zu guten Bürgern „resozialisiert" werden. Die Strafe für das Verbrechen orientierte sich zunehmend an der Erschaffung des gehorsamen Bürgers statt an der öffentlichen Demonstration der schrecklichen Konsequenzen der Übeltat. Was wir heute als eine humanere Einstellung gegenüber der Bestrafung auffassen, *folgte* im allgemeinen aus diesen Veränderungen, statt sie zu verursachen. Die geänderte Behandlung von Kriminellen war Teil der Prozesse, die traditionelle Ordnungen hinwegfegten, die von den Leuten jahrhundertelang akzeptiert worden waren. Diese Prozesse brachten die Gesellschaften hervor, in denen wir heute leben.

Schlußfolgerungen: Das Wesen der Soziologie

An dieser Stelle können wir die bisher erörterten Beispiele kurz zusammenfassen. In jedem der drei Fälle – Liebe, Ehe und Sexualität, Gesundheit und Krankheit sowie Bestrafung des Verbrechens – haben wir gesehen, daß jene menschlichen Empfindungen und Gefühle, die man als „natürlich gegeben" auffassen könnte, tatsächlich durch soziale Faktoren entscheidend geprägt sind. Ein Verständnis dafür, wie unser Leben auf subtile, doch komplexe und tiefgreifende Weise den Kontext unserer gesellschaftlichen Erfahrung widerspiegelt, ist der soziologischen Perspektive fundamental. Die Soziologie befaßt sich vor allem mit dem sozialen Leben in der *modernen Welt* – der Welt, die durch die weitreichenden Veränderungen von menschlichen Gesellschaften während der letzten beiden Jahrhunderte hervorgebracht wurde.

Wandel in der modernen Welt

Die Veränderungen menschlicher Lebensformen in den letzten beiden Jahrhunderten sind ziemlich tiefgreifend gewesen. Wir haben uns z. B. an die Tatsache gewöhnt, daß ein Großteil der Bevölkerung nicht auf dem Land arbeitet, sondern in Städten, und nicht in kleinen ländlichen Gemeinden lebt. Doch dies war bis zur modernen Ära *nie* der Fall. Während praktisch der gesamten Geschichte der Menschheit mußte die überwältigende Mehrheit von Leuten ihre eigenen Mittel des Überlebens produzieren und lebte in winzigen Gruppen oder kleinen Dorfgemeinschaften. Sogar in den Blütezeiten der am höchsten entwickelten traditionellen Zivilisationen – wie im alten Rom oder im traditionellen China – lebten weniger als 10 Prozent der Bevölkerung in städtischen Gebieten, während alle anderen mit der Nahrungsmittelproduktion befaßt waren. Heutzutage haben sich diese Verhältnisse in den meisten industrialisierten Gesellschaften fast völlig umgekehrt: Im allgemeinen leben mehr als 90 Prozent der Leute in städtischen Gebieten, und lediglich 2–3 Prozent der Bevölkerung sind in der Landwirtschaft beschäftigt.

Es sind nicht nur die äußeren Aspekte unseres Lebens, die sich gewandelt haben; diese Transformationen haben die persönlichsten und intimsten Aspekte unserer täglichen Existenz radikal verändert und verändern sie weiterhin. In Fortführung eines früheren Beispiels läßt sich sagen, daß die Ausbreitung der Ideale der romantischen Liebe stark vom Übergang von einer ländlichen zu einer städtischen, industrialisierten Gesellschaft beeinflußt wurde. Als die Leute in städtische Regionen strömten und in der industriellen Produktion zu arbeiten begannen, war die Eheschließung nicht mehr vor allem ökonomisch motiviert – durch das Bedürfnis, die Erbfolge zu kontrollieren und das Land als Familieneinheit zu bearbeiten. „Arrangierte" Ehen – die aufgrund von Verhandlungen zwischen Eltern und Verwandten zustande kamen – wurden immer seltener. In zunehmendem Ausmaß wurden eheliche Beziehungen eingegangen, die auf wechselseitiger emotionaler Anziehung beruhten und der Idee der persönlichen Erfüllung untergeordnet waren. In diesem Zusammenhang entstand auch der Begriff des

Soziologie: Probleme und Perspektiven 17

„Sich–Verliebens" als Grundlage des Ehekontrakts. (Das Thema wird im Kapitel 12 „Verwandtschaft, Ehe und Familie" weiter erörtert.)

Ganz ähnlich unterschieden sich europäische Auffassungen von Gesundheit und Krankheit vor dem Aufstieg der modernen Medizin nicht allzu sehr von denen vieler nicht–westlicher Länder. Moderne Methoden der Diagnose und Behandlung und ein Bewußtsein für die Bedeutung der Hygiene bei der Vorbeugung von Infektionskrankheiten reichen nicht weiter zurück als bis ins frühe 19. Jahrhundert. Unsere heutigen Auffassungen über Gesundheit und Krankheit entstanden als Teil allgemeinerer sozialer Transformationen, die die Glaubensvorstellungen von Leuten über Biologie und Natur in vielerlei Hinsicht beeinflußten.

Am Anfang der Soziologie standen die Versuche von Denkern, die ursprünglichen Auswirkungen der die Industrialisierung des Westens begleitenden Transformationen zu verstehen; die Soziologie ist die Grunddisziplin geblieben, die sich mit der Natur dieses Wandels befaßt. Unsere heutige Welt unterscheidet sich radikal von der vergangener Zeiten; es ist die Aufgabe der Soziologie, uns dabei behilflich zu sein, diese Welt und ihre wahrscheinliche Zukunft zu verstehen.

Soziologie und Common sense

Wenn wir Soziologie betreiben, dann gewinnen wir dadurch Wissen über uns selbst, die Gesellschaften, in denen wir leben, und andere Gesellschaften, die sich in räumlicher und zeitlicher Hinsicht von unserer unterscheiden. **Common sense–Vorstellungen** über uns selbst und andere werden durch soziologische Befunde sowohl *in Frage gestellt* als auch *ergänzt*. Man betrachte die folgende Liste von Aussagen:

1 Die romantische Liebe ist ein natürlicher Bestandteil der menschlichen Erfahrung und findet sich daher in allen Gesellschaften in enger Verknüpfung mit der Institution der Ehe.
2 Die Lebenserwartung von Menschen hängt von ihrer biologischen Verfassung ab und kann durch soziale Unterschiede nicht stark beeinflußt werden.
3 In vergangenen Zeiten war die Familie eine stabile Einheit, doch heute gibt es eine große Zunahme des Anteils „zerbrochener Familien". (anderer)
4 In allen Gesellschaften werden manche Leute unglücklich oder deprimiert sein; daher werden die Selbstmordraten auf der ganzen Welt ungefähr gleich sein.
5 Überall schätzen die meisten Leute materiellen Besitz und werden versuchen, vorwärts zu kommen, wenn die Gelegenheit dazu besteht.
6 Während der gesamten menschlichen Geschichte hat es Kriege gegeben. Wenn wir uns heute der Gefahr eines atomaren Kriegs gegenübersehen, dann deshalb, weil Menschen aggressive Instinkte haben, die stets in irgendeiner Form ausgelebt werden.
7 Die Verbreitung von Computern und Automaten in der industriellen Produktion wird den durchschnittlichen Arbeitstag eines Großteils der Bevölkerung stark verkürzen.

Jede dieser Behauptungen kann durch Beweise widerlegt oder in Frage gestellt werden, und wenn wir uns die Gründe dafür überlegen, dann wird uns das dabei behilflich sein, die Fragen, die Soziologen in ihrer Arbeit stellen – und zu beantworten versuchen –, zu verstehen. (Die im folgenden aufgeworfenen Punkte werden in späteren Kapiteln detaillierter analysiert.)

1 Wie wir gesehen haben, ist die Idee, daß die Ehe sich auf romantische Liebe gründen sollte, eine ziemlich neue, die es weder in früheren Epochen der Geschichte der westlichen Gesellschaften noch in anderen Kulturen gibt. In der Tat ist die romantische Liebe in den meisten Gesellschaften unbekannt.

2 Die Lebenserwartung der Leute ist ganz sicherlich von sozialen Faktoren bestimmt. Dies deshalb, weil gesellschaftliche Lebensformen gegenüber den biologischen Faktoren, die Krankheit, Gebrechlichkeit oder Tod hervorbringen, als „Filter" fungieren. Die Armen sind so etwa im Schnitt weniger gesund als die Reichen, da sie sich im allgemeinen schlechter ernähren, ein körperlich anstrengenderes Leben führen und sich mit schlechteren medizinischen Leistungen zufriedengeben müssen.

3 Wenn wir auf die ersten Jahrzehnte des 19. Jahrhunderts zurückblicken, war der Anteil der Kinder, die lediglich mit einem ihrer natürlichen Elternteile zusammenlebten, vermutlich genauso hoch wie heute, da sehr viel mehr Leute jung starben, vor allem Frauen anläßlich der Geburt. Trennung und Scheidung sind heute die Hauptursache von „zerrütteten Familien", doch die Gesamtniveaus unterscheiden sich nicht sonderlich.

4 Die Selbstmordraten sind ganz sicherlich nicht in allen Gesellschaften gleich. Sogar wenn wir lediglich westliche Länder betrachten, finden wir eine beträchtliche Variation der Selbstmordraten. Z. B. ist jene Großbritanniens viermal so hoch wie die Spaniens, doch nur ein Drittel der ungarischen Rate. Die Selbstmordraten stiegen während der Hauptperiode der Industrialisierung der westlichen Gesellschaften im 19. und im frühen 20. Jahrhundert stark an.

5 Der Wert, den viele Leute in modernen Gesellschaften auf materielle Besitztümer und das „Vorwärtskommen" legen, ist zum Großteil auf jüngere Entwicklungen zurückzuführen. Er ist mit dem Aufstieg des „Individualismus" im Westen verknüpft – der großen Bedeutung, der wir im allgemeinen der individuellen Leistung beimessen. In vielen anderen Kulturen wird von Einzelpersonen erwartet, daß sie das Wohl der Gemeinschaft über ihre eigenen Wünsche und Neigungen stellen. Materieller Besitz wird im Vergleich zu anderen Werten, wie z. B. religiösen, häufig nicht sonderlich hoch geschätzt.

6 Weit davon entfernt, einen aggressiven Instinkt zu haben, haben Menschen überhaupt keine Instinkte, wenn der Ausdruck „Instinkt" ein feststehendes und erbliches Verhaltensmuster bedeuten soll. Darüberhinaus gab es während eines Großteils der menschlichen Geschichte, als Leute noch in kleinen Stammesgruppen lebten, keine Kriege; obwohl einige dieser Gruppen aggressiv waren, waren es viele nicht. Es gab keine Armeen, und wenn es gelegentlich zu tätlichen Auseinandersetzungen kam, dann wurden oft bewußte Anstrengungen unternommen, um Gefallene zu vermeiden oder deren Anzahl zu begrenzen. Der heutige Krieg ist eng verknüpft mit einem Prozeß der „Industria-

lisierung des Krieges", der ein wichtiger Aspekt der allgemeinen Industrialisierung ist.

7 Diese Annahme unterscheidet sich von den anderen, da sie sich auf die Zukunft bezieht. Es gibt gute Gründe, der Idee zumindest mit Vorsicht gegenüberzutreten. Gänzlich automatisierte Industrien sind noch immer sehr selten, und die durch die Automatisierung eliminierten Arbeitsplätze könnten durch andere ersetzt werden, die in anderen Wirtschaftsbereichen entstehen. Wir wissen es heute einfach noch nicht. Eine der Aufgaben der Soziologie ist es, sich sehr genau mit dem tatsächlichen Beweismaterial auseinanderzusetzen, das für derartige Fragen relevant ist.

Offensichtlich stehen soziologische Befunde nicht immer im Widerspruch zu Auffassungen des Common sense. Ideen des Common sense stellen oft Quellen der Einsicht in soziales Verhalten dar. Was allerdings betont werden muß, ist, daß der Soziologe bereit sein muß, in bezug auf alle unsere Glaubensvorstellungen, die sich auf uns selbst beziehen – unabhängig davon, wie lieb wir sie gewonnen haben –, die Frage zu stellen: *Ist das wirklich so?* Dadurch leistet die Soziologie auch einen *Beitrag* zum „Common sense", wie immer er auch zu einem beliebigen Zeitpunkt und an beliebigen Orten beschaffen sein mag. Vieles von dem, was wir heute zum Common sense zählen, zu dem, „was jeder weiß" – z. B. daß seit dem 2. Weltkrieg die Scheidungsraten stark angestiegen sind –, beruht auf der Arbeit von Soziologen und anderen Sozialwissenschaftlern. Sehr viel regelmäßig betriebene Forschung ist notwendig, um alljährlich Material über die Muster der Eheschließungen und Scheidungen zu produzieren. Dasselbe gilt für sehr viele andere Bereiche unseres „Common sense"–Wissens.

Soziologische Fragen

Tatsachenfragen

Einige der Fragen, die Soziologen stellen und zu beantworten versuchen, sind vor allem **Tatsachenfragen**. Da wir Mitglieder einer Gesellschaft sind, haben wir bereits ein gewisses Ausmaß von Tatsachenwissen über sie. Zum Beispiel ist sich in Großbritannien jedermann der Tatsache bewußt, daß es Gesetze gibt, die man befolgen soll, und daß ihre Verletzung das Risiko der Bestrafung mit sich bringt. Doch das Wissen des Durchschnittsmenschen über das Rechtssystem und über das Wesen und die Typen von krimineller Aktivität wird meist vage und unvollständig sein. Viele Aspekte des Verbrechens und der Gerechtigkeit erfordern die direkte und systematische soziologische Untersuchung. So könnten wir zum Beispiel fragen: Welche Verbrechensformen sind die häufigsten? Welcher Anteil der Personen, die Verbrechen begehen, wird von der Polizei ertappt? Und wieviele von diesen werden schließlich verurteilt und eingesperrt? Tatsachenfragen sind häufig wesentlich komplizierter und schwieriger zu beantworten, als man annehmen würde. So sind etwa die offiziellen Kriminalstatistiken von zweifelhafter Aussagekraft bezüglich des wirklichen Niveaus krimineller Aktivität.

Vergleichende Fragen

Tatsacheninformation über eine Gesellschaft läßt uns selbstverständlich im unklaren darüber, ob wir es mit einem ungewöhnlichen Fall oder mit einer ziemlich allgemeinen Konstellation von Faktoren zu tun haben. Soziologen stellen daher gerne **vergleichende Fragen,** bei denen ein sozialer Kontext einer bestimmten Gesellschaft mit dem einer anderen in Beziehung gebracht wird oder wo Beispiele, die verschiedenen Gesellschaften entnommen sind, einander gegenübergestellt werden. Zwischen den Rechtssystemen Großbritanniens und der Vereinigten Staaten bestehen zum Beispiel bedeutsame Unterschiede. Eine typische vergleichende Frage könnte sein: In welchem Ausmaß unterscheiden sich die Muster des kriminellen Verhaltens und der Überwachung solchen Verhaltens in den beiden Ländern? (In der Tat gibt es einige wichtige Unterschiede zwischen ihnen.)

Entwicklungsfragen

In der Soziologie müssen wir nicht nur existierende Gesellschaften miteinander in Beziehung setzen, sondern auch die Gegenwart und die Vergangenheit. Die Fragen, die in diesem Zusammenhang von Soziologen gestellt werden, sind **Entwicklungsfragen**. Um die Natur der modernen Welt zu verstehen, müssen wir frühere Gesellschaftsformen betrachten und auch die Hauptrichtungen identifizieren, die Wandlungsprozesse eingeschlagen haben. So können wir zum Beispiel die Entstehung der ersten Gefängnisse untersuchen – ein Problem, das weiter oben berührt wurde.

Theoretische Fragen

Tatsachenuntersuchungen – oder, wie sie von Soziologen bevorzugt genannt werden, **empirische Untersuchungen** – beziehen sich darauf, *wie* die Dinge ablaufen. Doch die Soziologie erschöpft sich nicht darin, bloße Tatsachen zu sammeln, wie wichtig oder interessant diese auch sein mögen. Wir möchten auch wissen, *warum* Dinge geschehen, und um dies herausfinden zu können, müssen wir lernen, theoretische Fragen zu stellen, die es uns gestatten, Tatsachen korrekt zu interpretieren, indem wir die Ursachen des Problems, mit dem sich eine bestimmte Untersuchung befaßt, identifizieren. Wir wissen, daß die Industrialisierung bedeutenden Einfluß auf die Entstehung moderner Gesellschaften ausgeübt hat. Doch was sind die Ursprünge und Vorbedingungen der Industrialisierung? Warum finden wir Unterschiede zwischen verschiedenen Gesellschaften, die dem Industrialisierungsprozeß unterworfen waren? Warum ist die Industrialisierung mit Veränderungen der Formen der Bestrafung von Verbrechen oder des Familien- und Ehesystems verknüpft? Um solche Fragen behandeln zu können, müssen wir lernen, **theoretisch** zu denken. Theorien erfordern die Konstruktion abstrakter Interpretationen, die zur Erklärung einer Vielfalt empirischer Situationen herangezogen werden können. Eine Theorie der Industrialisierung etwa würde sich darum bemühen, die Hauptmerkmale, die Prozessen der industriellen Entwicklung gemeinsam sind, festzustellen und zu zeigen, welche davon für die Erklärung dieser Entwicklung am wichtigsten sind. Selbstverständlich können faktische und theoretische Fragen niemals vollständig voneinander getrennt werden. Wir können brauchbare theoretische Ansätze nur entwickeln, wenn wir in der Lage sind, sie mittels empirischer Untersuchungen zu überprüfen.

Wir brauchen Theorien, um den Tatsachen einen Sinn abgewinnen zu können. Im Gegensatz zur landläufigen Meinung sprechen Tatsachen nicht für sich selbst. Viele Soziologen arbeiten vorwiegend zu empirischen Fragestellungen, doch wenn sie in ihrer Forschung nicht von einem gewissen Ausmaß theoretischen Wissens geleitet sind, dann wird ihre Arbeit vermutlich nur dürftige Ergebnisse zeitigen. Das trifft sogar auf Forschungen zu, die vor allem praktische Zielsetzungen verfolgen.

„Praktiker" neigen dazu, gegenüber Theoretikern mißtrauisch zu sein; sie sehen sich selbst als erdverbundene Typen, die keinen Bedarf an abstrakten Ideen haben. Doch alle praktischen Entscheidungen basieren auf irgendwelchen theoretischen Annahmen. Jemand, der ein Geschäft betreibt, könnte zum Beispiel eine äußerst geringe Meinung von „Theorien" haben. Nichtsdestoweniger beruht der Zugang zu geschäftlichen Aktivitäten stets auf theoretischen Annahmen, auch wenn sie häufig stillschweigend gemacht werden. So könnte ein Unternehmer oder eine Unternehmerin annehmen, daß Angestellte vorwiegend durch die Höhe ihrer Entlohnung zu harter Arbeit motiviert werden können. Dies ist nicht nur eine theoretische Interpretation menschlichen Verhaltens – sie ist auch irrig, wie Forschungen der Industriesoziologie recht eindeutig nachgewiesen haben.

Beabsichtigte und unbeabsichtigte Konsequenzen menschlichen Handelns

Soziologen treffen eine wichtige Unterscheidung zwischen den Zwecken unseres Handelns – was wir beabsichtigen – und den durch unser Handeln hervorgebrachten **unbeabsichtigten Konsequenzen**. Unsere Handlungsziele können sich von den Konsequenzen unseres Tuns sehr deutlich unterscheiden. Auf diese Weise können wir viel über Gesellschaften lernen. Schulen etwa werden eingerichtet, um Kindern Dinge wie Lesen und Schreiben beizubringen und es ihnen zu ermöglichen, neues Wissen zu erwerben. Doch hat die Existenz von Schulen auch Konsequenzen, die nicht so einfach erkannt werden können oder beabsichtigt waren. Die Schulen halten Kinder vom Arbeitsmarkt fern, bis sie ein bestimmtes Alter erreicht haben. Das Schulsystem tendiert auch dazu, Ungleichheiten zu verstärken, indem es seine Absolventen je nach deren schulischen Leistungen in verschiedene Jobs kanalisiert.

Die Mehrzahl der großen historischen Umwälzungen ist vermutlich unbeabsichtigt. Vor der Russischen Revolution im Jahr 1917 versuchten verschiedene Gruppen, das bestehende Regime zu stürzen. Doch keine von diesen – die Bolschewistische Partei, die schließlich an die Macht gelangte, eingeschlossen – sah den revolutionären Prozeß vorher, der schließlich ablief. Eine Reihe kleinerer Spannungen und Auseinandersetzungen löste einen Prozeß der sozialen Transformationen aus, der wesentlich tiefgreifender war als der, den irgend jemand ursprünglich herbeiführen hatte wollen (Skocpol, 1979).

Manchmal hat ein Verhalten, das ein bestimmtes Ziel anstrebt, tatsächlich Konsequenzen, die die Erreichung dieses Ziels *verhindern*. Vor einigen Jahren wurden in New York City Gesetze erlassen, die die Eigentümer von verfallenden Wohnhäusern in den ärmeren Stadtteilen zwingen sollten, die Gebäude soweit zu renovieren, daß sie einem Mindestwohnstandard entsprachen. Man beabsichtigte so, das Niveau der den ärmeren Bevölkerungsschichten zur Verfügung stehenden Wohnungen anzuheben. Tatsächlich trat das Gegenteil ein. Die Eigentümer von sehr abgewohnten Gebäuden gaben diese gänzlich preis oder verwendeten sie zu anderen Zwecken, sodaß ein größerer Mangel an annehmbarem Wohnraum herrschte als vorher (Sieber, 1981). Ein vergleichbares Beispiel finden wir, wenn wir zum Fall der Gefängnisse und der Irrenhäuser zurückkehren. Während der letzten Jahre wurde der Prozeß, Leute aus der Gemeinschaft wegzusperren, in Großbritannien und einigen anderen westlichen Ländern umgekehrt. Im Bemühen, Straftäter und Geisteskranke der „Gemeinschaftspflege" zu übergeben, wurden einige der Insassen von Gefängnissen und psychiatrischen Anstalten in das Leben in der Welt außerhalb entlassen. Die Ergebnisse haben jedoch die Hoffnungen der liberalen Reformer, die diese Innovation unterstützten, in gewissem Ausmaß unterlaufen. Viele frühere psychiatrische Patienten fanden sich in einem Zustand akuter Verarmung wieder und waren unfähig, mit der neuen Umgebung, in die sie hinausgestoßen worden waren, fertig zu werden. Die Konsequenzen für sie waren katastrophal.

Sowohl die Kontinuität als auch der Wandel des sozialen Lebens müssen unter Bezug auf eine „Mischung" von beabsichtigten und unbeabsichtigten Konsequenzen der Handlungen von Personen verstanden werden. Die Soziologie hat die Aufgabe, das resultierende Gleichgewicht zwischen **sozialer Reproduktion** und **sozialer Transformation** zu untersuchen. „Soziale Reproduktion" bezieht sich darauf, wie Gesellschaften im Zeitablauf „in Gang gehalten werden", „Transformation" auf die Wandlungsprozesse, denen sie unterliegen. Eine Gesellschaft ist kein mechanisches Gerät wie eine Uhr oder eine Maschine, die „weiterläuft", weil sie einem vorhersagbaren Kräftespiel unterliegt. Soziale Reproduktion findet statt, weil es eine Kontinuität dessen gibt, was Leute von Tag zu Tag und von Jahr zu Jahr tun, sowie der sozialen Gewohnheiten, die diese befolgen. Wandel ergibt sich zum Teil, weil er von Leuten beabsichtigt wird, und zum Teil – wie das Beispiel der Russischen Revolution zeigt – wegen Konsequenzen, die niemand vorhersieht oder beabsichtigt.

Was kann uns die Soziologie über unsere eigenen Handlungen sagen?

Als Individuen wissen wir alle ziemlich viel über uns selbst und über die Gesellschaften, in denen wir leben. Wir neigen zur Auffassung, daß wir recht gut verstehen, warum wir so handeln, wie wir das tun, ohne Soziologen zu brauchen, die uns das sagen müßten! Und in gewissem Ausmaß stimmt das auch. Viele der Dinge unseres alltäglichen Lebens tun wir, weil wir die relevanten sozialen Konventionen verstehen. Doch hat solche Selbsterkenntnis fest umrissene Grenzen, und es ist eine der Hauptaufgaben der Soziologie zu zeigen, welche diese sind.

Auf der Grundlage unserer bisherigen Erörterungen können wir das Wesen dieser Grenzen recht leicht erläutern. Wie wir bereits gesehen haben, fällen Leute ziemlich viele Common sense–Urteile über sich selbst und andere, die sich als falsch, als Halbwahrheiten oder als irregeleitet herausstellen. Soziologische Forschung hilft einerseits dabei, die Grenzen unseres sozialen Urteils aufzuzeigen, andererseits wirkt sie auf unser Wissen über uns selbst und die soziale Umgebung zurück. Ein anderer wesentlicher Beitrag der Soziologie liegt im Nachweis, daß wir alle zwar vieles von dem, was wir tun – und warum wir es tun –, verstehen, daß wir jedoch oft nur wenig über die Konsequenzen unserer Handlungen wissen. Die unbeabsichtigten und unvorhergesehenen Konsequenzen unserer Handlungen beeinflussen alle Aspekte und Zusammenhänge des sozialen Lebens. Die soziologische Analyse erforscht die subtilen Verflechtungen zwischen den absichtlichen und den unabsichtlichen Elementen der sozialen Welt.

Struktur und Handlung

[handschriftliche Notiz: Ursache → Wirkung]

Die sozialen Umgebungen, in denen wir existieren, bestehen nicht bloß aus zufälligen Anhäufungen von Ereignissen oder Handlungen – sie sind *strukturiert*. Im Verhalten der Leute und in den Beziehungen, in denen sie zueinander stehen, gibt es zugrundeliegende Regelmäßigkeiten. In gewissem Ausmaß ist es hilfreich, sich die strukturellen Merkmale von Gesellschaften in Analogie zur Struktur eines Gebäudes vorzustellen. Ein Gebäude hat Wände, einen Fußboden und ein Dach, die zusammen für seine spezifische Form verantwortlich sind. Doch kann die Analogie irreführend werden, wenn sie überstrapaziert wird. Soziale Systeme bestehen aus menschlichen Handlungen und Beziehungen: Was diesen ihr Muster verleiht, ist ihre *Wiederholung* über Zeiträume und örtliche Distanzen hinweg. In der soziologischen Analyse sind also die Ideen der sozialen Reproduktion und der Struktur sehr eng miteinander verknüpft. Wir sollten menschliche Gesellschaften wie Gebäude auffassen, *die zu jedem beliebigen Zeitpunkt von eben den Ziegeln, aus denen sie bestehen, neu erschaffen werden*. Unser aller Handlungen werden von den strukturellen Merkmalen der Gesellschaften, in denen wir herangewachsen sind und leben, beeinflußt; gleichzeitig reproduzieren wir diese strukturellen Merkmale durch unsere Handlungen und verändern sie dadurch in einem gewissen Ausmaß.

Die Entwicklung einer soziologischen Sichtweise

Soziologisch denken zu lernen, bedeutet, die Vorstellungskraft weiter zu entwickeln. Das Studium der Soziologie *kann nicht* bloß ein Routinevorgang des Wissenserwerbs sein. Ein Soziologe ist jemand, der fähig ist, sich von der Unmittelbarkeit der persönlichen Umstände loszureißen. Soziologische Arbeit hängt davon ab, was C. Wright Mills in einer berühmten Redewendung die **soziologische Denkweise** (*the sociological imagination*) genannt hat (Mills, 1963).

Das soziologische Denkvermögen macht vor allem die Fähigkeit erforderlich, *„sich fortzudenken" von den vertrauten Routinen unseres alltäglichen Lebens, um sie neu zu betrachten*. Man nehme die einfache Handlung des Kaffeetrinkens. Was könnte man vom soziologischen Standpunkt aus über einen allem Anschein nach derart uninteressanten Ausschnitt des Verhaltens zu sagen finden? Die Antwort ist – sehr, sehr viel.

Wir können zunächst darauf verweisen, daß Kaffee mehr ist als ein Getränk, das dabei hilft, dem Individuum genügend Flüssigkeit zuzuführen. Er hat einen *symbolischen Wert* als Teil unserer alltäglichen sozialen Rituale. Oft ist das mit dem Kaffeetrinken verknüpfte Ritual wesentlich wichtiger als der Genuß des Getränks selbst. Zum Beispiel sind zwei Leute, die vereinbaren, „auf einen Kaffee zu gehen", wahrscheinlich mehr daran interessiert, daß sie einander treffen und miteinander plaudern, als daran, was sie trinken. Essen und Trinken sind in allen Gesellschaften Anlässe für soziale Interaktion und für den Vollzug von Ritualen – und diese bieten ein reichhaltiges Betätigungsfeld für die soziologische Forschung.

Zweitens ist Kaffee eine *Droge*, die Koffein enthält, das eine stimulierende Wirkung auf das Gehirn ausübt. Kaffeesüchtige werden von den meisten Angehörigen der westlichen Kultur nicht als „Drogenanwender" betrachtet. Warum dies der Fall ist, ist eine interessante soziologische Frage. Wie Alkohol ist Kaffee eine „sozial akzeptable" Droge, während Marihuana dies zum Beispiel nicht ist. Doch gibt es andere Kulturen, die den Genuß von Marihuana tolerieren, doch sowohl Kaffee als auch Alkohol mißbilligend betrachten. (Diese Probleme werden in Kapitel 5 „Konformität und Devianz" detaillierter erörtert.)

Drittens bildet ein Individuum, das eine Tasse Kaffee trinkt, Teil eines außergewöhnlich komplizierten Netzwerks von *sozialen und ökonomischen Beziehungen*, das sich über die ganze Welt erstreckt. Die Erzeugung, der Transport und die Verteilung von Kaffee erfordern beständige Transaktionen zwischen zahlreichen Leuten, die sich Tausende von Kilometern vom Kaffeetrinker entfernt befinden. Die Untersuchung derartiger globaler Transaktionen ist eine wichtige Aufgabe der Soziologie, da viele Aspekte unseres Lebens heute von weltweiten Handels- und Kommunikationsbeziehungen beeinflußt werden.

Schließlich setzt die Handlung des Kaffeetrinkens einen ganzen Prozeß *vergangener sozialer und ökonomischer Entwicklung* voraus. Gemeinsam mit anderen heute vertrauten Bestandteilen des westlichen Speisezettels – wie Tee, Bananen, Kartoffeln und weißer Zucker – wurde der Kaffee erst seit Beginn des 19. Jahrhunderts in größerem Ausmaß verbraucht. Obwohl der Kaffee aus dem Nahen Osten stammt, datiert sein Massenkonsum von jener Periode der westlichen kolonialen Ausdehnung her, die vor ungefähr einundhalb Jahrhunderten stattfand. Praktisch der gesamte Kaffee, den wir heute in den westlichen Ländern trinken, kommt aus Gebieten (Südamerika, Afrika), die von Europäern kolonisiert wurden.

Die Entwicklung der soziologischen Denkweise bedeutet, Materialien aus der **Ethnologie** (der Untersuchung traditioneller Gesellschaften) und der Geschichte über jene der Soziologie selbst hinaus zu verwenden. Die *ethnologische* Dimension der soziologischen Denkweise ist von zentraler Bedeutung, da sie unser Auge für das Kaleidoskop der verschiedenen existierenden Formen des menschlichen sozialen Lebens schärft. Indem wir diese miteinander vergleichen, lernen wir mehr über die Besonderheit unserer spezifischen Verhaltensmuster. Die *historische* Dimension der soziologischen Denkweise ist von ebenso fundamentaler Bedeutung: Wir können die spezifische Beschaffenheit unserer heutigen Welt nur erfassen, wenn wir fähig sind, sie mit der Vergangenheit zu vergleichen. Die Vergangenheit ist ein Spiegel, den der Soziologe der Gegenwart vorhalten muß, um sie zu verstehen. Jede dieser Aufgaben erfordert es, uns von unseren eigenen Gewohnheiten und Bräuchen „wegzudenken" – um ein profunderes Verständnis für sie entwickeln zu können.

Es gibt noch einen Aspekt der soziologischen Denkweise – jenen, den Mills in der Tat am meisten hervorhob. Dieser betrifft *unsere Möglichkeiten für die Zukunft*. Die Soziologie hilft uns nicht nur, bestehende Muster des sozialen Lebens zu analysieren, sondern gestattet uns auch, Ausschnitte der uns offenstehenden möglichen Zukunft zu sehen. Die phantasievolle Verrichtung soziologischer Arbeit kann uns nicht nur zeigen, was der Fall *ist*, sondern auch, was der Fall *sein könnte*, wenn wir es uns zum Ziel setzten. Solange sie nicht auf einem auf Wissen gegründeten soziologischen Verständnis der derzeitigen Entwicklungen basieren, werden unsere Versuche, zukünftige Entwicklungen zu beeinflussen, wirkungslos oder vergeblich sein.

Ist die Soziologie eine Wissenschaft? (Theologie auch?)

Die Soziologie nimmt eine zentrale Stellung in einer Gruppe von Disziplinen (darunter Ethnologie, Ökonomie und Politikwissenschaft) ein, die üblicherweise als *Sozialwissenschaften* bezeichnet werden. Doch können wir das menschliche soziale Leben tatsächlich auf „wissenschaftliche" Weise untersuchen? Um diese Frage beantworten zu können, müssen wir zu allererst die Hauptmerkmale der Wissenschaft als einer Form des intellektuellen Bemühens verstehen. Was ist **Wissenschaft**?

Wissenschaft ist die Verwendung systematischer Forschungsmethoden[1], theoretischen Denkens und der logischen Bewertung von Argumenten, um einen Wissensbestand über einen bestimmten Gegenstandsbereich zu entwickeln. Wissenschaftliche Arbeit beruht auf einer Kombination kühner gedanklicher Neuerungen mit der sorgfältigen Überprüfung des Beweismaterials, das Hypothesen und Theorien stützen oder widerlegen kann. Die durch wissenschaftliche Untersuchungen und Auseinandersetzungen angehäuften Informationen und Einsichten sind in gewissem Ausmaß stets *vorläufig* – im Lichte neuer Beweise oder Argumente können sie stets abgeändert oder sogar gänzlich verworfen werden.

Wenn wir fragen „Ist die Soziologie eine Wissenschaft?", dann meinen wir zwei Dinge: „Kann die Disziplin sich nahe an die Vorgangsweisen der Naturwissenschaft anlehnen?" und „Kann die Soziologie darauf hoffen, dieselbe Art von präzisem und gut begründetem Wissen zu erlangen, die Naturwissenschaftler in bezug auf die physikalische Welt entwickelt haben?" Diese Fragen waren in gewissem Ausmaß immer umstritten, doch über lange Zeit hinweg haben die meisten

1) reproduzierbar

Soziologen sie mit „Ja" beantwortet. Sie waren der Auffassung, daß die Soziologie der Naturwissenschaft sowohl in der Vorgangsweise als auch im Wesen ihrer Befunde ähneln kann und soll (eine Sichtweise, die manchmal als **Positivismus** bezeichnet wird).

Diese Auffassung wird heute für naiv erachtet. Wie die anderen Sozial–"Wissenschaften" *ist* die Soziologie eine wissenschaftliche Disziplin in dem Sinn, daß sie auf systematischen Forschungsmethoden, der Analyse von Daten und der Bewertung von Theorien im Licht von Beweisen und logischen Argumenten beruht. Die Untersuchung von Menschen unterscheidet sich jedoch von der Beobachtung von Ereignissen in der physikalischen Welt, und weder der logische Rahmen noch die Befunde der Soziologie können adäquat verstanden werden, wenn man sie einfach mit der Naturwissenschaft vergleicht. Wenn wir das soziale Leben untersuchen, dann befassen wir uns mit Aktivitäten, die für die mit ihnen befaßten Personen **sinnhaft** sind. Anders als die Gegenstände der Natur sind Menschen Wesen, die sich ihrer selbst bewußt sind, die ihrem Tun Sinn und Zweck verleihen. Wir können das soziale Leben nicht einmal genau beschreiben, wenn wir nicht zuerst jene Bedeutungen erfassen, die die Leute ihrem Verhalten zuweisen. Zum Beispiel setzt die Beschreibung eines Todes als „Selbstmord" voraus, daß wir etwas darüber in Erfahrung bringen, was die betreffende Person beabsichtigte, als sie starb. Um einen „Selbstmord" handelt es sich nur dann, wenn ein Individuum aktiv seine Selbstzerstörung beabsichtigt hat. Von einer Person, die zufällig unter ein Auto gerät, kann man nicht sagen, daß sie Selbstmord begangen habe; der Tod war von dieser Person nicht gewollt.

Die Tatsache, daß wir Menschen nicht genau in derselben Weise untersuchen können wie die Gegenstände der Natur, ist in mancher Hinsicht ein Vorteil für die Soziologie; andererseits erzeugt sie auch Schwierigkeiten, mit denen sich der Naturwissenschaftler nicht auseinanderzusetzen hat. Soziologische Forscher profitieren davon, daß sie in der Lage sind, direkte Fragen an jene zu stellen, die sie untersuchen – andere Menschen. Andererseits werden Leute, die wissen, daß ihre Aktivitäten genau untersucht werden, sich häufig nicht so verhalten, wie sie dies normalerweise tun. Zum Beispiel können Personen, die Fragebögen ausfüllen, bewußt oder unbewußt ein Selbstbild präsentieren, das sich von ihren üblichen Einstellungen unterscheidet. Sie können sogar versuchen, dem Forscher zu „helfen", indem sie jene Reaktionen produzieren, von denen sie glauben, daß er oder sie sie haben möchte.

Objektivität

Soziologen streben bei ihrer Forschung und in ihrem theoretischen Denken nach Distanz und versuchen, die soziale Welt vorbehaltlos zu untersuchen. Ein guter Soziologe wird sich darum bemühen, Vorurteile, die verhindern könnten, daß Ideen und Beweise in unparteiischer Weise gewürdigt werden, beiseitezustellen. Doch niemand ist in allen Fragen völlig unvoreingenommen, und das Ausmaß, in dem es jemandem gelingen kann, solche Einstellungen gegenüber umstrittenen Problemen zu erreichen, wird im allgemeinen begrenzt sein. **Objektivität** hängt jedoch nicht allein oder sogar primär von der Perspektive spezifischer Forscher ab. Sie hat mit Methoden der Beobachtung und des Arguments zu tun. In diesem Zusammenhang ist der *öffentliche Charakter* der Disziplin von großer Bedeutung. Da Forschungsbefunde und Forschungsberichte der Überprüfung zugänglich sind – da sie in Artikeln, Monographien oder Büchern veröffentlicht werden –, können andere die Schlußfolgerungen überprüfen. Behauptungen, die sich auf Forschungsbefunde stützen, können kritisch bewertet werden; persönliche Neigungen können so durch die Reaktionen anderer neutralisiert werden.

Objektivität wird in der Soziologie daher vor allem durch die Wirkungen der wechselseitigen *Kritik* der Mitglieder der soziologischen Gemeinschaft erzielt. Viele der von der Soziologie untersuchten Fragen sind umstritten, da sie sich direkt auf die Auseinandersetzungen und Kämpfe in der Gesellschaft selbst beziehen. Doch durch die öffentliche Auseinandersetzung, die Überprüfung von Beweisen und die logische Strukturierung des Arguments können solche Themen in fruchtbarer und wirksamer Weise analysiert werden (Habermas, 1976).

Die praktische Bedeutung der Soziologie

Das Verstehen sozialer Situationen

Die Soziologie hat viele praktische Auswirkungen auf unser Leben. Soziologisches Denken und soziologische Forschung leisten auf vielfältige und leicht nachvollziehbare Weise einen Beitrag zur praktischen Politik und zur gesellschaftlichen Reform. Der direkteste Beitrag besteht einfach darin, daß ein *klareres oder adäquateres Verständnis* einer sozialen Situation vermittelt wird, als vorher zur Verfügung stand. Dies kann auf der Ebene des Tatsachenwissens geschehen, oder indem man sein Wissen davon vertieft, *warum* irgend etwas geschieht (in anderen Worten, durch das theoretische Verstehen). So kann etwa die Forschung zutage fördern, daß ein wesentlich größerer Anteil der Bevölkerung in Armut lebt als vorher angenommen wurde. Jeder Versuch, den Lebensstandard zu verbessern, hätte offensichtlich bessere Erfolgsaussichten, wenn er auf zutreffender statt auf fehlerhafter Tatsacheninformation beruht. Je besser wir verstehen, warum die Armut immer noch weitverbreitet ist, desto wahrscheinlicher ist es, daß erfolgreiche Planungsstrategien eingesetzt werden können, um ihr zu begegnen.

Gewahr-Werden kultureller Unterschiede

Zweitens kann die Soziologie der Politik auch dadurch Hilfestellung leisten, daß sie den verschiedenen gesellschaftlichen Gruppen ein erweitertes *kulturelles Bewußtsein* vermittelt. Soziologische Forschung gestattet uns, die soziale Welt aus einer Vielfalt kultureller Perspektiven zu sehen, wodurch sie einen Beitrag dazu leistet, daß die Vorurteile zwischen verschiedenen Gruppen abgebaut werden. Niemand kann aufgeklärte politische Entscheidungen treffen, der nicht über ein entwickeltes Bewußtsein von der Verschiedenheit kultureller Werte verfügt. Politische Strategien, die nicht auf einem aufgeklärten Bewußtsein der von ihnen betroffenen Lebensformen beruhen, haben wenig Aussicht auf Erfolg. So wird etwa ein weißer Sozialarbeiter, der in einer westindischen Gemeinschaft einer britischen Stadt tätig ist, das Vertrauen der Mitglieder dieser Gemeinschaft nicht gewinnen, wenn er keine Sensibilität gegenüber den kulturellen Unterschieden, die in Großbritannien häufig weiß und schwarz trennen, entwickelt.

Bewertung der Auswirkungen von Planungsstrategien

Soziologische Forschung hat drittens praktische Konsequenzen, da sie die *Ergebnisse politischer Initiativen bewerten* helfen kann. Ein Programm praktischer Reformen kann sich einfach als ungeeignet erweisen, die Absichten jener, die es geplant haben, zu verwirklichen, oder kann eine Reihe inakzeptabler unbeabsichtigter Konsequenzen nach sich ziehen. In den Jahren nach dem Zweiten Weltkrieg wurden so zum Beispiel in den Städten vieler Länder große öffentlich finanzierte Wohnsiedlungen errichtet. Nach Absicht der Planer sollten diese den einkommensschwachen Gruppen aus Slumgebieten qualitativ hochstehende Wohnmöglichkeiten bieten; die Siedlungen verfügten auch über Einkaufsmöglichkeiten und andere infrastrukturelle Einrichtungen. Forschungen zeigten allerdings, daß viele der Personen, die aus ihren früheren Wohnungen in solche Neubauten übersiedelt waren, sich isoliert und unglücklich fühlten. Hochhäuser und Einkaufsstraßen verfielen oft sehr rasch und stellten Brutstätten für Überfälle und andere gewaltsame Verbrechen dar.

Zunehmende Selbsterkenntnis

Die Soziologie kann viertens – was vielleicht ihr wichtigster Beitrag ist – den gesellschaftlichen Gruppen **Selbstaufklärung**, ein vertieftes Selbstverständnis, zur Verfügung stellen. Je besser Leute über die Bedingungen ihres eigenen Handelns und über gesamtgesellschaftliche Prozesse Bescheid wissen, desto eher sind sie in der Lage, die Umstände ihres eigenen Lebens zu beeinflussen. Wir sollten nicht davon ausgehen, daß sich die praktische Rolle der Soziologie darin erschöpft, Entscheidungsträgern – also mächtigen Gruppen – dabei zu helfen, informierte Entscheidungen zu treffen. Man kann von den Mächtigen einer Gesellschaft nicht annehmen, daß sie stets die Interessen der weniger Mächtigen oder Unterprivilegierten im Auge haben, wenn sie ihre politischen Entscheidungen treffen. Gruppen, die sich ein gewisses Ausmaß von Selbstaufklärung verschafft haben, können in wirksamer Weise auf die von Regierungsbeamten und anderen Behörden verfolgte Politik reagieren und können auch eigene politische Initiativen begründen. Selbsthilfegruppen (wie die Anonymen Alkoholiker) und soziale Bewegungen (wie die Frauenbewegung) sind Beispiele sozialer Verbindungen, die direkt versuchen, praktische Reformen herbeizuführen (siehe Kapitel 9 „Gruppen und Organisationen").

Die Rolle des Soziologen in der Gesellschaft

Sollten sich Soziologen selbst aktiv für praktische Programme der Reform oder des sozialen Wandels engagieren? Manche Autoren argumentieren, daß die Soziologie ihre Objektivität nur bewahren kann, wenn die Vertreter der Disziplin sich in moralischen und politischen Kontroversen streng neutral verhalten, aber es gibt keinen Grund zur Annahme, daß Gelehrte, die sich aus den alltäglichen Debatten heraushalten, notwendigerweise in ihrer Beurteilung soziologischer Probleme unparteiischer sind als andere. Zwischen der Befassung mit der Soziologie und den Regungen des sozialen Gewissens muß es wahrscheinlich einen Zusammenhang geben. Keine soziologisch gebildete Person kann die Augen vor den Ungleichheiten, die heute in der Welt bestehen, verschließen, und auch nicht vor dem Fehlen der sozialen Gerechtigkeit in vielen gesellschaftlichen Situationen oder den Entbehrungen, die Millionen von Menschen zu leiden haben. Es wäre merkwürdig, wenn Soziologen in praktischen Fragen keine Stellung bezögen, und wenn sie das tun, wäre es sowohl unlogisch als auch kaum durchführbar zu versuchen, sie daran zu hindern, sich auf ihr soziologisches Expertenwissen zu stützen.

Abschließende Bemerkungen

In diesem Kapitel haben wir ein Bild der Soziologie als einer Disziplin entworfen, in der wir unsere persönliche Weltsicht hintanstellen, um die Einflüsse, die unser Leben und das anderer Menschen formen, genauer zu betrachten. Die Soziologie entstand als eigenständiges intellektuelles Unterfangen mit der frühen Entwicklung der modernen industrialisierten Gesellschaften, und die Untersuchung solcher Gesellschaften bleibt ihr Hauptanliegen. Doch Soziologen beschäftigen sich auch mit einem breiten Spektrum von Fragen, die sich auf das Wesen der sozialen Interaktion und menschlicher Gesellschaften im allgemeinen beziehen. Im folgenden Kapitel werden wir die Vielfalt der menschlichen Kultur untersuchen und die gewaltigen Unterschiede zwischen den Gewohnheiten und Bräuchen verschiedener Völker betrachten. Um das zu tun, müssen wir uns auf eine kulturelle Forschungsreise rund um die Welt begeben. Wir müssen auf dem intellektuellen Gebiet jene Reisen wiederholen, die Christoph Columbus, Kapitän Cook und andere Abenteurer unternommen haben, als sie zu ihren gefährlichen Reisen rund um den Erdball aufbrachen. Als Soziologen können wir diese allerdings nicht lediglich vom Standpunkt des Weltumseglers betrachten - als für sich bestehende „Entdeckungs"-Reisen -, denn diese Expeditionen lösten einen Prozeß westlicher Expansion aus, der dramatische Auswirkungen auf andere Kulturen und auf die spätere soziale Entwicklung der Welt hatte.

Zusammenfassung

1 Die Soziologie kann als die systematische Untersuchung menschlicher Gesellschaften definiert werden, bei spezieller Betonung moderner industrialisierter Systeme.

2 Die Soziologie entstand als Versuch, die weitreichenden Veränderungsprozesse, die während der letzten zwei oder drei Jahrhunderte in menschlichen Gesellschaften stattgefunden haben, zu verstehen. Industrialisierung, städtische Lebensweise und neue Formen des politischen Systems gehören zu den wichtigsten Merkmalen der modernen sozialen Welt.

3 Die in diesem Zusammenhang auftretenden Veränderungen sind nicht auf die gesamtgesellschaftliche Ebene beschränkt. Auch die intimsten und persönlichsten Merkmale des Lebens der Menschen waren von bedeutenden Umwälzungen betroffen; ein Beispiel dafür ist die Herausbildung der Betonung der romantischen Liebe als Grundlage der Ehe.

4 Soziologen untersuchen das soziale Leben, indem sie klar abgegrenzte Fragen stellen und versuchen, durch systematische Forschungen Antworten auf diese zu finden. Diese Fragen können vergleichende, theoretische, Entwicklungs- oder Tatsachenfragen sein. Bei der soziologischen Forschung ist es wichtig, zwischen den beabsichtigten und unbeabsichtigten Resultaten menschlichen Handelns zu unterscheiden.

5 Soziologie zu praktizieren erfordert die Fähigkeit, phantasievoll zu denken und sich von vorgeformten Ideen über das soziale Leben zu distanzieren.

6 Die Soziologie hat enge Beziehungen zu anderen Sozialwissenschaften. Alle Sozialwissenschaften befassen sich mit menschlichem Verhalten, doch konzentrieren sie sich auf verschiedene Aspekte. Die Verknüpfungen zwischen Soziologie, Ethnologie und Geschichte sind besonders wichtig.

7 Die Soziologie ist eine *Wissenschaft* in dem Sinn, daß sie sich auf systematische Forschungsmethoden und die Bewertung von Theorien anhand von Beweisen und logischen Argumenten stützt. Sie kann jedoch nicht direkt den Naturwissenschaften nachempfunden werden, da die Untersuchung menschlichen Verhaltens sich in fundamentaler Weise von der Untersuchung der natürlichen Welt unterscheidet.

8 Soziologen versuchen, bei ihren Untersuchungen über die soziale Welt objektiv zu sein und an ihre Arbeit vorurteilsfrei heranzugehen. Objektivität hängt nicht nur von den Einstellungen des Forschers ab, sondern auch von der öffentlichen Bewertung von Forschung und Theorie, die einen wesentlichen Teil der Soziologie als Wissenschaftsdisziplin darstellt.

9 Die Soziologie ist ein Fach mit wichtigen praktischen Auswirkungen. Sie kann in mehrfacher Weise einen Beitrag zur Sozialkritik und zur praktischen Sozialreform leisten. Erstens ermöglicht es das vertiefte Verständnis einer gegebenen Konstellation sozialer Umstände häufig, diese besser zu kontrollieren. Zweitens stellt die Soziologie die Mittel zur Verfügung, unsere kulturellen Sensibilitäten zu verfeinern, und gestattet es so der Politik, auf einem Bewußtsein von der Verschiedenheit kultureller Werte zu gründen. Drittens können wir die Konsequenzen (beabsichtigt oder unbeabsichtigt) des Einsatzes bestimmter politischer Strategien analysieren. Schließlich – was vielleicht der wichtigste Punkt ist – liefert die Soziologie auch Selbstaufklärung und verschafft damit Gruppen und Individuen verbesserte Möglichkeiten, die Bedingungen ihres eigenen Lebens zu verändern.

Grundbegriffe

Soziologie   Objektivität
Wissenschaft

Wichtige Fachausdrücke

Common sense–Vorstellungen   soziale Reproduktion
Tatsachenfragen   soziale Transformation
vergleichende Fragen   soziologische Denkweise
Entwicklungsfragen   Ethnologie
empirische Untersuchung   Positivismus
theoretische Fragen   sinnhafte Aktivitäten
unbeabsichtigte Konsequenzen   Selbstaufklärung

Teil II
Kultur, Individuum und soziale Interaktion

In diesem Teil des Buches beginnen wir unsere Erforschung des weiträumigen Gebietes der Soziologie, indem wir die Wechselbeziehungen zwischen der individuellen Entwicklung und der Kultur betrachten und die Haupttypen von Gesellschaften analysieren, in denen Menschen heute leben oder in der Vergangenheit gelebt haben. Unsere Persönlichkeit und unsere Sichtweise sind von der Kultur und der Gesellschaft, in der jeder von uns zufälligerweise lebt, stark beeinflußt. Gleichzeitig tragen wir durch unser tägliches Verhalten aktiv dazu bei, die kulturellen und sozialen Kontexte, in die unsere Aktivitäten eingebettet sind, neu zu formen und neu zu erschaffen.

Im ersten Kapitel dieses Teils (Kapitel 2) untersuchen wir die Einheit und Vielfalt der menschlichen Kultur. Wir betrachten, inwieweit Menschen den Tieren ähneln und sich von ihnen unterscheiden, und analysieren die Bandbreite der Verschiedenheiten, die zwischen menschlichen Kulturen bestehen. Die Vielfalt menschlicher Kulturen wurde erst als Ergebnis jener Wandlungsprozesse zum Untersuchungsgegenstand, die ihrerseits viele Kulturen, in denen die Menschen vor Anbruch der Moderne lebten, verändert oder zerstört haben. Diese Wandlungsprozesse werden nachgezeichnet, und die hauptsächlichen Gesellschaftstypen, die die heutige Welt dominieren, werden mit jenen verglichen, die ihnen vorausgingen.

Das folgende Kapitel (Kapitel 3) erörtert den Prozeß der Sozialisation, in dessen Verlauf sich das Kleinkind zu einem sozialen Wesen entwickelt. In gewissem Ausmaß wird das Individuum während seines ganzen Lebens sozialisiert, weshalb die Untersuchung der Sozialisation auch die Analyse des „Generationenzyklus" einschließt – der wechselnden Beziehungen zwischen Jung und Alt.

In Kapitel 4 betrachten wir, wie Menschen im alltäglichen Leben miteinander interagieren, und analysieren die subtilen, doch äußerst wichtigen Mechanismen der Interpretation dessen, was andere anläßlich von face–to–face–Begegnungen sagen und tun. Die Untersuchung der sozialen Interaktion birgt wertvolle Lektionen über die weitere soziale Umgebung, in der wir leben.

Kapitel 5 geht zur Betrachtung umfassenderer sozialer Prozesse über, wobei wir zuerst das Problem der Devianz und des Verbrechens betrachten. Wir können über die Verhaltensweise der Mehrheit einer Population sehr viel in Erfahrung bringen, wenn wir die Ausnahmen studieren – Leute, deren Verhalten von allgemein akzeptierten Mustern abweicht.

Das letzte Kapitel dieses Teils (Kapitel 6) erörtert Probleme des Geschlechts, indem es analysiert, wie veränderte soziale Bedingungen die Stellung von Frauen und Männern in modernen Gesellschaften beeinflußt haben. Dieses Kapitel beinhaltet auch eine Untersuchung des Wesens der Sexualität, indem es die wichtigsten Einflußfaktoren des Sexualverhaltens betrachtet.

Kapitel 2

Kultur und Gesellschaft

Die Begegnung der Kulturen
Frühe Kontakte mit anderen Kulturen

Der Begriff der Kultur

Die menschliche Gattung
Evolution
Menschen und Affen
Veranlagung und Umwelt
Soziobiologie
Instinkte

Kulturelle Vielfalt

Kulturelle Identität und Ethnozentrismus

Kulturelle Universalien
Sprache
Reden und Schreiben
Semiotik und materielle Kultur

Typen von prämodernen Gesellschaften
Jäger und Sammler
Die Mbuti–Pygmäen
Die ursprünglichen „Überflußgesellschaften"?
Weide– und Agrargesellschaften
Weidegesellschaften
Agrargesellschaften
Nicht–industrielle Zivilisationen oder traditionelle Staaten
Die Maya
Merkmale des traditionellen Staates

Gesellschaften in der modernen Welt
Die industrialisierten Gesellschaften
Dritte Welt–Gesellschaften

Schlußfolgerung

Zusammenfassung

Grundbegriffe

Wichtige Fachausdrücke

Weiterführende Literatur

Die Begegnung der Kulturen

Vor ungefähr einem halben Jahrhundert begannen Inselbewohner im Westpazifik, komplizierte, große Holzmodelle von Flugzeugen zu bauen. Diese wurden in langen Stunden mühseliger Arbeit zusammengebaut, obwohl noch keiner von ihnen jemals ein Flugzeug aus der Nähe gesehen hatte. Die Modelle waren nicht zum Fliegen gedacht; sie waren für religiöse Bewegungen, die von örtlichen Propheten angeführt wurden, von zentraler Bedeutung. Die religiösen Führer verkündeten, daß nach der Verrichtung bestimmter Riten „Cargo" vom Himmel kommen würde. Cargo waren jene Dinge, die die Weißen unter den Augen der Inselbewohner zum Eigengebrauch auf die Insel gebracht hatten. Die Weißen würden dann verschwinden und die Vorfahren der Eingeborenen zurückkehren. Die Inselbewohner glaubten, daß als Ergebnis der getreulichen Einhaltung bestimmter Riten ein neues Zeitalter kommen würde, wo sie den materiellen Wohlstand der weißen Eindringlinge genießen würden, während sie andererseits ihre traditionellen Lebensformen fortsetzen könnten (Worsley, 1973).

Warum sind diese „Cargo–Kulte" entstanden? Ihr Ursprung lag im Aufeinandertreffen der traditionellen Ideen und Bräuche der Inselbewohner mit den aufgrund westlichen Einflusses eingeführten Lebensweisen. Der Reichtum und die Macht der Weißen waren unübersehbar, und die Inselbewohner nahmen an, daß die mysteriösen Flugobjekte, die den Zuwanderern die von ihnen genossenen Reichtümer zustellten, die Quelle dieses Wohlstands waren. Vom Standpunkt der Inselbewohner aus war es logisch, den Versuch zu machen, die Flugzeuge durch religiöse und rituelle Mittel unter ihre Kontrolle zu bringen. Gleichzeitig strebten sie danach, ihre eigenen, durch die Ankunft der Neulinge bedrohten Gebräuche zu schützen und zu erhalten.

Das Wissen der Inselbewohner über westliche Verhaltensmuster und Technologien war vergleichsweise dürftig; sie interpretierten die Aktivitäten der Europäer im Rahmen ihrer eigenen Glaubensvorstellungen und ihrer eigenen Weltsicht. In dieser Hinsicht waren ihre Reaktionen ähnlich wie jene, die man in vormodernen Zeiten fast überall antreffen konnte. Sogar die Angehörigen der großen Zivilisationen vergangener Epochen hatten nur ein vages Bewußtsein von den Lebensformen anderer Völker. Als im 16. und 17. Jahrhundert westliche Abenteurer und Kaufleute in die entferntesten Teile der Welt segelten, betrachteten sie jene, mit denen sie in Kontakt gerieten, als „Barbaren" oder „Wilde".

Frühe Kontakte mit anderen Kulturen

Die Europäer, die im 16. Jahrhundert nach Nord– und Südamerika reisten, waren auf der Suche nach Riesen, Amazonen und Zwergen, dem Brunnen der ewigen Jugend, nach Frauen, deren Körper niemals alterten, Männern, die mehrere hundert Jahre lang lebten. Die vertrauten Bilder traditioneller europäischer Mythen waren Teil ihres Reisefiebers. Die Indianer wurden ursprünglich als Geschöpfe der Wildnis aufgefaßt, die mit Tieren mehr gemeinsam hätten als mit Menschen. Paracelsus, die medizinische Koryphäe des 16. Jahrhunderts, stellte Nordamerika als einen Kontinent dar, der von Geschöpfen bevölkert war, die halb Mensch, halb Tier waren. Man hielt die Angehörigen dieser Völker für seelenlose Geschöpfe, die spontan aus der Erde entstanden seien. Der Bischof von Santa Marta in Kolumbien beschrieb die örtlichen Indianer als „Menschen ohne vernünftige Seelen, wilde Waldmenschen, weshalb sie keinerlei christliche Lehre, keine Tugend, noch irgendeine Art des Wissens behalten konnten" (Pagden, 1982, S. 23).

Umgekehrt wurden die Europäer, die während des 17. und 18. Jahrhunderts mit dem chinesischen Reich in Berührung kamen, von dessen Herrschern mit Verachtung gestraft. Im Jahr 1793 entsandte König George III. von England eine Handelsdelegation nach China, um die Handelsbeziehungen in Schwung zu bringen. Den „barbarischen" Besuchern wurde gestattet, einige Handelsstationen in China zu errichten und zu Nutznießern der im Land hergestellten Luxusgegenstände zu werden. Die Chinesen selbst, so sagte man den Besuchern, hatten keinerlei Interesse an irgendwelchen Dingen, die die Europäer anzubieten hatten: „Unser Himmlisches Reich besitzt alle Dinge im Überfluß; innerhalb unserer Grenzen fehlt es an nichts. Daher ist es nicht notwendig, die Erzeugnisse fremder Barbaren im Austausch für unsere eigenen Produkte zu importieren." Ein Ansuchen um die Erlaubnis, westliche Missionare nach China zu entsenden, fand folgende Antwort: „Die Kluft zwischen Chinesen und Barbaren ist sehr tief, und das Ansinnen Eures Botschafters, daß man Barbaren die volle Freiheit einräumen sollte, ihre Religion zu verbreiten, ist äußerst unvernünftig" (Worsley, 1967, S. 2).

So tief war der Abgrund zwischen Ost und West, daß auf beiden Seiten die bizarrsten Vorstellungen über die jeweils andere herrschten. Zum Beispiel war in China bis ans Ende des 19. Jahrhunderts der Glaube weit verbreitet, daß Ausländer, vor allem die Engländer, an Verstopfung sterben würden, wenn man ihnen den Rhabarber vorenthielt. Bis vor zwei Jahrhunderten hatte niemand jene „Übersicht" über die Welt, die uns heute als selbstverständlich erscheint.

Eine der dramatischsten ersten Begegnungen zwischen Bewohnern des Westens und anderen Kulturen ereignete sich erst 1818. Eine englische Schiffsexpedition, die zwischen Baffin Island und Grönland nach der Nordwest–Passage suchte, hatte eine zufällige Begegnung mit den dortigen Eskimos. Bis zu diesem Tag hatten die Eskimos geglaubt, daß sie die einzigen Menschen auf der Welt wären!

Der Begriff der Kultur

In diesem Kapitel werden wir die Einheit und Vielfalt des menschlichen Lebens und der Kultur betrachten. Gemeinsam mit dem Begriff der **Gesellschaft** ist jener der **Kultur** einer der in der Soziologie am meisten verwendeten. Die Kultur besteht aus den **Werten** der Mitglieder einer bestimmten Gruppe, den **Normen**, die sie befolgen, und den *materiellen Gütern*, die sie hervorbringen. Werte sind abstrakte Ideale, während Normen bestimmte Prinzipien oder Regeln sind, die festlegen, welches Verhalten von Leuten erwartet wird. Normen sind die Gebote und Verbote des sozialen Lebens. So ist etwa die Monogamie – die Treue gegenüber einem einzelnen Ehepartner – in den meisten westlichen Gesellschaften ein wichtiger Wert. In vielen anderen Kulturen ist es einer Person gestattet, mehrere Ehefrauen oder Ehemänner gleichzeitig zu haben. Die Verhaltensnormen des Ehelebens beziehen sich z. B. darauf, wie ein Ehepartner sich gegenüber den Verwandten des anderen zu verhalten hat. In manchen Gesellschaften wird von den Eheleuten erwartet, daß sie eine enge Beziehung zu den Schwiegereltern entwickeln; in anderen hingegen erwartet man, daß sie die gebührende Distanz einhalten.

Wenn wir den Ausdruck im alltäglichen Gespräch verwenden, dann denken wir bei „Kultur" an „schöngeistige Dinge" – Kunst, Literatur, Musik und Malerei. Wird er von Soziologen verwendet, bezieht sich der Ausdruck zwar auch auf derartige Aktivitäten, doch darüberhinaus auf noch sehr viel mehr. „Kultur" bezieht sich auf die Lebensweise der Mitglieder einer Gesellschaft oder von Gruppen innerhalb einer Gesellschaft. Dazu gehören religiöse Zeremonien und Freizeitaktivitäten, die Organisation der Arbeit, die Gebräuche des Ehe- und Familienlebens und die Bekleidung. Der Ausdruck bezieht sich auch auf die von den Gruppenmitgliedern hergestellten Güter, die für sie einen Sinn gewinnen – Pfeile und Bogen, Pflüge, Fabriken und Maschinen, Computer, Bücher und Behausungen.

„Kultur" kann begrifflich von „Gesellschaft" unterschieden werden, doch gibt es sehr enge Verbindungen zwischen den beiden Begriffen. Eine Gesellschaft ist ein *Beziehungssystem*, das Individuen miteinander verknüpft. Keine Kulturen könnten ohne Gesellschaften existieren. Doch ebenso könnten keine Gesellschaften ohne Kultur existieren. Ohne Kultur wären wir überhaupt nicht „menschlich", in dem Sinn, in dem wir den Ausdruck üblicherweise verstehen. Wir hätten keine Sprache, um uns mitzuteilen, kein Bewußtsein von uns selbst, und unsere Fähigkeit, zu denken oder zu räsonieren, wäre stark beeinträchtigt – wie wir in diesem Kapitel und in Kapitel 3 („Sozialisation und Lebenszyklus") zeigen werden.

Das Hauptthema sowohl dieses als auch des nächsten Kapitels ist in der Tat die Beziehung zwischen dem biologischen und dem kulturellen Erbe der Menschheit. Die relevanten Fragen sind hier: Was unterscheidet den Menschen vom Tier? Woher stammen unsere spezifischen „menschlichen" Merkmale? Was ist die Natur der menschlichen Natur? Diese Fragen sind für die Soziologie von entscheidender Bedeutung, da sie die Grundlage des ganzen Untersuchungsgebiets darstellen. Um sie zu beantworten, werden wir sowohl das, was Menschen gemeinsam ist, als auch das, was Kulturen voneinander unterscheidet, analysieren.

Kulturelle Unterschiede zwischen Menschen sind mit verschiedenen Typen von Gesellschaft verknüpft, und wir werden die hauptsächlichen Gesellschaftsformen, die in Vergangenheit und Gegenwart identifiziert werden können, miteinander vergleichen. Während des ganzen Kapitels werden wir uns vor allem damit befassen, wie der soziale Wandel die menschliche kulturelle Entwicklung beeinflußt hat – vor allem seit der Zeit, als die Europäer begannen, ihre Lebensformen auf die ganze Welt auszudehnen.

Die menschliche Gattung

Trotz vieler Zusammenstöße und Mißverständnisse ermöglichte es das stetige Vordringen der Bewohner des Westens in andere Teile des Erdballs, allmählich ein Verständnis für die Gemeinsamkeiten menschlicher Lebewesen und für die Verschiedenheiten menschlicher Kulturen zu gewinnen (Hirst und Woolley, 1982).

Kultur und Gesellschaft

Charles Darwin, ein geweihter Priester der Anglikanischen Kirche, veröffentlichte sein Buch *On the Origin of Species* im Jahr 1859, nachdem er auf seinem Schiff *Beagle* zwei Weltreisen unternommen hatte. Nachdem er eine Unmenge genauer Beobachtungen über die verschiedenen tierischen Arten gesammelt hatte, präsentierte Darwin eine Auffassung von der Entwicklung von Menschen und Tieren, die sich von allen vorhergehenden drastisch unterschied.

Wie wir gesehen haben, war es damals nicht ungewöhnlich, wenn Leute an Wesen glaubten, die halb Tier, halb Mensch sind, doch aufgrund von Darwins Befunden wurden solche Möglichkeiten gänzlich eliminiert. Darwin behauptete die Existenz einer kontinuierlichen Entwicklung, die von den Tieren zu den Menschen führte. Seiner Auffassung nach waren unsere menschlichen Merkmale aus einem Prozeß des biologischen Wandels entstanden, der bis zum Ursprung des Lebens auf der Erde vor mehr als drei Milliarden Jahren zurückverfolgt werden kann. Darwins Sichtweise von Menschen und Tieren erschien vielen Leuten noch unglaubwürdiger als die Idee von Zwitterwesen aus Tier und Mensch. Er lancierte eine der am heißesten umstrittenen und dennoch überzeugendsten Theorien der modernen Wissenschaft – die Theorie der **Evolution**.

Evolution

Nach Darwin ist die Entwicklung der Menschheit Ergebnis eines *Zufalls*prozesses. Im Weltbild vieler Religionen, darunter auch des Christentums, führt man die Entstehung von Tieren und Menschen auf göttliche Eingriffe zurück. Im Gegensatz dazu faßt die Evolutionstheorie die Entwicklung der tierischen und menschlichen Arten als zwecklos auf. Die Evolution ist das Ergebnis eines Prozesses, den Darwin *natürliche Auswahl* nannte. Die Idee der natürlichen Auswahl ist einfach. Alle organischen Wesen brauchen Nahrung und andere Ressourcen, wie z. B. Schutz vor klimatischen Extremen, um überleben zu können; doch es gibt nicht genügend Ressourcen, um alle Arten von Tieren, die zu einem gegebenen Zeitpunkt existieren, zu erhalten, da sie sehr viel mehr Nachkommen hervorbringen, als die Umgebung ernähren kann. Jene, die am besten an die Umgebung angepaßt sind, überleben, während andere, die weniger gut ausgerüstet sind, um mit den Anforderungen der Umgebung fertig zu werden, zugrundegehen. Manche Tiere sind intelligenter oder beweglicher als andere; manche können besser sehen. Im Kampf ums Überleben haben sie daher Vorteile gegenüber den weniger gut ausgestatteten Tieren. Sie leben länger und sind in der Lage, sich zu vermehren und ihre Merkmale an spätere Generationen weiterzugeben. Sie werden „ausgewählt", um zu überleben und sich zu reproduzieren.

Auf Grund des biologischen Mechanismus der **Mutation** gibt es einen stetigen Prozeß der natürlichen Auswahl. Eine Mutation ist eine zufällige genetische Veränderung, die die biologischen Merkmale einiger Individuen einer Art modifiziert. Die meisten Mutationen sind hinsichtlich ihres Werts für das Überleben entweder schädlich oder nutzlos; einige jedoch verleihen dem Tier einen Wettbewerbsvorteil gegenüber anderen. Individuen, die über die mutierten Gene verfügen, werden daher auf Kosten jener, denen diese fehlen, überleben. Dieser Prozeß erklärt sowohl kleinere Veränderungen innerhalb der Art als auch größere

Veränderungen, die zum Verschwinden ganzer Arten führen. Vor vielen Millionen Jahren lebten so z. B. in verschiedenen Weltgegenden gigantische Reptilien. Ihre Größe wurde zur Belastung, als in anderen kleineren Arten Mutationen auftraten, die ihnen eine überlegene Anpassungsfähigkeit verliehen. Die frühen Vorfahren der Menschen gehörten zu diesen anpassungsfähigeren Arten.

Obwohl die Evolutionstheorie seit Darwins Zeiten verfeinert wurde, finden die Grundzüge seiner Darstellung noch immer weitverbreitete Anerkennung. Die Evolutionstheorie gestattet es uns, ein klares Bild des Auftauchens verschiedener Arten und ihrer Beziehungen zueinander zu gewinnen.

Menschen und Affen

Das Leben begann, nach der heute allgemein akzeptierten Auffassung, in den Ozeanen. Vor ungefähr 400 Millionen Jahren entstanden die ersten Landtiere. Einige von ihnen entwickelten sich allmählich zu den großen Reptilien, die später von Säugetieren verdrängt wurden. Säugetiere sind warmblütige Geschöpfe, die sich durch Geschlechtsverkehr vermehren. Obwohl die Säugetiere von wesentlich geringerer Körpergröße waren als die riesigen Reptilien, waren sie intelligenter und beweglicher. Säugetiere sind anderen Tieren in der Fähigkeit, aus der Erfahrung zu lernen, überlegen, und diese Fähigkeit hat in der menschlichen Gattung ihren höchsten Entwicklungsstand erreicht. Die Menschen gehören zu einer Gruppe höherer Säugetiere, den *Primaten*, die vor ungefähr 70 Millionen Jahren entstanden.

Unsere nächsten Verwandten im Tierreich sind der Schimpanse, der Gorilla und der Orang-Utan. Von der Frau des Bischofs von Worcester heißt es, daß sie, als sie von Darwins Darstellung der Evolution erfuhr, bemerkt habe: „Wir stammen vom Affen ab? Hoffen wir, daß es nicht wahr ist. Doch wenn es wahr ist, dann wollen wir hoffen, daß es sich nicht allzuweit herumspricht". Wie viele andere seither, hatte auch sie die Evolution mißverstanden. Die Menschen stammen nicht vom Affen ab; Menschen ebenso wie Affen führen ihre Entstehung auf wesentlich primitivere Gruppen von Vorfahren zurück, die vor vielen Millionen Jahren lebten.

Die Vorfahren der Menschen waren Primaten, die aufrecht gingen und ungefähr so groß waren wie die heutigen Pygmäen. Ihre Körper waren vermutlich ziemlich unbehaart, doch in anderer Hinsicht sahen sie Affen ähnlicher als Menschen. Zwischen dieser Periode und dem Auftreten der menschlichen Gattung, wie sie heute besteht, existierten verschiedene andere Typen von Hominiden (Wesen, die zur Menschenfamilie gehören). Menschliche Wesen, die mit uns allem Anschein nach in jeder Hinsicht identisch waren, tauchten vor ungefähr 50 000 Jahren auf. Es gibt verläßliche Hinweise darauf, daß die kulturelle Entwicklung der Evolution der menschlichen Gattung vorherging und diese wahrscheinlich formte. Die Verwendung von Werkzeugen und die Ausbildung ziemlich elaborierter Kommunikationsformen, zusammen mit der Bildung sozialer Gemeinschaften, spielte fast sicherlich im evolutionären Prozeß eine bedeutsame Rolle. Sie boten den Vorfahren der menschlichen Gattung mehr Überlebenschancen, als anderen Tieren zur Verfügung standen. Gruppen, die über diese Fertigkeiten verfügten, waren in der Lage, ihre Umgebung wesentlich wirksamer zu kontrollieren als andere. Mit dem Auftauchen der eigentlichen menschlichen Gattung intensivierte sich jedoch die kulturelle Entwicklung.

Aufgrund ihrer Parallelentwicklung sind der menschlichen Gattung und den anderen Primaten gewisse Merkmale gemeinsam. Die Körperstruktur des Menschen ist in vielerlei Hinsicht jener der Affen ähnlich. Wie Menschen pflegen Affen in sozialen Gruppen zu leben, haben Gehirne, die im Vergleich zum Körper relativ groß sind, und eine lange Periode der Abhängigkeit der Jungen von den Älteren.

In mancher Hinsicht jedoch unterscheiden sich Menschen deutlich von ihren nächsten Verwandten. Menschen stehen aufrecht, während Affen auf allen vieren gehen. Der menschliche Fuß unterscheidet sich drastisch von der Hand, während hier bei den meisten Affen große Ähnlichkeiten bestehen. Das menschliche Gehirn ist im Vergleich zur Körpergröße eindeutig größer als das Gehirn auch der intelligentesten Affen. Während die Periode der kindlichen Abhängigkeit unter den höheren Tieren nur bis zu zwei Jahren dauert, beträgt sie beim Menschen ungefähr sieben oder acht Jahre.

Veranlagung und Umwelt

Soziobiologie

Obwohl sie die evolutionäre Kontinuität zwischen Tieren und Menschen akzeptierten, tendierten bis vor kurzem die meisten Biologen dazu, die eigenständigen Merkmale der menschlichen Gattung hervorzuheben. Diese Position wurde durch die Arbeit von *Soziobiologen* in Frage gestellt, die zwischen dem menschlichen Verhalten und dem von Tieren enge Parallelen sehen. Der Ausdruck **Soziobiologie** stammt aus den Schriften des Amerikaners Edward O. Wilson (Wilson, 1975, 1980). Er bezieht sich auf die Anwendung biologischer Prinzipien bei der Erklärung der sozialen Aktivitäten aller sozialen Tiere, unter Einschluß der Menschen. Nach Wilson sind viele Aspekte des menschlichen sozialen Lebens in unserer genetischen Verfassung verankert. So haben etwa manche Tiergattungen ausgefeilte Paarungsrituale, die im Dienst der geschlechtlichen Vereinigung und Fortpflanzung stehen. Nach Auffassung der Soziobiologen stützt sich das menschliche Paarungs- und Sexualverhalten im allgemeinen auf ähnliche Rituale, die ebenfalls in angeborenen Merkmalen wurzeln. Bei den meisten tierischen Arten, um ein zweites Beispiel heranzuziehen, sind die Männchen größer und aggressiver als die Weibchen und neigen dazu, das „schwächere Geschlecht" zu dominieren. Vielleicht sind es also genetische Faktoren, die erklären können, warum in allen uns bekannten menschlichen Gesellschaften die Männer im allgemeinen Positionen einnehmen, die mit mehr Autorität verknüpft sind als jene von Frauen.

Ein Versuch der Soziobiologen, die Beziehungen zwischen den Geschlechtern zu erhellen, stützt sich auf die Idee der „Fortpflanzungsstrategie". Eine Fortpflanzungsstrategie ist ein Verhaltensmuster, das auf Grund evolutionärer Auswahl entstanden ist und die Überlebenschancen der Nachkommen begünstigt. Verglichen mit dem männlichen Körper bedeuten für den weiblichen Körper die Fortpflanzungszellen eine ziemlich große Investition. Frauen werden also mit dieser Investition behutsam umgehen und keinen Drang verspüren, mit vielen verschiedenen Partnern sexuelle Beziehungen aufzunehmen; ihr Hauptziel ist die Versorgung und der Schutz der Nachkommenschaft. Männer neigen andererseits zur Promiskuität. Vom Standpunkt der Spezies ist ihr Wunsch, mit vielen verschiedenen Partnern geschlechtlich zu verkehren, eine vernünftige Strategie; sie erfüllen ihre Rolle, die darin besteht, die Wahrscheinlichkeit der Schwängerung zu maximieren, und ziehen dann weiter. Auf diese Weise, so wurde behauptet, können wir Unterschiede des sexuellen Verhaltens und der sexuellen Einstellung von Männern und Frauen erklären und Phänomene wie z. B. jenes der Vergewaltigung deuten.

Die Hauptprobleme, die durch derartige Erklärungen aufgeworfen werden, wurden während der letzten Jahre ausführlich erörtert (Sahlins, 1976; Kitcher, 1985). Sie sind noch heute sehr kontroversiell. Die Gelehrten sind im allgemeinen zwei verschiedenen Lagern zuzuordnen, was in gewissem Ausmaß von ihrem intellektuellen Hintergrund abhängt. Autoren, die der soziobiologischen Auffassung positiv gegenüberstehen, wurden meist als Biologen ausgebildet statt in den Sozialwissenschaften, während die große Mehrheit der Soziologen und Ethnologen den Behauptungen der Soziobiologie mit Skepsis gegenübertritt. Wahrscheinlich wissen sie ziemlich wenig über die genetischen Grundlagen des menschlichen Lebens, während Biologen ein ähnlich eingeschränktes Wissen über soziologische und ethnologische Forschungen haben. Beide Seiten finden es nicht leicht, die Argumente der Gegenseite gänzlich nachzuvollziehen.

Die Wogen der Aufregung über Wilsons Arbeiten haben sich heute ein wenig geglättet, und es scheint möglich zu sein, ein einigermaßen klares Urteil darüber zu fällen, was hier auf dem Spiel steht. Die Soziobiologie ist wichtig – doch mehr aufgrund der Einsichten, die sie uns über das Leben von Tieren vermittelt hat, als aufgrund jener über menschliches Verhalten. Gestützt auf die Untersuchungen von Ethologen (Biologen, die, statt Tiere unter künstlichen Bedingungen in zoologischen Gärten oder Laboratorien zu untersuchen, „Feldforschung" bei tierischen Gruppen betreiben) haben Soziobiologen nachgewiesen, daß viele tierische Arten „sozialer" sind, als man vorher angenommen hatte. Tiergruppen haben einen beträchtlichen Einfluß auf das Verhalten der einzelnen Mitglieder der Art. Andererseits konnten nur wenige Beweise dafür gefunden werden, daß das genetische Erbe komplexe Formen menschlicher Aktivität bestimmt. Die Ideen der Soziobiologen über das menschliche soziale Leben sind daher bestenfalls spekulativ. Viele Kritiker weisen die oben skizzierte Interpretation des menschlichen Sexualverhaltens zur Gänze zurück. Ihrer Auffassung nach gibt es kein Verfahren, diese zu beweisen. Darüberhinaus suchen nicht alle Männer die sexuelle Abwechslung, und wenn wir das Sexualverhalten in modernen Gesellschaften betrachten, wo Frauen heutzutage wesentlich freier in der Wahl ihrer sexuellen Beziehungen sind, stellen wir fest, daß sie im Durchschnitt ebenso viele Affären haben wie Männer. Sogar wenn die Generalisierung der Soziobiologen zutreffend wäre, gibt es doch viele psychologische, soziale und kulturelle Faktoren, die diese erklären könnten. Zum Beispiel sind es die Männer, die gesellschaftliche

Machtpositionen bekleiden; wenn sie viele verschiedene Partner suchen, dann könnten sie vom Wunsch getrieben sein, diese Macht auszuüben und Frauen unter ihrer allgemeinen Kontrolle zu halten.

Instinkte

Die meisten Biologen und Soziologen sind sich einig, daß Menschen überhaupt keine „Instinkte" haben. Eine derartige Behauptung widerspricht nicht nur den Hypothesen der Soziobiologie, sondern auch den Glaubensvorstellungen der meisten gewöhnlichen Leute. Gibt es nicht viele Dinge, die wir „instinktiv" tun? Ist es nicht der Instinkt, der uns zwinkern oder zurückschrecken läßt, wenn jemand nach uns schlägt? Tatsächlich handelt es sich hier nicht um ein Beispiel instinktiven Verhaltens, wenn der Ausdruck **Instinkt** präzise verwendet wird. In der Biologie und Soziologie wird ein Instinkt als *komplexes* Verhaltensmuster aufgefaßt, das genetisch determiniert ist. Die Paarungsrituale vieler niedriger Tiere sind in diesem Sinn instinktiv. Der Stichling (ein kleiner Süßwasserfisch) hat z. B. eine äußerst komplizierte Menge von Ritualen, die sowohl vom Männchen als auch vom Weibchen vollzogen werden müssen, soll es zur Paarung kommen (Tinbergen, 1979). Der eine Fisch vollführt eine Sequenz von Bewegungen, auf die der andere reagiert, was die verschlungenen Figuren eines „Hochzeitstanzes" hervorbringt. Dieses Verhalten ist bei der ganzen Art genetisch geprägt. Ein spontanes Augenzwinkern oder eine Kopfbewegung angesichts eines drohenden

'Die Evolution hat es gut mit dir gemeint, Sid.'

Zeichnung von Lorenz; © The New Yorker Magazine, Inc.

Schlags ist keine Instinkthandlung, sondern eine *Reflexhandlung*. Es ist eine einfache Einzelreaktion und kein komplexes Verhaltensmuster. Dies wird nicht als „instinktiv" im technischen Sinn aufgefaßt.

Menschen werden mit einer Anzahl von Grundreflexen geboren, die dem Augenzwinkern ähnlich sind; die meisten von ihnen scheinen einen bestimmten evolutionären Überlebenswert zu haben. Konfrontiert man z. B. sehr kleine Kinder mit einer Brustwarze oder einem brustwarzenähnlichen Gegenstand, dann werden sie zu saugen beginnen. Verliert ein Kind plötzlich das Gleichgewicht, dann hebt es die Arme, um sich irgendwo festzuhalten, und wenn es eine sehr heiße Oberfläche berührt, dann zieht es sehr schnell die Hand zurück. Jede dieser Reaktionen ist offensichtlich bei der Auseinandersetzung mit der Umgebung von Nutzen.

Menschen haben auch eine Anzahl biologisch verankerter *Bedürfnisse*. Unsere Bedürfnisse nach Nahrung, nach Flüssigkeit, nach Sex und der Erhaltung bestimmter Körpertemperaturen haben eine organische Basis. Doch die Formen, in denen diese Bedürfnisse befriedigt werden, sind beträchtlicher inner– und zwischenkultureller Variation unterworfen.

So weisen etwa alle Kulturen irgendeine Form des standardisierten Paarungsverhaltens auf. Dies steht zwar zur universellen Natur der sexuellen Bedürfnisse in Beziehung, doch findet es in verschiedenen Kulturen äußerst verschiedene Ausdrucksformen, was sogar auf den Geschlechtsakt selbst zutrifft. In der westlichen Kultur gibt es eine beim Geschlechtsakt häufig eingenommene Stellung, bei der die Frau auf dem Rücken liegt und der Mann auf ihr. Diese Stellung wird von den Angehörigen mancher anderen Gesellschaften als absurd betrachtet – bei ihnen ist es üblicher, den Geschlechtsverkehr zu vollziehen, während man Seite an Seite liegt, oder indem die Frau sich auf dem Mann befindet oder ihm den Rücken zukehrt, oder in anderen Stellungen. Die Formen, in denen Leute ihre sexuellen Bedürfnisse befriedigen, scheinen daher nicht genetisch bedingt, sondern kulturell erlernt zu sein.

Darüberhinaus können sich Menschen über ihre biologischen Bedürfnisse auf eine Weise hinwegsetzen, die unter den Tieren keine Parallele zu haben scheint. Religiöse Mystiker können für sehr lange Zeitperioden fasten. Individuen können sich entschließen, zeitweilig oder während ihres gesamten Erwachsenenlebens zölibatär zu bleiben. Alle Tiere einschließlich des Menschen haben einen Trieb zur Selbsterhaltung. Doch Menschen unterscheiden sich von anderen Tieren dadurch, daß sie sich bewußt über diesen Trieb hinwegsetzen können, indem sie ihr Leben beim Bergsteigen oder anderen gefährlichen Aktivitäten riskieren oder sogar Selbstmord begehen.

Kulturelle Vielfalt

Die Vielfalt der menschlichen Kultur ist bemerkenswert. Die Werte und Normen des Verhaltens unterscheiden sich von Kultur zu Kultur beträchtlich und bilden oft einen radikalen Kontrast zu westlichen Auffassungen der „Normalität". Zum Beispiel betrachten wir im modernen Westen die vorsätzliche Tötung von Babys oder kleinen Kindern als eines der schlimmsten Verbrechen. In der traditionellen

Kultur und Gesellschaft   45

chinesischen Kultur wurden allerdings weibliche Kinder nach der Geburt häufig erwürgt, da sie weniger als wünschenswerter Familienzuwachs, sondern eher als Belastung aufgefaßt wurden.

Im Westen verzehren wir Austern, doch wir essen keine kleinen Katzen oder Hunde, die in manchen Teilen der Welt als Delikatessen aufgefaßt werden. Juden verzehren kein Schweinefleisch, während Hindus Schweinefleisch essen, dem Rindfleisch jedoch aus dem Weg gehen. Mitglieder westlicher Gesellschaften betrachten das Küssen als normalen Bestandteil des Sexualverhaltens, während in vielen anderen Kulturen diese Praxis entweder unbekannt ist oder als ekelhaft betrachtet wird. Alle diese unterschiedlichen Verhaltensweisen sind Aspekte allgemeiner kultureller Variationen, durch die sich Gesellschaften voneinander unterscheiden.

Kleingesellschaften (wie die „Jäger- und Sammler"-Gesellschaften, die weiter unten erörtert werden) neigen zu kultureller Einförmigkeit, doch industrialisierte Gesellschaften sind selbst von kultureller Vielfalt gekennzeichnet, da sie zahlreiche verschiedene **Subkulturen** enthalten. In modernen Städten z. B. leben viele subkulturelle Gemeinschaften Seite an Seite – in einigen Bereichen von Zentrallondon finden wir so Westinder, Pakistanis, Inder, Italiener, Griechen, Chinesen und Leute aus Bangladesch. Diese haben oft ihre eigenen Territorien und Lebensformen.

Kulturelle Identität und Ethnozentrismus

Jede Kultur hat ihre einzigartigen Verhaltensmuster, die Leuten mit einem anderen kulturellen Hintergrund als fremdartig erscheinen. Als Beispiel können wir die Nacirema nennen, eine Gruppe, die von Horace Miner in einer berühmten Studie untersucht wurde. Miner konzentrierte seine Aufmerksamkeit auf die ausgefeilten Körperrituale der Nacirema, Rituale, die merkwürdige und exotische Züge haben. Seine Erörterung ist wert, ausführlich zitiert zu werden:

> Dem ganzen System scheint der Glaube zugrundezuliegen, daß der menschliche Körper häßlich und in naturgegebener Weise dem Verfall und der Krankheit preisgegeben ist. Eingekerkert in einem solchen Körper ist es des Menschen einzige Hoffnung, diese Zustände durch die machtvolle Wirkung von Ritual und Zeremonie abzuwehren. In jedem Haushalt sind diesem Zweck eine oder mehrere Kultstätten gewidmet ... Den Mittelpunkt der Kultstätte bildet eine in die Wand eingebaute Kiste oder Schachtel. In dieser Kiste werden die zahlreichen Amulette und Zaubertränke aufbewahrt, ohne die kein Eingeborener glaubt, überleben zu können. Man bekommt diese bei verschiedenen spezialisierten Heilkundigen. Deren mächtigste sind die Medizinmänner, deren Beistand mit beträchtlichen Gegengaben entgolten werden muß. Die Medizinmänner übergeben allerdings nicht selbst die heilsamen Zubereitungen an die Ratsuchenden; sie entscheiden nur über deren Ingredienzien und schreiben diese in einer uralten und geheimen Sprache nieder. Diese Schrift wird allein von den Medizinmännern und den Kräuterkundigen verstanden, die gegen ein weiteres Geschenk das verlangte Zaubermittel zur Verfügung stellen.
> Die Nacirema betrachten den Mund voll Faszination und mit fast krankhafter Furcht; sie glauben, sein Zustand hätte einen übernatürlichen Einfluß auf alle sozialen Beziehungen. Gäbe es nicht ihre Mundrituale, dann, so glauben sie, würden ihre Zähne ausfallen, ihr Zahnfleisch bluten, ihre Kiefer schrumpfen, ihre Freunde sie verlassen und ihre Liebhaber sie zurückweisen. Sie glauben auch an einen engen Zusammenhang zwischen dem Oralen und

> dem Moralischen. So gibt es etwa für Kinder rituelle Waschungen des Mundes, von denen man annimmt, daß sie die moralische Substanz stärken.
>
> Das von jedermann ausgeführte tägliche Körperritual schließt auch einen Mundritus ein. Obwohl diese Leute es mit der Pflege ihres Mundes so genau nehmen, gehört zu diesem Ritus ein Verfahren, das den uneingeweihten Fremden mit Ekel erfüllt. Man hat mir berichtet, daß bei diesem Ritual ein kleines Bündel von Hundehaaren in den Mund eingeführt wird, gemeinsam mit bestimmten Zauberpulvern; das Haarbündel wird dann in einer Serie von hoch-formalisierten Gesten bewegt. (Miner, 1956, S. 503f.)

Wer sind die Nacirema, und in welchem Teil der Welt leben sie? Man kann die Frage selbst beantworten und auch die Natur der beschriebenen Körperrituale identifizieren, indem man „Nacirema" einfach von hinten liest. Fast jede vertraute Aktivität wird fremdartig erscheinen, wenn sie aus dem Zusammenhang gerissen wird, statt als Teil der ganzen Lebensform eines Volkes gesehen zu werden. Westliche Körperpflegerituale sind nicht mehr, aber auch nicht weniger bizarr als die Bräuche mancher die pazifischen Inseln bewohnenden Gruppen, deren Mitglieder ihre Vorderzähne ausbrechen, um sich zu verschönern, oder als die bestimmter südamerikanischer Stämme, die ihre Lippen durch eingelegte Scheiben vergrößern, im Glauben, dies erhöhe ihre Attraktivität.

Wir können diese Praktiken und Glaubensvorstellungen nicht in Isolation von der weiteren Kultur, der sie angehören, verstehen. Eine Kultur muß unter Bezug auf ihre eigenen Sinngebungen und Werte untersucht werden – dies ist eine Grundvoraussetzung der Soziologie. Soziologen bemühen sich, so gut sie können, den **Ethnozentrismus** zu vermeiden, also die Bewertung anderer Kulturen durch den Vergleich mit der eigenen. Da sich menschliche Kulturen derart unterscheiden, ist es nicht überraschend, daß Leute, die aus einer Kultur kommen, es häufig schwierig finden, mit den Ideen und dem Verhalten der Angehörigen einer anderer Kultur zu sympathisieren. Das „Cargokult"-Beispiel, mit dem dieses Kapitel begann, illustrierte die Schwierigkeiten, die eine Kultur dabei hat, sich mit einer anderen auseinanderzusetzen. In der Soziologie müssen wir danach trachten, unsere eigenen kulturellen Scheuklappen abzulegen, um fähig zu sein, die Lebensformen anderer Völker in einem unvoreingenommenen Licht zu sehen.

Kulturelle Universalien

In der Vielfalt des menschlichen kulturellen Verhaltens gibt es einige gemeinsame Merkmale. Bestehen diese in allen oder praktisch allen Gesellschaften, so nennt man sie **kulturelle Universalien**. Es gibt keine bekannte Kultur ohne eine grammatisch komplexe *Sprache*. Alle Kulturen haben eine erkennbare Form des *Familiensystems*, das über Werte und Normen verfügt, die sich auf die Kindererziehung beziehen. Die Institution der *Ehe* ist eine kulturelle Universalie, ebenso wie *religiöse Rituale* und *Eigentumsrechte*. Alle Kulturen haben auch irgendeine Form des *Inzestverbots* – die Tabuisierung sexueller Beziehungen zwischen nahen Verwandten, wie z. B. Vater und Tochter, Mutter und Sohn oder Bruder und Schwester. Ethnologen haben eine Reihe anderer kultureller Universalien identifiziert – darunter die Existenz der Kunst, des Tanzes, der Verzierung des Körpers, von Spielen, Geschenken, Scherzen und Regeln der Hygiene (Murdock, 1945).

Kultur und Gesellschaft 47

Doch sind weniger Dinge universell, als es auf Grund dieser Liste den Anschein haben könnte, da es innerhalb jeder Kategorie viele Variationen gibt. Man betrachte z. B. das Inzestverbot. Was in verschiedenen Kulturen als Inzest definiert wird, variiert beträchtlich. Meist werden sexuelle Beziehungen zwischen Mitgliedern der Kernfamilie als Inzest aufgefaßt; doch bei vielen Völkern fallen auch die Cousins unter das Verbot, in einigen Fällen sogar alle Leute, die denselben Familiennamen tragen. Es hat auch Gesellschaften gegeben, wo es zumindest einem kleinen Teil der Bevölkerung gestattet war, Inzest zu betreiben. Das war z. B. bei der herrschenden Klasse des alten Ägypten der Fall.

Sprache

Niemand bestreitet, daß der Besitz einer Sprache eines der charakteristischen Merkmale aller menschlichen Kulturen ist (obwohl auf der Welt viele Tausende verschiedener Sprachen gesprochen werden). Tiere können miteinander kommunizieren, doch besitzt keine Tiergattung eine entwickelte Sprache. Einigen der höheren Primaten kann man sprachliche Fertigkeiten beibringen – doch nur in höchst rudimentärer Weise. Einer der berühmtesten Schimpansinnen, die die Soziologie kennt, namens Washoe, wurde ein Vokabular von über 100 Worten beigebracht, unter Verwendung der amerikanischen Version der Taubstummensprache (Gardner und Gardner, 1969, 1975). Washoe war auch fähig, einige wenige rudimentäre Sätze zu bilden. Sie konnte z. B. sagen, „Komm kuscheln, Entschuldigung, Entschuldigung", was bedeutete, daß sie sich zu entschuldigen versuchte, nachdem sie etwas getan hatte, von dem sie wußte, es würde mißbilligt.

Die Experimente mit Washoe waren wesentlich erfolgreicher als ähnliche mit anderen Schimpansen – daher Washoes Ruhm in der soziologischen Literatur. Doch Washoe war nicht fähig, grammatische Regeln zu lernen, und sie konnte anderen Schimpansen nicht beibringen, was sie konnte. Sogar nach einer Ausbildung von mehreren Jahren lagen ihre sprachlichen Fähigkeiten weit unter dem Niveau des durchschnittlichen zweijährigen Kindes. Jeder kompetente erwachsene Sprachverwender verfügt über ein Vokabular von Tausenden von Wörtern und ist fähig, sie nach derart komplexen Regeln zusammenzufügen, daß Linguisten ihre ganzen Berufskarrieren damit verbringen, herauszufinden, wie diese Regeln beschaffen sind.

Reden und Schreiben

Alle Gesellschaften verwenden die Rede als Vehikel der Sprache. Es gibt jedoch andere Methoden, Sprache zu „transportieren" oder auszudrücken – vor allem das Schreiben. Die Erfindung der Schrift bezeichnete einen wesentlichen Entwicklungsschritt in der menschlichen Geschichte. Das Schreiben begann als das Anlegen von Listen. Man machte Zeichen auf Holz, Ton oder Stein, um Aufzeichnungen über bedeutsame Ereignisse, Gegenstände oder Personen zur Verfügung zu haben. Zum Beispiel wurde ein Zeichen oder manchmal auch ein Bild verfertigt, um die einzelnen Felder darzustellen, die einer bestimmten Familie oder einer Anzahl von Familien gehörten (Gelb, 1952). Das Schreiben begann als Mittel der Aufbewahrung von Information und war daher mit den administrativen Bedürfnissen der frühen Staaten und Zivilisationen eng verknüpft (das wird weiter unten in diesem Kapitel detaillierter erörtert). Eine Gesellschaft, die über die Schrift verfügt, kann sich in Zeit und Raum „selbst verorten". Man kann Dokumente sammeln, die die Vergangenheit aufzeichnen, und man kann Information über gegenwärtige Ereignisse und Aktivitäten sammeln.

Das Schreiben ist nicht bloß die Übertragung von Rede auf Papier oder anderes dauerhaftes Material. Es ist ein Phänomen, das an sich von Interesse ist. Geschriebene Dokumente oder Texte haben Eigenschaften, die sich in mancher Hinsicht vom gesprochenen Wort unterscheiden. Die Auswirkungen der gesprochenen Rede sind definitionsgemäß auf die speziellen Kontexte beschränkt, innerhalb derer Wörter geäußert werden. Ideen und Erfahrungen können auch ohne Schrift von Generation zu Generation weitergereicht werden, doch nur, wenn sie regelmäßig in der gesprochenen Rede wiederholt und übermittelt werden. Texte können andererseits über Tausende von Jahren hinweg Bestand haben, und durch sie können die Angehörigen vergangener Zeitalter sich in einem gewissen Sinn direkt „an uns wenden". Das ist selbstverständlich auch der Grund, warum die Dokumentenanalyse für Historiker so wichtig ist. Indem sie die Texte, die von vergangenen Generationen hinterlassen wurden, interpretieren, können Historiker rekonstruieren, wie ihr Leben beschaffen war. Die biblischen Texte z. B. haben während der letzten 2000 Jahre einen dauerhaften Bestandteil der Geschichte des Westens dargestellt. Wir können noch immer die Stücke der großen Dramatiker des antiken Griechenland lesen und bewundern.

Semiotik und materielle Kultur

Die in Rede und Schrift ausgedrückten Symbole sind die hauptsächlichsten Mittel, durch die kulturelle Bedeutungen gebildet und zum Ausdruck gebracht werden, doch sind sie nicht die einzigen. Sowohl *materielle Gegenstände* als auch *Verhaltensaspekte* können verwendet werden, um Sinn zu generieren. Der Bekleidungsstil z. B. signalisiert im allgemeinen Geschlechtsunterschiede. Bis vor kurzem pflegten in unserer Kultur alle Frauen Röcke und alle Männer Hosen zu tragen. In anderen Kulturen ist dies umgekehrt: Frauen tragen Hosen und Männer Röcke.

Die Analyse *semiotischer Systeme* – non–verbaler, kultureller Bedeutungen – eröffnet der Soziologie und Ethnologie ein faszinierendes Forschungsfeld. Die **semiotische Analyse** kann beim Vergleich verschiedener Kulturen sehr nützlich sein. Da kulturelle Bedeutungen symbolisch sind, gestattet sie uns, Vergleiche darüber anzustellen, wie verschiedene Kulturen strukturiert sind. So sind etwa die Gebäude in Städten nicht einfach Orte, wo Leute leben und arbeiten; sie haben häufig einen symbolischen Charakter. In traditionellen Städten befand sich der Haupttempel oder die Hauptkirche üblicherweise auf einem Hügel im Stadtzentrum oder in dessen Nähe. Diese Gebäude symbolisierten den überragenden Einfluß auf das Leben der Leute, den man der Religion zuschrieb.

Selbstverständlich ist die materielle Kultur nicht bloß symbolisch; sie ist unerläßlich für die Befriedigung körperlicher Bedürfnisse – in Form von Werkzeugen oder von Technologien, die verwendet werden, um Nahrung zu erlangen, Waf-

Kultur und Gesellschaft 49

fen herzustellen, Gebäude zu errichten usw. Variationen der materiellen Kultur stellen das Hauptmittel dar, verschiedene historische Typen von Gesellschaft zu klassifizieren, da die Organisation der Befriedigung der grundlegenden Bedürfnisse die meisten anderen Aspekte einer Kultur beeinflußt. Wir wenden uns nun einem Vergleich der verschiedenen Formen menschlicher Gesellschaften zu.

Typen von prämodernen Gesellschaften

Die Forscher, Händler und Missionare, die während des großen Entdeckungszeitalters Europas ausgeschickt wurden, trafen mit vielen verschiedenen Völkern zusammen; wie der Ethnologe Marvin Harris es formuliert hat:

> In einigen Regionen – Australien, der Arktis, an den Südspitzen Afrikas und Südamerikas – stießen sie auf Gruppen, die noch so lebten wie Europas längst vergessene Steinzeitvorfahren: Horden von zwanzig bis dreißig Personen, die über riesige Gebiete verstreut lebten, sich ständig auf der Wanderschaft befanden und ausschließlich von der Jagd auf Tiere und dem Sammeln wildwachsender Pflanzen ernährten. Diese Jäger–Sammler schienen einer seltenen und bedrohten Spezies anzugehören. In anderen Regionen – den Wäldern des östlichen Nordamerika, den Dschungeln Südamerikas sowie in Ostasien – stießen sie auf dichtere Populationen, die mehr oder weniger ständig Dörfer bewohnten, deren Grundlage der Ackerbau war und deren Wohnstätten aus ungefähr ein oder zwei großen Gemeinschaftsgebäuden bestanden; auch hier wirkten Waffen und Werkzeuge wie Relikte aus der Vorgeschichte ...
>
> Andernorts allerdings fanden die Forschungsreisenden voll entfaltete Staaten und Imperien vor, an deren Spitze Despoten und herrschende Klassen standen und die von stehenden Heeren verteidigt wurden. Gerade diese großen Imperien mit ihren Städten, Monumenten, Palästen, Tempeln und Schätzen hatten all die Marco Polos und Kolumbusse über die Wüsten und Weltmeere hinweg angelockt. Da war China, das größte Kaiserreich der Welt, ein unermeßliches, hochkultiviertes Reich, dessen Herren die „rotgesichtigen Barbaren" verachteten und in ihnen Bittsteller aus belanglosen Königtümern jenseits der Grenzen der zivilisierten Welt sahen. Und da war Indien, ein Land, in dem Kühe verehrt wurden und die ungleichen Bürden des Lebens danach zugemessen wurden, welche Verdienste sich eine Seele in einer früheren Inkarnation erworben hatte. Und dann gab es da die amerikanischen Staaten und Reiche, Welten ganz eigener Prägung, die jede eine eigenständige Kunst und Religion besaßen: die Inkas mit ihren großen steinernen Festungen, Hängebrücken, zahllosen Kornspeichern und staatlich gelenkter Wirtschaft; die Azteken mit ihren blutdürstigen Göttern, die mit Menschenherzen gefüttert wurden, ein Volk, das sich auf beständiger Jagd nach frischen Opfergaben befand. (Harris, 1990, S. 13f.)

Diese anscheinend grenzenlose Vielfalt prämoderner Gesellschaften kann tatsächlich in drei Hauptgruppen zusammengefaßt werden, auf die Harris in seiner Beschreibung Bezug nimmt: Jäger– und Sammlergesellschaften, größere Agrar– oder Weidegesellschaften (die sich der Landwirtschaft oder der Aufzucht von Haustieren widmeten) und nicht–industrielle Zivilisationen oder traditionelle Staaten. Wir werden die Hauptmerkmale dieser Gesellschaftsformen der Reihe nach betrachten.

Formen der menschlichen Gesellschaft

Jäger- und Sammlergesellschaften

Bestehen aus einer geringen Anzahl von Leuten, die ihren Lebensunterhalt durch Jagen, Fischen und das Sammeln eßbarer Pflanzen bestreiten. In diesen Gesellschaften gibt es nur wenig Ungleichheiten; Unterschiede des Ranges oder der Stellung sind auf das Alter und das Geschlecht beschränkt.

Bestehen seit 50 000 Jahren bis heute, obwohl sie nun kurz vor dem völligen Verschwinden stehen.

Agrargesellschaften

Gesellschaften, die auf kleinen ländlichen Gemeinschaften beruhen, ohne kleinere oder größere Städte. Der Lebensunterhalt wird vor allem durch die Landwirtschaft gesichert, die oft durch Jagen und Sammeln ergänzt wird. Diese Gesellschaften sind durch Ungleichheiten gekennzeichnet, die stärker ausgeprägt sind als bei den Jägern und Sammlern, und werden von Häuptlingen beherrscht.

Bestehen seit 12 000 Jahren bis heute. Die meisten von ihnen sind heute Teil größerer politischer Einheiten und verlieren ihre spezifische Identität.

Weidegesellschaften

Gesellschaften, die für ihr materielles Fortkommen von der Nutzung domestizierter Tiere abhängen. In der Größe variieren sie von wenigen hundert Leuten bis zu vielen tausend. Weidegesellschaften sind im allgemeinen durch deutlich ausgeprägte Ungleichheiten charakterisiert und werden von Häuptlingen oder kriegerischen Königen regiert.

Erstrecken sich über dieselbe Zeitspanne wie die Agrargesellschaften. Auch Weidegesellschaften sind heute meist Teil größerer Staaten, und ihre traditionelle Lebensweise wird unterminiert.

Traditionelle Staaten oder Zivilisationen

In diesen Gesellschaften ist die Landwirtschaft zwar noch immer die Grundlage des Wirtschaftssystems, doch gibt es Städte, in denen der Handel und die Güterproduktion konzentriert sind. Traditionelle Staaten können manchmal sehr groß sein und Millionen von Leuten zählen, obwohl die meisten von ihnen, verglichen mit den größeren industrialisierten Gesellschaften unserer Tage, klein waren. Traditionelle Staaten verfügen über einen ausgebildeten Regierungsapparat (daher der Name), an dessen Spitze ein König oder Kaiser steht. Zwischen den verschiedenen Klassen bestehen gravierende Ungleichheiten.

Bestanden seit ungefähr 6000 v. Chr. bis zum 19. Jahrhundert. Alle traditionellen Staaten sind heute verschwunden.

Erste Welt-Gesellschaften

Gesellschaften, die auf der industriellen Produktion beruhen, wobei die freie Marktwirtschaft eine wichtige Rolle spielt. Nur ein winziger Teil der Bevölkerung ist in der Landwirtschaft tätig, und die Mehrheit der Menschen lebt in kleineren und größeren Städten. Es gibt bedeutende Klassenunterschiede, obwohl diese weniger ausgeprägt sind als in traditionellen Staaten. Diese Gesellschaften bilden abgegrenzte politische Gemeinschaften oder Nationalstaaten.

Bestehen seit dem 18. Jahrhundert bis heute.

Zweite Welt-Gesellschaften

Gesellschaften mit einer industriellen Basis, doch mit einem zentral geplanten Wirtschaftssystem. Nur ein ziemlich kleiner Teil der Bevölkerung arbeitet in der Landwirtschaft, und die meisten Leute leben in größeren und kleineren Städten. Es gibt große Klassenunterschiede, obwohl es das Ziel der marxistischen Regierungen dieser Gesellschaften ist, ein „klassenloses" System zu erschaffen. Wie die Länder der Ersten Welt bilden auch jene der Zweiten Welt abgegrenzte politische Gemeinschaften oder Nationalstaaten.

Bestanden seit Anfang des 20. Jahrhunderts (nach der Russischen Revolution im Jahr 1917) bis 1991, als die Sowjetunion den Kommunismus aufgab.

Dritte Welt-Gesellschaften

Gesellschaften, wo die Mehrheit der Bevölkerung in der Landwirtschaft tätig ist und in ländlichen Regionen lebt, wobei meist traditionelle Produktionsmethoden verwendet werden. Ein Teil des landwirtschaftlichen Ertrags wird allerdings auf den Weltmärkten verkauft. Einige Länder der Dritten Welt haben marktwirtschaftliche Systeme, während andere zentral geplant sind. Wie die industrialisierten Länder sind auch die Gesellschaften der Dritten Welt abgegrenzte politische Gemeinschaften oder Nationalstaaten.

Bestehen (als kolonisierte Gebiete) seit dem 18. Jahrhundert bis heute.

Kultur und Gesellschaft

Jäger und Sammler

Mit Ausnahme eines winzigen Teils unserer Existenz auf diesem Planeten haben Menschen stets in kleinen Gruppen oder Stämmen gelebt, die oft nicht mehr als 30 oder 40 Leute umfaßten. Die früheste Form der Gesellschaft bestand aus **Jägern und Sammlern**. Statt die Felder zu bestellen oder Tiere zu hüten, erwarben diese Gruppen ihren Lebensunterhalt, indem sie jagten, fischten und wild wachsende eßbare Pflanzen sammelten. Jäger- und Sammlerkulturen gibt es noch heute in einigen Teilen der Welt, wie z. B. den Dschungeln Brasiliens oder Neuguineas, doch ein Großteil wurde durch die globale Ausbreitung der westlichen Kultur zerstört oder aufgesogen (siehe Abb. 2.1), und die noch verbliebenen werden vermutlich nicht mehr lange überleben (Wolf, 1986). Heute erhalten sich weniger als eine Viertelmillion Menschen auf der Welt vor allem durch Jagen und Sammeln – nur 0,01 Prozent der gesamten Weltbevölkerung.

Ethnologische Forschungen während der letzten fünfzig Jahre haben viel Information über Jäger- und Sammlergesellschaften zu Tage gefördert. Angesichts der Vielfalt der menschlichen Kultur müssen wir uns vor vorschnellen Generalisierungen hüten, auch wenn wir über bloß einen Gesellschaftstypus sprechen, doch unterscheiden sich die Jäger- und Sammlergemeinschaften durch einige gemeinsame Merkmale von den anderen Typen (Diamond, 1976; Schrire, 1984).

Verglichen mit größeren Gesellschaften – besonders mit modernen industriellen Systemen – findet sich in Jäger- und Sammlergruppen nur wenig Ungleichheit. Jäger und Sammler sind häufig unterwegs; da es ihnen aber an tierischen oder mechanischen Transportmitteln fehlt, können sie nur wenige Güter oder Besitztümer mit sich nehmen. Die von ihnen benötigten materiellen Güter beschränken sich auf Waffen für die Jagd, Werkzeuge für das Graben und Bauen, Fallen und Kochutensilien. Daher unterscheiden sich die Mitglieder der Gesellschaft hinsichtlich der Anzahl oder der Art ihrer materiellen Besitztümer kaum. Unterschiede der Stellung oder des Rangs sind im allgemeinen auf das Alter und das Geschlecht beschränkt. Praktisch überall scheinen die Männer die Jäger zu sein, während die Frauen Pflanzen sammeln, kochen und die Kinder aufziehen.

Die „Alten" – die ältesten und erfahrensten Männer der Gemeinschaft – haben üblicherweise bei den wichtigeren Entscheidungen, die die Gruppe betreffen, am meisten mitzureden. Doch genauso, wie sich die Mitglieder der Gemeinschaft hinsichtlich ihres Wohlstandes nicht sehr unterscheiden, sind hier die Machtunterschiede auch wesentlich weniger ausgeprägt als in größeren Typen von Gesellschaft. Jäger- und Sammlergesellschaften sind im allgemeinen „partizipatorisch" – alle erwachsenen männlichen Mitglieder pflegen sich zu versammeln, wenn bedeutende Entscheidungen getroffen oder Krisen gemeistert werden sollen.

Jäger und Sammler bewegen sich nicht in gänzlich beliebiger Weise. Die meisten dieser Gruppen haben feste Territorien, die sie von Jahr zu Jahr durchwandern. Viele verfügen über keine stabile Zusammensetzung; oft wechseln Leute von einem Lager zum anderen, oder sie spalten sich von Gruppen ab und schließen sich anderen innerhalb desselben Territoriums an.

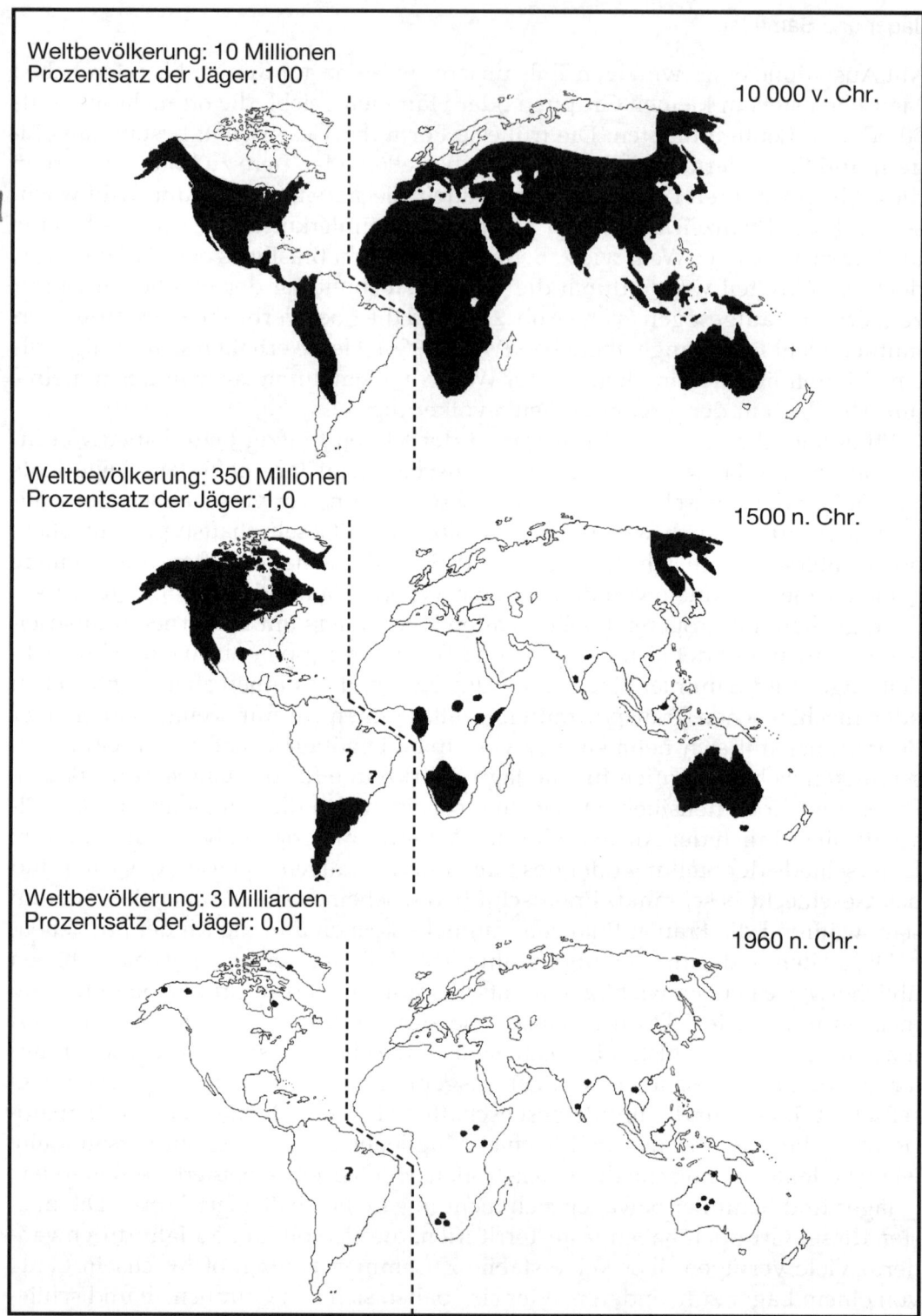

Abbildung 2.1 Das Schwinden der Jäger– und Sammlergesellschaften im Vergleich zur Zunahme der Weltbevölkerung.
Quelle: Richard B. Lee und Irven de Vore (Hrsg.), *Man the Hunter* (Chicago, Aldine Press, 1968).

Kultur und Gesellschaft

Die Mbuti-Pygmäen

Von den Hunderten von Beschreibungen von Jäger- und Sammlergesellschaften, die vorhanden sind, werden wir nur eine betrachten, um ihre Lebensform zu illustrieren: die Gesellschaft der Mbuti (sprich: „Mabuti") -Pygmäen, die ein Gebiet in Zaire in Zentralafrika bewohnen (Turnbull, 1983). Die Mbuti bewohnen ein dichtbewaldetes Gebiet, das für Fremde nur schwer zugänglich ist. Sie selbst kennen den Wald genau und können ihn ungehindert durchstreifen. Es gibt Wasser in Hülle und Fülle und eßbare wilde Pflanzen und Tiere, die gejagt werden können. Die Mbuti leben nicht in dauerhaften Behausungen, sondern in Hütten aus Blättern und Zweigen. Diese können in wenigen Stunden aufgestellt und problemlos zurückgelassen werden, wenn die Mbuti weiterziehen – wie sie es beständig tun, da sie nie länger als einen Monat an einer bestimmten Stelle bleiben.

Die Mbuti leben in kleinen Horden, die aus vier oder fünf Familien bestehen. Die Horden verfügen über eine ziemlich dauerhafte Mitgliedschaft, doch gibt es nichts, was ein Individuum oder eine Familie daran hindern könnte, eine Gruppe zu verlassen und einer anderen beizutreten. Keine dieser Horden wird von irgend jemandem „geleitet" – es gibt keine Häuptlinge. Allerdings haben die älteren Männer die Verpflichtung, „Lärm" – Nörgeleien und Streitigkeiten –, von dem die Pygmäen glauben, daß er den Waldgeistern mißfällt, zu unterdrücken. Verschärft sich ein Konflikt allzusehr, dann spalten sich Hordenmitglieder ab und schließen sich einer anderen Gruppe an.

Die Mbuti wurden zuerst in den sechziger Jahren unseres Jahrhunderts untersucht, als ihre traditionelle Lebensform noch intakt war. Seitdem ist sie jedoch zunehmenden Belastungen ausgesetzt gewesen. Die Außenwelt ist immer tiefer in den Wald vorgedrungen, und die Mbuti werden in die Geldökonomie der umliegenden Dörfer einbezogen. Ich habe ihre Lebensform unter der Verwendung des Präsens dargestellt, doch steht sie heute kurz vor der Auslöschung. Ganz ähnliches trifft auf die Beispiele anderer kleiner traditioneller Gesellschaften zu, denen wir später in diesem Kapitel begegnen werden.

Die ursprünglichen „Überflußgesellschaften"?

Anders als die Mbuti sind die meisten heute existierenden Jäger- und Sammlergesellschaften auf unwirtliche Gebiete zurückgedrängt. Solche Gruppen leben nicht selten an der Grenze zum Verhungern, da ihre Umgebung zu karg ist, um mehr als das für das Überleben notwendige Minimum zur Verfügung zu stellen. Jäger und Sammler wurden zum Großteil schon vor langer Zeit aus den fruchtbarsten Gebieten der Welt vertrieben, und die Tatsache, daß sie beständig ums Überleben kämpfen müssen, hat viele Forscher zur Annahme verleitet, daß alle derartigen Völker materielle Entbehrungen zu leiden gehabt hätten. Dies war vermutlich in der Vergangenheit nicht der Fall. Ein prominenter Ethnologe, Marshall Sahlins, hat die Jäger und Sammler die „ursprünglichen Überflußgesellschaften" genannt – da sie mehr als genug vorfanden, um damit ihre Bedürfnisse zu decken (Sahlins, 1972). Die Jäger und Sammler der Vergangenheit, die in den angenehmeren Weltgegenden lebten, mußten nicht den Großteil des Tages damit verbringen „zu produzieren". Die meisten dieser Menschen arbeiteten im Tagesdurchschnitt weniger als der moderne Fabriks– oder Büroangestellte.

Jäger und Sammler haben wenig Interesse daran, einen materiellen Wohlstand zu erlangen, der mehr als ihre Grundbedürfnisse deckt. Ihre Hauptbeschäftigungen beziehen sich im allgemeinen auf religiöse Werte und zeremonielle und rituelle Aktivitäten. Viele Jäger und Sammler nehmen regelmäßig an elaborierten Zeremonien teil und können einen Großteil ihrer Zeit damit verbringen, die Kleidung, die Masken, die Gemälde und andere sakrale Gegenstände, die bei solchen Ritualen Verwendung finden, vorzubereiten.

Manche Autoren, vor allem jene, die von der Soziobiologie beeinflußt sind, haben einen Zusammenhang zwischen der Bedeutung der Jagd in diesen Gesellschaften und dem universellen menschlichen Impuls, Kriege zu führen, hergestellt, doch sind Jäger– und Sammlergesellschaften tatsächlich meist nicht sehr kriegerisch. Die für die Jagd verwendeten Geräte werden nur selten als Waffen gegen andere Menschen eingesetzt. Gelegentlich kann es zu Zusammenstößen zwischen verschiedenen Gruppen kommen, doch sind diese im allgemeinen ziemlich begrenzt: Es gibt nur wenige oder keine Todesopfer. Der Krieg im modernen Sinn ist bei Jägern und Sammlern gänzlich unbekannt, sie kennen auch keine spezialisierten Krieger. Die Jagd selbst ist in einem wichtigen Sinn eine kooperative Aktivität. Individuen mögen zwar alleine auf die Jagd ziehen, doch teilen sie fast immer die Beute – z. B. das Fleisch eines Wildschweins – mit dem Rest der Gruppe.

Jäger und Sammler sind nicht bloß „primitive" Völker, deren Lebensform für uns nicht mehr von Interesse ist. Die Untersuchung dieser Kulturen ermöglicht es uns, deutlicher zu sehen, daß einige unserer Institutionen weit davon entfernt sind, „natürliche" Merkmale des menschlichen Lebens zu sein. Selbstverständlich sollten wir die Umstände, unter denen die Jäger und Sammler gelebt haben, nicht idealisieren, doch nichtsdestoweniger erinnern uns das Fehlen von Kriegen und von größeren Ungleichheiten des Wohlstands oder der Macht sowie die Betonung der Kooperation anstelle des Wettbewerbs daran, daß die von der modernen industriellen Zivilisation geschaffene Welt nicht notwendigerweise mit dem „Fortschritt" gleichgesetzt werden sollte.

Weide– und Agrargesellschaften

Vor ungefähr 20 000 Jahren wandten sich einige Jäger– und Sammlergruppen der Aufzucht gezähmter Tiere und der Bestellung von Grundstücken als Mittel, ihren Lebensunterhalt zu sichern, zu. **Weidegesellschaften** sind jene, die hauptsächlich auf gezähmten Tieren beruhen, während **Agrargesellschaften** jene sind, die Ackerbau betreiben. Viele Gesellschaften hatten gemischte Weide– und Agrarökonomien.

Kultur und Gesellschaft 55

Weidegesellschaften

Die Mitglieder von Weidegesellschaften züchten und hüten Tiere, wie z. B. Rinder, Schafe, Ziegen, Kamele oder Pferde, je nachdem, in welcher Umgebung diese Gesellschaften angesiedelt sind. In der modernen Welt gibt es noch immer viele Weidegesellschaften, die sich vor allem in Gebieten Afrikas, des Nahen Ostens und Zentralasiens finden. Diese Gesellschaften existieren üblicherweise in Regionen mit dichtem Grasbewuchs, in Wüsten oder in den Bergen. Solche Regionen eignen sich nicht sonderlich für den Ackerbau, doch können sie verschiedene Arten von Weidetieren ernähren.

Weidegesellschaften wandern im allgemeinen zwischen verschiedenen Gebieten hin und her, je nach dem Verlauf der Jahreszeiten. Da sie über tierische Transportmittel verfügen, überwinden sie weit größere Entfernungen als die Jäger– und Sammlervölker. Angesichts ihrer nomadischen Lebensgewohnheiten häufen die Mitglieder von Weidegesellschaften im allgemeinen nicht sehr viele materielle Besitztümer an, obwohl ihre Lebensform materiell gesehen komplexer ist als jene der Jäger und Sammler. Da aufgrund der Zähmung von Tieren eine regelmäßige Nahrungsquelle bereitsteht, sind diese Gesellschaften gewöhnlich wesentlich größer als die Jäger– und Sammlergemeinschaften. Manche Weidegesellschaften zählen eine Viertelmillion Leute oder mehr.

Da sie weite Gebiete durchwandern, kommen die Mitglieder von Weidegesellschaften regelmäßig mit anderen Gruppen in Berührung. Sie treiben häufig Handel – und manchmal führen sie auch Krieg. Viele Weidekulturen sind friedfertig gewesen; ihre Mitglieder hatten nur den Wunsch, ihre Herden zu hüten und sich Gemeinschaftsritualen und –zeremonien zu widmen. Andere waren sehr kriegerisch und bezogen ihren Lebensunterhalt nicht nur aus dem Hüten von Tieren, sondern auch aus Eroberung und Plünderung. Weidegesellschaften weisen größere Ungleichheiten des Wohlstands und der Macht auf als Jäger– und Sammlergemeinschaften. Besonders Häuptlinge, Stammesführer oder die Oberbefehlshaber im Krieg verfügen häufig über beträchtliche persönliche Macht.

Eine klassische Beschreibung einer Weidegesellschaft verdanken wir E. E. Evans–Pritchard, der die Nuer untersuchte, eine Gesellschaft im Süd–Sudan in Afrika (Evans–Pritchard, 1940). Das Fortkommen der Nuer hängt hauptsächlich von der Viehzucht ab, obwohl sie auch ein wenig Ackerbau betreiben. Die Leute leben in Dörfern, die ungefähr 8 – 35 km voneinander entfernt sind. In den dreißiger Jahren, als Evans–Pritchard seine Untersuchung durchführte, zählten die Nuer ungefähr 200 000 Menschen. Sie alle sprechen dieselbe Sprache und haben ähnliche Bräuche, doch gibt es keine zentrale politische Autorität oder Regierungsform. Die Nuer zerfallen in Stämme, die manchmal miteinander kooperieren, doch meistens getrennt leben.

Jeder Stamm verfügt über sein eigenes Land, dessen Grenzen meist von Flußläufen markiert werden. Die Nuer messen jedoch dem Land keine besondere Bedeutung zu, abgesehen davon, daß man es als Viehweide benutzen kann. Während der Dürrezeit ziehen sie in Lager in der Nähe von Wasserlöchern. Ein großer Teil des Lebens der Nuer ist untrennbar mit ihren Rindern verknüpft, die in vielerlei Weise für ihre Kultur zentral sind. Sie hegen tiefe Verachtung für Nachbarvölker, die über wenig oder kein Vieh verfügen. Jede wichtige Lebensphase – die Geburt, der Eintritt ins Erwachsenenalter, die Eheschließung und der Tod – wird durch Rituale markiert, die mit Vieh zu tun haben. Männer werden oft mit dem Namen ihres Lieblingsochsen angesprochen und Frauen mit dem Namen ihrer Lieblingskuh.

Die Stämme der Nuer führen ziemlich häufig Krieg gegeneinander, bilden manchmal aber auch Koalitionen, um gegen äußere Feinde zu kämpfen. So wie sie für ihre Rinder leben, so führen sie auch Kriege für sie – wenn sie z. B. die benachbarten Dinka, eine andere Weidegesellschaft, überfallen, um ihre Herden zu stehlen. Ein Nuer–Sprichwort sagt: „Mehr Leute sind wegen einer Kuh gestorben, als aus irgend einem anderen Grund".

Agrargesellschaften

Agrargesellschaften scheinen ungefähr zur selben Zeit entstanden zu sein wie Weidegesellschaften. Irgendwann begannen Jäger– und Sammlergruppen, ihre eigene Ernte auszusäen, statt bloß wildwachsende Pflanzen zu sammeln. Diese Praxis entwickelte sich zunächst in Form der „Hortikultur", wie es üblicherweise genannt wird, wenn kleine Gärten mit Hilfe einfacher Hauen oder Grabwerkzeuge bestellt werden. Viele Völker der Welt beziehen ihren Lebensunterhalt noch immer vor allem aus dem Gartenbau.

Wie die Weidewirtschaft, liefert auch die Hortikultur einen verläßlicheren Vorrat von Nahrung, als er durch Jagen und Sammeln beschafft werden kann; daher kann der Gartenbau auch viel größere Gemeinschaften ernähren. Da sie nicht umherwandern, können solche Völker größere Bestände an materiellen Gütern aufbauen, als man sie in den Weidegesellschaften und in den Jäger– und Sammlergemeinschaften findet. Haben sich Gruppen einmal an bestimmten Orten niedergelassen, dann können regelmäßige politische und Handelsbeziehungen zwischen getrennten Dörfern entwickelt werden. Kriegerisches Verhalten ist in den Gartenbaugesellschaften durchaus üblich, obwohl das Ausmaß der Gewalt nicht an jenes in manchen Weidegesellschaften heranreicht. Wer das Land bestellt, ist gewöhnlich in den Kriegskünsten nicht sonderlich bewandert; die nomadischen Mitglieder von Weidegesellschaften können sich hingegen zu plündernden Armeen zusammenrotten.

Als Beispiel betrachten wir die Gururumba, einen Stamm aus Neuguinea, der nicht mehr als 1000 Leute umfaßt, die in sechs Dörfern leben (Newman, 1965). In jedem Dorf gibt es mehrere Gärten, die voneinander mit Zäunen getrennt sind. Innerhalb der umzäunten Gebiete gehören Grundstücke verschiedenen Familien. Alle, ob Erwachsene oder Kinder, arbeiten bei der Bestellung der Gärten mit, obwohl Männer und Frauen für verschiedene Arten von Obst und Gemüse zuständig sind. Jede Familie verfügt über mehr als ein Grundstück und pflanzt zu verschiedenen Zeiten des Jahres verschiedene Pflanzen, sodaß ein steter Nachschub von Nahrung gesichert ist. Zur Kultur der Gururumba gehört ein kompliziertes System des zeremoniellen Austausches von Geschenken zwischen Familien, durch den man in der Gemeinschaft Prestige erlangen kann. Die Leute haben also Gärten, in denen sie ernten, was ihre alltäglichen Bedürfnisse befriedigt, und

Kultur und Gesellschaft 57

andere Grundstücke, auf denen sie eine „Prestige"-Ernte bestellen. „Prestige"-Ernten werden mit wesentlich größerer Sorgfalt behandelt als jene, die sich an gewöhnliche Bedürfnisse wenden.

Die Gururumba züchten auch Schweine, die jedoch nicht hauptsächlich zu Ernährungszwecken gehalten werden, sondern als Gegenstände des wechselseitigen Geschenks, um in der Gemeinschaft einen hohen Status zu erreichen. Alle paar Jahre gibt es ein großes Schweinefest, bei dem Hunderte von Schweinen getötet, gebraten und verschenkt werden. Wie bei den Weidegruppen besteht auch bei den Gururumba mehr Ungleichheit als bei Jäger- und Sammlerkulturen. Häuptlinge und Stammesführer spielen eine prominente Rolle, und es gibt beträchtliche Unterschiede des materiellen Wohlstandes.

Nicht-industrielle Zivilisationen oder traditionelle Staaten

Seit ungefähr 6000 v. Chr. finden wir Hinweise auf Gesellschaften, die größer als alle waren, die jemals existiert hatten, und die sich in deutlicher Weise von früheren Gesellschaftsformen unterschieden (Burns und Ralph, 1974). Diese Gesellschaften basierten auf der Entwicklung von Städten, zeigten sehr ausgeprägte Ungleichheiten des Wohlstands und der Macht und wurden von Königen oder Kaisern beherrscht. Weil diese Gesellschaften über die Schrift verfügten, und Wissenschaft und Kunst blühten, werden sie oft *Zivilisationen* genannt. Da sie allerdings auch eine stärkere Zentralgewalt entwickelten als andere Gesellschaftsformen, wird auf sie auch häufig der Ausdruck **traditionelle Staaten** angewandt.

Die meisten traditionellen Staaten waren auch *Reiche*; sie erreichten ihre plötzliche Größe durch die Eroberung und die Einverleibung anderer Völker (Eisenstadt, 1963; Claessen und Skalnik, 1978; Kautsky, 1982). Dies traf z. B. auf das traditionelle China und das alte Rom zu. Zum Zeitpunkt seiner größten Ausdehnung im ersten Jahrhundert unserer Zeitrechnung erstreckte sich das Römische Reich von Britannien in Nordwesteuropa bis über den Nahen Osten hinaus. Das Chinesische Reich, das mehr als 2000 Jahre fortdauerte und bis zur Schwelle des gegenwärtigen Jahrhunderts existierte, umfaßte einen Großteil der gewaltigen ostasiatischen Regionen, die heute vom modernen China eingenommen werden. Heute gibt es keine traditionellen Staaten mehr. Obwohl einige von ihnen, wie China und Japan, bis zum Anfang des 20. Jahrhunderts mehr oder weniger intakt geblieben waren, wurden sie allesamt zerstört oder durch modernere Systeme abgelöst.

Die frühesten traditionellen Staaten entwickelten sich im Nahen Osten, im allgemeinen in fruchtbaren Flußlandschaften (siehe Abb. 2.2). Das Chinesische Reich entstand ungefähr 2000 v. Chr.; zu dieser Zeit gab es auch mächtige Staaten in den heute von Indien und Pakistan eingenommenen Gebieten. Eine Anzahl großer traditioneller Staaten existierte in Mexiko und Lateinamerika, wie etwa jene der Azteken auf der mexikanischen Halbinsel und der peruanischen Inka. Der Staat der Inka hatte sich ungefähr ein Jahrhundert vor der Ankunft des spanischen Abenteurers Pizarro etabliert, der 1535 mit einer ziemlich kleinen Streitmacht in Südamerika landete. Indem er jedoch Koalitionen mit anderen eingeborenen Stämmen einging, die den Inka feindselig gesinnt waren, war Pizarro in

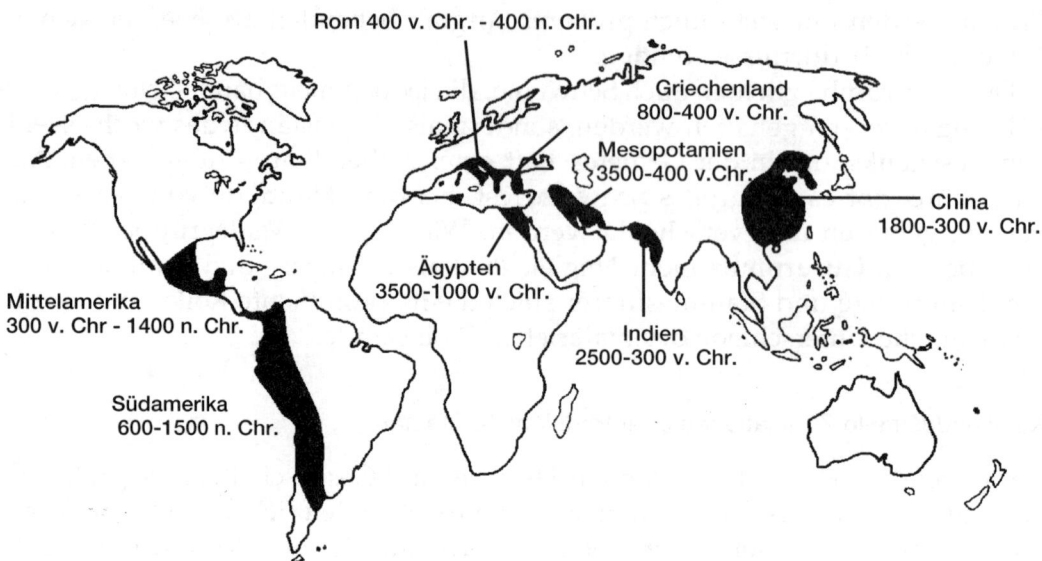

Abbildung 2.2 Einige der großen traditionellen Zivilisationen der Vergangenheit mit ungefähren Zeit- und Ortsangaben (obwohl alle Perioden der Ausdehnung und des Verfalls durchliefen).

der Lage, den Staat der Inka zu zerstören und das Gebiet für Spanien in Besitz zu nehmen. Es war dies die erste in einer Reihe von Begegnungen zwischen westlichen Einflüssen und traditionellen Staaten, die schließlich zum völligen Verschwinden der letzteren führen sollte.

Die Maya

Als Beispiel eines traditionellen Staates betrachten wir eine dritte amerikanische Zivilisation, jene der Maya, die auf der Halbinsel Yucatan im Mexikanischen Golf existierte. Die Zivilisation der Maya hatte ihre Blütezeit von 300 – 800 n. Chr. Die Maya bauten kunstvolle religiöse Zentren, die sie mit ihren Wohnhäusern umgaben, allesamt Gebäude aus Steinen. Die religiösen Kultstätten hatten die Form großer Pyramiden, an deren Spitze ein Tempel stand. Rund um Tikal, die größte der Pyramiden, erstreckte sich eine Stadt, die 40 000 Einwohner hatte. Es war das wichtigste Verwaltungszentrum – tatsächlich die Hauptstadt – des Mayastaates.

Die Gesellschaft der Maya wurde von einer aristokratischen Klasse von Krieger–Priestern beherrscht. Sie waren die höchsten religiösen Würdenträger der Gesellschaft, aber auch deren militärische Anführer, und waren ständig in Kriege mit umliegenden Gruppen verwickelt. Die Mehrheit der Bevölkerung waren Bauern, von denen jeder einen Teil seiner Erzeugnisse an die aristokratischen Herrscher abgeben mußte, die einen beträchtlichen Wohlstand genossen.

Es ist nicht genau bekannt, warum die Zivilisation der Mayas zusammenbrach, doch wurde sie vermutlich von benachbarten Stämmen unterworfen. Als die Spanier ankamen, war der Staat der Maya schon lange verschwunden.

Merkmale des traditionellen Staates

Der traditionelle Staat war der einzige historische Gesellschaftstyp vor der Epoche der modernen Industrialisierung, in dem ein beträchtlicher Anteil der Bevölkerung nicht direkt mit der Herstellung von Nahrung befaßt war. In den Jäger- und Sammlergemeinschaften und in den Weide- und Agrargesellschaften gab es eine ziemlich einfache *Arbeitsteilung*. Die wichtigste Verteilung von Aufgaben betraf jene zwischen Männern und Frauen. In traditionellen Staaten existierte im Gegensatz dazu ein komplizierteres Berufssystem. Es gab zwar noch immer eine strenge Arbeitsteilung zwischen den Geschlechtern, wobei die Aktivitäten der Frauen vor allem auf den Haushalt und die Felder beschränkt waren. Bei den Männern beobachten wir jedoch bereits das Auftauchen spezialisierter Berufe, wie jene des Händlers, des Höflings, des Regierungsbeamten und des Soldaten.

Es gab auch eine grundlegende Klassentrennung zwischen aristokratischen Gruppen und dem Rest der Bevölkerung. Der Herrscher stand an der Spitze der „herrschenden Klasse", die das ausschließliche Recht hatte, die höheren sozialen Positionen zu bekleiden. Die Mitglieder dieser Klasse lebten gewöhnlich in einem beträchtlichen materiellen Wohlstand oder Luxus. Das Los der Masse der Bevölkerung war andererseits häufig sehr hart. Die Sklavenhaltung war ein gemeinsames Merkmal dieser Gesellschaft.

Einige traditionelle Staaten entwickelten sich vor allem auf Grund ihrer Handelsbeziehungen und wurden von Kaufleuten beherrscht, doch die Mehrzahl verdankte ihre Entstehung entweder der militärischen Eroberung oder einem beträchtlichen Ausbau der bewaffneten Macht (McNeill, 1984; Mann, 1990, 1991). Traditionelle Staaten erlebten die Entwicklung von Berufsheeren, was moderne Formen der militärischen Organisation vorwegnahm. Die römische Armee z. B. war ein höchst disziplinierter und gut ausgebildeter Truppenkörper und bildete die Grundlage der Ausdehnung des Römischen Reiches. In traditionellen Staaten finden wir auch die Anfänge der Mechanisierung des Krieges. Die Schwerter, Speere, Schilde und Belagerungsgeräte, die die römische Armee mit sich führte, wurden von spezialisierten Handwerkern hergestellt. In den Kriegen zwischen traditionellen Staaten sowie zwischen diesen Staaten und „barbarischen" Stämmen gab es wesentlich mehr Tote als jemals zuvor.

Gesellschaften in der modernen Welt

Traditionelle Staaten sind heute gänzlich vom Angesicht der Erde verschwunden. Obwohl Jäger- und Sammlergesellschaften und Weide- und Agrargesellschaften in einigen Regionen fortbestehen, findet man sie nur in vergleichsweise isolierten Gebieten – und in den meisten Fällen sind auch diese letzten überlebenden Beispiele in Auflösung begriffen. Wie konnte es geschehen, daß Gesellschaftsformen, die bis vor zwei Jahrhunderten unsere gesamte Geschichte dominiert haben, zerstört wurden? Die kurze und bündige Antwort ist *Industrialisierung* – die Entstehung der maschinellen Produktion unter Verwendung unbelebter Energieformen (wie Dampf oder Elektrizität). Die *industrialisierten* Gesellschaften unterscheiden sich in vieler Hinsicht drastisch von allen vorhergehenden Gesellschaftsordnungen, und ihre Entwicklung hat Auswirkungen gehabt, die weit über ihre europäischen Ursprünge hinausreichen.

Die industrialisierten Gesellschaften

Die Wiege der modernen Industrialisierung stand in England, als Ergebnis der „industriellen Revolution", die im 18. Jahrhundert begann. Das ist lediglich ein Kurzausdruck für einen komplexen technologischen Wandlungsprozeß, der die Mittel veränderte, durch die Leute ihren Lebensunterhalt bestritten. Diese Veränderungen betrafen die Erfindung neuer Maschinen (wie der *Spinning Jenny* zum Spinnen von Garn), die Nutzung von Naturkräften (vor allem von Wasser und Dampf) für die Produktion und die Verwendung der Wissenschaft zur Verbesserung der Produktionsmethoden. Da Entdeckungen und Erfindungen auf einem Gebiet solche in anderen auslösen, ist das Tempo der technologischen Innovation in industrialisierten Gesellschaften äußerst hoch, verglichen mit jenen in traditionellen Formen des Gesellschaftssystems.

Ein besonders charakteristisches Merkmal industrialisierter Gesellschaften ist die Tatsache, daß die große Mehrheit der beschäftigten Bevölkerung in Fabriken oder Büros statt in der Landwirtschaft arbeitet. Wie in Kapitel 1 erwähnt, war sogar in den fortgeschrittensten der traditionellen Staaten nur ein winziger Prozentsatz der Bevölkerung nicht damit befaßt, das Land zu bestellen. Das relativ rudimentäre Niveau der technologischen Entwicklung gestattete es einfach nur einer kleinen Minderheit, sich von der Bürde der landwirtschaftlichen Produktion zu befreien.

Industrialisierte Gesellschaften sind auch wesentlich stärker urbanisiert als alle Formen der traditionellen Gesellschaft. In den meisten industrialisierten Ländern leben über 90 Prozent der Leute in großen und kleinen Städten, wo die meisten Arbeitsplätze zu finden sind und beständig neue Arbeitsmöglichkeiten entstehen. Die größten Städte sind wesentlich größer als die städtischen Ansiedlungen traditioneller Zivilisationen. In diesen neuen städtischen Regionen ist das soziale Leben unpersönlicher und anonymer als vorher, da viele alltägliche Begegnungen zwischen Fremden und nicht zwischen Individuen, die einander persönlich kennen, stattfinden. Große Organisationen, wie Großunternehmen oder Regierungsbehörden, erlangen Einfluß auf das Leben von praktisch jedermann.

Ein weiteres Merkmal industrialisierter Gesellschaften sind ihre politischen Systeme, die wesentlich entwickelter und durchschlagskräftiger sind als die Regierungsformen in traditionellen Staaten. In traditionellen Zivilisationen hatten die politischen Autoritäten (Monarchen und Kaiser) wenig direkten Einfluß auf die Sitten und Gebräuche der Mehrheit ihrer Untergebenen, die in ziemlich unabhängigen Dörfern lebten. Mit der Industrialisierung beschleunigte sich das Transport- und Kommunikationswesen, wodurch eine besser integrierte „nationale" Gemeinschaft entstand. Die industrialisierten Gesellschaften waren die ersten **Nationalstaaten**. Nationalstaaten sind politische Gemeinschaften, die durch klar definierte „Grenzen" voneinander getrennt werden statt durch die vagen „Grenzregionen", die traditionelle Staaten voneinander zu trennen pflegten. In Nationalstaaten haben Regierungen weitreichende Macht über viele Aspekte des Le-

Kultur und Gesellschaft 61

bens der Bürger; sie erlassen Gesetze, die allgemeine Geltung für alle Personen beanspruchen, die innerhalb der nationalstaatlichen Grenzen leben.

Die industrielle Technologie war in ihrer Anwendung keineswegs auf friedliche Prozesse der ökonomischen Entwicklung beschränkt. Seit den frühesten Phasen der Industrialisierung wurden moderne Produktionsprozesse in den Dienst militärischer Zwecke gestellt, was die Formen der Kriegsführung radikal verändert hat; es entstanden Waffensysteme und Formen der militärischen Organisation, die jenen nicht–industrieller Kulturen weit überlegen waren. Überlegene Wirtschaftskraft, politische Kohäsion und militärische Macht liegen der anscheinend unwiderstehlichen Ausbreitung westlicher Lebensformen während der letzten zwei Jahrhunderte zugrunde.

Wenn heutzutage sehr viele traditionelle Gesellschaften und Kulturen verschwunden sind, dann geschah dies nicht deshalb, weil ihre Lebensformen „minderwertig" gewesen wären. Dies geschah deshalb, weil sie unfähig waren, den Auswirkungen der Kombination aus industrieller und militärischer *Macht* zu widerstehen, die die westlichen Länder entwickelt hatten. Der Begriff der **Macht** – und ein eng verwandter Begriff, jener der **Ideologie** – ist in der Soziologie von großer Bedeutung. Mit „Macht" meinen wir die Fähigkeit von Individuen oder Gruppen, ihre eigenen Anliegen oder Interessen durchzusetzen, auch wenn andere Widerstand leisten. Macht bedeutet manchmal die direkte Anwendung von Gewalt, ist aber fast immer von der Entwicklung von Ideen (Ideologien) begleitet, die die Handlungen der Mächtigen *rechtfertigen*. Im Fall der westlichen Expansion rechtfertigten die Eindringlinge ihr Tun, indem sie sich als jene entwarfen, die den „heidnischen" Völkern, mit denen sie in Kontakt kamen, die „Zivilisation" brachten.

Dritte Welt–Gesellschaften

Vom 17. bis zum frühen 20. Jahrhundert errichteten die Länder des Westens Kolonien in vielen Gebieten, die früher von traditionellen Gesellschaften bewohnt wurden, unter Einsatz ihrer überlegenen militärischen Stärke, wenn dies notwendig war (siehe Abb. 2.3 zur Kolonisierung von Afrika). Obwohl heute praktisch alle diese Kolonien ihre Unabhängigkeit erreicht haben, hat der Prozeß der **Kolonialisierung** die soziale und kulturelle Landkarte des Erdballs neu gezeichnet. In einigen Regionen, wie in Nordamerika, Australien und Neuseeland, die nur dünn von Jäger– und Sammlergemeinschaften besiedelt waren, wurden die Europäer zur Mehrheitsbevölkerung. In anderen Gebieten, in großen Teilen Asiens, Afrikas und Südamerikas, blieben die ursprünglichen Bewohner in der Mehrheit. Gesellschaften des ersten Typs, wie die Vereinigten Staaten, wurden industrialisiert. Jene der zweiten Kategorie befinden sich zumeist auf einem wesentlich niedrigeren Niveau der industriellen Entwicklung und werden heute oft als Länder der **Dritten Welt** bezeichnet. Zu den Gesellschaften der Dritten Welt gehören China, Indien, die meisten afrikanischen Länder (wie Nigeria, Ghana und Algerien) und jene Südamerikas (z. B. Brasilien, Peru und Venezuela).

In den Ländern der Dritten Welt mit ihrem niedrigen Niveau der Industrialisierung widmet sich die große Mehrheit der Bevölkerung der landwirtschaftlichen

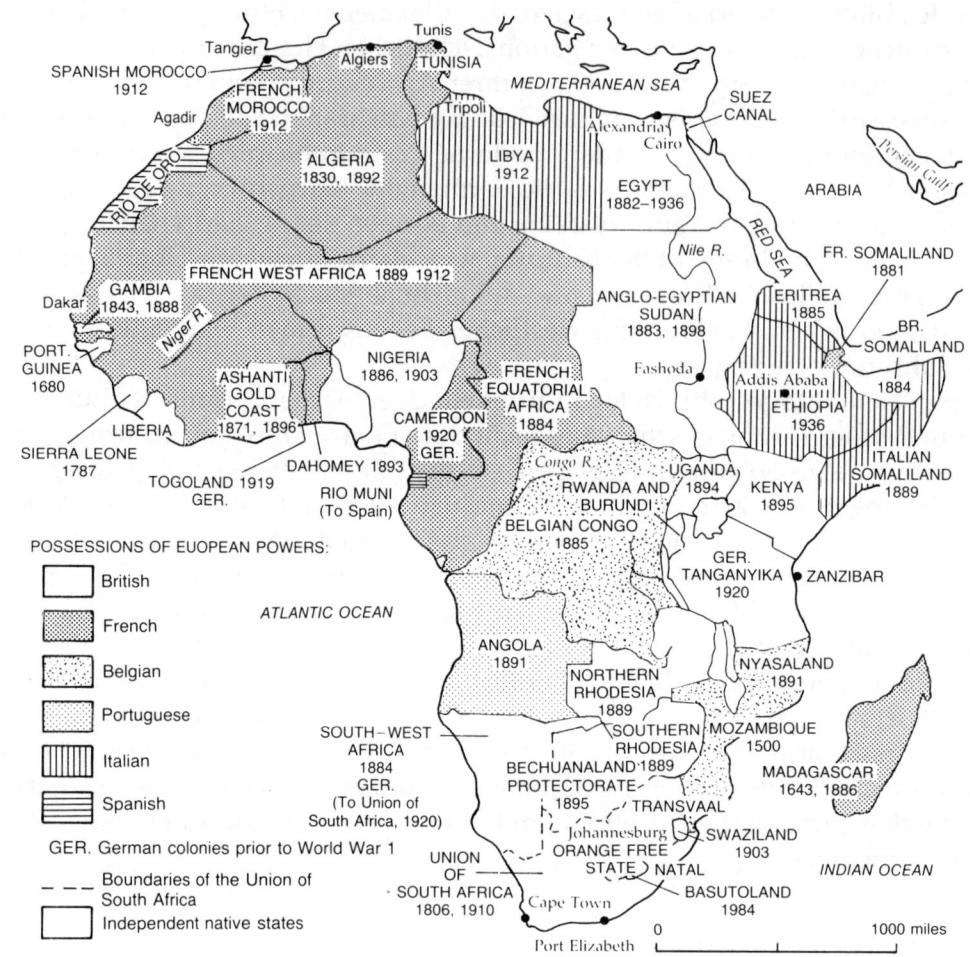

Abbildung 2.3 Europäische Kolonisation Afrikas: Europäische „Besitzungen" vom 18. bis zum 20. Jahrhundert
Quelle: Philip Lee Ralph u. a., *World Civilizations*, 8th edn, vol. 2 (New York: Norton, 1991).

Erzeugung. Da sich viele dieser Gesellschaften südlich der USA und Europas befinden, werden sie manchmal gemeinsam als „der Süden" bezeichnet und dem wohlhabenderen, industrialisierten „Norden" gegenübergestellt. Zwar schließen Länder der Dritten Welt häufig Völker ein, die auf traditionelle Weise leben, diese sind aber von früher bestehenden Formen des traditionellen Staates doch sehr verschieden. Sie haben politische Systeme, die von jenen, die zuerst in den Gesellschaften des Westens entwickelt wurden, abgeleitet oder diesen nachgebildet sind – das heißt, sie sind Nationalstaaten. Während ein Großteil der Bevölkerung noch immer auf dem Land lebt, erfahren viele dieser Gesellschaften einen sehr raschen Prozeß der Urbanisierung. Obwohl die Landwirtschaft die wichtigste Form der ökonomischen Aktivität bleibt, werden landwirtschaftliche Produkte häufig für den Verkauf auf Weltmärkten statt für den örtlichen Gebrauch hergestellt. Länder der Dritten Welt sind nicht bloß Gesellschaften, die hinter den stärker industrialisierten Gebieten zurückgeblieben sind. Die Lebensbedingungen, in denen sich heute Milliarden von Menschen in der Dritten Welt befinden, wurden zum Großteil durch die Berührung mit dem Westen herbeigeführt, die frühere und traditionellere Systeme unterminiert hat.

Der Ausdruck „Dritte Welt" wurde ursprünglich als Teil der Unterscheidung zwischen drei Haupttypen der Gesellschaft im 20. Jahrhundert aufgefaßt. Länder der **Ersten Welt** waren die industrialisierten Staaten Europas, die Vereinigten Staaten, Australien, Neuseeland und Japan. Fast alle Gesellschaften der Ersten Welt haben Regierungsformen, die auf parlamentarischen Mehrparteiensystemen beruhen. Man unterschied sie von den Gesellschaften der **Zweiten Welt**; der Ausdruck bezog sich auf die früher kommunistischen Gesellschaften der damaligen Sowjetunion (UdSSR) und Osteuropas, darunter der ehemaligen Tschechoslowakei, Polens und Ungarns.

Die Gesellschaften der Zweiten Welt hatten zentral geplante Wirtschaftssysteme, die dem Privateigentum oder dem wirtschaftlichen Wettbewerb wenig Raum ließen. Sie waren auch Einparteienstaaten: Die kommunistische Partei dominierte sowohl das politische als auch das ökonomische System. Während ungefähr fünfundsiebzig Jahren war die Weltgeschichte geprägt von einer globalen Rivalität, die zwischen der Sowjetunion und den osteuropäischen Ländern einerseits, den kapitalistischen Gesellschaften des Westens und Japans andererseits herrschte. Heute ist es mit dieser Rivalität vorbei, und mit dem Zusammenbruch des Kommunismus in der früheren UdSSR und in Osteuropa ist die Zweite Welt praktisch verschwunden.

Der Ausdruck „Dritte Welt" ist ziemlich gut eingebürgert, und viele verwenden ihn weiterhin, wie auch ich in den folgenden Kapiteln dieses Buches. Aber ich werde die Gesellschaften der Dritten Welt häufig auch als „Entwicklungsländer" oder als „weniger entwickelte Länder" bezeichnen. All diese Ausdrücke gehören heute zum allgemeinen Sprachgebrauch und sind mehr oder weniger austauschbar. Verglichen mit den industrialisierten Nationen sind die Gesellschaften der Dritten Welt meist sehr arm. Viele von ihnen sind mit massiven Raten des Bevölkerungswachstums konfrontiert, was ihre Anstrengungen, genügend Ressourcen hervorzubringen, um ihren Bürgern auch nur einen minimalen Lebensstandard zu bieten, sehr erschwert.

Schlußfolgerung

Im Kapitel 1 wurde darauf hingewiesen, daß es das Hauptanliegen der Soziologie ist, industrialisierte Gesellschaften zu untersuchen. Können wir also als Soziologen die Dritte Welt einfach ignorieren und sie den Ethnologen überlassen? Das können wir sicherlich nicht. Die Erste und die Dritte Welt haben sich in *wechselseitiger Verschränkung* entwickelt und sind heute enger miteinander verflochten als jemals zuvor. Jene von uns, die in den industrialisierten Gesellschaften leben, hängen von vielen Rohstoffen und sonstigen Erzeugnissen der Dritten Welt ab, die uns dabei helfen, unseren Lebensunterhalt zu bestreiten. Umgekehrt hängen die Ökonomien der meisten Staaten der Dritten Welt von Handelsnetzwerken ab, die sie mit den industrialisierten Ländern verbinden. Die industrielle Gesellschaftsordnung kann nur vor dem Hintergrund der Gesellschaften der Dritten Welt voll verstanden werden – wo tatsächlich bei weitem der größte Teil der Weltbevölkerung lebt. (Wir kehren in Kapitel 16 „Die Globalisierung des sozialen Lebens" zu diesem Thema zurück.)

Die heute existierenden Gesellschaften unterscheiden sich allesamt von den traditionellen Gesellschaftsordnungen, die bis vor zwei Jahrhunderten die Welt seit Tausenden von Jahren dominiert haben. Die weltweiten Entdeckungsfahrten westlicher Reisender lösten Wandlungsprozesse aus, die viele prämoderne Kulturen zerstört haben. Es gibt allerdings noch immer eine außergewöhnliche kulturelle Vielfalt, sowohl innerhalb von Gesellschaften als auch zwischen ihnen. Als Menschen haben wir alle wichtige Merkmale gemeinsam – doch wir sind auch stark beeinflußt von den kulturellen Werten und Gewohnheiten der Gesellschaften, in denen wir existieren. Im folgenden Kapitel werden wir einige der Prozesse betrachten, die unsere individuelle Entwicklung von der Kindheit an durch spätere Lebensphasen hinweg beeinflussen.

Zusammenfassung

1 *Kultur* besteht aus den *Werten* einer bestimmten Gruppe, den *Normen*, die ihre Mitglieder befolgen, und den *materiellen Gütern*, die sie hervorbringen.

2 Die menschliche Gattung entstand als Ergebnis eines langen Prozesses der biologischen *Evolution*. Die Menschen gehören zur Gruppe der höheren Säugetiere, den Primaten. Es scheint schlüssige Hinweise darauf zu geben, daß die kulturelle Entwicklung der Evolution der menschlichen Spezies vorherging und diese wahrscheinlich formte.

3 Die *Soziobiologie* ist vor allem auf Grund der Einsichten, die sie über das tierische Verhalten vermittelt, von Bedeutung; die Ideen der Soziobiologen über das menschliche soziale Leben sind sehr spekulativ. Unser Verhalten ist genetisch beeinflußt, doch unsere genetische Ausstattung prägt wahrscheinlich lediglich unsere Verhaltenspotentiale und nicht den tatsächlichen Inhalt unserer Aktivitäten.

4 Menschen haben keine *Instinkte* im Sinn komplexer Muster ungelernten Verhaltens. Eine Menge einfacher Reflexe und ein Bereich organischer Bedürfnisse sind angeborene Merkmale des menschlichen Individuums.

5 Verhaltensformen, die man in allen oder praktisch allen Kulturen findet, werden *kulturelle Universalien* genannt. Die Sprache, das Inzestverbot, die Institutionen der Ehe, der Familie, der Religion und des Eigentums sind die Haupttypen kultureller Universalien – doch innerhalb dieser allgemeinen Kategorien gibt es viele Spielarten der Werte und der Verhaltensweisen, durch die sich Gesellschaften voneinander unterscheiden.

6 Man kann verschiedene Typen von prämoderner Gesellschaft unterscheiden. In den *Jäger- und Sammler*gesellschaften treiben die Leute keinen Ackerbau oder Viehzucht, sondern sie sammeln Pflanzen und jagen Tiere. *Weide*gesellschaften sind jene, wo die Aufzucht von gezähmten Tieren eine Hauptquelle des Lebensunterhalts darstellt. *Agrar*gesellschaften basieren auf der Bestellung festgelegter Landflächen. Größere und entwickeltere Agrargesellschaften bilden *traditionelle Staaten* oder *Zivilisationen*.

7 Die Entwicklung und Ausdehnung des Westens führte zur Eroberung vieler Teile der Welt, wodurch seit langem bestehende soziale Systeme und Kulturen radikal verändert wurden.

Kultur und Gesellschaft 65

8 In industrialisierten Gesellschaften wird die industrielle Produktion (deren Techniken auch bei der Erzeugung von Nahrung angewendet werden) zur Grundlage der Ökonomie. Die industrialisierten Länder der *Ersten Welt* schließen die Nationen des „Westens" ein, sowie Japan, Australien und Neuseeland. Die Länder der *Zweiten Welt* waren die Industriegesellschaften, die von kommunistischen Regierungen beherrscht wurden. (Seit den Revolutionen des Jahres 1989 in Osteuropa, die dort und in der ehemaligen Sowjetunion zum Zusammenbruch des Kommunismus führten, gibt es keine Gesellschaften der Zweiten Welt mehr.). Die Länder der *Dritten Welt*, in denen ein Großteil der Weltbevölkerung lebt, waren fast alle frühere Kolonien. Die Mehrheit der Bevölkerung arbeitet in der Landwirtschaft, von der ein Teil in Weltmärkte eingebunden ist.

Grundbegriffe

Kultur	Normen
Gesellschaft	Macht
Werte	Ideologie

Wichtige Fachausdrücke

Evolution	Weidegesellschaften
Mutation	Agrargesellschaften
Soziobiologie	traditionelle Staaten
Instinkt	Nationalstaaten
Subkultur	Kolonialisierung
Ethnozentrismus	Dritte Welt
kulturelle Universalien	Erste Welt
Semiotik	Zweite Welt
Jäger– und Sammlergesellschaften	

— Kulturoptimismus / pessimismus

Weiterführende Literatur

Ruth Benedict, *Urformen der Kultur* (Reinbek: Rowohlt, 1960) - eine klassische Untersuchung kultureller Unterschiede, die noch immer lesenswert ist.

Marvin Harris, *Menschen. Wie wir wurden, was wir sind* (Stuttgart: Klett–Cotta, 1994) – ein leicht verständlicher Überblick über den aktuellen Wissensstand der Ethnologie.

Richard C. Lewotin, Steven Rose und Leon J. Kamin, *Die Gene sind es nicht ... Biologie, Ideologie und menschliche Natur* (München: Psychologie – Verlags Union, 1988) – eine überzeugende Kritik am biologischen Determinismus.

Raymond Williams, *Culture* (Glasgow: Fontana, 1981) - eine nützliche allgemeine Diskussion des Begriffs der Kultur.

Kapitel 3

Sozialisation und Lebenszyklus

„Unsozialisierte" Kinder
  Der „wilde Junge von Aveyron"
  Genie

Die Frühentwicklung des Kleinkinds
  Entwicklung der Wahrnehmung
  Weinen und Lächeln
  Kinder und Bezugspersonen
  Die Entwicklung sozialer Reaktionen
  Beziehung und Verlust
  Affen in Isolation
  Deprivation bei Kleinkindern
  Langzeitauswirkungen
  Die Sozialisierung des Kleinkinds

Theorien der Entwicklung des Kindes
  Freud und die Psychoanalyse
  Persönlichkeitsentwicklung
  Kritik
  Die Theorie von G. H. Mead
  Piaget: Kognitive Entwicklung
  Die Stadien der kognitiven Entwicklung
  Kritik
  Verbindungen zwischen den Theorien

Sozialisationsinstanzen
  Die Familie
  Peer-Beziehungen
  Schulen
  Die Massenmedien
  Andere Sozialisationsinstanzen

Resozialisation
  Verhalten im Konzentrationslager
  „Gehirnwäsche"

Der Lebenszyklus
  Die Kindheit
  Die Jugend
  Der junge Erwachsene
  Der reife Erwachsene
  Das Alter

Der Tod und die Generationenfolge

Sozialisation und individuelle Freiheit

Zusammenfassung

Grundbegriffe

Wichtige Fachausdrücke

Weiterführende Literatur

→ Entwicklungspsychologie
→ Pädagogik

Tiere auf einer niedrigen Sprosse der evolutionären Leiter, wie z. B. die meisten Insektenarten, sind in der Lage, sich sehr bald nach ihrer Geburt mit wenig oder gar keiner Unterstützung seitens ausgewachsener Exemplare allein durchzusetzen. Bei den niedrigeren Tieren gibt es keine Generationen, da das Verhalten der „Jungen" mehr oder weniger identisch ist mit jenem der „Erwachsenen". Wenn wir uns jedoch auf der evolutionären Skala nach oben bewegen, dann stimmen diese Beobachtungen immer weniger; die höheren Tiere müssen passende Verhaltensweisen *lernen*. Bei den Säugetieren sind die Jungen zum Zeitpunkt der Geburt meist völlig hilflos und müssen von älteren Artgenossen versorgt werden, und das menschliche Kind ist am allerhilflosesten. Ein menschliches Kind kann nicht überleben, wenn es nicht während der ersten vier oder fünf Jahre seines Lebens dabei unterstützt wird.

Sozialisation ist der Prozeß, durch den das hilflose Kleinkind allmählich zu einer Person wird, die über Fertigkeiten und ein Wissen von sich selbst verfügt, und in die kulturellen Techniken, in die sie hineingeboren wurde, eingeübt ist. Sozialisation ist jedoch keine Art von „kultureller Programmierung", bei der das Kind die Einflüsse, mit denen es in Kontakt kommt, passiv aufnimmt. Sofort nach der Geburt artikuliert das Kind Bedürfnisse und Wünsche, die das Verhalten jener beeinflussen, die für es verantwortlich sind: Von Anfang an ist das Kind ein aktives Wesen.

Die Sozialisation verbindet verschiedene Generationen miteinander (Turnbull, 1984). Die Geburt eines Kindes verändert das Leben der Personen, die für seine Erziehung verantwortlich sind – die daher selbst neue Lernerfahrungen machen. Die Elternschaft verbindet die Aktivitäten von Erwachsenen mit ihren Kindern; im allgemeinen für den Rest ihres Lebens. Ältere Leute bleiben natürlich Eltern, wenn sie Großeltern werden, woraus eine weitere Menge von Beziehungen entsteht, die die verschiedenen Generationen miteinander verknüpfen. Obwohl während des Kleinkindalters und der frühen Kindheit der Prozeß des kulturellen Lernens wesentlich intensiver ist als später, können Lernen und Anpassung während des gesamten Lebenszyklus stattfinden.

In den folgenden Abschnitten werden wir das Thema der Beziehung zwischen „Anlage" und „Umwelt", das wir im vorhergehenden Kapitel angeschnitten haben, weiter verfolgen. Wir werden zunächst die Entwicklung des menschlichen Individuums vom Kleinkindalter bis zum frühen Kindesalter analysieren und dabei die hauptsächlichen Stadien der Veränderung identifizieren. Von verschiedenen Autoren wurde eine Anzahl theoretischer Interpretationen vorgeschlagen, um zu erklären, wie und warum sich Kinder so entwickeln, wie sie es tun. Wir werden diese beschreiben und vergleichen. Schließlich werden wir dazu übergehen, die Hauptgruppen und die gesellschaftlichen Kontexte zu erörtern, die während der verschiedenen Lebensphasen des Individuums die Sozialisation beeinflussen.

„Unsozialisierte" Kinder

Was würde aus Kindern werden, die irgendwie ohne den Einfluß menschlicher Erwachsener herangewachsen wären? Offensichtlich könnte keine humane Person ein Kind aufwachsen lassen, indem sie es als Teil eines Experiments von menschlichen Einflüssen isoliert. Es hat jedoch eine Reihe vieldiskutierter Fälle von Kindern gegeben, die ihre frühen Jahre ohne normale menschliche Kontakte zugebracht haben. Wir beginnen das Kapitel, indem wir zwei dieser Fälle betrachten, bevor wir zur Untersuchung von orthodoxeren Mustern der kindlichen Entwicklung übergehen.

Der „wilde Junge von Aveyron"

Am 9. Jänner 1800 tauchte aus den Wäldern in der Nähe des Dorfes Saint-Serin in Südfrankreich ein seltsames Geschöpf auf. Obwohl es aufrecht ging, sah es mehr tierisch als menschlich aus; es wurde allerdings sehr bald als ein Junge von ungefähr 11 oder 12 Jahren identifiziert. Er sprach nur in schrillen und merkwürdig klingenden Schreien. Der Junge hatte allem Anschein nach keinen Sinn für persönliche Hygiene und verrichtete seine Notdurft, wann immer er wollte. Man informierte die örtliche Polizei, die ihn in ein nahes Waisenhaus überstellte. Zuerst versuchte er beständig zu fliehen; gelang es ihm, so konnte er nur unter einigen Schwierigkeiten wieder eingefangen werden. Er weigerte sich, Kleider zu tragen, die er sich sofort wieder vom Leibe riß, nachdem man sie ihm angezogen hatte. Von seinen Eltern hat man nie etwas gehört.

Das Kind wurde einer gründlichen medizinischen Untersuchung unterzogen, bei der keinerlei bedeutsame Abnormitäten gefunden werden konnten. Als man ihm einen Spiegel zeigte, scheint er das Bild gesehen zu haben, doch ohne sich selbst zu erkennen. Einmal versuchte er, durch den Spiegel hindurchzugreifen, um eine darin sichtbare Kartoffel zu nehmen. (Die Kartoffel wurde tatsächlich hinter seinem Kopf hochgehalten.) Nach mehreren Versuchen ergriff er die Kartoffel, ohne sich umzuwenden, indem er nach hinten über seine Schulter langte. Ein Priester, der den Jungen von Tag zu Tag beobachtete, beschrieb den Kartoffelvorfall folgendermaßen:

> All diese kleinen Details, und viele andere, die wir noch anführen könnten, beweisen, daß es diesem Kind nicht gänzlich an Verstand, Nachdenklichkeit und Denkfähigkeit mangelt. Wir müssen allerdings einräumen, daß man an ihm in all jenen Fällen, wo es nicht um seine natürlichen Bedürfnisse oder die Befriedigung seines Verlangens geht, nichts anderes als tierisches Verhalten beobachten kann. Wenn er Empfindungen hat, dann bringen diese keine Ideen hervor. Er kann sie nicht einmal miteinander vergleichen. Man könnte meinen, es bestünde keine Verbindung zwischen seiner Seele oder seinem Verstand und seinem Körper ... (Shattuck, 1980, S. 69; siehe auch Lane, 1976)

Später wurde der Junge nach Paris gebracht, und man unternahm eine systematische Anstrengung, ihn „vom Tier zum Menschen" umzuwandeln. Das Vorhaben war nur zum Teil erfolgreich. Er wurde zur persönlichen Reinlichkeit erzogen, wehrte sich nicht mehr dagegen, Kleider zu tragen, und lernte es, sich selbst anzuziehen. Doch interessierte er sich nicht für Spiele und Spielzeug, und in sei-

Sozialisation und Lebenszyklus 69

ner Sprachbeherrschung gelangte er nie über ein paar Worte hinaus. Soweit wir aufgrund der detaillierten Beschreibung seines Verhaltens und seiner Reaktionen wissen, war dies aber nicht deshalb so, weil er geistig zurückgeblieben gewesen wäre. Er schien entweder unwillig oder unfähig, die menschliche Sprache gänzlich zu beherrschen. Er machte wenige zusätzliche Fortschritte und starb 1828 im Alter von 40 Jahren.

Genie

Es kann nicht nachgewiesen werden, wie lange der „wilde Junge von Aveyron" allein in den Wäldern gelebt hatte, oder ob er vielleicht an einer angeborenen Behinderung litt, die es ihm unmöglich machte, sich wie ein normales menschliches Wesen zu entwickeln. Es gibt jedoch Beispiele aus unseren Tagen, die einige der Beobachtungen, die über sein Verhalten angestellt wurden, stützen. Ein Fall aus der jüngsten Vergangenheit ist jener von Genie, einem Mädchen aus Kalifornien, das im Alter von ungefähr 1 1/2 Jahren in einem Zimmer eingeschlossen wurde, bis es über 13 Jahre alt war (Curtiss, 1977). Genies Vater hielt seine Frau, die dabei war zu erblinden, im Haus mehr oder weniger gefangen. Die hauptsächliche Verbindung zwischen der Familie und der Außenwelt wurde durch den Sohn im Teenageralter aufrechterhalten, der die Schule besuchte und die Einkäufe erledigte.

Genie hatte von Geburt an eine Mißbildung der Hüfte, die sie daran hinderte, richtig gehen zu lernen, und ihr Vater schlug sie häufig. Als Genie zwanzig Monate alt war, kam er allem Anschein nach zur Auffassung, daß sie zurückgeblieben war, und sperrte sie in einen geschlossenen Raum, dessen Vorhänge zugezogen und dessen Tür geschlossen war. Sie blieb während der nächsten elf Jahre in diesem Zimmer und sah die anderen Familienmitglieder nur, wenn sie kamen, um sie zu füttern. Genie hatte keine Reinlichkeitserziehung genossen und verbrachte einen Teil ihrer Zeit nackt und auf einen Topf geschnallt. An manchen Abenden wurde sie losgeschnallt, doch wurde sie sofort in einen Schlafsack gesteckt, der ihre Arme wie eine Zwangsjacke fesselte. So verschnürt wurde sie zusätzlich in ein Gitterbett mit Maschendraht an den Seiten und über dem Bett gesteckt. Irgendwie gelang es ihr unter diesen schrecklichen Umständen, die Stunden, Tage und Jahre ihres Lebens zu ertragen. Sie hatte fast keine Gelegenheit, die anderen Hausbewohner sprechen zu hören. Wenn sie versuchte, ein Geräusch zu machen oder die Aufmerksamkeit anderer zu erregen, dann schlug sie ihr Vater. Er sprach niemals mit ihr, sondern machte stattdessen bellende, tierische Geräusche, wenn sie etwas tat, was ihn ärgerte. Sie hatte keine richtigen Spielzeuge oder andere Gegenstände, mit denen sie sich hätte die Zeit vertreiben können.

1970 floh ihre Mutter aus dem Haus und nahm Genie mit sich. Der Zustand des Mädchens fiel einer Sozialarbeiterin auf, und man brachte sie in die Rehabilitationsabteilung eines Kinderspitals. Als sie in das Krankenhaus aufgenommen wurde, war sie nicht in der Lage, aufrecht zu stehen, zu laufen, zu springen oder zu klettern, und ihr Gang war ein unbeholfenes Schlurfen. Sie wurde von einem Psychiater als „unsozialisiert, primitiv, kaum menschlich" beschrieben. In der Rehabilitationsabteilung machte Genie allerdings ziemlich rasche Fortschritte. Sie lernte, ganz normal zu essen, und ließ sich wie andere Kinder anziehen. Doch war sie fast die ganze Zeit still, ausgenommen, wenn sie lachte, wobei ihr Lachen schrill und „unwirklich" war. Sie masturbierte unablässig in der Öffentlichkeit und weigerte sich, diese Gewohnheit abzulegen. Später lebte sie als Pflegekind in der Familie eines der Ärzte des Krankenhauses und entwickelte allmählich ein recht umfangreiches Vokabular, das ausreichte, um eine begrenzte Anzahl einfacher Äußerungen zu formulieren. Ihre Sprachbeherrschung entwickelte sich jedoch nie weiter als bis zum Niveau eines drei- oder vierjährigen Kindes.

Genies Verhalten wurde intensiv untersucht, und sie wurde während eines Zeitraumes von sieben Jahren einer Vielfalt von Tests unterworfen. Diese schienen nahezulegen, daß sie weder schwachsinnig war, noch an irgendwelchen anderen angeborenen Behinderungen litt. Was mit Genie, wie mit dem „wilden Jungen von Aveyron", passiert zu sein scheint, ist, daß sie zum Zeitpunkt, als sie in engen Kontakt zu anderen Menschen kam, das Alter überschritten hatte, bis zu welchem Kinder die Sprache und andere menschliche Geschicklichkeiten ohne große Mühe erlernen. Es gibt vermutlich einen „kritischen Zeitraum" für die Erlernung der Sprache und anderer komplexer Fähigkeiten, nach dem es zu spät ist, diese gänzlich zu erlernen. Der „wilde Junge" und Genie vermitteln uns eine Idee davon, wie sich ein „unsozialisiertes" Kind verhalten würde.

Selbstverständlich müssen wir bei der Interpretation derartiger Fälle vorsichtig sein. In jedem dieser Beispiele bleibt die Möglichkeit offen, daß eine geistige Abnormität nicht diagnostiziert wurde. Andererseits wäre es auch möglich, daß die Erfahrungen, denen diese Kinder unterworfen waren, ihnen einen psychologischen Schaden zugefügt haben, der sie daran hinderte, die Geschicklichkeiten zu erwerben, die die meisten Kinder in einem viel früheren Alter erlernen. Dennoch gibt es genügend Ähnlichkeiten zwischen diesen beiden Fallgeschichten und anderen, die beschrieben worden sind, um eine Ahnung davon zu vermitteln, wie beschränkt unsere Fähigkeiten wären, durchliefen wir nicht eine ausgedehnte Periode der Frühsozialisation.

Betrachten wir nun die frühen Phasen der kindlichen Entwicklung direkt. Dies wird uns in die Lage versetzen, die Prozesse, durch die das Kind in erkennbarer Weise „menschlich" wird, besser zu verstehen.

Die Frühentwicklung des Kleinkinds

Entwicklung der Wahrnehmung

Alle menschlichen Babys werden mit der Fähigkeit geboren, bestimmte Wahrnehmungsunterscheidungen zu treffen und auf sie zu reagieren (Richards und Light, 1986). Man war früher der Ansicht, daß das neugeborene Kind von einer Masse von Empfindungen überschwemmt wird, zwischen denen es nicht differenzieren kann. Eine berühmte Bemerkung des Psychologen und Philosophen William James lautete: „Das Baby, das über die Augen, die Ohren, die Nase, die Haut und die Eingeweide gleichzeitig bedrängt wird, empfindet all das als eine einzige große, verdammte summende Konfusion" (James, 1890). Dies wird von den meisten Forschern, die sich mit dem Verhalten des Kleinkinds befassen, heute nicht mehr als ein zutreffendes Bild aufgefaßt – sogar neugeborene Kinder reagieren selektiv auf ihre Umgebung.

Schon ab dem Alter von einer Woche wird eine gemusterte Fläche (Streifen, konzentrische Kreise oder ein gesichtsähnliches Bild) öfter betrachtet als sogar eine grellfarbene, ungemusterte Fläche. Bei weniger als ein Monat alten Kindern sind diese Wahrnehmungsfähigkeiten noch schwach ausgeprägt, und Bilder, die mehr als 30 cm entfernt sind, erscheinen verschwommen. Danach steigern sich die Seh- und Hörfähigkeiten rapide. Im Alter von vier Monaten wird das Baby eine Person, die sich durch das Zimmer bewegt, im Auge behalten. Empfindsamkeit gegenüber Berührungen und Vergnügen an der Wärme sind von Geburt an vorhanden.

Weinen und Lächeln

Wie Kinder selektiv auf die Umgebung reagieren, so unterscheiden auch Erwachsene zwischen den Verhaltensmustern des Babys, in der Annahme, daß diese Schlüsse darauf zulassen, was es will oder braucht. Das Weinen wird als Anzeichen von Hunger oder Unbehagen aufgefaßt, während das Lächeln oder bestimmte andere Formen des Gesichtsausdrucks als Zeichen der Zufriedenheit betrachtet werden. Eben solche Auffassungen behandeln diese Reaktionen als soziale Handlungen des Kleinkinds. Dieser Prozeß ist jedoch stark von kulturellen Voraussetzungen abhängig. Das Weinen ist ein gutes Beispiel. In den meisten Kulturen ist das Baby während des Großteils des Tages von der Mutter getrennt und befindet sich im Bett, im Kinderwagen oder in einem Spielbereich. Dort ist das Weinen im allgemeinen ein Signal dafür, daß das Kind Zuwendung braucht. In vielen anderen Kulturen verbringt das Kleinkind während vieler Monate den Großteil des Tages im direkten Kontakt mit dem Körper der Mutter, wobei es in einem Tuch getragen wird. Wo dies die übliche Praxis ist, wird sich die Mutter oft nur um außergewöhnliche Schreianfälle kümmern, die als Notfälle behandelt werden. Unruhige Bewegungen des Kindes werden als Hauptsignal dafür aufgefaßt, daß es Nahrung oder irgendeine besondere Form der Zuwendung braucht.

Auch bei der Interpretation des Lächelns wurden kulturelle Unterschiede nachgewiesen. Alle normalen Babys lächeln unter bestimmten Umständen nach ungefähr einem Monat oder sechs Wochen. Ein Kleinkind lächelt, wenn man ihm eine gesichtsähnliche Form zeigt, die anstelle der Augen einfach zwei Punkte enthält. Es lächelt auch, wenn es ein menschliches Gesicht sieht, und zwar unabhängig davon, ob der Mund sichtbar ist oder nicht. Das Lächeln scheint eine angeborene Reaktion zu sein; es wird nicht erlernt, oder auch nur ausgelöst, indem man ein anderes lächelndes Gesicht sieht. Ein Grund, warum wir uns in dieser Sache sicher sein können, liegt darin, daß blind geborene Kinder im selben Alter zu lächeln beginnen wie sehende Kinder, obwohl sie natürlich keine Gelegenheit hatten, andere dabei zu imitieren. Die Situationen, in denen das Lächeln als passend empfunden wird, variieren jedoch zwischen Kulturen, und dies hat mit den frühen Reaktionen Erwachsener auf das Lächeln von Kindern zu tun. Kleinkinder müssen nicht das Lächeln lernen, sondern wann und wo es als angemessen aufgefaßt wird. So lächeln z. B. die Chinesen in „öffentlichen" Kontexten weniger häufig als Leute aus dem Westen – z. B. bei der Begrüßung eines Fremden.

Kinder und Bezugspersonen

Bereits im Alter von drei Wochen ist das Kleinkind in der Lage, seine Mutter – oder eine sonstige primäre Bezugsperson – von anderen Leuten zu unterscheiden. Das Baby erkennt das andere Individuum zwar noch nicht als *Person*; stattdessen reagiert es auf bestimmte Merkmale, wahrscheinlich die Augen, die Stimme und die Weise, wie es gehalten wird. Daß es die Mutter erkennt, zeigt sich in verschiedenen Reaktionen – das Kind hört zu weinen auf, nur wenn sie (und nicht irgend jemand anders) es aufhebt, es lächelt sie häufiger an als andere Leute, hebt die Arme oder klatscht in die Hände, um das Erscheinen der Mutter im Zimmer anzuzeigen, oder es krabbelt in ihre Nähe, sobald es dazu fähig ist. Welche dieser Reaktionen regelmäßig auftreten, wird durch kulturelle Unterschiede beeinflußt. In einer Untersuchung einer Kultur in Uganda fand Ainsworth, daß Umarmungen und Küsse zwischen Müttern und Kindern selten waren, während das In–die–Hände–Klatschen als Ausdruck des Vergnügens sowohl bei der Mutter als auch beim Kind wesentlich häufiger war als in europäischen Familien (Ainsworth, 1977).

Die Beziehung des Kleinkinds zur Bezugsperson verfestigt sich erst ungefähr nach dem siebenten Lebensmonat. Vor diesem Zeitpunkt ruft die Trennung von der Mutter keinen besonderen Protest hervor, und andere Leute, die sich des Babys annehmen, werden ohne Veränderung des üblichen Reaktionsniveaus akzeptiert. Ungefähr im selben Alter beginnt das Kind zwischen den Personen, die es anlächelt, zu differenzieren. In diesem Stadium entwickelt das Kind auch ein Verständnis der Mutter als einer eigenständigen Person. Das Kind erkennt, daß die Mutter existiert, sogar, wenn sie nicht unmittelbar gegenwärtig ist, und kann eine Art geistiges Bild von ihr behalten. Dies impliziert auch den Anfang der Erfahrung der Zeit, denn das Kind erinnert sich einerseits an die Mutter und erwartet andererseits ihre Rückkehr. Kleinkinder im Alter von acht oder neun Monaten sind fähig, nach versteckten Gegenständen zu suchen, da sie zu verstehen beginnen, daß Dinge eine eigenständige Existenz haben, unabhängig davon, ob sie zu einem bestimmten Zeitpunkt im Blickfeld sind oder nicht.

In einer Arbeit, die Eltern über die Entwicklung ihrer Kinder informieren soll, hat Selma Fraiberg diese Phase des frühkindlichen Verhaltens in brillanter Weise illustriert.

> Haben Sie ein sechs oder sieben Monate altes Baby, das Ihnen die Brille von der Nase reißt? Wenn ja, brauchen Sie folgenden Rat kaum. Nehmen Sie die Brille weg, wenn das Baby nach ihr greift, stecken Sie sie in eine Tasche oder hinter ein Sofakissen (und vergessen Sie nicht, wo Sie sie versteckt haben). Sie brauchen es nicht heimlich zu tun, lassen Sie das Baby ruhig sehen, wie Sie sie verstecken. Es wird sie nicht suchen. Es wird auf die Stelle starren, an der es sie zuletzt sah – auf Ihre Nase –, und dann das Interesse an dem Problem verlieren. Es sucht die Brille nicht, weil es sich nicht vorstellen kann, daß sie existiert, wenn es sie nicht sieht.
>
> Ist das Baby ungefähr neun Monate alt, verlassen Sie sich nicht auf diesen alten Trick. Wenn es sieht, wie Sie Ihre Brille abnehmen und sie hinter ein Sofakisssen stecken, wird es das Kissen wegnehmen und sich auf Ihre Brille stürzen. Es hat gelernt: ein Gegenstand kann

außer Sicht sein und trotzdem noch existieren. Es kann der Bewegung Ihrer Hand bis zum Versteckplatz folgen und dort emsig danach suchen. Dieser ungeheure Fortschritt wird wahrscheinlich von den Eltern übersehen: ihre Brillen, Ohrringe, Füller und Schlüsseletuis werden jetzt nicht nur ihren Besitzern weggenommen, sondern trotzen auch jeder sicheren Verwahrung. Eltern, die Babys in diesem Entwicklungsstadium haben, interessieren sich wenig für die theoretischen Aspekte des Problems, doch eine Theorie kann immer einen praktischen Nutzen haben. Wir haben immer noch einige Kunststücke auf Lager: lassen Sie das Baby sehen, wie Sie Ihre Brille hinter das Kissen stecken. Es findet sie. Überreden Sie es, sie Ihnen zurückzugeben, und verstecken Sie sie dann unter ein zweites Kissen. Jetzt ist es verwirrt. Es wird die Brille unter dem ersten Kissen suchen, dem ersten Versteckplatz, aber nicht an dem zweiten. Das bedeutet, das Baby kann begreifen, daß die Brille existiert, wenn sie verborgen ist, aber nur an einem Platz, dem ersten Versteckplatz, an dem es sie vorher gefunden hat. Findet das Baby sie nicht unter dem ersten Kissen, sucht es dort weiter, aber es kommt ihm nicht in den Sinn, sie an dem zweiten Versteck oder irgendwo anders zu suchen. Ein Gegenstand kann immer noch verschwinden. In wenigen Wochen wird das Baby seine Suche vom ersten Versteck auf das zweite ausdehnen und ist dabei, zu entdecken, daß ein Gegenstand sich von einem Platz zum anderen bewegen kann und trotzdem dauernd existiert. (Fraiberg, 1969, S. 55f.)

Die ersten Monate im Leben eines Kindes sind auch für die Mutter eine Zeit des Lernens. Mütter (und andere Personen, die sich um das Kind kümmern, wie Väter oder ältere Kinder) lernen die durch das Verhalten des Kindes übermittelten Botschaften zu erfassen und in angemessener Weise auf sie zu reagieren. Manche Mütter sind diesen Signalen gegenüber wesentlich sensibler als andere, und in verschiedenen kulturellen Kontexten werden verschiedene Signale betont und beachtet. Wie Mütter das Verhalten ihrer Kinder „lesen", beeinflußt das sich zwischen ihnen entwickelnde Interaktionsmuster nachhaltig. So könnte z. B. eine Mutter die Unruhe des Kindes als Anzeichen der Müdigkeit interpretieren und das Kind ins Bett legen. Eine andere könnte dasselbe Verhalten dahingehend interpretieren, daß das Kind unterhalten werden möchte. Mütter projizieren oft ihre eigenen Merkmale auf ihre Babys; findet es eine Mutter schwierig, eine stabile und anteilnehmende Beziehung zu ihrem Kind aufzubauen, dann kann es vorkommen, daß sie ihr Kind als aggressiv und zurückweisend erlebt.

Die Ausformung von Bindungen an spezifische Individuen stellt eine wichtige Schwelle der Sozialisation dar. Die primäre Beziehung, im allgemeinen jene zwischen Kind und Mutter, wird mit starken Gefühlen besetzt, und auf dieser Grundlage beginnen komplexe Prozesse des sozialen Lernens abzulaufen.

Die Entwicklung sozialer Reaktionen

Die Beziehung zwischen dem Kind und der Mutter bzw. anderen Personen, die sich um das Kind kümmern, verändert sich gegen Ende des ersten Lebensjahres des Babys. Nicht nur beginnt das Kind dann zu sprechen, sondern es ist auch in der Lage, aufrecht zu stehen – die meisten Kinder können mit ungefähr vierzehn Monaten alleine gehen. Im zweiten und im dritten Jahr entwickeln die Kinder in zunehmendem Ausmaß die Fähigkeit, die Interaktionen und Emotionen anderer Familienmitglieder zu verstehen. Das Kind lernt, wie es andere nicht nur trösten, sondern auch ärgern kann. Zweijährige Kinder werden sichtlich bekümmert, wenn sich die Eltern streiten, und umarmen dann vielleicht einen der beiden, sollte er oder sie in merkbarer Weise aus dem emotionalen Gleichgewicht geraten sein. Ein Kind dieses Alters ist auch bereits fähig, einen Bruder oder eine Schwester oder ein Elternteil zu necken.

Ab einem Alter von ungefähr einem Jahr beginnt das Spiel einen großen Teil des Lebens des Kindes einzunehmen. Zunächst wird das Kind vorwiegend allein spielen, doch später wird es immer nachdrücklicher nach jemandem verlangen, der mit ihm spielt. Im Spiel verbessern Kinder ihre Körperkoordination und beginnen auch ihr Wissen von der Welt der Erwachsenen zu erweitern. Sie probieren neue Geschicklichkeiten aus, und sie imitieren das Verhalten der Großen.

In einer frühen Studie präsentierte Mildred Parten einige Kategorien der Entwicklung des Spiels, die auch heute noch allgemein akzeptiert werden (Parten, 1932). Kleine Kinder widmen sich zuerst dem *unabhängigen Einzelspiel*. Sogar wenn sie in Gesellschaft anderer Kinder sind, spielen sie allein und stellen keinen Bezug zu dem her, was andere tun. Darauf folgt die *Parallelaktivität*, wobei ein Kind die anderen nachahmt, doch nicht in deren Aktivitäten eingreift. Darauf (im Alter von ungefähr drei Jahren) wenden sich Kinder immer mehr dem *assoziativen Spiel* zu, bei dem sie ihr Verhalten zu dem anderer in Beziehung setzen. Jedes Kind handelt immer noch so, wie es will, doch beachtet es das Tun der anderen und reagiert darauf. Später, mit ungefähr vier Jahren, beginnen Kinder mit dem *kooperativen Spiel* – Aktivitäten, die erfordern, daß jedes Kind mit anderen zusammenarbeitet (z. B. wenn man „Mama und Papa" spielt).

Während der Phase zwischen einem und vier oder fünf Jahren lernt das Kind auch Disziplin und Selbstregulierung. Dies heißt unter anderem, körperliche Bedürfnisse zu kontrollieren und sich mit ihnen in angemessener Weise auseinanderzusetzen. Die Kinder werden sauber (ein schwieriger und langwieriger Prozeß) und lernen, das Essen in sittsamer Weise einzunehmen. Sie lernen auch, sich in den verschiedenen Kontexten ihres Handelns „anständig zu benehmen", besonders, wenn sie mit Erwachsenen interagieren.

Mit ungefähr fünf Jahren ist das Kind zu einem ziemlich autonomen Wesen geworden. Es ist nicht mehr bloß ein Baby, sondern in den Grundabläufen des häuslichen Lebens fast unabhängig – und es ist bereit dazu, sich weiter in die Außenwelt hinauszuwagen. Zum ersten Mal ist das sich entwickelnde Individuum fähig, lange Stunden getrennt von den Eltern zu verbringen, ohne sich deshalb allzusehr zu grämen.

Beziehung und Verlust

Kein Kind könnte dieses Stadium ohne die ihm von den Eltern oder anderen Bezugspersonen gewidmeten Jahre des Schutzes und der Fürsorge erreichen. Wie bereits erwähnt wurde, ist die Beziehung zwischen Kind und Mutter in den Frühphasen des Lebens des Kindes im allgemeinen von überragender Bedeutung. Forschungen legen nahe, daß ernstliche Konsequenzen auftreten können, wenn diese Beziehung in irgendeiner Weise beeinträchtigt wird. Vor ungefähr 30 Jahren stellte der Psychologe John Bowlby Untersuchungen an, die darauf hinwiesen, daß ein Kind, das keine enge und liebevolle Beziehung zu seiner Mutter hatte, im späteren Leben ernsthafte Persönlichkeitsstörungen entwickeln würde (Bowlby,

1973). So behauptete Bowlby etwa, daß ein Kind, dessen Mutter kurz nach der Geburt stirbt, von Ängsten geplagt sein würde, die einen über lange Zeit wirksamen Einfluß auf seinen späteren Charakter haben würden. Dies wurde als Theorie der **mütterlichen Deprivation** bekannt und hat eine große Anzahl von Untersuchungen über das kindliche Verhalten ausgelöst. Die von Bowlby präsentierten Ergebnisse fanden auch durch Untersuchungen über einige der höheren Primaten Unterstützung.

Affen in Isolation

Um die von Bowlby vorgelegten Ideen weiter zu verfolgen, führte Harry Harlow einige berühmte Experimente durch, bei denen er Rhesusaffen getrennt von ihren Müttern aufzog. Abgesehen davon, daß sie vom Kontakt mit anderen isoliert waren, wurden die materiellen Bedürfnisse der Affen sorgfältig erfüllt. Die Ergebnisse waren eindrucksvoll: Die in Isolation aufgezogenen Affen zeigten ein außergewöhnliches Ausmaß von Verhaltensstörungen. Wurden sie mit normalen erwachsenen Affen zusammengebracht, dann waren sie entweder furchtsam oder feindselig und weigerten sich, mit ihnen zu interagieren. Einen Großteil ihrer Zeit verbrachten sie damit, zusammengekauert in einer Ecke des Käfigs zu sitzen, wobei sie in ihrer Haltung Menschen ähnelten, die sich auf einem schizophrenen Rückzug befinden. Sie waren unfähig, sich mit anderen Affen zu paaren, und in den meisten Fällen konnte man ihnen das auch nicht beibringen. Weibchen, die künstlich befruchtet wurden, verwendeten wenig oder gar keine Aufmerksamkeit auf ihre Jungen.

Um zu sehen, ob es die Abwesenheit der Mutter war, die diese abnormen Verhaltensweisen hervorbrachte, zog Harlow einige junge Affen in Gesellschaft von anderen Gleichaltrigen auf. Diese Tiere zeigten in ihrem späteren Verhalten keine Symptome der Störung. Harlow folgerte, daß es für die normale Entwicklung darauf ankommt, daß der Affe Gelegenheit hat, Beziehungen zu einem oder mehrern anderen zu entwickeln, unabhängig davon, ob sich unter diesen die Mutter selbst befindet (Harlow und Zimmermann, 1959; Harlow und Harlow, 1962; Novak, 1979).

Deprivation bei Kleinkindern

Es kann nicht so ohne weiteres angenommen werden, daß das, was mit Affen passiert, in derselben Weise auch bei menschlichen Kindern eintreten wird (Harlow behauptete nicht, daß seine Ergebnisse irgendwelche schlüssigen Nachweise über die Erfahrung von Menschen lieferten). Nichtsdestoweniger zeigen Forschungen über menschliche Kinder Parallelen mit den von Harlow angestellten Beobachtungen auf, obwohl der Nachweis von Langzeitauswirkungen der frühkindlichen Deprivation offensichtlich schwierig ist (da man keine Experimente durchführen kann). Studien über Kleinkinder kommen im allgemeinen zur Schlußfolgerung, daß für die Sicherheit des Kindes die Entwicklung konsistenter Muster der frühen emotionalen Bindung wichtig ist. Diese Beziehungen müssen nicht jene zur Mutter selbst sein, und daher ist der Ausdruck „mütterliche Deprivation" ein wenig irreführend. Worauf es ankommt, ist die Gelegenheit, im Kleinkindalter und in der frühen Kindheit stabile und emotional enge Beziehungen mit zumindest einem anderen menschlichen Wesen einzugehen. Die unmittelbaren Auswirkungen, die sich ergeben, wenn Kinder solcher Bindungen beraubt wurden, sind gut belegt. Untersuchungen über Kinder, die ins Krankenhaus eingeliefert wurden, haben gezeigt, daß die durch die Trennung verursachte emotionale Belastung für Kinder zwischen sechs Monaten und vier Jahren am ausgeprägtesten ist. Ältere Kinder leiden im allgemeinen weniger und weniger lange. Die Reaktionen der Kinder sind nicht bloß darauf zurückzuführen, daß sie in eine fremde Umgebung versetzt wurden; wenn die Mutter oder andere vertraute Personen, die sich um das Kind gekümmert haben, beständig im Krankenhaus anwesend sind, bleiben diese Konsequenzen aus.

Langzeitauswirkungen

Zwar sind die Beweise für Langzeitauswirkungen nicht sonderlich eindeutig, doch hat es im allgemeinen den Anschein, daß die Einschränkung früher enger Beziehungen häufig dauerhafte Verhaltensstörungen hervorbringt. Nur in seltenen Fällen, wie jenen des „wilden Jungen von Aveyron" und von Genie, waren Kinder mehr oder weniger gänzlich von anderen Leuten isoliert. Daher sollten wir einen klaren Nachweis der tiefgreifenden Störungen, die bei Harlows Tieren eintraten, nicht erwarten können. Dennoch gibt es beträchtliches Beweismaterial dafür, daß Personen, denen während der Kindheit stabile Beziehungen verwehrt waren, sprachlich und intellektuell zurückbleiben und zusätzlich Schwierigkeiten haben, enge und dauerhafte Beziehungen mit anderen einzugehen. Nach dem Alter von ungefähr sechs bis acht Jahren wird die Behebung dieser Mängel immer schwieriger.

Die Sozialisierung des Kleinkinds

Bowlbys ursprüngliche Behauptung, daß „Mutterliebe in frühester Kindheit für die geistige Gesundheit ebenso wichtig ist wie Vitamine und Proteine für das körperliche Gedeihen" (Bowlby, 1973, S. 221), ist zum Teil widerlegt worden. Es ist nicht der Kontakt mit der *Mutter*, auf den es ankommt, und es geht auch nicht bloß darum, daß die Liebe fehlt. Die Sicherheit, die durch den regelmäßigen Kontakt mit einer vertrauten Person entsteht, ist ebenfalls wichtig. Wir können jedenfalls schließen, daß die menschliche soziale Entwicklung in fundamentaler Weise von der frühen Bildung dauerhafter Beziehungen zu anderen Menschen abhängt. Dies stellt in allen Kulturen einen Schlüsselaspekt der Sozialisation der meisten Menschen dar; seine jeweilige Beschaffenheit und seine Konsequenzen sind allerdings kulturell variabel.

Theorien der Entwicklung des Kindes

Bowlbys Arbeit konzentrierte sich nur auf Teilaspekte der Entwicklung des Kindes, vor allem auf die Bedeutung der emotionalen Bindungen zwischen Kleinkindern und jenen, die sich um sie kümmern. Wie sollen wir andere Merkmale des Wachstums von Kindern verstehen, vor allem die Ausformung eines Selbstgefühls – des Bewußtseins, daß das Individuum eine von anderen getrennte eigenständige Identität hat? Während der ersten Lebensmonate hat das Kleinkind kein oder nur wenig Verständnis von Unterschieden zwischen menschlichen Wesen und materiellen Gegenständen seiner Umgebung, und es hat kein Bewußtsein seiner selbst. Kinder beginnen nicht vor dem Alter von zwei Jahren oder mehr, Begriffe wie „ich", „mich" und „du" zu verwenden. Sie kommen nur sehr allmählich zur Einsicht, daß andere über eine Identität, ein Bewußtsein und Bedürfnisse verfügen, die eigenständig und von denen des Kindes getrennt sind.

Das Problem der Ausformung des Selbst wurde viel diskutiert und wird aus verschiedenen theoretischen Perspektiven ziemlich verschieden aufgefaßt. In gewissem Ausmaß ist dies darauf zurückzuführen, daß die bekanntesten Theorien über die kindliche Entwicklung verschiedene Aspekte der Sozialisation betonen. Die Arbeit des großen Psychologen und Begründers der Psychoanalyse Sigmund Freud konzentriert sich vor allem darauf, wie das Kleinkind Ängste kontrolliert, und auf die emotionalen Aspekte der Entwicklung des Kindes. Der amerikanische Philosoph und Soziologe George Herbert Mead befaßt sich vor allem damit, wie Kinder den Begriff des „Ich" zu verwenden lernen. Der Schweizer Erforscher des kindlichen Verhaltens Jean Piaget befaßte sich mit vielen Aspekten der Entwicklung des Kindes, doch seine bekanntesten Schriften beziehen sich auf die **Kognition** – darauf, wie Kinder lernen, über sich selbst und ihre Umgebung zu *denken*.

Freud und die Psychoanalyse

Sigmund Freud, ein Wiener Arzt, der von 1856 bis 1939 lebte, hat nicht nur die Entstehung der modernen Psychologie stark beeinflußt, er war auch eine der bedeutendsten intellektuellen Gestalten des 20. Jahrhunderts. Seine Ideen haben sich auf die Kunst, die Literatur und die Philosophie ebenso wie auf die Sozialwissenschaften ausgewirkt. Freud war nicht bloß ein Wissenschaftler, der sich mit dem menschlichen Verhalten auseinandersetzte, sondern er befaßte sich auch mit der Heilung neurotischer Patienten. Bei der **Psychoanalyse**, der von ihm erfundenen therapeutischen Technik, werden Patienten dazu gebracht, sich freimütig über ihr Leben zu äußern, vor allem über die frühkindlichen Erfahrungen, an die sie sich erinnern können. Freud gelangte zur Auffassung, daß unser Verhalten vor allem durch das **Unbewußte** gesteuert wird und daß Mechanismen der Angstbewältigung, die in sehr jungen Jahren entwickelt wurden, bis ins Erwachsenenalter fortwirken. Die meisten dieser frühkindlichen Erfahrungen gehen dem bewußten Gedächtnis verloren, obwohl sie die Grundlage sind, auf denen unsere **Selbstbewußtheit** beruht.

Persönlichkeitsentwicklung

Nach Freud ist das Kleinkind ein sehr forderndes Wesen, mit Energien, die es wegen seiner essentiellen Hilflosigkeit nicht kontrollieren kann. Ein Baby muß lernen, daß seine Bedürfnisse und Wünsche nicht immer auf der Stelle befriedigt werden können – ein schmerzhafter Prozeß. Nach Freud haben Kleinkinder nicht bloß das Bedürfnis nach Speise und Trank, sondern auch nach erotischer Befriedigung. Freud meinte nicht, daß Kleinkinder dieselben sexuellen Begierden haben wie ältere Kinder oder Erwachsene. Das „erotisch" bezieht sich auf ein allgemeines Bedürfnis nach engem und lustvollem Körperkontakt mit anderen. (Die Idee ist gar nicht so verschieden von den Ergebnissen von Harlows Experimenten und der Literatur über kindliche emotionale Beziehungen. Kleinkinder haben in der Tat ein Bedürfnis nach engem Kontakt mit anderen, darunter danach, umarmt und liebkost zu werden.)

Der von Freud beschriebene Prozeß der psychologischen Entwicklung des Menschen bringt große Spannungen mit sich. Das Kleinkind lernt allmählich, seine Triebe zu beherrschen, doch bleiben diese als mächtige Motive im Unbewußten wirksam. Bei der Entwicklung der Fähigkeiten von Kindern unterschied Freud mehrere typische Stadien. Besondere Aufmerksamkeit widmet er der Phase – ungefähr im Alter von vier bis fünf Jahren –, in der die meisten Kinder in der Lage sind, die ständige Gesellschaft ihrer Eltern aufzugeben und in eine weitere soziale Welt einzutreten. Freud nannte diese Phase das ödipale Stadium. Die frühen Bindungen, die Kinder gegenüber ihren Eltern entwickeln, haben ein eindeutiges erotisches Element im oben skizzierten Sinn. Würde man diesen Bindungen gestatten fortzudauern und sich weiterzuentwickeln, dann würde das Kind nach der physischen Reife mit dem Elternteil des entgegengesetzten Geschlechts sexuelle Beziehungen anknüpfen. Dies geschieht nicht, da Kinder lernen, ihre erotischen Wünsche gegenüber ihren Eltern zu unterdrücken.

Kleine Jungen lernen, daß sie nicht ewig „am Schürzenband der Mutter hängen" dürfen. Nach Freud empfindet der Knabe einen intensiven Antagonismus gegenüber seinem Vater, da der Vater die Mutter für sich sexuell vereinnahmt. Das ist die Grundlage des **Ödipuskomplexes**. Der Ödipuskomplex wird überwunden, wenn das Kind sowohl seine erotische Bindung an die Mutter als auch seinen Antagonismus gegenüber dem Vater verdrängt (das meiste davon geschieht auf der Ebene des Unbewußten). Dies ist eine wichtige Stufe in der Entwicklung eines autonomen Selbst, da sich das Kind von seiner frühen Abhängigkeit von den Eltern, besonders von der Mutter, abgelöst hat.

Freuds Darstellung der weiblichen Entwicklung ist wesentlich weniger gut ausgearbeitet. Er meint, daß hier gewissermaßen der umgekehrte Prozeß abläuft. Das kleine Mädchen verdrängt seine erotischen Begierden nach dem Vater und überwindet seine unbewußte Ablehnung der Mutter, indem es versucht, so wie sie zu werden – „feminin". Nach Freuds Ansicht hat die Form, in der der Ödipuskomplex verarbeitet wird, starke Auswirkungen auf die später von Individuen eingegangenen Beziehungen, besonders auf jene sexueller Natur.

Kritik

Freuds Theorien sind weithin kritisiert worden und trafen oft auf sehr feindselige Reaktionen. Manche Autoren haben die Idee verworfen, daß Kleinkinder erotische Wünsche haben, ebenso wie die These, daß Ereignisse im frühkindlichen Alter unbewußte Mechanismen der Angstbewältigung auslösen, die ein Leben lang fortwirken. Feministinnen haben Freuds Theorie als zu sehr auf die männliche Erfahrung konzentriert und als zu wenig sensibel gegenüber der weiblichen Psychologie kritisiert. Dennoch üben Freuds Ideen einen mächtigen Einfluß aus. Auch wenn wir sie nicht in ihrer Gesamtheit akzeptieren, sind einige von ihnen wahrscheinlich doch gültig. Es ist fast sicher, daß es unbewußte Aspekte des menschlichen Verhaltens gibt, die auf Mechanismen der Angstbewältigung beruhen, die in der frühen Kindheit entwickelt wurden.

Die Theorie von G. H. Mead

Der Hintergrund und die intellektuelle Karriere von G. H. Mead (1863 – 1931) waren in den meisten Hinsichten ziemlich verschieden von jenen Freuds. Mead war vor allem ein Philosoph, der einen Großteil seines Lebens als Lehrer an der Universität von Chicago verbrachte. Er schrieb nicht sehr viel, und seine bekannteste Veröffentlichung *Geist, Identität und Gesellschaft* wurde von seinen Studenten aufgrund von Vorlesungsnotizen und anderen Quellen zusammengestellt. Da sie die Hauptgrundlage einer allgemeinen Tradition des theoretischen Denkens, des **symbolischen Interaktionismus**, bilden, haben Meads Ideen in der Soziologie einen weitreichenden Einfluß ausgeübt. (Der symbolische Interaktionismus wird in Kapitel 22 „Die Entwicklung der soziologischen Theorie" weiter erörtert.) Doch liefert Meads Arbeit darüberhinaus eine Interpretation der Hauptphasen der kindlichen Entwicklung, wobei der Entstehung des Selbst–Bewußtseins besondere Aufmerksamkeit gewidmet wird.

Es gibt einige interessante Ähnlichkeiten zwischen Meads Auffassungen und jenen Freuds, obwohl Mead die menschliche Persönlichkeit nicht im gleichen Ausmaß von Spannungen heimgesucht sieht. Nach Mead entwickeln sich kleine Kinder als soziale Wesen zunächst, indem sie die Handlungen der sie umgebenden Personen imitieren. Dies geschieht unter anderem durch das Spiel. Wie oben angemerkt, imitieren kleine Kinder beim Spielen oft das Tun von Erwachsenen. Das kleine Kind hat einen Erwachsenen kochen gesehen und bäckt nun Kuchen aus Sand; oder es gräbt mit einem Löffel, da es jemanden bei der Gartenarbeit beobachtet hat. Das Spiel des Kindes entwickelt sich von der einfachen Imitation zu komplizierteren Spielen, in denen ein vier– oder fünfjähriges Kind in einer Erwachsenenrolle agiert. Mead nennt dies *die Übernahme der Rolle des anderen* – zu lernen, was es bedeutet, in den Schuhen einer anderen Person zu stecken. Erst in diesem Stadium erwerben die Kinder ein entwickeltes Selbst–Bewußtsein. Kinder gelangen zu einem Verständnis von sich selbst als eigenständigen Akteuren – als „ICH" –, indem sie sich durch die Augen der anderen sehen. (Bei Mead werden hier die Ausdrücke „I" und „me" verwendet. Wir folgen der „technischen Lösung" Ulf Pachers, „I" mit „Ich" und „me" mit „ICH" zu übertragen. Siehe „Nachbemerkung zur Übersetzung", in Mead, 1973, S. 442. A.d.Ü.)

Wir erreichen nach Meads Auffassung Selbst–Bewußtsein, wenn wir lernen, zwischen dem „ICH" und dem „Ich" zu unterscheiden. Das „Ich" ist das unsozialisierte Kleinkind, ein Bündel spontaner Wünsche und Begierden, das „ICH", wie Mead den Ausdruck versteht, ist das **soziale Selbst**. Individuen entwickeln nach Meads Auffassung eine Selbstbewußtheit, indem sie sich selbst so zu sehen lernen, wie andere sie sehen. Sowohl Freud als auch Mead meinen, daß das Kind ungefähr im Alter von fünf Jahren zum autonomen Akteur wird, der sich selbst deuten kann und fähig ist, außerhalb der unmittelbaren Familie zu agieren. Bei Freud ist dies das Ergebnis der ödipalen Phase, während es für Mead das Ergebnis eines entwickelten Selbst–Bewußtseins ist.

Ein weiteres Stadium der Entwicklung des Kindes tritt nach Mead ein, wenn das Kind etwa acht oder neun Jahre alt ist. In diesem Alter nehmen Kinder an organisierten Spielen teil statt am unsystematischen Spiel. Erst in dieser Phase beginnen Kinder die allgemeinen Werte und Moralvorstellungen zu verstehen, denen alles soziale Leben untergeordnet ist. Um organisierte Spiele zu erlernen, muß man die Spielregeln und die Idee der Fairneß unter gleichberechtigten Teilnehmern verstehen. In diesem Stadium erfaßt das Kind, wie Mead es nennt, den **verallgemeinerten Anderen** – die allgemeinen Werte und moralischen Regeln der Kultur, in der es heranwächst. Der Zeitpunkt wird von Mead etwas später angesetzt als von Freud, doch wiederum gibt es hier deutliche Ähnlichkeiten zwischen ihren Ideen.

Meads Auffassungen sind weniger umstritten als jene Freuds, sie enthalten nicht so viele verblüffende Ideen und sie setzen keine Theorie der unbewußten Basis der Persönlichkeit voraus. Meads Theorie der Entwicklung des Selbst–Bewußtseins war verdientermaßen sehr einflußreich. Andererseits wurden Meads Auffassungen nie in ausgestalteter Form publiziert; sie liefern eher interessante Einsichten als eine allgemeine Interpretation der Entwicklung des Kindes.

Piaget: Kognitive Entwicklung

Der Einfluß von Jean Piagets Arbeit steht hinter dem Freuds nicht sehr weit zurück. Piaget wurde 1896 in der Schweiz geboren und verbrachte einen Großteil seines Lebens als Leiter eines Instituts zur Erforschung der kindlichen Entwicklung in Genf. Er publizierte eine außergewöhnliche Anzahl von Büchern und wissenschaftlichen Aufsätzen, nicht bloß zur Entwicklung des Kindes, sondern auch zu Fragen der Erziehung, der Ideengeschichte, der Philosophie und der Logik; er publizierte unermüdlich bis zu seinem Tod im Jahre 1980.

Obwohl Freud der Kindheit so große Bedeutung zumaß, untersuchte er Kinder nie direkt. Seine Theorie wurde auf Grund von Beobachtungen entwickelt, die er während der Behandlung von Patienten in der Psychotherapie anstellte. Auch Mead untersuchte nicht das Verhalten von Kindern, sondern erarbeitete seine Ideen im Verlauf philosophischer Erörterungen. Im Gegensatz dazu verbrachte Piaget einen Großteil seines Lebens mit der Beobachtung von Kindern aller Altersstufen. Sehr viel von seiner Arbeit basierte auf der detaillierten Beobachtung einer beschränkten Anzahl von Individuen statt auf der Untersuchung großer

Stichproben; dennoch nahm er für seine wichtigeren Befunde in Anspruch, daß sie für die Entwicklung von Kindern in allen Kulturen Geltung haben sollten.

Die Stadien der kognitiven Entwicklung

Piaget hob besonders die Fähigkeit des Kindes hervor, sich aktiv mit der Welt auseinanderzusetzen. Kinder saugen nicht passiv Informationen auf, sondern sie wählen und interpretieren die Dinge, die sie in ihrer Umwelt sehen, hören und fühlen. Aus seinen Beobachtungen von Kindern und seinen zahlreichen Experimenten über ihre Denkweisen folgerte er, daß Menschen mehrere, deutlich getrennte Stadien der kognitiven Entwicklung – also des Lernens, über sich selbst und ihre Umgebung zu *denken* – durchlaufen. Jedes Stadium erfordert die Erwerbung neuer Geschicklichkeiten und hängt von der erfolgreichen Vollendung der vorhergehenden Phase ab.

Das erste Stadium ist das **senso–motorische**, das von der Geburt bis ungefähr zum Alter von zwei Jahren dauert. Bis zum Alter von ungefähr vier Monaten kann sich das Kind nicht von seiner Umgebung unterscheiden. Zum Beispiel erkennt das Kind nicht, daß es seine eigenen Bewegungen sind, die die Wände des Gitterbetts in Bewegung versetzen. Gegenstände werden von Personen nicht unterschieden, und das Kleinkind ist sich nicht bewußt, daß außerhalb seines Gesichtsfeldes irgend etwas existiert. Wir haben uns bereits mit Forschungen beschäftigt, die zeigen, wie Kinder allmählich Leute von Gegenständen zu unterscheiden lernen und erkennen, daß beiden eine Existenz zukommt, die von den unmittelbaren Wahrnehmungen des Kindes unabhängig ist. Piaget nannte diese frühe Phase senso–motorisch, weil Kleinkinder vor allem durch die Berührung und Handhabung von Gegenständen und durch die physische Erforschung ihrer Umgebung lernen. Die wichtigste Errungenschaft dieses Stadiums ist die an seinem Ende liegende Einsicht, daß die Umgebung des Kindes wohlunterschiedene und stabile Eigenschaften hat.

Der nächsten Phase, dem sogenannten **prä–operationalen Stadium**, widmete Piaget den größten Teil seiner Forschungen. Dieses Stadium dauert vom Alter von zwei bis zum Alter von sieben Jahren; Kinder erlernen nun die Sprache und werden fähig, Wörter zur symbolischen Darstellung von Gegenständen und Bildern zu verwenden. So könnte z. B. ein Vierjähriger eine gleitende Handbewegung machen, um den Begriff „Flugzeug" darzustellen. Piaget nennt diese Phase prä–operational, weil Kinder noch nicht in der Lage sind, ihre sich entwickelnden geistigen Fähigkeiten systematisch einzusetzen. In diesem Stadium sind Kinder **egozentrisch**. So, wie Piaget den Ausdruck verwendet, bezieht er sich nicht auf Selbstsüchtigkeit, sondern auf die Tendenz des Kindes, die Welt ausschließlich von seiner eigenen Position aus zu interpretieren. Es versteht z. B. nicht, daß andere Leute Gegenstände aus einer Perspektive sehen, die sich von der eigenen unterscheidet. Ein Kind kann so ein Buch vor sich halten und zu einem Bild darin eine Frage stellen, ohne zu erkennen, daß die Person, die ihm gegenübersitzt, nur den Buchrücken sehen kann.

Kinder in der prä–operationalen Phase sind noch nicht in der Lage, zusammenhängende Gespräche mit jemandem anderen zu führen. Beim egozentrischen

Sprechen ist das, was das Kind sagt, mehr oder weniger ohne Beziehung zu dem, was vorhergehende Sprecher gesagt haben. Kinder sprechen miteinander, doch nicht *zueinander* in dem Sinn, wie dies Erwachsene tun. In dieser Entwicklungsphase haben Kinder kein allgemeines Verständnis der Denkkategorien, die Erwachsene als gegeben hinnehmen: Begriffe wie jene der Kausalität, der Geschwindigkeit, des Gewichts oder der Zahl. Sogar wenn ein Kind zusieht, wie Wasser aus einem hohen, engen Behälter in einen kürzeren, weiteren gegossen wird, versteht es nicht, daß das Volumen des Wassers dasselbe bleibt – es kommt zur Schlußfolgerung, daß nun weniger Wasser vorhanden ist, da der Wasserstand im Gefäß niedriger ist.

Eine dritte Phase, die **konkrete operationale Periode**, liegt zwischen dem siebenten und dem elften Lebensjahr. Während dieser Phase erwerben Kinder abstrakte logische Begriffe. Sie sind nun fähig, Ideen wie jene der Kausalität ohne allzugroße Schwierigkeiten zu handhaben. Ein Kind in dieser Entwicklungsphase wird den falschen Gedankengang erkennen, der der Idee zugrundeliegt, daß das weite Gefäß weniger Wasser enthält als das enge, obwohl der Wasserstand in beiden Gefäßen verschieden ist. Es ist nun in der Lage, die mathematischen Operationen der Multiplikation, der Division und der Subtraktion durchzuführen. Kinder in diesem Stadium sind wesentlich weniger egozentrisch. Wenn man ein Mädchen in der prä–operationalen Phase fragt, „Wieviele Schwestern hast Du?", dann mag es richtig mit „eine" antworten. Doch wenn man sie fragt, „Wieviele Schwestern hat Deine Schwester?", dann wird sie vermutlich mit „keine" antworten, da sie sich selbst nicht vom Standpunkt ihrer Schwester wahrnehmen kann. In der konkreten operationalen Phase ist das Kind fähig, solche Fragen mit Leichtigkeit korrekt zu beantworten.

Die von Piaget so bezeichnete **formale operationale Periode** liegt zwischen dem elften und dem fünfzehnten Lebensjahr. Während der Adoleszenz entwickelt das Kind die Fähigkeit, sehr abstrakte und hypothetische Ideen zu erfassen. Werden sie mit einem Problem konfrontiert, dann sind Kinder in diesem Stadium fähig, alle möglichen Lösungsverfahren zu betrachten und theoretisch zu durchdenken, um zu einer Lösung zu kommen. Der Jugendliche in der formalen operationalen Phase versteht, warum manche Arten von Fragen Trickfragen sind. Auf die Frage „Welche Geschöpfe sind sowohl Pudel als auch Hunde?" mag das Kind in der Lage sein, die richtige Antwort zu geben oder auch nicht (die Antwort ist „Pudel"), doch wird es verstehen, warum diese Antwort richtig ist, und den Humor der Fragestellung erfassen.

Nach Piaget sind die drei ersten Stadien der Entwicklung universell, doch erreichen nicht alle Erwachsenen die formale operationale Periode. Die Entwicklung des formalen operationalen Denkens hängt zum Teil von Bildungsprozessen ab. Erwachsene, die nur wenig Schulbildung genossen haben, pflegen konkreter zu denken und bewahren große Überreste des Egozentrismus.

Kritik

Margaret Donaldson hat Piagets Auffassung in Frage gestellt, daß Kinder im Vergleich zu Erwachsenen sehr egozentrisch sind (Donaldson, 1991). Die Aufgaben, die Piaget den von ihm untersuchten Kindern stellte, wurden ihrer Auffassung nach von einem Erwachsenenstandpunkt aus präsentiert statt in einer Begrifflichkeit, die den Kindern zugänglich war. Egozentrismus sei für das erwachsene Verhalten gleichermaßen charakteristisch – in manchen Situationen. Zur Illustration zitiert sie eine Passage aus der Autobiographie des britischen Lyrikers Laurie Lee, der seinen ersten Schultag als kleiner Junge beschreibt.

> Ich verbrachte diesen ersten Tag damit, daß ich Löcher ins Papier bohrte, und machte mich dann, Groll im Herzen, auf den Heimweg.
> „Was ist los, Loll? Hat es ihm denn nicht gefallen in der Schule?"
> „Sie haben mir das Plätzchen nicht gegeben."
> „Plätzchen? Was für ein Plätzchen?"
> „Sie haben gesagt, sie würden noch ein Plätzchen für mich haben."
> „Na, weißt du – das kann aber nicht stimmen."
> „Doch! Sie haben gesagt: Du bist Laurie Lee, nicht wahr? Gut, für dich haben wir auch noch ein Plätzchen. Und dann hab ich den ganzen Tag gesessen, und nichts hab ich bekommen. Da geh ich nicht wieder hin! (Lee, 1966, S. 49)

Als Erwachsene neigen wir zur Auffassung, daß das Kind die Anweisungen der Lehrerin auf komische Weise mißverstanden hat. Doch wie uns Donaldson erinnert, ist es in einem tieferen Sinn der Erwachsenen nicht gelungen, das Kind zu verstehen, da sie die Mehrdeutigkeit der Wendung „für dich haben wir auch noch ein Plätzchen" nicht erfaßte. Die Erwachsene und nicht der Junge hat sich des Egozentrismus schuldig gemacht.

Piagets Arbeit ist auch aus methodischen Gründen sehr häufig kritisiert worden. Wie können wir Befunde generalisieren, die auf Beobachtungen einer kleinen Zahl von Kindern, die allesamt in derselben Stadt leben, basieren? Doch haben sich Piagets Ideen zum Großteil recht gut bewährt; sie haben eine gewaltige Menge von Untersuchungen angeregt – die von ihm identifizierten Entwicklungsstadien sind wahrscheinlich weniger klar definiert, als Piaget behauptete, doch sind heute viele seiner Ideen allgemein akzeptiert.

Verbindungen zwischen den Theorien

Es gibt wichtige Unterschiede zwischen den Perspektiven von Freud, Mead und Piaget, doch ist es möglich, ein Bild der Entwicklung des Kindes zu entwerfen, das sich auf alle drei stützt.

Die drei Autoren sind sich dahingehend einig, daß in den ersten Monaten der Kindheit ein Baby kein deutliches Verständnis der Natur der Gegenstände oder Personen seiner Umgebung oder seiner eigenen getrennten Identität hat. Während ungefähr der ersten beiden Lebensjahre vor der Beherrschung entwickelter sprachlicher Fertigkeiten ist ein Großteil des kindlichen Lernens unbewußt, da das Kind noch über kein Selbst–Bewußtsein verfügt. Freud hatte vermutlich mit der Behauptung recht, daß die in dieser frühen Periode aufgebauten Mechanismen der Angstbewältigung – die besonders mit der Interaktion mit Mutter und Vater zu tun haben – für die spätere Persönlichkeitsentwicklung bedeutsam bleiben.

Es ist wahrscheinlich, daß Kinder durch den von Mead nahegelegten Prozeß – die Differenzierung des „Ich" und des „ICH" – zu Wesen mit einem Bewußtsein von sich selbst werden. Kinder, die ein Bewußtsein von sich selbst erworben haben, bewahren jedoch, wie Piaget betont hat, egozentrische Denkweisen. Die Entwicklung der Autonomie des Kindes bringt vermutlich größere emotionale Schwierigkeiten, als anscheinend sowohl Mead als auch Piaget zugestanden haben – an dieser Stelle sind Freuds Ideen von besonderer Bedeutung. Die Fähigkeit, frühe Ängste zu bewältigen, mag dafür von Bedeutung sein, inwieweit das Kind später fähig ist, die von Piaget identifizierten kognitiven Entwicklungsstadien zu durchlaufen.

Zusammengenommen erklären diese Theorien recht viel von dem Prozeß, durch den wir zu sozialen Wesen werden, die sich ihrer selbst bewußt sind und mit anderen in geregelter Weise interagieren können. Sie konzentrieren sich jedoch auf die Sozialisation in der frühen und späteren Kindheit, und keiner der Autoren liefert eine Darstellung des sozialen Kontexts der Sozialisation – eine Aufgabe, der wir uns nun zuwenden.

Sozialisationsinstanzen

Wir können die Gruppen oder sozialen Kontexte, innerhalb derer signifikante Sozialisationsprozesse ablaufen, als **Sozialisationsinstanzen** bezeichnen. In allen Kulturen ist die **Familie** die hauptsächliche Sozialisationsinstanz des kleinen Kindes. Doch in späteren Stadien des Lebens des Individuums kommen viele andere Sozialisationsinstanzen ins Spiel.

Die Familie

Da sich Familiensysteme sehr voneinander unterscheiden, ist die Bandbreite der Kontakte des Kleinkindes keineswegs in allen Kulturen dieselbe. Im allgemeinen ist zwar die Mutter überall die wichtigste Einzelperson im frühen Leben des Kindes, doch wird, wie wir bereits erwähnt haben, die Art der Beziehungen zwischen Müttern und ihren Kindern von der Form und der Häufigkeit des Kontaktes beeinflußt. Dies wiederum hängt von der Beschaffenheit der Familie als Institution und von ihrer Beziehung zu anderen gesellschaftlichen Gruppierungen ab.

In modernen Gesellschaften findet ein Großteil der Frühsozialisation innerhalb der Kleinfamilie statt. Obwohl die britische Gesellschaft viele verschiedene subkulturelle Gruppen umfaßt, und die Sozialisationsprozesse ziemlich variieren, verbringt doch ein Großteil der britischen Kinder seine frühen Jahre in einem Haushalt, der aus der Mutter, dem Vater und vielleicht einem oder zwei anderen Kindern besteht. Im Gegensatz dazu sind in vielen anderen Kulturen Tanten, Onkel und Enkel häufig Teil eines einzelnen Haushalts und übernehmen die Aufgabe, sich sogar um sehr kleine Kinder zu kümmern. Doch gibt es in der britischen Gesellschaft viele Variationen der Familienkonstellation. Manche Kinder werden in Ein–Personen–Haushalten erzogen, andere wiederum werden von zwei verschiedenen Paaren von Müttern und Vätern (geschiedenen Eltern und Stiefeltern) versorgt. Ein hoher Anteil von Ehefrauen ist heute außerhalb des Heims beschäftigt und kehrt relativ bald nach der Geburt der Kinder zurück in bezahlte Arbeit. Der Kontext der Sozialisation des Kindes kann gravierende Schattenseiten haben. Zum Beispiel wird ein beträchtlicher Anteil der Kinder Opfer von Gewalt oder sexuellem Mißbrauch seitens der Eltern, eines älteren Kindes oder eines anderen Erwachsenen – Erfahrungen, die Langzeitauswirkungen auf ihr späteres Leben haben (siehe Kapitel 12 „Verwandtschaft, Ehe und Familie"). Dennoch bleibt die Familie im Normalfall eine bedeutsame Sozialisationsinstanz vom Kleinkindalter bis zur Adoleszenz und darüber hinaus – in einer Entwicklungssequenz, die die Generationen miteinander verknüpft.

Innerhalb der weiteren Institutionen der Gesellschaft sind Familien auf verschiedene Weise „verortet". In den meisten traditionellen Gesellschaften bestimmt die Familie, in die eine Person hineingeboren wird, weitgehend die soziale Position, die das Individuum während seines restlichen Lebens einnehmen wird. In modernen westlichen Gesellschaften ist die soziale Stellung nicht auf diese Weise bei der Geburt festgelegt. Dennoch beeinflussen die Herkunftsregion und die soziale Klasse der Familie, in die ein Individuum hineingeboren wird, die Muster der Sozialisation nachhaltig. Kinder erwerben Verhaltensweisen, die charakteristisch für ihre Eltern oder andere in ihrer Nachbarschaft oder Gemeinschaft sind.

In den verschiedenen Sektoren von Massengesellschaften finden sich verschiedene Muster der Kindererziehung und –disziplinierung, gemeinsam mit unterschiedlichen Werten und Erwartungen. Es ist leicht, den Einfluß des familiären Hintergrunds nachzuvollziehen, wenn wir daran denken, wie z. B. das Leben eines Kindes beschaffen ist, das in einer armen, schwarzen Familie in einem Slumgebiet aufwächst, verglichen mit dem eines Kindes, das in einer ausschließlich von Weißen bewohnten Vorstadt in eine wohlhabende, weiße Familie hineingeboren wurde. Es wurden viele soziologische Untersuchungen durchgeführt, die es uns gestatten, diese Unterschiede im Detail herauszuarbeiten.

Selbstverständlich übernehmen nur wenige – wenn überhaupt irgendwelche – Kinder einfach und fraglos die Perspektive ihrer Eltern. Das trifft besonders auf die heutige Welt zu, die unentwegt von Wandlungsprozessen betroffen ist. Darüberhinaus führt gerade die Existenz einer Vielfalt von Sozialisationsinstanzen zu vielen Unterschieden in der Sichtweise von Kindern, Heranwachsenden und der Elterngeneration.

Peer–Beziehungen

Eine andere Sozialisationsinstanz ist die **Peer–Gruppe**. Peer–Gruppen sind Gruppen von Kindern in ungefähr demselben Alter, die auf Freundschaft beruhen. In manchen Kulturen, besonders in kleinräumigen und traditionellen Gesellschaften, werden Peer–Gruppen als **Altersstufen** formalisiert. Jede Generation hat bestimmte Rechte und Pflichten, die sich mit dem Alter ihrer Mitglieder verändern. (Altersstufen–Systeme sind normalerweise auf Männer beschränkt.) Es gibt häufig spezifische Zeremonien oder Riten, die den Übergang der Individuen von einer Altersstufe zur nächsten markieren. Zwischen den Mitgliedern einer bestimmten Altersgruppe bestehen im allgemeinen enge und freundschaftliche Bindungen, die sich ein Leben lang erhalten. Ein typisches System von Altersstufen besteht aus der Kindheit, den jüngeren Kriegern, den älteren Kriegern und schließlich den Alten, die wiederum in zwei Altersgruppen gegliedert sind. Die Männer durchwandern diese Stufen nicht als Individuen, sondern als ganze Gruppen.

Die Bedeutung der Familie bei der Sozialisation ist offenkundig, da die Erfahrung des Babys und des Kleinkinds mehr oder weniger ausschließlich in ihr geformt wird. Weniger offensichtlich ist, wie wichtig Peer–Gruppen sind, vor allem für jene von uns, die in westlichen Gesellschaften leben. Dennoch verbringen Kinder ab einem Alter von vier oder fünf Jahren im allgemeinen einen Großteil ihrer Zeit in der Gesellschaft von gleichaltrigen Freunden, auch dort, wo es keine formalen Altersstufen gibt. Angesichts des hohen Prozentsatzes von erwerbstätigen Frauen, deren kleine Kinder gemeinsam Kindergärten besuchen, sind Peer–Beziehungen heute sogar noch wichtiger als früher, und Schulen sind dabei natürlich von besonderer Bedeutung. Die Theorien von Mead und Piaget betonen beide zu Recht die Bedeutung von Peer–Beziehungen. Piaget legt besonderes Gewicht auf die Tatsache, daß Peer–Beziehungen „demokratischer" sind als jene zwischen einem Kind und seinen Eltern. Das Wort „Peer" bedeutet „Gleichrangiger", und die freundschaftlichen Beziehungen zwischen Kindern sind im allgemeinen hinreichend egalitär. Ein Kind mit viel Durchsetzungsvermögen oder großer Körperkraft kann in gewissem Ausmaß versuchen, andere zu dominieren. Da jedoch Peer–Beziehungen auf wechselseitiger Zustimmung beruhen statt auf der der Familiensituation innewohnenden Abhängigkeit, müssen sehr häufig Kompromisse geschlossen werden. Piaget verweist darauf, daß Eltern aufgrund ihrer Macht (in verschiedenem Ausmaß) fähig sind, ihren Kindern Verhaltensregeln aufzuzwingen. Im Gegensatz dazu entdeckt das Kind in Peer–Gruppen einen anderen Kontext der Interaktion, innerhalb dessen Verhaltensregeln getestet und erkundet werden können.

Peer–Beziehungen bleiben häufig während des ganzen Lebens einer Person bedeutsam. Besonders in Gebieten mit geringer Mobilität können Individuen während eines Großteils oder während ihres ganzen Lebens Mitglieder derselben informellen Clique sein oder demselben Freundeskreis angehören. Auch dort, wo das nicht der Fall ist, haben Peer–Beziehungen im allgemeinen bedeutsame Auswirkungen über die Kindheit und Adoleszenz hinaus. Informelle Gruppen von Leuten ähnlichen Alters oder Gruppen, die sich in der Arbeitswelt und in anderen Kontexten gebildet haben, sind im allgemeinen von dauerhafter Bedeutung für die Formung individueller Einstellungen und Verhaltensweisen.

Schulen

Die schulische Erziehung ist ein formaler Prozeß: Es gibt einen festgelegten Lehrplan der Schulfächer. Doch sind Schulen auch in subtilerer Hinsicht Sozialisationsinstanzen. Neben dem formalen Lehrplan gibt es das verborgene Curriculum, wie es manche Soziologen genannt haben, das das Lernen der Kinder beeinflußt (siehe Kapitel 13 „Bildung, Kommunikation und Medien"). Man erwartet von Kindern, daß sie lernen, in der Klasse still zu sitzen, pünktlich zum Unterricht zu erscheinen und die Regeln der schulischen Disziplin zu befolgen. Sie sind aufgerufen, die Autorität des Lehrkörpers zu akzeptieren und entsprechend zu handeln. Die Reaktionen der Lehrer beeinflussen auch die Erwartungen, die Kinder gegenüber sich selbst haben. Diese wiederum haben Auswirkungen auf die Erfahrungen, die sie nach dem Schulbesuch in der Arbeitswelt machen. Peer–

Gruppen bilden sich häufig in der Schule, und das System, Kinder in Klassen von Gleichaltrigen zusammenzufassen, verstärkt die Bedeutung dieser Gruppen.

Schulen gestatten es angeblich Kindern, sich über die mit ihrem sozialen Hintergrund verknüpften Beschränkungen hinwegzusetzen. Da Schulbildung nicht nur allgemein zugänglich ist, sondern von jedermann erwartet wird, haben Kinder aus armen oder unterprivilegierten Familien die Chance, die soziale und wirtschaftliche Sprossenleiter hinaufzusteigen, wenn sie in der Schule erfolgreich sind. Die Massenerziehung ist in modernen Gesellschaften mit dem Ideal der Chancengleichheit verknüpft – Menschen erreichen Positionen, für die sie auf Grund ihrer Begabungen und Fähigkeiten geeignet sind. In der Praxis jedoch verstärkt die schulische Erziehung tatsächlich sehr häufig die existierenden Ungleichheiten, statt diese zu überwinden. Dafür gibt es mehrere Gründe. Kinder aus ärmeren Familien mögen von ihren Eltern wenig Ermutigung erhalten, sich in der Schule zu bewähren, vor allem, wenn die Eltern gegenüber den Erziehungszielen indifferent oder feindselig sind. Die Schulen in wirtschaftlich schwächeren Nachbarschaften können schlechter ausgestattet sein und weniger Lehrer pro Schüler haben als die in den wohlhabenderen Gebieten. Die Kinder können die Schule als eine Art Feindesland wahrnehmen, wo man sich mit Aufgaben befaßt, die sie für ihr gegenwärtiges ebenso wie ihr zukünftiges Leben als wenig relevant erachten.

Die Massenmedien

Seit dem Ende des 18. Jahrhunderts erlebten Zeitungen und Zeitschriften eine Blütezeit, doch waren sie auf einen ziemlich kleinen Leserkreis beschränkt. Es dauerte noch ein Jahrhundert, bis derartiges gedrucktes Material zum Teil der alltäglichen Erfahrung von Millionen von Leuten wurde – und ihre Einstellungen und Meinungen beeinflußte. Die Ausbreitung der *Massenmedien* unter den Druckschriften wurde sehr bald durch die elektronische Kommunikation ergänzt. Britische Kinder verbringen das Äquivalent von fast hundert Schultagen pro Jahr vor dem Fernseher. Erwachsene sehen fast ebensoviel fern. Untersuchungen haben nahegelegt, daß mehr als zwei Drittel der Leute die im Fernsehen gezeigte Version glauben, wenn sich eine Meldung im Fernsehen von einer Zeitungsmeldung unterscheidet.

Es wurden unzählige Untersuchungen durchgeführt, um den Einfluß bestimmter Fernsehprogramme oder Typen von Programmen auf die Einstellungen von Kindern und Erwachsenen zu analysieren. Die meisten dieser Untersuchungen kommen zu keinem endgültigen Befund. So gibt es z. B. noch immer keine Einigkeit dahingehend, inwieweit die Darstellung von Gewalttätigkeit das aggressive Verhalten von Kindern fördert. Was jedoch keinesfalls bezweifelt werden kann, ist, daß die Medien die Einstellungen und Auffassungen der Leute in grundlegender Weise beeinflussen. Sie übermitteln eine große Vielfalt von Information, die Individuen in anderer Weise nicht erwerben könnten. Zeitungen, Bücher, das Radio, Fernsehen, Filme, Musikaufnahmen und populäre Magazine bringen uns in engen Kontakt mit Erfahrungen, die uns ansonsten kaum zugänglich wären.

In der heutigen Zeit gibt es wenige Gesellschaften, auch unter den traditionelleren Kulturen, die von den Massenmedien gänzlich unberührt bleiben. Elektronische

Kommunikationsmedien stehen auch jenen zur Verfügung, die Analphabeten sind, und in den isoliertesten Gebieten der Länder der Dritten Welt findet man häufig Leute, die Radios oder sogar Fernsehgeräte besitzen.

Andere Sozialisationsinstanzen

Neben den bereits erwähnten gibt es so viele Sozialisationsinstanzen, wie es Gruppen oder soziale Kontexte gibt, in denen Individuen große Teile ihres Lebens verbringen. Die *Arbeit* ist in allen Kulturen ein wichtiger Kontext, in den Sozialisationsprozesse eingebettet sind, obwohl es nur in den industriellen Gesellschaften der Fall ist, daß die Menschen in Scharen „zur Arbeit" gehen – sich also täglich an Arbeitsplätze begeben, die von ihrem Heim gänzlich getrennt sind. In traditionellen Gemeinschaften bestellen viele Leute das Land unweit von dort, wo sie leben, oder sie haben Werkstätten in ihren Behausungen. In solchen Gemeinschaften ist die „Arbeit" nicht so klar von anderen Aktivitäten geschieden, wie dies für die meisten Mitglieder der Arbeitnehmerschaft im modernen Westen der Fall ist. In den industrialisierten Ländern bedeutet das erste Mal „zur Arbeit zu gehen" im allgemeinen einen wesentlich wichtigeren Übergang im Leben des Individuums als die Aufnahme von Arbeitsaktivität in traditionellen Gesellschaften. Die Arbeitswelt stellt oft unerwartete Anforderungen und verlangt vielleicht größere Anpassungen der Sichtweise oder des Verhaltens der Person.

Obwohl die örtliche Gemeinschaft im allgemeinen in modernen Gesellschaften die Sozialisation in wesentlich geringerem Ausmaß beeinflußt als in anderen Typen der Gesellschaftsordnung, ist sie nicht gänzlich irrelevant geworden. Sogar in großen Städten gibt es oft ziemlich gut entwickelte nachbarschaftliche Gruppen und Organisationen – wie z. B. Vereine, Klubs oder religiöse Gemeinschaften –, die die Ideen und Aktivitäten jener, die mit ihnen zu tun haben, stark beeinflussen.

Resozialisation

Unter gewissen Bedingungen können erwachsene Individuen der **Resozialisation** ausgesetzt sein; dabei werden vorher akzeptierte Werte und Verhaltensmuster zerstört und radikal neue übernommen. Dies kann z. B. dann geschehen, wenn ein Individuum in eine *geschlossene Organisation* eintritt – eine psychiatrische Anstalt, ein Gefängnis, eine Kaserne oder eine andere Umgebung, in der es von der Außenwelt abgesondert ist und straffen neuen Verhaltensregeln und Anforderungen unterworfen wird. In Situationen von außergewöhnlicher Belastung können die Veränderungen der Perspektive und der Persönlichkeit, die dabei auftreten, ziemlich dramatisch sein. Aus der Untersuchung solcher **kritischer Situationen** gewinnen wir tatsächlich beträchtliche Einsichten in gewöhnliche Sozialisationsprozesse.

Verhalten im Konzentrationslager

Der Psychologe Bruno Bettelheim hat eine berühmte Darstellung der Resozialisation der Leute verfaßt, die in Deutschland in den späten dreißiger und frühen vierziger Jahren von den Nazis in Konzentrationslager eingeliefert worden waren. Seine Beschreibung basiert zum Teil auf seinen eigenen Erfahrungen als Häftling in zwei der berüchtigtsten Lager, in Dachau und in Buchenwald. Die Bedingungen des Lagerlebens waren entsetzlich. Die Gefangenen waren physischer Folter ausgesetzt, sie wurden ständig beschimpft, und es herrschte ein einschneidender Mangel an Nahrung und anderen grundlegenden Mitteln der Bedürfnisbefriedigung. Als praktizierender Psychotherapeut hatte Bettelheim bereits Erfahrung mit Leuten, die ihre Perspektive und ihr Verhalten in ziemlich grundlegender Weise änderten, wenn sie auf die Therapie reagierten. Doch die Veränderungen, denen die Häftlinge unter der enormen Belastung des Lagerlebens ausgesetzt waren, gestalteten sich viel tiefgreifender und rascher. In den Lagern, schreibt Bettelheim, fiel ihm „... auch die schnelle Veränderung bei manchen auf, und zwar nicht nur an ihrem Verhalten, sondern auch in ihrer Persönlichkeit. Die Wandlungen dieser Art waren sehr viel schneller und oft sehr viel weitreichender, als sie durch psychoanalytische Behandlung erzielt werden konnten" (Bettelheim, 1964, S. 20).

Nach Bettelheim folgten die Persönlichkeitsveränderungen der Gefangenen einer bestimmten Sequenz. Schon der Prozeß der Verhaftung und der Verschikkung in die Lager war schockierend, denn die Leute wurden rücksichtslos von ihrer Familie und ihren Freunden losgerissen und auf der Fahrt zu den Lagern nicht selten gefoltert. Die meisten neuen Häftlinge versuchten sich den Auswirkungen der Lebensbedingungen im Lager zu widersetzen, indem sie sich bemühten, Verhaltensweisen aus ihrem früheren Leben zu bewahren, doch erwies sich dies als unmöglich. Furcht, Entbehrungen und Ungewißheit bewirkten, daß die Persönlichkeit der Häftlinge zerfiel. Manche Häftlinge wurden, wie es die anderen nannten, zu „lebenden Leichnamen", zu Geschöpfen, wie es schien, ohne Willen, ohne Initiative und ohne Interesse an ihrem eigenen Geschick.

Diese Männer und Frauen starben im allgemeinen sehr bald. Andere wurden kindlich in ihrem Verhalten, verloren das Zeitgefühl und die Fähigkeit „vorauszudenken" und wiesen große Stimmungsschwankungen in Reaktion auf anscheinend triviale Ereignisse auf.

Die meisten von jenen, die seit einem Jahr oder mehr im Lager waren – die „alten Häftlinge" – verhielten sich ganz anders. Die alten Häftlinge hatten einen Prozeß der Resozialisation durchgemacht, der es ihnen gestattete, mit den Brutalitäten des Lagerlebens fertig zu werden. Oft waren sie unfähig, sich an Namen, Orte und Ereignisse aus ihrem früheren Leben zu erinnern. Die Rekonstruktion der Persönlichkeit der alten Häftlinge erfolgte in Imitation der Sichtweise und des Verhaltens eben jener Individuen, die sie so abstoßend gefunden hatten, als sie ins Lager eingeliefert worden waren – der KZ–Wächter selbst. Sie ahmten das Verhalten der Schergen nach und verwendeten sogar Stoffetzen, um deren Uniformen zu imitieren.

Bettelheim schreibt:

> Für alte Häftlinge war es eine Befriedigung, bei der Zählung, die zweimal täglich stattfand, stramm gestanden und schneidig gegrüßt zu haben. Sie waren stolz darauf, so hart zu sein wie die SS oder noch härter. In ihrer Identifizierung gingen sie so weit, die Freizeitbeschäftigung der SS nachzuahmen. Es war eine Unterhaltung der Wachen, festzustellen, wer am längsten Schläge ertragen konnte, ohne einen Schmerzenslaut von sich zu geben. Dieses Spiel wurde von alten Häftlingen nachgeahmt, als ob ohne diese Wiederholung ihrer Erlebnisse im Spiel nicht genug geschlagen worden wäre. (Bettelheim, 1964, S. 189)

„Gehirnwäsche"

Ähnliche Reaktionen und Veränderungen wurden in anderen kritischen Situationen beobachtet – z. B. im Verhalten von Individuen, die strengen Verhören oder der „Gehirnwäsche" unterzogen wurden. In den Anfangsphasen solcher Verhöre versucht das Individuum, dem Druck, dem es ausgesetzt ist, zu widerstehen. Danach scheint es in ein kindliches Stadium zu regredieren. Die Resozialisation tritt ein, wenn neue Verhaltenszüge entwickelt werden, die der Autoritätsperson in der Situation nachgebildet sind – dem Leiter des Verhörs. William Sargant, der zahlreiche Typen kritischer Situationen untersucht hat, merkt dazu an: „Eine der schrecklichsten Folgen dieser rücksichtslosen Verhöre ist, nach der Darstellung der Opfer, ein plötzlich einsetzendes Zuneigungsgefühl zu dem Verhörenden, der sie so barsch behandelt hat ..." (Sargant, 1958, S. 244).

Was in kritischen Situationen zu passieren scheint, ist, daß der Sozialisationsprozeß „den Retourgang einlegt". In der Sozialisation erworbene Reaktionen werden abgelegt, und das Individuum empfindet Ängste, die denen eines kleinen Kindes ähnlich sind, das des elterlichen Schutzes beraubt wurde. Die Persönlichkeit des Individuums wird dann tatsächlich neu strukturiert. Die in kritischen Situationen festgestellten radikalen Veränderungen der Persönlichkeit und des Verhaltens stellen einen Extremfall der normalen Merkmale der Sozialisation in anderen Kontexten dar. Die Persönlichkeit, die Werte und die Sichtweise von Leuten sind niemals einfach starr, sondern sie verändern sich mit den jeweiligen Erfahrungen, die die Person während des ganzen Lebenszyklus macht.

Eine Illustration aus jüngerer Zeit ist die Erfahrung junger amerikanischer Männer, die in den sechziger und frühen siebziger Jahren als Soldaten nach Vietnam geschickt wurden. Unter der außergewöhnlichen Belastung, auf einem ungewohnten Dschungelterritorium gegen einen entschlossenen und kampferprobten Feind Krieg führen zu müssen, machten viele Soldaten Persönlichkeitsveränderungen mit, die den von Bettellheim und Sargant identifizierten ähnelten. Sie wurden in die harsche und brutale Situation resozialisiert, in der sie sich vorfanden. Als sie nach dem Krieg in die Vereinigten Staaten zurückkehrten, mußten die Vietnamveteranen entdecken, daß sie sich einem neuen Prozeß der Resozialisation gegenübersahen – zurück in die friedliche Welt, für die sie nunmehr nicht sehr gut ausgerüstet waren.

Der Lebenszyklus

Die verschiedenen Übergänge, die das Individuum während seines Lebens durchläuft, scheinen auf den ersten Blick biologisch bedingt zu sein – von der Kindheit zum Erwachsenenalter und schließlich zum Tod. Die Dinge sind allerdings wesentlich komplizierter. Die Stadien des menschlichen Lebenslaufs sind sowohl sozialer als auch biologischer Natur. Sie werden von kulturellen Unterschieden und den materiellen Umständen beeinflußt, unter denen Leute in bestimmten Typen von Gesellschaft leben. Im modernen Westen wird der Tod im allgemeinen mit dem hohen Alter in Verbindung gebracht, da die meisten Menschen über eine Lebensspanne von siebzig Jahren oder mehr verfügen. In traditionellen Gesellschaften allerdings gelang es nicht allzuvielen Menschen, bis ins hohe Alter zu überleben; die Mehrheit starb schon in jüngeren Jahren.

Die Kindheit

Für die Mitglieder moderner Gesellschaften ist die *Kindheit* eine eindeutig abgegrenzte Phase des Lebens. „Kinder" unterscheiden sich deutlich von „Babys". Die Kindheit liegt zwischen dem Kleinkindalter und dem Eintreten der Adoleszenz. Doch wie so viele andere Aspekte unseres heutigen sozialen Lebens ist auch der Begriff der Kindheit erst während der letzten zwei oder drei Jahrhunderte entstanden. In traditionellen Gesellschaften gingen Jugendliche direkt aus einer längeren Periode des Kleinkindalters in Arbeitsrollen innerhalb der Gemeinschaft über. Der französische Historiker Philippe Ariès hat argumentiert, daß die „Kindheit" als eigene Phase der Entwicklung im Mittelalter nicht existierte (Ariès, 1992). In den Gemälden des mittelalterlichen Europas wurden Kinder als „kleine Erwachsene" dargestellt, die ausgereifte Gesichter hatten und sich ebenso kleideten wie die Älteren. Kinder nahmen an denselben Arbeits- und Spielaktivitäten teil wie Erwachsene und hatten nicht die besonderen Spiele und Spielzeuge, die wir heute als selbstverständlich voraussetzen.

Bis herauf zum Beginn des 20. Jahrhunderts wurden Kinder in Großbritannien und den meisten anderen westlichen Ländern in einem – wie es uns heute scheint – sehr frühen Alter zur Arbeit angehalten. Tatsächlich gibt es in der heutigen Welt sehr viele Länder, wo Kinder, oft unter körperlich anstrengenden Umständen (z. B. in Kohlengruben), Ganztagsarbeit leisten müssen (UNICEF, 1987). Die Idee, daß Kinder spezifische Rechte haben, und die Vorstellung, daß Kinderarbeit moralisch verwerflich ist, sind ziemlich neue Entwicklungen.

Einige Historiker, die Ariès' Auffassung weiterentwickelten, haben nahegelegt, daß im Europa des Mittelalters die meisten Leute gegenüber ihren Kindern indifferent oder sogar feindselig waren. Diese Auffassung wurde jedoch von anderen zurückgewiesen und findet keine Stütze in unserem Wissen von heute noch existierenden traditionellen Kulturen. Es ist fast sicher, daß viele Eltern, und da besonders die Mütter, jene Arten von Bindungen an ihre Kinder entwickelten, wie sie heute üblich sind. Aufgrund der langen Periode der „Kindheit", an die wir uns heute gewöhnt haben, sind moderne Gesellschaften in mancher Hinsicht eher „kinderzentriert" als traditionelle. Sowohl die Elternschaft als auch die Kindheit sind heute deutlicher von anderen Stadien unterschieden, als dies in traditionellen Gemeinschaften der Fall war.

Es muß betont werden, daß eine kinderzentrierte Gesellschaft nicht derart beschaffen ist, daß alle Kinder von ihren Eltern oder anderen Erwachsenen geliebt und umsorgt werden. Wie bereits erwähnt, ist die körperliche und sexuelle Mißhandlung von Kindern ein weitverbreitetes Merkmal des Familienlebens in der heutigen Gesellschaft – obwohl das volle Ausmaß dieses Mißbrauchs erst vor kurzem ans Tageslicht getreten ist. Es bestehen deutliche Zusammenhänge zwischen dem Kindesmißbrauch und den – gemessen an den heute üblichen öffentlichen Standards – häufigen Mißhandlungen von Kindern im prämodernen Europa.

Es könnte möglich sein, daß als Ergebnis der Wandlungsprozesse, die derzeit in modernen Gesellschaften ablaufen, die „Kindheit" als eigenständiger Status wieder unterminiert wird. Einige Beobachter haben gemeint, daß Kinder heute „so schnell aufwachsen", daß der Sondercharakter der Kindheit sich wieder aufzulösen beginnt. (Suransky, 1982; Winn, 1991). Sogar ziemlich kleine Kinder sehen heute z. B. dieselben Fernsehprogramme wie Erwachsene und werden dadurch schon im frühen Alter wesentlich vertrauter mit der „Erwachsenenwelt", als dies vorhergehenden Generationen möglich war.

Die Jugend

Der Begriff des „Teenagers" ist modernen Gesellschaften vorbehalten. Die anläßlich der Pubertät (des Zeitraums, in dem eine Person fähig wird, erwachsene sexuelle Aktivitäten auszuüben und sich fortzupflanzen) auftretenden biologischen Veränderungen sind universell. Doch lösen sie in vielen Kulturen nicht das Ausmaß von Aufregung und Unsicherheit aus, das man häufig unter jungen Leuten in modernen Gesellschaften findet. Gibt es z. B. ein Altersstufen-System, verknüpft mit besonderen Riten, die den Übergang der Person ins Erwachsenenalter signalisieren, dann scheint der Prozeß der psychosexuellen Entwicklung im allgemeinen reibungsfreier abzulaufen. Jugendliche in traditionellen Gesellschaften müssen weniger „entlernen" als Jugendliche in modernen Gesellschaften, da das Tempo des Wandels geringer ist. Es gibt einen Zeitpunkt, wo von unseren Kindern verlangt wird, daß sie aufhören, Kinder zu sein: daß sie ihr Spielzeug weglegen und ihre kindlichen Betätigungen aufgeben. In traditionellen Kulturen, wo Kinder bereits Seite an Seite mit Erwachsenen arbeiten, ist dieser Prozeß des „Entlernens" normalerweise wesentlich weniger aufwendig.

Das Besondere an der Rolle des „Teenagers" in westlichen Gesellschaften hat sowohl mit der allgemeinen Ausweitung der Rechte von Kindern als auch mit dem Prozeß der formalen Erziehung zu tun. Teenager versuchen häufig, Erwachsene nachzuahmen, doch von Gesetzes wegen werden sie als Kinder behandelt. Sie mögen den Wunsch haben, arbeiten zu gehen, doch sie werden gezwungen, in der Schule zu bleiben. Teenager befinden sich zwischen der Kindheit und dem Erwachsenenalter, und sie wachsen in einer Gesellschaft auf, die beständigem Wandel unterworfen ist (Elkind,1991).

Der junge Erwachsene

Das junge Erwachsenenalter scheint in modernen Gesellschaften in zunehmendem Ausmaß ein spezifisches Stadium der persönlichen und sexuellen Entwicklung zu werden (Goldsheider und White, 1991). Vor allem, doch nicht ausschließlich, bei den wohlhabenden Gruppen nehmen Leute in den frühen Zwanzigern „Auszeit", um zu reisen und sexuelle, politische und religiöse Bindungen zu erkunden. Angesichts der langen Ausbildungsphase, der heute viele unterworfen sind, wird die Bedeutung dieses „Moratoriums" vermutlich zunehmen.

Der reife Erwachsene

Die meisten jungen Erwachsenen können heute im Westen einem Leben entgegenblicken, das sich bis ins hohe Alter erstreckt. In prämodernen Zeiten konnten nur wenige mit einer derartigen Zukunft rechnen. Der Tod durch Krankheit, Seuchen oder Verletzungen war bei allen Altersgruppen wesentlich häufiger, als er es heute ist, und vor allem Frauen waren aufgrund der hohen Sterblichkeitsrate bei der Geburt besonders gefährdet.

Andererseits waren einige der Belastungen, denen wir heute unterliegen, in früheren Zeiten weniger ausgeprägt. Die Leute hatten im allgemeinen engere Beziehungen zu ihren Eltern und anderen Verwandten, als das bei den heutigen mobilen Populationen der Fall ist, und sie verrichteten mehr oder weniger dieselbe Arbeit wie ihre Vorfahren. Heutzutage bestehen gravierende Unsicherheiten, mit denen man sich in der Ehe, im Familienleben und in anderen sozialen Kontexten auseinandersetzen muß. Wir müssen unser eigenes Leben in höherem Ausmaß gestalten, als dies in der Vergangenheit erforderlich war. Die Schaffung sexueller und ehelicher Bindungen z. B. hängt heute von der individuellen Initiative und Auswahl ab statt von den Entscheidungen der Eltern. Dies bedeutet mehr Freiheit für das Individuum, doch die damit verknüpfte Verantwortung kann allerdings auch Belastungen und Schwierigkeiten hervorbringen.

Im mittleren Alter „nach vorne zu blicken", hat in modernen Gesellschaften eine besondere Bedeutung. Die meisten Leute erwarten nicht, „ihr ganzes Leben lang dasselbe zu tun" – wie es für die Mehrheit der Bevölkerung in traditionellen Kulturen üblicherweise der Fall war. Männer oder Frauen, die ihr Leben in einer bestimmten Berufskarriere verbracht haben, können entdecken, daß die Position, die sie in ihren mittleren Jahren erreicht haben, wenig zufriedenstellend ist und daß weitere Entwicklungsmöglichkeiten blockiert sind. Frauen, die ihr frühes Erwachsenenalter damit verbracht haben, Kinder großzuziehen, und diese das Heim nun verlassen, können ein Gefühl der sozialen Wertlosigkeit entwickeln. Das Phänomen der „Midlife–crisis" ist für viele Leute im mittleren Alter ein sehr reales Problem. Man mag das Gefühl haben, daß man die Gelegenheiten, die das Leben zu bieten hatte, vergeudet hat oder daß man Ziele, die einem seit den Tagen der Kindheit von großer Bedeutung waren, niemals erreichen wird. Doch die hier auftretenden Übergänge müssen nicht unbedingt zur Resignation oder zur nackten Verzweiflung führen; eine Ablösung von den Träumen der Kindheit kann befreiend wirken.

Das Alter

In traditionellen Gesellschaften wurde älteren Leuten normalerweise mit sehr viel Hochachtung begegnet. In Kulturen mit Altersstufen hatten die „Alten" im allgemeinen eine wichtige – und oft die ausschlaggebende – Stimme bei der Entscheidung über Dinge, die für die ganze Gemeinschaft von Bedeutung waren. Innerhalb von Familien nahm die Autorität von sowohl Männern als auch Frauen mit steigendem Alter häufig zu. Im Gegensatz dazu haben ältere Personen in industrialisierten Gesellschaften häufig wenig Autorität innerhalb der Familie oder auch der weiteren sozialen Gemeinschaft. Nachdem sie sich aus der Arbeitswelt zurückgezogen haben, kann es sein, daß sie ärmer sind als jemals zuvor in ihrem Leben. Gleichzeitig ist der Anteil der Mitglieder der Bevölkerung, die über fünfundsechzig Jahre alt sind, deutlich gestiegen. Im Jahre 1900 war in Großbritannien nur einer von dreißig über fünfundsechzig Jahre alt; dieses Verhältnis beträgt heute eins zu fünf. Derselbe Wandlungsprozeß findet sich in allen industriell fortgeschrittenen Ländern (siehe Kapitel 18 „Bevölkerung, Gesundheit und Alterung").

Der Übergang in die Altersstufe des Älteren bedeutete in einer traditionellen Kultur häufig, daß der höchste Status erreicht war, der dem Individuum zur Verfügung stand. In den industrialisierten Gesellschaften hat die Pensionierung im allgemeinen die genau entgegengesetzten Konsequenzen. Da sie nicht mehr mit ihren Kindern leben und aus der ökonomischen Arena ausgeschieden sind, ist es für ältere Leute nicht leicht, die letzte Periode ihres Lebens lebenswert zu finden. Man glaubte bislang, daß jene, die das Alter erfolgreich bewältigen, dies dadurch zustandebringen, daß sie sich auf ihre inneren Ressourcen konzentrieren und sich weniger für die äußeren Belohnungen interessieren, die das soziale Leben zu bieten hat. Während dies zweifellos häufig zutreffen mag, scheint es wahrscheinlich, daß in einer Gesellschaft, in der viele Leute im Alter körperlich gesund sind, eine „nach außen gerichtete" Auffassung mehr und mehr in den Vordergrund treten wird. Die aus der Arbeitswelt Ausgeschiedenen könnten vielleicht im „dritten Alter" (nach der Kindheit und dem Erwachsenenalter), wie es genannt wurde, Erneuerung finden; ein Alter, in dem eine neue Bildungsphase beginnt.

Der Tod und die Generationenfolge

Im mittelalterlichen Europa war der Tod wesentlich sichtbarer, als er es heute ist. In der modernen Welt sterben die meisten Leute in der Abgeschlossenheit von Krankenhäusern, isoliert von ihren Verwandten oder Freunden. Der Tod wird von vielen Menschen im heutigen Westen als das Ende eines individuellen Lebens aufgefaßt, nicht als Teil des Erneuerungsprozesses der Generationen. Auch die Schwächung religiöser Glaubensvorstellungen hat unsere Einstellungen gegenüber dem Tod verändert. Für uns ist der Tod im allgemeinen ein Thema, das nicht erörtert wird. Es wird als selbstverständlich hingenommen, daß Menschen vor dem Sterben Angst haben, und daher enthalten Ärzte und Verwandte im allgemeinen einer tödlich erkrankten Person die Nachricht vor, daß sie bald sterben wird.

Nach Elisabeth Kübler-Ross ist der Prozeß der Anpassung an den bevorstehenden Tod ein mehrere Stadien umfassender komprimierter Sozialisationsprozeß (Kübler-Ross, 1988). Das erste Stadium ist die *Verleugnung* – das Individuum weigert sich, das, was geschieht, zu akzeptieren. Das zweite Stadium ist *Zorn*, vor allem unter jenen, die vergleichsweise jung sterben, und die Ärger darüber empfinden, daß ihnen keine volle Lebensspanne vergönnt ist. Darauf folgt eine Phase des *Verhandelns*. Das Individuum schließt einen Handel mit dem Geschick oder mit der Gottheit ab, friedlich sterben zu wollen, wenn es ihm gestattet sei, solange zu leben, daß es noch ein bestimmtes bedeutsames Ereignis miterlebt wie etwa eine Hochzeit in der Familie oder einen Geburtstag. Darauf verfällt das Individuum häufig in die *Depression*. Wenn es schließlich gelingen sollte, diese Phase zu überwinden, dann könnte der oder die Betreffende zu einer Phase der *Annahme* gelangen, wobei man angesichts des nahenden Todes zu einer friedfertigen Haltung findet.

Kübler-Ross berichtet darüber, daß sie bei Vorträgen die Zuhörer gefragt hat, was sie am Tod am meisten fürchten; die Mehrheit der Leute gibt dann an, sie hätten Angst vor dem Unbekannten, vor Schmerzen, vor der Trennung von denen, die sie lieben, oder davor, Projekte, die ihnen sehr viel bedeuten, unbeendet lassen zu müssen. Ihrer Auffassung nach sind diese Dinge tatsächlich nur die Spitze des Eisbergs. Das meiste von dem, was wir mit dem Tod verbinden, ist unbewußt und muß ans Tageslicht gebracht werden, wenn wir fähig werden sollen, auf friedfertige Weise zu sterben. Unbewußt können sich Leute den Tod nur als ein böswilliges Wesen vorstellen, das gekommen ist, um sie zu bestrafen. Wenn sie einsehen können, daß diese Gedankenverbindung irrational ist – daß an einer unheilbaren Krankheit zu leiden, keine Strafe für Fehlverhalten ist –, dann wird der Prozeß erleichtert (Kübler-Ross, 1990).

In traditionellen Kulturen, wo Kinder, Eltern und Großeltern häufig im selben Haushalt leben, besteht im allgemeinen ein klares Bewußtsein der Verknüpfung des Todes mit der Generationenfolge. Individuen fühlen sich selbst als Teil einer Familie und einer Gemeinschaft, die über unbestimmte Zeit hinweg fortdauert, unabhängig von der Vergänglichkeit der persönlichen Existenz. Unter solchen Umständen wird der Tod vielleicht mit weniger Angst betrachtet als unter den sich rasch wandelnden, individualistischen sozialen Bedingungen der industrialisierten Welt.

Sozialisation und individuelle Freiheit

Da die kulturelle Umgebung, in der wir geboren werden und zur Reife gelangen, unser Verhalten derart beeinflußt, könnte es den Anschein haben, daß wir aller Individualität oder des freien Willens beraubt sind. Es könnte den Anschein haben, als würden wir einfach in Formen gegossen, die die Gesellschaft für uns bereit hält. Manche Soziologen schreiben tatsächlich über die Sozialisation – und sogar über die Soziologie im allgemeinen! – als ob dies der Fall wäre; doch eine solche Auffassung ist in grundlegender Weise irregeleitet. Die Tatsache, daß wir von der Geburt bis zum Tode mit anderen interagieren, beeinflußt sicherlich unsere

Persönlichkeit, unsere Werte und unser Verhalten. Doch steht die Sozialisation auch am Ursprung eben unserer Individualität und unserer Freiheit. Im Verlauf der Sozialisation entwickelt jeder von uns ein Gefühl der Selbstidentität und die Fähigkeit, unabhängig zu denken und zu handeln.

Dies kann durch das Beispiel des Erlernens der Sprache leicht illustriert werden. Keiner von uns erfindet die Sprache, die wir als Kind lernen, und wir sind alle durch feste Regeln des Sprachgebrauchs beschränkt. Gleichzeitig jedoch ist das Verstehen einer Sprache einer der Grundfaktoren, die unser Selbst–Bewußtsein und unsere Kreativität ermöglichen. Ohne die Sprache wären wir keine Wesen, die ihrer selbst bewußt sind, und wir würden mehr oder weniger gänzlich im Hier und Jetzt leben. Die Beherrschung der Sprache ist die Voraussetzung des symbolischen Reichtums menschlichen Lebens, des Bewußtseins von unseren spezifischen individuellen Merkmalen und unserer praktischen Beherrschung der Umwelt.

Zusammenfassung

1 Die Sozialisation ist der Prozeß, durch den das hilflose Kleinkind durch den Kontakt mit anderen menschlichen Wesen allmählich zu einem Menschen wird, der sich seiner selbst bewußt ist, einen Wissensbestand hat und in die gegebene Kultur eingeübt ist.

2 Die Arbeit Sigmund Freuds legt nahe, daß das kleine Kind nur dann lernt, ein autonomes Wesen zu werden, wenn es lernt, die Anforderungen der Umgebung mit den dringenden Bedürfnissen, die aus dem Unbewußten stammen, in Einklang zu bringen. Unsere Fähigkeit, uns unser selbst bewußt zu sein, baut in schmerzhafter Weise auf der Unterdrückung unbewußter Triebe auf.

3 Nach G. H. Mead gewinnt das Kind ein Verständnis davon, daß es ein eigenständiger Akteur ist, indem es andere dabei beobachtet, wie sie sich ihm gegenüber in regelmäßiger Weise verhalten. In einem späteren Stadium nimmt das Kind an organisierten Spielen teil, erlernt die Spielregeln und beginnt, „den verallgemeinerten Anderen" zu verstehen – allgemeine Werte und kulturelle Regeln.

4 Jean Piaget unterscheidet mehrere Hauptstadien in der Entwicklung der Fähigkeit des Kindes, der Welt einen Sinn abzugewinnen. Jedes Stadium erfordert die Aneignung neuer kognitiver Geschicklichkeiten und hängt von der erfolgreichen Vollendung des vorhergehenden ab. Nach Piaget sind diese Stadien der kognitiven Entwicklung universelle Merkmale der Sozialisation.

5 Sozialisationsinstanzen sind strukturierte Gruppen oder Kontexte, innerhalb derer signifikante Sozialisationsprozesse ablaufen. In allen Kulturen ist die Familie die Hauptinstanz der Sozialisation des Kindes im Kleinkindalter. Zu den anderen Einflußfaktoren zählen Peer–Gruppen, die Schule und die Massenmedien.

6 Wird dem Bedürfnis nach formeller Schulbildung Rechnung getragen, dann verringert das die Kontrolle, die Familie und Peer–Beziehungen über Sozialisationsprozesse ausüben. Jemanden zu erziehen, heißt, ihm bewußt bestimmte Geschicklichkeiten oder Werte beizubringen. Doch die Schule bildet auch auf subtilere Weise, indem sie über das „verborgene Curriculum" Einstellungen und Normen vermittelt.

Sozialisation und Lebenszyklus 97

7 Durch die Entwicklung der Massenkommunikationsmittel hat sich der Kreis der Sozialisationsinstanzen erweitert. Die Verbreitung der gedruckten Massenmedien wurde später durch die Verwendung elektronischer Kommunikationsmittel ergänzt. Vor allem das Fernsehen übt einen besonders mächtigen Einfluß aus und erreicht alltäglich Leute jeden Alters.

8 Unter bestimmten Umständen, die eine deutliche Veränderung der sozialen Umwelt eines Individuums oder einer Gruppe bedeuten, können Leute Prozessen der „Resozialisation" unterworfen sein. Der Ausdruck „Resozialisation" bezieht sich auf die Rekonstruktion der Persönlichkeit und der Einstellungen im Gefolge von Situationen, die mit großen Umwälzungen oder Belastungen verknüpft sind.

9 Sozialisation findet während des gesamten Lebenszyklus statt. In jeder bestimmbaren Lebensphase müssen Übergänge gemeistert und Krisen überwunden werden. Dazu gehört auch, dem Tod als der Beendigung der persönlichen Existenz gegenüberzutreten.

Grundbegriffe

Sozialisation   Selbstbewußtheit
das Unbewußte

Wichtige Fachausdrücke

mütterliche Deprivation	Egozentrismus
Kognition	konkrete operationale Periode
Psychoanalyse	formale operationale Periode
Ödipuskomplex	Sozialisationsinstanzen
symbolischer Interaktionismus	Familie
soziales Selbst	Peer–Gruppe
der verallgemeinerte Andere	Altersstufen
senso–motorisches Stadium	Resozialisation
prä–operationales Stadium	kritische Situationen

Weiterführende Literatur

Philippe Ariès, *Geschichte der Kindheit* (München: Deutscher Taschenbuchverlag, 1992) - eine klassische, wenn auch kontroversielle Diskussion der Entstehung der „Kindheit" als eigene Phase der menschlichen Entwicklung.

Erik H. Erikson, *Kindheit und Gesellschaft* (Stuttgart: Klett–Cotta, 1992) – eine berühmte psychoanalytische Arbeit zur menschlichen Entwicklung.

Elisabeth Kübler-Ross, *Verstehen was Sterbende sagen wollen. Einführung in ihre symbolische Sprache* (Stuttgart: Kreuz, 1990) - eine einfühlsame Schilderung der Einstellung zum Tod.

Jean Piaget, *Das moralische Urteil beim Kinde* (Stuttgart: Klett–Cotta, 1983) – eine gründliche Studie des sehr einflußreichen Entwicklungspsychologen.

Martin Richards and Paul Light, Hrsg., *Children of Social Worlds* (Cambridge: Polity Press, 1986) - eine Sammlung von Artikeln, die Forschungen über den sozialen Kontext der kindlichen Entwicklung diskutieren.

Elly Singer, *Childcare and the Psychology of Development* (London: Routledge, 1992) - eine Diskussion der kindlichen Entwicklung und des Problems der Befreiung der Mütter von der Verpflichtung, ganztägig die Mutterrolle auszuüben.

Alan Slater and Gavin Bremner, *Infant Development* (London: Erlbaum, 1989) - bietet eine Darstellung der neuesten Forschungen über die früheste Kindheitsentwicklung.

Frances C. Waksler, *Studying the Social Worlds of Children: Sociological Readings* (London: Falmer, 1991) - eine nützliche Sammlung von Arbeiten über kindliche Entwicklung.

Kapitel 4

Soziale Interaktion und Alltagsleben

Die Untersuchung des alltäglichen sozialen Lebens

Nonverbale Kommunikation
- Gesicht und Emotion
- „Gesicht" und Kultur

Soziale Regeln, Konversationen und das Reden
- Gemeinsames Hintergrundverstehen
- *Garfinkels Experimente*

Formen des Redens

Körperliche und sprachliche Fehlleistungen
- Reaktionsrufe
- Versprecher

Gesicht, Körper und Sprache in der Interaktion

Begegnungen

Kontexte und Orte
- Eindrucksmanipulation
- *Vorder- und Hinterbühne*
- Rollenübernahme: Intime Untersuchungen

Begegnungen und persönlicher Raum

Interaktion in Zeit und Raum
- Metrische Zeit
- Zeitgeographie
- Zeit–räumliche Beschränkungen
- Zeit–räumliche Zonen

Das Alltagsleben aus kultureller und historischer Sicht

Mikrosoziologie und Makrosoziologie

Zusammenfassung

Grundbegriffe

Wichtige Fachausdrücke

Weiterführende Literatur

In einer Stadt gehen zwei Leute auf dem Gehsteig aneinander vorbei. Sie tauschen kurze Blicke aus, wobei sie das Gesicht und den Bekleidungsstil des anderen überfliegen. Als sie sich näherkommen und aneinander vorbeigehen, blicken beide weg und vermeiden die Augen des anderen. Was hier geschieht, geschieht täglich millionenmal in den Städten der Welt.

Wenn Passanten einander kurz ansehen und dann den Blick wieder abwenden, wenn sie einander nahe sind, dann beweisen sie, was Erving Goffman (1982, 1986) die **höfliche Gleichgültigkeit** nennt, die wir in vielen Situationen voneinander verlangen. Höfliche Gleichgültigkeit ist ganz etwas anderes als das bloße Ignorieren einer anderen Person. Beide Beteiligte lassen erkennen, daß sie die Gegenwart der anderen Person bemerkt haben, doch vermeiden sie jede Geste, die als zu aufdringlich empfunden werden könnte. Jemandem höfliche Gleichgültigkeit zu erweisen, ist etwas, das wir mehr oder weniger unbewußt tun, doch ist es in unserem alltäglichen Leben von fundamentaler Bedeutung. Leute signalisieren einander auf diese Weise, daß sie keinen Grund haben, den Absichten anderer mit Mißtrauen zu begegnen, ihnen gegenüber feindselig zu sein oder ihnen in irgendeiner Form auszuweichen (Goffman, 1971).

Wie wichtig das ist, sieht man am besten, wenn man an Beispiele denkt, wo es keine Anwendung findet. Gelegentlich kommt es vor, daß eine Person eine andere unverwandt anstarrt und es zuläßt, daß ihr Gesicht eine bestimmte Emotion offen zum Ausdruck bringt. Dies passiert im allgemeinen nur zwischen Liebenden, Familienmitgliedern oder engen Freunden, oder wenn eine Person zornig auf eine andere ist. Fremde oder Zufallsbekanntschaften, ob sie einander auf der Straße, am Arbeitsplatz oder bei einer Party begegnen, blicken andere praktisch niemals unverwandt an. Dies zu tun, kann sehr leicht als Zeichen einer feindseligen Absicht aufgefaßt werden. Nur dort, wo zwei Gruppen zueinander in einer sehr gespannten Beziehung stehen, kommt es vor, daß auch Fremde auf solche Praktiken zurückgreifen. So kam es etwa vor, daß Weiße in den Südstaaten der USA vorbeigehende Schwarze mit „Haßblicken" fixierten.

Sogar Freunde im intimen Gespräch müssen aufpassen, wie sie einander ansehen (Goodwin, 1981). Der Gesprächspartner beweist Aufmerksamkeit und Interesse an der Konversation, indem er regelmäßig in die Augen des anderen schaut, doch nicht, indem er in diese *starrt*. Jemanden allzu intensiv anzublicken, könnte als Zeichen dafür aufgefaßt werden, daß man den Äußerungen des anderen mißtraut oder daß man sie zumindest nicht versteht. Doch wenn ein Gesprächspartner den Augenkontakt mit dem anderen überhaupt vermeidet, dann wird man ihn vermutlich für ausweichend, unverläßlich oder sonst irgendwie merkwürdig halten.

Die Untersuchung des alltäglichen sozialen Lebens

Warum sollte sich irgend jemand um anscheinend triviale Aspekte des sozialen Verhaltens kümmern? An jemandem auf der Straße vorbeizugehen oder einige Worte mit einem Freund zu wechseln, erscheinen als unwichtige und uninteressante Aktivitäten, als Dinge, die wir jeden Tag zahllose Male tun, ohne daß wir über sie nachzudenken brauchten. Tatsächlich ist die Untersuchung solcher scheinbar unbedeutender Formen der sozialen Interaktion in der Soziologie von grundlegender Bedeutung – und, weit davon entfernt, uninteressant zu sein, ist es eines der faszinierendsten Forschungsgebiete der Soziologie. Es gibt zwei Gründe, warum die Untersuchung der alltäglichen sozialen Interaktion so wichtig ist.

(1) Die Routinen des täglichen Lebens, die mehr oder weniger ständige face–to–face–Interaktionen mit sich bringen, machen den Hauptteil unserer sozialen Aktivitäten aus. Unser Leben ist rund um die Wiederholung von ähnlichen Verhaltensmustern organisiert – von Tag zu Tag, von Woche zu Woche, von Monat zu Monat und sogar von Jahr zu Jahr. Denk daran, was du z. B. gestern getan hast, und vorgestern. Wenn beide Tage Wochentage waren, dann bist du höchstwahrscheinlich zur „selben Zeit wie gewöhnlich" (was bereits für sich eine wichtige Routine darstellt) aufgestanden. Du hast vielleicht ziemlich früh am Vormittag die Schule oder eine Vorlesung besucht, was eine Fahrt von deiner Wohnung in die Schule oder zur Universität erforderlich macht, die du an praktisch allen Wochentagen unternimmst. Vielleicht triffst du dich zum Mittagessen für gewöhnlich mit Freunden und gehst am Nachmittag wieder zum Unterricht oder lernst allein. Später kehrst du nach Hause zurück und gehst vielleicht am Abend mit anderen Freunden aus. Freilich sind die Routinen, die wir von Tag zu Tag befolgen, nicht identisch, und was wir am Wochenende tun, unterscheidet sich im allgemeinen von unseren Aktivitäten während der Woche. Gibt es im Leben einer Person eine bedeutsame Veränderung – wie die Beendigung des Studiums und den Eintritt in die Arbeitswelt –, dann sind gewöhnlich größere Veränderungen der Alltagsroutinen erforderlich. Im Normalfall werden jedoch bald neue und ziemlich regelmäßige Gewohnheiten erworben. Unsere alltäglichen Routinen und die durch sie erforderlich gemachten Interaktionen verleihen also unserem Tun Struktur und Form. Wenn wir sie untersuchen, dann können wir über uns selbst als soziale Wesen und über das soziale Leben sehr viel lernen.

(2) Die Untersuchung der sozialen Interaktion im Alltagsleben wirft ein Licht auf größere soziale Systeme und Institutionen. Tatsächlich beruhen alle sozialen Makrosysteme auf den Mustern der sozialen Interaktion, denen wir im Verlauf unseres täglichen Lebens folgen. Das ist leicht nachzuweisen. Betrachten wir noch einmal den Fall von zwei Fremden, die einander auf der Straße begegnen, der flüchtigste Typ von sozialer Interaktion, den man sich nur vorstellen kann. Wenn wir ein solches Ereignis isoliert betrachten, dann hat es vielleicht wenig direkte Bedeutung für die dauerhafteren Formen der weiteren sozialen Organisation. Doch wenn wir unsere Aufmerksamkeit auf viele derartige Interaktionen richten, trifft das nicht länger zu. Äußerst folgenreiche Merkmale des sozialen Lebens werden durch höfliche Gleichgültigkeit und andere Interaktionsstrategien, die wir im Umgang mit Fremden einsetzen, aufrecht erhalten. In modernen Gesellschaften leben die Leute in kleineren und größeren Städten und haben beständig mit anderen zu tun, die ihnen persönlich nicht bekannt sind. Höfliche Gleichgültigkeit ist einer jener Mechanismen, die dem städtischen Leben mit seinen geschäftigen Menschenmassen und seinen vielen flüchtigen und unpersönlichen Begegnungen seinen spezifischen Charakter verleihen.

Wir werden darauf am Ende des Kapitels zurückkommen, doch müssen wir zuerst das Wesen der sozialen Interaktion im Alltagsleben betrachten und die nonverbalen Signale (Gesichtsausdruck und Körpergesten), die wir alle in der Interaktion mit anderen verwenden, erörtern. Wir werden dann zur Analyse der Sprache oder Rede im Alltag übergehen – wie wir Sprache verwenden, um anderen die von uns beabsichtigten Sinngehalte mitzuteilen. Danach werden wir uns mit den Formen, in denen unser Leben durch tägliche Routinen strukturiert ist, befassen und besondere Aufmerksamkeit auf die Frage verwenden, wie wir unser Handeln über Raum und Zeit hinweg koordinieren.

Nonverbale Kommunikation

Die soziale Interaktion bringt zahlreiche Formen der **nonverbalen Kommunikation** mit sich, des Austausches von Information und Bedeutungen durch den Gesichtsausdruck, Gesten oder Körperbewegungen. Die nonverbale Kommunikation wird manchmal als „Körpersprache" bezeichnet, doch ist das irreführend, da wir solche nonverbale Signale charakteristischerweise verwenden, um das, was in Worten zum Ausdruck gebracht wird, zu eliminieren, zu ergänzen oder zu erweitern.

Gesicht und Emotion

Ein wichtiger Aspekt der nonverbalen Kommunikation ist der Ausdruck von Emotionen durch das Gesicht. Paul Ekman und seine Kollegen haben ein *Facial Action Coding System* (FACS), wie sie es nennen, entwickelt, um die Bewegungen der Gesichtsmuskeln zu beschreiben, die einen bestimmten Ausdruck hervorbringen (Ekman und Friesen, 1978). Dadurch haben sie versucht, in einen Bereich, der gegenüber inkonsistenten oder widersprüchlichen Interpretationen in notorischer Weise offen ist, ein Ausmaß von Präzision einzuführen – denn es gibt wenig Übereinstimmung darüber, wie Emotionen identifiziert und klassifiziert werden sollten. Charles Darwin, der Urheber der Evolutionstheorie, behauptete, daß die Grundformen des Ausdrucks von Emotionen bei allen Menschen dieselben sind. Obwohl manche Autoren diese Behauptung bestritten haben, scheinen Ekmans Forschungen bei Menschen mit sehr verschiedenem kulturellem Hintergrund diese zu bestätigen. Ekman und Friesen untersuchten eine isolierte Gemeinschaft in Neu Guinea, deren Mitglieder vorher praktisch keinerlei Kontakt mit Außenstehenden hatten (Ekman und Friesen, 1971). Die mimischen Ausdrucksformen von sechs Emotionen (Freude, Trauer, Zorn, Ekel, Furcht und Überraschung), die in anderen Studien bei vielen verschiedenen Völkern nachgewiesen worden waren, fanden sich auch bei den Mitgliedern dieser Kultur.

Die Beurteilung verschiedener Emotionen anhand von Bildern von Gesichtern, wie sie in der Gemeinschaft in Neu Guinea abgegeben wurde, stimmte recht eng mit den bei anderen Untersuchungen gefundenen Urteilen überein. Nach Ekman stützen solche Befunde die Auffassung, daß der mimische Ausdruck der Emotion und seine Interpretation beim Menschen angeboren sind. Er gesteht allerdings zu, daß sein Material keinen schlüssigen Beweis dieser Auffassung liefert, und es mag der Fall sein, daß weitverbreitete kulturelle Lernerfahrungen hier eine Rolle spielen. Jedoch werden Ekmans Schlußfolgerungen von anderen Typen von Forschungen gestützt. Eibl-Eibesfeldt untersuchte sechs taub und blind geborene Kinder, um zu sehen, inwieweit ihr mimisches Ausdrucksrepertoire mit dem normaler Individuen in bestimmten emotionalen Situationen übereinstimmte (Eibl-Eibesfeldt, 1973). Es stellte sich heraus, daß die Kinder lächelten, wenn sie mit offensichtlich vergnüglichen Dingen beschäftigt waren, daß sie überrascht die Augenbrauen hochzogen, wenn sie an einem Gegenstand mit einem ungewohnten Geruch schnupperten, und daß sie die Stirn runzelten, wenn man ihnen zum wiederholten Mal einen Gegenstand anbot, der ihnen nicht gefiel. Da sie diese Verhaltensweisen nicht bei anderen gesehen haben konnten, scheinen diese Reaktionen durch angeborene Mechanismen bestimmt zu sein.

Unter Verwendung des FACS-Systems identifizierten Ekman und Friesen eine Anzahl wohlunterschiedener Bewegungen der Gesichtsmuskeln bei neugeborenen Kindern, die man auch findet, wenn Erwachsene ihren Emotionen Ausdruck verleihen. Kleinkinder scheinen z. B., wenn sie auf saure Geschmacksempfindungen reagieren, einen Gesichtsausdruck zu produzieren, der dem, den die Erwachsenen verwenden, um Ekel zu signalisieren, ähnlich ist (Spitzen der Lippen und Stirnrunzeln). Doch obwohl der mimische Ausdruck der Emotion angeborene Aspekte zu haben scheint, beeinflussen individuelle und kulturelle Faktoren die genaue Form des Gesichtsausdrucks und die Bedingungen, unter denen er als passend empfunden wird. Wie Leute z. B. lächeln, die genaue Bewegung der Lippen und anderer Gesichtsmuskeln, und wie flüchtig das Lächeln ist, all das variiert beträchtlich zwischen verschiedenen Kulturen.

Es gibt keine Gesten oder Aspekte der Körperhaltung, von denen nachgewiesen werden konnte, daß sie für alle oder auch nur die meisten Kulturen charakteristisch sind. In manchen Gesellschaften nicken Leute z. B., wenn sie „nein" sagen wollen; dies ist das Gegenteil unserer Gepflogenheiten. Gesten, die wir sehr häufig verwenden, wie z. B. das Zeigen, scheinen bei bestimmten Völkern nicht zu existieren (Bull, 1983). Andere Gesten, die anderswo häufig verwendet werden, sind in der angloamerikanischen Kultur unbekannt. Eine Geste, bei der der ausgestreckte Zeigefinger in der Wangenmitte angesetzt und gedreht wird, wird in Teilen Italiens als Geste des Lobs verwendet. Sie scheint in anderen Teilen Europas unbekannt zu sein.

Wie der Gesichtsausdruck werden auch Gesten und die Körperhaltung ständig verwendet, um Äußerungen „auszufüllen", gleichzeitig aber auch, um Bedeutungen zu übermitteln, wenn tatsächlich nichts gesagt wird. Die von uns „ausgesendeten" nonverbalen Signale – die wir unabsichtlich produzieren – legen oft nahe, daß das, was wir sagen, nicht genau das ist, was wir wirklich meinen. Das Erröten ist vielleicht das offenkundigste Beispiel, doch gibt es unzählige subtilere Indikatoren, die von anderen wahrgenommen werden können. Der unverfälschte Gesichtsausdruck wird nur für ungefähr vier oder fünf Sekunden gehalten, und ein Lächeln oder eine Bekundung der Überraschung, die länger dauern, könnten sehr wohl auf eine Täuschungsabsicht schließen lassen. Wie alle Formen des Sprechens und Handelns, die Teil unseres alltäglichen Lebens sind, können auch Gesten, Körperhaltung und Gesichtsausdruck verwendet werden, um Witze zu machen oder um Ironie oder Skepsis zum Ausdruck zu bringen. Ein Ausdruck der Überraschung, der z. B. zu lange dauert, kann absichtlich als Parodie eingesetzt werden – um zu zeigen, daß das Individuum von einem gegebenen Ereignis oder Geschehen tatsächlich überhaupt nicht überrascht ist, obwohl es Grund haben könnte, es zu sein.

„Gesicht" und Kultur

Wir können von „Gesicht" in einem weiteren Sinn als dem bisher verwendeten sprechen, indem wir uns auf die *Achtung* beziehen, die einem Individuum von anderen entgegengebracht wird. Im alltäglichen sozialen Leben verwenden wir normalerweise ein beträchtliches Ausmaß an Aufmerksamkeit darauf, unser „Gesicht" oder das des anderen zu „wahren". Ein Gutteil von dem, was wir üblicherweise „Höflichkeit" oder „Etikette" bei sozialen Zusammenkünften nennen, besteht darin, Verhaltensaspekte zu ignorieren, die ansonsten zu einem „Gesichtsverlust" führen könnten. Episoden aus der Vergangenheit eines Individuums oder persönliche Merkmale, die Verlegenheit auslösen könnten, wenn sie erwähnt werden, bleiben unkommentiert und unerwähnt. Scherze über Kahlköpfigkeit werden vermieden, wenn man sich darüber im klaren ist, daß einer der Anwesenden eine Perücke trägt – ausgenommen, die Betroffenen kennen einander sehr gut (Goffman, 1969). Takt ist eine Art Schutzmaßnahme, die die an der Interaktion Beteiligten in der Erwartung verwenden, daß als Gegenleistung ihre eigenen Schwächen nicht absichtlich der Öffentlichkeit enthüllt werden. Unser alltägliches Leben „passiert" daher nicht einfach so. Ohne uns dessen im allgemeinen bewußt zu werden, bewahren die meisten von uns geschickt eine strenge und beständige Kontrolle über unseren Gesichtsausdruck, unsere Körperhaltung und unsere Gesten, die wir in die Interaktion mit anderen einbringen.

Manche Leute sind „Spezialisten" in der Kontrolle des Gesichtsausdrucks und der taktvollen Organisation des Umgangs mit anderen. Die Geschicklichkeit von Diplomaten z. B. erfordert gerade dieses Spezialistentum. Ein guter Diplomat muß fähig sein, mit anderen zu interagieren, deren Auffassung er nicht teilt, oder die er sogar abstoßend findet; dabei muß er gänzlich entspannt wirken. Das Ausmaß, in dem dies erfolgreich bewerkstelligt wird, kann das Schicksal ganzer Nationen beeinflussen. Geschickte Diplomatie könnte z. B. Spannungen zwischen verschiedenen Nationen abbauen und einen Krieg verhindern.

Soziale Regeln, Konversationen und das Reden

Obwohl wir im allgemeinen viele nonverbale Signale verwenden, wenn wir selbst handeln und das Handeln anderer interpretieren, besteht ein Großteil unserer Interaktion im **Reden** oder der **Konversation**. Soziologen haben immer akzeptiert, daß die Sprache für das soziale Leben von grundlegender Bedeutung ist. Vor kurzem wurde allerdings ein Ansatz entwickelt, der sich spezifisch damit befaßt, wie Leute in den gewöhnlichen Kontexten des Alltagslebens Sprache *verwenden*. Ein Großteil des Sprachgebrauchs ist tatsächlich Rede – ein beiläufiges Wechseln von Worten –, die in informelle Gespräche mit anderen eingebettet ist.

Die Untersuchung von Konversationen wurde durch Goffmans Arbeiten stark beeinflußt, und Goffman hat sich direkt zu diesem Thema geäußert. Doch den bedeutendsten Einfluß auf diese Art von Forschung hat Harold Garfinkel, der Begründer der **Ethnomethodologie,** ausgeübt (Garfinkel, 1984).

Ethnomethodologie ist die Untersuchung der „Ethnomethoden" – der von Laien benutzten Methoden –, die von Menschen angewendet werden, um den Sinn dessen, was andere tun, und vor allem dessen, was sie sagen, zu entschlüsseln. Wir alle verwenden in der Interaktion mit anderen Methoden, dem Handeln und Reden anderer *einen Sinn abzugewinnen*; diese Methoden verwenden wir normalerweise, ohne daß wir ihnen bewußte Aufmerksamkeit widmen müßten. Oft können wir den Äußerungen einer Konversation jedoch nur einen Sinn abgewinnen, weil wir den sozialen Kontext kennen, der in den Worten selbst nicht in Erscheinung tritt. Man nehme die folgende Konversation (Heritage, 1984, S. 237):

A: Ich habe einen vierzehnjährigen Sohn.
B: Nun, das macht nichts.
A: Ich habe auch einen Hund.
B: Oh, tut mir leid.

Was passiert hier? In welcher Beziehung zueinander stehen die Gesprächsteilnehmer? Was gesagt wurde und warum, können wir ziemlich problemlos verstehen, sobald wir erraten oder hören, daß es sich um ein Gespräch zwischen einem Wohnungssuchenden und einem Hausbesitzer handelt. Das Gespräch wird dann vernünftig und „offensichtlich": Manche Vermieter haben nichts gegen Kinder einzuwenden, doch gestatten sie es ihren Mietern nicht, Haustiere zu halten. Doch in Unkenntnis des sozialen Kontextes scheinen die Reaktionen des Individuums B in keiner Beziehung zu den Aussagen von A zu stehen. *Ein Teil* des Sinnes steckt in den Worten, und *ein anderer Teil* liegt im sozialen Kontext, der aus der Rede abgeleitet werden kann. Im Zusammenhang wird die Konversation vernünftig und ihr Sinn offenkundig.

Gemeinsames Hintergrundverstehen

Auch die unbedeutendsten Formen des alltäglichen Redens setzen kompliziertes gemeinsames Wissen voraus, das von den Beteiligten „ins Spiel gebracht wird". Wir betrachten das als selbstverständlich, doch sogar unser belangloses Geplauder ist derartig komplex, daß es sich als bisher unmöglich erwiesen hat, sogar die leistungsfähigsten Computer so zu programmieren, daß sie mit Menschen Gespräche führen könnten, wie wir das untereinander tun. Die in der gewöhnlichen Rede verwendeten Wörter haben keine präzisen Bedeutungen, und wir „fixieren", was wir sagen möchten, bzw. unser Verständnis des Gesagten durch die unausgesprochenen Annahmen, die diesen Bedeutungen zugrundeliegen. Wenn jemand einen anderen fragt: „Was hast Du gestern getan?", gibt es keine offenkundige Antwort, die durch die Wörter der Frage selbst nahegelegt würde. Ein Tag dauert lange, und es wäre logisch, wenn jemand antwortete: „Nun, um sieben Uhr sechzehn bin ich aufgewacht, um sieben Uhr achtzehn stand ich auf, ging ins Badezimmer und begann, meine Zähne zu putzen, um sieben Uhr neunzehn habe ich die Dusche angedreht ..." Wir verstehen die von der Frage geforderte Art der Reaktion, weil wir das Individuum kennen, das sie stellt, weil wir wissen, welche Art von Tätigkeit wir gewöhnlich miteinander ausüben, was die Person üblicherweise an einem bestimmten Wochentag tut, und viele andere Dinge.

Garfinkels Experimente

Die „Hintergrunderwartungen", durch die wir gewöhnliche Konversationen organisieren, wurden durch einige Experimente, die Garfinkel mit Unterstützung von Freiwilligen unter seinen Studenten angestellt hat, in ein helles Licht getaucht. Die Studenten wurden aufgefordert, einen Freund oder Verwandten in ein Gespräch zu verwickeln und dabei darauf zu bestehen, daß der Sinn aller belanglosen Bemerkungen geklärt werde. Beiläufige Bemerkungen oder allgemeine Kommentare sollten nicht stehen gelassen werden, sondern man sollte ihnen aktiv nachgehen, um ihren Sinn zu präzisieren. Wenn jemand sagte: „Schönen Tag noch", dann sollten sie darauf sagen: „Schön, in welchem Sinn eigentlich?", „Welchen Teil des Tages meinst Du?" usw. Eine der Transkriptionen der sich auf diese Weise ergebenden Wortwechsel sah folgendermaßen aus:

(S hat freundlich gewinkt)
S: Wie geht's?
E: In welcher Hinsicht? Gesundheitlich, finanziell, schulisch, psychisch oder ...
S: (mit rotem Gesicht und plötzlich außer Kontrolle) Ich wollte nur höflich sein, zum Kuckuck. Eigentlich ist es mir völlig egal, wie es dir geht.
(Garfinkel, 1963, S. 222)

Warum geraten Leute in eine derartige Aufregung, wenn scheinbar unbedeutende Konventionen des Gesprächs nicht befolgt werden? Die Antwort ist, daß die Stabilität und Sinnhaftigkeit unseres täglichen sozialen Lebens vom gemeinsamen Besitz unausgesprochener kultureller Annahmen darüber, was gesagt wird und warum, abhängen. Wären wir nicht in der Lage, diese vorauszusetzen, dann wäre sinnvolle Kommunikation unmöglich. Jeder Frage oder jedem Beitrag zu einer Konversation müßte ein massives „Suchverfahren" folgen – wie es von Garfinkels Versuchspersonen angestellt wurde, wenn sie auf alltägliche Bemerkungen antworteten –, und die Interaktion würde schlicht zusammenbrechen. Was also auf den ersten Blick als unwichtige Konventionen der Rede erscheint, stellt sich als für das Gewebe des sozialen Lebens fundamental heraus, weshalb der Verstoß gegen diese Konventionen eine so ernsthafte Sache ist.

Wir sollten uns vor Augen halten, daß Leute im alltäglichen Leben manchmal absichtlich Unwissenheit über das unausgesprochene Wissen vorspiegeln, das bei der Interpretation einer Aussage, einer Bemerkung oder Frage herangezogen wird. Dies kann geschehen, um den anderen in seine Schranken zu weisen, um sich über ihn lustig zu machen, um Verlegenheit zu erzeugen oder um die Aufmerksamkeit auf eine Mehrdeutigkeit des Gesagten zu lenken. Man betrachte z. B. diesen klassischen Wortwechsel zwischen einem Elternteil und einem Teenager:

P: Wo gehst Du hin?
T: Fort.
P: Was wirst Du tun?
T: Nichts.

Die Reaktionen des Teenagers sind tatsächlich das Gegenteil jener der Freiwilligen in Garfinkels Experimenten. Statt Nachforschungen anzustellen, wo dies normalerweise unüblich ist, weigert sich der Jugendliche hier überhaupt, passende Antworten zu geben – wobei er nichts anderes sagt als „Kümmere dich um deine eigenen Angelegenheiten!". Die erste Frage könnte von einer anderen Person in einem anderen Kontext auf ganz andere Weise beantwortet werden:

A: Wo gehst Du hin?
B: Ich gehe allmählich die Wand hoch.

A's Frage wird von B hier absichtlich „fehlgelesen", um in ironischer Weise auf seine Sorgen oder Frustrationen hinzuweisen. Komödien, Scherze und Witze machen sich solche absichtlichen Fehlinterpretationen der von der Rede vorausgesetzten unausgesprochenen Annahmen weidlich zunutze. Daran ist nichts Bedrohliches, solange die Beteiligten die Absicht erkennen, Gelächter hervorzurufen.

Formen des Redens

Hört man eine Tonbandaufzeichnung, oder liest man ein Transkript eines Gesprächs, an dem man teilgenommen hat, dann ist das oft eine ernüchternde Erfahrung. Konversationen sind wesentlich zerhackter, zögernder und ungrammatischer, als die meisten Leute wahrnehmen. Wenn wir am alltäglichen Gespräch teilnehmen, dann neigen wir zur Meinung, daß das Gesagte abgerundet und ausgefeilt ist, weil wir den tatsächlich gewechselten Worten unbewußt einen Hintergrund unterlegen; doch wirkliche Gespräche unterscheiden sich drastisch von fiktiven Dialogen in Romanen, wo die Charaktere in wohlgeformten und grammatischen Sätzen sprechen. Man betrachte die folgende Sequenz, die für die meisten Gespräche des wirklichen Lebens gänzlich charakteristisch ist (Heritage, 1984, S. 236):

M: Oh, *Lieb*ling das war ein nettes Mittagessen ich hätt' dich früher *an*:rufen
    sollen a[ber es] hat mir *so* ge:fallen. Es war einfach wunder[bar].
E: Oh:::   Nun
M: Ich bin so froh, daß d[u] (gekommen bist)
E: und deine *Freunde* sind so ent:zü:ckend,=
M: =*Oh*:::[es war:]
E: e–diese Pa:t ist sie nicht s:sü[:ß?]
M: ( )   ei jeh   sie ist so hübsch
E: *Oh*, sie ist ein schönes Mädchen.=
M: =Ja, *ich* glaube, daß sie ein hübsches Mädchen ist.

Legende:
( )   Ein Sprecher spricht gleichzeitig mit einem anderen.
lieb   Kursiv markiert die Betonung einer bestimmten Äußerung, eines Wortes oder einer Phrase, z. B. durch einen Wechsel der Stimmlage oder Lautstärke.
=   bedeutet, daß keine Redepause entsteht, obwohl ein Sprecher den anderen ablöst.
:   bezeichnet eine sehr kleine Pause innerhalb eines Wortes, verbunden mit einem Wechsel der Betonung oder der Intonation.
( )   Bedeutet eine Redepause, die etwas länger als üblich ist.

Keiner der Gesprächsteilnehmer beendet einen Satz. Jeder unterbricht den anderen, redet weiter, wenn der andere spricht, oder läßt Wörter „in der Luft hängen".

Wie bei Goffmans Arbeit über höfliche Gleichgültigkeit könnte sich leicht die Annahme aufdrängen, daß die Analyse gewöhnlicher Konversationen für die Hauptanliegen der Soziologie von eher nebensächlicher Bedeutung ist; tatsächlich haben viele Soziologen aus eben diesem Grund ethnomethodologische Forschungen scharf kritisiert. Doch einige der Argumente, die verwendet wurden, um die Bedeutung von Goffmans Arbeit hervorzuheben, treffen auch auf die Ethnomethodologie zu. Die Untersuchung des alltäglichen Redens hat gezeigt, wie kompliziert die Sprachbeherrschung gewöhnlicher Leute eigentlich ist. Die gewaltigen Schwierigkeiten, die auftreten, wenn man versucht, Computer so zu programmieren, daß sie fähig sind, das zu tun, was menschlichen Sprechern mühelos gelingt, bezeugen diese Komplexität. Darüberhinaus ist das Reden ein wesentliches Element aller Bereiche des sozialen Lebens. Die Watergate–Bänder, die in den USA von Präsident Nixon und seinen Beratern angefertigt wurden, waren nicht mehr und nicht weniger als die Aufzeichnung einer Konversation, doch sie stellten einen Teil der Ausübung politischer Macht auf den höchsten Ebenen dar (Molotch und Boden, 1985).

Körperliche und sprachliche Fehlleistungen

Reaktionsrufe

Einige Arten von Äußerungen gehören nicht zur Rede, sondern bestehen aus gemurmelten Ausrufen, aus **Reaktionsrufen**, wie Goffman sie genannt hat (Goffman, 1981). Man betrachte jemanden, der „Hoppla!" sagt, nachdem er etwas umgestoßen oder fallengelassen hat. „Hoppla!" scheint bloß eine uninteressante Reflexreaktion auf ein Mißgeschick zu sein, ähnlich wie ein Augenzwinkern, wenn jemand seine Hand rasch zum Gesicht einer anderen Person bewegt. Es ist jedoch keineswegs eine unfreiwillige Reaktion dieses Typs und kann im Detail einer Analyse unterzogen werden, die allgemeine Merkmale unserer Handlungen als menschliche Akteure erhellt. Daß „Hoppla!" keine unfreiwillige Reaktion auf ein Mißgeschick ist, zeigt sich in der Tatsache, daß Leute im allgemeinen den Ausruf unterlassen, wenn sie allein sind. „Hoppla!" wird üblicherweise an *andere* anwesende Personen gerichtet. Der Ausruf soll den Zeugen des Unglücks zeigen, daß es sich bloß um einen unbedeutenden und untypischen Vorfall handelt, nicht um etwas, das Zweifel an der Kontrolle des Individuums über seine Handlungen entstehen lassen könnte.

„Hoppla!" wird nur bei einem Mißgeschick von minderer Bedeutung verwendet, nicht bei größeren Unfällen oder Katastrophen – was ebenfalls beweist, daß der Ausruf Teil unserer kontrollierten Bewältigung der Details des sozialen Lebens ist. Zusätzlich kann der Ausruf von jemandem produziert werden, der das Mißgeschick beobachtet, statt von dem Individuum, dem es unterläuft. „Hoppla!" kann verwendet werden, um einen anderen zu warnen und ihm gleichzeitig mitzuteilen, daß das Mißgeschick nicht als Anzeichen der Unfähigkeit der dafür verantwortlichen Person aufgefaßt wird. Das englische Wort für „Hoppla", „Oops!", enthält normalerweise einen kurzen Vokal, doch kann er in manchen Situationen verlängert werden. So etwa, wenn jemand bei der Verrichtung irgendeiner Aufgabe einen kritischen Moment überbrückt oder wenn ein Elternteil ein verlängertes „Oops!" oder sogar „Oopsadaisy!" äußert, während er sein Kind spielerisch in die Luft wirft. Der Klang erstreckt sich über die kurze Phase, während der das Kind das Gefühl haben mag, daß es die Kontrolle verloren hat; er dient zur Beruhigung und vermutlich gleichzeitig zur Entwicklung des Verständnisses von Reaktionsrufen.

Das mag alles ziemlich gekünstelt und übertrieben klingen. Warum macht man sich die Mühe, eine derart unbedeutende Äußerung so detailliert zu untersuchen? Sicherlich verwenden wir doch nicht derart viel Aufmerksamkeit auf unsere Äußerungen und unser Handeln, wie dieses Beispiel nahelegt? Selbstverständlich tun wir das nicht – auf der bewußten Ebene. Worauf es hier jedoch ankommt, ist, daß wir bei uns und anderen eine außergewöhnlich komplizierte und beständige Kontrolle unserer Erscheinung und unserer Handlungen *voraussetzen*. Wenn wir interagieren, dann wird von uns nie erwartet, daß wir lediglich bei der Szene „anwesend" sind. Andere erwarten, so wie wir das von anderen erwarten, daß „kontrollierte Aufmerksamkeit" bewiesen wird, wie Goffman das nennt. Es ist ein fundamentaler Teil des „menschlich–Seins", anderen ständig unsere Kompetenz und Fähigkeit gegenüber den Routinen des täglichen Lebens zu beweisen.

Versprecher

„Hoppla" ist eine Reaktion auf ein unbedeutendes körperliches Mißgeschick. Im Verlauf von Konversationen, Vorträgen, Ansprachen und in anderen Redesituationen begehen wir alle jedoch auch Sprech– und Aussprachefehler. Bei seinen Untersuchungen der *Psychopathologie des Alltagslebens* analysierte Freud zahlreiche Beispiele solcher Versprecher (Freud, 1992). Nach Freuds Auffassung sind verbale Fehlleistungen, darunter auch falsch ausgesprochene oder an der falschen Stelle geäußerte Wörter, Stammeln oder Stottern, tatsächlich niemals zufällig. Sie sind allesamt Symptome innerer Konflikte und entstehen aus dem Einfluß unseres unbewußten Geisteslebens auf das, was wir bewußt sagen und tun. Versprecher sind unbewußt motiviert – durch Motive oder Gefühle, die aus dem Bewußten verdrängt wurden oder die wir in bewußter Weise, jedoch erfolglos, zu unterdrücken versuchen. Dabei spielen sexuelle Assoziationen häufig, wenn auch nicht immer, eine Rolle. So kann man etwa versuchen, „Organismus" zu sagen, sagt aber stattdessen „Orgasmus". Oder es wird jemand in einem von Freuds Beispielen gefragt: „Bei welchem Regiment dient Ihr Sohn?" Sie antwortet: „Bei den zweiundvierziger Mördern" statt „Bei den zweiundvierziger Mörsern", wie sie es beabsichtigt hatte.

Wie in anderen Fällen des Mißverstehens von Handlungen oder Äußerungen wirken verbale Fehlleistungen oft komisch und könnten als Witze gelten. Der Unterschied liegt einfach darin, ob der Sprecher die bewußte Absicht hatte, die von ihm geäußerten Worte auch tatsächlich zu produzieren. Versprecher gehen in andere Typen „unpassenden" Redens über, von dem Freud ebenfalls glaubte, daß es häufig unbewußt motiviert ist – wenn eine Person z. B. nicht wahrnimmt, daß etwas, was sie gesagt hat, einen unübersehbaren Doppelsinn hat. Auch solche Äußerungen können als Witze aufgefaßt werden, wenn sie beabsichtigt sind – ansonsten jedoch bedeuten sie den Verlust jener Kontrolle über die Sprachproduktion, die wir von Menschen erwarten.

Diese Bemerkungen können vielleicht am besten illustriert werden, wenn wir die Fehlleistungen von Rundfunk- und Fernsehsprechern betrachten. Die Rede der Ansager ist nicht wie gewöhnliche Sprachproduktion, da sie nicht spontan ist, sondern vorher niedergeschrieben wird. Man erwartet von ihr auch, daß sie „perfekter" ist als die gewöhnliche Rede – der Sprecher sollte seltener stocken und deutlicher artikulieren. Daher sind die Fehlleistungen von Medienpersonen, wie z. B. Nachrichtensprechern, wesentlich sichtbarer und auffallender als jene, die in belanglosen Gesprächen passieren. Doch selbstverständlich versprechen sich auch Ansager; viele ihrer Ausrutscher sind komisch oder „nur allzu wahr" im Freudschen Sinn. Hier sind einige Beispiele von sprachlichen Fehlleistungen dieses Typs (Goffman, 1981):

> Der Zahnschutz des Boxers erfüllt offensichtlich einen zwecktischen Prack.
>
> Die Rotarier gaben gestern ein Frestessen zu Ehren des slowakischen Ministerpräsidenten.
>
> An der Eröffnung nahmen Spitzenpolitiker aller Parteien teil, hohe Militärs und führende Unternehmer. Die hohe Feistlichkeit war durch den Erzbischof vertreten.
>
> Seit der Öffnung der Obstgrenzen befindet sich die Pfirsichverwertungsgenossenschaft in großen wirtschaftlichen Schwierigkeiten.

Andere Beispiele fallen in die Kategorie der „unpassenden Rede", wo sich ein Doppelsinn ergibt, den man bemerken hätte sollen:

> Leute, versucht unsere bequemen Betten. Ich stehe persönlich hinter jedem Bett, das wir verkaufen.
>
> Der Wagen wurde als gestohlen gemeldet – von der Polizei in Los Angeles.

Wir neigen dazu, uns über sprachliche Fehlleistungen mehr zu erheitern, wenn sie von Fernsehsprechern (oder Lehrern bei ihrem Vortrag) begangen werden, als wenn sie in der gewöhnlichen Konversation auftreten. Medienleute und Lehrer werden als Spezialisten der Produktion fehlerloser Rede aufgefaßt. Die Komik liegt nicht nur in dem, was gesprochen oder ver-sprochen wird, sondern auch in dem Unbehagen, das der Fernsehansager zeigen könnte, wenn er eine Vorstellung gibt, die die Standards der Perfektion verfehlt. Für einen Augenblick verrutscht die Maske des kühlen Professionalismus, und wir sehen das „gewöhnliche Individuum" dahinter.

Gesicht, Körper und Sprache in der Interaktion

Fassen wir zusammen, was bisher gesagt wurde. Die alltägliche Interaktion beruht auf subtilen Beziehungen zwischen dem, was wir durch unser Gesicht und unseren Körper vermitteln, und dem, was wir durch Worte mitteilen. Wir machen uns den Gesichtsausdruck und die Gesten anderer zunutze, um das, was sie verbal mitteilen, zu ergänzen und um zu überprüfen, inwieweit ihre Äußerungen aufrichtig sind. Meist ohne es zu bemerken, übt jeder von uns während unserer täglichen Interaktion mit anderen eine strenge und beständige Kontrolle über den Gesichtsausdruck und die Haltung und die Bewegungen des Körpers aus.

Manchmal allerdings produzieren wir auch sprachliche Fehlleistungen, die, wie Freuds Beispiel von den „Mördern" nahelegt, kurzfristig enthüllen, was wir – bewußt oder unbewußt – verborgen halten möchten. Viele Versprecher haben eine „nur allzu wahr"–Qualität – wie die Wendung „die hohe Feistlichkeit", die nahlegt, daß der Sprecher geistliche Würdenträger für beleibte Personen hält. Versprecher verraten oft in unbeabsichtigter Weise unsere wahren Gefühle.

Das Gesicht, der Umgang mit dem Körper und die Rede werden also verwendet, um bestimmte Sinngehalte zu übermitteln und andere zu verbergen. Denselben Zielen dient die Organisation unseres Handelns in den *Kontexten* des sozialen Lebens – wie wir im folgenden zeigen werden.

Begegnungen

In vielen sozialen Situationen treten wir in **unzentrierte Interaktion** mit anderen ein, wie Goffman es nennt. Unzentrierte Interaktion findet immer dann statt, wenn Individuen in einer gegebenen Situation ein wechselseitiges Bewußtsein von der Gegenwart des anderen haben. Das ist üblicherweise stets bei größeren Menschenansammlungen der Fall, wie auf einer belebten Straße, in einem Theaterpublikum oder bei einer Party. Wenn sich Individuen in der Gegenwart von anderen aufhalten, dann sind sie beständig mit nonverbaler Kommunikation befaßt, auch mit Personen, mit denen sie nicht direkt sprechen. Durch ihre Bewegungen, ihre Stellung, ihr körperliches Erscheinungsbild und durch mimische und körperliche Gesten übermitteln sie an andere bestimmte Eindrücke.

Zentrierte Interaktion findet statt, wenn sich Individuen direkt darauf konzentrieren, was der andere sagt oder tut. Mit Ausnahme der Situation, wo jemand z. B. auf einer Party allein herumsteht, beinhaltet jegliche Interaktion, bei der Individuen gleichzeitig gegenwärtig sind, sowohl zentrierte als auch unzentrierte Handlungssequenzen. Goffman nennt eine Einheit zentrierter Interaktion eine **Begegnung (encounter)**, und ein Großteil unseres Alltagslebens besteht aus beständigen Begegnungen mit anderen Individuen – Familienmitgliedern, Freunden,

Arbeitskollegen –, die häufig vor dem Hintergrund der unzentrierten Interaktion mit anderen Anwesenden stattfinden. Ein beiläufiges Gespräch, Diskussionen in einem Seminar, Spiele und alltägliche face–to–face–Kontakte (mit Schalterbeamten, Kellnern, Verkäufern usw.) sind Beispiele von Begegnungen.

Begegnungen erfordern stets „Eröffnungen", die deutlich machen, daß höfliche Gleichgültigkeit über Bord geworfen wird. Wo sich Fremde begegnen und miteinander zu reden beginnen – z. B. bei einer Party –, dort ist der Moment der Aufgabe der höflichen Gleichgültigkeit stets mit Risiken behaftet, da sich sehr leicht Mißverständnisse über die Natur der angebahnten Begegnung einstellen können (Goffman, 1982). Daher kann es vorkommen, daß der Blickkontakt zunächst nur halbherzig hergestellt wird. Eine Person kann dann so tun, als hätte sie keinen direkten Schritt gesetzt, sollte die Anbahnung der Begegnung mißlingen. In der zentrierten Interaktion kommuniziert jedes Individuum durch den Gesichtsausdruck und Gesten ebensoviel wie durch die Worte, die tatsächlich gewechselt werden. Goffman unterscheidet in diesem Zusammenhang zwischen den Signalen, die Personen „senden", und jenen, die sie „abgeben". Die ersten sind die Worte und der Gesichtsausdruck, mit deren Hilfe Leute versuchen, bei anderen einen bestimmten Eindruck hervorzurufen. Die zweiten sind jene Signale, die verwendet werden können, um die Aufrichtigkeit oder Wahrhaftigkeit einer Person zu überprüfen. So etwa hört der Besitzer oder die Besitzerin eines Restaurants mit freundlichem Lächeln zu, wie Gäste sich in höchst befriedigter Weise über das Essen äußern, das ihnen serviert worden ist. Zur gleichen Zeit könnte er oder sie darauf achten, mit welchem erkennbaren Genuß die Mahlzeit verzehrt wurde, ob viel übriggelassen wurde und in welchem Tonfall die Gäste ihrer Zufriedenheit Ausdruck verleihen.

Kontexte und Orte

Das alltägliche Leben findet als Serie von Begegnungen mit anderen in verschiedenen Kontexten und an verschiedenen Orten statt. Die meisten von uns treffen im Verlauf eines durchschnittlichen Tages eine Vielfalt anderer Personen und sprechen mit ihnen. Eine Frau steht auf, frühstückt mit ihrer Familie und begleitet vielleicht ihre Kinder zur Schule, wobei sie kurz stehenbleibt, um an den Schultoren mit einer Freundin zu plaudern. Sie fährt zur Arbeit und hört dabei wahrscheinlich Radio. Während des Arbeitstages tritt sie in sehr viele Begegnungen mit Kollegen und Besuchern ein, die sich von flüchtigen Gesprächen bis zu formellen Besprechungen erstrecken. Jede dieser Begegnungen wird wahrscheinlich durch *Einklammerungen* „markiert", wie Goffman es nennt, die die einzelnen Episoden der zentrierten Interaktion von der jeweils vorhergehenden und von der unzentrierten Interaktion, die im Hintergrund abläuft, abgrenzen (Goffman, 1980).

Auf einer Party oder dort, wo Außenstehende in der Nähe sind, werden die Teilnehmer an einer Konversation sich durch die Stellung ihres Körpers und die Kontrolle ihrer Stimme von anderen abgrenzen. Sie können einander z. B. direkt gegenüberstehen und es so anderen erschweren, das Gespräch zu unterbrechen, bis sie den Entschluß fassen, es zu beenden oder die „Ränder" ihrer zentrierten

Interaktion „aufzuweichen", indem sie sich an neue Positionen im Zimmer begeben. Bei formaleren Anlässen werden häufig anerkannte Techniken verwendet, um den Beginn oder das Ende einer bestimmten Begegnung oder einer Interaktionsphase zu markieren. So wird etwa der Beginn eines Theaterstücks dadurch signalisiert, daß eine Glocke läutet, die Lichter verlöschen und der Vorhang hochgeht. Am Ende des Aktes oder der Vorstellung gehen die Lichter im Auditorium wieder an, und der Vorhang fällt.

Markierungen sind im allgemeinen dort von besonderer Bedeutung, wo eine Begegnung entweder stark von den gewöhnlichen Konventionen des Alltagslebens abweicht, oder wo Unklarheit darüber entstehen könnte, „was vorgeht". Wenn ein Individuum nackt vor einer Zeichenklasse posiert, dann wird es sich im allgemeinen nicht in Anwesenheit der Gruppe entkleiden oder sich am Ende der Begegnung vor der Gruppe wieder anziehen. Das unbeobachtete An- und Ausziehen gestattet es, den Körper ganz plötzlich zu entblößen oder zu verbergen. Dies markiert nicht nur die Grenzen der Episode, sondern signalisiert auch, daß sie nicht die sexuelle Bedeutung hat, die ihr sonst beigemessen werden könnte.

In sehr engen Räumen, wie z. B. in Aufzügen, ist es schwierig oder unmöglich, eine Einheit der zentrierten Interaktion zu markieren. Auch fällt es anderen Anwesenden nicht so leicht wie in anderen Situationen, den Eindruck zu vermitteln, daß sie einem etwa geführten Gespräch „nicht zuhören" – daß sie keinen Teil davon bilden. Für Leute, die einander nicht kennen, ist es in solchen Situationen auch schwierig, nicht als jemand wahrgenommen zu werden, der andere direkter „anschaut", als es die Normen der höflichen Gleichgültigkeit gestatten. In Aufzügen nehmen Leute daher oft eine übertriebene „nichts hören" – und „nichts sehen" – Pose ein, indem sie ins Leere blicken oder auf die Knöpfe des Aufzugs – sie können überall hinschauen, nur nicht zu den anderen in der Kabine! Gespräche werden im allgemeinen abgebrochen oder auf kurze Wortwechsel beschränkt. In ähnlicher Weise reagieren Leute, wenn sie zusammensitzen, miteinander sprechen und einer von ihnen ans Telefon gerufen wird; die anderen finden es nicht einfach, völlige Unaufmerksamkeit zu beweisen und führen daher oft eine Art von stockendem Gespräch (Goffman, 1971).

Eindrucksmanipulation

Goffman und andere Autoren, die zum Thema soziale Interaktion geschrieben haben, verwenden zur Analyse der sozialen Interaktion häufig die Begriffe des Theaters. Der Begriff der **sozialen Rolle**, der zu diesem Zweck (und auch aus allgemeineren Zielsetzungen heraus) in der Soziologie weit verbreitet ist, stammt aus dem Milieu des Theaters. Rollen sind sozial definierte Erwartungen, die eine Person, die einen bestimmten *Status* oder eine bestimmte **soziale Position** bekleidet, befolgt. Ein Lehrer zu sein heißt z. B., eine bestimmte Position einzunehmen; die Rolle des Lehrers besteht darin, daß er gegenüber seinen Schülern in spezifischer Weise handelt. Bei dem von Goffman verwendeten **dramaturgischen Modell** wird das soziale Leben betrachtet, als handle es sich dabei um ein Schauspiel auf einer Bühne – oder auf vielen Bühnen, da unser Handeln von all den Rollen bestimmt ist, die wir zu einem bestimmten Zeitpunkt spielen. Leute sind gegenüber dem Bild, das andere von ihnen haben, sehr sensibel und verwenden zahlreiche Formen der *Eindrucksmanipulation*, um sicherzustellen, daß andere auf sie in der gewünschten Weise reagieren. Obwohl dies manchmal in berechnender Weise geschehen kann, gehört es üblicherweise zu den vielen Dingen, die wir tun, ohne ihnen bewußte Aufmerksamkeit zu schenken. Eine Person wird sich anders kleiden und anders verhalten, wenn sie an einer geschäftlichen Besprechung teilnimmt, als wenn sie sich mit Freunden bei einem Fußballmatch vergnügt.

Vorder- und Hinterbühne

Ein Großteil des sozialen Lebens kann nach Goffman auf die **Vorderbühne** und die **Hinterbühne** verteilt werden. Vorderbühnen sind soziale Anlässe oder Begegnungen, bei denen Individuen formale oder stilisierte Rollen spielen – sie sind „Bühnenvorstellungen". Die Hinterbühne ist der Ort, wo die Requisiten zusammengestellt werden und die Akteure sich für die Interaktion in stärker formalen Kontexten vorbereiten. Die Hinterbühne ähnelt jener des Theaters oder den Aktivitäten beim Filmen, wenn die Kamera nicht läuft. Wenn sie sicher „hinter der Szene" verborgen sind, können sich Leute entspannen und Gefühlen und Verhaltensweisen Ausdruck verleihen, die sie auf der Vorderbühne in Schach halten. So kann eine Kellnerin z. B. ein Musterbeispiel der gesetzten Höflichkeit sein, wenn sie einen Gast im Speisesaal eines Restaurants bedient, jedoch laut und aggressiv werden, wenn sie einmal hinter der Schwingtür zur Küche verschwunden ist. Es gibt vermutlich sehr wenige Restaurants, in denen Gäste gerne speisen würden, wenn sie alles sehen könnten, was in der Küche geschieht.

Die Hinterbühne gestattet „Vulgarität, offene sexuelle Anspielungen, Nörgeln, Rauchen, zwanglose Kleidung, *schlampiges* Sitzen und Stehen, Verwendung von Dialekt oder Umgangssprache, Murmeln und Schreien, spielerische Aggression und *Neckereien*, Rücksichtslosigkeit gegenüber dem anderen in kleineren, aber potentiell symbolischen Handlungen, geringfügige physische Reaktionen wie Summen, Pfeifen, Gummikauen, Rülpsen und Windlassen" (Goffman, 1988, S. 117f.).

Zur Erschaffung und Bewahrung von Vorstellungen auf der Vorderbühne ist häufig Teamwork erforderlich. So könnten z. B. zwei prominente Politiker derselben Partei eine ausgefeilte Show der Einmütigkeit und Freundschaft für die Fernsehkamera inszenieren, obwohl sie einander von ganzem Herzen verabscheuen. Ehepartner können sorgfältig darauf achten, ihre Streitereien vor den Kindern zu verbergen, und so eine harmonische Fassade präsentieren, die zerbricht und von erbitterten Auseinandersetzungen abgelöst wird, sobald die Kinder ins Bett gebracht wurden.

Rollenübernahme: Intime Untersuchungen

James Henslin und Mae Briggs haben eine sehr spezifische und sehr heikle Art der Begegnung untersucht – jene, die entsteht, wenn eine Frau wegen einer gynäkologischen Untersuchung zum Arzt geht (Henslin und Briggs, 1971). Ein Großteil dieser Unterleibsuntersuchungen wird von männlichen Ärzten durchgeführt.

Die Erfahrung ist mit potentiellen Mehrdeutigkeiten und Verlegenheit auf beiden Seiten befrachtet. Männer und Frauen sind im Westen dahingehend sozialisiert worden, die Genitalien als die privatesten Teile des Körpers aufzufassen, und die Geschlechtsteile einer anderen Person zu sehen und vor allem zu berühren, wird gewöhnlich mit intimen sexuellen Begegnungen assoziiert. Viele Frauen sind von der Aussicht auf eine Unterleibsuntersuchung derart beunruhigt, daß sie sich weigern, den Arzt aufzusuchen, sogar wenn sie vermuten, daß es einen triftigen medizinischen Grund dafür gibt.

Henslin und Briggs analysierten Material, das von Briggs, einer ausgebildeten Krankenschwester, anläßlich einer großen Anzahl gynäkologischer Untersuchungen gesammelt worden war. Ihrer Interpretation nach zerfällt der Ablauf in mehrere typische Phasen. Unter Verwendung der dramaturgischen Metapher legten sie nahe, daß jede Phase als abgeschlossene „Szene" aufgefaßt werden kann, wobei sich die von den Akteuren übernommenen Rollen im Verlauf der Episode verändern. Der „Prolog" besteht darin, daß die Frau das Wartezimmer betritt und sich darauf vorbereitet, die Patientenrolle zu übernehmen, wobei sie ihre vorherige Identität zeitweilig aufgibt. Nachdem sie in die Ordination gerufen wurde, übernimmt sie die „Patienten"–Rolle, und die erste Szene beginnt. Der Doktor agiert in geschäftsmäßiger und professioneller Manier, doch behandelt er die Patientin als jemand mit den Eigenschaften und den Kompetenzen einer Person, indem er den Blickkontakt aufrecht hält und höflich auf das hört, was sie zu sagen hat. Wenn er zum Schluß kommt, daß eine Untersuchung notwendig ist, dann teilt er das der Patientin mit und verläßt den Raum; „Szene eins" ist abgeschlossen.

Während er hinausgeht, kommt die Schwester herein. Sie ist eine wichtige „Bühnenarbeiterin" zur Vorbereitung der Hauptszene, die schon bald beginnen soll. Sie zerstreut etwa vorhandene Besorgnisse der Patientin, wobei sie als Vertrauensperson – die manche der „Dinge, die Frauen über sich ergehen lassen müssen", kennt – und als Mitgestalterin des weiteren Ablaufs auftritt. Von entscheidender Bedeutung ist, daß die Ordinationsschwester dabei hilft, die Patientin von einer „Person" in jene „Nicht–Person" zu verwandeln, die für die Hauptszene benötigt wird; die Patientin ist nun kein ganzer Mensch mehr, sondern ein Körper, der teilweise untersucht werden soll. Die Schwester beaufsichtigt nicht nur die Patientin, während diese sich entkleidet, sondern sie übernimmt auch Aufgaben, die üblicherweise unter der Kontrolle des Individuums bleiben. So nimmt sie etwa die Kleider der Patientin und legt sie zusammen. Die meisten Frauen möchten, daß ihre Unterwäsche nicht zu sehen ist, wenn der Arzt zurückkommt, und die Schwester stellt sicher, daß dies auch so ist. Sie führt die Patientin zum Untersuchungstisch und bedeckt einen Großteil ihres Körpers mit einem Laken, bevor der Arzt zurück ins Zimmer kommt.

Nun beginnt die Hauptszene unter Anwesenheit der Schwester und des Arztes. Die Gegenwart der Ordinationsschwester hilft sicherzustellen, daß die Interaktion zwischen Arzt und Patientin frei von sexuellen Untertönen ist, und sie ist auch eine potentielle Zeugin, sollte der Arzt beschuldigt werden, sich unprofessionell verhalten zu haben. Die Untersuchung schreitet voran, als ob die Persönlichkeit der Patientin nicht vorhanden wäre – das über sie gebreitete Laken trennt den Genitalbereich vom Rest des Körpers, und ihre Lage läßt nicht zu, daß sie die

Vorgänge der Untersuchung beobachtet. Abgesehen von spezifischen medizinischen Fragen ignoriert sie der Arzt; er sitzt dabei auf einem niedrigen Hocker und kann von der Patientin nicht gesehen werden. Diese arbeitet an ihrer Umwandlung in eine temporäre „Nicht-Person" mit, indem sie darauf verzichtet, Gespräche zu beginnen, und ihre Bewegungen auf ein Minimum beschränkt.

In der „Zwischenszene" zwischen dieser und der letzten Szene übernimmt die Schwester wiederum die Rolle der Requisiteurin, die der Patientin hilft, wieder eine „ganze Person" zu werden. An dieser Stelle kann sich zwischen den beiden wieder ein Gespräch entwickeln und die Patientin ihrer Erleichterung Ausdruck verleihen, daß die Untersuchung vorbei ist. Nachdem sie sich angezogen und wieder präsentabel gemacht hat, ist die Patientin bereit, sich der Schlußszene auszusetzen. Der Arzt kommt wieder herein, und bei der Erörterung der Ergebnisse der Untersuchung behandelt er die Patientin wieder als ganze und verantwortliche Person. Indem er zum höflichen und professionellen Verhalten zurückkehrt, signalisiert er, daß seine Reaktionen auf die Patientin sich durch den intimen Kontakt mit ihrem Körper, der ihm gestattet war, in keiner Weise geändert haben. Der „Epilog" besteht darin, daß die Patientin die Ordination verläßt und zu ihrer früheren Identität zurückkehrt.

Begegnungen und persönlicher Raum

Wenn Angehörige der westlichen Kultur miteinander in zentrierter Interaktion stehen, dann halten sie im allgemeinen eine Distanz von mindestens einem Meter ein. Wenn sie Seite an Seite stehen, auch wenn es sich dabei nicht um dieselbe Begegnung handelt, können sie näher aneinanderstehen. In der Definition des **persönlichen Raums** gibt es kulturelle Differenzen. Im Nahen Osten z. B. stehen Leute oft näher aneinander, als im Westen für annehmbar erachtet wird. Leute aus dem Westen, die diesen Teil der Welt besuchen, werden durch diese unerwartete physische Nähe nicht selten aus dem Gleichgewicht gebracht.

Edward T. Hall, der sich intensiv mit nonverbaler Kommunikation auseinandergesetzt hat, unterscheidet vier Zonen des privaten Raums. Die *intime Distanz* bis zu einem halben Meter ist sehr wenigen sozialen Kontakten vorbehalten. Nur jene, die in Beziehungen zueinander stehen, bei denen die regelmäßige Berührung des Körpers gestattet ist – wie z. B. Eltern und Kinder oder Liebende – handeln innerhalb dieser Zone des privaten Raums. Die *persönliche Distanz* (von fünfzig Zentimeter bis eineinviertel Meter) ist die normale räumliche Anordnung für Begegnungen mit Freunden und hinreichend engen Bekannten. Ein gewisses Ausmaß an Intimität des Kontakts ist gestattet, doch streng begrenzt. Die **soziale Distanz**, die von eineinviertel Meter bis vier Meter reicht, ist die Zone, die üblicherweise in formalen Interaktionskontexten, wie z. B. Interviews, eingehalten wird. Die vierte Zone ist jene der **öffentlichen Distanz**, jenseits der Viermetergrenze, die von jenen beachtet wird, die sich gegenüber einem beobachtenden Publikum darstellen.

Bei der gewöhnlichen Interaktion sind die heikelsten Zonen jene der intimen und der persönlichen Distanz. Gibt es eine „Invasion" dieser Räume, dann versuchen Leute, ihren Raum zurückzuerobern. Ein unverwandter Blick könnte so dem anderen signalisieren: „Verschwinde!", oder der einzelne könnte versuchen, den Eindringling durch einen Ellbogenstoß zu vertreiben. Wird Leuten eine größere Nähe aufgezwungen, als ihnen wünschenswert erscheint, dann kann es vorkommen, daß eine Art physischer Barriere errichtet wird; etwa wenn ein Leser in einer stark frequentierten Bibliothek einen privaten Raum umgrenzt, indem er Bücher rund um seinen Arbeitsplatz aufstapelt (Hall, 1959, 1976).

Interaktion in Zeit und Raum

Ein Verständnis dafür, wie Aktivitäten im Raum – und auch in der Zeit – verteilt sind, ist von grundlegender Bedeutung für die Analyse von Begegnungen und von fundamentalen Aspekten des sozialen Lebens im allgemeinen. Selbstverständlich ist alle Interaktion *verortet* – sie findet an einem bestimmten Ort statt und dauert eine bestimmte Zeit. Unsere Handlungen während des Tagesablaufs tendieren dazu, in zeitliche ebenso wie in räumliche „Zonen" eingeteilt zu sein. So etwa verbringen Leute, die zur Arbeit gehen, eine „Zone" – sagen wir von neun Uhr vormittags bis fünf Uhr nachmittags – der während des Tages zur Verfügung stehenden Zeit mit Arbeit. Die Woche ist ebenfalls in Zonen eingeteilt: Im allgemeinen arbeiten Menschen an Wochentagen und verbringen die Wochenenden zu Hause, wobei sich die Muster ihrer Aktivitäten an den Tagen des Wochenendes verändern. Daß man Zeit am Arbeitsplatz verbringt, bedeutet normalerweise auch räumliche Bewegung – eine Person, die sich zwischen ihrem Heim und dem Arbeitsplatz hin und herbewegt, kann etwa einen Bus nehmen, der sie von einem Bezirk der Stadt zu einem anderen bringt, oder aus den Vororten einpendeln. Wenn wir die Kontexte, in die soziale Interaktion eingebettet ist, untersuchen, ist es daher oft nützlich, die Bewegungen von Leuten in einem *Zeit–Raum*-System zu analysieren. Während wir uns durch die zeitlichen Zonen des Tages bewegen, bewegen wir uns häufig auch im Raum.

Sozialgeographen haben die nützliche und faszinierende Idee der **Zeit–Raum–Konvergenz** eingeführt, um zu analysieren, wie die gesellschaftliche Entwicklung und der technologische Wandel Muster der sozialen Aktivität beeinflussen. Zeit–Raum–Konvergenz bezieht sich darauf, wie Distanzen durch die Verbesserung der Transportsysteme „schrumpfen". So kann z. B. die Zeit, die benötigt wird, um von der Ostküste zur Westküste der Vereinigten Staaten zu reisen, relativ zu den verschiedenen Fortbewegungsarten berechnet werden, die aufgrund von Fortschritten der Transportmethoden möglich waren. Zu Fuß erfordert die Reise mehr als zwei Jahre, zu Pferd acht Monate, mit der Postkutsche vier Monate, mit der Eisenbahn im Jahre 1910 vier Tage, mit dem Auto heute zweieinhalb Tage, mit normalen Linienflügen fünf Stunden, mit dem schnellsten verfügbaren Düsenflugzeug nur wenig mehr als zwei Stunden, mit der Raumfähre einige wenige Minuten (Janelle, 1968; Carlstein et al., 1978). Formen des gesellschaftlichen Lebens werden mit zunehmender Zeit–Raum–Konvergenz radikal reorganisiert, was unser aller Leben beeinflußt. So werden etwa viele der von uns verwendeten Güter und ein Großteil der von uns verzehrten Nahrung über große Distanzen hinweg transportiert, sogar von der anderen Seite der Welt. Dies hat zu einer wesentlich dichteren globalen Verflechtung geführt (siehe Kapitel 16 „Die Globalisierung des sozialen Lebens").

Wir können die Organisation sozialer Aktivitäten in Zeit und Raum mittels des Begriffs der **Regionalisierung** deuten, der sich darauf bezieht, wie das soziale Leben in zeit–räumliche Zonen eingeteilt ist. Man nehme das Beispiel eines Eigenheims. Verfügt ein modernes Haus über mehr als ein Stockwerk, dann ist es in Zimmer, Korridore und Stockwerke regionalisiert. Diese verschiedenen räumlichen Bereiche des Hauses sind nicht bloß physisch getrennte Bereiche, sondern sie sind auch in zeitliche und nicht nur in räumliche Zonen eingeteilt. Das Wohnzimmer und die Küche werden hauptsächlich am Tag verwendet, die Schlafzimmer in der Nacht. Die Interaktion, die in diesen verschiedenen „Regionen" stattfindet, ist von sowohl räumlichen als auch zeitlichen Abgrenzungen umfaßt. Einige Bereiche des Hauses sind „Hinterbühnen", während „Vorstellungen" in den anderen Bereichen erfolgen. Während eines bestimmten Abschnitts der Woche kann das ganze Haus zur Hinterbühne werden, ganz wie zeit–räumliche Pfade außerhalb des Hauses. Wieder einmal werden diese Dinge von Goffman sehr schön zusammengefaßt:

> Ähnlich mag sich an einem Sonntagmorgen eine ganze Familie, geschützt durch ihre vier Wände, in Kleidung und Benehmen nachlässig geben und so die Zwanglosigkeit auf alle Räume ausdehnen, die üblicherweise auf Küche und Schlafzimmer beschränkt ist. So machen auch in amerikanischen Wohnbezirken des Mittelstands die Mütter am Nachmittag oft den Weg zwischen dem Kinderspielplatz und der Wohnung zur Hinterbühne und gehen dort in Bluejeans, Tennisschuhen und fast ohne Make–up, die Zigarette im Mundwinkel, spazieren ... Natürlich fungiert ein Ort, der als Bühne für die reguläre Darbietung einer bestimmten Vorstellung voll etabliert ist, oft vor und nach jeder Vorstellung als Hinterbühne. Denn in dieser Zeit können die ständigen Einrichtungsgegenstände repariert, restauriert und neu geordnet werden, oder die Darsteller können Kostümproben abhalten. Um das zu sehen, brauchen wir nur in ein Restaurant, in einen Laden oder in eine Wohnung zu blicken, bevor diese Orte tagsüber geöffnet sind. (Goffman, 1988, S. 116f.)

Metrische Zeit

In modernen Gesellschaften wird die Zoneneinteilung unserer Aktivitäten stark von der Erfahrung von Uhren und der **metrischen Zeit** beeinflußt. Ohne Uhren und die genaue zeitliche Bestimmung von Aktivitäten – und dadurch auch ihre Koordination im Raum – könnten industrialisierte Gesellschaften nicht existieren (Mumford, 1973). Die Zeitmessung mit Hilfe von Uhren ist heute auf der ganzen Welt standardisiert – was die komplexen internationalen Transport– und Kommunikationssysteme ermöglicht, von denen unser Leben heute abhängt. Die weltweite Standardzeit wurde erst 1884 bei einer internationalen Konferenz in Washington eingeführt. Die Erde wurde damals in vierundzwanzig Zeitzonen, die jeweils eine Stunde auseinanderliegen, eingeteilt, und ein genauer Anfang des allgemeinen Tages wurde fixiert (Zerubavel, 1982).

Klöster waren die ersten Organisationen, die den Versuch unternahmen, die Aktivitäten ihrer Angehörigen einem genauen täglichen und wöchentlichen Zeitplan zu unterwerfen, eine Praxis, die bereits im 14. Jahrhundert entstand. Heute gibt es kaum eine Gruppe oder Organisation, die diesen Versuch nicht ebenfalls unternimmt – je mehr Leute beteiligt sind und je größer die erforderlichen Ressourcen, desto genauer muß der Zeitplan sein. Eviatar Zerubavel (1979) zeigte dies in seiner Untersuchung der Zeitstruktur eines großen modernen Krankenhauses. Ein Krankenhaus muß vierundzwanzig Stunden am Tag funktionieren, und die Koordination der Belegschaft und der materiellen Ressourcen ist eine sehr komplexe Angelegenheit. So etwa arbeitet der Großteil der Krankenschwestern während festgelegter Zeiträume in verschiedenen Abteilungen, wobei die verschiedenen Sektoren des Krankenhauses durchwandert werden; die Schwestern müssen auch abwechselnd Tag- und Nachtdienste verrichten. All diese Individuen und die von ihnen benötigten Ressourcen müssen sowohl in der Zeit als auch im Raum miteinander integriert werden.

Zeitgeographie

Eine fruchtbare Methode, Aktivitäten in einem Zeit–Raum–System zu analysieren, wurde vom schwedischen Sozialgeographen Torsten Hägerstrand entwickelt (Hägerstrand, 1973; Carlstein et al., 1978). Hägerstrand nennt seinen Ansatz **Zeitgeographie**, doch befaßt er sich tatsächlich mit Bewegungen innerhalb von Zeit und Raum. Der zeitgeographische Ansatz betrachtet die physische Umgebung (Straßen, Gebäude, Gassen, Nachbarschaften), in die soziale Aktivitäten eingebettet sind, und zeichnet nach, wie diese die täglichen und wöchentlichen Bewegungen von Individuen und Gruppen beeinflußt – und von diesen beeinflußt wird. Wir können so die von Individuen durchlaufenen täglichen Pfade – was Leute zu welchen Stunden des Tages und wo tun – während des Verlaufs eines typischen Tages oder einer typischen Woche darstellen.

Dafür läßt sich ein sehr einfaches Beispiel geben. Zwei Individuen, nennen wir sie A und B, leben in verschiedenen Bezirken einer Stadt. Ihre Zeit–Raum–Pfade während des Tagesablaufs bringen sie miteinander am Punkt X für eine bestimmte Weile in Berührung – vielleicht treffen sie sich in einem Kaffeehaus oder in einem Restaurant und plaudern miteinander –, worauf ihre Pfade auseinanderlaufen, da sich beide neuen Aktivitäten an voneinander verschiedenen Orten zuwenden. Indem man ihre typischen Tätigkeiten aufzeichnet, ist es recht einfach, ein „Zeit–Raum–Bild" ihres Lebens zu konstruieren. Auf diese Weise können wir das Mosaik der zeit–räumlichen Aktivitäten darstellen, die das Leben in städtischen Nachbarschaften und Gemeinschaften ausmachen.

Zeit–räumliche Beschränkungen

Wir können einige der Faktoren, die das städtische Leben strukturieren, verstehen, indem wir einfache und dennoch grundlegende Merkmale der menschlichen Aktivität identifizieren, die die Organisierung des Zeit–Raums beeinflussen. Es gibt drei Arten von Beschränkungen unserer alltäglichen Aktivitäten, was ihre Lage in Zeit und Raum anlangt.

Fähigkeitseinschränkungen sind jene Grenzen, die aus der physischen Verfassung von Individuen entstehen. So haben etwa alle Menschen das Bedürfnis nach

Nahrung und Schlaf, das in der zeit-räumlichen Zoneneinteilung ihrer Aktivitäten berücksichtigt werden muß. Jene, die in einem bestimmten Gebiet arbeiten, müssen sich zurück zu ihren Wohnungen transportieren bzw. transportieren lassen, wo sie ihr Essen zubereiten und sich während der Nacht ausruhen.

Kopplungseinschränkungen sind Beschränkungen, die aus der Fähigkeit von Personen entstehen, sich an bestimmten Orten zu treffen, um miteinander zu interagieren. Wo es, wie in den dichtbewohnten traditionellen Städten, wenige Straßen gibt, die es erleichtern, von einem Bezirk zum anderen zu gelangen, dort sind die meisten Interaktionsformen notwendigerweise auf Entfernungen beschränkt, die leicht zu Fuß überwunden werden können. Darüberhinaus haben alle physischen Anordnungen eine „Füllkapazität", wie Hägerstrand es nennt – eine Obergrenze der Anzahl der Personen, die einen bestimmten Raum für die Zwecke einer bestimmten Art von Aktivität einnehmen können. Die Stoßzeit ist ein lehrreiches Beispiel dafür. Es gibt absolute Grenzen des Verkehrsaufkommens, das von Straßen bewältigt werden kann; zu Spitzenzeiten sind die Straßen dann tatsächlich derart überfüllt, daß sich die Autos aneinander „zu stoßen" beginnen.

Autoritätseinschränkungen beziehen sich auf die Grenzen, die von einem System der Macht in einer Gemeinschaft oder in der weiteren Gesellschaft gezogen werden. Wieviel Macht Leute haben, dort zu leben, wo sie wollen, ist z. B. durch ihre finanziellen Mittel beschränkt. Die meisten Leute könnten so in Nachbarschaften leben wollen, die sich aus eleganten und luxuriösen Behausungen zusammensetzen, doch nur relativ wenige haben das Einkommen, um dies auch zu tun. Bebauungspläne setzen der Art von Gebäuden, die in verschiedenen Gebieten errichtet werden können, ebenfalls häufig Grenzen.

Als Illustration, wie diese Begriffe sich bei der empirischen Untersuchung als nützlich erweisen, können wir ein Forschungsprojekt heranziehen, das in Newcastle, in Neu-Südwales in Australien, durchgeführt wurde und eine zeitgeographische Perspektive einnahm. Das Projekt untersuchte einige der Probleme, die entstanden waren, als man ein neues Gesundheitszentrum in einem sozial gemischten Gebiet, ungefähr 20 km vom Stadtzentrum entfernt, errichtet hatte. Als das Zentrum seinen Betrieb aufnahm, wußten seine Leiter nicht, daß viele Angehörige der Klientel Schichtarbeit verrichten müssen. Wesentlich mehr Patienten, als man erwartet hatte, mußten entweder vor sieben Uhr früh oder nach fünf Uhr nachmittags das Zentrum aufsuchen. Gleichzeitig nahm ein Großteil der Klientenschaft an, daß das Zentrum seine Dienstleistungen während der normalen Arbeitsstunden anbieten würde.

Die Einrichtung sah sich daher mit gravierenden Kapazitäts- und Koppelungsproblemen konfrontiert. Es war schwierig, Mitarbeiter zu finden, die außerhalb der gewöhnlichen Arbeitsstunden arbeiten wollten; jene, die dazu bereit waren, konnten nicht immer auf öffentliche Transportmittel zurückgreifen, die sie zu den erforderlichen Zeiten aus ihrer Wohngegend an den Arbeitsplatz schafften. Die Planung der Dienstleistungen des Zentrums stieß auf akute Schwierigkeiten: Es gab Tagesabschnitte mit sehr schwacher Auslastung, wo die Belegschaft wenig zu tun hatte, während zu anderen Zeiten – vor allem gegen Ende des Tages und am Ende der Woche – das Zentrum derart überfüllt war, daß man sich nicht mehr zu helfen wußte. Indem sie die Zeit-Raum-Pfade einer Anzahl von Beschäftigten und Klienten des Zentrums untersuchten, konnten die Forscher den Ursprung dieser Probleme aufdecken. Es gelang ihnen auch, positive Maßnahmen vorzuschlagen, die auf einem systematischeren Einsatz der verfügbaren Ressourcen beruhten und diese Probleme entschärfen konnten. (Parkes und Thrift, 1980, S. 271f.)

Zeit–räumliche Zonen

Ungefähr während des letzten Jahrhunderts – doch vor allem in der jüngsten Vergangenheit – wurde die Verteilung von Aktivitäten im Zeit–Raum von der *Kolonialisierung der Zeit*, wie es genannt wurde, beeinflußt. Räumliche Wanderungsprozesse vom Land in die Stadt oder innerhalb von Städten wurden von einer „Wanderung" in die Zeitzonen des Abends und der Nacht begleitet. Wie Murray Melbin angemerkt hat:

> Die letzte große Grenze, die menschliche Einwanderer zu überwinden haben, liegt in der Zeit – die Ausbreitung von Aktivitäten im Wachzustand auf alle vierundzwanzig Stunden des Tages. Es gibt heute zu beliebigen Zeiten mehr Schichtarbeit, mehr polizeiliche Überwachung und mehr Telefonanrufe. Es gibt mehr Spitäler, Apotheken, Passagierflüge, Herbergen, stets geöffnete Restaurants, Tankstellen, Autoverleihfirmen, Werkstätten, Kegelbahnen und Rundfunksender, die immer in Betrieb sind. Es gibt mehr Notdienste, wie jene der Autofahrerverbände, der Schlosser und der Leute, die gerichtliche Kautionen stellen; und mehr telefonische Notdienste, die rund um die Uhr verfügbar sind und sich mit Drogen, Gift, Selbstmord und Glücksspiel befassen. Obwohl die an diesen Dingen beteiligten Einzelpersonen einander abwechseln, sind die betreffenden Organisationen unablässig aktiv. (Melbin, 1987, S. 100)

Nach Melbins Schätzung sind in den USA nach Mitternacht ungefähr dreißig Millionen Leute aktiv, wobei jene, die dabei sind, schlafen zu gehen, nicht mitgezählt sind. Sogar in der „tiefsten Nacht" – von drei Uhr bis fünf Uhr früh – sind weit mehr als zehn Millionen Leute aktiv.

Diese Veränderungen haben natürlich immer auch räumliche Auswirkungen und werden von den verschiedenen Typen der Einschränkung der zeit–räumlichen Zoneneinteilung beeinflußt. Die nächtlichen Aktivitäten eines Gebiets machen in anderen Regionen entsprechende Prozesse während des Tages erforderlich. So könnte etwa ein Flugzeug nach einem Nachtflug sehr früh am Morgen an seinem Bestimmungsort ankommen und die Mobilisierung der Flughafeneinrichtungen und der Transportverbindungen notwendig machen. Die Organisationen, die dem erhöhten Niveau der Aktivität am Abend und in der Nacht Rechnung tragen, sehen sich der Art von Kopplungseinschränkungen gegenüber, die bei der erwähnten Untersuchung des Gesundheitszentrums in Newcastle festgestellt wurden.

Die Zyklen der Nutzung von Nachbarschaften in großen Städten können folgendermaßen klassifiziert werden:

1 *Beständige Nutzung*: Gebiete, die stets gleichmäßig genutzt werden.
2 *Evakuierung*: in der Nacht leer.
3 *Invasion*: vor allem in der Nacht aktiv.
4 *Ersetzung*: eine Tagesbevölkerung wird durch eine Nachtbevölkerung ersetzt.

Einige Gebiete, wie z. B. bestimmte Wohnviertel in der Nähe des Stadtzentrums, werden von einer großen Zahl von Leuten mehr oder weniger ständig genutzt, obwohl das, was sie tun, sich mit den verschiedenen Phasen des täglichen Zyklus verändert. Geschäftsviertel werden in der Nacht weitgehend evakuiert. Die Vergnügungsviertel werden an den Abenden und in den frühen Morgenstunden von Menschen überschwemmt, doch können sie während des Tages weitgehend leer sein. In verschiedenen marginalen Gebieten, die sowohl Geschäfte als auch Vergnügungsbetriebe beherbergen, wird am Ende des Tages eine Population durch eine andere ersetzt.

Das Alltagsleben aus kultureller und historischer Sicht

Einige der Mechanismen der sozialen Interaktion, die von Goffman, Garfinkel und anderen analysiert wurden, scheinen universell zu sein; doch viele sind es nicht. Die Technik der „Einklammerung" z. B., um Anfang und Ende von Begegnungen zu signalisieren, ist zweifellos für jegliche menschliche Interaktion charakteristisch. Verschiedene Verfahren der Organisation von Begegnungen finden sich ebenfalls bei allen Versammlungen von Menschen – wie etwa das Abwenden des Körpers gegenüber Außenstehenden, wenn ein Gesprächs–„Knoten" gebildet wird. Doch ist das Alltagsleben in modernen Gesellschaften in vieler Hinsicht von dem der Leute in anderen Kulturen sehr verschieden. So etwa sind manche Aspekte der höflichen Gleichgültigkeit für das Verhalten der Mitglieder sehr kleiner Gesellschaften bedeutungslos, wo es keine Fremden gibt, und nur wenige, wenn überhaupt irgendwelche Situationen, in denen sich mehr als eine Handvoll Leute zu einem gegebenen Zeitpunkt am selben Ort befinden. Ein Großteil von Goffmans Erörterung der höflichen Gleichgültigkeit und anderer Aspekte der Interaktion bezieht sich vor allem auf Gesellschaften, in denen der Kontakt mit Fremden alltäglich ist.

Unser Alltagsleben wurde durch die mit der Industrialisierung, der städtischen Lebensweise und der Entwicklung des modernen Staates verknüpften Wandlungsprozesse in grundlegender Weise verändert. Ein Beispiel kann helfen, einige der Unterschiede zwischen der sozialen Interaktion in modernen und in traditionellen Gesellschaften zu illustrieren. Eine der technologisch am wenigsten entwickelten Kulturen, die es heute noch auf der Welt gibt, ist jene der !Kung (die manchmal auch als Buschmänner bekannt sind), die in der Kalahari–Wüste Botswanas und Namibias in Südafrika leben (Lee, 1968, 1969). (Das Rufzeichen bezieht sich auf einen Schnalzlaut, der am Anfang des Namens steht.) Ihre Lebensweise ändert sich allmählich aufgrund äußerer Einflüsse, doch wir werden ihre traditionellen Verhaltensmuster erörtern.

Die !Kung leben in Gruppen von ungefähr dreißig oder vierzig Leuten in temporären Siedlungen in der Nähe von Wasserlöchern. In ihrer Umwelt ist Nahrung knapp, und sie müssen weit umherstreifen, um sie zu finden. Dies beansprucht einen Großteil des durchschnittlichen Tages. Die Frauen und Kinder bleiben oft im Lager zurück, doch genauso häufig kann die ganze Gruppe den Tag damit verbringen, die Gegend zu durchwandern. Manchmal schwärmen die

Soziale Interaktion und Alltagsleben 123

Mitglieder der Gemeinschaft im Verlauf eines Tages über ein Gebiet von bis zu 300 km″ aus, um am Abend ins Lager zurückzukehren, zu essen und zu schlafen. Vor allem die Männer können während eines Großteils des Tages in Gruppen von zwei oder drei Personen für sich allein sein. Es gibt jedoch eine Periode des Jahres, während der sich die alltäglichen Handlungsroutinen verändern: die Regenzeit im Winter, wenn es Wasser im Überfluß gibt, und Nahrung wesentlich leichter zu beschaffen ist. Während dieser Zeit stehen rituelle und zeremonielle Aktivitäten, deren Vorbereitung und Durchführung sehr zeitraubend sind, im Zentrum des Alltagslebens der !Kung.

Die Mitglieder der meisten !Kung–Gruppen sehen niemals jemanden, den sie nicht ziemlich gut kennen. Bis während der letzten Jahre Kontakte mit der Außenwelt häufiger wurden, hatten sie kein Wort für „Fremder". Während die !Kung, vor allem die Männer, nicht selten lange Phasen des Tages ohne Kontakt mit anderen verbringen, besteht in der Gemeinschaft selbst wenig oder kein Raum für Privatheit. Die Familien schlafen in luftigen, offenen Behausungen, wobei praktisch alle Aktivitäten offen zutageliegen. Noch niemand hat die !Kung untersucht, indem er sich Goffmans Beobachtungen des Alltagslebens vor Augen hielt, doch es ist unschwer einzusehen, daß einige Aspekte seiner Arbeit nur beschränkt auf das soziale Leben der !Kung anwendbar sind. So gibt es etwa kaum Gelegenheiten, Vorder- und Hinterbühnen zu schaffen. Das „Abschließen" verschiedener Zusammenkünfte und Begegnungen durch die Wände, durch getrennte Gebäude vielerlei Art und durch die verschiedenen Nachbarschaften unserer Städte – diese Aspekte des Alltagslebens in modernen Gesellschaften sind von den Aktivitäten der !Kung weit entfernt.

Tommy Carlstein hat Aspekte des gesellschaftlichen Lebens der !Kung analysiert, indem er Begriffe der Zeitgeographie verwendete (Carlstein, 1983). Seiner Ansicht nach sind die !Kung, wie alle Jäger und Sammler, mit einem Zeit–Raum–Konflikt konfrontiert; einem Konflikt zwischen der Schaffung von Nahrungsmittelvorräten und der sozialen Beweglichkeit, der das Wesen ihres Alltagslebens beeinflußt. Je mehr Nahrung sie einzulagern versuchen, um sich gegen magere Zeiten zu schützen, desto mehr sind sie an einen Ort gefesselt. Doch wenn sie ihre Aktivitäten auf eine feste Ansiedlung konzentrierten, dann würden ihre Nahrungsquellen allmählich versiegen, da sie nicht mehr in der Lage wären, weit genug auszuschwärmen, um jene Nahrung, die sie ursprünglich benötigen, zu finden. Die !Kung bewältigen dieses Dilemma in einer Weise, die ihre Lebensweise formt. Sie brechen einfach das Lager ab und schlagen ein neues auf, wenn es notwendig ist.

Wir können uns die Bandbreite der räumlichen Mobilität relativ zur Zeit in der Form eines Karos vorstellen. Dessen Höhe – also die feststehende Zeit eines Tages – bleibt unverändert; doch seine Breite würde mit dem Ausmaß des Raumes, den man an einem Tag durchstreifen kann, zunehmen. Wenn die !Kung z. B. in den Wüstenregionen Nordafrikas gelebt hätten, wo Kamele eine wesentlich größere Mobilität ermöglichen, dann würde sich das Karo deutlich verbreitern. Eine Zunahme der räumlichen Mobilität kann für die Lebensform eines Volkes drastische Konsequenzen haben. So gestattete es z. B. die Einführung von Pferden den Prärieindianern, mit den Bisonherden Schritt zu halten. Dies veränderte ihre materielle Lebensform, was wiederum Wandlungsprozesse einiger ihrer wichtigsten Bräuche und Gewohnheiten verursachte.

Mikrosoziologie und Makrosoziologie

Die Untersuchung des alltäglichen Verhaltens in der face–to–face–Interaktion wird im allgemeinen **Mikrosoziologie** genannt. **Makrosoziologie** ist die Analyse großangelegter Sozialsysteme, wie z. B. einer Firma, des politischen Systems oder der Wirtschaftsordnung. Zur Makrosoziologie gehört auch die Analyse langfristiger Wandlungsprozesse – wie etwa die Entwicklung der industrialisierten Welt. Auf den ersten Augenblick könnte es scheinen, als wären Mikro– und Makroanalysen voneinander sehr weit entfernt. Tatsächlich sind die beiden eng miteinander verknüpft (Knorr–Cetina und Cicourel, 1981; Giddens, 1992), wie dieses Kapitel zu zeigen versuchte.

Die Makroanalyse ist von wesentlicher Bedeutung, wenn wir den institutionellen Hintergrund des Alltagslebens verstehen wollen. Die Art und Weise, wie Leute ihr Alltagsleben verbringen, ist vom institutionellen Rahmen, in den sie eingebettet sind, stark beeinflußt, was offensichtlich wird, wenn man den täglichen Zyklus der Aktivitäten in einer Kultur wie jener der !Kung mit dem Leben in einer städtischen Umwelt des Westens vergleicht. Wie bereits betont, sind wir in modernen Gesellschaften beständig in Kontakt mit Fremden. In der Tat hat der Ausdruck „Fremder" die Bedeutung eingebüßt, die er einmal hatte. Ein Fremder war buchstäblich eine „fremdartige Person", die von „außen" kam. Individuen, die heute in einem städtischen Gebiet leben, treffen beständig andere, die ihnen persönlich nicht bekannt sind. Unter diesen Umständen werden die Grenzen zwischen unzentrierter und zentrierter Interaktion wesentlich öfter überschritten. Der Stadtbewohner muß beständig Interaktionen mit anderen, die er vorher noch nicht getroffen hat, aufnehmen und wieder abbrechen.

Umgekehrt sind Mikrostudien für die Erhellung allgemeiner institutioneller Muster notwendig. Die face–to–face–Interaktion ist offenkundig die Grundlage aller Formen der sozialen Organisation, unabhängig davon, wie großräumig diese ist. Nehmen wir an, wir untersuchen eine große Firma. Viele ihrer Aktivitäten könnten als face–to–face–Verhalten untersucht werden. Wir könnten z. B. die Interaktion der Vorstandsmitglieder anläßlich einer Sitzung analysieren, die Leute, die in den verschiedenen Büros arbeiten, oder die Arbeiter in der Fertigung. Auf diese Weise würden wir kein vollständiges Bild des gesamten Unternehmens gewinnen, da viele der dabei beteiligten sozialen Beziehungen keinen Kontakt von Angesicht zu Angesicht erfordern. Durch gedrucktes Material, Briefe, das Telefon und Computer überschreiten viele Beziehungen die Unmittelbarkeit der persönlichen Interaktion. Dennoch würden wir so einen bedeutsamen Beitrag zum Verständnis der Funktionsweise der Organisation leisten.

Zusammenfassung

1 Viele allem Anschein nach triviale Aspekte unseres Alltagsverhaltens erweisen sich bei genauer Betrachtung als komplexe und wichtige Aspekte der *sozialen Interaktion*. Ein Beispiel ist der Blick – das Anschauen anderer Personen. Bei den meisten Interaktionen ist der Blickkontakt ziemlich flüchtig. Eine andere Person anzustarren, könnte als Zeichen der Feindseligkeit aufgefaßt werden – oder, zu bestimmten Gelegenheiten, als Zeichen der Liebe. Die Untersuchung der sozialen Interaktion ist ein grundlegendes Gebiet der Soziologie, das viele Aspekte des sozialen Lebens erhellt.

2 Das menschliche Gesicht vermittelt eine Reihe verschiedener Formen des Ausdrucks. Es wird weithin angenommen, daß grundlegende Aspekte des mimischen Ausdrucks der Emotion angeboren sind. Kulturell vergleichende Studien haben große Ähnlichkeiten zwischen den Mitgliedern verschiedener Kulturen nachgewiesen, sowohl was den Gesichtsausdruck als auch was die Interpretation der vom menschlichen Gesicht übermittelten Emotionen angeht.

3 Der Ausdruck „Gesicht" kann auch in einem weiteren Sinn verstanden werden, als Achtung, die einem Individuum von anderen erwiesen wird. Im allgemeinen sind wir in der Interaktion mit anderen Menschen bemüht, „das Gesicht zu wahren" – unsere Selbstachtung zu schützen.

4 Die Untersuchung des gewöhnlichen *Redens* und der *Konversation* wurde *Ethnomethodologie* genannt, ein Ausdruck, der von Harold Garfinkel geprägt wurde. Ethnomethodologie ist die Analyse der Methoden, durch die wir aktiv – wenn auch üblicherweise auf als selbstverständlich hingenommene Art – dem, was andere durch ihre Äußerungen und Handlungen meinen, einen Sinn abgewinnen.

5 Durch die Betrachtung von „Reaktionsrufen" (Ausrufen) und die Untersuchung von Versprechern (dessen, was geschieht, wenn Wörter oder Phrasen falsch ausgesprochen oder falsch angewendet werden), können wir sehr viel über das Wesen der Rede lernen. Versprecher sind häufig komisch und in der Tat psychologisch eng mit dem Witz verknüpft.

6 *Unzentrierte Interaktion* ist die wechselseitige Bewußtheit, die Individuen bei größeren Menschenansammlungen voneinander haben, wenn sie nicht direkt miteinander sprechen. *Zentrierte Interaktion*, die in abgeschlossene *Begegnungen* unterteilt werden kann – also in Episoden der Interaktion –, findet statt, wenn zwei oder mehr Individuen dem, was ein anderer oder andere sagen oder tun, direkte Aufmerksamkeit schenken.

7 Soziale Interaktion kann oft in fruchtbringender Weise untersucht werden, indem man das *dramaturgische Modell* anwendet – indem man soziale Interaktion so betrachtet, als wären die Beteiligten Schauspieler auf einer Bühne, mit Kulissen und Requisiten. Wie im Theater gibt es in den verschiedenen Kontexten des sozialen Lebens im allgemeinen klare Unterscheidungen zwischen der *Vorderbühne* (der Bühne selbst) und der *Hinterbühne*, wo sich die Schauspieler auf die Vorstellung vorbereiten und wo sie sich hinterher entspannen.

8 Jede soziale Interaktion ist in Zeit und Raum verortet. Wir können die zeit-räumliche „Zoneneinteilung" unseres täglichen Lebens analysieren, indem wir betrachten, wie Aktivitäten über bestimmte Zeiträume hinweg ablaufen und gleichzeitig räumliche Bewegung erfordern. Die *Zeitgeographie* stellt ein Mittel bereit, um diese Abläufe zu dokumentieren.

9 Die Untersuchung von face–to–face–Interaktion wird üblicherweise *Mikrosoziologie* genannt – die mit der *Makrosoziologie* kontrastiert wird, die größere Gruppen, Institutionen und Sozialsysteme untersucht. Mikro– und Makroanalysen sind tatsächlich sehr eng miteinander verknüpft und ergänzen einander.

Grundbegriffe

Begegnung (encounter)	soziale Position
soziale Rolle	

Wichtige Fachausdrücke

höfliche Gleichgültigkeit	Hinterbühne
nonverbale Kommunikation	persönlicher Raum
Rede	soziale Distanz
Konversation	öffentliche Distanz
Ethnomethodologie	Zeit–Raum–Konvergenz
Reaktionsrufe	Regionalisierung
unzentrierte Interaktion	metrische Zeit
zentrierte Interaktion	Zeitgeographie
das dramaturgische Modell	Mikrosoziologie
Vorderbühne	Makrosoziologie

Weiterführende Literatur

Ralf Dahrendorf, *Homo sociologicus* (Opladen: Westdeutscher Verlag, 1977) – die immer noch lesenswerte Darstellung der Rollentheorie.

William Downes, *Language and Society* (London: Fontana, 1988) – eine allgemeine und leicht lesbare Analyse von Rede und Sprache.

Erving Goffman, *Verhalten in sozialen Situationen. Strukturen und Regeln der Interaktion im öffentlichen Raum* (Gütersloh: Bertelsmann, 1971) – eine Analyse der Rituale, die Personen in öffentlichen Interaktionskontexten vollziehen.

Erving Goffman, *Wir alle spielen Theater. Die Selbstdarstellung im Alltag* (München: Piper, 1988) – eines von Goffmans Hauptwerken; erörtert, wie Personen ihre Interaktionen mit anderen organisieren, um einen bestimmten Eindruck von sich zu vermitteln.

E. Linvingstone, *Making Sense of Ethnomethodology* (London: Routledge and Kegan Paul, 1987) – eine nützliche allgemeine Erörterung der Ethnomethodologie mit einer klaren Darstellung der relevanten Grundideen.

Phil Manning, *Erving Goffman and Modern Sociology* (Cambridge: Polity, 1992) – eine hervorragende Gesamtdarstellung von Goffmans Arbeiten.

Kapitel 5

Konformität und Devianz

Was ist Devianz?

Normen und Sanktionen

Gesetze, Verbrechen und Bestrafung
Verbrechen in vorindustriellen Zeiten
Veränderungen des Strafsystems
Gefängnisse und Irrenanstalten

Die Erklärung des abweichenden Verhaltens
Biologische und psychologische Theorien des Verbrechens und der Devianz
Das biologische Argument
Verbrechen und die psychopathische Persönlichkeit: Die psychologische Sichtweise
Gesellschaft und Verbrechen: Soziologische Theorien
Differentielle Assoziation
Anomie als Ursache der Kriminalität
Anomie und Assoziation: Delinquente Subkulturen
Bewertung
Etikettierungen
Rationales Handeln und „Situations"-Interpretationen der Kriminalität
Theoretische Schlußfolgerungen

Verbrechen und Verbrechensstatistik
Neu–linker Realismus
Mord und andere Gewaltverbrechen
Mord
Gewaltverbrechen in den USA

Gefängnisse und Bestrafungen
Gefängnisrevolten und Alternativen zur Haftstrafe
Die Todesstrafe

Geschlecht und Verbrechen
Männliche und weibliche Kriminalitätsraten
Die Mädchen in der Bande
Gewalt in Frauengefängnissen
Bewertung
Verbrechen gegen Frauen

Verbrechen der Wohlhabenden und Mächtigen
White–collar–Verbrechen
Regierungsverbrechen

Das organisierte Verbrechen

Verbrechen ohne Opfer

Der Begriff der Geisteskrankheit
Psychosen und Neurosen
Physische Behandlungsformen
Die Diagnose der Geisteskrankheit

Einkerkerung und Entkerkerung
Das Wesen des Irrsinns: Residuale Regelverletzungen
Entkerkerung

Devianz und Gesellschaftsordnung

Zusammenfassung

Grundbegriffe

Wichtige Fachausdrücke

Weiterführende Literatur

Wie wir in früheren Kapiteln gesehen haben, wird das menschliche Leben von Normen oder Regeln beherrscht. Unsere Aktivitäten würden sich in Chaos auflösen, würden wir uns nicht an Regeln halten, die manche Verhaltensweisen als bestimmten Kontexten angemessen und andere als unangemessen definieren. Geordnetes Verhalten im Straßenverkehr wäre z. B. unmöglich, wenn die Fahrer nicht die Regel befolgten, auf der rechten Straßenseite (bzw. in England auf der linken) zu fahren, und wenn sie sich nicht an andere Verkehrsregeln hielten. Die Normen, die wir bei unseren Handlungen befolgen, verleihen der sozialen Welt ihren geordneten und vorhersagbaren Charakter, und ein Gutteil der Soziologie bemüht sich nachzuzeichnen, wie gesellschaftliche Ordnung entsteht. Doch hat diese Medaille eine Kehrseite. Nicht jedermann hält sich immer an soziale Erwartungen. Autofahrer mißachten manchmal die Verkehrsregeln, sogar wenn sie dadurch das Leben anderer gefährden. Wenn jemand es sehr eilig hat oder alkoholisiert ist, kann es vorkommen, daß er rücksichtslos oder sogar gegen die Einbahn fährt, um die Strecke abzukürzen. Menschen weichen sehr häufig von den Regeln ab, deren Befolgung von ihnen erwartet wird.

Die Untersuchung des abweichenden oder *devianten* Verhaltens ist eine der faszinierendsten Aufgaben der Soziologie. Wir haben es hier mit einem komplexen Untersuchungsgebiet zu tun, weil es soviele Typen von Regelverletzung gibt, wie es soziale Normen und Werte gibt. Da sich Normen in den verschiedenen Kulturen und den verschiedenen Subkulturen innerhalb einer Gesellschaft voneinander unterscheiden, ist das, was in einem kulturellen Milieu normal ist, in einem anderen deviant. Marihuana zu rauchen ist in den europäischen Ländern eine deviante Betätigung, im Gegensatz zum Konsum von Alkohol (siehe Abb. 5.1 auf Seite 143). In einigen Gesellschaften des Nahen Ostens ist das genau umgekehrt.

Was ist Devianz?

Devianz kann als mangelnde Konformität gegenüber einer gegebenen Norm oder einer Menge von Normen definiert werden, die von einer hinreichend großen Anzahl von Personen in einer Gemeinschaft oder Gesellschaft akzeptiert werden. Man kann eine Gesellschaft nicht einfach in jene zerlegen, die von Normen abweichen, und in jene, die sich ihnen gegenüber konform verhalten. Die meisten von uns verstoßen gelegentlich gegen allgemein akzeptierte Verhaltensregeln. Viele Leute haben irgendwann einmal kleinere Diebstähle begangen, z. B. indem sie etwas in einem Geschäft mitgehen ließen, ohne dafür zu bezahlen, oder indem sie am Arbeitsplatz kleinere Dinge – wie etwa das im Büro aufliegende Schreibpapier – an sich genommen und diese privat verwendet haben. Sehr viele Leute haben Marihuana geraucht, Alkohol konsumiert, als sie noch nicht das gesetzlich geforderte Alter erreicht hatten, illegale Drogen verwendet oder an verbotenen sexuellen Praktiken teilgenommen.

Der Begriff der Devianz ist sehr umfassend, wie einige Beispiele illustrieren können. Der amerikanische Milliardär Howard Hughes war ein sehr erfolgreicher Geschäftsmann, der sein gewaltiges Vermögen durch eine Mischung aus harter Arbeit, kreativen Ideen und klugen Entscheidungen anhäufte. Was sein

Streben nach individuellem Erfolg anging, entsprachen seine geschäftlichen Aktivitäten einigen der zentralen Werte der westlichen Gesellschaft – Werte, die betonen, wie wünschenswert materielle Belohnungen und individuelle Höchstleistungen sind. Andererseits wich sein Verhalten in manchen Bereichen drastisch von den herkömmlichen Normen ab. Er verbrachte die letzten Jahre seines Lebens fast gänzlich isoliert von der Außenwelt und verließ kaum jemals die Hotelsuite, die er bewohnte. Er ließ sein Haar sehr lang wachsen und schmückte sich mit einem langen strähnigen Bart, sodaß er eher wie ein biblischer Prophet als wie ein erfolgreicher Geschäftsmann aussah.

Hughes war zugleich höchst erfolgreich und höchst deviant in seinem Verhalten. Als ein damit kontrastierendes Beispiel könnten wir die Karriere von Ted Bundy betrachten. Oberflächlich betrachtet, entsprach Bundys Leben den Verhaltensnormen eines guten Bürgers. Bundy führte ein Leben, das von außen betrachtet nicht nur als normal erschien, sondern sogar als eines, dem man Bewunderung zollen mußte. So spielte er z. B. eine aktive Rolle bei den Samaritern, einer Organisation, die einen vierundzwanzigstündigen Telefondienst für Leute unterhält, die in psychischer Not sind oder Selbstmordgedanken hegen; doch Bundy verübte auch eine Reihe entsetzlicher Morde. Bevor ihn der Richter zum Tode verurteilte, hob er noch in lobender Weise Bundys Fähigkeiten hervor (er hatte sich selbst verteidigt), doch er schloß mit der Beobachtung, wie sehr dieser sein Leben doch verschwendet hatte. Bundys Karriere zeigt, daß eine Person gänzlich normal erscheinen kann, während sie im geheimen Handlungen von äußerster Devianz verübt.

Devianz bezieht sich nicht nur auf individuelles Verhalten, sondern auch auf die Aktivitäten von Gruppen. Ein Beispiel ist der Hare Krishna–Kult, eine religiöse Gruppe, deren Glaubensvorstellungen und Lebensweise sich von jenen der Mehrheit der in Großbritannien lebenden Leute deutlich unterscheidet. Die Sekte faßte zuerst 1965 in New York Fuß, als Sril Prabhupada aus Indien kam, um das Wort Krishnas im Westen zu verbreiten. Durch seine Botschaft wollte er vor allem junge Leute ansprechen, die Drogen verwendeten, indem er verkündete, daß man, wenn man nur seinen Lehren folgte, „beständig high sein könnte und ein immerwährendes Glück entdecken könnte" (Rockford, 1985). Die Hare Krishnas wurden für viele zum vertrauten Anblick, wenn sie durch die Straßen tanzten und dazu sangen. Sie wurden vom Großteil der Bevölkerung mit Nachsicht betrachtet, auch wenn ihr Glaube als exzentrisch erschien.

Die Hare Krishnas stellen ein Beispiel einer **devianten Subkultur** dar. Obwohl ihre Mitgliedschaft heute kleiner geworden ist, ist es ihnen nicht schwer gefallen, innerhalb der weiteren Gesellschaft zu überleben. Die Organisation ist wohlhabend, da sie durch Spenden von Mitgliedern und Sympathisanten finanziert wird. Ihre Stellung unterscheidet sich von jener einer anderen devianten Subkultur, die wir hier zu Vergleichszwecken erwähnen können: jener der Obdachlosen. Solche Menschen leben bei Tag auf den Straßen und verbringen ihre Zeit in Parks oder in öffentlichen Gebäuden (wie z. B. Bibliotheken). Oft schlafen sie auch im Freien, oder sie finden in Obdachlosenasylen eine Zuflucht. Viele Obdachlose können dem Leben nur eine erbärmliche Existenz am Rand der allgemeinen Gesellschaft abtrotzen.

130   Kultur, Individuum und soziale Interaktion

Normen und Sanktionen

Meist folgen wir sozialen Regeln oder Normen, da dies als Ergebnis der Sozialisation für uns eine Sache der Gewohnheit geworden ist. Man nehme z. B. die Regeln der Sprache. Sprachverwendung bedeutet, eine Vielfalt von Regeln der Grammatik und des Redens zu beherrschen. Meist verwenden wir diese einfach nur so, ohne ihnen irgendeine Beachtung schenken zu müssen, da wir sie in der frühen Kindheit erlernt haben. Erst wenn wir später versuchen, eine Fremdsprache zu erlernen, erkennen wir, wieviele Regeln gelernt werden müssen, um auch nur einfache Sätze korrekt formulieren zu können. Die Normen, die die Interaktion bei sozialen Begegnungen regeln und die von Goffman erörtert wurden (siehe Kapitel 4 „Soziale Interaktion und Alltagsleben"), liefern eine weitere Illustration.

Die Wahrung von höflicher Gleichgültigkeit gegenüber Fremden, die Ausübung von Takt in unseren Gesprächen mit Freunden oder die Befolgung der Verfahren, durch die „Einklammerungen" zwischen Begegnungen eingeschoben werden – all dies tun wir im allgemeinen, ohne daß es uns auch nur bewußt wird, daß spezifische Verfahrensregeln dabei eine Rolle spielen.

Andere Arten von Normen befolgen wir eher im bewußten Glauben, daß das von ihnen geregelte Verhalten gerechtfertigt ist. Dies trifft etwa auf die erwähnten Verkehrsregeln zu. Autofahrer akzeptieren, daß sie Regeln befolgen müssen, die ihnen z. B. vorschreiben, auf der richtigen Straßenseite zu fahren oder anzuhalten, wenn eine Verkehrsampel auf rot geschaltet ist, denn wenn die Mehrheit der Fahrer nicht während eines Großteils der Zeit solche Regeln befolgte, wären die Straßen noch wesentlich gefährlicher, als sie es bereits sind.

Weniger Übereinstimmung herrscht bei einigen anderen Aspekten des Verhaltens auf der Straße – wie z. B. Geschwindigkeitsbeschränkungen. Zweifellos akzeptiert die Mehrheit der Autofahrer, daß irgendwelche Geschwindigkeitsbeschränkungen notwendig sind, um sie selbst, Radfahrer und Fußgänger zu schützen.

NON – KONFORMISTINNEN

Cartoon von Michael Heath, © *Private Eye*.

Doch wenige Fahrer halten sich streng an diese Beschränkungen. Im allgemeinen halten sie sich daran, wenn sie wissen oder vermuten, daß sich in der Nähe ein Streifenwagen befindet, doch wenn sie einmal überzeugt davon sind, daß keine Polizeistreife zu sehen ist, dann fahren viele Verkehrsteilnehmer wesentlich schneller, als gesetzlich erlaubt ist.

Dieses Beispiel verweist uns auf einige sehr wichtige Aspekte der Konformität und der Devianz. Alle sozialen Normen sind von **Sanktionen** begleitet, die **Konformität** erzwingen und gegen Nicht–Konformität schützen. Eine Sanktion ist jede Reaktion anderer auf das Verhalten eines Individuums oder einer Gruppe, die das Ziel hat sicherzustellen, daß eine bestimmte Norm befolgt wird. Sanktionen können positiv (Anreize oder Belohnungen der Konformität) oder negativ (Strafe für nicht–konformes Verhalten) sein. Sie können auch formell oder informell sein. Eine formelle Sanktion existiert, wenn es eine spezielle Personengruppe oder eine Behörde gibt, deren Aufgabe es ist, die Befolgung einer bestimmten Menge von Normen zu überwachen. Informelle Sanktionen sind weniger gut organisierte und spontanere Reaktionen auf mangelnde Konformität.

Die Haupttypen formaler Sanktionen in modernen Gesellschaften sind die des Strafsystems, das durch die Gerichte und Gefängnisse repräsentiert wird. Die Polizei ist natürlich die Behörde, der die Aufgabe zufällt, Gesetzesübertreter vor Gericht und möglicherweise ins Gefängnis zu bringen. Die meisten Verkehrsdelikte werden mit Geldstrafen oder dem Entzug des Führerscheins geahndet, doch sind diese Strafen ausreichend, um sicherzustellen, daß Verkehrsteilnehmer, die bewußt die Verkehrsregeln übertreten, die Augen offenhalten, ob sich die Polizei in der Nähe befindet. Geldstrafen, Haft oder die Hinrichtung sind allesamt Arten von formalen *negativen* Sanktionen. Es gibt nicht viele formale *positive* Sanktionen, um das Verhalten im Straßenverkehr zu belohnen – obwohl manchmal Auszeichnungen für langjähriges „unfallfreies Fahren" und dergleichen verliehen werden, um zur Befolgung der Verkehrsregeln zu ermuntern. Formale positive Sanktionen gibt es jedoch in vielen anderen Bereichen des sozialen Lebens – z. B. die Überreichung von Orden für Tapferkeit im Krieg, Titel oder Diplome, um den akademischen Erfolg auszuzeichnen, oder Medaillen und Urkunden für sportliche Leistungen.

Sowohl positive als auch negative informelle Sanktionen sind alltägliche Merkmale jeglicher sozialen Aktivität. Zu den positiven Sanktionen gehört es, wenn man zu jemandem sagt: „Gut gemacht" oder der betreffenden Person ein anerkennendes Lächeln schenkt oder ihr auf die Schulter klopft. Beispiele negativer informeller Sanktionen sind Beleidigungen, Beschimpfungen oder die physische Meidung einer bestimmten Person. Obwohl formelle Sanktionen üblicherweise dramatischer und sichtbarer sind als informelle, sind informelle Sanktionen für die Erzwingung von Konformität gegenüber Normen von grundlegender Bedeutung. Der Wunsch, die Zustimmung seiner Familie, seiner Freunde oder Kollegen zu finden, oder der Wunsch, nicht beschämt, zurückgewiesen oder lächerlich gemacht zu werden, beeinflußt häufig das Verhalten von Personen in stärkerem Ausmaß als formelle Belohnungen oder Bestrafungen.

Gesetze, Verbrechen und Bestrafung

Gesetze sind Normen, die von Regierungen als Verhaltensprinzipien ihrer Bürger festgelegt werden, wobei von den Behörden formelle Sanktionen gegen Leute, die diese Gesetze übertreten, angewendet werden. Wo es Gesetze gibt, gibt es auch **Verbrechen**, da Verbrechen am einfachsten als jedes Verhalten, das ein Gesetz verletzt, definiert werden kann. Welches Verhalten jedoch als kriminell betrachtet wird, die relative Schwere der verschiedenen Verbrechen und die Art und Weise, in der kriminelle Betätigung von den staatlichen Behörden bestraft wird – all dies hat sich während der letzten zwei oder drei Jahrhunderte drastisch gewandelt. Wie in Kapitel 1 („Soziologie: Probleme und Perspektiven") erwähnt, können die Gründe dafür auf die Verdrängung traditioneller Gesellschaften, die auf der örtlichen Dorfgemeinschaft basierten, durch industrielle Gesellschaftssysteme zurückgeführt werden, wo die meisten Leute in den eher anonymen Städten leben.

Verbrechen in vorindustriellen Zeiten

Im vorindustriellen Europa waren die schwersten Verbrechen, also jene, die mit den höchsten Strafen bedroht waren, religiöser Natur, oder sie waren Vergehen gegen das Eigentum des Herrschers oder der Aristokratie. Diese Verfehlungen werden heutzutage entweder überhaupt nicht als Verbrechen behandelt oder als Übertretungen von geringer Bedeutung aufgefaßt. In vielen Teilen Europas stand lange Zeit hindurch die Todesstrafe auf die Ketzerei (die Verkündung von vom Christentum abweichenden religiösen Lehren), das Sakrileg (die Entwendung oder Beschädigung von Kircheneigentum) und sogar die Blasphemie (den Namen Gottes zu mißbrauchen oder sich abfällig über religiöse Angelegenheiten zu äußern). Für die gemeinen Leute war es auch ein Kapitalverbrechen, auf den Ländereien des Königs oder der Aristokratie zu jagen oder zu fischen, Bäume oder Büsche zu entwurzeln oder Obst zu ernten (obwohl die Todesstrafe nicht immer tatsächlich vollzogen wurde).

Die Ermordung eines gewöhnlichen Volksgenossen durch einen anderen wurde im allgemeinen als nicht ganz so ernsthaft aufgefaßt wie diese anderen Verbrechen; der Täter konnte häufig für sein Verbrechen Buße tun, indem er einfach an die Verwandten des Opfers eine bestimmte Summe Geldes zahlte. Jedoch kam es manchmal vor, daß die Familie des Opfers das Gesetz selbst in die Hände nahm, indem sie den Mörder tötete. Ein Problem dieser Form der Bestrafung – die häufig auch als *Blutrache* bekannt ist – besteht darin, daß dann die Familie des ursprünglichen Mörders manchmal mit gleicher Münze zurückzahlte, was zu einer ganzen Serie von Tötungen führen konnte. In einigen wenigen Gebieten, wie z. B. in Süditalien, hat sich die Blutrache bis ins 20. Jahrhundert gehalten (und wird heute in den Vereinigten Staaten noch immer als Mittel verwendet, zwischen rivalisierenden „kriminellen Familien" „Gerechtigkeit" zu stiften).

Veränderungen des Strafsystems

Vor dem frühen 19. Jahrhundert wurden sowohl in Europa als auch in den Vereinigten Staaten Gefängnisstrafen selten angewendet. Die meisten etwas größeren Städte hatten örtliche Gefängnisse, doch waren diese im allgemeinen sehr klein und konnten gleichzeitig nicht mehr als drei oder vier Gefangene aufnehmen. Diese wurden verwendet, um Betrunkene auszunüchtern, und gelegentlich als Orte, wo Beschuldigte auf ihren Prozeß warteten. In den größeren europäischen Städten gab es Gefängnisse von nicht unbeträchtlicher Größe; die meisten der in ihnen verwahrten Personen waren verurteilte Verbrecher, die auf die Hinrichtung warteten. Diese Institutionen unterschieden sich drastisch von den Gefängnissen, die seit Beginn des 19. Jahrhunderts in großer Zahl gebaut wurden. Die Gefängnisdisziplin war nicht sehr straff bzw. inexistent. Manchmal wurden jene, die hingerichtet werden sollten, in Verliese geworfen und sahen bis zu ihrer Hinrichtung nur den Kerkermeister, doch häufiger war die Gefängnisatmosphäre erstaunlich locker, wenn man moderne Standards anlegt.

Justin Atholl, ein Kriminalhistoriker, hat das Leben in Newgate beschrieben, einem der frühen Londoner Gefängnisse. Es war dies ein sehr belebter Ort, der während des Großteils des Tages voll von Besuchern war. Im Jahr 1790 hielt einer der Verurteilten im Gefängnis einen Ball ab, allem Anschein nach ein keineswegs außergewöhnliches Ereignis:

> Um vier Uhr nachmittags wurde Tee serviert, zu den Klängen von Violinen und Flöten. Anschließend tanzte die Gesellschaft bis acht Uhr; dann wurde das kalte Buffet eröffnet. Die Veranstaltung endete um neun, zur üblichen Sperrstunde des Gefängnisses. (Atholl, 1954, S. 66)

Bis zum 19. Jahrhundert waren die Hauptformen der Bestrafung von Verbrechen Dinge wie die Auspeitschung, das Brandmarken mit glühenden Eisen oder das Hängen. Diese wurden im allgemeinen öffentlich vollzogen und waren gut besucht. Manche Hinrichtungen zogen Tausende von Leuten an. Jene, die kurz vor dem Gehängtwerden standen, hielten manchmal auch Ansprachen, in denen sie ihre Handlungen rechtfertigten oder sich für unschuldig erklärten. Je nachdem, wie sie die Behauptungen des Delinquenten aufnahm, pflegte die Menge in Hochrufe auszubrechen oder den Verurteilten auszuzischen.

Gefängnisse und Irrenanstalten

Der Ursprung der modernen Gefängnisse liegt nicht in den Verliesen und Kerkern vergangener Zeiten, sondern in den Arbeitshäusern (die auch als „Hospitäler" bekannt waren). Arbeitshäuser gab es in den meisten europäischen Ländern seit dem 17. Jahrhundert, bzw. wurden sie in jener Periode eingerichtet, als der Feudalismus zusammenbrach; viele Landarbeiter konnten keine Beschäftigung in der Landwirtschaft finden und wurden daher zu Vagabunden. In den Arbeitshäusern wurden sie mit Nahrung versorgt, doch gleichzeitig gezwungen, den Großteil ihrer Zeit in der Institution zu verbringen und äußerst hart zu arbeiten. Die Arbeitshäuser wurden jedoch auch zu Orten, an denen andere Gruppen eingesperrt wurden, wenn sich außerhalb niemand fand, der für sie sorgen wollte: die Kranken, die Alten, die geistig Behinderten und die psychisch Kranken.

Während des 18. Jahrhunderts begannen sich Gefängnisse, Irrenanstalten und Krankenhäuser allmählich voneinander zu unterscheiden (McConville, 1981). Reformer begannen die traditionellen Strafformen zu kritisieren und die Freiheitsberaubung als wirksamere Methode aufzufassen, mit kriminellen Aktivitäten fertig zu werden. Während sich individuelle Freiheitsrechte im politischen System herausbildeten, wurde der Mord zum schwersten Verbrechen; denn eine andere Person zu töten, ist die endgültige Attacke auf die Rechte dieses Individuums. Da man von Gefängnissen annahm, sie könnten zu den nüchternen Gewohnheiten der Disziplin und Konformität bekehren, trat die Idee, Leute in der Öffentlichkeit zu bestrafen, allmählich in den Hintergrund. So wurden z. B. Hinrichtungen vor der Öffentlichkeit verborgen, statt zur Schau gestellt (während des 20. Jahrhunderts haben die meisten westlichen Länder die Todesstrafe überhaupt abgeschafft, mit Ausnahme einiger amerikanischer Bundesstaaten).

Das Verhalten der Verrückten wurde immer mehr als Anzeichen einer Art von Krankheit gesehen; der Begriff der **Geisteskrankheit** trat zuerst im späten 18. Jahrhundert auf und war im 19. Jahrhundert fest verankert. Der Wahnsinn wurde *medizinalisiert* – von der Medizin vereinnahmt. Da die Verrücktheit in der Folge als Krankheit betrachtet wurde (statt wie vorher als eine Form des Schwachsinns oder als eine Besessenheit durch Dämonen), wurde sie als etwas aufgefaßt, das nur Ärzte kompetent behandeln konnten. Menschen wurden noch immer gegen ihren Willen in Irrenanstalten eingewiesen, doch war nun ein ärztliches Attest notwendig.

Die Erklärung des abweichenden Verhaltens

Wesen und Inhalt des devianten Verhaltens unterscheiden sich deutlich von Epoche zu Epoche und von Gesellschaft zu Gesellschaft. Dies ist erklärungsbedürftig. In den folgenden Abschnitten werden wir einige der wichtigsten Theorien des abweichenden Verhaltens erörtern, wobei wir uns besonders mit Theorien des Verbrechens befassen werden. Keine einzelne Theorie liefert eine umfassende Erklärung des Gesamtphänomens des Verbrechens, von den anderen Formen der Devianz ganz zu schweigen. Doch auf mancherlei Arten überlappen einander diese Theorien, sie können auch miteinander kombiniert werden, um ein brauchbares Verständnis der wichtigsten Aspekte des devianten Verhaltens zu liefern.

Biologische und psychologische Theorien des Verbrechens und der Devianz

Das biologische Argument

Einige der ersten Versuche, Verbrechen und andere Formen der Devianz zu erklären, waren vor allem biologischen Charakters. Paul Broca, ein früher französischer Ethnologe behauptete, Besonderheiten des Schädels und des Gehirns von Kriminellen entdeckt zu haben, die diese von der gesetzestreuen Bevölkerung unterschieden. Der italienische Kriminologe Cesare Lombroso, der in den siebziger Jahren des vorigen Jahrhunderts arbeitete, behauptete, daß manche Leute mit kriminellen Neigungen geboren würden und einen Rückfall zu einem primitiveren

Menschentypus darstellen (Lombroso, 1902). Er glaubte, daß typische Verbrecher anhand ihrer Schädelform identifiziert werden könnten. Er akzeptierte zwar, daß soziales Lernen die Entwicklung kriminellen Verhaltens beeinflussen konnte, doch betrachtete er die meisten Verbrecher als biologisch degeneriert oder defekt.

Diese Ideen gerieten gründlich in Mißkredit, doch die These, daß die Neigung zum Verbrechen durch die biologische Verfassung beeinflußt wird, wurde in verschiedenen Verkleidungen immer wieder von neuem aufgestellt (Eysenck, 1980; Mednick et al., 1987). Es gab eine Zeit, als es besonders populär war, sich zum Nachweis des Einflusses erblicher Faktoren auf kriminelle Tendenzen der Untersuchung der Stammbäume von Familien zu bedienen. Richard Dugdale untersuchte in den Vereinigten Staaten die Familie Dukes, die unter ihren 1200 Mitgliedern 140 Kriminelle zählte (Dugdale, 1877). Er verglich die Dukes mit den Nachkommen von Jonathan Edwards, einem bekannten Prediger im Amerika der Kolonialzeit. In der Edwards–Familie fanden sich keine Kriminellen, doch mehrere Präsidenten der Vereinigten Staaten, hochrangige Richter, Schriftsteller und religiöse Führer. Der Vergleich mit den Dukes sollte Unterschiede der genetischen Disposition zum Verbrechen nachweisen (Estabrook, 1916). Dieser Nachweis war allerdings alles andere als überzeugend, da sich unter Jonathan Edwards *Vorfahren* Leute befanden, die wegen Verbrechen verurteilt worden waren! Wenn Kriminalität tatsächlich ein vererbbares Merkmal war, dann hätten auch einige seiner Nachkommen Kriminelle sein müssen. Untersuchungen von Familiengeschichten können in der Frage der Erblichkeit praktisch gar nichts beweisen, da es unmöglich ist, die Umwelteinflüsse und die erblichen Faktoren voneinander zu trennen. Die Bedingungen, unter denen die Kinder der Edwards–Familie aufwuchsen, unterschieden sich von denen der Dukes, die unter Dieben heranwuchsen. Aufgrund derartigen Beweismaterials kann niemand angeben, welche kausalen Einflüsse wirksam sind.

Die Idee eines Zusammenhangs zwischen der biologischen Konstitution und der Kriminalität wurde in den vierziger Jahren in der Arbeit von William A. Sheldon wiederbelebt. Sheldon unterschied drei Haupttypen des menschlichen Körperbaus; von einem behauptet er, daß er direkt mit delinquenten Neigungen verknüpft wäre. Muskulöse, aktive Typen (*mesomorphe*) hatten seiner Auffassung nach eine höhere Wahrscheinlichkeit, kriminell zu werden, als jene, die schlank gebaut waren (*ektomorphe*), oder jene, die dicker waren (*endomorphe*). Nachfolgestudien, die von anderen Forschern durchgeführt wurden, präsentierten ziemlich ähnliche Befunde (Sheldon, 1949; Glueck und Glueck, 1956). Zwar haben Auffassungen dieses Typs noch immer ihre Anhänger, doch wurden diese Forschungen weithin kritisiert. Sogar wenn ein Gesamtzusammenhang zwischen Körpertyp und Delinquenz bestünde, würde dies über die Wirksamkeit erblicher Faktoren nichts aussagen. Es mag sein, daß Leute von jenem muskulösen Körperbau, den Sheldon mit Delinquenz in Verbindung brachte, sich zu Bandenaktivitäten hingezogen fühlen, weil diese Gelegenheiten bieten, sportliche Neigungen körperlich auszuleben. Darüberhinaus waren fast alle Studien auf diesem Gebiet auf die Insassen von Jugendstrafanstalten beschränkt. Besteht also ein Zusammenhang mit dem Körperbau, dann kann auch sein, daß die kämpferischer und athletischer aussehenden Delinquenten eher eingesperrt werden als schlanke und zerbrechlich wirkende.

In jüngerer Zeit ist auch versucht worden, einen Zusammenhang zwischen kriminellen Tendenzen und einem bestimmten Chromosomensatz im genetischen Erbe herzustellen. Es wurde behauptet, daß Kriminelle, vor allem jene, die Gewaltverbrechen begangen haben, einen unverhältnismäßig hohen Anteil von Männern aufweisen, die ein zusätzliches Y–Chromosom haben. Einige Studien in Hochsicherheitsgefängnissen zeigten, daß einer von hundert der männlichen Insassen diese Abnormität aufwies, verglichen mit einem von tausend Männern in der Gesamtbevölkerung. Nachfolgeuntersuchungen zu diesem Thema lieferten allerdings widersprüchliche und keineswegs schlüssige Ergebnisse. Sehr bald kamen die Beobachter darauf, daß sich die Widersprüchlichkeit der Befunde aus der kleinen Zahl der untersuchten Fälle ergab. Forschungen anhand einer großen, repräsentativen Population legten nahe, daß XYY–Männer keine höhere Wahrscheinlichkeit haben, an Gewalttaten beteiligt zu sein, als XY–Männer (Mednick et al., 1982).

Die Möglichkeit, daß biologische Faktoren einen entfernten Einfluß auf bestimmte Verbrechenstypen haben können, bleibt bestehen. So könnten etwa manche Individuen eine genetische Konstitution haben, die sie zur Reizbarkeit und Aggressivität tendieren läßt. Dies könnte unter bestimmten Umständen seinen Niederschlag in körperlichen Angriffen gegen andere finden. Doch gibt es keine schlüssigen Beweise, daß irgendwelche Persönlichkeitsmerkmale auf diese Art vererbt werden, und auch wenn das der Fall wäre, dann wäre ihr Zusammenhang mit der Kriminalität bestenfalls ein ziemlich weitläufiger.

Verbrechen und die psychopathische Persönlichkeit: Die psychologische Sichtweise

Wie die biologischen Interpretationen verbinden psychologische Theorien des Verbrechens die Kriminalität mit bestimmten Persönlichkeitstypen. Freuds Ideen hatten einen gewissen Einfluß auf psychologische Interpretationen des Verbrechens, obwohl Freud selbst wenig oder nichts zu kriminologischen Fragen schrieb. Spätere Autoren haben sich jedoch auf seine Ideen gestützt, indem sie nahelegten, daß sich bei einer Minderheit von Individuen eine „amoralische" oder *psychopathische* Persönlichkeit entwickelt. Nach Freud leitet sich ein Großteil unseres Moralgefühls von den Selbstzügelungen her, die wir als kleine Kinder während der ödipalen Entwicklungsphase erlernen (wie in Kapitel 3 erläutert). Aufgrund der Beschaffenheit ihrer Beziehung zu den Eltern gelingt es manchen Kindern nie, diese Zügelungen zu entwickeln, und daher fehlt ihnen ein zugrundeliegendes moralisches Empfinden. **Psychopathen** werden als in sich zurückgezogene, „emotionslose" Charaktere aufgefaßt, die sich an der Gewalt um ihrer selbst willen ergötzen.

Individuen mit psychopathischen Zügen begehen manchmal Gewaltverbrechen (Taylor, 1982), doch ist das Konzept der Psychopathie sehr problematisch. Es ist überhaupt nicht klar, ob der Begriff irgendeinen Wert hat, ganz zu schweigen von der Frage, ob die damit verknüpften Merkmale unweigerlich krimineller Natur sind. Fast alle Studien von Individuen, denen psychopathische Merkmale zugeschrieben wurden, wurden an Häftlingen durchgeführt, und diese Merkmale werden damit fast unweigerlich in einer negativen Weise dargestellt. Wenn wir die angeblich beteiligten Persönlichkeitsmerkmale positiv beschreiben, dann klingt dieser Persönlichkeitstyp ganz anders, und es scheint keinen besonderen Grund mehr zu geben, warum Leute dieses Typs inhärent kriminell sein sollten. Würden wir psychopathische Individuen, die sich nicht in Institutionen befinden, für eine Untersuchung benötigen, dann könnten wir folgende Annonce aufgeben:

LUST AUF ABENTEUER?

Wissenschaftler sucht Kontakt mit abenteuerlustigen, unbekümmerten Leuten, die ein aufregendes und impulsives Leben geführt haben. Wenn Sie zu jenen Leuten gehören, die vor fast nichts zurückschrecken, wenn sie gefordert werden, dann rufen sie 337–XXXX an – wann immer sie wollen.

(Widom und Newman, 1985, S. 58)

Solche Leute könnten Naturforscher, Helden oder Spieler sein, oder auch bloß jene, die von den Routinen des Alltagslebens gelangweilt sind. Sie könnten zwar kriminelle Abenteuer ins Auge fassen, doch könnten sie genausogut Herausforderungen auf Gebieten suchen, die sozial akzeptiert sind.

Ob sie nun von Freud herrühren oder von anderen Perspektiven in der Psychologie, psychologische Theorien der Kriminalität können bestenfalls Aspekte des Verbrechens erklären. Zwar mag eine kleine Minderheit von Verbrechern Persönlichkeitsmerkmale haben, die sich von jenen des Rests der Bevölkerung unterscheiden, doch ist es äußerst unwahrscheinlich, daß dies auf die Mehrheit zutreffen könnte. Es gibt sehr viele verschiedene Typen von Verbrechen, und es ist eher unplausibel, daß jene, die sie begehen, irgendwelche spezifische psychologische Merkmale gemeinsam haben.

Auch wenn wir uns auf eine bestimmte Verbrechenskategorie, wie z. B. Gewaltverbrechen, beschränken, gibt es noch immer sehr viele verschiedene Umstände, die dabei eine Rolle spielen. Manche dieser Verbrechen werden von Einzeltätern ausgeführt, während andere von organisierten Gruppen begangen werden. Es ist unwahrscheinlich, daß die psychologische Konstitution der Einzelgänger sehr viel mit der der Mitglieder einer straff organisierten Bande gemeinsam hat. Könnten konsistente Unterschiede mit Formen der Kriminalität verknüpft werden, dann könnten wir noch immer nicht sicher sein, wie der kausale Pfad verläuft. Es könnte sehr wohl der Fall sein, daß die Beteiligung an Gruppen, die häufig kriminelle Aktivitäten setzen, die Einstellungen und Sichtweisen von Individuen beeinflußt, statt daß umgekehrt diese Einstellungen dem kriminellen Verhalten als Kausalfaktor vorhergehen.

Gesellschaft und Verbrechen: Soziologische Theorien

Eine zufriedenstellende Darstellung des Wesens des Verbrechens muß soziologisch sein, denn was als Verbrechen zählt, hängt von den sozialen Institutionen einer Gesellschaft ab. Einer der wichtigsten Aspekte des soziologischen Denkens über das Verbrechen ist die Betonung der Beziehungen zwischen Konformität und Devianz in verschiedenen sozialen Kontexten. Moderne Gesellschaften enthalten viele verschiedene Subkulturen, und ein Verhalten, das den Normen eines bestimmten subkulturellen Milieus entspricht, kann außerhalb dieses Milieus als deviant aufgefaßt werden. Zum Beispiel kann auf das Mitglied einer Jugendbande starker Druck ausgeübt werden, sich „selbst zu beweisen", indem es ein Auto stiehlt. Darüberhinaus gibt es große gesellschaftliche Unterschiede des Wohlstandes und der Macht, die bedeutenden Einfluß auf die Gelegenheiten ausüben, die verschiedenen Gruppen offenstehen. Es überrascht nicht, daß Verbrechen wie Diebstahl und Raub hauptsächlich von Leuten aus den ärmeren Segmenten der Bevölkerung begangen werden. Andere Verbrechen, wie Unterschlagung oder Steuerhinterziehung, sind definitionsgemäß auf Personen beschränkt, die etwas wohlhabender sind (Box, 1983).

Differentielle Assoziation

Edwin H. Sutherland (ein Mitglied der mit der Universität von Chicago verbundenen „Chicagoer Schule" der amerikanischen Soziologie) setzte Kriminalität mit der **differentiellen Assoziation,** wie er es nannte, in Verbindung (Sutherland, 1949). Die Idee der differentiellen Assoziation ist eine sehr einfache. In einer Gesellschaft, die viele verschiedene Subkulturen einschließt, tendieren manche soziale Umgebungen dazu, illegale Aktivitäten zu ermutigen, während andere das nicht tun. Individuen werden delinquent oder kriminell, indem sie sich anderen, die *kriminellen Normen* folgen, anschließen. Nach Sutherland wird kriminelles Verhalten vor allem in Primärgruppen, und da besonders in Peer–Gruppen, erlernt. Diese Theorie unterscheidet sich drastisch von der Auffassung, daß es bestimmte psychologische Merkmale gibt, durch die sich Kriminelle von anderen Leuten unterscheiden. Sie betrachtet kriminelle Aktivitäten als in nicht viel anderer Weise erlernt wie gesetzeskonforme Betätigungen und als ganz allgemein auf dieselben Bedürfnisse und Werte gerichtet. Diebe versuchen sich Geld zu verschaffen, genau wie Leute, die gewöhnliche Arbeiten verrichten, doch greifen sie dabei auf illegale Verhaltensformen zurück. Dafür liefert Janet Foster in ihrem Buch sehr viele Beispiele, die ihren Untersuchungen in einem Gebiet Südostlondons entnommen sind. Einer der von ihr interviewten Leute, Del, bessere sein Einkommen durch Diebstähle auf. Genauso verfuhren seine Freunde; sie betrachteten ihre Tätigkeit angesichts des Mangels an gutbezahlter Arbeit in ihrer Nachbarschaft als legitim. Eine Interviewpassage sah folgendermaßen aus:

> Del: Ich bin runter zu den Baustellen, wenn ich kein Geld gehabt habe und wenn ich mir ein Bier genehmigen wollte oder wenn ich ins Pub oder zum Fußball oder sonst irgendwas wollte. Mir ist es damals am leichtesten vorgekommen, wenn ich hingehe und das Geld stehle. Man konnte dafür nicht arbeiten.
>
> JF: Weil es keine Arbeit gegeben hat?
>
> Del: Ich habe immer Arbeit gehabt, aber das Geld hat nie gestimmt, es war immer sehr wenig.
>
> (Foster, 1990, S. 66)

Anomie als Ursache der Kriminalität

Robert K. Mertons Interpretation des Verbrechens, die die Kriminalität zu anderen Typen des devianten Verhaltens in Beziehung setzt, betont in ähnlicher Weise die Normalität des Kriminellen (Merton, 1957). Merton verwendete den Begriff **Anomie** – der von Émile Durkheim (1858–1917), einem der Gründungsväter der Soziologie, geprägt worden war –, um eine sehr einflußreiche Theorie der Devianz zu formulieren. Durkheim entwickelte den Begriff der Anomie im Zusammenhang mit der These, daß in modernen Gesellschaften traditionelle Normen und Standards untergraben werden, ohne durch neue ersetzt zu werden. Anomie besteht, wo es in einem gegebenen Bereich des gesellschaftlichen Lebens keine klaren Verhaltensstandards gibt. Unter diesen Umständen, so Durkheim, fühlen sich Leute desorientiert und von Ängsten geplagt; Anomie ist daher einer der sozialen Faktoren, der der Neigung zum Selbstmord zugrundeliegt.

Merton modifizierte den Begriff der Anomie, der sich bei ihm auf den Konflikt zwischen akzeptierten Normen und der gesellschaftlichen Realität und die dadurch erzeugte Belastung des individuellen Verhaltens bezieht. In der amerikanischen Gesellschaft – und in gewissem Ausmaß auch in anderen industrialisierten Gesellschaften – betonen allgemein verbreitete Werte das „Vorwärtskommen", das „Geldverdienen" etc.: den materiellen Erfolg. Die Mittel zu dessen Erreichung sollen Selbstdisziplin und harte Arbeit sein. In diesem Glaubenssystem können Leute, die wirklich hart arbeiten, Erfolg haben, unabhängig davon, wo sie ihre Karriere begonnen haben. Dies stimmt tatsächlich nicht, da die Mehrzahl der Benachteiligten über sehr eingeschränkte Gelegenheiten des Vorwärtskommens verfügt. Dennoch finden sich jene, die keinen „Erfolg haben", mit gesellschaftlicher Mißbilligung konfrontiert, weil sie allem Anschein nach unfähig sind, materielle Fortschritte zu erzielen. In dieser Situation entsteht ein großer Druck, das „Vorwärtskommen" durch beliebige Mittel anzustreben, seien diese legitim oder illegitim.

Merton identifizierte fünf mögliche Reaktionen auf die Spannungen zwischen den sozial akzeptierten Werten und den begrenzten Mitteln, diese zu verwirklichen. *Konformisten* akzeptieren sowohl die allgemein verbreiteten Werte als auch die konventionellen Mittel, diese zu erreichen, unabhängig davon, ob sie nun erfolgreich sind oder nicht. Der Großteil der Bevölkerung fällt in diese Kategorie. *Innovatoren* sind jene, die die sozial gebilligten Werte weiterhin akzeptieren, doch illegitime oder illegale Mittel zu ihrer Erreichung einsetzen. Kriminelle, die durch illegale Betätigung zu Wohlstand gelangen wollen, illustrieren diese Reaktionsform. *Ritualismus* charakterisiert jene, die sich weiterhin dem sozial akzeptierten Standard unterordnen, obwohl die Werte, die ursprünglich ihre Aktivität auslösten, schon längst aus ihrem Gesichtsfeld verschwunden sind. Die Regeln werden in zwanghafter Weise um ihrer selbst willen befolgt, ohne ein weiteres Ziel vor Augen. Ein Ritualist wäre z. B. jemand, der sich mit Hingabe einem langweiligen Job widmet, obwohl dieser keine Aufstiegsmöglichkeiten und wenig sonstige Auszahlungen bietet. Die *Aussteiger* sind Leute, die die Wettbewerbsperspektive gänzlich über Bord geworfen haben, also sowohl die herrschenden Werte als auch die üblichen Mittel, sie zu erreichen, ablehnen. Ein Beispiel wären die Mitglieder einer ihren Eigenbedarf deckenden Kommune. Schließlich ist *Rebellion* die Reaktion von Individuen, die sowohl die existierenden Werte als auch die vorgeschriebenen Mittel ihrer Verwirklichung verwerfen, aber aktiv den Wunsch verfolgen, diese durch neue zu ersetzen und das soziale System umzugestalten. In diese Kategorie fallen die Mitglieder radikaler politischer Gruppen.

Anomie und Assoziation: Delinquente Subkulturen

Über kriminelle Aktivität als solche schrieb Merton vergleichsweise wenig. Er lieferte auch kaum Hinweise darauf, warum eine der verschiedenen anomischen Reaktionsformen gewählt wird. Diese Lücken wurden von späteren Forschern gefüllt, die Sutherlands Begriff der differentiellen Assoziation (der Idee, daß die Gruppe von Leuten, zu der Individuen in Beziehung stehen, deren Einstellung zum Verbrechen prägt) mit Mertons Definitionen verknüpften. Richard A. Cloward und Lloyd E. Ohlin untersuchten **Banden** delinquenter männlicher Jugendlicher (Cloward und Ohlin, 1960). Sie argumentierten, daß solche Banden in subkulturellen Gemeinschaften entstehen, wo die Chancen, in legitimer Weise Erfolg zu haben, klein sind – wie z. B. in den Gemeinschaften der unterprivilegierten ethnischen Minderheiten. Die Bandenmitglieder akzeptieren zwar in mancher Hinsicht, daß materieller Erfolg wünschenswert ist, doch werden diese Werte durch lokale Subkulturen gefiltert. In Nachbarschaften mit etablierten kriminellen Netzwerken vermittelt die Bandensubkultur den Übergang des einzelnen von der Kleinkriminalität zur kriminellen Lebensweise des Erwachsenen. In Gebieten, wo solche Netzwerke fehlen, äußert sich jugendliche Delinquenz vor allem in Schlägereien und Vandalismus, da die Bandenmitglieder kaum Möglichkeit haben, Mitglieder eines kriminellen Netzwerkes zu werden. Jene, die weder mit der legitimen gesellschaftlichen Ordnung noch mit den Bandensubkulturen fertig werden, tendieren dazu, als Drogenabhängige zu Aussteigern zu werden.

Cloward und Ohlins Arbeit weist enge Parallelen zu einer etwas früheren Studie Albert Cohens (1955) über delinquente Subkulturen auf. Cohen identifizierte „delinquente Nachbarschaften" in den größeren amerikanischen Städten, wo die Bandenkultur zu einer Lebensform geworden war. Seiner Auffassung nach verübten die Bandenmitglieder Diebstähle nicht aus materiellen Motiven, sondern weitgehend aus denselben Gründen, die auch den Schlägereien und dem Vandalismus zugrunde lagen. All diese Aktivitäten drücken eine Abkehr von der „respektablen" Gesellschaft aus. Angesichts ihrer unterprivilegierten Stellung innerhalb der gesellschaftlichen Ordnung schaffen die Banden ihre eigenen oppositionellen Werte.

Bewertung

Die Studien von Cloward und Ohlin und jene von Cohen betonen zurecht die Zusammenhänge zwischen Konformität und Devianz. Der Mangel an Gelegenheiten, innerhalb der weiteren Gesellschaft Erfolg zu haben, ist der wichtigste unterscheidende Faktor zwischen jenen, die kriminell handeln, und jenen, die das nicht tun. Wir sollten die Idee, daß Leute in den ärmeren Gemeinschaften gegenüber dem „Erfolg" dasselbe Aspirationsniveau haben wie Akteure in wohlhabenderen sozialen Umgebungen, mit Vorsicht genießen. Die Mehrzahl paßt ihre Ansprüche an die Wirklichkeit ihrer Situation, wie sie von ihnen wahrgenommen wird, an. Es wäre jedoch ebenfalls falsch anzunehmen, daß die fehlende Übereinstimmung zwischen Ansprüchen und Gelegenheiten auf die Minderprivilegierten beschränkt ist. Auch in anderen Gruppen gibt es Faktoren, die kriminelle Aktivitäten fördern, was z. B. durch die sogenannten *white–collar*–Verbrechen der Unterschlagung, des Betrugs oder der Steuerhinterziehung belegt wird.

Etikettierungen

Einer der wichtigsten Ansätze der Erklärung der Kriminalität wird heute **Etikettierungstheorie** genannt – obwohl dieser Ausdruck selbst eher ein Etikett für ein Bündel von miteinander verwandten Ideen ist als die Bezeichnung eines einheitlichen Erklärungsansatzes. Die Etikettierungstheoretiker interpretieren abweichendes Verhalten nicht als Merkmale von Individuen oder Gruppen, sondern als einen *Prozeß* der Interaktion zwischen Devianten und Nicht–Devianten. Ihrer Auffassung nach müssen wir verstehen, warum manchen Leuten ein deviantes Etikett angeheftet wird, um das Wesen der Devianz selbst zu verstehen. Jene, die Recht und Ordnung repräsentieren oder in der Lage sind, anderen ihre Definitionen der konventionellen Moral aufzuzwingen, sind die wichtigsten Quellen der Etikettierung. Die Etiketten, die durch ihre Anwendung Kategorien von Devianz erzeugen, bringen also die Machtstruktur einer Gesellschaft zum Ausdruck. Im großen und ganzen werden die Regeln, die abweichendes Verhalten definieren, und die Kontexte, in denen sie angewendet werden, den Armen von den Wohlhabenden vorgegeben, den Frauen von den Männern, den Jüngeren von den Älteren und den Minderheiten von den ethnischen Mehrheiten. So pflegen viele Kinder in die Gärten anderer Leute einzudringen, Fensterscheiben einzuwerfen, Obst zu stehlen oder die Schule zu schwänzen. In einer wohlhabenden Nachbarschaft könnten diese Aktivitäten von den Eltern, den Lehrern und auch der Polizei als vergleichsweise harmlose Aspekte des Heranwachsens aufgefaßt werden. In armen Gebieten könnten sie andererseits als Beweis jugendlicher krimineller Tendenzen aufgefaßt werden.

Wurde ein Kind einmal als delinquent etikettiert, dann ist es als Krimineller stigmatisiert und wird wahrscheinlich von Lehrern und potentiellen Arbeitgebern als unverläßlich betrachtet (und so behandelt). Das Individuum verfällt dann auf weitere kriminelle Aktivitäten, wodurch sich die Kluft zu den herkömmlichen gesellschaftlichen Konventionen weiter verbreitert. Edwin Lemert (1972) nennt die ursprüngliche Übertretungshandlung *primäre Abweichung*. *Sekundäre Abweichung* tritt auf, wenn das Individuum das ihm verliehene Etikett akzeptiert und sich selbst als deviant betrachtet.

Nehmen wir das Beispiel eines Jungen, der am Samstagabend mit seinen Freunden fortgeht und dabei ein Auslagenfenster zertrümmert. Diese Handlung kann unter Umständen als Zufallsergebnis übermütigen Verhaltens definiert werden, ein Merkmal, das man bei jungen Männern entschuldbar findet. Der Junge könnte dann mit einer Ermahnung oder einer kleinen Geldstrafe davonkommen. Hat er einen „ordentlichen" familiären Hintergrund, ist dies das wahrscheinliche Ergebnis. Das Zertrümmern des Fensters verbleibt dann im Bereich der primären Devianz, wenn der jugendliche Täter als jemand mit einem „guten Charakter" gesehen wird, der eben bei diesem Anlaß etwas zu ausgelassen war. Wenn jedoch die Polizei und das Gericht in schärferer Weise reagieren, indem sie etwa eine bedingte Gefängnisstrafe verhängen und den Jungen dazu verpflichten, sich regelmäßig bei einem Sozialarbeiter zu melden, dann könnte der Vorfall das erste Stadium im Prozeß der sekundären Devianz darstellen. Das „Erlernen des abweichenden Verhaltens" wird von eben jenen Organisationen verstärkt, die angeblich dazu da sind, deviantes Verhalten zu korrigieren – von Jugendgefängnissen, Haftanstalten und Irrenhäusern.

Die Etikettierungstheorie ist wichtig, weil sie von der Annahme ausgeht, daß keine Handlung per se kriminell ist. Definitionen der Kriminalität werden von den Mächtigen produziert – durch die Formulierung von Gesetzen und deren Interpretation durch Polizei, Gerichte und Besserungsanstalten. Kritiker der Etikettierungstheorie haben manchmal darauf hingewiesen, daß es tatsächlich eine Anzahl von Handlungen gibt, die in allen oder praktisch allen Kulturen verboten sind, wie etwa Mord, Vergewaltigung und Raub. Diese Auffassung ist sicherlich falsch: Sogar in unserer eigenen Kultur wird das Töten nicht immer als Mord aufgefaßt. In Kriegszeiten wird die Tötung des Feindes gebilligt, und bis vor kurzem hat z. B. die britische Rechtsordnung den einer Frau von ihrem Ehemann aufgezwungenen Geschlechtsverkehr nicht als Vergewaltigung aufgefaßt.

In überzeugenderer Weise können wir die Etikettierungstheorie aus drei Hauptgründen kritisieren. Erstens geraten bei der Betonung des aktiven Etikettierungsprozesses jene Faktoren aus dem Blickfeld, die zu Handlungen *führen*, die als deviant definiert sind (Fine, 1977). Die Etikettierung ist offenkundig nicht völlig willkürlich; Unterschiede der Sozialisation, der Einstellungen und der Gelegenheiten beeinflussen das Ausmaß, in dem Leute Verhaltensweisen zeigen, die besonders anfällig dafür sind, als abweichend etikettiert zu werden.

Zweitens ist noch immer nicht klar, ob die Etikettierung tatsächlich dazu führt, daß abweichendes Verhalten verstärkt wird. Nach der Verurteilung erhöht sich die Wahrscheinlichkeit kriminellen Verhaltens, doch ist dies das Ergebnis der Etikettierung? Diese Frage ist nicht so ohne weiteres zu entscheiden, da viele andere Faktoren, wie z. B. die intensivere Interaktion mit anderen Kriminellen oder Informationen über neue kriminelle Gelegenheiten, eine Rolle spielen können (Farrington, Ohlin und Wilson, 1986).

Drittens müssen wir die allgemeine Entwicklung moderner Systeme der gesetzlichen, richterlichen und polizeilichen Verbrechensbekämpfung untersuchen, wenn wir verstehen möchten, wie und warum verschiedene Arten von Etiketten angewendet werden. Wie weiter oben betont wurde, muß abweichendes Verhalten aus einer historischen Perspektive interpretiert werden. So hat z. B. William Nelson Veränderungen des Strafrechts und des Strafverfahrens in Massachusetts zwischen 1760 und 1830 untersucht. (Das System der Verbrechensbekämpfung, das sich in dieser Periode herausbildete, leistete einen großen Beitrag zur späteren Entwicklung des Strafrechtssystems der Vereinigten Staaten.) Aufgrund einer Analyse von Gerichtsakten zeigte Nelson, daß damals große Veränderungen stattfanden.

Konformität und Devianz 143

Alkohol — LEGAL

Kann von Erwachsenen legal gekauft, verkauft und getrunken werden. Entsteht bei der Gärung von Obst, Gemüse oder Getreide. Die Verwender verlieren ihre Schüchternheit und fühlen sich entspannter. Schweres Trinken führt zu Magen- und Lebererkrankungen, zur Unterernährung und zur Beeinträchtigung der Urteilsfähigkeit. Es besteht ein starkes Abhängigkeitsrisiko.

Rezeptpflichtige Medikamente — LEGAL

Legal, wenn sie verschrieben werden. Hierher gehören Barbiturate und Tranquilizer, die im allgemeinen verschrieben werden, um Leute zu beruhigen oder ihnen bei der Überwindungen von Schlafstörungen zu helfen. Viele davon führen zur Abhängigkeit. Unter den Entzugserscheinungen finden wir Angstzustände, Schlaflosigkeit und geistige Verwirrung.

Cannabis — ILLEGAL

Eine buschartige Pflanze, die in den meisten Teilen der Welt wild wächst. Wird im allgemeinen geraucht. Sie kann Leute entspannter, gesprächiger und sensibler gegenüber Klängen, Geschmacksempfindungen etc. machen. Sie kann auch Verwirrungen, Angstgefühle und Depressionen verursachen. Cannabis wird nicht für suchtbildend gehalten.

LSD — ILLEGAL

Lysergsäurediäthylamid wird im allgemeinen in Kapselform eingenommen; sie verändert die menschliche Wahrnehmung. Die Verwender berichten über ungewöhnliche Erfahrungen. Es gibt keine bekannten körperlichen Nebenwirkungen, doch eine schlechte Erfahrung kann Angstzustände und Depressionen auslösen. Die Droge „Ecstasy" kombiniert die stimulierenden Wirkungen von Amphetaminen mit sanfteren Formen der Wirkungen von LSD.

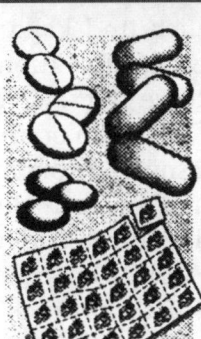

Heroin — ILLEGAL

Die am häufigsten mißbrauchte Form der Opiate. Opiate dämpfen das Nervensystem und produzieren häufig ein Gefühl des Wohlbefindens. Nach wiederholtem Gebrauch kann sich Abhängigkeit einstellen. Zu den Entzugserscheinungen gehören Schmerzen, Zittrigkeit und Krämpfe. Werden Injektionsnadeln gemeinsam benutzt oder werden diese nicht sterilisiert, besteht ein Infektionsrisiko.

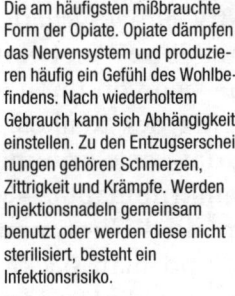

Lösungsmittel — EINGESCHRÄNKT

Es ist (in Großbritannien) illegal, sie an Jugendliche unter 16 Jahren abzugeben, wenn der Verdacht besteht, daß die Lösungsmittel inhaliert werden sollen. Es werden hier Dämpfe von Klebstoff, von Lacken, Nagellackentferner u.s.w. inhaliert. Am verbreitesten unter den 12- bis 16-Jährigen. Zu Verwendung kann zu Hirnschädigungen führen. Abhängigkeitsrisiko. Es besteht das Risiko, an Vergiftung zu sterben oder zufällig zu ersticken.

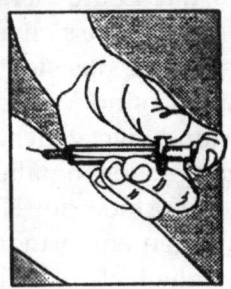
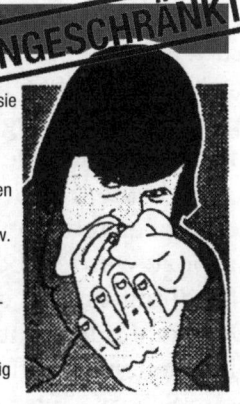

Abbildung 5.1 Legalität und Illegalität: Drogen und das Gesetz im modernen Großbritannien. Die Verwendung von Drogen liefert eine gute Illustration der Etikettierungstheorie, da Leute im allgemeinen z. B. gegenüber dem Alkohol eine tolerantere Einstellung haben als gegenüber Drogen wie Cannabis oder Heroin. Dennoch ist Alkohol eine Droge wie die anderen und die Ursache vieler gesundheitlicher Probleme.
Quelle: *The Guardian*, zuerst veröffentlicht in *Education Guardian*, 12. November 1991, S. 2; Graphik von Paddy Allen; Fotografie The Bodleian Library, Oxford.

Vor der amerikanischen Revolution im Jahr 1776 waren die Geschworenen nicht nur in der Lage, bestimmte Einzelfälle zu entscheiden, sondern sie konnten auch Gesetze interpretieren. Das Sachenrecht jener Tage entmutigte die finanzielle Spekulation und die Anhäufung von Vermögen; doch als sich nach der Revolution das allgemeine Interesse auf die wirtschaftliche Expansion verlagerte, wurden die Gesetze geändert, um den Schutz des Privateigentums zu verstärken. Der aggressive Erwerb von Grundstücken und anderen Besitztümern wurde „legal", während Eigentumsdelikte, darunter vor allem Kleindiebstähle, allgemeinen Sanktionen unterworfen wurden (Nelson, 1975).

Rationales Handeln und „Situations"-Interpretationen der Kriminalität

Keine der bisher erwähnten Theorien – die soziologische Untersuchungen des abweichenden Verhaltens dominiert haben – bietet der Interpretation kriminellen Verhaltens als vorsätzlich und kalkuliert besonders viel Raum. Sie alle neigen dazu, Kriminalität eher als „Reaktion" und weniger als „Aktion" zu sehen – als Ergebnis äußerer Einflüsse statt als Verhalten, das von Individuen aktiv gewählt wird, um bestimmte Vorteile zu erlangen, oder weil sie kurzfristig eine Situation wahrnehmen, die sie ausnützen können. Die Theorie der differentiellen Assoziation betont die Interaktion mit anderen; die Theorie der Anomie den Druck, der durch die Mitgliedschaft in einer erfolgsorientierten Gesellschaft ausgelöst wird; die Etikettierungstheorie die Rolle von äußeren Instanzen bei der Kategorisierung von Verhalten, das man auch als harmlos betrachten könnte. Doch Leute, die verbrecherische Handlungen setzen, ob regelmäßig oder eher sporadisch, tun das in zweckhafter Weise und kennen im allgemeinen das Risiko, das sie auf sich nehmen.

In den letzten Jahren wurde der Versuch gemacht, eine *entscheidungstheoretische Perspektive* an die Analyse krimineller Handlungen heranzubringen (Cornish und Clarke, 1986). Hier wird angenommen, daß Leute nicht einfach in kriminelle Aktivitäten hineingedrängt werden, sondern daß sie sich aktiv *entscheiden*, deviant zu handeln. Sie gehen schlicht ein Risiko ein, das sich aus ihrer Perspektive lohnt. Leute mit einer „kriminellen Mentalität" sind jene, die sich von ihren Gesetzesübertretungen Vorteile versprechen und sich gleichzeitig des Risikos, ertappt zu werden, bewußt sind. Untersuchungen legen nahe, daß viele kriminelle Handlungen, und da vor allem die meisten Formen der Kleinkriminalität – wie Diebstahl oder Einbruch –, aus Entscheidungen entspringen, die in bestimmten Situationen getroffen werden. Eine Gelegenheit bietet sich, und man packt sie beim Schopf – wenn jemand z. B. sieht, daß ein Haus leer ist, die Hintertür probiert und feststellt, daß man problemlos eindringen kann. Es gibt hier wenige „Spezialisten"; die meisten Diebe sind „Generalisten", die ihre anderen Einkommensquellen aufbessern, indem sie gelegentlich Diebstähle oder Einbrüche begehen, wenn sich die Gelegenheit dazu bietet (Walsh, 1986).

Floyd Feeney untersuchte eine Stichprobe kalifornischer Männer, die sich Eigentumsdelikte zuschulden kommen hatten lassen, von denen einige wegen Raubes verurteilt waren (Feeney, 1986). Er fand, daß mehr als die Hälfte angab, sie hätten das Verbrechen oder die Verbrechen, derentwegen sie verurteilt worden waren, nicht geplant. Ein weiteres Drittel berichtete nur über unbedeutende Planungsschritte – sie hatten z. B. einen Komplizen gefunden oder darüber nachgedacht, wo man das Fluchtauto abstellen könnte, oder ob man eine Waffe verwenden sollte. Diese Planung fand im allgemeinen am selben Tag wie der Raubüberfall statt, oft nur wenige Stunden vorher. Von den 15 Prozent, die sich auf sorgfältige Planung stützten, folgten 9 Prozent einfach einem eingeübten Muster. Mehr als 60 Prozent sagten, daß sie vor dem Raubüberfall nicht einmal daran gedacht hätten, daß man sie erwischen könnte. Diese Annahme war vielleicht nicht ganz unbegründet: In der Stichprobe fand sich eine Person, die bis zum Alter von 26 Jahren mehr als tausend Eigentumsdelikte begangen hatte und nur ein einziges Mal verurteilt worden war.

Die Tatsache, daß viele Eigentumsdelikte spezifischen Situationen entspringen, wirft ein Licht darauf, wie ähnlich ein Großteil der kriminellen Aktivität alltäglichen nicht–devianten Entscheidungen ist. Ist das Individuum einmal bereit, kriminelle Aktivitäten ins Auge zu fassen (ein geistiger Zustand, zu dessen Erklärung vielleicht die anderen Theorien einen Beitrag leisten könnten), dann beruhen viele kriminelle Handlungen auf ganz gewöhnlichen Entscheidungsprozessen. Der Entschluß, einen Ladendiebstahl zu begehen, wenn gerade niemand hinschaut, unterscheidet sich nicht allzusehr von der Entscheidung, ein bestimmtes Produkt, das einem ins Auge sticht, zu kaufen – tatsächlich könnte jemand während ein und desselben Einkaufsbummels beides tun.

Theoretische Schlußfolgerungen

Welches Ergebnis wird also durch diesen Überblick über die vielen existierenden Theorien der Kriminalität nahegelegt? Zunächst müssen wir eine Beobachtung, die wir weiter oben bereits angestellt haben, wiederholen. Obwohl das „Verbrechen" nur eine Subkategorie des devianten Verhaltens ist, beinhaltet diese eine derartige Vielfalt von Verhaltensweisen – von der Entwendung einer Schokoladetafel bis hin zum Massenmord –, daß es unwahrscheinlich ist, daß wir eine einzige Theorie formulieren könnten, die alle Formen des kriminellen Verhaltens erklärt. Jeder der von uns betrachteten theoretischen Standpunkte kann einen Beitrag zu einem besseren Verständnis einiger Aspekte oder einiger Typen des Verbrechens leisten. Biologische und psychologische Ansätze können vielleicht Persönlichkeitsmerkmale identifizieren, die – verbunden mit bestimmten Kontexten des sozialen Lernens – bestimmte Individuen dazu prädisponieren, kriminelle Handlungen ins Auge zu fassen. So könnten z. B. Individuen mit Merkmalen, auf die üblicherweise der Ausdruck „psychopathisch" angewendet wird, in einigen Kategorien von Gewaltverbrechern stärker repräsentiert sein als in der allgemeinen Bevölkerung. Andererseits sind sie wahrscheinlich auch bei jenen überrepräsentiert, die wegen der von ihnen begangenen Heldentaten, oder weil sie freiwillig an anderen riskanten Unternehmen teilnehmen, Anerkennung finden.

Der allgemeine Beitrag soziologischer Theorien des Verbrechens ist ein zweifacher. Erstens betonen diese Theorien zurecht die fließenden Übergänge zwischen kriminellem und „respektablem" Verhalten. Die Situationen, in denen bestimmte Arten der Aktivität als „kriminell" und als strafrechtlich bedeutsam aufgefaßt werden, sind äußerst vielfältig. Zweitens herrscht allgemeine Übereinstimmung darüber, daß kriminelle Aktivitäten ein starkes *kontextuelles* Element aufweisen. Ob jemand kriminelle Handlungen begeht oder als „Verbrecher" betrachtet wird, wird in grundlegender Weise von sozialen Lernprozessen und von der gesellschaftlichen Verortung von Individuen beeinflußt.

Trotz ihrer Mängel ist die Etikettierungstheorie vielleicht der nützlichste Zugang zum Verständnis von Aspekten des Verbrechens und des abweichenden Verhaltens. Wird sie mit einer historischen Perspektive verbunden, dann macht uns die Etikettierungstheorie hellhörig gegenüber den Bedingungen, unter denen manche Arten von Aktivität als strafwürdig definiert werden, und gegenüber den Machtbeziehungen, die der Bildung solcher Definitionen zugrundeliegen, wie auch gegenüber den Umständen, unter denen bestimmte Individuen „vom rechten Weg abweichen". Interpretationen des Verbrechens, die vor allem auf die Situation Bezug nehmen, können ohne große Probleme mit der Etikettierungstheorie verknüpft werden, da sie ein Merkmal der Kriminalität erhellen, über das die Etikettierungstheorie sich ausschweigt – warum nämlich viele Leute, die in keiner unmittelbar einleuchtenden Weise „abnorm" sind, sich entscheiden, Handlungen zu begehen, von denen sie wissen, daß sie gesetzliche Sanktionen nach sich ziehen könnten.

Wir kommen nun zu einer Betrachtung des Ausmaßes und Wesens krimineller Aktivitäten in modernen Gesellschaften, wobei wir dem Verbrechen in Großbritannien besondere Aufmerksamkeit widmen werden.

Verbrechen und Verbrechensstatistik

Wieviel Verbrechen gibt es überhaupt, und was sind die häufigsten Formen krimineller Delikte? Um solche Fragen zu beantworten, können wir zunächst die offizielle Kriminalstatistik betrachten. Da solche Statistiken regelmäßig veröffentlicht werden, scheint es keine Schwierigkeiten bei der Ermittlung von Verbrechensraten zu geben – doch diese Annahme ist grundfalsch. Kriminalstatistiken sind vermutlich die am wenigsten verläßlichen unter allen offiziellen Sozialdaten.

Die wichtigste Fehlerquelle der offiziellen Kriminalstatistik ist darin zu suchen, daß sie nur Verbrechen ausweist, die von der Polizei tatsächlich erfaßt wurden. Zwischen einem Vorfall, der als Verbrechen zählen könnte, und seiner Erfassung durch die Polizei liegt eine lange Kette problematischer Entscheidungen (siehe Abb. 5.2). Die Mehrzahl der Vergehen, vor allem kleine Diebstähle, werden der Polizei überhaupt nie mitgeteilt. Die Leute unterscheiden sich nach ihrer Fähigkeit, Verbrechen zu erkennen, und nach ihrer Bereitschaft, sie anzuzeigen. Von jenen Verbrechen, die der Polizei zu Ohren kommen, wird ein Teil nicht in die Statistik aufgenommen; so mag die Polizei etwa gegenüber ihr zugetragener Information über angebliche Verbrechen skeptisch sein. Umfrageergebnisse legen nahe, daß mindestens die Hälfte der schwereren Verbrechen, darunter Vergewaltigung, Raub und vorsätzliche schwere Körperverletzung, der Polizei nicht mitgeteilt werden.

Das *Bureau of the Census* (die mit den Volkszählungen befaßte Behörde) der Vereinigten Staaten hat seit 1973 regelmäßig eine Zufallsstichprobe von Leuten

Konformität und Devianz 147

aus 60 000 Haushalten interviewt, um festzustellen, wer von ihnen während der vergangenen sechs Monate bestimmten Verbrechen zum Opfer gefallen war. Dieses Langzeitprojekt – genannt *National Crime Survey* – hat bestätigt, daß ein großer Teil der ernsteren Verbrechen nicht zur Anzeige kommt. Am häufigsten angezeigt wird gewerbsmäßiger Raub (86 Prozent), am seltensten Diebstähle im Haushalt mit einer Schadenssumme von unter 50 Dollar (15 Prozent). Vor den Umfragen in den Jahren 1982 und 1984 – den *British Crime Surveys* (BCS) – gab es in Großbritannien keine offiziellen Schätzungen der Dunkelziffern. Die vom BCS erhobenen Muster der Dunkelziffern weisen sehr starke Parallelen zu den amerikanischen Befunden auf (Bottomley und Pease, 1986).

Um die wahren Kriminalitätsraten festzustellen, können wir nicht einfach die nicht zur Anzeige gelangten Verbrechen zur offiziellen, von der Polizei ermittelten Rate hinzuzählen, da die örtlichen Polizeibehörden bei der Erfassung von Verbrechen in unterschiedlicher Weise vorgehen. Manche berichten über weniger Verbrechen als andere, entweder aus schlichter Ineffizienz, oder weil ihre Aufklärungsquoten dann besser aussehen. Die britische Regierung führt eine regelmäßige Befragung von Haushalten durch, die auf einer landesweiten Stichprobe beruht. Diese Umfragen enthielten in den Jahren 1972, 1973, 1979 und 1980 eine Frage über Einbruchsdiebstähle. Die Haushalte wurden aufgefordert, alle Einbrüche anzugeben, von denen sie in den zwölf Monaten vor dem Interview betroffen waren. Die Untersuchung des Jahres 1981 kam zur Schlußfolgerung, daß es bei der Häufigkeit von Einbrüchen zwischen 1972 und 1980 praktisch keine Veränderungen gegeben hatte, obwohl die offizielle britische Kriminalstatistik, die auf den zur Anzeige gelangten Delikten beruht, für diese Periode einen Zuwachs von 50 Prozent auswies (Bottomley und Pease, 1986). Der scheinbare Anstieg rührte vermutlich von einer zunehmenden öffentlichen Sensibilität gegenüber dem Verbrechen her, die die Anzahl der Anzeigen erhöhte, sowie von genaueren Verfahren der polizeilichen Datensammlung.

Gemessen an den offiziellen Daten sind die Verbrechensraten in Großbritannien während des letzten halben Jahrhunderts mehr oder weniger stetig gestiegen. Vor den zwanziger Jahren wurden in England und Wales jedes Jahr weniger als 100 000 Vergehen verzeichnet. Im Jahr 1950 war diese Zahl auf 500 000 gestiegen, 1980 auf 2,5 Millionen und 1991 auf 5,1 Millionen. Die Polizei erfaßt heute also neun Delikte, die pro Jahr auf hundert Leute entfallen. Nordirland hat vielleicht ein hohes Niveau terroristischer Gewalt, doch die durch die Polizeistatistik ausgewiesene allgemeine Verbrechensrate liegt deutlich unter jener von England und Wales – dort entfallen 3,5 Vergehen auf hundert Personen.

Die jüngsten, aufgrund des BCS verfügbaren Daten stammen aus dem Jahr 1988 und beziehen sich auf Verbrechen, die im Jahre 1987 begangen wurden. Nach den Befunden des BCS wurden der Polizei 41 Prozent der Einbrüche angezeigt, doch nur 17 Prozent der Raubüberfälle und nicht mehr als 10 Prozent der Fälle von Vandalismus (HMSO, 1992).

Was die offizielle Statistik angeht, sind in den zehn Jahren bis zum Jahr 1991 die Gewaltverbrechen stark angestiegen. Ist der Anstieg real oder bloß ein Produkt von veränderten Gewohnheiten der Erfassung von Verbrechen? Es gibt nämlich einen wohlbekannten Prozeß der „Inflation", der die offiziellen Verbrechensraten

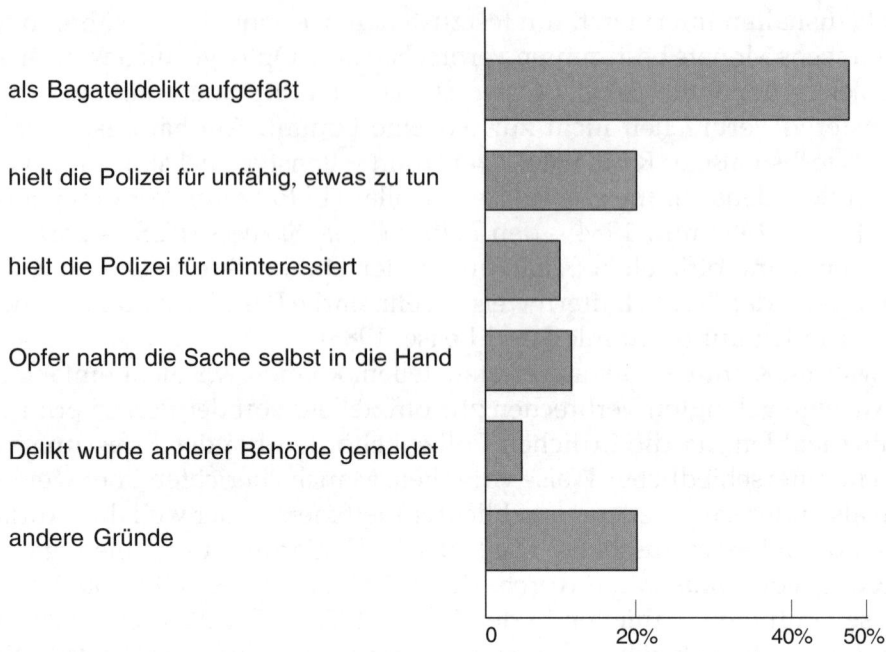

Abbildung 5.2 Verbrechen (in England und Wales), die nicht zur Anzeige gelangten; nach dem Grund der Nichtanzeige, 1987 (Mehrfachnennungen)

Quelle: Social Trends 22 (London: HMSO, 1992), S. 16.

beeinflussen kann. Die Zeitungen nehmen wahr, daß die Verbrechen zunehmen. Sie rufen nach polizeilichem Eingreifen und vielleicht auch nach einer Erhöhung des Personalstands der Polizei. Als Ergebnis werden mehr Verbrechen erfaßt. Die Medien geben sich über diese Zunahme schockiert und verlangen, daß sofort etwas unternommen werden solle ... und so weiter.

Neu–linker Realismus

Lange Zeit hindurch haben viele Kriminologen, vor allem jene mit eher liberalen oder linken Auffassungen, dazu geneigt, die Bedeutung des Anstiegs der offiziellen Verbrechensraten herunterzuspielen. Sie haben den Nachweis versucht, daß die Medien in der Angelegenheit eine unnötige öffentliche Aufregung hervorgerufen haben, oder argumentiert, daß ein Großteil der Kriminalität eine verschleierte Form des Protests gegen Ungleichheiten darstellt – ganz wie es von Mertons Anomieschema nahegelegt wird. Der neu–linke Realismus (NLR), der vor allem mit der Arbeit von Jock Young assoziiert wird, hat sich von dieser Position abgesetzt (Young, 1988).

Der NLR behauptet, daß Verbrechen tatsächlich zugenommen haben und daß die Öffentlichkeit sich zurecht darüber Sorgen macht. Aus dieser Perspektive wird versucht, auf die Verbrechensopfer aufmerksam zu machen, statt sich lediglich mit jenen zu beschäftigen, die kriminelle Handlungen begehen. Befragungen der

Opfer, so die Behauptung, liefern ein gültigeres Bild des Ausmaßes der Kriminalität als offizielle Statistiken oder der BCS (Evans, 1992). Untersuchungen der Opfer zeigen, so Young, daß die Polizei dabei ist, ihren Kampf gegen das Verbrechen zu verlieren, vor allem in den Slum–Gebieten der Großstädte (weiteres Material über den großstädtischen Wohnbereich und seine Probleme findet sich in Kapitel 17 „Der moderne Urbanismus"). Verbrechen auf offener Straße, darunter verschiedene Formen der Gewaltverbrechen, Drogenhandel und Vandalismus haben sehr stark zugenommen.

Der Ansatz entnimmt Merton, Cloward und Ohlin und anderen die Idee, daß sich in den städtischen Wohnvierteln kriminelle Subkulturen entwickeln. Solche Subkulturen entstehen nicht aus der Armut als solcher, sondern aufgrund der fehlenden Einbindung in die weitere Gemeinschaft. Kriminalisierte Jugendgruppen operieren z. B. am Rand der „respektablen Gesellschaft" und stellen sich dieser entgegen. Die Tatsache, daß die Kriminalitätsraten der Schwarzen in den letzten Jahren gestiegen sind, wird auf das Scheitern der Politik der ethnischen Integration zurückgeführt.

Kritiker dieser Perspektive haben gegen die Betonung der Bedeutung der Opferrolle nichts einzuwenden. Sie verweisen jedoch darauf, daß die öffentliche Wahrnehmung der Kriminalität sehr häufig auf Stereotypen – falschen Bildern – basiert. Ohne es zu beabsichtigen, könnte NLR dem Stereotyp: „schwarz = kriminell" neue Nahrung geben. Der Ansatz wurde auch dahingehend kritisiert, daß er allzuviel Aufmerksamkeit auf das Opfer verlagert. Was benötigt wird, ist die Untersuchung der Erfahrungen sowohl des Opfers als auch des Täters (Hughes, 1991).

Mord und andere Gewaltverbrechen

Mord

Mordraten zählen vermutlich zu den verläßlichsten Kriminalstatistiken. Doch sogar hier gibt es Probleme. Damit ein Todesfall als Mord klassifiziert wird, muß man wissen, daß er begangen wurde. Dies bedeutet im allgemeinen, daß man eine Leiche finden muß; es gibt wenige Todesfälle, die als Mord klassifiziert werden, bei denen keine Leiche entdeckt wurde. Ist eine Leiche einmal gefunden, entsteht ein Mordverdacht nur dann, wenn bestimmte Umstände darauf hinweisen, daß der Tod ein „nicht–natürlicher" war – etwa Schädelverletzungen. Kommt ein Fall einmal vor Gericht, dann kann vielleicht entschieden werden, daß der Angeklagte sich nur des Totschlags (wo eine feindselige Absicht, doch keine Tötungsabsicht, vorliegt) und nicht des Mordes schuldig gemacht hat (siehe Abb. 5.3).

Medizinstatistiken, die auf den Befunden der Leichenbeschauer beruhen, ermöglichen es uns, die Mordrate mehr oder weniger unabhängig von der Polizeistatistik zu ermitteln. Auch diese Befunde sind nicht völlig genau, da es vorkommen kann, daß der Leichenbeschauer einen Mord für einen Unfall hält oder einen Mord als Selbstmord interpretiert. Im allgemeinen sind diese Statistiken jedoch den polizeilich ermittelten Mordraten sehr ähnlich, was nahelegt, daß sie in der Tat recht genau sein könnten.

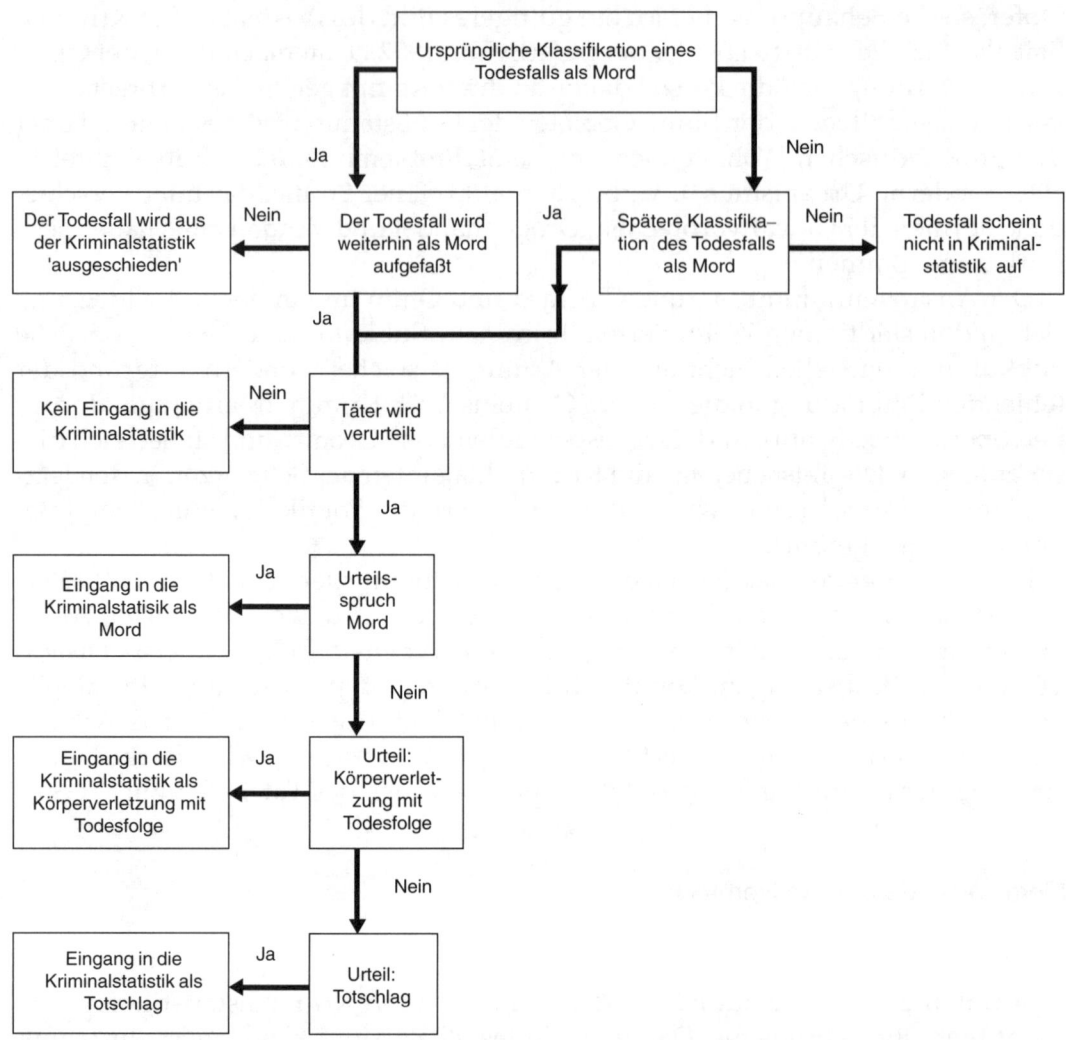

Abbildung 5.3 Die verschiedenen Arten, in denen ein Mord in die Kriminalstatistik eingehen kann - oder auch nicht
Quelle: A. K. Bottomley und K. Pease, *Crime and Punishment: Interpreting the Data* (Milton Keynes: Open University Press, 1986), S. 9.

Gewaltverbrechen in den USA

Niemand bestreitet ein Phänomen, das sich aus den Kriminalstatistiken ablesen läßt – das außergewöhnlich hohe Niveau von Gewaltverbrechen in den Vereinigten Staaten, verglichen mit anderen industrialisierten Ländern, darunter auch Großbritannien. In Detroit, einer Stadt mit einer Bevölkerung von nur etwas mehr als eineinhalb Millionen, werden jedes Jahr mehr Morde angezeigt als in ganz Großbritannien, das von 55 Millionen Leuten bewohnt wird. Aus vergleichender Perspektive haben die Vereinigten Staaten eine Kultur, die von Gewaltverbrechen geprägt ist. Warum ist das so?

Die Antwort auf diese Frage verweist manchmal auf den allgemein leichten Zugang zu Waffen aller Art. Dieser Faktor ist sicherlich von Bedeutung, doch kann er für sich genommen kaum die vollständige Antwort darstellen. Die Schweiz hat sehr niedrige Raten von Gewaltverbrechen, obwohl dort Schußwaffen sehr leicht zugänglich sind: Alle Männer sind Mitglieder der Armee und bewahren zu Hause Waffen auf, darunter Gewehre, Revolver und manchmal auch andere automatische Schußwaffen, zuzüglich der notwendigen Munition. Auch ist es nicht schwierig, einen Waffenschein zu bekommen (Clinard, 1978). Die plausibelste Erklärung für das hohe Niveau der Gewaltverbrechen in den Vereinigten Staaten ist eine Kombination aus mehreren Faktoren: die Verfügbarkeit von Schußwaffen, das Nachwirken der „Grenzertradition" und die Existenz gewalttätiger Subkulturen in den Großstädten. Die Gewalt der Grenzer und der Vigilanten ist ein ehrwürdiger Teil der amerikanischen Geschichte. In den Einwandererbezirken der Städte entwickelten sich schon früh informelle Methoden der sozialen Kontrolle der Nachbarschaft, die auf Gewalt oder auf der Androhung von Gewalt beruhten. Die jungen Leute in den schwarzen und den hispanischen Gemeinschaften haben in ähnlicher Weise Subkulturen der Männlichkeit und der Ehre entwickelt, die mit gewalttätigen Ritualen verknüpft sind.

Die Gewalt in der amerikanischen Gesellschaft – oder in der britischen – hat überhaupt nichts mit den biologischen Unterscheidungsmerkmalen zwischen Schwarzen und Weißen zu tun. Untersuchungen haben nachgewiesen, daß die Mordraten in afrikanischen Gemeinschaften im allgemeinen außergewöhnlich niedrig sind, verglichen mit den Raten der amerikanischen Schwarzen. Forschungen von Marvin Wolfgang in Philadelphia ergaben, daß Schwarze zwischen 1948 und 1952 eine Rate von 24,6 Morden pro 100 000 Bevölkerungsmitgliedern hatten. Afrikanische Gruppen, die im selben Zeitraum von Paul Bohannan untersucht wurden, hatten jährliche Mordraten von weniger als 12 pro 1 000 000 Menschen – diese Rate zählt zu den niedrigsten der Welt (Wolfgang, 1958; Bohannan, 1960).

Es ist wichtig, auf den vergleichsweise alltäglichen Charakter vieler Gewaltverbrechen hinzuweisen. Die meisten Überfälle und Morde haben wenig gemeinsam mit den mörderischen Amokläufen Bewaffneter, die in den Medien im Vordergrund stehen. Morde ereignen sich im allgemeinen innerhalb der Familie und im Kontext anderer persönlicher Beziehungen. Sie werden wesentlich öfter von Leuten begangen, die unter dem Einfluß von Alkohol stehen als von jenen, die Drogen konsumiert haben – was nicht überraschen kann, angesichts der Tatsache, daß der Alkoholkonsum wesentlich verbreiteter ist als der von Drogen (Cook, 1982).

Ein beträchtlicher Teil der Morde wird vom Opfer „ausgelöst" – das Opfer führt die verhängnisvolle Entladung von Gewalt herbei, indem es als erstes eine drohende Geste macht oder zuerst zuschlägt. In Wolfgangs amerikanischer Studie, die zuerst auf das Phänomen aufmerksam machte, finden sich viele Beispiele, darunter folgendes: „Ein Verbrechensopfer geriet in Rage, als ein Gläubiger bei ihm Geld eintreiben wollte. Das Opfer ergriff ein Beil und ging auf den Gläubiger zu, der ein Messer hervorzog und das Opfer erstach". (Wolfgang, 1958, S. 253; siehe auch Campbell und Gibbs, 1986).

Eine spezielle Form des Gewaltverbrechens, die Vergewaltigung, wird in Kapitel 6 „Geschlecht und Sexualität" erörtert.

Gefängnisse und Bestrafungen

Wie weiter oben erwähnt, waren Gefängnisstrafen für lange Zeit mit dem Ziel verbunden, kriminelles Verhalten zu korrigieren – Verbrecher sollten resozialisiert und zu gesetzestreuen Bürgern werden. Die Verwahrung im Gefängnis soll Übeltäter bestrafen und die Bürger vor ihnen schützen. Doch das zugrundeliegende Prinzip des Gefängnissystems ist jenes der „Besserung" des Individuums, damit es eine angemessene Rolle in der Gesellschaft spielen kann. Haben Gefängnisse diese Wirkung auf jene, die für bestimmte Zeit eingesperrt wurden? Das Beweismaterial enthält starke Hinweise darauf, daß das nicht der Fall ist.

Häftlinge werden heute im allgemeinen nicht mehr körperlich mißhandelt, wie das früher weitgehend üblich war – obwohl solche Mißhandlungen keineswegs unbekannt sind, nicht einmal in Frauengefängnissen (wie weiter unten gezeigt wird). Häftlinge leiden jedoch unter vielen anderen Arten von Entbehrungen. Sie werden nicht nur ihrer Freiheit beraubt, sondern auch eines angemessenen Einkommens, der Gesellschaft ihrer Familie und früheren Freunde, heterosexueller Beziehungen, ihrer eigenen Kleidung und anderer persönlicher Gegenstände. Sie leben häufig zusammengepfercht mit anderen und müssen sich strengen Verhaltensregeln und der Reglementierung ihres täglichen Lebens unterwerfen.

Das Leben unter solchen Bedingungen tendiert eher dazu, zwischen den Häftlingen und der Gesellschaft außerhalb des Gefängnisses einen Graben aufzureißen, als ihr Verhalten an die Normen dieser Gesellschaft anzupassen. Strafgefangene müssen sich mit einer Umwelt auseinandersetzen, die sich von „draußen" deutlich unterscheidet, und die Gewohnheiten und Einstellungen, die sie im Gefängnis erlernen, sind häufig genau das Gegenteil jener, die man ihnen eigentlich vermitteln möchte. Sie können z. B. Ressentiments gegen den Durchschnittsbürger entwickeln, dazu gelangen, Gewalttätigkeit als normal zu akzeptieren, Kontakte zu hartgesottenen Verbrechern aufbauen, die sie später in der Freiheit aufrechterhalten, und sich kriminelle Geschicklichkeiten aneignen, von denen sie vorher wenig Ahnung hatten. Es ist daher nicht überraschend, daß die *Rückfalls*raten – die neuerliche Straffälligkeit von Personen, die in Erziehungsanstalten oder Gefängnissen waren – alarmierend hoch sind. Mehr als 60 Prozent aller Männer, die aus dem Gefängnis entlassen wurden, werden innerhalb von vier Jahren nach der Begehung des ursprünglichen Verbrechens wieder verhaftet. Die tatsächliche Rückfallsrate ist vermutlich höher, da zweifellos manche von denen, die zu verbrecherischen Aktivitäten zurückkehren, nicht gefaßt werden.

Obwohl Gefängnisse bei der Resozialisierung von Häftlingen wenig Erfolg zu haben scheinen, ist es dennoch möglich, daß sie Leute davon abschrecken, Verbrechen zu begehen. Während jene, die tatsächlich eingesperrt werden, nicht abgeschreckt werden, könnte es sehr wohl der Fall sein, daß die Unannehmlichkeiten des Gefängnislebens auf andere eine abschreckende Wirkung ausüben. So entsteht ein fast unlösbares Problem für Leute, die das Gefängnis reformieren wollen. Macht man aus Gefängnissen Orte, in denen es äußerst ungemütlich ist, dann hilft dies vermutlich bei der Abschreckung potentieller Täter, doch bewirkt es gleichzeitig, daß die Resozialisierungsziele des Gefängnisses nur unter äußersten Schwierigkeiten erreicht werden können. Doch je weniger streng die Lebens-

Konformität und Devianz 153

bedingungen im Gefängnis sind, desto mehr verliert die Gefängnisstrafe ihre abschreckende Wirkung.

Gefängnisrevolten und Alternativen zur Haftstrafe

Im April 1990 gab es im Strangeways-Gefängnis in Manchester eine Revolte der Insassen; sie übernahmen die Kontrolle über das Gebäude und richteten große Schäden an. Ihre Besetzung des Gefängnisses dauerte fast einen Monat und führte zu einem Aufschrei der Öffentlichkeit – manche Reaktionen brachten gegenüber den im Gefängnis herrschenden schrecklichen Bedingungen Zustimmung zum Ausdruck, die meisten waren jedoch ablehnend. Diese Ereignisse waren nur der Höhepunkt einer langen Reihe von Gefängnisrevolten in Großbritannien. Zwischen 1969 und 1989 gab es zwölf größere Aufstände in Gefängnissen, die ein Schlaglicht auf die Lage der Insassen warfen – vor allem auf die jener, die längere Strafen abzusitzen hatten.

Einer der Teilnehmer der Gefängnisrevolte im Peterhead-Gefängnis im Jahr 1987 verteidigte sich vor Gericht mit folgenden Worten:

> Kann irgend jemand die Schrecken des Gefängnislebens jemals verstehen, auch wenn er Gefängnisse besichtigt hat? Natürlich nicht. Niemand kann sie verstehen, ohne Teil davon gewesen zu sein, ohne die Ängste verspürt zu haben, ohne die Hilflosigkeit und Trostlosigkeit dieses Lebens gekannt zu haben. Das Leben im Gefängnis vermittelt nicht jene Besserung und Ausbildung, die der Insasse brauchen würde, um draußen von vorne anfangen zu können ... Wenn die Gefängnisbehörden darauf bestehen, die Gefangenen wie Tiere zu behandeln, dann werden sich diese natürlich auch weiterhin wie Tiere benehmen. Gefangene wie ich wurden als unheilbare Psychopathen beschrieben, als Umstürzler, die nichts anderes im Sinn hätten als Zerstörung. Dabei handelt es sich eher um einen Vorwand als um die Wahrheit. Ich frage Sie, hat man Gefangenen jemals die Chance gegeben, sich in irgendeiner anderen Weise auszudrücken? (Zitiert in Scraton et al., 1991, S. 22)

Die Gefängnisse im heutigen Großbritannien sind wie die in den meisten anderen Industrieländern massiv überfüllt. Da die Gefängnisstrafe meist keine resozialisierende Wirkung hat und vielleicht nicht einmal eine abschreckende, stellt sich die Frage, welche Alternativen man dem Gefängnis als Methode des Umgangs mit dem Verbrechen entgegenstellen kann. Viele Beobachter haben gemeint, daß es heutzutage eine „Gefängniskrise" gibt; man sollte darauf, ihrer Auffassung nach, nicht dadurch reagieren, daß man zusätzliche Gefängnisse baut, sondern indem man das Wesen der Bestrafung neu überdenkt. In verschiedenen Ländern werden Alternativen entweder eingesetzt oder zumindest in Betracht gezogen (Morris, 1989).

Eine davon ist die Überwachung innerhalb der Gemeinschaft, darunter die *bedingte Verurteilung*, *Bewährungshilfe* und *Kautionsüberwachung*. In Großbritannien ist es bereits so, daß zu jedem beliebigen Zeitpunkt wesentlich mehr verurteilte Straftäter auf Bewährung sind als im Gefängnis. Bedingte Verurteilungen als Sanktion vergleichsweise unbedeutender Verbrechen werden weithin verwendet; in solchen Fällen muß der Verurteilte für einen bestimmten Zeitraum „Wohlverhalten" zeigen und sich regelmäßig bei den Behörden melden. Am Ende dieses Zeitraums ist der Fall abgeschlossen. Die bedingte Haftentlassung ist eine Herabsetzung der Dauer der Haftstrafe, die gewährt wird, um die gute Führung des

Betreffenden im Gefängnis zu belohnen. Die in den USA häufig angewandte Kautionsüberwachung erspart Leuten die Untersuchungshaft; sie müssen sich der Aufsicht irgendwelcher verantwortungsvoller Personen unterwerfen, während sie auf ihren Prozeß warten, der über ihre Schuld oder Unschuld entscheidet.

Eine weitere Alternative stellt die *Diversion* dar; der Ausdruck bezieht sich auf Programme, durch die der einzelne Täter dem Handlungsbereich der Gerichte überhaupt entzogen werden soll. Ein Großteil der existierenden Programme, die in verschiedenen Ländern ebenfalls weit verbreitet sind, beziehen sich auf Ersttäter oder auf geringfügige Vergehen. Unterstützt durch einen Sozialarbeiter beginnt der Täter damit, daß er seine eigene Verantwortung für die fragliche Handlung akzeptiert und sich dann überlegt, wie er darauf reagieren kann. Die zugrundeliegende Idee ist die des Abbaus von Schuldgefühlen und stigmatisierenden Mechanismen und einer positiv orientierten Planung der Resozialisierung.

Es gibt noch viele andere Möglichkeiten, darunter die *richterliche Anordnung, bestimmte gemeinnützige Dienstleistungen zu erbringen*; die verstärkte Verhängung von *Geldstrafen*, die abgearbeitet werden müssen; *Schadenersatz an das Opfer*, entweder durch Geldzahlungen oder bestimmte Dienstleistungen; *Täter–Opfer Versöhnungsprogramme*; *therapeutische Gemeinschaften* und der *Gefängnisurlaub*, der es Gefangenen gestattet, einen bestimmten Zeitraum außerhalb des Gefängnisses zu verbringen. Manche haben argumentiert, daß die Gefängnisse überhaupt abgeschafft werden sollten. Wie bereits erwähnt, sind sie historisch gesehen vergleichsweise neuen Ursprungs, und es ist ihnen nie gelungen, ihre Hauptziele auch nur annähernd zu erreichen. Vorläufig jedoch ist sehr wahrscheinlich, daß die meisten Länder das Gefängnissystem beibehalten, es jedoch durch eine Anzahl alternativer Strategien ergänzen werden (Vass, 1990).

Die Todesstrafe

Seit die Gefängnisstrafe zur Hauptform der Ahndung von Verbrechen geworden ist, wurde die Todesstrafe immer umstrittener. Leute wegen ihrer Verbrechen hinzurichten, ist den meisten Sozialreformern als barbarisch erschienen. Darüberhinaus ist es bei Anwendung der Todesstrafe unmöglich, Fehlurteile im nachhinein zu korrigieren, sollten neue Beweise auftauchen, die zeigen, daß jemand zu Unrecht verurteilt wurde.

Wie bereits festgestellt, sind die Vereinigten Staaten fast das einzige westliche Land, wo die Todesstrafe noch immer angewendet wird. Tatsächlich wurde sie vom Obersten Gerichtshof im Jahr 1972 abgeschafft, doch 1976 wieder eingeführt. In einer beträchtlichen Anzahl von Bundesstaaten ist man wieder dazu übergegangen, Todesurteile zu vollstrecken. Die Anzahl der alljährlich zum Tode Verurteilten nimmt zu, doch bisher haben der Instanzenzug und andere Faktoren den Anteil der Todesurteile, die tatsächlich vollstreckt werden, in Grenzen gehalten.

In verschiedenen anderen Ländern gibt es einen Strang der öffentlichen Meinung, der die Todesstrafe wieder einführen möchte, zumindest für bestimmte Typen von Verbrechen (wie z. B. terroristische Handlungen oder Polizistenmord). In Großbritannien haben Meinungsumfragen immer wieder gezeigt, daß eine Mehrheit der Bevölkerung für die Wiedereinführung der Todesstrafe ist. Viele

Mitglieder der allgemeinen Öffentlichkeit glauben anscheinend, daß die Androhung der Hinrichtung potentielle Mörder abschreckt. Doch obwohl die Debatte darüber weitergeht, gibt es wenige oder gar keine Beweise, die diese Idee stützen könnten. Länder, in denen die Todesstrafe abgeschafft wurde, haben keine sichtbar höheren Mordraten als zuvor. Obwohl die Vereinigten Staaten an der Todesstrafe festhalten, sind die amerikanischen Mordraten mit Abstand die höchsten in der industrialisierten Welt.

Freilich mag es sein, daß die starken Emotionen der Öffentlichkeit hier eher Einstellungen gegenüber der Bestrafung widerspiegeln als die Idee, daß die Todesstrafe eine abschreckende Wirkung hat. Vielleicht meinen die Leute, daß jemand, der einem anderen das Leben genommen hat, sein eigenes verwirkt hat. Die Gegenauffassung ist die, daß die Gesellschaft ein moralisches Unrecht begeht, wenn sie ihre eigenen Bürger tötet, welche Verbrechen diese auch immer begangen haben mögen. Diese zweite Auffassung, unterstützt durch die mangelnde abschreckende Wirkung, hat sich bisher bei den meisten Gesetzgebern durchgesetzt.

Geschlecht und Verbrechen

Wie in anderen Bereichen der Soziologie haben kriminologische Untersuchungen traditionellerweise die Hälfte der Bevölkerung ignoriert (Morris, 1987). Viele Lehrbücher der Kriminologie haben noch immer praktisch nichts über Frauen zu sagen, abgesehen von den Abschnitten über Vergewaltigung und Prostitution, und auch die meisten Theorien der Devianz haben Frauen fast völlig übergangen. Ein Beispiel ist Mertons Darstellung der Beziehung zwischen Sozialstruktur und Anomie. Der „Erfolgsdruck" bezieht sich angeblich auf praktisch alle Mitglieder moderner Gesellschaften. Es wäre daher nur logisch, wenn Frauen in den verschiedenen von Merton identifizierten Kategorien der Devianz, einschließlich des Verbrechens, häufiger vertreten wären als Männer, da Frauen weniger Möglichkeiten offen stehen „voranzukommen". Doch sind die weiblichen Kriminalitätsraten tatsächlich – oder scheinbar – außergewöhnlich niedrig. Auch wenn Frauen aus irgendeinem Grund seltener an devianten Aktivitäten teilnehmen als Männer, ist dies wohl kaum ein Grund, sie gänzlich von der Betrachtung auszuschließen.

Männliche und weibliche Kriminalitätsraten

Die Statistiken über den Zusammenhang zwischen Geschlecht und Verbrechen sind verblüffend. So etwa sitzen unverhältnismäßig mehr Männer als Frauen in Gefängnissen, nicht nur in Großbritannien, sondern in allen industrialisierten Ländern. Frauen machen nur ungefähr 3 Prozent der britischen Gefängnispopulation aus. Es gibt auch Unterschiede zwischen den Arten von Verbrechen, die Männer und Frauen begehen, zumindest wenn man der offiziellen Statistik Vertrauen schenkt. Die von Frauen begangenen Delikte haben selten mit Gewalt zu tun und sind fast ausnahmslos nicht sonderlich schwerwiegend. Formen der Kleinkriminalität, wie der Ladendiebstahl, oder Verstöße gegen die öffentliche Ordnung, wie Betrunkenheit oder Prostitution, sind typische weibliche Delikte (Flowers, 1987).

Es könnte natürlich der Fall sein, daß die wirklichen Geschlechtsunterschiede bei den Kriminalitätsraten weniger ausgeprägt sind, als die offiziellen Statistiken nahelegen. So könnten etwa Polizisten und andere Beamte weibliche Täter als weniger gefährlich auffassen als Männer und ihnen Dinge durchgehen lassen, für die Männer verhaftet würden. Untersuchungen über Verbrechensopfer stellen Mittel zur Verfügung, diese Möglichkeit zu überprüfen. In einer amerikanischen Studie wurden die Daten des *National Crime Survey* 1976 mit Statistiken des FBI verglichen, um zu sehen, ob es hinsichtlich des Anteils von Frauen, die in kriminelle Aktivitäten verwickelt waren, irgendwelche Unterschiede gibt (Hindelang, 1978). Bei den schweren, von Frauen begangenen Verbrechen fanden sich kaum Unterschiede; die Statistiken des FBI wiesen tatsächlich *höhere* Frauenanteile aus als die Umfragen. Manche Beobachter haben argumentiert, daß der Anteil von Frauen, die in „männliche" Verbrechen verwickelt sind, wie etwa bewaffneter Raubüberfall, im Ansteigen begriffen ist, doch gibt es für einen derartigen Trend keine eindeutigen Beweise (Dobash, Dobash und Gutteridge, 1986).

Experimente mit „verlorenen Briefen" haben eine Informationsquelle über den Zusammenhang zwischen Geschlecht, Gelegenheiten und Verbrechen eröffnet (Farrington und Kidd, 1980). Bei diesen Experimenten wurden Geldbriefsendungen an verschiedenen öffentlichen Orten fallen gelassen. In den verschiedenen Versionen der Experimente wurde eine Reihe von Bedingungen variiert – die Höhe des Geldbetrags, ob es sich um Bargeld oder um eine andere Form (wie z. B. eine Anweisung) handelte, der scheinbare Verlierer (eine alte Dame oder ein wohlhabender Mann). Man beobachtete die Merkmale der Personen, die die Briefe aufhoben, und die Forscher konnten aufgrund eines bestimmten Codes feststellen, ob der Brief aufgegeben oder unterschlagen wurde.

Das Geld wurde am häufigsten gestohlen, wenn das scheinbare Opfer ein wohlhabender Mann war und wenn es sich um Bargeld handelte, doch stahlen Frauen genauso häufig wie Männer – ausgenommen, es handelte sich um höhere Beträge. In dieser Situation unterschlug die Hälfte der Männer die Briefe, verglichen mit weniger als einem Viertel der Frauen. Möglicherweise wird das Einstecken eines kleinen Geldbetrags – im Gegensatz zu größeren Summen – nicht als „Stehlen" wahrgenommen, und vielleicht sind Männer eher bereit, sich durch die Unterschlagung größerer Summen zu bereichern.

Das einzige Delikt, bei dem die weibliche Rate der Verurteilungen sich jener der Männer annähert, ist der Ladendiebstahl. Es wurde argumentiert, daß dies darauf schließen läßt, daß Frauen zu kriminellen Handlungen neigen, wenn sie sich in einem „öffentlichen" Kontext befinden – z. B. beim Einkaufen – und nicht in einem häuslichen. Wo die Gelegenheit, ein Verbrechen zu begehen, Frauen und Männern mehr oder weniger im gleichen Maß offensteht, dort ist – in anderen Worten – die Wahrscheinlichkeit, daß sie straffällig werden, gleich groß. Es hat jedoch nur wenige Studien gegeben, die geschlechtsspezifische Unterschiede beim Ladendiebstahl untersucht haben, und die genannte Schlußfolgerung ist derzeit noch ziemlich spekulativ (Buckle und Farrington, 1984).

Die Mädchen in der Bande

Auch über die weiblichen Mitglieder von Jugendbanden oder über etwa existierende weibliche Banden hat es nur wenige Untersuchungen gegeben. Es gibt zahlreiche Darstellungen von Straßenjungen und männlichen Banden, doch in diesen Studien kommen Frauen nur am Rande vor. Anne Campbell hat jedoch Mädchen in New Yorker Straßenbanden untersucht (Campbell, 1986a). Drei Banden wurden von ihr genauer erforscht: Eine war ethnisch gemischt, eine puertorikanisch und die dritte schwarz. Das Alter der Mitglieder reichte von fünfzehn bis dreißig Jahren. Campbell verbrachte sechs Monate mit jeder der Banden und widmete ihre Aufmerksamkeit vor allen den Anführerinnen.

Connie war die Anführerin der *Sandman Ladies*, einer weiblichen Gruppe, die mit dem *Sandman Bikers* verknüpft war, einer Bande, die von ihrem Ehemann angeführt wurde. Zur Zeit der Untersuchung war sie dreißig Jahre alt, und sie war die Anführerin einer gemischten hispanischen und schwarzen Bande in Harlem, New York. Die Haupteinkommensquelle der *Sandman Bikers* war der Drogenhandel. Die Gruppe stand in einem Dauerkonflikt mit den *Chosen Ones* (den Auserwählten), einer Frauen–Gang aus dem oberen Manhattan. Jene, die zu den *Sandman Ladies* stießen, mußten ihre kämpferischen Qualitäten unter Beweis stellen; über die Aufnahme entschied Connie, die zunächst feststellte, ob ein Mädchen während einer Probezeit „herumhängen" konnte und ob sie später ihre „Schulterklappen" (Abzeichen) bekam. Connie trug stets ein Springmesser bei sich und besaß auch einen Revolver. Wenn sie kämpfte, dann um zu töten, sagte sie. Gewalttätige Auseinandersetzungen waren in der weiblichen Gruppe ebenso alltäglich wie in der männlichen.

Weeza and the Sex Girls waren eine hispanische Bande mit einer männlichen und einer weiblichen Abteilung. Weeza konnte weder lesen noch schreiben und war sich nicht sicher, wie alt sie eigentlich war – vermutlich war sie sechsundzwanzig. In der Blütezeit der Bande gab es mehr als fünfzig weibliche Mitglieder. Die Frauen erwarben sich eine Reputation der körperlichen Durchschlagskraft; Schlägereien gehörten zum Alltag. Die männlichen Bandenmitglieder bewunderten die Frauen dafür, während sie in anderer Hinsicht noch immer die traditionelle Rollenverteilung ermutigten, etwa bei der Versorgung der Kinder, beim Kochen und beim Nähen.

Die dritte untersuchte Gruppe war die *Five Percent Nation*, eine schwarze religiöse Organisation. Die Mitglieder behaupten, daß 10 Prozent der Bevölkerung 85 Prozent ausbeuten, während die verbliebenen 5 Prozent aus erleuchteten Anhängern des Islam bestünden, deren Pflicht es sei, die Schwarzen zu erziehen. Die Polizei betrachtete die *Five Percent Nation* als Straßenbande. Die Person, auf die Campbell ihre Aufmerksamkeit konzentrierte, Sun–Africa, hatte ihren „Regierungsnamen", wie sie es nannte, abgelegt. Wie bei den anderen Gruppen waren sie und die anderen weiblichen Mitglieder häufig in Kämpfe verwickelt. Mitglieder der Gruppe waren wegen Raubdelikten, verbotenem Waffenbesitz, Einbrüchen und Autodiebstählen verhaftet worden.

In einer anderen Studie befragte Campbell Schulmädchen aus der Arbeiterklasse über Schlägereien. Sie fand heraus, daß Mädchen öfter an derartigen Aktivitäten teilnahmen, als allgemein angenommen wird (Campbell, 1986b). Fast alle von ihr Angesprochenen gaben zu, daß sie schon in eine Schlägerei verwickelt waren; ein Viertel hatte an mehr als sechs teilgenommen. Die Mehrheit wies die Aussage „Ich glaube, daß Schlägereien nur für Jungen sind" zurück.

Gewalt in Frauengefängnissen

Die von Pat Carlen gesammelten Autobiographien von weiblichen Strafgefangenen in britischen Gefängnissen enthalten zahlreiche gewalttätige Episoden; die Gewalt wird als beständiges Merkmal des Lebens im Frauengefängnis dargestellt (Carlen et al. 1985). Josie O'Dwyer, eine Insassin des Holloway–Gefängnisses in London, beschreibt, wie der „schwere Mob" der Wärterinnen sich auf gewaltsame Vergeltungsmaßnahmen gegen Gefangene spezialisiert hatte, die sich ihrer Auffassung nach nicht fügsam genug benommen hatten. Daß man vom „schweren Mob" oder anderen Gefangenen geschlagen wurde, war an der Tagesordnung:

> Eine bestimmte Wärterin ist immer hereingewalzt und hat begonnen, dir mit dem Finger an der Brust herumzustochern. Sie wollte, daß du sie schlägst – das hat sie angetörnt, das Kämpfen und die Gewalt. Sie schleppen dich am „Halsband", der Schlüsselkette, und dir kann es passieren, daß du gleichzeitig drei Ketten um den Hals hast. Du hast dann violette Flecken am Hals, ein violettes Halsband ... du beginnst, ohnmächtig zu werden, und du denkst „Das ist es jetzt, jetzt muß ich sterben." ... Ich hätte auch sterben können, doch ich bin es nicht, und ich habe ziemliches Schwein gehabt. Ich habe überlebt. (Carlen et al., 1985, S. 149)

Bewertung

Campbells und Carlens Studien zeigen, daß Gewaltanwendung nicht ausschließlich auf die männliche Kriminalität beschränkt ist. Frauen nehmen zwar wesentlich seltener als Männer an Gewaltverbrechen teil, doch ist ihnen die Verwicklung in gewalttätige Episoden nicht gänzlich fremd. Warum sind also die weiblichen Verbrechensraten soviel niedriger als die von Männern?

Es gibt einige Hinweise darauf, daß es weibliche Gesetzesbrecher ziemlich häufig vermeiden können, vor Gericht zu kommen, weil es ihnen gelingt, die Polizei oder andere Amtspersonen dazu zu bringen, ihre Handlungen in einem bestimmten Licht zu sehen. Sie berufen sich auf den „Geschlechtervertrag", wie es genannt wurde, – den impliziten Kontrakt zwischen Männern und Frauen, der festhält, daß Frau–Sein bedeutet, einerseits kopflos und impulsiv, andererseits schutzbedürftig zu sein. So beschreibt etwa Worrall den Fall einer Frau, die ihre Schwester mit einem Küchenmesser umbrachte. Statt sie ins Gefängnis zu stecken, gab man ihr eine Bewährungsfrist von drei Jahren, mit der Auflage, sich einer therapeutischen Behandlung zu unterziehen. Die einzelnen Vorgänge während der Verhandlung legen nahe, daß der Richter der Auffassung war, „eine sehr typische junge Frau" und gleichzeitig in mörderischer Weise gewalttätig zu sein, seien miteinander unverträglich. Man faßte sie daher nicht als den für ihr Verbrechen verantwortlichen Akteur auf (Worrall, 1990).

Doch kann die unterschiedliche Behandlung kaum den gewaltigen Unterschied zwischen den männlichen und weiblichen Verbrechensraten erklären. Die Gründe dafür sind fast sicherlich eben jene, die Geschlechtsunterschiede auch in anderen Bereichen erklären (siehe Kapitel 6 „Geschlecht und Sexualität"). Freilich gibt es bestimmte spezifisch „weibliche Delikte" – vor allem die Prostitution –, derentwegen Frauen verurteilt werden, während ihre männlichen Kunden straffrei bleiben. „Männliche Verbrechen" bleiben „männlich"; dies ist auf Sozialisationsunterschiede zurückzuführen und auf die Tatsache, daß die Aktivitäten und das Engagement von Männern im Gegensatz zu Frauen noch immer eher in die nicht–häusliche Sphäre fallen. Geschlechtsspezifische Unterschiede bei den Verbrechensraten wurden häufig unter Bezug auf angeblich angeborene biologische oder psychologische Unterschiede erklärt – unter Bezug auf Unterschiede der Körperstärke, auf Passivität oder auf die vorzugsweise Befassung mit reproduktiven Aufgaben. Heute sieht man „frauliche" Merkmale als zum Großteil sozial definiert an, ganz wie die Merkmale der „Männlichkeit" (siehe Kapitel 6). Viele Frauen sind dahingehend sozialisiert, im sozialen Leben auf andere Dinge Wert zu legen als Männer (etwa für andere zu sorgen und persönliche Beziehungen zu pflegen). Von gleicher Bedeutung ist die Tatsache, daß aufgrund des Einflusses von Ideologien und anderen Faktoren – wie etwa der Idee des „netten Mädchens" – das Verhalten von Frauen oft auf eine Art eingeschränkt und überwacht wird, wie dies bei männlichen Aktivitäten nicht der Fall ist.

Schon seit Ende des vorigen Jahrhunderts haben Kriminologen vorhergesagt, daß die Gleichberechtigung der Geschlechter den Unterschied in den Kriminalitätsraten zwischen Männern und Frauen verringern oder eliminieren würde, doch bis heute sind diese Unterschiede ausgeprägt geblieben. Ob diese Verschiedenheiten der männlichen und der weiblichen Verbrechensraten eines Tages verschwinden werden, ist etwas, das wir noch immer nicht mit Bestimmtheit sagen können.

Verbrechen gegen Frauen

Ein alles andere als vernachlässigenswerter Anteil krimineller Aktivität besteht aus Verbrechen *gegen* Frauen. Die große Mehrheit dieser Verbrechen wird von Männer verübt; dazu gehört Gewalt gegen Frauen, wie etwa in Fällen von familiärer Gewalttätigkeit und von Vergewaltigung. Obwohl es einige Beispiele erzwungener sexueller Handlungen zwischen Lesbierinnen zu geben scheint, ist die Vergewaltigung ein fast ausschließlich männliches Verbrechen. Zwar tragen auch Männer ein gewisses Risiko, an öffentlichen Orten der Gewalt anderer Männer zum Opfer zu fallen, doch sind öffentliche Bereiche vor allem für Frauen unsicher – des Nachts oder wenn nur wenige andere Personen zugegen sind. (Eine ausführlichere Erörterung von Verbrechen gegen Frauen findet sich in Kapitel 6 „Geschlecht und Sexualität".)

Verbrechen der Wohlhabenden und Mächtigen

Obwohl die ärmeren Mitglieder der Gesellschaft den Großteil der Gefängnisinsassen stellen, ist die Verübung krimineller Handlungen keineswegs auf sie beschränkt. Viele reiche und mächtige Leute begehen Verbrechen, die wesentlich folgenreicher sein können als die oft unbedeutenden Vergehen der Armen. Wir werden im folgenden einige dieser Verbrechensformen betrachten.

White–collar–Verbrechen

Der Ausdruck „white–collar–Verbrechen" wurde von Edwin Sutherland geprägt (Sutherland, 1949) und bezieht sich auf Verbrechen, die von Angehörigen der wohlhabenderen Gesellschaftsschichten begangen werden. Gemeint sind viele Arten des kriminellen Verhaltens, darunter Steuerhinterziehung, illegale Verkaufspraktiken, Finanz– und Immobilienschwindel, Unterschlagungen, die Herstellung oder der Verkauf gefährlicher Produkte und gesetzwidrige Umweltverschmutzung wie auch der einfache Diebstahl. Die Verteilung von white–collar–Verbrechen ist noch schwieriger zu messen als jene der anderen Verbrechensarten; die meisten dieser Verbrechensformen gehen überhaupt nicht in die offizielle Statistik ein. Wir können zwischen dem **white–collar–Verbrechen** und den **Verbrechen der Mächtigen** unterscheiden. Bei white–collar–Verbrechen wird vor allem eine Position in der Mittelschicht oder in den Professionen dazu mißbraucht, illegale Aktivitäten zu setzen. Die Verbrechen der Mächtigen sind jene, bei denen die durch eine bestimmte Position verliehene Autorität in krimineller Weise eingesetzt wird – wenn sich z. B. ein Beamter bestechen läßt, um bestimmte behördliche Maßnahmen zu begünstigen.

Die Anstrengungen, die unternommen werden, um white–collar–Verbrechen aufzudecken, sind im allgemeinen recht zurückhaltend, und es kommt selten vor, daß die dabei Betretenen ins Gefängnis müssen. Ein drastisches Beispiel dafür, wie sich die Einstellungen der Richter gegenüber white–collar–Verbrechen und „gewöhnlichen" Delikten unterscheiden, liefert ein in den Vereinigten Staaten bekannt gewordener Fall. Ein Teilhaber einer New Yorker Maklerfirma wurde für schuldig befunden, an illegalen Geldgeschäften mit Schweizer Banken teilgenommen zu haben; es ging dabei um eine Summe von 20 000 000 Dollar. Er erhielt eine bedingte Gefängnisstrafe und eine Geldstrafe von 30 000 Dollar. Am selben Tag verhängte derselbe Richter ein Urteil über einen arbeitslosen schwarzen Speditionsangestellten, der einen Fernsehapparat im Wert von 100 Dollar gestohlen hatte. Der Angeklagte wurde zu einem Jahr Gefängnis verurteilt (Napes, 1970).

Obwohl white–collar–Verbrechen von den Behörden mit wesentlich mehr Nachsicht betrachtet werden als die Verbrechen der weniger Privilegierten, sind ihre Kosten enorm. In den Vereinigten Staaten wurden weit mehr Untersuchungen über white–collar–Verbrechen durchgeführt als z. B. in Großbritannien. Berechnungen zufolge geht es beim white–collar–Verbrechen (definiert als Steuerhinterziehung und betrügerische Machenschaften, die sich auf finanzielle Angelegenheiten, auf Drogen und medizinische Dienstleistungen, auf häusliche Instandhaltungsarbeiten und Autoreparaturen beziehen) in Amerika um Geldbeträge, die vierzigmal so groß sind wie bei gewöhnlichen Eigentumsdelikten (Raubdelikten, Einbrüchen, Diebstählen, Fälschungen und Autodiebstählen) (*President's Commission on Organized Crime*, 1985). Darüberhinaus betreffen verschiedene Formen des white–collar–Verbrechens eine wesentlich größere Anzahl von Personen als

*„Provisionen, Unterschlagungen, Preisabsprachen, Bestechung ...
das ist ein Gebiet mit außerordentlich hoher Kriminalität."*

Wiedergabe mit Genehmigung von Sidney Harris.

die Kriminalität der unteren Schichten. Wird eine Unterschlagung begangen, dann könnte das auf einen Diebstahl an Tausenden – oder heute bei Computerdelikten an Millionen – von Leuten hinauslaufen; verdorbene Nahrungsmittel oder Medikamente, die illegal verkauft werden, können die Gesundheit vieler Menschen beeinträchtigen und zu Todesfällen führen.

Die Gewalttätigkeit des white–collar–Verbrechens zeigt sich weniger deutlich als jene von Morden oder Überfällen, doch ist sie genauso real – und kann gelegentlich wesentlich gravierendere Konsequenzen haben. So können z. B. Verstöße gegen die Vorschriften über die Herstellung neuer Medikamente, über die Sicherheit am Arbeitsplatz oder die Umweltverschmutzung sehr vielen Leuten körperlichen Schaden zufügen oder sogar ihren Tod verursachen. Gefährliche Arbeitsbedingungen fordern wesentlich mehr Todesopfer als Morde, obwohl es schwierig ist, genaue Statistiken über Arbeitsunfälle zu erstellen. Selbstverständlich können wir nicht annehmen, daß alle oder auch nur die Mehrheit dieser Todesfälle und Verletzungen das Ergebnis der Vernachlässigung von Sicherheitsbestimmungen seitens der Arbeitgeber sind, für die sie rechtlich zur Verantwortung gezogen werden können. Nichtsdestoweniger gibt es Grund zur Annahme, daß viele davon auf die Vernachlässigung gesetzlich vorgeschriebener Sicherheitsbestimmungen durch Arbeitgeber oder Manager zurückzuführen sind.

Schätzungen zufolge sind ungefähr 40 Prozent der alljährlich in den USA erlittenen Verletzungen am Arbeitsplatz das direkte Resultat illegaler Arbeitsbedingungen, während weitere 24 Prozent auf legale, doch gefährliche Bedingungen zurückzuführen sind. Nicht mehr als ein Drittel sind durch die Unvorsichtigkeit der Arbeiter selbst bedingt (Hagen, 1988). Es gibt viele belegte Beispiele dafür, daß Arbeitgeber wissentlich gefährliche Praktiken eingeführt oder beibehalten haben, auch wenn diese gesetzwidrig sind. Manche Autoren argumentieren, daß die aus solchen Umständen resultierenden Todesfälle als *Unternehmensmord* bezeichnet werden sollten, da es sich dabei darum handelt, daß Firmen in illegaler (und vermeidbarer) Weise anderen Personen das Leben nehmen.

Regierungsverbrechen

Kann man von Regierungen überhaupt sagen, daß sie Verbrechen begehen? Wenn „Verbrechen" weiter definiert wird als bisher, sich der Ausdruck also auf moralisches Unrecht mit schädlichen Konsequenzen bezieht, dann ist die Antwort sonnenklar. Staaten haben viele der schrecklichsten Verbrechen der Geschichte begangen, darunter die Vernichtung ganzer Völker, wahllose Massenbombardements, der Holocaust der Nazis und Stalins Konzentrationslager. Doch auch wenn wir unsere Definition des Verbrechens auf Verletzungen innerstaatlichen Rechts einschränken, handeln Regierungen nicht selten in krimineller Weise. Das heißt, daß sie eben jene Gesetze ignorieren oder übertreten, deren Aufrechterhaltung sie durch ihre Autorität garantieren sollten. In der britischen Kolonialgeschichte war dies z. B. der Fall, als gesetzliche Garantien, die man afrikanischen Völkerschaften gewährt hatte und die Schutz für deren Land und ihre Lebensform versprachen, immer wieder gebrochen wurden.

Die Polizei, jene Behörde, die zur Verbrechensbekämpfung eingesetzt wird, ist manchmal selbst an kriminellen Handlungen beteiligt. Diese Beteiligung besteht nicht bloß aus Einzelhandlungen, sondern ist ein weit verbreitetes Merkmal der polizeilichen Arbeit. Zu den kriminellen Aktivitäten von Polizisten gehören die Einschüchterung, das Verprügeln und das Töten verdächtiger Personen, passive Bestechung, die Mitarbeit in kriminellen Netzwerken, die Unterdrückung oder Fälschung von Beweismaterial und die teilweise oder vollständige Unterschlagung, wenn Geld, Drogen oder Diebesgut polizeilich sichergestellt werden (Binder und Scharf, 1982).

Das organisierte Verbrechen

Der Ausdruck **organisiertes Verbrechen** bezieht sich auf Tätigkeiten, die sehr vieles mit gewöhnlichen geschäftlichen Unternehmungen gemeinsam haben; die damit verknüpften Aktivitäten sind jedoch illegal. Das organisierte Verbrechen in Amerika ist eine gewaltige Industrie, die mit jedem der großen herkömmlichen Wirtschaftssektoren mithalten kann, wie z. B. mit der Automobilindustrie. Landesweite und örtliche kriminelle Organisationen beliefern eine Massenklientel mit illegalen Gütern und Dienstleistungen; einige **kriminelle Netzwerke** sind auch international tätig. Zum organisierten Verbrechen gehören neben anderen Aktivitäten das illegale Spiel, Prostitution, Diebstähle im großen Maßstab und die Erpressung von Schutzgeldern.

Präzise Information über das Wesen des organisierten Verbrechens ist offensichtlich schwierig zu erlangen. In romantischen Darstellungen von Gangstern wird das organisierte Verbrechen in den Vereinigten Staaten als von einer landesweiten geheimen Gesellschaft beherrscht porträtiert, von der „Mafia". Wie der Cowboy ist auch die Mafia als solche in gewissem Ausmaß eine Schöpfung der amerikanischen Folklore. Es ist fast sicher, daß es keine Gruppe geheimnisumwitterter Gangster sizilianischer Abstammung gibt, die einer geschlossenen, landesweiten Organisation präsidieren. Jedoch hat es den Anschein, daß es in fast allen größeren amerikanischen Städten etablierte kriminelle Organisationen gibt, von denen einige miteinander in Verbindung stehen.

Das organisierte Verbrechen in den Vereinigten Staaten ist wesentlich besser verankert, umfassender und dauerhafter als in vielen anderen industrialisierten Gesellschaften. In Frankreich z. B. spielt diese Form des Verbrechens zwar eine prominente Rolle, doch ist sie weitgehend auf zwei Großstädte beschränkt, auf Paris und Marseilles. In Süditalien, der Region des stereotypen Gangsters, sind kriminelle Netzwerke sehr mächtig, doch sind sie mit traditionellen Mustern der Familienorganisation und der Gemeinschaftskontrolle in weitgehend armen, ländlichen Gebieten verknüpft. Das organisierte Verbrechen ist in Amerika wahrscheinlich so wichtig geworden, weil es sich schon früh mit den Aktivitäten der industriellen „Raubritter" des späten 19. Jahrhunderts verknüpfte und sich diese teilweise zum Vorbild nahm. Viele der frühen Industriellen häuften ihr Vermögen an, indem sie die Arbeitskraft von Einwanderern ausbeuteten, wobei sie die arbeitsrechtlichen Bestimmungen weitgehend ignorierten und häufig eine Mischung aus Korruption und Gewalt einsetzten, um ihre industriellen Imperien zu errichten. Das organisierte Verbrechen hatte in den verarmten ethnischen Ghettos (wo die Leute weder ihre gesetzlichen Ansprüche noch ihre politischen Rechte kannten) eine Blütezeit, wobei ganz ähnliche Methoden angewendet wurden, um die Konkurrenz auszuschalten und Netzwerke der Korruption zu errichten.

Das illegale Glücksspiel, Lotterien, das Wetten auf Pferde und andere Sportereignisse stellen die bedeutendsten Einkommensquellen des organisierten Verbrechens in den Vereinigten Staaten dar. Anders als die Vereinigten Staaten haben viele westliche Länder legale Wettmöglichkeiten außerhalb der Rennplätze; in Großbritannien gibt es konzessionierte Wettbüros. Zwar können sich diese nicht allen kriminellen Einflüssen entziehen, doch wird das Glückspiel dort nicht in

Angebot und Nachfrage

Kokain wird aus den Blättern der Kokapflanze gewonnen, die vor allem in Bolivien, Kolumbien und Peru wächst. Die dort Ansässigen haben schon immer die Blätter gekaut, um Erschöpfung und Hunger zu verscheuchen. Die Bauern pflanzten Koka an, da sie und die örtlichen Unternehmen es sich nicht leisten können, von anderen Ernten abhängig zu sein. Der Weltmarktpreis anderer Ernten, von Textilien oder Rohstoffen kann jederzeit fallen; daher besteht ein starker Anreiz, Koka anzupflanzen und damit zu handeln.

Blätter um 1 Kilo Kokain zu machen
$1,000

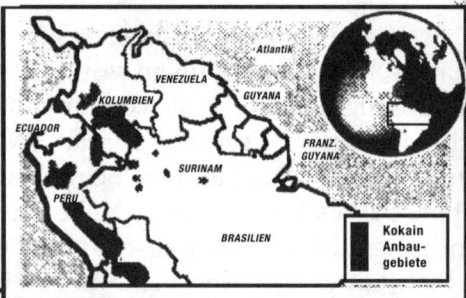

Die Verarbeitung der Blätter

1 Der erste Verarbeitungsschritt findet im allgemeinen in Fabriken in der Nähe des Anbaugebietes statt. Die Blätter werden für vier Tage in verdünnter Schwefelsäure eingelegt. Die Flüssigkeit wird abgegossen und mit Kalk, Petroleum und anderen Chemikalien vermischt, um Kokapaste (nicht raffiniertes Kokain) herzustellen. Ungefähr die Hälfte davon wird im Herstellungsgebiet geraucht.

2 Die übrige Paste wird im allgemeinen in ein Labor gebracht, wo sie zu einem kristallinen Pulver raffiniert wird, zu Kokainhydrochlorid: dem eigentlichen Kokain. Dieses ist nun bereit zum Export.

Der Schmuggel

1 Kilo Kokain
$5,000

Die Kuriere befestigen Päckchen und Kokain mit Klebeband an ihrem Körper und verstecken diese unter ihren Kleidern; oder sie verstecken Päckchen in ihrem Gepäck. Manche schlucken mit Kokain gefüllte Präservative und warten darauf, daß sie den Körper wieder verlassen, wenn sie an ihrem Ziel angekommen sind.

Ungefähr 75% des exportierten Kokains geht in die Vereinigten Staaten. Der Großteil des Restes gelangt vor allem über Spanien und Portugal nach Europa. Das Rauschgift wird von Kurieren im normalen Linienverkehr transportiert oder auf privaten Flugzeugen oder Booten versteckt. Eine neulich durchgeführte Umfrage zeigte, daß die meisten Kuriere sich der hohen Strafen nicht bewußt waren, die im allgemeinen gegen Rauschgiftschmuggler verhängt werden. 1990 beschlagnahmten die britischen Zollbehörden 390 Sendungen von Kokain.

Die Verteilung

Das Kokain wird an einem vorher bestimmten Treffpunkt übergeben, damit es verteilt werden kann. Die Händler benutzen oft Tarnfirmen; diese erwecken den Anschein von legalen Firmen und dienen auch zur „Wäsche" des Geldes (die Gewinne werden als die des legalen Unternehmens deklariert).

Der Handel

Die Händler arbeiten allein oder in Netzwerken. Manche verkaufen viele verschiedene Drogen, andere nur eine. Manche verwenden Drogen, andere verkaufen sie nur. Ein Teil des Kokains wird zu „Crack" verarbeitet: eine Substanz, die geraucht werden kann. Sie wirkt schneller als Kokain, doch hält die Wirkung kürzer an.

Der Gebrauch

Kokain wird im allgemeinen eingenommen, indem man es durch die Nasenlöcher aufschnupft, worauf es in den Blutkreislauf übergeht. Der Verwender verspürt eine stimulierende Wirkung und seine Stimmung hebt sich. Kokain ist sehr teuer (ein Gramm kostet zwischen achtzig und hundert Pfund), daher haben viele Verwender große finanzielle Schwierigkeiten. Die Einnahmen großer Dosen kann Verfolgungswahn und Panikgefühl auslösen, und zwischen den Dosen tritt eine tiefe Depression ein.

 **Besondere Gefahren des Drogengebrauchs**

- Die Einnahme verschiedener Drogen zur selben Zeit (vor allem Alkohol mit anderen dämpfenden Mitteln) kann zur Überdosis und zum Tod führen.
- Die Einnahme zu großer Dosen.
- Unfälle, während man unter dem Einfluß von Drogen steht.
- Die gemeinsame Verwendung von Spritzen, ohne sie zu sterilisieren.

Abbildung 5.4 Eine internationale kriminelle Industrie: Angebot und Nachfrage bei Kokain
Quelle: The Guardian, zuerst veröffentlich in *Education Guardian,* 12. November 1991, S. 3; Graphik von Paddy Allen; Fotografie The Bodleian Library, Oxford.

jenem Maß von illegalen Organisationen kontrolliert, wie es in den Vereinigten Staaten der Fall ist.

Obwohl wir über wenig systematische Information über das organisierte Verbrechen in Großbritannien verfügen, ist bekannt, daß in Teilen von London und anderen großen Städten umfassende kriminelle Netzwerke existieren. Manche von ihnen haben internationale Verbindungen. Vor allem London ist ein Zentrum krimineller Operationen, die ihre Basis in den Vereinigten Staaten und anderen Ländern haben. 1987 wurde am Flughafen von Heathrow eine große Menge Gold gestohlen; ein Beamter von Scotland Yard, der über die Untersuchung dieses Verbrechens sprach, enthüllte, daß die Spur der Täter „auf die Insel Man führte, auf die Kanalinseln, auf die britischen Jungferninseln, auf Inseln vor der amerikanischen Küste, nach Florida und nach Miami. Die Spur führte uns auch in andere Bereiche des organisierten Verbrechens – Drogenschmuggel und kriminelle

Verschwörungen zwischen hiesigen Kriminellen und Italienern, Franzosen, Spaniern und Amerikanern. Es gab einige ziemlich enge Verbindungen." (Shawcross und Fletcher, 1987, S. 33).

Trotz zahlreicher Feldzüge der Regierung und der Polizei ist der Rauschgifthandel einer der sich am raschesten ausweitenden internationalen kriminellen Industriezweige (siehe Abb. 5.4), mit Wachstumsraten von mehr als 10 Prozent in den siebziger und achtziger Jahren und extrem hohen Profiten. Heroinnetzwerke erstrecken sich über den Fernen Osten, vor allem über Südasien, finden sich aber auch in Nordafrika, dem Nahen Osten und Lateinamerika. Das wichtigste Liefergebiet für den Kokainmarkt ist Bolivien; als Ergebnis dieser Handelsbeziehungen verzeichnet die bolivianische Wirtschaft einen alljährlichen Zustrom von mehr als einer Milliarde Dollar. Die Nachschublinien führen auch durch Paris und Amsterdam, von wo die Drogen im allgemeinen nach Großbritannien geliefert werden.

Der Drogenhandel nimmt auf der ganzen Welt zu, wie auch der Gebrauch illegaler Drogen. (Offizielle Statistiken über die Anzahl der Heroinabhängigen in Großbritannien verzeichneten einen Anstieg von 10 700 im Jahr 1987 auf 17 800 im Jahr 1990. Nach inoffiziellen Schätzungen beträgt die Anzahl der Heroinabhängigen 100 000.) Ein im Jahr 1990 veröffentlichter Bericht ermittelte für den Verkauf von Kokain, Heroin und Cannabis in den USA und in Europa einen Umsatz von 122 Milliarden Dollar. Im Vergleich dazu betrug der Wert der in Großbritannien im Jahr 1990 verkauften Tabakerzeugnisse 16 Milliarden Dollar (Benn, 1991).

Verbrechen ohne Opfer

Sogenannte **Verbrechen ohne Opfer** sind Aktivitäten, an denen Individuen mehr oder weniger freiwillig teilnehmen, ohne dabei anderen direkt Schaden zuzufügen, die aber als illegal definiert sind (wie etwa der Drogenmißbrauch, verschiedene Formen des Glückspiels und die Prostitution). Der Ausdruck „Verbrechen ohne Opfer" ist nicht gänzlich zutreffend, da z. B. jene, die drogenabhängig oder zu Spielern werden, in gewissem Sinn zu Opfern des organisierten Verbrechens werden. Sollten solche Personen zu Schaden kommen, dann sind sie jedoch daran hauptsächlich selbst schuld, weshalb viele Autoren argumentiert haben, daß sich die Regierung nicht in solche Aktivitäten einmischen sollte – und daß derartige Gewohnheiten „entkriminalisiert" werden sollten.

Manche Autoren schlagen vor, daß überhaupt keine freiwillig unternommenen Tätigkeiten illegal sein sollten (solange sie nicht die Freiheit anderer beeinträchtigen oder ihnen Schaden zufügen). Andersmeinende behaupten, daß die Regierung die Rolle des Tugendwächters gegenüber der Bevölkerung, die ihrer Administration unterworfen ist, übernehmen soll und daß es daher gerechtfertigt ist, zumindest manche Typen dieser Aktivitäten als kriminell zu definieren. Merkwürdigerweise wird dieses Argument am häufigsten von Konservativen vorgebracht, die in anderer Hinsicht großen Wert auf die Freiheit des Individuums gegenüber Einmischungen des Staates legen. Selbstverständlich ist die Frage sehr kompliziert. Fügt jemand anderen einen Schaden zu, wenn er sich selbst schädigt – z. B. ein Drogenabhängiger, der seiner Familie Leid zufügt? Wieweit können solche Argumente vorangetrieben werden?

Der Begriff der Geisteskrankheit

Der zweite wichtige Bereich abweichenden Verhaltens, der für den Staat von großer Bedeutung ist und der ebenfalls mit Kerkerorganisationen verknüpft ist, ist die Geisteskrankheit. Wie wir gesehen haben, ist die Idee, daß die Verrückten geistig „krank" sind, nicht viel älter als ungefähr zweihundert Jahre. Vor dieser Zeit wurden die Leute, die wir heute als geistig verwirrt auffassen, als „besessen", „unlenkbar" oder „melancholisch" aufgefaßt, nicht jedoch als krank.

Psychosen und Neurosen

Nachdem sich die Auffassung der Verrücktheit als Krankheit immer mehr durchsetzte, begann man mit Versuchen, ihre physischen Ursprünge im Körper zu erklären. Die Mehrheit der Psychiater ist heute der Auffassung, daß zumindest einige Formen der Geisteskrankheit körperliche Ursachen haben. Sie arbeiten auch mit standardisierten diagnostischen Kriterien, um verschiedene Typen von geistiger Störung identifizieren zu können. Die Psychiater teilen psychische Störungen in zwei Hauptkategorien ein, die **psychotischen** und die **neurotischen**. Die Psychose wird für die schwerste Erscheinungsform gehalten; bei ihr ist der Realitätssinn beeinträchtigt. Die **Schizophrenie** ist die am häufigsten identifizierte Form der Psychose, und Personen mit der Diagnose Schizophrenie machen einen beträchtlichen Anteil der Insassen von psychiatrischen Anstalten aus. Die für die Schizophrenie charakteristischen Symptome sind vielfältig – die Betroffenen sprechen in einer anscheinend unlogischen und unzusammenhängenden Weise, sie hören Stimmen oder haben Halluzinationen, sie leiden an Größen- oder Verfolgungswahn, und sie reagieren nicht auf ihre Umgebung oder auf Ereignisse.

Neurotische Störungen hindern Individuen meist nicht daran, ihr gewöhnliches Leben fortzusetzen. Das Hauptmerkmal des so klassifizierten Verhaltens ist eine tiefgreifende Besorgnis über Dinge, die von anderen Leuten als ziemlich trivial aufgefaßt werden. Jemand könnte so in extreme Angstzustände verfallen, wenn er Fremden zum ersten Mal begegnet oder wenn er nur daran denkt, mit einem Bus, einem Auto oder einem Flugzeug zu reisen. Zu den Symptomen der Neurose können manchmal auch *Zwangs*handlungen gehören; hier hat das Individuum das Gefühl, daß es zu diesen Handlungen getrieben wird. So etwa kann es vorkommen, daß jemand jeden Morgen dreißig- oder vierzigmal das Bett macht, bevor er so zufrieden ist, daß er sich einer anderen häuslichen Aufgabe widmen kann.

Physische Behandlungsformen

Während des letzten Jahrhunderts sind gegenüber der Geisteskrankheit viele verschiedene physische Behandlungsformen angewendet worden. Immer wieder wurde behauptet, daß eine physiologische Basis der wichtigeren psychischen

Störungen (im besonderen der Schizophrenie) entdeckt worden sei. Doch sowohl die physische Behandlung der Geisteskrankheit als auch die These, daß sie eine identifizierbare biologische Basis hat, haben sich als problematisch erwiesen. Zu den physischen Behandlungsmethoden der Schizophrenie gehören die Insulinschock–Therapie, die später durch die Elektroschocktherapie ersetzt wurde, und die präfrontale Lobotomie (die chirurgische Durchtrennung der Nervenverbindung zwischen bestimmten Teilen des Gehirns). Bei der Elektroschockbehandlung verfällt der Patient in einen kurzen, aber intensiven Krampf, der einen Gedächtnisverlust auslöst, der über Wochen oder Monate hinweg anhält. Danach – so die Theorie – kommt die Rückkehr zur Normalität. Dieses Verfahren wird noch immer angewendet – heute allerdings häufiger gegen Depressionen als gegen Schizophrenie –, obwohl viele in ihm nicht viel mehr gesehen haben als eine barbarische Form der Bestrafung.

Die Lobotomie wurde 1935 von einem portugiesischen Neurologen, Antonia Egas Moniz, eingeführt und wurde eine Zeitlang in vielen Ländern ausgiebig angewendet. Über die Wirksamkeit des Verfahrens wurden weitreichende Behauptungen aufgestellt, doch es zeigte sich, daß viele Patienten einem auffallenden Verfall ihrer intellektuellen Fähigkeiten unterworfen waren und eine apathische Persönlichkeit entwickelten. In den fünfziger Jahren wurde das Verfahren weitgehend aufgegeben – allerdings teilweise aufgrund der Entwicklung neuer Tranquillizer. Diese werden heute allgemein gegen Schizophrenie und andere Störungen eingesetzt. Zweifellos „funktionieren" diese Drogen in gewissem Ausmaß – auch wenn niemand mit hinreichender Deutlichkeit sagen kann, warum das so ist; sie unterdrücken bestimmte Symptome, die es den Patienten erschweren, problemlos in der weiteren Gesellschaft zu leben. Wie wirksam sie sogar in dieser eingeschränkten Hinsicht sind, bleibt jedoch umstritten (Scull, 1980).

Die Diagnose der Geisteskrankheit

Es wäre überraschend, wenn Medikamente eindeutige Auswirkungen auf die Geisteskrankheit hätten, da die in der Psychiatrie zur Anwendung kommenden diagnostischen Kategorien sehr unverläßlich sind. Einen der deutlichsten Hinweise darauf findet man in D. L. Rosenhans Untersuchung der Aufnahmen in psychiatrische Anstalten (Rosenhan, 1973). Bei diesem Forschungsprojekt wurden acht geistig gesunde Personen bei der Aufnahme verschiedener psychiatrischer Anstalten an der Ost– und der Westküste der Vereinigten Staaten vorstellig. Sie hatten ihre Arbeitsbiographie verfälscht, indem sie die Tatsache unterschlugen, daß sie allesamt eine professionelle psychologische Ausbildung erhalten hatten, doch hatten sie sonst keinerlei Änderungen vorgenommen. Alle behaupteten, daß sie Stimmen hörten.

Alle wurden als schizophren diagnostiziert und in das Krankenhaus aufgenommen. Sobald sie aufgenommen waren, kehrten sie sofort zu ihrem normalen Verhalten zurück. Kein einziger wurde vom Krankenhauspersonal durchschaut; den Insassen der Anstalt gelang dies allerdings sehr wohl. Alle Mitarbeiter der Untersuchung führten ganz offen regelmäßige Aufzeichnungen über ihre Erfahrungen, doch ihr Schreiben wurde vom Personal schlicht als eine Facette ihres pathologischen Verhaltens aufgefaßt. Die Hospitalisierungsdauer dieser Leute reichte von sieben bis zweiundfünfzig Tagen, und sie wurden schließlich alle mit dem Befund „Schizophrenie in Remission" entlassen. Wie Rosenhan anmerkt, bedeutet die Formulierung „in Remission" nicht, daß die Normalität der Pseudopatienten entdeckt worden wäre, da zu keinem Zeitpunkt Fragen über die Legitimität ihrer Hospitalisierung aufgeworfen wurden.

Diese Untersuchung wurde von verschiedener Seite kritisiert, und es ist unklar, ob ihre Ergebnisse ganz so dramatisch waren, wie manchmal behauptet wurde. Die Krankengeschichten der Projektmitarbeiter hielten fest, daß sie „keine Anzeichen der Abnormität aufwiesen" (Rosenhan, 1973). Die Hospitalisierungsdauer ist vielleicht nicht sehr aussagekräftig, da es damals in den USA schwierig war, aus einer psychiatrischen Anstalt kurzfristig entlassen zu werden.

Die Merkmale, auf die sich Psychiater bei der Diagnose der Schizophrenie stützten, existieren zweifellos. So hört z. B. eine Minderheit von Leuten in einem fort Stimmen, ohne daß jemand anwesend wäre, hat Halluzinationen oder zeigt ein Verhalten, das als unzusammenhängend und unlogisch erscheint. Andererseits beweist Rosenhans Experiment die Vagheit psychiatrischer Diagnosen und die Bedeutung von Etikettierungsprozessen (die weiter oben in diesem Kapitel beschrieben wurden). Wären die Pseudopatienten nicht Mitarbeiter an einem Forschungsprojekt gewesen, und hätten sie sich aus irgendeinem anderen Grund in einer psychiatrischen Anstalt vorgefunden, dann gibt es wenig Zweifel, daß ihnen das diagnostische Etikett „Schizophrenie in Remission" verblieben wäre.

Einkerkerung und Entkerkerung

Das Wesen des Irrsinns: Residuale Regelverletzungen

Soziologen waren oft skeptisch gegenüber der Tendenz von Psychiatern, nach einer physischen Basis psychischer Störungen zu suchen, und haben sich auf die Etikettierungstheorie gestützt, um das Wesen der Geisteskrankheit zu deuten. Thomas Scheff hat vorgeschlagen, daß Geisteskrankheit, und da vor allem die Schizophrenie, unter Bezug auf **residuale Regelverletzungen** verstanden werden kann (Scheff, 1980). *Residuale Normen* sind „tief vergrabene Regeln", die das Alltagsleben strukturieren. Sie beziehen sich auf die Konventionen, die Goffman und die Ethnomethodologen (wie in Kapitel 4 beschrieben) untersucht haben – so soll man etwa die Person, mit der man spricht, anschauen, und man muß sich auf Regeln stützen, wenn man den Sinn dessen, was andere Leute sagen und tun, erfassen möchte oder wenn man Körperhaltung und Gesten kontrollieren möchte. Schizophrenie, so Scheff, besteht im Grund in der Verletzung solcher Normen.

Unter bestimmten Umständen verletzen viele oder alle von uns residuale Regeln. Jemand, der z. B. tief bekümmert wegen des Todes einer geliebten Person ist, könnte sich in der Interaktion mit anderen recht „unnatürlich" verhalten. Unter solchen Umständen wird derartiges Verhalten toleriert und sogar erwartet. Würde jemand jedoch beginnen, sich ohne ersichtlichen Grund derart zu verhalten, dann würde die Reaktion der anderen ganz anders ausfallen, und es könnte passieren, daß die betreffende Person als geisteskrank aufgefaßt wird. Wurde einmal ein solches Etikett verliehen, dann können die darauffolgenden Erfahrungen der Person leicht zur sekundären Devianz führen, sodaß sie sich in jener Weise verhält, die von ihr erwartet wird.

Scheffs Theorie läßt offen, *warum* manche Individuen „residuale Regeln" brechen. Genetische Faktoren könnten dabei eine Rolle spielen; soziologische Untersuchungen und Theorien der Geisteskrankheit widerlegen nicht die Möglichkeit oder sogar die Wahrscheinlichkeit, daß einige der Haupttypen der psychischen Störung auch biologisch bedingt sind. (Eine Kritik der soziologischen Diskussion der Geisteskrankheit findet sich in Roth und Kroll, 1986.)

Auch wenn es wahr wäre, daß die hauptsächlichen Formen der Geisteskrankheit eine biologische Grundlage haben, würde nicht notwendigerweise folgen, daß es wünschenswert ist, psychiatrische Patienten von der weiteren Gemeinschaft getrennt zu halten, vor allem wenn Menschen gegen ihren Willen in psychiatrischen Anstalten untergebracht werden. Thomas Szasz hat verkündet, daß schon der Begriff der Geisteskrankheit ein Mythos ist, der im Namen der geistigen Gesundheit die Verfolgung von Personen rechtfertigt (Szasz, 1976). Die zwangsweise Einweisung in eine Irrenanstalt ist im Grunde eine Art Haftstrafe für Abweichende, die gegen keinerlei strafrechtliche Bestimmungen verstoßen haben. Nach Szasz sollten Verhaltensweisen, die heute als Symptom von Geisteskrankheit aufgefaßt werden, besser als „Überlebensprobleme" angesehen werden, die sich manchen Individuen in drastischer Weise stellen. Leute, die heutzutage als „geisteskrank" bezeichnet werden, sollten nur dann (in Gefängnissen) eingekerkert werden, wenn sie Gesetze übertreten haben – wie die „gesunden" Mitglieder der Bevölkerung. Ansonsten sollte es jedermann freistehen, seine Ansichten und Gefühle, wie immer diese auch beschaffen sein mögen, zum Ausdruck zu bringen und so zu leben, wie er es möchte. Jene, die das Gefühl haben, daß sie Hilfe brauchen, sollten in der Lage sein, sich auf vertraglicher Basis Psychotherapie zu beschaffen, wie irgendeine andere Dienstleistung auch.

Entkerkerung

Während der letzten fünfundzwanzig Jahren haben in den meisten westlichen Ländern bedeutsame Veränderungen stattgefunden, die die Insassen von Kerkerorganisationen betreffen (Cohen, 1985). Die Geisteskranken und die körperlich und geistig Behinderten wurden in großen Scharen freigelassen, mit dem Ziel, die Verwahrung durch die Versorgung in der Gemeinschaft zu ersetzen. Diesen Reformen lagen im allgemeinen humanitäre Motive zugrunde, die sich in gewissem Ausmaß mit dem Wunsch nach einer Senkung der Kosten trafen, da die für die Erhaltung von Verwahrungsinstitutionen notwendigen Staatsausgaben beträchtlich sind.

Die **Entkerkerung** hat die deutlichsten und radikalsten Auswirkungen auf das Problem der Geisteskrankheit gehabt. Viele liberale Reformer hatten sich über die Auswirkungen langer Perioden der Hospitalisierung auf psychiatrische Patienten Sorgen gemacht, da Leute, die von der Außenwelt ferngehalten wurden, eine „Institutionalisierung" erfuhren – sie waren schließlich nur mehr innerhalb jener Organisation funktionsfähig, die sie angeblich wiederherstellen hätte sollen.

Darüberhinaus traten zu den Forderungen der Reformer, „die Mauern der Irrenanstalten einzureißen", zwei andere Faktoren, die in den fünfziger und sechziger Jahren die Behandlung der Geisteskranken beeinflußten. Erstens wurden Methoden der psychiatrischen Therapie entwickelt, die das Bedürfnis von Individuen, sich mit Gruppen und Gemeinschaften auseinanderzusetzen, ins Zentrum stellten – dabei kam Großbritannien die Vorreiterrolle zu. Der zweite und wichtigere Faktor war die Entwicklung neuer Psychopharmaka, die allem Anschein nach einen Durchbruch bei der Behandlung von Geisteskrankheit und beim Umgang mit Geisteskranken darstellten, ebenso aber auch von Formen des geistigen Zurückgebliebenseins und der psychischen Altersstörungen. Zwischen 1955 und 1974 wurde die Zahl der psychiatrischen Patienten in Großbritannien um ungefähr 30 Prozent gesenkt, wenn auch viele der Entlassenen alte Leute waren. In Kalifornien fiel in einem Zeitraum von lediglich zwei Jahren, zwischen 1975 und 1977, die Zahl der älteren Patienten in den verschiedenen Krankenhäusern um fast 95 Prozent.

In den achtziger Jahren gab es in Großbritannien Tendenzen, eine weitere Reihe psychiatrischer Anstalten zu schließen, vor allem die größeren und eher veralteten Organisationen. Wie schon zuvor lag dieser Entwicklung eine Mischung von Interessen zugrunde. Eine von neuem erstarkte Kampagne gegen die institutionelle Verwahrung wurzelte zum Teil in der Anerkennung des Rechts nicht nur der psychiatrischen Patienten, sondern auch der geistig und körperlich Behinderten, ein freies und unabhängiges Leben zu führen. Zusätzlich jedoch litten die Krankenhäuser unter chronischem Personalmangel, unter steigenden Kosten pro Einheit und unter der Tatsache, daß Ressourcen, die einst den Krankenhäusern vorbehalten waren, nun für andere Zwecke verwendet wurden. Manche haben von einer „unheiligen Allianz" zwischen den Vertretern eines Sparkurses und anderen gesprochen, deren Interesse vor allem darauf gerichtet war, gemeinschaftlich verankerte Dienstleistungen weiterzuentwickeln (Pilling, 1991).

Welche Auswirkungen hatte die Entkerkerung – die Rückkehr vieler Menschen in die Außenwelt – für die Geisteskranken? Vielen psychiatrischen Patienten scheint es tatsächlich schlechter zu gehen als vorher. Die aus den Anstalten Entlassenen mußten häufig entdecken, daß sie nun unter Umständen lebten, wo andere entweder unwillig oder unfähig waren, sich um sie zu kümmern (Wallace, 1987). In vielen Regionen fehlen die finanziellen Mitteln für gemeinschaftliche Pflegesysteme. Regierungsbehörden, die bei der Erhaltung von psychiatrischen Anstalten den Sparstift ansetzen, sind im allgemeinen nicht bereit, größere Ausgaben für die Schaffung von gemeinschaftlichen Pflegediensten zu tätigen, und es ist nicht klar, inwieweit Personen mit ernsthaften und dauerhaften psychischen Störungen in den lokalen Gesundheitszentren behandelt werden können. Vielen der aus den psychiatrischen Anstalten Entlassenen fehlt es an den angemessenen Mitteln des Lebensunterhalts, und sie sind daher in die verfallenden Bezirke der größeren Städte abgewandert; dort leben sie in Armut und Isolation und sind in ihren Untermietzimmern oder Asylen genauso gefangen, wie sie es in der psychiatrischen Anstalt immer schon waren, doch ohne die Sicherheit, die sie dort genossen.

Michael Dear und Jennifer Wolch bezeichneten die Umwelten, in denen viele der ehemaligen psychiatrischen Patienten leben, als „Landschaften der Verzweiflung" (Dear und Wolch, 1987), doch es wäre sicherlich ein Rückschritt, diese Leute zurück in die Irrenanstalten zu bringen. Dear und Wolch fordern die Schaffung einer „Landschaft der Fürsorge", die einen Anfang damit machen soll, die Verheißung einer gemeinschaftlichen Pflegevorsorge einzulösen. Dazu wäre es erforderlich, adäquate Wohngelegenheiten und Dienstleistungen zur Verfügung zu stellen, zusammen mit Arbeitsmöglichkeiten für jene, die aus der Verwahrung entlassen wurden. Erst dann könnten wir von einem echten Fortschritt bei der praktischen und theoretischen Behandlung von Personen, die an psychischen Nöten oder Behinderungen leiden, durch die Gemeinschaft, in der sie leben, sprechen.

Devianz und Gesellschaftsordnung

Es wäre ein schwerer Fehler, abweichendes Verhalten gänzlich negativ zu sehen. Jede Gesellschaft, die anerkennt, daß Menschen verschiedene Werte und Interessen haben, muß Raum für Individuen oder Gruppen finden, deren Aktivitäten nicht den von der Mehrheit befolgten Normen entsprechen. Leute, die in der Politik, in der Wissenschaft, in der Kunst oder auf anderen Gebieten neue Ideen entwickeln, werden häufig von jenen, die eher herkömmliche Wege beschreiten, mit Mißtrauen oder Feindseligkeit betrachtet. Die politischen Ideale etwa, die in der amerikanischen Revolution entwickelt wurden – die Freiheit des einzelnen und die Chancengleichheit –, trafen damals auf den leidenschaftlichen Widerstand vieler Leute, doch sind sie heute auf der ganzen Welt akzeptiert. Von den herrschenden Normen einer Gesellschaft abzuweichen, erfordert Mut und Entschlossenheit; diese Form der Devianz ist oft unerläßlich für die Erzielung von Fortschritten, die später als im allgemeinen Interesse liegend aufgefaßt werden.

Ist „schädliche Devianz" der Preis, den eine Gesellschaft dafür entrichten muß, daß sie ihren Mitgliedern beträchtliche Freiheiten einräumt, sich in non-konformistischer Weise zu betätigen? Sind z. B. hohe Raten krimineller Gewalttätigkeit die gesellschaftlichen Kosten, die im Austausch dafür anfallen, daß die einzelnen Bürger individuelle Freiheiten genießen? Einige Autoren haben dies tatsächlich behauptet und argumentiert, daß Gewaltverbrechen in einer Gesellschaft ohne strenge Definitionen der Konformität unvermeidlich sind. Diese Auffassung hält allerdings einer genaueren Betrachtung nicht stand. In manchen Gesellschaften, in denen eine große Bandbreite individueller Freiheiten besteht, und abweichende Aktivitäten weitgehend toleriert werden (wie in Holland), sind die Raten der Gewaltverbrechen niedrig. Umgekehrt finden wir Länder, wo die individuellen Freiheiten beschränkt sind (wie einige lateinamerikanische Gesellschaften), in denen wir hohe Niveaus der Gewalt beobachten können.

Eine Gesellschaft, die gegenüber dem abweichenden Verhalten tolerant ist, muß nicht unbedingt soziale Auflösungserscheinungen zeigen. Dieses Ergebnis kann jedoch vermutlich nur erreicht werden, wenn individuelle Freiheiten mit einem Ausmaß an sozialer Gerechtigkeit verbunden sind – in einer Gesellschaftsordnung, in der die Ungleichheiten nicht auffallend groß sind und in der die Bevölkerung als ganzes die Chance hat, ein erfülltes und befriedigendes Leben zu führen. Wenn Freiheit nicht das Gegengewicht der Gleichheit findet, und wenn viele Menschen entdecken müssen, daß ihnen die Chance auf Selbstverwirklichung weitgehend verschlossen ist, dann wird abweichendes Verhalten mit großer Wahrscheinlichkeit in eine sozial destruktive Richtung kanalisiert.

Zusammenfassung

1 Der Ausdruck „deviantes Verhalten" bezieht sich auf Handlungen, die allgemein gültige *Normen* verletzen. Was als abweichend betrachtet wird, kann sich von Zeit zu Zeit und von Ort zu Ort ändern; das „normale" Verhalten eines kulturellen Kontextes kann in einem anderen als „deviant" etikettiert werden.

2 Formelle oder informelle *Sanktionen* werden von der Gesellschaft dazu benützt, die Einhaltung sozialer Normen zu erzwingen. *Gesetze* sind Normen, die von Regierungen definiert und überwacht werden; *Verbrechen* sind Handlungen, die diesen Gesetzen zuwiderlaufen.

3 Es wurden biologische und psychologische Theorien entwickelt, denenzufolge Verbrechen und andere Formen der Abweichung genetisch bestimmt sind; diese sind jedoch heute weitgehend aufgegeben worden. Soziologen argumentieren, daß Konformität und Devianz in verschiedenen sozialen Kontexten in verschiedener Weise definiert werden. Unterschiede des Reichtums und der Macht in der Gesellschaft haben einen starken Einfluß auf die Gelegenheiten, die verschiedenen Gruppen oder Individuen offenstehen, und darauf, welche Aktivitäten als kriminell betrachtet werden. Kriminelles Handeln wird auf ganz ähnliche Weise erlernt wie gesetzestreues und richtet sich im allgemeinen auf dieselben Bedürfnisse und Werte.

4 Die Etikettierungstheorie (die annimmt, daß die Etikettierung einer Person als deviant ihr abweichendes Verhalten verstärken wird) ist von großer Bedeutung, da sie von der Annahme ausgeht, daß keine Handlung intrinsisch kriminell (oder normal) ist. Diese Theorie muß jedoch durch die Frage ergänzt werden: Wodurch wurde das Verhalten (das als deviant etikettiert wurde) ursprünglich verursacht?

5 Das Ausmaß verbrecherischer Aktivitäten in irgendeiner Gesellschaft ist schwirig zu bestimmen, da nicht alle Verbrechen zur Anzeige gelangen. Doch manche Gesellschaften scheinen wesentlich höhere Verbrechensraten zu haben als andere – wie z. B. durch die hohen Mordraten der USA, verglichen mit anderen westlichen Ländern, nahegelegt wird.

6 Wie das „Verbrechen" in verschiedenen Epochen und Kulturen variiert hat, so variieren auch die Formen der Bestrafung. Gefängnisse entstanden zum Teil, um die Gesellschaft zu schützen, zum Teil in der Absicht, den Verbrecher zu „resozialisieren". Beide Ziele scheinen weitgehend verfehlt zu werden. Die Todesstrafe wurde in den meisten demokratischen Ländern abgeschafft.

7 Gefängnisse scheinen keine abschreckende Wirkung auszuüben, und das Ausmaß, in dem sie Häftlinge dazu bringen, sich in der Außenwelt bewegen zu können, ohne Rückfälle zu erleiden, ist ungeklärt. Es wurden viele Alternativen zum Gefängnis vorgeschlagen, darunter Strafen auf Bewährung, Arbeiten im Dienst der Gemeinschaft, Geldstrafen, die Entschädigung des Opfers und andere Maßnahmen. Einige davon sind in bestimmten Ländern bereits weit verbreitet.

8 Die Verbrechensraten von Frauen sind wesentlich niedriger als die von Männern, vermutlich wegen der allgemeinen Sozialisationsunterschiede zwischen Männern und Frauen und der größeren Anteilnahme von Männern an Tätigkeiten außerhalb des Haushalts.

9 Die Ausdrücke *white–collar–Verbrechen* und *Verbrechen der Mächtigen* beziehen sich auf Delikte, die von den Angehörigen der wohlhabenden Gesellschaftssektoren begangen werden. Mit *organisiertem Verbrechen* sind institutionalisierte Formen der kriminellen Betätigung gemeint, bei denen zwar viele Merkmale von herkömmlichen Organisationen auftreten, die jedoch im ganzen illegal sind.

10 Soziologische Untersuchungen der Geisteskrankheit haben Zweifel gegenüber der Präzision der von Psychiatern verwendeten diagnostischen Kategorien aufgeworfen und nahegelegt, daß manche Personen „lernen", geisteskrank zu werden, und zwar aufgrund eben jenes Prozesses, der angeblich ihrer Behandlung dient. Dabei spielen Etikettierungsprozesse wahrscheinlich eine wichtige Rolle.

11 *Entkerkerung* ist der Prozeß, durch den die Insassen von Verwahrungsinstitutionen in die Gemeinschaft reintegriert werden sollen. Die unbeabsichtigten Konsequenzen der Entkerkerung waren häufig bedauerlich; viele frühere Insassen von psychiatrischen Anstalten kämpfen „in der Außenwelt" unter ungewohnten und wenig hilfreichen Bedingungen um das Überleben.

Grundbegriffe

Devianz	Verbrechen
Konformität	Geisteskrankheit

Wichtige Fachausdrücke

deviante Subkultur	Verbrechen der Mächtigen
Sanktion	organisiertes Verbrechen
Gesetze	kriminelles Netzwerk
Psychopath	Verbrechen ohne Opfer
differentielle Assoziation	psychotische Zustände
Anomie	neurotische Zustände
Bande	Schizophrenie
Etikettierungstheorie	residuale Regelverletzungen
white–collar–Verbrechen	Entkerkerung

Weiterführende Literatur

Howard S. Becker, *Außenseiter* (Frankfurt: Fischer, 1981) – einflußreiche Studie des bekannten Etikettierungstheoretikers.

A. K. Bottomley und K. Pease, *Crime and Punishment: Interpreting the Data* (Milton

Keynes: Open University Press, 1986) - eine sehr nützliche Analyse der Probleme der Erfassung von Kriminalitätsraten.

Stanley Cohen und Laurie Taylor, *Ausbruchsversuche. Identität und Widerstand in der modernen Lebenswelt* (Frankfurt/Main: Suhrkamp, 1980) - eine Studie, die die verschiedenen Formen untersucht, in denen Menschen versuchen, den Gewohnheiten und Routinen des Alltagslebens zu entkommen.

Michel Foucault, *Überwachen und Strafen. Die Geburt des Gefängnisses* (Frankfurt: Suhrkamp, 1994) – eine bahnbrechende Studie über die Entstehung der Gefängnisse.

Janet Foster, *Villains: Crime and Community in the Inner City* (London: Routledge, 1990) – eine faszinierende Darstellung der Entwicklung krimineller Subkulturen in einem Gebiet in der Mitte von London.

Stephen Hester and Peter Eglin, *A Sociology of Crime* (London: Macmillan, 1992) – ein nützliches Lehrbuch der Kriminologie.

Stephen Pilling, *Rehabilitation and Community Care* (London: Routledge, 1991) – analysiert die Konsequenzen der Schließung von Krankenhäusern und plädiert für eine sorgfältige Planung von gemeindeeigenen Betreuungseinrichtungen.

Heinrich Popitz, *Über die Präventivwirkung des Nichtwissens* (Tübingen: Mohr, 1968) – eine prägnante Begründung der Unmöglichkeit des „gläsernen Menschen".

Robert Reiner, *The Politics of Police* (London: Harvester, 1992) – eine Neuausgabe eines bekannten Buches, das sich mit der Geschichte und Soziologie der Polizei in Großbritannien befaßt.

Sandra Walklate, *Victimology: The Victim and the Criminal Justice Process* (London: Unwin Hyman, 1989) – eine Einführung in die Forschung über Kriminalitätsopfer.

Ann Worrall, *Offending Women* (London: Routledge, 1990) – eine interessante und wichtige Analyse des Zusammenhangs von Geschlecht und Rechtssystem.

Kapitel 6

Geschlecht und Sexualität

Natürliches und soziales Geschlecht
 Die Ursprünge der Unterschiede zwischen den Geschlechtern
 Sind Verhaltensunterschiede biologisch bedingt?
 Verhaltensunterschiede bei Tieren
 Verhaltensunterschiede bei Menschen

Geschlechtsgebundene Sozialisation
 Reaktionen von Eltern und Erwachsenen
 Das Erlernen der Geschlechterrolle
 Bücher und Geschichten
 Fernsehen
 Schule und Einflüsse der Peer-Gruppe
 Die Schwierigkeiten der geschlechtsindifferenten Erziehung

Geschlechtliche Identität und Sexualität: Drei Theorien
 Freuds Theorie der Geschlechtsentwicklung
 Kommentar
 Chodorows Theorie der Geschlechtsentwicklung
 Kommentar
 Geschlecht, Ich und Moral: Die Theorie Carol Gilligans
 Kommentar

Patriarchat und Produktion
 Die Herrschaft der Männer
 Frauen in der Arbeitswelt: Ein historischer Rückblick
 Ungleichheiten am Arbeitsplatz
 Das Problem des Erfolgs
 Die Gleichbehandlungsgesetzgebung
 Niedriglöhne und die Armutsfalle der Frauen
 Die Lage in Schweden
 Die Hausarbeit

Feministische Bewegungen
 Der frühe Feminismus in Frankreich
 Der Kampf in den Vereinigten Staaten
 Die Entwicklung in Europa
 Das Wiederaufleben des Feminismus
 Die Auswirkungen des Feminismus

Gewalt in der Familie, sexuelle Belästigung und Vergewaltigung
 Gewalt in der Familie
 Sexuelle Belästigung
 Vergewaltigung
 Vergewaltigung und weibliche Angst: Die These Brownmillers

„Normales" sexuelles Verhalten
 Kulturelle Unterschiede
 Die Sexualität in der westlichen Kultur
 Das Sexualverhalten
 Männliche Sexualität und die „Männerbefreiung"

Homosexualität
 Homosexualität in nichtwestlichen Kulturen
 Homosexualität in der westlichen Kultur
 Die Verbreitung von Homosexualität
 Die Einstellung zur Homosexualität
 Schwulen-Subkulturen
 Weibliche Homosexualität

AIDS
 AIDS in der heterosexuellen Bevölkerung

Prostitution
 Prostitution heute
 Kinderprostitution

Schlußfolgerung: Die Soziologie und die Beziehungen zwischen den Geschlechtern

Zusammenfassung

Grundbegriffe

Wichtige Fachausdrücke

Weiterführende Literatur

Geschlecht und Sexualität 177

Die berühmte Reiseschriftstellerin Jan Morris lebte zuerst als Mann und wurde dann eine Frau. Als James Morris nahm sie an der von Sir Edmund Hillary geleiteten britischen Expedition auf den Mount Everest teil. Sie hatte den Großteil ihres Erwachsenenlebens „männlich" geführt, sich aber immer als Frau in einem fremden männlichen Körper gefühlt. Nachdem sie eine Geschlechtsumwandlung vornehmen hatte lassen, begann sie ihr Frauenleben.

Das Buch, in dem sie ihre Erfahrungen mit der Geschlechtsumwandlung beschrieb, enthält einige brillant formulierte Schlüsselstellen, über die wir einen Einblick in die verschiedenen Welten, in denen die Geschlechter beheimatet sind, gewinnen:

> Es heißt immer, der soziale Unterschied zwischen den Geschlechtern nehme heutzutage ständig ab. Doch meine Erfahrungen in beiden Geschlechtern haben mich gelehrt, daß es offenbar keinen Bereich unseres Daseins, keinen Augenblick, keinen Kontakt, keine Abmachung und keine Reaktion gibt, die nicht für Mann und Frau verschieden sind. Schon allein der Ton, in dem man nun zu mir sprach, die bloße Körperhaltung eines Menschen, der neben mir in derselben Schlange stand, die ganze Atmosphäre, wenn ich einen Raum betrat oder mich in einem Restaurant an den Tisch setzte, brachten mir meine veränderte Stellung zu Bewußtsein.
>
> Aber nicht nur die Reaktionen der anderen Menschen änderten sich, sondern auch meine eigenen. Je mehr man mich als Frau behandelte, desto mehr wurde ich zur Frau. Ich paßte mich wohl oder übel an. Hielt man mich für außerstande, ein Auto richtig einzuparken oder eine Flasche zu öffnen, dann merkte ich, daß mir das merkwürdig schwer fiel. Hieß es, ich könne doch den Koffer oder die Kiste nicht heben, kam mir das auch so vor. ...
>
> Wenn mich etwa einer meiner eleganteren Freunde zum Mittagessen ausführt, amüsiert mich der Gedanke, daß der widerliche Kellner vor gar nicht langer Zeit *mich* so behandelt hätte wie heute meinen Begleiter. Damals hätte er mich ernst und respektvoll begrüßt. Heute entfaltet er für mich die Serviette mit spielerischem Schwung, als wollte er mich in gute Laune versetzen. Damals hätte er meine Bestellung mit gravitätischer Miene entgegengenommen, heute erwartet er von mir eine belanglose Bemerkung (die ich dann auch mache). (Morris, 1993, S. 189ff.)

Daß aus einem „Er" eine „Sie" wird, übersteigt die Vorstellungskraft der meisten von uns, weil die Geschlechtsunterschiede unser Leben so stark prägen. Im allgemeinen werden sie uns gar nicht bewußt, weil sie eben so allgegenwärtig sind. Sie sind von Anfang an in uns drinnen. Wenn ein Kind zur Welt kommt, fragen die Eltern schließlich als erstes: Ist es ein Junge oder ein Mädchen?

In diesem Kapitel soll untersucht werden, wie die Geschlechtsunterschiede beschaffen sind, und was es bedeutet, ein „Mann" oder eine „Frau" zu sein. Wir werden zunächst den Unterschied zwischen den Geschlechtern im Verlauf der Geschichte analysieren und dann auf die Aspekte der Sozialisierung eingehen, die die **Feminität** und die **Maskulinität** beeinflussen. Dann werden wir die soziale und ökonomische Position von Frauen in den modernen Gesellschaften erörtern und eine Analyse der Sexualität vornehmen.

Natürliches und soziales Geschlecht

Das (englische) Wort „Sex" (lat. sexus) ist nicht eindeutig, weil es sich sowohl auf eine Kategorie von Personen als auch auf bestimmte Akte bezieht; wir verwenden z. B. das Wort „Sex" in Sätzen wie „Sex haben wollen". Um der Klarheit willen müssen wir diese beiden Bedeutungen getrennt halten. „Sex" (lat. sexus) bezeichnet einerseits die *biologischen oder anatomischen Unterschiede* zwischen Frau und Mann und andererseits die **sexuelle Aktivität**. Ein weiterer wichtiger Unterschied ist der zwischen **Sexus** und **Genus**. Während das Wort „Sexus" auf körperliche Unterschiede verweist, meint „Genus" mehr die *psychologischen, sozialen und kulturellen* Unterschiede zwischen Mann und Frau. Die Unterscheidung zwischen Sexus und Genus ist von grundlegender Bedeutung, weil viele Unterschiede zwischen den Geschlechtern nicht biologisch bedingt sind.

Die Ursprünge der Unterschiede zwischen den Geschlechtern

Jede Diskussion über das natürliche Geschlecht (sexus) beginnt bei der Genetik. Unser Geschlecht und der Großteil unserer Veranlagung sind das Ergebnis der Gene, die von der väterlichen Samenzelle und der mütterlichen Eizelle bei der Empfängnis, d.h. bei der Bildung einer neuen Zelle, weitergegeben wurden. Das gesamte genetische Material ist in den dreiundzwanzig Chromosomenpaaren der neuen Zelle enthalten. Die Samenzelle und die Eizelle tragen zu gleichen Teilen zur genetischen Information jedes einzelnen Chromosomenpaares bei.

Es geht uns nun um das dreiundzwanzigste Chromosomenpaar, die Geschlechtschromosomen. Dieses Paar wird mit XX (weiblich) oder XY (männlich) bezeichnet. Es entspricht der Logik der Genetik, daß ein Ei (die weibliche Zelle) zum dreiundzwanzigsten Chromosomenpaar nur ein X beisteuern kann, da es selbst ja nur aus XX besteht. Die (männliche) Samenzelle besteht aus XY und kann daher zur neuen Zelle entweder ein X oder ein Y beisteuern, was zu XX (weiblicher Embryo) oder XY (männlicher Embryo) führt.

Nach der Empfängnis teilt sich die neue Zelle und bildet neue, identische Zellen (mit identischen Chromosomen), die sich wiederum teilen. Es dauert nicht lange, und der menschliche Embryo nimmt Gestalt an. Bereits in einem sehr frühen Stadium enthält der Embryo den biologischen Apparat, die Gonaden, um entweder männliche Hoden oder weibliche Eierstöcke zu entwickeln. Der Chromosomenunterschied wirkt in diesem frühen Entwicklungsstadium wie ein Schalter, der die körperliche Entwicklung des Organismus in die eine oder andere Bahn lenkt (Lewontin, 1986).

Während des Heranreifens werden bei beiden Geschlechtern weitere Mechanismen für die geschlechtliche Entwicklung ausgelöst. Diese Zeit ist unter dem Namen „Pubertät" bekannt. Das durchschnittliche Alter, in dem Kinder in die Pubertät eintreten, ist in den industriellen Gesellschaften zurückgegangen: vor hundert Jahren menstruierten Mädchen im Durchschnitt mit 14 1/2 Jahren zum ersten Mal, heute liegt dieses Alter bei zwölf Jahren. Jungen pubertieren etwas später als Mädchen. Die Unterschiede der Körperkraft sind in der Pubertät am größten; erwachsene Männer haben im Durchschnitt um zehn Prozent mehr Muskeln als Frauen und einen höheren Anteil jener Muskelfasern, die für die körperliche Ausdauer ausschlaggebend sind. Wie weit das „angeboren" ist, ist nicht leicht zu bestimmen, weil es durch Training und Übungen erhöht werden kann. Die biologischen Unterschiede, die den Mann von vornherein für aktivere, physisch anspruchsvollere Arbeiten zu disponieren scheinen, sind eigentlich gering. Der mechanische Wirkungsgrad (d.h. die Leistung des Körpers bezogen auf den Verbrauch einer gegebenen Einheit von zugeführter Energie) ist bei Mann und Frau derselbe.

Sind Verhaltensunterschiede biologisch bedingt?

Wie sehr sind nun Unterschiede im Verhalten von Frau und Mann tatsächlich auf das natürliche und nicht auf das soziale Geschlecht zurückzuführen? Mit anderen Worten, in welchem Ausmaß sind sie auf biologische Unterschiede zurückzuführen? Hier scheiden sich die Geister. Viele Autoren sind der Meinung, daß es angeborene Verhaltensunterschiede zwischen Mann und Frau gibt, die es in irgendeiner Form in allen Kulturen gibt. Manche glauben, daß die Erkenntnisse der Soziobiologie stark in diese Richtung weisen. Sie berufen sich z. B. gerne darauf, daß es in beinahe allen Kulturen eher die Männer sind, die jagen und in den Krieg ziehen. In ihren Augen ist das der Beweis, daß Männer über ein biologisches Aggressionspotential verfügen, das den Frauen abgeht. Andere Wissenschaftler läßt dieses Argument vollkommen kalt. Das Niveau der männlichen Aggressivität, argumentieren sie, sei in den verschiedenen Kulturen ganz unterschiedlich hoch; von Frauen wiederum erwartet man in manchen Kulturen mehr „Passivität" und „Sanftheit" als in anderen (Elshtain, 1987). Wenn ein bestimmtes Merkmal generell verbreitet ist, so bedeutet das außerdem noch lange nicht, daß es biologischen Ursprungs ist. Es könnte kulturelle Faktoren sehr allgemeiner Natur geben, die solche Merkmale hervorbringen. In den meisten Kulturen verbringen die Frauen eine beträchtliche Zeit damit, Kinder zur Welt zu bringen und aufzuziehen, und können sich in dieser Zeit nicht ohne weiteres an der Jagd und an Kriegen beteiligen. Diesem Standpunkt zufolge entwickeln sich die Verhaltensunterschiede zwischen Mann und Frau hauptsächlich aus dem sozialen Erlernen der weiblichen bzw. männlichen Identität.

Verhaltensunterschiede bei Tieren

Was bedeuten die Daten über tierisches Verhalten für unsere Fragestellung? Eine mögliche Quelle relevanter Informationen sind die Unterschiede in der hormonellen Veranlagung der beiden Geschlechter. Manche Wissenschaftler behaupten, daß das männliche Geschlechtshormon, das Testosteron, für die männliche Neigung zur Gewalt verantwortlich sei (Rutter und Giller, 1983). Forschungsergebnisse zeigen z. B., daß männliche Affen, die bei der Geburt kastriert werden, weniger aggressiv sind und daß weibliche Affen, denen man Testosteron verabreicht, aggressiver sind als ihre normalen Artgenossinnen. Es stellte sich aber auch heraus, daß Affen, denen man Gelegenheit bot, ihre Herrschaftsansprüche auszuleben, einen höheren Testosteronspiegel aufwiesen. Mit anderen Worten, nicht nur das Hormon mag zu einer Steigerung der Aggression führen, sondern aggressives Verhalten regt unter Umständen die Hormonproduktion an.

Andere Hinweise lassen sich aus der direkten Beobachtung tierischen Verhaltens ableiten. Wissenschaftler, die die männliche Aggressivität biologisch begründen, stellen oft die männliche Aggression bei den nicht–menschlichen Primaten in den Vordergrund. Wenn wir das Verhalten von Primaten beobachten, sagen sie, so sind männliche Tiere immer aggressiver als weibliche. In Wirklichkeit bestehen jedoch zwischen den einzelnen Primatentypen große Unterschiede. Bei den Gibbons z. B. sind zwischen den Geschlechtern kaum Aggressivitätsunterschiede zu bemerken, während sie bei den Pavianen ausgeprägt sind. Darüberhinaus sind viele weibliche Primaten unter bestimmten Umständen äußerst aggressiv – z. B. wenn ihre Jungen in Gefahr sind.

Verhaltensunterschiede bei Menschen

Untersuchungen angeborener Anomalien bei Menschen haben einige der aufschlußreichsten Erkenntnisse geliefert, die wir bezüglich erworbener Geschlechtsunterschiede besitzen. Bei der ersten Anomalie handelt es sich um das **Syndrom der testikulären Feminisierung**, bei der zweiten um das **androgenitale Syndrom**. Im ersten Fall kommt das Individuum mit einem normalen Chromosomensatz, normalen Hoden und einem normalen Hormonspiegel auf die Welt. Wenn bei diesem Individuum das Geschlecht so bestimmt würde, wie das bei weiblichen Olympiateilnehmerinnen erfolgt, dann würde man es als „männlich" bezeichnen. Da während der embryonalen Entwicklung sein Genitalgewebe jedoch nicht auf das Testosteron reagiert, sind seine Geschlechtsmerkmale weiblich. Diese Kinder werden beinahe immer als Mädchen erzogen, weil ihre Besonderheit erst bemerkt wird, wenn in der Pubertät die Menstruation ausbleibt. Das androgenitale Syndrom ist genau umgekehrt. Individuen mit normalen weiblichen Chromosomenmerkmalen sekretieren vor der Geburt zusätzliche männliche Hormone und entwickeln männliche äußere Genitalien. Manche dieser Kinder haben die Genitalien beider Geschlechter, was chirurgisch auf die weibliche Form korrigiert werden kann. Viele jedoch werden als Jungen erzogen, weil ihre Anomalie erst im Laufe ihrer Entwicklung erkannt wird.

Alles in allem weisen die Erkenntnisse aus der Erforschung dieser beiden Anomalien auf die Bedeutung der Sozialisation im Gegensatz zu den biologischen Einflüssen bei der Entwicklung der Verhaltensunterschiede zwischen Jungen und Mädchen hin. Kinder, die bei der Geburt als „weiblich" bezeichnet werden, obwohl sie chromosomenmäßig „männlich" sind, neigen dazu, eine weibliche Geschlechtsidentität, weibliche Verhaltensweisen und eine weibliche Einstellung zu entwickeln. Andererseits erwerben Säuglinge, die von der Geburt an wie Jungen behandelt werden, ein männliches Geschlechtsverhalten (Money und Ehrhardt, 1972). Ein bekannter Fall eineiiger Zwillinge ist in diesem Zusammenhang besonders interessant. Eineiige Zwillinge entwickeln sich aus einem Ei und haben *ein und denselben* genetischen Bauplan. Nachdem ein Kind eines eineiigen männlichen Zwillingspaares bei der Beschneidung schwer verletzt worden war, wurde beschlossen, seine Genitalien in weiblicher Form wiederherzustellen. Das Kind wurde in der Folge als Mädchen erzogen. Beobachtungen des Verhaltens der Zwillinge im Alter von sechs Jahren zeigten typische männliche und weibliche Züge, so wie sie für die westliche Kultur typisch sind. Das kleine Mädchen spielte gerne mit anderen Mädchen, half bei der Hausarbeit und wollte „heiraten", wenn es einmal groß wäre. Der Junge zog die Gesellschaft anderer Jungen vor,

Autos und Lastwagen waren sein Lieblingsspielzeug, und er wollte einmal Feuerwehrmann oder Polizist werden.

Für manche war dieser Fall der schlüssige Beweis für den überwältigenden Einfluß des sozialen Lernens auf die Herausbildung von Geschlechtsunterschieden. Das Mädchen wurde allerdings später, als Teenager, für eine Fernsehsendung interviewt. Das Interview zeigte, daß es mit ihrer geschlechtlichen Identität große Probleme hatte, vielleicht, weil es spürte, daß es „eigentlich" ein Mann war. (Es hatte zu diesem Zeitpunkt bereits erfahren, was passiert war, was möglicherweise für die neue Einstellung zu sich selbst bestimmend war (Ryan, 1985, S. 182f.).)

Diese Studie ist keine Widerlegung der Idee, daß die bei Männern und Frauen beobachteten Verhaltensunterschiede biologisch beeinflußt sind. Auch wenn es solche Unterschiede geben sollte, bleiben ihre physiologischen Ursprünge vorerst noch im dunklen. Die meisten Beobachter würden wahrscheinlich den Schlußfolgerungen von Richard Lewontin, einem der weltweit bekanntesten Genforscher, zustimmen:

> Die primäre Selbstidentifikation eines Menschen als Mann oder Frau – einschließlich des zugehörigen Komplexes von Verhaltensweisen, Vorstellungen und Wünschen – hängt von dem Etikett ab, das ihm in früher Kindheit zugewiesen wird. Im Normalfall entspricht diese Etikettierung den biologischen Unterschieden in Chromosomen, Hormonen und Morphologie. Die biologischen Unterschiede treten also nicht als Ursache der sozialen Rollendifferenzierung auf, sondern als Signal dafür. (Lewontin, 1986, S. 144f.)

Geschlechtsgebundene Sozialisation

Reaktionen von Eltern und Erwachsenen

Es gibt zahlreiche Untersuchungen über die Art und Weise, wie sich die geschlechtlichen Unterschiede entwickeln. Die meisten Formen der geschlechtlichen Unterscheidung sind subtiler als die oben zitierten Reaktionen, aber trotzdem nachhaltig und allgegenwärtig.

Untersuchungen der Interaktion zwischen Mutter und Kleinkind zeigen Unterschiede beim Umgang mit Mädchen und Jungen, auch wenn die Eltern glauben, beide gleich zu behandeln. Wenn man Erwachsene auffordert, die Persönlichkeit eines Säuglings zu beschreiben, so antworten sie verschieden, je nachdem, ob sie ihn für einen Jungen oder ein Mädchen halten. Bei einem Experiment wurden fünf junge Mütter beobachtet, wie sie mit einem sechs Monate alten Kind namens Beth umgingen. Sie lächelten es oft an und hielten ihm Puppen hin. Sie sagten, es sei „süß" und würde „gar nicht laut schreien". Auf ein anderes, gleichaltriges Kind namens Adam reagierte eine zweite Gruppe von Müttern ganz anders. Statt Puppen hielten sie ihm einen Zug oder anderes „Jungenspielzeug" hin. Dabei handelte es sich bei Beth und Adam um ein und dasselbe Kind; es war nur jeweils verschieden angezogen (Will, Self und Datan, 1976).

Nicht nur Eltern und Großeltern nehmen Kinder unterschiedlich wahr. In einer Untersuchung wurde analysiert, mit welchen Worten das medizinische Personal auf Geburtenstationen die Neugeborenen beschrieb. Männliche Neugeborene

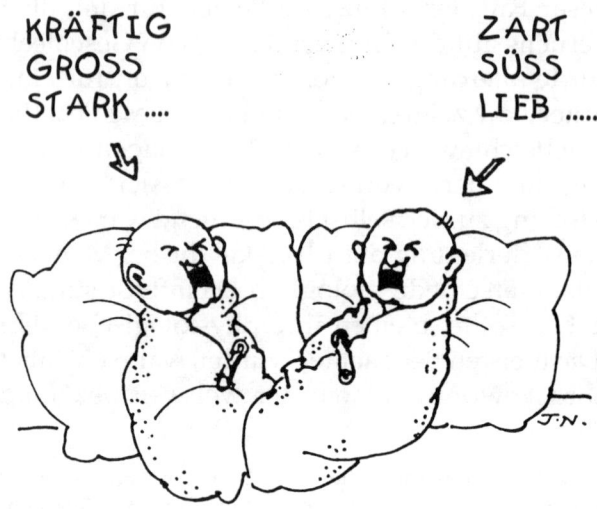

wurden oft als „kräftig", „groß" und „stark" bezeichnet, weibliche Neugeborene als „zart", „süß" oder „lieb", obwohl die Kinder ungefähr gleich groß und gleich schwer waren (Hansen, 1980).

Das Erlernen der Geschlechterrolle

Das frühe Erlernen der Geschlechterrolle beginnt mit ziemlicher Sicherheit unbewußt, das heißt bevor ein Kind sich selbst als „Junge" oder „Mädchen" etikettieren kann. Bei der ursprünglichen Entwicklung des Bewußtseins seines Geschlechtes spielt eine Reihe von vor–verbalen Anhaltspunkten eine Rolle. Männliche und weibliche Erwachsene gehen mit Kleinkindern verschieden um. Die Kosmetika, die Frauen verwenden, enthalten Duftstoffe, die sich von jenen unterscheiden, die bereits Säuglinge mit Männern verbinden lernen. Systematische Unterschiede bei der Bekleidung, der Frisur etc. sind visuelle Signale für das Kind, das am Anfang des Lernprozesses steht. Mit ungefähr zwei Jahren wissen Kinder teilweise, wer ein Junge bzw. ein Mann und wer ein Mädchen bzw. eine Frau ist. Sie wissen, ob sie selbst ein „Junge" oder ein „Mädchen" sind und können im allgemeinen andere richtig einordnen. Erst mit fünf oder sechs jedoch weiß ein Kind, daß sich das Geschlecht eines Individuums nicht verändert, daß jeder ein bestimmtes Geschlecht hat und daß Unterschiede zwischen Mädchen und Jungen anatomisch bedingt sind.

Alle Spielsachen, Bilderbücher und Fernsehprogramme, mit denen kleine Kinder in Berührung kommen, betonen die Unterschiede zwischen männlichen und weiblichen Attributen. Spielwarengeschäfte und Versandhauskataloge teilen üblicherweise ihre Waren nach geschlechtlichen Kriterien ein. Auch Spielsachen, die „geschlechtsneutral" erscheinen, sind in der Praxis niemals neutral. So werden z. B. Plüschkatzen oder –hasen eher für Mädchen, Löwen und Tiger eher für Jungen empfohlen.

Geschlecht und Sexualität 183

Vanda Lucia Zammuner untersuchte die Vorlieben von Kindern für bestimmte Spielsachen in zwei verschiedenen nationalen Kontexten – in Italien und in Holland (Zammuner, 1987). Sie analysierte die Ansichten und die Einstellung von Kindern zu verschiedenen „typischen" Jungen– und Mädchenspielsachen und zu angeblich nicht speziell für eines der beiden Geschlechter bestimmtem Spielzeug. Der Großteil der Kinder war zwischen sieben und zehn Jahre alt. Sowohl die Kinder als auch deren Eltern wurden aufgefordert, die Spielsachen in Jungen– und Mädchenspielsachen einzuteilen. Erwachsene und Kinder reagierten beinahe gleich. Die italienischen Kinder wählten für ihre Spiele öfter geschlechtsspezifische Spielsachen als die holländischen Kinder, was die Erwartungen bestätigte: In der italienischen Kultur ist die Geschlechtertrennung traditionell tiefer verwurzelt als in der holländischen Gesellschaft. Und wie auch in anderen Untersuchungen wählten die Mädchen beider Kulturen weit öfter „geschlechtsneutrales" Spielzeug oder „Jungenspielzeug" als umgekehrt.

Bücher und Geschichten

Vor ungefähr zwanzig Jahren führten Lenore Weitzman und ihre Mitarbeiter eine Analyse der Geschlechterrollen in einigen weitverbreiteten Bilderbüchern für Kinder im Vorschulalter durch (Weitzman et al., 1972) und stießen auf ein paar deutliche Unterschiede bei der Darstellung der Geschlechterrollen. Männliche Figuren spielten in den Geschichten und Bildern eine viel größere Rolle als weibliche: Das Verhältnis war 11:1. Wenn man noch die Tiere mit einer bestimmten geschlechtlichen Identität hinzuzählt, kommt man sogar auf ein Verhältnis 95:1. Auch die Tätigkeiten von männlichen und weiblichen Personen waren unterschiedlich. Die männlichen erlebten Abenteuer oder gingen außerhäuslichen Beschäftigungen nach, die Unabhängigkeit und körperliche Kraft verlangten. Mädchen hingegen wurden passiv dargestellt und widmeten sich beinahe ausschließlich häuslichen Tätigkeiten. Die Mädchen kochten und putzten für die männlichen Personen oder warteten auf deren Rückkehr.

Dies traf auch auf die in den Märchenbüchern dargestellten erwachsenen Männer und Frauen weitgehend zu. Waren Frauen keine Ehefrauen oder Mütter, dann waren sie Phantasiegestalten wie Hexen oder Feen. Keine einzige in den Büchern analysierte Frau ging einer Beschäftigung außer Haus nach. Die Männer hingegen hatten viele verschiedene Rollen: Sie kämpften, waren Polizisten, Richter, Könige usw. Jüngere Forschungen zeigen, daß sich diese Dinge ein wenig geändert haben, aber in einem Großteil der Kinderliteratur ist alles beim Alten geblieben (Davies, 1992).

Bilderbücher und Märchenbücher, die aus einem nicht–sexistischem Blickwinkel geschrieben sind, fallen auf dem Kinderliteraturmarkt kaum ins Gewicht. Märchen reflektieren z. B. sehr traditionelle Einstellungen zu Geschlechterrollen bzw. Zielsetzungen und Lebensläufen, die von Mädchen und Jungen erwartet werden. „Eines Tages wird mein Prinz kommen": In verschiedenen Märchenvarianten bedeutete das vor mehreren Jahrhunderten üblicherweise, daß ein Mädchen aus einer armen Familie von Reichtum und Wohlstand träumte. Heute hat sich der Sinn hin zum Ideal der romantischen Liebe verschoben. Feministinnen haben einige der bekanntesten Märchen umgeschrieben und ihre gewohnte Perspektive auf den Kopf gestellt:

> Ich habe gar nicht bemerkt, was für eine komische Nase er hat.
> Gestern trug er schönere Kleider und schaute besser aus.
> Er ist bei weitem nicht so attraktiv, wie er mir gestern Abend vorkam.
> Ich werde einfach sagen, daß mir der gläserne Schuh zu eng ist.
> (Viorst, 1987, S. 73)

Wie diese Aschenputtel-Version sind die „umgeschriebenen" Märchen eher für ein erwachsenes Publikum bestimmt; sie haben keinen wesentlichen Einfluß auf die Erzählungen und Märchen in den zahllosen Kinderbüchern.

Fernsehen

Die Ergebnisse von Untersuchungen von Kinderfernsehsendungen sind bis auf wenige bemerkenswerte Ausnahmen die gleichen wie bei den Kinderbüchern. Für die erfolgreichen Zeichentrickfilme wurde nachgewiesen, daß die Hauptfiguren fast ausschließlich männlich sind, und daß sich männliche Figuren vorwiegend den aktiven unter den dargestellten Tätigkeiten widmen. Ähnliche Bilder finden sich in den Werbefilmen.

Schule und Einflüsse der Peer-Gruppe

Wenn die Kinder in die Schule kommen, sind ihnen die Geschlechtsunterschiede bereits deutlich bewußt. Im allgemeinen wird von Schulen nicht erwartet, daß sie nach Geschlechtern differenzieren. In der Praxis gibt es natürlich eine Reihe von Faktoren, die Mädchen und Jungen auf verschiedene Weise betreffen. In zahlreichen westlichen Ländern gibt es zwischen den beiden Geschlechtern noch Unterschiede im Lehrplan – für die Mädchen sind z. B. hauswirtschaftliche Fächer bestimmt, für die Jungen Holz- oder Metallbearbeitung. Ebenso werden Jungen und Mädchen oft aufgefordert, sich für geschlechtsspezifische Sportarten zu entscheiden. Auch die Lehrer und Lehrerinnen fördern durch ihre Einstellung oft versteckt oder offen ein geschlechtsdifferenziertes Verhalten: Von den Jungen wird erwartet, daß sie „leistungsorientiert" sind, oder man toleriert bei ihnen rüpelhaftes Verhalten eher als bei Mädchen (siehe Kapitel 13 „Bildung, Kommunikation und Medien"). Während der Schülerlaufbahn wird die Sozialisation durch die Peer-Gruppe für die Verstärkung und Durchbildung der Geschlechtsidentität immer wichtiger. Die Freundschaften eines Kindes in und außerhalb der Schule sind normalerweise gleichgeschlechtlich, das heißt die Gruppen bestehen nur aus Jungen bzw. nur aus Mädchen.

Geschlecht und Sexualität 185

Die Schwierigkeiten einer geschlechtsindifferenten Erziehung

June Statham machte eine Untersuchung über die Erfahrungen einer Gruppe von Eltern in Großbritannien, die ihre Kinder geschlechtsneutral erziehen wollten. Die Studie umfaßte dreißig Erwachsene aus achtzehn Familien mit Kindern zwischen sechs Monaten und zwölf Jahren. Die Eltern stammten aus der Mittelklasse und waren größtenteils Lehrer und Professoren. Statham fand heraus, daß die meisten Elternteile nicht nur versuchten, die herkömmliche geschlechtsgebundene Rollenverteilung zu verändern – indem sie die Mädchen mehr zu den Jungen hin orientierten –, sondern daß sie auch neue Kombinationen von „feminin" und „maskulin" herausbilden wollten. Jungen sollten den Gefühlen anderer mit mehr Offenheit begegnen und fähig werden, Wärme auszudrücken, während Mädchen ermutigt wurden, Gelegenheiten zum Lernen und Weiterkommen aktiv für sich zu nützen.

Alle Eltern fanden es schwierig, die bestehenden geschlechtsspezifischen Lernmuster zu durchbrechen, weil die Kinder diesen im Freundeskreis und in der Schule ausgesetzt waren. Bei ihrem Versuch, die Kinder dazu zu überreden, mit „neutralem" Spielzeug zu spielen, waren die Eltern zwar einigermaßen erfolgreich, aber sogar das erwies sich als schwieriger als angenommen. Eine Mutter kommentierte das gegenüber der Wissenschaftlerin so:

> Die Spielwarengeschäfte sind voll mit Kriegsspielzeug für die Jungen und Haushaltsspielzeug für Mädchen; sie sind ein getreues Abbild der Gesellschaft. Die Sozialisation der Kinder richtet sich nach der Maxime, daß nichts dabei ist, wenn Jungen lernen, wie man tötet und verletzt; das ist schrecklich, es macht mich ganz krank. Ich mag gar nicht mehr in diese Geschäfte hineingehen. Es macht mich ganz zornig.

Alle Kinder besaßen und spielten auch mit geschlechtsspezifischen Spielsachen, die sie von Verwandten bekommen hatten.

Es gibt jetzt neue Kinderbücher, deren Hauptpersonen starke, unabhängige Mädchen sind. Wenige Kinderbücher jedoch zeigen Jungen in nicht-herkömmlichen Rollen. Die Mutter eines fünfjährigen Jungen erzählte, wie ihr Sohn reagierte, als sie eine Geschichte mit umgekehrten Rollen vorlas:

> Er war ein wenig beunruhigt, als ich beim Vorlesen aus einem Buch, in dem ein Junge und ein Mädchen in sehr traditionellen Rollen vorkamen, diese einfach vertauschte. Als ich die Geschichte zum ersten Mal so vorlas, sagte er: „Du magst die Jungen nicht. Du magst nur die Mädchen." Ich mußte ihm erklären, daß das nicht stimmte und daß Mädchen im allgemeinen zu selten vorkommen. (Statham, 1986, S. 43, 67)

Offenkundig sind die geschlechtsspezifischen Sozialisationsmechanismen äußerst wirkungsvoll, und es kann beunruhigend sein, sie in Frage zu stellen.

Geschlechtliche Identität und Sexualität: Drei Theorien

Freuds Theorie der Geschlechtsentwicklung

Die vermutlich bedeutendste – und äußerst kontroversielle – Theorie über die Entwicklung der geschlechtlichen Identität stammt von Sigmund Freud. Freud sagte, daß das Lernen der Geschlechtsunterschiede bei Säuglingen und Kleinkindern eng mit dem Vorhandensein oder dem Fehlen des Penis verknüpft ist. „Ich habe einen Penis" ist gleichbedeutend mit „Ich bin ein Junge", „Ich bin ein Mädchen" gleichbedeutend mit „Ich habe keinen Penis." Freud fügt vorsichtig hinzu, daß hier nicht nur die anatomischen Unterschiede zum Tragen kommen. Der Besitz bzw. der Nichtbesitz eines Penis symbolisiert Männlichkeit und Weiblichkeit.

In der ödipalen Phase (siehe Kapitel 3 „Sozialisation und Lebenszyklus") fühlt sich ein Junge durch die Disziplin und Autonomie, die sein Vater von ihm verlangt, bedroht; er phantasiert, daß sein Vater ihm den Penis wegnehmen, d.h. ihn kastrieren will. Teilweise bewußt, aber größtenteils unbewußt erkennt der Junge den Vater als Rivalen um die Zuneigung seiner Mutter. Durch die Verdrängung erotischer Gefühle gegenüber der Mutter und die Annahme der Überlegenheit des Vaters identifiziert sich der Junge mit dem Vater und wird sich seiner eigenen männlichen Identität bewußt. Er gibt die Liebe zu seiner Mutter auf, weil er unbewußt fürchtet, sein Vater würde ihn kastrieren. Andererseits leiden Mädchen angeblich unter „Penisneid", weil sie das sichtbare Organ nicht besitzen, das die Jungen unverwechselbar macht. Die Mutter wird in den Augen des kleinen Mädchens abgewertet, weil sie ebenfalls als „penislos" gesehen wird und nicht in der Lage ist, sich oder ihrer Tochter einen zu verschaffen. Wenn sich das Mädchen mit seiner Mutter identifiziert, übernimmt es im Zuge seiner Erkenntnis, nur die „Zweitbeste" zu sein, deren passive Haltung.

Wenn die ödipale Phase vorbei ist, hat das Kind gelernt, seine erotischen Gefühle zu verdrängen. Der Zeitraum zwischen einem Alter von ca. fünf Jahren bis zur Pubertät ist laut Freud eine Latenzzeit – sexuelle Aktivitäten sind ausgesetzt, bis die biologischen Veränderungen in der Pubertät das erotische Begehren direkt reaktivieren. Die Latenzzeit, in die die frühen und mittleren Schuljahre fallen, ist eine Phase, in der die gleichgeschlechtlichen Peer–Gruppen für das Kind eine sehr wichtige Rolle spielen.

Kommentar

Gegen Freuds Theorie wurden – insbesondere von einigen Feministinnen, aber auch von vielen anderen Autoren (Mitchell, 1984; Coward, 1984) – gravierende Einwände erhoben. Erstens scheint er geschlechtliche Identität zu sehr mit genitalem Bewußtsein gleichzusetzen; sicherlich spielen dabei jedoch viele weitere, subtilere Faktoren eine Rolle. Zweitens stützt sich seine Theorie auf die Annahme, daß der Penis der Vagina „von Natur her" überlegen sei; die Vagina wird nur als fehlendes männliches Organ angesehen. Warum aber sollten nicht die weiblichen Genitalien als den männlichen überlegen angesehen werden? Drittens ist für Freud der Vater der primär Strafende, während in zahlreichen Kulturen bei disziplinären Maßnahmen die Mutter die entscheidende Rolle spielt. Viertens glaubt Freud, daß das geschlechtliche Lernen in die ödipale Phase, das heißt in das Alter von vier bis fünf Jahren, fällt. Die meisten späteren Autoren, unter ihnen einige stark von Freud beeinflußte, haben jedoch darauf hingewiesen, daß dieses Lernen bereits viel früher, im Säuglingsalter, einsetzt.

Chodorows Theorie der Geschlechtsentwicklung

Auch wenn sich viele Autoren bei ihrer Behandlung der Geschlechtsentwicklung auf Freuds Ansatz stützen, so haben sie diesen im allgemeinen in wichtigen Punkten verändert. In diesem Zusammenhang übte Nancy Chodorow (1985, 1988) einen wichtigen Einfluß aus. Chodorow stimmt weniger mit Freud selbst als mit späteren psychoanalytischen Autoren darin überein, daß der geschlechtliche Lernprozeß eine sehr frühe Erfahrung ist, die sich von der Bindung des Kleinkindes an seine Eltern herleitet. Sie betont die Wichtigkeit der Mutter im Vergleich zum Vater wesentlich stärker als Freud. Kinder neigen dazu, sich emotional der Mutter mehr verbunden zu fühlen, weil diese in der frühen Kindheit zweifellos den wichtigsten Einfluß ausübt. Diese Bindung muß zu einem bestimmten Zeitpunkt gelöst werden, damit das Kind ein Bewußtsein seiner selbst entwickelt – vom Kind wird verlangt, sich von seiner Mutter abzulösen.

Chodorow argumentiert, daß dieser Ablösungsprozeß – den Freud als ödipalen Übergang beschreibt – bei Mädchen und Jungen verschieden vollzogen wird. Mädchen bleiben ihrer Mutter näher – sie können sie weiterhin umarmen, küssen und nachahmen. Das kleine Mädchen bleibt länger an seine Mutter gebunden als der kleine Junge. Weil es mit der Mutter nicht plötzlich brechen muß, hat das Mädchen und später die erwachsene Frau ein Gefühl persönlicher Identität, das mehr Kontinuität mit anderen zuläßt. Ihre Identität geht eher in der anderer auf bzw. wird eher von ihr abhängig; zunächst in der der Mutter, später in der eines Mannes. Laut Chodorow ergeben sich daraus bei Frauen Charakteristiken der Sensibilität und des emotionalen Mitfühlens, die über Generationen reproduziert werden.

Jungen erwerben ein Gefühl persönlicher Identität über eine radikalere Zerstörung ihrer ursprünglichen Nähe zur Mutter, und sie beziehen ihr Verständnis von Männlichkeit aus allem, was nicht weiblich ist. Sie müssen lernen, keine „Waschlappen" oder „Muttersöhnchen" zu sein. Jungen sind deshalb relativ ungeschickt, wenn sie näher mit anderen zu tun haben; sie entwickeln eine stärker analytische Weltsicht. Ihre Einstellung zu ihrem Leben ist eine aktivere, sie legen Wert auf „Erfolg", haben aber ihre Fähigkeit, ihre eigenen Gefühle und jene der anderen zu verstehen, verdrängt.

Bis zu einem gewissen Grad hat Chodorow hier Freuds Sichtweise umgekehrt. Das Männliche, nicht das Weibliche ist durch einen „Verlust" definiert, durch die Einbuße einer kontinuierlichen, engen Verbundenheit mit der Mutter. Die männliche Identität wird durch Trennung gebildet; so spüren die Männer später im Leben unbewußt, daß ihre Identität bedroht ist, wenn sie mit anderen emotionell eng verbunden sind. Bei Frauen ist es genau umgekehrt; die Abwesenheit einer engen Beziehung mit jemand anderem bedroht ihr Selbstwertgefühl. Diese Muster werden aufgrund der primären Rolle, die Frauen in der frühkindlichen Sozialisation spielen, von Generation zu Generation weitergegeben. Frauen definieren sich hauptsächlich über Beziehungen. Männer haben diese Bedürfnisse verdrängt und nehmen eine manipulativere Haltung zur Welt ein.

Kommentar

Chodorows Arbeit wurde vielfach kritisiert. Janet Sayers hat z. B. angemerkt, daß Chodorow nicht erklärt, warum Frauen – besonders in jüngster Zeit – um ihre Autonomie und Unabhängigkeit kämpfen (Sayers, 1986). Sie zeigt auf, daß die psychologische Konstitution von Frauen (und Männern) vielfältiger und widersprüchlicher ist, als Chodorow wahrhaben möchte. Das Weibliche, so Sayers, kann aggressive oder dominante Gefühle verbergen, um sie dann nur indirekt oder in bestimmten Kontexten zum Ausdruck zu bringen (Brennan, 1988). Trotz dieser Einschränkungen sind Chodorows Erkenntnisse wichtig. Sie helfen uns, die Ursprünge dessen zu verstehen, was Psychologen **männliche Ausdrucksschwäche** genannt haben – die Schwierigkeit, die die Männer haben, anderen ihre Gefühle mitzuteilen (Balswick, 1983). Chodorows Erkenntnisse tragen viel zum Verständnis der weiblichen Natur bei und sind für das Verständnis der universellen Natur der männlichen Herrschaft über die Frauen – ein Phänomen, auf das wir in diesem Kapitel noch eingehen werden – direkt relevant.

Geschlecht, Ich und Moral: Die Theorie Carol Gilligans

Carol Gilligans Analyse der Geschlechtsunterschiede basiert auf den Bildern, die erwachsene Frauen und Männer von sich selbst und ihren Leistungen haben (Gilligan, 1985). Sie ist sich mit Chodorow darin einig, daß sich Frauen über ihre persönlichen Beziehungen definieren und ihre Leistungen nach der Fähigkeit, für andere zu sorgen, einschätzen. Der Platz von Frauen im Leben der Männer ist herkömmlicherweise der einer sorgenden Gefährtin. Die Eigenschaften, die sich durch diese Aufgaben herausgebildet haben, werden aber von Männern häufig abgewertet, die ihr *eigenes* Ziel, die *individuelle* Bestätigung, als einzige Form des „Erfolges" betrachten. Das Bemühen der Frauen um Beziehungen erscheint eher als Schwäche denn als die Stärke, die es oft ist.

Gilligan hat mit ungefähr zweihundert Amerikanerinnen und Amerikanern verschiedenen Alters und aus verschiedenen sozialen Schichten Intensivinterviews durchgeführt. Sie stellte dabei eine Reihe von Fragen zur moralischen Einstellung und zum Selbstbild. Zwischen den Ansichten der Frauen und jenen der Männer zeigten sich konsistente Unterschiede. Die Fragen lauteten unter anderem: „Was bedeutet für Sie der Ausdruck *moralisch vertretbar* bzw. *moralisch nicht vertretbar*?" Die Männer antworteten auf diese Frage eher unter Bezug auf abstrakte Ideale wie Pflicht, Gerechtigkeit und individuelle Freiheit, während die Frauen darunter immer wieder „anderen helfen" verstanden. Eine Collegestudentin antwortete z. B. folgendermaßen:

> „Moral hat etwas mit Verantwortung und Pflichten und Wertvorstellungen zu tun, hauptsächlich mit Wertvorstellungen ... In meiner Lebenssituation verbinde ich Moral mit zwischenmenschlichen Beziehungen, bei denen es um Respekt für den anderen und für mich selbst geht. *Warum Respekt für andere?* Weil sie ein Bewußtsein oder Gefühle haben, die verletzt werden können." (Gilligan, 1985, S. 83)

Die Frauen waren in ihren moralischen Urteilen vorsichtiger als Männer und sahen mögliche Konflikte zwischen der Einhaltung eines strikten moralischen Codes und der Notwendigkeit, anderen nicht weh zu tun. Gilligan stellt fest, daß

Geschlecht und Sexualität

diese Einstellung die traditionelle Situation der Frauen reflektiert, die für Beziehungen Sorge tragen, statt wie die Männer „nach außen zu blicken". Frauen haben sich in der Vergangenheit dem Urteil der Männer unterworfen, obwohl ihnen bewußt war, daß sie selbst Eigenschaften besitzen, die den meisten Männern abgehen. Ihre Einstellung zu sich selbst beruht auf der erfolgreichen Erfüllung der Bedürfnisse anderer und weniger auf dem Stolz, persönlich etwas erreicht zu haben.

Kommentar

Auch Gilligan wird kritisiert: Ihre Arbeit ergehe sich in weitreichenden Verallgemeinerungen, die sich auf Untersuchungen von Frauen aus der weißen Mittelschicht stützen. Außerdem könnte man aus der Einstellung zu moralischen Themen nicht darauf schließen, welche moralischen Urteile jemand in praktischen Situationen tatsächlich trifft. Die Interviewten hätten möglicherweise so geantwortet, wie es von Männern und Frauen gemeinhin erwartet wird, jedoch nicht unbedingt ihrem tatsächlichen Verhalten entspricht.

Patriarchat und Produktion

Die Herrschaft der Männer

Obwohl männliche und weibliche Rollen in den verschiedenen Kulturen beträchtlich variieren, ist kein Beispiel einer Gesellschaft bekannt, in der Frauen mächtiger wären als Männer. Frauen sind überall hauptsächlich mit der Kinderaufzucht und der Aufrechterhaltung des Haushaltes beschäftigt, während politische und militärische Aktivitäten als nachdrücklich „männlich" gelten. Nirgendwo in der Welt tragen Männer die Hauptverantwortung für die Kinderaufzucht. Umgekehrt gibt es, wenn überhaupt, nur wenige Kulturen, in denen die Frauen für das Hüten von Großvieh, das Jagen von Großwild, für die Hochseefischerei oder das Pflügen hauptverantwortlich wären. In industriellen Gesellschaften hat sich zwar die geschlechtsspezifische Arbeitsteilung im Vergleich zu den nichtindustriellen Gesellschaften allmählich abgeschwächt, doch sind die Männer den Frauen in allen Bereichen, wo es um Macht und Einfluß geht, zahlenmäßig noch immer überlegen.

Die männliche Vorherrschaft wird im allgemeinen als **Patriarchat** bezeichnet. Warum sollte das Patriarchat – in der einen oder anderen Form – universell sein? Auf diese Frage gibt es zahlreiche Antworten, die wahrscheinlichste Erklärung ist aber relativ einfach. Frauen gebären Kinder und pflegen sie. Die Hilflosigkeit des Säuglings erfordert eine intensive und lange Pflege; deswegen ist die Mutterschaft als Erfahrung für die Frau von zentraler Bedeutung, wie Chodorow betont hat. Am Anfang steht die physische Tatsache, daß nur Frauen Kinder gebären und stillen können; dies führt leicht zur dauerhaften Übernahme der sorgenden und nährenden Rolle, die Frauen in allen Kulturkreisen einnehmen. Wegen dieser Rolle als Mutter und Betreuerin widmen sich Frauen vorwiegend häuslichen Tätigkeiten. Frauen werden zu dem, was die französische Schriftstellerin und

Sozialkritikerin Simone de Beauvoir das „andere Geschlecht" nannte, weil es von den „eher öffentlichen" Tätigkeiten, in denen sich Männer verwirklichen können, ausgeschlossen ist (Beauvoir, 1992). Männer beherrschen Frauen nicht wegen ihrer körperlichen Überlegenheit oder irgendwelcher besonderer intellektueller Fähigkeiten, sondern weil Frauen ihrer biologischen Konstitution preisgegeben waren, ehe Mittel und Techniken zur Geburtenkontrolle entwickelt wurden. Aufgrund häufiger Schwangerschaften und der fortgesetzten Sorge für Kleinkinder waren sie von der materiellen Versorgung durch die Männer abhängig (Firestone, 1975; siehe aber auch Mitchell, 1984). Sobald das Patriarchat errichtet ist, wird es institutionalisiert und in Institutionen außerhalb der eigentlichen reproduktiven Sphäre integriert. Das Patriarchat ist in mehr oder weniger subtile Netzwerke eingebettet, in denen materielle Lebensbedingungen, mächtige soziale Kontrollmechanismen und Ideologien zusammenlaufen.

Frauen in der Arbeitswelt: Ein historischer Rückblick

Für die Mehrheit der Menschen in vorindustriellen Gesellschaften (und heute noch für viele Menschen in der Dritten Welt) gab es keine Trennung zwischen produktiven Tätigkeiten und Haushaltstätigkeiten. Die Produktion erfolgte entweder im Haus oder in der unmittelbaren Umgebung. Im Europa des Mittelalters arbeiteten alle Familienmitglieder auf dem Bauernhof oder im Handwerksbetrieb mit. In den Städten waren die Werkstätten normalerweise im Haus, und die Familienmitglieder trugen in mehrfacher Hinsicht zum Produktionsprozeß bei. Bei der Tucherzeugung oblag beispielsweise den Kindern das Kardätschen und Kämmen, den älteren Töchtern und den Müttern das Spinnen und den Vätern das Weben. Auch in den Schneider- und Schusterwerkstätten und in den Bäckereien arbeiteten die Frauen und Kinder mit den Männern zusammen. Wenn die Frauen auch von Männerdomänen wie Politik und Krieg ausgeschlossen waren, so sicherte ihnen ihre Stellung im Wirtschaftsprozeß doch einen großen Einfluß auf ihren Haushalt. Die Frau des Meisters und die Bäuerinnen führten oft die Bücher, und Witwen besaßen und leiteten ziemlich häufig Betriebe.

Die Lage änderte sich mit der Entwicklung der modernen Industrie, die die Trennung von Wohn- und Arbeitsstätte mit sich brachte. Die Verlagerung der Produktion in mechanisierte Fabriken war möglicherweise der Hauptfaktor. Das Arbeitstempo wurde von der Maschine vorgegeben, und die Arbeit an der Maschine wurde von Einzelpersonen erledigt, die speziell für den betreffenden Arbeitsgang eingestellt wurden. Die Arbeitgeber begannen daher, eher einzelne Arbeiter statt ganze Familien einzustellen. Familien wurden aber noch lange Zeit später als Einheit behandelt; im frühen neunzehnten Jahrhundert war es in England und in zahlreichen anderen europäischen Ländern noch üblich, daß Arbeitgeber ganze Familien einstellten. Wenn der Vater eine Arbeit in der Fabrik bekam, so wurden z. B. die Frau und die Kinder als Dienstboten oder Landarbeiter eingestellt.

Diese Praxis wurde aber nach und nach aufgegeben; die Kluft zwischen Haushalt und Arbeitsplatz vertiefte sich. Die Frauen wurden jetzt mit „häuslichen" Werten in Verbindung gebracht, obwohl der Gedanke, daß „der Platz einer Frau am Herd ist", nicht für alle Frauen gleichermaßen galt. Wohlhabende Frauen erfreuten sich

Geschlecht und Sexualität

der Dienste von Mägden, Ammen und Dienstmädchen. Die ärmeren Frauen hatten ein schweres Leben: Sie mußten den Haushalt erledigen und gleichzeitig in der Fabrik arbeiten, um das Einkommen ihres Mannes aufzubessern.

Der Anteil der außerhalb des Heimes arbeitenden Frauen war bis weit in das 20. Jahrhundert hinein bei allen Klassen gleich gering. Auch 1910 waren mehr als ein Drittel der gegen Entgelt arbeitenden Frauen noch Mägde oder Dienstmädchen. Die weibliche Arbeitnehmerschaft bestand hauptsächlich aus jungen unverheirateten Frauen, deren Löhne, so sie in Fabriken oder Büros arbeiteten, oft vom Arbeitgeber direkt an ihre Eltern geschickt wurden. Wenn sie heirateten, zogen sie sich vom Arbeitsmarkt zurück.

Seitdem ist der Anteil der unselbständig beschäftigten Frauen mehr oder weniger kontinuierlich gestiegen. Ein wichtiger Faktor dabei war die Zeit desArbeitskräftemangels im Ersten Weltkrieg. Während der Kriegsjahre verrichteten die Frauen viele Arbeiten, die zuvor als Männerdomäne angesehen worden waren. Als die Männer aus dem Krieg heimkehrten, übernahmen sie zumeist wieder ihre Arbeitsstellen, aber das feste Schema war durchbrochen worden. Heute stehen in den meisten europäischen Ländern zwischen fünfunddreißig und sechzig Prozent aller Frauen zwischen sechzehn und sechzig in unselbständiger Beschäftigung (siehe Tab. 6.1). Den signifikantesten Anstieg gab es unter den verheirateten Frauen: Im Vereinigten Königreich liegt deren Anteil bei dreiundfünfzig Prozent. Mehr als vierzig Prozent der verheirateten Frauen mit Kindern unter drei Jahren stehen in einem Arbeitsverhältnis. Der Anteil von Frauen an den unselbständig Beschäftigten liegt aber noch immer deutlich unter dem Anteil der Männer: vierundsiebzig Prozent der männlichen Bevölkerung zwischen fünfundzwanzig und sechzig Jahren stehen in einem Arbeitsverhältnis, und diese Zahlen haben sich in den letzten hundert Jahren nicht wesentlich verändert. Eine steigende Erwerbsquote bei den Frauen ist nicht darauf zurückzuführen, daß die Frauen die Männer vom Arbeitsmarkt verdrängt hätten, sondern weist auf eine generelle Zunahme der verfügbaren Arbeitsplätze hin.

Tabelle 6.1 Frauen und Männer, die 1989 unselbständig beschäftigt waren (in Prozent)

	Männer	Frauen	zusammen
Vereinigtes Königreich	75,8	52,9	63,9
Belgien	61,9	36,7	48,9
Dänemark	75,1	60,8	67,8
Frankreich	66,6	47,3	56,5
BRD	70,8	42,4	55,9
Griechenland	68,0	36,3	51,4
Irland	72,1	35,3	53,4
Italien	65,8	35,5	50,1
Luxemburg	69,5	34,9	51,7
Niederlande	70,4	42,6	56,4
Portugal	72,2	47,6	59,2
Spanien	66,3	32,7	49,0

Quelle: Statistisches Amt der Europäischen Gemeinschaften; in: *Social Trends* 22 (London: HMSO, 1992).

Ungleichheiten am Arbeitsplatz

Die weiblichen Beschäftigten erledigen größtenteils schlecht bezahlte, monotone Arbeiten. An diesem Zustand sind unter anderem Veränderungen der Beschäftigungsstruktur und geschlechtsspezifische Stereotypen schuld. Die Veränderungen im Ansehen und im Aufgabenbereich von „Beamten" sind ein gutes Beispiel. 1850 waren in Großbritannien neunundneunzig Prozent der Beamten Männer. Beamter zu sein bedeutete oft, in verantwortlicher Stellung tätig zu sein, in Buchhaltung erfahren und manchmal leitend tätig zu sein. Sogar der niederste Beamte hatte in der Öffentlichkeit ein bestimmtes Ansehen. Das zwanzigste Jahrhundert brachte eine generelle Mechanisierung der Büroarbeit (beginnend mit der Einführung der mechanischen Schreibmaschine gegen Ende des 19. Jahrhunderts), mit der ein markanter Prestige- und Qualifikationsverlust des „Beamten"-Berufes – wie des damit verwandten Berufes eines „Sekretärs" – einherging; von nun an war er mit einem niedrigen Status und niedrigem Einkommen verknüpft. Jetzt konnten Frauen in diese Positionen nachrücken. 1991 waren nahezu neunzig Prozent der Büroarbeitsplätze und achtundneunzig Prozent aller Sekretariatsposten in Großbritannien mit Frauen besetzt.

Das Vorhandensein unversorgter Kinder wirkt sich stark auf die außerhäusliche Berufstätigkeit der Frauen aus. Wenn Frauen keine Kinder haben, dann ist die Wahrscheinlichkeit, daß sie ganztags arbeiten, ungleich höher. Das gilt für alle sozioökonomischen Gruppen. Frauen mit Kindern gehen jedoch heutzutage viel häufiger an ihre Ganztagsarbeitsstelle und zu ihrem Arbeitgeber zurück, als das zu Beginn der achtziger Jahre der Fall war. Damals nahmen die meisten Mütter, die wieder in den Beruf zurückkehrten, eine Halbtagsarbeit oder einen im Vergleich zu ihrer ursprünglichen Arbeit schlechter bezahlten Posten an. In den frühen neunziger Jahren setzen die Frauen ihre Laufbahn dort fort, wo sie sie unterbrochen haben, vor allem wenn es sich um eine gut bezahlte Arbeit handelt (HMSO, 1992).

Immer noch verrichten aber viel mehr Frauen als Männer Teilzeitarbeiten. 1990 waren sechsundachtzig Prozent der Teilzeitarbeitsplätze mit Frauen besetzt. Die meisten von ihnen ziehen eine Teilzeitarbeit der Ganztagsarbeit vor. Allerdings verfügen sie in einem wichtigen Sinn kaum über Wahlmöglichkeiten. Die Männer übernehmen im großen und ganzen nicht die Hauptverantwortung für die Kindererziehung. Für Frauen, die solche Verpflichtungen (und andere Pflichten im Haushalt, s.u.) haben, dabei aber arbeiten wollen oder müssen, ist es leichter, eine Teilzeitarbeit anzunehmen.

Frauen sind auf dem Arbeitsmarkt in jüngster Zeit in sogenannte „Männerdomänen" eingebrochen, aber bisher nur bis zu einem gewissen Grad. Weniger als fünf Prozent der Vorstandsposten in britischen Firmen werden von Frauen bekleidet; in vier von fünf Firmen gibt es überhaupt keine weiblichen Vorstandsmitglieder. Dasselbe gilt für viele andere Bereiche der Wirtschaft. Die größten britischen Banken z. B. beschäftigen ungefähr eine Million Frauen. Bei der *National Westminster Bank* sind jedoch nur zwei Prozent der Manager Frauen, bei der *Midland Bank* drei Prozent und bei *Barclays* vier Prozent.

In den anderen höheren Berufen ist es nicht viel anders. Der Anteil der weiblichen Anwälte ist zwar in den letzten zwanzig Jahren stark angestiegen, liegt aber noch immer bei vierzehn Prozent. Nur drei Prozent der Mitglieder des *High Court* sind Frauen, und diese arbeiten alle als Familienrichter. Der *Court of Appeal* hat überhaupt keine weiblichen Mitglieder (Grint, 1991).

Wir wissen nicht, ob diese extremen geschlechtsspezifischen Ungleichheiten in der näheren Zukunft zurückgehen werden. Es ist möglich, daß die Situation im Umbruch begriffen ist, aber für die, die jetzt am Anfang ihrer Karriere stehen, wird der Aufstieg noch eine ganze Weile dauern, und man kann erst in einigen Jahren sagen, ob sich etwas geändert hat. Ein Blick auf die juristischen Berufe etwa zeigt, daß Anfang der neunziger Jahre beinahe die Hälfte der britischen Jusstudenten weiblich war, was, verglichen mit den achtziger Jahren, ein bedeutender Anstieg ist. Die meisten von ihnen werden wahrscheinlich einen juristischen Beruf ergreifen. Dann werden wir sehen, wieviele von ihnen schließlich zur Spitze vordringen: Das wird die eigentliche Bewährungsprobe sein.

Das Problem des Erfolgs

Wenn Frauen wirtschaftlich erfolgreich sind, dann müssen sie sich heute an eine Welt anpassen, in der sie sich nicht wirklich heimisch fühlen. Die Erfahrungen weiblicher Führungskräfte wurden mit jenen verglichen, die jemand während eines längeren Auslandsaufenthaltes macht: Es ist wichtig, sich gute Führer und Karten zu besorgen und die Regeln der einheimischen Bevölkerung zu befolgen. Die Erfahrungen sind wie ein „Kulturschock", und auch wenn ein Ausländer ständig in einem Land wohnt, wird er niemals ganz akzeptiert. Längerfristig könnten jedoch Frauen das männliche Wertesystem ändern, indem sie familiäre Verpflichtungen und Zwänge der Arbeitswelt unter einen Hut bringen.

Einer der Hauptfaktoren, die die Karriere von Frauen beeinträchtigen, ist der männliche Standpunkt, daß für weibliche Arbeitskräfte die Kinder wichtiger wären als die Arbeit. In einer britischen Studie wurde die Einstellung von Managern untersucht, die Einstellungsgespräche mit Bewerberinnen um Technikerstellen im Gesundheitsdienst führten: Die Wissenschaftler fanden heraus, daß die Personalchefs die Frauen immer fragten, ob sie Kinder hätten oder ob sie die Absicht hätten, welche zu bekommen. Männlichen Bewerbern wurde diese Frage praktisch nie gestellt. Als die Wissenschaftler die Personalchefs auf diesen Sachverhalt aufmerksam machten, brachten diese im wesentlichen zwei Argumente vor: (a) Frauen mit Kindern brauchen extra Urlaub, wenn ihre Kinder Ferien haben oder wenn ein Kind krank wird, und (b) die Verantwortung für die Erziehung wird eher als Problem der Mutter und weniger als Problem beider Elternteile betrachtet.

Für einige Manager waren die Fragen zu diesem Thema Ausdruck ihrer „Fürsorge" gegenüber ihren weiblichen Angestellten, aber die meisten sahen derartige Fragen als Teil ihrer Aufgabe, herauszufinden, inwieweit die Bewerberin eine verläßliche Kollegin sein würde. So meinte ein Manager: „Ich gebe zu, daß diese Frage in den persönlichen Bereich geht, aber ich glaube, man muß diese Umstände berücksichtigen. Das kann einem Mann natürlich nicht passieren, und ich bin auch der Meinung, daß es irgendwie unfair ist – es gibt keine Chancengleichheit, weil ein Mann nie in diesem Sinn eine Familie hat" (Homans, 1987, S. 92). Wenn

DOONESBURY copyright 1985 G.B. Trudeau. Wiedergabe mit Genehmigung des Universal Press Syndicate. Alle Rechte vorbehalten.

auch ein Mann im biologischen Sinn keine Kinder bekommen kann, so kann er sich doch an der Kindererziehung beteiligen und dafür Verantwortung übernehmen. Diese Möglichkeit wurde von keinem der Befragten in Betracht gezogen. Ihre Einstellung zur Beförderung weiblicher Manager war dieselbe: Frauen, so meinten sie, würden ihre Laufbahn unterbrechen, sobald sie ein Kind hätten, auch wenn sie eine noch so gute Position haben. Ein männlicher Topmanager kommentierte das so:

> „Die Männer haben die besseren Stellen, weil die Frauen Kinder kriegen und dergleichen ... Ich glaube nicht, daß Männer unbedingt selektiv befördert werden, sondern das Leben bringt es mit sich, daß Frauen eher weggehen und heiraten und sich um ihre Familie kümmern und deshalb ihre Karriere nicht glatt verläuft. Wenn sie wieder zu arbeiten beginnen, mangelt es ihnen an Erfahrung oder an Ausbildung, und letztlich ist bei der Auswahl der Bewerber nicht ausschlaggebend, ob es sich um eine Frau oder einen Mann handelt, sondern was sie in ihren Job einbringen können. Es gibt z. B. zwei Bewerber, einen Mann und eine Frau. Die Frau war aus familiären Gründen drei Jahre zuhause, der Mann hat durchgehend gearbeitet. Wenn die beiden im übrigen gleich qualifiziert sind, bekommt ohne Frage der Mann die Stelle." (Homans, 1987, S. 95)

Die wenigen Frauen, die leitende Managementposten innehatten, waren kinderlos, und einige von denen, die später Kinder haben wollten, sagten, daß sie ihren Posten aufgeben und sich dann eventuell umschulen lassen würden.

Eine 1992 in East Anglia unter weiblichen Führungskräften durchgeführte Untersuchung brachte ähnliche Ergebnisse (Verney, 1992). Praktisch alle zweihundert interviewten Frauen nannten die Probleme der Kinderbetreuung als schwierigste Herausforderung für Frauen, die eine erfolgreiche Managementkarriere anstreben. Die Einrichtung von Kinderkrippen am Arbeitsplatz wurde von vielen als wichtigste kurzfristige Verbesserung angesehen. Bei nur zwei Prozent der untersuchten Firmen jedoch standen solche Einrichtungen zur Verfügung.

Wie sollen wir diese Ergebnisse interpretieren? Werden die Berufschancen der Frauen vor allem durch Vorurteile der Männer behindert? Einige Manager waren der Meinung, daß Frauen mit Kindern keine bezahlte Arbeit suchen, sondern sich der Kindererziehung und dem Haushalt widmen sollten. Die meisten aber akzeptierten das Prinzip, daß Frauen die gleichen Karrierechancen wie Männer haben sollten. Ihre Vorbehalte hatten weniger mit der Arbeit selbst als vielmehr mit den häuslichen Verpflichtungen, die die Elternschaft mit sich bringt, zu tun. Solange in der Bevölkerung die Meinung vorherrscht, daß die elterlichen Aufgaben nicht zu gleichen Teilen von Vater und Mutter wahrgenommen werden können, werden sich die Probleme der unselbständig beschäftigten Frauen nicht ändern. Wie ein Manager bemerkte, „bringt es das Leben mit sich", daß Frauen im Vergleich zu Männern wesentlich schlechtere Karrierechancen haben (Cockburn, 1991).

Die Gleichbehandlungsgesetzgebung

1970 wurde im Vereinigten Königreich ein Gleichbehandlungsgesetz verabschiedet. Diesem Gesetz zufolge ist es nicht zulässig, Männer und Frauen für die gleiche Arbeit unterschiedlich zu entlohnen. Der Wortlaut, mit dem dieses Prinzip festgeschrieben wurde, war jedoch so vage, daß viele Unternehmer einfach die Stellenbezeichnung änderten, um „unterschiedliche" Arbeiten für Männer und Frauen zu schaffen; dann war das Gesetz nicht anwendbar. Die Europäische Gemeinschaft (EG) veabschiedete 1975 ein wirksameres Gleichbezahlungsgesetz, das das sogenannte „Prinzip des gleichen Entgelts" vorsah. Nicht nur die „gleiche Arbeit", sondern „gleichwertige Arbeit" sollte gleich bezahlt werden.

Zwischen den beiden Formulierungen besteht ein wesentlicher Unterschied. Die EG–Gesetzgebung bedeutet nämlich, daß Frauen, die eine der Männerarbeit gleichwertige, von dieser jedoch getrennte Arbeit verrichten, die Gleichwertigkeit sowie die gleiche Bezahlung für sich in Anspruch nehmen können. Die britische Regierung wurde tatsächlich vor den Europäischen Gerichtshof zitiert, weil das britische Gleichbehandlungsgesetz relativ schwache Bedingungen formulierte.

Es ist jedoch zweifelhaft, inwieweit diese Gesetze in der Praxis Auswirkungen auf die Beschäftigungsstruktur hatten. Die britische Gleichbehandlungskommission hat einige Fälle ungesetzlicher Diskriminierung weiblicher Arbeitskräfte aufgegriffen, die in der Öffentlichkeit ziemliches Aufsehen erregten. 1989 hat z. B. eine Gruppe weiblicher Schreibkräfte und Sekretärinnen der *Lloyd's Bank* einen Prozeß vor dem Arbeitsgericht gewonnen; die Gruppe hatte geltend gemacht, daß ihre Arbeit der eines männlichen Boten, der zuvor höher eingestuft war, gleichwertig sei.

Nur selten jedoch wurden solche Prozesse geführt und gewonnen. Wie weit man bei dem Versuch, das Gesetz zu unterlaufen, gehen kann, wird am Beispiel einer Firma deutlich, die eine Stelle für eine „männliche oder weibliche Führungskraft im Marketingbereich, Rugbyspieler/in" ausschrieb. Die Annonce wäre keinesfalls diskriminierend, argumentierte die Firma, weil es in Großbritannien doch zwölf weibliche Rugbyclubs gäbe. Sie hat den Prozeß verloren (Neuberger, 1991).

Niedriglöhne und die Armutsfalle der Frauen

Es ist wenig überraschend, daß das Durchschnittseinkommen von unselbständig beschäftigten Frauen deutlich unter jenem von Männern liegt, obwohl sich der Unterschied in den letzten zwanzig Jahren etwas verringert hat. Der Anteil weiblicher Arbeitskräfte in Niedriglohnberufsgruppen ist überproportional hoch, aber auch innerhalb ein und derselben Berufsgruppe verdienen Frauen im Durchschnitt weniger als Männer. Weibliche Bürokräfte verdienen z. B. in Großbritannien um vierzig Prozent weniger als ihre männlichen Kollegen, und das Entgelt einer Verkäuferin beträgt nur siebenundfünfzig Prozent des Gehalts eines Verkäufers.

Ein wesentlicher Teil der britischen Frauen lebt in Armut, besonders jene, die Haushaltsvorstand sind. Der Prozentsatz der Frauen, die in Armut leben, ist in den letzten zwei Jahrzehnten ständig gestiegen, obwohl der Anteil der Armen in den sechziger Jahren zurückgegangen und in den siebziger Jahren gleich geblieben (und in den achtziger und frühen neunziger Jahren wieder angestiegen) ist. Von der Armut betroffen sind vor allem Frauen mit Kleinkindern, die eine ständige Betreuung brauchen. Sie sehen sich einem Dilemma gegenüber: Eine Frau, die eine angemessen bezahlte Stelle bekommt, kann schwere finanzielle Einbußen erleiden, wenn sie für die Betreuung ihres Kindes bezahlen muß. Wenn sie jedoch eine Teilzeitarbeit annimmt, dann sinkt ihr Einkommen so schnell wie ihre Karrierechancen, und sie verliert auch andere wirtschaftliche Vorteile, wie etwa Pensionszeiten, die Vollzeitbeschäftigten zustehen.

Wie ist die Lage in anderen Ländern? Als Vergleich soll Schweden herangezogen werden, wo umfangreichere Maßnahmen als in Großbritannien ergriffen wurden, um zur Stärkung der wirtschaftlichen Stellung von Frauen beizutragen.

Die Lage in Schweden

Was die Gesetzgebung zur Förderung der Gleichheit der Geschlechter angeht, ist Schweden in der westlichen Welt führend (Scriven, 1984). In Schweden ist der Anteil der unselbständig beschäftigten Frauen besonders hoch: 1986 standen achtzig Prozent aller Frauen zwischen sechzehn und vierundsechzig in irgendeinem Arbeitsverhältnis (Allmän/månad statistik, 1987). Wer ein Kind bekommt, erhält während eines Zeitraumes von einem Monat vor bis sechs Monate nach der Geburt neunzig Prozent seines normalen Gehalts. Die sechs Monate nach der Geburt können als Karenzzeit zwischen den Eltern aufgeteilt werden. Auch während der darauffolgenden hundertachtzig Tage können entweder vom Vater oder von der Mutter Beihilfen in Anspruch genommen werden. Zur Betreuung von Schulkindern bis zu zwölf Jahren stehen auch während der Schulferien zahlreiche Einrichtungen zur Verfügung.

Diese Maßnahmen scheinen im Hinblick auf die Aufstiegsmöglichkeiten von Frauen in einflußreiche Positionen teilweise erfolgreich gewesen zu sein: Ein Viertel der schwedischen Parlamentsabgeordneten sind beispielsweise Frauen, was im internationalen Vergleich einen der höchsten Prozentsätze darstellt. Im Topmanagement von Unternehmen sind jedoch nur wenige Frauen vertreten, und in den meisten übrigen Berufen ist der Frauenanteil nicht wesentlich höher als in anderen westlichen Gesellschaften. 1985 waren fünfundvierzig Prozent der Schwedinnen teilzeitbeschäftigt und hatten somit schlechte Aufstiegschancen, weniger soziale Vorteile und geringere Pensionsansprüche als Ganztagsbeschäftigte (nur fünf Prozent der schwedischen Männer zwischen sechzehn und vierundsechzig haben eine Teilzeitarbeit). Viele Frauen wollen ihre Kinder nicht so lange in den Krippen und Horten lassen, wie es eine Ganztagsarbeit erfordern würde, und die Frauen tragen nach wie vor die Hauptverantwortung für Haushalt und Kindererziehung. Paradoxerweise tragen die Kinderbetreuungseinrichtungen dazu bei, daß die Männer das Gefühl haben, sich in geringerem Ausmaß an der Kindererziehung beteiligen zu müssen, als dies sonst der Fall wäre.

Die Hausarbeit

Die **Hausarbeit** in der gegenwärtigen Form gibt es seit der Trennung von Heim und Arbeitsplatz (Oakley, 1978). Das Haus entwickelte sich eher zu einem Ort des Konsums und hörte auf, eine Produktionsstätte zu sein. Die Hausarbeit wurde „unsichtbar", weil unter „richtiger" Arbeit immer mehr die direkt bezahlte Arbeit verstanden wurde. Im Verlaufe der Abspaltung der Erwerbstätigkeit vom Heim gab es weitere Veränderungen. Ehe die durch die Industrialisierung hervorgebrachten Erfindungen und Geräte in den Haushalt Eingang fanden, war die Hausarbeit hart und mühevoll. Der allwöchentliche Waschtag stellte große körperliche Anforderungen. Die *Maytag Washing Machine Co.* führte eine Untersuchung durch, um herauszufinden, was Waschen im 19. Jahrhundert bedeutete, und kam zu dem Schluß, daß „ein Waschtag gleich ermüdend war wie fünf Meilen zügiges Brustschwimmen, wobei die Armbewegungen und die allgemeine Nässe die Parallele vervollständigten" (zitiert in Hardyment, 1987, S. 6).

Die Einleitung von warmem und kaltem Fließwasser in die Haushalte bedeutete das Ende vieler zeitraubender Arbeiten; zuvor hatte man das Wasser in das Haus tragen und erhitzen müssen, wenn man Heißwasser wollte. Die Einleitung von Elektrizität und Gas machte Kohle– und Holzöfen überflüssig, und lästige, immer wiederkehrende Arbeiten wie Holzhacken, Kohlenschleppen und Ofenreinigen fielen größtenteils weg. Geräte wie Staubsauger und Waschmaschine erleichterten die schwere Arbeit, und bei sinkender Familiengröße gab es weniger Kinder zu versorgen. Überraschenderweise jedoch ging der durchschnittliche Zeitaufwand von Frauen für die Hausarbeit nicht wesentlich zurück. Der Zeitaufwand nicht berufstätiger britischer Frauen für die Hausarbeit ist in den letzten fünfzig Jahren ziemlich konstant geblieben. Die mechanischen Haushaltsgeräte haben zwar ein paar schwerere Arbeiten erleichtert, aber dafür sind neue Anforderungen hinzugekommen. Die Kindererziehung, das Einkaufen und die Zubereitung der Mahlzeiten sind zeitaufwendiger geworden.

Die Tatsache, daß immer mehr Frauen eine außerhäusliche Beschäftigung annahmen, hat die Hausarbeit merklich beeinflußt. Verheiratete berufstätige Frauen machen weniger Hausarbeit als andere, obwohl sie beinahe ausnahmslos für den Haushalt hauptverantwortlich sind. Ihre Tätigkeit ist natürlich zeitlich anders organisiert. Sie verrichten am frühen Abend und an den Wochenenden mehr Hausarbeit als Nur-Hausfrauen.

Die unbezahlte Hausarbeit stellt einen enormen Wirtschaftsfaktor dar: Schätzungen zufolge werden fünfundzwanzig bis vierzig Prozent des in den Industrieländern erworbenen Vermögens durch Hausarbeit erwirtschaftet. Die Hausarbeit stützt die restliche Wirtschaft, indem sie Gratisdienstleistungen zur Verfügung stellt, von denen der Großteil der Erwerbstätigen abhängig ist.

Feministische Bewegungen

Feministischen Autorinnen kommt weitgehend das Verdienst zu, die Bedeutung der Hausarbeit aufgezeigt und analysiert zu haben. Lange Zeit hindurch haben Soziologen in fahrlässiger Weise „Arbeit" mit „bezahlter, außerhäuslicher Arbeit" gleichgesetzt. Feministinnen haben gezeigt, wie irreführend diese Auffassung ist, und haben Untersuchungen über bis dahin meist nicht zur Kenntnis genommene Tätigkeiten und Haltungen von Frauen auf zahlreichen Gebieten des sozialen Lebens in die Wege geleitet. Dieser spezielle Einfluß wurde zwar erst unlängst spürbar, der **Feminismus** – der Kampf um die Verteidigung und Ausweitung der Rechte der Frauen – hat aber eine lange Geschichte, die bis in das späte 18. Jahrhundert zurückreicht.

Eines der frühesten Werke, das feministische Ideen präsentierte, war Mary Wollstonecrafts Buch *A Vindication of the Rights of Woman*, das erstmals 1792 veröffentlicht wurde. „Die weiber", erklärte sie, „sind ... zu dem besitz aller torheiten und laster der kultur gelangt, während sie die schönen vorteile derselben ganz verfehlt haben" (Wollstonecraft, 1975, S. 120). Sechzehn Jahre früher hatte Abigail Adams in den Vereinigten Staaten dafür plädiert, die Situation der Frauen zu verbessern, als sie an ihren Mann John Adams, der der zweite amerikanische Präsident werden sollte, schrieb: „Ich wünsche mir, daß Ihr die Frauen nicht vergeßt, ihnen wohlgesonnener und großzügiger begegnet, als Eure Väter ... Vergeßt nicht, daß in jedem Mann ein Tyrann schlummert" (Rossi und Calderwood, 1973).

Der frühe Feminismus in Frankreich

Unmittelbar nach der französischen Revolution 1789 entstanden in Frankreich die ersten aktiv organisierten Gruppen zur Förderung der Rechte der Frauen (Evans, 1977). In den neunziger Jahren des 18. Jahrhunderts bildeten sich in Paris und in mehreren größeren Provinzstädten Frauenclubs, die sich an den Idealen der Freiheit und der Gleichheit orientierten, um deretwillen die Revolution geführt wurde. Die Clubs waren einerseits Treffpunkte für Frauen, entwickelten aber auch politische Programme, in denen Gleichheit bei der Ausbildung, auf dem Arbeitsmarkt und in der Regierung gefordert wurde. Marie Gouze, Leiterin eines jener Clubs, verfaßte eine Deklaration mit dem Titel „Erklärung der Frauenrechte", die der „Erklärung der Menschen- und Bürgerrechte" nachgebildet war, dem wichtigsten Verfassungswerk der Revolution. Die Rechte des freien und gleichen Bürgers, so argumentierte sie, könnten nicht auf die Männer beschränkt bleiben; wie könnte wahre Gleichheit verwirklicht werden, wenn die Hälfte der Bevölkerung von den Privilegien, derer die Männer teilhaftig sind, ausgeschlossen ist?

Die Antwort der männlichen Revolutionsführer war alles andere als verständnisvoll: Marie Gouze wurde 1793 geköpft. Die Frauenclubs wurden in der Folge per Regierungsdekret aufgelöst. Seit dieser Zeit bildeten sich in den westlichen Ländern immer wieder feministische Gruppierungen und Frauenbewegungen, stießen aber bei den Behörden meist auf Feindseligkeit und riefen manchmal sogar Gewalt hervor. Marie Gouze ist bei weitem nicht die einzige Feministin, die im Kampf für die Gleichberechtigung ihres Geschlechtes ums Leben gekommen ist.

Der Kampf in den Vereinigten Staaten

In den Vereinigten Staaten machte der Feminismus im 19. Jahrhundert mehr Fortschritte als anderswo; für die meisten führenden Köpfe der Frauenbewegungen in anderen Ländern war der Kampf der amerikanischen Frauen vorbildhaft. In der Zeit zwischen 1830 und 1850 bestanden enge Verbindungen zwischen amerikanischen Feministinnen und Bewegungen, die die Abschaffung der Sklaverei forderten. Ein hoher Anteil der Unterschriften unter Petitionen zur Abschaffung der Sklaverei stammte für gewöhnlich von Frauen. Da diese aber formal keinerlei politische Rechte besaßen, waren sie vom politischen Lobbying, das die Reformer zur Durchsetzung ihres Ziels betrieben, ausgeschlossen. Die Tatsache, daß bei der Weltkonferenz zur Abschaffung der Sklaverei im Jahr 1840 in London keine Frauen zugelassen waren, bewog die Frauengruppen, sich direkter mit den Ungleichheiten zwischen den Geschlechtern auseinanderzusetzen. 1848 verabschiedeten Führerinnen der amerikanischen Frauenbewegung, wie ein halbes Jahrhundert zuvor die Französinnen, eine „Erklärung der Gefühle" (Declaration of Sentiments), die der Amerikanischen Unabhängigkeitserklärung nachgebildet war. Sie begann mit dem Satz „Alle Männer *und Frauen* sind von Geburt an gleich. Diese Wahrheit betrachten wir als selbstverständlich." Die Erklärung enthielt eine lange Liste der Ungerechtigkeiten, von denen die Frauen betroffen waren. Es kam jedoch in dieser Zeit nur vereinzelt zu wirklichen Verbesserungen der sozialen oder politischen Stellung der Frau. Als die Sklaverei abgeschafft wurde, beschloß der Kongreß, nur den *männlichen* ehemaligen Sklaven das Wahlrecht zu geben.

Schwarze Frauen spielten in den Anfängen der amerikanischen Frauenbewegung eine wichtige Rolle, obwohl sie sich oft gegen feindselige Angriffe ihrer weißen Schwestern behaupten mußten. Sojourner Truth war eine Schwarze, die sich sowohl gegen die Sklaverei als auch für das Frauenwahlrecht aussprach, wobei sie die beiden Anliegen eng aneinander koppelte. Als sie bei einer Kundgebung gegen die Sklaverei 1850 in Indiana eine Brandrede hielt und ihr ein weißer Mann zurief: „Ich glaube nicht, daß Du wirklich eine Frau bist", öffntete sie ihre Bluse und zeigte als Beweis ihre Brüste. Als sie 1852 bei einer Frauenrechtskonferenz in Akron, Ohio, einen Vortrag hielt, wollten sie weiße Frauen im Publikum durch Zwischenrufe am Reden hindern. Sie setzte sich über derartige Widerstände hinweg und spielte im damaligen Kampf um die Rechte der Frau eine wichtige Rolle (Hooks, 1986). Andere schwarze Frauen jedoch, die gemeinsam mit weißen Feministinnen kämpfen wollten, wurden durch die Vorurteile, denen sie begegneten, desillusioniert; unter den Feministinnen befanden sich deshalb später nur wenige Schwarze.

Die Entwicklung in Europa

Einer der wichtigsten Meilensteine in der Frühzeit der feministischen Bewegungen in Europa war 1866 die Eingabe einer von eintausendfünfhundert Frauen unterzeichneten Petition an das britische Parlament. Die Petition enthielt die Forderung, daß die gerade behandelte Wahlrechtsreform auch Frauen das volle Wahlrecht zugestehen sollte. Die Petition wurde ignoriert, worauf die verantwortlichen Frauen im darauffolgenden Jahr die *National Society for Women's Suffrage* (den „Nationalen Club für das Frauenwahlrecht") gründeten. Die Mitglieder dieses Clubs wurden als **Suffragetten** bekannt; sie wurden bis Ende des 19. Jahrhunderts nicht müde, beim Parlament das Frauenwahlrecht einzufordern. Im frühen 20. Jahrhundert war der Einfluß der britischen Feministinnen weltweit durchaus mit dem der amerikanischen vergleichbar. In beiden Ländern wurden wiederholt

---

Die Durchsetzung des vollen Frauenwahlrechtes

1893	Neuseeland	1945	Frankreich, Ungarn, Italien, Japan, Vietnam, Jugoslawien, Bolivien
1902	Australien		
1906	Finnland		
1913	Norwegen	1946	Albanien, Rumänien, Panama
1915	Dänemark, Island	1947	Argentinien, Venezuela
1917	UdSSR	1948	Israel, Korea
1918	Kanada	1949	China, Chile
1919	Österreich, Deutschland, Niederlande, Polen, Schweden, Luxemburg, Tschechoslowakei	1950	El Salvador, Ghana, Indien
		1951	Nepal
		1952	Griechenland
1920	USA	1953	Mexiko
1922	Irland	1954	Kolumbien
1928	Großbritannien	1955	Nicaragua
1929	Ecuador	1956	Ägypten, Pakistan, Senegal
1930	Südafrika	1957	Libanon
1931	Spanien, Sri Lanka, Portugal	1959	Marokko
1932	Thailand	1962	Algerien
1934	Costa Rica	1963	Iran, Kenia, Libyen
1937	Philippinen	1964	Sudan, Sambia
1941	Indonesien	1965	Afghanistan, Guatemala
1942	Dominikanische Republik, Uruguay	1977	Nigeria
		1979	Peru, Simbabwe

Quelle: Lisa Tuttle, *Encyclopedia of Feminism*, Longman, London, 1986, S. 370f.

Aufmärsche und Demonstrationen veranstaltet. An einem Treffen unter freiem Himmel in London im Juni 1908 nahm eine halbe Million Menschen teil. Während dieser Zeit schossen in allen größeren europäischen Ländern ebenso wie in Australien und Neuseeland Frauenbewegungen aus dem Boden.

Emmeline Pankhurst, eine der Führerinnen der Suffragetten, fuhr mehrmals in die USA, um auf Vortragsreisen ein breites Publikum über den Kampf der britischen Suffragetten zu informieren. Alice Paine und Harriet Stanton Blatch, zwei Amerikanerinnen, die an der Kampagne in Großbritannien mitarbeiteten, organisierten von 1910 an in New York und in anderen größeren Städten der Ostküste eine Reihe von großen Aufmärschen und Paraden.

Während mehrerer Jahrzehnte nach 1920 nahm der Elan der Frauenbewegung in Großbritannien und in anderen Ländern ab. Der Grund dafür war teilweise, daß sie ihr Ziel erreicht zu haben schien – das Frauenwahlrecht war in den meisten westlichen Staaten errungen worden (in Großbritannien im Jahr 1928). Radikale Frauen engagierten sich in anderen Bewegungen wie z. B. im Kampf gegen den Faschismus. Auch wenn innerhalb dieser Bewegungen viele Frauen feministische Ziele verfolgten und männerdominierte Institutionen separat bekämpfen wollten, nahm die Bedeutung des Feminismus insgesamt doch ab. Die Durchsetzung der politischen Gleichberechtigung trug jedoch wenig zur Gleichheit auf anderen Gebieten bei.

Das Wiederaufleben des Feminismus

In den späten sechziger Jahren kam es zu einem Wiederaufleben der Frauenbewegung. In den darauffolgenden fünfundzwanzig Jahren ist der Feminismus zu einer einflußreichen Strömung in der ganzen Welt, auch in den Entwicklungsländern, geworden. Die feministische Renaissance begann in den Vereinigten Staaten unter dem Einfluß der Bürgerrechtsbewegung und der Studentenbewegung jener Zeit. Für diese Anliegen engagierten sich viele Frauen, die männlichen Aktivisten drängten sie jedoch oft in die herkömmliche, untergeordnete Rolle. Die Führer der Bürgerrechtsbewegung widersetzten sich der Forderung, daß die Frauenrechte in die Manifeste für die Gleichheit, um die sie kämpften, Eingang finden sollten. Die Frauen gründeten daher ihre eigenen unabhängigen Organisationen.

In jüngster Zeit haben die Frauenbewegungen ein viel breiteres Spektrum von Themen zur Sprache gebracht, als das in den Anfängen der Fall war. Sie drängten unter anderem auf wirtschaftliche Gleichheit, das Recht auf Abtreibung und auf Änderungen im Scheidungsrecht. Neben wesentlichen praktischen Errungenschaften der Feministinnen ist ihr intellektueller Einfluß heute stärker als je zuvor. In den Sozialwissenschaften und in vielen anderen Bereichen haben feministische Autorinnen erreicht, daß vorgefaßte Ideen und Theorien neu überdacht wurden. Zahlreiche neuere Untersuchungen über die historischen und kulturellen Faktoren, die die Stellung der Frau sowie – genereller – die Beziehung zwischen den Geschlechtern beeinflussen, wurden erst durch den modernen Feminismus in Gang gebracht.

Die Auswirkungen des Feminismus

Die feministische Bewegung hat in den letzten dreißig Jahren ungeheuer viel erreicht. In den achtziger Jahren kam es allerdings zu einer Gegenbewegung. Denker der Rechten – von denen einige die Politik in verschiedenen großen Ländern, unter anderem in Großbritannien und in den Vereinigten Staaten, beeinflußt haben – forderten, daß Frauen zu den traditionellen Werten der Ehe und Familie zurückkehren sollten. Der Feminismus, sagen sie, hätte die Institution der Ehe untergraben, die Zahl der Alleinerzieher und -erzieherinnen erhöht und die Frauen selbst verunsichert. Frauen, die sich entschieden haben, ein Leben als Single zu führen, würden unter dem „Burn out"-Syndrom und unter einer Reihe anderer physischer und psychischer Probleme leiden.

Solche Behauptungen stehen allerdings im Widerspruch zu elementaren empirischen Befunden. Die Depressionsrate ist bei verheirateten Frauen durchschnittlich höher als bei alleinstehenden Frauen und am höchsten bei verheirateten „Nur-Hausfrauen". Bei Krankheiten – von Bluthochdruck bis Colitis – ergibt sich ein sehr ähnliches Bild. Nach einem Vergleich der Faktoren „bezahlte Arbeit", „Ehe" und „Kinder" kamen Sozialwissenschaftler zum Schluß, daß zwischen Arbeit und „der guten gesundheitlichen Verfassung von Frauen bei weitem der stärkste und konsistenteste Zusammenhang besteht"(Coward, 1992).

Susan Faludi (1993) hat darauf hingewiesen, daß die Forderungen der Frauenrechtlerinnen eine männliche Gegenbewegung ausgelöst haben, obwohl die Frauen von einer echten Gleichberechtigung noch weit entfernt sind: Die Feminismuskritik rechtsgerichteter Autoren ist ihr zufolge in das Bewußtsein der Öffentlichkeit gedrungen und hat eine Anzahl von Mythen geschaffen. Es wurde behauptet, daß das Zeitalter des „Postfeminismus" angebrochen wäre und daß die Frauen die Ziele der Feministinnen zwar im großen und ganzen erreicht hätten, daß sie sich aber dadurch nur Unglück eingehandelt hätten. Aufgrund einer Analyse von Zeitungen, Filmen und Fernsehberichten kommt Faludi zu dem Schluß, daß diese Themen immer wieder betont werden, obwohl unvergleichlich mehr Material darauf hinweist, daß gerade das Gegenteil der Fall ist.

Als Beispiel nennt sie den Film *Fatal Attraction*. Der Film hätte ursprünglich eine Geschichte über einen verantwortungslosen Mann werden sollen, der eine beiläufige Affäre hat. In seiner endgültigen Fassung wurde er jedoch zu einem feindseligen Porträt einer verbitterten, blutrünstigen Frau. Faludi meint, daß sich diese Reaktion nicht auf die politische Rechte beschränkt, sie bringt ein wesentlich allgemeineres männliches Resentiment gegen die Errungenschaften der Frauen zum Ausdruck und wurzelt in einer Bedrohung der Männlichkeit überhaupt.

Marilyn French hat von einem „Krieg der Männer gegen die Frauen" gesprochen. Von frühester Kindheit an, sagt sie, werden die Männer ständig im Glauben bestärkt, daß „richtige Männer" Frauen beherrschen und an ihren angestammten Platz verweisen.

> Nichtsdestoweniger ruht das gesamte System weiblicher Unterdrückung auf den Schultern ganz gewöhnlicher Männer, die mit einer Inbrunst und Pflichtergebenheit zu seinem Fortbestand beitragen, um die jede Geheimpolizei sie beneiden würde. Welches andere System kann sich so vollkommen darauf verlassen, daß fast die Hälfte der Bevölkerung täglich, im

Geschlecht und Sexualität 203

öffentlichen wie im privaten Leben, eine bestimmte Politik durchzusetzen bereit ist? (French, 1992, S. 232f.)

Die „Geheimpolizei" stützt sich auf die Aufrechterhaltung wirtschaftlicher, sozialer und kultureller Ungleichheiten – und bedient sich eines Phänomens, das im nächsten Abschnitt genauer behandelt wird: der Gewalt.

Inwieweit stimmen diese Auffassungen? Behauptungen wie jenen von Faludi und French wird von feministischen Kritikern entgegengehalten, daß sie inhaltlich zwar weitgehend richtig seien, die Interpretation dieser Befunde jedoch in Frage gestellt werden müsse. Sie würde Frauen nur als Opfer des männlichen Machtstrebens betrachten, was in vielerlei Hinsicht sicher stimme; die Kategorien „Mann" und „Frau" seien aber weit und würden verschiedene Haltungen und Orientierungen einschließen. Nicht alle Männer sind gewalttätig, und in lesbischen Beziehungen, wo Männer überhaupt keine Rolle spielen, ist der Anteil der Gewalt nicht unwesentlich (Segal, 1990). Es gibt viele sozioökonomische, ethnische und andere Unterschiede zwischen den Frauen, und die Feministinnen können selten behaupten, das Sprachrohr aller Frauen zu sein. Rosalind Coward argumentiert, daß Frauen oft an ihrer eigenen Unterdrückung aktiv beteiligt sind: „Ich gebe mich mit dem historischen Szenario, das in den Frauen nur passive Opfer der männlichen Machtgier sieht, nicht zufrieden. Faludi glaubt, daß die Rückbesinnung der Frauen auf ihre traditionelle Weiblichkeit nur ein medialer Mythos ist. Ich habe beobachtet, daß viele Frauen an einer traditionellen Rolle festhalten und dabei heimliche Komplizinnen der Männer sind" (Coward, 1992).

Gewalt in der Familie, sexuelle Belästigung und Vergewaltigung

Wir wenden uns nun einigen grundsätzlichen Problemen zu, mit denen viele Frauen direkt oder indirekt zu kämpfen haben. Diese Probleme haben mit den verschiedenen Formen zu tun, in denen Männer ihre überlegene soziale und physische Macht gegen Frauen einsetzen: Gewalt in der Familie, sexuelle Belästigung und Vergewaltigung. Obwohl auch Frauen gegenüber Männern diese Verhaltensweisen an den Tag legen, sind doch in der überwältigenden Mehrheit der Fälle Männer die Aggressoren und Frauen die Opfer.

Gewalt in der Familie

Die Familie wird zwar oft als Hort der Sicherheit und des Glücks idealisiert, aber mit der **Gewalt in der Familie** haben viele Frauen Erfahrungen gemacht. Es handelt sich dabei um keinen neuen sozialen Mißstand. Gewalt gegen Frauen war ein weitverbreiteter Aspekt der Ehe im Mittelalter und in der Anfangszeit der Industrialisierung. Bis in das späte 19. Jahrhundert gab es in Großbritannien keine Gesetze, aufgrund derer ein Mann, der seine Frau mißhandelte, zur Verantwortung gezogen werden konnte. Davon ausgenommen waren schwere Körperverletzung und Mord. Frauen genießen jetzt zwar einen stärkeren gesetzlichen Schutz, Gewalt in der Familie ist jedoch immer noch weit verbreitet. Gewalt in der Familie und speziell gegen Frauen wird meist als unwesentlich abgetan, allerdings vermitteln die Aussagen von Frauen in Frauenhäusern ein anderes Bild. In einer Untersuchung ist nachzulesen, daß „einige Frauen auf erschreckende Weise verletzt worden sind; sie haben Knochenbrüche, Messerstiche und arge Quetschungen erlitten; manche wurden mit einem Möbelstück auf den Kopf geschlagen, andere die Stiege hinuntergeworfen, und einer wurde ein Nagel in den Fuß geschlagen" (Pahl, 1978, S. 32).

Trotz der verbesserten rechtlichen Situation ist es für Frauen, die familiärer Gewalt ausgesetzt sind, schwierig, diesen Schutz auch für sich in Anspruch zu nehmen. Die Einstellung der Polizei, die sich normalerweise in einen Ehestreit nicht einmischt, erweist sich dabei meist als nicht sonderlich hilfreich. Wird die Polizei unter solchen Umständen zu Hilfe gerufen, beschränkt sie sich oft darauf, den Streit zu schlichten, statt mit einer Anzeige vorzugehen. Frauen, die in gewalttätigen Beziehungen leben, finden es oft schwierig auszuziehen, weil dem verschiedene wirtschaftliche und soziale Gründe, darunter die Verantwortung für die Kinder, entgegenstehen. Die für die Zuteilung von Gemeindewohnungen zuständigen Stellen sind gegenüber Frauen manchmal argwöhnisch, wenn diese über körperliche Mißhandlungen klagen; sie könnten ja übertreiben, um auf diese Weise schneller zu einer anderen Wohnung zu kommen.

Sexuelle Belästigung

Am Arbeitsplatz können die Rechte der Frauen leichter durchgesetzt werden, und tatsächliche Gewaltanwendung gegen Frauen kommt selten vor. **Sexuelle Belästigungen** hingegen sind gang und gäbe. Sexuelle Belästigung am Arbeitsplatz kann als Anwendung beruflich bedingter Autorität oder Macht, um sexuellen Wünschen Nachdruck zu verleihen, definiert werden. Dieses Verhalten kann eklatante Formen annehmen; etwa wenn einer weiblichen Angestellten für den Fall, daß sie einer sexuellen Begegnung nicht zustimmt, mit Entlassung gedroht wird. Die meisten Fälle sexueller Belästigung sind etwas subtiler. Sie bestehen z. B. in Andeutungen, daß ein sexuelles Entgegenkommen irgendwelche Vorteile bringen bzw. eine Verweigerung irgendwie bestraft werden könnte, etwa durch eine Nicht–Beförderung.

Während die betroffenen Männer weniger spektakuläre Formen sexueller Belästigung als harmlos empfinden mögen, erleben Frauen diese oft als erniedrigend. Von Frauen wird erwartet, daß sie unerwünschte sexuelle Anspielungen, Gesten oder körperliche Annäherungen tolerieren und daß sie „mitspielen". Das erfordert nicht nur Toleranz, sondern großes Geschick. Eine Bardame, deren Einkommen zum größeren Teil aus Trinkgeldern besteht und die daher den Gästen gefallen muß, bemerkt, daß „eine Frau in diesem Beruf lernen muß, sich sexuell nicht abweisend zu verhalten, dabei aber nie Verfügbarkeit signalisieren darf. Das bedeutet natürlich, daß Männer ihr Verlangen durch anzügliche Andeutungen, subtile Angebote und Gesten zeigen. Die Bardame muß ihn sanft abweisen, ohne ihn zu beleidigen und ohne beleidigt zu erscheinen. Sie muß so tun, als ob sie geschmeichelt wäre, und auf eine Weise nein sagen, daß auch er geschmeichelt ist" (zitiert in MacKinnon, 1979, S. 78).

Geschlecht und Sexualität 205

Es ist offensichtlich nicht einfach, zwischen der sexuellen Belästigung und einer noch als legitim anzusehenden Annäherung eines Mannes eine Grenze zu ziehen. Aufgrund von Erfahrungsberichten von Frauen wird geschätzt, daß siebzig Prozent der britischen Frauen im Laufe ihres Arbeitslebens durch längere Zeit hindurch sexuell belästigt wurden. Die sexuelle Belästigung kann als einzelnes Vorkommnis oder als stabiles Verhaltensmuster auftreten (Kelly, 1988). Im letzteren Fall haben die Frauen Schwierigkeiten, ihren normalen Arbeitsrhythmus aufrechtzuerhalten. Sie nehmen entweder Krankenurlaub oder geben den Arbeitsplatz auf.

Vergewaltigung

Es ist äußerst schwierig, die Zahl der **Vergewaltigungen** auch nur annähernd genau zu schätzen. Nur ein geringer Prozentsatz der Vergewaltigungen wird der Polizei tatsächlich bekannt und in die Statistik aufgenommen. Die wirklichen Zahlen sind möglicherweise fünfmal so hoch wie jene, die in offiziellen Statistiken ausgewiesen sind – obwohl die Schätzungen sehr unterschiedlich sind. Eine Umfrage unter 1236 Frauen in London zeigte, daß jede sechste einmal vergewaltigt worden war und daß von den übrigen jede fünfte einmal einen Vergewaltigungsversuch abgewehrt hatte. Die Hälfte der Angriffe hatte entweder in der Wohnung der Frau oder in der ihres Angreifers stattgefunden (Hall, 1985). Die meisten vergewaltigten Frauen wollen den Vorfall vergessen oder sind nicht gewillt, sich einem möglicherweise demütigenden Prozeß mit ärztlicher Untersuchung, polizeilicher Vernehmung und gerichtlichem Kreuzverhör zu stellen. Das Verfahren dauert oft lange; es können bis zu achtzehn Monate vergehen, ehe ein Gerichtsurteil gefällt wird.

Die Verhandlung selbst kann einschüchternd wirken. Die Gerichtsverhandlung ist öffentlich, und das Opfer wird dem Angeklagten gegenübergestellt. Beweise der Penetration, der Identität des Vergewaltigers und der Tatsache, daß der Akt ohne die Zustimmung der Frau geschah, müssen erbracht werden. Wenn sich das Verbrechen auf nächtlicher Straße oder in einem finsteren Gäßchen zugetragen hat, ist die Identität des Täters schwierig zu beweisen. Eine Frau, die in der Nacht ohne Begleitung ausgeht, muß damit rechnen, daß man glaubt, sie wolle die Aufmerksamkeit der Männer auf sich lenken. Inwieweit einer Frau zugestanden wird, auf das sexuelle Ansinnen eines Mannes mit einem klaren „Nein" zu antworten, wird von gängigen Stereotypen und Bildern bestimmt, die auch ein Gerichtsurteil beeinflussen können. Wenn eine Frau einwilligt, einem Mann in seine Wohnung zu folgen oder sich sexuell mit ihm einzulassen, dann wird das oft als Zustimmung zum Vollzug des Geschlechtsverkehrs oder anderer sexueller Praktiken angesehen, die er eventuell von ihr verlangt. Ihr Recht, zu einem fortgeschrittenen Zeitpunkt „Nein" zu sagen, wird nicht anerkannt; das bedeutet de facto, daß sie die Verantwortung für die Unfähigkeit des Mannes, sein eigenes Verhalten zu kontrollieren, tragen muß. Unabhängig davon, wo die Vergewaltigung stattgefunden hat, kann die Frau über die Vorgeschichte ihrer sexuellen Beziehungen ausgefragt werden, während jene des Mannes nicht in derselben Weise als relevant angesehen wird. In Vergewaltigungsfällen dürfen frühere

Verurteilungen des Angeklagten wegen Vergewaltigung oder versuchter Vergewaltigung nicht zur Sprache kommen.

Im Jahr 1736 kam Sir Matthew Hale zu der richterlichen Erkenntnis, daß „ein Ehemann der Vergewaltigung seiner gesetzlich angetrauten Ehefrau nicht schuldig befunden werden kann, weil sich die Frau im gegenseitigen ehelichen Einverständnis und Vertrag ihrem Manne in diesem Sinne unwiderruflich hingegeben hat" (zitiert in Hall, James und Kertesz, 1984, S. 20). Dieser Spruch hatte in England und Wales bis 1991 Gesetzeskraft. Im Oktober desselben Jahres wies das britische Oberhaus die Berufung eines Lkw-Fahrers gegen ein Urteil wegen versuchter Vergewaltigung seiner Frau ab. In der Urteilsbegründung stellte Lord Keith fest: „Hales Erkenntnis wurzelt in den Sichtweisen seiner Zeit. In unseren Tagen muß jede vernunftbegabte Person zur Ansicht kommen, daß diese Auffassung unannehmbar ist". Vergewaltigung in der Ehe ist jedoch nur in wenigen westlichen Staaten ein Delikt: z. B. in Dänemark, Schweden, Norwegen und Kanada. In den Vereinigten Staaten erfolgte die erste Verurteilung wegen Vergewaltigung in der Ehe 1979 im Fall James K. Chretien. Vor dem Fall Chretien war Vergewaltigung in der Ehe in fünf Bundesstaaten ungesetzlich. Seitdem haben viele andere Bundesstaaten entsprechende Gesetze verabschiedet oder Präzedenzfälle ausjudiziert.

Konventionelle Vorstellungen davon, was Vergewaltigung ist und was nicht, können sehr hartnäckig sein. Forscher, die Untersuchungen über erzwungenen Geschlechtsverkehr zwischen festen Partnern durchführten, berichteten von folgendem Fall: Ein betrunkener Mann wollte mit seiner Freundin Analverkehr haben. Sie verweigerte sich und begann zu schreien, worauf er gewalttätig wurde und sie so festhielt, daß sie sich nicht mehr wehren konnte und schließlich nachgeben mußte. Als die Forscher sie jedoch fragten, ob sie jemals gegen ihren Willen Geschlechtsverkehr gehabt hätte, verneinte sie dies (Finkelhor und Yllo, 1982).

Forschungsergebnisse zeigen, daß viele vorgefaßte Meinungen über die Vergewaltigung falsch sind. Es ist z. B. nicht richtig, daß eine Vergewaltigung nicht stattfinden kann, wenn sich das Opfer wehrt; daß nur junge, „attraktive" Frauen vergewaltigt werden; daß manche Frauen die Vergewaltigung als lustvoll empfinden oder daß die meisten Täter psychologisch irgendwie gestört sind (Hall, 1985). Die meisten Vergewaltigungen erfolgen nicht spontan, sondern sind zumindest teilweise geplant. Vergewaltigung steht in einem eindeutigen Zusammenhang mit der Assoziation der Männlichkeit mit Macht, Dominanz und Härte. Sie entspringt weniger einem überwältigenden sexuellen Verlangen, sondern eher der Verknüpfung zwischen Sexualität einerseits und Macht- und Überlegenheitsgefühlen andererseits. Sexuelle Lust scheint mit Vergewaltigung wenig zu tun zu haben. Viele Täter können nur dann sexuelle Erregung erfahren, wenn sie das Opfer in Angst und Schrecken versetzt und erniedrigt haben. Der sexuelle Akt an sich ist weniger wichtig als die Erniedrigung der Frau (Estrich, 1987).

In den vergangenen Jahren haben Frauengruppen Druck ausgeübt, um die Einstellung der Öffentlichkeit und der Juristen und Parlamentarier zur Vergewaltigung zu ändern. Sie haben darauf hingewiesen, daß Vergewaltigung nicht als sexuelles Delikt, sondern als Gewaltverbrechen gesehen werden sollte. Vergewaltigung ist nicht nur ein Angriff auf den Körper, sondern auf die Integrität und die Würde eines Individuums. Eine Autorin drückte es so aus: Vergewaltigung ist „ein aggressiver Akt, bei dem dem Opfer die Selbstbestimmung verweigert wird. Vergewaltigung ist ein Akt der Gewalt, der, auch wenn er nicht von Mißhandlungen begleitet ist oder in den Mord mündet, eine Todesdrohung in sich trägt" (Griffin, 1978, S. 342). Die Kampagne hat zu einigen tatsächlichen Änderungen der Gesetzgebung geführt, und Vergewaltigung wird heute vom Gesetz her als spezifische Form strafrechtlich relevanter Gewalt angesehen.

Vergewaltigung und weibliche Angst: Die These Brownmillers

In einer Hinsicht sind alle Frauen Vergewaltigungsopfer: Frauen, die niemals vergewaltigt wurden, leiden oft unter ähnlichen Ängsten wie Frauen, die tatsächlich vergewaltigt wurden. Sie haben möglicherweise Angst, in der Dunkelheit allein auszugehen, auch wenn die Straßen belebt sind, und haben vielleicht ebensoviel Angst davor, sich allein in ihrem Haus oder in ihrer Wohnung aufzuhalten. Susan Brownmiller, die den engen Zusammenhang zwischen Vergewaltigung und orthodoxer männlicher Sexualität unterstrichen hat, meint, daß die Vergewaltigung Teil eines männlichen Einschüchterungssystems ist, das Frauen in ständige Angst versetzt. Jene Frauen, die nie vergewaltigt wurden, fühlen sich von solchermaßen hervorgerufenen Ängsten betroffen und sehen sich veranlaßt, in ihrem Alltag mehr Vorsicht walten zu lassen als Männer (Brownmiller, 1980).

Brownmillers Standpunkt mag extrem klingen, aber wenn man kurz nachdenkt, wird einem klar, wie vorsichtig eine Frau sein muß, wenn sie die Wahrscheinlichkeit eines Übergriffes möglichst gering halten will. Im folgenden erscheint eine von einer amerikanischen Frauenorganisation veröffentlichte Liste von Verhaltensregeln für Frauen, die das Risiko, vergewaltigt zu werden, verringern wollen. Die Liste untermauert die Auffassung, daß Vergewaltigung ein Verbrechen ist, das das Verhalten sämtlicher Frauen betrifft (Katz und Mazur, 1979, S. 307).

1 Treffen Sie in Ihrer Wohnung oder in ihrem Haus alle möglichen Sicherheitsvorkehrungen: Sämtliche Schlösser, Türen und Fenster sollten funktionstüchtig sein. Wenn Sie umziehen, wechseln Sie die Schlösser aus. Die Abteilung für Verbrechensverhütung der örtlichen Polizei gibt Ihnen gerne Ratschläge, wie sie Ihr Heim einbruchssicher – und damit vergewaltigungssicher – gestalten können.

2 Wenn Sie allein leben:
   a Lassen Sie mehrere Lichter an, um den Eindruck zu vermitteln, daß Sie in der Wohnung/im Haus nicht allein sind.
   b Tun Sie so, als ob ein Mann im Haus wäre, wenn jemand an der Tür geläutet hat. (Rufen Sie laut „Ich mach' das schon, Bob!".)
   c Verwenden Sie an der Haustür oder im Telefonbuch niemals Ihren Vornamen, sondern nur die Anfangsbuchstaben.

3 Seien Sie allgemein vor Fremden auf der Hut; machen Sie niemals einem Fremden die Tür auf. Fordern Sie Zusteller auf, sich auszuweisen (sie können den Ausweis unter der Tür durchschieben). Wenn Kinder bei ihnen wohnen, sagen Sie ihnen, daß sie Fremden niemals die Tür aufmachen.

4 Wenn Sie in einem Hochhaus leben, so gehen Sie niemals allein in den Keller, in die Garage oder in die Waschküche.

5 Wenn Sie einen obszönen Telefonanruf bekommen, so antworten Sie nicht, sondern legen Sie sofort auf und rufen Sie die Polizei.

6 Vermeiden Sie es, spät in der Nacht allein durch die Stadt oder über den Campus zu gehen. Wenn es sich nicht vermeiden läßt, halten Sie eine „praktische" Waffe in der Hand, wie z. B. eine brennende Zigarette, eine Hutnadel, eine Plastikzitrone, einen Schirm, eine Füllfeder, eine Gabel, eine Schlüsselkette, eine Haarbürste, einen Kamm (mit dem Sie dem Angreifer das Gesicht zerkratzen können) oder eine Trillerpfeife (nicht an einer Kette um den Hals, sondern am Schlüsselbund befestigt).

7 Vermeiden Sie Reisen per Autostopp. (Das ist ganz wichtig!) Wenn Sie nicht anders können, fahren Sie in Gruppen und nur im dichten Verkehr.

8 Wenn Sie Autolenkerin sind:
   a Achten Sie darauf, daß Ihr Benzintank immer mindestens zu einem Viertel voll ist.
   b Schließen Sie Ihr Auto immer ab, wenn Sie aussteigen.
   c Schauen Sie auf den Rücksitz und Boden, ehe Sie in ein Auto einsteigen.
   d Wenn Sie eine Panne haben, so nehmen Sie keine Hilfe von einem Mann oder einer Gruppe von Männern an; öffnen Sie die Motorhaube und warten Sie im verschlossenen Auto, bis die Polizei kommt.

9 Hüten Sie sich davor, in Lokalen fremde Männer „aufzugabeln", insbesondere, wenn Sie zuviel getrunken oder Drogen genommen haben.

10 Fahren Sie nicht allein mit einem Mann im Aufzug. Steigen Sie sofort aus oder bleiben Sie neben dem Alarmknopf stehen.

11 Signalisieren Sie bei einem Rendezvous Ihrem Partner frühzeitig, wo für Sie die Grenzen der sexuellen Annäherung liegen, sodaß es später zu keinen Mißverständnissen kommt.

12 Babysitter sollten nachfragen, welchen Ruf eine Familie hat, ehe sie auf die Kinder aufpassen. Eltern sollten die Babysitter sehr sorgfältig auswählen.

13 Wenn Sie überfallen werden, so rufen Sie *nicht* „Hilfe, ich werde vergewaltigt!", sondern „Feuer!".

„Normales" sexuelles Verhalten

Kulturelle Unterschiede

Viele Leute glauben, daß das menschliche Sexualverhalten hauptsächlich durch biologische Einflüsse gesteuert wird, weil der Geschlechtsakt offensichtlich die Voraussetzung der menschlichen Fortpflanzung ist. Anders als bei den meisten Tieren sind aber unsere sexuellen Reaktionen nicht genetisch bedingt, sondern beinahe zur Gänze erlernt – und das menschliche Sexualverhalten umfaßt neben dem heterosexuellen Verkehr (Verkehr zwischen Mann und Frau) zahlreiche andere Verhaltensweisen. Homosexuelles Verhalten z. B. ist in vielen Kulturen nichts Außergewöhnliches. In diesem Abschnitt werden wir auf die **Heterosexualität** eingehen, während sich der nächste Abschnitt mit der Homosexualität auseinandersetzt.

Welches heterosexuelle Verhalten als normal gilt, ist von Kultur zu Kultur verschieden; auch das ist ein Hinweis darauf, daß die meisten sexuellen Reaktionen eher erlernt als angeboren sind. Die umfassendste Untersuchung über Sexualpraktiken in den verschiedenen Kulturkreisen wurde vor einigen Jahrzehnten von Clellan Ford und Frank Beach (1954) durchgeführt. Sie sichteten anthropologisches Material aus mehr als zweihundert Gesellschaften. Die Meinungen darüber, was „natürliches" Sexualverhalten ist und wer sexuell anziehend ist, gingen weit auseinander (siehe auch Kapitel 2 „Kultur und Gesellschaft"). In manchen Gesellschaften wird z. B. ein ausgedehntes, möglicherweise einige Stunden dauerndes Vorspiel als wünschenswert oder für den Geschlechtsakt sogar notwendig erachtet, in anderen gibt es praktisch überhaupt kein Vorspiel. In bestimmten anderen Gesellschaften wiederum glaubt man, daß allzu häufiger Geschlechtsverkehr den Körper schwächt oder Krankheiten verursacht. Bei den Seniang im Südpazifik geben die Dorfältesten Ratschläge bezüglich der Häufigkeit des Liebesaktes; sie sind außerdem der Meinung, daß Weißhaarige das Recht hätten, jede Nacht einen Beischlaf zu vollziehen!

In den meisten Kulturen beziehen sich die für Frauen wie Männer gültigen Normen der sexuellen Anziehungskraft eher auf das Aussehen von Frauen als auf das von Männern. Diese Situation scheint sich in der westlichen Welt nach und nach zu ändern, weil Frauen außerhalb der häuslichen Umgebung immer aktiver werden. Die wichtigsten Merkmale weiblicher Schönheit sind jedoch von Kultur zu Kultur ziemlich unterschiedlich. In einigen Kulturen gilt z. B. ein schlanker, zierlicher Körperbau als ideal, während in anderen eine üppigere Gestalt als attraktiv angesehen wird. Mancherorts werden die Brüste nicht als sexuell erregend empfunden, während sie in anderen Gesellschaften als überaus erotisierend gelten. Für die eine Gesellschaft ist die Gesichtsform wichtig, für die andere der Schnitt und die Farbe der Augen, für die dritte wiederum die Größe und Form der Nase und der Lippen.

Die Sexualität in der westlichen Kultur

Die westliche Einstellung zum Sexualverhalten war nahezu zweitausend Jahre hindurch vom Christentum geprägt. Obwohl verschiedene christliche Glaubensgemeinschaften und Sekten sehr unterschiedliche Auffassungen über den Stellenwert der Sexualität im Leben vertraten, herrschte in der christlichen Kirche doch die Haltung vor, daß jegliches sexuelles Verhalten verdächtig sei und auf das für die Zeugung der Nachkommenschaft erforderliche Mindestmaß reduziert werden müsse. Zu bestimmten Zeiten und in bestimmten Gebieten führte diese Ansicht zu einer extremen Prüderie der gesamten Gesellschaft. Zu anderen Zeiten jedoch ignorierten viele Menschen die Lehren der Kirche oder lehnten sich gegen sie auf, wobei sie verschiedene, von den religiösen Autoritäten verbotene Verhaltensweisen pflegten (z. B. Ehebruch). Wie in Kapitel 1 („Soziologie: Probleme und Perspektiven") erwähnt, war der Gedanke, daß man in der Ehe sexuelle Erfüllung finden kann und sollte, nicht sonderlich weit verbreitet.

Im 19. Jahrhundert wurden die religiösen Konzeptionen der Sexualität teilweise durch medizinische ersetzt. Die meisten frühen medizinischen Aufsätze über das Sexualverhalten waren aber ebenso streng wie die Anweisungen der Kirche. In manchen stand, daß jede sexuelle Aktivität, die nicht der Zeugung von Nachkommenschaft diene, zu ernsten körperlichen Gebrechen führt. Masturbation würde Erblindung, Wahnsinn, Herzerkrankungen und viele andere Beschwerden nach sich ziehen, während Oralverkehr Krebs verursache. Im viktorianischen Zeitalter florierte die sexuelle Heuchelei. Tugendhafte Frauen, glaubte man, wären sexuell gleichgültig und würden die Aufmerksamkeiten ihrer Männer nur aus

Pflichterfüllung entgegennehmen; in den expandierenden Städten jedoch blühte die Prostitution, und die mehr oder weniger offen tolerierten „losen Frauenzimmer" wurden oft als eine von ihren tugendhaften Schwestern völlig getrennte Kategorie betrachtet.

Viele Männer, die nach außen hin kreuzbrave Bürger und ihren Frauen treu ergebene Ehemänner waren, besuchten regelmäßig Prostituierte oder hielten sich Mätressen. Dieses Verhalten wurde bei Männern nachsichtig beurteilt, während „respektable" Frauen, die sich Liebhaber nahmen, als skandalös galten und von der „guten Gesellschaft" ausgeschlossen wurden, wenn ihr Verhalten ruchbar wurde. Die unterschiedliche Einstellung zur sexuellen Aktivität von Männern und Frauen führte zu einer *Doppelmoral*, die lange anhielt und in Resten noch immer vorhanden ist.

Gegenwärtig existieren derartige traditionelle Haltungen Seite an Seite mit weitaus liberaleren Einstellungen zur Sexualität, wobei sich letztere vor allem in den sechziger Jahren durchgesetzt haben. Manche Menschen, vor allem jene, die von der christlichen Lehre beeinflußt sind, glauben, daß voreheliche sexuelle Erfahrungen unrecht seien und mißbilligen generell alle Formen von Sexualität außer der heterosexuellen Betätigung innerhalb der Ehe – obwohl nunmehr die Auffassung, daß sexuelle Lust als Bestandteil einer ehelichen Beziehung wünschenswert und wichtig ist, wesentlich weiter verbreitet ist. Andere hingegen haben zu vorehelichen sexuellen Aktivitäten eine neutrale oder positive Einstellung und tolerieren ein breites Spektrum verschiedener sexueller Praktiken. Die Einstellung zur Sexualität ist in den letzten dreißig Jahren in den meisten westlichen Ländern eindeutig permissiver geworden. Im Kino und im Theater werden Szenen gezeigt, die früher unvorstellbar gewesen wären, und die meisten Erwachsenen haben, wenn sie wollen, direkten Zugang zu pornographischem Material.

Das Sexualverhalten

Es ist wesentlich einfacher, etwas über die öffentlich artikulierten sexuellen Moralvorstellungen der Vergangenheit zu sagen, als Aussagen über private Praktiken zu treffen, da diese aufgrund ihres Wesens kaum dokumentiert sind. Als Alfred Kinsey in den vierziger und fünfziger Jahren seine Untersuchungen durchführte, war dies das erste Mal, daß das tatsächliche Sexualverhalten einer eingehenden empirischen Analyse unterzogen wurde. Kinsey und seine Mitarbeiter wurden von vielen religiösen Organisationen attackiert, und seine Arbeit wurde in den Zeitungen und im Kongreß als unmoralisch angeprangert. Er gab aber nicht auf und konnte am Ende auf achtzehntausend Berichte über das Sexualleben von Erwachsenen verweisen, was einen mehr oder weniger repräsentativen Querschnitt der weißen Bevölkerung Amerikas darstellte (Kinsey et al., 1963, 1970).

Kinseys Ergebnisse waren für die meisten überraschend und für viele schokkierend, weil sie aufdeckten, daß zwischen den zu dieser Zeit vorherrschenden öffentlichen Normen des Sexualverhaltens und dem tatsächlichen sexuellen Verhalten große Unterschiede bestanden. Er fand heraus, daß beinahe siebzig Prozent aller Männer eine Prostituierte besucht und vierundachtzig Prozent voreheliche sexuelle Kontakte gepflogen hatten. Der Doppelmoral entsprechend erwarteten jedoch vierzig Prozent von ihren Frauen, daß sie jungfräulich in die Ehe gehen sollten. Über neunzig Prozent der Männer hatten masturbiert, und beinahe sechzig Prozent hatten in irgendeiner Form Erfahrungen mit Oralsex. Bei den Frauen hatten fünfzig Prozent voreheliche sexuelle Kontakte gehabt, der Großteil allerdings mit ihrem späteren Ehemann. Ungefähr sechzig Prozent hatten masturbiert, und der gleiche Prozentsatz hatte oral-genitale Kontakte gehabt.

Kinseys Erkenntnisse bewiesen, wie groß die Kluft zwischen allgemein akzeptierten Einstellungen und dem tatsächlichen Verhalten sein kann. Die Diskrepanz war aber möglicherweise genau zu jener Zeit, unmittelbar nach dem Zweiten Weltkrieg, besonders groß. In den zwanziger Jahren hatte es bereits einmal eine Welle der sexuellen Liberalisierung gegeben; auch damals brach die Jugend mit den strengen moralischen Normen, die für frühere Generationen bestimmend gewesen waren. Das Sexualverhalten hatte sich wahrscheinlich stark geändert, aber über sexuelle Themen wurde nicht so offen gesprochen, wie wir es heute gewohnt sind. Wer sexuelle Praktiken ausübte, die von der Öffentlichkeit noch immer nachhaltig mißbilligt wurden, tat dies im Verborgenen und hatte keine Ahnung davon, wie verbreitet diese und ähnliche Praktiken waren. Erst die permissivere Zeit der sechziger Jahre brachte die öffentlich zum Ausdruck gebrachten Einstellungen mit dem tatsächlichen Sexualverhalten in größeren Einklang.

Für die sexuelle Befreiung der sechziger Jahre spielten auch andere Faktoren eine Rolle. Die sozialen Bewegungen, die die bestehenden Verhältnisse herausforderten – die mit der „Neuen Linken" oder allgemeiner mit gegenkulturellen Entwürfen oder dem Lebensstil der „Hippies" in Verbindung standen –, brachen auch mit den bestehenden Sexualnormen. Viele dieser Gruppen predigten die sexuelle Freiheit, und die Erfindung der empfängnisverhütenden Pille ermöglichte eine klare Trennung von sexuellem Vergnügen und Fortpflanzung. Frauengruppen begannen ebenfalls, auf mehr Unabhängigkeit von den männlichen sexuellen Werten zu drängen, lehnten die Doppelmoral ab und zeigten das Bedürfnis der Frauen nach größerer sexueller Erfüllung in ihren Beziehungen auf.

In keinem Land hat es seither eine Untersuchung gegeben, die im Umfang mit jener Kinseys und seiner Mitarbeiter vergleichbar wäre. Wegen der fragmentarischen Beschaffenheit der späteren Studien können wir nicht mit Sicherheit sagen, inwieweit sich das heutige Sexualverhalten von jenem der frühen Nachkriegszeit unterscheidet. Einige Trends zeichnen sich jedoch deutlich ab. Die vorehelichen sexuellen Erfahrungen haben in den Vereinigten Staaten und in den meisten europäischen Ländern – zumindest auf Seiten der Frauen – ständig zugenommen. Es scheint, daß sich die meisten westeuropäischen Gesellschaften den schwedischen Werten zu Beginn der siebziger Jahre annähern, nach denen 95 Prozent beider Geschlechter Erfahrungen mit vorehelichem Geschlechtsverkehr hatten. Frauen sind allgemein sexuell wesentlich anspruchsvoller geworden, als sie es vor zwei Jahrzehnten waren, und erwarten von ihren Liebhabern und Ehemännern sexuelle Kompetenz. Auch die außerehelichen Aktivitäten haben bei beiden Geschlechtern, vor allem aber bei Frauen, zugenommen.

Derzeit scheinen zwei einander entgegengesetzte Strömungen am Werk zu sein. Viele zuvor geheimgehaltene sexuelle Praktiken sind an die Öffentlichkeit gedrungen. Das „Swingen" (der Partnertausch), der Transvestismus (das Tragen der Kleider des anderen Geschlechts, das vor allem von Männern praktiziert wird), der Sadomasochismus (die Zufügung von Schmerz zwecks sexueller Erregung) und andere sexuelle Praktiken und Neigungen werden jetzt öffentlich diskutiert. Gleichzeitig gibt es aber einen starken Trend zum „sexuellen Puritanismus", der bis zu einem gewissen Grad mit rechtem politischem Gedankengut zusammenhängt. Anhänger dieser Strömung sind gegenüber der sexuellen Freizügigkeit sehr kritisch eingestellt und predigen eine Rückkehr zu rigideren Verhaltensnormen. Als weiterer wichtiger Faktor verstärkt die Ausbreitung von AIDS den Druck hin zu stabilen, monogamen Beziehungen innerhalb oder außerhalb der Ehe.

Männliche Sexualität und die „Männerbefreiung"

Lillian Rubin hat in den späten achtziger Jahren ungefähr tausend Amerikaner und Amerikanerinnen zwischen dreizehn und achtundvierzig befragt, um herauszufinden, welche Änderungen des sexuellen Verhaltens und der Einstellung zur Sexualität in den letzten dreißig Jahren stattgefunden haben. Ihren Erkenntnissen zufolge hat sich in diesem Zeitraum tatsächlich viel geändert. Die Jugendlichen sind heute im Durchschnitt früher sexuell aktiv, als das bei der vorhergehenden Generation der Fall war. Darüberhinaus sind die Sexualpraktiken der Teenager heute genauso vielfältig und umfassend wie jene von Erwachsenen. Die doppelte Moral besteht zwar noch, ist aber nicht mehr so stark wie früher. Eine der wichtigsten Veränderungen besteht darin, daß sich Frauen von einer Beziehung sexuelle Erfüllung erwarten und diese aktiv suchen. Sie wollen sexuelle Befriedigung erlangen und diese nicht nur geben – ein Phänomen, von dem Rubin glaubt, daß es für beide Geschlechter weitreichende Konsequenzen hat.

Frauen sind sexuell aktiver als früher. Das gefällt den Männern zwar, geht aber mit einem neuen Selbstbewußtsein einher, mit dem viele Männer nur schwer zurechtkommen. Männer, mit denen Rubin sprach, sagten oft, daß sie eine gewisse „Unzulänglichkeit" verspürten, daß sie Angst hätten, „nichts richtig machen zu können", und daß „es unmöglich ist, heutzutage eine Frau zu befriedigen" (Rubin, 1990, S. 133).

Unzulänglichkeit? Widerspricht das nicht allen Feststellungen, die wir in diesem Kapitel bisher getroffen haben? Einerseits ist und bleibt die moderne Gesellschaft patriarchalisch: Männer beherrschen nicht nur die meisten gesellschaftlichen Bereiche, sondern werden Frauen gegenüber auch viel häufiger gewalttätig als umgekehrt. Nicht zuletzt ist männliche Gewalt, wie French, Brownmiller und andere feststellen, auf die Kontrolle und die fortgesetzte Unterwerfung der Frauen gerichtet. Andererseits haben mehrere Autoren und Autorinnen darauf hingewiesen, daß Mannsein ebensoviele Vorteile wie Nachteile mit sich bringt. Die männliche Sexualität sei häufig eher zwanghaft als befriedigend. Wenn Männer die Sexualität nicht mehr als Mittel der sozialen Kontrolle einsetzten, käme das nicht nur den Frauen, sondern auch ihnen selbst zugute.

In den vergangenen Jahren sind zahlreiche Männergruppen und -organisationen entstanden, die sich der Veränderung des männlichen Verhaltens „von innen her" widmen. Diese Gruppen entstanden als Reaktion auf den Feminismus und sind zum Teil mit dessen Vertreterinnen in Konflikt geraten. Im großen und ganzen verfolgen sie aber ähnliche Ziele. Sie haben den feministischen Slogan „das Persönliche ist politisch" übernommen und begonnen, ihn auf ihr eigenes Verhalten anzuwenden. Einige feministische Kritikerinnen sind der Meinung, daß diese Gruppen nur versuchen, das Beste aus beiden Welten herauszuholen (Ehrenreich, 1984). Ohne grundlegende Änderungen im Verhalten der Männer ist es jedoch unwahrscheinlich, daß jemals eine Gesellschaft entstehen könnte, in der die Geschlechter vollkommen gleichberechtigt sind.

Homosexualität

Homosexualität gibt es in allen Kulturen. Den Begriff „Homosexualität" – mit dem das Sexualverhalten eines Menschen bezeichnet wird, der sich in seinen sexuellen Vorlieben deutlich von der Mehrheit der Bevölkerung unterscheidet – gibt es aber erst seit relativ kurzer Zeit. Bis zum 18. Jahrhundert scheint es ihn kaum gegeben zu haben. Sodomitische Handlungen waren durch kirchliche und weltliche Gesetze unter Strafe gestellt; in England und in einigen anderen Ländern stand darauf die Todesstrafe. Sodomie wurde jedoch nicht spezifisch als homosexuelles Vergehen definiert, sondern bezog sich auf bestimmte sexuelle Handlungen zwischen Männern und Frauen, Männern und Tieren und Männern und Männern. Der Begriff „Homosexualität" wurde in den sechziger Jahren des 19. Jahrhunderts geprägt, und von da an wurden Homosexuelle zunehmend als eigener Menschentyp, der mit einer bestimmten sexuellen Abartigkeit behaftet ist, angesehen. (Weeks, 1986). Der Begriff „lesbisch" kam kurze Zeit später auf.

Die Todesstrafe für „widernatürliche Geschlechtsakte" wurde in den Vereinigten Staaten nach Erlangung der Unabhängigkeit und in Europa im späten 18. oder frühen 19. Jahrhundert aufgehoben. Bis vor wenigen Jahrzehnten stand Homosexualität jedoch in Großbritannien wie praktisch in allen übrigen westlichen Ländern unter Strafe.

Homosexualität in nichtwestlichen Kulturen

In vielen nichtwestlichen Kulturen werden homosexuelle Beziehungen toleriert oder sogar gefördert, wenn auch normalerweise nur in bestimmten Bevölkerungsgruppen. Bei den Batak im Norden Sumatras sind z. B. männliche homosexuelle Beziehungen vor der Ehe erlaubt. Mit Erreichen der Pubertät verläßt der junge Mann sein Elternhaus und schläft mit einem Dutzend oder mehr Altersgenossen oder älteren Kameraden in einer eigenen Hütte. In der Gruppe entstehen sexuelle Partnerschaften, und die Jüngeren werden in homosexuelle Praktiken eingeführt. In diesen Verhältnissen leben die Jugendlichen, bis sie heiraten. Wenn sie verheiratet sind, geben die meisten, aber nicht alle Männer die homosexuellen Aktivitäten auf (Money und Ehrhardt, 1975).

Unter den Bewohnern von East Bay, einem Dorf in Melanesien im Pazifik, wird Homosexualität auf ähnliche Weise toleriert – aber wieder nur bei Männern. Die jungen Männer, die vor der Ehe im Männerhaus leben, masturbieren gegenseitig und haben Analverkehr. Es gibt aber auch homosexuelle Beziehungen zwischen älteren Männern und Jugendlichen, die oft noch zu jung sind, um im Männerhaus zu leben. Beide Arten der homosexuellen Beziehung werden vollkommen akzeptiert und offen besprochen. Viele verheiratete Männer sind bisexuell und haben Beziehungen zu einem Jüngeren, während sie mit ihren Frauen ein aktives Sexualleben aufrechterhalten. Eine ausschließliche Homosexualität ohne Interesse an heterosexuellen Beziehungen scheint in dieser Kultur jedoch unbekannt zu sein – ein sehr häufiger Befund (Davenport, 1965; siehe auch Shepherd, 1987).

Homosexualität in der westlichen Kultur

Die Verbreitung von Homosexualität

Kenneth Plummer unterscheidet in der modernen westlichen Kultur zwischen vier verschiedenen Arten von Homosexualität. Unter *gelegentlicher Homosexualität* ist eine vorübergehende homosexuelle Begegnung zu verstehen, die auf das Sexualleben des Individuums keinen prägenden Einfluß hat. Schwärmereien zwischen Schuljungen und gegenseitiges Masturbieren sind Beispiele dafür. *Situationsbedingte Homosexualität* findet unter Umständen statt, die zu regelmäßigen homosexuellen Kontakten führen, wobei diese Form der sexuellen Betätigung aber nicht zu jener wird, die der Betreffende allen anderen vorzieht. In vielen disziplinierenden Institutionen wie in Gefängnissen oder in Militärlagern ist homosexuelles Verhalten dieser Art weit verbreitet. Es wird eher als Ersatz angesehen und weniger als sexuelle Aktivität, die der heterosexuellen Betätigung vorzuziehen sei.

Personalisierte Homosexualität liegt vor, wenn ein Individuum homosexuelle Aktivitäten bevorzugt, aber gleichzeitig von Gruppen, die diese Form ohne weiteres akzeptieren, isoliert ist. Homosexualität gerät hier zu einem heimlichen Akt, der vor Freunden und Kollegen verborgen wird. Homosexualität als *Lebensweise* schließlich bedeutet, daß ein Individuum ein „Coming Out" hinter sich hat und sich einer Gruppe mit gleichen Vorlieben angeschlossen hat, bei der die Homosexualität in den Mittelpunkt ihres Lebens gerückt ist. Solche Menschen gehören für gewöhnlich einer Subkultur an, in der homosexuelle Aktivitäten Teil eines eigenen Lebensstils sind (Plummer, 1975).

Der Prozentsatz der (männlichen und weiblichen) Bevölkerung mit homosexuellen Erfahrungen oder starken homosexuellen Neigungen ist viel größer als die Zahl jener, die sich offen dazu bekennen und danach leben. Die vermutliche Verbreitung der Homosexualität in den westlichen Kulturen kam erst mit Alfred Kinseys Untersuchungen ans Tageslicht. Nur die Hälfte aller amerikanischen Männer ist demnach „vollkommen heterosexuell", nach ihren sexuellen Aktivitäten und Neigungen im Erwachsenenleben zu schließen. Acht Prozent der Stichprobe pflegten in Zeiträumen von drei Jahren und darüber ausschließlich homosexuelle Kontakte. Weitere zehn Prozent waren zu mehr oder weniger gleichen Anteilen bald homosexuell, bald heterosexuell aktiv. Kinseys überraschendstes Ergebnis war, daß siebenunddreißig Prozent der Männer zumindest eine homosexuelle Erfahrung, die bis zum Orgasmus führte, hatten. Weitere dreizehn Prozent hatten homosexuelle Neigungen verspürt, ohne diese auszuleben.

Geschlecht und Sexualität 215

Bei den Frauen ist nach Kinsey die Homosexuellenrate geringer. Ungefähr zwei Prozent der Frauen waren ausschließlich homosexuell. Dreizehn Prozent hatten homosexuelle Erfahrungen gemacht, während weitere fünfzehn Prozent angaben, homosexuelle Neigungen verspürt, diesen aber nicht nachgegeben zu haben. Kinsey und seine Kollegen waren über die Ergebnisse ihrer Studie verblüfft und überprüften die Verbreitung der Homosexualität mit verschiedenen anderen Methoden. Aber die Schlußfolgerungen blieben dieselben (Kinsey et al., 1963, 1970). Jüngere, weniger umfangreiche Forschungen in Großbritannien scheinen Kinseys Zahlen zu bestätigen.

Die Einstellung zur Homosexualität

In der Vergangenheit begegnete man Homosexuellen allgemein mit ausgeprägter Intoleranz. Es ist daher nicht verwunderlich, daß erst in den letzten Jahren einige der Mythen, die dieses Thema umgeben, als solche entlarvt wurden. Homosexualität ist weder eine Krankheit noch eine spezifische Form von Geisteskrankheit. Männliche Homosexuelle beschränken sich auf keine bestimmten Berufe, wie z. B. Friseur, Innenarchitekt oder künstlerische Berufe, obwohl man das immer wieder hört. Zwischen Homosexualität und Transvestismus besteht kaum ein direkter Zusammenhang; die meisten Transvestiten sind heterosexuell.

Bestimmte Verhaltensweisen und Einstellungen männlicher Homosexueller könnten als Versuch gewertet werden, die herkömmlichen Zusammenhänge zwischen Männlichkeit und Macht zu ändern – was möglicherweise ein Grund ist, warum sie die „normale" Gesellschaft so oft als Bedrohung empfindet. Schwule neigen dazu, das weibische Bild, das im allgemeinen mit ihnen assoziiert wird, abzulehnen – indem sie in zweierlei Hinsicht davon abweichen: Entweder entwickeln sie eine provokante Effemination als Parodie des Klischees oder ein „Macho"–Image. Auch dieses ist nicht konventionell männlich. Männer, die als Motorradfahrer oder Cowboys auftreten, parodieren die Männlichkeit ebenfalls, indem sie sie übertreiben (Bertelson, 1986).

Schwulen–Subkulturen

Es ist schwierig, Veränderungen homosexueller Verhaltensweisen zu analysieren, weil es vor der Entstehung der schwulen Subkulturen praktisch keine relevanten Forschungen gab. In größeren Städten findet man heute Clubs und Schwulenbars, die ausschließlich Homosexuellen vorbehalten sind. Obwohl rasch wechselnde Beziehungen weit verbreitet sind, leben die meisten „geouteten" Homosexuellen in dauerhaften Beziehungen. Außerhalb der Frauenbewegung sind lesbische Gemeinschaften weniger gut organisiert als die männlichen Subkulturen, und der Anteil der flüchtigen Beziehungen ist geringer.

In den siebziger und achtziger Jahren veränderte sich die Wahrnehmung der Homosexuellen in der Öffentlichkeit in unübersehbarer Weise, vor allem aufgrund der medialen Präsenz von Stars wie David Bowie und Quentin Crisp und der „Gender Bender"–Bewegung, die der Sänger Boy George populär gemacht hat. Man darf die allgemeine Toleranz gegenüber Schwulen in Großbritannien jedoch nicht überschätzen. Eine 1985 landesweit durchgeführte Umfrage ergab, daß neunundfünfzig Prozent der Ansicht waren, schwule Beziehungen wären grundsätzlich abzulehnen, während nur dreizehn Prozent meinten, sie wären „vollkommen in Ordnung". Die Öffentlichkeit ist also den Schwulen gegenüber nicht in dem Ausmaß toleranter geworden, wie es manchmal behauptet wird.

Weibliche Homosexualität

Die männliche Homosexualität erregt im allgemeinen mehr Aufsehen als das **Lesbentum**, und die lesbischen Aktivistinnengruppen werden oft so behandelt, als wären ihre Anliegen mit denen der männlichen Homosexuellenorganisationen identisch. Obwohl Schwule und Lesben manchmal eng zusammenarbeiten, gibt es auch Unterschiede, insbesondere, wenn Lesben aktive Feministinnen sind. Die spezifische Ausprägung der Lebensweise lesbischer Frauen und ihre Erfahrungen werden derzeit genauer untersucht.

Lesbische Paare haben oft Kinder, einige aus einer Beziehung mit einem Mann, andere durch künstliche Befruchtung, aber es ist für Lesben schwierig, das Sorgerecht zu bekommen. In Großbritannien und in den Vereinigten Staaten entscheiden die Gerichte, ob die Tatsache, daß eine Mutter lesbisch ist, ein Hindernis für das Sorgerecht darstellt. In den späten siebziger und frühen achtziger Jahren wurden einige Fälle vor amerikanischen Gerichten ausjudiziert, wobei festgestellt wurde, daß die Homosexualität für die Entscheidung, ob einer Frau das Sorgerecht für ihr Kind zugesprochen wird, nicht relevant ist. Diese Entscheidung wurde aber nur in einigen wenigen amerikanischen Bundesstaaten in die Praxis umgesetzt (Rights of Women Lesbian Custody Group, 1986).

Das „Coming Out" bleibt für viele ein heikler Prozeß. Eltern, Verwandte und Freunde, aber auch Kinder – so vorhanden – müssen informiert werden. Diese Erfahrung kann aber auch Erleichterung bringen. Im Buch *There's Something I've Been Meaning to Tell You* hat Loralee MacPike Erlebnisberichte von Männern und Frauen gesammelt, die beschlossen hatten, sich zu ihrer Homosexualität zu bekennen. Aus ihrer eigenen Erfahrung heraus schreibt sie:

> Wie viele „wiedergeborene Lesben" war ich von der Neuentdeckung meines Ichs und meinem neuen Leben überwältigt. Weder meine Partnerin noch ich selbst hatten zuvor in einer lesbischen Beziehung gelebt, und so brachte keine von uns die sozialen Bindungen oder Freundschaften in unser Leben ein, die in homosexuellen Gruppierungen eine Rolle spielen. Wir streckten also vorsichtig unsere Fühler nach Gleichgesinnten aus ... Ich hatte großes Glück ... Ich war positiv überrascht, es war eine einzige Bereicherung ... Das hätte ich mir nie gedacht. (MacPike, 1989, S 244f.)

AIDS

In jüngster Zeit brachte man männliche Homosexualität mit den sozialen Auswirkungen von **AIDS** (*Acquired Immune Deficiency Syndrome*) in Verbindung. In den Medien wurde erst Ende 1981 darüber geschrieben und gesprochen, obwohl die Krankheit in Schwulenkreisen schon früher bekannt war. AIDS drang gerade in jenem Augenblick in das Bewußtsein der Öffentlichkeit ein, als viele der althergebrachten Vorurteile gegenüber der Homosexualität zusammenzubrechen schie-

Geschlecht und Sexualität 217

nen. Für jene, besonders bestimmte religiöse Gruppierungen, auf die Homosexualität abstoßend wirkte, schien die Krankheit den konkreten Beweis für die Richtigkeit ihrer Anschuldigungen zu liefern. Die Auffassung, daß AIDS eine Geißel Gottes zur Bestrafung Perverser sei, wurde sogar in durchaus respektablen Ärztekreisen vertreten. In einem Leitartikel einer Ärztezeitschrift wurde die Frage gestellt: „Werden wir durch diese neuartige Infektionskrankheit tatsächlich Zeugen der Erfüllung der Prophezeiung des Apostels Paulus „Die gerechte Strafe für ihre Sünden"?" (zitiert in Altman, 1986, S. 17)

Die rasche Ausbreitung von AIDS ist sicher bis zu einem bestimmten Grad auf die Tatsache zurückzuführen, daß die Schwulen–Subkulturen in Nordamerika und in anderen Ländern mehr Gelegenheiten für homosexuelle Begegnungen geschaffen haben. Ursprünglich schien AIDS beinahe ausschließlich auf große amerikanische Städte mit einem hohen Homosexuellen–Anteil beschränkt zu bleiben. Die Presse-Schlagzeilen gaben den Ton vor: „Schwulenseuche narrt medizinische Spürnasen" titelten etwa die *Philadelphia Daily News* am 9.August 1982 und „Schwulsein – ein Hasardspiel mit der Gesundheit" die *Saturday Evening Post* im Oktober 1982. Der *Toronto Star* trompetete „Schwulenseuche hat Kanada erreicht", während die Zeitschrift *Us* spöttelte „Den Schwulen ist die Lust vergangen". Zu dieser Zeit wußte man bereits, daß wahrscheinlich ein Drittel aller AIDS–Kranken in den Vereinigten Staaten gar nicht homosexuell war, was in der anfänglichen Hysterie ignoriert wurde. Als der Filmstar Rock Hudson 1985 an AIDS starb, gab sich der Großteil der Weltpresse nicht wegen der Krankheit an sich schockiert, sondern weil sich herausstellte, daß dieses Symbol der Männlichkeit homosexuell gewesen war.

Statt nach einem bestimmten Virus als Verursacher der Krankheit zu forschen, versuchten die Mediziner die Ursache zunächst in spezifischen Aspekten homosexueller Praktiken zu finden. Die Entdeckung, daß AIDS auch durch heterosexuelle Kontakte übertragen werden kann, führte dann zu einer Wende. Die meisten Beweise dafür kamen anfänglich aus Zentralafrika, wo AIDS weit verbreitet war, aber in keinem bestimmten Zusammenhang mit männlicher Homosexualität stand. Die „Schwulenseuche" mutierte in der Presse bald zu einem „heterosexuellen Alptraum".

AIDS wird vermutlich eine Änderung vieler Formen des sexuellen Verhaltens bewirken. In Schwulenkreisen sind solche Änderungen bereits unübersehbar: Die Zahl der beiläufigen Kontakte ist radikal zurückgegangen. Einige der am häufigsten verurteilten homosexuellen Praktiken haben sich paradoxerweise als die sichersten erwiesen. Sadomasochistische Praktiken z. B., bei denen einem Partner Schmerz zugefügt wird, sind oft vollkommen sicher, weil es zu keinem direkten genitalen Kontakt kommt. Die Schwulen stehen vor dem Dilemma, wie sie „safer sex" fördern und gleichzeitig die zu neuer Intensität angefachten Angriffe auf ihre Gruppierungen abwehren können.

AIDS in der heterosexuellen Bevölkerung

Medizinisch gesehen ist AIDS ein bewegliches Ziel, neu und nicht in den Griff zu kriegen. Medizinische Erkenntnisse über die Krankheit sind rasch veraltet. AIDS bedeutet den Zusammenbruch des körpereigenen Immunsystems. Nicht das Syndrom an sich führt direkt zum Tod, sondern der Kranke fällt einer Reihe von Krankheiten zum Opfer, einschließlich verschiedener Krebsarten, die schließlich letal enden. Alle, die sich mit dem HIV–Virus (*Human immunodeficiency virus*) infizieren, scheinen früher oder später an AIDS zu erkranken. Es ist aber nicht ganz sicher, ob das HIV–Virus tatsächlich AIDS verursacht; die Mediziner sind sich darüber nicht ganz einig, obwohl die meisten von ihnen glauben, daß zwischen den beiden ein direkter kausaler Zusammenhang besteht.

Es wird angenommen, daß AIDS direkt von Blut zu Blut (wenn z. B. Drogensüchtige gemeinsam eine Nadel benutzen) oder durch Körpersekrete (Samen, Scheidensekrete) übertragen wird. Männliche Homosexuelle machen in den Vereinigten Staaten noch immer siebzig Prozent aller AIDS–Fälle aus, während ihr Anteil in den meisten europäischen Ländern noch höher ist (Vass, 1986).

Einiges deutet darauf hin, daß die Promiskuität unter Heterosexuellen wegen der Angst vor AIDS abgenommen hat. Eine Umfrage unter Londoner Prostituierten hat ergeben, daß seit dem Bekanntwerden von AIDS siebzig Prozent ihr Sexualverhalten geändert haben und nun von allen Kunden verlangen, im Falle einer Penetration Kondome zu verwenden. Besorgniserregende zehn Prozent jedoch haben angegeben, daß sie auch dann weiter als Prostituierte arbeiten würden, wenn sie wüßten, daß sie mit dem Virus infiziert sind (Barton, 1985).

AIDS entwickelt sich heute zu einer weltweiten Epidemie (siehe Abb. 6.1). Es ist nicht bekannt, wieviele Leute tatsächlich das HIV–Virus in sich tragen, vor-

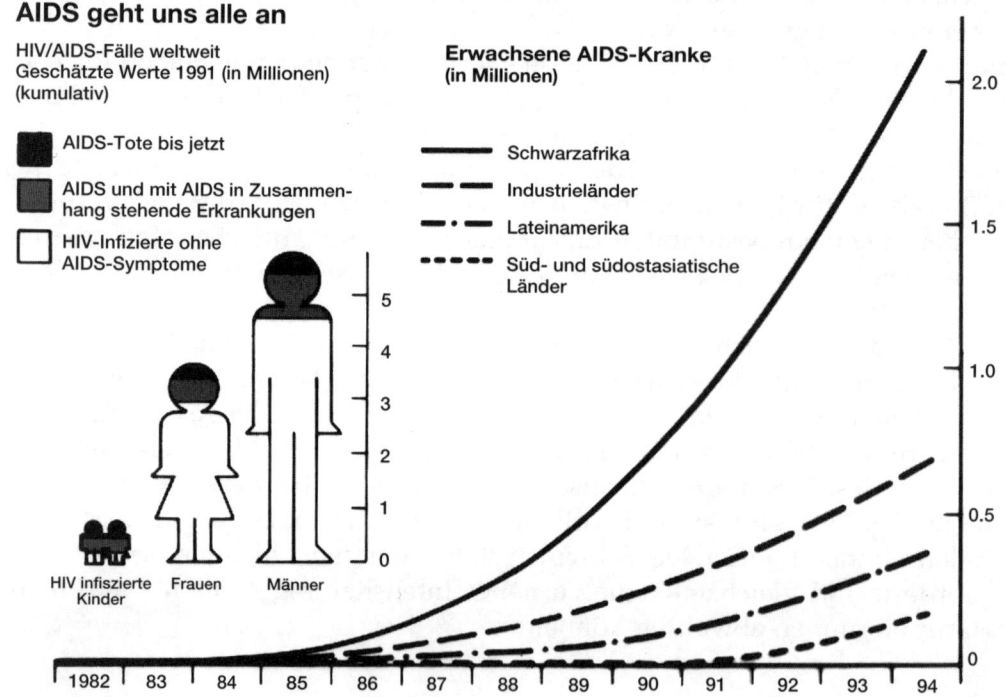

Abbildung 6.1 AIDS–Erkrankungen weltweit: Männer, Frauen und Kinder; Zahlen nach Ländergruppen

Quelle: WHO–Statistiken; Abbildung aus: *The World in 1992* (London: The Economist Publications, 1991), S. 96.

sichtigen Schätzungen zufolge beläuft sich die Zahl jedoch auf ca. zehn Millionen. Ungefähr fünfhunderttausend HIV–Infizierte leben in Europa, je eine Million in Nordamerika, Lateinamerika und in der Karibik und mehr als sechs Millionen in Afrika. Die Epidemie hat ihren Höhepunkt noch nicht erreicht, weil die Latenzzeit nach einer HIV–Infektion bis zur Ausbildung aller AIDS–Symptome relativ lang ist. Die Mehrheit der heute weltweit Betroffenen ist heterosexuell: Auf eine Neuinfektion eines Homosexuellen kommen weltweit vier Neuinfektionen durch heterosexuelle Kontakte. Die Weltgesundheitsorganisation schätzt die Zahl der Infizierten im Jahr 2000 auf mehr als dreißig Millionen Erwachsene und zehn Millionen Kinder.

Prostitution

Prostitution kann als die Gewährung sexueller Gunst zu Erwerbszwecken definiert werden. Die meisten Prostituierten sind weiblich, obwohl in bestimmten Kontexten männliche Prostitution gang und gäbe ist. Eine klare Trennung zwischen einer Mätresse, die ihrem Gönner vor allem wegen des Geldes, das er ihr gibt, sexuelle Gunst gewährt, und einer „richtigen" Prostituierten gibt es nicht. Der wichtigste Unterschied besteht darin, daß die Prostituierte ihre Dienste zahlreichen Kunden verkauft. In der Antike waren die meisten Frauen, die von ihrer Sexualität zu Erwerbszwecken Gebrauch machten, Hetären, Konkubinen (ständige Mätressen) oder Sklavinnen. Der Ausdruck „Prostituierte" wurde im späten 18. Jahrhundert allgemein gebräuchlich. In traditionellen Gesellschaften genossen Hetären und Konkubinen oft einen hohen gesellschaftlichen Rang.

Ein wichtiger Aspekt der modernen Prostitution ist die Anonymität der Beziehung zwischen Prostituierter und Freier. Obwohl Männer „Stammkunden" werden können, gründet sich die Beziehung ursprünglich nicht auf eine persönliche Bekanntschaft. Das war bei den meisten Formen des Tausches von sexuellen Gunstbezeigungen gegen materielle Vorteile in früheren Zeiten anders. Die moderne Prostitution steht in direktem Zusammenhang mit dem Verschwinden kleiner sozialer Gemeinschaften, mit der Entstehung großer, anonymer städtischer Siedlungen und der Kommerzialisierung sozialer Beziehungen. In überschaubaren traditionellen Gesellschaften waren die sexuellen Beziehungen gerade aufgrund ihrer Sichtbarkeit kontrollierbar. In den neu entstandenen städtischen Gebieten konnten leichter anonyme soziale Kontakte geknüpft werden.

Prostitution heute

Die Prostituierten in Großbritannien entstammen heute wie früher meist einem ärmeren Milieu; eine erhebliche Anzahl von Frauen kommt aber auch aus der Mittelklasse. Der Anstieg der Scheidungsraten und die damit verbundene plötzliche Verarmung hat bestimmte Frauen in die Prostitution getrieben. Darüberhinaus arbeiten manche Frauen, die nach dem Schulabschluß keine Stelle finden, in Massagesalons oder in Callgirl–Ringen, während sie sich nach anderen Beschäftigungsmöglichkeiten umsehen (Rosen, 1982, S. 173f.).

Paul J. Goldstein hat zwei Kriterien definiert, um Formen der Prostitution zu unterscheiden: *berufliches Engagement* und *berufliches Umfeld*. Das *Engagement* umfaßt die Häufigkeit, mit der eine Frau die Prostitution ausübt. Viele Frauen arbeiten nur vorübergehend als Prostituierte und verkaufen ihre Gunst nur ein paarmal, ehe sie die Prostitution für lange Zeit oder ganz aufgeben. „Gelegenheitsprostituierte" sind solche, die zwar unregelmäßig, aber häufig für sexuelle Dienstleistungen Geld nehmen, um über eine zusätzliche Erwerbsquelle zu verfügen. Andere arbeiten kontinuierlich als Prostituierte und leben hauptsächlich davon. Mit *beruflichem Umfeld* bezeichnet Goldstein die Arbeitsumgebung und den Interaktionsprozeß, in die eine Frau eingebunden ist. Ein „Straßenmädchen" geht ihren Geschäften auf der Straße nach. Ein Callgirl wirbt per Telefon Kunden an, wobei die Männer zu ihr kommen, oder sie zu ihnen geht. Eine sogenannte „Hausprostituierte" ist eine Frau, die in einem privaten Club oder in einem Bordell arbeitet. Eine Massagesalon–Prostituierte bietet sexuelle Dienstleistungen in einem Etablissement an, das nach außen hin nur seriöse Massagen und andere Dienstleistungen des Gesundheitssektors offeriert.

Viele Frauen arbeiten auch gegen Naturalien (d.h. sie werden mit Waren oder Dienstleistungen statt mit Geld bezahlt). Die meisten Callgirls, die Goldstein befragte, gaben an, regelmäßig gegen Waren zu arbeiten – Sex gegen Fernsehapparate, Reparaturen von Autos und Elektrogeräten, Kleidung, rechtliche oder zahnärztliche Leistungen (Goldstein, 1979).

Eine 1951 verabschiedete Resolution der Vereinten Nationen verurteilt jene Menschen, die die Prostitution organisieren oder aus den Aktivitäten einer Prostituierten Profit schlagen, nicht aber die Prostitution als solche. Dreiundfünfzig Mitgliedsstaaten, einschließlich Großbritannien, haben die Resolution formell angenommen, obwohl ihre Gesetzgebung in diesem Bereich sehr unterschiedlich ist. In bestimmten Ländern ist Prostitution an sich verboten. In anderen Ländern, wie zum Beispiel in Großbritannien, sind nur bestimmte Formen der Prostitution, wie z. B. Straßen– oder Kinderprostitution, verboten. Einige nationale oder lokale Behörden vergeben Konzessionen für den Betrieb von Bordellen oder Sexclubs – wie z. B. die Eros–Centers in Deutschland oder die Freudenhäuser in Amsterdam. Männliche Prostitution ist nur in wenigen Ländern zugelassen.

Die Gesetze gegen die Prostitution richten sich selten gegen die Kunden. Jene, die sexuelle Dienstleistungen kaufen, werden weder verhaftet noch strafrechtlich verfolgt, und bei Gerichtsverhandlungen kann ihre Anonymität gewahrt bleiben. Es gibt viel weniger Untersuchungen über Kunden als über jene, die Sex verkaufen, und kaum jemand wird sagen, daß die Freier psychisch gestört seien – wie das von Prostituierten oft behauptet oder stillschweigend angenommen wird. Das Ungleichgewicht in der Forschung drückt sicher aus, wie unkritisch herkömmliche sexuelle Stereotypen übernommen werden, denen zufolge es bei Männern „normal" ist, aktiv nach einer Vielfalt von sexuellen Ventilen zu suchen, während jene, die diese Bedürfnisse befriedigen, verurteilt werden.

Kinderprostitution

An der Prostitution sind häufig auch Kinder beteiligt. David Campagna hat die Verbreitung von Kinderprostitution in den Vereinigten Staaten analysiert und stützte sich dabei auf ein großes Forschungsprojekt, in dessen Verlauf 596 Polizeibehörden und 125 Sozialbehörden im ganzen Land Daten lieferten (Campagna, 1985). Seinen Ergebnissen zufolge könnten sich die jährlich aus der Kinderprostitution erzielten Einkünfte auf bis zu zwei Milliarden Dollar belaufen. Aber trotz dieser Größenordnung scheint die Kinderprostitution generell nicht Teil des organisierten Verbrechens zu sein. Eine Untersuchung unter Kindern, die in den USA, Großbritannien und Westdeutschland der Prostitution nachgingen, zeigte, daß die meisten von ihnen „im kleinen Maßstab" arbeiten: Es handelt sich z. B. um Kinder, die von zu Hause weggelaufen sind, kein Einkommen haben und sich mit Prostitution über Wasser halten. Die meisten Kunden scheinen nicht eigentlich von Kindern, sondern eher von der Jugendlichkeit jener, deren sexuelle Dienstleistungen sie kaufen, angezogen zu werden.

Die Tatsache, daß sich viele Ausreißer der Prostitution zuwenden, ist teilweise eine unbeabsichtigte Folge der Gesetze, die Kinderarbeit verbieten; bei weitem nicht alle Kinder, die der Prostitution nachgehen, sind jedoch von zu Hause weggelaufen. Man kann drei Kategorien unterscheiden (Janus und Heid Bracey, 1980):

1. Ausreißer, die von ihren Eltern nicht mehr aufgefunden werden oder immer wieder aufgegriffen und nach Hause gebracht werden und wieder weglaufen.
2. Kinder, die zwar im Prinzip bei ihren Eltern wohnen, aber periodisch, z. B. für mehrere aufeinanderfolgende Nächte, wegbleiben.
3. Kinder, deren Eltern sich nicht darum kümmern, was diese machen, oder die von ihren Eltern aktiv abgelehnt werden.

In allen Kategorien sind Jungen und Mädchen vertreten.

Die Kinderprostitution ist Teil der „Sextourismusindustrie" in verschiedenen Teilen der Welt – z. B. in Thailand und auf den Philippinen. Pauschalreisen, die auf Prostitution abgestimmt sind, ziehen Männer aus Europa, den Vereinigten Staaten und Japan an. Mitglieder asiatischer Frauengruppen haben öffentlich gegen diese Reisen protestiert, konnten sie aber nicht unterbinden. Der Sextourismus im Fernen Osten hat seine Wurzeln in der Vermittlung von Prostituierten für die amerikanischen Soldaten während des Koreakrieges und des Vietnamkrieges. In Thailand, auf den Philippinen, in Vietnam, Korea und auf Taiwan entstanden damals sogenannte „Freizeit- und Erholungszentren". Einige davon gibt es noch, besonders auf den Philippinen, die regelmäßig ganze Schiffsladungen von Touristen und die in der Region stationierten Soldaten versorgen.

Warum gibt es Prostitution? Prostitution ist ein dauerhaftes Phänomen, das trotz sämtlicher Abschaffungsversuche verschiedener Regierungen weiter besteht. Prostitution wird überwiegend von Frauen ausgeübt, die ihre Gunst Männern verkaufen, und kaum in umgekehrter Form, obwohl es – etwa in Hamburg – einige Fälle gibt, wo in sogenannten „Freudenhäusern" Männer ihre sexuelle Gunst an Frauen verkaufen. Und natürlich prostituieren sich männliche Jugendliche und Männer auch für Männer.

Wenn man über die Ursprünge der heterosexuellen Prostitution nachdenkt, so stößt man schnell zu den Kernthemen vor, die im vorliegenden Kapitel behandelt wurden. Es geht dabei um geschlechtsspezifisches Verhalten (hier Geld, da sexuelle Gunst) und in den meisten Fällen um markante Ungleichheiten (wie angeführt, werden Prostituierte verachtet bzw. bei entsprechender Gesetzeslage bestraft, während ihre Kunden meist keinen derartigen sozialen Sanktionen unterworfen sind). Die Prostitution ist nicht aufgrund irgendeines Einzelfaktors erklärbar. Man könnte meinen, daß Männer einfach stärkere oder hartnäckigere sexuelle Bedürfnisse haben als Frauen und deshalb das Ventil der Prostitution brauchen. Diese Erklärung ist aber unplausibel, denn die meisten Frauen scheinen sich sexuell intensiver entfalten zu können als Männer im vergleichbaren Alter (Hyde, 1986). Wenn die Prostitution nur dazu da wäre, sexuelle Bedürfnisse zu stillen, dann gäbe es sicher viele männliche Prostituierte für Frauen.

Die überzeugendste allgemeine Schlußfolgerung ist, daß Prostitution die Neigung der Männer, Frauen als Objekte zu betrachten, die für sexuelle Zwecke „verwendet" werden können, zum Ausdruck bringt bzw. daß sie damit diese Neigung perpetuieren wollen. Prostitution ist ein Aspekt der patriarchalischen Beziehungen und symbolisiert in einem speziellen Kontext die ungleiche Machtverteilung zwischen Männern und Frauen. Natürlich spielen auch viele andere Faktoren eine Rolle. Die Prostitution bietet Menschen, die aufgrund einer physischen Benachteiligung oder restriktiver moralischer Normen keine anderen Sexualpartner finden können, die Möglichkeit der sexuellen Befriedigung. Prostituierte sind für Männer da, die von zu Hause weg sind und sexuelle Begegnungen haben wollen, ohne sich gefühlsmäßig zu engagieren, oder für Männer mit ungewöhnlichen sexuellen Vorlieben, die von anderen Frauen nicht akzeptiert werden. Diese Faktoren sind jedoch weniger für die Prostitution als solche, sondern vielmehr für ihr Ausmaß bestimmend.

Schlußfolgerung: Die Soziologie und die Beziehungen zwischen den Geschlechtern

Wenige Gebiete der Soziologie haben sich in den letzten Jahren in einem so bedeutenden Ausmaß entwickelt bzw. sind für das gesamte Fachgebiet so wichtig geworden wie die Erforschung der Beziehungen zwischen den Geschlechtern. Diese Tatsache reflektiert weitgehend den Wandel des sozialen Lebens an sich. Fest verankerte Unterschiede zwischen der männlichen und der weiblichen Identität, herkömmliche Sichtweisen und typische Verhaltensmuster werden heute neu überdacht. Diese Veränderungen haben nicht nur Auswirkungen auf zahlreiche andere soziale Institutionen, sondern auch auf das Sexualverhalten und auf das Familienleben. In vielen der folgenden Kapitel werden wir dem Einfluß dieser Auswirkungen immer wieder begegnen.

Zusammenfassung

1 Der Begriff „Geschlecht" ist mehrdeutig. Man bezeichnet damit im allgemeinen die physischen und kulturellen Unterschiede zwischen Männern und Frauen („das männliche Geschlecht", „das weibliche Geschlecht") und unterscheidet zwischen natürlichem Geschlecht – dem Geschlecht im physiologischen und biologischen Sinne des Wortes – und sozialem Geschlecht – dem kulturellen Konstrukt (einem komplexen, erlernten Verhaltensmuster).

2 Manche sind der Ansicht, daß die Unterschiede im Verhalten der beiden Geschlechter genetisch bedingt sind, es gibt dafür aber keine schlüssigen Beweise.

3 Die geschlechtsspezifische Sozialisierung beginnt unmittelbar nach der Geburt. Auch Eltern, die glauben, daß sie Kinder gleich behandeln, reagieren auf Jungen und Mädchen unterschiedlich. Diese Unterschiede werden durch viele andere kulturelle Einflüsse verstärkt.

4 Die geschlechtliche Identität und die Ausdrucksformen der Sexualität entwickeln sich parallel. Es wurde behauptet, daß männliches Verhalten auf der Ablehnung einer engen emotionalen Bindung an die Mutter beruht, was zur „männlichen Ausdrucksschwäche" führt.

5 Unter Patriarchat versteht man die Herrschaft von Männern über Frauen. Sämtliche uns bekannten Gesellschaften sind patriarchalisch, obwohl das Ausmaß und die Art der geschlechtsbedingten Ungleichheiten in ein und derselben Kultur und von Kultur zu Kultur sehr verschieden sind.

6 In allen Industrieländern sind die Frauen in einflußreichen und mächtigen Positionen unterrepräsentiert. Der Durchschnittslohn von Frauen liegt deutlich unter jenem von Männern; viel mehr Frauen als Männer arbeiten halbtags. Frauen haben eine unverhältnismäßig große Verantwortung für Hausarbeit und Kindererziehung. Die unbezahlte Hausarbeit ist ein enorm wichtiger Wirtschaftsfaktor.

7 Feministisches Gedankengut kann bis in das 18. Jahrhundert zurückverfolgt werden. Die ersten bedeutenden feministischen Bewegungen entstanden in der Mitte des 19. Jahrhunderts und konzentrierten sich auf die Durchsetzung des Frauenwahlrechtes. Nachdem es in den zwanziger Jahren unseres Jahrhunderts zu einem Niedergang gekommen war, erstarkte der Feminismus in den sechziger Jahren erneut und beeinflußte zahlreiche Gebiete des sozialen und intellektuellen Lebens.

8 Von der sexuellen Belästigung sind zahlreiche erwerbstätige Frauen direkt betroffen. Gewalt in der Familie und Vergewaltigung sind ebenfalls wesentlich weiter verbreitet, als die offiziellen Statistiken vermuten lassen. In einem gewissen Sinn sind alle Frauen Vergewaltigungsopfer, weil sie besondere Vorkehrungen für ihren Schutz treffen müssen und weil sie mit der Angst vor einer möglichen Vergewaltigung leben müssen.

9 Die Sexualpraktiken sind je nach Kultur unterschiedlich, variieren aber auch innerhalb ein und desselben Kulturkreises. Im Westen ist es nach einer sexuell eher repressiven Zeit in den sechziger Jahren zu einer permissiveren Tendenz gekommen, die noch heute nachwirkt.

10 Homosexualität scheint es in praktisch allen Kulturen zu geben, aber der Begriff „Homosexueller" ist relativ neu. Erst in den letzten hundert Jahren setzte sich die Auffassung durch, daß homosexuelle Praktiken nur von einem bestimmten Perso-

nentyp ausgeübt werden – eine Kategorie der Abnormität und Abweichung im Gegensatz zur Kategorie des „normalen Heterosexuellen".

11 Das Sexualverhalten wird derzeit von der Ausbreitung des *Acquired Immune Deficiency Syndrome* (AIDS) stark beeinflußt. AIDS wurde anfänglich von der Öffentlichkeit nur mit Homosexualität assoziiert, es wird aber auch durch heterosexuelle Kontakte verbreitet. AIDS droht zu einer Epidemie von gewaltigen Ausmaßen zu werden und wird nur eingedämmt werden können, wenn die Leute „sichere" Sexualpraktiken anwenden und Gelegenheitskontakte vermeiden.

12 Unter Prostitution versteht man entgeltliche sexuelle Gunstbezeugungen. In den modernen Gesellschaften gibt es verschiedene Arten von Prostitution, darunter auch Männer- und Kinderprostitution. Bestimmte Staaten oder Länder vergeben Konzessionen für den Betrieb von Bordellen und Lizenzen an Prostituierte, doch in den meisten Ländern ist Prostitution verboten.

Grundbegriffe

Genus (soziales Geschlecht)   Feminismus
Patriarchat

Wichtige Fachausdrücke

Feminität   Gewalt in der Familie
Maskulinität   sexuelle Belästigung
sexuelle Aktivität   Vergewaltigung
Sexus (natürliches Geschlecht)   Heterosexualität
testikuläres Feminisierungssyndrom   Homosexualität
androgenitales Syndrom   Lesbentum
männliche Ausdrucksschwäche   AIDS
Hausarbeit   Prostitution
Suffragetten

Weiterführende Literatur

Nancy Chodorow, *Das Erbe der Mütter. Psychoanalyse und Soziologie der Geschlechter* (München: Frauenoffensive, 1985) – eine bereits klassische Untersuchung über die Geschlechter unter Verwendung der psychoanalytischen Theorie, um die geschlechtsspezifische Sozialisierung zu erklären.

Marilyn French, *Der Krieg gegen die Frauen* (München: Knaus, 1992) – French zeichnet im Detail nach, welch langen Weg die Frauen bis zur Gleichberechtigung mit den Männern noch vor sich haben.

Jeff Hearn and David Morgan, *Men, Masculinities and Social Theory* (London: Unwin Hyman, 1990) – eine Sammlung von Artikeln über die Männlichkeit in der modernen Gesellschaft.

Lynne Segal, *Slow Motion: Changing Masculinities, Changing Men* (London: Virago, 1990) – eine kontroversielle Abhandlung über die Veränderungen des Lebens der Männer und ihrer Erfahrungen in der modernen Gesellschaft.

Carol Smart, *Regulating Womanhood: Historical Essays on Marriage, Motherhood and Sexuality* (London: Routledge, 1992) – eine Sammlung von Aufsätzen über die soziale Regulierung von Frauen im 19. und 20. Jahrhundert sowie eine Analyse des Widerstandes und des Protests.

Maryson Tysoe, *Love Isn't Quite Enough: The Psychology of Male/Female Relationships* (London: Fontana, 1992) – eine interessante und hellsichtige Abhandlung über die Liebe und Liebesbeziehungen im modernen sozialen Leben.

Jeffrey Weeks, *Sexuality and its Discontents: Meanings, Myths and Modern Sexualities* (London: Routledge, 1989) – eine der besten allgemeinen Abhandlungen über Probleme der Sexualität in modernen Gesellschaften.

Teil III
Machtstrukturen

Macht ist ein im gesellschaftlichen Leben ständig präsentes Phänomen. In allen menschlichen Gruppen haben einige Individuen mehr Autorität oder Einfluß als andere, während sich die Gruppen hinsichtlich ihrer Machtfülle voneinander unterscheiden. Macht und Ungleichheit neigen dazu, eng miteinander verbunden zu sein. Die Mächtigen sind in der Lage, wertvolle Ressourcen wie Güter und Vermögen anzusammeln: Der Besitz solcher Ressourcen ist hinwiederum ein Mittel zur Erzeugung von Macht.

In diesem Teil diskutieren wir einige der Hauptsysteme der Macht und der Ungleichheit in der Gesellschaft. Im ersten Kapitel werden Schichtung und Klassenstruktur betrachtet – die wichtigsten Arten, wie Ungleichheiten innerhalb der Gesellschaften systematisch verteilt sind. Darauf folgt eine Abhandlung über Rasse und Ethnizität, wobei die Spannungen und Feindseligkeiten untersucht werden, die oft zwischen physisch oder kulturell voneinander unterschiedlichen Menschen bestehen.

In der Folge werden Macht und Ungleichheit mit verschiedenen Typen von Gruppen und Organisationen verknüpft. Beachtung wird insbesondere der Untersuchung großer Organisationen – wie Regierungsbehörden, industriellen Unternehmen, Spitälern oder Colleges – zuteil, die einen so großen Teil des modernen sozialen Lebens beherrschen. In den beiden letzten Kapiteln werden zwei Organisationstypen analysiert, deren Einfluß besonders weitreichend ist – Staat und Militär. Regierungen sind Macht–„Spezialisten": Sie erteilen Weisungen, die viele Aspekte unserer täglichen Aktivitäten beeinflussen. Andererseits sind sie auch Zielscheibe des Widerstandes und der Rebellion. Von ihren frühesten Anfängen war mit Staaten die Entwicklung militärischer Macht verbunden. Militärische Auseinandersetzungen und Kriege bestimmen seit jeher die menschliche soziale

Entwicklung weitgehend mit. Wir betrachten die im Wandel befindliche Beschaffenheit des Militärs in der modernen Welt, den Einfluß der militärischen Macht auf soziale Strukturen und gegenwärtige Trends in der globalen Verteilung der Rüstungsgüter.

Kapitel 7

Schichtung und Klassenstruktur

Systeme der sozialen Schichtung
Sklaverei
Das Kastenwesen
Stände
Klasse

Theorien der sozialen Schichtung in modernen Gesellschaften
Die Theorie Karl Marx'
Was ist eine Klasse?
Die Komplexität von Klassensystemen
Die Theorie Max Webers
Der Stand
Die Partei
Erik Olin Wrights Klassentheorie
Frank Parkin: ein Weberscher Ansatz

Die Klassen in den heutigen westlichen Gesellschaften
Vermögens- und Einkommensunterschiede
Vermögen
Einkommen
Die Oberschicht
Die Mittelschicht
Die Arbeiterklasse
Die Untersuchung des Klassenbewußtseins: unterschiedliche Ansätze
Der Reputationsansatz
Der subjektive Ansatz
Bilder der Klassenstruktur

Geschlecht und Schichtung
Klassenunterschiede und Geschlecht
Die Diskussion geht weiter

Der Wandel des Klassensystems
Trends in der Berufswelt
Löst sich die Oberschicht auf?
Manager, hochrangige Verwaltungsbeamte und die Mitglieder der Professionen
Angestellte und Arbeiter: Feminisierung und Proletarisierung
Der Wandel der Arbeiterklasse

Soziale Mobilität
Vergleichende Mobilitätsstudien
Abwärtsmobilität
Soziale Mobilität in Großbritannien
Grade der Mobilität
Probleme bei der Untersuchung der sozialen Mobilität
Ihre eigenen Mobilitätschancen

Armut und Ungleichheit
Was ist Armut?
Armut heute
Warum sind die Armen noch immer arm?

Zusammenfassung

Grundbegriffe

Wichtige Fachausdrücke

Weiterführende Literatur

Warum sind bestimmte Gesellschaftsgruppen reicher und mächtiger als andere? Wie ungleich sind moderne Gesellschaften? Wieviele Chancen hat jemand, der aus einem bescheidenen Milieu kommt, in das wirtschaftliche Spitzenfeld vorzudringen? Warum gibt es in den wohlhabenden Ländern heute noch Armut? Das sind die Fragen, auf die wir in diesem Kapitel eingehen werden. Die Analyse der sozialen Ungleichheiten ist eine der wichtigsten Aufgaben der Soziologie, weil die materiellen Ressourcen, zu denen die Menschen Zugang haben, ihr Leben und Zusammenleben wesentlich beeinflussen.

Systeme der sozialen Schichtung

Ungleichheit existiert in allen Arten menschlicher Gesellschaften. Sogar in den einfachsten Kulturen, in denen es bei Reichtum und Besitz praktisch keine Unterschiede gibt, bestehen zwischen den Individuen, zwischen Männern und Frauen und zwischen Jung und Alt, Unterschiede. Bestimmte Personen haben einen höheren Status als andere, weil sie z. B. bei der Jagd besonders tüchtig sind oder weil man glaubt, daß sie mit den Geistern der Vorfahren Verbindung aufnehmen können. Zur Beschreibung dieser Ungleichheiten haben die Soziologen den Begriff der **sozialen Schichtung** eingeführt. Unter „Schichtung" versteht man *strukturierte Ungleichheiten zwischen verschiedenen Gruppierungen von Menschen*. Man sollte sich das wie die Schichtung von Gestein an der Erdoberfläche vorstellen. Gesellschaften bestehen aus hierarchischen Schichten, wobei die Bessergestellten zuoberst und die am stärksten Benachteiligten zuunterst liegen.

Wir können vier Haupttypen von Schichtungssystemen unterscheiden: *Sklaverei, Kastenwesen, Stände* und *Klassen*. Diese Systeme bestanden manchmal im Verbund mit anderen: Bei den Griechen und Römern und in den amerikanischen Südstaaten vor dem Bürgerkrieg gab es neben der Sklaverei auch Klassen.

Sklaverei

Die **Sklaverei** ist eine extreme Form der Ungleichheit, bei der bestimmte Individuen buchstäblich im Eigentum anderer Personen stehen. Die gesetzlichen Grundlagen für dieses Eigentum waren von Gesellschaft zu Gesellschaft verschieden. Manchmal hatten Sklaven vor dem Gesetz praktisch überhaupt keine Rechte – wie das in den amerikanischen Südstaaten der Fall war –, in anderen Fällen wiederum entsprach ihre Position eher der eines Dieners.

In den Vereinigten Staaten, in Südamerika und in Westindien wurden die Sklaven im 18. und 19. Jahrhundert beinahe ausschließlich als Plantagenarbeiter und Haussklaven eingesetzt. Im Athen der Antike hingegen fand man sie in sehr verschiedenen Positionen, und manchmal hatten sie verantwortungsvolle Posten inne. Außer in der Politik und beim Militär waren sie praktisch in allen Berufen anzutreffen. Einige waren des Schreibens und Lesens kundig und arbeiteten als Regierungsbeamte, viele waren Handwerker. In Rom, wo die herrschenden Gruppen vom Handel nicht viel hielten, wurden Sklaven manchmal durch Geschäfte sehr reich, und manch reicher Sklave hielt selbst Sklaven. Jene aber, die ganz unten standen, die bereits genannten Plantagenarbeiter und die Sklaven in den antiken Bergwerken, wurden oft sehr grob behandelt (Finley, 1968, 1981).

Die Versklavten haben immer wieder gegen ihr Los rebelliert. In der Geschichte gibt es immer wieder Sklavenaufstände, und manchmal taten sich die Sklaven zusammen und schüttelten ihre Herren ab. Die Systeme der Sklaven–Zwangsarbeit – wie jene auf den Plantagen – haben sich immer wieder als unstabil erwiesen, denn hohe Produktivität kann nur durch ständige Überwachung und brutale Strafen erreicht werden. Systeme, die auf Sklavenarbeit beruhen, brechen einerseits wegen der Konflikte, die sie hervorrufen, auseinander, und andererseits, weil wirtschaftliche oder andere Anreize Menschen wirksamer motivieren als gewaltsamer Druck. Die Sklaverei ist einfach nicht sehr effizient. Der von den westlichen Mächten bis in das neunzehnte Jahrhundert hinein betriebene Sklavenhandel war zwar das letzte, aber auch das umfassendste derartige System. Seit der Sklavenbefreiung in Nord– und Südamerika im letzten Jahrhundert wurde die Sklaverei als formale Institution nach und nach abgeschafft und ist heute international beinahe gänzlich verschwunden.

Das Kastenwesen

Das **Kastenwesen** wird vor allem mit den Kulturen auf dem indischen Subkontinent in Zusammenhang gebracht. Der Begriff „Kaste" ist allerdings nicht indischen Ursprungs, sondern leitet sich vom portugiesischen Wort *casta* – „Rasse" oder „reine Rasse" – her. Die Inder selbst verfügen über keinen Begriff, um das Kastensystem als Ganzes zu beschreiben, sondern über mehrere Wörter, die sich auf bestimmte Aspekte desselben beziehen; die wichtigsten sind *varna* und *jati*. Das *varna* besteht aus vier verschiedenen Rängen sozialer Ehre. Den vier Kategorien nachgeordnet sind die „Unberührbaren", die den niedersten Rang überhaupt innehaben. Die *jati* sind lokal definierte Gruppen, innerhalb derer die verschiedenen Kastenränge organisiert sind.

Das Kastenwesen ist äußerst kompliziert und seiner Struktur nach von Gebiet zu Gebiet verschieden, sodaß es nicht wirklich ein „System" ist, sondern eine lose Verbindung verschiedener Glaubensvorstellungen und Praktiken. Bestimmte Prinzipien werden jedoch generell eingehalten. Jene, die dem höchsten *varna* angehören, die Brahmanen, stehen im höchsten Grad der Reinheit, die Unberührbaren im niedersten. Die Brahmanen müssen bestimmte Kontakte mit den Unberührbaren vermeiden, und nur diese dürfen mit Tieren oder Substanzen, die als unrein gelten, in Kontakt kommen. Das Kastenwesen steht in engem Zusammenhang mit dem Glauben der Hindus an die Wiedergeburt. Man glaubt, daß Individuen, die nicht an den Riten und Pflichten ihrer Kaste festhalten, bei ihrer nächsten Inkarnation in einer niedrigeren Stellung wiedergeboren werden. Das indische Kastenwesen war niemals gänzlich statisch. Obwohl der einzelne die Grenze seiner Kaste nicht überschreiten kann, können das ganze Gruppen tun, und es kommt tatsächlich häufig vor, daß solche Gruppen ihre Position innerhalb des Kastenwesens verändern.

Der Begriff „Kaste" wird manchmal unabhängig von seinem spezifisch indischen Kontext verwendet, wenn zwei oder mehrere ethnische Gruppen voneinander weitgehend abgegrenzt sind und wenn die „Reinheit der Rasse" als Maxime gilt. Unter solchen Umständen gibt es strenge Tabus (oder manchmal gesetzliche Verbote), die sich z. B. gegen Eheschließungen zwischen den Mitgliedern der verschiedenen Gruppen wenden. Als in den Südstaaten der USA die Sklaverei abgeschafft wurde, blieb die Kluft zwischen Schwarz und Weiß so tief, daß manche dieses Schichtungssystem „Kastenwesen" nannten. Der Begriff „Kaste" fand auch auf die Apartheid in Südafrika Anwendung, wo bis vor kurzem Weiß und Schwarz streng getrennt und Heiraten oder sexuelle Kontakte zwischen den beiden Gruppen gesetzlich verboten waren (siehe Kapitel 8 „Ethnizität und Rasse").

Stände

Die **Stände** waren Teil des europäischen Feudalismus, aber es gab sie auch in vielen anderen traditionellen Kulturen. Die feudalen Stände setzten sich aus Bevölkerungsschichten mit verschiedenen wechselseitigen Verpflichtungen und Rechten zusammen, wobei einige dieser Unterschiede gesetzlich festgeschrieben waren. In Europa umfaßte der höchste Stand den hohen und den niederen Adel. Der Klerus bildete einen weiteren Stand; sein Status war zwar niedriger, aber er besaß verschiedene Privilegien. Die Angehörigen des „dritten Standes" – ein Ausdruck, der sich erst allmählich durchsetzte – waren die Gemeinen: Leibeigene, freie Bauern, Kaufleute und Handwerker. Im Unterschied zu den Kasten wurden Heiraten und die individuelle Mobilität zwischen den Ständen bis zu einem bestimmten Grad toleriert. Gemeine konnten z. B. vom Herrscher zu Rittern geschlagen werden, um sie für spezielle Dienste zu belohnen. Kaufleute konnten sich manchmal Titel kaufen. In Großbritannien gibt es noch Relikte aus dieser Zeit: Erbliche Titel werden dort noch anerkannt, und Geschäftsleute, Staatsdiener oder andere können für ihre Dienste zum Ritter geschlagen oder in den Rang von Peers erhoben werden.

Die Stände haben sich in der Vergangenheit überall dort herausgebildet, wo es eine auf der adeligen Abstammung beruhende traditionelle Aristokratie gab. In Feudalsystemen wie im Europa des Mittelalters gab es eine enge Verbindung zwischen den Ständen und der lokalen Grundherrschaft; es handelte sich daher eher um lokale als um nationale Schichtungssysteme. In stärker zentralisierten traditionellen Reichen, wie z. B. China oder Japan, waren sie eher landesweit durchorganisiert. Manchmal rechtfertigte man die Unterschiede zwischen den Ständen mit religiösen Argumenten, aber sie wurden niemals so streng wie im hinduistischen Kastensystem durchgehalten.

Klasse

Klassensysteme unterscheiden sich in mehrfacher Hinsicht von der Sklaverei, vom Kastenwesen und von den Ständen. Vier Unterschiede sollten besonders erwähnt werden:

1 Klassen werden nicht, wie andere Schichten, auf der Grundlage staatlicher oder religiöser Vorschriften errichtet; die Mitgliedschaft beruht nicht auf einer ererbten, gesetzlich oder gewohnheitsrechtlich bestimmten Position. Klassensysteme haben typischerweise fließende Übergänge als andere Schichtungssysteme, und die Grenzen zwischen den Klassen sind niemals scharf. Es gibt keine formalen Einschränkungen bezüglich der Heirat von Menschen aus verschiedenen Klassen.
2 Die Klasse, zu der ein Individuum gehört, wird bis zu einem gewissen Teil *erworben*, und nicht, wie in anderen Systemen, vererbt. Die soziale Mobilität – der Aufstieg und der Abstieg innerhalb der Klassenstruktur – ist viel weiter verbreitet als in den anderen Schichtungstypen (im Kastensystem ist die individuelle Mobilität zwischen den Kasten praktisch unmöglich).
3 Die Klasse wird durch *wirtschaftliche* Unterschiede zwischen Gruppen von Individuen bestimmt – durch die Ungleichheiten des Eigentums an materiellen Ressourcen und der Kontrolle darüber. In den anderen Schichtungssystemen spielen im allgemeinen nicht–wirtschaftliche Faktoren (z. B. im indischen Kastenwesen die Religion) die wichtigste Rolle.
4 In den anderen Schichtungssystemen drücken sich Ungleichheiten vor allem über das Verhältnis der persönlichen Verpflichtung aus – zwischen Leibeigenen und Grundherren, Sklaven und Herren oder zwischen den Angehörigen einer höheren und jenen einer niedrigeren Kaste. Klassensysteme funktionieren hauptsächlich auf der Basis großräumiger und unpersönlicher Beziehungen. Eine wichtige Klassendistinktion besteht z. B. im Hinblick auf die Höhe des Einkommens oder auch der Arbeitsbedingungen; davon sind alle Mitglieder spezifischer Berufsgruppen betroffen. Verantwortlich dafür ist das Wirtschaftssystem.

„Wir müssen einmal miteinander essen gehen!"

Copyright bei *Punch*

Wir können eine Klasse als eine große Gruppe von Personen bezeichnen, die über gleiche wirtschaftliche Ressourcen verfügt, wodurch ihre Lebensweise nachhaltig geprägt wird. Der Besitz von Vermögen und der Beruf bilden die Hauptgrundlage der Klassenunterschiede. Die wichtigsten Klassen der westlichen Gesellschaften sind die **Oberschicht** (die Wohlhabenden, Arbeitgeber, Industriellen und Top-Manager – jene, die die Ressourcen und Produktionsmittel besitzen oder darüber verfügen können), die **Mittelschicht** (das Gros der Angestellten und Freiberufler) und die **Arbeiterklasse** (die manuell Arbeitenden). In manchen Industrieländern, wie in Frankreich und in Japan, war bis vor kurzem eine vierte Klasse – die **Bauern** (Leute, die traditionelle Landwirtschaft betreiben) wichtig. In den Ländern der Dritten Welt stellen die Bauern noch immer die bei weitem größte Klasse.

Wir werden nun auf die wichtigsten Theorien der Schichtung eingehen, die in der Soziologie entwickelt wurden, und dabei vor allem prüfen, wie weit sie für moderne Gesellschaften relevant sind.

Theorien der sozialen Schichtung in modernen Gesellschaften

Die einflußreichsten Schichtungstheorien stammen von Karl Marx (1818–1883) und Max Weber (1864–1920); die meisten jüngeren Ansätze leiten sich von ihren Ideen her. Wir werden auch zwei spätere Theorien, jene von Erik Olin Wright und Frank Parkin, behandeln. Die Ideen von Marx und Weber haben die Entwicklung der Soziologie wesentlich beeinflußt und auch zahlreiche andere Bereiche der Disziplin geprägt. In mehreren Kapiteln dieses Buches wird immer wieder auf ihre Schriften Bezug genommen (Kapitel 22 „Die Entwicklung der soziologischen Theorie" enthält einen allgemeinen Überblick über ihr Werk).

Die Theorie Karl Marx'

Marx wurde in Deutschland geboren, verbrachte aber den Großteil seines Lebens in Großbritannien. Obwohl seine Ideen immer kontrovers waren, übten sie weltweit Einfluß aus. Viele Autoren (einschließlich Max Weber), die Marx' politische Einstellung ablehnen, haben auf seinen Erkenntnissen aufgebaut.

Die meisten Arbeiten Karl Marx beschäftigten sich mit der Schichtung und vor allem mit den gesellschaftlichen Klassen, er hat aber überraschenderweise niemals das Klassenkonzept systematisch entwickelt. Das Manuskript, an dem Marx arbeitete, als er starb (und das nach seinem Tod als Teil seines Hauptwerkes *Das Kapital* veröffentlicht wurde), bricht genau mit der Frage „Was ist eine Klasse?" ab. Wir müssen also von seinem Gesamtwerk auf seinen Klassenbegriff rückschließen. Da die verschiedenen Passagen, in denen er auf die Klasse zu sprechen kommt, nicht immer ganz zusammenpassen, gab und gibt es unter den Wissenschaftlern zahlreiche Auseinandersetzungen darüber, was „Marx denn nun wirklich gemeint habe". Die wichtigsten Konturen seiner Theorie sind aber ziemlich klar.

Was ist eine Klasse?

Marx versteht unter einer Klasse eine Gruppe von Menschen, die zu den **Produktionsmitteln** – den Mitteln, mit denen sie ihren Lebensunterhalt verdienen – eine gemeinsame Beziehung haben. Vor dem Aufkommen der modernen Industrie waren Grund und Boden bzw. Erntegeräte oder Weidevieh die wichtigsten Produktionsmittel. In vorindustriellen Gesellschaften gab es deshalb zwei große Klassen: die Landbesitzer (Aristokraten, niederer Adel oder Sklavenhalter) und jene, die ihre Arbeitskraft einsetzten, um auf diesem Land etwas zu produzieren (Leibeigene, Sklaven und freie Bauern). In den modernen Industriegesellschaften wurden Fabriken, Büros, Maschinen und das zu deren Anschaffung nötige Kapital immer wichtiger. Die beiden wichtigsten Klassen sind nun einerseits jene, die über diese neuen Produktionsmittel verfügen – Industrielle oder **Kapitalisten** – und andererseits jene, die durch den Verkauf ihrer Arbeitskraft an diese ihren Lebensunterhalt verdienen – die Arbeiterklasse oder – etwas archaisch ausgedrückt, doch von Marx manchmal vorgezogen – das Proletariat.

Das Verhältnis zwischen den Klassen ist Marx zufolge eines der Ausbeutung. In feudalen Gesellschaften bestand die Ausbeutung oft in Form eines direkten Transfers von Erzeugnissen von den Bauern an den Adel. Leibeigene mußten einen bestimmten Anteil ihrer Produktion ihren adeligen Herren überlassen oder eine bestimmte Anzahl von Tagen im Monat unentgeltlich auf den Feldern der Grundherrschaft arbeiten, damit der Grundherr und sein Gefolge von den Erträgnissen leben konnten. In modernen kapitalistischen Gesellschaften ist die Quelle der Ausbeutung besser verborgen, und Marx hat sich sehr bemüht, ihre Beschaffenheit zu klären und zu beschreiben. Im Verlaufe eines Arbeitstages, so Marx, produzieren die Arbeiter mehr, als die Arbeitgeber für ihr Entgelt aufwenden. Dieser **Mehrwert** ist die Quelle des Profits, den Kapitalisten für ihre eigenen Zwecke nützen können. Nehmen wir an, eine Gruppe von Textilarbeitern würde z. B. pro Tag 100 Anzüge herstellen. Der Erlös aus dem Verkauf der Hälfte dieser Anzüge würde reichen, um die Löhne der Arbeiter zu zahlen. Das Einkommen aus dem Verkauf der übrigen Textilien wird als Gewinn abgeschöpft.

Marx stand unter dem Eindruck der Ungleichheiten, die das kapitalistische System hervorbringt. Obwohl in früheren Zeiten Adelige ein luxuriöses Leben führten, das von jenem der Bauern vollkommen verschieden war, waren agrarische Gesellschaften relativ arm. Auch wenn es keine Aristokratie gegeben hätte, wäre der Lebensstandard auf jeden Fall niedrig gewesen. Mit der Entwicklung der modernen Industrie allerdings wird ein nie dagewesener Wohlstand hervorgebracht, doch die Arbeiter haben zum Reichtum, den sie mit ihrer Arbeit schaffen, wenig Zugang. Sie bleiben relativ arm, während der Reichtum der besitzenden Klasse zunimmt. Darüberhinaus wird die Arbeit mit dem Aufkommen der modernen Fabriken und der Mechanisierung der Produktion oft äußerst eintönig und bedrückend. Der Einsatz der Arbeitskraft, die die Quelle unseres Reichtums darstellt, führt zur körperlichen und psychischen Erschöpfung, wie z.B. bei einem Fabriksarbeiter, der tagein, tagaus in einer sich nie wandelnden Umgebung immer dieselben Routinearbeiten ausführt.

Die Komplexität von Klassensystemen

Obwohl es nach Marx zwei große Klassen, die besitzende und die Arbeiterklasse, gibt, erkennt er, daß wirkliche Klassensysteme weitaus komplexer sind, als es das Modell vermuten läßt. Zusätzlich zu den zwei großen Klassen gibt es **Übergangsklassen**, wie Marx sie manchmal nennt. Es sind dies Gruppierungen, die aus einem früheren Produktionssystem hervorgegangen sind und noch lange, nachdem das System verschwunden ist, weiterbestehen. In mehreren modernen westlichen Gesellschaften (wie in Frankreich, Italien oder Spanien während eines Großteils unseres Jahrhunderts) sind z. B. sehr viele Menschen Bauern geblieben, die noch weitgehend auf dieselbe Art wirtschaften wie unter dem Feudalismus. Marx wies auch auf die Brüche hin, die innerhalb der Klassen verlaufen. Im folgenden einige Beispiele:

1 Innerhalb der Oberschicht kommt es oft zu Konflikten zwischen Finanzkapitalisten (wie Bankiers) und Industriellen.
2 Es bestehen Interessenskonflikte zwischen Kleinunternehmern und solchen, die große Firmen besitzen oder managen. Beide gehören zur kapitalistischen Klasse, aber die Politik, die große Unternehmen fördert, entspricht nicht immer den Interessen kleinerer Unternehmer.
3 In der Arbeiterklasse sind die Lebensbedingungen Langzeitarbeitsloser schlechter als die der Mehrheit der Arbeiter. In diesen Gruppen sind oft weitgehend ethnische Minderheiten vertreten.

Der Marxsche Klassenbegriff verweist uns auf objektiv strukturierte wirtschaftliche Ungleichheiten in der Gesellschaft. Der Begriff der Klasse bezieht sich nicht darauf, welche soziale Position jemand zu haben glaubt, sondern auf die objektiven Bedingungen, welche einigen einen besseren Zugang zu materiellen Ressourcen ermöglichen als anderen.

Die Theorie Max Webers

Wie Marx war Max Weber Deutscher. Eine Krankheit hinderte ihn zwar daran, eine traditionelle akademische Laufbahn einzuschlagen, er hatte aber ein privates Einkommen und war in der Lage, einen Großteil seines Lebens der Forschung zu widmen. Er gilt als einer der Gründungsväter der Soziologie, obwohl seine Schriften weit über diese Disziplin hinausgehen und geschichtliche Themen ebenso behandeln wie die Rechtstheorie, die Ökonomie und die vergleichenden Religionswissenschaften.

Die Webersche Schichtungstheorie geht von Marx' Analyse aus, aber er modifiziert und verfeinert sie. Zwischen den beiden Theorien gibt es zwei wesentliche Unterschiede.

Obwohl Weber mit Marx darin konform geht, daß sich eine Klasse auf objektiv vorhandene wirtschaftliche Bedingungen gründet, ist er der Ansicht, daß bei der Bildung einer Klasse eine größere Vielfalt von Wirtschaftsfaktoren mitspielt, als Marx glaubte. Weber kommt zu der Ansicht, daß die Klassenunterschiede nicht nur in der Kontrolle bzw. in der mangelnden Verfügung über die Produktionsmittel ihren Ursprung haben, sondern auch in Unterschieden, welche sich nicht direkt von Eigentumsverhältnissen herleiten. Er meint damit speziell die Fertigkeiten oder Qualifikationen, die für die Art der Stellen, die Leute erreichen können, entscheidend sind. Manager und Freiberufler verdienen z. B. mehr und haben bessere Arbeitsbedingungen als Arbeiter. Durch ihre Qualifikationen – akademische Titel, Diplome und Fähigkeiten, die sie erworben haben – haben sie einen höheren Marktwert als die, die weniger qualifiziert sind. Weiter unten auf der sozialen Leiter, bei den Arbeitern, verdienen Facharbeiter mehr als angelernte oder ungelernte Arbeiter.

Zweitens geht Weber in seiner Schichtungstheorie nicht nur vom Klassenbegriff aus, sondern von zwei weiteren Kriterien: dem *Stand* und der *Partei*. Der Begriff des Standes leitet sich von den mittelalterlichen Ständen her.

Der Stand

Unter **Stand** oder Status (genaugenommen ist der Stand eine Status*gruppe*; A.d.Ü.) versteht Weber Unterschiede zwischen sozialen Gruppen hinsichtlich des sozialen Ansehens, das sie bei anderen genießen. Statusunterschiede variieren oft unabhängig von Klassendistinktionen, und das soziale Ansehen kann positiv oder negativ sein. Privilegierte Statusgruppen sind Gruppen von Menschen, deren **Prestige** innerhalb einer bestehenden sozialen Ordnung hoch ist. In der britischen Gesellschaft haben z. B. Ärzte und Anwälte ein hohes soziales Ansehen. **Parias** sind sozusagen negativ privilegiert, sind niederen Standes, werden diskriminiert und haben nicht dieselben Möglichkeiten wie die meisten anderen. Im Mittelalter waren die Juden die Parias Europas; sie waren von bestimmten Berufen ausgeschlossen und konnten keine Beamten werden.

Der Besitz von Vermögen ist normalerweise mit einem höheren Status verbunden, aber es gibt zahlreiche Ausnahmen. Der „verarmte Adel" ist ein Beispiel dafür. In Großbritannien erfreuen sich Abkömmlinge aristokratischer Familien eines beträchtlichen sozialen Prestiges, auch wenn sie kein Vermögen mehr haben. Umgekehrt werden „Neureiche" oft vom eingesessenen Geldadel geringgeschätzt.

Während die Klasse objektiv gegeben ist, richtet sich der Status nach der subjektiven Bewertung der sozialen Unterschiede. Die Klasse leitet sich von wirtschaftlichen Faktoren her, die mit dem Vermögen und dem Einkommen zusammenhängen. Der Stand wird durch die unterschiedlichen, von Gruppen gepflogenen *Lebensweisen* bestimmt.

Die Partei

Wie Weber aufzeigt, ist die Ausformung von Parteien in modernen Gesellschaften ein wichtiger Aspekt der Machtausübung und kann unabhängig von der Klasse oder vom Stand die Schichtung beeinflussen. Mit „Partei" wird eine Gruppe von Einzelpersonen bezeichnet, die zusammenarbeiten, weil sie aus dem gleichen Milieu kommen oder weil sie gleiche Ziele oder Interessen haben. Marx tendierte dazu, sowohl Statusunterschiede als auch die Parteiorganisation mit dem Klassenbegriff zu erklären. Weder das eine noch das andere, argumentiert Weber, kann auf Klassenunterschiede reduziert werden, obwohl beide von ihnen beeinflußt werden und ihrerseits für die wirtschaftlichen Bedingungen von Individuen und Gruppen mitverantwortlich sind und dadurch an der Formung der Klassen mitwirken. Parteien können sich für Anliegen engagieren, die quer durch die unterschiedlichen Klassen verlaufen; Parteien können z. B. ein Naheverhältnis zu einer bestimmten Religion oder zu nationalen Idealen haben. Ein Marxist würde die Konflikte zwischen Katholiken und Protestanten in Nordirland möglicherweise mit Klassenunterschieden erklären, weil mehr Katholiken Arbeiter sind als Protestanten. Ein Anhänger Webers würde dagegenhalten, daß eine solche Erklärung unzureichend ist, weil auch viele Protestanten aus dem Arbeitermilieu stammen. Die Parteien, denen Leute angehören, stehen sowohl für Religions- als auch für Klassenunterschiede.

Webers Schriften über die Schichtung sind wichtig, weil sie zeigen, daß nicht nur die Klasse, sondern auch andere Schichtungsdimensionen das Leben der Menschen stark beeinflussen. Die meisten Soziologen sind der Ansicht, daß Webers Schema im Vergleich zu dem des Marxismus flexibler und ausgefeilter ist, wenn es darum geht, die Schichtung einer Gesellschaft zu analysieren.

Die Ideen von Marx und Weber finden in der Soziologie auch heute noch breite Anwendung, wenn auch meist in abgewandelter Form. Jene Soziologen, die in der marxistischen Tradition stehen, haben die Ideen von Marx weiterentwickelt; andere haben versucht, Webers Konzepte fortzubilden. Da die beiden Standpunkte viel gemeinsam haben oder einander ergänzen, sind einige gemeinsame Denkweisen entstanden. Diese können illustriert werden, indem wir kurz zwei jüngere theoretische Perspektiven betrachten:

Erik Olin Wrights Klassentheorie

Der amerikanische Soziologe Erik Olin Wright hat eine theoretische Position entwickelt, die von Marx stark beeinflußt ist, aber auch Ideen von Weber einschließt (Wright, 1978, 1985). Wright zufolge gibt es drei Dimensionen der Kontrolle über die wirtschaftlichen Ressourcen in der modernen kapitalistischen Produktion; anhand dieser drei Dimensionen können wir die wichtigsten Klassen identifizieren:

1 die Kontrolle über Investitionen oder Geld;
2 die Kontrolle über die physischen Produktionsmittel (Grund und Boden, Fabriken, Büros);
3 die Kontrolle über die Arbeitskraft.

Jene, die der kapitalistischen Klasse angehören, beherrschen innerhalb des Produktionssystems jede dieser drei Dimensionen, die Mitglieder der Arbeiterklasse keine einzige. Zwischen diesen beiden Hauptklassen jedoch liegen jene Gruppen, deren Position nicht so eindeutig ist. Diese Leute befinden sich in Positionen, die Wright **widersprüchliche Klassenlagen** nennt, weil sie in der Lage sind, einige Aspekte der Produktion zu beeinflussen, ihnen die Kontrolle über die anderen Faktoren jedoch verwehrt wird. Mittlere Angestellte und Manager müssen z. B. ihre Arbeitskraft an Arbeitgeber verkaufen, um Geld zu verdienen, und unterscheiden sich darin nicht von manuell Arbeitenden. Zur gleichen Zeit jedoch haben sie mehr Macht über ihre Arbeitswelt als die meisten Arbeiter. Wright nennt die Klassenlage solcher Arbeitnehmer „widersprüchlich", weil sie weder Kapitalisten sind noch manuell arbeiten, jedoch mit beiden etwas gemeinsam haben.

Frank Parkin: ein Weberscher Ansatz

Frank Parkin, ein britischer Autor, hat einen Ansatz entworfen, der sich eher auf Weber als auf Marx stützt (Parkin, 1971, 1979). Parkin ist sich mit Marx und Weber darin einig, daß der Besitz von Vermögen – von Produktionsmitteln – die Basis der Klassenstruktur darstellt. Eigentum ist nach Parkin jedoch nur eine Form der **sozialen Schließung** unter mehreren, die von einer Minderheit monopolisiert und als Basis für die Macht über andere benützt werden kann. Wir können die soziale Schließung als einen Prozeß definieren, in dessen Verlauf Gruppen versuchen, eine ausschließliche Macht über Ressourcen aufrechtzuerhalten und den Zugang zu ihnen zu beschränken. Neben Eigentum oder Vermögen können die meisten Faktoren, die Weber mit Statusunterschieden in Zusammenhang brachte, etwa die ethnische Abstammung, die Sprache oder die Religion, Mittel der sozialen Schließung sein.

An der sozialen Schließung sind zwei Arten von Prozessen beteiligt. Die *Ausschließung* ist eine Strategie von Gruppen, sich gegen Außenseiter abzugrenzen, um sie am Zugang zu begehrten Ressourcen zu hindern. Weiße Gewerkschaften in den USA haben so in der Vergangenheit Schwarze nicht als Mitglieder zugelassen, um ihre eigenen Privilegien aufrechtzuerhalten. Unter *Usurpation* versteht man Versuche Unterprivilegierter, Ressourcen, die vorher von anderen monopolisiert waren, in ihren Besitz zu bekommen – z. B. den Kampf der Schwarzen um Zulassung zu den Gewerkschaften.

Beide Strategien können unter bestimmten Umständen gleichzeitig angewendet werden. Gewerkschaften können z. B. usurpatorische Aktivitäten gegen Arbeitgeber entfalten (und streiken, um ihren Anteil an den Ressourcen eines Unternehmens zu vergrößern), aber gleichzeitig ethnische Minderheiten von der Mitgliedschaft ausschließen. Parkin nennt diesen Prozeß *duale Schließung*. In diesem Punkt gibt es deutliche Parallelen zwischen Parkin und Wright. Viele Prozesse, etwa jene, die nach Wright zu widersprüchlichen Klassenlagen führen, sind duale Schließungen. Beide Begriffe weisen darauf hin, daß jene, die sich in den mittleren Schichten des Systems befinden, zu einem bestimmten Grad „nach oben" schielen, während sie zugleich damit beschäftigt sind, sich von denen „weiter unten" abzuheben.

Die Klassen in den heutigen westlichen Gesellschaften

Manche Autoren haben argumentiert, daß Klassen in den modernen westlichen Gesellschaften relativ unwichtig geworden seien. Es herrscht Übereinstimmung darüber, daß vor eineinhalb Jahrhunderten, in den Frühzeiten des Industriekapitalismus, die Unterschiede zwischen den Klassen besonders groß waren. Sogar jene, die Marx' Gedankengut höchst kritisch gegenüberstehen, geben zu, daß zwischen den arbeitenden Armen und den reichen Arbeitgebern in der Industrie eine tiefe Kluft bestand. Seitdem aber, so wird geltend gemacht, wurden die materiellen Ungleichheiten in den industrialisierten Ländern weitgehend gemildert. Die Besteuerung der Reichen und die Sozialleistungen für jene, die sich schwer tun, selbst für ihr Leben zu sorgen, hätten die Ungleichheiten oben und unten begradigt. Hinzu kam, daß das öffentliche Schulwesen ausgebaut wurde, so daß jene, die talentiert sind, in gesellschaftliche und wirtschaftliche Spitzenpositionen aufsteigen könnten.

[Randnotiz: Schulpflicht]

Leider entspricht dieses Bild bei weitem nicht der Wirklichkeit. Der Einfluß der Klasse mag zwar geringer sein, als von Marx angenommen, aber es gibt wenige Bereiche des gesellschaftlichen Lebens, die nicht von Klassenunterschieden beeinflußt sind. Sogar zwischen der Klassenzugehörigkeit und körperlichen Unterschieden besteht eine Korrelation: Bei Leuten aus der Arbeiterklasse ist im allgemeinen das Geburtsgewicht geringer und die Säuglingssterblichkeit höher, sie sind als Erwachsene kleiner, ihr Gesundheitszustand ist schlechter, und sie sterben im Durchschnitt früher als jene, die einer höheren Klasse angehören. Geisteskrankheiten sind ebenso wie körperliche Erkrankungen, darunter Herzinfarkt, Krebs, Diabetes, Lungenentzündung und Bronchitis, auf den unteren Ebenen der gesellschaftlichen Hierarchie häufiger als auf den höheren (Waitzkin, 1986).

Vermögens- und Einkommensunterschiede

Marx glaubte, daß die Fortentwicklung des Industriekapitalismus zu einer immer größeren Kluft zwischen einer reichen Minderheit und der Armut der überwältigenden Mehrheit der Bevölkerung führen würde. Er glaubte, daß die Löhne der Arbeiterklasse niemals weit über dem Minimum liegen würden, das man zum Überleben braucht, während die Kapitaleigentümer große Vermögen anhäufen würden. In den untersten Bevölkerungsschichten, insbesondere bei jenen, die häufig oder permanent arbeitslos sind, würde es zu „Akkumulation von Elend, Arbeitsqual, Sklaverei, Unwissenheit, Brutalisierung und moralischer Degradation ..." (Marx, 1968b, S. 675) kommen. Wie wir sehen werden, hatte Marx recht, was die Dauerhaftigkeit der Armut in den Industrieländern und den Weiterbestand massiver Ungleichheiten bei Vermögen und Einkommen angeht. Seine Vorhersage, daß ein Großteil der Bevölkerung extrem wenig verdienen würde, trat jedoch ebensowenig ein wie jene, daß eine Minderheit ständig reicher werden würde. Den meisten Leuten in den westlichen Ländern geht es heute materiell viel besser als vergleichbaren Gruppen zu Zeiten Marx'. Um zu untersuchen, inwieweit und warum das zutrifft, müssen wir die Veränderungen in der Verteilung des Vermögens und des Einkommens in den vergangenen hundert Jahren untersuchen.

Unter **Vermögen** versteht man alle Werte, die Einzelpersonen besitzen (Aktien und Anteile, Sparguthaben und Immobilien wie Häuser oder Land; also Sachen, die zu Geld gemacht werden können). Mit **Einkommen** bezeichnet man jegliches Entgelt, wie Honorare, Gehälter und Löhne aus bezahlter Arbeit, sowie Erträge aus Geldanlagen (im allgemeinen Zinsen oder Dividenden). Während die meisten Leute durch ihre Arbeit Geld verdienen, beziehen die Reichen den Großteil ihres Einkommens aus Anlagen.

Vermögen

Verläßliche Informationen über die Vermögensverteilung sind schwierig zu bekommen. Einige Länder führen zuverlässigere Statistiken als andere, aber viele Angaben beruhen auf Spekulation. Die Reichen geben üblicherweise nicht ihr gesamtes Vermögen bekannt; so wurde oft bemerkt, daß wir viel mehr über die Armen als über die Reichen wissen. Sicher ist, daß der Reichtum in den Händen einiger weniger liegt. In Großbritannien besitzt 1 Prozent der Bevölkerung ca. 18 Prozent des gesamten persönlichen Vermögens (d.h. des Privatvermögens, ohne das Vermögen von juristischen Personen miteinzubeziehen). Und die wohlhabendsten 10 Prozent besitzen mehr als die Hälfte des gesamten Vermögens (siehe Tabelle 7.1).

Tabelle 7.1 Die Vermögensverhältnisse in Großbritannien

	1976	1981	1986	1989
Prozent Vermögen im Besitz von:				
den wohlhabendsten 1 Prozent	21	18	18	18
den wohlhabendsten 5 Prozent	38	36	36	38
den wohlhabendsten 10 Prozent	50	50	50	53
den wohlhabendsten 25 Prozent	71	73	73	75
den wohlhabendsten 50 Prozent	92	92	90	94
Gesamtvermögen (in Milliarden Pfund)	280	565	955	1578

Quelle: Einkommensstatistik aus *Social Trends 22* (London: HMSO, 1992).

Die Verteilung des Eigentums an Aktien und Wertpapieren ist noch schiefer als die des Vermögens insgesamt: In Großbritannien hält 1 Prozent der Bevölkerung über 75 Prozent aller Firmenaktien im Privatbesitz, und die obersten 5 Prozent besitzen über 90 Prozent. In dieser Hinsicht gab es jedoch auch mehr Veränderungen. 25 Prozent der Bevölkerung besitzen jetzt Aktien – im Vergleich zu 14 Prozent im Jahr 1986. Viele Leute haben während des Privatisierungsprogramms der konservativen Regierung zum ersten Mal Aktien gekauft. Dieser Trend ist sogar noch markanter, wenn wir einen längeren Zeitraum betrachten, weil 1979 nur 5 Prozent der Bevölkerung Aktien besaßen. Die meisten Aktieninhaber sind Kleinaktionäre (mit Anteilen unter 1000 Pfund zu den Preisen von 1991), und das Volumen der von Unternehmen gehaltenen Aktien steigt schneller als das von Aktien im Privatbesitz. Der Gesamtwert der von Privaten gehaltenen Aktien hat sich anteilsmäßig zwischen 1963 und 1990 um die Hälfte verringert (HMSO, 1992).

Einkommen

Eine der wichtigsten Veränderungen in den westlichen Ländern im vergangenen Jahrhundert war der Anstieg des Realeinkommens der Mehrheit der Arbeitnehmer (unter Realeinkommen versteht man das inflationsbereinigte tatsächliche Einkommen, das die Vergleichbarkeit im Zeitablauf ermöglichen soll). Das Realeinkommen von Arbeitern heute ist im Vergleich zur Jahrhundertwende um das drei- bis vierfache angestiegen. Die Gehälter von Angestellten und Führungskräften sowie die Honorare von Freiberuflern sind sogar noch stärker gestiegen. Bezogen auf das durchschnittliche Pro-Kopf-Einkommen und auf den Waren- und Dienstleistungskorb bedeutet das, daß die Mehrheit heute viel reicher ist, als das je in der Geschichte dieser Länder der Fall war. Einer der wichtigsten Gründe für das Einkommenswachstum ist die Erhöhung der *Produktivität* – die Leistung pro Arbeiter in einer bestimmten Zeiteinheit –, die durch den technischen Fortschritt in der Industrie ermöglicht wurde. Der Wert der pro Arbeiter produzierten Güter und Dienstleistungen ist in den meisten Branchen seit 1900 mehr oder weniger kontinuierlich gestiegen. Nichtsdestoweniger bleibt die Einkommensverteilung ungleich – wie die Vermögensverteilung. Die oberen 20 Prozent der Haushalte erzielten 1991 die Hälfte des gesamten Einkommens der Bevölkerung.

In den meisten westlichen Ländern, einschließlich Großbritanniens, wurde die Vermögens- und Einkommensverteilung ausgeglichener, als das noch vor einem halben Jahrhundert der Fall war. Dieser Trend war in den Vereinigten Staaten schwächer als in den übrigen Ländern; in den vergangenen 25 Jahren scheint sich dort an der ungleichen Vermögens- und Einkommensverteilung wenig geändert zu haben. Da die Vermögen der Reichsten unter den Amerikanern so unwahrscheinlich groß sind, ist in den USA die Disparität zwischen den Reichen und den Armen viel größer als in den meisten übrigen Industrieländern.

Der Besitz von Vermögen, insbesondere der Besitz von Kapital, ist eine Grundvoraussetzung für das Klassensystem; darin sind sich alle vier oben genannten Theoretiker einig. Im folgenden sollen die wichtigsten Klassenunterschiede in Großbritannien untersucht und die Situation in anderen Länder vergleichend gestreift werden.

Die Oberschicht

Die Oberschicht der britischen Gesellschaft besteht aus einer relativ kleinen Anzahl von Einzelpersonen und Familien, die beträchtliche Vermögenswerte besitzt. Um annäherungsweise eine statistische Größe zu nennen: Sie sind die 1 Prozent an der Spitze der Vermögenden. Innerhalb der Oberschicht gibt es klare Statusunterschiede zwischen den „Neureichen" und dem „alten Geldadel". Familien, die ihren Reichtum mehrere Generationen hindurch vererbt haben, schauen auf die neuen Reichen, die ihr Geld selbst verdient haben, oft hinab. Auch wenn unter bestimmten Umständen die Trennung nicht so scharf verläuft, haben diejenigen, die aus einem bescheideneren Milieu aufgestiegen sind, meist keinen Zugang zu den Kreisen der etablierten Reichen.

Schichtung und Klassenstruktur 243

Eigentum, so betonten bereits Marx und Weber, verleiht Macht, und Mitglieder der Oberschicht sind unverhältnismäßig häufig an den Schaltstellen der Macht zu finden. Ihr Einfluß rührt teilweise von der direkten Kontrolle über Industrie- und Finanzkapital her, teilweise aber auch von ihrem Zugang zu politischen, erzieherischen und kulturellen Führungspositionen.

John Scott hat für das 19. Jahrhundert drei Kategorien der Oberschicht beschrieben: große Landbesitzer, Bankiers und Industrielle (Scott, 1991). Die ersteren hielten sich für eine Aristokratie, gingen aber im Verlaufe des Jahrhunderts dazu über, auch die Erfolgreichsten unter den Bankiers dazuzuzählen. Die Industriellen, deren Unternehmen hauptsächlich im Norden lagen, wurden auf Distanz gehalten oder blieben selbst auf Distanz. Im Laufe der Jahre und mit Zunahme ihres Vermögens wurden sie von den beiden anderen Gruppen immer mehr akzeptiert. Gegen Ende des Jahrhunderts hatten die Großunternehmer Grund und Boden sowie Anteile an Banken und Versicherungen erworben, während die Landbesitzer ihr Einkommen als Vorstandsmitglieder von Industrieunternehmen aufbesserten.

Diese Verschmelzung der verschiedenen Gruppierungen innerhalb der Oberschicht setzte sich, wie Scott aufzeigt, im 20. Jahrhundert fort, obwohl noch immer Konflikte und Unterschiede bestehen. In der Londoner City sind sich z. B. die führenden Finanzunternehmer mit den führenden Wirtschaftstreibenden nicht immer einig. Die Politik, die einer Gruppe entgegenkommt, ist für die andere nicht immer günstig. Die Landbesitzer sind heute als eigene Kategorie der Oberschicht weitgehend verschwunden. Viele der alten Güter sind jetzt im Besitz der öffentlichen Hand; nur jene, die über andere Mittel und Wege zu Geld gekommen sind, können es sich leisten, die restlichen in traditioneller Weise zu bewirtschaften.

Die Mittelschicht

Die Bezeichnung *Mittelschicht* umfaßt Leute, die in vielen verschiedenen Berufen arbeiten. Bestimmten Beobachtern zufolge fällt die Mehrheit der Bevölkerung Großbritanniens heute in diese Kategorie, weil der Anteil der Angestellten im Verhältnis zu den Arbeitern stark gestiegen ist (siehe Kapitel 15 „Arbeit und Wirtschaftsleben").

Die Mittelschicht besteht aus drei unterschiedlichen Kategorien. In der *alten Mittelschicht* sind Kleinunternehmer, örtliche Geschäftsleute und Kleinbauern vertreten. Diese Kategorie ist in den letzten 100 Jahren ständig zurückgegangen, macht aber noch immer einen bedeutenden Anteil der erwerbstätigen Bevölkerung aus. Kleinunternehmen sind bei weitem nicht so stabil wie größere, und die meisten überdauern die ersten zwei Jahre nach ihrer Gründung nicht. Nur ungefähr 20 Prozent aller in einem Jahr in Großbritannien gegründeten Unternehmen bestehen länger als fünf Jahre. Kleine Firmen und Geschäfte sind oft nicht in der Lage, mit den großen Unternehmen, Supermärkten und Restaurantketten mitzuhalten. Wenn die alte Mittelschicht nicht so stark geschrumpft ist, wie einige (unter ihnen Marx) vorausgesagt hatten, so deshalb, weil es ein großes Reservoir an Leuten gibt, die Unternehmer werden wollen. Die meisten, die ausfallen, werden also durch andere ersetzt. Kleinunternehmer und –unternehmerinnen haben recht spezifische soziale und politische Ansichten. In einigen Ländern, wie in Frankreich, zählen viele von ihnen zur Stammklientel rechtsextremistischer Parteien.

Die *obere Mittelschicht* besteht hauptsächlich aus Managern und Freiberuflern. In dieser Kategorie sind zahlreiche Einzelpersonen und Familien vertreten, und es ist schwierig, etwas Allgemeines über ihr Verhalten und ihre Einstellung auszusagen. Die meisten von ihnen haben irgendeine Art höherer Schulbildung, und der Anteil derer, die zu sozialen und politischen Themen eine liberale Einstellung haben, ist, insbesondere unter Akademikern und Freiberuflern, hoch.

Die Zusammensetzung der *unteren Mittelschicht* ist noch uneinheitlicher: Zu ihr gehören Büroangestellte, Vertreter, Lehrer, Krankenschwestern und andere. Obwohl sich ihre Arbeitsbedingungen nicht selten denen der manuellen Arbeiter annähern, hat die Mehrheit der Mitglieder der unteren Mittelschicht soziale und politische Einstellungen, die sich von denen der meisten Arbeiter unterscheiden.

Begriffen, wie den von Wright und Parkin formulierten, gelingt es bis zu einem bestimmten Grad, der Heterogenität der Mittelschicht gerecht zu werden. Angehörige der Mittelschicht befinden sich in der „widersprüchlichen" Situation der „dualen Schließung", da sie gegenläufigen Zwängen und Einflüssen ausgesetzt sind. Viele Angehörige der unteren Mittelschicht identifizieren sich z. B. mit denselben Werten wie Leute in besser bezahlten Positionen, leben aber möglicherweise von einem Einkommen, das unter jenem der besser bezahlten Arbeiter liegt.

Die Arbeiterklasse

Die Arbeiterklasse besteht aus jenen, die in „blue collar"–Berufen tätig sind, die also manuelle Arbeit leisten. Wie bei der Mittelschicht gibt es in der Arbeiterklasse markante soziale Unterschiede. Einer der Gründe dafür ist das Qualifikationsniveau. Die *obere Arbeiterklasse* besteht aus Facharbeitern und wurde oft als „Aristokratie der Arbeiterklasse" aufgefaßt. Jene, die ihr angehören, haben Einkommen, Arbeitsbedingungen und ein Ausmaß an Arbeitsplatzsicherheit, die über dem Niveau der übrigen Arbeiter liegen. Obwohl manche Qualifikationen durch die technischen Entwicklungen unterminiert wurden und die Stellung der Arbeiter in diesen Berufen geschwächt wurde – wie z. B. bei den Druckern –, haben sich im großen und ganzen die wirtschaftlichen Umstände der Facharbeiter in den letzten Jahren sogar noch verbessert. In vielen Sparten sind die Löhne weiterhin relativ hoch, und die Arbeitsplätze sind sicherer als die der weniger qualifizierten Arbeiter, da qualifizierte Arbeitskräfte vom Anstieg der Arbeitslosigkeit wesentlich weniger betroffen sind.

Die *untere Arbeiterklasse* besteht aus Hilfsarbeitern oder angelernten Arbeitern, die keine lange Ausbildungszeit hinter sich haben. Diese Stellen sind meist weniger gut bezahlt und nicht so sicher wie die der Facharbeiter.

Die Arbeitsplätze dieser Schicht sind recht unterschiedlich – so kann es sich z. B. um Ganztagesstellen oder Teilzeitarbeit handeln –, und auch die Arbeitsplatzsicherheit variiert. Eine Unterscheidung zwischen *zentralen* und *peripheren* Wirtschaftssektoren ist dabei hilfreich. Unter zentralen Sektoren versteht man solche, in denen Arbeiter Ganztagsjobs ausüben, ein relativ hohes Einkommen erzielen und sich einer langfristigen Arbeitsplatzsicherheit erfreuen. Periphere

Sektoren sind solche mit unsicheren Arbeitsplätzen, niederen Löhnen und einem hohen Anteil von Teilzeitbeschäftigten. In den zentralen Sektoren sind vor allem Facharbeiter und meist weiße (männliche) angelernte Arbeiter und Hilfsarbeiter vorherrschend; diese Arbeitnehmer sind auch häufiger gewerkschaftlich organisiert. Im peripheren Sektor ist der Anteil von Gewerkschaftsmitgliedern niedriger und der der Nichtweißen und Frauen relativ hoch (Form, 1985).

Eine wichtige Trennlinie innerhalb der Arbeiterklasse verläuft zwischen der ethnischen Mehrheit und unterprivilegierten Minderheiten, die die **Unterklasse** bilden. Mitglieder der Unterklasse haben eindeutig schlechtere Arbeitsbedingungen und Lebensumstände als die Mehrheit der Bevölkerung. Viele von ihnen sind Langzeitarbeitslose oder wechseln ihre Stelle ständig. In Großbritannien ist der Anteil der Schwarzen und Asiaten an der Unterklasse unverhältnismäßig hoch. In einigen europäischen Ländern machen die Gastarbeiter, die zu Zeiten der Hochkonjunktur vor zwanzig Jahren Stellen gefunden hatten, einen Großteil dieser Kategorie der Arbeiterklasse aus: so auch die Algerier in Frankreich und die Türken in Deutschland (siehe das folgende Kapitel „Ethnizität und Rasse").

Die Untersuchung des Klassenbewußtseins: unterschiedliche Ansätze

In ungezählten Studien wurde das **Klassenbewußtsein** untersucht – wie Leute über die Klassen und Klassenunterschiede denken. Dabei kamen verschiedene Strategien zur Anwendung.

Der Reputationsansatz

Bei der Reputationsmethode wurden die Interviewpersonen gefragt, in welche Klasse sie bestimmte andere Leute einordnen würden. Eine der bekanntesten Untersuchungen dieser Art wurde von W. Lloyd Warner und Paul Lunt in Newburyport, einer kleinen Stadt in Massachusetts, USA, durchgeführt (Warner und Lunt, 1947, Warner et al., 1949). Mit zahlreichen Bewohnern wurden lange Interviews geführt, um ein Bild ihrer Ansichten über die Klassenunterschiede innerhalb der Gemeinde zeichnen zu können. Die Befragten griffen immer wieder zu Bezeichnungen wie „die Geldleute", „arm, aber anständig" und „Habenichts". Aufgrund ihrer Aussagen wurden sechs soziale Klassen identifiziert: eine Oberschicht, eine Mittelschicht und eine Unterschicht, wobei jede noch weiter unterteilt war.

Diese Methode wurde seit der Untersuchung von Warner und seinen Kollegen noch oft angewendet, ist aber nur in kleinen Gemeinden praktikabel. Darüberhinaus macht sie zwischen zwei Phänomenen, die eigentlich begrifflich auseinandergehalten werden sollten, keinen Unterschied: zwischen der *Klasse* und dem *Klassenbewußtsein*. Klassenunterschiede bestehen unabhängig davon, ob sich die Leute ihrer bewußt sind oder nicht.

Der subjektive Ansatz

Die subjektive Methode besteht einfach darin, Leute zu fragen, zu welcher Klasse sie selbst ihrer Meinung nach gehören. In den Vereinigten Staaten wurde von

Richard Centers bereits früh eine derartige Untersuchung durchgeführt, die auf einer landesweiten Zufallsstichprobe beruhte (Centers, 1949). Die Untersuchung erfolgte im Anschluß an eine Umfrage der Zeitschrift *Fortune*, die angeblich ergab, daß sich 80 Prozent der Amerikaner zur Mittelklasse zählten. Centers fiel auf, daß die Erhebung den Befragten nur drei Wahlmöglichkeiten gelassen hatte: „Oberschicht", „Mittelschicht" und „Unterschicht". Er fand heraus, daß ungefähr die Hälfte der Befragten sich zur Kategorie „Arbeiterklasse" zählten, wenn diese vierte Kategorie vorgegeben wurde. Die Leute waren bereit, sich als Angehörige der „Arbeiterklasse" zu sehen; zur „Unterschicht" zählten sie sich nur ungern. Da die Antworten von der Formulierung der Fragen abhängig sind, ist es schwierig, über den Wert solcher Untersuchungen etwas auszusagen.

Mary und Robert Jackman haben in jüngerer Zeit allerdings auf Centers Strategie aufgebaut. Sie verwendeten Daten einer landesweiten Studie über die Einstellung zur Klasse und über das Klassenbewußtsein in den Vereinigten Staaten, die vom *Survey Research Center* der Universität Michigan durchgeführt worden war (Jackman und Jackman, 1983). Die Leute wurden gebeten, anzugeben, in welche der folgenden Klassen sie sich einordneten: Arme, Arbeiterklasse, Mittelschicht, obere Mittelschicht, Oberschicht. Bis auf 3 Prozent identifizierten sich alle Interviewten mit einer der fünf verschiedenen Kategorien. Ungefähr 8 Prozent betrachteten sich als „Arme", 37 Prozent als „Arbeiter", 43 Prozent als zur „Mittelschicht", 8 Prozent zur „oberen Mittelschicht" und 1 Prozent zur „Oberschicht" gehörig. Es herrschte weitgehend Übereinstimmung darüber, welche Berufe zu welchen Klassen gehörten. Manager, Ärzte und Anwälte wurden beinahe ausnahmslos der „oberen Mittelschicht" oder der „Oberschicht" zugeordnet; bei diesen Einschätzungen gab es keine signifikanten Unterschiede zwischen Schwarzen und Weißen.

Bilder der Klassenstruktur

Eine dritte Möglichkeit, das Klassenbewußtsein zu untersuchen, besteht in der Analyse des Bildes der Klassenstruktur. Studien dieses Typs sind im allgemeinen aufschlußreicher als Untersuchungen, die auf den beiden vorhin genannten Methoden beruhen, weil sie mehr darüber aussagen, *wie* Leute über die Beschaffenheit und über die Ursprünge der sozialen Ungleichheit denken. Es gibt z. B. Verhaltens- und Einstellungsmuster, die nicht notwendigerweise mit dem Ausdruck „Klasse" operieren, nichtsdestoweniger aber wichtige Aspekte des Klassenbewußtseins wiedergeben. Die Leute der Oberschicht und der oberen Mittelschicht bestreiten manchmal überhaupt, daß es „Klassen" gibt; wir können das soziologisch aber gerade als Ausdruck des Klassenbewußtseins sehen. Leute in solchen sozialen Stellungen interpretieren die soziale Welt gerne als Hierarchie einzelner Positionen, in der jeder so ziemlich die gleichen Aufstiegschancen hat. Ihr Bild von der Schichtung entspricht ihrer eigenen Erfahrung, wird aber auf die ganze Gesellschaft verallgemeinert.

Wer in der Hierarchie weiter unten angesiedelt ist, hat ein Bild, das man mit dem Gegensatzpaar „wir" und „sie" umreißen könnte. „Sie", das sind die Mächtigen – höhere Beamte, Chefs und Manager. „Wir", das sind die Untertanen, jene, die unter ähnlichen Bedingungen arbeiten oder relativ machtlos sind.

Eine klassische Erörterung des Bildes, das man sich von der Klassengesellschaft macht, wurde von David Lockwood in den sechziger Jahren vorgelegt (Lockwood, 1966). Er wies darauf hin, daß Bilder der Klassenstruktur stark von den lokalen Bedingungen beeinflußt sind. Die Gemeinden, Städte oder Nachbarschaften, in denen die Leute wohnen, und ihre Erfahrungen am Arbeitsplatz beeinflussen ihre Interpretation des Klassensystems am direktesten. Lockwoods Diskussion konzentriert sich auf die Arbeiterklasse, wobei er zwischen drei hauptsächlichen Interpretationen der Gesellschaft unterscheidet.

Der *proletarische Traditionalismus* ist die charakteristische Haltung von Gruppen, welche in Industriegemeinden wohnen und relativ isoliert sind und wo viele Leute unter ähnlichen Bedingungen Seite an Seite arbeiten. Ein Beispiel wären die vom Bergbau lebenden Städte und Dörfer in Südwales. In solchen Gemeinschaften können Gefühle, einer gemeinsamen Arbeitswelt anzugehören und sich mit seiner Klasse zu identifizieren, sehr leicht entstehen. Für Arbeiter mit dieser Sicht der Klasse stellt sich die soziale Welt durch die Trennung zwischen „wir" und „sie" dar. Sie sind im allgemeinen auch engagierte Gewerkschaftsmitglieder.

Der *ehrerbietige Traditionalismus* ist für Gruppen der Arbeiterklasse charakteristisch, deren Lebens- und Arbeitsumgebung nicht so einheitlich ist, wie z. B. die der Landarbeiter in ländlichen Gebieten. Solche Arbeiter nehmen die Klassenstruktur als kooperativer und harmonischer wahr. Sie interpretieren die soziale Welt als eine, in der „jeder seinen Platz kennt" und in der Ungleichheiten zu Recht durch Unterschiede in der persönlichen Begabung und Verantwortung bedingt sind. Diese Arbeiter ordnen sich den „Oberen" willig unter und sind sich der Klassenhierarchie bewußt, akzeptieren diese aber als legitim und notwendig. Die meisten Arbeiter mit dieser Haltung stehen den Gewerkschaften gleichgültig oder feindselig gegenüber.

Die dritte Einstellung ist die der *privatisierten Arbeiter*, die mit den beiden anderen Sichtweisen gebrochen haben. Sie leben abseits der älteren Arbeitergemeinden und Nachbarschaften (z. B. in neu erbauten Wohnsiedlungen) und pflegen eine „individualistische" Haltung. Ihnen dient die Arbeit hauptsächlich zur Erreichung eines befriedigenden Lebensstils für sich und ihre Familien, und Loyalität gegenüber der alten Klasse ist ihnen weitgehend fremd.

Lockwoods Typologie wirkte auf viele spätere Untersuchungen befruchtend, obwohl ein Teil davon seine Kategorien nicht kritiklos übernahm (Bulmer, 1975). Die meisten Untersuchungen haben ergeben, daß die drei Interpretationen der Klassen nicht so klar voneinander zu trennen sind, wie Lockwood das vorschlägt. Arbeiter, die dem „proletarischen Traditionalismus" zugeneigt sind, sind oft keineswegs militanter als andere, und Leute mit einer grundsätzlich „privatisierten" Haltung sind bereit, sich auf industrielle Konflikte einzulassen, wenn der Druck zu stark wird, und entsprechen dann eher der Kategorie „wir gegen sie".

Die meisten älteren „solidarischen Arbeitergemeinschaften" wurden in den letzten Jahrzehnten durch verschiedene Wandlungsprozesse aufgebrochen. Industrien wie der Kohlebergbau oder die Eisen- und Stahlproduktion sind schon seit geraumer Zeit im Niedergang begriffen. Viele der in diesen Betrieben Beschäftigten sind anderswo hingezogen, ein Prozeß, der üblicherweise auch von der Herausbildung einer stärker „privatisierten" Einstellung zur Arbeit begleitet ist. Die Sichtweise des „wir gegen sie" ist sicher nicht verschwunden: Es gibt sie noch in vielen Arbeitersiedlungen. In Gebieten mit großen ethnischen Minderheiten kann diese Einstellung mit einem ethnischen Bewußtsein verschmelzen.

Geschlecht und Schichtung

Studien über die Schichtung waren lange Zeit hindurch „geschlechtsindifferent", das heißt, sie wurden geschrieben, als gäbe es keine Frauen oder als wären sie bei der Analyse von Unterschieden der Macht, des Reichtums und des Ansehens unwichtig und uninteressant. Das Geschlecht ist jedoch selbst eines der wichtigsten Schichtungskriterien. Es gibt keine Gesellschaft, in der die Männer nicht in mancherlei Hinsicht reicher, angesehener und einflußreicher als Frauen wären.

Klassenunterschiede und Geschlecht

Eines der Hauptprobleme bei der Untersuchung des Geschlechts und der Schichtung in modernen Gesellschaften klingt einfach, ist aber schwierig zu lösen. Es handelt sich um die Frage, inwieweit wir geschlechtsbedingte Ungleichheiten in der modernen Zeit als Klassenunterschiede interpretieren können. Ungleichheiten der Geschlechter sind historisch tiefer verwurzelt als Klassensysteme. Sogar bei Jägern und Sammlern, wo es keine Klassen gibt, ist der soziale Rang der Männer höher als der der Frauen. Die Klassenunterschiede in den modernen Gesellschaften sind jedoch so ausgeprägt, daß es keinen Zweifel gibt, daß sie sich mit den geschlechtsbedingten Ungleichheiten stark überschneiden. Die materielle Lage der meisten Frauen entspricht jener ihrer Väter oder Ehemänner; deshalb könnte man argumentieren, daß geschlechtsbedingte Ungleichheiten hauptsächlich nach den Kriterien der Klasse erklärbar sind.

Frank Parkin hat diesen Standpunkt sehr gut zum Ausdruck gebracht:

> Das Frausein bringt im Vergleich zum Mannsein zahlreiche Nachteile auf verschiedenen Gebieten des sozialen Lebens mit sich, einschließlich der Arbeitsmöglichkeiten, des Vermögens, des Einkommens etc. Diese geschlechtsbedingten Ungleichheiten sollten aber nicht als Komponenten der Schichtung betrachtet werden. Der Grund dafür ist, daß die sozialen und wirtschaftlichen Bedingungen einer großen Mehrheit von Frauen durch die Position ihrer Familien und besonders durch die des männlichen Oberhauptes vorgegeben sind. Obwohl den Frauen heute allein aufgrund ihres Geschlechtes bestimmte Standesattribute gemeinsam sind, werden ihre Ansprüche auf die zu verteilenden Ressourcen nicht vorwiegend durch ihre eigene Arbeit bestimmt, sondern im allgemeinen durch die Arbeit ihrer Väter oder Ehemänner. Auch wenn die Frauen und Töchter von Hilfsarbeitern mit den Frauen und Töchtern reicher Landbesitzer etwas gemeinsam haben, kann nicht übersehen werden, daß die Unterschiede in ihrer gesamten Situation weitaus überwiegen und signifikanter sind. Nur wenn die mit dem Frausein verbundenen Nachteile größer als die Klassenunterschiede wären, wäre es realistisch, das Geschlecht als wichtigen Faktor der Schichtung anzusehen. (Parkin, 1971, S. 14f.)

Frauen, so könnte man argumentieren, sind oft an die „private" Sphäre, an die Familie, die Kinder und den Haushalt gebunden. Männer leben andererseits ein

„öffentlicheres" Leben, sie entscheiden, wie Reichtum und Macht verteilt werden. Ihre Welt ist die der bezahlten Arbeit, der Industrie und der Politik (Elshtain, 1981).

Die Ansicht, daß Klassenunterschiede weitgehend bestimmend für die geschlechtsbedingte Schichtung sind, war bis vor kurzem eine stillschweigende Annahme, ist aber jetzt Gegenstand von Diskussionen. John Goldthorpe hat die „konventionelle Position", wie er es nennt, in der Analyse der Klasse verteidigt: Daß die Erwerbstätigkeit von Frauen, verglichen mit jener von Männern, relativ unbedeutend ist und daß deshalb angenommen werden kann, daß Frauen in derselben Klasse sind wie ihre Männer (Goldthorpe, 1983). Goldthorpe weist darauf hin, daß diese Ansicht nicht auf einer sexistischen Ideologie beruht, ganz im Gegenteil: Sie geht davon aus, daß die erwerbstätigen Frauen meist in untergeordneten Positionen tätig sind. Frauen haben öfter als Männer eine Teilzeitarbeit, und ihre berufliche Karriere wird öfter durch Schwangerschaften und Kindererziehung für längere Zeiträume unterbrochen. Da die Mehrheit der Frauen von ihren Männern wirtschaftlich abhängig ist, wird ihre Position innerhalb des Klassensystems meist durch jene ihrer Männer bestimmt.

Goldthorpes Ansichten sind in mehrfacher Hinsicht kritikwürdig. Zunächst tragen die Frauen in zahlreichen Haushalten wesentlich zur Aufrechterhaltung der wirtschaftlichen Position und Lebensweise der Familie bei. Unter diesen Umständen kann die Erwerbstätigkeit der Frau die Klassenzugehörigkeit des Haushaltes bestimmen. Zweitens kann auch die berufliche Position der Frau jene ihres Mannes stark beeinflussen, nicht nur umgekehrt. Obwohl Frauen selten mehr verdienen als ihre Männer, kann die berufliche Situation einer Frau der entscheidende Faktor für die Klassenzugehörigkeit ihres Mannes sein. Das wäre z. B. dann der Fall, wenn der Mann ein Hilfsarbeiter oder ein angelernter Arbeiter ist und die Frau Filialleiterin in einem Geschäft.

Drittens gibt es Haushalte, die „quer durch die Klassen" verlaufen, in denen Beruf und Position des Mannes einer höheren Klassenkategorie entsprechen als die der Frau oder (seltener) umgekehrt. Da über solche Haushalte kaum Untersuchungen angestellt wurden, können wir nicht darauf vertrauen, daß es stets angebracht ist, den Beruf des Mannes als den entscheidenden Faktor aufzufassen. Für bestimmte Zwecke kann es realistischer sein, Männer und Frauen verschiedenen Klassen zuzurechnen, auch wenn sie im gleichen Haushalt leben. Viertens ist der Anteil von Familien, in denen ausschließlich die Frau den Lebensunterhalt verdient, im Steigen begriffen. Wenn die Frau nicht ein Einkommen aus Alimenten ihres Ex–Mannes bezieht, durch welches sie wirtschaftlich auf derselben Stufe steht wie dieser, bestimmt sie per definitionem ihre Position im Klassensystem selbst (Stanworth, 1984; Walby, 1986).

Die Forschung legt den Schluß nahe, daß sich die wirtschaftliche Position einer Frau nicht einfach von jener ihres Mannes „ablesen" läßt. Eine in Schweden durchgeführte Untersuchung zeigte, daß es viele Familien gibt, in denen Mann und Frau nicht derselben Klasse angehören (Leiuffsrud und Woodward, 1987). Meist hatte der Mann die höhere Position, obwohl es auch eine geringe Anzahl umgekehrter Fälle gab. Die Untersuchung zeigte, daß die Mitglieder solcher Familien dazu neigten, Aspekte ihrer verschiedenen Klassenzugehörigkeit in die Familie „zu importieren". Die Entscheidung, wer z. B. zu Hause bleibt, wenn ein Kind krank ist, hing von der Klassen- und Geschlechtskonstellation in der Familie ab. Wenn die Frau die bessere berufliche Position innehatte, übernahm eher der Mann diese Verpflichtung.

Die Diskussion geht weiter

Goldthorpe selbst und andere haben seine Ansicht verteidigt und ein paar weitere Beobachtungen angestellt. Für Forschungszwecke ist es ihrer Auffassung nach gerechtfertigt, zur Einordnung eines Haushaltes den Partner heranzuziehen, der der höheren Klasse angehört, egal, ob es sich dabei um den Mann oder um die Frau handelt. Wo zusätzlich Material über Frauen verwendet wurde, zeigte es sich, daß die Ergebnisse die Befunde der „konventionellen Position" nicht wesentlich beeinflußten (Goldthorpe, Llewellyn and Payne, 1988).

In Fortführung der Diskussion haben verschiedene Autoren vorgeschlagen, daß die Einordnung eines Individuums in eine Klasse von der Haushaltszugehörigkeit absehen sollte. Mit anderen Worten: Die gesellschaftliche Klasse sollte für jede Einzelperson ohne Bezugnahme auf die familiären Umstände festgelegt werden. Diese Ansicht vertraten z. B. Gordon Marshall und seine Kollegen in einer Untersuchung über das Klassensystem in Großbritannien (Marshall et al., 1988).

Aber auch diese Perspektive ist nicht unproblematisch, weil sie die Nichterwerbstätigen, also nicht nur die Hausfrauen, sondern auch die Pensionisten und Arbeitslosen ausspart. Die letzten beiden Gruppen können nach dem Beruf eingeordnet werden, den sie zuletzt ausübten, was problematisch werden könnte, wenn sie längere Zeit beschäftigungslos waren. Andererseits könnte es sich als irreführend erweisen, den Haushalt gänzlich außer Betracht zu lassen. Ob eine Person allein oder in einer Familie lebt, kann für ihre Lebenschancen entscheidend sein.

Untersuchungen von Norman Bonney (1992) haben gezeigt, daß gutverdienende Frauen eher gutverdienende Partner haben und daß die Frauen von Freiberuflern oder Managern durchschnittlich ein höheres Einkommen haben als andere erwerbstätige verheiratete Frauen. Diese Ergebnisse lassen den Schluß zu, daß eine verstärkte Berufstätigkeit der Frauen zu einer Verstärkung der Klassenunterschiede zwischen den Haushalten führt, was nicht ersichtlich wäre, wenn Individuen isoliert betrachtet werden würden. Die Heirat führt zu Partnerschaften, in denen beide Beteiligten entsprechend der beruflichen Position relativ privilegiert oder benachteiligt sind (mehr über Geschlecht und Schichtung im vorigen Kapitel „Geschlecht und Sexualität").

Der Wandel des Klassensystems

Trends in der Berufswelt

Die britische Berufswelt hat sich seit Beginn unseres Jahrhunderts wie in allen anderen Industrieländern stark verändert – und mit ihr das Klassensystem im weitesten Sinn. Im Jahr 1900 waren mehr als drei Viertel der erwerbstätigen Bevölkerung Arbeiter. 28 Prozent waren Facharbeiter, 35 Prozent angelernt und 10

Schichtung und Klassenstruktur 251

Prozent Hilfsarbeiter. Der Anteil der Angestellten und Freiberufler war relativ niedrig. Mitte des Jahrhunderts machten die Arbeiter bereits weniger als zwei Drittel der erwerbstätigen Bevölkerung aus, während die Zahl der Angestellten und Freiberufler entsprechend angestiegen war.

1971 und 1981 wurden in Großbritannien Volkszählungen durchgeführt. In diesem Zeitraum fiel der Anteil der Arbeiter von 62 auf 56 Prozent und der Anteil der weiblichen Arbeiter von 43 auf 36 Prozent. Die Zahl der männlichen Freiberufler und Manager stieg um eine Million. 1981 gab es 170 000 männliche Angestellte der unteren Ebenen weniger, dafür um 250 000 weibliche mehr. Der Rückgang der manuellen Arbeitsplätze geht eng mit einer Abnahme der industriellen Arbeiter einher. 1981 gab es 700 000 Männer und 420 000 Frauen weniger in der erzeugenden Industrie als zehn Jahre zuvor.

Diese Trends halten auch heute noch an, haben sich aber etwas abgeschwächt. Eine 1990 von der britischen Regierung durchgeführte Untersuchung über den Arbeitsmarkt zeigte, daß knapp über 50 Prozent der Männer und 33 Prozent der Frauen manuelle Berufe ausübten (siehe Abb. 7.1). Der größte geschlechtsbedingte Unterschied bestand bei den Angestellten der unteren Ebene und den Facharbeitern. 1990 arbeiteten 31 Prozent der Frauen als kleine Angestellte, verglichen mit

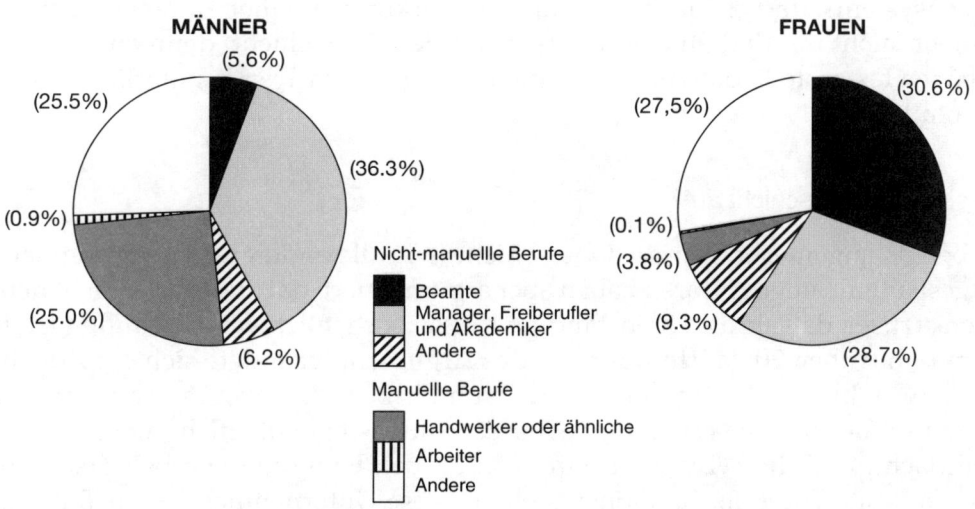

Abbildung 7.1 Berufsstruktur unter Unselbständigen und Selbständigen in Großbritannien, Männer und Frauen, 1990

Quelle: Labour Force Survey statistics; Abbildung aus *Social Trends 22* (London: HMSO, 1992), S. 74.

6 Prozent der Männer; hingegen waren 25 Prozent der Männer Facharbeiter. Der entsprechende Wert für Frauen beträgt lediglich 4 Prozent. In mehreren anderen Industrieländern sind diese Änderungen weiter fortgeschritten als in Großbritannien. Schätzungen zufolge arbeiten z. B. weniger als 40 Prozent aller Beschäftigten in den USA in manuellen Berufen (Rossides, 1990).

Es wird viel darüber diskutiert, warum es zu solchen Änderungen gekommen ist und wie wir sie interpretieren sollten. Es gab offensichtlich verschiedene Gründe dafür. Einer ist die kontinuierliche, arbeitsplatzsparende Mechanisierung, die in den letzten Jahren in der Ausbreitung der EDV und der Kommunikationstechnologien gipfelte (das Thema wird in Kapitel 15 „Arbeit und Wirtschaftsleben" weiterbehandelt). Ein zweiter Grund ist das Aufstreben der erzeugenden Industrie außerhalb der westlichen Länder, insbesondere im Fernen Osten. Die älteren Industrien in den westlichen Gesellschaften haben große Rückschläge erlitten, weil sie nicht in der Lage sind, mit den viel effizienteren Produzenten im Fernen Osten zu konkurrieren, die niedrigere Lohnkosten haben.

Was aber bedeuten diese Trends im Hinblick auf das Klassensystem? Oberflächlich betrachtet scheint die Antwort einfach zu sein. Man könnte sagen (und viele haben das auch getan), daß wir derzeit einen kontinuierlichen Rückgang der Arbeiterklasse und einen ebenso kontinuierlichen Aufstieg der Mittelschicht erleben. Im Laufe dieses Jahrhunderts hat sich ein Wandel vollzogen: Die Gesellschaft wird nicht mehr von der Arbeiterklasse dominiert, sondern ist vom Aufstieg der Mittelschicht gekennzeichnet. Der typische Bürger des frühen zwanzigsten Jahrhunderts war ein an der Förderstrecke arbeitender Bergarbeiter oder ein Stahlgießer, der sich in der Fabrik abmühte. Heute sitzt der Durchschnittsbürger an einem Schreibtisch.

Solche Ansichten haben etwas für sich, müssen aber beträchtlich modifiziert werden. Die Änderungen, die stattgefunden haben, betreffen alle Ebenen des Klassensystems, und es lohnt sich, ihre Auswirkungen näher zu betrachten. Wir beginnen nicht mit der Unter–, sondern mit der Oberschicht, denn einige Autoren haben festgestellt, daß die Oberschicht den gleichen Trends unterliegt wie die anderen Klassen.

Löst sich die Oberschicht auf?

Wie bereits angemerkt, war die Oberschicht (wie alle anderen Klassen) immer in sich gespalten. Einige Autoren haben aber argumentiert, daß die Oberschicht heute so zersetzt sei, daß sie als eigenständige Klasse tatsächlich verschwunden ist. Im 19. und im frühen 20. Jahrhundert, so das Argument, gründete sich die Zugehörigkeit zur Oberschicht auf den Besitz – von Firmen, Finanzorganisationen oder Grund und Boden. Wie erwähnt, bedeutet Landbesitz heute nicht mehr automatisch Macht, und die Wirtschaft wird von großen Unternehmen beherrscht, die nicht im Besitz von Einzelpersonen stehen. Diese Unternehmen haben Tausende verschiedene Teilhaber, die auf die Firmenleitung wenig Einfluß haben. Die Kontrolle über die großen Unternehmen ist in die Hand der Top–Manager übergegangen, die aber nicht die Eigentümer sind. Sie sind nur hochrangige Angestellte.

Entsprechend dem Klassenschema von John Goldthorpe gibt es also in modernen Gesellschaften keine Oberschicht mehr. Was er die „Dienstleistungsklasse" nennt, besteht ganz oben aus Managern, hochrangigen Freiberuflern und Verwaltungsbeamten. Andere Autoren haben auf das Phänomen der institutionellen Teilhaberschaft hingewiesen (siehe Kapitel 15 „Arbeit und Wirtschaftsleben"), das die Bedeutung des privaten Kapitalbesitzes schmälerte. Ein hoher Prozentsatz von Anteilen wird heute von Versicherungsgesellschaften, Pensionskassen und Investmenttrusts gehalten, die breite Bevölkerungsschichten ansprechen. Die halbe Bevölkerung Großbritanniens investiert heutzutage z. B. in die private Altersvorsorge (Saunders, 1990).

Die Ansicht, daß es keine eigene Oberschicht mehr gebe, hält näherer Betrachtung aber nicht stand. John Scott, dessen Analyse der geänderten Zusammensetzung der Oberschicht früher besprochen wurde, hat ins Treffen geführt, daß das Profil der Oberschicht heute ein anderes, die Position aber die gleiche ist. Sie besteht aus Leuten, die durch eine – wie er es nennt – „Interessenskonstellation" mit der Macht großer Unternehmen verbunden sind. Manager großer Unternehmen besitzen zwar ihre Unternehmen nicht, aber sie sind oft in der Lage, Anteile zu akkumulieren, wodurch sie sowohl den Unternehmern alten Stils als auch den „Finanzkapitalisten" ähnlich werden. „Finanzkapitalisten", darunter auch die Leute, die Versicherungsunternehmen und andere große institutionelle Aktionäre leiten, bilden den Kern der heutigen Oberschicht.

Manager, hochrangige Verwaltungsbeamte und die Mitglieder der Professionen

Zwischen der wachsenden Zahl von Leuten, die als Freiberufler, Manager oder höhere Verwaltungsbeamte arbeiten, und der Bedeutung großer Organisationen in modernen Gesellschaften (siehe Kapitel 9 „Gruppen und Organisationen") besteht ein Zusammenhang. Dieser Anstieg ist auch mit der immer größer werdenden Zahl von Leuten verknüpft, die in Wirtschaftssektoren arbeiten, in denen der Staat eine vorherrschende Rolle spielt, z. B. in der Hoheitsverwaltung, im Schulwesen, im Gesundheits- und Sozialwesen. 1991 arbeiteten 25 Prozent der britischen Arbeitskräfte in verstaatlichten Industrien. Die Mehrheit der Angehörigen der Professionen – Ärzte, Bilanzbuchhalter, Anwälte etc. – ist tatsächlich beim Staat angestellt.

Die Angehörigen der Professionen, Manager und hochrangige Verwaltungsbeamte verdanken ihre Position weitgehend ihren „Referenzen" – Titeln, Diplomen und anderen Qualifikationen. Insgesamt erfreuen sie sich relativ sicherer und gut bezahlter Karrieren, und die Kluft zwischen ihnen und Angestellten der unteren Ebenen ist in den vergangenen Jahren wahrscheinlich tiefer geworden. Einige glauben, daß die Angehörigen der Professionen und die anderen „white collar"-Gruppen tatsächlich eine eigene Klasse bilden werden, die „Managerklasse". Die Kluft zwischen ihnen und den Angestellten der unteren Ebenen ist aber weder tief noch deutlich genug, daß man diese These verteidigen könnte (siehe auch Kapitel 9 „Gruppen und Organisationen").

Angestellte und Arbeiter: Feminisierung und Proletarisierung

Heute arbeiten weit mehr Leute als früher an nicht-manuellen Arbeitsplätzen, ob sie aber deshalb der „Mittelschicht" angehören, ist eine heftig diskutierte soziologische Frage. Es geht dabei vor allem um zwei Punkte. Erstens sind viele der neu entstandenen nicht-manuellen Routinearbeitsplätze mit Frauen besetzt. Es ist ein Prozeß im Gang, der etwas ungeschickt *Feminisierung* der nicht-manuellen Routinearbeit genannt wird. Wie wir vorhin gesehen haben, sind die Zusammenhänge zwischen Geschlecht und Klasse kompliziert.

Zweitens haben sich die Arbeitsbedingungen für viele Leute in solchen Berufen verschlechtert bzw. wurden *dequalifiziert* – die Qualifikationen, die für die Arbeiten erforderlich waren, sind nunmehr obsolet, weil bestimmte Funktionen von neuen Maschinen übernommen wurden. Das gilt vor allem für Büro- und Sekretariatsarbeiten; Rechen-, Schreib- und organisatorische Arbeiten wurden teilweise durch die Einführung von Schreibmaschinen, Rechnern, Fotokopiergeräten und in jüngster Zeit von Computern und Textverarbeitungsgeräten ersetzt.

Zwischen der Feminisierung und der Dequalifizierung gibt es einen direkten Zusammenhang. Je höher der Anteil der in Büroberufen und damit zusammenhängenden Bereichen Tätigen ist, desto höher ist dort der Prozentsatz von Frauen – und umso höher wird der Routineanteil. Frauen übertreffen Männer auch bei weitem bei den Arbeitsplätzen auf den unteren Ebenen der expandierenden Bereiche Marketing, Einzelhandel und Freizeitindustrie. Tätigkeiten wie das Verkaufen oder Kassieren werden weitgehend von Frauen ausgeübt.

In seiner einflußreichen Untersuchung *Die Arbeit im modernen Produktionsprozeß*, die vor ca. zwanzig Jahren entstanden ist, hat Harry Braverman argumentiert, daß die meisten Routinearbeiten von Angestellten eine derartige qualitative Entwertung erfahren haben, daß sie sich jetzt kaum mehr von händischer Arbeit unterscheiden. Statt daß immer mehr Leute in die Mittelschicht aufsteigen, sehen wir hier einen Prozeß der „Proletarisierung". Diese Gruppen steigen in eine sich vergrößernde Arbeiterklasse ab, in der viele „nicht-manuelle" Arbeiter vertreten sind (Braverman, 1980).

Die meisten Soziologen glauben, daß Braverman übertrieben hat. Einige Berufe erfuhren mit dem technischen Fortschritt eine *Höherqualifikation* – es sind wieder mehr statt weniger Qualifikationen erforderlich. Das gilt z. B. für einige Arbeiten, die von der Einführung der Computer betroffen waren (obwohl andere dadurch abgewertet wurden). Wie darüberhinaus aus den vorher analysierten Materialien über Klasse und Geschlecht hervorgeht, hängt die soziale Klasse einer verheirateten Frau oder eines verheirateten Mannes auch von der Position des Partners ab. Frauen mit nicht-manueller Routinearbeit sind oft mit höheren Angestellten verheiratet: Der Haushalt insgesamt gehört zur Mittelschicht.

Untersuchungen über nicht-händische Routinearbeiten und über jene, die sie erledigen, haben hinsichtlich der Frage der Proletarisierung widersprüchliche Ergebnisse erbracht. Rosemary Crompton und Gareth Jones (1984) haben Angestellte einer Bank, einer lokalen Behörde und einer Versicherungsgesellschaft untersucht. Sie haben herausgefunden, daß weibliche Bürokräfte weitaus seltener befördert werden als Männer. Sie befanden die meisten untersuchten Stellen für proletarisiert: Die Arbeit ist eine reine Routinearbeit und läßt kaum Platz für Initiativen. Den Männern gelingt es oft, von solchen Stellen wegzukommen, was Frauen selten möglich ist; deswegen erfuhren vor allem die weiblichen Routinearbeiten eine Abwertung.

Gordon Marshall et al. (1988) stehen diesen Schlußfolgerungen ebenso wie den Ansichten Bravermans kritisch gegenüber. Sie haben Männer und Frauen in verschiedenen Berufen gefragt, ob ihre Arbeit heute mehr Geschicklichkeit erfordere als zu der Zeit, als sie damit begannen. Nur 4 Prozent waren der Ansicht, daß sie weniger Geschicklichkeit erfordere, und der Anteil war bei typischen Frauenberufen und anderen Angestelltentätigkeiten gleich. Angestellte, meinten die Wissenschaftler, haben noch immer mehr Autonomie als die meisten Arbeiter. Was ihr Klassenbewußtsein angeht, stufen sie sich viel öfter als die Arbeiter in die „Mittelschicht" ein.

Der Wandel der Arbeiterklasse

Wie wir im letzten Abschnitt des Kapitels sehen werden, ist der Anteil der Armen in der britischen Gesellschaft, wie in den meisten anderen Industrieländern, beträchtlich. Die Mehrheit der Arbeiter lebt allerdings nicht mehr in Armut (Marx hat, wie wir heute wissen, dieses Problem falsch eingeschätzt). Wie wir bereits früher bemerkten, ist das Einkommen der manuellen Arbeiter seit Beginn dieses Jahrhunderts um ein Vielfaches gestiegen. Diese Erhöhung des Lebensstandards drückt sich in der erhöhten Verfügbarkeit von Konsumgütern für alle Klassen aus. Ca. 50 Prozent der Arbeiter besitzen heute ein Eigenheim. Autos, Waschmaschinen, Fernsehgeräte und Telefone gibt es in den meisten Haushalten.

Das Phänomen des Wohlstandes der Arbeiterklasse legt wiederum einen möglichen Weg zu einer Gesellschaft mit einem höheren Mittelschicht–Anteil nahe. Vielleicht gleichen sich ja die Arbeiter, sobald sie wohlhabender sind, eher der Mittelschicht an? Diese Idee wurde von Soziologen, die gerne schwerfällige Begriffe verwenden, als These der *Verbürgerlichung* (*embourgeoisement*) bezeichnet. *Embourgeoisement* heißt, „dem Bourgeois ähnlich werden", ein Ausdruck im marxistischen Stil für „der Mittelschicht ähnlich werden".

In den sechziger Jahren haben John Goldthorpe und seine Kollegen eine Untersuchung über die Verbürgerlichungsthese durchgeführt, die sehr bekannt wurde. Die Studie basierte auf Interviews mit Arbeitern in der Automobilindustrie und in der chemischen Industrie in Luton und wurde in drei Bänden veröffentlicht: Man nennt diese Untersuchung die „*Affluent Worker*"-Studie (Goldthorpe et al., 1970–1). Es wurden 229 Arbeiter untersucht; hinzu kamen zu Vergleichszwecken 54 Angestellte. Viele Arbeiter waren auf der Suche nach gut bezahlter Arbeit in die Gegend gezogen; verglichen mit den meisten anderen manuellen Arbeitern waren sie tatsächlich gut bezahlt und verdienten mehr als die meisten kleinen Angestellten.

Die Ergebnisse der Studie waren in den Augen der Autoren eindeutig: Die These der Verbürgerlichung war falsch. Die Arbeiter tendierten nicht zur Mittelklasse. Sie nahmen eine Haltung ein, die Goldthorpe et al. als „instrumentelle" Arbeitshaltung bezeichneten: Für sie war die Arbeit ein Mittel zum Zweck, das

Mittel, um gut zu verdienen. Ihre Arbeit war meist monoton und uninteressant, und sie waren persönlich nicht sonderlich engagiert. Sie verbrachten jedoch ihre Freizeit keineswegs mit Angestellten und wollten auch nicht „aufsteigen". Das Geld, das sie verdienten, legten sie für verschiedene Konsumgüter und kleinere Besitztümer zurück.

In den darauffolgenden Jahren wurden keine streng vergleichbaren Untersuchungen durchgeführt, und es ist nicht klar, wie weit die Schlußfolgerungen von Goldthorpe et al., falls sie je Gültigkeit hatten, jetzt noch zutreffen. Es wird allgemein angenommen, daß sich die alten, traditionellen Arbeitergemeinschaften (im Sinne des erwähnten Lockwoodschen „proletarischen Traditionalismus") aufgesplittert haben oder mit dem Niedergang der erzeugenden Industrie und der Ausweitung der Konsumgesellschaft überhaupt zusammengebrochen sind. Wie weit eine derartige Aufsplitterung fortgeschritten ist, bleibt offen. Die Arbeiterklasse ist schon seit langem gespalten: nach dem Qualifikationsniveau, dem Industriezweig und der Region. Manche Forscher meinen, daß diese Unterschiede größtenteils nur die Fortsetzung der in der Vergangenheit bestehenden seien.

In diesem Zusammenhang stellt sich wiederum die Frage des Geschlechts und der Klasse. Unterschiede in der Arbeiterklasse spiegeln Unterschiede zwischen den Haushalten und nicht nur zwischen Einzelpersonen wider. Ray Pahls Buch *Divisions of Labour* (1984) berichtete über eine Untersuchung von Arbeiterfamilien auf der Isle of Sheppey in Kent. Er fand heraus, daß es zwischen „reichen" und „armen" Arbeiterfamilien eine Trennung gibt. In „reichen" Haushalten haben zwei oder mehr Mitglieder eine feste Anstellung, und die Familien haben häufig ein Eigenheim und einen hohen Lebensstandard. Arme Haushalte tun sich hingegen wesentlich schwerer, ein Auskommen zu finden.

Im allgemeinen kann nur schwerlich bestritten werden, daß die Schichtung innerhalb der Arbeiterschaft wie zwischen den Klassen heute nicht nur von Unterschieden in der Beschäftigung, sondern auch von Unterschieden im Konsumverhalten und im Lebensstil abhängt. Die modernen Gesellschaften sind in mehrfacher Hinsicht Konsumgesellschaften geworden, die für den Erwerb materieller Güter eingerichtet sind. In einer bestimmten Hinsicht ist eine Konsumgesellschaft eine „Massengesellschaft", in der Klassenunterschiede bis zu einem gewissen Grad verwischt sind; so können z. B. Leute mit verschiedenem Klassenhintergrund allesamt ähnliche Fernsehprogramme anschauen. Klassenunterschiede können sich jedoch auch durch Unterschiede der Lebensweise und des Geschmackes *verstärken* (Bourdieu, 1982).

Soziale Mobilität

Bei einer Untersuchung der Schichtung müssen wir nicht nur die Unterschiede zwischen den wirtschaftlichen Positionen oder den Berufen in Betracht ziehen, sondern auch, wie es dem Individuum ergeht, das diese innehat. Mit dem Begriff **soziale Mobilität** werden Bewegungen von Einzelpersonen und Gruppen zwischen verschiedenen sozioökonomischen Positionen bezeichnet. Mit **vertikaler Mobilität** bezeichnet man die Bewegungen nach oben und unten auf der sozioökonomischen Skala. Jene, deren Vermögen oder Einkommen zunimmt und deren Status sich verbessert, sind *aufwärtsmobil*, während die, die sich in die andere Richtung bewegen, *abwärtsmobil* sind. In modernen Gesellschaften gibt es auch oft die **horizontale Mobilität**, die sich auf geographische Bewegungen zwischen Vierteln, Städten oder Regionen bezieht. Die vertikale und die horizontale Mobilität treten oft zusammen auf. Eine Person, die in einer bestimmten Firma in einer bestimmten Stadt arbeitet, kann z. B. in eine höhere Position in einer Zweigstelle der Firma in einer anderen Stadt oder sogar in einem anderen Land versetzt werden.

Es gibt zwei Möglichkeiten, die soziale Mobilität zu untersuchen. Zunächst können wir einzelne Karrieren untersuchen – wie weit Individuen im Verlaufe ihres Arbeitslebens auf der sozialen Leiter auf- oder absteigen. Diese Bewegung wird im allgemeinen **Intragenerationsmobilität** genannt. Andererseits können wir analysieren, inwieweit Kinder ungefähr den gleichen Beruf wie ihre Eltern oder Großeltern ergreifen. Diese Mobilität zwischen den Generationen wird **Intergenerationsmobilität** genannt.

Vergleichende Mobilitätsstudien

Das Ausmaß der vertikalen Mobilität in einer Gesellschaft ist ein Hauptindikator für ihre „Offenheit". Es gibt an, inwieweit begabte Individuen aus den unteren Schichten die sozioökonomische Leiter hinaufklettern können. Wie „offen" sind die industrialisierten Länder gegenüber der sozialen Mobilität? Gibt es in Großbritannien mehr Chancengleichheit als anderswo? Seit mehr als fünfzig Jahren werden Untersuchungen über die soziale Mobilität durchgeführt, wobei häufig internationale Vergleiche angestellt wurden. Eine der frühesten Arbeiten auf diesem Gebiet war die von Pitrim Sorokin (1927). Sorokin behandelte eine breite Palette von Gesellschaften, die auch das antike Rom und China einschloß, und unternahm eine der ersten detaillierten Mobilitätsstudien in den Vereinigten Staaten. Er kam zu dem Schluß, daß die Chancen für einen rapiden Aufstieg in den USA viel begrenzter waren, als es die Volksmeinung haben wollte. Die Techniken Sorokins zur Sammlung der Daten waren jedoch recht einfach.

Die Untersuchungen von Peter Blau und Otis Dudley Duncan Ende der sechziger Jahre waren viel ausgefeilter und umfassender (Blau und Duncan, 1967). Ihre Studie ist die detaillierteste Untersuchung über soziale Mobilität, die je in einem einzelnen Land durchgeführt wurde (obwohl sie äußerst umfangreich war, bekräftigt sie, wie die meisten anderen Mobilitätsstudien, die oben getroffene Feststellung – alle Befragten waren Männer). Blau und Duncan sammelten Informationen über eine landesweite Stichprobe von 20 000 Männern. Sie kamen zu dem Ergebnis, daß es in den Vereinigten Staaten eine hohe vertikale Mobilität gibt, daß sie aber vor allem zwischen beruflichen Positionen stattfindet, die nahe beieinander liegen. Eine „Langdistanzmobilität" ist selten. Obwohl es in den Karrieren von Einzelpersonen und zwischen den Generationen eine Bewegung nach unten gibt, kommt sie viel seltener vor als Aufwärtsmobilität. Der Grund dafür ist, daß die Anzahl der Angestellten und Freiberufler viel schneller zugenommen hat als die der Arbeiter; diese Verschiebung hat es mit sich gebracht, daß die Söhne von Arbeitern in Angestelltenpositionen vorstoßen.

Die möglicherweise berühmteste internationale Untersuchung über die soziale Mobilität war jene, die Seymour Martin Lipset und Reinhard Bendix (Lipset und Bendix, 1959) durchgeführt haben. Sie analysierten Daten aus neun Industriegesellschaften – Großbritannien, Frankreich, Westdeutschland, Schweden, der Schweiz, Japan, Dänemark, Italien und den Vereinigten Staaten –, wobei sie sich auf die Mobilität der Männer von manuellen Berufen hin zu Angestelltenberufen konzentrierten. Entgegen ihren Erwartungen fanden sie keine Hinweise, daß die Vereinigten Staaten offener wären als die europäischen Gesellschaften. Die vertikale Mobilität insgesamt über die Trennlinie Arbeiter/Angestellter hinweg lag in den Vereinigten Staaten bei 30 Prozent, während der Wert in den anderen Gesellschaften zwischen 27 Prozent und 31 Prozent variierte. Lipset und Bendix schlossen daraus, daß alle industrialisierten Länder von der Ausweitung des white-collar-Sektors in ähnlicher Weise betroffen sind. Das führte zu einer „Welle der Aufwärtsmobilität", die in allen Ländern ähnlich groß war. Andere Autoren haben diese Erkenntnisse in Frage gestellt und argumentiert, daß sich signifikante Unterschiede zwischen den Ländern zeigen, wenn die Abwärtsmobilität stärker berücksichtigt und auch die „Langdistanzmobilität" einbezogen wird (Heath, 1981; Grusky und Hauser, 1984).

In jüngerer Zeit führten Robert Erikson und John Goldthorpe eine mehrere Länder einbeziehende, umfangreiche Untersuchung über die Ähnlichkeiten und Unterschiede bei der Mobilität durch; ihre Arbeit berücksichtigte Gesellschaften in West- und Osteuropa (Erikson und Goldthorpe, 1986). Sie untersuchten neun Länder, darunter England und Wales, Frankreich, Schweden, Ungarn und Polen. Die Ergebnisse zeigten eine allgemeine Ähnlichkeit der Mobilitätsraten und -muster, aber auch signifikante Unterschiede. Schweden erwies sich z. B. als viel „offener" als andere westliche Länder. Auch in Polen war die Mobilitätsrate hoch, wesentlich höher als z. B. in Ungarn.

Was die Mobilität anlangt, scheinen sich die Vereinigten Staaten in einer Hinsicht von anderen westlichen Ländern zu unterscheiden: Der Anteil der Leute aus dem Arbeitermilieu, die in die Professionen aufsteigen, ist höher als in anderen Ländern. Der Hauptgrund ist, daß die Betriebe und Organisationen, die vor allem Angehörige der Professionen beschäftigen, in den USA in den letzten dreißig bis vierzig Jahren stärker zugenommen haben als in irgendeinem anderen Land – und sich damit Leuten aus bescheidenem Milieu mehr Mobilitätschancen bieten.

Abwärtsmobilität

Obwohl die Abwärtsmobilität weniger häufig ist als die Aufwärtsmobilität, ist sie doch noch immer ein weit verbreitetes Phänomen. In den Vereinigten Staaten steigen über 20 Prozent der Männer von einer Generation zur anderen ab, obwohl die meisten dieser Bewegungen nur über kurze Distanzen führen. Die innerhalb einer Karriere liegende Abwärtsmobilität ist ebenfalls häufig. Eine derartige Mobilität geht sehr oft mit psychologischen Problemen und Ängsten einher, wenn Menschen den Lebensstandard, an den sie sich gewöhnt haben, nicht mehr aufrechterhalten können. Arbeitslosigkeit ist eine weitere Ursache der Abwärtsmobilität. Leute mittleren Alters, die ihre Arbeit verlieren, finden entweder schwer eine neue Anstellung oder können nur eine Arbeit bekommen, die schlechter bezahlt ist als die alte.

Viele der „Absteiger", jedenfalls jene, die den Abstieg innerhalb ein und derselben Generation durchmachen, sind Frauen. Es ist für Frauen nach wie vor nicht außergewöhnlich, ihre vielversprechende Karriere aufzugeben, wenn ein Kind auf die Welt kommt. Nach ein paar Jahren als „Nur–Hausfrauen" und Mütter steigen die Frauen wieder in das Berufsleben ein und fangen oft auf einer gegenüber vorher niedrigeren Stufe wieder an – z. B. indem sie eine schlecht bezahlte Teilzeitarbeit annehmen. Diese Situation ändert sich, wenn auch nicht so schnell, wie man es sich wünschen könnte.

Aus der Literatur geht eine Erkenntnis ganz klar hervor: Der Mobilitätsgrad ist, gemessen am Ideal der Chancengleichheit, gering. In allen Ländern entfernen sich die Leute nicht sehr weit vom Niveau ihrer Herkunftsfamilie. Wenn viele Leute auf– oder absteigen, so liegt der Grund dafür zumeist in der veränderten Beschäftigungsstruktur, und nicht in der Tatsache, daß die Chancengleichheit besonders weit gediehen wäre.

Soziale Mobilität in Großbritannien

Viele Leute in modernen Gesellschaften glauben, daß jeder an die Spitze kommen kann, wenn er nur hart arbeitet und hartnäckig genug ist.Wenn man also die Statistik betrachtet, zeigt es sich, daß es nur wenigen gelingt. Warum sollte es so schwer sein? In einer Hinsicht ist die Antwort sehr einfach. Sogar in einer „vollkommen durchlässigen" Gesellschaft, in der jeder genau die gleiche Chance hätte, in die höchsten Positionen zu kommen, würde das nur eine kleine Minderheit tatsächlich tun. Die sozioökonomische Ordnung hat die Form einer Pyramide; die Positionen, die mit Macht, Status oder Reichtum verbunden sind, sind zahlenmäßig relativ begrenzt. Von den 55 Millionen Briten können nicht mehr als zwei– bis dreitausend Direktoren einer der zweihundert größten Firmen werden.

Dazu kommt jedoch, daß jenen, die eine Machtposition innehaben oder reich sind, viele Möglichkeiten offenstehen, ihre Vorteile abzusichern und an ihre Nachkommen weiterzureichen. Sie können für ihre Kinder die beste Ausbildung wählen, wodurch diese wieder gute Stellen bekommen. Trotz Vermögens– und Erbschaftssteuern haben die Reichen im allgemeinen Mittel und Wege gefunden, ihren Nachkommen den Großteil ihres Vermögens zu hinterlassen. Die meisten von jenen, die zur Spitze gelangen, starten mit einem Vorsprung – sie sind die Nachkommen von Freiberuflern oder von Wohlhabenden. Untersuchungen über Leute, die reich geworden sind, zeigen, daß kaum einer von ihnen bei Null beginnt. Die große Mehrheit von Leuten, die „es zu etwas gebracht haben", hatten eine Erbschaft gemacht oder am Anfang zumindest eine bescheidene Geldsumme zur Verfügung – die sie dann vermehrten (Jaher, 1980; Rubinstein, 1980).

William Rubinstein führte in den achtziger Jahren eine Untersuchung über die Herkunft britischer Millionäre durch (Rubinstein, 1986). Er stützte sich bei seiner Arbeit auf Leute, die 1984 und 1985 gestorben waren und mindestens eine Million Pfund hinterlassen hatten. (Es ist beinahe unmöglich, über lebende Millionäre genaue Fakten zu bekommen). Rubinstein fand heraus, daß jene, deren Väter wohlhabende Unternehmer oder Landbesitzer waren, noch immer 42 Prozent der Millionäre ausmachen. Leute, die von ihren Familien materielle Unterstützung erfahren hatten (Leute mit höhergestellten Freiberuflern als Eltern) machen weitere 29 Prozent aus. 43 Prozent der Millionäre hatten jeweils über 100 000 englische Pfund geerbt, und weitere 32 Prozent zwischen 10 000 und 100 000 Pfund. In Großbritannien führt der sicherste Weg zum Reichtum noch immer über die Geburt in eine reiche Familie.

Grade der Mobilität

Das Gesamtausmaß der Mobilität wurde in Großbritannien in der Nachkriegszeit ausführlich untersucht – obwohl wieder einmal praktisch nur Männer betrachtet wurden. Eine frühe Studie wurde von David Glass durchgeführt (1954). Glass analysierte dabei die Intergenerationsmobilität über einen längeren Zeitraum bis in die fünfziger Jahre hinein. Seine Befunde entsprechen den bereits oben erwähnten internationalen Daten (ungefähr 30 Prozent Mobilität von Arbeiter- zu Angestelltenposten). Glass' Untersuchung wurde von späteren Forschern, die internationale Vergleiche anstellten, immer wieder herangezogen. Auch er konstatierte zwar eine beträchtliche Mobilität, aber sie ging nicht über lange Distanzen. Die Aufwärtsmobilität war wesentlich häufiger als die Abwärtsmobilität und trat vor allem in den mittleren Bereichen der Klassenstruktur auf. Leute, die ganz unten waren, blieben meistens auch dort; beinahe 50 Prozent der Söhne der Leute, die freiberuflich oder als Manager arbeiteten, hatten selbst eine ähnliche Beschäftigung.

Die seither umfangreichste Untersuchung stammt von John Goldthorpe und seinen Kollegen in Oxford und stützte sich auf eine Umfrage aus dem Jahr 1972 (Goldthorpe, Llewellyn and Payne, 1980). Sie wollten untersuchen, wie sehr sich die Muster der sozialen Mobilität seit der Glassschen Untersuchung geändert hatten und kamen zu dem Schluß, daß der Grad an Mobilität bei den Männern tatsächlich höher war als im vorhergehenden Zeitraum, wobei auch die Bewegungen über lange Distanzen eher zugenommen hatten. Der Hauptgrund dafür war aber nicht, daß das Beschäftigungssystem egalitärer geworden wäre, sondern die rasche Zunahme der höheren Angestelltenposten im Verhältnis zu den Arbeiterposten war dafür verantwortlich. Die Forscher fanden heraus, daß zwei Drittel der Söhne von Hilfsarbeitern oder angelernten Arbeitern selbst eine manuelle Arbeit hatten. Ca. 30 Prozent der Freiberufler und Manager kamen aus dem Arbeitermilieu, während ungefähr 4 Prozent der Arbeiter Söhne von Freiberuflern oder Managern waren.

Obwohl die Daten unvollständig sind, zeigt die Untersuchung von Anthony Heath, daß die Mobilitätschancen von Frauen aufgrund der fehlenden Aufstiegsmöglichkeiten für Frauen im gehobenen white-collar-Sektor sehr eingeschränkt sind (Heath, 1981). Über die Hälfte der Töchter von Freiberuflern oder Managern erledigen Routinearbeiten in Büros, wobei nicht mehr als 8 Prozent eine Position erringen, die mit jener ihrer Väter vergleichbar wäre. Nur 1,5 Prozent der Töchter von Arbeitern steigen in solche Positionen auf (obwohl 48 Prozent Routine-Büroarbeiten erledigen).

Die erste Oxforder Mobilitätsstudie wurde anhand von neuem Material, das etwa zehn Jahre später gesammelt wurde, auf den neuesten Stand gebracht (Goldthorpe und Payne, 1986). Darin wurden zwar die wichtigsten Erkenntnisse der früheren Arbeit bestätigt, aber es gab auch ein paar neue Entwicklungen: Die Chancen von Arbeitersöhnen, freiberufliche oder Managerposten zu erlangen, waren gestiegen. Dies wurde erneut auf Veränderungen der Beschäftigungsstruktur zurückgeführt; im Vergleich zu den höheren Angestelltenposten war die Anzahl der Stellen für manuelle Arbeiter zurückgegangen. Abwärtsmobilität kam noch weniger häufig vor als in der vorhergehenden Studie, aber der Anteil der Arbeitslosen aus Arbeiterfamilien war stark gestiegen, was die Ausbreitung der Massenarbeitslosigkeit von den frühen siebziger Jahren an widerspiegelt.

Marshall et al. kamen in den achtziger Jahren zu ähnlichen Ergebnissen wie Goldthorpe und seine Kollegen. Sie fanden heraus, daß etwa ein Drittel der Leute in höheren Angestelltenpositionen oder freien Berufen aus Arbeiterfamilien stammten. Derartige Befunde zeigen, daß die britische Gesellschaft doch recht durchlässig ist. Es ist für viele Leute tatsächlich möglich, in der sozialen Hierarchie aufzusteigen, sei es von einer zur anderen Generation, sei es innerhalb ein und derselben Generation. Für die Frauen ist die Situation aber nicht so günstig. Hauptsächlich rührt die Durchlässigkeit der modernen Gesellschaft von der Aufwertung der Berufe her. Marshall und seine Mitarbeiter stellen es so dar: „Ein geräumigerer Platz an der Sonne bedeutet nicht automatisch mehr Chancengleichheit, dorthin zu gelangen" (Marshall et al., 1988, S. 138). Man sollte sich jedoch einen bereits erwähnten Punkt vor Augen halten: Die Mobilität ist ein langwieriger Prozeß, und die vollen Auswirkungen einer „offeneren" Gesellschaft sind erst eine Generation später zu bemerken.

Probleme bei der Untersuchung der sozialen Mobilität

Die Untersuchung der sozialen Mobilität stellt uns vor mehrere Probleme (Hopper, 1981). Es ist z. B. nicht klar, ob die Bewegung von der manuellen Arbeit zur Büroarbeit immer richtig als „aufwärts" definiert wird. Facharbeiter können eine bessere wirtschaftliche Position innehaben als viele Büroangestellte. Die Art der Arbeit kann sich im Laufe der Zeit ändern, und es ist nicht immer offenkundig, daß das, was als ein und derselbe Beruf angesehen wird, tatsächlich noch immer derselbe ist. Die Arbeit von Büroangestellten z. B. hat sich, wie erwähnt, in den vergangenen Jahrzehnten durch die Mechanisierung der Büroarbeit stark geändert. Eine andere Schwierigkeit bei der Untersuchung der Mobilität zwischen den Generationen besteht darin zu unterscheiden, an welchem Punkt die betreffenden Laufbahnen miteinander verglichen werden sollten. Ein Elternteil kann noch immer nicht am Höhepunkt seiner Karriere angelangt sein, wenn das Kind ins Berufsleben eintritt; Eltern und Kinder könnten gleichzeitig mobil sein, und zwar entweder in dieselbe oder (weniger häufig) in entgegengesetzte Richtung. Sollten wir sie am Anfang oder am Ende ihrer Karriere miteinander vergleichen?

All diesen Schwierigkeiten läßt sich bis zu einem bestimmten Grad beikommen. Beschäftigungskategorien können abgeändert werden, wenn außer Zweifel steht, daß sich die Beschaffenheit der betreffenden Arbeit in der von einer Studie abgedeckten Zeit radikal verändert hat. Wir könnten z. B. beschließen, Arbeiter in höheren Positionen und Angestellte, die Routinearbeiten ausführen, zusammenzulegen, und die Mobilität in Richtung dieser Jobs bzw. aus ihnen heraus insgesamt zu analysieren. Das Problem, an welchem Punkt der Laufbahn eines Individuums ein Vergleich zur Untersuchung der Mobilität zwischen den Generationen angestellt werden sollte, kann – soweit es die Daten erlauben – gelöst werden, indem Eltern und Kinder sowohl am Anfang als auch am Ende ihrer Karrieren miteinander verglichen werden. Aber diese Strategien sind nicht wirklich zufriedenstellend. Auch wenn Zahlen in Mobilitätsuntersuchungen als zuverlässig erscheinen, müssen sie mit Vorsicht behandelt werden. Aus Untersuchungen über die Mobilität können wir nur allgemeine Schlußfolgerungen ziehen, insbesondere, wenn es um internationale Vergleiche geht.

Ihre eigenen Mobilitätschancen

Was könnten Sie, als jemand, der in den neunziger Jahren einen guten Job sucht, aus Mobilitätsstudien für Ihre eigenen Karrierechancen ableiten? Wie es bei den vorhergehenden Generationen der Fall war, werden Sie wahrscheinlich aufsteigen, wenn Sie nicht ohnehin aus einer privilegierten Familie kommen. Wahrscheinlich erhöht sich der Anteil an Managern und Freiberuflern weiterhin im Vergleich zu Positionen „weiter unten" (weitere Informationen über Veränderungen der Berufsstruktur finden sich in Kapitel 15 „Arbeit und Wirtschaftsleben"). Jene, die das Schulsystem erfolgreich durchlaufen haben, werden diese „Leerstellen" am ehesten auffüllen.

Es gibt aber statusträchtige Positionen bei weitem nicht für alle, die sich diese wünschen, und einige von Ihnen werden erkennen müssen, daß Ihre Karriere nicht mit Ihren Hoffnungen übereinstimmt. Obwohl mehr Managerposten und Stellen für Angehörige der Professionen geschaffen werden als je zuvor, geht die auf dem Arbeitsmarkt verfügbare Anzahl von Stellen, verglichen mit der Zahl der Arbeitsuchenden, insgesamt zurück. Ein Grund dafür ist der Anstieg der Zahl von Frauen, die mit Männern um eine begrenzte Anzahl freier Stellen konkurrieren. Ein weiterer Grund (dessen Tragweite noch nicht abgeschätzt werden kann) ist der zunehmende Einsatz von EDV im Produktionsprozeß. Da jetzt computergesteuerte Maschinen auch sehr komplizierte Arbeiten übernehmen können, die früher nur von Menschen erledigt werden konnten, ist es möglich und vielleicht sogar wahrscheinlich, daß in den kommenden Jahren viele Stellen verlorengehen.

Wenn Sie eine Frau sind, so stehen Sie, auch wenn Ihre Chancen auf eine gute Karriere steigen, vor zwei großen Schwierigkeiten: Männliche Manager und Arbeitgeber diskriminieren Stellenbewerberinnen noch immer, zumindest teilweise, weil sie glauben, daß Frauen „an einer Karriere nicht wirklich interessiert sind" und daß sie aus dem Erwerbsleben ausscheiden, wenn sie eine Familie gründen wollen. Der zweite dieser Faktoren beeinträchtigt die Chancen der Frauen tatsächlich noch immer in massiver Weise. Das liegt weniger daran, daß sie sich für eine Karriere nicht interessierten, als daran, daß sie oft regelrecht dazu gezwungen sind, sich zwischen Karriere und Kindern zu entscheiden. Männer sind sel-

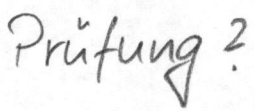

Schichtung und Klassenstruktur 263

ten gewillt, ihren vollen Anteil an der Hausarbeit und der Kindererziehung zu übernehmen. Obwohl wesentlich mehr Frauen als vorher ihr Familienleben so einteilen, daß sie beruflich Karriere machen können, stoßen sie noch immer auf große Hindernisse (siehe Kapitel 6 „Geschlecht und Sexualität").

Armut und Ungleichheit

In Großbritannien gibt es ganz unten im Klassensystem eine breite Schicht von Leuten, die in Armut leben. Viele haben nicht genug zu essen und leben unter unhygienischen Bedingungen; ihre Lebenserwartung ist niedriger als die der Mehrheit der Bevölkerung. Doch wohlhabendere Leute haben oft keine Vorstellung, wie weit die Armut verbreitet ist.

Dieses Phänomen ist keineswegs neu. Im Jahr 1889 veröffentlichte Charles Booth eine Arbeit, in der er aufzeigte, daß ein Drittel der Londoner in schierer Armut lebte (Booth, 1889). Die Reaktion war ein öffentlicher Aufschrei. Wie konnte es passieren, daß in dem zur damaligen Zeit wahrscheinlich reichsten Land der Erde, im Zentrum eines mächtigen Reiches, Armut so weitverbreitet war? Booths Arbeit wurde von seinem Namensvetter, General William Booth von der Heilsarmee, weitergeführt. Sein Buch *In Darkest England and the Way Out* (1970, erstmals 1890 veröffentlicht) begann mit Zahlen, die auf Charles Booths Berechnungen aufbauten: In London gab es demnach 387 000 „sehr arme Leute", 220 000 „am Hungertuch Nagende" und 300 000 „Verhungernde". Innerhalb eines einzigen Jahres war beinahe eine Viertelmillion Exemplare des Buches verkauft. William Booth hatte offenbar die Öffentlichkeit am Nerv getroffen. Die Armut, so sagte er, könnte durch Reform- und Wohlfahrtsprogramme drastisch reduziert werden.

Was ist Armut?

Wie soll man *Armut* definieren? Man unterscheidet gewöhnlich zwischen *Überlebensarmut* oder **absoluter Armut** und **relativer Armut**. Charles Booth war einer der ersten, der versuchte, zuverlässige Kriterien für die Definition der absoluten Armut zu finden, worunter man einen Mangel an grundsätzlichen Voraussetzungen für ein körperlich gesundes Leben versteht – genügend Essen und eine Unterkunft, um die körperlichen Funktionen wirksam aufrechtzuerhalten. Booth nahm an, daß diese Voraussetzungen für Leute derselben Altersgruppe und Konstitution in allen Ländern dieselben waren. Bei der Analyse der Armut geht man im wesentlichen noch immer von diesem Konzept aus.

Am Existenzminimum orientierte Definitionen der Armut weisen verschiedene Unzulänglichkeiten auf, speziell, wenn sie in Form eines spezifischen Einkommensniveaus festgelegt sind. Ein einziges Armutskriterium würde bedeuten, daß einige Individuen als über der Armutsgrenze liegend eingestuft werden, auch wenn ihr Einkommen nicht einmal die grundlegenden Bedürfnisse abdeckt, es sei denn, das Armutskriterium ist ziemlich hoch angesetzt, ja, sogar nach oben revidierbar. In einigen Landesteilen ist das Leben z. B. viel teurer als anderswo. Darüber hinaus trägt die am Existenzminimum orientierte Berechnung der Armut dem allgemein steigenden Lebensstandard nicht Rechnung. Es ist realistischer, die Kriterien für die Armut an die sich mit dem Wirtschaftswachstum ändernden Normen und Erwartungen in einer Gesellschaft anzupassen. Der Großteil der Weltbevölkerung lebt in Wohnungen ohne Bad oder Dusche; Wohnungen ohne Wasserleitung sind aber in einer Industriegesellschaft kaum vorstellbar. Es ist aber auch schwierig, relative Armut zu definieren. Einkommenskriterien werden im allgemeinen auch hier verwendet, obwohl sie den voneinander abweichenden tatsächlichen Bedürfnissen der Leute nicht Rechnung tragen.

Armut heute

Im Gegensatz zu den Vereinigten Staaten und zu vielen anderen Ländern, wo es eine offizielle „Armutsgrenze" gibt, existiert in Großbritannien keine amtlicherseits festgelegte Interpretation der Armut. Die letzte größere Studie über Armut in Großbritannien stammt von Peter Townsend (1979). Für Townsend bedeutete Armut, daß man nicht genug Ressourcen hat, um „die Lebensbedingungen und -annehmlichkeiten, die üblich sind oder in der Gesellschaft zumindest weitgehend akzeptiert werden", aufrechtzuerhalten (Townsend, 1979, S. 31). Ausgehend von dieser Definition berechnete er, daß mehr als die Hälfte aller Briten früher oder später in ihrem Leben die Armut kennenlernen, besonders im Alter. Er wurde kritisiert, weil seine Definition von „Armut" zu weit sei; aber sein Befund, daß die relative Armut in Großbritannien viel weiter verbreitet ist als damals angenommen, wurde in weiten Kreisen akzeptiert.

In britischen Studien wurden all jene als „arm" bezeichnet, deren Einkommen der Notstandsunterstützung (*supplementary benefit*) entspricht oder darunter liegt. Unter Notstandsunterstützung versteht man eine Unterstützung in Form von Bargeld, die an jene Leute ausbezahlt wird, deren Einkommen unter dem Existenzminimum liegt. Leute mit Einkommen zwischen 100 Prozent und 140 Prozent der Notstandsunterstützung wurden als „an der Armutsgrenze lebend" bezeichnet. Die Notstandsunterstützung gibt es nicht mehr, aber die letzten verfügbaren Zahlen stammen aus einer Zeit, in der es sie noch gab.

Die Anzahl der Leute, die in Armut oder knapp an der Armutsgrenze leben, ist in den achtziger Jahren dramatisch angestiegen. 1979 fielen sechs Millionen Menschen oder 12 Prozent der Bevölkerung in die erste Kategorie und 22 Prozent in die erste oder zweite. Die Vergleichswerte für 1987 waren 19 Prozent bzw. 28 Prozent. Das bedeutet, daß zehn Millionen Menschen in Armut lebten und weitere fünf Millionen an der Armutsgrenze (Blackburn, 1991). Die Zunahme in den beiden Kategorien war zu ungefähr zwei Dritteln auf das Steigen der Arbeitslosigkeit in diesem Zeitraum zurückzuführen.

Wer sind die Armen? Vor allem Leute aus den folgenden Kategorien: Arbeitslose, Teilzeitbeschäftigte oder Leute mit unsicheren Arbeitsplätzen, Ältere, Kranke und Behinderte sowie Mitglieder kinderreicher Familien bzw. Alleinerzieherfamilien. Ungefähr die Hälfte aller Pensionisten lebt in Armut. Viele Leute, deren Einkommen während ihres Erwerbslebens angemessen gewesen sein mag, müssen in der Pension schmerzhafte Einbußen hinnehmen. Alleinerzieher, beinahe ausnahmslos Frauen, machen einen immer höheren Anteil der Armen aus. Die hohe Arbeitslosenrate in den achtziger und frühen neunziger Jahren wird in nächster Zukunft wahrscheinlich nicht zurückgehen, und die Langzeitarbeitslosigkeit von Familienerhaltern und ihren Kindern treibt immer mehr Familien in die Armut.

Warum sind die Armen immer noch arm?

Einige der allgemeinen Einflußfaktoren der Armut sind gut belegt. Gut ausgebaute und systematisch angewendete Wohlfahrtsprogramme reduzieren in Verbindung mit einer Regierungspolitik zur Begrenzung der Arbeitslosigkeit die Armut. In manchen Gesellschaften – wie z. B. in Schweden – wurde die absolute Armut fast gänzlich beseitigt. Dafür muß man wahrscheinlich einen sozialen Preis entrichten, nicht nur in Form von hohen Steuern, sondern auch durch die Einrichtung und den Ausbau von bürokratischen öffentlichen Institutionen, die ziemlich viel Macht an sich reißen können. Je mehr jedoch die Reichtums- und Einkommensverteilung eines Landes den Mechanismen des Marktes überlassen wird – wie das in den achtziger Jahren in Großbritannien der Fall war – desto größer sind die materiellen Ungleichheiten. Die Politik der Thatcher-Regierung beruhte auf der Theorie, daß Steuersenkungen für Einzelpersonen und Unternehmen hohe Wachstumsraten hervorbringen würden, von denen letztlich auch die Armen profitieren würden. Die Wirklichkeit sah ganz anders aus. Eine derartige Wirtschaftspolitik kann die wirtschaftliche Entwicklung stimulieren oder auch nicht, aber ihre Konsequenzen vertiefen die Unterschiede zwischen Arm und Reich; der Anteil der in absoluter Armut Lebenden steigt.

Untersuchungen haben gezeigt, daß die Mehrheit der Briten der Ansicht ist, daß die Armen an ihrer Armut selbst schuld seien, und Argwohn gegen jene hegen, die „gratis" oder „auf Kosten des Steuerzahlers" leben. Viele glauben, daß Leute, die von Sozialleistungen leben, Arbeit finden könnten, wenn sie nur wirklich wollten. Bedauerlicherweise haben diese Ansichten mit der Wirklichkeit, in der die Armen leben, herzlich wenig zu tun. Etwa ein Viertel all jener, die offiziell in Armut leben, haben Arbeit, verdienen aber zu wenig, um die Armutsgrenze zu überwinden. Bei den übrigen handelt es sich mehrheitlich um Kinder unter vierzehn, um ältere Leute über fünfundsechzig und um Kranke oder Behinderte. Trotz des beliebten Klischees des „Sozialschmarotzers" versuchen weniger als 1 Prozent, sich Sozialleistungen zu verschaffen, die ihnen nicht zustehen – was im Verhältnis zu den Einkommenssteuerhinterziehungen gering ist, bei denen dem Staat nach Schätzungen mehr als 10 Prozent der Einnahmen entgehen.

Daß sich die Öffentlichkeit des Ausmasses der Armut nicht bewußt ist, kann möglicherweise darauf zurückgeführt werden, daß man sie praktisch nicht sieht. Die Bessergestellten besuchen kaum Gegenden, in denen Armut gehäuft auftritt, egal, ob es sich um ärmere Stadtviertel oder Landgemeinden handelt. Zwar ziehen einige Themen, die mit Armut zu tun haben, die Aufmerksamkeit der Öffentlichkeit in regelmäßigen Abständen auf sich, wie z. B. hohe Kriminalitätsraten, aber die weithin verbreitete Armut wird einfach übersehen. Die Armut wurde seit Charles Booth zwar immer wieder „neuentdeckt", und für eine Zeitlang herrscht dann Betroffenheit über das Schicksal der Armen bei jenen, denen es besser geht – doch ebenso regelmäßig verflüchtigt sich das öffentliche Interesse dann wieder.

Zusammenfassung

1 Unter *sozialer Schichtung* versteht man die Gliederung der Gesellschaft nach verschiedenen Kriterien. Der Begriff verweist uns auf die ungleichen Positionen, die von den Mitgliedern einer Gesellschaft eingenommen werden. In allen Gesellschaften gibt es eine Schichtung nach dem Alter und nach dem Geschlecht. In den größeren traditionellen Gesellschaften und in den Industrieländern ist die Gesellschaft nach Reichtum, Vermögen und Zugang zu materiellen Gütern und kulturellen Produkten geschichtet.

2 Wir können zwischen vier grundlegenden Schichtungssystemen unterscheiden: *Sklaverei, Kastenwesen, Stände* und *Klasse*. Während die ersten drei Systeme auf gesetzlich oder religiös sanktionierten Ungleichheiten basieren, ist die Gliederung nach Klassen nicht „offiziellen" Ursprungs, sondern gründet in den wirtschaftlichen Faktoren, die die materiellen Lebensbedingungen der Leute bestimmen.

3 Klassen wurzeln in der Tatsache, daß der Besitz materieller Ressourcen und die Kontrolle darüber ungleich verteilt sind. Die Stellung der Einzelperson im Klassensystem wird zumindest teilweise erworben; sie wird nicht einfach bei der Geburt „verliehen". *Soziale Mobilität*, die Aufwärts– oder Abwärtsbewegung in der Klassenstruktur, ist ein ziemlich weitverbreitetes Phänomen.

4 Die meisten Mitglieder moderner Gesellschaften sind heute wohlhabender als noch vor einigen Generationen, aber die Reichtums– und Einkommensverteilung ist noch immer sehr ungleich. Die Reichen bedienen sich verschiedener Mittel, um ihr Vermögen von einer Generation auf die andere zu übertragen.

5 Die wichtigsten und einflußreichsten Schichtungstheorien stammen von Marx und Weber. Marx betont vor allem die *Klasse*, die er als ein objektiv gegebenes Merkmal der wirtschaftlichen Struktur der Gesellschaft ansieht. Seiner Ansicht nach gibt es einen fundamentalen Gegensatz zwischen jenen, die Kapital besitzen, und den Arbeitern, die über kein Kapital verfügen. Webers Standpunkt ist ähnlich, doch unterscheidet er zwischen zwei weiteren Aspekten der Schichtung: dem *Stand* und der *Partei*. Mit „Stand" oder „Status" meint er das Ansehen oder die „soziale Ehre", die der einzelne oder ganze Gruppen innerhalb der Gesellschaft genießen, mit Partei die aktive Mobilisierung von Gruppen, um ihre Ziele durchzusetzen.

6 Die Klasse ist in modernen westlichen Gesellschaften von großer Bedeutung, obwohl die Klassensysteme in solchen Gesellschaften sehr komplex sind. Die meisten Bewohner westlicher Länder sind sich darüber einig, daß die Bevölkerung in die *Oberschicht*, *Mittelschicht* und *Arbeiterschicht* zerfällt und das *Klassenbewußtsein* durchaus ausgeprägt ist.

7 Die Analysen der Schichtung wurden traditionellerweise von einem männlichen Standpunkt aus geschrieben. Einer der Gründe dafür ist die Annahme, daß die geschlechtsspezifischen Ungleichheiten ganz einfach die Klassenunterschiede widerspiegeln. Diese Annahme ist aber mehr als fragwürdig. Das Geschlecht beeinflußt in modernen Gesellschaften die Schichtung bis zu einem bestimmten Grad unabhängig von der Klasse.

8 Das Beschäftigungssystem hat sich in diesem Jahrhundert stark gewandelt; das hat zu Änderungen im Aufbau der gesellschaftlichen Klassen geführt. Besonders wichtig war die relative Zunahme nicht–manueller Berufe und der damit verbundene Rückgang manueller Berufe. Die Interpretation dieser Veränderungen ist allerdings umstritten.

9 Bei Untersuchungen über die soziale Mobilität unterscheidet man zwischen der *Intragenerationsmobilität* und der *Intergenerationsmobilität*. Mit ersterer bezeichnet man die Aufwärts- und Abwärtsbewegungen innerhalb des Arbeitslebens einer Person, mit letzterer die Bewegungen zwischen den Generationen, wenn etwa die Tochter oder der Sohn eines Arbeiters einen freien Beruf ergreift. Die soziale Mobilität ist meist von geringer Reichweite. Die meisten Leute bewegen sich nicht weit vom Status ihrer Herkunftsfamilie weg, obwohl der Zuwachs bei den Angestellten in den letzten Jahrzehnten beträchtliche Möglichkeiten für den Aufstieg „über kurze Strekken" eröffnet hat.

10 Die Armut ist auch in den reichen Ländern nach wie vor verbreitet. Es gibt zwei Begriffe der Armut; einer davon ist jener der „absoluten Armut". Hier fehlt es an den Grundvoraussetzungen zur Erhaltung der Gesundheit und der physischen Funktionsfähigkeit. Der zweite Begriff, „relative Armut", berücksichtigt die Unterschiede zwischen den Lebensbedingungen bestimmter Gruppen und jenen der Mehrheit der Bevölkerung.

Grundbegriffe

soziale Schichtung	Stand (Status)
Klasse	soziale Mobilität

Wichtige Fachausdrücke

Sklaverei	widersprüchliche Klassenlagen
Kaste	soziale Schließung
Stand	Vermögen
Oberschicht	Einkommen
Mittelschicht	Unterklasse
Arbeiterklasse	Klassenbewußtsein
Bauern	vertikale Mobilität
Produktionsmittel	horizontale Mobilität
Kapitalisten	Intragenerationsmobilität
Mehrwert	Intergenerationsmobilität
Übergangsklassen	absolute Armut
Prestige	relative Armut
Parias	

Weiterführende Literatur

Clare Blackburn, *Poverty and Health: Working with the Families* (Milton Keynes: Open University Press, 1991) – eine aktuelle Abhandlung der Armut in Großbritannien heute.

David Lockwood, *The Black Coated Worker: A Study in Class Consciousness* (Oxford: Oxford University Press, 1989) – eine mit einem langen Nachwort versehene Neuausgabe einer klassischen Untersuchung der Klassenstruktur.

Jeff Payne and Pamela Abbott, *The Social Mobility of Women: Beyond Male Mobility Models* (London: Falmer, 1990) – eine Arbeit, die ein Gegengewicht zu den vor allem mit der Mobilität von Männern befaßten Studien bildet.

Peter Saunders, *Social Class and Stratification* (London: Routledge, 1990) – ein kurzer, leicht zugänglicher Text über die wichtigsten Fragen von Klassen und Schichtung.

Erik Olin Wright, *Classes* (London: Verso, 1985) – eine subtile Abhandlung über Klassen und Klassenbeziehungen.

Hermann Strasser und John H. Goldthrope, Hrsg., *Die Analyse sozialer Ungleichheit: Kontinuität, Erneuerung, Innovation* (Opladen: Westdeutscher Verlag 1985) – eine differenzierte Bestandaufnahme der wichtigsten empirischen Ergebnisse und theoretischen Ansätze der Ungleichheitsforschung.

Stefan Hradil, *Sozialstrukturanalysen einer fortgeschrittenen Gesellschaft. Von Klassen und Schichten zu Lagen und Milieus* (Opladen: Leske & Budrich 1987) – eine kritische Auseinandersetzung mit klassen– und schichttheoretischen Ansätzen.

Reinhard Kreckel, *Politische Soziologie der sozialen Ungleichheit* (Frankfurt/New York: Campus 1992) – eine Verteidigung und zugleich Differenzierung der Klassentheorie mit Hilfe der Denkfigur Zentrum/Peripherie.

Kapitel 8

Ethnizität und Rasse

Ethnische Gruppen, Minderheiten und Rasse in pluralen Gesellschaften
    Minderheiten
    Rasse und Biologie

Ethnischer Antagonismus, Vorurteil und Diskriminierung
    Stereotypen und Sündenböcke
    Die autoritäre Persönlichkeit
    Ethnizität und Kindheit
    Die Einstellungen der Mehrheit

Soziologische Interpretationen
    Allgemeine Faktoren
    Eine historische Perspektive

Ethnische Beziehungen in historischer Perspektive: einige Beispiele
    Ethnische Beziehungen in Brasilien
    Die gesellschaftliche Entwicklung in Südafrika

Die Bürgerrechte der Schwarzen in den USA
Die Abschaffung der Sklaverei und frühe Entwicklungen
Die Bürgerrechtsbewegung
Integration und Antagonismus
Die Geschichte der Einwanderung in Großbritannien
Frühe Einwanderer
Spätere Entwicklungen
Rasse, Rassismus und Ungleichheit
Ethnizität und Unterklasse
Staatliche Kontrolle und Minderheiten
Ethnische Beziehungen im übrigen Europa

Mögliche zukünftige Entwicklungen

Zusammenfassung

Grundbegriffe

Wichtige Fachausdrücke

Weiterführende Literatur

In Japan gibt es eine Gruppe von Menschen, die sich im Aussehen nicht von anderen Japanern unterscheidet, bereits seit Jahrhunderten im Land lebt und auch der gleichen Religion angehört, von der Mehrheit der Japaner jedoch angefeindet oder verachtet wird. Die Ursprünge dieser Situation können bis in die Zeit des Feudalismus zurückverfolgt werden, als Kriege zwischen örtlichen Machthabern viele Menschen um ihr Land brachten. Sie wurden aus der Gesellschaft ausgestoßen und lebten als Vaganten. Man nannte sie „Eta", dann „Burakumin". Beide Bezeichnungen werden noch immer verwendet, wobei „Eta" die beleidigendere ist.

Die Ausgestoßenen mußten die niedrigeren Arbeiten verrichten, die andere Leute verachteten. Nach den religiösen Vorstellungen der Bevölkerung galten viele dieser Berufe als unrein, eine Ansicht, die in der Folge auf die Menschen, die diese Berufe ausübten, ausgedehnt wurde. Sie wurden daher von der Mehrheit systematisch diskriminiert, lebten in eigenen Siedlungen, es war ihnen verboten, den Beruf zu wechseln, und sie durften nur untereinander heiraten. Mit der Modernisierung Japans ab der zweiten Hälfte des 19. Jahrhunderts wurden die Eta mit der übrigen Bevölkerung formell gleichgestellt. Laut einem Dekret des japanischen Kaisers wurden sie vollberechtigte Bürger und durften ab sofort jeden beliebigen Beruf ergreifen. Der Ausdruck „Eta" verschwand aus dem offiziellen Sprachgebrauch, ähnlich wie in den Vereinigten Staaten die Bezeichnung „Nigger". Als Schimpfname wurde er jedoch weiterverwendet, und an den diskriminierenden Praktiken änderte sich wenig. Die Burakumin wohnten weiterhin vorwiegend in wirtschaftlich schwachen Gebieten und Vierteln, abgesondert von der übrigen Bevölkerung, und verrichteten schlecht bezahlte und allgemein verschmähte Arbeiten. Die Mehrheit der japanischen Bevölkerung betrachtete eine Einheirat in diese Gruppe als Schande für die Familie.

Auch heute noch sind die Burakumin eine unterdrückte Minderheit in einem Land, das die zweitstärkste Wirtschaftsmacht der Welt geworden ist. Viele Burakumin leben noch immer in den übervölkerten Slums, in denen schon ihre Vorfahren gelebt haben. Sogar Leute aus angrenzenden Armenvierteln schauen auf sie herab. Ehen zwischen Leuten aus der übrigen Bevölkerung und jemandem aus dieser Gruppe sind noch immer selten. Die Familien lassen oft die Abstammung der zukünftigen Ehefrau oder des zukünftigen Ehemannes akribisch durchleuchten, um sicherzugehen, daß keine Vorfahren Burakumin waren. Zwar wurden verschiedene Organisationen gegründet, um die Position der Burakumin innerhalb der japanischen Gesellschaft zu verbessern, aber Vorurteile und Diskriminierung halten sich hartnäckig. Die Burakumin werden noch immer weitgehend als „geistig unterlegen, eines hohen Moralverhaltens unfähig, aggressiv, impulsiv, ohne Gefühl für Hygiene und Benehmen" bezeichnet (Neary, 1986).

Ethnische Gruppen, Minderheiten und Rasse in pluralen Gesellschaften

Der Fall der Burakumin zeigt, wie tief Vorurteile gegenüber einer Minderheitengruppe sitzen können und wie hartnäckig sie sich oft halten, auch dann, wenn sich die Minderheitengruppe im Aussehen nicht von der übrigen Bevölkerung unterscheidet. Jahrelange Verfolgungen von Minderheiten sind in der Geschichte der Menschheit leider nur allzuoft zu finden. Die Juden wurden im christlichen Westen fast 2000 Jahre lang diskriminiert und verfolgt, wobei das wohl furchtbarste Beispiel für den brutalen Vernichtungswillen, der sich gegen Minderheiten richten kann, die Ermordung von Millionen von Juden in den deutschen Konzentrationslagern während des Zweiten Weltkrieges ist. Der Naziideologie zufolge waren Juden als mindere Rasse dem „arischen" Volk der Deutschen und Nordeuropäer unterlegen (Weinstein, 1980). Mit „arisch" bezeichnete man ursprünglich die Sprache, von der sich die meisten europäischen Sprachen herleiten; die Nazis eigneten sich den Terminus jedoch an, und ihre sogenannten „Rassenkundler" bezeichneten damit körperliche Merkmale, aufgrund derer sich angeblich „höhere" von „minderen" Rassen unterscheiden ließen.

Die Juden in Deutschland waren wie die Burakumin in Japan eine Gruppe, die sich *ethnisch* von der übrigen Bevölkerung unterschied. Mit **Ethnizität** bezeichnet man kulturelle Praktiken und Einstellungen, durch die sich eine Gemeinschaft von einer anderen unterscheidet. Mitglieder ethnischer Gruppen betrachten sich selbst als von anderen Gruppierungen einer Gesellschaft kulturell verschieden und werden von diesen auch so wahrgenommen. Es gibt viele verschiedene Kriterien, anhand derer man ethnische Gruppen voneinander unterscheiden kann, aber die am häufigsten verwendeten sind die Sprache, die Geschichte oder die Herkunft (ob tatsächlich oder imaginär), die Religion, die Kleidung oder der Schmuck. Ethnische Unterschiede sind *zur Gänze erlernt*, was selbstverständlich scheint, bis wir uns daran erinnern, wie häufig bestimmte Gruppen als „zum Herrschen geboren" aufgefaßt oder als „unintelligent", „von Natur aus faul" etc. bezeichnet wurden.

In den meisten modernen Gesellschaften gibt es viele verschiedene ethnische Gruppen. In Großbritannien bilden unter anderem die irischen, asiatischen, westindischen, griechischen und italienischen Einwanderer ethnisch unterschiedliche Gemeinschaften innerhalb der größeren Gesellschaft. Die Vereinigten Staaten sind ethnisch um einiges differenzierter als Großbritannien; in den USA gibt es Einwanderergemeinschaften aus aller Herren Länder.

Viele Gesellschaften in der heutigen Welt, sowohl in den Industrieländern als auch in der nichtindustrialisierten Welt, sind **plurale Gesellschaften**. Als plural gilt eine Gesellschaft dann, wenn mehrere große ethnische Gruppierungen zwar an einer gemeinsamen wirtschaftlichen und politischen Ordnung teilhaben, sich ansonsten aber klar voneinander unterscheiden. Der Anthropologe J. S. Furnivall war der erste, der den Begriff formulierte, als er die fernöstlichen Länder Burma und Java untersuchte:

> In Burma und in Java fällt dem Besucher wahrscheinlich als erstes das bunte Durcheinander von Europäern, Chinesen, Indern und Eingeborenen auf. Es handelt sich tatsächlich um ein buntes Durcheinander, weil sie zusammenleben, sich aber nicht vermischen ... die Gesellschaft ist plural; die verschiedenen Gruppen der Gemeinschaft leben in derselben politischen Einheit nebeneinander, aber voneinander getrennt. (Furnivall, 1956, S. 304)

Aufgrund der erzwungenen politischen Vereinigung unterschiedlicher vorkolonialer Kulturen sind die meisten postkolonialen Länder plurale Gesellschaften; bis zu einem gewissen Grad sind praktisch alle modernen Gesellschaften pluralistisch.

Ethnische Unterscheidungen sind selten „neutral". Im allgemeinen sind mit ihnen deutliche Ungleichheiten bei Reichtum und Macht sowie Antagonismen zwischen den Gruppen verbunden. Warum sind ethnische Unterschiede so oft mit Spannungen und Konflikten verbunden? Was ist die Ursache für ethnische Vorurteile und Diskriminierung? Warum kreisen ethnische Gegensätze oft (wenn auch keineswegs immer) um „rassische" Unterschiede? Sind ethnisch stark segmentierte Gesellschaften dazu verdammt, die Ungleichheit zu verewigen? Das sind die Fragen, die wir in diesem Kapitel beantworten wollen. Wir werden zunächst das Wesen der ethnischen Minderheiten analysieren und den Begriff „Rasse" untersuchen. In den folgenden Abschnitten werden wir auf ethnische Trennlinien und unterschiedliche Systeme der Beziehungen zwischen den Rassen eingehen.

Minderheiten

Der Begriff **Minderheitengruppen** (oder *ethnische Minderheiten*) wird in der Soziologie häufig verwendet, wobei die Bezeichnung über das rein Numerische hinausgeht. Statistisch gesehen gibt es viele Minderheiten, wie z. B. die Rothaarigen oder die über 100 kg Schweren, aber das sind keine Minderheiten im soziologischen Sinn. Im soziologischen Sinn hat eine Minderheit folgende Merkmale:

1 Ihre Angehörigen sind benachteiligt, weil sie von anderen diskriminiert werden. **Diskriminierung** besteht dann, wenn Rechte und Chancen, die eine Bevölkerungsgruppe hat, einer anderen Gruppe vorenthalten werden. Ein Hausherr könnte z. B. jemandem ein Zimmer nicht vermieten, weil der Wohnungssuchende westindischer Herkunft ist.
2 Die Angehörigen der Minderheit besitzen eine bestimmte Gruppensolidarität, ein „Zusammengehörigkeitsgefühl". Die Vorurteile und die Diskriminierung, die sie erfahren, bestärken sie zumeist in ihrem Loyalitätsgefühl gegenüber ihrer Gruppe und in dem Gefühl, daß sie gemeinsame Interessen haben. Mitglieder von Minderheiten betrachten sich selbst oft als „anders" als die Mehrheit.
3 Minderheiten leben gewöhnlich bis zu einem gewissen Grad von der größeren Gemeinschaft physisch und sozial getrennt. Sie wohnen in bestimmten Vierteln, Städten oder Regionen eines Landes. Ehen zwischen Angehörigen der Mehrheit und Mitgliedern der Minderheit sind selten. Die Endogamie (die Heirat innerhalb der Gruppe) wird von den Angehörigen der Minderheit oft aktiv gefördert, um ihre kulturellen Besonderheiten zu bewahren.

Minderheiten unterscheiden sich ethnisch stets von der Mehrheit, jedoch in verschiedenem Ausmaß. Die Burakumin sind in Japan zwar eine Minderheitengruppe, unterscheiden sich aber ethnisch kaum von der Mehrheit. Im Aussehen und Verhalten sind sie wie andere Japaner. Viele Minderheiten unterscheiden sich jedoch sowohl ethnisch als auch im Aussehen von der übrigen Bevölkerung der Gesellschaften, in denen sie leben. Das gilt z. B. für die Westindier oder für die Asiaten in Großbritannien, für die Indianer, die Schwarzen, die Chinesen und bestimmte andere Gruppen in den Vereinigten Staaten. Physische Unterschiede

Ethnizität und Rasse 273

wie Hautfarbe oder andere Merkmale werden allgemein als *Rassenmerkmale* bezeichnet. Da der Begriff **Rasse** Gegenstand zahlreicher pseudo–wissenschaftlicher Überlegungen war, die das öffentliche Bewußtsein beeinflußt haben, muß er im Detail untersucht werden.

Rasse und Biologie

Viele Leute glauben heute – fälschlich –, daß die Menschen ohne weiteres in biologisch unterschiedliche Rassen eingeteilt werden können. Bedenkt man, wieviele Versuche von den Gelehrten unternommen wurden, um die Völker der Welt der Rasse nach einzuteilen, überrascht es vielleicht nicht, daß sich diese Vorstellung so hartnäckig hält. Einige Autoren unterschieden vier bis fünf Hauptrassen, während andere gleich drei Dutzend identifizierten. Allerdings sind alle diese Klassifikationen zum Scheitern verurteilt, weil es zu viele Ausnahmen gibt. Ein häufig eingeführter Typus, nämlich der „negroide", ist angeblich dunkelhäutig, mit stark gekraustem, schwarzem Haar; aber die Ureinwohner Australiens, die Aborigines, die diese Definition mit einschloß, haben zwar eine dunkle Haut, jedoch welliges, manchmal blondes Haar. Es lassen sich viele weitere Beispiele finden, die sich der eindeutigen Klassifikation widersetzen. Die Fortschritte der Genetik haben die Theorie zunichte gemacht, daß es, ausgehend von unseren anthropoiden Vorfahren, mehrere verschiedene rassische Entwicklungsstränge gegeben hätte.

Unterschiede im Aussehen zwischen einer Person mit sehr dunkler Haut, stark gekrausten Haaren und dicken Lippen und jemandem mit heller Haut, geraden oder gewellten Haaren und dünnen Lippen könnten zur Annahme führen, daß es grundsätzliche, konstitutionsbedingte Unterschiede gibt. Tatsächlich beschränken sich die physischen Abweichungen beinahe ausnahmslos auf solche äußeren Merkmale. Ein Wissenschaftler, der eine Blutprobe untersucht, könnte nicht sagen, ob es sich um das Blut eines Weißen oder eines Schwarzen handelt. Die körperlichen Unterschiede zwischen den verschiedenen Menschentypen sind eine Folge von Inzucht innerhalb einer Bevölkerung, die je nach der Intensität der Kontakte zwischen den verschiedenen sozialen oder kulturellen Einheiten stärker oder weniger stark ausgeprägt ist. Mit anderen Worten, die menschlichen Bevölkerungsgruppen bilden nicht klar getrennte Kategorien, sondern ein Kontinuum. Die genetischen Unterschiede *innerhalb* einer Bevölkerungsgruppe mit gemeinsamen äußeren Körpermerkmalen sind genauso groß wie die Unterschiede zwischen verschiedenen Gruppen. Aufgrund dieser Tatsachen neigen viele Biologen, Anthropologen und Soziologen zur Auffassung, daß man vom Begriff „Rasse" überhaupt abgehen sollte.

Zwischen den einzelnen Menschen gibt es deutliche körperliche Unterschiede, wobei einige dieser Unterschiede vererbt sind; die Frage, warum bestimmte physische Unterschiede der Anlaß für gesellschaftliche Diskriminierung und Vorurteile sind, andere aber nicht, hat jedoch nichts mit Biologie zu tun. Rassenunterschiede sollten deshalb als *körperliche Variationen* angesehen werden, *die die Angehörigen einer Gemeinschaft oder Gesellschaft als ethnisch bedeutsam auffassen.* So werden oft Unterschiede der Hautfarbe für wichtig erachtet, nicht aber Unterschiede der Haarfarbe (Rex, 1986). **Rassismus** bedeutet, daß Personen mit einem bestimmten Aussehen fälschlich ererbte Persönlichkeits- oder Verhaltensmerkmale zugeschrieben werden. Ein *Rassist* ist jemand, der glaubt, daß es für Anzeichen von Überlegenheit oder Unterlegenheit, die Menschen einer bestimmten Herkunft angeblich besitzen, eine biologische Erklärung gibt.

Ethnischer Antagonismus, Vorurteil und Diskriminierung

Obwohl es den Begriff „Rasse" noch nicht lange gibt, hat es in der Menschheitsgeschichte immer wieder ethnische Antagonismen und Vorurteile gegeben. Bei unseren Versuchen, eine Erklärung dafür zu finden, müssen wir neben der Soziologie auch auf die Psychologie Bezug nehmen. Zunächst aber müssen wir klar zwischen **Vorurteil** und Diskriminierung unterscheiden. Mit „Vorurteil" bezeichnet man *Meinungen* oder *Einstellungen*, die Angehörige einer Gruppe gegenüber den Mitgliedern einer anderen hegen, während man unter Diskriminierung das *tatsächliche Verhalten* ihnen gegenüber versteht. Ein Vorurteil liegt dann vor, wenn man vorgefertigte Ansichten über eine Person oder über eine Gruppe hat, die sich oft auf Hörensagen statt auf Beweise stützen, Ansichten, die sogar gegen neue Informationen resistent sind. Man kann gegenüber Gruppen, mit denen man sich identifiziert, positive Vorurteile haben und negative gegenüber anderen. Hat jemand gegen eine spezifische Gruppe ein Vorurteil, wird er sie nicht mit der nötigen Fairness anhören.

Unter Diskriminierung versteht man Aktivitäten, durch die die Mitglieder einer Gruppe von Möglichkeiten, die anderen offenstehen, ausgeschlossen werden: wenn z. B. jemandem asiatischer Herkunft eine Stelle verweigert wird, die für einen „Weißen" verfügbar ist. Obwohl Vorurteile oft die Voraussetzung für Diskriminierung sind, können die beiden unabhängig voneinander auftreten. Menschen können Vorurteile haben, ohne jedoch nach diesen zu handeln. Genauso muß Diskriminierung nicht immer direkt von einem Vorurteil herrühren. Kauft z. B. ein Weißer ein Haus, könnte er vom Kauf in bestimmten, vorwiegend von Schwarzen bewohnten Stadtvierteln nicht deswegen Abstand nehmen, weil er Schwarzen gegenüber feindselig eingestellt ist, sondern weil er befürchtet, das Haus könnte in einem solchen Viertel an Wert verlieren. Vorurteile haben hier einen indirekten Einfluß auf die Diskriminierung.

Stereotypen und Sündenböcke

Vorurteile sind häufig ein Ergebnis **stereotypen Denkens**. Jedes Denken hat mit Kategorien zu tun, aufgrund derer wir unsere Erfahrung ordnen. Manchmal sind diese Kategorien jedoch wenig fundiert und starr. Ein Weißer kann z. B. von Schwarzen eine bestimmte Auffassung haben, die sich auf ein paar hartnäckige Ideen stützt, in deren Licht Informationen über Schwarze oder Begegnungen mit ihnen interpretiert werden.

Stereotypes Denken kann ungefährlich sein, wenn es seinem emotionalen Inhalt nach „neutral" ist und die Interessen des betroffenen Individuums nicht tangiert. Britische Vorstellungen von Amerikanern mögen z. B. stereotyp sein, jedoch wird sich das auf die meisten Menschen in den beiden Staaten kaum auswirken. Wenn Stereotypen mit Angst oder Furcht verknüpft sind, schaut die Situation wahrscheinlich ganz anders aus. Unter solchen Umständen sind die stereotypen Vorstellungen normalerweise mit Feindseligkeit und Haß gegenüber den betreffenden Gruppen durchsetzt. Ein Weißer könnte z. B. glauben, daß alle Schwarzen faul und dumm sind, und damit seine verächtliche Haltung ihnen gegenüber rechtfertigen.

Eines der herkömmlichen Stereotypen des männlichen Schwarzen in Amerika war z. B. die Figur des „Sambo". Der Südstaaten–Schriftsteller und Lyriker Robert Penn Warren faßte seine Züge so zusammen:

> Er war der träge, dankbare, untertänige, verantwortungslose, feige, Banjo zupfende, servile, grinsende, schwatzende, lasche, folgsame, abhängige, begriffsstützige, gutmütige, kinderliebende, kindische, Wassermelonen stehlende, Spirituals singende, ohne Schuldgefühle kopulierende, leichtfertige, hedonistische, zuverlässige schwarze Diener, der manchmal seinen Charakter lange genug ablegen konnte, um Volksweisheiten von sich zu geben oder das Familiensilber zu vergraben und es dadurch vor den Yankees zu retten! (Warren, 1965, S. 52)

Diesem Klischee gelang es, Seite an Seite mit dem der schwarzen „Bestie", die eine Bedrohung für die Tugend weißer Frauen darstellte, zu bestehen. Das Stereotyp schwarzer Frauen schwankte zwischen dem einer zügellosen, „sexbesessenen Wilden" und dem einer ergebenen und matronenhaften „schwarzen Mammi" (Staples, 1973).

Stereotypen sind oft eng mit dem psychologischen Mechanismus der **Verschiebung** verbunden. Bei der Verschiebung richten sich Gefühle wie Feindseligkeit oder Wut gegen Objekte, die nicht der wirkliche Ursprung dieser Ängste sind. Die Leute lassen ihre Feindseligkeit an Sündenböcken aus, die für jegliche Unbill verantwortlich gemacht werden. Der **Sündenbock** tritt vor allem unter Bedingungen auf, in denen benachteiligte ethnische Gruppen miteinander um wirtschaftliche Vorteile konkurrieren. Jene, die sich an rassistischen Angriffen auf Schwarze beteiligen, sind beispielsweise oft in einer ähnlichen wirtschaftlichen Situation wie die Schwarzen. Sie machen die Schwarzen für Nachteile verantwortlich, deren wirkliche Ursachen anderswo liegen.

Bei der Suche nach Sündenböcken spielt oft auch die **Projektion** eine Rolle, die unbewußte Übertragung der eigenen Wünsche oder Merkmale auf andere. Wenn Menschen ein hohes Maß an Frustration erfahren oder ihre eigenen Wünsche sorgfältig beherrschen müssen, sind sie oft nicht in der Lage, ihre eigenen Gefühle zu erkennen, und projizieren sie auf andere. Die absurden Vorstellungen über die Lüsternheit der schwarzen Männer, die die Weißen in den alten amerikanischen Südstaaten hatten, wurzelten wahrscheinlich in ihren eigenen Frustrationen, weil der sexuelle Zugang zu den weißen Frauen aufgrund der Förmlichkeit des Werbens beschränkt war.

Die autoritäre Persönlichkeit

Möglicherweise neigen bestimmte Menschentypen aufgrund früher Sozialisationserfahrungen stärker als andere zu stereotypem Denken und zu Projektionen, die unterdrückten Ängsten entspringen. In den vierziger Jahren wurde in den USA unter der Leitung Theodor Adornos ein berühmtes Forschungsprojekt durchgeführt. Adorno und seine Mitarbeiter diagnostizierten darin einen Charaktertyp, den sie als **autoritäre Persönlichkeit** bezeichneten (Adorno et al., 1950). Sie entwickelten eine Skalenbatterie für verschiedene Bereiche des sozialen Verhaltens, um die Ausprägung von Vorurteilen zu bestimmen. Die Probanden wurden gebeten, zu verschiedenen Behauptungen, die rigide, vor allem antisemitische Meinungen ausdrückten, Stellung zu nehmen. Es stellte sich heraus, daß Leute, die sich nach *einer* Skala als mit Vorurteilen behaftet erwiesen, dies meist auch nach den anderen waren. Vorurteile gegen Juden gingen mit negativen Einstellungen gegenüber anderen Minderheiten einher. Leute mit einer autoritären Persönlichkeitsstruktur, so schlossen die Forscher, sind meist streng konformistisch, verhalten sich ihren Vorgesetzten gegenüber untertänig und ihren Untergebenen gegenüber herablassend. Solche Leute sind auch in ihrer religiösen und sexuellen Einstellung extrem intolerant.

Adorno und seine Kollegen schlossen daraus, daß die Merkmale einer autoritären Persönlichkeit in einem Erziehungsstil begründet sind, bei dem die Eltern nicht in der Lage sind, Kindern direkt Liebe zu zeigen, sich reserviert verhalten und auf Disziplin großen Wert legen. Als Erwachsene leiden solche Personen an Ängsten, die nur durch eine rigide Haltung beherrscht werden können. Solche Menschen sind nicht in der Lage, mit mehrdeutigen Situationen fertig zu werden und ignorieren Widersprüchlichkeiten, weil sie streng stereotyp denken. Zu diesem Befund kam man aufgrund der Antworten der Befragten auf widersprüchliche Behauptungen, wie z. B.:

> Die Juden waren und sind in der amerikanischen Gesellschaft ein Fremdkörper; sie versuchen, ihre alten gesellschaftlichen Normen beizubehalten und widersetzen sich der amerikanischen Lebensweise.

> Wenn es darum geht, ihr Judentum zu verbergen, gehen die Juden entschieden zu weit: Sie ändern den Namen, lassen sich die Nasen gerade operieren und imitieren christliche Verhaltensweisen und Bräuche.

Die meisten Leute, die der ersten Behauptung zustimmten, bejahten auch die zweite. Jene, die der Aussage zustimmten, daß Juden geldgierig seien und große Unternehmen in ihrer Hand hätten, meinten gleichzeitig, daß Juden subversiv und dem Unternehmertum gegenüber kritisch eingestellt seien.

Die Untersuchung und die daraus gezogenen Schlußfolgerungen stießen auf heftige Kritik. Einige stellten die Gültigkeit der Skalen in Frage, andere argumentierten, daß Autoritarismus kein Wesenszug ist, sondern die Werte und Normen spezifischer Subkulturen innerhalb einer größeren Gesellschaft widerspiegelt. Vielleicht liegt der Wert der Untersuchung eher in ihrem Beitrag zum Verständnis autoritärer Denkmuster als in ihrem Versuch, einen spezifischen Persönlichkeitstyp zu isolieren. Zwischen diesen Ergebnissen und anderen Untersuchungen der

Ethnizität und Rasse   277

Vorurteilsforschung gibt es jedoch eindeutige Parallelen. In einer klassischen Studie von Eugene Hartley wurden beispielsweise Einstellungen gegenüber fünfunddreißig ethnischen Minderheiten untersucht, und es zeigte sich ebenfalls, daß jene, die Vorurteile gegen eine dieser Gruppen hegten, meist auch den anderen gegenüber eine negative Einstellung hatten. Juden und Schwarze wurden ebenso abgelehnt wie Wallonier, Pirenier und Daniräer (Hartley, 1946). Dabei gibt es die drei letztgenannten Gruppen gar nicht! Die Namen wurden von Hartley erfunden, um zu untersuchen, inwieweit Leute Vorurteile gegen Gruppen haben würden, von denen sie noch nie gehört haben konnten.

Ethnizität und Kindheit

Zahlreiche Forschungsprojekte befaßten sich mit der Entwicklung von Einstellungen zur Ethnizität bei kleinen Kindern. „Wenn ich neben einer solchen (schwarzen Puppe) sitzen muß, kriege ich einen Anfall"; „Ich möchte niemals farbig sein, du etwa?" Solche und andere Ansichten sind in der britischen Gesellschaft gang und gäbe. Die Beispiele stammen jedoch (im ersten Fall) von einem kleinen weißen Jungen und (im zweiten Fall) von einem vierjährigen schwarzen Mädchen (zitiert in Aboud, 1989, S. 1). Bereits im Alter von drei Jahren kann Kindern der Unterschied zwischen Weißen und Schwarzen bewußt sein, ein Bewußtsein, das bereits mit unterschiedlichen Einstellungen verknüpft ist. Kenneth und Mamie Clark beobachteten Kinder beim Spiel mit schwarzen und weißen Puppen. Sie fanden heraus, daß sowohl die schwarzen als auch die weißen Kinder lieber mit weißen Puppen spielten. Eine ähnliche Präferenz wurde auch in zahlreichen anderen Studien festgestellt, unter anderem in Untersuchungen über Kinder fernöstlicher Abstammung in Hawaii. Viele kleine schwarze Kinder identifizieren sich fälschlicherweise selbst als weiß, während die gleichaltrigen weißen Kinder in der Lage sind, sich genauer einzuordnen.

Bis vor kurzem enthielten Kinderbücher in Großbritannien häufig unverhüllt stereotype Darstellungen von Schwarzen. Obwohl diese nunmehr relativ selten sind, gibt es noch immer versteckte Formen der ethnisch falschen Darstellung. In den Kinderbüchern gibt es jetzt langsam mehr schwarze Charaktere, aber in den meisten Bilderbüchern dominieren noch immer die Weißen. Bilder, in denen „weiß" mit „makellos" und „schwarz" mit „böse" gleichgesetzt wird, sind noch immer in vielen Geschichten vorherrschend. Die Farben sind „emotional besetzt"; anscheinend erlernen Kinder derartige Verknüpfungen in enger Verbindung mit ihrer ethnischen Bewußtseinsbildung.

Die Einstellungen der Mehrheit

Die in der frühen Kindheit erworbenen Einstellungen üben wahrscheinlich einen unterschwelligen Einfluß auf spätere Verhaltensmuster aus. Schwarze bilden oft sehr früh ein Minderwertigkeitsgefühl aus, das sie später nur schwer ablegen können. Weiße haben Schwarzen oder „Farbigen" gegenüber unter Umständen ein Gefühl des Unbehagens, auch wenn sie in weiten Bereichen ihres Verhaltens niemanden diskriminieren und sich für vorurteilsfrei halten. Sogar für die engagiertesten Liberalen mag es schwierig sein, sich solchen Gefühlen gänzlich zu entziehen, weil diese eben auf den Einfluß früher Lernerfahrungen zurückzuführen sind (Wellman, 1987).

Robert K. Merton unterschied vier Arten von Angehörigen von Mehrheitsgruppen aufgrund ihrer Einstellung und ihres Verhaltens gegenüber Minderheiten (Merton, 1949):

1 *Allwetterliberale*, die keine Vorurteile gegenüber Minderheiten haben und Diskriminierung vermeiden, auch wenn sie dadurch persönliche Nachteile erfahren. Ein Beispiel wäre ein weißer Pfarrer in den amerikanischen Südstaaten, der in den sechziger Jahren an Bürgerrechtsdemonstrationen teilgenommen hat, obwohl dies seinen Posten gefährdete und obwohl er deshalb mit tätlichen Angriffen zu rechnen hatte.
2 *Schönwetterliberale*, die sich für vorurteilsfrei halten, ihr Fähnlein aber „nach dem Wind richten", wenn ihnen durch die liberale Haltung Nachteile erwachsen. Ein Beispiel wäre jemand, der stillschweigend einen Protest gegen den Zuzug einer schwarzen Familie in seine Straße unterstützt, weil er befürchtet, daß die Immobilienpreise fallen könnten.
3 *Ängstliche Bigotte* sind Menschen, die Vorurteile gegen Minderheiten haben, sich aber unter gesetzlichem Druck oder aus finanziellen Interessen egalitär verhalten. Solch ein Fall läge z. B. vor, wenn der Besitzer eines Geschäftes Antipathien gegen Asiaten hegt, sich aber asiatischen Kunden gegenüber freundlich verhält, weil er sonst Einkommenseinbußen hinnehmen müßte.
4 *Die aktiven Bigotten* haben nicht nur starke Vorurteile gegenüber anderen ethnischen Gruppen, sondern diskriminieren sie auch.

Soziologische Interpretationen

Einige der oben erwähnten psychologischen Mechanismen – wie z. B. das stereotype Denken, die Verschiebung oder die Projektion – sind Teil der menschlichen Natur. Man findet sie bei Mitgliedern aller Gesellschaften, und sie tragen zur Erklärung bei, warum ethnischer Antagonismus in sehr unterschiedlichen Kulturen so weit verbreitet ist. Diese Mechanismen sagen jedoch wenig über die sozialen Prozesse aus, die bei konkreten Formen der Diskriminierung ablaufen. Um diese Prozesse zu durchleuchten, müssen wir Begriffe und Materialien, die stärker soziologisch orientiert sind, heranziehen. Wir können zwei Arten der soziologischen Interpretation ethnischer Feindschaften und Konflikte unterscheiden: Jene, wie die gerade erörterten psychologischen Mechanismen, die Allgemeingültigkeit beanspruchen, und jene, die sich hauptsächlich auf ethnische Gegensätze in der modernen Welt beziehen.

Allgemeine Faktoren

Soziologische Begriffe, mit denen ethnische Konflikte allgemein beschrieben werden können, sind *Ethnozentrismus, Schließung von Gruppen* und *Ressourcenverteilung*. Ethnozentrismus – ein Argwohn gegen andere, verbunden mit der Tendenz, die Kulturen anderer an seiner eigenen Kultur zu messen – ist ein Begriff, auf den wir schon früher gestoßen sind (Kapitel 2 „Kultur und Gesellschaft"). Praktisch alle Kulturen waren und sind mehr oder weniger ethnozentrisch, und es ist leicht zu erkennen, wie sich Ethnozentrismus und stereotypes Denken miteinander verbinden. „Andere" werden als Fremdlinge, Barbaren oder als moralisch und geistig unterlegen angesehen. Diese Einstellung hatten die meisten Kulturen z. B. gegenüber den Angehörigen kleinerer Kulturen, was im Laufe der Geschichte zu zahllosen ethnischen Konflikten beigetragen hat.

Der Ethnozentrismus geht oft mit der Schließung von Gruppen einher. Unter „Schließung" versteht man einen Prozeß, durch den Gruppen bestimmte Grenzen, die sie von anderen trennen, aufrechterhalten; wir haben davon bereits im vorigen Kapitel im Zusammenhang mit den Grenzen zwischen den Klassen gesprochen (Kapitel 7 „Schichtung und Klassenstruktur"). Der Anthropologe Frederick Barth (1969) hat aufzuzeigen versucht, wie Grenzen zwischen ethnischen Gruppen organisiert sind und wie sie zu Konflikten beitragen. Seiner Meinung nach werden diese Grenzen mittels „Ausschließungsinstrumenten" entwickelt und aufrechterhalten, wodurch die Unterschiede zwischen zwei Ethnien verschärft werden. Ausschließungsinstrumente wären z. B. die Beschränkung oder das Verbot von Eheschließungen zwischen Angehörigen verschiedener Gruppen, die Einschränkung sozialer Kontakte oder der wirtschaftlichen Beziehungen, wie z. B. des Handels, oder die physische Trennung der Gruppen voneinander (wie im Fall ethnischer Ghettos).

Manchmal können sich gleichstarke Gruppen gegeneinander abschließen, indem sich ihre Mitglieder voneinander fernhalten, jedoch keine der beiden Gruppen die andere beherrscht. Häufiger ist allerdings, daß eine Gruppe eine oder mehrere andere ethnische Gruppen beherrscht. Unter diesen Umständen deckt sich die ethnische Gruppenschließung mit der *Ressourcenverteilung*, anders gesagt, mit Ungleichheiten in der Verteilung von Vermögen und materiellen Gütern. Dies kann unter den verschiedensten Bedingungen eintreten, z. B. im Falle eines militärischen Sieges einer Gruppe über eine andere oder wenn eine ethnische Gruppe die wirtschaftliche Führungsrolle übernimmt und die anderen beherrscht. Die ethnische Schließung ist ein Mittel, mit Hilfe dessen die dominante Gruppe ihre privilegierte Position verteidigt.

Eine historische Perspektive

Diese verschiedenen psychologischen und soziologischen Begriffe helfen uns beim Verständnis von Faktoren, die vielen Arten von ethnischen Konflikten zugrunde liegen. Um ethnische Beziehungen heute jedoch erschöpfend analysieren zu können, müssen wir den historischen Aspekt stärker berücksichtigen. Ethnische Grenzen in der heutigen Zeit sind unmöglich zu verstehen, wenn nicht der

Expansion der westlichen Länder in den letzten paar Jahrhunderten besondere Beachtung geschenkt wird – vor allem dem Einfluß der westlichen Kolonialisierung auf den Rest der Welt. Wir haben diesen historischen Ablauf bereits im Kapitel 2 („Kultur und Gesellschaft") skizziert, und diese Darstellung liefert den erforderlichen Hintergrund für die folgenden Bemerkungen.

Vom 15. Jahrhundert an begannen die Europäer in bis dahin unbekannte Meere und Landstriche vorzudringen, wobei sie nicht nur die Gebiete zu erforschen und für den Handel zu erschließen trachteten, sondern auch in vielen Gegenden die eingeborenen Völker besiegten und unterwarfen. Millionen Europäer verließen ihre Heimatländer, um sich in diesen Gebieten anzusiedeln. Durch den Sklavenhandel bewirkten sie auch eine gewaltige Bevölkerungsbewegung von Afrika nach Nord- und Südamerika (siehe Abb. 8.1). Im folgenden sind die wichtigsten Bevölkerungsbewegungen innerhalb der letzten 350 Jahre angeführt.

Von Europa nach Nordamerika Seit dem 17. Jahrhundert emigrierten etwa 45 Millionen Menschen von Europa in die heutigen USA und nach Kanada. Zwar kehrten viele nach Europa zurück, aber die Mehrheit ließ sich dort nieder. Heute haben ungefähr 150 Millionen Nordamerikaner Vorfahren, die aus Europa eingewandert sind.

Von Europa nach Mittel- und Südamerika Ungefähr 20 Millionen Europäer, hauptsächlich aus Spanien, Portugal und Italien, wanderten nach Mittel- und Südamerika aus. Etwa 50 Millionen Menschen in diesen Teilen der Welt haben europäische Vorfahren.

Von Europa nach Afrika, Australien und Ozeanien An die 17 Millionen Afrikaner, Australier und Neuseeländer haben europäische Vorfahren. In Afrika leben die meisten von ihnen im Staat Südafrika, der hauptsächlich von den Engländern und Holländern kolonialisiert wurde.

Von Afrika nach Nord- und Südamerika Ab dem 16. Jahrhundert wurden etwa 10 Millionen Schwarze als Sklaven auf den amerikanischen Kontinent gebracht: ungefähr 2 Millionen im 17. Jahrhundert, 6 Millionen im 18. und weitere 2 Millionen im 19. Jahrhundert.

Diese Wanderungsbewegungen bildeten die Grundlage für die ethnische Zusammensetzung der Gesellschaften in den Vereinigten Staaten, in Kanada, den Ländern Mittel- und Südamerikas, in Südafrika, Australien und Neuseeland. In all diesen Ländern wurde die eingeborene Bevölkerung unterworfen und geriet unter europäische Herrschaft – was von ihr blieb, waren relativ kleine ethnische Minderheiten in Nordamerika, Australien und Neuseeland. Da die Europäer unterschiedlicher ethnischer Herkunft waren, übertrugen sie zahlreiche ethnische Differenzierungen auf ihre neuen Heimatländer. Am Höhepunkt der Kolonialzeit, im 19. und frühen 20. Jahrhundert, herrschten die Europäer auch über

Ethnizität und Rasse 281

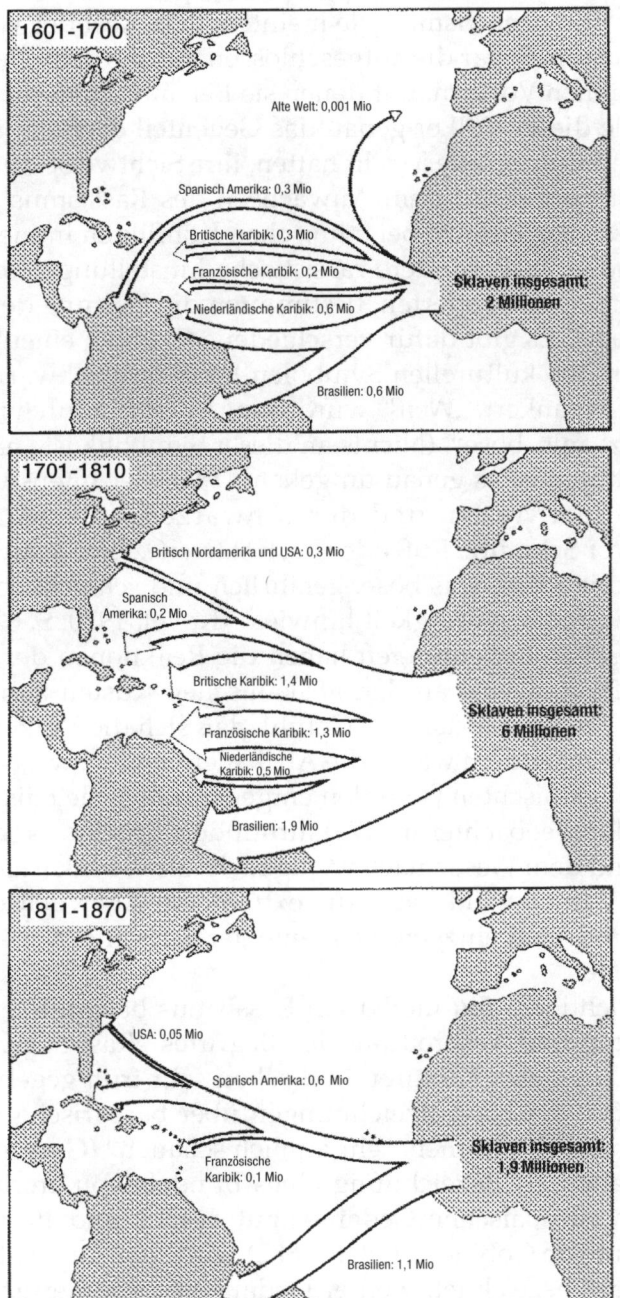

Abbildung 8.1 Der überseeische Sklavenhandel, 1601–1870. Bei weitem am meisten Sklaven importierte Brasilien, wohin in weniger als 300 Jahren 3,6 Millionen Menschen verschifft wurden.

Quelle: Ben Crow und Mary Thorpe, *Survival and Change in the Third World* (Cambridge: Polity Press, 1988), S. 15.

eingeborene Völker in vielen anderen Regionen: z. B. in fast ganz Afrika, in Teilen des Nahen Ostens sowie in Indien, Burma und Malaysia.

Während eines Großteils der europäischen Expansionsphase grassierte unter den Siedlern der Ethnozentrismus; sie meinten, dem Rest der Welt die Zivilisation bringen zu müssen. Sogar die aufgeschlosseneren europäischen Siedler glaubten, den eingeborenen Völkern, mit denen sie Bekanntschaft machten, überlegen zu sein. Daß viele dieser Völker genau das Gegenteil dachten, ist dabei nicht so relevant, weil die Europäer die Macht hatten, ihre Sichtweise durchzusetzen. Der frühe Kolonialismus fiel mit dem Anwachsen des Rassismus zusammen, und seitdem sind Rassengegensätze bei ethnischen Konflikten immer wieder im Vordergrund gestanden. Insbesondere rassistische Einstellungen, die die „Weißen" von den „Schwarzen" absonderten, bestimmten die Haltung der Europäer.

Wie kam es dazu? Es gibt dafür verschiedene Gründe; einerseits war der Gegensatz zwischen den kulturellen Symbolen Weiß und Schwarz in der europäischen Kultur tief verankert. „Weiß" wurde lange Zeit hindurch mit „rein" gleichgesetzt, „schwarz" mit „böse". (Nichts an dieser Symbolik ist „natürlich"; in einigen anderen Kulturen ist es genau umgekehrt.) *Vor* der Intensivierung der Kontakte zwischen dem Westen und den schwarzen Völkern assoziierte man „schwarz" mit „vor Schmutz, Ruß oder Pech starren ... eine schwarze oder sündige Seele haben, mit allem, was böse, gefährlich und schrecklich war, ... was auf Schande, Tadel und Strafwürdigkeit hinwies" (Kovel, 1970, S. 62).

Diese symbolischen Bedeutungen haben die Reaktionen der Europäer wahrscheinlich beeinflußt, als sie an den afrikanischen Küsten zum ersten Mal auf Schwarze trafen. Sie verstärkten das Gefühl, daß sich die Völker radikal voneinander unterschieden; zudem waren die Afrikaner Heiden, weshalb viele Europäer Schwarzen mit gemischten Gefühlen entgegentraten, sie teils verachteten und teils fürchteten. Ein Beobachter im 17. Jahrhundert drückte es so aus: „Schwarze sind der Farbe und dem Wesen nach wenig mehr als die Inkarnation des Teufels" (Jordan, 1968, S. 24). Obwohl heute die extremeren Auswüchse dieser Haltung verschwunden sind, sind einzelne Elemente der Schwarz–Weiß–Kultursymbolik noch weit verbreitet.

Ein zweiter wichtiger, den modernen Rassismus beeinflussender Faktor war die Herausbildung und Verbreitung des Begriffes „Rasse" selbst. Rassistische Haltungen hat es in vielen Kulturen und schon sehr früh gegeben. In China finden wir bereits 300 v. Chr. Aufzeichnungen über barbarische Völker, „die den Affen, von denen sie abstammen, sehr ähnlich schauen" (Gossett, 1963. S. 4). Der Begriff „Rasse" aber, als Bezeichnung eines Bündels von ererbten Merkmalen, stammt aus dem europäischen Gedankengut des 18. und 19. Jahrhunderts. Joseph Arthur Comte de Gobineau (1816–1882) wird manchmal als „Vater des modernen Rassismus" bezeichnet, weil er Gedanken formulierte, die weite Kreise beeinflußten. Laut de Gobineau gab es drei Rassen: die weiße, die schwarze und die gelbe. Die weiße Rasse ist intelligenter, moralischer und willensstärker als die beiden anderen, und diese ererbten Eigenschaften liegen der Verbreitung des westlichen Einflusses in der ganzen Welt zugrunde. Die Schwarzen sind unter den dreien die unfähigsten, sind ihrem Wesen nach animalisch, emotional instabil und unmoralisch.

Ethnizität und Rasse 283

Die Ideen de Gobineaus und anderer, die ähnliche Ansichten verbreiteten, wurden als angeblich wissenschaftlich fundierte Theorien propagiert. Später sollten sie Adolf Hitler beeinflussen, der sie, wie bereits erwähnt, in die Ideologie der Nazis miteinbezog. Der Begriff „Überlegenheit der weißen Rasse", dem es an jeder faktischen Basis mangelt, ist bis heute für weiße Rassisten von zentraler Bedeutung. Er ist z. B. ein explizites Element in der Ideologie des Ku–Klux–Klans in den Vereinigten Staaten.

Ein dritter Grund für die Zunahme des modernen Rassismus liegt in den Ausbeutungsverhältnissen, die zwischen den Europäern und den nicht–weißen Völkern entstanden. Den Sklavenhandel hätte es nicht geben können, wären nicht viele Europäer der Ansicht gewesen, daß die Schwarzen minderwertige, ja möglicherweise überhaupt keine Menschen seien. Mit dem Rassismus konnte man die Kolonialherrschaft über nicht–weiße Völker rechtfertigen und ihnen das Recht auf politische Mitsprache vorenthalten, das die Weißen in ihren europäischen Heimatländern erkämpft hatten. Mit Bezug auf den vorhin eingeführten Begriff können wir sagen, daß der Rassismus bei jenen Prozessen der sozialen Schließung eine große Rolle spielte, durch die die Europäer zu Herrschern und die Nicht–Weißen zu Untertanen wurden.

Die rassistische Einstellung der aus Europa stammenden kolonialistischen Siedler war beinahe überall gegenüber den Schwarzen stärker ausgeprägt als gegenüber anderen Farbigen. Die frühen englischen Siedler in Nordamerika betrachteten z. B. die Schwarzen im allgemeinen als um vieles minderwertiger als die Indianer. Zu Beginn waren die Einstellungen zu den Indianern eher kulturell als rassistisch geprägt: Sie galten als „wild" oder „unzivilisiert", nicht aber als eine minderwertige Rasse. Erst später betrachteten viele Siedler sie als eigene Rasse, der es an den Eigenschaften der Weißen mangelte. Doch war diese Einstellung der Weißen zu den Indianern niemals so eindeutig wie gegenüber den Schwarzen. Thomas Jefferson war für die „Amerikanisierung" der Indianer, das heißt, er wollte ihnen die christlichen Werte beibringen. Vergleichen wir das mit seiner Einstellung zu den Schwarzen. Diese seien, so schrieb er, „dem Erinnerungsvermögen nach den Weißen gleich, der Vernunft nach aber weit unterlegen", ihre Vorstellungsgabe, fügte er hinzu, wäre „dumpf, geschmacklos und anomal" (Gossett, 1963, S. 42–4).

Die Beziehungen zwischen Weißen und Farbigen variierten entsprechend den verschiedenen Mustern der kolonialen Besiedelung, wobei sie auch durch kulturelle Unterschiede zwischen den Europäern selbst beeinflußt wurden. Um diese Punkte näher zu erläutern, werden wir in der Folge die Rassenbeziehungen in Brasilien, den USA und Südafrika untersuchen, bevor wir näher auf die Rassenprobleme und ethnischen Konflikte in Großbritannien eingehen.

Ethnische Beziehungen in historischer Perspektive: einige Beispiele

Wenn man die ethnischen Beziehungen in anderen Gesellschaften mit jenen in Großbritannien vergleicht, erkennt man, wie sehr Vorurteile und Diskriminierungen je nach Art der geschichtlichen Entwicklung variieren. Brasilien wird manchmal als Beispiel für eine Gesellschaft genannt, die keine ethnischen Vorurteile zwischen Schwarz und Weiß kennt, obwohl das, wie wir noch sehen werden, nicht ganz stimmt. Südafrika hingegen ist ein Land, in dem Vorurteile und Diskriminierungen extreme Formen angenommen haben und die Trennung zwischen Schwarz und Weiß institutionalisiert wurde.

Ethnische Beziehungen in Brasilien

Beinahe vier Millionen Afrikaner wurden bis zur Beendigung des Sklavenhandels in der Mitte des 19. Jahrhunderts nach Brasilien gebracht. In den Vereinigten Staaten wurden Angehörige derselben afrikanischen Kultur üblicherweise voneinander getrennt und auf verschiedenen Plantagen eingesetzt; in Brasilien hingegen blieben Sklaven aus derselben Gegend normalerweise beisammen. Sie waren daher in der Lage, mehr von ihrer ursprünglichen Kultur zu retten, als das in den Vereinigten Staaten der Fall war. Sklaven in Brasilien durften, solange sie weiter bei ihren Herren dienten, heiraten, auch wenn ihre Herren dagegen waren, und ein verheiratetes Paar durfte nicht getrennt verkauft werden. Sexuelle Kontakte zwischen weißen Männern und Sklavinnen waren häufig, und die Kinder aus solchen Verbindungen wurden oft freigelassen und manchmal als vollwertiges Mitglied der weißen Familie anerkannt. 1888 wurde die Sklaverei schließlich abgeschafft, aber bereits lange zuvor hatten sich die Weißen an die Existenz freier Schwarzer gewöhnt.

Nach dem Ende der Sklaverei zogen viele schwarze Brasilianer in die Städte. Die meisten von ihnen lebten (und leben) dort in ziemlicher Armut, sie durften jedoch Gewerkschaften beitreten, und ein Teil von ihnen brachte es zu Reichtum und Macht. Es gibt ein vielzitiertes brasilianisches Sprichwort, das besagt: „Ein reicher Schwarzer ist ein Weißer, und ein armer Weißer ist ein Schwarzer". Das Sprichwort zeigt klar die relativ tolerante Einstellung zu Rassenunterschieden, wie auch, daß „weiß sein" noch immer „besser sein" bedeutet. Weiße dominieren noch immer in den einflußreicheren Positionen aller gesellschaftlichen Bereiche.

Lange Zeit hindurch hatten die Brasilianer die Rassenbeziehungen in ihrem Land im Vergleich zur strengeren Segregation in den USA positiver beurteilt, aber in den sechziger und siebziger Jahren, als verstärkte Bemühungen unternommen wurden, den Schwarzen in Amerika die Bürgerrechte einzuräumen, fielen diese Vergleiche für Brasilien zunehmend ungünstiger aus. In den frühen sechziger Jahren verabschiedete der brasilianische Kongreß ein Gesetz, das die Diskriminierung an öffentlichen Orten verbot, nachdem sich eine auf einer Vortragsreise befindliche amerikanische Schwarze, Katherine Dunham, darüber beschwert hatte, daß sie in einem Hotel in São Paulo abgewiesen worden war. Das Gesetz war aber weitgehend eine symbolische Geste, und die Regierung machte keinerlei Anstalten, das Ausmaß der Diskriminierung tatsächlich zu untersuchen.

Die meisten Beobachter sind sich darin einig, daß ethnische Diskriminierung in Brasilien selten ist, aber nur wenige Regierungsprogramme haben versucht, die sozialen und wirtschaftlichen Möglichkeiten für Nicht–Weiße zu verbessern. Der Glaube der Brasilianer an einen „weißen" Aufstieg steht im Gegensatz zur anhaltenden Konzentration der Schwarzen in den ärmsten Schichten der Gesellschaft. Nichtsdestoweniger wurden in Brasilien die in der Geschichte der Vereinigten Staaten immer wieder auftretenden Fälle von Lynchjustiz und Unruhen und die meisten extremeren Formen von Vorurteilen gegenüber Schwarzen vermieden.

Die gesellschaftliche Entwicklung in Südafrika

Die ersten europäischen Siedler Südafrikas kamen aus den Niederlanden. Nachdem sich die lokale Bevölkerung geweigert hatte, in Unternehmungen der Europäer zu arbeiten, begannen diese, aus anderen Teilen Afrikas und aus Niederländisch–Ostindien Sklaven in großer Anzahl zu importieren. Später übernahmen die Briten die Herrschaft in Südafrika und schafften in den dreißiger Jahren des 19. Jahrhunderts die Sklaverei ab. Die Kluft zwischen weißen und eingeborenen Afrikanern war zunächst noch nicht so tief, wie sie später werden sollte. Nach der Abschaffung der Sklaverei wurden für die Schwarzen neue Steuern eingeführt, was sie dazu zwang, sich bei europäischen Arbeitgebern zu verpflichten; junge afrikanische Männer mußten Arbeit außerhalb ihrer Heimat annehmen, um die Steuern bezahlen zu können. Es entstand ein System der „Wanderarbeiter", das die spätere Entwicklung der südafrikanischen Wirtschaft prägte. Viele Afrikaner nahmen Arbeit in Gold– oder Diamantenbergwerken an und lebten in speziellen Bergarbeiterlagern abseits der weißen Siedlungen. Langsam bildete sich das System der Rassentrennung heraus, das später gesetzlich verankert wurde.

Unter der **Apartheid** (was „getrennte Entwicklung" bedeutet), die nach dem Zweiten Weltkrieg eingeführt wurde, zerfiel die südafrikanische Bevölkerung in vier „Registrierungsgruppen": Es gab 4,5 Millionen Weiße, Nachkommen der europäischen Einwanderer, 2,5 Millionen sogenannte Farbige, Nachkommen aus Verbindungen zwischen Menschen verschiedener „Rassen", eine Million Asiaten und 23 Millionen Schwarzafrikaner. Pierre van den Berghe unterschied in den Jahren der Apartheid in der südafrikanischen Gesellschaft drei Hauptstufen der Segregation (van den Berghe, 1970):

1 Die **Mikrosegregation** – die Segregation an öffentlichen Orten (wie sie auch in den ehemaligen amerikanischen Südstaaten gepflogen wurde): Toiletten, Wartesäle, Eisenbahnwaggons und andere öffentliche Bereiche besitzen getrennte Einrichtungen für Weiße und Nicht–Weiße.
2 Die **Mesosegregation** – die Rassentrennung zwischen Weißen und Nicht–Weißen nach Wohngebieten in städtischen Gegenden. Schwarze müssen in speziell gekennzeichneten Gebieten wohnen.
3 Die **Makrosegregation** – die Rassentrennung ganzer Völker und ihre „Verbannung" in bestimmte Territorien, die sogenannten *Eingeborenenreservate*.

Die Funktionsfähigkeit der südafrikanischen Wirtschaft ist schon seit geraumer Zeit auf die Arbeitskraft von Millionen in den Städten oder in der Nähe der Städte lebenden Nicht–Weißen angewiesen. Früher gab es einige ethnisch gemischte Siedlungen in den größeren Stadtgebieten, aber nach und nach wurden die Schwarzen in die *model townships* umgesiedelt, die einige Meilen von den

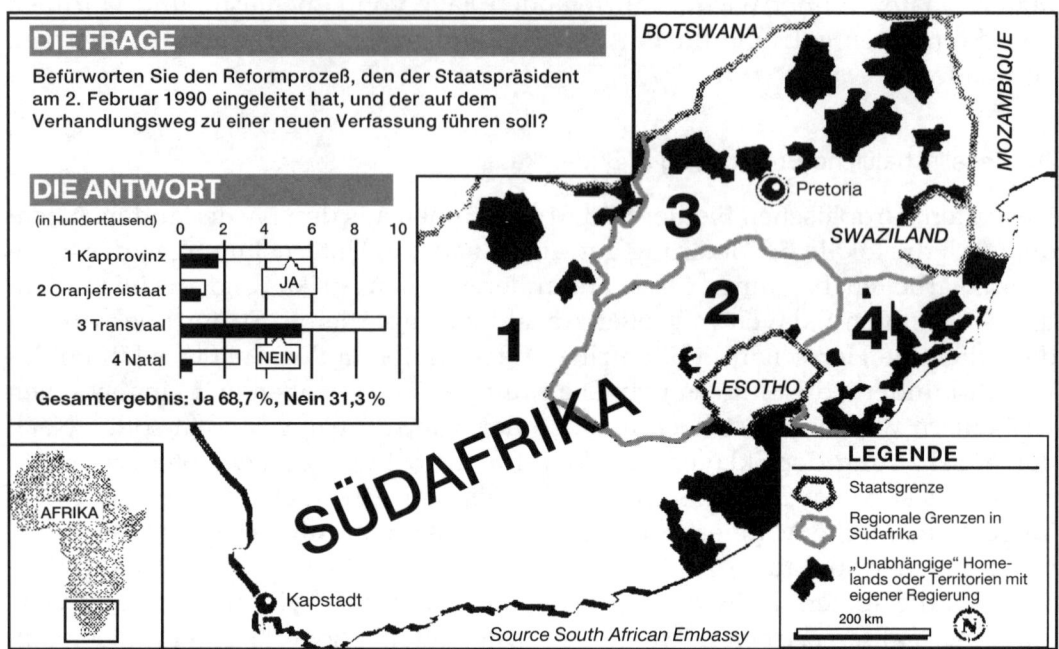

Abbildung 8.2 Die Tage der südafrikanischen Apartheid sind gezählt: Fragen und Antworten beim Referendum im März 1992
Quelle: Education Guardian, 24. März 1992.

Siedlungen der Weißen entfernt waren. Zusätzlich wurden Millionen von Leuten in sogenannten *Homelands* zusammengepfercht, die ebenfalls abseits der Städte liegen. Diese Regionen waren halbautonome Staaten, die der Kontrolle der weißen Zentralregierung unterstanden. Unter dem System der Apartheid hatten Nicht–Weiße kein Wahlrecht und damit auch keine Vertretung in der Zentralregierung.

Die Homelands waren als eigene Länder konzipiert, in denen die schwarze Mehrheit die politischen Rechte, die ihnen im weißen Südafrika verweigert wurden, ausüben sollten. Der 1970 verabschiedete *Homelands Citizenship Act* verfügte, daß die Bewohner der Homelands ihre südafrikanische Staatsbürgerschaft am Tage der „Unabhängigkeit" ihres Homelands automatisch verlieren würden. Sogenannte *frontier commuters,* „Grenzgänger", lebten mit ihren Familien in den Homelands und pendelten jeden Tag über die „Staatsgrenzen" in das weiße Südafrika. 1992 lebten schätzungsweise 80 Prozent der Bewohner der Homelands unter der offiziell festgelegten Armutsgrenze.

Die Apartheid wurde von der internationalen Staatengemeinschaft übereinstimmend verurteilt, und auch viele Südafrikaner waren ihre erklärten Gegner. Lange Zeit hindurch stand Südafrika unter wirtschaftlichen Sanktionen, durch die auf das Land Druck ausgeübt werden sollte, dieses System aufzugeben. Außerdem war Südafrika von einer Reihe internationaler Sportveranstaltungen ausgeschlossen. Die Sanktionen und auch die Proteste innerhalb Südafrikas hatten sicher einen gewissen Einfluß, aber einer der Hauptgründe für den langsamen Abbau der Apartheid in den achtziger Jahren war, daß viele Schwarze trotz der von den Behörden verhängten Strafen bewußt den Bestimmungen zuwiderhandelten. Viele Leute siedelten sich z. B. in Städten an, um dort Arbeit zu suchen, obwohl das gesetzlich verboten war.

1990 legalisierte Präsident de Klerk den Afrikanischen Nationalkongreß (ANC), die Kommunistische Partei und eine Reihe oppositioneller Gruppierungen, die vorher verboten gewesen waren, in den Untergrund getrieben worden waren oder ins Exil hatten gehen müssen. Nelson Mandela, der Führer des Afrikanischen Nationalkongresses, der seit 1962 in Haft gewesen war, wurde einige Tage später freigelassen. Derzeit wird eine neue Verfassung vorbereitet, die zum ersten Mal das Wahlrecht für alle Bürger vorsieht. Im März 1992 wurde unter weißen Wählern eine Volksabstimmung abgehalten, bei der sich eine große Mehrheit für eine solche Reform aussprach (siehe Abb. 8.2). Konservative weiße Gruppen sträuben sich allerdings vehement dagegen und haben mit Gewaltanwendung gedroht; Gewalt ist auch in den schwarzen Townships an der Tagesordnung. Die Zukunft des Landes im Falle und zum Zeitpunkt einer Machtübernahme durch die Schwarzen wird möglicherweise ebenso turbulent werden, wie es die Vergangenheit war (van Vuuren et al., 1991).

Die Bürgerrechte der Schwarzen in den USA

Die Abschaffung der Sklaverei und frühe Entwicklungen

In Nordamerika wurde die Sklaverei nach dem Ende des Bürgerkrieges zwischen den Nord– und Südstaaten abgeschafft. Die Freilassungsproklamation (*emancipation proclamation*) wurde 1863, ein Jahr vor Ende des Krieges, unterzeichnet. Das Ende der Sklaverei bedeutete aber für die Schwarzen keinen wesentlichen Aufschwung, weil die meisten von ihnen weiterhin in äußerster Armut lebten. Mit einer Reihe von Rassentrennungsgesetzen, die man zwischen 1890 und 1912 in den Südstaaten verabschiedete, wurden die Schwarzen aus „weißen" Eisenbahnwaggons, öffentlichen Toiletten und Cafés verbannt. Die Rassentrennung wurde 1896 durch eine Entscheidung des Obersten Gerichtshofes offiziell anerkannt; damit wurden derartige „getrennte, aber gleichwertige" Einrichtungen für verfassungskonform erklärt. Die Umtriebe der gewalttätigen Geheimorganisation Ku–Klux–Klan zielten darauf ab, die Rassentrennung aufrechtzuerhalten.

Der Kampf der Minderheiten um die Erlangung gleicher Rechte und Chancen, der schon mit der Revolution eingesetzt hatte, ist ein wichtiger Aspekt der amerikanischen Geschichte. Die meisten Minderheiten waren bei ihren Bemühungen um Zugang zu politischen Schaltstellen sowie um wirtschaftliche Vorteile und bei der Durchsetzung ihres Anspruchs auf Gleichstellung mit der Mehrheit erfolgreich, aber die Schwarzen blieben von derartigen Fortschritten bis in die frühen vierziger Jahre weitgehend ausgeschlossen. Die *National Association for the Advancement of Colored People* (NAACP) und die *National Urban League* wurden

1909 bzw. 1910 gegründet. Beide Organisationen kämpften für die Bürgerrechte der Schwarzen, aber erst mit dem Zweiten Weltkrieg stellten sich erste positive Ergebnisse ein.

Bevor die Vereinigten Staaten in den Krieg eintraten, trafen sich die Führer des NAACP und der *Urban League* mit Präsident Franklin D. Roosevelt und beantragten die Aufhebung der Rassentrennung in den Streitkräften. Das wurde nicht nur abgelehnt, sondern Roosevelt stellte sogar öffentlich fest, daß sich die Führer der Bürgerrechtsbewegung bei dem Treffen mit der Beibehaltung der Rassentrennung einverstanden erklärt hätten. Aus Zorn über diese offenkundige Fehlinformation rief einer der Teilnehmer am Treffen, der schwarze Gewerkschaftsführer A. Philip Randolph, zu einem Protestmarsch in Washington auf, an dem hunderttausend Schwarze teilnehmen sollten. Einige Tage vor der geplanten Veranstaltung unterzeichnete Roosevelt dann eine Anordnung, mit der die Diskriminierung bei der Vergabe von Arbeitsplätzen aufgrund ethnischer Unterschiede verboten und Schritte zur Abschaffung der Rassentrennung bei den Streitkräften in Aussicht gestellt wurden (Finch, 1981; Zangrando, 1980).

Zwei Jahre später begann der neugegründete *Congress of Racial Equality* (CORE), die Rassentrennung in Restaurants, Schwimmbädern und anderen öffentlichen Einrichtungen in Chicago in Frage zu stellen. Obwohl nicht viel dabei herauskam und die Weißen heftig reagierten, war das der Beginn der militanten schwarzen Bürgerrechtsbewegung, die fünfzehn Jahre später zu einer Massenbewegung anwuchs.

Kurz nach dem Zweiten Weltkrieg begann der NAACP mit einer Kampagne gegen die Rassentrennung im öffentlichen Schulwesen, die ihren Höhepunkt erreichte, als die Organisation fünf Schulbehörden klagte und damit das herrschende System der getrennten, gleichwertigen schulischen Erziehung in Frage stellte. 1954 entschied der Oberste Gerichtshof einstimmig, daß „getrennte schulische Einrichtungen ihrem Wesen nach dem Gleichheitsgrundsatz zuwiderlaufen". Diese Entscheidung war die Basis für den Kampf um die Bürgerrechte in den folgenden zwei Jahrzehnten. Nachdem die Entscheidung des Obersten Gerichtshofes gefallen war, bemühten sich anfangs verschiedene bundesstaatliche und lokale Gremien um „Schadensbegrenzung". Die aufgrund von Regierungsverordnungen eingeleiteten schulischen Integrationsprogramme wurden vom Ku–Klux–Klan, „weißen Bürgerräten" und lokalen „Sicherheitsausschüssen" mit Gewalt bekämpft. Noch 1960 besuchte in den Südstaaten nicht einmal 1 Prozent aller schwarzen Schüler Integrationsschulen (Issel, 1985; Sitkoff, 1981).

Wegen des hartnäckigen Widerstandes störrischer Weißer propagierten schwarze Führer die massenweise Militarisierung der Schwarzen, denn nur dadurch könnten die Bürgerrechte auch inhaltlich durchgesetzt werden. 1956 wurde in Montgomery, Alabama, eine Schwarze namens Rosa Parks verhaftet, weil sie es abgelehnt hatte, ihren Sitzplatz im Bus für einen weißen Mann freizumachen. In der Folge boykottierte beinahe die gesamte schwarze Bevölkerung der Stadt unter der Führung des Baptistenpfarrers Dr. Martin Luther King jr. 381 Tage lang die öffentlichen Verkehrsmittel. Schließlich gab die Stadt auf und schuf die Rassentrennung in den öffentlichen Verkehrsmitteln ab.

Weitere Boykotte und Sitzstreiks folgten, um die Abschaffung der Rassentrennung in anderen öffentlichen Einrichtungen zu erzwingen. Die Protestmärsche und Demonstrationen mobilisierten massenweise Schwarze und weiße Sympathisanten. King predigte den aktiven, jedoch gewaltlosen Widerstand gegen die Diskriminierung, aber die Reaktionen auf die Bewegung waren alles andere als gewaltlos. Der Gouverneur von Arkansas forderte Bundestruppen an, um schwarze Schüler am Betreten der *Central High School* in Little Rock zu hindern. In Birmingham, Alabama, befahl Sheriff „Bull" Connor der Polizei, Demonstrationen unter Einsatz von Wasserwerfern, Knüppeln und Polizeihunden aufzulösen.

Nach den Ereignissen in Birmingham fanden in vielen amerikanischen Städten über einen Zeitraum von zehn Wochen einige hundert Demonstrationen statt, in deren Verlauf mehr als fünfzehntausend Demonstranten verhaftet wurden. 1963 nahmen eine Viertelmillion Bürgerrechtskämpfer an einem Protestmarsch in Washington teil, bei dem King erklärte: „Wir werden uns nicht zufriedengeben, ehe nicht die Gerechtigkeit wie eine Flut über uns kommt, und die Rechtschaffenheit fließt wie ein mächtiger Strom". 1964 verabschiedete der Kongreß den *Civil Rights Act*, mit dem die Diskriminierung in öffentlichen Einrichtungen, im Schulwesen, am Arbeitsplatz und in jeglicher mit öffentlichen Mitteln finanzierten Einrichtung verboten wurde. In den darauffolgenden Jahren sicherten entsprechende Gesetze den Schwarzen das volle Wahlrecht zu und verboten Diskriminierung bei der Wohnungsvergabe.

Die Bürgerrechtsbewegung

Die Bürgerrechtsbewegung gab schwarzen Aktivisten ein Gefühl der kulturellen Freiheit und der Selbstbestätigung, das weit über die formalen Ziele, für die sie sich einsetzten, hinausging. Das *Student Nonviolent Coordination Committee* (SNCC) hatte seine *Freedom Singers*, die ihre Hoffnungen in Musik und Gesang umsetzten. Vincent Harding hat die Energie und die Aufbruchsstimmung, die damals viele Schwarze beflügelte, folgendermaßen beschrieben:

> Die Hoffnung, der Idealismus, der Mut und die Entschlossenheit waren in jenen Tagen unbeschreiblich. Man organisierte, marschierte, sang und ging ins Gefängnis ... Sie glaubten an die Sache. Wenn sie im Gefängnis oder bei ihren Treffen zu Hunderten vor der Polizei sangen „*We shall overcome*", wir werden siegen, dann meinten sie es auch so ... „Siegen" bedeutete „Freiheit", „Recht", „Würde" und „Gerechtigkeit", es hieß, daß Schwarze und Weiße zusammen leben würden und vieles mehr, was Menschen in einer Bewegung nicht so direkt ausdrücken können, sondern vielmehr spüren. (Harding, 1980)

Wiederum stießen die Versuche zur Durchsetzung der neuen Bürgerrechtsgesetze auf erbitterten Widerstand. Demonstranten wurden beschimpft und niedergeprügelt, und einige wurden getötet. In Antwort darauf bildeten sich unter der Oberbezeichnung *Black Power* aggressivere schwarze militante Gruppen heraus. Gemäßigte distanzierten sich von dieser Bewegung und führten ihren Kampf um Reformen auf Grundlage der bestehenden Gesetze weiter. Zwischen 1965 und 1968 kam es dann in den Ghettos der Schwarzen in den größeren amerikanischen Städten zu ernsten Unruhen.

Trotz der Hindernisse, die sich der endgültigen Durchsetzung der Gesetze in den Weg stellten, erwies sich der *Civil Rights Act* als äußerst wichtig. Seine Bestimmungen galten nicht nur für Schwarze, sondern für alle, die diskriminiert wurden, darunter andere ethnische Gruppen und Frauen. Dieses Gesetzeswerk war der Ausgangspunkt für eine Reihe von Bewegungen, die für die Rechte unterdrückter Gruppen kämpften.

Im Verlaufe der Kämpfe in den sechziger Jahren änderten sich die Ziele der schwarzen Bürgerrechtsbewegung. Die meisten Führer der Bewegung hatten sich für die volle Integration der Schwarzen in die amerikanische Kultur eingesetzt. Der Aufstieg der militanten *Black Power*-Gruppen führte nun zu einer Betonung der Würde der Schwarzen und des Wertes der schwarzen Kultur an sich. Die Schwarzen strebten nunmehr zunehmend eine eigenständige Position innerhalb der Gemeinschaft und die Herausbildung einer wirklich pluralen Gesellschaft statt einer bloßen Assimilierung innerhalb der weißen Gesellschaftsordnung an. Dieser Gesinnungswandel war auch dadurch motiviert, daß Gleichheit vor dem Gesetz wenig Sinn hat, wenn die Diskriminierung in der Praxis fortgesetzt wird.

Die *Black Power*-Gruppen, die für Gewaltanwendung bei der Durchsetzung ihrer Ziele eintraten, wie z. B. die *Black Panthers*, wurden entweder von den Behörden zerschlagen oder zerbrachen in untereinander zerstrittene Splittergruppen. Viele schwarze Aktivisten traten den Weg zu den Wahlurnen an, um politische Macht für Schwarze zu gewinnen. 1975 zeichneten schwarze Musiker das Lied „*Chocolate City*" auf; es wurde eine der populärsten Singles der schwarzen Radiosender. Der Sänger George Clinton drückte darin die Hoffnung aus, daß die Schwarzen auf lokaler Ebene durch Wahlen realen Einfluß gewinnen könnten. Sein Slogan lautete „Wählen statt töten". „*Chocolate City*" war Washington, wo die „Vanille"-Vorstädte einen schwarzen Kern umschlossen. „*Chocolate City*" war aber gleichzeitig jede Stadt, in der die Schwarzen ihre politischen Kräfte mobilisieren konnten. Ein Teil des Raps lautet:

> Es gibt viele Schokoladenstädte hier
> Wir haben Newark
> Wir haben Gary
> Es heißt, wir haben LA erobert
> und Atlanta wird auch uns gehören
> (Gilroy, 1987)

Integration und Antagonismus

Seit der Verabschiedung des *Civil Rights Act* sind dreißig Jahre vergangen, und es hat sich viel verändert. Die Anzahl der gewählten schwarzen Volksvertreter ist von knapp hundert Anfang der sechziger Jahre auf siebentausend zu Beginn der neunziger Jahre angestiegen. Zudem hat sich die Zahl der schwarzen Studierenden an den Colleges und Universitäten im selben Zeitraum vervierfacht. Eine sich stetig verbreiternde schwarze Mittelschicht, bestehend aus Geschäftsleuten, Freiberuflern und Akademikern, hat sich herausgebildet. In einigen der größten Städte des Landes wurden Schwarze zu Bürgermeistern gewählt: in New York, Chicago, Atlanta und Baltimore. Auch in der Literatur, beim Theater und in der

Ethnizität und Rasse 291

darstellenden Kunst begannen Schwarze, eine wesentliche Rolle zu spielen (Marable, 1991).

Man kann jedoch kaum von einer neuen Epoche der Rassenharmonie und Integration sprechen, ganz im Gegenteil: In den späten achtziger und frühen neunziger Jahren kam es in verschiedenen Teilen der USA zu zahlreichen Rassenkrawallen. Spannungen zwischen den Rassen in Städten wie New York, Boston und Chicago erreichten einen Höhepunkt; 1991 wurden von weißen und schwarzen Gruppen massive öffentliche Demonstrationen veranstaltet, und jede beschuldigte die andere des Rassismus. 1992 kam es in Los Angeles und in anderen nordamerikanischen Städten zu gewalttätigen Ausschreitungen. Trotz der Errungenschaften in den dreißig Jahren zuvor erlebten die Schwarzen Ende der achtziger Jahre im allgemeinen einen neuerlichen Niedergang ihres gesellschaftlichen und wirtschaftlichen Status (siehe Abb. 8.3). Zum Beispiel ging das Durchschnittseinkommen schwarzer Familien ebenso wie die Zahl schwarzer Studenten an den Colleges zurück.

EINE UMFRAGE UNTER AFRO-AMERIKANERN

Ist die Lebensqualität der Schwarzen in den letzten 10 Jahren

	1992	JUNI 91
schlechter geworden	**51%**	**36%**
besser geworden	**24%**	**35%**
gleich geblieben	**23%**	**26%**

Wie könnten Afro-Amerikaner die Lebensqualität in ihren Gemeinden verbessern?

Sie sollten ihre persönliche Situation und die ihrer Familie verbessern: **46%**

Sie sollten auf die Regierung mehr Druck ausüben: **25%**

Sie sollten sich bemühen, die Probleme in ihren Gemeinden selbst zu lösen: **21%**

NEWSWEEK Umfrage 25.-27. März 1992

Abbildung 8.3 Afroamerikaner beurteilen ihre Lebensqualität in den letzten zehn Jahren: Ergebnisse einer *Newsweek*-Umfrage im März 1992, verglichen mit ihren Einschätzungen 1991; nach den Gewaltakten im Jahr 1991 wurde der Pessimismus 1992 stärker.
Quelle: Newsweek, 6. April 1992.

In den innerstädtischen Wohngebieten kam es zu einem dramatischen Anstieg des Drogenmißbrauchs und zu einer Spirale der Gewalt. Der Crack–Konsum nahm epidemische Ausmaße an. Die Vermarktung und der Verkauf der Droge wurden von Jugendbanden organisiert, die ein Klima des Terrors schufen. In den achtziger Jahren war Mord die häufigste Todesursache unter den schwarzen amerikanischen Männern. Aus einem Bericht im *New England Journal of Medicine* im Jahr 1990 geht hervor, daß die Lebenserwartung junger Schwarzer in Harlem, New York, geringer ist als jene von gleichaltrigen Männern in Bangladesch. In seiner Ansprache in Washington 1963 hatte Martin Luther King von einer „farbenblinden Gesellschaft" geträumt, in der seine Kinder „nicht nach ihrer Hautfarbe, sondern nach ihrem Charakter" beurteilt würden, aber dieses Ziel scheint noch in weiter Ferne zu liegen.

Die Geschichte der Einwanderung in Großbritannien

Frühe Einwanderer

Die beträchtliche Anzahl irischer, walisischer und schottischer Namen, die heute in der englischen Bevölkerung zu finden sind, ist ein Relikt der traditionellen Zuwanderung von Leuten aus den „keltischen Randgebieten" in die städtischen Zentren Englands. Im frühen 19. Jahrhundert, lange vor dem großen Einwanderungsstrom aus entlegenen Kolonien, zogen die aufstrebenden englischen Städte Zuwanderer aus den ärmeren Teilen der britischen Inseln an. 1867 beklagte sich *The Times* darüber, daß „es auf dieser Insel kaum noch so etwas wie echte Engländer gibt". Die Monarchie, die heute als die „englischste" aller englischen Institutionen dargestellt wird, besteht aus vielen „fremden" Elementen. England hat französische, schottische, niederländische und deutsche Monarchen gehabt. Die derzeitige königliche Familie hat so viele nicht–englische Vorfahren, daß sie am besten als „europäisch" bezeichnet werden könnte!

Seit dem 17. Jahrhundert gibt es in London eine rege irische Gemeinde. Obwohl die Iren zunächst hauptsächlich als Hilfsarbeiter arbeiteten, konnten sie mit der Zeit in anspruchsvollere und besser bezahlte Positionen aufsteigen. Als einziges Land Westeuropas erfuhr Irland im 19. Jahrhundert einen Bevölkerungsrückgang. London, Manchester, Liverpool und Glasgow nahmen zehntausende irische Einwanderer auf, während viele weitere in die USA emigrierten. Zwischen 1830 und 1847 landeten allein in Liverpool dreihunderttausend Iren. Bis 1851 hatte sich eine halbe Million Iren in England und Wales angesiedelt. Was bewog so viele dazu? Anhaltende Hungersnöte in Irland zwangen die Leute, anderswo ein neues Leben zu beginnen, und die Nähe von Irland zu England machte es den Iren relativ leicht, in eine englische Stadt auszuwandern und gleichzeitig eine gewisse Verbindung zum Heimatland aufrechtzuerhalten.

Um die Mitte des 19. Jahrhunderts bildeten die Iren in England die größte Einwanderergruppe in einer Gesellschaft, die bis dahin – außer in London – vor fremden „Eindringlingen" weitgehend geschützt gewesen war. In der Hauptstadt selbst gab es hingegen bereits viele „exotische" Gruppen. Im 17. Jahrhundert hatte sich eine jüdische Gemeinde gebildet, die sich in den folgenden hundert Jahren aufgrund der Verfolgungen in anderen Ländern und der relativen Sicherheit in England stark vergrößerte. Um 1800 gab es in den Provinzstädten etwa sechstausend Juden und in London zwischen fünfzehntausend und zwanzigtausend. Die Juden wurden kritisiert, wenn sie arm waren, und verdammt, wenn sie reich waren. Charles Dickens schuf mit seinem Fagin in *Oliver Twist* eine sofort erkennbare Karikatur.

Während der industriellen Revolution halfen niederländische Einwanderer in Großbritannien beim Aufbau eines Netzes von Banken und Kreditinstituten. Sie wurden als „Niederländische Finanz" bekannt und sollten im wirtschaftlichen Wandel des Landes eine tragende Rolle spielen. Unternehmerisch begabte, gebildete Niederländer führten soziale und wirtschaftliche Standards in England ein, die sich als von bleibendem Wert und nachgerade revolutionärem Einfluß erwiesen. Nichtbritische Völker leisteten somit bei der Schaffung eines neuen sozioökonomischen Klimas in England einen wesentlichen Beitrag.

Dank des Zustromes chinesischer Einwanderer während des Aufschwungs der englischen Industrie eröffnete sich den englischen Arbeitgebern eine Quelle billiger Arbeitskräfte für die Fabriken. Im ausgehenden 19. Jahrhundert sprachen sich allerdings Gewerkschaftsführer bei verschiedenen Gelegenheiten gegen die chinesische Einwanderung aus, weil sie das Lohnniveau der einheimischen Arbeiter drückte.

Die Zahl der schwarzen Einwanderer in England wuchs vor allem im späten 19. Jahrhundert mit dem zunehmenden Schiffsverkehr nach Westafrika und in die Karibik. Einige afrikanische und westindische Studenten wurden in dieser Zeit von den britischen Universitäten zugelassen, aber die größte schwarze Einwanderergruppe waren die schwarzen Seeleute, die sich in britischen Städten niedergelassen hatten. Sie begründeten die ersten modernen schwarzen Gemeinschaften auf den britischen Inseln (vor allem in Cardiff). Der Bedarf an Soldaten zur Aufstockung der britischen Truppen während des Ersten Weltkrieges führte zur Rekrutierung von über fünfzehntausend Männern von den britischen Karibik-Inseln zur Bildung eines schwarzen westindischen Regiments. Nach Beendigung der Kampfhandlungen ließ sich eine Anzahl westindischer Soldaten in England nieder; sie wollten lieber sehen, was Großbritannien zu bieten hatte, als auf die wirtschaftlich darniederliegenden westindischen Inseln zurückzukehren (Fryer, 1984).

Spätere Entwicklungen

Anfang der dreißiger Jahre floh eine ganze Generation europäischer Juden vor der Verfolgung durch die Nationalsozialisten in Richtung Westen. In einer Untersuchung schätzte man die Zahl der zwischen 1933 und 1939 nach Großbritannien geflohenen Juden auf sechzigtausend, aber die tatsächliche Zahl könnte leicht höher gewesen sein. Zwischen 1933 und 1939 kamen an die achtzigtausend Flüchtlinge aus Mitteleuropa nach Großbritannien, und während des Krieges waren es noch einmal siebzigtausend. Im Mai 1945 stand Europa vor einem noch nie dagewesenen Flüchtlingsproblem: Millionen Menschen waren plötzlich zu Flüchtlingen geworden. Mehrere Hunderttausend davon wurden von England aufgenommen.

In der Zeit nach dem Zweiten Weltkrieg kam es zur bislang stärksten Einwanderungswelle der britischen Geschichte. Die meisten Einwanderer stammten aus den Commonwealth-Ländern und kamen wegen der in England besseren Berufschancen. Die Reaktion der Briten auf diesen Zustrom neuer Einwanderer war in gewissem Ausmaß von der Schichtzugehörigkeit abhängig. Die Angehörigen der herrschenden Schichten standen im Banne des ruhmreichen Erbes des britischen Empires, weshalb man Westindier, Inder, Pakistanis und Afrikaner als britische Untertanen sah, die ein Recht hatten, sich in England niederzulassen. In der Nachkriegszeit herrschte in Großbritannien auch ein ausgesprochener Mangel an Arbeitskräften. Die Unternehmer waren eine Zeitlang eifrig bemüht, Einwanderer als Arbeitskräfte zu gewinnen. Viele Arbeiter in ärmeren Gebieten hingegen (in die die Neuankömmlinge zogen) sahen die Sache anders – als Bedrohung ihres alltäglichen Lebens. Nahezu ein Drittel aller Immigranten aus den Commonwealth-Ländern ließ sich in bestimmten Stadtteilen von London nieder; weitere Konzentrationen gab es in den West Midlands, in Bradford und in anderen verarmten städtischen Gebieten.

Die einzelnen Regierungen hielten die volle Integration der Neueinwanderer in die britische Gesellschaft für wünschenswert und auch machbar. Roy Jenkins, Mitglied der Labour-Partei und Innenminister in den sechziger Jahren, wollte Integration „nicht als einebnenden Prozeß der Assimilierung, sondern als Chancengleichheit bei kultureller Vielfalt und in einem Klima gegenseitiger Toleranz" verstanden wissen. Auf der Grundlage des von einer Labour-Regierung verabschiedeten *Race Relations Act* wurde 1966 eine Behörde – das *Race Relations Board* – errichtet, die gegen erwiesene Fälle rassischer Diskriminierung einschreiten konnte. 1968 wurde ein weiterreichendes Gesetz gegen die Diskriminierung verabschiedet, aber an neue gesetzliche Regelungen der Einwanderung gekoppelt, Regelungen, durch welche die Anzahl neuer Zuwanderer stark reduziert wurde. Im selben Jahr, als das Parlament über die Beziehungen zwischen den einzelnen Volksgruppen diskutierte, hielt Enoch Powell (damals Sprecher der Konservativen in Verteidigungsfragen) in Birmingham eine Rede, in der er eine außerordentliche Zunahme der nicht-weißen Bevölkerung vorhersagte: „Wie die Römer, so scheint mir, sehe ich den Tiber voll Blut fließen ...". Eine Gallup-Umfrage zeigte, daß 75 Prozent der Bevölkerung Powells Ansichten weitgehend teilten.

Der *Race Relations Act* von 1976 wurde erlassen, um Diskriminierungen aus rassischen Gründen einzudämmen. Das Gesetz stellte die Diskriminierung bei der Vergabe von Arbeitsplätzen und von Wohnungen sowie bei der Mitgliedschaft in Organisationen oder Clubs unter Strafe. Das neue Gremium zur Durchsetzung des Gesetzes, die Kommission für Rassengleichheit, wurde mit umfangreichen Kompetenzen ausgestattet, und seine Entscheidungen wurden als rechtsverbindlich behandelt. In den siebziger Jahren jedoch tauchte eine rechtsextreme, unverhüllt rassistische Partei auf, die *National Front*. Andere Organisationen traten gegen sie auf, etwa die Anti-Nazi-Liga, die 1977 gegründet wurde, um gegen die Propaganda der *National Front* anzukämpfen.

1990 war es wahrscheinlicher, daß eine in Großbritannien lebende Person westindischer oder südasiatischer Abstammung in Großbritannien statt in Westindien bzw. Südasien geboren war (der Anteil der in Großbritannien Geborenen war

Ethnizität und Rasse 295

auf über 55 Prozent gestiegen). Dieser Anteil steigt weiter, wodurch es umso deutlicher wird, daß es sich bei dieser Gruppe um eine nicht–weiße britische Volksgruppe mit vollen staatsbürgerlichen Rechten und nicht mehr um Einwanderer handelt. Sie macht derzeit ca. 5 Prozent der Bevölkerung aus.

Ein 1981 verabschiedeter *British Nationality Act* verschärfte die Einreisebedingungen für Menschen aus früheren oder noch bestehenden abhängigen Territorien in das Vereinigte Königreich. Man unterschied fortan zwischen britischen Staatsbürgern und Staatsbürgern abhängiger britischer Territorien. Hauptsächlich für in Hongkong, Malaysia und Singapur lebende Menschen wurde die Kategorie der *British Overseas Citizens* geschaffen, die sich nicht in Großbritannien niederlassen und deren Kinder die Staatsbürgerschaft ihrer Eltern nicht erben konnten. Bürger aus dem Commonwealth, die sich zuvor als britische Bürger registrieren lassen konnten, wenn sie fünf Jahre lang im Land gelebt hatten, wurden jetzt in bezug auf die Einbürgerung wie Angehörige aller anderen Nationalitäten behandelt. Weitere einschränkende Einreise– und Aufenthaltsbestimmungen wurden hinzugefügt. Ein 1988 verabschiedetes Gesetz brachte zusätzliche Verschärfungen.

Großbritannien hat auch für politisch oder religiös Verfolgte die Möglichkeiten verringert, in das Land einzureisen. 1991 wurde ein Asylgesetz verabschiedet, das eine strenge Überprüfung der Asylwerber vorsieht: Es schreibt die Abnahme von Fingerabdrücken vor, beschränkt für Asylwerber den Zugang zu kostenlosen Rechtsauskünften und verdoppelt die Strafen für Fluglinien, die Passagiere ohne gültige Visa befördern. Die neuen Bestimmungen wurden zwar von kirchlicher Seite und vom UN–Flüchtlingskommissar heftig kritisiert, blieben aber in Kraft.

Rasse, Rassismus und Ungleichheit

Die Beschäftigungsstruktur der nicht–weißen britischen Bevölkerung ist sehr unterschiedlich. Bei den Schwarzen ist der Anteil der in manuellen Berufen Arbeitenden und der Arbeitslosen viel höher als bei den Weißen. Ca. 80 Prozent aller männlichen Schwarzen und 70 Prozent der Südasiaten arbeiten in manuellen Berufen, verglichen mit 50 Prozent der weißen Männer. Unter jenen westindischer Herkunft gibt es nur wenige, die einer nicht–manuellen Beschäftigung nachgehen, dafür aber einen hohen Anteil von Facharbeitern. Die Mehrheit der Einwanderer aus Bangladesch arbeitet als Hilfs– oder als angelernte Arbeiter. Asiaten, die aus Ostafrika nach England kamen, arbeiten hingegen im Durchschnitt sogar öfter in nicht–manuellen Berufen als Weiße. Die Lage bei nicht–weißen Frauen ist wesentlich schlechter als bei nicht–weißen Männern; ein viel niedrigerer Prozentsatz nicht–weißer Frauen arbeitet in nicht–manuellen Berufen oder als Facharbeiterin als in der männlichen Vergleichsgruppe (Hamnett et al., 1990).

Viele Nicht–Weiße, einschließlich der meisten Südasiaten, leben außerhalb der Stadtzentren. Zwischen dem ethnischen Hintergrund und dem Wohnort besteht aber ein enger Zusammenhang; Westindier leben z. B. mit siebenfach höherer Wahrscheinlichkeit in den Innenbezirken von London, Birmingham und Manchester als Weiße. Die Arbeitslosenrate unter Männern ist in diesen Gegenden sehr hoch. Die meisten Schwarzen leben nicht freiwillig in den innerstädtischen

Wohngebieten, sondern weil die Weißen andere Gebiete bevorzugten, auszogen und dadurch Wohnungen frei wurden.

Gemessen am Einkommensniveau sind die erfolgreichsten Nicht-Weißen südasiatische Freiberufler und Kleinunternehmer. Ihr Anteil ist in den letzten 20 Jahren ständig gestiegen: 23 Prozent der männlichen Asiaten aus Ostafrika fallen in diese Gruppe, verglichen mit 14 Prozent der männlichen Weißen. Die kleinen asiatischen Gemischtwarenhandlungen und andere von Asiaten geführte Unternehmen sind heute in der britischen Gesellschaft ein derart wichtiger Faktor, daß bereits mehrfach die Vermutung aufgestellt wurde, sie könnten bei der wirtschaftlichen Wiederbelebung der innerstädtischen Gebiete eine Vorreiterrolle übernehmen. Das ist mit ziemlicher Sicherheit übertrieben, weil viele asiatische Selbständige für ein relativ geringes Gesamteinkommen extrem lange Arbeitszeiten in Kauf nehmen. Sie sind zwar offiziell selbständig, in Wirklichkeit aber Angestellte anderer Familienmitglieder, die die Firma leiten, und sie haben auch keinen Anspruch auf Sozialleistungen wie Krankengeld, bezahlten Urlaub oder Arbeitgeberbeiträge an die öffentliche Versicherungsanstalt.

Wie wohlhabend sie auch sein mögen, nicht-weiße Gruppen sind immer verschiedenen Formen des Rassismus – einschließlich rassistisch motivierter tätlicher Übergriffe – ausgesetzt. Die meisten bleiben zwar von letzteren verschont, aber für eine Minderheit können solche Angriffe eine beunruhigende und brutale Erfahrung sein. In einem Forschungsbericht werden folgende Zwischenfälle angeführt:

> Ein Jugendlicher schläft, und plötzlich fliegt ein Schweinskopf mit brennenden Zigaretten in den Augenhöhlen, Ohren, Nüstern und im Maul durch das Schlafzimmerfenster herein. Eine Familie geht nach sieben Uhr nicht mehr aus dem Haus; alle versammeln sich in einem großen Raum, nachdem sie die Türen und Fenster im Erdgeschoß verbarrikadiert haben. Eine andere Familie wird in ihrer eigenen Wohnung von weißen Nachbarn, die die Vordertür mit einem Sicherheitsgitter versehen haben, gefangengehalten. Ein Schüler wird von einem älteren weißen Mitschüler mit einem Messer verletzt, als er sich zwischen zwei Unterrichtsstunden am Gang aufhält. (Gordon, 1986)

Ethnizität und Unterklasse

Der Begriff der *Unterklasse* (der im vorhergehenden Kapitel „Schichtung und Klassenstruktur" eingeführt wurde) ist inzwischen einigermaßen umstritten. Der Begriff wurde in den siebziger Jahren geprägt, nachdem Untersuchungen festgestellt hatten, daß ethnische Minderheiten in Großbritannien wie auch in anderen Ländern in ihren Aufstiegschancen enorm benachteiligt waren. Eine 1979 veröffentlichte Studie über das Gebiet Handsworth in Birmingham zeigte, daß, verglichen mit Weißen, „Nicht-Weiße eine andere Stellung auf dem Arbeitsmarkt, eine andere Wohnsituation und eine andere Schulbildung hatten" (Rex und Tomlinson, 1979, S. 68).

Für die Autoren der Studie war diese Situation die Folge von Vorurteilen und Diskriminierung, durch die die Probleme, denen sich benachteiligte Gruppen gegenübersahen, noch verstärkt wurden. In den achtziger Jahren griffen jedoch andere Autoren den Begriff „Unterklasse" auf, um ihren Standpunkt zu untermauern, daß sich in den unteren Bereichen des Systems eine „Kultur der Armut" entwickelt hatte. Unter „Kultur der Armut" versteht man eine Kultur, die Individuen hervorbringt, die angeblich die sich ihnen bietenden Chancen nicht nützen können. Sie werden „wohlfahrtsabhängig", gewöhnen sich daran, von staatlichen Almosen zu leben, und haben nicht genug Initiative, um aus dem System der Abhängigkeit auszubrechen. Diese Interpretation war in den Vereinigten Staaten ebenso wie in England (Murray, 1990) weit verbreitet.

Zahlreiche Kritiker waren von der Schlußfolgerung, daß die betroffenen Gruppen selbst an ihrer mißlichen Lage schuld seien, angewidert und gaben die Vorstellung, daß es eine Unterklasse gibt, überhaupt auf (Lister, 1990). Der Begriff „Unterklasse" scheint aber dann wichtig, wenn man die Überschneidung zwischen ethnischer Diskriminierung und Klassenunterschied verstehen will. Es gibt keine klaren oder absoluten Grenzen zwischen der Unterklasse und dem Rest der Arbeiterklasse, und auch mit der „Rassenzugehörigkeit" ist das Phänomen nicht gänzlich erklärbar; in derselben strukturellen Situation befinden sich nämlich auch einige Langzeitarbeitslose, Alleinerzieher und Mindestrentner. Daß es eine Unterklasse gibt, ist allerdings eine Tatsache.

Der Begriff „Unterklasse" muß jedoch ziemlich genau definiert werden (Pilkington, 1991). Die Kategorie ist notwendigerweise heterogen und widersetzt sich daher jeder vorschnellen Verallgemeinerung. Es gibt z. B. einen Zusammenhang zwischen der Entwicklung einer Unterklasse und der Zunahme bestimmter Formen der Kriminalität, doch sind natürlich nicht alle Gruppen der Unterklasse gleichermaßen davon betroffen. Die Idee der „Kultur der Armut" ist wahrscheinlich nicht haltbar, weil es sich dabei in Wirklichkeit eher um eine „Kultur des Widerstandes" handelt als um passive Abhängigkeit: Es entstehen Kulturformen, für deren Mitglieder Autonomie und Selbstverwirklichung noch möglich sind, auch wenn die Teilnahme an der allgemeinen Gesellschaft weitgehend eingeschränkt ist. Daß Rassismus bei solchen Beschränkungen eine wichtige Rolle spielt, gilt inzwischen als erwiesen. Viele Forscher würden der Schlußfolgerung zustimmen, daß „Rassismus wahrscheinlich die grundlegende Ursache für die Situation, in der sich die Unterklasse befindet, darstellt" (Glasgow, 1981, S. 19).

Die Benachteiligungen, denen die Opfer des Rassismus, wie oben erwähnt, ausgesetzt sind, tragen zum Niedergang der Stadtzentren bei, und dieser Niedergang verstärkt wiederum ihre Benachteiligung (siehe auch Kapitel 17 „Der moderne Urbanismus"). Hier gibt es zwischen Rasse, Arbeitslosigkeit und Verbrechen klare Korrelationen, vor allem bei schwarzen männlichen Jugendlichen. 1982 beschloß die Polizei, auf der Straße begangene Raubüberfälle nach der Hautfarbe des Täters zu klassifizieren und diese Statistik – es war damals die erste ihrer Art – regelmäßig zu veröffentlichen. Der von den Medien bereitwillig aufgegriffene Hauptbefund war die „unverhältnismäßige Beteiligung" junger Schwarzer an Verbrechen wie Raubüberfällen auf Passanten und Geschäfte. Das Ergebnis war, daß die Öffentlichkeit fortan „Rasse" mit „Verbrechen" assoziierte. Der *Daily Telegraph* kommentierte: „Viele junge in Großbritannien lebende Westindier und parallel dazu eine wachsende Zahl weißer Jugendlicher verstehen nicht, daß die Nation, in der sie leben, ein Teil ihrer selbst ist. Die Bürger dieser Nation werden daher in ihren Augen zu bloßen Objekten der brutalen Ausbeutung" (zitiert in Solomos und Rackett, 1991, S. 44). Zahlreiche junge Schwarze haben jedoch die

Erfahrung gemacht, daß *sie* es sind, die in ihren Begegnungen mit Weißen und bis zu einem gewissen Grad leider auch mit der Polizei „Objekte der brutalen Ausbeutung" sind.

Staatliche Kontrolle und Minderheiten

Aus einer Untersuchung von Roger Graef über das Verhalten der Polizei geht hervor, daß Rassismus unter den Polizeibeamten weit verbreitet ist. Er schloß daraus, daß die Haltung der Polizei „gegenüber sämtlichen Minderheitengruppen aktiv feindselig" ist. Besonders über Schwarze sprach man in plumpen Stereotypen, machte man Witze und spöttische Kommentare. Als ein Polizeibeamter die mißbilligende Miene des Interviewers bemerkte, meinte er gutgelaunt: „Die Polizisten schimpfen über alle, nicht nur über Nigger. Wir machen Bemerkungen über die Schwulen, die Pakis, die Lesben, die Frauen, die Studenten, die Iren – egal wen, wir mögen sie alle nicht" (Graef, 1989, S. 124).

Daß andererseits, wie aus der Untersuchung ebenfalls hervorgeht, schwarze Gruppen der Polizei häufig feindselig gegenüberstehen, ist daher nicht überraschend. Bis zu einem gewissen Grad rührt diese Haltung einfach von direkten Erfahrungen her: Besonders die Einstellung schwarzer Jugendlicher wird durch das Verhalten der Polizei geprägt. In einer 1983 veröffentlichten Studie kam man zu dem Schluß, daß „der Mangel an Vertrauen in die Polizei unter jungen Westindiern als katastrophal bezeichnet werden kann" (Smith und Small, 1983, S. 326), und diese Situation scheint sich in den letzten zehn Jahren nicht erheblich verbessert zu haben.

Auch schwarze Frauen sind ein Ziel von Vorurteilen und Diskriminierung. Eine beträchtliche Anzahl schwarzer Frauen sind Alleinerzieherinnen, eine Situation, derentwegen sie in den Medien und von der weißen Öffentlichkeit immer wieder kritisiert werden. In einem Artikel im Londoner *Evening Standard* etwa war zu lesen, daß „männliche schwarze Jugendliche in London unverhältnismäßig oft in Gewaltverbrechen verwickelt sind, weil die meisten schwarzen Mütter sehr früh uneheliche Kinder kriegen und dann ohne die Unterstützung der Väter dastehen" (zitiert in Chigwada, 1991, S. 138).

Untersuchungen zur Einstellung der Polizei zu schwarzen Frauen zeigen, daß die Schwarzen oft als feindselig, aggressiv und „schwierig" gelten. Frauen, die mit der Polizei „Schwierigkeiten" haben, sind oft von zwei Seiten gefährdet, weil sie auch von der schwarzen Gemeinschaft nicht selten ausgestoßen werden. Freiwillige Hilfsorganisationen haben das *Black Women's Prison Scheme* gegründet, um schwarze Gruppen zu ermutigen, schwarze weibliche Straffällige stärker zu unterstützen. Aus Untersuchungen geht hervor, daß junge schwarze Frauen der Polizei genauso kritisch gegenüberstehen wie die Männer. So wurde in einer Umfrage unter schwarzen Frauen festgestellt: „Die befragten schwarzen Frauen waren der Polizei gegenüber ausnahmslos negativ eingestellt und bezichtigten sie rassistischer Vorurteile und der Korruption" (Player, 1991, S. 122).

Ethnische Beziehungen im übrigen Europa

In den ersten beiden Jahrzehnten nach dem Zweiten Weltkrieg kam es in Europa zu einer richtigen Völkerwanderung, wobei die Mittelmeerländer billige Arbeitskräfte nach Nord- und Westeuropa exportierten. Arbeitskräfte aus Gebieten wie der Türkei, Nordafrika, Griechenland, Südspanien und Süditalien wurden eine Zeitlang von den Gastländern direkt angeworben, weil es dort auf dem Arbeitsmarkt zu akuten Engpässen gekommen war. In der Schweiz, in Westdeutschland, Belgien und Schweden ist der Prozentsatz von Gastarbeitern hoch. Gleichzeitig kam es zu einer Wanderungsbewegung aus den ehemaligen Kolonien in das jeweilige Mutterland: Dies galt hauptsächlich für Frankreich (Einwanderer aus Algerien) und die Niederlande (Immigranten aus Indonesien) wie auch für Großbritannien.

Diese durch den Arbeitsmarkt bedingten Wanderungsbewegungen nach und innerhalb Westeuropas sind vor über zehn Jahren mit Eintritt der Rezession erheblich zurückgegangen. Obwohl die Zuwanderer überall dabei sind, sich in ständige Bewohner zu verwandeln, leiden die meisten Mitglieder der ethnischen Minderheiten noch immer unter gravierenden rechtlichen Benachteiligungen. In einigen Ländern blieb der ursprüngliche gesetzliche Rahmen für die Gastarbeiter aufrecht, obwohl er ihrem mittlerweile geänderten Status nicht mehr entspricht. In anderen Ländern (wie in Frankreich und Deutschland) wurde eine neue, restriktive Politik der Minderheitenkontrolle eingeführt, z. B. ein eingeschränktes Recht für ansässige Einwanderer, nahe Verwandte ins Land zu bringen.

In vielen westeuropäischen Ländern gab es Kampagnen für die Repatriierung der Gastarbeiter in ihr Herkunftsland, Drohungen, sie bei Arbeitslosigkeit oder Straffälligkeit abzuschieben, und ähnliche Maßnahmen. Solche Pläne verunsichern vor allem die Jugendlichen unter den Minderheiten, die oft bereits im Gastland geboren sind und mit der Angst leben müssen, in Länder „zurückgeschickt" zu werden, zu denen sie keine wirkliche Beziehung haben.

Die Einwanderung und der damit verbundene Rassismus sind in Europa in den neunziger Jahren zu einem brisanten Thema geworden. Illegale Einwanderer aus Nordafrika kamen in großer Zahl vor allem nach Frankreich und Italien. Die Auflösung der Sowjetunion und die geänderten Verhältnisse in Osteuropa lassen die Regierungen in Westeuropa eine massive Zuwanderung aus dem Osten befürchten. Im wiedervereinigten Deutschland kam es 1991 und 1992 zu hunderten Angriffen auf Ausländer – und auf türkische Arbeiter, von denen einige bereits länger als zwanzig Jahre im Land waren.

In Österreich propagiert die rechtsorientierte Freiheitliche Partei einen Einwanderungsstopp. Eine vergleichbare Partei in Italien, die *Lega Nord*, schnitt bei den letzten Wahlen in Norditalien sehr gut ab. Sogar in den skandinavischen Ländern, die lange Zeit hindurch als Bastionen des liberalen Umganges mit anderen Volksgruppen galten, haben sich rechte Gruppierungen gebildet, die mit der Unterstützung eines nicht unbeträchtlichen Teiles der Bevölkerung rechnen können. Bei den französischen Regionalwahlen erhielt 1992 die französische *Front National* unter der Führung von Jean-Marie le Pen 14 Prozent der Stimmen.

Die Europäische Kommission drängt die Mitgliedsländer der Europäischen Gemeinschaft, strenge Maßnahmen gegen die Einwanderung zu ergreifen – ähnlich jenen, die in Großbritannien bereits angewendet werden. Viele Menschenrechtsorganisationen und ähnliche Gruppierungen haben dies als eine Woge des Rassismus und als Versuch der Errichtung einer „Festung Europa" wahrgenommen und mit Bestürzung darauf reagiert. Doch nicht alle Entwicklungen laufen auf eine Unterhöhlung der Toleranz hinaus. In all den oben genannten Ländern haben sich Organisationen gegen den Rassismus gebildet, und die meisten Regierungen haben Maßnahmen in die Wege geleitet, um der Diskriminierung entgegenzutreten.

Mögliche zukünftige Entwicklungen

Die USA als klassisches Einwanderungsland sind von allen Ländern des Westens dasjenige mit der größten ethnischen Vielfalt, weil sie als „Einwanderergesellschaft" konzipiert waren. Die amerikanischen Modelle für eine mögliche ethnische Entwicklung sind auch bei der Erarbeitung von potentiellen Wegen in Europa durchaus von Bedeutung. Bezüglich der Entwicklungsmöglichkeiten der ethnischen Beziehungen in den Vereinigten Staaten gibt es drei verschiedene Modelle: Das erste ist die **Assimilation**, das heißt, die Einwanderer geben ihre ursprünglichen Gebräuche auf und passen sich den Werten und Normen der Mehrheit an. Generationen von Einwanderern standen unter dem Druck, sich zu „assimilieren", und viele ihrer Kinder wurden folglich mehr oder weniger gänzlich zu „Amerikanern".

Ein zweites Modell ist der **Schmelztiegel**: Statt die Traditionen der Einwanderer zugunsten jener der bereits im Land lebenden Mehrheit aufzugeben, mischen sich die Kulturen, um neue, sich langsam entfaltende kulturelle Muster zu bilden. Viele glaubten, dies wäre die erstrebenswerteste Lösung für eine ethnisch gemischte Gesellschaft. In begrenztem Maße ist dieses Modell ein getreues Abbild von Aspekten der amerikanischen Kulturentwicklung. Obwohl die „Anglo–Kultur" dominant blieb, spiegelt sie zum Teil den Einfluß der verschiedenen Gruppen wider, aus denen heute die amerikanische Bevölkerung besteht.

Das dritte Modell ist der **kulturelle Pluralismus,** demzufolge die beste Lösung die Entwicklung einer pluralen Gesellschaft ist, in der zahlreiche unterschiedliche Subkulturen als gleichwertig anerkannt werden. Die Vereinigten Staaten sind seit langer Zeit pluralistisch, aber ethnische Unterschiede bedeuten dort eher Ungleichheiten, als unabhängige, gleichberechtigte Teilhabe an der nationalen Gemeinschaft.

In Europa gibt es ähnliche Spannungen und ähnliche Modelle. Ein Großteil der Regierungspolitik führt in England wie anderswo in die erste Richtung, jene der Assimilation. Wie in den Vereinigten Staaten wird sich dieser Weg überall dort als äußerst problematisch erweisen, wo sich die ethnischen Minderheiten von der Mehrheit der Bevölkerung physisch stark unterscheiden – wie das bei den Westindiern und Asiaten in Großbritannien der Fall ist. Der (oft institutionalisierte)

Rassismus in Europa ist so hartnäckig, daß die Idee des Schmelztiegels nur sehr bedingt relevant ist.

Die Führer der meisten ethnischen Minderheiten haben sich zunehmend für den pluralistischen Weg entschieden. Ein „eigener, aber gleichberechtigter" Status wird nicht kampflos zu haben sein und ist zur Zeit noch ein weit entferntes Ziel. Viele Leute fühlen sich von ethnischen Minderheiten bedroht; sie fürchten um ihren Arbeitsplatz, um ihre Sicherheit und um ihre „nationale Kultur". Ethnische Minderheiten müssen weiterhin als Sündenböcke herhalten. Da sich westeuropäische Jugendliche in ihren Vorurteilen von den Erwachsenen nicht wesentlich unterscheiden, müssen die ethnischen Minderheiten in den meisten Ländern mit einer Fortsetzung der Diskriminierungen in einem gespannten, angstbesetzten sozialen Klima rechnen.

Kurzfristig wird es wahrscheinlich, wie es in der Vergangenheit bereits der Fall war, zu einem Mischtyp kommen, wobei der Pluralismus stärker als bisher betont werden wird. Es wäre jedoch ein Irrtum zu glauben, der ethnische Pluralismus wäre nur von unterschiedlichen kulturellen Werten und Normen abhängig, die von außen in eine Gesellschaft hineingetragen werden. Die kulturelle Vielfalt wurde gerade auch durch die Erfahrung ethnischer Gruppen bei ihrem Anpassungsprozeß an das weitere soziale Lebensumfeld *geschaffen*.

Zusammenfassung

1 Bestimmte Teile der Bevölkerung bilden ethnische Gruppen, wenn sie gemeinsame kulturelle Merkmale aufweisen, durch die sie sich von der übrigen Bevölkerung unterscheiden. Ethnische Unterschiede sind zur Gänze erlernt, obwohl sie manchmal als „angeboren" betrachtet werden.

2 Eine *Minderheit* ist eine Gruppe, deren Mitglieder von der Mehrheitsbevölkerung diskriminiert werden. Mitglieder einer Minderheit haben oft ein starkes Zusammengehörigkeitsgefühl, das zum Teil aus der kollektiven Erfahrung des Ausschlusses resultiert.

3 Der Begriff *Rasse* bezieht sich auf physische Merkmale, wie die Hautfarbe, die von Mitgliedern einer Gemeinschaft oder einer Gesellschaft als ethnisch signifikant behandelt werden – und die für sie unterschiedliche kulturelle Merkmale signalisieren. Viele der landläufigen Meinungen zur „Rasse" gehören in das Reich der Mythen. Es gibt keine eindeutigen Merkmale, anhand derer man die Menschen nach Rassen einteilen könnte.

4 *Rassismus* bedeutet, daß man Individuen mit einer bestimmten physischen Erscheinungsform fälschlich ererbte Persönlichkeits- oder Verhaltensmerkmale zuschreibt. Ein Rassist ist jemand, der glaubt, daß die angeblichen minderwertigen Merkmale von Leuten eines bestimmten physischen Typs biologisch erklärt werden können.

5 *Verschiebung* und *Projektion* sind psychologische Mechanismen, die gemeinsam mit *Vorurteilen* und *Diskriminierung* auftreten. Bei der Verschiebung richten sich feindselige Gefühle gegen Ziele, die nicht die Ursache dieser Ängste sind. Die Menschen projizieren ihre Angst- und Unsicherheitsgefühle auf Sündenböcke. Unter Vorurteil versteht man vorgefertigte Meinungen über ein Individuum oder eine Gruppe; mit Diskriminierung meint man das konkrete Verhalten einer Person oder einer Gruppe,

durch welches Mitgliedern einer Gruppe Möglichkeiten, die anderen offenstehen, vorenthalten werden.

6   Ethnische Vorurteile werden sehr früh erworben. Bereits Kinder halten z. B. Weiße für den Schwarzen überlegen.

7   Die Schließung von Gruppen und der privilegierte Zugang zu Ressourcen sind in vielen Situationen des ethnischen Antagonismus ein wesentliches Element. Einige fundamentale Aspekte neuerer ethnischer Konflikte, insbesondere rassistische Haltungen von Weißen gegenüber Schwarzen, müssen jedoch aus der Expansionsgeschichte des Westens und aus der Kolonialisierung heraus verstanden werden.

8   Es gibt verschiedene Beispiele in der Geschichte, wie Gesellschaften mit ethnischen Minderheiten umgegangen sind, von Versklavung und Apartheid bis zu einem Ausmaß an Integrationsbereitschaft; die Reaktionen der Minderheiten waren ebenso vielfältig.

9   Es können drei verschiedene Modelle der zukünftigen Entwicklung der ethnischen Beziehungen unterschieden werden: Die *Assimilation*, der *Schmelztiegel* und der *kulturelle Pluralismus*. In den letzten Jahren wurde meist die dritte Möglichkeit betont, die davon ausgeht, daß die unterschiedlichen ethnischen Identitäten innerhalb des Kontextes der Nationalkultur gleichwertig sind.

Grundbegriffe

Ethnizität	Rassismus
Diskriminierung	Vorurteil

Wichtige Fachausdrücke

plurale Gesellschaft	Apartheid
Minderheitengruppen (ethnische Minderheiten)	Mikrosegregation
Rasse	Mesosegregation
stereotypes Denken	Makrosegregation
Verschiebung	Assimilation
Sündenbock	Schmelztiegel
Projektion	kultureller Pluralismus
autoritäre Persönlichkeit	

Weiterführende Literatur

Frances Aboud, *Children and Prejudice* (Oxford: Blackwell, 1989) – eine Abhandlung über die Bildung von Vorurteilen in der Kindheit.

Geoffrey Harris, *The Dark Side of Europe: The Extreme Right Today* (Edinburgh: Edinburgh University Press, 1990) – eine vergleichende Abhandlung über die Zunahme rechtsextremistischer Gruppen im Europa der Gegenwart.

Friedrich Heckmann, *Ethnische Minderheiten. Volk und Nation* (Stuttgart: Enke, 1992) – ein nützlicher Überblick zum Thema.

Manning Marable, *Race, Reform and Rebellion: The Second Reconstruction in Black America, 1945–1990* (London: Macmillan, 1991) – die beste Studie über jüngste, die Lage von Afroamerikanern in den Vereinigten Staaten beeinflussende Entwicklungen.

John Rex and David Mason (Hrsg.), *Theories of Race and Ethnic Relations* (Cambridge: Cambridge University Press, 1986) – Rex und Mason analysieren die wichtigsten theoretischen Interpretationen von Rasse und Ethnizität, entwickeln jedoch eine eigenständige Perspektive.

John Solomos, *Race and Racism in Contemporary Britain* (London: Macmillan, 1989) – ein nützlicher Grundlagentext über die Rassenbeziehungen in Großbritannien heute.

Kapitel 9

Gruppen und Organisationen

Formen der Assoziation
  Primär- und Sekundärgruppen
  Formale Organisationen

Bürokratie
  Webers Theorie der Bürokratie
  Die Effizienz der Bürokratie
  Formelle und informelle Beziehungen innerhalb der Bürokratien
  Bürokratie und Oligarchie
  Japanische Firmen
  Die Bedeutung des japanischen Systems für die Organisationstheorie

Einflüsse auf Organisationen in der modernen Welt
  Die Professionen
  EDV-Technologie
  Die physischen Voraussetzungen von Organisationen

Überwachung und Disziplin in Organisationen
  Überwachung
  Disziplin

Kerkerorganisationen
  Die Entwicklung von Kerkerorganisationen

Nicht-bürokratische Organisationen: Selbsthilfegruppen
  Merkmale von Selbsthilfegruppen

Schlußfolgerung

Zusammenfassung

Grundbegriffe

Wichtige Fachausdrücke

Weiterführende Literatur

Der französische Philosoph und Dramatiker Jean-Paul Sartre schrieb einmal, „Die Hölle, das sind die anderen." Es gibt in der Tat viele Situationen – ob privater Natur oder eher unpersönlich –, in denen unsere Beziehungen zu den anderen als erdrückend empfunden werden können. Eine Art, eine Atmosphäre zu schaffen, in der sich unsere Mitmenschen unbehaglich fühlen, mit der wir sie sogar zur Verzweiflung treiben können, besteht darin, sie engen und ununterbrochenen Kontakten mit anderen Personen auszusetzen, wie das z. B. in Gefängnissen der Fall ist. Eine noch schwerere Strafe allerdings besteht darin, jemanden von jeglichem menschlichen Kontakt auszuschließen. Einzelhaft finden die meisten Menschen unerträglich, auch wenn ihnen in anderer Hinsicht ein gewisser Grad an Komfort geboten wird. Das Leben und die Interaktion mit anderen in Gruppen, Verbänden und Organisationen ist ein das Leben praktisch aller Menschen bestimmender Aspekt.

Die meisten von uns gehören zahlreichen Gruppen an – unter anderem der Familie, in die sie hineingeboren sind, aber auch einer Vielzahl von wesentlich größeren Organisationen, wie Schulen, Universitäten oder Unternehmen. Gruppen und Organisationen beherrschen unser Leben, und die damit einhergehenden Autoritätssysteme beeinflussen und bestimmen unser Verhalten. In diesem Kapitel werden wir über die Hauptmerkmale von Gruppen sprechen und dabei besonders auf die Autoritätssysteme großer Organisationen eingehen.

Formen der Assoziation

Der Begriff der *sozialen Gruppe* ist von zwei anderen, verwandten Begriffen, *Aggregaten* und *sozialen Kategorien*, zu unterscheiden. Unter einer **sozialen Gruppe** ist ganz einfach eine Anzahl von Menschen zu verstehen, die miteinander regelmäßig interagieren. Durch die Regelmäßigkeit der Interaktion werden die Beteiligten zu einer eigenen Einheit mit einer übergeordneten sozialen Identität verschmolzen. Mitglieder einer Gruppe erwarten voneinander bestimmte Verhaltensformen, die von Nicht-Mitgliedern nicht erwartet werden. Der Größe nach reichen Gruppen von sehr engen Verbänden, wie der Familie, bis zu großen Kollektiven, wie Sportvereinen. **Aggregate** sind hingegen Menschengruppen, die sich zur selben Zeit am selben Ort befinden, ohne daß jedoch eine bestimmte Beziehung zwischen ihnen besteht: Passagiere auf einem Flughafen, Kinobesucher vor einem Kino, Studenten, die sich anstellen, um sich für eine Lehrveranstaltung einzutragen, sind Beispiele für solche Aggregate. Um mit Erving Goffman zu sprechen: Aggregate sind Anhäufungen von Menschen, deren Interaktionen nicht zentriert sind (siehe Kapitel 4 „Soziale Interaktion und Alltagsleben"). Natürlich findet man innerhalb solcher Aggregate üblicherweise verschiedene Arten von Gruppenbeziehungen.

Eine **soziale Kategorie** ist eine statistische Gruppierung, in der Menschen aufgrund eines bestimmten gemeinsamen Merkmals zusammengefaßt werden, wie z. B. Personen mit gleichem Einkommen oder Beruf. Daraus folgt weder, daß Leute derselben sozialen Kategorie miteinander interagieren, noch, daß sie am selben Ort zusammentreffen. Sie messen auch diesem sie verbindenden gemeinsamen

Merkmal nicht unbedingt besondere Bedeutung bei. Die soziologische Forschung geht trotzdem oft von sozialen Kategorien aus. Wenn wir uns z. B. für die Beziehungen zwischen den Rassen in England interessieren, so müssen wir möglicherweise die Unterschiede des Durchschnittseinkommens von Weißen und Schwarzen einbeziehen – zwei statistische Kategorien.

Primär- und Sekundärgruppen

Nicht alle Gruppen, denen wir angehören, sind gleich wichtig für uns. Die Zugehörigkeit zu einigen Gruppen beeinflußt viele Aspekte unseres Lebens und bringt uns in einen persönlichen und familiären Kontakt mit anderen. Der amerikanische Soziologe Charles Horton Cooley (1864–1929) prägte den Begriff **Primärgruppe** für einen kleinen Verband von Menschen, zwischen denen emotionale Bindungen bestehen. Die Familie oder ein Freundeskreis wären Beispiele dafür. Cooley neigte dazu, Primärgruppen zu idealisieren, doch ist diese Sichtweise fragwürdig. Das Leben in der Familie ist z. B. nicht immer an sich befriedigend und angenehm; Familien sind oft die Quelle großer Spannungen und Feindseligkeiten (siehe Kapitel 12 „Verwandtschaft, Ehe und Familie").

Unter einer **Sekundärgruppe** versteht man eine Anzahl von Leuten, die einander regelmäßig treffen, deren Verhältnis zueinander aber großteils unpersönlich ist. Zwischen Personen in Sekundärgruppen bestehen keine engen Beziehungen; sie treffen einander aus bestimmten praktischen Anlässen. Ein Ausschuß oder ein Club sind gute Beispiele für Sekundärgruppen. Natürlich ist die Unterscheidung zwischen Primär- und Sekundärgruppen in einer konkreten sozialen Situation nicht immer eindeutig möglich: Leute, die sich in einem Ausschuß regelmäßig treffen, können Freunde werden und auch bei nicht–offiziellen Anlässen miteinander Zeit verbringen.

Formale Organisationen

In traditionellen Gesellschaften leben die meisten Menschen in kleinen Gruppenverbänden. In einer Gesellschaft wie im traditionellen China trafen die Einwohner eines Dorfes kaum je auf einen Regierungsbeamten. Regierungsverordnungen hatten auf ihr Leben kaum einen Einfluß. Vergleichen wir das mit unserer heutigen Situation. Unser Alltag wird ständig von Entscheidungen der Behörden beeinflußt. Jedes bedeutsamere Ereignis – Geburt, Eheschließung oder Tod – wird registriert. Die Regierungsorganisationen stellen einige grundlegende Ressourcen (zumindest teilweise) zur Verfügung: das Bildungswesen, das Abwassersystem, das Straßennetz, die öffentlichen Versorgungsbetriebe, Maßnahmen des Umweltschutzes, das nationale Währungssystem – die Liste ist beinahe endlos.

Viele von uns sind in großen Spitälern auf die Welt gekommen und erhielten ein Bändchen um die Hand, sodaß wir unter mehreren Dutzend anderen Neugeborenen erkennbar waren. Praktisch alle gehen zur Schule, und manche besuchen eine Hochschule. Wir verbringen ein Gutteil unseres Erwachsenenlebens an einem Arbeitsplatz in einem Produktions– oder Finanzunternehmen, einer Bank oder in einer öffentlichen Behörde. Unser ganzes Leben lang sind wir auch von

Organisationen abhängig, um mit anderen brieflich oder telefonisch in Kontakt treten zu können, um unser Haus elektrisch beleuchten und heizen zu können, um uns zu informieren oder zu unterhalten, sollten wir Zeitungen lesen, Radio hören oder fernsehen wollen.

Eine Organisation ist ein großer Verband von Leuten, der unpersönlich verwaltet wird und zur Durchsetzung spezifischer Zielsetzungen gegründet wurde. Die meisten sozialen Systeme der traditionellen Welt entstanden über einen langen Zeitraum hinweg als Ergebnis von Konventionen und Gewohnheiten. Im Gegensatz dazu werden Organisationen meist *geplant* – mit bestimmten Zielvorgaben errichtet und in Gebäuden oder baulichen Anlagen untergebracht, die eigens dafür geschaffen wurden, diese Ziele durchzusetzen. Die Gebäude, in denen Spitäler, Universitäten oder Unternehmen ihre Tätigkeiten durchführen, sind meistens „Gebrauchsarchitekturen".

Es ist leicht ersichtlich, warum Organisationen für uns heute so wichtig sind. In der vorindustriellen Welt sind die Familie, die nahen Verwandten und Nachbarn für die meisten Bedürfnisse aufgekommen – für die Nahrung, die Ausbildung der Kinder, für die Arbeit und die Freizeitaktivitäten. In modernen Gesellschaften sind die wechselseitigen Abhängigkeiten stärker als je zuvor. Viele unserer Bedürfnisse werden von Fremden, die wir nie kennenlernen werden und die möglicherweise tausende Kilometer von uns entfernt leben, gestillt. Unter solchen Umständen bedarf es eines gewaltigen Ausmaßes an Koordination von Aktivitäten und Ressourcen; diese Koordination wird von Organisationen geleistet.

Bürokratie

Sämtliche modernen Organisationen sind in großem Maße bürokratisch. Der Begriff **Bürokratie** wurde 1745 von einem gewissen De Gournay geprägt. Er hängte an das Wort „Büro", das im Französischen die Bedeutung „Schreibstube" und „Schreibtisch" hat, das vom Griechischen abgeleitete Wort „kratie" an, was soviel wie „regieren" heißt. „Bürokratie" bedeutet also „Beamtenherrschaft". Mit dem Wort wurden ursprünglich staatliche Behörden, allmählich jedoch auch große Organisationen im allgemeinen bezeichnet. Der Begriff wurde von Anfang an sowohl von seinem Erfinder als auch von anderen abwertend gebraucht. De Gournay sprach von der zunehmenden Macht der Beamten als von „einer Krankheit namens Büromanie" (Albrow, 1972). Für den französischen Romancier Balzac war die Bürokratie „die Riesenmacht, die von Pygmäen ausgeübt wird". Diese Ansicht hat sich bis in die heutige Zeit erhalten. Bürokratie wird oft mit dem „Amtsschimmel", mit Ineffizienz und Verschwendung assoziiert.

Der Satiriker C. Northcote Parkinson verfaßte eine berühmt gewordene Erörterung der Bürokratie, die auf der Idee fußte, daß die Beamten ihren Tätigkeitsbereich inoffiziell ausdehnen, um schließlich die ganze freie Zeit, die ihnen bleiben würde, damit auszufüllen (Parkinson, 1992). Das „Parkinsonsche Gesetz" besagt, daß sich die Arbeit ausweitet, um die Zeit, die für ihre Erledigung verfügbar ist, auszufüllen. Bürokratien wachsen nicht deshalb, weil die Beamten neue Verpflichtungen übernehmen, die sie vorher noch nicht hatten, sondern weil sie ständig den Eindruck erwecken müssen, beschäftigt zu sein. Sie schaffen dort Aufgaben, wo es in Wirklichkeit keine gibt – und müssen dann ihre Untergebenen überwachen, die wiederum viel Zeit damit verbringen, für sie Berichte und Aktenvermerke zu schreiben. Und so setzt sich der Prozeß fort – wobei das Ausfüllen von Formularen, das Verfassen von Berichten und die Aktenverwaltung meist für die Durchführung der Aufgaben, für die die Bürokratie errichtet wurde, entbehrlich ist.

Viele andere Autoren haben die Bürokratie in einem anderen Licht gesehen – als Modell der Sorgfalt, Genauigkeit und der effizienten Verwaltung. Die Bürokratie ist in ihren Augen die effizienteste Organisationsform, die von Menschen ersonnen wurde, weil alle Abläufe durch strenge Verfahrensvorschriften geregelt sind. Die einflußreichste, von Max Weber formulierte These stellt einen Mittelweg zwischen diesen beiden Extremen dar. Weber zufolge ist die Ausweitung des bürokratischen Apparates in den modernen Gesellschaften unvermeidbar. Die Entwicklung der bürokratischen Autorität ist die einzige Möglichkeit, die administrativen Anforderungen großer sozialer Systeme in den Griff zu bekommen. Weber ist aber gleichzeitig der Ansicht, daß sich die Bürokratie in mehrfacher Hinsicht nachteilig auf das moderne gesellschaftliche Leben auswirkt.

Webers Theorie der Bürokratie

Eine begrenzte Anzahl bürokratischer Organisationen bestand, wie Weber aufzeigt, bereits in den größeren traditionellen Gesellschaften. Es gab z. B. im chinesischen Kaiserreich ein bürokratisches Beamtentum, das für die allgemeinen Regierungsgeschäfte zuständig war. Eine weitere wichtige Spielart der Bürokratie in der traditionellen Welt war das Militär. Erst in der Moderne konnten sich Bürokratien jedoch voll entfalten und sich auf die meisten Bereiche des gesellschaftlichen Lebens ausdehnen. Um die Ursprünge und die Expansion bürokratischer Organisationen analysieren zu können, entwarf Weber einen **Idealtyp** der Bürokratie. („Ideal" bedeutet hier nicht das Erstrebenswerteste, sondern eine „reine Form" der bürokratischen Organisation. Ein Idealtyp ist eine abstrakte Beschreibung, die durch Hervorhebung bestimmter Merkmale realer Fälle konstruiert wird, um ihre wesentlichsten Charakteristiken hervorzukehren). Weber listet verschiedene Merkmale dieses Idealtyps der Bürokratie auf (Weber, 1976, S. 551–4):

1 Es gibt eine deutliche *Hierarchie der Autorität und des Instanzenzugs,* die so beschaffen ist, daß die Aufgaben in einer Organisation als „feste Kompetenzen" verteilt werden. Eine Bürokratie gleicht einer Pyramide, wobei die Positionen mit der höchsten Autorität die Spitze bilden. Von oben nach unten erstreckt sich eine „Amtshierarchie", die eine koordinierte Entscheidungsfindung ermöglicht. Jede höhere Dienststelle kontrolliert und überwacht die ihr in der Hierarchie unmittelbar unterstellte.
2 Das Verhalten der **Organisationsmitglieder (Beamte)** wird auf allen Ebenen der Organisation durch *schriftliche Regeln* umschrieben. Das bedeutet nicht, daß die bürokratischen Pflichten eine Routineangelegenheit sind. Je höher das Amt, desto größer ist die Anzahl und Vielfalt der Fälle, die von den relevanten

Regeln erfaßt werden, und desto mehr Flexibilität ist bei ihrer Auslegung erforderlich.
3 *Die Beamten sind vollzeitbeschäftigt, d.h. hauptamtlich tätig und erhalten ein festes Gehalt.* Jede Position in der Hierarchie ist mit einem fixen Salär verknüpft. Es wird erwartet, daß der einzelne seine Laufbahn innerhalb der Organisation absolviert. Eine Beförderung erfolgt nach der Fachkompetenz, den Dienstjahren oder einer Kombination aus beiden.
4 *Die Aufgaben des Beamten innerhalb der Organisation und sein Leben außerhalb sind voneinander getrennt.* Das „Privatleben" des Beamten unterscheidet sich von seinen Aktivitäten am Arbeitsplatz und findet auch an einem anderen Ort statt.
5 *Kein Mitglied der Organisation besitzt die materiellen Ressourcen, mit denen es arbeitet.* Laut Weber sind die Arbeiter aufgrund der Entwicklung der Bürokratie von der Macht über ihre Produktionsmittel abgeschnitten. In traditionellen Gemeinschaften bestimmten die Bauern und Handwerker üblicherweise den Produktionsprozeß, und das Werkzeug, das sie verwendeten, gehörte ihnen. In Bürokratien gehören den Beamten weder die Büros, in denen sie arbeiten, noch die Schreibtische, an denen sie sitzen, noch die Büromaschinen, die sie verwenden.

Die Effizienz der Bürokratie

Die moderne Bürokratie, so Weber, ist ein äußerst effizientes Mittel, um eine große Anzahl von Menschen zu organisieren. Es gibt dafür mehrere Gründe:

1 Bürokratische Verfahren mögen zwar eigenständige Initiativen in gewisser Hinsicht einschränken, sie gewährleisten jedoch, daß Entscheidungen nach allgemeinen Kriterien getroffen werden, und nicht von der Lust und Laune des einzelnen abhängen.
2 Die Ausbildung von Beamten zu Experten in ihrem Zuständigkeitsbereich schließt zwar „talentierte Laien" aus, stellt aber insgesamt ein generell gleiches Kompetenzniveau sicher.
3 Die Tatsache, daß Beamtenstellen hauptberufliche Ämter sind, reduziert die Gefahr der Korruption, auch wenn diese nicht vollkommen ausgeschlossen ist. Die traditionellen Autoritätssysteme stützten sich weitgehend auf das, was wir heute als „korrupte Praktiken" auffassen würden. Inhaber eines Amtes verwendeten ihre Position z. B. zur Besteuerung der ihnen Untergebenen, wobei sie den Großteil des Geldes für sich selbst verwendeten.
4 Die Tatsache, daß Leistung mittels Prüfungen oder anderer öffentlicher Mittel beurteilt wird, führt zur Reduktion von Nepotismus und Günstlingstum, auch wenn solche Praktiken nicht gänzlich unterbunden werden.

Je genauer eine Organisation dem Idealtyp entspricht, meint Weber, desto effizienter wird sie die Ziele, um derentwillen sie errichtet wurde, verfolgen können. Er vergleicht Bürokratien oft mit komplizierten Maschinen, gibt jedoch zu, daß die Bürokratie zu „Amtsschimmel"–Problemen führen kann und daß die meisten Beamtenstellen langweilig sind und kaum Platz für kreatives Denken lassen. Die bürokratische Amtsroutine und die Autorität des Beamtentums über unser Leben sind der Preis, den wir für die technische Leistungsfähigkeit bürokratischer Organisationen zahlen.

Formelle und informelle Beziehungen innerhalb der Bürokratien

Webers Analyse der Bürokratie räumt den **formellen Beziehungen** innerhalb der Organisationen eine vorrangige Rolle ein. Je „bürokratisierter", um mit Weber zu sprechen, eine Organisation ist, desto starrer und detaillierter definiert sind die Aufgaben. Über die informellen Verbindungen und über die Beziehungen zwischen Kleingruppen, die es in allen Organisationen gibt, sagt Weber wenig. In Bürokratien sind oft informelle Vorgangsweisen das einzige Mittel, um eine gewisse Flexibilität zu erreichen.

In einer sehr bekannt gewordenen Untersuchung analysierte Blau die **informellen Beziehungen** in einer Behörde (Blau, 1963). Zu den Aufgaben der Beamten dieser Behörde gehörte die Überprüfung potentieller Einkommenssteuerhinterzieher. Beamte, die auf Probleme stießen, die sie nicht ohne weiteres lösen konnten, sollten diese mit ihrem unmittelbaren Vorgesetzten besprechen. Laut ihren Dienstvorschriften sollten sie sich mit auf der gleichen Ebene arbeitenden Kollegen nicht besprechen. Die meisten Beamten hüteten sich aber davor, sich an ihre Vorgesetzten zu wenden, weil sie Angst hatten, als inkompetent eingestuft zu werden, und weil sie ihre Aufstiegschancen wahren wollten. Sie besprachen sich also zuerst untereinander, wohl wissend, daß sie damit gegen die Dienstvorschriften verstießen. Dabei holten sie sich aber nicht nur konkrete Ratschläge, sondern es gelang ihnen auch, die Ängste und Unsicherheiten, die bei eigenständiger Arbeit auftauchen, zu verringern. Zwischen den auf ein und derselben Ebene arbeitenden Kollegen entwickelte sich ein kohärentes Gefüge gegenseitiger Loyalitäten, wie sie bei einer *Primärgruppe* auftreten. Blau schließt daraus, daß die Probleme, denen sich diese Beamten gegenübersahen, daher viel effizienter gelöst wurden. Die Gruppe war in der Lage, informelle Vorgangsweisen zu entwickeln, die mehr Freiraum bzw. Eigeninitiative und –verantwortung boten als die offiziellen Dienstvorschriften.

Informelle Netzwerke entwickeln sich auf allen Ebenen der Organisation. An der Spitze können persönliche Bindungen und Verbindungen für die reale Machtstruktur wichtiger sein als die formalen Situationen, in denen Entscheidungen getroffen werden sollten. Man nimmt z. B. generell an, daß Vorstandssitzungen und Aktionärsversammlungen die Geschäftspolitik von Firmen bestimmen. In der Praxis leiten jedoch oft einige wenige Vorstandsmitglieder die Firma, wobei sie ihre Entscheidungen auf informeller Ebene treffen und damit rechnen, daß der Vorstand sie genehmigen wird. Informelle Netzwerke dieser Art spannen sich manchmal über verschiedene Firmen. Die führenden Köpfe verschiedener Unternehmen konsultieren einander oft auch auf informeller Ebene und gehören denselben Clubs oder Freizeitverbänden an.

Inwieweit informelle Verfahren die Effizienz von Organisationen allgemein fördern oder behindern, ist nicht leicht zu beantworten. Systeme, die dem Idealtyp Webers nahekommen, führen oft zu einem Dschungel informeller Vorgangsweisen. Ein Grund dafür kann sein, daß die Flexibilität, die dem System fehlt, durch inoffizielles Herumbasteln an den offiziellen Vorschriften geschaffen wird. Für jene auf langweiligen Posten schaffen informelle Vorgangsweisen oft eine befriedigendere Arbeitsumgebung. Informelle Verbindungen zwischen Beamten in höheren Positionen können der Organisation insgesamt nutzen. Andererseits könnten die an diesen Verbindungen Beteiligten dazu verleitet werden, eher aus Eigeninteresse zu handeln und weniger aus Sorge um die Organisation selbst.

Bürokratie und Oligarchie

Aus dem Weberschen Bürokratie–Modell folgt, daß sich die Macht an der Spitze konzentriert. Eine große Organisation ist eine Pyramide, bei der die Mehrheit relativ machtlose Positionen „an der Basis" innehat. Robert Michels, ein Schüler und Kollege Max Webers, stellte aufgrund dieser Beobachtung sein *ehernes Gesetz der Oligarchie* auf (Michels, 1979). **Oligarchie** bedeutet Herrschaft einiger weniger. Michels zufolge ist die Machtkonzentration in den Händen einiger weniger hochrangiger Persönlichkeiten umso stärker, je größer und bürokratischer eine Organisation wird. Michels gründete seine These auf die Entwicklung der Sozialdemokratischen Partei Deutschlands, die sich bezüglich der politischen Entscheidungsfindung ausdrücklich den Idealen der Mitbestimmung der Masse verschrieben hatte. Zu der Zeit (im ersten Jahrzehnt dieses Jahrhunderts) wurde die Partei zu einer politischen Macht. Gerade durch ihren Erfolg und ihre steigenden Mitgliederzahlen wuchs auch die parteiinterne Bürokratie.

Die tatsächliche Macht wurde aber, wie Michels zu zeigen versuchte, immer mehr von jenen an der Spitze der Bürokratie, von ein paar hohen Funktionären, ausgeübt. Ironischerweise wurde die Sozialdemokratische Partei genauso von einer kleinen Clique dominiert wie die konservativen Parteien, gegen die sie auftrat. Jede große Organisation, meint Michels, ist dem gleichen Trend unterworfen. Die Kontrolle einiger weniger ist ein unvermeidbarer Aspekt des bürokratischen Aufbaus großer Organisationen. Wenn Michels' Argument stimmt, sind die Konsequenzen für jeden, der für eine demokratische Mitbestimmung eintritt, ernst. Michels selbst gab übrigens die sozialistischen Ideale, die er einst unterstützte, nach und nach auf.

Wie Weber identifizierte Michels im Trend zur *Bürokratie* einerseits und in der Entwicklung der *Demokratie* andererseits eine Quelle der Spannung in modernen Gesellschaften. Massendemokratie kann es nur geben, wenn es regelmäßige Wahlen und gut entwickelte Parteiorganisationen gibt, aber diese bringen eine Zunahme der Bürokratie mit sich, weil zur Lenkung und Leitung der Parteien hauptamtliche Funktionäre erforderlich sind. Die Demokratie sollte eigentlich die Mitbestimmung der Massen am politischen System gewährleisten, aber eben die Förderung demokratischer Parteien führt zur Entwicklung großer, bürokratisierter Parteimaschinerien, die von Führungscliquen beherrscht werden (weitere Informationen über die Massendemokratie in Kapitel 10 „Politik, Regierung und Staat").

Hatte Michels recht? Sicherlich bringen große Organisationen die Zentralisierung der Macht mit sich, doch ist anzunehmen, daß das „eherne Gesetz der Oligarchie" nicht so ehern ist, wie Michels behauptete. Die Verbindungen zwischen Oligarchie und bürokratischer Zentralisierung sind vielschichtiger, als er vermutete.

"Nein!" schrie Bixbey und schlug mit der Faust auf den Tisch. Der Boden bebte, die Wände zitterten. Watson erbleichte. „S-s-sie m-m-meinen w-w-wir ..." Er stotterte, schien sich an jeder Silbe zu verschlucken.

Zeichnung von Dana Fradon; © 1977 The New Yorker Magazine Inc.

Wir sollten zunächst zur Kenntnis nehmen, daß ungleiche Machtverhältnisse nicht nur eine Folge der Größe sind. In kleinen Gruppen kann es sehr ausgeprägte Machtunterschiede geben. In einem kleinen Unternehmen z. B., wo die Tätigkeiten der Angestellten von den Direktoren klar verfolgt werden können, kann eine viel genauere Kontrolle ausgeübt werden als in den Büros größerer Organisationen. Wird die Organisation größer, lockern sich sogar oft die Machtbeziehungen. Jene in den mittleren und unteren Rängen haben möglicherweise wenig Einfluß auf die von der Spitze praktizierte Gesamtpolitik. Andererseits verlieren die Leute an der Spitze die Kontrolle über viele administrative Entscheidungen, weil in einem bürokratischen Apparat jeder ein Spezialist für seinen Aufgabenbereich ist. Die Entscheidungen werden von der unteren Ebene getroffen (Crozier, 1964). Personen in untergeordneten Positionen haben immer eine gewisse Macht über ihre Vorgesetzten. Ein Verwaltungsbeamter kann z. B. seinem Vorgesetzten eine Sachlage so beschreiben, daß nur eine Entscheidung logisch erscheint.

Macht wird in Organisationen auch oft offen von oben nach unten delegiert. Ray Pahl und Jack Winkler führten eine Untersuchung unter Direktoren von Firmen verschiedener Größe durch (Pahl und Winkler, 1974) und fanden heraus, daß der Machttransfer von oben nach unten in größeren Firmen *häufiger* vorkam als in kleineren Firmen. In den größeren Firmen waren die Direktoren so sehr mit der Koordination verschiedener Abteilungen, mit Krisenmanagement, Budgetanalysen und Produktions- und Umsatzzahlen beschäftigt, daß sie keine Zeit hatten, eigenständige Vorschläge auszuarbeiten. Sie überließen die Beurteilung bestimmter firmenpolitischer Fragen anderen „weiter unten", deren Aufgabe es war, die Probleme zu analysieren und Lösungsvorschläge zu erarbeiten. Viele Direktoren gaben offen zu, daß sie meist nur die Schlußfolgerungen der anderen, so wie sie ihnen vorgelegt wurden, akzeptierten.

Japanische Firmen

Wir wollen uns nun mit Organisationen in einer gänzlich anderen kulturellen Umgebung auseinandersetzen – mit japanischen Organisationen. Japan ist das einzige nicht–westliche Land, das voll industrialisiert ist. Sein wirtschaftlicher Fortschritt ist aus mehreren Gründen bemerkenswert. In der Mitte des 19. Jahrhunderts, kurz bevor die Industrialisierung voll anlief, war Japan seinem Wesen nach noch eine Feudalgesellschaft, ja sogar viel traditioneller und bäuerlicher strukturiert als die meisten westlichen Länder in dieser Zeit. Im späten 19. und im frühen 20. Jahrhundert durchlebte es aber eine sehr stürmische industrielle Entwicklung. Nach der Niederlage gegen die USA im Zweiten Weltkrieg lag die japanische Wirtschaft darnieder. Doch dank der Finanzhilfe der Amerikaner ist Japan seither in die Spitzenränge der Wirtschaftsmächte vorgestoßen. Gemessen am Bruttonationalprodukt ist Japan heute die zweitgrößte Wirtschaftsmacht der Welt.

Man sagt oft, daß Japans wirtschaftlicher Erfolg hauptsächlich von den Besonderheiten der großen japanischen Unternehmen herrühre – die sich von den meisten westlichen Unternehmen grundlegend unterscheiden. Die japanischen Firmen sind auch hinsichtlich der Merkmale, die von Weber mit der Bürokratie assoziiert wurden, anders.

(1) Die großen japanischen Firmen besitzen nicht die Art von Autoritätspyramide, wie Weber sie darstellte, und bei der jede Ebene nur der ihr übergeordneten verantwortlich ist. Vielmehr werden in japanischen Firmen in der Hierarchie weit unten stehende Mitarbeiter in die Firmenpolitik des Managements eingebunden, und sogar die Generaldirektoren holen regelmäßig ihre Meinung ein. Die Japaner bezeichnen dieses System als Entscheidungsfindung „von unten nach oben".

(2) In japanischen Organisationen spezialisieren sich Angestellte viel weniger als ihre Kollegen im Westen. Ich möchte das Beispiel Sugaos zitieren, das William Ouchi (1981) beschrieben hat. Sugao ist ein Universitätsabsolvent, der soeben bei der Mitsubeni Bank in Tokio eingetreten ist. Er wird in der Firma zunächst zum Manager ausgebildet und lernt während des ersten Jahres, wie die verschiedenen Abteilungen der Bank funktionieren. Dann wird er für eine Zeitlang in eine kleine Filiale versetzt, wo er direkt als Schalterbeamter arbeitet, ehe er wieder in die Zentrale zurückkommt, um im kommerziellen Bankwesen ausgebildet zu werden. Daraufhin wird er in einer weiteren, mit Kreditabwicklung befaßten Filiale alles notwendige Wissen über das Kreditwesen erwerben, ehe er wieder in die Zentrale zurückberufen wird, um in der Personalabteilung zu arbeiten. Bis dahin werden 10 Jahre vergangen sein, und Sugao wird die Position eines Abteilungsleiters erreicht haben. Der Job–Rotations–Prozeß wird aber keineswegs hier enden. Sugao wird wieder in eine Filiale der Bank versetzt werden, die möglicherweise mit der Finanzierung kleiner Unternehmen zu tun hat, und übernimmt anschließend in der Zentrale einen neuen Aufgabenbereich. Auf dem Höhepunkt

seiner Karriere, ungefähr dreißig Jahre nach seinem Eintritt in die Bank, beherrscht Sugao alle wichtigen Geschäftsbereiche. Seine Karriere unterscheidet sich drastisch von der eines typischen amerikanischen Bankmanagement-Anwärters gleichen Alters. Der amerikanische Universitätsabsolvent spezialisiert sich sehr früh auf ein Gebiet und bleibt zeit seines Arbeitslebens auf dieses spezialisiert.

(3) Die großen Unternehmen in Japan beschäftigen ihre Angestellten ein Leben lang; der Arbeitnehmer hat eine Arbeitsplatzgarantie. Das Entgelt und der Verantwortungsbereich sind an das Dienstalter gekoppelt und nicht so sehr wettbewerbsabhängig. Auf allen Ebenen der Firma sind die Beschäftigten in kleinen Teams oder Arbeitsgruppen zusammengeschlossen. Nicht der einzelne, sondern die Gruppen werden nach ihrer Leistung bewertet. Anders als in den westlichen Ländern zeigen die Organigramme japanischer Firmen, das sind Bilder, die die Zuständigkeiten in der Firma darstellen, immer nur Gruppen, niemals Einzelpositionen.

(4) In Webers Darstellung der Bürokratie gibt es eine klare Trennung zwischen der Leistung des einzelnen innerhalb der Organisation und seinen oder ihren Aktivitäten außerhalb. Tatsächlich gilt das für die meisten westlichen Firmen, bei denen die Beziehung zwischen Firma und Arbeitnehmer hauptsächlich wirtschaftlich orientiert ist. Die japanischen Firmen hingegen kümmern sich um viele Bedürfnisse ihrer Arbeitnehmer und erwarten sich im Gegenzug ein hohes Maß an Loyalität. Japanische Arbeitnehmer – vom Arbeiter bis zu den Generaldirektoren – tragen oft Firmenuniformen. In manchen Unternehmen ist es Brauch, jeden Morgen die Firmenhymne zu singen oder an vom Unternehmen für das Wochenende organisierten Freizeitaktivitäten teilzunehmen. (Inzwischen haben auch ein paar westliche Unternehmen, wie IBM oder Apple, Firmenhymnen.) Die Arbeiter erhalten von der Firma neben ihrem Entgelt zahlreiche Sachleistungen. Das Elektronikunternehmen Hitachi, das von Ronald Dore untersucht wurde, stellt beispielsweise all seinen unverheirateten Arbeitern und beinahe der Hälfte seiner verheirateten männlichen Angestellten Wohnungen zur Verfügung (Dore, 1973). Die Firma gewährt auch Kredite für die Ausbildung der Kinder und zur Abdeckkung der bei Hochzeiten oder Begräbnissen anfallenden Kosten.

Die Bedeutung des japanischen Systems für die Organisationstheorie

Viele Beobachter haben argumentiert, daß Firmen in den USA und in Europa die japanischen Unternehmen nachahmen müssen, soll die westliche Wirtschaft mit dem japanischen Entwicklungstempo Schritt halten. Das ist nicht nur in wirtschaftlicher Hinsicht ein wichtiger Punkt, sondern auch für unser Verständnis der Beschaffenheit von Organisationen und der Bürokratie im allgemeinen wichtig. Denn die japanischen Firmen sind sicherlich in gewisser Hinsicht „demokratischer" als westliche Firmen: sie bemühen sich viel stärker um die Einbindung aller Ebenen und um die Förderung eines starken Gefühls der Firmenzugehörigkeit. Durch ihr hierarchisches System, die Betonung des Teamgeistes, die Beförderung nach Dienstalter statt nach Wettbewerbskriterien und durch ihre allgemeine Fürsorge gegenüber der Belegschaft unterscheiden sich die Japaner sehr von Webers Bürokratiemodell. Sind sie *wegen* dieser Abweichungen von der bü-

Gruppen und Organisationen 315

rokratischen Hierarchie effizient, wären die Schlußfolgerungen, die im allgemeinen aus Untersuchungen von Organisationen in einem westlichen Kontext gezogen werden, ernsthaft in Zweifel zu ziehen. Denn trotz der Kritik, der die Webersche Interpretation der Bürokratie ausgesetzt war, wird sie in ihren groben Umrissen von den meisten Beobachtern noch immer für richtig gehalten. Das heißt, man ist sich im allgemeinen darüber einig, daß Webers „Idealtyp" der bürokratischen Organisation tatsächlich produktivitätssteigernd wirkt.

Gibt es über den niedrigen Bürokratisierungsgrad japanischer Firmen hinaus noch andere Faktoren, die deren Leistungsfähigkeit erklären könnten? Es ist tatsächlich nicht schwierig, andere potentielle Einflüsse aufzuzeigen. Die Konsultationen aller Ebenen sind möglicherweise nur wegen der ausgeprägten Ehrerbietung, die die Japaner ihren Vorgesetzten zuteil werden lassen, möglich, was bedeutet, daß die endgültigen Entscheidungen von Kontrolloren und Managern auch dann akzeptiert werden, wenn die rangniedrigeren Mitarbeiter nicht mit ihnen einverstanden sind. In Japan ist es gang und gäbe, daß rangniedrigere Manager die Aktentaschen ihrer älteren Kollegen tragen. Eine lebenslange Anstellung wird nur von großen Unternehmen garantiert (aber auch da nicht von allen). Die japanische Wirtschaft hat auch einen hohen Anteil kleiner Firmen mit oft sehr niedrigen Löhnen und schlechten Arbeitsbedingungen.

Japans überlegene Wirtschaftsleistung mag teilweise von der unwahrscheinlichen Arbeitsintensität und der langen Arbeitszeit herrühren. Der freiberufliche Journalist Satoshi Kamata arbeitete eine Zeitlang beim japanischen Automobilhersteller Toyota und beschrieb seine Erfahrungen bei dieser Firma sehr detailliert in einem kurze Zeit später veröffentlichten Buch. Die Firmenunterkünfte, wo auch er untergebracht war, wurden wie ein Militärlager geleitet. Die Hygiene in den Unterkünften und am Arbeitsplatz war schlecht und die Arbeitsbedingungen erdrückend. Kamata schrieb:

> Die Arbeiter werden in einem fort, Tag und Nacht, gedrängt zu produzieren. Ihr Leben hängt so sehr von den Fließbändern in der Fabrik ab, daß sie nicht einmal Urlaub nehmen können, wann sie möchten. Die konsequente Rationalisierung hat alle Einspringer eliminiert. Nicht nur die Partieführer, die niederste Führungs–Riege, sondern auch Gruppenleiter müssen am Fließband arbeiten. Sogar Vorarbeiter, die normalerweise zur höheren Führungsebene gehören, müssen manchmal die Arbeitshandschuhe anziehen und mithelfen. In so einem Fall müssen diese dann ihren Papierkram, wie etwa die täglichen Berichte und Kalkulationen der täglichen Schichten, zu Hause erledigen. Das Fließband läuft und läuft, und die Anzahl der Arbeitskräfte wird auf das notwendige Mindestmaß gedrückt ... Die Arbeiter sind gezwungen, auch an Sonn– und Feiertagen zu arbeiten. Die Überstunden und die Arbeit an Sonn– und Feiertagen sind wie ein Schmiermittel, ohne das das Fließband nicht laufen würde ... Immer, wenn ich in diese Stadt komme und mit den Arbeitern rede, ist mir, als ob ich mich in ein unbekanntes Land verirrt hätte. In Wirklichkeit ist es ein Alptraum, den ich erlebt habe, und die Wut wird immer in mir bleiben. (Kamata, 1982, S. 203, 206, 211)

Inwieweit japanische Managementmethoden nur mit einer besonders gehorsamen, unterwürfigen und arbeitsamen Belegschaft zu verwirklichen sind, zeigt die Erfahrung der in letzter Zeit im Westen eröffneten Firmen unter japanischer Führung. Die Anzahl der bisher durchgeführten Untersuchungen ist gering und die Ergebnisse sind nicht allzu aussagekräftig, doch scheint es, als ob japanische Managementpraktiken vom spezifisch japanischen kulturellen Umfeld loslösbar seien und effizient funktionierten. Offenbar sind sie auch auf individualistischere, an annehmbarere Arbeitsbedingungen gewöhnte Arbeitskräfte übertragbar.

Untersuchungen in Unternehmen unter japanischer Führung in Großbritannien und in den Vereinigten Staaten haben gezeigt, daß „von unten nach oben" organisierte Entscheidungsprozesse auch außerhalb des japanischen kulturellen Kontextes funktionieren. Die Arbeiter scheinen auf die stärkere Einbindung in diese Betriebe, verglichen mit den Firmen westlichen Stils, in denen sie zuvor angestellt waren, positiv anzusprechen (White und Trevor, 1983). Der Schluß liegt also nahe, daß das „japanische Modell" uns dazu nötigt, die Webersche Bürokratieinterpretation neu zu überdenken. Organisationen, die dem Weberschen „Idealtyp" nahekommen, sind möglicherweise viel weniger effizient, als es auf dem Papier den Anschein hat, weil sie Arbeitskräften auf einer niedrigeren Ebene keine Möglichkeit bieten, einen Sinn für autonomes, engagiertes Arbeiten und den Arbeitsablauf zu entwickeln.

Mit Bezug auf das Beispiel der japanischen Firmen meint William Ouchi (1979, 1981), daß der Effizienz der von Weber hervorgehobenen bürokratischen Hierarchie klare Grenzen gesetzt sind. Offen bürokratische Organisationen führen zu „internen funktionellen Ausfällen", weil sie starr und unflexibel sind und kein Engagement erzeugen können. Was Ouchi mit *Clanformen* der Autorität bezeichnet, steht im Widerspruch zu bürokratischen Systemen – und ist in vielen modernen Gesellschaften effizienter als bürokratische Formen. „Clans" sind Gruppen, die untereinander enge Kontakte und persönliche Bindungen unterhalten. Die Arbeitsgruppen in japanischen Firmen sind ein Beispiel, aber clanartige Systeme entwickeln sich auch oft informell innerhalb westlicher Organisationen.

Einflüsse auf Organisationen in der modernen Welt

Die Professionen

Alle modernen Organisationen sind von Wissen, Sachkenntnis und der Informationsübermittlung abhängig. **Akademiker und Freiberufler** (*professionals*) spezialisieren sich auf die Erarbeitung von Fachwissen. Wegen der langdauernden höheren Ausbildung und weil Freiberufler und Akademiker nationalen und sogar internationalen Verbänden angehören, die ihr Aufgabengebiet definieren, ist Fachkenntnis nicht leicht auf eine bürokratische Pflicht zu reduzieren. Freiberufler und Akademiker in großen Organisationen passen nicht reibungslos in die Autoritätshierarchie. Sie sind im allgemeinen bei ihren Arbeiten autonomer als andere auf den mittleren und unteren Organisationsebenen. Professoren und Dozenten werden z. B. von Universitäten und Colleges angestellt und für ihre Lehrtätigkeit bezahlt, aber in ihren Publikationen und in ihrer Forschungstätigkeit sind sie der internationalen wissenschaftlichen Gemeinde ihres jeweiligen Faches verpflichtet. Im allgemeinen bestimmen sie weitgehend den Lehrplan, entscheiden sie, wie die Lehrveranstaltungen kombiniert werden sollen und welche Prüfungen absolviert werden müssen, um einen akademischen Grad erwerben zu können. Sie stehen weitgehend außerhalb der bürokratischen Hierarchie. Die Verwaltungsbeamten kontrollieren die für das Lehrprogramm erforderlichen finanziellen und materiellen Ressourcen, und ihre Arbeiten sind eindeutiger als bürokratische Aufgaben definiert. Dasselbe gilt auch für Unterschiede zwischen den Ärzten und dem Verwaltungspersonal in Spitälern.

Wie weit Freiberufler und Akademiker innerhalb von Organisationen ihre Arbeit selbst bestimmen können, hängt von verschiedenen Faktoren ab – von der Größe und dem Grad der Bürokratisierung der Organisation, von der Art des betreffenden Berufes und von der Durchschlagskraft der Berufsvertretung, der eine einzelne Person angehört (Freidson, 1986). Nehmen wir als gegensätzliche Beispiele das Krankenpflegepersonal und die Juristen her. Krankenschwestern bzw. -pfleger zählen zwar im allgemeinen zu den *professionals,* aber sie können ihre Arbeitsbedingungen nur in beschränktem Ausmaß selbst bestimmen. Spitäler sind stark bürokratisierte Organisationen, in denen Krankenschwestern und -pfleger Oberschwestern und anderem medizinischen Personal unterstehen. Krankenschwesternverbände geben Richtlinien für die Beschäftigung von Krankenschwestern heraus, haben aber nicht viel Einfluß darauf, ob diese vom öffentlichen Gesundheitswesen befolgt werden oder nicht.

Juristen hingegen haben mehr Autonomie in ihrer Arbeit, nicht nur, wenn sie in einer Anwaltspraxis, sondern auch, wenn sie in großen Organisationen arbeiten. Die Berufsverbände der Juristen sind sehr mächtig und können Standesregeln vorgeben, an die sich die Juristen halten. Anwälte akzeptieren bestimmte administrative Zwänge, ihre Arbeit darf jedoch nur von jemandem bewertet oder kontrolliert werden, der ebenfalls Mitglied dieses Berufsstandes ist. Wenn ein in einer Firma beschäftigter Jurist einen Fall vorbereiten muß, bei dem er die Firma gegen eine Klage eines verärgerten Kunden zu verteidigen hat, kann die Firma den Juristen oder die Juristin anweisen, den Fall zu übernehmen, sie würde aber im Regelfall nicht darauf bestehen, daß er oder sie den Fall vor Gericht auf eine bestimmte Art und Weise vertritt. Diese Entscheidung ist beinahe ausnahmslos Teil der beruflichen Autonomie des Juristen, in die der Arbeitgeber nicht eingreifen kann.

Teilweise resultiert die Macht der *professionals* in Organisationen aus ihrer Rolle als „*Türsteher*" für die breitere Öffentlichkeit, für die diese Organisationen da sind. Ein Türsteher ist jemand, der den Zugang (in diesem Fall den Zugang zu Qualifikationen) überwacht. Zivilingenieure sind z. B. für die Erteilung einer Baubewilligung zuständig, ohne die mit dem Bau eines Gebäudes nicht begonnen werden darf. Professoren und Lehrbeauftragte entscheiden, wer einen akademischen Grad oder ein Diplom erhält und welche Noten er bekommt. Sozialarbeiter entscheiden, wer zum Bezug bestimmter Sozialleistungen berechtigt ist. Wieviel Autonomie Freiberufler und Akademiker in diesen Angelegenheiten haben, wird von den in den vorhergehenden Absätzen genannten Faktoren beeinflußt.

Der Anteil an Freiberuflern und Akademikern ist in den modernen Gesellschaften, wie wir gesehen haben, allgemein im Steigen begriffen. Da die Organisationen immer häufiger von Fachwissen und fachlichem Können abhängig sind, kommen hierarchische Systeme bürokratischen Typs verstärkt unter Druck. Die Tendenz, als Freiberufler und Akademiker außerhalb großer Organisationen zu arbeiten, selbst eine kleinere Firma zu gründen oder ihre Dienstleistungen je nach Bedarf anzubieten, ist steigend. Organisationen mit einem hohen Anteil an *professionals* sind meist administrativ flexibler als traditionelle Organisationsformen.

EDV-Technologie

Die Entwicklung der **Informationstechnik** – der Computer und elektronischen Kommunikationsmittel – ist ein weiterer Faktor, der gegenwärtig die Organisationsstrukturen beeinflußt. In zahlreichen Institutionen werden in weiten Bereichen automatische Datenverarbeitungssysteme eingeführt. Jeder, der bei einer Bank Geld behebt oder der einen Flug bucht, ist von einem computergestützten Kommunikationssystem abhängig. Da die Daten sofort in jedem Teil der Welt, der an ein entsprechendes System angeschlossen ist, verarbeitet werden können, ist keine physische Nähe zwischen den daran Beteiligten erforderlich (Gill, 1985; Davies, 1986).

Das vollelektronische Büro, in dem der Großteil der Arbeit nicht von Menschen, sondern von Maschinen erledigt wird, liegt noch in weiter Ferne, und die Realisierung dieser Vorstellung wird nicht reibungslos ablaufen. Nichtsdestoweniger besteht eine starke Tendenz in Richtung elektronischer Ausstattung. Textverarbeitung, Computer, Telefaxgeräte und andere elektronische Systeme haben viele Bürotätigkeiten bereits verändert. Im Bankwesen wird diese Technologie möglicherweise stärker als in irgendeinem anderen Organisationstyp eingesetzt. Da Bankgeschäfte mit Zahlen zu tun haben, eignen sie sich besonders gut für die elektronische Datenverarbeitung; über nationale und internationale Netze werden riesige Datenmengen umgesetzt. Der elektronische Geldverkehr stellt heute den zentralen Bereich der technologischen Entwicklung im Bankwesen dar. Durch dieses Mittel können überall Schecks ausgestellt und eingelöst werden; der Scheck verbleibt in der Filiale, und die entsprechende Information wird elektronisch an die Clearing-Stelle übermittelt.

Der elektronische Geldverkehr ermöglicht das *homebanking*, das sich in den neunziger Jahren wahrscheinlich schnell ausbreiten wird. Bei diesem System können Kunden bei sich zu Hause über ein an den Bankcomputer angeschlossenes Terminal Informationen abfragen und Transaktionen durchführen. Sie können Rechnungen bezahlen und Geld von einem Konto auf das andere überweisen. Wenn sich das *homebanking* durchsetzt, wird die Anzahl der in den Filialen und in den zentralen Verrechnungsabteilungen Beschäftigten sinken.

Als Rank Xerox 1982 bemerkte, daß der Umsatz einiger seiner Produkte zurückging, sah sich das Unternehmen gezwungen, die Kosten zu reduzieren. Herkömmlicherweise wurden unter solchen Umständen Mitarbeiter entlassen. Rank Xerox schlug jedoch einen anderen Weg ein und verwandelte ehemalige Angestellte in unabhängige Konsulenten; die Firma errichtete ein vernetztes Bürosystem namens Xanadu, mit dem jedem Heimarbeiter eine elementare Bürostruktur zur Verfügung gestellt wurde. Das Unternehmen kaufte dann mehrere Jahre lang einen beträchtlichen Anteil ihrer Arbeitszeit auf und ließ ihnen die restliche Zeit freien Raum für Arbeit für andere Kunden. Der Gedanke dahinter war, daß das Unternehmen durch das neue System in der Lage sein würde, die Fachkenntnisse seiner früheren Angestellten billiger und flexibler zu nutzen, als wenn sie bei ihrer Firma vollzeitbeschäftigt gewesen wären. Die früheren Angestellten wiederum hätten dadurch die Möglichkeit, eigene Firmen zu gründen. Dieses Projekt scheint für beide Seiten recht erfolgreich zu laufen (Handy, 1984).

Aufgrund solcher Erfahrungen könnte man annehmen, daß große Organisationen in dem Maße „abzuspecken" bereit sind, in dem Routinearbeiten von Computern übernommen werden, wodurch der Trend zu kleineren, flexibleren Unternehmen noch verstärkt werden könnte. Wir müssen jedoch bei solchen Schlußfolgerungen vorsichtig sein. Zwar wurden solche Trends bereits beobachtet, ihr Einfluß ist jedoch bisher noch ziemlich begrenzt. Im Prinzip könnten Organisationen viel stärker dezentralisiert werden. Ein Gutteil der Büroarbeit könnte an über Telefonleitungen verbundenen Computerterminals zu Hause erledigt werden. Einige große Firmen in Großbritannien, in den Vereinigten Staaten und in anderen Ländern haben bereits Computernetze errichtet, an die ihre Angestellten angeschlossen sind und somit zu Hause arbeiten können. Diese Einsatzmöglichkeiten sind aber noch bei weitem nicht so weit verbreitet, wie vielfach prognostiziert wurde. Computerterminals sind kein attraktiver Ersatz für die persönlichen Kontakte von Mensch zu Mensch, mit Kollegen und Freunden am Arbeitsplatz. Außerdem kann das Management die Tätigkeiten „unsichtbarer" Arbeitnehmer nicht so ohne weiteres überwachen.

Die physischen Voraussetzungen von Organisationen

Wie bereits erwähnt, arbeiten viele moderne Organisationen in eigens geplanten Bauten. Die Gebäude, in denen Organisationen untergebracht sind, besitzen einerseits spezifische, durch die Art der Tätigkeit bedingte Merkmale, andererseits aber auch Charakteristika, die für große Organisationen im allgemeinen kennzeichnend sind. Die Architektur eines Spitals unterscheidet sich z. B. in gewisser Hinsicht von jener eines Unternehmens oder einer Schule. Im Spital gibt es getrennte Abteilungen, Untersuchungszimmer, OP–Säle und Büros, die die Gestalt des Gebäudes bestimmen; eine Schule hat Klassenzimmer, Chemie– und Physiksäle und einen Turnsaal. Zwischen einem Spitalsgebäude und einer Schule bestehen jedoch große Ähnlichkeiten. Beide haben wahrscheinlich viele Gänge mit vielen Türen und eine Standardausstattung. Mit Ausnahme der unterschiedlichen Kleidung der durch die Gänge eilenden Beschäftigten haben die Gebäude, in denen moderne Organisationen normalerweise untergebracht sind, ein ähnliches Erscheinungsbild; sowohl von innen als auch von außen. Wenn man an einem Gebäude vorbeigeht, fragt man manchmal: „Ist das eine Schule?" und bekommt dann zur Antwort: „Nein, ein Spital." Manchmal wird in einem ehemaligen Spital eine Schule untergebracht, obwohl dabei natürlich größere innere Umbauten vorgenommen werden müssen.

Lange Zeit hindurch debattierten die Soziologen über Organisationen in einer Weise, als ob diese in einer Art Vakuum existierten. Noch immer werden dicke Wälzer über Organisationen verfaßt, ohne daß die Tatsache, daß Organisationen in einem konkreten, gebauten Umfeld operieren, Erwähnung findet. Wie Michel Foucault und andere jedoch aufgezeigt haben, besteht zwischen der Architektur einer Organisation und ihrer sozialen Struktur bzw. ihrem Autoritätssystem ein direkter Zusammenhang (Foucault, 1973, 1979; Gregory und Urry, 1985). Wenn wir die baulichen Merkmale von Organisationen untersuchen, werden wir die von Weber analysierten Probleme in einem neuen Licht sehen. Die „Büros", von denen Weber abstrakt sprach, sind durch Gänge voneinander getrennte *Architektur* – Räume innerhalb von Organisationen. Die Gebäude großer Firmen besitzen manchmal tatsächlich eine konkrete hierarchische Struktur, d.h. je höher die Position eines Mitarbeiters innerhalb der Hierarchie ist, desto höher das Stockwerk, in dem sein Büro liegt. Mit dem Ausdruck „oberste Etage" werden manchmal jene bezeichnet, die in einer Organisation „die größte Macht" ausüben.

Die Geographie einer Organisation beeinflußt ihre Funktionsweise noch auf viele andere Arten, besonders in Fällen, in denen Systeme weitgehend auf informellen Beziehungen aufbauen. Die physische Nähe ermöglicht die Bildung von „Primärgruppen", während die physische Distanz die Polarisierung von Gruppen verstärken kann – wie z. B. zwischen einzelnen Abteilungen: „Wir hier" gegen „die dort".

Überwachung und Disziplin in Organisationen

Überwachung

Die Anordnung von Räumen, Gängen und offenen Bereichen in einem Gebäude einer Organisation kann entscheidende Aufschlüsse darüber geben, wie ihr Autoritätssystem funktioniert. (Natürlich gibt es viele Organisationen, die *nicht* in speziell für sie geplanten Gebäuden untergebracht sind, was die Arbeit der Beschäftigten stark beeinflussen kann.) In bestimmten Organisationsarten sind die Räume offen gestaltet, so daß die Arbeitnehmer im Kollektiv zusammenarbeiten müssen. Wegen der eintönigen, repetitiven Beschaffenheit bestimmter industrieller Arbeitsgänge – wie der Fließbandproduktion – ist regelmäßige Überwachung notwendig, damit das Arbeitstempo eingehalten wird. Das gilt auch oft für die Routinearbeiten von Schreibkräften, die in einer gemeinsamen Schreibzentrale arbeiten, wodurch ihre Tätigkeit für ihre Vorgesetzten einsehbar ist. Foucault betont, wie die durch die Architektur moderner Organisationen bedingte *Sichtbarkeit* bzw. die mangelnde Sichtbarkeit Autoritätsmuster beeinflußt und zum Ausdruck bringt. Wie weit die Tätigkeit von Rangniedrigeren für die Vorgesetzten einsehbar ist, bestimmt, wie weit sie dem, was Foucault **Überwachung** nennt, unterliegen.

Mit Überwachung bezeichnet man die Kontrolle über Tätigkeiten innerhalb von Organisationen. In modernen Organisationen wird jeder überwacht, auch wenn er sich in einer hohen, verantwortungsvollen Position befindet. Je niedriger allerdings der Rang einer Person ist, desto strenger wird ihr Verhalten kontrolliert. Es gibt zwei Formen von Überwachung. Eine davon ist die eben erwähnte – die direkte Überwachung der Arbeit Untergebener durch ihre Vorgesetzten.

Betrachten wir z. B. ein Klassenzimmer. Die Kinder sitzen an Tischen oder Pulten, die für gewöhnlich in Reihen angeordnet sind und im Blickfeld des Lehrers liegen. Der Lehrer sitzt oder steht oft auf einer erhöhten Plattform und kann das Verhalten der Schüler genau beobachten. Von den Kindern wird erwartet, daß sie mehr oder weniger durchgehend Aufmerksamkeit zeigen oder sonst irgendwie in ihre Arbeit vertieft sind. Wie weit das tatsächlich der Fall ist, wird natürlich von den Fähigkeiten des Lehrers und von der Bereitschaft der Kinder abhängen, die in sie gesetzten Erwartungen zu erfüllen.

Die zweite Art der Überwachung ist subtiler, aber nicht weniger wichtig. Sie betrifft die Sammlung von Personalakten, Aufzeichnungen und Fallgeschichten von Angestellten. Weber erkannte die Bedeutung schriftlicher Aufzeichnungen (die heute oft per Computer archiviert werden) in modernen Organisationen, arbeitete jedoch nicht deutlich genug heraus, wie sie zur Disziplinierung des Verhaltens eingesetzt werden können. Personalakten enthalten normalerweise die komplette Arbeitsgeschichte sowie persönliche Details und oft Beurteilungen des Charakters einer Person. Die Aufzeichnungen werden dazu verwendet, das Verhalten der Angestellten zu überwachen und Empfehlungen für die Beförderung abzugeben. In vielen Unternehmen verfassen Arbeitnehmer auf jeder Ebene der Organisation Jahresleistungsberichte über die ihnen unmittelbar Untergebenen. Schulberichte und Zeugnisse sind weitere Beispiele für Aufzeichnungen zu persönlichen Fallgeschichten, die zur Überwachung der Leistung von Personen verwendet werden, die die Organisation durchwandern. Auch für akademisches Personal werden solche Personalakten angelegt.

Natürlich nehmen die Personen auf den unteren Rängen die Überwachung, der sie ausgesetzt sind, nicht einfach passiv hin. Sie erfinden alle möglichen Mittel, um sich einen „Freiraum" und „Freizeit" zu schaffen und sich dem Blickfeld der Vorgesetzten zu entziehen. Die Menschen verschaffen sich möglicherweise in die über sie geführten Aufzeichnungen Einsicht, auch wenn das nicht erlaubt ist, und finden Mittel und Wege, um ihre Vorgesetzten zu ermutigen oder unter Druck zu setzen, schmeichelhafte Berichte über sie zu verfassen. Die Schaffung von „Hinterbühnen" abseits der Überwachung ist eine der Hauptmethoden, um gegen eine zu strikte Überwachung anzukämpfen (siehe Kapitel 4 „Soziale Interaktion und Alltagsleben"). Supervisoren auf der mittleren Ebene drücken dabei oft ein Auge zu, weil sie sich sowohl das Vertrauen der Untergebenen sichern als auch den Eindruck vermitteln wollen, daß sie ihre Arbeit gut machen, wenn sie selbst von Vorgesetzten inspiziert werden. Eine frühe soziologische Untersuchung einer Werft berichtete folgendes:

> Es war erheiternd mitzuerleben, wie sich plötzlich alles änderte, wenn sich herumgesprochen hatte, daß der Vormann an Deck oder in der Werkstatt sei oder daß ein Zahlmeister vorbeikäme. Aufsichtspersonen und Vorarbeiter beeilten sich, zu ihren Gruppen zu kommen und sie anzufeuern. „Laßt Euch ja nicht beim Nichtstun erwischen", lautete die ewiggleiche Ermahnung, und wenn es gerade keine Arbeit gab, wurde ein Schlauch geschäftig eingerollt und verdrahtet, oder ein Bolzen, der bereits an Ort und Stelle war, wurde unnützerweise noch weiter angezogen. Das war der formale Tribut an die Inspektion durch den Vorgesetzten, und der Ablauf war beiden Seiten ebenso vertraut wie jenen, die von einem 5–Sterne–General inspiziert wurden. (Archibald, 1947, S. 159)

Disziplin

Überwachung ist in modernen Organisationen wichtig, weil sie in großem Maße von *Disziplin* abhängig sind – von der koordinierten Regelung des menschlichen Verhaltens. Organisationen können nicht effizient funktionieren, wenn in ihnen Planlosigkeit herrscht. Weber hat darauf hingewiesen, daß man in Unternehmen von den Leuten erwartet, täglich eine bestimmte Arbeitszeit einzuhalten. Uns erscheint das inzwischen selbstverständlich, aber in der Frühzeit der Industrialisierung brauchte es lange, bis man die Leute so weit hatte, daß sie tagtäglich und jede Woche gleich lang arbeiteten. Die Landarbeit in traditionellen Gemeinschaften war unregelmäßig und von der Jahreszeit abhängig, und die Menschen waren daran gewöhnt, nur so lange zu arbeiten, wie es zur Befriedigung ihrer Bedürfnisse nötig war. Die Errichtung von Fabriken und eigenen Arbeitsplätzen, durch die eine kontinuierliche Überwachung möglich wurde, war ein Mittel, die erforderliche Arbeitsdisziplin durchzusetzen (Thompson, 1980a).

Die Disziplin wird sowohl durch die baulichen Anlagen der Organisationen als auch durch die genaue Terminisierung mittels präziser Zeitpläne gefördert. Zeitpläne regeln die Tätigkeiten zeitlich und räumlich; laut Foucault ermöglichen sie „eine effiziente Verteilung der Personen" innerhalb der Organisation. Zeitpläne sind die Voraussetzung für die Disziplin innerhalb von Organisationen, weil sie die Tätigkeiten vieler Leute nahtlos ineinanderfügen. Hätte eine Universität z. B. keinen Zeitplan für die Lehrveranstaltungen, der auch ziemlich genau eingehalten wird, würde bald das komplette Chaos ausbrechen. Ein Zeitplan ermöglicht die intensive Nutzung von Zeit und Raum: beide können mit vielen Menschen und vielen Aktivitäten „vollgepackt" werden.

Kerkerorganisationen

Wie Erving Goffman hat Foucault Organisationen, in denen Personen über einen langen Zeitraum von der Außenwelt abgesondert sind, sehr viel Aufmerksamkeit gewidmet. In solchen Organisationen werden Menschen *eingekerkert*, d.h. von der äußeren sozialen Umgebung abgesondert. Goffman zufolge unterscheiden sich Gefängnisse, Irrenhäuser und andere Kerkersysteme radikal von anderen Organisationen, weil sie ihrem Wesen nach „total geschlossen" sind (Goffman, 1972). Foucault ist derselben Auffassung, versucht aber auch aufzuzeigen, daß die Analyse von **Kerkerorganisationen** – auf die bereits in früheren Kapiteln eingegangen wurde – zum Verständnis der Funktionsweise anderer Organisationen beiträgt. Überwachung und Disziplin gab es in Gefängnisanlagen lange, bevor sie in anderen Organisationstypen systematisch angewendet wurden. Gefängnisse, psychiatrische Anstalten und Kasernen illustrieren im Detail, wie Überwachung und Disziplin funktionieren, gerade weil sie versuchen, eine möglichst umfassende Kontrolle über das Verhalten der Insassen auszuüben. Wenn Foucault daher fragt: „Was ist daran verwunderlich, wenn das Gefängnis den Fabriken, den Schulen, den Kasernen, den Spitälern gleicht, die allesamt den Gefängnissen gleichen?" will er sicher eine negative Antwort (Foucault, 1977, S. 292).

Die Entwicklung der Kerkerorganisationen

Im Mittelalter waren Kerkerorganisationen rar. Zwar gab es hier und da Kerker und Verliese, aber sie waren selten. Es handelte sich dabei jedoch nicht um Orte, an denen verurteilte Verbrecher feste Strafen verbüßten, sondern man verwahrte darin Menschen, um politischen Widerstand zu brechen, folterte sie, um Informationen zu erpressen, oder ließ sie auf ihren Prozeß warten. Die Geisteskranken lebten entweder innerhalb der Gemeinschaft oder mußten als Heimatlose durchs Land ziehen. Psychiatrische Anstalten gab es nicht.

Kerkerinstitutionen gibt es seit dem frühen 18. Jahrhundert, obwohl Gefängnisse und Irrenhäuser erst ein Jahrhundert später allgemein verbreitet waren. Beide Institutionen entwickelten sich aus den sogenannten „allgemeinen Hospitälern". „Hospital" bedeutete damals nicht primär einen Ort, an dem Kranke gepflegt wurden, sondern einen Ort der Verwahrung, der mit Vagabunden, Schwachsinnigen und Geisteskranken gefüllt war. „Spitäler" hatten die Aufgabe, ihre Insassen umzuerziehen, und es handelte sich deshalb oft um Orte, an denen zu äußerst niedrigen Löhnen Zwangsarbeit verrichtet wurde.

Die ersten europäischen Irrenhäuser wurden gegen Ende des 18. Jahrhunderts errichtet, die ersten amerikanischen ein wenig später. Zur selben Zeit entstanden auch die ersten Gefängnisse im modernen Sinn. Es dauerte jedoch einige Zeit, bis sich diese von den älteren Spitälern vollkommen gelöst hatten. Der Gefängnisreformer John Howard schrieb über seinen Besuch eines Berliner Spitals im Jahre 1781, daß dieses voll von „Faulpelzen", „Gaunern und Wüstlingen", „Kranken und Kriminellen" und „mittellosen alten Frauen und Kindern" sei, die alle zusammen verwahrt wurden.

Foucault zufolge drückte das von Jeremy Bentham in der Mitte des 19. Jahrhunderts entworfene „Panoptikum" den Unterschied zwischen den alten Spitälern und den neuen Gefängnissen am besten aus. „Panoptikum" nannte Bentham ein ideales, von ihm entworfenes Gefängnis, das er der englischen Regierung bei verschiedenen Anlässen zu verkaufen versuchte. Der Plan wurde zwar niemals ganz verwirklicht, aber einige der Prinzipien wurden bei Gefängnisbauten im 19. Jahrhundert in den USA, in Großbritannien und in einigen anderen europäischen Staaten berücksichtigt. Das Panoptikum war kreisförmig angeordnet, wobei die Zellen nach außen gingen. In der Mitte befand sich ein Überwachungsturm. Jede Zelle hatte zwei Fenster, eines gegenüber dem Überwachungsturm und das andere an der Außenseite. Zweck dieser Anordnung war es, daß die Gefangenen ständig im Blickfeld der Wärter lagen. Die Fenster im Turm selbst waren mit Jalousien ausgestattet, sodaß die Wärter zwar die Gefangenen, diese aber nicht die Wärter sehen konnten.

Der Entwurf des Panoptikums trug unter anderem zur Verbreitung des Prinzips separater Zellen für Einzelpersonen oder kleine Gruppen von Gefangenen bei. In den alten Internierungshäusern waren viele Menschen in sehr großen Räumen, die zugleich als Schlaf- und Arbeitsräume dienten, untergebracht. Die architektonische Gestaltung von Gefängnissen übte auf die Gestaltung anderer Bauten von Organisationen einen sehr direkten Einfluß aus: Einige frühe Fabriken etwa wurden von Architekten entworfen, die zuvor Gefängnisse gebaut hatten.

Kerkerorganisationen stellen unter den modernen Organisationen natürlich eine Minderheit dar. In den meisten Institutionen verbringen die Menschen entweder nur einen Teil des Tages oder der Woche (Schulen, Fabriken), oder ihr Aufenthalt ist vorübergehend (Krankenhäuser). Es gibt jedoch offensichtliche Parallelen zwischen Kerker- und Nicht-Kerkerorganisationen; man muß Foucault zugestehen, daß die Analyse der ersteren zum Verständnis der zweiteren beitragen kann und umgekehrt.

Nichtbürokratische Organisationen: Selbsthilfegruppen

Soziologen sind oft der Meinung, daß Primärgruppen und bürokratische Organisationen die einzigen relevanten gesellschaftlichen Assoziationen in den modernen Gesellschaften darstellen, aber das stimmt nicht. Es gibt daneben schon seit langem viele verschiedene freiwillige Verbände, karitative Organisationen und Selbsthilfegruppen. Zu Beginn des Industriezeitalters wurden z. B. viele Arbeiterverbände, wie Arbeiterclubs und Arbeiterfortbildungsvereine, gegründet. Im vorliegenden Abschnitt werden wir uns auf die Selbsthilfeorganisationen beschränken, die sich von bürokratischen Systemen am stärksten unterscheiden.

Im letzten Jahrhundert hat sowohl die Anzahl als auch die Bandbreite der Selbsthilfegruppen beträchtlich zugenommen. Es bildeten sich Wohnbaugenossenschaften, die Anonymen Alkoholiker, Selbsthilfegruppen für Drogenabhängige und Hunderte andere Gruppen. Ein paar gibt es schon seit hundert oder mehr Jahren, während andere oft ebenso schnell wieder verschwinden, wie sie aufgetaucht sind.

Eine Selbsthilfegruppe zu bilden, war keineswegs immer gesetzlich erlaubt. In vielen Ländern stießen die Zusammenschlüsse der Arbeiter bei den Behörden auf Ablehnung und wurden manchmal rundweg verboten. Das Recht, sich zu Gruppen zusammenzuschließen, um seine gemeinsamen Interessen und Ziele durchzusetzen, mußte in den meisten Gesellschaften erst erkämpft werden.

Selbsthilfegruppen bestehen aus Menschen, die sich in einer ähnlichen Situation befinden und die sich treffen, um einander bei der Verfolgung gemeinsamer Interessen zu unterstützen oder um mit gemeinsamen Problemen besser fertig zu werden. Solche Gruppen sind meist nicht hierarchisch strukturiert und haben keine fixen Stellen, wie sie für Bürokratien kennzeichnend sind. Der Mitgliederstand fluktuiert oft stark; manche kommen zu einer oder zwei Versammlungen und bleiben anschließend für immer weg. Die Einkünfte solcher Gruppen bestehen normalerweise aus den Mitgliedsbeiträgen und aus Spenden, seltener aus fixen Erträgen. Falls es bezahlte Angestellte gibt, ist ihr Entgelt im Vergleich zu ihren Kollegen in herkömmlichen Organisationen meist sehr niedrig. Normalerweise verbindet die Gruppenmitglieder ein moralisches Ideal.

Merkmale von Selbsthilfegruppen

Die zwei Hauptmerkmale von Selbsthilfegruppen können mit *Teilen* und *Projektarbeit* bezeichnet werden. Mit „Teilen" ist der Austausch von Informationen und ähnlichen Erfahrungen, z. B. bei Versammlungen oder bei anderen Kontakten, gemeint. Bei TOUCH beispielsweise, einer Selbsthilfegruppe von Eltern geistig behinderter Kinder, treten die Mitglieder miteinander über Mitteilungsblätter in Kontakt. Die Eltern tauschen Briefe aus, die Mitteilungsblätter werden in der Gruppe weitergegeben, sodaß jedes Mitglied alle paar Wochen bis zu einem Dutzend Briefe bekommt, obwohl jedes Elternpaar nur jeweils einen Brief schreibt.

Selbsthilfegruppen trachten normalerweise danach, sowohl ihre Mitglieder als auch die Einstellung der Außenwelt zu beeinflussen. Eines der Ziele von TOUCH ist die Aufklärung der Bevölkerung über die Probleme von geistig Behinderten.

Gruppen und Organisationen 325

Mit *Projektarbeit* bezeichnet man im allgemeinen gemeinsame Aktivitäten zur Durchsetzung von Zielen. Ein Großteil des Programms der Anonymen Alkoholiker besteht z. B. aus Projekten, mit denen anderen Alkoholikern geholfen werden soll. Wenn jemand von seinen früheren Erfahrungen und gegenwärtigen Problemen spricht, wird die Information verwendet, um die Diskussion in Gang zu bringen und eine allgemeine Gruppenstrategie zu entwickeln.

Selbsthilfegruppen wurden oft als Gegengewicht zu etablierten bürokratischen Organisationen gegründet. Einige medizinische Selbsthilfegruppen hatten z. B. zum Ziel, Patienten für sich selbst Verantwortung übernehmen zu lassen, weil man der Ansicht war, daß herkömmliche medizinische Einrichtungen ihnen die Verantwortung für ihr eigenes Wohlbefinden zu sehr abnahmen. Selbsthilfegruppen sind in einer gewissen Hinsicht ein Gegengewicht zur Bürokratie: Sie schaffen Räume außerhalb bürokratischer Organisationen, in denen einander Menschen in einem Klima der Zusammenarbeit und der Gleichberechtigung treffen können. Sie werden jedoch wahrscheinlich immer neben formellen Organisationen existieren und diese nie ganz ersetzen. Selbsthilfegruppen, die zu einer ständigen Einrichtung werden und wachsen, entwickeln sich oft zu formalen Organisationen. Sie bilden spezifische, mit Autorität ausgestattete Positionen heraus, müssen sich ein regelmäßiges Einkommen sichern und nehmen immer mehr bürokratische Merkmale an.

Schlußfolgerung

In den modernen Gesellschaften gibt es anscheinend einen starken Trend zu flexibleren Organisationstypen. Wir sind nicht (wie Weber und viele andere befürchteten) drauf und dran, zu winzigen Rädern in einer riesigen administrativen Maschinerie zu werden, die unser Leben steuert. Bürokratische Systeme sind im Inneren flexibler als Weber glaubte, und ihre Vormachtstellung wird durch weniger hierarchische Gruppenformen oder Verbände immer wieder in Frage gestellt. Es ist jedoch reines Wunschdenken zu glauben – wie das manche getan haben – , daß die großen unpersönlichen Organisationen allmählich verschwinden und von stärker dezentralisierten und flexibleren Organisationen abgelöst werden (Toffler, 1981). Es wird eher zu einem kontinuierlichen Tauziehen zwischen großen, unpersönlichen und hierarchischen Organisationen und kleineren Einheiten kommen.

Zusammenfassung

1 Eine *Gruppe* ist eine Anzahl von Menschen, die miteinander regelmäßig interagiert. Die Regelmäßigkeit fördert die Vertrautheit, die Solidarität und die gemeinsamen Gewohnheiten. Unter *Aggregaten* versteht man Ansammlungen von Menschen, wie z. B. Fahrgäste, die auf einen Bus warten, die kein gemeinsames Identitätsgefühl haben. Eine *soziale Kategorie* ist eine statistische Gruppe – Menschen, die entsprechend einem besonderen gemeinsamen Merkmal in einer Klasse zusammengefaßt werden.

2 Alle modernen Organisationen sind in einem gewissen Ausmaß bürokratisch. *Bürokratie* impliziert, daß eine deutliche Autoritätshierarchie vorhanden ist, geschriebene Regeln das Verhalten der *Organisationsmitglieder (Beamten)* bestimmen (die ganztags und gegen Gehalt arbeiten) und die Aufgaben des Beamten innerhalb der Organisationen von seinem Privatleben streng getrennt sind. Den Mitgliedern der Organisation gehören die materiellen Ressourcen, mit denen sie arbeiten, nicht. Max Weber argumentierte, daß die moderne Bürokratie ein äußerst effizientes Mittel ist, um große Menschenmengen zu organisieren und sicherzustellen, daß die Entscheidungen nach einheitlichen Kriterien getroffen werden.

3 Sowohl innerhalb einer Organisation als auch zwischen den Organisationen entwikkeln sich oft auf allen Ebenen informelle Netzwerke. Die Untersuchung solch informeller Beziehungen ist genauso wichtig wie jene der formelleren Merkmale, auf die sich Weber konzentrierte.

4 Die Arbeit von Weber und Michels brachte eine Spannung zwischen Bürokratie und Demokratie zutage. Einerseits gehen mit der Entwicklung moderner Gesellschaften langfristige Zentralisierungsprozesse der Entscheidungsfindung einher, andererseits war ein immer stärker werdender Demokratisierungsschub eines der Hauptmerkmale der letzten zwei Jahrhunderte. Diese beiden Trends stehen in Konflikt miteinander, wobei keiner überwiegt.

5 Japanische Firmen unterscheiden sich hinsichtlich ihrer Organisationsweise von den meisten westlichen Firmen. Arbeitskräfte auf den unteren Rängen werden von den Managern stärker in Entscheidungen eingebunden; das Entgelt und die Verantwortung richten sich nach den Dienstjahren, und weniger die Leistung des einzelnen als vielmehr die ganzer Gruppen wird beurteilt. Obwohl es keineswegs erwiesen ist, daß dadurch die Überlegenheit des japanischen Wirtschaftssystems über die westlichen Länder erklärt werden kann, haben einige westliche Firmen in den vergangenen Jahren bestimmte Aspekte des japanischen Management–Systems übernommen.

6 Alle modernen Organisationen hängen von der Spezialisierung des Wissens und der Informationsübertragung ab. Das Prinzip der zunehmenden *Professionalisierung* könnte zusammen mit dem immer stärkeren Einsatz der *Informatik* zu einer generellen Zunahme der Flexibilität von Organisationen führen. Die Auswirkungen dieser Veränderungen wurden zumindest bis jetzt oft übertrieben dargestellt.

7 Die Bauten, in denen Organisationen untergebracht sind, bestimmen ihre sozialen Merkmale nachhaltig. Die Architektur moderner Organisationen steht in engem Zusammenhang mit der Überwachung als Mittel zur Sicherstellung von Gehorsam gegenüber einer Autorität. *Überwachung* umfaßt sowohl die Kontrolle der Aktivitäten der Beschäftigten als auch die Verwaltung von Akten und Berichten über sie.

8 *Kerkerorganisationen* sind solche, in denen Personen praktisch ihre ganze Zeit abgesondert von der Außenwelt verbringen. Die wichtigsten Vertreter dieses Organisationstyps sind Gefängnisse und psychiatrische Kliniken. In Kerkerorganisationen wird die Disziplin und die Überwachung auf die Spitze getrieben; die beiden Merkmale sind jedoch bis zu einem gewissen Grad für alle bürokratischen Organisationen charakteristisch.

9 *Selbsthilfegruppen* (und freiwillige Verbände verschiedener Art) sind das Gegenstück zu bürokratischen Organisationen und eher nicht–hierarchisch und partizipatorisch angelegt. In den meisten modernen Gesellschaften gibt es viele solcher Gruppen. Sie bestehen neben größeren, bürokratischeren Systemen, aber zwischen diesen und den Selbsthilfegruppen kommt es manchmal zu Spannungen. Wenn letztere über ein bestimmtes Maß hinaus wachsen, werden sie selbst bürokratisch.

Gruppen und Organisationen 327

Grundbegriffe

soziale Gruppen   formelle Beziehungen
Organisation   informelle Beziehungen

Wichtige Fachausdrücke

Aggregat   Organisationsmitglieder (Beamte)
soziale Kategorie   Oligarchie
Primärgruppe   Freiberufler und Akademiker (*professionals*)
Sekundärgruppe   Informationstechnik
Bürokratie   Überwachung
Idealtyp   Kerkerorganisation

Weiterführende Literatur

John Allen et al., *Political and Economic Forms of Modernity* (Cambridge: Polity and Open University, 1992) – enthält mehrere nützliche Artikel über den Wandel der politischen und wirtschaftlichen Organisationen heute.

Richard Brown, *Understanding Industrial Organisations* (London: Routledge, 1992) – eine Erörterung der unterschiedlichen theoretischen Ansätze für das Verständnis der verschiedenen industriellen Organisationen.

Hans–Dieter Ganter und Gerd Schienstock, Hrsg., *Management aus soziologischer Sicht* (Wiesbaden: Gabler, 1993) – Sammelband zur Unternehmensführung, Industrie– und Organisationssoziologie.

Jeff Hearn et al., *The Sexuality of Organisation* (London: Sage, 1989) – behauptet, daß die herkömmliche Soziologie der Organisationen Themen des Geschlechts und der Sexualität weitgehend ignoriert hat.

Christel Lane, *Management and Labour in Europe* (London: Elgar, 1989) – eine Erörterung der Unternehmensorganisationen in Frankreich, Deutschland und Großbritannien.

John McDermott, *Corporate Society* (London: Westview, 1991) – eine Erörterung der Rolle der Berufsstände in der modernen Gesellschaft.

Bernhard Schäfers, Hrsg., *Einführung in die Gruppensoziologie* (Heidelberg: Quelle und Meyer, 1980) – Sammelband zur Theorie sozialer Gruppen und zur Bedeutung von Gruppen in verschiedenen sozialen Bereichen.

Kapitel 10

Politik, Regierung und Staat

Merkmale des Staates
Der politische Apparat
Das Staatsgebiet
Gesetze und ihre Durchsetzung

Moderne Staaten
Definitionen
Staatsbürgerliche Rechte

Politische Parteien und Wahlen in den westlichen Ländern
Parteiensysteme
Wählerverhalten und Klassenzugehörigkeit
Parteien und Wählerverhalten in Großbritannien
Wählerverhalten – Zunahme der Wechselwähler
Der derzeitige Stand der Debatte
Die Wahlen 1992
Der Thatcherismus und die Zeit danach

Parteipolitik: Strukturbrüche im ausgehenden 20. Jahrhundert?
Die Theorien der Überforderung des Staates und die Legitimationskrise
Kommentar

Die politische Beteiligung der Frauen
Wählerverhalten und politische Einstellungen
Frauen in politischen Organisationen

Nicht-institutionalisiertes politisches Handeln

Demokratie
Arten der Demokratie
Repräsentative Mehrparteiensysteme
Repräsentative Einparteiensysteme
Partizipatorische Demokratie
Die universelle Anziehungskraft der Demokratie und der Niedergang der Monarchien

Demokratischer Elitismus und pluralistische Theorien
Demokratischer Elitismus
Die Sicht Max Webers
Die Ideen Joseph Schumpeters
Pluralistische Theorien
Kritik und Kommentar

Wer herrscht?
Der „innere Kreis" in den USA
Eliten in Großbritannien
Kommentar

Politik im internationalen Kontext
Nationalismus und der moderne Staat
Die Europäische Gemeinschaft und die Veränderungen auf der europäischen Landkarte
Die Entwicklung der Gemeinschaft
Die neue Landkarte Europas

Zusammenfassung

Grundbegriffe

Wichtige Fachausdrücke

Weiterführende Literatur

Wie wir bereits im letzten Kapitel gesehen haben, wirken heute Staat und Regierung auf viele Aspekte unseres Lebens ein. Während des größten Teils der Menschheitsgeschichte gab es den Staat jedoch überhaupt nicht. In Jäger- und Sammlergemeinschaften und in kleinen Agrarkulturen gab es keinen eigenen politischen Apparat. Solche **staatenlosen Gesellschaften** waren aber keineswegs chaotisch; sie hatten informelle Regierungsmechanismen, mit Hilfe derer Entscheidungen über die Gemeinschaft getroffen und Auseinandersetzungen geschlichtet wurden. Entscheidungen wurden im allgemeinen innerhalb von Familiengruppen getroffen; wenn mehrere verwandte, in einem Verband zusammenlebende Gruppen grundsätzlich nicht mehr miteinander auskamen, zerfielen sie in getrennte Einheiten, die sich dann auch oft mit anderen zusammenschlossen.

In anderen kleinräumigen Kulturen gab es ein Element des politischen Zentralismus, ohne daß diese sich zu voll ausgebildeten Staaten entwickelten. In solchen Kulturen gab es einen männlichen Anführer, und der Rest der Bevölkerungsgruppe schuldete ihm Gefolgschaft. Die Häuptlinge waren normalerweise entweder Krieger oder Priester oder beides und hatten manchmal das Recht, auf bewaffnete Gefolgsleute zurückzugreifen, um ihren Entscheidungen Nachdruck zu verleihen. Der Häuptling herrschte im allgemeinen mit Unterstützung eines Rates oder eines Gerichts. In **Staatsgesellschaften** (traditionellen Zivilisationen) wurden diese Anführer mit Herrschaftsgewalt zu Königen oder Kaisern, hatten reich ausgestattete Höfe und Haushalte und kontrollierten Streitkräfte, um sich die Gefolgschaft zu sichern und ihren Herrschaftsbereich auszudehnen. Sie verfügten über Vollzeitbeamte, die für die regelmäßigen administrativen Routineangelegenheiten zuständig waren, und hatten eigene Gerichte, die Prozesse abwickelten und Kriminelle verurteilten.

Sowohl die traditionellen als auch die modernen Staaten haben einige allgemeine Merkmale gemeinsam. Ein **Staat** liegt dann vor, wenn es einen **politischen Apparat** (Regierungsinstitutionen, wie einen Hof, ein Parlament oder einen Kongreß, und Staatsbeamte), der ein gegebenes *Staatsgebiet* regiert, gibt, dessen Autorität sich auf ein *Rechtssystem* stützt und der seine politischen Entscheidungen **gewaltsam** durchsetzen kann. Wenn man jeden einzelnen Aspekt dieser Definition näher betrachtet, wird klar, wie ein Staat beschaffen ist. In diesem Kapitel werden wir uns auf die modernen Staaten konzentrieren und die verschiedenen Arten politischer Systeme in der heutigen Welt miteinander vergleichen.

Merkmale des Staates

Der politische Apparat

Ethnologen und Archäologen sind sich darin einig, daß die meisten Kulturen in der Geschichte der Menschheit staatenlos waren. Der Begriff *Staat* kann auf diese Gesellschaften einfach nicht angewendet werden. In der Frage, ob man sagen kann, daß es in diesen Kulturen eine **Regierung** bzw. eine **Politik** gegeben hat, sind sie sich nicht so einig. Da es keine speziellen politischen Institutionen oder politische Verwaltungsorgane gab, könnte man argumentieren, daß Regierung und Politik nicht vorhanden sind, aber das ist weitgehend eine Definitionsfrage.

In allen Gesellschaften gibt es Regierungsformen, wenn man dieses Wort umfassend genug definiert – um z. B. systematische Methoden zur Entscheidungsfindung zu bezeichnen, die die meisten Mitglieder einer Gemeinschaft betreffen. Diese Definition ist jedoch zu vage, um zielführend zu sein. Man muß sowohl den Begriff „Regierung" als auch „Politik" enger fassen.

Unter *Regierung* verstehen wir hier regelmäßige politische Verfahren und Entscheidungen seitens einer Obrigkeit innerhalb eines politischen Apparates. Diese Amtsträger können unter anderem Könige oder Kaiser, ihr Hofstab, gewählte Vertreter und Mitglieder des Staatsdienstes sein. Wir können von „Regierung" als einem Prozeß sprechen oder von *der* Regierung, womit der für den administrativen Ablauf verantwortliche Apparat bezeichnet wird. Unter *Politik* verstehen wir die Mittel, mit denen Macht ausgeübt wird, um den Umfang und den Inhalt der Regierungstätigkeit zu beeinflussen. Der *politische Bereich* kann deshalb weit über die eigentlichen staatlichen Institutionen hinausgehen. Denn es gibt viele Formen, wie die, die nicht Teil des Regierungsapparates sind, diesen zu beeinflussen suchen. In modernen Gesellschaften können z. B. außerhalb der etablierten politischen Kanäle operierende soziale Bewegungen auf eine Regierung Druck ausüben oder diese sogar stürzen.

Das Staatsgebiet

Jäger- und Sammlerkulturen hatten keine fest umgrenzten Territorien, sondern durchzogen weite Landstriche. Kleine Agrargemeinschaften waren seßhafter, hatten aber für gewöhnlich keine klaren Vorstellungen von Grenzen, die sie von anderen Gruppen trennten. Sobald sich jedoch eindeutige politische Obrigkeiten etabliert hatten, begann man zwischen spezifischen Territorien zu unterscheiden, die dem Gebiet entsprachen, das als Herrschaftsgebiet beansprucht wurde. Im Gegensatz zu früheren Gesellschaftstypen sind Staaten durchwegs expansionistisch ausgerichtet. Immer, wenn die Herrscher eine Gelegenheit sahen, ihr Territorium – und damit ihren Herrschaftsbereich – zu vergrößern, nützten sie diese normalerweise auch.

Gesetze und ihre Durchsetzung

Ein Rechtssystem liegt dann vor, wenn es Individuen gibt, die sich auf die Gerichtsbarkeit spezialisieren. In kleineren Gesellschaften werden Konflikte während einer Versammlung der gesamten Gemeinschaft oder durch das Handeln von Sippen gelöst. Es gibt in solchen Gesellschaften keine Gruppe, die die Hauptverantwortung für die Anwendung von Gewalt zur Durchsetzung gemeinschaftlicher Entscheidungen hat. Manchmal nimmt eine Familie oder eine Sippe ihre Angelegenheiten selbst in die Hand und beginnt eine *Blutfehde*. Mit der Entwicklung von Staaten kommt jedoch auch ein spezialisiertes Rechtssystem auf – kodifizierte Gesetze und Gerichte –, das in der Lage ist, in Fällen, in denen Entscheidungen nicht eingehalten werden, Gewalt anzuwenden. In traditionellen Staaten gab es im allgemeinen zwischen der Armee und speziellen Polizeikräften keinen klaren Unterschied; das Militär wurde oft herangezogen, um richterliche Entscheidungen durchzusetzen.

Moderne Staaten

Definitionen

Alle modernen Staaten sind **Nationalstaaten**. Nationalstaaten haben alle Eigenschaften, die in der Definition des Staates weiter oben erwähnt wurden. Sie besitzen einen Regierungsapparat, der spezifische Hoheitsgebiete beansprucht, über eine kodifizierte Rechtsordnung verfügt und sich auf die Kontrolle der bewaffneten Macht stützt. Einige ihrer Hauptmerkmale stehen jedoch in ziemlich starkem Widerspruch zu jenen von traditionellen Staaten.

Souveränität Die von traditionellen Staaten beherrschten Hoheitsgebiete waren stets unzureichend festgelegt, weil die Kontrollmöglichkeiten der Zentralregierung immer ziemlich beschränkt waren. Der Begriff der **Souveränität** – der bedeutet, daß eine Regierung über ein klar umgrenztes Gebiet herrscht und darin die höchste Macht innehat – war in traditionellen Staaten nur beschränkt relevant. Im Gegensatz dazu sind alle Nationalstaaten souveräne Staaten.

Staatsbürgerschaft In traditionellen Staaten interessierte sich die Mehrheit der von einem König oder Kaiser regierten Bevölkerung kaum dafür, wer über sie herrschte. Normalerweise hatten nur die herrschenden Klassen oder die wohlhabenderen Gruppen das Gefühl, einer größeren Gemeinschaft anzugehören, die von dieser Person regiert wurde. In Nationalstaaten hingegen sind die meisten derer, die innerhalb der Grenzen des politischen Systems leben, **Staatsbürger** mit gleichen Rechten und Pflichten und begreifen sich selbst als Teil einer *Nation*. Obwohl es einige Menschen gibt, die politische Flüchtlinge oder Staatenlose sind, wird beinahe jeder Mensch auf dieser Welt heute als Mitglied eines bestimmten nationalen politischen Systems verstanden.

Nationalismus Nationalstaaten werden mit dem Aufkommen des **Nationalismus** assoziiert (A.D. Smith, 1979; Breuilly, 1982; Gellner, 1991). Man kann Nationalismus als eine Ansammlung von Symbolen und Überzeugungen definieren, die das Gefühl vermitteln, zu einer bestimmten politischen Gemeinschaft zu gehören. So sind z. B. bestimmte Personen stolz darauf, „Brite", „Amerikaner" oder „Franzose" zu sein und fühlen sich diesen Nationen zugehörig. Wahrscheinlich identifizieren sich die Menschen schon seit jeher mit sozialen Gruppen, egal, welche Form diese haben: z. B. mit der Familie, der Sippe oder einer religiösen Gemeinschaft. Der Nationalismus jedoch tauchte erst mit dem modernen Staat auf. In ihm kommt das Gefühl der Identität mit einer eigenen souveränen Gemeinschaft primär zum Ausdruck.

Nationalistische Loyalitäten stimmen heute nicht mehr unbedingt mit den Grenzen von Staatsgebieten überein. Beinahe alle Nationalstaaten wurden aus Gemeinschaften verschiedener Herkunft geschaffen. *Lokale Nationalismen* entwickelten sich häufig aus einem Widerstand gegen den nationalistischen Anspruch des sich entwickelnden Staates. In Großbritannien etwa stellen der schottische und der walisische Nationalismus das „Britentum" in Frage. Während also das Verhältnis zwischen Nationalstaat und Nationalismus kompliziert ist, sind beide doch als Teil desselben Prozesses entstanden.

Unter diesem Blickwinkel können wir nunmehr den Begriff „Nationalstaat" umfassend definieren: Unter Nationalstaat verstehen wir einen *politischen Apparat* mit anerkannten souveränen Rechten innerhalb eines *abgegrenzten Hoheitsgebietes*, der in der Lage ist, seinem Anspruch auf Souveränität durch eine *Militärmacht* Nachdruck zu verleihen, und dessen Bürger im Regelfall ein Gefühl der Identifikation mit der Nation haben.

Staatsbürgerliche Rechte

Die meisten Nationalstaaten wurden durch die Aktivitäten von Monarchen, die mehr und mehr Macht an sich zogen, zentralisierte und effiziente politische Systeme. Im souveränen Staat war der Bürger ursprünglich nicht mit dem Recht auf politische Teilnahme ausgestattet. Solche Rechte wurden hauptsächlich durch Kämpfe erreicht, die die Monarchen in ihrer Macht beschränkten oder diese gar stürzten – manchmal durch revolutionäre Prozesse, wie das in Frankreich und den Vereinigten Staaten der Fall war.

T.H. Marshall hat drei Arten von Rechten unterschieden, die sich parallel zur Staatsbürgerschaft entwickelten (Marshall, 1973). **Bürgerrechte** sind solche, die der einzelne vor dem Gesetz hat. Sie umfassen Rechte, die heute für viele von uns selbstverständlich sind, die sich aber über einen langen Zeitraum entwickelten (und die bei weitem nicht in allen Ländern voll anerkannt sind). Das Recht auf Freizügigkeit, d.h. das Recht, sich frei im Hohheitsgebiet eines Staates zu bewegen, die Meinungsfreiheit und das Recht auf freie Religionsausübung sind ebenso bürgerliche Rechte wie das Recht auf Eigentum oder das Recht auf Gleichbehandlung vor dem Gesetz. In Europa waren diese Rechte erst im frühen 19. Jahrhundert voll ausgebildet. Auch dort, wo sie im großen und ganzen erreicht waren, hatte man bestimmte Gruppen davon ausgenommen. Obwohl die amerikanische Verfassung den amerikanischen Bürgern diese Rechte bereits viel früher eingeräumt hatte als die meisten europäischen Staaten, waren die Schwarzen davon ausgeschlossen. Nicht einmal nach dem Bürgerkrieg, als den Schwarzen diese Rechte formal zugestanden wurden, waren sie in der Lage, diese auszuüben.

Die zweite Art staatsbürgerlicher Rechte sind die **politischen Rechte**, insbesondere das aktive und das passive Wahlrecht. Auch diese Rechte wurden erst nach längerer Zeit und mühsam verwirklicht. Außer in den Vereinigten Staaten wurde das volle Wahlrecht sogar für Männer relativ spät gewährt; es mußte Regierungen, die sich dem Prinzip des allgemeinen Wahlrechtes widersetzten, erst abgerungen werden. In den meisten europäischen Ländern galt das Wahlrecht zunächst nur für männliche Staatsbürger mit einem bestimmten Vermögen, was einer Beschränkung des Wahlrechtes auf eine wohlhabende Minderheit gleichkam. Das allgemeine Wahlrecht für Männer wurde zumeist erst im frühen 20.

Jahrhundert erreicht. Die Frauen mußten länger warten. In den meisten westlichen Ländern wurde das Frauenwahlrecht teils erst nach den Kämpfen der Frauenbewegung und teils als Folge der Mobilisierung der Arbeitskraft der Frauen in der Wirtschaft während des Ersten Weltkrieges verwirklicht (siehe Kapitel 6 „Geschlecht und Sexualität").

Während in Europa gesetzliche und politische Rechte erkämpft wurden, ging in vielen anderen Teilen der Welt der Kolonialismus weiter. Kolonialisierten Völkern wurden beinahe ausnahmslos die vollen Bürgerrechte des Mutterlandes (und normalerweise auch jene des Koloniallandes selbst) vorenthalten. Jene, die nicht versklavt wurden, erachteten die weißen Verwaltungsbeamten für zu primitiv, als daß man sie zur Teilnahme an der Regierung zulassen hätte können. Die Möglichkeit, sie den weißen Siedlern gleichzustellen, überstieg praktisch die Vorstellungskraft der Weißen. Die Mehrheit der Bevölkerung erwarb erst nach Abschaffung des Kolonialismus im 20. Jahrhundert bürgerliche und politische Rechte.

Als dritte Kategorie von Staatsbürgerrechten nennt Marshall die **sozialen Rechte**. Man versteht darunter das Recht jedes einzelnen auf einen bestimmten Mindeststandard im wirtschaftlichen Wohlergehen und in bezug auf soziale Sicherheit. Soziale Rechte umfassen das Recht auf Krankengeld, soziale Absicherung im Falle von Arbeitslosigkeit und die Festsetzung von Mindestlöhnen. Mit anderen Worten: Soziale Rechte bedeuten *soziale Fürsorgeleistungen*. Obwohl in bestimmten Ländern, wie etwa im 19. Jahrhundert in Deutschland, verschiedene Sozialleistungen eingeführt wurden, ehe die bürgerlichen und politischen Rechte voll etabliert waren, entwickelten sich die sozialen Rechte in den meisten Gesellschaften als letzte. Ein Grund hierfür ist die Tatsache, daß die Erlangung bürgerlicher und insbesondere politischer Rechte im allgemeinen die Grundlage für den Kampf um die sozialen Rechte darstellte. Soziale Rechte konnten weitgehend erst im Zuge der politischen Stärke, die ärmere Gruppen oder Klassen mit der Erlangung des Wahlrechtes entfalten konnten, durchgesetzt werden.

Die Erweiterung sozialer Rechte ist eng mit dem sogenannten **Wohlfahrtsstaat** verbunden, der in den westlichen Gesellschaften erst nach dem Zweiten Weltkrieg voll verwirklicht wurde. Ein Wohlfahrtsstaat existiert dort, wo der Staat für jene, die sich durch bezahlte Arbeit nicht angemessen erhalten können, die materiellen Grundlagen sichert: für Arbeitslose, Kranke, Behinderte und Alte. In Großbritannien wurden die Fundamente des Wohlfahrtsstaates in den fünfziger Jahren, vor allem im Zuge der von der unmittelbar nach dem Krieg gewählten Labour–Regierung praktizierten Politik errichtet (Ashford, 1987). Heute gibt es in allen westlichen Ländern umfassende Wohlfahrtseinrichtungen. Andererseits gibt es in vielen ärmeren Ländern der Welt praktisch überhaupt keine wohlfahrtsstaatlichen Leistungen.

Nach dieser kurzen Beschreibung einiger der wichtigsten Merkmale moderner Staaten, werden wir nunmehr die Funktionsweise des politischen Systems im Detail betrachten. Wir werden zunächst Parteiorganisationen und Wählerverhalten analysieren und dann auf die Zusammenhänge zwischen Geschlecht und Politik eingehen. Schließlich werden wir etwas eingehender untersuchen, wie die Demokratie in modernen Gesellschaften beschaffen ist.

Politische Parteien und Wahlen in den westlichen Ländern

Eine **politische Partei** kann als Organisation definiert werden, die durch einen Wahlprozeß nach einer legitimen Regierungskontrolle strebt. In bestimmten Situationen kann es politische Organisationen geben, die nach Macht streben, jedoch daran gehindert werden, dies durch konventionelle Mittel zu tun. Solche Organisationen werden, solange sie nicht anerkannt sind, bestenfalls als politische Sekten oder Bewegungen angesehen. Im späten 19. Jahrhundert wurden z. B. in Deutschland die Sozialdemokraten von Bismarck für illegal erklärt. Sie waren eine organisierte politische Bewegung, die außerhalb der offiziellen Kanäle operierte, wurden aber später als Partei anerkannt und hatten in diesem Jahrhundert über viele Wahlperioden lang die Macht inne.

Parteiensysteme

Es gibt viele Arten von Parteiensystemen. Ob ein Zweiparteiensystem oder ein Mehrparteiensystem vorherrscht, hängt größtenteils von dem in einem bestimmten Land geltenden Wahlverfahren ab. Ein Zweiparteiensystem gibt es meist in solchen politischen Systemen, in denen die Wahlen auf dem Prinzip „Alles für den Sieger" beruhen. Der Kandidat, der die meisten Stimmen erhält, gewinnt unabhängig davon, wie hoch sein Anteil an der Gesamtheit der abgegebenen Stimmen ist, die Wahl. In Ländern mit einem anderen Wahlsystem, etwa dem Verhältniswahlrecht (bei dem die Sitze in einer Volksvertretung entsprechend dem Stimmenverhältnis vergeben werden), sind Zweiparteiensysteme seltener.

In westeuropäischen Ländern finden wir verschiedene Arten von Parteiorganisationen, von denen es in der britischen Parteienlandschaft nicht alle gibt. Einige Parteien basieren auf religiöser Zugehörigkeit (wie die Christlichsoziale Partei oder die Katholische Volkspartei in Belgien), andere sind ethnische Parteien, d.h. sie vertreten spezifische nationale oder sprachliche Gruppierungen (wie die Schottische Nationalpartei in Großbritannien oder die Schwedische Volkspartei in Finnland); andere wiederum sind ländliche Parteien, die bäuerliche Interessen vertreten (beispielsweise die Zentrumspartei in Schweden oder die Schweizerische Volkspartei); weiters gibt es grüne Parteien, die sich für ökologische Anliegen einsetzen (wie die Grünen in Deutschland), und zahlreiche Parteien, die verschiedene politische Schattierungen vertreten (Kesselman et al., 1987).

Seit dem Zweiten Weltkrieg haben in den meisten westeuropäischen Gesellschaften früher oder später sozialistische Parteien oder Arbeiterparteien Regierungen gestellt. Bis vor kurzem gab es praktisch in all diesen Ländern offiziell anerkannte kommunistische Parteien, von denen einige stark waren (etwa in Italien, Frankreich und Spanien). Nach den Veränderungen in Osteuropa haben sich die meisten dieser Parteien umbenannt. Es gibt zahlreiche konservative Parteien (wie die Republikanische Partei in Frankreich und die Konservative Partei oder die Unionistische Partei in Großbritannien) und „Zentrumsparteien", die in der Mitte zwischen *links* und *rechts* angesiedelt sind (wie die Liberalen Demokraten in Großbritannien). (Mit „links" werden radikale oder fortschrittsorientierte politische Gruppierungen, die dem Sozialismus nahestehen, mit „rechts" konservativere Gruppierungen bezeichnet.)

In einigen Ländern wird der Vorsitzende der Mehrheitspartei oder einer der Koalitionsparteien automatisch Ministerpräsident, der höchste öffentliche Vertreter eines Landes. In anderen Fällen (wie in den Vereinigten Staaten) wird unabhängig von den Parteiwahlen in die wichtigsten Gremien der Volksvertretung ein Präsident gewählt. In den westlichen Ländern gleicht kaum ein Wahlsystem einem anderen, und die meisten sind komplizierter als das britische. Deutschland ist ein gutes Beispiel: Die Mitglieder des Bundestages (des Parlaments) werden dort nach einem System gewählt, das eine Kombination aus Mehrheits- und Verhältniswahlrecht ist. Die Hälfte der Mitglieder des Bundestages werden in Wahlkreisen gewählt, in denen der Kandidat gewinnt, der die meisten Stimmen hat. Die anderen 50 Prozent werden gemäß den Anteilen an den Wählerstimmen, die ihre Parteien in bestimmten Regionen erzielen, gewählt. Dank dieses Systems konnten die Grünen in das Parlament einziehen. Eine 5 Prozent–Klausel verhindert, daß es zu einer übermäßigen Vermehrung von Kleinparteien kommt: Zumindest dieser Stimmenanteil muß erreicht werden, ehe eine Partei Abgeordnete in das Parlament entsenden kann. Auch bei Lokalwahlen wird ein ähnliches System angewendet.

Systeme mit zwei Großparteien, wie das britische, führen leicht zu einer Konzentration „in der Mitte", wo die meisten Wählerstimmen zu holen sind, und schließen radikalere Positionen aus. Die Parteien solcher Länder pflegen im allgemeinen ein gemäßigtes Image und werden einander manchmal so ähnlich, daß die von ihnen gebotene Wahlmöglichkeit vernachlässigenswert ist. Die Parteien sollten eigentlich in der Lage sein, eine Pluralität von Interessen zu vertreten, doch wird diese Vielfalt häufig zu einem Einheitsgebräu zusammengemixt, das wenig Angriffsfläche bietet und kaum charakteristische Programmpunkte enthält. In Mehrparteiensystemen können divergierende Interessen und Standpunkte direkter ausgedrückt werden und einem Spektrum radikaler Alternativen Raum bieten. Andererseits kann oft keine einzelne Partei die absolute Mehrheit erzielen. Das Ergebnis sind oft entscheidungsschwache, konfliktträchtige Koalitionen oder rasch aufeinanderfolgende Wahlen und neue Regierungen, die sich nicht lange halten und daher nicht richtig arbeiten können.

Wählerverhalten und Klassenzugehörigkeit

In den meisten westlichen Staaten sind jene Parteien am größten, die mit allgemeinen politischen Positionen assoziiert werden: sozialistische, liberale und konservative Parteien. Zwischen dem Wählerverhalten und Klassenunterschieden besteht für gewöhnlich ein deutlicher Zusammenhang. Liberale und linksgerichtete Parteien bekommen üblicherweise die meisten Stimmen von Angehörigen der unteren Schichten, während konservative oder rechtsgerichtete Parteien eher von wohlhabenden Gruppen gewählt werden.

Das Parteiensystem in den Vereinigten Staaten unterscheidet sich insofern von jenen der meisten westlichen Länder, als es dort keine große linksgerichtete Partei gibt. Das klassengebundene Wählerverhalten ist dort weniger ausgeprägt als in anderen westlichen Demokratien. Obwohl die Demokratische Partei im Prinzip eher Wähler aus den unteren Schichten angezogen hat und die Republikaner von den wohlhabenderen Bevölkerungsgruppen bevorzugt werden, sind diese Zusammenhänge nicht eindeutig. Jede Partei hat einen konservativen Flügel, und es kommt relativ häufig vor, daß konservative bzw. liberale Mitglieder einer Partei in einem bestimmten Punkt mit politisch Gleichgesinnten der gegnerischen Partei mitstimmen.

Die interne Organisation der amerikanischen Parteien ist viel schwächer als die der meisten großen europäischen Parteien. Die europäischen Parteien haben im allgemeinen Mittel zur Verfügung, um sicherzustellen, daß sich ihre Mitglieder bei strittigen Themen an die Parteilinie halten und versuchen, eine starke innerparteiliche Solidarität aufrechtzuerhalten.

Parteien und Wählerverhalten in Großbritannien

In Großbritannien wurden die Parteien bis zum 19. Jahrhundert nur als temporäre Instrumente zur Mobilisierung der Bevölkerung im Falle spezifischer Ereignisse und Krisen betrachtet. Als sich die Parteien zu stabileren Organisationen entwickelten, setzte sich die Idee durch, daß eine Unterstützung ihrer Führerschaft spezifische Vorteile bringen könnte. Parteimitgliedschaft und Loyalität verbanden sich mit verschiedenen Formen der Patronage, in welcher politische Gefolgschaft mit Posten innerhalb einer neuen Administration belohnt wurde. Im 20. Jahrhundert beherrschten über lange Zeiträume hinweg zwei Großparteien (die Labour Partei und die Konservative Partei) die britische politische Bühne; durch die Unterstützung zweier alternativer Regierungsmannschaften, von denen jede aus Mitgliedern einer einzigen Partei bestand, entwickelte sich die sogenannte *Konfrontationspolitik*. In den Nachkriegsjahren gerieten die zwei Parteien sowohl intern als auch von außen her zunehmend unter Druck. Den Druck von außen können wir anhand dreier Phänomene nachvollziehen:

1 *Rückgang der Wählerstimmen* 1951, als das Zweiparteiensystem auf seinem historischen Höhepunkt angelangt war, erhielten die Labour Partei und die Konservativen zusammen 96,8 Prozent der bei den Parlamentswahlen abgegebenen Stimmen. Bei den Parlamentswahlen im Oktober 1974 war dieser Prozentsatz auf 75 Prozent gesunken. Die Wahlen im Februar 1974 waren die ersten seit fünfundvierzig Jahren, bei denen es im Unterhaus keine absolute Mehrheit für eine Partei gab.
2 *Rückgang bei den Mitgliedern* Die Mitgliederzahlen beider Großparteien sind seit 1953 zurückgegangen. Keine Partei gibt verläßliche Mitgliederzahlen heraus, aber es wird allgemein angenommen, daß sie derzeit relativ nieder sind.
3 *Rückgang an Ressourcen* Die inflationsbereinigten Einnahmen der Parteien sind proportional zu den sinkenden Mitgliederzahlen zurückgegangen, obwohl die Mitgliedsbeiträge nicht die wichtigste Einnahmequelle der Parteien darstellen. Die sinkenden Einnahmen hatten eine stärkere Abhängigkeit der Konservativen Partei von privaten Unternehmern sowie eine stärkere Abhängigkeit der Labour Partei von den Gewerkschaften zur Folge.

Politik, Regierung und Staat 337

Die britische Wahlpolitik hat sich in den letzten zwanzig Jahren wesentlich geändert. Ein Faktor ist struktureller Natur: Der Anteil der wirtschaftlich aktiven Bevölkerung mit traditionellen manuellen Berufen – vor allem in der erzeugenden Industrie – ist stark gesunken. Es besteht wenig Zweifel darüber, daß diese Entwicklung zum Schwund bestimmter Labour-Stammwählerschichten geführt hat. Ein zweiter Faktor ist die Spaltung der Labour Partei zu Beginn der achtziger Jahre, die zur Gründung der Sozialdemokratischen Partei (SDP) führte. Wenn es auch die SDP nicht mehr gibt, konnten die später gegründeten Liberalen Demokraten einen starken Zulauf verzeichnen. Ein dritter Faktor war der Einfluß der konservativen Premierministerin zwischen 1979 und 1990, Mrs. Thatcher. Das von Mrs. Thatcher und ihren Kabinetten initiierte entschlossene Reformprogramm bedeutete ein deutliches Abrücken von der früheren Tory-Philosophie. Der „Thatcherismus" maß der Einschränkung der Eingriffe der öffentlichen Hand in das Wirtschaftsleben größte Bedeutung zu und machte den Glauben an die Marktkräfte zur Grundlage der Freiheit des einzelnen und des Wirtschaftswachstums.

Bis 1970 erfreuten sich die beiden Großparteien einer gleichbleibenden Unterstützung durch die Wählerschaft (Heath et al., 1986), wobei sich der Großteil der Wähler entweder zu den Tories oder zur Labour Partei bekannte (siehe unten). Bei den Wahlkämpfen trug man dieser Tatsache insofern Rechnung, als man sie eher auf die Parteitreuen als auf die politische Beeinflußung Andersdenkender ausrichtete. Die beiden 1974 abgehaltenen Wahlen zeigten, daß man sich auf die traditionellen Loyalitäten nicht mehr verlassen konnte. Der Anteil der Wähler, die behaupteten, sich erst während der letzten Wahlkampagne entschieden zu haben, nahm beträchtlich zu. Wahrscheinlich hatten also die Wahlkämpfe mehr Einfluß auf das Wahlergebnis, als das zuvor der Fall gewesen war. Auch der Einfluß des Fernsehens als Mittel, um das Image der Parteien und Politiker besser zu „verkaufen", hat sich dabei wahrscheinlich in signifikanter Weise bemerkbar gemacht.

Das Fernsehen wirkt möglicherweise als eine Art Gegengewicht zur Parteigebundenheit der heutigen britischen Presse. Die geänderten Besitzverhältnisse bei Zeitungsverlagen und die geänderten Auflagenzahlen haben dazu geführt, daß „Tory-Blätter" den Markt beherrschen. In den sechziger Jahren betrug der Anteil der Presse, der die Labour Partei unterstützte, am gesamten Tageszeitungs-Markt noch 43 Prozent, heute kann nur mehr der *Daily Mirror* eindeutig als „Labour-Blatt" bezeichnet werden; er hält bei 20 Prozent des gesamten Tagespresse-Marktes. Es wird auch die Ansicht vertreten, daß durch die immer wichtiger werdende Rolle des Fernsehens bei den Wahlkämpfen zuviel Aufmerksamkeit auf die Parteiführer gelenkt wird. Manche meinen, daß die britischen Wahlen den amerikanischen Präsidentschaftswahlkämpfen immer ähnlicher werden.

Wählerverhalten – Zunahme der Wechselwähler

Die Muster des Wählerverhaltens in Großbritannien vor den siebziger Jahren – abolute Treue gegenüber einer der beiden Großparteien – kann als *Dominanz der Stammwähler* bezeichnet werden. Diese setzt voraus, daß die Zugehörigkeit zur sozialen Klasse das Wählerverhalten entscheidend beeinflußte und daß sich die

Wähler mit einer der beiden Parteien „identifizierten". Mit anderen Worten, sie betrachteten sich entweder als Konservative oder als Labour–Anhänger. Eine in den sechziger Jahren von David Butler und Donald Stokes durchgeführte Untersuchung brachte zutage, daß sich über 90 Prozent der Bevölkerung auf diese Art mit einer der beiden Parteien verbunden fühlten. Die meisten von ihnen sagten, sie identifizierten sich „sehr stark" oder „ziemlich stark" mit „ihrer" Partei (Butler und Stokes, 1974).

Der Zusammenhang zwischen Klasse und Wählerverhalten, von dem die These der Dominanz der Stammwähler ausgeht, kann übertrieben werden. Bei einem Wähler, männlich oder weiblich, der in den sechziger Jahren einem Arbeiterhaushalt entstammte, war die Wahrscheinlichkeit, daß er/sie die Labour Partei wählte, doppelt so hoch wie die Wahrscheinlichkeit, daß er/sie die Konservativen wählte; die Chancen, daß jemand aus einem white–collar–Milieu die Konservativen statt der Labour Partei wählte, betrugen 3,5:1. Das Wählerverhalten war also ziemlich verläßlich vorhersagbar, aber es gab noch immer viele, die sich nicht an das herrschende Muster hielten. Die Analysen der Wahlen im Jahr 1959 zeigen, daß ein Drittel der Arbeiter die Konservativen und 20 Prozent der aus einem white–collar–Haushalt stammenden Wähler die Labour Partei wählte.

Obwohl also auch in der Vergangenheit niemals eindeutig, ist die Korrelation zwischen Klasse und Wahlverhalten heute noch unbestimmter geworden. Darüberhinaus gibt heute ein viel höherer Prozentsatz an Wählern an, sich im Wahlverhalten eher von der Politik und den Perspektiven der Parteien als von unbedingter Loyalität leiten zu lassen. Diesen Prozeß nennt man folgerichtig *Ausscheren der Parteigänger* – eine Bewegung weg von einer konsistenten Identifikation mit einer Partei. Die neue Beweglichkeit der Wähler ging mit der zunehmenden Bedeutung von Alternativen zu den Großparteien einher: Der Anteil jener, die die damalige Liberale Partei wählten, stieg von 7 Prozent im Jahr 1970 auf 19 Prozent im Jahr 1974. 1983 ging die Sozialdemokratische Partei, eine Abspaltung einer Gruppe Parlamentarier von der Labour Partei, mit den Liberalen ein Bündnis ein, um die Parlamentswahlen desselben Jahres gemeinsam zu bestreiten. Sie erhielten bei den Wahlen 1983 25 Prozent der Stimmen und bei jenen des Jahres 1987 22 Prozent, obwohl ihnen dieser Anteil wegen des Mehrheitswahlrechts nur wenige Sitze im Parlament einbrachte.

Der Anteil derer, die sich grundsätzlich als Anhänger einer bestimmten Partei deklarieren, ist in den letzten dreißig Jahren ebenso wie die Intensität des Engagements jener, die sich noch zu einer Partei bekennen, zurückgegangen. In einer 1992 durchgeführten Umfrage sagten 35 Prozent, daß ihre Identifikation mit einer Partei „nicht stark" sei (verglichen mit 12 Prozent 1964).

Welche Gründe gibt es für dieses zunehmende Ausscheren? Ivor Crewe (1983) hat zwei Faktoren genannt: Erstens nehmen jene Aspekte im Alltag der Leute zu, die in keinem direkten Zusammenhang mit ihrer Klassenzugehörigkeit stehen, z. B. ob Leute ihr Haus mieten oder kaufen oder ob sie Gewerkschaftsmitglieder sind oder nicht. Gewerkschaftsmitglieder wählen nämlich viel häufiger die Labour Partei als die Konservativen, unabhängig davon, ob sie Mitglieder von Arbeitergewerkschaften oder Angestelltengewerkschaften sind.

Zweitens nimmt der Anteil jener Wähler, die nicht mehr ohne weiteres an vorgefertigte, ihre Parteipräferenz bestimmende politische Einstellungen glauben, zu. Sie wählen jetzt eher jene Partei, die ihre Interessen ihrer Meinung nach am besten vertritt. In den späten siebziger und in den achtziger Jahren, so Crewe, bot die Labourpartei ihrer Wählerschaft eine Politik, die viele ihrer Anhänger ablehnten – was die lange Tory–Regierungszeit erklärt.

Anthony Heath und seine Kollegen (1986) haben dieses Argument noch erweitert: Frühere Untersuchungen über das Ausscheren aus einer Partei, meinten sie, gingen von einer unzulänglichen Definition von Klasse aus. Das heißt, man verstand unter „Klassenunterschied" nur den Unterschied zwischen manuell und nicht–manuell Tätigen, zwei bestenfalls groben Kategorien. Außerdem ließen die Untersuchungen auch geschlechtsbedingte Unterschiede außer Acht. Verheiratete Frauen wurden einfach nach der Berufsgruppe ihrer Ehemänner eingeordnet (weitere Erläuterungen zu diesem Thema siehe Kapitel 7 „Schichtung und Klassenstruktur").

Heath unterscheidet fünf Klassen: Manager und *professionals*, die an ihrem Arbeitsplatz über Autorität verfügen; Gewerbetreibende und selbständige Arbeiter; nicht–manuelle Arbeiter, die Routinearbeiten verrichten, an ihrem Arbeitsplatz aber keine oder nur wenig Autonomie haben; Vorarbeiter und Techniker und schließlich manuelle Arbeiter. Wendet man diese verfeinerten Kategorien für „Klasse" an, so wird sichtbar, daß die meisten manuellen Arbeiter weiterhin Anhänger der Labour Partei sind. Vorarbeiter, Techniker und Gewerbetreibende wählen aber massiv die Konservative Partei. Frauen lassen sich in ihrem Wählerverhalten häufiger durch ihre Erfahrungen am Arbeitsplatz als durch den Beruf ihres Mannes beeinflussen. Heath und seine Mitarbeiter schließen daraus, daß die Behauptungen über das Ausscheren von Parteigängern übertrieben waren. Die Klassenzugehörigkeit ist für das Wählerverhalten noch immer recht wichtig.

Der derzeitige Stand der Debatte

Die Debatte ist noch nicht ausgestanden. Heath und seine Co–Autoren wurden selbst weithin kritisiert. Als sie Argumente für die noch immer andauernde, zentrale Bedeutung der Klassenzugehörigkeit entwickelten, konzentrierten sie sich vor allem auf die Spitze und die Basis, d.h. auf die Manager, Freiberufler und Akademiker einerseits und auf die manuellen Arbeiter andererseits. Indem sie den Anteil der Konservativen in der ersten Gruppe und den der Labouranhänger in der zweiten ermittelten, berechneten sie ein Wahrscheinlichkeitsmaß des Wahlverhaltens. Dieses gibt an, wie hoch die Wahrscheinlichkeit ist, daß ein Mitglied einer bestimmten Klasse eine bestimmte Partei wählt. Kritiker haben argumentiert, daß das Wahrscheinlichkeitsmaß auf zwei Parteien basiert und daher dem Aufstieg der Zentrumsparteien nicht gerecht wird, daß sich Heath et al. also bei ihrer Arbeit weitgehend auf eine Minderheit von Wählern stützen. Denn wie sie anführen, machen die beiden betreffenden Klassen nur 45 Prozent der Wählerschaft aus.

Die Wahlen 1992

Bei den Wahlen im Jahr 1992 (siehe Abb. 10.1) konnte die Labour Partei knapp mehr als 2 Prozent zulegen; die Konservativen behielten die absolute Mehrheit im Parlament, obgleich diese Mehrheit gegenüber den letzten Wahlen stark reduziert wurde. Der Anteil der Tory-Wähler blieb zwischen 1979 (44,9 Prozent) und 1992 (42,8 Prozent) deutlich stabil. Der Anteil der Labourwähler lag über dem absolut schlechtesten Ergebnis (unter 30 Prozent bei den Wahlen im Jahr 1983). 1992 erhielt die Labour Partei 35,2 Prozent aller Wählerstimmen. Der Anteil fiel aber geringer aus als 1979. Die dritte Partei, die Liberalen Demokraten, erhielt 18,3 Prozent der Stimmen, was gegenüber den beiden vorhergehenden Wahlen einen Verlust bedeutete.

Trotz der Kontinuität der Unterstützung für alle drei Parteien bestätigten Untersuchungen während der Wahl, daß es eine beträchtliche Anzahl von Wechselwählern gab. Eine Analyse einer repräsentativen Gruppe von etwa 1500 Wählern zeigte, daß sich 21 Prozent erst in der letzten Wahlkampfwoche entschieden hatten, wie sie wählen würden. Die Anhänger der Konservativen weisen aber eine stabilere Parteibindung auf als die Wähler der Labour Partei oder die der Liberalen Demokraten. Von den Tory-Wählern gaben 72 Prozent an, daß sie sich bereits

%	Kons	Lab	Lib Dem	Andere
Alle Wähler	43	35	18	5
Männer	42	37	17	5
Frauen	43	34	19	3
18–24 Jahre	36	37	21	6
25–34 Jahre	40	38	17	5
35–54 Jahre	44	34	18	4
55+ Jahre	45	35	17	2
AB	59	20	19	2
C1	52	24	20	5
C2	41	38	17	5
DE	29	50	17	4
Wohnungseigentümer	53	27	18	2
Mieter	22	53	18	6
Schottland	25	39	11	24
Nordengland	38	44	16	1
Midlands	42	41	15	2
Südengland	50	26	23	2

Abbildung 10.1 Wahlergebnisse April 1992. Unterschiede im Wählerverhalten aufgeschlüsselt nach Geschlecht, Alter, sozialer Schicht (Kategorien A–E), Wohnungsbesitzverhältnis und Region
Quelle: NOP. (Zahlen basieren auf Interviews mit 4963 Wählern während der Wahlkampagne und wurden nach dem tatsächlichen Ausgang gewichtet. Die Zahlen wurden aufgerundet und ergeben deshalb nicht immer genau 100 Prozent.)

Politik, Regierung und Staat 341

vor Beginn des Wahlkampfes entschieden hatten. Bei den Labour-Wählern waren es 67 Prozent, bei den Liberalen Demokraten nur 41 Prozent (Fallon, 1992).

Die Wahlergebnisse bestätigen im großen und ganzen die These des Rückganges der Stammwähler, sind aber auch ein Indiz dafür, daß dieser Rückgang bei den nicht-konservativen Wählern stärker war als bei der konservativen Wählerschaft. Wenn das stimmt, dann steht die Labour Partei vor einem großen Problem; die Wahlen 1992 waren die vierten, die die Tories hintereinander gewonnen haben und es ist nicht sicher, ob die Labour Partei diesem Trend in Zukunft Einhalt gebieten kann.

Der Thatcherismus und die Zeit danach

Eines der wichtigsten Merkmale der britischen Politik in den späten siebziger und frühen achtziger Jahren war der Einfluß der politischen Vorstellungen, die man mit Mrs. Thatcher assoziierte und die als „Thatcherismus" bekannt wurden. Welche Ursprünge hatte der Thatcherismus? Warum kam er in Großbritannen bei breiten Wählerschichten so gut an? Man kann davon ausgehen, daß die Politik, die man mit den Kabinetten Mrs. Thatchers verbindet, nach außen einheitlicher und beständiger erschien, als es tatsächlich der Fall war. Der Thatcherismus bot bestimmte Orientierungen, war jedoch weitgehend eine ziemlich lose Aneinanderreihung von Programmen und Initiativen. Einige davon wurden aus pragmatischen Überlegungen angenommen, während andere mit der Zeit verändert oder zu großen Teilen aufgegeben wurden (Riddell, 1985; Kavanagh, 1987).

Mrs. Thatcher wurde nicht wegen irgendeiner frühzeitig vorhandenen Unterstützung für die Politik, die später unter dem Namen „Thatcherismus" bekannt wurde, an die Spitze ihrer Partei und zur Premierministerin gewählt. Sie wurde nicht von Anfang an als wahrscheinlichste Nachfolgerin von Edward Heath und als Tory-Vorsitzende angesehen, sondern war bereit, Heath in den späten siebziger Jahren herauszufordern, zu einer Zeit, da die Partei bereits zwei Wahlniederlagen einstecken hatte müssen und viele Abgeordnete eine Änderung an der Spitze herbeiführen wollten. Für die meisten war ihr Sieg damals kein entscheidender Wendepunkt in der Tory-Philosophie, obwohl sie an der von Keith Joseph begonnenen ideologischen Neuorientierung der Partei großen Anteil hatte. Nachdem sie die Führung übernommen hatte, wurde aus den Josephschen Ideen und aus Anschauungen, die auf dem Denken des Ökonomen Milton Friedman basierten, eine neue Politik geschmiedet.

Während ihrer ersten Amtsperiode konzentrierte sich Mrs. Thatchers Politik hauptsächlich auf den „Monetarismus". Die Kontrolle der in Umlauf befindlichen Geldmenge wurde als wesentliches Element zur Inflationsbekämpfung und Förderung einer gesunden Wirtschaft angesehen. Die Ziele der monetären Kontrolle erwiesen sich jedoch als zu hoch gesteckt, und der Monetarismus wurde in der Folge weitgehend aufgegeben. Nach den Wahlen 1983 wurde Thatchers Wirtschaftspolitik hauptpsächlich durch die Privatisierung öffentlicher Unternehmen in Gang gehalten. Der Verkauf von Anteilen von *British Telecom, British Gas, British Steel, British Airways* und *British Petroleum* fand breiten Widerhall.

Der Privatisierung werden verschiedene Vorteile nachgesagt. An die Stelle einer schwerfälligen und ineffizienten öffentlichen Bürokratie würde ein gesunder wirtschaftlicher Wettbewerb treten, die öffentlichen Ausgaben könnten eingeschränkt und die politische Einmischung in Managerentscheidungen beendet werden. Spätere Privatisierungspläne, wie sie für die Wasserversorgung und die Eisenbahnen geplant waren, fanden weniger öffentliche Zustimmung. Es gab auch Pläne zur Reorganisation des nationalen Gesundheitswesens (siehe Kapitel 18 „Bevölkerung, Gesundheit und Alterung"). Die Vorschläge zur Privatisierung des öffentlichen Gesundheitswesens sowie für die Abschaffung der lokalen Vermögenssteuer und die Einführung einer Gemeindeabgabe (*Poll Tax*) stießen in der Öffentlichkeit jedoch auf scharfen Widerstand. Das bewog die Konservativen, eine andere Richtung einzuschlagen: Die *Poll Tax* wurde nach dem Abgang von Mrs. Thatcher abgeschafft.

Die Auswirkungen der Privatisierungspolitik von Mrs. Thatcher sind jedoch wahrscheinlich nachhaltig. Nach anfänglich heftigen Widerständen seitens der Labourpartei fand sich diese allmählich damit ab, daß viele Privatisierungsschritte irreversibel waren.

„*The lady is not for turning!*" (sinngemäß: Für mich gibt es kein zurück!) erklärte Mrs. Thatcher in einem ihrer berühmteren öffentlichen Aussprüche (in Reaktion auf Forderungen nach einer Umkehr der Tory–Politik und in einfältiger Anspielung auf den Titel von Christoph Fryes Theaterstück *The lady is not for burning!* A. d. Ü.). Das stärkste Element der Kontinuität im Thatcherismus war wahrscheinlich die Persönlichkeit und der moralische Stil von Mrs. Thatcher selbst. Ihre Kreuzfahrermentalität brachte ihr zwar nicht die ungeteilte Zuneigung ihres Wählervolkes, wohl aber dessen Respekt für ihre Qualitäten als nationale Führungspersönlichkeit ein. Mrs. Thatchers Weigerung, angesichts der Besetzung der Falklandinseln durch Argentinien nachzugeben, war in den Augen vieler der sichtbare Ausdruck dieser Führungsqualitäten, und ihre dominante Rolle innerhalb der Regierung wurde auch durch ihre charakteristischen Entlassungen von Kabinettsmitgliedern, die es sich mit ihr verscherzt hatten, verstärkt.

In den frühen achtziger Jahren kam es zu einem öffentlichen Aufbegehren gegen Thatchers Politik; es wurden unter anderem Protestmärsche und Demonstrationen gegen die Arbeitslosigkeit veranstaltet. Die Wähler waren den Konservativen in Scharen davongelaufen, aber die Demonstration von Stärke und Entschlossenheit der Regierung während des Falklandkrieges brachte wiederum eine Wende, was für den Sieg der Tories bei den Wahlen 1983 entscheidend war. Die Regierung hätte zwar durch den Bergarbeiterstreik 1984 gestürzt werden können, ging aber siegreich aus der Auseinandersetzung hervor und wurde sogar noch populärer. Nach einem Erdrutschsieg bei den Wahlen 1987 ging es mit der Sympathie des Wählervolkes für Mrs. Thatcher jedoch rasch bergab. Wesentliche Faktoren dabei waren die unpopuläre *Poll Tax*, ihre kontroversielle Haltung zur Rolle Großbritanniens in der Europäischen Gemeinschaft und die wirtschaftliche Rezession. Die Unzufriedenheit der Konservativen mit ihrer Vorsitzenden wurde so stark, daß Michael Heseltine, der im November 1990 mit ihr um die Parteispitze konkurrierte, einen zweiten Wahlgang erzwang, nachdem sie nicht einmal die 15 Prozent Vorsprung, die für einen Sieg erforderlich gewesen wären, erreicht

Politik, Regierung und Staat 343

hatte. Zu diesem Zeitpunkt rieten ihr Parteigranden, sich aus dem Kampf zurückzuziehen, aus dem John Major als neuer Vorsitzender der Konservativen Partei und als neuer Premierminister hervorging (Kingdom, 1991).

Parteipolitik: Strukturbrüche im ausgehenden 20. Jahrhundert?

Während ihrer langen Amtszeit wurde Mrs. Thatcher immer nur von einer Minderheit der britischen Bevölkerung unterstützt. In Großbritannien und in mehreren anderen westlichen Ländern scheinen sich bezüglich der herkömmlichen Parteipolitik neben dem vorhin besprochenen zunehmend mobilen Verhalten der Stammwählerschichten vermehrt Skepsis und Ernüchterung breit gemacht zu haben. Das fällt in eine Zeit (die in den frühen siebziger Jahren begonnen hat und bis heute andauert), in der sich die von Marshall diagnostizierte schrittweise Ausweitung der sozialen Rechte in das Gegenteil verkehrt zu haben scheint. Rechtsgerichtete Parteien, wie jene unter der Führung Mrs. Thatchers in Großbritannien oder Helmut Kohls in Westdeutschland bzw. die Regierungen Ronald Reagans und George Bushs in den USA, versuchten, die Sozialausgaben einzuschränken (Krieger, 1986). Sogar in Staaten mit sozialistischen Regierungen, wie in Frankreich unter Präsident Mitterrand, waren die Bemühungen der Regierung, öffentliche Ressourcen für Soziales bereitzustellen, halbherzig (Ross, Hoffman und Malzacher, 1987). Ein Grund dafür waren die sinkenden Einnahmen der Regierung wegen des weltweiten Rückganges des Wirtschaftswachstums; außerdem meldeten nicht nur die Regierungen, sondern auch viele Bürger in zunehmendem Ausmaß grundsätzliche Zweifel über die Effizienz des Wohlfahrtsstaates an.

Die Theorie der Überforderung des Staates und die Legitimationskrise

Um den Wandel dieser politischen Situation zu erklären, wurden zwei verschiedene Theorien entwickelt: Die erste, die Theorie von der **Überforderung des Staates**, geht davon aus, daß die Regierungen mehr und mehr Aufgaben, einschließlich jener, als Eigentümer von Industrie–, Versorgungs– und Transportunternehmen aufzutreten und Wohlfahrtseinrichtungen zur Verfügung zu stellen, übernommen hat, und dieser Aufwand nicht mehr finanzierbar und zu verwalten sei. Die politischen Parteien haben seit dem Zweiten Weltkrieg versucht, mit immer mehr Versprechen für mehr Vorteile und Dienstleistungen die Wähler auf ihre Seite zu ziehen; wenn sie aber gewählt waren, konnten sie ihre Versprechen nicht halten, weil die Staatsausgaben die Steuereinnahmen, von denen die Regierungen ja abhängig sind, übertrafen. Große staatliche Behörden entwickeln ihre eigene Dynamik, werden zunehmend schwerfällig und können auf die Bedürfnisse, die zu erfüllen von ihnen erwartet wird, nicht mehr eingehen (Etzioni–Halevy, 1983).

Deshalb, wird argumentiert, beginnen die Wähler an den Versprechungen der Regierungen und der politischen Parteien zu zweifeln. Die europäischen linksgerichteten Parteien und die Demokratische Partei in den USA verlieren die traditionelle Unterstützung der Arbeiterklasse, weil die Staatsausgaben in keiner Relation mehr zu den sozialen Errungenschaften stehen, in deren Genuß deren

Mitglieder tatsächlich kommen. Der Aufstieg der „Neuen Rechten" wird als Versuch, auf diese Situation eine angemessene Antwort zu finden, erklärt: Der Staat soll in seine Grenzen verwiesen und das private Unternehmertum gefördert werden.

Die damit rivalisierende Theorie der **Legitimationskrise,** wie sie vom deutschen Sozialphilosophen Jürgen Habermas und anderen entwickelt wurde (Habermas, 1973; Offe, 1972, 1984), geht von der Beobachtung aus, daß es für die modernen Regierungen allgemein schwierig ist, die für die ihr zugewiesenen Aufgaben erforderlichen Ressourcen aufzutreiben. Staatliche Eingriffe in das Wirtschaftsleben und die Bereitstellung von Mitteln für Sozialausgaben sind notwendig, um die Wirtschaft stabil zu halten, aber wenn eine Gesellschaft unverhältnismäßig stark von Einnahmen privater kapitalistischer (Produktions- und Dienstleistungs-) Unternehmen abhängig ist, neigt das Wirtschaftsleben zur Wechselhaftigkeit und Instabilität. Die Regierungen müssen viele Dienstleistungen zur Verfügung stellen, die Privatunternehmen nicht finanzieren wollen, weil sie nicht genügend Gewinn bringen. Während der Staat mehr und mehr Aufgaben übernehmen muß, will man die dafür notwendigen Mittel nicht zur Verfügung stellen, weil Steuern ja bei Privatpersonen und -unternehmen eingehoben werden. Die Regierungen werden mit diesen widersprüchlichen Anforderungen nicht richtig fertig. In den letzten Jahren wurden die Zwänge sogar noch stärker, weil die staatlichen Leistungen ständig zunahmen. Die Parteien – besonders jene, die für umfassende Staatsaktivitäten eintreten – können ihre Versprechungen immer seltener einhalten. Das hat zu einem teilweisen Schwund der Wählergunst und zu einer generellen Desillusionierung bezüglich der Fähigkeiten der Politiker – zu einer „Legitimationskrise" – geführt. Aufgrund des Widerstandes gegen hohe Steuerquoten seitens der Mitglieder wohlhabender Gruppen sind neue Formen rechtsgerichteter Politik entstanden.

Kommentar

Beide Theorien haben bestimmte gemeinsame Elemente. Beide gehen davon aus, daß die staatliche Autorität und etablierte Muster des Wählerverhaltens angesichts zunehmender Ansprüche untergraben werden. Beide legen nahe, daß es für die Regierungen schwierig ist, die Aspekte des sozialen und wirtschaftlichen Lebens, die sie in ihren Programmen zu beeinflussen versprechen, tatsächlich zu steuern. Bezüglich der praktischen Lösungsvorschläge gehen die beiden Theorien jedoch weit auseinander. Nach der Überforderungstheorie kann eine Beschneidung der Staatsausgaben positive Auswirkungen haben. Der Alternativtheorie zufolge können sich solche Versuche in das Gegenteil verkehren und möglicherweise zu einer Verschärfung der sozialen Konflikte führen, weil nicht mehr genügend Mittel da sind, um die Bedürfnisse in Bereichen wie dem Gesundheitswesen oder der öffentlichen Wohlfahrt abzudecken oder der Verelendung der innerstädtischen Wohngebiete entgegenzuwirken.

Die Überforderungstheorie hat von den beiden wahrscheinlich den geringeren Erklärungswert. Es scheint bei der Bereitstellung von Ressourcen zwischen der öffentlichen Hand und den Privaten eine Art „Schub- und Zug-Effekt" zu geben, den Habermas in überzeugender Weise analysiert hat. Jene, die glauben, am meisten in den Sozialtopf einzuzahlen – die Wohlhabenderen – glauben meistens auch, daß er ihnen am wenigsten zugute kommt. Es gibt daher in vielen Ländern immer wiederkehrende Debatten darüber, inwieweit das Gesundheitswesen aus Steuergeldern finanziert werden und vom Staat zur Verfügung gestellt sein soll und inwieweit jene für gesundheitliche Dienstleistungen zahlen sollen, die sie in Anspruch nehmen. Viele gegenwärtige soziale Konflikte entzünden sich an derartigen Themen.

Die politische Beteiligung der Frauen

Wählerverhalten und politische Einstellungen

Angesichts des de facto überall langwierigen Kampfes der Frauen um das allgemeine Wahlrecht hat Wählen für Frauen eine spezielle Bedeutung. Für die Mitglieder der frühen Frauenbewegungen war das Wahlrecht sowohl ein Symbol der politischen Freiheit als auch ein Mittel zur Durchsetzung einer stärkeren wirtschaftlichen und sozialen Gleichheit. In Großbritannien und in den Vereinigten Staaten, wo der Kampf um das Frauenwahlrecht aktiver geführt wurde und mehr Gewalt hervorrief als anderswo, nahmen die Anführerinnen der Bewegung beträchtliche Unannehmlichkeiten auf sich, um dieses Ziel zu erreichen. Auch heute gibt es noch Länder, in denen die Frauen das Wahlrecht noch nicht voll durchgesetzt haben, wenn auch Saudi Arabien das einzige Land ist, in welchem Frauen auf nationaler Ebene nicht wählen dürfen. Hat aber der harte Kampf um das Wahlrecht tatsächlich die gewünschten Ergebnisse gebracht?

Die Antwort lautet kurz „nein". In den meisten westlichen Ländern, in denen die Frauen einmal das Wahlrecht erlangt hatten, machten sie viel seltener davon Gebrauch als die Männer. Im Jahr 1929, bei der ersten britischen Parlamentswahl, bei der Frauen zugelassen waren, gab nur ein Drittel aller wahlberechtigten Frauen, im Vergleich zu zwei Dritteln der wahlberechtigten Männer, ihre Stimme ab. In den USA war der Prozentsatz ungefähr gleich hoch, und auch in den übrigen Staaten war das Verhalten nach Einführung des allgemeinen Wahlrechtes ähnlich. In vielen Ländern ist der Anteil der weiblichen Wähler noch immer geringer als jener der männlichen, obwohl sie in einigen Ländern mit den Männern praktisch gleichgezogen haben. Bei den letzten drei Präsidentschaftswahlen in den Vereinigten Staaten lag die Wahlbeteiligung der Frauen nur um 3 – 6 Prozent unter jener der Männer. In Großbritannien betrug der Unterschied bei den Parlamentswahlen (ab dem Jahr 1970) nie mehr als 4 Prozent. In Schweden, Westdeutschland und Kanada gibt es keinen geschlechtsbedingten Unterschied mehr, in Italien, Finnland und Japan ist die Wahlbeteiligung der Frauen sogar ein wenig höher als jene der Männer.

Diese Zahlen sind ein Hinweis darauf, daß das wirkliche Hindernis für die Gleichheit zwischen den Geschlechtern nicht das Wahlrecht war, sondern tiefersitzende soziale Unterschiede zwischen Mann und Frau, durch die die Frauen an Haushalt und Hausarbeit gebunden waren. Die zunehmende Entschärfung der sozialen Unterschiede brachte auch Veränderungen bei der politischen Beteiligung der Frauen mit sich, nicht umgekehrt. Wenn sich die Macht- und Statusunterschiede zwischen Männern und Frauen verringern, dann steigt der Anteil der Frauen, die von ihrem Stimmrecht Gebrauch machen.

Wie sehr unterscheiden sich Frauen und Männer hinsichtlich ihrer politischen Einstellung? Viele der frühen Kämpferinnen für das Wahlrecht, die Suffragetten, glaubten, daß der Eintritt der Frauen in die Politik diese radikal verändern würde und daß dadurch mehr Altruismus und Moral in die Politik Eingang fänden. Die Gegner des Frauenwahlrechtes argumentierten ähnlich, daß die politische Beteiligung von Frauen gewaltige Folgen haben würde – allerdings verheerende. Ein prominenter männlicher Gegner des Frauenwahlrechts in England warnte davor, daß „eine solche Revolution von unabsehbarer Tragweite nicht gewagt werden könnte, ohne England der allergrößten Gefahr auszusetzen" (zitiert aus Currell, 1974, S. 2). Man glaubte, daß die Beteiligung von Frauen an der Politik das politische Leben trivialisieren und gleichzeitig die Stabilität der Familie untergraben würde.

Keine dieser extremen Folgen ist eingetreten. Die Durchsetzung des Frauenwahlrechtes hat die Politik nicht wesentlich verändert. Wie das männliche wird das weibliche Wahlverhalten von Parteipräferenzen, politischen Optionen und der Auswahl verfügbarer Kandidaten bestimmt, obwohl es zwischen dem männlichen und dem weiblichen Wählerverhalten einige konsistente Unterschiede gibt. Wählerinnen verhalten sich im allgemeinen konservativer als Männer, wie man aus dem weiblichen Stimmenanteil für rechtsgerichtete Parteien schließen kann. Das ist z. B. in Frankreich, Deutschland und Italien der Fall. In Großbritannien und in den USA ist diese Variablenbeziehung nicht so eindeutig. In Großbritannien wählen junge Frauen öfter die Labour Partei als junge Männer, ältere Frauen hingegen unverhältnismäßig oft die Konservativen. Diese beiden Tendenzen gleichen einander mehr oder weniger aus. In den Vereinigten Staaten kann eine konservative Grundeinstellung nicht automatisch mit der Präferenz für eine der beiden Großparteien gleichgesetzt werden, weil der Unterschied zwischen Republikanern und Demokraten nicht einfach mit rechts und links erklärt werden kann. Bei den letzten Wahlen wurden die Demokraten häufiger von Frauen gewählt als von Männern, wobei besonders junge Frauen zu den Demokraten tendierten.

Der Einfluß von Frauen auf die Politik kann nicht nur aufgrund ihres Wahlverhaltens bewertet werden. Feministische Gruppen haben besonders in den letzten Jahrzehnten das politische Leben auf andere Weise beeinflußt. Die *National Organization of Women* (NOW) und andere Frauenorganisationen in den USA haben seit den frühen sechziger Jahren immer wieder darauf gedrängt, bestimmte frauenspezifische Themen auf die politische Tagesordnung zu setzen; darunter gleiche Rechte am Arbeitsplatz, straffreie Abtreibung, Änderungen im Familien- und Scheidungsrecht sowie Rechte für Lesben. In den meisten europäischen Ländern gab es zwar keine vergleichbaren nationalen Frauenorganisationen, aber die „zweite feministische Welle" in den sechziger Jahren und danach hat die erwähnten Anliegen zu zentralen politischen Themen gemacht. Viele dieser Themen – wie die Freigabe der Abtreibung – wurden sowohl von Frauen als auch von Männern heftig diskutiert.

Politik, Regierung und Staat

Bei der Verabschiedung des *Abortion Act* 1967 und von Gesetzen gegen die sexuelle Diskriminierung am Arbeitsplatz in Großbritannien hat der Einfluß von Frauenorganisationen eine große Rolle gespielt. Die Frauenorganisationen drängten außerdem auf andere Änderungen, denen in der Gesetzgebung Rechnung getragen wurde, wie durch das Gesetz gegen die Gewalt in der Familie (*Domestic Violence and Matrimonial Procedures Act*, 1976). Eine 1992 durchgeführte, landesweite Befragung zeigte weitere Themen auf, die für Frauen eine hohe Priorität haben, die aber von den Männern als weit weniger wichtig eingestuft werden. Darunter z. B.: verstärkte politische Bemühungen zur Einrichtung von Krippen und Kindergärten für Vorschulkinder und politische Maßnahmen im Zusammenhang mit Kindergeld (Kellner, 1992). Was auch immer in Zukunft geschieht, es scheint klar, daß viele Probleme und Anliegen, die speziell Frauen betreffen und zuvor vernachlässigt wurden oder als „politisch irrelevant" galten, jetzt in das Zentrum der politischen Debatten gerückt sind.

Frauen in politischen Organisationen

Frauen ist politische Macht nichts vollkommen Unbekanntes. Seit Kleopatras Zeiten übten einzelne Frauen als Staatsoberhäupter gelegentlich beträchtliche politische Macht aus. Wo sie nicht formell herrschten, hatten sie manchmal als Ehefrauen oder Mätressen von Monarchen, Präsidenten und Premierministern einen großen indirekten Einfluß. Eines der berühmtesten Beispiele ist Madame de Pompadour, die Mätresse Ludwigs XIV. von Frankreich, die tatsächlich die meisten wichtigen Entscheidungen im Staate traf. Im 20. Jahrhundert standen Frauen relativ oft an der Spitze von Regierungen, z. B. Golda Meir in Israel, Indira Gandhi in Indien und Margaret Thatcher in Großbritannien.

Im allgemeinen sind jedoch Frauen in den politischen Eliten – wie in so vielen anderen Bereichen des gesellschaftlichen Lebens – schwach vertreten. Abbildung 10.2 zeigt den Anteil weiblicher Abgeordneter in verschiedenen europäischen Ländern. Ähnlich verhält es sich mit den politischen Parteien. In Großbritannien waren 1980 11 Prozent der Delegierten bei der Jahreshauptversammlung der Labour Partei Frauen, gegenüber 38 Prozent bei den Konservativen. Bei den Parteikonventen der Demokraten und Republikaner in den Vereinigten Staaten machen die Frauen ungefähr jeweils ein Drittel der Delegierten aus. An der Spitze der Parteihierarchien allerdings ist der Frauenanteil noch beträchtlich niedriger. In der Carter–Administration waren von den 11 US–Kabinettsmitgliedern nur zwei Frauen. Das von Präsident Reagan nach den Wahlen im Jahr 1980 gebildete Kabinett war gar eine reine Männerriege. Die skandinavischen Länder sind praktisch die einzigen, in denen die Frauen in halbwegs angemessener Weise vertreten sind. Die Regierungen Schwedens, Finnlands und Norwegens haben schon seit langem weibliche Mitglieder, auch wenn diese nach wie vor in der Minderheit sind. Im Jahr 1991 waren z. B. in Schweden acht von zwanzig Kabinettsmitgliedern Frauen.

Nicht die mangelnde weibliche Präsenz in den höheren Rängen der politischen Organisationen ist jedoch überraschend, sondern die Langsamkeit, mit der sich Veränderungen durchzusetzen scheinen. Wie in der Wirtschaft beanspruchen noch

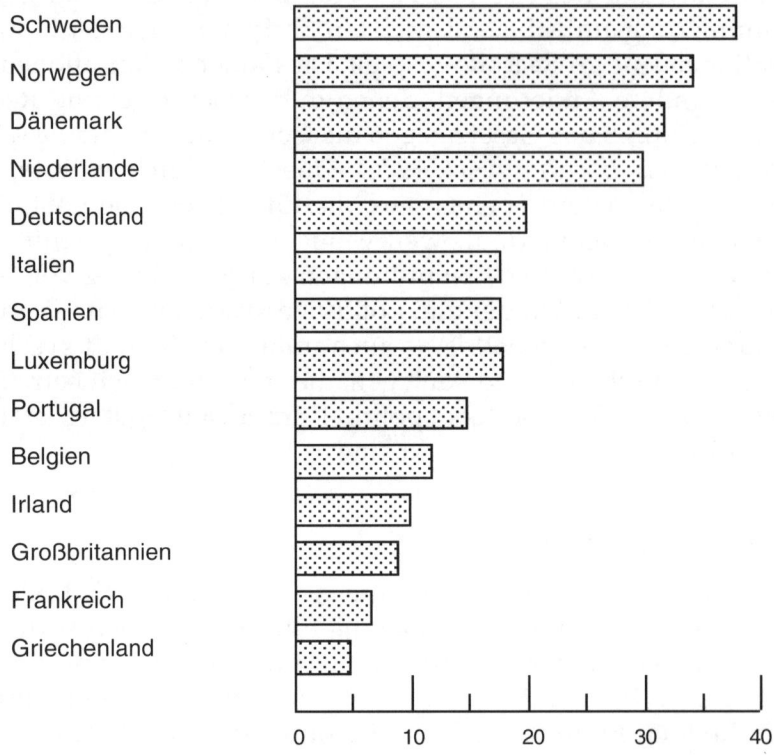

Abbildung 10.2 Weibliche Parlamentsmitglieder in europäischen Ländern (Angaben in Prozent)
Quelle: Guardian, 12. März 1992.

immer die Männer die Spitzenpositionen für sich; den Frauen gelingt es nur allmählich, in diese männlichen Domänen vorzudringen. Obwohl sich dem Buchstaben nach heute beinahe alle politischen Parteien verpflichtet haben, Frauen die gleichen Chancen zu bieten wie Männern, liegen die Dinge in der Politik – mit Ausnahme der skandinavischen Länder – nicht anders. Die Faktoren, die in der Wirtschaft eine weibliche Karriere behindern, sind auch in der Politik dieselben. In einer politischen Organisation aufzusteigen, verlangt viel Kraft und Zeit, die die Frauen, auf denen die Hauptverantwortung für den Haushalt lastet, selten aufbringen können. Es gibt aber möglicherweise einen weiteren Grund: In der politischen Arena ist ein hohes Ausmaß an Macht kennzeichnend; möglicherweise wollen die Männer vor allem deswegen ihre Vorherrschaft auf einem derartigen Gebiet nicht aufgeben.

Nicht-institutionalisiertes politisches Handeln

Das politische Leben verläuft keineswegs nur innerhalb des herkömmlichen Rahmens der Parteipolitik, des Wählens und der Vertretung in Regierungsgremien. Bestimmte Gruppierungen glauben oft, daß ihre Ziele oder Ideale nicht innerhalb dieses Systems verwirklicht werden können oder von diesem sogar aktiv blokkiert werden. Das dramatischste und in seinen Auswirkungen gravierendste Beispiel nicht-orthodoxen politischen Handelns ist die Revolution – der gewaltsame Umsturz einer bestehenden politischen Ordnung durch eine Massenbewegung. Da Revolutionen in Kapitel 19 („Revolution und soziale Bewegungen") eingehend erörtert werden, beschränken wir uns hier auf die Darstellung von Umfang und Beschaffenheit nicht-institutionalisierter politischer Aktivität.

Der am weitesten verbreitete Typus solchen Handelns sind die Protestbewegungen, die normalerweise, aber nicht immer, in den ärmeren und unterprivilegierten Gesellschaftsschichten entstehen. In westlichen Ländern ist es heutzutage gesetzlich erlaubt, sich zu politischen Gruppierungen mehr oder weniger jeglicher Art zusammenzuschließen, ebenso wie bestimmte Arten außerparlamentarischer Aktivität zulässig sind, wie z. B. Straßendemonstrationen und Aufmärsche. Diese Rechte mußten den politischen Machthabern zumeist erst abgerungen werden. Im 19. Jahrhundert wurden beispielsweise in mehreren europäischen Ländern „Vereins- und Versammlungspatente" verabschiedet, die es den Menschen verboten, sich in größerer Zahl an öffentlichen Orten zu politischen Zwekken zusammenzufinden. Diese Versuche der staatlichen Kontrolle wurden großteils aufgegeben, als klar wurde, daß sie praktisch nicht durchgesetzt werden konnten. Es kam zu Massendemonstrationen, um gegen sie zu protestieren; die Gesetze förderten genau jene Aktivitäten, die sie eigentlich verhindern sollten.

Es ist jedoch für Protestbewegungen charakteristisch, daß sie am Rande dessen operieren, was vom Staat als an einem bestimmten Ort zu einer bestimmten Zeit gesetzlich erlaubt definiert ist. Normalerweise muß z. B. eine Massendemonstration bei der Polizei angemeldet werden. Wenn nun die Polizei eine Demonstration nicht bewilligt, dann beschließen die Veranstalter womöglich, sie trotzdem abzuhalten und eine Konfrontation mit den Behörden zu riskieren. Demonstranten, die von ihrem Anliegen überzeugt sind, nehmen sehr oft eine Gesetzesübertretung in Kauf, um ihren Forderungen Nachdruck zu verleihen. Menschen, die während des Kalten Krieges Mitglied von Friedensbewegungen waren, blockierten z. B. Armeecamps, um Waffentransporte zu verhindern, kletterten über Drahtverhaue, um Sit-ins zu veranstalten, und drangen in Raketenlager ein.

Die Regierung hat im Falle einer außerparlamentarischen Aktion hauptsächlich drei Möglichkeiten: Erstens: Sie kann sie einfach ignorieren. Gruppen mit wenig Unterstützung wird von seiten des Staates im allgemeinen einfach wenig Aufmerksamkeit zuteil. Unter solchen Umständen kann eine besonders entschlossene Gruppe oder Bewegung zur Gewalt greifen, weil das auf jeden Fall eine Reaktion nach sich zieht, sei es auch nur in Form von Repression. Kleine politische Sekten, die in der breiten Bevölkerung wenig Rückhalt finden, können sich z. B. dem Terrorismus zuwenden, um ihr Anliegen weiterzubringen.

Eine zweite mögliche Reaktion besteht in der sofortigen strafrechtlichen Verfolgung der tatsächlichen und der präsumptiven Beteiligten durch den Staat. Die politischen Behörden haben sehr oft zu repressiven Maßnahmen gegriffen, um das, was als „Störung der öffentlichen Ordnung" angesehen wird, zu unterdrücken. Manchmal griffen sie zu brutalen Mitteln: Gegen unbewaffnete Demonstranten wurden z. B. bewaffnete Truppen eingesetzt, wobei es manchmal zahlreiche Tote gab.

Die dritte mögliche Reaktion besteht darin, den Demonstranten den Wind aus den Segeln zu nehmen, indem man wenigstens auf einen Teil ihrer Forderungen eingeht. Die drei Reaktionen können auch oft aufeinander folgen. In der ersten Phase einer Protestbewegung zollen ihr die Behörden möglicherweise wenig Aufmerksamkeit oder glauben, daß sie von selbst aufhört. Wenn die Bewegung stärker wird, besonders dann, wenn sie sich direkt gegen die Regierungspolitik wendet, könnte die Reaktion darin bestehen, sie mittels Gewaltanwendung unter Kontrolle zu bringen. Falls das nicht gelingt oder einen öffentlichen Aufschrei bewirkt, kann es sein, daß die politischen Behörden in einigen Punkten nachgeben und diese möglicherweise in ihr eigenes politisches Programm aufnehmen.

Außerparlamentarisches politisches Handeln führt ziemlich oft zu größeren Kurskorrekturen in der offiziellen Politik. Das war z. B. bei der Bürgerrechtsbewegung in den Vereinigten Staaten in den späten fünfziger und in den sechziger Jahren der Fall, die in Kapitel 8 („Ethnizität und Rasse") genauer beschrieben ist. Die Bürgerrechtsbewegung, die von einer Mischung aus armen Schwarzen aus den Südstaaten, schwarzen Politikern aus der Mittelklasse und von zum Großteil aus dem Norden stammenden weißen Liberalen getragen wurde, führte zu tiefgreifenden politischen Veränderungen. Die Reaktionen der Regierung auf die Bewegung liefen im großen und ganzen nach dem oben erwähnten Muster ab. Zuerst interessierten sich weder die Bundesregierung noch lokale Behörden ernsthaft dafür, sondern behandelten die Demonstrationen und Störaktionen als Phänomen, das von selbst wieder verschwinden würde. Als klar wurde, daß das nicht der Fall war, begannen einige Lokalbehörden, die Führer der Bewegung zu belästigen, und versuchten, Aufmärsche und Demonstrationen durch Drohgebärden zu verhindern, indem sie ihre Macht zeigten. Später jedoch, nachdem die Bundesregierung die Führung übernommen hatte, mußten sie Gesetzesänderungen vornehmen, um mehr Gleichheit zwischen Schwarz und Weiß zu schaffen, wie etwa die Aufhebung der Rassentrennung in den Schulen.

Demokratie

Einer der wichtigsten Aspekte der Entwicklung moderner Staaten ist deren Verknüpfung mit der **Demokratie**. Das Wort leitet sich vom griechischen Terminus *demokratia*, einer Zusammensetzung aus *demos* (Volk) und *kratos* (Herrschaft), her; seine ursprüngliche Bedeutung meint ein politisches System, in dem weder Monarchen noch Aristokraten herrschen, sondern das Volk. Das klingt einfach und klar, ist aber in Wahrheit kompliziert. Wie David Held (1987) angemerkt hat, wirft jeder Teil der Formulierung Fragen auf: *Herrschaft*, *Herrschaft durch* und *das Volk* (Held, 1987). Beginnen wir mit dem *Volk*.

1 Wer ist „das Volk"?
2 In welcher Form soll es an der Herrschaft teilhaben?
3 Welche Bedingungen begünstigen eine Beteiligung?

Zu *Herrschaft*:

1 Wie weit oder wie eng sollte der Herrschaftsbereich sein? Sollte er sich z. B. auf die Regierungsebene beschränken oder kann es auch in anderen Bereichen Demokratie geben – etwa die betriebliche Mitbestimmung?
2 Kann eine solche Herrschaft auch die alltäglichen administrativen Entscheidungen abdecken, die Regierungen treffen müssen, oder sollte sie nur politische Grundsatzentscheidungen umfassen?

Zu *Herrschaft durch*:

1 Muß der Herrschaft durch „das Volk" Folge geleistet werden? Welche Rolle spielen Pflicht und Ungehorsam?
2 Gibt es Umstände, unter denen sich bestimmte Angehörige des „Volkes" außerhalb des Gesetzes begeben sollten, wenn sie glauben, daß die geltenden Gesetze ungerecht sind?
3 Sollten demokratische Regierungen unter bestimmten Umständen Zwang gegen jene ausüben, die mit ihrer Politik nicht einverstanden sind, und wenn ja, unter welchen?

Die Antworten auf diese Fragen fielen je nach Epoche und Gesellschaft unterschiedlich aus. Unter „Volk" verstand man abwechselnd „Eigentümer von Vermögen", „die Weißen", „die Gebildeten", „nur Männer" oder „alle erwachsenen Männer und Frauen". In einigen Gesellschaften beschränkt sich die offizielle Interpretation von Demokratie auf den Bereich der Politik, in anderen wiederum wird der Begriff auf andere Gebiete des sozialen Lebens ausgedehnt.

Arten der Demokratie

Einige der Hauptunterschiede zwischen den verschiedenen Arten der Demokratie sind jene, welche die *repräsentative Mehrparteiendemokratie* von *der repräsentativen Einparteiendemokratie* bzw. der *partizipatorischen Demokratie* trennen. (Diese Art wird auch manchmal *direkte Demokratie* genannt.)

Repräsentative Demokratie bedeutet, daß die Entscheidungen einer Gemeinschaft nicht von allen Mitgliedern getroffen werden, sondern von zu diesem Zweck gewählten Vertretern. Spielarten der repräsentativen Demokratie gibt es in vielen Organisationen, z. B. in Sportvereinen, die von einem aus den Clubmitgliedern gewählten Vorstand geleitet werden. Im Regierungsbereich nimmt die repräsentative Demokratie die Form von Wahlen zu Kongressen, Parlamenten oder ähnlichen nationalen Gremien an. Repräsentative Demokratien gibt es auch auf anderen kollektiven Entscheidungsebenen, wie in Bundesländern oder –staaten innerhalb einer größeren nationalen Gemeinschaft: in Städten, Landbezirken, Dorfgemeinden und anderen nationalen oder regionalen Einheiten.

Repräsentative Mehrparteiensysteme

Die **repräsentative Mehrparteiendemokratie** findet man auf einer oder mehreren dieser Ebenen, wenn die Wähler im politischen Prozeß zumindest unter zwei Parteien wählen können. Staaten, in denen die repräsentative Mehrparteiendemokratie praktiziert wird und in denen die ganze erwachsene Bevölkerung das Recht hat, auf verschiedenen Ebenen zu wählen, werden im allgemeinen **liberale Demokratien** genannt. Die Vereinigten Staaten, die westeuropäischen Länder, Japan, Australien und Neuseeland gehören ausnahmslos in diese Kategorie. Auch einige Länder der Dritten Welt, wie Indien, haben liberale demokratische Systeme.

Repräsentative Einparteiensysteme

Wenn ein Bürger eines westlichen Landes den Begriff *Demokratie* verwendet, ohne ihn näher zu definieren, so meint er damit in der Regel ein liberales demokratisches System. Aber auch die ehemalige Sowjetunion und die ehemaligen Ostblock–Staaten betrachteten sich, als sie unter kommunistischer Herrschaft standen, als Demokratien – wie China heute. In demokratischen Einparteiensystemen können die Wähler per definitionem nicht zwischen mehreren Parteien wählen, aber es gibt Wahlen, bei denen lokale und nationale Vertreter gewählt werden. Für Außenstehende sind sogenannte „Volksdemokratien" eindeutig undemokratisch – und nach jedem vernünftigen Kriterium sind sie das auch. In kommunistischen Gesellschaften gelten alle antagonistischen Klassen als abgeschafft, weshalb auch angenommen wird, daß man nur mehr eine Partei braucht. Die Wähler wählen nicht Parteien mit verschiedenen Programmen, sondern Persönlichkeiten. In der Praxis gibt es oft nur einen Kandidaten, den „offiziellen"; was nach außenhin als Wahl dargestellt wird, erweist sich de facto nicht als solche.

Partizipatorische Demokratie

In einer **partizipatorischen** (oder *direkten*) **Demokratie** werden Entscheidungen von jenen gemeinsam getroffen, die von ihnen betroffen sind. Das war die „ursprüngliche" Art der Demokratie, wie wir sie im antiken Griechenland finden. Die *Bürger*, eine kleine Minderheit der Gesellschaft, versammelten sich regelmäßig, um über politische Strategien zu sprechen und richtungsweisende Entscheidungen zu treffen. Die partizipatorische Demokratie ist in modernen Gesellschaften, in denen die Masse der Bevölkerung politische Rechte hat, von untergeordneter Bedeutung, denn es wäre unmöglich, daß jeder einzelne aktiv an allen ihn betreffenden Entscheidungen teilnimmt. Einige Aspekte der partizipatorischen Demokratie sind jedoch für moderne Gesellschaften relevant, und es gibt innerhalb dieser Gesellschaften viele Organisationen, in denen sie ausgeübt wird. Die Abhaltung von Referenden, im Zuge derer aufgrund der Meinung der Mehrheit zu einem bestimmten Thema Entscheidungen gefällt werden, ist z. B. eine Form partizipatorischer Demokratie. Die direkte Befragung einer großen Anzahl von Leuten wird dadurch ermöglicht, daß man das Thema in vereinfachender Weise auf eine oder zwei Fragen reduziert.

Politik, Regierung und Staat 353

In einigen europäischen Ländern werden regelmäßig landesweite Referenden veranstaltet. Auch in den USA wird in den Bundesstaaten häufig zu diesem Mittel gegriffen, um über kontroversielle Themen zu entscheiden. Andere Elemente der partizipatorischen Demokratie, wie z. B. Versammlungen der ganzen Gemeinde, gibt es auf lokaler Ebene, z. B. in einigen Verwaltungsbezirken in Neuengland (Mansbridge, 1983).

Die universelle Anziehungskraft der Demokratie und der Niedergang der Monarchien

Zwar gibt es in einigen modernen Staaten (wie in Großbritannien oder Belgien) noch Monarchen, doch sind diese sehr spärlich gesät. Dort, wo man noch traditionelle Herrscher dieser Art findet, ist ihre tatsächliche Macht für gewöhnlich beschränkt oder praktisch inexistent. In ganz wenigen Ländern, wie Saudiarabien oder Jordanien, haben die Monarchen noch bis zu einem gewissen Grad Regierungsgewalt, aber in den meisten Monarchien sind sie eher Symbole der nationalen Identität, als daß sie über direkten Einfluß im politischen Leben verfügen. Die Königin von England, der König von Schweden und auch der Kaiser von Japan sind **konstitutionelle Monarchen** – ihre tatsächliche Macht ist durch die Verfassung streng begrenzt. Die Macht liegt aufgrund der Verfassung bei den gewählten Volksvertretern. Die meisten modernen Staaten sind Republiken; in beinahe allen Staaten, einschließlich der konstitutionellen Monarchien, bekennt man sich zur Demokratie.

Sogar in Ländern unter militärischer Herrschaft können Wahlen abgehalten werden, um den Anschein demokratischer Politik zu wahren. Die meisten militärischen Herrscher bekennen sich zu demokratischen Prinzipien und behaupten, daß ihre Herrschaft ein Mittel zur Durchsetzung von Stabilität sei, bis man wieder zu irgendeiner Form der repräsentativen Demokratie zurückkehren könne (siehe Kapitel 11 „Krieg und Militär").

Warum ist die Hinwendung zur Demokratie ein nahezu universelles Merkmal moderner Staaten geworden? Die Antwort ist zweifellos teilweise in der Anziehungskraft demokratischer Ideale, die einen Ausweg aus der Unterwerfung unter willkürliche Macht versprechen, zu finden. Ein grundlegender Faktor jedoch ist der integrierte Charakter von Nationalstaaten im Vergleich zu traditionellen Kulturen. Moderne Staaten sind intern integrierte Systeme; jene, die in solchen Staaten regieren, können das nur tun, wenn sie sich der aktiven Unterstützung der Bevölkerungsmehrheit versichern. Demokratische Ideale sind ein Mittel, diese Unterstützung zu erlangen und gleichzeitig zum Ausdruck zu bringen.

Demokratischer Elitismus und pluralistische Theorien

Ein Bekenntnis zu demokratischen Idealen bedeutet natürlich noch nicht, daß ein Land auch in der Realität demokratisch ist. Die Tatsache, daß sich politische Autoritäten heute so nachdrücklich auf die Demokratie berufen, sagt wenig über die tatsächliche Beschaffenheit verschiedener Regierungsformen aus. Tatsächlich sind die Demokratie-Theoretiker über die Möglichkeiten und Grenzen verschiedener Formen demokratischer Beteiligung in modernen Gesellschaften uneinig.

Demokratischer Elitismus

Eine der einflußreichsten Konzeptionen der Beschaffenheit und der Grenzen der modernen Demokratien stammt von Max Weber, sowie, in ziemlich modifizierter Form, vom Ökonomen Joseph Schumpeter (Schumpeter, 1987). Ihre Gedanken werden manchmal als Theorie des **demokratischen Elitismus** bezeichnet.

Die Sicht Max Webers

Weber ging von der Annahme aus, daß die partizipatorische Demokratie als dauerhaftes Regierungssystem für große Gesellschaften ungeeignet ist. Ein unbestreitbarer Grund dafür ist die Tatsache, daß sich Millionen Menschen nicht regelmäßig versammeln können, um politische Entscheidungen zu treffen, ein weiterer, daß die Lenkung einer komplexen Gesellschaft *Sachkenntnis* voraussetzt. Weber glaubt, daß die partizipatorische Demokratie nur in kleinen Organisationen funktionieren kann, in denen die auszuführenden Aufgaben ziemlich einfach und klar sind. Dort, wo kompliziertere Entscheidungen gefällt oder politische Strategien ausgearbeitet werden müssen, sind spezialisierte Kenntnisse und Fertigkeiten vonnöten, selbst wenn die betreffenden Gruppen klein sind, wie z. B. bei einem Kleinunternehmen. Die Fachleute müssen sich bei ihrer Arbeit auf Kontinuität verlassen können; Positionen, die Fachwissen erfordern, können nicht von regelmäßigen Wahlen von Leuten abhängig gemacht werden, die möglicherweise nur vage Kenntnisse der erforderlichen Fertigkeit haben und nicht den nötigen Wissensstand mitbringen. Während höherrangige, für globale politische Entscheidungen zuständige Vertreter gewählt werden, muß es eine breite Schicht von Vollzeitbeamten geben, die bei der Verwaltung eines Landes eine wichtige Rolle spielen (Weber, 1976, S. 559–66).

Weber war der Ansicht, daß die Entwicklung der Bürgerrechte für die Massen, die mit der Idee allgemeiner demokratischer Partizipation so eng verbunden ist, den Bedarf an bürokratischem Beamtentum stark vergrößert. Die Bereitstellung eines Wohlfahrts-, Gesundheits- und Schulwesens erfordert z. B. große und dauerhafte Verwaltungssysteme. „(Es) ist handgreiflich", sagt Weber „daß der moderne Großstaat je länger, je mehr technisch auf eine bürokratische Basis schlechthin angewiesen ist, und zwar je größer er ist, und vor allem je mehr er Großmachtstaat ist oder wird, desto unbedingter" (ibid., S. 560).

Weber zufolge trägt die repräsentative Mehrparteiendemokratie dazu bei, die Gesellschaft sowohl vor willkürlichen Entscheidungen der Politiker als auch vor allzu großer Machtanhäufung durch Bürokraten zu schützen. In beider Hinsicht aber waren die demokratischen Institutionen weniger effizient, als es viele Anhänger der Demokratie erhofft hatten. „Herrschaft durch das Volk" ist nur in einem sehr beschränkten Sinn möglich. Die Parteien müssen systematisch organisiert werden, um Macht zu erlangen – sie müssen bürokratisiert werden. Es entwickeln sich *Parteiapparate*, die für die Autonomie der Parlamente oder Kongres-

Politik, Regierung und Staat 355

se als Orte, wo über Politik diskutiert wird und Strategien formuliert werden, bedrohlich sind. Wenn eine Mehrheitspartei einfach ihre Entscheidungen diktieren kann und wenn diese Partei selbst hauptsächlich von Berufsfunktionären gelenkt wird, dann ist das demokratische Niveau tatsächlich nicht sehr hoch.

Weber argumentiert, daß demokratische Systeme nur unter zwei Voraussetzungen bis zu einem bestimmten Grad effizient sind: Erstens muß es Parteien geben, die verschiedene Interessen vertreten und die verschiedene Programme haben. Wenn die Politik der konkurrierenden Parteien mehr oder weniger dieselbe ist, dann haben die Stimmberechtigten praktisch keine Wahl mehr. Weber weist die Idee zurück, daß Einparteiensysteme in irgendeiner bedeutsamen Weise demokratisch sein können. Zweitens muß es führende Politiker geben, die genügend Phantasie und Elan haben, um sich der bürokratischen Trägheit zu entziehen. Weber betont die Bedeutung der *Führerschaft* für die Demokratie – weshalb das von ihm bevorzugte System „demokratischer Elitismus" genannt wird. Er argumentiert, daß die Herrschaft durch Eliten unvermeidbar ist und daß wir bestenfalls hoffen können, daß diese Eliten unsere Interessen effizient vertreten und dabei klug und innovativ vorgehen. Parlamente und Kongresse sind ein Nährboden für fähige politische Führungskräfte, die in der Lage sind, den Einfluß der Bürokratie zu parieren und die Massen zu lenken. Weber schätzt die Mehrparteiendemokratie eher wegen der Führungsqualitäten, die sie hervorbringt, als wegen der durch sie ermöglichten Beteiligung der Masse an der Politik.

Die Ideen Joseph Schumpeters

Was die Grenzen der politischen Beteiligung der Massen angeht, so ist Schumpeter mit Weber vollkommen einig. Wie für Weber ist für Schumpeter die Demokratie vor allem als Methode zur Hervorbringung von effizienten und verantwortungsbewußten Regierungsinstanzen und weniger als Mittel zur Machtausübung durch die Mehrheit wichtig. Demokratie kann nur die Möglichkeit bieten, einen bestimmten politischen Führer oder eine Partei durch andere zu ersetzen. Demokratie, sagt Schumpeter, ist die Herrschaft des *Politikers*, und nicht des *Volkes*. Politiker „handeln mit Wählerstimmen" wie Makler mit Aktien an der Börse. Um jedoch die Gunst der Wähler zu erlangen, müssen Politiker zumindest minimal auf die Forderungen und Interessen der Wählerschaft eingehen. Nur wenn es bis zu einem gewissen Grad Konkurrenz um die Wählergunst gibt, kann Willkürherrschaft wirksam vermieden werden. Wie Weber glaubt Schumpeter, daß die Mechanismen der politischen Demokratie vom Wirtschaftsleben weitgehend getrennt gehalten werden sollten. Ein Konkurrenzmarkt sorgt für ein gewisses Maß an Wahlmöglichkeit des Konsumenten, genau wie ein System konkurrierender Parteien ein zumindest geringes Maß an politischen Wahlmöglichkeiten gewährleistet.

Pluralistische Theorien

Die Theorien Webers und Schumpeters haben die **pluralistischen Theorien** der modernen Demokratie stark beeinflußt. Pluralistische Theorien wurden besonders auf Grundlage von Studien über amerikanische Politik entwickelt, aber ihre

Schlußfolgerungen sind – soweit richtig – weit verbreitet. Pluralisten gehen davon aus, daß der einzelne Bürger nur wenig oder keinen direkten Einfluß auf die politische Entscheidung haben kann. Sie argumentieren jedoch, daß den Tendenzen in Richtung einer Konzentration der Macht bei den Regierungsbeamten durch die Existenz verschiedener **Interessensgruppen** Schranken gesetzt sind. Konkurrierende Interessensgruppen oder Lobbys sind für die Demokratie lebenswichtig, weil sie die Macht aufteilen und den ausschließlichen Einfluß bestimmter Gruppen oder Klassen mindern.

Den Pluralisten zufolge wird die Regierungspolitik in der Demokratie von einem kontinuierlichen Prozeß des Aushandelns geformt, an dem zahlreiche verschiedene Lobbys – Arbeitgeberorganisationen, Gewerkschaften, ethnische Gruppen, Umweltschutzorganisationen, religiöse Gruppierungen usw. – beteiligt sind. In einer demokratischen politischen Ordnung herrscht zwischen konkurrierenden Interessen Gleichgewicht, weil alle einen gewissen Einfluß auf die Politik ausüben, keine aber allein die tatsächlichen Regierungsmechanismen steuert. Auch Wahlen werden von dieser Situation beeinflußt, denn um einen Stimmenanteil zu erzielen, der den Anspruch einer Partei auf die Regierung rechtfertigt, müssen die Parteien auf zahlreiche unterschiedliche Interessensgruppen eingehen. Die Vereinigten Staaten, wird argumentiert, sind die pluralistischste und daher die demokratischste aller Industriegesellschaften. Die verschiedenen Interessensgruppen konkurrieren nicht nur auf nationaler, sondern auch auf Ebene der Bundesstaaten und der Gemeinden.

Kritik und Kommentar

Der demokratische Elitismus und die pluralistischen Theorien wurden häufig kritisiert (Held, 1987). Beginnen wir bei jenen, die einen demokratischen elitistischen Ansatz vertreten. Zunächst, meinen Kritiker, wird die Masse der Wählerschaft als passiv und unaufgeklärt dargestellt, ohne daß dies empirisch untermauert würde. Zweitens gibt es für Weber und Schumpeter keine andere Wahl als jene zwischen der Herrschaft einer kreativen Elite und einer starren Herrschaft der Bürokratie. Es gibt jedoch sehr verschiedene Arten von Bürokratien. Einige sind für die Interessen und Bedürfnisse der Öffentlichkeit aufgeschlossener und gehen auf diese mehr ein als andere, und die fachlichen Anforderungen werden oft von *professionals* erfüllt statt von bürokratischen Beamten. Drittens kann es sowohl im politischen als auch im wirtschaftlichen Bereich Möglichkeiten für die Einführung genossenschaftlicher Unternehmen und „offener" Formen des Zusammenschlusses geben, durch die die Verbürokratisierung sowohl der politischen als auch der ökonomischen Sphäre begrenzt wird.

Manche Kritiker machen weiters geltend, daß die Interessensgruppen, auf die sich die Pluralisten beziehen, nicht alle den gleichen Einfluß haben. Konkret haben Unternehmerlobbys im allgemeinen einen viel größeren Einfluß auf die Regierungspolitik als andere. Es ist auf alle Fälle irreführend, anzunehmen, daß der Einfluß der Unternehmer über spezifische Lobbys geltend gemacht wird. Das Unternehmertum bildet einen allgemeinen *Rahmen*, in dessen Kontext die politischen Prozesse ablaufen und Entscheidungen getroffen werden. Im Lichte dieser und anderer Einwände hat zumindest einer der frühen Verfechter der pluralistischen Theorie seine Ansichten revidiert: Robert A. Dahl hat darauf hingewiesen, daß Programme der wirtschaftlichen Mitbestimmung eingeführt werden müssen, die den unangemessenen Einfluß großer Konzernlobbys ausgleichen (Dahl, 1985b).

Alle diese Einwände sind in gewissem Ausmaß berechtigt; es ist jedoch unmöglich, bestimmte Argumente des demokratischen Elitismus und Pluralismus zu widerlegen. Die partizipatorische Demokratie mag in Systemen funktionieren, an denen relativ wenige Leute beteiligt sind, aber sie könnte nicht als reguläres Regierungssystem einer großen Gesellschaft dienen. Bei bestimmten Anlässen können Volksbefragungen abgehalten werden, aber eine Abstimmung über jedes einzelne Thema nach längerer Diskussion über alle seine Aspekte wäre unmöglich, wenn Tausende oder sogar Millionen Menschen involviert wären (Bobbio, 1988). In modernen Gesellschaften haben Gruppen viele verschiedene Interessen; Gehör können sie nur finden, wenn sie sich organisieren, um ihre Ansichten bekanntzumachen. Der Wettbewerb zwischen solchen Gruppen kann im Prinzip dazu dienen, eine Art „Gleichgewicht" hervorzubringen: Die Stärksten können ihre Ansichten anderen nicht einfach aufzwingen, und die Minderheiten können ihre Interessen vertreten.

Darüberhinaus hatten Weber und Schumpeter recht, die Frage der Sachkenntnis aufzuwerfen. Die Masse der Wähler kann die Entscheidungen samt all ihren komplizierten Einzelheiten, die die Regierungen ständig treffen müssen, nicht überblicken, wogegen Verwaltungsbeamte und gewählte Mitglieder von Vertretungskörpern Zeit haben, sich spezielle Kenntnisse über spezifische Themen anzueignen. Obwohl sich die Experten an die Ansichten jener halten müssen, die von der von ihnen formulierten Politik betroffen sind, können sie ihre Entscheidungen auf der Basis umfassender Information treffen. Dort, wo ihre Aktivitäten von gewählten Vertretern überwacht werden, kann mit diesen Entscheidungen auf breite soziale Interessen und auf den dadurch entstehenden Druck reagiert werden.

Wer herrscht?

Die pluralistische Theorie stützt sich auf eine Interpretation des politischen Systems moderner Gesellschaften, die den Wettbewerb von Gruppeninteressen betont. Man nimmt an, daß dieser Wettbewerb verhindern kann, daß eine bestimmte Gruppe oder Klasse die Macht an sich reißt. Wie die Anhänger der Theorie des demokratischen Elitismus räumen die Pluralisten ein, daß „das Volk" nicht herrscht und nicht herrschen kann. Sie betrachten aber die Vereinigten Staaten und andere westliche Gesellschaften als im Grunde demokratisch. Die Ansicht, die C. Wright Mills in seinem berühmten Buch *Die amerikanische Elite* entwickelte, unterschied sich drastisch von dieser Auffassung (Mills, 1962). Mills geht davon aus, daß in früheren Zeiten die amerikanische Gesellschaft zwar tatsächlich ein beträchtliches Ausmaß an Flexibilität und Vielfalt auf allen Ebenen aufgewiesen hat, daß sich das aber geändert habe.

Mills argumentiert, daß im Verlaufe des 20. Jahrhunderts in der politischen Ordnung, in der Wirtschaft und im militärischen Bereich ein Prozeß der institutionellen Zentralisierung Platz gegriffen hat. Das politische System wurde einst weitgehend von den einzelnen Bundesstaaten organisiert, welche von der Bundesregierung lose koordiniert wurden. Die politische Macht, so Mills, wird nunmehr an der Spitze genau abgestimmt. Ähnlich baute die Wirtschaft einst auf vielen kleinen Einheiten auf, während sie jetzt von einer Gruppe riesiger Konzerne beherrscht wird. Und während schließlich die Streitkräfte einst zahlenmäßig beschränkt und durch Milizen ergänzt wurden, haben sie sich jetzt zu einer Institution gigantischen Ausmaßes entwickelt, die landesweit eine Schlüsselrolle spielt.

All diese Bereiche wurden nicht nur stärker zentralisiert, sondern Mills zufolge nahmen auch die Querverbindungen untereinander zu, sodaß sich ein monolithisches Machtsystem herausbildete. Die Spitzenleute in diesen drei institutionellen Bereichen kommen aus ähnlichen sozialen Milieus, haben gleiche Interessen und kennen einander oft persönlich. Sie bilden eine einzige **Machtelite**, die das Land regiert – und die aufgrund der internationalen Stellung der Vereinigten Staaten auch maßgeblichen Einfluß auf den Rest der Welt ausübt.

Mills' Beschreibung zufolge besteht die Machtelite hauptsächlich aus (männlichen) wohlhabenden, weißen, angelsächsischen Protestanten (WASPs), von denen viele dieselben Prestigeuniversitäten besucht haben, in denselben Clubs verkehren und gemeinsam in den Regierungsausschüssen sitzen. Ihre Anliegen sind eng miteinander verwoben. Unternehmerische und politische Führungskräfte arbeiten zusammen, und beide haben mit dem Militär durch Waffenlieferverträge und die Lieferung militärischer Ausrüstung an die Streitkräfte enge Beziehungen. Zwischen den Spitzenpositionen in den drei Bereichen gibt es eine rege personelle Fluktuation. Politiker haben geschäftliche Interessen; Unternehmer bewerben sich oft für öffentliche Ämter; hohe Militärs sitzen im Vorstand großer Firmen.

Den pluralistischen Interpretationen hält Mills entgegen, daß es in den Vereinigten Staaten drei verschiedene Ebenen der Macht gibt. Die Machtelite hält die oberste besetzt und trifft offiziell und inoffiziell die wichtigsten innen- und außenpolitischen Entscheidungen. Die Interessensgruppen, auf die sich die Pluralisten konzentrieren, agieren zusammen mit den stärker lokalen Institutionen auf der mittleren Machtebene. Ihr Einfluß auf wichtige Entscheidungen ist begrenzt. An der Basis schließlich findet sich die breite Masse der Bevölkerung, die praktisch überhaupt keinen Einfluß auf Entscheidungen hat, da diese innerhalb der geschlossenen Kreise der Machtelite getroffen werden. Die Elite beherrscht auch die Spitze der beiden Großparteien, wobei jede Partei von Persönlichkeiten geführt wird, die im großen und ganzen ähnliche Interessen und Perspektiven haben. Die Wahlmöglichkeiten für Wähler bei Präsidentschaftswahlen oder bei Wahlen zum Kongreß sind also so gering, daß sie weitgehend folgenlos bleiben.

Seit der Veröffentlichung von Mills Studie hat es zahlreiche andere Forschungsprojekte zur Analyse des sozialen Hintergrundes und der Querverbindungen von Führungskräften in den verschiedenen Bereichen der amerikanischen Gesellschaft gegeben (Rossides, 1990). Alle Studien sind sich einig, daß der soziale Hintergrund von Leuten in Führungspositionen für die Bevölkerung als Ganzes kaum repräsentativ ist. Einzelpersonen in Spitzenpositionen in jedem der drei von Mills untersuchten Bereiche stammen unverhältnismäßig oft aus WASP-Familien mit hohem Einkommen und haben immer dieselben elitären Privatschulen und Eliteuniversitäten besucht. G. William Domhoff machte eine Untersuchung über die Mitglieder der amerikanischen Oberschicht, die in der exklusiven Publikation *The Social Register* (Domhoff, 1967, 1970, 1979) angeführt waren. Obwohl *The Social Register* nur für zwölf Städte veröffentlicht wird, und der Süden und Südwesten darin praktisch nicht vorkommen, ist es eine Art Handbuch der Reichen und Mächtigen in den Vereinigten Staaten. Domhoff fand heraus, daß die so definierte Oberschicht in den hochrangigen Positionen bei weitem überrepräsentiert ist, und das nicht nur in den drei von Mills analysierten, sondern auch in zahlreichen anderen Bereichen, etwa in den Kuratorien der Universitäten und Colleges, in den Massenmedien, in den Wohltätigkeitsstiftungen und im diplomatischen Dienst. Domhoff hat Verbindungen durch Heirat, Mitgliedschaft im selben Club oder Ausschuß und durch die Akkumulierung mehrerer Spitzenpositionen in verschiedenen Bereichen nachgewiesen.

Wie Mills kommt er zu dem Schluß, daß es eine Machtelite gibt, innerhalb derer die wichtigsten Entscheidungen über ein Land gefällt werden, wobei die Mitglieder dieser Machtelite hautpsächlich von der Oberschicht kommen. Domhoff unterscheidet sich von Mills allerdings durch sein Argument, daß das Militär weitgehend abseits von anderen Eliten steht und nur in Krisen- und Kriegszeiten politische und wirtschaftliche Entscheidungen wesentlich beeinflußt.

Der „innere Kreis" in den USA

Michael Useem hat die Führung großer Konzerne in den Vereinigten Staaten untersucht und die Unterschiede zu den Mustern der Unternehmensführung in Großbritannien aufgezeigt (Useem, 1984). Er argumentiert, daß man, was die Querverbindungen zwischen der Geschäftswelt und politischen Entscheidungen angeht, in beiden Gesellschaften ähnliche Muster findet. Useem zufolge haben die Führungskräfte einiger der größten Firmen eine immer direktere politische Rolle in gesamtstaatlichen Angelegenheiten übernommen. Die große Mehrheit der Manager ist nicht Teil dessen, was Useem den *inneren Kreis* nennt – ein kleines Netz unternehmerischer Führungskräfte, die untereinander und mit politischen Führern in regelmäßigem Kontakt stehen. Die wenigen allerdings, die ihm angehören und sich meist aus Spitzenmanagern großer Firmen rekrutieren, üben für die Unternehmerschaft Einfluß auf die Regierung aus.

In den siebziger und frühen achtziger Jahren kam es Useem zufolge zu einer merklichen Intensivierung der politischen Aktivitäten von Unternehmen. Diese agieren nunmehr in Form einer direkten Unterstützung von Kandidaten, durch Lobbyismus an höchster Stelle, durch Mitgliedschaft in Entscheidungsgremien der Regierung und durch persönliche Kontakte in informellen Kontexten. Die zunehmende politische Mobilisierung großer Unternehmen, so Useem, ist eine Antwort auf die wirtschaftlichen Schwierigkeiten, die die letzte weltweite Rezession mit sich gebracht hat. Führungskräfte amerikanischer und britischer Konzerne gelangten auch wegen des von den entschieden unternehmerfreundlichen Reagan- und Bush-Administrationen und den ebenso ausgerichteten Regierungen von Mrs. Thatcher und John Major geschaffenen politischen Klimas zu mehr Einfluß.

Eliten in Großbritannien

So eng die verschiedenen Bereiche der politischen Elite in den Vereinigten Staaten auch miteinander verbunden sein mögen, in Großbritannien und in den meisten übrigen europäischen Ländern sind sie noch enger miteinander verknüpft. Nur ein verschwindend kleiner Teil der Bevölkerung in Großbritannien besucht Privatschulen oder geht an die zwei Elite–Universitäten Oxford und Cambridge („Oxbridge"); dieser Teil ist jedoch in den Spitzenpositionen vieler Bereiche stark überrepräsentiert – in der Industrie ist dies allerdings in geringerem Ausmaß der Fall, da das Prestige der Wirtschaftswelt in Großbritannien im allgemeinen geringer ist als in den Vereinigten Staaten. Zwischen 60 und 80 Prozent der Spitzenkräfte in der Armee, der Kirche, bei Gericht und in der Verwaltung wurden in Privatschulen und/oder in Oxford oder Cambridge ausgebildet (Scott, 1991).

Die Praxis der regelmäßigen Herausgabe von „Ehrenlisten", die am Ende des 19. Jahrhunderts aufkam, hält eine Verbindung zwischen hervorragenden Persönlichkeiten der Gegenwart und der erblichen Aristokratie aufrecht. Der Premierminister legt eine Liste vor, die von einem parlamentarischen Ausschuß geprüft und vom Monarchen bestätigt wird. In der Zivilverwaltung und im Militär gibt es formelle Kanäle für Nominierungen, und auf die Beförderung in eine Spitzenposition folgen „Auszeichnungen" oder Titel. In anderen Bereichen ist die Nominierung häufiger von inoffiziellen Verbindungen zwischen Mächtigen und Berühmten abhängig.

Die höchste Peerswürde ist der Herzog, in absteigender Linie gefolgt vom Marquis, Grafen, Vicomte und Baron. Die Herzöge sind bei weitem die Exklusivsten dieser Gruppe und umfassen eine Anzahl von Nachkommen alter Familien. Die meisten der sechsundzwanzig nichtköniglichen Herzöge besitzen Titel aus der Zeit lange vor dem 19. Jahrhundert, und unter den Herzögen finden sich einige der wohlhabendsten privaten britischen Landbesitzer. Die große Mehrheit der Peers sind Barone; praktisch alle von ihnen haben Titel, die im 19. und 20. Jahrhundert geschaffen wurden. Das „Auszeichnungssystem" ist mehr als ein einfaches Ritual der Anerkennung von „für das Land geleisteten Diensten". Es ist der Ausdruck eines Zusammenhaltes zwischen den Reichen und Mächtigen und das öffentlich sichtbare Zeichen der Akzeptanz von Neuankömmlingen, die sich andernfalls von den etablierten Kreisen fernhalten könnten.

Drei andere wesentliche Faktoren dienen der Konsolidierung einer Elitegruppe. Einer ist die Heirat. Die Verheiratung von Kindern an „ebenbürtige" Partner gehörte bis zu einem bestimmten Grad immer zur wohldurchdachten Strategie von Eltern, heute aber wird sie größtenteils von übereinstimmenden Lebensstilen bestimmt. Das Landhausleben und soziale Kontexte wie „Debütantinnenbälle" schaffen gemeinsame Perspektiven, Wertordnungen und eine gemeinsame Sprache (Sampson, 1992). Ein zweiter Faktor, der bereits oben erwähnt wurde, ist die gemeinsame Ausbildung in *public schools* und Oxbridge. Der dritte besteht in der Pflege von Freundschaften über verschiedene Elitenbereiche hinweg. Das „Alte Herren–Netzwerk" wird durch Mitgliedschaften in exklusiven Clubs und Verbänden und durch regelmäßige Abendessen und Partys aufrechterhalten – ebenso wie durch Bande, die in offizielleren Kontexten wie Unternehmer- oder Regierungskreisen geknüpft werden.

Natürlich gibt es zwischen diesen großen Eliten und innerhalb derselben viele Spaltungen und Konflikte. Im Wirtschaftsleben haben divergierende Interessen und Zielsetzungen zwischen führenden Industriellen und Bankiers oder Finanzkonzernen eine lange Tradition (Ingham, 1984). Die Spannungen zwischen „Insidern" und „Self-made"-Leuten sind nachgerade chronisch, und Kirchenführer ergreifen manchmal das Wort gegen die Regierungspolitik. Insofern die Labour Partei die Interessen der weniger Begüterten vertritt, kann die politische Arena nicht das Monopol der Privilegierten bleiben. Gewerkschaftsführer haben sich oft unter die „Hohen und Mächtigen" gemischt, aber ihrer Herkunft und ihrem Werdegang nach unterscheiden sie sich ganz deutlich von anderen Machthabern.

Kommentar

Wie sollten wir Mills' These angesichts der auf sie folgenden Diskussion und neuerer empirischer Forschung bewerten? Der Schluß, daß es in Großbritannien und in den Vereinigten Staaten wie in anderen westlichen Ländern eine eigene Oberschicht gibt, die einen unverhältnismäßig hohen Anteil am Reichtum besitzt, scheint naheliegend. Die Vertreter dieser Schicht haben viel mehr Chancen, in verschiedenen Bereichen in Spitzenpositionen vorzudringen, als andere mit weniger privilegiertem Hintergrund. Die unternehmerischen Interessen und die Regierungsinteressen sind stark ineinander verzahnt, was oft durch direkte persönliche Kontakte erleichtert wird. Viele wichtige Entscheidungen werden außerhalb des öffentlichen Kontextes getroffen – in Vorstandsetagen, bei Treffen zwischen dem Premierminister und ein paar Kabinettskollegen und bei regelmäßigen stärker inoffiziellen Anlässen.

Andererseits ist es zweifelhaft, ob es in Großbritannien oder anderswo Gruppen gibt, die so aufeinander abgestimmt sind und so eng zusammenarbeiten wie Mills' Machtelite. Es herrschen unter diesen mächtigen Gruppen gravierende Meinungsverschiedenheiten und Interessenskonflikte; die Gruppen arbeiten zwar unter bestimmten Umständen zusammen, sind aber uneinheitlicher und zersplitterter, als Mills' Darstellung dies vermuten ließe. Die Wahrheit liegt irgendwo zwischen dem von den Pluralisten gezeichneten Bild und der Analyse Mills'.

Politik im internationalen Kontext

Am Ende dieses Kapitels werden wir einige Fragen der Politik im weitgespannten internationalen System behandeln. Wir beginnen mit der Analyse des Nationalismus, der heute innerhalb und zwischen den Staaten eine so starke Sprengkraft besitzt. Nationalistische Haltungen stehen in einer prekären Beziehung zu jenen, die den Internationalismus, das heißt die Zusammenarbeit zwischen den Staaten, fördern. Ein wichtiges Beispiel für den Internationalismus ist die Europäische Gemeinschaft, auf die wir in späteren Abschnitten näher eingehen werden.

Der Nationalismus und der moderne Staat

Lange Zeit hindurch schenkten die Soziologen dem Phänomen des Nationalismus kaum Aufmerksamkeit. Die soziologischen „Gründungsväter" – Marx, Durkheim und Weber – haben keine systematische Analyse der Rolle nationalistischer Bewegungen oder Symbole in der modernen Welt erstellt. Marx glaubte, daß der Nationalismus im Laufe der gesellschaftlichen Entwicklung verschwinden würde, da er hauptsächlich für die herrschenden Klassen eine Möglichkeit war, ihre Position zu legitimieren. Marx zufolge ist der Nationalismus ein Mittel, das zu spalten, was früher oder später eine weltumspannende Arbeiterbewegung werden würde. Sobald es eine solche Bewegung tatsächlich geben würde und diese zu einer Revolution geführt hätte, würde der Nationalismus verschwinden (Keating, 1992). Durkheim schrieb nur wenig über den Nationalismus; Weber bezeichnete sich selbst in seinem politischen Leben als „Deutschnationalen", ging jedoch auf den Nationalismus nicht näher ein.

Warum kam es zu dieser Vernachlässigung? Der Hauptgrund war, daß alle drei Denker wie die meisten ihrer Zeitgenossen glaubten, daß der Nationalismus eher ein Phänomen der Vergangenheit als der Zukunft und im Niedergang begriffen wäre. Mit dieser Vermutung hatten sie unrecht. Der Nationalismus hat überlebt, mehr noch: Am Ende des 20. Jahrhunderts gibt er zumindest in einigen Teilen der Welt kräftige Lebenszeichen von sich. Der Nationalismus hat in allen großen Revolutionen des 20. Jahrhunderts eine Rolle gespielt, darunter in jenen, die 1989 zum Zusammenbruch des Kommunismus in Osteuropa geführt haben.

Es ist zweckmäßig, zwischen drei Arten von Nationalismus zu unterscheiden, von denen jeder an einen besonderen soziopolitischen Kontext gebunden ist. Als *klassischen* Nationalismus bezeichnet man einen Nationalismus, der mit dem Aufkommen der Nationalstaaten in Europa ab dem 18. Jahrhundert verknüpft war. Diese Form spielte bei der Entstehung von Staaten wie Großbritannien, Frankreich, Deutschland oder Italien eine Rolle und war teilweise, wie Marx anmerkte, von oben verordnet, wurde aber auch von Aktivistenbewegungen an der Basis genährt. Der klassische Nationalismus konstruierte das, was Benedict Anderson (1988) eine „imaginierte Gemeinschaft" nannte – eine kulturelle Interpretation nationaler Identität, die auf einer spezifischen Sichtweise der Vergangenheit eines Landes beruhte –, damit ein Einheitsstaat zusammengeschweißt werden könnte. Der Aufstieg des klassischen Nationalismus stand in engem Zusammenhang mit der Entwicklung eines allgemeinen Schulsystems. Durch die Rolle, die die „nationale Geschichte" im Schulunterricht spielte, fühlten sich die Leute schließlich einer nationalen Gemeinschaft zugehörig. Der Sprachunterricht – wie etwa „Standardenglisch" – spielte in diesem Prozeß für gewöhnlich eine große Rolle (Gellner, 1991). Die Schaffung einer nationalen Gemeinschaft traf allerdings in den meisten Fällen auf Widerstand und war daher im allgemeinen nur teilweise erfolgreich. In Großbritannien stieß sich das Gefühl, „Brite zu sein", immer an der gegenteiligen Einstellung, „Schotte", „Ire" oder „Waliser" zu sein.

Mit *postkolonialem Nationalismus* bezeichnet man nationalistische Bewegungen und Ideen, die in einst von europäischen Ländern errichteten Kolonien entstanden. Der Nationalismus spielte in den Kämpfen gegen den Kolonialismus für gewöhnlich eine große Rolle. In vielen Kolonialgebieten gab es jedoch nur deswegen einen Staat, weil ihn das kolonialisierende Land errichtet hatte (siehe Kapitel 2 „Kultur und Gesellschaft"). Nach der Erlangung der Unabhängigkeit wurden viele ehemalige Kolonien zu „Staatsnationen", wie sie manchmal genannt werden. Im europäischen Nationalstaat bildete sich der Staat um eine „Nation" herum, und die Nation war der Brennpunkt allgemeiner nationalistischer Gefühle. Viele ehemalige Kolonien waren Staaten, aber es fehlte ihnen am Gefühl, eine Nation zu sein – an nationaler Identität. Sie bestanden aus einzelnen Gemeinschaften und Kulturen, die die Regierungen angesichts tribalistischer und anderer Grenzen zu integrieren trachteten. Die afrikanischen Länder Nigeria oder Ghana sind Beispiele dafür. In vielen solchen Ländern ist die nationale Identität noch immer schwach entwickelt.

Mit *subkulturellem Nationalismus* bezeichnet man oppositionelle Formen nationalistischer Bewegungen, die sich innerhalb ausgereifter Nationalstaaten entwickeln. Beispiele gibt es in der heutigen Zeit viele, angefangen von den Nationalismen, die unter anderem zum Zerbrechen der Sowjetunion führten, bis zum schottischen oder katalanischen Nationalismus und zum Quebecschen Nationalismus (in Kanada). Obwohl solche Nationalismen in der betreffenden Region tief verankert sein können, sollten sie wahrscheinlich nicht einfach als Erweiterung des klassischen Nationalismus interpretiert werden. Der klassische Nationalismus scheint heutzutage abzunehmen, während der subkulturelle Nationalismus im Ansteigen begriffen ist. Der subkulturelle Nationalismus ist in gewisser Hinsicht eine Antwort auf die Globalisierung des Sozial- und Wirtschaftslebens. Regionale Identitäten werden als Antwort auf den wachsenden Einfluß der „großen weiten Welt" auf unsere Lebensumstände und als Ablehnung desselben stärker betont. Gleichzeitig werden die Nationalstaaten in mehrfacher Hinsicht geschwächt.

Warum wird der Nationalismus in der gegenwärtigen Welt immer wichtiger? Dafür gibt es mehrere Gründe. Wie erwähnt, wird der Nationalismus manchmal von politischen Eliten als Mittel eingesetzt, um die Staaten, über die sie herrschen, zu integrieren. In Verbindung mit Volksbewegungen vermittelt der Nationalismus ein Gefühl gemeinsamer Identität und Geschichte, das zur Mobilisierung von politischem Aktivismus beitragen kann. Allgemeiner gesagt, vermittelt Nationalismus ein Zugehörigkeitsgefühl in einer Welt, in der viele traditionelle Fundamente der Gemeinschaft zerstört wurden.

Der Nationalismus hat auf die Gesellschaftsentwicklung auf zweierlei Weise eingewirkt. Einerseits sind nationalistische Gefühle oft mit demokratischen Tendenzen verknüpft – was z. B. bei den Ereignissen in Osteuropa im Jahr 1989 der Fall war. Andererseits aber führen nationalistische Gefühle ebenso oft zu antagonistischen Entwicklungen: Sie sind für einige der verheerendsten Konflikte im 19. und 20. Jahrhundert verantwortlich.

Die Europäische Gemeinschaft und die Veränderungen auf der europäischen Landkarte

Die Entwicklung der Gemeinschaft

In einer Rede in Zürich im Jahr 1946 erklärte Winston Churchill: „Wir müssen eine Art Vereinigte Staaten von Europa schaffen". Nicht die Briten übernahmen jedoch die Führung in diesem Unternehmen, sondern andere europäische Länder, allen voran Frankreich und das damalige Westdeutschland. Mit dem Vertrag von Paris wurde 1951 die Europäische Gemeinschaft für Kohle und Stahl gegründet; es folgte die Gründung der Europäischen Atomgemeinschaft und später der Europäischen Wirtschaftsgemeinschaft (EWG). Die EWG, die 1958 durch die Verträge von Rom ins Leben gerufen wurde, schuf einen gemeinsamen Markt für den Warenhandel innerhalb der Mitgliedsländer. Großbritannien jedoch blieb abseits, weil es sich mehr den Beziehungen zu den Commonwealth–Ländern und zu den Vereinigten Staaten widmete. Es wurde erst Anfang 1973 ein Mitglied der EWG.

Als sich die EWG in Richtung einer verstärkten politischen Einheit bewegte, wurde das Wort „Wirtschaft" aus der Bezeichnung gestrichen, und die Gemeinschaft hieß von nun an nur mehr Europäische Gemeinschaft (EG). Heute besteht die EG aus einer komplizierten Reihe repräsentativer und bürokratischer Organisationen. An der Spitze steht der *Europäische Rat*, bestehend aus den Staatsoberhäuptern der Mitgliedsstaaten, der ungefähr zwei– bis dreimal im Jahr zusammentritt. Der *Ministerrat* besteht aus den Außenministern der Mitgliedsstaaten und anderen Arbeitsgruppen offizieller Vertreter. Der Ministerrat ist das wichtigste politische Gremium der Gemeinschaft und trifft legislative Entscheidungen. Solche Entscheidungen konnten in der Vergangenheit nur einstimmig gefällt werden, nunmehr aber ist bei den meisten nur mehr Stimmenmehrheit Voraussetzung – ein wichtiger Schritt, weil die Gesetzgebung dadurch auch gegen den Willen eines Landes durchgesetzt werden kann.

Die *Europäische Kommission* unterbreitet dem Rat Vorschläge, die dieser annehmen oder abändern kann, und ist für die Durchführung der Beschlüsse des Rates verantwortlich. Den Vorsitz der Kommission haben siebzehn von den Mitgliedsstaaten ernannte Kommissare inne. Das *Europäische Parlament* hat 518 gewählte Mitglieder, die ihre Meinung über die dem Rat unterbreiteten Vorschläge zum Ausdruck bringen und ein Diskussionsforum darstellen. Das Europäische Parlament hat keine gesetzgebende Gewalt, was von vielen kritisiert wird, weil sie der Meinung sind, daß die EG in ihrer heutigen Form dem Wesen nach undemokratisch sei. Der *Europäische Gerichtshof* schließlich legt EG–Gesetze aus und setzt sie durch. Er verfügt zwar über keine Polizeikräfte, um seinen Erkenntnissen Nachdruck zu verleihen, aber seine Entscheidungen sind für die Gerichte der Mitgliedsstaaten bindend.

Die Gemeinschaft vergrößerte 1973 mit dem Beitritt von Dänemark, Irland und Großbritannien die Zahl ihrer Mitglieder von ursprünglich 6 auf 9 und später sogar auf 12. Ihre Entwicklung ist sowohl von größeren Konflikten, vor allem im Bereich der gemeinschaftlichen Agrarpolitik, als auch von Vereinbarungen gekennzeichnet, die von allen getragen werden. 1987 verabschiedete die EG die Einheitliche Europäische Akte, die eine Reihe von Neuerungen brachte, welche zu mehr Einheit führen sollten, darunter die Abschaffung aller Handelsbeschränkungen bis Ende 1992. Obwohl das britische Parlament diese ratifizierte, sprach sich Mrs. Thatcher 1988 dagegen aus, oder zumindest schien es so. Wie bereits erwähnt, erwies sich ihre Haltung gegenüber der EG als einer der Faktoren, die schließlich zu ihrem Rücktritt führten.

Die weitere Entwicklung der EG gestaltete sich aufgrund der tiefgreifenden Veränderungen ab 1989 in Osteuropa und in der Sowjetunion problematisch. „Europa" war bis dahin ein klar abgegrenzter Begriff gewesen: Man verstand darunter die liberalen Demokratien Westeuropas, die sich von den kommunistischen Gesellschaften des Ostens deutlich unterschieden. Mit der Auflösung der Sowjetunion änderte sich alles. Es ist auf einmal nicht mehr so klar, wo „Europa" aufhört, und viele der neuen liberalen Demokratien im Osten beabsichtigen eine Bewerbung um die Mitgliedschaft bei der EG.

Welche Art von Entität ist nun die EG? Steuert sie einfach auf einen Super-Nationalstaat zu, oder unterscheidet sie sich von den bekannten politischen Systemen? Philippe Schmitter (1991) weist darauf hin, daß sich die EG derzeit in vielfacher Hinsicht von einem Nationalstaat unterscheidet. Wie oben erklärt, fehlt ihr eine Form der höchsten Autorität: Der Gerichtshof kann zwar spezifische Gesetze der Mitgliedsstaaten aufheben, aber es gibt kein generelles Mittel zur Durchsetzung von Entscheidungen. Trotzdem aber ist die EG mit einigen Merkmalen der Souveränität ausgestattet: Sie wird z. B. von rund 130 Staaten in der ganzen Welt, die diplomatische Beziehungen zu ihr aufgenommen haben, als eigene Völkerrechtsperson anerkannt.

Nationalstaaten sind eindeutig territorial, die Territorialität der EG ist jedoch nicht so klar. Die Abkommen von 1992 eröffnen freien Personen- und Warenverkehr in einem Raum, der jahrhundertelang auf mehrere Staaten aufgeteilt war. Die EG aber „herrscht" nicht direkt über dieses Territorium, und ihre Grenzen sind nicht endgültig festgelegt, weil eine unbestimmte Anzahl weiterer Staaten in naher Zukunft Mitgliedsländer werden dürften. Die Präsenz der EG ist diffus; eine Anzahl „Drittländer" haben Assoziationsabkommen mit ihr. Anders als bei einem Nationalstaat gibt es in der EG keine klare Hierarchie der Verwaltungsbehörden. Die verschiedenen Komponenten, die zuvor skizziert wurden, überschneiden sich in den verschiedenen Macht- und Kompetenzbereichen. Der Kommission kommt im Entscheidungsfindungsprozeß eine zentrale Rolle zu, aber sie übt ihre Rolle unter großer Rücksichtnahme auf die Positionen ihrer Mitgliedsstaaten und die der übrigen EG-Gremien aus. Die Neuerungen von 1992 führen wahrscheinlich zu einer Verringerung der Macht der Bürokraten der Kommission, weil verschiedene ihrem Machtbereich zugeordnete Aktivitäten dereguliert wurden.

Die EG, argumentiert Schmitter, ist eine sehr spezifische Form einer politischen Ordnung, und sie kann vielleicht Entwicklungen vorwegnehmen, die für andere Gebiete der Welt Modellcharakter haben könnten. Sie ist weder Nation noch Staat, sondern stellt als politisches System eine Alternative zu beiden dar. Die EG ist in einer bestimmten Hinsicht föderativ, aber nicht wie ein Bundesstaat, weil sie nicht nur aus kollektiv organisierten Regionen besteht, sondern aus einer ganzen Palette verschiedener Einheiten und Untereinheiten. Sie ist ein einheitlicher politischer Akteur für bestimmte Zwecke, für andere wiederum ein Aggregat, das von kontinuierlichen „turnusmäßigen Beschlüssen" abhängt.

Die Europäische Gemeinschaft wird einmal eine einzigartige Form der politischen Herrschaft sein. Sie könnte bestehenden politischen Ordnungen ähnlich sein: den Vereinigten Staaten, der Bundesrepublik Deutschland, der Schweiz, Kanada, Spanien etc., und sie könnte mit Begriffen beschrieben werden, die vertraut klingen: föderativ, konföderativ, technokratisch, demokratisch, pluralistisch etc., aber sie wird anders sein. (Schmitter, 1991, S. 29)

Den in Maastricht unterzeichneten Verträgen zufolge wird Europa gegen Ende des Jahrhunderts politisch stärker integriert sein, als es derzeit der Fall ist, und eine einheitliche Währung haben. Alle EG–Staaten müssen die Bestimmungen der Verträge von Maastricht ratifizieren, ehe diese in die Praxis umgesetzt werden können. Zu Beginn des Jahres 1993 war es noch nicht soweit.

Die neue Landkarte Europas

Im Jahr 1989 feierte man den zweihundertsten Jahrestag der französischen Revolution; für Europa war aber dieses Jahr auch ein neues „Revolutionsjahr" mit möglicherweise ebenso weitreichenden Folgen wie 1789. 1989 nämlich gaben die kommunistischen Regime Osteuropas nacheinander ihre Macht auf (weitere Ausführungen zu diesen Ereignissen finden sich in Kapitel 19 „Revolution und soziale Bewegungen"). Was wie ein gefestigtes und überall etabliertes osteuropäisches Herrschaftssystem ausgesehen hatte, wurde mehr oder weniger über Nacht gestürzt. Die Kommunisten verloren nacheinander in einem sich beschleunigenden Prozeß die Macht in den Ländern, die sie ein halbes Jahrhundert lang beherrscht hatten (siehe Abb. 10.3): in Ungarn (Februar), Polen (Juni), Bulgarien, Ostdeutschland und der Tschechoslowakei (November), in Rumänien (Dezember). Bis Januar 1992 hatte jedes osteuropäische Land, darunter auch der „Spätzünder" Albanien, seine Regierung frei gewählt. Noch spektakulärer ist jedoch die Tatsache, daß zu diesem Zeitpunkt auch die Kommunistische Partei in der Sowjetunion abgeschafft und das Land in eine Vielzahl unabhängiger Staaten zerfallen war.

Jugoslawien versank im Bürgerkrieg, und innerhalb bzw. zwischen einigen neuen Staaten der ehemaligen Sowjetunion kam es zu bewaffneten Konflikten. Praktisch alle diese neuen Staaten jedoch folgten, zumindest am Anfang, dem gleichen Demokratisierungsmuster. Die sechs jugoslawischen Republiken hielten z. B. 1990 Wahlen ab. In Kroatien und Slowenien gelangten nationalistische, nach Unabhängigkeit strebende Demokraten an die Spitze, während in Serbien die Ex–Kommunisten siegten.

Bis auf einige Ausnahmen geht die Ausarbeitung neuer Verfassungen und die Einsetzung von Mehrparteien–Parlamenten in Osteuropa zügig voran. Das Parteienspektrum ist größtenteils ähnlich wie jenes in den westeuropäischen Ländern. Einige der ehemaligen kommunistischen Parteien gibt es noch immer, aber sie nennen sich jetzt Sozialisten oder Sozialdemokraten. Im Zentrum links sind Parteien wie die Freien Demokraten oder die Jungen Demokraten (Ungarn) oder die Demokratische Union (Polen) angesiedelt. Gruppen wie das Demokratische Forum (Ungarn) und die Zentrumsallianz (Polen) sind rechte Zentrumsparteien. In ein paar Ländern gibt es auch rechtsextreme Parteien, aber sie haben bis jetzt

Politik, Regierung und Staat

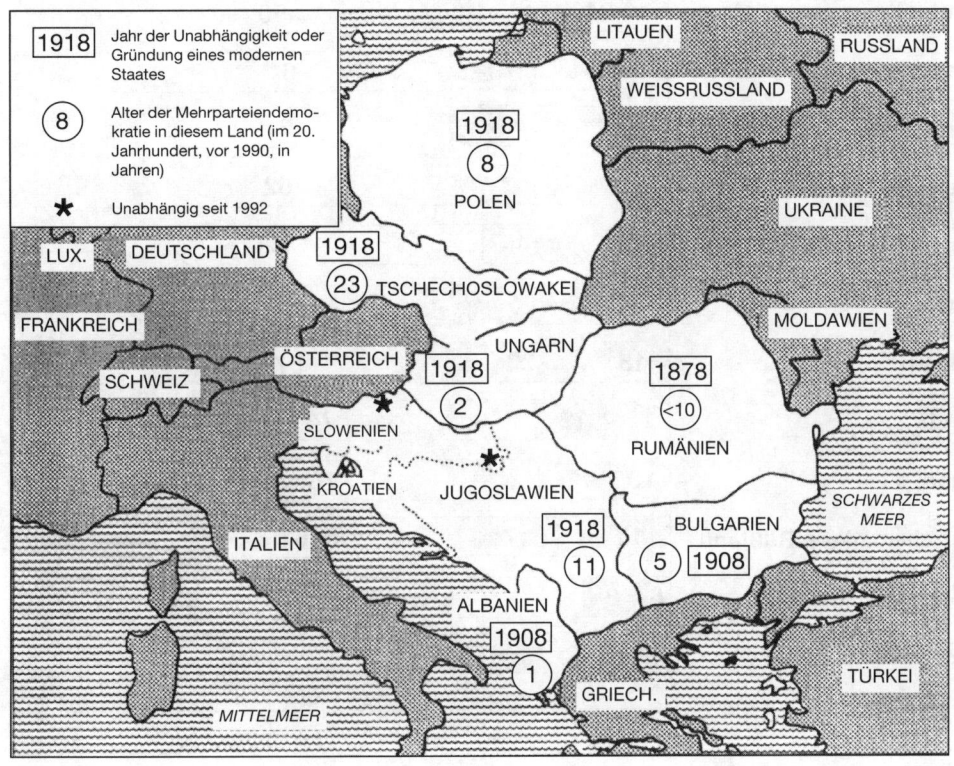

Abbildung 10.3 Osteuropäische Länder im Januar 1992, die Jahre ihrer Entstehung und die Anzahl der Jahre mit Mehrparteien–Demokratie
Quelle: *The Economist* Schools Brief, 1. Februar 1992, S. 58.

nur einen geringen Einfluß. Einige nationalistische Parteien wenden sich sowohl an die Rechte als auch an die Linke.

Alle osteuropäischen Länder kämpfen während des Überganges, den sie zu bewältigen versuchen, mit größeren wirtschaftlichen und politischen Schwierigkeiten (siehe Abb. 10.4). Die Inflationsrate ist 1992 in praktisch jedem osteuropäischen Land gestiegen und hat in Rumänien 400 Prozent erreicht. Nur in Polen ging die Inflationsrate zurück, lag aber 1992 noch immer bei 80 Prozent. Der Großteil der Bevölkerung dieser Staaten ist mit der Entwicklung der Demokratie in ihren Ländern unzufrieden, und viele sind wegen der steigenden Kriminalität und Gewalt verunsichert.

Es scheint, daß die Veränderungen in den meisten Ländern besonders auf die Frauen negative Auswirkungen gehabt haben (Watson, 1992). Der Anteil der weiblichen Abgeordneten in Parlamenten und anderen führenden politischen Gremien ist in einigen Ländern stark zurückgegangen.

Zu Beginn der Änderungen fiel beispielsweise in der Tschechoslowakei der Prozentsatz weiblicher Parlamentarier von 34 auf 4 Prozent, in Polen von 20 auf

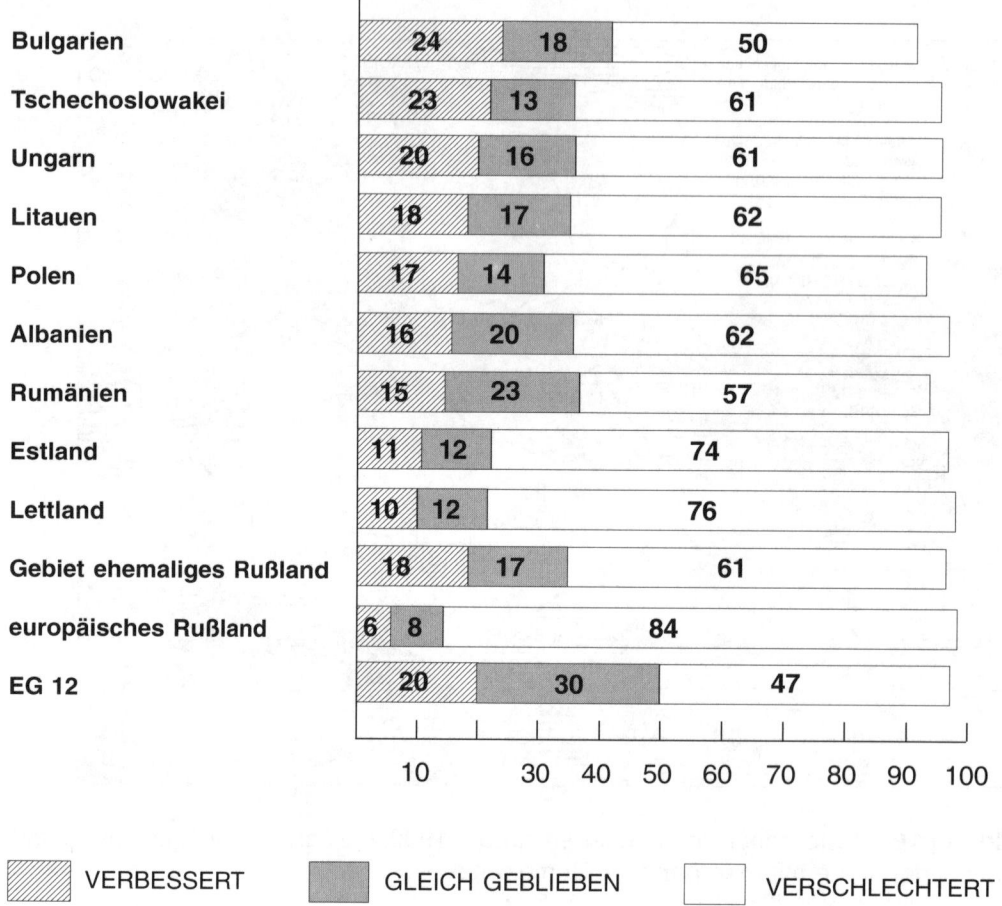

FRAGE: VERGLEICHEN SIE DIE HEUTIGE WIRTSCHAFTLICHE LAGE IHRES LANDES MIT DER LAGE VOR EINEM JAHR. HAT SICH DIE WIRTSCHAFTLICHE LAGE STARK VERBESSERT, EIN WENIG VERBESSERT, IST SIE GLEICHGEBLIEBEN, HAT SIE SICH EIN WENIG VERSCHLECHTERT, HAT SIE SICH STARK VERSCHLECHTERT?

Abbildung 10.4 Wie die Menschen in Ost–, Mittel– und Westeuropa die wirtschaftliche Lage ihres Landes in den letzten zwölf Monaten vor dem Oktober 1991 beurteilten.
Quelle: Central and Eastern Eurobarometer, Nr. 2, Januar 1992.

8, in Bulgarien von 21 auf 8 Prozent. Unter den stets wachsenden Arbeitslosenscharen, die der Übergang der osteuropäischen Länder zur Marktwirtschaft hervorbringt, ist der Anteil von Frauen unverhältnismäßig hoch.

Werden die osteuropäischen Gesellschaften bei der Errichtung stabiler liberaler demokratischer Regierungssysteme Erfolg haben? Samuel Huntington (1990) identifizierte sechs wahrscheinlich entscheidende Einflußgrößen:

1 Die Erfahrungen eines Landes mit liberalen demokratischen Regierungsformen im Laufe seiner Geschichte: Die Tschechoslowakei bringt diesbezüglich die besten Voraussetzungen mit, Albanien die schlechtesten. In der Tschechoslowakei gab es aber starke Spannungen zwischen den Tschechen und den Slowaken, die mittlerweile zur Teilung in zwei Staaten geführt haben.
2 Der Entwicklungsstand der Wirtschaft eines Landes: In dieser Hinsicht sind die Voraussetzungen in Ungarn und in der Tschechischen Republik die besten.
3 Die Effizienz der früheren kommunistischen Machthaber: Die Annahme geht dahin, daß ein Staat, dessen autoritäres Regime effizient regierte, dies auch in einer demokratischen Ordnung tun wird.
4 Die Stärke und Vielfalt sozialer und politischer Organisationen, die in der Lage gewesen waren, ihre Unabhängigkeit gegenüber den kommunistischen Herrschern zu bewahren.
5 Die Fähigkeit der neuen Regierungen, eine radikale wirtschaftliche Reformpolitik zu entwickeln und umzusetzen.
6 Die Tiefe der Spaltung und der Feindseligkeiten zwischen subnationalen oder ethnischen Gruppen, Regionen oder Klassen: Jugoslawien ist infolge solcher Spaltungen bereits zerfallen, und auch die Tschechoslowakei wurde geteilt. Wieviele andere Staaten noch folgen werden, ist unklar.

Ganz ähnliche Überlegungen treffen auch auf die neuen, aus der ehemaligen Sowjetunion entstandenen Staaten inklusive Rußland zu. Die meisten dieser Staaten haben bei weitem nicht dieselben Startchancen wie die osteuropäischen Länder; viele von ihnen hatten noch nie die Gelegenheit, mit irgendeiner liberalen Demokratie Erfahrungen zu sammeln, andere wiederum waren nie zuvor ein eigener Staat. Was immer auch in den kommenden Jahren passieren mag – die europäische Landkarte hat sich ein- für allemal verändert, und mit ihr die politische Weltordnung – da sich die ehemalige Sowjetunion doch quer durch Asien erstreckte.

Zusammenfassung

1 Von einem *Staat* spricht man dann, wenn ein politischer Apparat über ein bestimmtes Territorium herrscht, wenn sich seine Autorität auf ein legales System stützt und er in der Lage ist, seine politischen Entscheidungen mit Gewalt durchzusetzen.

2 *Regierung* bedeutet, daß Politik, Beschlüsse und Angelegenheiten des Staates durch die Beamten innerhalb eines politischen Apparates regelmäßig umgesetzt werden. Unter *Politik* versteht man die Mittel, mit denen Macht eingesetzt wird, um Umfang und Inhalt der Regierungstätigkeiten zu beeinflussen. Der Einflußbereich der *Politik* kann weit über den der staatlichen Institutionen hinausreichen.

3 Moderne Staaten sind *Nationalstaaten* mit gewöhnlich irgendeiner Form eines Kongreß- oder parlamentarischen Systems. Der Begriff *Souveränität* (= Oberhoheit einer Regierung über ein klar definiertes territoriales Gebilde) impliziert sowohl die anerkannte Legitimität des Nationalstaates als auch die Anerkennung der Staatsgrenzen durch andere. Jede Gemeinschaft bekommt durch ihre Verbindung mit dem *Nationalismus* eine spezifische Ausprägung.

4 Die Staatsbürgerschaft ist mit bestimmten Rechten bürgerlicher, politischer und sozialer Natur verbunden. Wenn diese Rechte in irgendeiner Form garantiert sind, kann eine Nation demokratisch genannt werden.

5 Eine *politische Partei* ist eine Organisation, die danach trachtet, über Wahlen legitim an die Regierungsmacht zu gelangen. In den meisten westlichen Staaten verfolgen die großen Parteien allgemeine politische Zielsetzungen – Sozialismus, Kommunismus, Liberalismus oder Konservatismus. Es gibt gewöhnlich einen Zusammenhang zwischen dem Wahlverhalten und Klassenunterschieden. In vielen westlichen Ländern verloren die traditionellen Parteien in letzter Zeit ihre Stammwähler, und es machte sich eine allgemeine Enttäuschung über das Parteiensystem breit.

6 Das Frauenwahlrecht wurde in allen Ländern viel später eingeführt als das Männerwahlrecht; Frauen sind in den politischen Führungsschichten noch immer schwach vertreten. Sie haben aber in bestimmten Bereichen, etwa in der Durchsetzung von gesetzlichem Schutz für Opfer von Gewalt in der Familie, ihren Einfluß geltend machen können.

7 Die politische Aktivität ist nicht auf die politischen Parteien beschränkt. *Protestbewegungen* und *pressure groups* können sehr einflußreich sein.

8 Es gibt mehrere Hauptarten demokratischer Systeme. In einer *repräsentativen Mehrparteiendemokratie* haben alle erwachsenen Bürger das Wahlrecht und können sich zwischen mehreren Parteien entscheiden. In einer *repräsentativen Einparteiendemokratie* haben die erwachsenen Bürger das Wahlrecht, aber es gibt nur eine Partei. Die *partizipatorische Demokratie* erlaubt allen Betroffenen, über Entscheidungen zu beraten und diese gemeinsam zu treffen.

9 Weber und Schumpeter zufolge ist der Grad an demokratischer Partizipation, der in einer modernen Großgesellschaft erreicht werden kann, beschränkt. Die Herrschaft von Eliten ist unvermeidbar, aber Mehrparteiensysteme bieten die Möglichkeit, zu entscheiden, *wer* die Macht ausübt. Die pluralistischen Theoretiker machen zusätzlich geltend, daß der Wettbewerb unter Interessensgruppen den Grad, bis zu dem herrschende Eliten die Macht in den Händen weniger konzentrieren können, einschränkt.

10 Die Entwicklung der Europäischen Gemeinschaft hat auf alle ihre Mitgliedsstaaten großen Einfluß genommen. Obwohl es nicht ganz klar ist, wie die Zukunft der EG aussieht, wird sie sich wahrscheinlich nicht zu einem „Supernationalstaat" entwickeln, sondern ihren eigenen speziellen Charakter beibehalten. Das Aufkommen einer Anzahl neuer liberaler Demokratien in Osteuropa wird wahrscheinlich die weitere Entwicklung der EG beeinflussen.

Grundbegriffe

Staat   Politik
Regierung   Nationalstaat

Wichtige Fachausdrücke

staatenlose Gesellschaft	Überforderung des Staates
Staatsgesellschaft	Legitimationskrise
politischer Apparat	Demokratie
Zwangsgewalt	repräsentative Mehrparteiendemokratie
Souveränität	liberale Demokratie
Staatsbürger	partizipatorische Demokratie
Nationalismus	konstitutioneller Monarch
Bürgerrechte	demokratischer Elitismus
politische Rechte	pluralistische Demokratietheorien
soziale Rechte	Interessensgruppen
Wohlfahrtsstaat	Machtelite
politische Partei	

Weiterführende Literatur

Klaus von Beyme, *Die politische Klasse im Parteienstaat* (Frankfurt: Suhrkamp, 1993) – über die Wechselbeziehung von Parteien, Staat und Klassengesellschaft.

Gosta Esping-Andersen, *The Three Worlds of Welfare Capitalism* (Cambridge: Polity, 1990) – ein anspruchsvolles, aber verständliches Buch, in dem mehrere Haupttypen des Wohlfahrtsstaates erklärt werden, so wie er heute in verschiedenen westlichen Ländern besteht.

Stephen George, *An Awkward Partner: Britain in the European Community* (Oxford: Oxford University Press, 1990) – ein nützlicher Überblick über die manchmal etwas gespannte Beziehung zwischen Großbritannien und der Europäischen Gemeinschaft.

John Kingdom, *Government and Politics in Britain* (Cambridge: Polity, 1991) – ein umfassender und kritischer Text über die britische Politik.

James N. Rosenau, *Turbulence in World Politics: A Theory of Change and Continuity* (London: Harvester, 1990) – ein Versuch über eine umfassende Neuformulierung, wie die globale politische Ordnung verstanden werden sollte.

Joseph A. Schumpeter, *Kapitalismus, Sozialismus und Demokratie* (Stuttgart: UTB, 1993) – enthält seine Theorie der Demokratie.

John Scott, *Who Rules Britain?* (Cambridge: Polity, 1991) – das beste Buch über Eliten und Macht in der britischen Gesellschaft.

D. W. Urwin and W. E. Patterson, *Politics in Western Europe Today: Perspectives, Policies and Problems since 1980* (London: Longman, 1990) – eine nützliche allgemeine Quelle, die eine Einführung in das politische Leben in den verschiedenen westeuropäischen Ländern darstellt.

Kapitel 11

Krieg und Militär

Kriegsführung in der Vergangenheit
　Frühe Gesellschaften
　Kriegsführung in Europa und in den europäischen Kolonien
　Die Industrialisierung des Krieges
　Der totale Krieg

Krieg und Aggression

Muster der militärischen Organisation

Die Kennzeichen des modernen Militärs
　Das Militär in Großbritannien
　Die Lage vor dem Zweiten Weltkrieg
　Die Lage nach dem Zweiten Weltkrieg

Frauen und Krieg
　Anti–Kriegs–Kampagnen der Frauen

Militär, Politik und Gesellschaft
　Herrschaft und Einfluß des Militärs
　Der militärisch–industrielle Komplex

　Die Streitkräfte in der Dritten Welt
　Die verschiedenen Arten militärischer Herrschaft
　Terrorismus und Guerillabewegungen
　Terrorismus
　Guerillabewegungen
　Muster der Guerillaaktivitäten

Globale Rüstungsausgaben und Waffenhandel
　Der Waffenhandel
　Das Wettrüsten
　„Star Wars" und danach
　Gegenwärtige Entwicklungen: Wohin führt die nukleare Ausbreitung?

Gibt es eine Welt ohne Krieg?

Zusammenfassung

Grundbegriffe

Wichtige Fachausdrücke

Weiterführende Literatur

Krieg und Militär

Am 1. Juli 1916 begannen britische und französische Truppen mit einem Angriff gegen die deutschen Streitkräfte, die ein Gebiet nahe der Somme in Nordostfrankreich besetzt hielten. Der Erste Weltkrieg hatte ungefähr zwei Jahre früher begonnen, und jede Seite hatte eine beträchtliche Menge von Schützengräben und Befestigungsanlagen errichtet. Keinem der beiden Heere war es gelungen, das andere zurückzuwerfen. Die Streitkräfte der Entente planten, in der Schlacht an der Somme eine Großoffensive zu starten und die Deutschen ein für allemal zurückzuwerfen. Das britische Heer trug die Hauptlast des Angriffes. Nach einem massiven Artilleriebeschuß der deutschen Stellungen schwärmten Tausende Soldaten aus ihren Schützengräben über das „Niemandsland" zu den Deutschen hin aus.

Obwohl unter dem Geschützfeuer viele deutsche Soldaten umkamen, blieben die meisten ihrer Verteidigungsstellungen unbeschädigt. Auf die Angreifer prasselte unaufhörlich Gewehr- und Maschinengewehrfeuer nieder. Die größeren deutschen Geschütze hinter den Linien schickten auch einen Hagel von Granaten herüber, die, wo immer sie einschlugen, das Schlachtfeld mit Splittern übersäten. Kleinen Gruppen der britischen Streitkräfte gelang es, die vorderste deutsche Linie zu durchbrechen, und einige stießen sogar weiter nach hinten vor, aber hinter ihnen beherrschte der Feind weiter das Niemandsland, und nur ein paar Truppen kamen zur Verstärkung durch. Am Ende des ersten Kampftages waren die Briten nur in einem kleinen Frontabschnitt weiter vorgedrungen – und um nicht mehr als eine Meile von ihren eigenen Stellungen. Aber 57 000 britische und 8 000 deutsche Soldaten waren gefallen.

Die Offensive wurde am 3. Juli wiederaufgenommen, und die Angriffe wurden vier Monate lang fortgesetzt. Ein paar Truppen stießen weiter als zuvor durch die deutschen Linien vor, aber nur unter entsetzlichen Verlusten. Mitte November, als die Offensive beendet wurde, war die deutsche Front noch immer weitgehend intakt. Auf alliierter Seite waren in der Schlacht an der Somme gut eine halbe Million Soldaten gefallen, auf deutscher Seite ebenfalls. Nie zuvor in der Menschheitsgeschichte waren auf einem Schlachtfeld so viele Soldaten aufgeboten worden, und keine andere Schlacht hatte je so viele Menschenleben gekostet (T. Wilson, 1986).

Seit dem Ersten Weltkrieg hat die Zerstörungskraft der Waffen rasch zugenommen. Im Zweiten Weltkrieg und in darauffolgenden militärischen Konflikten in der ganzen Welt gab es horrende Verluste sowohl unter Soldaten als auch in der Zivilbevölkerung. Der sich rasch vergrößernde Maßstab und die zunehmende Intensität des Krieges ist für die modernen Gesellschaften ebenso kennzeichnend wie andere institutionelle Veränderungen seit dem Aufkommen des Industrialismus. Wie und warum hat sich der moderne Krieg so rasch entwickelt? Welchen Einfluß haben der Krieg und das Militär auf die moderne gesellschaftliche Entwicklung? Wie sollen wir Krieg und Militärgewalt in soziologischen Begriffen analysieren? Mit diesen Problemen werden wir uns im vorliegenden Kapitel befassen.

Kriegsführung in der Vergangenheit

Frühe Gesellschaften

In Jäger- und Sammlergesellschaften und in kleineren Ackerbaukulturen gab es, wenn überhaupt, nur wenige spezialisierte Krieger. Wenn es zu Auseinandersetzungen mit rivalisierenden Gruppen kam, wurden einige oder alle erwachsenen Männer, die noch nicht zu alt waren, um zu kämpfen, herangezogen. Es ist irreführend, bei solchen Völkern von „Krieg" zu sprechen, weil lange Schlachten, so überhaupt welche geschlagen wurden, selten waren. Da jeder routinemäßig mit der tagtäglichen Produktion von Nahrung beschäftigt war, die ja nicht lange gelagert werden konnte, gab es keine Männerscharen, die für einen lange dauernden Kampf Zeit gehabt hätten. Konflikte zwischen kleinen Gesellschaften unterscheiden sich grundsätzlich von solchen zwischen großen Gesellschaften. Kleine Gesellschaften haben kein Heer und wenig Kriegsausrüstung (z. B. keine Eisenschilde, Schwerter oder Speere) und sind kaum motiviert, andere Kulturen zu erobern oder zu unterwerfen (Otterbein, 1985).

Die Austragung von oft langen und sehr blutigen Kriegen ist eines der auffälligsten Kennzeichen der Entwicklung von Staaten. Die größeren traditionellen Staaten waren Reiche, die meist nach einer militärischen Eroberung und der Unterwerfung unterlegener Gruppen errichtet wurden. Die Entwicklung von Methoden zur Metallbearbeitung, um Rüstungen und Waffen herzustellen, ist auf diese Kulturen zurückzuführen. In traditionellen Staaten gab es **stehende Heere**, d.h. Verbände von Männern, die Vollzeit-Berufssoldaten waren. In Gesellschaften, deren Reichtum und Stärke auf dem Einsatz von Schiffen beruhte, gab es auch eine spezielle Kriegsflotte. Stehende Land- und Seestreitkräfte waren im allgemeinen ziemlich klein und hatten in erster Linie den Hof und den Haushalt des Herrschers zu schützen. Größere Heere wurden durch die Einberufung von Bauern oder durch Allianzen mit anderen Heerführern gebildet.

Die frühen Kulturen verwendeten meist Bronzerüstungen und -waffen, aber die Kriegsführung war nicht immer auf den technologischen Fortschritt abgestimmt, wie das jetzt der Fall ist. Waffen und Rüstungen waren auch für spezialisierte Handwerker aufwendig herzustellen, und wenn sie fertig waren, mußten sie viele Jahre halten. Die Anzahl der Waffenschmiede war im Vergleich zu jener der Soldaten sehr gering. Mit der Verwendung von Eisenerz ab ca. 1400 v. Chr. wurden Waffen aus Erz viel billiger. Viel mehr Männer konnten Waffen und – seltener – Rüstungen kaufen, ohne selbst Berufssoldaten zu sein.

Bis ins sechzehnte, siebzehnte Jahrhundert hinein waren die Chinesen und die Mongolen im militärischen Sinn die mächtigsten Kulturen. Was die militärische Ausstattung, die Kunst und die Literatur angeht, so waren die Chinesen viel weiter fortgeschritten als die westlichen Gesellschaften. Anhand von zwei Arsenalen der chinesischen Regierung im späten 11. Jahrhundert ist ersichtlich, daß dort 32 000 Rüstungen pro Jahr hergestellt wurden, was auf einen sehr hoch entwickelten militärischen Sektor schließen läßt (Needham, 1975, S. 19–22). Die Chinesen erfanden das Schießpulver und das Gewehr. Auch ihre Flotte kam weit herum. Ein Edikt des chinesischen Kaisers aus dem Jahr 1371, mit dem der Außenhandel

Krieg und Militär 375

verboten wurde, setzte diesen Reisen ein Ende, und die Chinesen zogen sich auf ihr eigenes Staatsgebiet zurück. Hätte der Kaiser dieses Edikt nicht erlassen, wäre die Weltgeschichte vielleicht ganz anders verlaufen. Nur wenig später begannen die Europäer mit den Entdeckungsreisen, mit der sie die Basis für die Expansion der westlichen Mächte schufen.

Kriegsführung in Europa und in den europäischen Kolonien

Die wirtschaftliche Entwicklung Europas hat im Verbund mit den Änderungen in der militärischen Organisation und Technologie die westlichen Staaten weltweit in eine Führungsposition katapultiert; Kriege und Schlachten haben die Weltkarte zu einem wesentlichen Teil mitbestimmt. In Europa selbst entschied unter anderem die militärische Stärke über das Überleben eines Staates. Im Jahr 1500 gab es in Europa 500 oder mehr Staaten, 1900 war diese Zahl auf 25 zurückgegangen (Tilly, 1975). Kriege haben auch in diesem Jahrhundert die nationalen Grenzen in Europa bestimmt – beispielsweise jene zwischen West- und Ostdeutschland nach dem Zweiten Weltkrieg.

Der Erfolg europäischer Vorstöße in anderen Teilen der Welt war hauptsächlich durch ihre überlegene militärische Organisation und ihre überlegenen Waffen bedingt. Kulturen wie jene der Indianer in Nord- und Südamerika konnten die in ihre Territorien vordringenden weißen Siedler nur zeitweise aufhalten, und die Verteilung der sozialen und politischen Einheiten in Nord- und Südamerika wurde größtenteils durch die Kriege zwischen den Europäern selbst bestimmt. Während die Spanier und die Portugiesen Süd- und Mittelamerika untereinander aufteilten, bildete sich die nordamerikanische Gesellschaft im Verlaufe militärischer Auseinandersetzungen zwischen Briten und Franzosen bzw. zwischen Briten und amerikanischen Siedlern heraus. Die Grenzen und der ethnische Charakter Kanadas wurden durch den Sieg der Briten über die Franzosen bestimmt; die französisch-kanadische Kultur überlebte nur im Gebiet um Quebec. Der Triumph der amerikanischen Siedler über die britische Regierung im Unabhängigkeitskrieg ermöglichte das Überleben und die Ausdehnung der Vereinigten Staaten.

Die Industrialisierung des Krieges

Vom frühen 18. Jahrhundert an wurden die Streitkräfte der führenden Staaten viel größer als je zuvor – was natürlich bis zu einem bestimmten Grad auf die Bevölkerungszunahme zurückzuführen war. Große stehende Heere entstanden, die sich durch Systeme der allgemeinen Wehrpflicht aufblähten. Genauso wichtig ist die Tatsache, daß sich die Organisation der Heere grundlegend änderte (McNeill, 1984). Die Soldaten wurden einer strikten Disziplin unterworfen und systematisch ausgebildet und trainiert; die Streitkräfte wurden wie andere Organisationen bürokratisiert. Die Offizierskorps wurden zunehmend professionalisiert. Es kam zu einer direkten Verschmelzung von Krieg und Industrie, wobei die neuen industriellen Techniken eine ungeheuere Beschleunigung der Zerstörungskraft der Waffensysteme bewirkten.

Diese Prozesse werden oft **Industrialisierung des Krieges** genannt. 1860 war das Londoner Woolwich Arsenal, der Hauptlieferant des britischen Militärs, in der Lage, pro Tag eine Viertelmillion Kugeln und beinahe ebensoviele komplette Patronen herzustellen. Während die Regierungen ihre eigenen Waffenfabriken förderten, begannen auch Industrielle mit der Herstellung von Waffen, um sie sowohl im Land als auch auf dem internationalen Markt zu verkaufen. Der *Waffenhandel* im modernen Sinn entstand während der zweiten Hälfte des 19. Jahrhunderts. Große Konzerne, die sich entweder ganz oder teilweise der Herstellung von Waffen widmen und die technische Innovation vorantreiben, spielen seitdem für die militärische Entwicklung und für den Krieg eine große Rolle.

Der totale Krieg

Die Industrialisierung des Krieges führte zur Ablöse des **begrenzten Krieges** durch den **totalen Krieg** – symbolisiert durch die Schlacht an der Somme. Vor dem 20. Jahrhundert waren selbst bei großen Schlachten nur kleine Teile der Bevölkerung involviert – die direkt am Kampf beteiligten Soldaten (normalerweise ein geringer Prozentsatz der männlichen Erwachsenen einer Gesellschaft) und die Einwohner der umkämpften Gebiete. Die beiden Weltkriege waren in diesem Sinne keine begrenzten Kriege, weil ein hoher Anteil der männlichen Bevölkerung in die Kämpfe verwickelt war und das Kriegsgeschehen von der Mobilisierung der ganzen Wirtschaft der betroffenen Nationen abhing. Der Erste Weltkrieg, auch „der Große Krieg" genannt, war in vieler Hinsicht ein Wendepunkt in der militärischen Entwicklung. Er wurde seinem Namen gerecht, denn niemals zuvor hatten so viele Länder, von Europa bis Rußland, Japan und den Vereinigten Staaten, an einem Krieg teilgenommen. Die Anzahl der gefallenen Soldaten und der ums Leben gekommenen Zivilisten war viel höher als je zuvor in einem bewaffneten Konflikt.

Niemals zuvor war so unablässig gekämpft worden, waren die Soldaten in einem fort unter Feuer gewesen. Ein paar Dinge sind charakteristisch für den Ersten Weltkrieg, wie z. B. der Stellungskrieg, aber in vielerlei Hinsicht war er die „Norm" für andere Kriege im 20. Jahrhundert. Wie der Sozialhistoriker Maurice Pearton bemerkt, „war der Krieg nicht mehr die Angelegenheit des Heeres als einer Elite, sondern die Angelegenheit der ganzen Gesellschaft, und rationale Gewaltanwendung wich der unbeschränkten Gewalt" (Pearton, 1984, S. 33).

Während des Ersten Weltkrieges wurden neu entdeckte wissenschaftliche Verfahren systematisch umgesetzt, um neue Waffensysteme zu entwickeln. Ein gutes Beispiel ist die Entwicklung des Panzers (der zum ersten Mal bei der Schlacht an der Somme eingesetzt wurde). Panzer waren ursprünglich die Pendants zu bewaffneten, gepanzerten Schiffen, die an Land manövrierfähig gemacht wurden. Sie wurden unter der Bezeichnung „Landkreuzer" bekannt. Während sie im Ersten Weltkrieg nur von beschränkter Bedeutung waren, wurden sie später für den Krieg zu Land unentbehrlich. Nach dem Ersten Weltkrieg kam es im Bereich der Panzer und anderer militärischer Maschinen zu einer kontinuierlichen Forschungs– und Entwicklungstätigkeit.

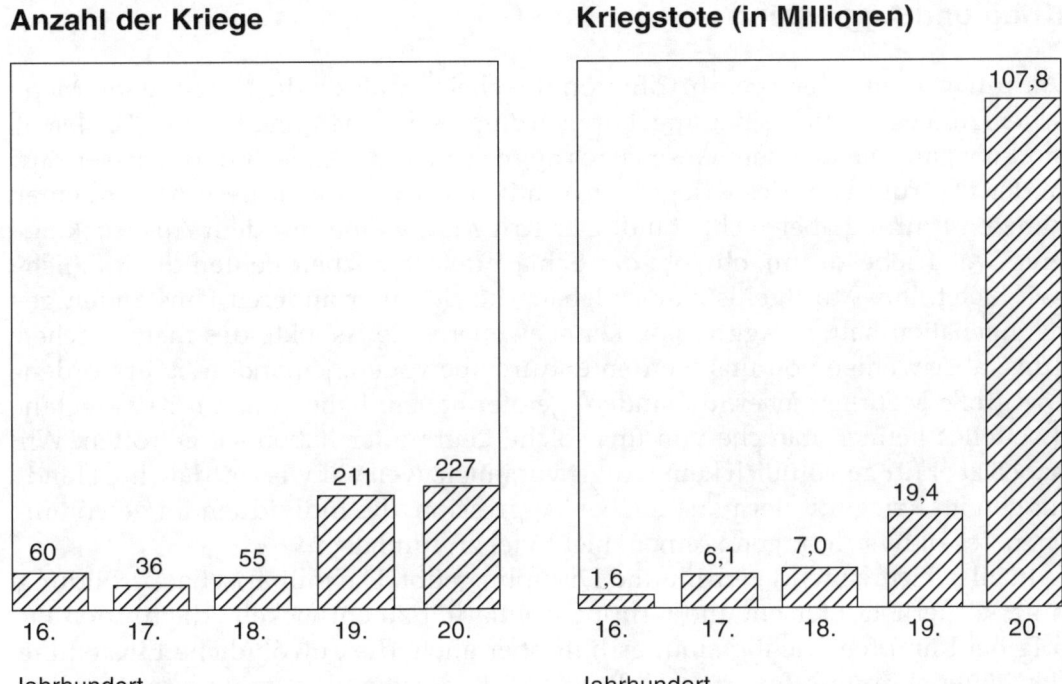

Abbildung 11.1 Kriege und Kriegstote vom 16. bis zum 20. Jahrhundert (nur Kriege mit 1000 Toten oder mehr berücksichtigt)
Quelle: Ruth Leger Sivard et al., *World Military and Social Expenditures 1991* (Washington, DC: World Priorities, 1991).

Drei technologische Entwicklungen, die jetzt für die militärische Macht bestimmend sind, wurden im Zweiten Weltkrieg entwickelt: die Nuklearwaffen, die raketengetriebenen Geschoße und die Radarsysteme, mit denen Angriffs- und Verteidigungsstrategien organisiert werden können. In der Zeit nach dem Zweiten Weltkrieg wurden alle drei Elemente miteinander verbunden: Geschoße können mit Nuklearsprengköpfen ausgestattet und elektronisch gesteuert werden. Einige der wichtigsten technischen Innovationen im zivilen Leben der vergangenen fünfzig Jahre haben ihren Ursprung im Zweiten Weltkrieg oder in Entwicklungen der Rüstungsfirmen kurz danach: z. B. die Fortschritte in den Bereichen Flugreisen, Telekommunikation und EDV (Milward, 1984).

Was die kriegsbedingten Verluste angeht, so bricht das 20. Jahrhundert alle Rekorde der Menschheitsgeschichte (siehe Abb. 11.1). Bis jetzt sind in diesem Jahrhundert mehr als 100 Millionen Menschen in Kriegen umgekommen, d.h. durchschnittlich 3 500 pro Tag. Die meisten dieser Leute fielen in den beiden Weltkriegen, aber irgendwo auf dieser Welt hat es in diesem Jahrhundert praktisch immer Krieg gegeben.

Krieg und Aggression

Warum werden Kriege geführt? Es könnte scheinen, als ob die Neigung des Menschen zum Krieg auf seiner angeborenen Aggressionsneigung beruhe. Vielleicht sind wir ganz einfach dem Wesen nach aggressiv, und vielleicht findet dieser Zug in der Destruktivität des Krieges ein Ventil. Tatsächlich hält diese Ansicht einer näheren Prüfung aber nicht stand. Der Krieg hat wenig mit dem Ausdruck aggressiver Triebe zu tun, obwohl das Schlachtfeld manchen Leuten die Möglichkeit bietet, ihre Mordgelüste auszuleben, die sie unter anderen Umständen geheimgehalten hätten. Aggression kennzeichnet viele Aspekte des menschlichen Tuns, aber wenige von uns werden dadurch bewogen, jemanden zu ermorden. Die große Mehrheit jener, die andere getötet haben, haben das im Krieg getan; zweifellos kennen manche von uns solche Leute oder haben sie getroffen. Wir haben aber für gewöhnlich keine Angst vor ihnen, weil wir wissen, daß ihre Handlungen im Krieg mit der persönlichen Aggression, die Individuen im gewöhnlichen Leben in sich tragen können, nicht viel zu tun haben.

In allen Heeren wird gedrillt und Disziplin geübt. Die militärische Ausbildung hilft, körperliches Fitsein und Gruppensolidarität zu entwickeln, die für den Erfolg bei Kämpfen wichtig sind, es hilft aber auch, die gewöhnliche Einstellung der Leute dem undifferenzierten Blutvergießen gegenüber zu ändern. Gwynne Dyer, die eine systematische Untersuchung von Krieg und Aggression durchgeführt hat, hat das folgendermaßen kommentiert:

> Letztendlich ist die Aufgabe des Militärs das Töten; ein wesentlicher Teil der Ausbildung von Leuten zu Soldaten besteht deshalb darin, sie zu lehren, die Grenzen, die sie normalerweise der Anwendung von Gewalt entgegensetzen, zu überwinden, so daß sie unter gegebenen Umständen gegen den „Feind" keine Skrupel mehr haben und ihn töten. Die meisten Leute müssen das Töten erst erlernen – obwohl es Ausnahmen gibt. Es gibt so etwas wie den „geborenen Soldaten", den Mann, für den männliche Kameradschaft, Aufregung und Überwindung physischer und psychologischer Schwierigkeiten die höchste Befriedigung darstellen. Er möchte nicht von vornherein Leute töten, aber er wird keinerlei Bedenken haben, wenn das Töten in einem moralischen Rahmen stattfindet, der ihm eine Rechtfertigung bietet – z. B. Krieg – und wenn es der Preis für den Zugang zu einer Umgebung ist, nach der er sich sehnt ... Solche Männer sind aber beim Militär eher die Ausnahme. Sie sind so selten, daß sie sogar bei kleinen Berufsheeren nur einen kleinen Anteil ausmachen und meist in Spezialeinheiten, die Kommandoaktionen durchführen, dienen. In den Heeren von Ländern mit allgemeiner Wehrpflicht verschwinden sie angesichts der Überzahl durchschnittlicher Männer. Und genau diese durchschnittlichen Männer, die überhaupt nicht gerne kämpfen, muß das Militär dazu bringen, daß sie töten. (Dyer, 1985, S. 117f.)

Ein Oberst der US–Streitkräfte, Colonel S. L. A. Marshall, hat während des Zweiten Weltkrieges in ungefähr vierhundert Infanteriekompanien zahlreiche Interviews mit Männern durchgeführt, um ihre Reaktionen in der Schlacht zu erforschen. Die Ergebnisse waren für ihn mehr als überraschend. Er fand heraus, daß im Schnitt überhaupt nur 15 Prozent der Truppen ihre Gewehre abfeuerten, sogar, wenn ihre Stellungen direkt angegriffen wurden und ihr Leben in Gefahr war. Die Ergebnisse der Umfrage waren für die Infanteriesoldaten ebenso überraschend wie für ihre Offiziere, weil jeder geglaubt hatte, daß er allein seiner Pflicht nicht nachkommen würde. Die Soldaten schossen in Anwesenheit anderer, besonders von Offizieren, aber nicht, wenn weniger Leute um sie waren. Ihr Widerwillen zu

Krieg und Militär 379

schießen hatte nichts mit Angst zu tun, sondern war Ausdruck einer Abneigung zu töten, wenn „es keinen Anlaß dazu gab" (Marshall, 1947).

Das Führen von Kriegen leitet sich also nicht direkt von der menschlichen Aggression her. Die Ursprünge und die Häufigkeit von Kriegen müssen auf andere Faktoren zurückgeführt werden. Der wichtigste Einfluß ist durch das Aufkommen von Gesellschaften auf staatlicher Grundlage gegeben – von traditionellen Staaten bis hin zu den heutigen Nationalstaaten. Wie wir bereits am Anfang dieses Kapitels bemerkt haben, gab es unter Jäger- und Sammlervölkern keinen Krieg in unserem Sinn. Die bewaffneten Auseinandersetzungen waren aufregende und gefährliche, eher dem Sport als einem Krieg ähnliche Rituale, bei denen Blutvergießen eher minimiert als konsequent angestrebt wurde. Mit der Entwicklung größerer Gesellschaften mit zentralisierten Regierungsformen haben sich die Dinge geändert. Es wurden Streitkräfte errichtet und militärische Disziplin eingeführt. Von dieser Zeit an trafen Hunderttausende, in engen Formationen operierende Männer auf den Schlachtfeldern aufeinander.

Krieg ist einfach eine ständig präsente Möglichkeit in einer Welt, in der Staaten über die Mittel verfügen, militärische Gewalt einzusetzen. Obwohl die Ereignisse, die einen Kriegsausbruch beschleunigen können, sehr unterschiedlich sind, kommt es zum Krieg, sobald Staaten einen Konflikt haben und sie ihre unterschiedlichen Positionen durch Verhandlungen, Verträge oder Diplomatie nicht auf einen Nenner bringen können. Eine Regierung kann sich für den Krieg entscheiden, weil sie den Wunsch hat, das Staatsgebiet einer anderen Regierung oder Teile davon unter ihre Gewalt zu bringen, weil sie um Ressourcen kämpft (z. B. um die Herrschaft über einen wichtigen Seeweg) oder weil es ideologische oder religiöse Konflikte gibt. Es gibt immer mehrere Gründe für einen Krieg. Krieg ist das äußerste Kräftemessen auf internationaler Bühne. Der berühmteste Kriegstheoretiker, der deutsche Denker des 19. Jahrhunderts Carl von Clausewitz, faßte dies in einer berühmt gewordenen Formel zusammen, indem er schrieb, „ ... daß der Krieg nicht bloß ein politischer Akt, sondern ein wahres politisches Instrument ist, eine Fortsetzung des politischen Verkehrs, ein Durchführen desselben mit anderen Mitteln." (von Clausewitz 1980, S. 210)

Muster der militärischen Organisation

Unter dem Begriff *Disziplin* verstand man ursprünglich einen Lernprozeß. Er wird manchmal noch in diesem Sinne verwendet, wenn wir z. B. von Soziologie oder anderen akademischen Fächern als „Disziplin" reden. Während des 17. Jahrhunderts aber nahm es den Sinn „militärische Ausbildung" bzw. das Produkt derselben in Form eines kontrollierten Verhaltens an. Standardisierte Formen der militärischen Organisation wurden zuerst bei den holländischen Streitkräften entwickelt, später verbreiteten sie sich rasch über ganz Europa. Moritz Fürst von Nassau (1567–1625) richtete die erste Militärakademie Europas ein. Seine Doktrinen wurden später für den ganzen Kontinent richtungsweisend. Auf seine Lehre gehen die *Uniform* im modernen Sinn und die *Disziplin* zurück.

Uniform war ursprünglich nur ein Adjektiv, wurde aber ein Substantiv, als das Tragen von normierter Kleidung in den Heeren eingeführt wurde. Zuvor hatten sich die Truppen oft angezogen, wie es ihnen gerade gefiel. Im 17. Jahrhundert wurde das Tragen von Uniformen in allen Rängen fix eingeführt. Fürst Moritz entwickelte auch das Marschieren im Gleichschritt. Er richtete Befehlsketten ein, die von den Generälen bis zu den Rekruten reichten, und die Heere waren das Vorbild für die Entwicklung der Bürokratie in der Zivilverwaltung und in anderen Organisationen. Von dieser Zeit an wurden große stehende Heere, in denen Männer beruflich Karriere machen konnten, ein wichtiges Merkmal moderner Gesellschaften.

Bis in das frühe 19. Jahrhundert hinein waren Offiziere für gewöhnlich entweder Aristokraten oder Söldner. Für die Aristokraten war Krieg noch immer so etwas wie ein Hobby, während es für die zweiteren eine entgeltliche Arbeit darstellte. Söldneroffiziere begaben sich in die Dienste jedes Befehlshabers, der sie bezahlte. Die preußischen Militärreformen im frühen 19. Jahrhundert leiteten eine Tendenz zur Professionalisierung des Offizierskorps ein. Strategien der offenen Rekrutierung, schriftliche Prüfungen und systematische Kriterien der Beförderung wurden eingeführt, obwohl sie anfangs nicht systematisch angewendet wurden. Bis 1900 hatten alle größeren europäischen Länder, aber auch die Vereinigten Staaten und Rußland, Kadettenschulen eingerichtet, in denen auf bürokratische Weise rekrutiert und Karrieren bürokratisch abgewickelt wurden. Die regulären Streitkräfte bestanden nunmehr aus Männern, die auf eine bestimmte Zeit für den Wehrdienst rekrutiert wurden. Zu Kriegszeiten oder bei Kriegsgefahr wurden zusätzliche Männer eingezogen; mit zunehmendem Umfang der kriegerischen Auseinandersetzungen führten die Regierungen in großem Maßstab Einberufungen durch. Diese Praxis hat ihren Ursprung in Frankreich, wo Napoleon 1813 eine Armee mit 1, 300 000 Mann auf die Beine stellte (Finer, 1975).

Die **allgemeine Wehrpflicht**, mit der alle jungen Männer eines Landes für eine bestimmte Zeit für den Militärdienst erfaßt wurden, war ein wichtiger Schritt. Damit wurde ausdrücklich anerkannt, daß Kriege, welche um nationaler Ziele willen geführt wurden, eine Teilnahme der Massen an den Streitkräften erforderten. Der Bedarf an Soldaten im frühen zwanzigsten Jahrhundert war ein Grund für die Förderung der Idee des allgemeinen Wahlrechtes für Männer.

Moderne Heere sind bürokratische Apparate, in deren Offiziersrängen Beamte arbeiten. Der Begriff *Offizier* hat seine Wurzel im Wort *officium* bzw. Amt, das Individuen in einer Hierarchie innehaben. In den Heeren sind manche bürokratische Elemente besonders hervorstechend. Die Dienstränge sind oft in allen Verzweigungen der militärischen Organisation gleich, unabhängig davon, wie groß sie ist und wie weitverzweigt ihr Personal ist. In anderer Hinsicht sind die Heere von den meisten modernen Organisationen sehr verschieden. Der Beitritt ist nicht freiwillig, wenn es eine Aushebung oder einen *Präsenzdienst* gibt. Jeder, der versucht, das Heer zu verlassen, ehe sein Präsenzdienst abgeleistet ist, wird gerichtlich verfolgt und kommt ins Gefängnis, egal, ob er nur den Wehrdienst ableistete oder sich länger verpflichtet hat. Das Heer ist eine *Kerkerorganisation*, in welcher die meisten Mitglieder ihre Tage und Nächte verbringen. Sogar das militärische Personal, das nicht in Kasernen wohnt, wohnt meist in speziellen Dienstwohnungen und physisch getrennt von der Zivilbevölkerung (siehe Kapitel 9 „Gruppen und Organisationen").

Merkmale des modernen Militärs

Samuel Huntington zufolge hat das moderne Militär vier grundlegende Merkmale:

1 Fachkenntnisse im **Gewaltmanagement**. Die militärische Technologie ist äußerst komplex geworden und besitzt eine enorme Zerstörungskraft. Die Militärs spezialisieren sich auf die Beherrschung und den Einsatz dieser Waffen. In den Heeren von gestern war der Unterschied zwischen Waffen, die das Militär verwendete, und Waffen, die die Zivilbevölkerung besaß, nicht groß. Schwert, Bogen und Schild hatten viele, die selbst keine Berufssoldaten waren, obwohl sie manchmal zum Waffendienst für einen Monarchen oder Grundherren gezwungen wurden. Heute sind die Waffen des Militärs unvergleichlich zerstörerischer als jene, die der Zivilbevölkerung zur Verfügung stehen, was natürlich vor allem auf die Nuklearwaffen zutrifft.
2 **Klientel**. Mit Ausnahme von Guerrillas und revolutionären Bewegungen sind Streitkräfte in der modernen Zeit ihrem Hauptauftraggeber verpflichtet – der Regierung des Staates, dem sie angehören. In einigen vorindustriellen Kulturen konnte sich ein Militärführer von einer politischen Organisation oder Allianz, zu der er und sein Heer gehörten, lossagen. Er konnte weiterziehen, die örtliche Bevölkerung unterwerfen und eine neue Verwaltungseinheit schaffen. Das ist in der modernen Welt nicht mehr möglich, weil die Militärs vom Geld des Staates, das dieser durch Steuern einhebt, sowie von in der industriellen Produktion gefertigten Waffen abhängig sind.
3 **Zusammengehörigkeitsgefühl (esprit de corps)**. Die Streitkräfte haben insbesondere in den Offiziersrängen einen starken Sinn für ihre kollektive Identität, der sie von den Zivilisten trennt. Die Militärs haben oft ihre eigenen Schulen, Vereine, Publikationen und Bräuche. Jene, die in den Streitkräften hohe Ränge erreichen, müssen in den untersten Offiziersgraden beginnen und können nur innerhalb der Organisation vorrücken. Anders als z. B. in Firmen gibt es keine Möglichkeit, bei einer anderen Firma zu arbeiten oder sich die Karriere außerhalb aufzubauen und dann ins höhere Management oder in die Chefetage vorzustoßen. Da die Mitglieder der Streitkräfte dazu neigen, vom Rest der Gesellschaft getrennt zu leben und zu arbeiten, sind ihre Kontakte und privaten Freundschaften auch oft auf den Bereich des Militärs beschränkt.
4 **Die Ideologie der militärischen Gesinnung**. In der prämodernen Kriegsführung waren die Werte des Kriegers wichtig, d.h. der Kampf wurde um seiner selbst willen glorifiziert. Diese Werte haben sich überlebt oder sind zumindest für die heutigen Militärs bei weitem nicht mehr so bedeutend. Das heutige „militärische Bewußtsein" betont kooperative Haltungen, die Unterordnung von Einzelinteressen unter die Anforderungen der Gruppe und das Primat von Ordnung und Disziplin.

'Ich bin absolut gegen den totalen Krieg – aber für den totalen Frieden bin ich auch nicht.'

Zeichnung von Joseph Farris; © 1984 The New Yorker Magazine Inc.

So paradox es auch erscheinen mag, sind militärische Führer in den Industrieländern im allgemeinen nicht scharf darauf, an Kriegen teilzunehmen, und es kommt vor, daß sie sich Politikern entgegenstellen, die streitbarer sind als sie selbst. Die Einstellung des Militärs beruht auf dem Wunsch, seine organisatorische Stärke und den Stand des technologischen Fortschrittes aufrechtzuerhalten. Huntington drückt das folgendermaßen aus:

> Der militärische Mensch ist selten für den Krieg. Er wird immer argumentieren, daß die Kriegsgefahr eine Verstärkung der Rüstung erfordere, und selten, daß die verstärkte Rüstung den Krieg erst ermöglicht oder wünschenswert macht. Er wird immer für die Bereitschaft sein, sich aber nie bereit fühlen. Der professionelle Militär kann dementsprechend eine vorsichtige, konservative, zurückhaltende Stimme bei der Formulierung der Staatspolitik sein. Das war seine typische Rolle in den meisten modernen Staaten, inklusive Nazideutschland, im kommunistischen Rußland und im demokratischen Amerika. (Huntington, 1981, S. 69)

Das Militär in Großbritannien

Die Entwicklung des britischen Militärs in den vergangenen Jahrhunderten wurde von zwei wichtigen Faktoren bestimmt: von der geographischen Situation des Landes als Insel, die von den großen Truppenbewegungen in den Kriegen auf dem Kontinent relativ unbehelligt blieb, und von seiner Position als Zentrum eines Reiches, das auf seinem Höhepunkt das größte war, das die Welt jemals erlebt hatte. Die britische Militärmacht stützte sich lange Zeit ebensosehr auf die

Marine wie auf die Landstreitkräfte; und schließlich war ein großer Anteil seiner Streitkräfte vom 18. Jahrhundert an im Ausland stationiert.

Die Lage vor dem Zweiten Weltkrieg

Das englische Parlament lehnte im 17. Jahrhundert die Bildung eines stehenden Heeres ab und weigerte sich, Steuern einzuführen, die für die Finanzierung eines solchen Heeres notwendig gewesen wären. Im Englischen Bürgerkrieg mußten beide Seiten ihr Heer mehr oder weniger erst aus dem Boden stampfen. Das erste richtige stehende Heer in England war das Oliver Cromwells. Die Soldaten erhielten guten Sold und sie waren diszipliniert, aber nach der Restauration zerfiel Cromwells Heer. Die englischen Heere spielten natürlich bei der „inneren kolonialistischen Expansion" eine Schlüsselrolle, durch welche Schottland, Wales, England und Nordirland zu einem „Vereinigten Königreich" bzw. zum modernen Großbritannien wurden. Die „Unruhen" in Irland, die auch heute noch immer wieder aufbrechen, haben mit Cromwells Umtrieben und mit dem Import protestantischer Siedler in das Land begonnen.

Großbritanniens Übersee-Aktivitäten erforderten, daß schlagkräftige Seestreitkräfte unterhalten wurden, was kaum auf dieselbe Feindseligkeit (aller Klassen) stieß wie das Vorhandensein eines großen stehenden Heeres. Das Mißtrauen gegen stehende Heere wurde durch die Tatsache verstärkt, daß von Napoleons Niederlage an bis zum Ausbruch des Ersten Weltkrieges ein Jahrhundert später die britischen Inseln nie ernsthaft von einer externen militärischen Invasion bedroht waren. Die britischen Streitkräfte waren aber in derselben Zeit mehr oder weniger kontinuierlich in Kriege oder Scharmützel in den kolonialen Besitzungen verwickelt. Auf diese Weise haben einige der markantesten Traditionen des britischen Militärs in der durch den Erwerb oder die Kontrolle ausländischer Territorien herausgebildeten Praxis ihre Wurzeln. Die Größe der britischen Streitkräfte im 19. und 20. Jahrhundert hinkte hinter dem allgemeinen Bevölkerungswachstum nach. Das Heer zu Hause war weitgehend eine rekrutierende und ausbildende Institution für Einheiten, die im Ausland stationiert waren. Das Parlament betrachtete ein stehendes Heer als notwendiges Übel und überließ es hauptsächlich dem Landadel (aus dem sich das Offizierskorps rekrutierte) und den Landarbeitern (die den Mannschaftsstand bildeten). Bis in die siebziger Jahre des 18. Jahrhunderts kauften die Offiziere noch ihre Ämter und verbrachten normalerweise zwei Drittel ihrer Heereskarriere im Kolonialdienst.

Die Folge war, daß sich die militärischen Führungskräfte der Mechanisierung des Heeres widersetzten, obwohl Großbritannien in der industriellen Entwicklung führend war. Die Briten waren unter den Letzten, die neue Methoden des industrialisierten Krieges anwandten. In Großbritannien gab es keine ausgebildete Reserve, wie sie in den Ländern auf dem Kontinent bereits längere Zeit vor dem Ende des 19. Jahrhunderts üblich war. Die von britischen Militärstrategen entwickelte *Blue Water*-Doktrin besagte, daß die britischen Streitkräfte niemals mehr auf dem europäischen Festland zu kämpfen brauchten, wenn die Stärke der Navy aufrechterhalten würde. Zur Jahrhundertwende waren Großbritannien und die Vereinigten Staaten die einzigen Großmächte, die noch keine Massenaushebung und keinen Präsenzdienst eingeführt hatten.

Die britische Beteiligung am Ersten Weltkrieg zwang zu einem Überdenken der meisten dieser Einstellungen. Die britischen Land- und Seestreitkräfte wurden mit modernen Waffen ausgerüstet, die im Rahmen eines massiven Rüstungsprogrammes sowie durch die Einrichtung einer „Kriegswirtschaft" zwischen 1914 und 1918 erzeugt wurden. Gleichzeitig jedoch wurde die britische Militärmacht von anderen Mächten eindeutig überholt. Die britische Navy, die mehr als ein Jahrhundert lang die Meere beherrscht hatte, wurde von der Kriegsmarine der Vereinigten Staaten überholt. Durch den Wiederaufbau der deutschen Wehrmacht in den dreißiger Jahren und die generelle Entwicklung der US-Streitkräfte sowie die zunehmende Macht der Sowjetunion und Japans fiel Großbritannien zurück.

Die Lage nach dem Zweiten Weltkrieg

Heute sind die britischen Inseln nicht länger das Zentrum eines Weltreiches, sondern nur eine mittelgroße Macht unter vielen anderen. Die britischen Streitkräfte waren nach 1945 in mehrere Konflikte in Kolonialgebieten verwickelt (die jetzt alle entkolonialisiert sind) – z. B. in Malaysia, Kenia und Zypern. Sie haben auch an verschiedenen sporadischen militärischen Auseinandersetzungen teilgenommen, wie jener am Suezkanal in den fünfziger Jahren und in jüngster Vergangenheit auf den Falkland-Inseln und in Kuwait. In der Nachkriegszeit, in Verbindung mit dem Entkolonialisierungsprozeß, ist aber die britische Militärmacht zunehmend geschrumpft.

Die britische Nachkriegspolitik ist von der allgemeinen Wehrpflicht (die in vielen anderen Ländern noch in Kraft ist) abgegangen und verläßt sich auf ein relativ kleines militärisches Establishment; diese Politik ist mit dem Besitz von Nuklearwaffen gekoppelt. 1957 legte die Regierung in einem Weißbuch das fest, was sie als „die größte Veränderung in der Militärpolitik in Friedenszeiten" bezeichnete. Die Streitkräfte wurden zahlenmäßig halbiert, nachdem der Präsenzdienst abgeschafft worden war; es wurden Pläne erstellt, denen zufolge alle Waffengattungen mit Kernwaffen ausgestattet werden sollten.

Großbritannien war tatsächlich das erste Land, das versuchte, eine Atombombe zu bauen. Die Arbeit wurde während des Krieges in die USA transferiert, weil sie dort nicht so sehr durch einen Angriff bedroht war und weil die Amerikaner für das Projekt mehr Ressourcen aufbieten konnten. Bereits 1945 kam ein Ausschuß unter dem Vorsitz von Sir Henry Tizard zu dem Schluß, daß der Besitz von Atomwaffen die Basis der zukünftigen britischen Verteidigungspolitik sein müßte (Rumble, 1985, Kapitel 4). 1947 startete Großbritannien ein Programm zur Herstellung von Atomwaffen. 1952 begann man mit der Produktion von Wasserstoffbomben. Obwohl Mitte der fünfziger Jahre ein Raketen-Trägersystem – das *Blue Streak* – versprochen wurde, kam es nicht dazu. Bomber blieben die einzigen Mittel, mit denen Nuklearwaffen ausgebracht werden konnten, bis das Polaris-System von den Vereinigten Staaten gekauft und 1967–1969 in Betrieb genommen wurde. Das Polaris-System wurde seitdem durch ein anderes, ebenfalls amerikanisches System ersetzt, das Trident.

Einer der wichtigsten Umstände, die in den vergangenen Jahrzehnten die britische Wehrpolitik bestimmten, war eine Reihe von Abkommen, aufgrund derer die USA Nuklearwaffen im Land stationieren durften. Diese Politik wurde 1958 unter Premierminister Harold Macmillan begonnen, der der Stationierung von sechzig amerikanischen Thor–Raketen in Großbritannien zustimmte. Ungefähr zwei Jahre später wurde bei Holy Loch eine amerikanische Polaris–Basis errichtet, und in der Folge kam es zu einer Vielfalt von weiteren amerikanischen Militärniederlassungen in Großbritannien.

Die Stationierung von Nuklearwaffen in Großbritannien rief von Anfang an eine breite öffentliche Protestbewegung hervor, obwohl Meinungsumfragen durchwegs zeigen, daß die Bevölkerungsmehrheit die „britische nukleare Abschrekkung" befürwortet. Seit den fünfziger Jahren ist die *Campaign for Nuclear Disarmament* (CND) die wichtigste Organisation, die aktiv gegen die Nuklearwaffen Stimmung macht. Ihre öffentliche Präsenz und ihre Fähigkeit, für Demonstrationen und Aufmärsche die Massen zu mobilisieren, waren im Laufe der Jahre Schwankungen unterworfen. Die Entwicklung der Cruise– und Pershing II–Raketen führte Ende der siebziger Jahre zu einem Wiedererstuzken der Unterstüzung der CND in Großbritannien, sowie anderer Friedensbewegungen in Europa. Zählte die CND 1978 noch 3 200 Mitglieder, so waren es 1984 mehr als 100 000 sowie weitere 140 000 in verwandten Organisationen. In den neunziger Jahren sind die Mitgliederzahlen wieder gesunken, aber die CND führt ihre Kampagnen mit dem Ziel eines kernwaffenfreien Großbritannien fort.

Frauen und Krieg

Der Krieg war immer eine vorwiegend männliche Tätigkeit. Männer waren überall Mitglieder der Kampfverbände der Streitkräfte, waren Befehlshaber und Generäle; kriegerische Werte, die das Abenteuer, den Wagemut und den „esprit de corps" betonten (das Engagement für Leute, die keine Familienmitglieder sind, wobei gemeinsame Ziele verfolgt werden), wurden immer in erster Linie mit Männern assoziiert und weniger mit Frauen. Die Begeisterung der Männer für den Krieg und die Absenz der Frauen in den Rängen der Krieger hat manche zur Spekulation verleitet, daß genetische Faktoren dafür verantwortlich sein müßten. Mit anderen Worten, Männer sind biologisch dafür disponiert, sich gegeneinander aggressiv zu verhalten – sich auf Kämpfe einzulassen –, Frauen dagegen nicht. Unter den Autoren, die eine solche Ansicht vertreten, finden sich solche, die unter dem Einfluß der Soziobiologie stehen (siehe Kapitel 2 „Kultur und Gesellschaft"), aber auch einige Feministinnen. Eine frühe feministische Autorin, Elizabeth Cady Stanton, vertrat diesen Standpunkt 1868 sehr nachdrücklich, indem sie schrieb:

> Das männliche Prinzip ist eine zerstörerische Macht, es ist hart und egoistisch, verherrlicht und liebt den Krieg, die Eroberung, den Erwerb, sät sowohl in der materiellen als auch in der moralischen Welt Zwietracht und Chaos, Krankheit und Tod. Schaut doch, mit wieviel Blut und Grausamkeiten die Seiten der Geschichte geschrieben wurden! ... Das männliche Element hat bis jetzt triumphiert, es hat von Anfang an alles überwuchert, das weibliche Element

überall überwältigt, die göttlicheren Eigenschaften in der menschlichen Natur vernichtet. (Stanton, Anthony und Gage, 1889, S. 145)

Wie Stanton weiter anführte, können wir vielleicht hoffen, daß in der Zukunft die weiblichen Werte wie Sanftmut, Fürsorge und Mitleid in der Gesellschaft wieder mehr Geltung erlangen, um die aggressiven Impulse der Männer auszugleichen. Die weiblichen Werte werden von der Hälfte der Menschheit verkörpert, sie hatten aber niemals viel Einfluß, weil die Männer die öffentlichen Aktivitäten beherrschten.

Wie stichhaltig ist die Ansicht, daß Männer ihrer Konstitution nach für den Krieg disponiert seien, Frauen aber nicht? Alles in allem spricht das Beweismaterial gegen diese These. Wie wir bereits früher erörtert haben, kann die Austragung von Kriegen nicht direkt mit aggressiven Trieben in Verbindung gebracht werden. Die Kriegsführung (im Sinne gewalttätiger und blutiger Kämpfe mit vielen Toten) gab es vor dem Aufkommen traditioneller Staaten kaum, und die Gründe, warum Staaten Kriege führen, hängen nicht direkt mit der Aggression als solcher zusammen.

Darüberhinaus haben Frauen bisweilen als Kämpferinnen an Kriegen teilgenommen und als Nichtkämpfer kriegerische Ziele häufig unterstützt. Obwohl die große Mehrheit der Befehlshaber Männer waren, gibt es historische Fälle, in denen Frauen als Heerführerinnen die Soldaten auf dem Schlachtfeld angeführt haben. Zwei der bekanntesten Beispiele sind Boadicea, die streitbare britische Monarchin, und Jeanne d´Arc, die im fünfzehnten Jahrhundert die französischen Truppen gegen die Engländer anführte. Weibliche Monarchen (wie Königin Elizabeth I. von England) hatten den Oberbefehl über die Streitkräfte des Landes inne und zögerten nicht, öffentlich militaristische Werte zu verkünden (Elshtain, 1987).

Die meisten modernen Heere haben auch weibliche Regimenter, obwohl die Mehrzahl nicht aktiv an den Kampfhandlungen teilnimmt. In einigen Heeren werden die weiblichen Rekruten nicht im Umgang mit den Waffen oder in Kampftechniken geschult, in den meisten ist das aber der Fall. Unter den Kampfeinheiten des israelischen Heeres befinden sich weibliche Soldaten, und während des Zweiten Weltkrieges nahmen sowjetische Frauen regelmäßig an Kampfhandlungen teil. 1943, als die Stärke der sowjetischen Streitkräfte ihren Höhepunkt erreichte, waren ca. 8 Prozent des aktiven sowjetischen Militärpersonals Frauen. Sie bedienten Maschinengewehre, wurden als Scharfschützen, in der Artillerie und im Panzercorps eingesetzt. Eine sowjetische Bomber-Pilotin, Nadja Popova, schrieb über ihre Erfahrungen während der Kriegszeit ähnlich, wie zahlreiche Männer den Krieg geschildert hatten: „Sie zerstörten uns, und wir zerstörten sie ... Ich habe viele Menschen getötet, aber ich habe überlebt ... Im Krieg muß man töten können, und nicht nur das. Aber ich glaube nicht, daß man Töten mit Grausamkeit gleichsetzen soll. Ich glaube, daß uns die Risiken, die wir eingingen, und die Opfer, die wir füreinander gebracht haben, eher sanfter als grausamer gemacht haben" (zitiert aus Saywell, 1985, S. 38).

Der Prozentsatz der in den Streitkräften dienenden Frauen ist heute in den meisten westlichen Ländern höher als je zuvor. Die Vereinigten Staaten haben den höchsten Anteil an weiblichem Militärpersonal (10 Prozent). Unter den militaristischen Frauen besteht ein starker Druck, die gegen ihre Verwendung in Kampfeinheiten sprechenden Bestimmungen aufzuheben. Untersuchungen zeigen, daß die Mehrheit der Frauen in den amerikanischen Streitkräften für eine Aufhebung dieser Bestimmungen ist. Es ist auch erwähnenswert, daß viele moderne Terroristengruppen aktive weibliche Mitglieder haben, deren Rollen sich nicht von denen der Männer unterscheiden.

Nichtkämpfende Frauen haben häufig gegen die Barbarei des Krieges protestiert, haben sich aber auch genauso oft für die militärischen Werte ausgesprochen und diese gepriesen. Frauen haben sich um die Verwundeten und um die Sterbenden gekümmert, „den häuslichen Herd gehütet", Feiern veranstaltet, wenn die Soldaten in den Krieg zogen und wenn sie nach Hause zurückkehrten. In den beiden Weltkriegen trugen die Frauen der meisten Länder einen entscheidenden Teil zur Kriegswirtschaft bei, indem viele von ihnen eine bezahlte Arbeit annahmen. In diesen beiden Kriegen, besonders im Ersten Weltkrieg, spielten Frauen auch in pazifistischen Organisationen eine wichtige Rolle, aber die meisten Organisationen, in denen die Frauen vorrangig mitarbeiteten, waren auf den Sieg eingeschworen. Emmeline Pankhurst, eine der Führerinnen der Frauenbewegung in Großbritannien zu Beginn des 20. Jahrhunderts, erklärte gleich zu Beginn des Krieges, die Kriegsziele der Alliierten zu unterstützen. Ihre Zeitschrift, die *Suffragette*, wandte sich tatsächlich der Kriegspropaganda zu und wurde 1915 in *Britannia* umbenannt (Wiltsher, 1985). In den Vereinigten Staaten proklamierte die *National American Woman Suffrage Association* die Loyalität der Frauen gegenüber dem Unternehmen Krieg und bekannte sich zu den Tugenden des Patriotismus und der Pflicht.

Wenn auch die meisten Frauen normalerweise kriegerische Aktivitäten unterstützten, so gab es andererseits immer viele Männer, die den Krieg und militärische Werte ablehnten. Einige der bemerkenswertesten männlichen religiösen Führer der Geschichte, wie Buddha oder Jesus, haben die Gewalt verurteilt (ihre Anhänger haben sich natürlich keineswegs immer an ihre Lehren gehalten). Mahatma Gandhi, der indische politische Aktivist, der die Opposition gegen die britische Kolonialmacht in Indien anführte, war ein gefeierter Anhänger der Gewaltlosigkeit des 20. Jahrhunderts. Obwohl viele Männer, die vor den Weltkriegen dem **Pazifismus** verpflichtet waren, später in die Konflikte verwickelt wurden, lehnte es eine Minderheit prinzipiell ab, an militärischen Aktivitäten teilzunehmen. Sie taten dies angesichts eines großen Drucks, der von den Regierungsbehörden ausgeübt wurde, und der Feindseligkeit eines Großteils der übrigen Bevölkerung. Während des Zweiten Weltkrieges war es für Männer möglich, sich als Wehrdienstverweigerer aus Gewissensgründen (Leute, die es aus religiösen oder moralischen Gründen ablehnen, an Kriegen teilzunehmen) registrieren zu lassen. Ein Wehrdienstverweigerer in den USA beschrieb eine typische Erfahrung, als er mit dem Zug durch das Land reiste, um in ein Arbeitslager zu fahren, dem er zugeteilt worden war. Im selben Zug befand sich eine Gruppe von Marinerekruten, und als die Männer ausstiegen, warteten Frauen mit Essen und Zeitschriften auf sie, im Glauben, alle wären Soldaten: „Wir drängten uns aus den Waggons hinaus auf die Schienen, und die Mädchen wußten nicht, wer was war, und so hatten wir bald alle Hände voll mit diesen guten Sachen. Als es sich herumgesprochen hatte, daß einige „Feiglinge" (Wehrdienstverweigerer) darunter waren, gingen die Mädchen herum und zogen uns am Ärmel und sagten: „Bist du einer von diesen verdammten Feiglingen? Gib mir sofort meine Kekse zurück!" (Terkel, 1991)

Moderne feministische Autorinnen haben häufig Ansichten über Geschlecht und Krieg ausgedrückt, die jenen Stantons vor mehr als einem Jahrhundert ähnlich sind. In ihrer Arbeit *The Second Stage* führt Betty Friedan z. B. an, daß weibliche Soldaten eine mitleidvollere Einstellung hätten als ihre männlichen Kollegen und daß das in zukünftigen bewaffneten Konflikten möglicherweise dazu beitragen könnte, die Brutalitäten zu verringern (Friedan, 1984). Diese Ansicht erscheint aber nicht wirklich überzeugend. Wie Elshtain sagte, nachdem sie die Einstellung weiblicher Soldaten untersucht hatte: „Soldatinnen reden nicht so. Sie sind Soldaten, punktum" (Elshtain, 1987, S. 243).

Auch wenn das Kriegführen – oder zumindest die aktive Teilnahme am Kampf – in der Vergangenheit eine vorwiegend männliche Angelegenheit war, so hat das wahrscheinlich wenig mit irgendwelchen biologisch bedingten Unterschieden zu tun, aufgrund derer ein Geschlecht sanftmütiger ist als das andere. Die Männer haben den Krieg monopolisiert, wie sie andere Institutionen, in denen die Macht konzentriert ist, monopolisiert haben. Die Teilnahme am Krieg bedeutet lange Zeiten der Ausbildung und Disziplin und erfordert, daß der Soldat immer dorthin geht, wohin ihn seine militärische Pflicht ruft. Kriege werden in der Regel von jungen Männern geführt, in einem Alter, in dem, grob gesagt, die Frauen hauptsächlich ihre Kinder bekommen. Die Beschränkung der Frauen auf den häuslichen Bereich hat sie in den meisten früheren Epochen der Geschichte von der Rolle als Krieger abgeschnitten.

Anti-Kriegs-Kampagnen der Frauen

Obwohl die Unterschiede möglicherweise nicht genetisch bedingt – und keineswegs universell – sind, haben Frauen zum Krieg oft eine andere Einstellung als die meisten Männer. In antiken griechischen Dramen gibt es Episoden, in denen die Frauen ihre Männer und Söhne überreden wollen, nicht in den Kampf zu ziehen, oder in denen sie gegen die Sinnlosigkeit des Krieges protestieren. Von den Frühzeiten des modernen Feminismus im späten 18. Jahrhundert an haben einzelne Gruppen der Frauenbewegung immer eine pazifistische Haltung eingenommen. Die weiblichen pazifistischen Gruppen waren normalerweise nur für eine Minderheit ihrer Geschlechtsgenossinnen repräsentativ; sie haben aber bei den Kämpfen von Frauenverbänden gegen eine männlich dominierte Gesellschaft eine wichtige Rolle gespielt.

Die pazifistischen Frauenorganisationen waren besonders während des Ersten Weltkrieges aktiv. Vor dem Krieg hatten sie sich aktiv in den internationalen Friedensbewegungen engagiert, die in den frühen Jahren des zwanzigsten Jahrhunderts an Stoßkraft gewannen. Während viele Frauen später Emmeline Pankhurst und anderen führenden Feministinnen folgten und zu Befürworterinnen des Krieges wurden, setzten sich andere nachdrücklich gegen den Krieg ein. In den Vereinigten Staaten, die erst 1917 in den Krieg eintraten, wurden Frauen, die gegen den Krieg waren, von den Regierungsbehörden nicht belästigt, wie das in Europa der Fall war. Im August 1914 nahmen 15 000 Frauen an einem Friedensmarsch in New York teil, wobei sie Angebote zur Zusammenarbeit mit Männern gleicher Einstellung zurückwiesen (Steinson, 1980). Eine Frauenfriedenspartei (*Women's Peace Party* (WPP)), die im gleichen Jahr gegründet wurde, gewann eine große Anhängerschaft (obwohl eine Gegenorganisation, die Frauensektion der *Navy League*, für eine Stärkung des amerikanischen Militärs eintrat). Ohne die Teilnahme der Frauen hätte es in den USA während des Ersten Weltkrieges nur wenig Agitation zugunsten des Friedens gegeben.

Zwei europäische pazifistische Feministinnen, Rosika Schwimmer und Emmeline Pethick-Lawrence, organisierten im holländischen Den Haag 1915 zusammen mit der WPP eine internationale Frauenfriedenskonferenz. Trotz der Bemühungen einiger Regierungen, Delegierte vom Besuch der Konferenz abzuhalten, nahmen Frauen aus mehreren Ländern teil. Die Konferenz war das erste internationale Treffen, bei dem nachdrücklich Frieden gefordert wurde bzw. Richtlinien für eine friedliche Lösung zwischen den kriegsführenden Ländern aufgestellt wurden. Die Frauen wurden öffentlich lächerlich gemacht und feindselig behandelt. Der Londoner *Evening Standard* brachte einen typischen Kommentar: „Die weiblichen Friedensfanatiker", verkündete er, „werden immer mehr zu einer lästigen Plage" (zitiert aus Wiltsher, 1985, S. 99), aber langfristig war der Einfluß der Konferenz beträchtlich. Der amerikanische Präsident Wilson war der einzige westliche Politiker, der den Zielen der Frauen öffentlich Sympathie entgegenbrachte; seine „Vierzehn Punkte", die er als Grundlage für den Frieden 1919 anbot, spiegelten einige von den Frauen formulierte Ideen wider.

Im Zweiten Weltkrieg spielten die pazifistischen Frauenorganisationen (wie die männlichen Pazifisten) eine geringere Rolle; es bestand Einigkeit darüber, daß der Nationalsozialismus solch eine Bedrohung wäre, daß man ihn nur mit militärischer Gewalt aufhalten könnte. In der Nachkriegszeit aber, besonders seit die Nuklearwaffen weite Verbreitung fanden, standen Frauengruppen wieder in den vordersten Reihen der Friedensbewegung. Weibliche pazifistische Gruppen sind in den meisten westlichen Ländern entstanden – wie z. B. die *Women's Action for Nuclear Disarmament* („Frauen für die nukleare Abrüstung") in den USA oder „Frauen für den Frieden" in Westdeutschland und in den Niederlanden. In einigen osteuropäischen Ländern gab es ähnliche Bewegungen, sie waren aber von seiten der kommunistischen Behörden starken Repressalien ausgesetzt.

Vielleicht das bemerkenswerteste Beispiel für ein Engagement von Frauen für Friedensthemen war das im britischen Greenham Common eingerichtete Friedenscamp. In Greenham Common befindet sich ein militärischer Stützpunkt, wo Raketen mit nuklearen Sprengköpfen stationiert waren. 1981 errichteten Frauen in der Nähe des Stützpunktes ein Friedenscamp, das mehrere Jahre lang rund um die Uhr besetzt war. Männer durften nicht mitmachen. Die Campbewohnerinnen konzentrierten sich darauf, ihren Widerstand gegen die Existenz von Kernwaffen öffentlich kundzutun, blockierten aber auch oft die zum Stützpunkt führende Straße, um Nuklearwaffentransporte in beide Richtungen zu blockieren. Wie eine der Teilnehmerinnen bemerkte, waren „die Friedenscamps mehr als nur eine mutige Geste des Widerstandes, sondern ein gewaltloses Experiment der Übernahme von Verantwortung durch gewöhnliche Leute, nicht nur für das, was

in unserem Namen passiert, sondern für die Art, wie wir miteinander umgehen
... Früher sind die Männer ausgezogen, um Kriege zu führen, jetzt ziehen die
Frauen aus, um Frieden zu stiften" (Cook und Kirk, 1983, S. 29f.).

Militär, Politik und Gesellschaft

Herrschaft und Einfluß des Militärs

In vielen Ländern stehen bzw. standen vor nicht allzulanger Zeit die Führer der Streitkräfte gleichzeitig an der Spitze der Regierung. In diesem Jahrhundert gab es Machtübernahmen durch das Militär in den meisten südamerikanischen Ländern und in vielen Dritte-Welt-Ländern in Afrika, dem Nahen Osten und Asien. Militärdiktaturen sind in der einen oder anderen Erscheinungsform in manchen Teilen der Welt „normal", und in den letzten fünfzig Jahren sind sie eher häufiger als seltener geworden. Die industrialisierten, liberalen, demokratischen Gesellschaften des Westens sind davon aber weitgehend verschont geblieben. Warum? Warum werden nicht alle Gesellschaften von Militärs regiert, wo diese doch viel strenger organisiert sind als jede zivile Gruppe und zudem im Alleinbesitz der stärksten Waffen sind?

Es gibt dafür mehrere Gründe. Der erste Grund liegt darin, daß ein Verwaltungssystem umso komplexer sein muß, je höher der Grad der Industrialisierung einer Gesellschaft ist. Die Streitkräfte, die von ihrem eigenen internen Disziplin- und Pflichtenkodex abhängig sind, bringen nicht die Voraussetzungen für die Verwaltung einer komplexen sozialen Ordnung mit. Um solche Systeme zu verwalten, braucht man spezialisierte zivile Verwaltungsorgane, wie das Beispiel der alliierten militärischen Besatzungsregierungen in Deutschland und Italien nach dem Zweiten Weltkrieg zeigte. Obwohl die Bevölkerung, mit der sie zu tun hatten, besiegt und eher willfährig als rebellisch war, fanden es die Besatzungsmächte erforderlich, ihr militärisches Personal mit einer großen Zahl spezialisierter Zivilbeamter aufzustocken.

Der zweite Grund besteht darin, daß den Militärs die **Legitimität** – das moralisch anerkannte Recht – des Regierens abgeht. Regierungen, die sich nur auf die Gewalt berufen, können nur Übergangserscheinungen sein. Militärregierungen können sich kurzfristig auf den allgemeinen Wunsch nach Stabilität stützen und – oft nationalistische – Ideologien entwickeln, um längerfristig Rückhalt zu finden. Um aber kontinuierlich politische Macht ausüben zu können, muß das Recht der Gruppe zu regieren weitgehend anerkannt sein. In Gesellschaften mit einer gefestigten Tradition von Zivilregierungen ist es für Militärs sehr schwierig, diese Anerkennung zu erzielen.

Drittens gibt es in Gesellschaften, in denen Militärregierungen keine Tradition haben, normalerweise eine klare Trennung zwischen Militär und Polizei, die sich über eine bestimmte Zeit herausgebildet hat. Während der Entwicklung der modernen, westlichen Polizeikräfte, zwischen Anfang und Mitte des 19. Jahrhunderts, wurde das Militär oft gerufen, um Streitigkeiten zwischen Bürgern zu schlichten. Ist jedoch die Aufrechterhaltung der zivilen Ordnung einmal zur ausschließlichen Aufgabe der Politik geworden, dann ist auch die Rolle der Streitkräfte als Schutzinstanz vor *externen* Bedrohungen besser definiert. Die Polizei mag bewaffnet sein und ihre eigenen paramilitärischen Spezialeinheiten haben – sie hat noch immer weitaus weniger Waffen zur Verfügung als die Streitkräfte, und sie könnte im Unterschied zu den Militärs keinen *Staatsstreich* (Machtergreifung) initiieren (Finer, 1962). Dort, wo die zivile Ordnung durch Polizeikräfte mit klaren Kompetenzen aufrechterhalten wird und die Streitkräfte nur mit der „Verteidigung" befaßt sind, ist die Wahrscheinlichkeit einer Machtübernahme durch das Militär gering.

Aus diesen Beobachtungen folgt nicht, daß es in Industrieländern niemals zu Militärregierungen kommen könnte oder daß es in dieser Frage zwischen den Industrieländern und den Dritte–Welt–Ländern klare Unterschiede gäbe. Einige Industrieländer haben mit Militärregierungen Erfahrungen gemacht – darunter Spanien, Portugal und Griechenland.

Auch in Gesellschaften, in denen das Militär nicht regiert, übt es auf die Politik einen wichtigen Einfluß aus. Das ist durch die Tatsache bedingt, daß die modernen Streitkräfte von Steuereinnahmen abhängig sind, welche durch die Regierung kanalisiert werden. Der Einfluß, den das Militär über politische Entscheidungen gewinnen möchte, variiert innerhalb der modernen Gesellschaften beträchtlich. Die Militärführer können zu verschiedenen Mitteln greifen, um Politik und Wirtschaftsentscheidungen zu beeinflussen. Am einen Ende der Palette von Möglichkeiten stehen „konventionelle" Mittel der Einflußnahme auf Politik und Wirtschaft: Die Bildung von Lobbys oder Pressure groups, die sich auf herkömmliche politische Tauschgeschäfte beschränken. Am anderen Ende stehen Erpressung oder Einschüchterungsversuche ziviler Behörden, indem mit Gewalt gedroht oder diese tatsächlich angewendet wird. Auf diese Weise waren in den dreißiger Jahren in Japan die Streitkräfte in die Ermordung prominenter Politiker und Gewerkschaftsführer verwickelt und führten gegen andere eine Einschüchterungskampagne. Die französischen Streitkräfte in Algerien erpreßten die Regierung, indem sie sich weigerten, ihre politischen Vorgaben zu erfüllen, bis General de Gaulle an die Macht kam.

Der militärisch–industrielle Komplex

Auch in jenen Staaten, in denen die direkte Rolle des Militärs in der Politik eingeschränkt ist, können sich enge Verbindungen zwischen militärischen und industriellen Interessen bilden. Manche Beobachter glauben, daß das in Industrieländern mit einem großen Militärestablishment zunehmend der Fall ist. Präsident Eisenhower verwendete den Ausdruck **militärisch–industrieller Komplex**, um den engen Zusammenhang zwischen militärischer und wirtschaftlicher Entwicklung im Kontext moderner Kriege zu beschreiben. Er prägte den Begriff ursprünglich, um die systematische Anwendung von wissenschaftlichen Erkenntnissen und Technologien auf die militärische Produktion voranzutreiben. Später jedoch kam er zu dem Schluß, daß die Entwicklung solcher Verbindungen besorgniserregend wäre und befürchtete, daß der militärisch–industrielle Komplex solch eine

Macht gewonnen hätte, daß wichtige Entscheidungen über das soziale und wirtschaftliche Leben abseits der Politik getroffen würden.

Hatte er damit recht? Unglücklicherweise wurde der Begriff „militärisch–industrieller Komplex" oft sehr ungenau verwendet; dabei ließ man es in der Frage des Einflusses dieses Komplexes auf den Entscheidungsprozeß bei Andeutungen bewenden. Wenn man sagt, daß solch ein System die moderne Wirtschaft *beherrscht*, so bedeutet das, daß (1) große Bereiche der Wirtschaft bzw. ihre Prosperität vom Militär abhängig sind und daß (2) in der Folge die Regierungsmitglieder gezwungen sind, den industriellen Forderungen der führenden Militärs und Waffenproduzenten nachzugeben.

In einigen westlichen Ländern sind die Lieferanten militärischer Güter riesige Konzerne. Drei Viertel der Firmen, die in den USA die umfangreichsten Verträge zur Lieferung militärischer Güter mit der Regierung haben, sind unter den 500 größten amerikanischen Konzernen. Es bestehen nachweislich viele Verbindungen zwischen den führenden Militärs und den Top–Managern dieser Konzerne. Das heißt aber nicht, daß die Prosperität der wichtigsten Produktionsbetriebe hauptsächlich von im weitesten Sinn militärischen Aktivitäten abhängt.

Von den größten amerikanischen Konzernen sind wenige mit der militärischen Produktion befaßt. Jene, deren Geschäftsumfang von militärischen Verträgen abhängig ist, legen sich je nach wirtschaftspolitischem Klima einen solchen Produktionszweig zu oder schaffen ihn wieder ab. Während des Vietnamkrieges bezogen die fünfundzwanzig größten Lieferanten von Militärmaterial in den Vereinigten Staaten ungefähr 40 Prozent ihres Umsatzes aus Rüstungsaufträgen. Fünfzehn Jahre nach Beendigung des Krieges war dieser Anteil auf weniger als 10 Prozent zurückgegangen. Mit anderen Worten, wie weit Firmen in die Rüstungsproduktion involviert sind, hängt eher von den politischen Anforderungen und vom politischen Druck ab als umgekehrt.

Wir können daraus schließen, daß es keinen militärisch–industriellen Komplex gibt, der die zivile Politik in den Vereinigten Staaten manipuliert. Nichtsdestoweniger ist die Produktion von militärischen Gütern und Dienstleistungen ein wichtiger Wirtschaftszweig, auch zu Zeiten, in denen die Rüstungsausgaben gesenkt werden, und die Rüstungsausgaben sind immer von höchstem politischen Interesse. Wenn führende Militärs und Rüstungsproduzenten als Pressure groups auftreten – was sie manchmal auch gemeinsam tun – , können sie auf die Politik direkt und indirekt einen großen Einfluß ausüben. Beinahe das gleiche gilt für die übrigen Industrieländer, obwohl in manchen (wie in Kanada) der Einfluß des Militärs besonders schwach ist.

Die Streitkräfte in der Dritten Welt

Warum sind die Entwicklungsländer für Militärdiktaturen so anfällig? Um diese Frage zu verstehen, müssen wir die Besonderheiten dieser Gesellschaften verstehen. Vielen fehlt es an der Einheitlichkeit und Straffheit der Verwaltung. Sie sind das Erbe von Kolonialmächten oder sind „neue Staaten" in Gebieten, in denen es vorher nur eine schwache oder gar keine Zentralregierung gegeben hat. Die Kolonialmächte förderten die Ideale der demokratischen Beteiligung keineswegs, und als sie abzogen, gab es oft kaum eine Basis für ein Gefühl der nationalen Einheit. In Ländern mit vielfältigen ethnischen, stammesmäßigen und regionalen Loyalitäten und dort, wo die Bevölkerung nicht weiß, wie eine Zentralregierung funktioniert oder sich nicht dafür interessiert, sind Parteiensysteme äußerst instabil. Viel wichtiger sind spezifische Interessensgruppen, und unter diesen Umständen kommt es häufig vor, daß das Militär als innerlich kohärente Gruppe mit eigenen Interessen direkt in die Politik eingreift. In vielen solchen Ländern ist der Unterschied zwischen Militär und Polizei unklar, weil beide oft durch militärische Nachrichtendienstgruppen verbunden sind und sich dadurch die Willfährigkeit der Zivilbevölkerung sichern (Janowitz, 1977). Ein eigenes System interner polizeilicher Überwachung, ähnlich jenen in den Industrieländern, wurde noch nicht entwickelt.

In den meisten Ländern der Dritten Welt, in denen die Streitkräfte stark präsent sind, sind die Formen der **Militärherrschaft** vergleichsweise indirekt. Die führenden Militärs schieben Marionetten an die Macht und ziehen im Hintergrund die Fäden. Sollten die Politiker von der gewünschten Politik abweichen, wird ein Staatsstreich veranstaltet. Die Militärführer übernehmen vorübergehend die Macht und setzen dann ein neues Marionettenregime ein.

Die verschiedenen Arten militärischer Herrschaft

Wenn Streitkräfte versuchen, die direkte Regierungsgewalt aufrechtzuerhalten, müssen sie notgedrungen irgendeine Basis der Legitimität zumindest bei bestimmten Bevölkerungsschichten ausbilden. Amos Perlmutter unterscheidet drei verschiedene Arten von Militärherrschaft (Perlmutter, 1977). Mit **autokratischer** Militärherrschaft bezeichnet man eine einfache militärische Tyrannis, das Regime einer Einzelperson. In dieser Situation verwendet ein militärischer Führer seine Kontrolle über die Streitkräfte, um an die Macht zu kommen und an der Macht zu bleiben. Der Führer versucht in der Regel allerdings, sich der Unterstützung breiter Bevölkerungsschichten zu versichern und kann den Rang eines Präsidenten einnehmen. Es werden nur geringe oder gar keine Versuche gemacht, wenigstens der Form halber Wahlen abzuhalten, die Position des Tyrannen aber wird nur dann relativ sicher, wenn es ihm in der Folge gelingt, sich mit politischen Maßnahmen die Unterstützung des Volkes zu sichern. Ein Beispiel ist die Herrschaft Saddam Husseins im Irak. Diese Art Militärregierung ist instabil, weil ein Individuum mit zu viel diffuser Macht ausgestattet ist und weil die Unterstützung durch das gemeine Volk entweder ganz fehlt oder nur halbherzig ist. Eine Revolte gegen solch einen Herrscher kann gelingen, wenn ein Teil der Streitkräfte sie mitträgt.

Ein zweiter Typus ist die **Militäroligarchie**, die Herrschaft einer Militärclique oder Junta (Rat). Der Anführer der Oligarchie kann entweder ein Militär oder ein Zivilist sein, der ausschließlich von den Streitkräften unterstützt wird. Um ihre Stabilität zu sichern, gibt sich diese herrschende Gruppe für gewöhnlich den Anschein einer Unterstützung durch das Wählervolk – manipuliert aber de facto die Ergebnisse etwa vorhandener Wahlgänge. Viele südamerikanische Regierungen der jüngeren Vergangenheit fallen in diese Kategorie, darunter auch das Militärregime, das bis 1985 in Argentinien an der Macht war.

Die dritte Art ist der **autoritäre Prätorianismus**. Dabei handelt es sich um ein Mittelding zwischen Militär- und Zivilregierung. Das Land wird von einer Koalition aus Militärs und Zivilisten regiert. Wahlen finden statt, aber die Wahlmöglichkeiten beschränken sich auf eine oder mehrere Parteien, die der herrschenden Gruppe genehm sind. Ein Beispiel dafür ist die Regierung, die bis 1987 in Pakistan an der Macht war, jene des Generals Ziaul Haq.

Im großen und ganzen sind Militärregierungen ebenso instabil wie die Zivilregierungen, die sie in unregelmäßigen Abständen ablösen. Es gibt nicht viele Gesellschaften mit einer konstanten Tradition stabiler Militärregierungen, sondern es ergibt sich eher ein Bild aus Zeiten direkter militärischer Herschaft und Phasen mit einer Zivilregierung. Die meisten Militärregierungen sind konservativ orientiert und den Interessen großer Landbesitzer und Industrieller verbunden. Andererseits gibt es auch Beispiele für Militärregierungen, die sozialistische oder radikale Ideen vertreten. Ein Beispiel dafür ist die Regierung des Obersts Gaddafi in Libyen.

Terrorismus und Guerillabewegungen

Im Vergleich zu traditionellen sozialen Ordnungen sind moderne Gesellschaften hoch *befriedet* – innerlich friedlich. Natürlich gibt es viel Kriminalität, Gewalt in der Familie und andere Formen von Gewalt. Aber außer im Falle von starken revolutionären Bewegungen ist keine Instanz innerhalb der Gesellschaft in der Lage, die Streitkräfte herauszufordern. Das war in traditionellen Gesellschaften sehr selten der Fall: Dort war die Macht der regierenden Autorität oft durch lokale militärische Führer, Piraten, Briganten und andere gefährdet.

Terrorismus

Das, was man jetzt **Terrorismus** nennt, können wir nur vor dem Hintergrund der inneren Befriedung von Staaten verstehen. Terrorismus ist Gewaltandrohung oder Gewaltanwendung zu politischen Zwecken durch Einzelpersonen oder Gruppen, die sonst keine formale politische Macht innehaben. So verstanden, bekommt der Terrorismus innerhalb moderner Staaten eine besondere Bedeutung, weil Regierungen aus politischen Motiven das Monopol der Gewaltausübung beanspruchen – um andere Nationen zu bedrohen oder um es im Falle eines Krieges tatsächlich einzusetzen. Der Terrorismus stützt sich somit auf die gleichen Legitimitätssymbole wie die Regierung, gegen die er sich richtet. Terroristen behaupten gerne, daß ihre Aktionen „legal" sind, nennen sich oft Soldaten und verwenden militärische Begriffe für ihre Organisationen, wie etwa die „Irische Republikanische Armee (IRA)", die „Roten Brigaden" in Italien usw. (siehe Tabelle 11.1). Sie sprechen von „politischen Rechten" und kündigen „Prozesse", „Urteile" und „Exekutionen" an (Wilkinson, 1986).

Wenn die Mehrheit der Bevölkerung den Anspruch, die Aktivitäten terroristischer Gruppen wären legitimer militärischer Natur, ablehnt, dann wird sie diese des leichtfertigen Umgangs mit der Gewalt bezichtigen. Einer der Charaktere in

Tabelle 11.1 Einige der wichtigsten Terroristengruppen, die während der achtziger Jahre aktiv waren

Name	Zweck/Art der Gruppe	Ziel	Operationsgebiet
Abu Nidal	Errichtung eines palästinensischen Staates	Israel und pro-israelische Staaten	Westeuropa
Action Directe	Revolutionärer Antikapitalismus	Militär, Unternehmertum, US und Verteidigung	Frankreich
Al Dschihad al-Islam	Errichtung eines palästinensischen Staates	Israel und mit den USA befreundete Staaten	Westeuropa, Naher Osten
Autonomia	Anti-kapitalistisch	Unternehmertum und Militär	Italien
Avanguardia Nazionale	Faschistische Gruppe	Willkürliche Angriffe	Italien
Bakounine–Gdansk–Paris	Revolutionärer Antikapitalismus	Unternehmertum	Frankreich
Schwarzer September	Errichtung eines palästinensischen Staates	Israel und pro-israelische Staaten	Westeuropa
Cellules Communistes Combattantes (CCC)	Revolutionärer Antikapitalismus	Militär und Unternehmertum	Belgien (Verbindungen mit Frankreich)
Al Fatah	Errichtung eines palästinensischen Staates	Israel und pro-israelische Staaten	Westeuropa, Naher Osten
Euzkadi ta Askatasuna (ETA)	Baskischer Nationalismus	Polizei und Verwaltung	Spanien (manchmal Frankreich)
Factions Armées Révolutionnaires Libanaises (FARL)	Errichtung eines palästinensischen Staates	Israel und pro-israelische Staaten	Frankreich, Naher Osten
Fronte de Libération de la Bretagne – Armée Républicaine Bretonne (FLB–ARB)	Bretonischer Nationalismus	Der französische Staat	Frankreich
Front de la Libération Nationale Corse (FLNC)	Korsischer Nationalismus	Der französische Staat und französisches Eigentum, insbesondere das franz. Unternehmertum	Frankreich
Francia	Anti-korsischer Nationalismus	Nationalisten	Korsika
Groupes d'Actions Révolutionaires Internationales (GARI)	Revolutionärer Sozialismus	Kapitalistische Unternehmen	Frankreich

Tabelle 11.1 Fortsetzung

Name	Zweck/Art der Gruppe	Ziel	Operationsgebiet
Antifaschistische Widerstandsgruppen (GRAPO)	Antifaschismus	Willkürliche Angriffe	Spanien
Irish National Liberation Army (INLA)	Irischer Nationalismus	Sicherheitskräfte und willkürliche Angriffe	Großbritannien
Irish Republican Army (IRA)	Irischer Nationalismus	Sicherheitskräfte	Großbritannien
Noyaux Armées pour l'Autonomie Populaire	Revolutionärer Sozialismus	Willkürliche Angriffe	Frankreich
Provisional Irish Republican Army (PIRA)	Irischer Nationalismus	Sicherheitskräfte und willkürliche Angriffe	Großbritannien
Palästinensische Befreiungsorganisation (PLO)	Errichtung eines palästinensischen Staates	Israel und pro–israelische Staaten	Westeuropa, Naher Osten
Potere Operaio	Revolutionärer Sozialismus	Unternehmen	Italien
Rote Armee Fraktion (RAF)	Revolutionärer Sozialismus	Militär und Unternehmertum	Westdeutschland (Verbindungen zu Italien werden vermutet)
Solidaritätskomitee für arabische politische Gefangene	Freilassung arabischer Gefangener; Errichtung eines palästinensischen Staates	Gegenwärtig: Mitglieder und Einrichtungen der französischen Regierung	Frankreich
Ulster Freedom Fighters (UFF)	Einheit Nordirlands mit Großbritannien	IRA/PIRA; irische Nationalisten	Großbritannien

Viele andere Gruppen, insbesondere Nationalisten und Regionalisten, operierten in Europa, darunter Armenier, Jugoslawen, Südtiroler und Nationalisten aus dem Jura.
Quelle: Social Studies Review, März 1987, S. 5.

Sean O´Caseys Stück *The Shadow of a Gunman* beschreibt diese Einstellung, wenn er über den bewaffneten Widerstand gegen die Briten in Irland sagt:

> Es sind die Zivilisten, die leiden, wenn Heckenschützen schießen, denn sie wissen nicht, wohin sie rennen sollen. Man schießt sie in den Rücken, um Irland zu retten. Ich bin auch ein Nationalist, daran ist nicht zu rütteln ... Ich glaube an Irlands Freiheit, und daß England kein Recht hat, hier zu sein, aber wenn ich höre, daß die Helden für´s Volk sterben, und in Wirklichkeit das Volk für die Helden stirbt, dann wird es mir zuviel! (O´Casey, zitiert nach Wilkinson, 1974, S. 87)

Das Wort *Terrorismus* hat seine Wurzel in der Französischen Revolution von 1789, als Tausende Leute – am Anfang Aristokraten, aber später auch viele gewöhnliche Bürger – von den politischen Behörden zur Strecke gebracht und mit der Guillotine exekutiert wurden. Terror im Sinne von Gewaltanwendung zur Einschüchterung wird seitdem von Regierungen im großen Maßstab eingesetzt. Die Praktiken der Nazis in Deutschland oder der russischen Geheimpolizei unter Stalin sind besonders schreckliche Beispiele.

Staaten haben in den letzten zwei Jahrhunderten viel mehr Greuel gegen die menschliche Würde und das menschliche Leben verübt als irgendwelche aufständische Gruppen. Aus Gründen der Klarheit ist es aber möglicherweise am besten, den Begriff „Terrorist" nur auf jene anzuwenden, die sich vorgenommen haben, die staatliche Gewalt *herauszufordern*. Aber auch diese Definition ist nicht vollkommen klar. Terroristen können von größeren Organisationen unterstützt werden oder zu größeren Organisationen gehören, welche zu irgendeinem Zeitpunkt die Regierung übernehmen können. Einige Leute, die später führende israelische Regierungspolitiker wurden, beteiligten sich anfangs an terroristischen Aktivitäten, im Bemühen, im Palästina der vierziger Jahre einen neuen Staat zu errichten. Umgekehrt betrachten heute viele Palästinenser die Palästinensische Befreiungsorganisation (PLO) als ihre legitime Regierung – obwohl sie Aktivitäten unterstützt hat, die viele Staaten als terroristisch ansehen.

Guerillabewegungen

Der Terrorismus des 20. Jahrhunderts war eng mit den **Guerillabewegungen** verbunden, und man kann die beiden Phänomene nicht wirklich voneinander getrennt betrachten. Der einzige echte Unterschied zwischen ihnen besteht darin, daß *Guerillakämpfer* gewöhnlich gegen spezifisch militärische Ziele kämpfen, *Terroristen* hingegen gegen zivile – aber dieser Unterschied verschwimmt in der Praxis. Guerilleros sind irreguläre Kämpfer; es fehlt ihnen die organisierte militärische Macht und das Personal, die den regulären Truppen zur Verfügung stehen. Sie wenden vereinzelt Gewalt an, um auf ihr Anliegen aufmerksam zu machen, weil sie nicht darauf hoffen können, im offenen Kampf zu gewinnen. Es gibt viele Beispiele für Guerillabewegungen und Guerillakriege im 20. Jahrhundert, an denen Gruppen unterschiedlicher politischer Überzeugung beteiligt waren. Manchmal sind diese Gruppen schwach geblieben oder wurden von einer stärkeren militärischen Kraft vernichtet, in anderen Fällen wiederum waren sie so erfolgreich, daß sie einen ganzen politischen Umsturz zuwege brachten.

Die Widerstandsbewegungen, die den Deutschen während der Nazibesatzung im Zweiten Weltkrieg in Frankreich, Holland, Belgien, Skandinavien, in den besetzten Teilen Rußlands und anderswo zu schaffen machten, waren Guerillaorganisationen. Guerillaorganisationen waren auch die von Mao Zedong in China und von Fidel Castro in Kuba angeführten Bewegungen vor ihrer erfolgreichen Machtübernahme. In einer Guerillabewegung organisiert waren auch die algerischen Aufständischen, die die Franzosen zwangen, ihrer Kolonialregierung in diesem Land in den sechziger Jahren ein Ende zu bereiten, ebenso die Mau Maus in Kenia ungefähr zur selben Zeit, die Tupamaros in Uruguay und die Montoneros in Argentinien in den sechziger und siebziger Jahren, die Gruppen, die in Südvietnam während des Vietnam–Krieges gegen die Amerikaner kämpften, sowie die islamischen Gruppen, die sich in den achtziger Jahren den russischen Truppen in Afghanistan widersetzten.

Guerillaorganisationen entstehen meist dann, wenn entweder eine akute politische Unterdrückung herrscht oder das Vermögen sehr ungleich verteilt ist. Die Situationen, in denen es zu Guerillaaktivitäten kommt, waren aber schon immer sehr unterschiedlich. Walter Laqueur sagt, daß „Guerillabewegungen ein heikler Punkt für die Verallgemeinerung sind" (Laqueur, 1976, S. 389).
Laqueur liefert eine Beschreibung der wichtigsten Merkmale des Guerillakrieges des 20. Jahrhunderts, die wie folgt zusammengefaßt werden kann:

1 Guerillabewegungen entwickeln sich in relativ unzugänglichen Gegenden, in denen reguläre Truppen ihre zahlenmäßige Überlegenheit und ihre höhere Feuerkraft nicht leicht ausspielen können. Guerillakämpfer operieren normalerweise von unwirtlichen Gebirgsgegenden, Wäldern, Dschungeln oder Mooren aus. Sie verlegen ihre Stützpunkte in regelmäßigen Abständen, um zu vermeiden, ein Ziel für feindliche Angriffe abzugeben.
2 Guerillakriege finden oft in Gebieten statt, in denen es bereits zuvor häufig zu Kriegen und Kämpfen gekommen ist. Das liegt offensichtlich zum Teil daran, daß solche Regionen stets einen politischen Zankapfel dargestellt haben. Die Faktoren, die die Entstehung einer Militärherrschaft begünstigen, erleichtern auch die Entstehung von Guerillabewegungen, die sich gegen die militärischen Führer wenden.
3 Guerillakriege findet man am häufigsten in weniger entwickelten Ländern, in denen unter dem Einfluß politischer oder wirtschaftlicher Verbindungen mit den Industrieländern traditionelle soziale Strukturen zusammengebrochen sind. Kleinbauern, deren Lebensunterhalt nicht mehr gesichert ist oder die sich dem Einfluß von Großgrundbesitzern entziehen möchten, sind eine wichtige Rekrutierungsbasis für Guerillabewegungen.
4 Es hat in diesem Jahrhundert drei verschiedene Haupttypen von Guerillakrieg gegeben: Feindseligkeiten, die gegen ausländische Eindringlinge gerichtet waren, Kriege von Separatistenbewegungen, die in Konflikt mit der Zentralregierung geraten sind (wie die IRA), und Guerillaaktivitäten, die sich gegen als korrupt oder ausbeuterisch geltende Regierungen richteten (wie das bei den Tupamaros oder Monteneros in Südamerika der Fall war).
5 Der Guerillakrieg hat sich in Zusammenhang mit der allgemeinen Modernisierung der Kriegsführung entwickelt. Guerillabewegungen verfügen nicht über die Palette von High–tech–Waffen, die herkömmlichen Streitkräften zugänglich sind. Andererseits können sie, besonders wenn das Terrain geeignet ist, Mittel entwickeln, um diesen Waffen Gegenwehr entgegenzusetzen oder deren Wirksamkeit zu vereiteln. Der Vietkong in Vietnam hatte, verglichen mit den Amerikanern, sehr wenig Waffen zur Verfügung, war aber in der Lage, solche Taktiken anzuwenden – wie das ausgefeilte Tunnelsystem, in dem die Kämpfer nach ihren Überfällen einfach verschwanden –, daß er am Ende über die gegen ihn eingesetzte komplexe militärische Technologie siegte.

6 Die meisten Guerillabewegungen operieren nicht autonom, sondern werden von Staaten außerhalb der spezifischen Region, in der sie agieren, finanziert oder unterstützt. So stellten die Vereinigten Staaten und die ehemalige Sowjetunion Guerillabewegungen in Afrika, Lateinamerika und Südostasien Ressourcen zur Verfügung.

Muster der Guerillaaktivitäten

In den letzten zwanzig Jahren wurden die Taktiken, die ursprünglich hauptsächlich von Guerillabewegungen angewendet wurden, von Gruppen, die innerhalb von Städten (insbesondere in Europa und Japan) agieren, übernommen. Flugzeugentführungen, die Entführung oder Ermordung von Prominenten und Bombenattentate wurden in vielen Ländern gang und gäbe. Die politischen Ansichten der Beteiligten – Angehörige verschiedener separatistischer und nationalistischer Gruppen – reichen von linksextrem bis rechtsextrem. In den späten sechziger und frühen siebziger Jahren wurden von den *Rengo Sekigun* in Japan, der *Roten Armee Fraktion* in Westdeutschland und den *Roten Brigaden* in Italien Bombenattentate, Kidnappings und Morde verübt. In den Vereinigten Staaten traten die *Weathermen* und die *Black Panthers* für Gewaltanwendung in der Stadt ein. Mitte der achtziger Jahre erreichten die Aktivitäten der Stadtguerilla in Mailand, Paris, Berlin und in anderen europäischen Städten einen neuen Höhepunkt. Die meisten der involvierten Gruppen erwiesen sich als ziemlich kurzlebig, entweder weil sie weitgehend verurteilt wurden und so keine Mitglieder mehr anwerben konnten oder keine Financiers mehr fanden, oder weil sie von der Staatsgewalt zerschlagen wurden. Andere verfügen über kontinuierlichere Einnahmequellen und treten für Anliegen ein, die bis zu einem gewissen Grad von der Öffentlichkeit unterstützt werden, insbesondere, wenn sie mit separatistischen Bewegungen verknüpft sind. Solche Gruppen sind die IRA und die baskische Separatistengruppe ETA (Lodge, 1981).

Sogar von jenen Gruppen, die über eine permanentere Struktur verfügen, bleiben die meisten klein. Gewalt wird eingesetzt, um spezifische Anliegen zu dramatisieren, um Ängste hervorzurufen, die die Kompetenz der Regierung in einem schlechten Licht erscheinen lassen, und um die Gefolgschaft jener zu heischen, die sich von der Tatsache beeinflussen lassen, daß solche Bewegungen „nicht nur reden, sondern handeln". Wenn der Staat solche Gruppen bekämpft und immer mehr in den Untergrund drängt, werden ihre Verbindungen mit der größeren Gemeinschaft immer schwächer, und manche von ihnen greifen dann zu immer brutaleren Mitteln (Mommsen, 1982).

In der Boulevardpresse werden Terroristen oft als von Mordlust Getriebene dargestellt, deren Handlungsmotive nicht nachvollziehbar seien. Diese Darstellung hat für gewöhnlich wenig mit der Wahrheit zu tun. Die meisten Gruppen, die um ihrer Ziele willen zur Gewalt bereit sind, haben sich eine zusammenhängende Philosophie als Begründung für ihr Handeln zurechtgelegt. Wenn auch ihre Ideen kontroversiell sein mögen, so bestehen diese Gruppen normalerweise nicht aus Leuten, die sich zur Gewalt um ihrer selbst willen bekennen. Die Politiker und die Öffentlichkeit haben oft eine ambivalente oder sogar heuchlerische

Einstellung zum Terrorismus. Sie mögen angesichts der brutalen Aktivitäten gewalttätiger Gruppen innerhalb ihrer eigenen Grenzen Abscheu empfinden, dabei aber zugleich Guerillabewegungen, die in anderen Teilen der Welt die gleichen Taktiken anwenden, unterstützen. Was ist der Unterschied zwischen einem „Freiheitskämpfer" und einem „Terroristen"? Beide machen sich eine Macht zu eigen, die der Staat als sein Monopol aufrechtzuerhalten trachtet – das Recht, mit dem Mittel der Gewalt politische Ziele zu verfolgen.

Globale Rüstungsausgaben und Waffenhandel

Der Waffenhandel

Bis in die späten achtziger Jahre waren die globalen militärischen Ausgaben vom Kalten Krieg beherrscht – der antagonistischen Rivalität zwischen den Vereinigten Staaten und der damaligen Sowjetunion. Jede Seite gab nicht nur jedes Jahr gewaltige Summen für die Entwicklung von Waffensystemen und für den Unterhalt großer Mengen militärischen Personals aus, sondern baute auch umfassende Bündnissysteme auf, die sich oft auch auf die Ausbildung der Streitkräfte der befreundeten Staaten bezogen. Die Sowjets konzentrierten sich auf Osteuropa, belieferten aber auch Staaten im Nahen Osten, in Asien und Afrika mit Waffen und Ausbildnern. Die Vereinigten Staaten bauten ein Bündnissystem auf, das den Nordatlantischen Verteidigungspakt (NATO) ebenso einschließt wie weite Teile der übrigen Welt.

Der Großteil des **Waffenhandels** der Welt bezieht sich auf Rüstungsgüter, die die Industrienationen an Dritte Welt–Länder liefern. Die USA und die UdSSR waren die weltweit führenden Waffenexportländer. In den Jahren vor dem Golfkrieg 1991 stellten die UdSSR und einige westliche Staaten dem Irak große Mengen von Waffen und anderen Rüstungsgütern zur Verfügung bzw. verkauften sie ihm, weil der Irak in Gefahr war, den Krieg mit dem Iran zu verlieren. Einige dieser Waffen, insbesondere jene, die von der Sowjetunion geliefert wurden, erwiesen sich als veraltet oder als der neuesten westlichen Rüstungstechnologie nicht gewachsen. Es wird aber die jeweils neueste Technologie auf dem Weltmarkt angeboten, und jeder, der es sich leisten kann, kann sie kaufen.

Der Waffenhandel und die Struktur der Rüstungsausgaben vertiefen die wirtschaftliche Kluft (siehe Kapitel 16 „Die Globalisierung des sozialen Lebens"). Einige Dritte Welt–Länder geben bis zu einem Fünftel ihrer Staatseinnahmen für Rüstungsgüter und für Militärpersonal aus. Für die Sowjetunion waren Waffenexporte in Erdölländer wie Libyen und Irak eine wichtige Quelle für Deviseneinnahmen.

Auch die westlichen Exportländer ziehen aus dem weltweiten Waffenhandel finanziellen Nutzen. Die Entwicklung neuer Waffentechnologien ist für die beteiligten Regierungen und Industriekonzerne eine teure Angelegenheit. Die Kosten einer solchen Investition fallen wesentlich geringer aus, wenn die betreffenden Waffen auf den Weltmärkten abgesetzt werden können. Dritte Welt–Länder allerdings, die High–Tech–Waffensysteme produzieren, tun das oft um den Preis einer starken Belastung ihrer Wirtschaftssysteme – die im allgemeinen viel anfälliger sind als jene der Industrieländer.

Die weltweiten Rüstungsausgaben stiegen zwischen 1950 und dem Ende der achtziger Jahre an. 1977 beliefen sich die weltweiten Ausgaben für Waffen auf mehr als 1 Milliarde Dollar pro Tag – was 50 Millionen Dollar pro Stunde entspricht! In der zweiten Hälfte der achtziger Jahre hatte sich dieser Betrag inflationsbereinigt beinahe verdoppelt. Die weltweiten Militärausgaben 1991 wurden auf ungefähr 5 Prozent des weltweiten Einkommens geschätzt. Das ist mehr als die wirtschaftliche Produktion des gesamten afrikanischen Kontinents inklusive Südafrika. Es ist auch mehr als die wirtschaftliche Produktion von Asien ohne Japan. Das Bruttonationalprodukt Japans, der zweitgrößten Wirtschaftsmacht der Welt, ist nur ungefähr doppelt so hoch wie die weltweiten Ausgaben für militärische Zwecke. Ein Autor drückte das folgendermaßen aus: „Es ist, als ob es in der Weltwirtschaft ein halbes „Japan" gäbe, das diplomatisch nicht anerkannt ist" (Kennedy, 1983, S. 45).

Angesichts des Endes des Kalten Krieges können wir davon ausgehen, daß sich die Ausgaben der Industrieländer für Rüstungszwecke verringern werden. Die Rüstungsausgaben sind in Rußland und in den übrigen Staaten der ehemaligen Sowjetunion stark zurückgegangen. Die Vereinigten Staaten und andere westliche Länder schränken ihre Rüstungsausgaben in den kommenden Jahren ebenfalls ein. Das wird jedoch den Druck auf den Waffenexport verstärken, um den Verlust heimischer Märkte zu kompensieren. Es ist nicht sicher, daß die Beendigung des Kalten Krieges zu einer Einschränkung dessen führen wird, was die Dritte Welt–Länder oft als sowohl innere als auch äußere Sicherheitsanforderungen betrachten. Wie wir in den nächsten Abschnitten sehen werden, ist keineswegs klar, bis zu welchem Grad es eine „globale Friedensdividende" geben wird.

Das Wettrüsten

Unter **Wettrüsten** versteht man die Konkurrenz, die zwischen Staaten entsteht, die die gleiche militärische Stärke wie der jeweilige Rivale erreichen oder ihn sogar überholen möchten. Die Lieferung oder der Verkauf von Waffen in die Dritte Welt–Länder trägt zur Förderung des Wettrüstens zwischen diesen Staaten bei. Bis 1990 gab es vor allem zwischen den USA und der UdSSR ein starkes Wettrüsten. Um die Ursachen eines solchen Konkurrenzkampfes zu verstehen, müssen wir analysieren, warum Staaten generell damit befaßt sich, ihre militärische Macht auszubauen. Es gibt dafür verschiedene Gründe.

Zunächst kann ein militärisch starkes Land darauf hoffen, andere, dazu neigende Länder davon abzuhalten, gegen es Gewalt anzuwenden. Daß potentielle Aggressoren ein militärisch starkes Land angreifen, ist weniger wahrscheinlich, als bei einem, das ein leichtes Ziel abgibt. Zweitens kann militärische Stärke dazu verwendet werden, neue Territorien zu erwerben oder nationale Interessen zu verfolgen – durch den Sieg in aktiven Konflikten oder in einem Krieg. Drittens kann auch in Friedenszeiten militärische Macht als Mittel der Zwangausübung verwendet werden, weil die Drohung, davon Gebrauch zu machen, genügen kann, um die angestrebten Ziele zu erreichen. Viertens ist militärische Macht eine Basis für die Verteidigung, wenn ein Land von einem anderen angegriffen wird. „Verteidigung" ist de facto zu einem Synonym für militärische Bedürfnisse geworden, weil keine Regierung sich selbst als potentiellen Aggressor gegenüber anderen darstellen will.

Diese Erwägungen standen jahrhundertelang hinter der militärischen Konkurrenz zwischen den Ländern. Mit der Industrialisierung des Krieges im späten 18. Jahrhundert setzte sich die Auffassung allgemein durch, daß Kriegsführung von technologischem Know-how und der ständigen Verbesserung von Waffen abhängt – obwohl wir uns später damit befassen werden, wie weit diese Überlegungen in der heutigen Welt noch ihre Geltung haben.

Das Wettrüsten zwischen den Vereinigten Staaten und der Sowjetunion förderte die technische Entwicklung von Waffen in einem bis dato unbekannten Ausmaß. Charakteristisch dafür war das, was man manchmal **Aktion–Reaktion** nannte – die Regierung jedes Landes beobachtete ständig die Innovationen im anderen, um seine eigenen Programme zur Weiterentwicklung der Waffensysteme zu fördern oder zu beschleunigen. In beiden Gesellschaften drückte das Militär seine Ansprüche auch durch, indem es darauf verwies, was die führenden Militärs der anderen Seite machen könnten – was als „Schlimmster Fall"-Analyse bekannt wurde – und die Spirale, den anderen zu übertrumpfen, begann sich immer schneller zu drehen.

Das Wettrüsten zwischen den USA und der UdSSR wurde durch die Angst des Westens vor den sowjetischen Streitkräften entfacht, die im Zuge des Sieges über Deutschland 1944–45 den Großteil Osteuropas besetzt hatte. 1947 wuchs die Sorge des Westens, daß die Sowjetstreitkräfte eine Machtübernahme in Ländern wie Frankreich und Italien, wo es starke kommunistische Parteien gab, unterstützen würden. Als Reaktion auf diese wahrgenommene Bedrohung wuchs das Mißtrauen gegenüber den Absichten des Westens auf sowjetischer Seite. Nachdem die Kriegsallianz zerbrochen war, der Niedergang der amerikanischen Streitkräfte aufgehalten und ins Gegenteil verkehrt worden war und die USA die ehemaligen Feinde, Deutschland und Japan, nicht länger als Feinde behandelten, sondern sie wirtschaftlich und politisch unterstützten, wurde die Drohung eines geplanten Angriffes einer kapitalistischen Koalition für die Sowjets immer plausibler. Mit anderen Worten, die Befürchtungen des Ostens und des Westens wurden wechselseitig verstärkt, weil jeder sie in den anderen projizierte und somit die Vorstellung des anderen erfüllte.

In den frühen sechziger Jahren hielten die Sowjets die Wahrscheinlichkeit eines gezielten westlichen Angriffes für geringer, zogen aber die Möglichkeit eines Weltkrieges als in den Antagonismen der beiden gesellschaftlichen Systeme begründet in Betracht. Wenn sie einen derartigen Krieg nicht verlieren wollten, mußten sie in Europa militärisch überlegen sein, und genau dieses Erfordernis heizte das Wettrüsten mit konventionellen Waffen an.

Der Westen glaubte in der Zwischenzeit noch immer, daß es die Sowjets mit einem militärischen Angriff eilig hätten, und wollte sie mit der Drohung der nuklearen Zerstörung abschrecken. Während der 10 Jahre, in denen die USA praktisch das Monopol auf Nuklearwaffen hatten, waren diese Waffen eine relativ billige Antwort auf das große sowjetische Heer. Diese Lösung verlor jedoch gegen Ende der fünfziger Jahre ihre Glaubwürdigkeit, als die Sowjets Nuklearwaffen entwickelten, die gegen nordamerikanische Ziele eingesetzt werden konnten.

Dadurch wurde nicht nur die Glaubwürdigkeit der amerikanischen nuklearen **Abschreckung** geschmälert, sondern es tauchte eine neue Gefahr auf. Der militärische Vorteil, mit Nuklearwaffen den ersten Schlag zu führen, war so groß, daß ein vorsichtiger Führer auf die bloße Vermutung hin, daß die andere Seite Krieg in Betracht ziehen würde, losschlagen hätte können. Westliche Analytiker kamen zur Auffassung, daß diese Versuchung nur dadurch in den Griff zu bekommen sei, daß jede Seite genügend Waffen hätte, um sicher sein zu können, daß im Falle eines Überraschungsangriffes genügend übrigbleiben würden, um den Angreifer vernichten zu können.

Dieses Konzept der „sicheren gegenseitigen Zerstörung" war ein zusätzlicher Stimulus für das nukleare Wettrüsten, das bereits durch die Entschlossenheit der US-Regierung, ihren strategischen Vorsprung beizubehalten, gefördert worden war. Die Sowjets schlossen sich der westlichen Theorie nicht an und betrachteten sie als gefährlich. Für sie war ein unbeabsichtigter Nuklearkrieg die größere Gefahr, und der konnte (per definitionem) nicht abgeschreckt werden. Und während sie es sich nicht leisten konnten, hinter die nukleare Potenz der USA zurückzufallen, falls es doch notwendig werden würde, einen Weltkrieg zu führen, waren ihre Interessen durch eine Parität auf möglichst niedriger Ebene am besten gewahrt.

Auf diese Weise sahen die beiden Seiten das strategische Wettrüsten aus ganz unterschiedlichen Blickwinkeln. Für die Sowjets bedeutete es eine ständig steigende Spannung und eine Erhöhung der Gefahr eines unbeabsichtigten Krieges. Gleichzeitig stellte es eine schwere Bürde für ihre Wirtschaft dar. Die USA glaubten, daß die größte Gefahr in einer mangelnden Abschreckung der mutmaßlich nach einer Aggression drängenden Sowjets lag.

„Star Wars" und danach

Die Strategische Verteidigungsinitiative (SDI) – das „Star Wars"-Programm, das von Präsident Reagan im März 1983 bekanntgegeben wurde – kennzeichnete eine bedeutende neue Wendung im Wettrüsten zwischen den USA und den Sowjets. Das projektierte, im Raum stationierte Raketenabwehrsystem hätte nicht nur den Zweck gehabt, die strategischen sowjetischen Raketen an ihrem Lebensnerv zu treffen, sondern wäre auch ein Mittel gewesen, um vom Raum aus das sowjetische Staatsgebiet anzugreifen. Die Sowjets würden auf diese neue Bedrohung mit neuen Waffen antworten, und die USA würden nachziehen. In der Zwischenzeit hat die SDI die zentrale Logik der westlichen Abschreckungstheorie ausgehöhlt, das Wettrüsten in ein neues und gefährlicheres Stadium gebracht, und die Sowjets herausgefordert, Gewalt anzuwenden, um die Errichtung dieses bedrohlichen Systems im Weltraum zu verhindern.

Aus Gründen der technologischen Komplexität und aus Kostengründen ist es zweifelhaft, ob die im Raum stationierten SDI-Elemente tatsächlich wie geplant verwirklicht worden wären. Auf jeden Fall aber ließ der Druck des Wettrüstens nach, weil die Sowjets beschlossen, daraus auszusteigen, egal, welche Konsequenzen das auch für den Nationalstolz und das „Gleichgewicht" haben mochte. Dies jedoch zum Teil, um die wirtschaftliche Bürde der Militärausgaben zu erleichtern. Wichtiger aber ist, daß es die Schlußfolgerung sichtbar machte, daß ein Aufrüsten für den Fall eines Weltkrieges dazu geführt hatte, daß ein solcher Weltkrieg wahrscheinlicher wurde.

An dieser gefährlichen Situation waren beide Seiten schuld, aber es war nur einer nötig, um eine Änderung herbeizuführen. 1987 traf Michael Gorbatschow als führender Politiker der Sowjetunion die wagemutige Entscheidung, davon auszugehen, daß es keinen Weltkrieg geben würde. Durch diese Haltung wurden viele Initiativen erst möglich, die von einem einseitigen Abbau bei konventionellen Waffen und dem Rückzug sowjetischer Truppen aus Osteuropa bis zur Vereinbarung reichten, zweimal so viele Raketen und Sprengköpfe zu vernichten wie die USA, um alle Mittelstrecken–Nuklearraketen zu eliminieren.

Durch diese Abschwächung der „Bedrohung" untergruben die Sowjets das Bedürfnis des Westens nach nuklearer Abschreckung und zwangen die USA dazu, ernsthaft über den Abbau der strategischen Waffenarsenale zu verhandeln. Das führte schließlich 1991 zu einem Abkommen. Der Abbau betrug aber statt der erhofften 50 Prozent nur 25 – 30 Prozent, wonach den USA ungefähr 11 000 derartiger Sprengköpfe verblieben, Rußland etwas weniger.

1992 war das Wettrüsten zwischen den Supermächten zum Stillstand gekommen. Weitere Abkommen über den Abbau konventioneller Waffen waren ausgehandelt worden, und auch über einen stärkeren Abbau strategischer Nuklearwaffen wurde diskutiert. All seiner osteuropäischen Alliierten beraubt, die meisten Truppen innerhalb seiner Grenzen zurückgezogen, wurde das russische Militär zu einem Schatten seiner selbst. Inzwischen reduzierte der Westen seine Verteidigungsausgaben, reduzierte die Stärke seiner Truppen und stoppte einige seiner neuen Waffenprogramme.

Gegenwärtige Entwicklungen: Wohin führt die nukleare Ausbreitung?

Die frühere Sowjetunion hatte sich nicht nur aus dem Wettrüsten zurückgezogen, sondern auch vom Kalten Krieg. Michael Gorbatschow revidierte die sowjetische Theorie der internationalen Beziehungen und vertrat die Auffassung, daß eine echte friedliche Koexistenz das vorherrschende Ziel sein muß. Diese Ansicht wurde zumindest bis dato auch von der neuen russischen Führung unter Boris Jelzin geteilt.

Wird die Welt angesichts dieser Entwicklungen sicherer? Die Gefahr eines alles vernichtenden nuklearen Holocaust hat sich freilich bedeutend verringert. Aber die Möglichkeit eines nuklearen Krieges ist nicht vom Tisch. Noch gibt es mindestens 50 000 Nuklearwaffen (Barnaby, 1992). Die meisten dieser Waffen befinden sich in den USA sowie in den Waffenkammern Rußlands und anderer Staaten, welche einst Teil der UdSSR waren; Großbritannien, Frankreich und China haben bedeutende Lager, Israel ist seit einiger Zeit im Besitze von Atomwaffen; auch Indien und Pakistan können heute möglicherweise Atomwaffen herstellen, und andere haben die Voraussetzungen nachzuziehen.

Ein Hauptproblem besteht darin, wie man die *atomare Ausbreitung* – die Ausbreitung von Nuklearwaffen auf Staaten, die gegenwärtig noch keine besitzen, eindämmen kann (Levanthal und Tanzer, 1991). Man könnte wohl kaum behaupten, daß die globale Sicherheit verstärkt würde, wenn dreißig, vierzig oder mehr Staaten über Atomwaffen verfügten. Die westlichen Mächte, die ihre nuklearen Waffenarsenale mit der Begründung verteidigen, daß sie auf Aggressoren abschreckend wirken, können aber kaum überrascht sein, wenn andere Staaten sie aus denselben Gründen in ihren Besitz bringen wollen. Und wenn ein Staat die Technologie erwirbt, werden es ihm seine Rivalen gleichtun wollen. Somit steigt die Wahrscheinlichkeit, daß sich die Atomwaffen ausbreiten.

Die unmittelbare Gefahr nach dem Zusammenbruch der Sowjetunion scheint gebannt. Die Nuklearwaffen, die ehemals über 12 heute unabhängige Republiken verteilt waren, werden vor allem Rußland zufallen, wo die Sicherheit und Kontrolle besser gewährleistet werden kann. Wegen der Ausgaben, die für die Instandhaltung der Waffen und der Rüstungsgüter erforderlich sind, ist unklar, ob ihre Sicherheit auch für die Zukunft garantiert ist. Darüberhinaus können ehemalige sowjetische Wissenschaftler wegen ihrer Erfahrung und ihres Know–hows von anderen Ländern angeworben werden.

Das Hauptproblem der atomaren Ausbreitung ist die Bedeutung der beiden Rohstoffe für Nuklearwaffen, hochangereichertes Uran und Plutonium, für die Produktion von Kernenergie zu „friedlichen" Zwecken. Wenn jemand über die erforderliche Technologie verfügt und im Besitze eines dieser Rohstoffe ist, kann er Kernwaffen bauen. Insbesondere Japan und Deutschland besitzen Plutoniumlager, die so groß sind wie jene der US–Arsenale, und könnten, wenn sie wollten, jederzeit Kernwaffen herstellen.

Die Wiederaufbereitung von nuklearen Brennstoffen aus Atomkraftwerken stellt im Hinblick auf die Ausbreitung ebenfalls eine große Gefahr dar. Wenn man von bestehenden Plänen ausgeht, werden bis zum Ende dieses Jahrhunderts in europäischen und japanischen Wiederaufbereitungsanlagen aus Nuklearbrennstoff 2 000 Tonnen Plutonium gewonnen worden sein. Weniger als 8 Kilo sind nötig, um eine Atombombe herzustellen. Da Plutonium ein Material ist, das mehrere tausend Jahre nicht abgebaut wird, kommt bezüglich der Sicherheit und der friedlichen Verwendung ein enormes Problem auf uns zu.

Gibt es eine Welt ohne Krieg?

Die Erzeugung von Kernwaffen ist ein Ergebnis der Industrialisierung des Krieges, ein Prozeß, der vor ungefähr zweihundert Jahren begonnen hat. Obwohl das Risiko eines globalen Atomkrieges gemildert wurde, müssen wir alle auf unbestimmte Zeit im Schatten eines möglichen nuklearen Konfliktes leben. Sogar wenn alle Kernwaffen verschrottet würden, was sehr unwahrscheinlich ist, bliebe das Wissen um die Herstellung bestehen. Wissenschaftliche Kenntnisse werden außerdem weiterhin auf die Entwicklung militärischer Technologie angewendet. Nuklearwaffen sind nicht notwendigerweise die schrecklichsten oder zerstörerischsten Waffen, die die Menschheit zu ersinnen in der Lage ist.

Wir leben jedoch in einer Zeit, in der sich die Weltordnung grundsätzlich ändert, und es bestehen offensichtliche Chancen für die Verwirklichung einer Welt, die nicht so gefährlich ist wie die heutige. Die Gefahren sind schwer zu übersehen. Zur möglichen nuklearen Ausbreitung und zu anderen Massenzerstörungswaffen muß man den Einfluß neuer Formen von Nationalismus, ethnischer und religiöser Konflikte und Ungleichheiten zwischen reichen und ärmeren Nationen hinzurechnen – alles potentielle Quellen globaler Konflikte. Andererseits sind einige wichtige Faktoren, um derentwillen früher Kriege geführt wurden, insbesondere das Bestreben, durch Eroberungen territoriale Gewinne zu erzielen, heute weniger relevant. Die modernen Gesellschaften sind global viel stärker miteinander verflochten als früher, und die Grenzen der Länder wurden alles in allem von der internationalen Staatengemeinschaft fixiert und akzeptiert. Das internationale System ist eindeutig weniger anarchistisch als früher, und die Probleme, die nur durch globale Zusammenarbeit gelöst werden können, sind heute klarer, aber auch dringlicher. Der Krieg in der Gegenwart, insbesondere der Nuklearkrieg, ist so zerstörerisch geworden, daß er zur Erreichung realistischer politischer oder wirtschaftlicher Ziele nicht eingesetzt werden kann. Die Industrialisierung des Krieges führt dazu, daß der Krieg als Mittel zur Lösung internationaler Spannungen obsolet ist.

Es wäre naiv, zu optimistisch zu sein. Eine der hoffnungsvollsten Entwicklungen in den vergangenen Jahren war die zunehmende Verbreitung der Erkenntnis, daß das alte Sprichwort „Wenn du Frieden willst, so rüste zum Krieg" im Atomzeitalter keine Gültigkeit mehr hat. Auch wenn nukleare Konflikte vermieden werden, können noch immer Kriege mit konventionellen Waffen gefochten werden und sich als äußerst zerstörerisch erweisen. Aber es gibt einen klaren Anlaß zur Hoffnung.

Zusammenfassung

1 Das Führen von Kriegen ist eines der augenfälligsten Merkmale in der frühen Entwicklung von Staaten, und Kriege und Schlachten haben bei der Gestaltung der Weltkarte in ihrer heutigen Form eine große Rolle gespielt. Die Entwicklung des modernen Militärs stand in engem Zusammenhang mit der zunehmenden Industrialisierung ab dem 18. Jahrhundert. Große Konzerne, die sich entweder ganz oder teilweise auf die Herstellung von Waffen konzentriert hatten und die technische Entwicklung vorantrieben, spielen seitdem für die militärische Entwicklung und den Krieg eine große Rolle.

2 Kriege sind nicht das Ergebnis angeborener aggressiver Triebe. Menschen müssen in das Töten eingeübt werden. Kriege werden üblicherweise geführt, um Territorien oder Ressourcen zu erwerben, oder wegen ideologischer oder religiöser Konflikte.

3 Moderne Streitkräfte sind Bürokratien mit Beamten in den Offiziersrängen. Heere sind hoch organisiert, spezialisiert und hierarchisch. Obwohl die unerhörte Komplexität der meisten modernen Staaten einer militärischen Dominanz eigentlich entgegensteht, haben die Streitkräfte in der Politik oft noch immer viel mitzureden.

4 Der Krieg war immer vorwiegend Männersache, obwohl Frauen Kriege unterstützten und es heute in einigen Streitkräften Frauen gibt, die zur kämpfenden Truppe gehören.

Frauen spielten auch bei Friedensbewegungen eine große Rolle. Es ist unwahrscheinlich, daß es irgendeinen angeborenen Grund gibt, daß Frauen weniger in Kriege verwickelt sind als Männer.

5 Einige Länder werden direkt vom Militär regiert, wenn auch die meisten Militärregierungen instabil sind. Obwohl es in der Dritten Welt die meisten Militärregierungen gibt, machten auch einige Industrieländer mit der Herrschaft von Militärs Erfahrungen.

6 Ein wichtiges Kennzeichen moderner Gesellschaften ist der Grad, bis zu dem Militär und Polizei mit Erfolg die mehr oder weniger ausschließliche Kontrolle über die Anwendung von Gewalt in die Hand bekommen. Terroristengruppen und Guerillabewegungen berufen sich auf die gleichen Legitimitätssymbole wie etablierte Heere und Regierungen.

7 Wenn Guerillagruppen vom Staat stärker verfolgt und immer mehr in den Untergrund gedrängt werden, werden sie oft in der Gewaltanwendung brutaler als vorher. Obwohl sich Regierungen gegen Aktivitäten von Terroristen in ihrem eigenen Land zur Wehr setzen, ermutigen sie oft Guerillabewegungen, die identische Taktiken einsetzen, in anderen Regionen der Welt.

8 Bis zu den späten achtziger Jahren beherrschten das Wettrüsten und andere Formen militärischer Konkurrenz zwischen den Vereinigten Staaten und der Sowjetunion die weltweiten militärischen Rivalitäten. Das Ende des Kalten Krieges zwischen diesen beiden Staaten und ihren Alliierten hat zu Reduktionen der Rüstungsausgaben in den meisten Industrieländern geführt. Obwohl noch immer viele Formen von Zerstörungskrieg denkbar sind, ist es nicht mehr völlig utopisch, sich für die Zukunft eine Welt ohne große Kriege vorzustellen.

Grundbegriffe

Industrialisierung des Krieges   Militärherrschaft

Wichtige Fachausdrücke

stehendes Heer	militärisch–industrieller Komplex
begrenzter Krieg	autokratische Militärherrschaft
totaler Krieg	oligarchische Militärherrschaft
allgemeine Wehrpflicht	autoritärer Prätorianismus
Gewaltmanagement	Terrorismus
Klientel	Guerillabewegung
Esprit de corps	Waffenhandel
militärische Gesinnung	Wettrüsten
Pazifismus	Aktion–Reaktion
Legitimität	Abschreckung

Weiterführende Literatur

Christopher Dandeker, *Surveillance, Power and Modernity* (Cambridge: Polity, 1990) – ein Überblick über die Entwicklung von Machtsystemen in modernen Gesellschaften, in dem die Rolle des Militärs genau untersucht wird.

Robert C. North, *War, Peace, Survival: Global Politics and Conceptual Synthesis* (Boulder: Westview, 1990) – eine Erörterung der heutigen Weltordnung und der möglichen zukünftigen Entwicklung von Krieg und Gewalt.

Martin Shaw, *Post–military Society: Militarism, Demilitarism, Demilitarisation and War at the End of the Twentieth Century* (Cambridge: Polity, 1991) – zeigt gegenwärtige Trends in der globalen Militärordnung auf und erörtert die Möglichkeit, daß die Militärmacht heute an Bedeutung verliert.

Der SIPRI–Report. Die Kriege der Welt – Das sowjetische Erbe – Die Verbreitung der Massenvernichtungswaffen (Göttingen: Lamuv, 1993) – Bericht des Strockholm International Peace Research Institute.

Michael Walzer, *Gibt es den gerechten Krieg?* (Stuttgart: Klett–Cotta, 1982) – eine neue Ausgabe einer klassischen Diskussion über Berechtigung und Nichtberechtigung von Kriegen.

Teil IV
Soziale Institutionen

Soziale Institutionen sind der „Zement" des sozialen Lebens. Sie sind Träger der grundlegenden Lebensübereinkünfte der Menschen in ihrer Interaktion, und durch sie wird über Generationen Kontinuität erzielt.

Dieser Teil beginnt mit einem Überblick über die Institutionen der Verwandtschaft, der Ehe und der Familie. Obwohl die mit der Verwandtschaft verbundenen Verpflichtungen je nach Gesellschaftstyp unterschiedlich sind, ist die Familie überall der Kontext, in dem Kinder Fürsorge, Zuwendung und Schutz erfahren. Die Ehe steht ihrerseits fast überall mit der Familie im Zusammenhang, da sie ein Mittel ist, neue Verwandtschaftsbeziehungen herzustellen und einen Haushalt zu gründen, in dem Kinder aufgezogen werden. In traditionellen Kulturen erfolgt der Lernprozeß eines Kindes oder dessen formelle Unterweisung größtenteils im familiären Kontext. In modernen Gesellschaften hingegen verbringen Kinder viele Jahre ihres Lebens an speziellen Bildungsorten außerhalb der Familie – etwa in Schulen und Hochschulen. Im zweiten Kapitel dieses Abschnittes wird untersucht, wie die formelle Erziehung und Ausbildung organisiert ist, wobei den Beziehungen zwischen dem Bildungssystem und den umfassenderen Lern- und Kommunikationsprozessen mehr Aufmerksamkeit zuteil wird.

Die beiden restlichen Kapitel behandeln die Religion und die Wirtschaftsordnung. Obwohl religiöse Glaubensvorstellungen und Praktiken in allen Kulturen vorhanden sind, ist der Wandel, dem die Religion in modernen Gesellschaften unterworfen ist, besonders akut. Wir analysieren, wie dieser Wandel beschaffen ist und untersuchen dabei die Mittel, mit denen traditionelle Religionen ihren Einfluß wahren. Schließlich widmen wir uns der Arbeit und dem Wirtschaftsleben. Wirtschaftliche Institutionen beeinflussen zahlreiche Aspekte der sozialen Aktivität. Obwohl die Arbeit sowohl innerhalb einer Gesellschaft als auch von Gesellschaft zu Gesellschaft unterschiedlich beschaffen ist, ist sie eines der vorrangigen Ziele des Menschen.

Kapitel 12

Verwandtschaft, Ehe und Familie

Verwandtschaft
  Sippen

Familiäre Beziehungen
  Monogamie und Polygamie
  Polyandrie
  Polygynie

Familie und Ehe in der Geschichte Europas
  Die Entwicklung des Familienlebens
  Die Ursachen des Wandels

Weltweite Veränderungen der Familienstrukturen
  Entwicklungstendenzen

Familie und Ehe in Großbritannien
  Allgemeine Charakteristika
  Entwicklungstendenzen
  Neuartige Variationen der Familienstrukturen
  Südasiatische Familien
  Gegenwärtige Einflüsse auf Familie und Ehe

Scheidung und Trennung im Westen
  Das Ansteigen der Scheidungsraten
  Die Scheidung als Erfahrung
  Die Entkopplung
  Stadien der Scheidung
  Scheidung und Kinder
  Alleinerzieherhaushalte

Wiederheirat und Stiefelternschaft
  Wiederheirat
  Stieffamilien

Die dunklen Seiten der Familie
  Sexueller Mißbrauch
  Erklärungen des sexuellen Mißbrauchs
  Gewalt in der Familie

Alternativen zu Ehe und Familie
  Kommunen
  Lebensgemeinschaften
  Homosexuellenfamilien
  Alleinstehende

Niedergang der Familie?

Zusammenfassung

Grundbegriffe

Wichtige Fachausdrücke

Weiterführende Literatur

Ehe u. Familie

Die Untersuchung von Ehe und Familie gehört zu den wichtigsten Gebieten der Soziologie. Praktisch jeder einzelne – egal in welcher Gesellschaft er lebt – wächst in einer familiären Umgebung auf und in allen Gesellschaften ist bzw. war die überwiegende Mehrheit aller Erwachsenen verheiratet. Die Ehe ist eine auf der ganzen Welt verbreitete **soziale Institution**. Doch wie andere Aspekte des sozialen Lebens, unterscheiden sich auch die Muster des Ehe- und Familienlebens von einer Kultur zur anderen. Was als Familie zählt, das Verhältnis der Familie zur übrigen Verwandtschaft, wen man heiraten darf, die Auswahl der Ehepartner und auch die Verbindung zwischen Ehe und Sexualität variiert je nach Kultur. In diesem Kapitel wollen wir die wichtigsten Aspekte von Familienleben, Ehe und Scheidung im modernen Westen untersuchen. Die westliche Familie hat sich im Laufe der Jahrhunderte ganz wesentlich verändert und deshalb werden wir Familienleben und Ehe der modernen Zeit mit jenen vergangener Zeiten vergleichen. Auch in der Gegenwart sind Ehe und Familie grundlegenden Wandlungsprozessen unterworfen, die am Ende des Kapitels im Detail behandelt werden.

Zunächst müssen die Grundbegriffe **Familie**, **Verwandtschaft** und **Ehe** definiert werden. Eine *Familie* ist eine Gruppe durch verwandtschaftliche Beziehungen direkt miteinander verbundener Personen, deren erwachsene Mitglieder die Sorge für die Kinder übernehmen. Unter *Verwandtschaft* versteht man Verbindungen zwischen Einzelpersonen, die entweder auf Heirat oder im Falle von Blutsverwandten auf gemeinsamer Abstammung beruhen (Mutter, Vater, Geschwister, Großeltern etc.). *Ehe* läßt sich als von der Gesellschaft anerkannte und gebilligte sexuelle Gemeinschaft zwischen Mann und Frau definieren. Wenn Mann und Frau heiraten, werden sie dadurch miteinander verwandt. Eine Verehelichung bringt jedoch außer für die Jungverheirateten auch für einen umfangreicheren Personenkreis neue verwandtschaftliche Beziehungen mit sich. Die Eltern, Brüder, Schwestern und anderen Blutsverwandten jedes der beiden Partner werden durch deren Verehelichung automatisch auch zu Verwandten des jeweils anderen Partners.

Verwandtschaft

In den meisten westlichen Gesellschaften beschränken sich die verwandtschaftlichen Beziehungen im großen und ganzen auf eine beschränkte Anzahl naher Verwandter. So sind sich beispielsweise die meisten Menschen verwandtschaftlicher Beziehungen, die über die Vetternschaft ersten oder zweiten Grades hinausreichen, nur mehr undeutlich bewußt. In vielen anderen Kulturen, insbesondere in kleinräumigen, kommt den verwandtschaftlichen Beziehungen in den meisten Lebensbereichen vorrangige Bedeutung zu. In einigen kleineren Gesellschaften sind alle Gesellschaftsmitglieder miteinander verwandt oder gehen zumindest von dieser Annahme aus. Die westliche Terminologie läßt sich nicht immer exakt auf die Verwandtschaftsstrukturen anderer Kulturen übertragen. Wir haben beispielsweise nur einen einzigen Begriff „Onkel", mit dem wir Verwandte sowohl väterlicher- als auch mütterlicherseits bezeichnen. In manchen anderen Kulturen jedoch gibt es für den Bruder der Mutter und den Bruder des Vaters separate

Bezeichnungen, und ein Onkel väterlicherseits unterscheidet sich verwandtschaftlich gesehen ganz wesentlich von einem Onkel mütterlicherseits.

Sippen

In den meisten traditionellen Gesellschaften finden sich sehr umfangreiche verwandtschaftliche Gruppierungen, die weit über die unmittelbaren Familienbeziehungen hinausreichen. Eine wichtige Gruppierung dieser Art ist die **Sippe**. Eine Sippe ist eine Gruppe, deren Mitglieder annehmen, daß sie allesamt entweder über männliche oder über weibliche Vorfahren von einem Generationen zurückliegenden gemeinsamen Urahnen abstammen. Sie sehen sich selbst als Kollektiv mit einer eigenständigen Identität und werden auch von Außenstehenden als solches betrachtet. Die schottischen Clans etwa gehörten zu dieser Art von Gruppen, und auf dem afrikanischen Kontinent und im pazifischen Raum gibt es bis zum heutigen Tag viele Gesellschaften, in denen die Bedeutung solcher Gruppen fortdauert.

Normalerweise haben die Mitglieder einer Sippe die gleichen religiösen Anschauungen, sind einander wirtschaftlich verpflichtet und leben in derselben Gegend. Sippen können sehr klein sein, umfassen jedoch manchmal auch viele hundert oder sogar mehrere tausend Mitglieder. Die Zugehörigkeit zu einer Sippe prägt oft beinahe alle Facetten des Lebens des einzelnen. In solchen Gruppen können Angehörige, die bei uns lediglich als sehr weit entfernte Verwandte betrachtet würden, den gleichen Status und die gleiche Behandlung genießen wie nahe Verwandte. So könnte jemand durchaus den Enkel des Bruders seines Urgroßvaters (der westlichen Terminologie gemäß einen Cousin dritten Grades) seinen Bruder nennen und sich ihm gegenüber in der gleichen Weise verpflichtet fühlen wie seinen genetischen Brüdern.

Manchmal liegen die in solchen Sippen üblichen verwandtschaftlichen Kategorien völlig quer zu jenen, die wir als „natürlich" bezeichnen würden. So kann etwa die Schwester des Vaters als „Vater" bezeichnet und mit dem Attribut „weiblich" näher bestimmt werden, und umgekehrt wäre es in gleicher Weise möglich, den Bruder der Mutter als „Mutter" zu bezeichnen und durch den Zusatz „männlich" genauer zu spezifizieren. So ist es in derartigen Gruppierungen nicht weiter ungewöhnlich, wenn ein Mann einen anderen, möglicherweise viel jüngeren, „Mutter" nennt. Das mag für unsere Ohren seltsam klingen, ist jedoch innerhalb einer in Sippen organisierten Gesellschaft völlig logisch. Der einzelne weiß natürlich, wer seine wirkliche Mutter ist. Wenn er das Wort „Mutter" benutzt, benennt er damit eine Person, die von denselben Vorfahren abstammt wie seine Mutter und mit ihm deshalb eng verwandt ist.

Ein weiteres Beispiel für solche Sippen ist der *tsu* im traditionellen China. Ein *tsu* umfaßte oft Tausende von Mitgliedern. Jeder *tsu* hatte einen Ältestenrat, der sich mit den im Interesse der gesamten Gemeinschaft liegenden Themen befaßte. Die Mitglieder des *tsu* hatten gemeinsame religiöse Pflichten zu erfüllen und der *tsu* trug auch die Verantwortung für wirtschaftliche und erzieherische Belange der Gruppe. Die Mitglieder konnten sich beim *tsu* über ein spezielles Kreditsystem Geld ausleihen, und im Falle rechtlicher Konflikte diente er auch als Gerichtshof.

Der *tsu* war auch die Basis für das organisierte Verbrechen in China, das einst in großen Städten wie Shanghai florierte und in Hongkong bis zum heutigen Tag aktiv geblieben ist.

Familiäre Beziehungen

Familienbeziehungen wird innerhalb eines System weiter gefaßter verwandtschaftlicher Gruppierungen stets Rechnung getragen. Das, was Soziologen und Anthropologen mittlerweile als **Kernfamilie** bezeichnen, findet sich in praktisch jeder Gesellschaft. Eine Kernfamilie besteht aus zwei Erwachsenen, die mit leiblichen oder adoptierten Kindern in einem Haushalt zusammenleben. In den meisten traditionellen Gesellschaften – auch dort, wo es keine Sippen gibt – ist die Kernfamilie in von Fall zu Fall unterschiedlich beschaffene größere Netze verwandtschaftlicher Beziehungen eingebunden. Wenn außer einem Ehepaar und seinen Kindern noch weitere Verwandte in ein und demselben Haushalt oder in nahem oder ständigem Kontakt miteinander leben, spricht man von einer **Großfamilie**. Eine Großfamilie kann als Gruppe von Angehörigen mindestens dreier Generationen definiert werden, die entweder im selben Haus oder sehr nahe beieinander leben. Eine solche Großfamilie kann Großeltern, Brüder und deren Frauen, Schwestern und deren Männer, Tanten, Onkel, Nichten oder Neffen umfassen.

Sowohl bei den Kern– als auch bei den Großfamilien läßt sich, was die Zugehörigkeit der einzelnen Familienmitglieder betrifft, eine Unterscheidung in **Abstammungs– und Fortpflanzungsfamilien** treffen. Im ersten Fall handelt es sich um die Familie, in die eine Person hineingeboren wird, im zweiten Fall um die Familie, in die ein bereits Erwachsener eintritt und in der seine Kinder aufgezogen werden. Eine weitere wichtige Unterscheidung erfolgt im Hinblick auf den Wohnort. Wenn in Großbritannien ein Paar heiratet, wird für gewöhnlich erwartet, daß die Jungverheirateten einen eigenen Haushalt gründen. Dieser neue Haushalt kann sich in der gleichen Gegend befinden wie jener der Eltern der Braut oder des Bräutigams, kann jedoch ebenso in einer ganz anderen Gegend gegründet werden. In manchen Gesellschaften jedoch wird von einem Familienmitglied, das sich verheiratet, erwartet, daß es mit dem Ehepartner entweder im Haus oder in der Nähe der Eltern der Braut oder des Bräutigams wohnt. Wenn jungverheiratete Paare im Haus oder in der Nähe der Eltern der Braut wohnen, nennt man dieses System **matrilokal**, wenn es üblich ist, daß sie im Haus oder in der Nähe der Eltern des Bräutigams wohnen, spricht man von **patrilokalen** Strukturen.

Monogamie und Polygamie

In den westlichen Gesellschaften wird die Ehe und folglich auch die Familie mit **Monogamie** assoziiert. Es ist für Männer und Frauen illegal, mit mehr als einem Partner gleichzeitig verheiratet zu sein. Weltweit gesehen ist die Monogamie jedoch nicht die häufigste Form der Ehe. In einer vergleichenden Studie über 565 verschiedene Gesellschaften gelangte George Murdock zu dem Ergebnis, daß Polygamie in mehr als 80 Prozent der untersuchten Gesellschaften zulässig war

(Murdock, 1949). Unter **Polygamie** versteht man jede Art von Ehe, bei der ein Mann oder eine Frau mehr als einen Ehepartner haben darf. Man unterscheidet zwei Arten von Polygamie: Von **Polygynie** spricht man, wenn es einem Mann gestattet ist, mit zwei oder mehr Frauen gleichzeitig verheiratet zu sein, von **Polyandrie** (der wesentlich selteneren Form), wenn eine Frau mit zwei oder mehr Männern gleichzeitig verheiratet sein kann.

Polyandrie

Murdock fand heraus, daß Polyandrie in nur vier der 565 untersuchten Gesellschaften praktiziert wird, was einem Anteil von weniger als einem Prozent entspricht. Durch die Polyandrie ergibt sich eine Situation, mit der polygyne Gesellschaften nicht konfrontiert sind: Im Normalfall ist nicht bekannt, wer der biologische Vater eines Kindes ist. Bei den Todas, einer Polyandrie praktizierenden Gesellschaft in Südindien, scheint den Männern wenig an der Feststellung der biologischen Vaterschaft zu liegen. Wer als Vater eines Kindes zu gelten hat, wird mittels einer Zeremonie bestimmt, in deren Verlauf einer der Ehemänner der schwangeren Frau einen Spielzeugbogen und einen Pfeil zum Geschenk macht. Wenn einer ihrer anderen Ehemänner später ebenfalls Vater werden möchte, wird dieses Ritual während einer der nächsten Schwangerschaften wiederholt. Polyandrie scheint es nur in Gesellschaften zu geben, die in extremer Armut leben und in denen es üblich ist, weibliche Neugeborene zu töten.

Polygynie

Aber auch in polygynen Gesellschaften haben die meisten Männer nur eine Frau. Das Recht, mehrere Frauen zu ehelichen, beschränkt sich in der Regel auf Männer mit hohem gesellschaftlichem Status. Gibt es keine derartigen Beschränkungen, so wirken sich das zahlenmäßige Verhältnis zwischen Frauen und Männern sowie wirtschaftliche Faktoren regulierend aus. Gesellschaften, in denen die Anzahl der Frauen so weit über jene der Männer hinausgeht, daß die Mehrheit der Männer mit mehr als einer Frau gleichzeitig verheiratet sein könnte, gibt es nicht.

In polygynen Familien leben die Frauen eines Mannes manchmal in einem Haus zusammen, oft jedoch haben sie auch separate Haushalte. Existieren solche separaten Haushalte, in denen jeweils eine Frau mit ihren Kindern lebt, liegen genau genommen zwei oder mehrere Familieneinheiten vor. Der Mann betrachtet für gewöhnlich einen dieser Haushalte als sein eigentliches Zuhause, verbringt jedoch eine gewisse Anzahl von Nächten pro Woche oder pro Monat mit jeder seiner anderen Frauen. Obwohl das Verhältnis zwischen den Frauen häufig freundschaftlich und kooperativ ist, lassen sich aufgrund der spezifischen Situation Rivalitäten und Spannungen nicht ganz ausschließen, da die Frauen einander als Rivalinnen um die Gunst des gemeinsamen Ehemannes empfinden können. Bei den Ruanda in Ostafrika bedeutet die Bezeichnung für eine von mehreren mit ein und demselben Mann verheirateten Frauen gleichzeitig auch „Eifersucht" (Macquet, 1961). Das durch die Polygynie bedingte Konfliktpotential wird manchmal durch eine hierarchische Rangordnung unter den Frauen entschärft. Die Älteste bzw. die Älteren haben dann in Familienangelegenheiten mehr zu sagen als die Jüngeren.

Die westlichen Missionare sind der Polygynie immer sehr feindlich gegenübergestanden und haben seit den Tagen des Kolonialismus immer danach gestrebt, ihr ein Ende zu bereiten. In vielen Teilen der Welt existiert die Polygynie immer noch, doch dort, wo ein starker westlicher Einfluß zum Tragen kommt, haben sich oft ambivalente Einstellungen entwickelt. Der Anthropologe John Beattie berichtet über einen jungen Schullehrer, den er während seiner Tätigkeit in Bunyoro in Westuganda kennenlernte. Dieser Lehrer hatte eine Frau, die er nach christlichem Ritus geheiratet hatte und mit der er zusammenlebte, während er in der Schule unterrichtete. Gleichzeitig jedoch hatte er in seinem Heimatdorf eine weitere Frau und zwei Kinder. Diese Frau hatte er nach dem traditionellen Ritus seines eigenen Volkes geheiratet. Er verheimlichte diese zweite Frau seinen Vorgesetzten in der Schule und bat auch Beattie, über die Angelegenheit Stillschweigen zu bewahren (Beattie, 1964).

Familie und Ehe in der Geschichte Europas

Vor der Industrialisierung waren die meisten Familien gleichzeitig auch landwirtschaftliche oder gewerbliche Produktionseinheiten. Menschen, die keine eigenen Familien gründen konnten, lebten und arbeiteten innerhalb des Familienverbandes anderer. Die Auswahl der Ehepartner entsprang in den meisten Fällen nicht der Liebe oder Zuneigung, sondern erfolgte aufgrund sozialer oder wirtschaftlicher Überlegungen, die sich am Fortbestand des Familienunternehmens und am Wohlergehen der unversorgten Familienmitglieder orientierten. Die Grundherren nahmen oft direkten Einfluß auf die Eheschließungen ihrer Untertanen, um auf diese Weise eine ertragreiche Bewirtschaftung ihrer Güter sicherzustellen (Mitterauer und Sieder, 1991). In den meisten Teilen Mitteleuropas mußte jeder, der zu heiraten beabsichtigte, zunächst die Genehmigung des Grundherrn einholen. Den besitzlosen Armen, die keine Aussicht auf ein bäuerliches Anwesen hatten, blieb die Heirat häufig untersagt.

Vor- oder außereheliche geschlechtliche Beziehungen waren im Europa des Mittelalters sowohl unter den Armen als auch in wohlhabenderen Kreisen üblich. In manchen Regionen war es dem Mann gestattet, sich vor der Heirat von der Gebärfähigkeit seiner Braut zu überzeugen, indem er versuchte, sie vor der Ehe zu schwängern. Kam es zu einer Schwangerschaft, dann fand auch die Heirat statt. In manchen Teilen Europas (insbesondere Mitteleuropas) war der Anteil unehelicher Kinder gemessen an unseren heutigen Verhältnissen außerordentlich hoch. Eine uneheliche Abstammung war keine große Schande, und Kinder aus unehelichen Beziehungen wurden häufig in die Familien aufgenommen und dort gemeinsam mit den ehelichen Kindern aufgezogen. Wie bereits in Kapitel 1 („Soziologie: Probleme und Perspektiven") erwähnt, scheint sexuelle Leidenschaft in der Ehe in den meisten Bevölkerungsgruppen eine Seltenheit gewesen zu sein. Aristokraten und Landadelige unterhielten zwar erotische Liaisonen, jedoch beinahe ausschließlich außerhalb der Ehe.

Lange wurde angenommen, daß im Mittelalter die vorherrschende Familienform in Europa die Großfamilie war. In jüngerer Zeit haben jedoch Untersuchungen ergeben, daß die verbreitetste Form der Familie nicht die Großfamilie, sondern die Kernfamilie war – zumindest im Westen des Kontinents. Die Haushalte waren zwar größer als heute; dies erklärt sich jedoch eher durch im Haushalt lebendes Dienstpersonal als durch Verwandte. Im 17., 18. und 19. Jahrhundert lebten in einem englischen Haushalt im Durchschnitt 4,75 Personen (Anderson, 1981). Der heutige Durchschnitt beträgt 3,04. In Osteuropa und Rußland kam den Großfamilien größere Bedeutung zu.

In der modernen Familie wachsen die Kinder im Haushalt auf und leben dort auch während ihrer Schulzeit. Mit ihrem Eintritt ins Berufsleben erlangen die Kinder den Status von Erwachsenen, worauf häufig innerhalb kurzer Zeit geheiratet und ein eigener Haushalt gegründet wird. Im Europa des Mittelalters sah der typische Ablauf anders aus. Die Kinder begannen ihren Eltern bei der Landarbeit oder ihrer handwerklichen Tätigkeit zu helfen, sobald sie etwa das siebente oder achte Lebensjahr erreicht hatten. Jene, die nicht in den häuslichen Produktionsprozeß eintraten, verließen oft schon sehr früh den elterlichen Haushalt, um in fremden Haushalten zu arbeiten oder eine Lehre zu absolvieren. Kinder, die ihre Eltern verließen, um in anderen Haushalten zu arbeiten, sahen ihre Eltern danach meist nur selten oder gar nie wieder.

In Europa starb im Mittelalter mindestens ein Viertel aller Kinder vor dem zweiten Lebensjahr (die Vergleichszahl heute liegt deutlich unter 1 Prozent). Es gab noch weitere Faktoren, die bewirkten, daß der Familienverband weniger dauerhaft war, als dies heute trotz der hohen Scheidungsraten der Fall ist. Krankheiten forderten einen hohen Tribut, bei Frauen kam häufig der Tod im Kindbett hinzu. Die Sterblichkeitsraten (die Anzahl der Toten pro Jahr und Tausend der Bevölkerung) lagen sehr viel höher als heute, und der Tod von Kindern oder eines bzw. beider Elternteile führte häufig zu einer Veränderung des Familiengefüges. Es kam häufig zu Wiederverheiratungen und durch das Hinzutreten von Stiefkindern bzw. Stiefeltern auch zu neuen Verwandtschaftsverhältnissen.

Die Entwicklung des Familienlebens

Der Historiker Lawrence Stone hat einige der von den mittelalterlichen zu den modernen Formen des Familienlebens führenden Veränderungen nachgezeichnet (Stone, 1977). Er unterscheidet drei Hauptphasen der Familienentwicklung während der dreihundert Jahre zwischen dem 16. und dem 19. Jahrhundert. Zu Anfang dieses Zeitraums – wie schon in den Jahrhunderten zuvor – war die vorherrschende Familienform die **offene Familie**, wie Stone sie nannte. Dabei handelt es sich um eine Art von Kernfamilie, deren Familienmitglieder in einem relativ kleinen Haushalt lebten, aber tief in die Gemeinschaftsbeziehungen und damit auch in Beziehungen mit der weiteren Verwandtschaft eingebettet waren. Die Familie war von der Gemeinschaft nicht klar abgegrenzt. Laut Stone (andere Historiker haben diese Auffassung in Frage gestellt) konzentrierten sich zu jener Zeit die emotionalen Bindungen und Abhängigkeiten der Familienmitglieder nicht hauptsächlich auf die Familie. Die Menschen suchten und fanden in der

Familie nicht jene emotionale Vertrautheit, die wir heute mit dem Begriff Familienleben assoziieren. Die Sexualität in der Ehe wurde nicht als lustvoll aufgefaßt, sondern als Verpflichtung im Dienste der Zeugung von Kindern.

Die individuelle Entscheidungsfreiheit bei der Verehelichung oder anderen Familienangelegenheiten war den Interessen anderer, beispielsweise der Eltern, anderer Verwandter oder der Gemeinschaft, untergeordnet. Wie Stone berichtet, war die Familie zu jener Zeit

> offen für die Unterstützung, die Ratschläge, die Neugier und die Einmischung von außen, von Nachbarn und Verwandten. Innerfamiliäres Privatleben existierte nicht. Die Familie war deshalb eine nach außen offene, nüchterne, unemotionale, autoritäre Institution. ... Sie war darüber hinaus äußerst kurzlebig, da sie häufig infolge des Todes des Mannes oder der Frau bzw. aufgrund des Todes von Kindern oder deren frühzeitigen Verlassens des Elternhauses ein Ende fand. (Stone, 1977, S. 6)

Auf die offene Familie folgte die **eingeschränkte patriarchalische Familie**, wie Stone sie nannte. Diese existierte vom frühen 16. bis zum Beginn des 18. Jahrhunderts. Die eingeschränkte patriarchalische Familie war vor allem in den oberen Gesellschaftsschichten anzutreffen; sie blieb ein Übergangstyp. Trotz allem kommt ihr jedoch große Bedeutung zu, da sich aus diesem Familientyp Verhaltensmuster abgeleitet haben, die seither mehr oder weniger universellen Charakter angenommen haben. Die Kernfamilie wandelte sich zu einer stärker abgeschlossenen Einheit, sodaß sich die innerfamiliären Beziehungen deutlich von jenen zu anderen Verwandten und zur lokalen Gemeinschaft abhoben. Diese Phase der Familienentwicklung war mit einer immer stärkeren Betonung der ehelichen und elterlichen Liebe verbunden, obwohl sie auch mit einer Vergrößerung der autoritären Macht des Vaters einherging.

Stones Untersuchungen zufolge wurde die eingeschränkte patriarchalische Familie allmählich von der in sich **geschlossenen häuslichen Kernfamilie**, einer durch starke emotionale Bindungen zusammengehaltenen Gruppe, abgelöst, die sich durch einen hohen Grad an innerfamiliärem Privatleben sowie durch die Konzentration auf das Aufziehen der Kinder auszeichnet. Dies ist der Typ Familienorganisation, der sich bis ins gegenwärtige Jahrhundert hinein hielt. Die in sich geschlossene häusliche Kernfamilie war durch die Zunahme des **affektiven Individualismus** gekennzeichnet, die auf persönlichen und von den Normen der romantischen Liebe bestimmten Entscheidungen beruhte.

Nachdem er ursprünglich in den wohlhabenderen Gesellschaftsschichten entstanden war, fand dieser Familientyp mit der fortschreitenden Industrialisierung im Westen nach und nach allgemeine Verbreitung. Die Wahl des Ehepartners basierte schließlich auf dem Verlangen nach einer Beziehung voller Zuneigung oder Liebe. Im Westen nahmen Ehe und Familie insgesamt jene Form an, die sie bis heute beibehalten haben.

Die Ursachen des Wandels

Im Mittelalter waren, wie bereits erwähnt, der Haushalt und die lokale Gemeinschaft der Mittelpunkt der Produktion von Gütern und Dienstleistungen. Die Familie produzierte die meisten der für das tägliche Leben ihrer Mitglieder erforderlichen Ressourcen, und manchmal wurde auf dem Dorf- oder Stadtmarkt auch etwas gekauft oder verkauft. Die Familiengruppe war üblicherweise eine integrierte Produktionseinheit, deren sämtliche Mitglieder – Frau, Mann und Kinder – am Produktionsprozeß teilnahmen. Obwohl die Frauen die Hauptverantwortung für das Aufziehen der Kinder trugen, oblag ihnen gleichzeitig auch eine wichtige wirtschaftliche Rolle im Haushalt, da die Produktion sich auf der Basis einer Art wirtschaftlicher Partnerschaft vollzog (eine Situation, die noch heute in den ländlichen Gebieten vieler Entwicklungsländer anzutreffen ist).

Die Zahl der kleineren Bauernfamilien wurde in Westeuropa etwa vom 17. Jahrhundert an, in den Vereinigten Staaten um einiges später, reduziert, als sich die kommerzielle Landwirtschaft im großen Maßstab zu entwickeln begann. Dieser Prozeß wurde später stark beschleunigt, als die Industrialisierung einsetzte und sich die Produktion von Gütern und Dienstleistungen in Werkstätten, Fabriken und Büros verlagerte. Die Menschen (besonders die Männer, anfangs auch die Kinder) verließen den Haushalt, um „zur Arbeit zu gehen". Die Familie fungierte nicht mehr als Produktionseinheit, und der „Arbeitsplatz" hatte sich vom „Zuhause" abgetrennt.

Dieser Wandel führte quer durch alle Klassen zum Niedergang der „offenen Familie". Einige der Veränderungen jedoch beschränkten sich zunächst auf die höheren Gesellschaftsschichten. Die frühen Erwerbsbauern, Händler und Industriellen befreiten sich von den Fesseln der Tradition und der Einmischung der Gemeinschaft, die für frühere Zeiten charakteristisch gewesen waren. Sie waren die ersten, die in „eingeschränkten patriarchalischen Familien" zusammenlebten, deren Charakteristika später auch auf die niedrigeren Klassen übergehen sollten, wodurch letztendlich eine Situation entstand, in der die „in sich geschlossene häusliche Kernfamilie" mehr oder weniger zum universellen Familientyp wurde.

Dieser Wandlungsprozeß wirkte sich auch auf die Rollen von Mann, Frau und Kindern in der Familie aus. Von den frühen Jahren der Industrialisierung an hat es viele Frauen gegeben, die nicht nur zuhause für ihre Kinder sorgten, sondern auch zur Arbeit gingen. In den wohlhabenderen Schichten der Gesellschaft setzte sich jedoch die Ansicht durch, daß der Platz der Frau zuhause sei, während der Mann zur Arbeit gehen und das Brot verdienen solle. Viele verheiratete Frauen wurden „Hausfrauen", unbezahlte Arbeiterinnen im Haushalt, deren Aufgabe es war, für den Mann und die Kinder zu sorgen. Auch die Situation der Kinder änderte sich. Es wurden Gesetze zur Einschränkung der Kinderarbeit erlassen, während andere Gesetze wiederum die Schulpflicht einführten.

Mit all diesen Veränderungen ging auch ein Wandel der Liebe sowie des Zusammenhangs zwischen Liebe und Sexualität einher. Während der Haushalt immer seltener eine Produktionseinheit war, weil Produktion und Lohnarbeit zunehmend „außer Haus" stattfanden, entwickelten sich gleichzeitig die Ideale der romantischen Liebe. In der patriarchalischen Familie setzten sich neue Ideale der Zuneigung durch, die jedoch immer noch eher die Pflicht als die romantische Zuneigung hervorhoben. Mit der Trennung von Heim und Arbeitsplatz kam es überdies zu einer deutlichen Unterscheidung zwischen den „persönlichen" Beziehungen in der Familie und den Beziehungen in der Arbeitswelt. Der affektive Individualismus bildete sich heraus, wurde zur Hauptbasis der Ehe und wandelte die Beziehungen zwischen Mann und Frau. Mit Anbruch des 20. Jahrhunderts hatte sich allgemein die Ansicht durchgesetzt, daß die Familie eine private Welt der Erfüllung ist oder zumindest sein soll, in der die emotionale und sexuelle Intimität zwischen Mann und Frau absolute Priorität genießt (Cancian, 1987).

Weltweite Veränderungen der Familienstrukturen

Es gibt rund um die Welt in verschiedenen Gesellschaften immer noch eine Vielzahl verschiedener Familienformen. In manchen Gegenden, wie etwa in entlegenen Regionen Asiens, Afrikas oder des pazifischen Raums, haben sich die auf Großfamilien, Sippen oder Polygamie basierenden traditionellen Familienverhältnisse nur wenig verändert. In den meisten Ländern der Dritten Welt jedoch gehen weitreichende Veränderungen vor sich. Die Ursachen für diese Veränderungen sind zwar sehr komplex, es können jedoch einige Faktoren als besonders wichtig hervorgehoben werden. Unter diesen Faktoren finden sich vor allem, wie früher im Westen, die Einflüsse der modernen Industrie und des städtischen Lebens. Im allgemeinen führen diese Veränderungen zu einer weltweiten quantitativen Dominanz der Kernfamilie, wobei die Großfamilien und andere Arten verwandtschaftlicher Gruppen ihre Bedeutung verlieren. Dieser Prozeß wurde zum ersten Mal vor dreißig Jahren von William J. Goode in seinem Buch *World Revolution and Family Patterns* (1963) dokumentiert. Goode hat manche der Veränderungen wahrscheinlich übermäßig vereinfacht dargestellt, seine Behauptung, daß sich die Kernfamilie immer mehr durchsetzt, wurde jedoch durch nachfolgende Studien bestätigt.

Entwicklungstendenzen

Die folgenden Punkte fassen die wichtigsten Veränderungen zusammen, die weltweit vor sich gehen.

1 Sippen und andere verwandtschaftliche Gruppen verlieren an Bedeutung. Dies läßt sich am Beispiel der Nachkriegsgeschichte Chinas verdeutlichen: Als die kommunistische Regierung 1949 an die Macht kam, bemühte sie sich, den Einfluß der *tsu* auf das Familien- und Wirtschaftsleben zu brechen. Der Landbesitz der *tsu* wurde aufgesplittert und unter den einzelnen Bauern aufgeteilt, die traditionelle Organisation der *tsu* weitgehend durch Landkommunen ersetzt. Seit damals haben zusätzliche Veränderungen des sozialen und wirtschaftlichen Lebens den Einfluß der *tsu* noch weiter verringert.
2 Es ist ein allgemeiner Trend zur freien Wahl des Ehepartners zu verzeichnen. Großfamiliensysteme sind in vielen, wenn auch keineswegs in allen Fällen mit arrangierten Ehen verbunden. Der Verpflichtung gegenüber der Familie kam bei Eheschließungen entscheidende Bedeutung zu. Teils aufgrund der Beeinflussung durch westliches Gedankengut, insbesondere die Betonung von Individualismus und romantischer Liebe, und teils aufgrund der anderen zu einer Schwächung der Großfamilien führenden Faktoren werden arrangierte

Ehen immer häufiger in Frage gestellt. Die junge Generation, vor allem jene, die im städtischen Raum leben und arbeiten, nehmen immer öfter für sich das Recht in Anspruch, ihren Ehepartner nach eigenem Belieben auszuwählen.

3 Die Rechte der Frau werden immer stärker anerkannt, sowohl in bezug auf die Auswahl des Ehepartners als auch auf die Entscheidungen innerhalb der Familie. Mit diesen Veränderungen geht eine höhere Erwerbsquote der Frau und eine Liberalisierung des Scheidungsrechts einher. In manchen Gesellschaften lag es praktisch ausschließlich im Ermessen des Mannes, ob er sich von der Frau scheiden ließ. So genügte es beispielsweise in manchen Gesellschaften, der Frau vor Zeugen mitzuteilen, daß sie nicht mehr erwünscht sei. Die Frauenorganisationen drängen jetzt vielfach auf gleiches Scheidungsrecht für Männer und Frauen, obwohl es noch viele Gesellschaften gibt, in denen die Fortschritte auf diesem Gebiet noch sehr gering sind.

4 In den traditionellen Kulturen waren die meisten Ehen sogenannte „Verwandtenehen". Die Gesellschaft erwartete von ihren Mitgliedern, daß diese einen aus einer spezifischen, nach Maßgabe von Verwandtschaftsbeziehungen zusammengesetzten Gruppe ausgewählten Partner heirateten. Dort, wo starke Sippen vorherrschten, war es normalerweise nicht gestattet, ein wenn auch verwandtschaftlich noch so weit entferntes Mitglied derselben Sippe zu heiraten. Dieses Prinzip bezeichnet man als **Exogamie**. Das Gegenteil davon heißt **Endogamie** und bedeutet, daß Ehen nur *innerhalb* der Sippengemeinschaft gestattet sind. In beiden Fällen ist die Sippenzugehörigkeit ausschlaggebend für die Entstehung von ehelichen Beziehungen. Die Bedeutung der beiden Prinzipien ist jedoch allgemein im Abnehmen begriffen.

5 In vormals sehr restriktiven Gesellschaften setzt sich jetzt größere sexuelle Freiheit durch. In manchen Fällen ist dieser Prozeß noch nicht sehr weit fortgeschritten, und es gibt auch Gesellschaften, in denen eine gegenläufige Bewegung zu verzeichnen ist, wie dies nach der Islamischen Revolution im Iran in den späten siebziger Jahren der Fall war. Die iranischen Behörden waren bemüht, Gesetze und Gebräuche, die die sexuelle Freiheit einschränkten, neu zu beleben, wie das islamische Fundamentalisten auch in einigen anderen Ländern versuchen. Doch derartige Beispiele stellen eher die Ausnahme dar. Tatsächlich waren viele der traditionellen Gesellschaften in sexuellen Fragen liberaler, als dies im Westen jemals der Fall war bzw. noch ist.

6 Es gibt einen allgemeinen Trend hin zu einer Erweiterung der Rechte der Kinder. In vielen Ländern müssen Kinder immer noch unter extremen Entbehrungen leben oder werden sexuell ausgenutzt und mißbraucht. Die meisten Regierungen haben gesetzliche Vorschriften zum Schutz der Rechte der Kinder erlassen, doch wird noch viel Zeit vergehen, bevor sich solche Gesetze allgemein durchgesetzt haben.

Es wäre ein Fehler, in bezug auf diese Entwicklungen zu übertreiben oder anzunehmen, daß die Kernfamilie bereits überall die vorherrschende Familienform darstellt. Weltweit sind heute in den meisten Gesellschaften immer noch Großfamilien die Norm, und die das familiäre Leben bestimmenden traditionellen Bräuche und Gewohnheiten dauern fort. Außerdem sind die Familiensysteme sehr unterschiedlich, und die Änderungen gehen von verschiedenen Ausgangspunkten aus. Auch die Geschwindigkeit, mit der sich die Veränderungen vollziehen, variiert, und es gibt viele rückläufige Entwicklungen und Gegenbewegungen. Eine auf den Philippinen durchgeführte Untersuchung zeigte zum Beispiel, daß im städtischen Raum ein höherer Prozentsatz an Großfamilien existiert als in den umgebenden ländlichen Gebieten. Diese Großfamilien leiteten sich nicht von traditionellen Mustern der Familienstrukturen her, sondern stellten etwas ganz Neues dar. Cousins, Neffen und Nichten, die aus den ländlichen Gebieten abgewandert und in die Städte gekommen waren, um dort Arbeit zu finden, zogen bei ihren Verwandten ein. Ähnliche Beispiele fanden sich auch in anderen Ländern der Dritten Welt. Aber auch in manchen Industrieländern wurden solche Prozesse beobachtet. In bestimmten Regionen Polens z. B. wurde eine Wiederbelebung der Großfamilie dokumentiert. Viele Industriearbeiter in Polen sind Nebenerwerbsbauern. Die Großeltern ziehen bei den Familien ihrer Kinder ein, um im Haushalt zu helfen und die Enkelkinder aufzuziehen, während die jüngere Generation außer Haus arbeitet (Höllinger und Haller, 1990).

Familie und Ehe in Großbritannien

Allgemeine Charakteristika

In der britischen Gesellschaft gibt es viele Unterschiede der Familienorganisation – einige davon werden später erwähnt. Es gibt jedoch auch eine Reihe allgemeiner Charakteristika, die auf die Mehrheit der Bevölkerung zutreffen:

1 Die britische Familie ist *monogam*, die Monogamie gesetzlich verankert. Angesichts der hohen gegenwärtigen Scheidungsrate in Großbritannien schlagen einige Beobachter jedoch vor, die Ehestruktur Großbritanniens als **serielle Monogamie** zu bezeichnen. Das bedeutet, daß es gestattet ist, mit eine Reihe verschiedener Partner nacheinander verheiratet zu sein, obwohl es nicht erlaubt ist, mit zwei oder mehreren Partnern zur selben Zeit verheiratet zu sein. Doch wäre es irreführend, die gesetzlich vorgeschriebene Monogamie mit der sexuellen Praxis gleichzusetzen. Offensichtlich unterhält ein großer Teil der Briten außereheliche sexuelle Beziehungen.
2 In Großbritannien basiert die Ehe auf dem Gedanken der romantischen Liebe. Der affektive Individualismus ist bestimmend geworden. Man erwartet von den Paaren, daß sie auf der Basis persönlicher Attraktivität und Harmonie gegenseitige Zuneigung als Grundlage der ehelichen Beziehung entwickeln. Die romantische Liebe als Aspekt der Ehe ist im gegenwärtigen Großbritannien „naturalisiert" worden; sie erscheint als Grundfaktum der menschlichen Existenz statt als ein charakteristisches Merkmal moderner Kultur. Die Realität unterscheidet sich jedoch von der Ideologie. Die Betonung der persönlichen Befriedigung in der Ehe hat Erwartungen erzeugt, die manchmal nicht

erfüllt werden können, und dies ist einer der für die hohen Scheidungsraten ausschlaggebenden Faktoren.

3 Die britische Familie ist patrilinear und neolokal. **Patrilineare Vererbung** bedeutet, daß die Kinder den Nachnamen ihres Vaters tragen und Eigentum normalerweise entlang der männlichen Linie weitervererbt wird. (Es gibt auf der Welt jedoch viele **matrilineare** Gesellschaften. Nachnamen und oft auch das Eigentum werden entlang der weiblichen Linie weitergegeben.) Unter **neolokalen Wohnstrukturen** versteht man, daß jungverheiratete Paare ihren Haushalt von jenen der beiden Abstammungsfamilien entfernt begründen. Neolokalität findet sich jedoch nicht in allen britischen Familien. Viele Familien, insbesondere in den Wohngebieten der unteren Klassen, sind matrilokal ausgerichtet, d.h. die Jungverheirateten lassen sich in der Nähe des Wohnorts der Brauteltern nieder.

4 Die britische Familie ist eine Kernfamilie und besteht aus einem oder zwei mit ihren Kindern in einem Haushalt lebenden Elternteilen. Die Kernfamilien sind jedoch keinesfalls gänzlich von den übrigen nahen Verwandten isoliert.

Entwicklungstendenzen

Neuartige Variationen der Familienstrukturen

Der Zweite Weltkrieg brachte eine Krise des Ehe- und Familienlebens mit sich. Im Jahre 1947 waren die Scheidungsraten zehnmal höher als vor dem Krieg, auch wenn die Scheidungsrate danach wieder zurück ging, um allerdings in den frühen sechziger Jahren wieder rapide anzusteigen. Die Verabschiedung des Rechtshilfegesetzes von 1949 eröffnete vielen, die zuvor durch die hohen Kosten abgeschreckt worden waren, die Möglichkeit, sich scheiden zu lassen. Die Ehe jedoch büßte nichts von ihrer Beliebtheit ein: drei Viertel aller Geschiedenen heirateten wieder. Unmittelbar nach dem Krieg wurde ein kurzfristig anhaltender „Babyboom" registriert, dessen höchste Geburtenrate (Anzahl von Lebendgeburten pro Jahr und Tausend der erwachsenen Bevölkerung) von 20,5 im Jahre 1947 verzeichnet wurde. Danach ging die Geburtenrate wieder zurück und blieb seither ziemlich stabil.

Nach Rapoport „befinden sich die Familien in Großbritannien heute im Übergang von einer Gesellschaft, in der eine einzige allgemeingültige Norm vorschrieb, wie das Familienleben auszusehen hatte, zu einer Gesellschaft, in der eine Pluralität von Normen als legitim und sogar erstrebenswert betrachtet wird" (Rapoport und Rapoport, 1982, S. 476). Zur Untermauerung dieses Arguments unterscheidet Rapoport fünf verschiedene Typen von Vielfalt: *der Organisation, der Kultur, der Klasse, des Lebensweges* und *der Kohorte*.

Die Familien *organisieren* die jeweiligen individuellen Haushaltspflichten und ihre Verbindungen zur weiter gefaßten sozialen Umwelt auf verschiedene Art und Weise. Die Unterschiede zwischen „orthodoxen" Familien, in denen die Frau „Hausfrau" und der Mann „Familienerhalter" ist, und den Familien mit zwei berufstätigen Elternteilen oder nur einem alleinerziehenden Elternteil illustrieren diese Vielfalt. *Kulturell* gesehen gibt es heute bei den Einstellungen und Werten der Familie eine größere Vielfalt als früher. Die Existenz ethnischer Minderheiten (westindische, asiatische, griechische und italienische Gemeinschaften) sowie der Einfluß von Bewegungen wie etwa des Feminismus haben bei den Familienformen zu einer beachtlichen kulturellen Vielfalt geführt. Fortdauernde *Klassen*unterschiede zwischen den Armen, der Facharbeiterklasse und den verschiedenen Gruppierungen der mittleren und oberen Klassen haben ebenfalls das Ihrige zur Vielfalt der Familienstrukturen beigetragen. Unterschiedliche familiäre Erfahrungen im Verlauf des *Lebensweges* sind recht offensichtlich. Jemand kann zum Beispiel aus einer intakten Familie kommen und heiraten, sich dann jedoch scheiden lassen. Jemand anderer wiederum ist vielleicht von nur einem Elternteil aufgezogen worden, heiratet mehrmals und hat aus jeder Ehe Kinder.

Der Ausdruck *Kohorte* bezieht sich auf Generationen innerhalb von Familien. Die Verbindungen zwischen Eltern und Großeltern sind heute z. B. wahrscheinlich schwächer geworden, als früher. Andererseits erreichen jetzt mehr Menschen als früher ein hohes Alter und drei Familien können in enger Verbindung miteinander existieren: verheiratete Enkel, ihre Eltern und ihre Großeltern.

Südasiatische Familien

Unter den verschiedenen Familientypen in Großbritannien gibt es eine Struktur, die sich von den meisten anderen deutlich abhebt – jene der südasiatischen Zuwanderer. Die südasiatische Bevölkerung Großbritanniens umfaßt mehr als eine Million Menschen. Die Einwanderung begann in den fünfziger Jahren aus drei Hauptgebieten des indischen Subkontinents: Pandschab, Gujarat und Bengalen. In Großbritannien bildeten die Einwanderer aufgrund ihrer Religion, ihrer Herkunft, ihrer Kastenzugehörigkeit und vor allem aufgrund ihrer verwandtschaftlichen Beziehungen Gemeinschaften. Viele der Einwanderer mußten bemerken, daß der britischen Bevölkerung ihre Auffassung von Familienehre und Familienloyalität beinahe gänzlich fremd war. Sie versuchten, die Einheit der Familie zu erhalten, hatten jedoch Probleme, dafür geeignete Unterkünfte zu finden. In heruntergekommenen Stadtteilen waren große alte Häuser zu haben, in eine bessere Gegend umzuziehen bedeutete jedoch in den meisten Fällen, mit kleineren Häusern vorlieb zu nehmen und den Großfamilienverband aufzubrechen.

Die Kinder der Südasiaten, die heute in Großbritannien zur Welt kommen, sind zwei sehr verschiedenen Kulturen ausgesetzt. Zuhause erwarten oder fordern die Eltern, daß sie sich den Normen der Zusammenarbeit, des Respekts und der Familienloyalität fügen. In der Schule jedoch sollen sie in einer wettbewerbsorientierten und individualistischen sozialen Umgebung nach akademischem Erfolg streben. Die meisten entscheiden sich, ihr familiäres und persönliches Leben gemäß ihrer ethnischen Subkultur zu organisieren, weil sie die mit dem traditionellen Familienleben verbundenen, engen verwandtschaftlichen Beziehungen schätzen. Trotz allem jedoch hat die Begegnung mit der britischen Kultur Veränderungen bewirkt. Die jungen Männer und Frauen fordern mehr Mitspracherecht bei der Entscheidung über ihre Heirat (Ballard, 1982).

Verwandtschaft, Ehe und Familie 425

Gegenwärtige Einflüsse auf Familie und Ehe

Einer der wichtigsten Faktoren, die heute das Familienleben beeinflussen, ist die hohe Anzahl der erwerbstätigen Frauen (vgl. Kapitel 6 „Geschlecht und Sexualität"). Wie bereits erwähnt, ist schon seit den Anfängen der Industrialisierung ein Teil der verheirateten Frauen einer Erwerbstätigkeit außer Haus nachgegangen. Seit dem Zweiten Weltkrieg jedoch ist die Zahl der erwerbstätigen Frauen dramatisch gestiegen. Dieser Anstieg hat zu einer Veränderung der Familienstrukturen beigetragen und spiegelt gleichzeitig diese Veränderungen wider.

Obwohl die berufstätigen Frauen im Vergleich zu ihren Ehemännern eher mindere Tätigkeiten ausüben, genießen erwerbstätige Ehefrauen größere wirtschaftliche Unabhängigkeit als die „Ganztags-Hausfrauen". Viele Ehefrauen betrachten ihre Löhne und Gehälter immer noch als „Bonus", der das Einkommen des Ehemannes, das von beiden als Haupteinnahmequelle betrachtet wird, aufbessert. Es gibt allerdings immer mehr Ehefrauen, die beruflichen Erfolg als eines der Hauptziele in ihrem Leben betrachten und die Führung des Haushalts nicht mehr als ihre einzige Aufgabe akzeptieren.

Inwieweit haben sich diese Entwicklungen auf die häuslichen Rollen von Mann und Frau ausgewirkt? Übernehmen die Männer jetzt mehr Verantwortung für die Hausarbeit und die Kinder als in der Vergangenheit? Es gibt empirische Hinweise darauf, daß es in den letzten drei oder vier Jahrzehnten einige Veränderungen gegeben hat, die sich jedoch eher in Grenzen hielten. Heidi Hartmann hat die Ergebnisse einer Reihe von Studien zusammengetragen, die in den sechziger und siebziger Jahren in den Vereinigten Staaten durchgeführt worden waren (Hartmann, 1981). Sie fand heraus, daß die „Ganztags-Hausfrauen" durchschnittlich 60 Stunden pro Woche mit Hausarbeit verbrachten. Die Männer hingegen arbeiteten im Durchschnitt nur 11 Stunden pro Woche im Haushalt. In Familien mit Kleinkindern widmeten die Frauen der Hausarbeit pro Woche durchschnittlich 70 Stunden, die Kinderbetreuung eingerechnet. Die Männer verbrachten durchschnittlich 5 Stunden pro Woche mit der Kinderbetreuung, reduzierten dementsprechend jedoch die Zeit, die sie für andere Tätigkeiten im Haushalt aufwendeten.

In Großbritannien wurden nicht so viele systematische Studien durchgeführt wie in den USA. Elston machte eine Untersuchung über Ärzteehepaare (Elston, 1980), wobei sich zeigte, daß die Ärzte bei weitem weniger Hausarbeit verrichteten als ihre Frauen. So ging zum Beispiel nur 1 Prozent der Ärzte regelmäßig einkaufen, kochte oder putzte, während mehr als 80 Prozent der Ärztinnen die ersten beiden und immerhin mehr als 50 Prozent alle drei genannten Tätigkeiten verrichteten. Nur in einer geringen Anzahl der Fälle wurden beide Partner der Hausarbeit durch Putzfrauen und Kindermädchen weitgehend enthoben.

Von Jonathan Gershuny stammt eine jüngere britische Studie, in deren Rahmen eine Zeitbudgetanalyse durchgeführt wurde. Die Versuchspersonen wurden aufgefordert, über ihre Aktivitäten während eines bestimmten Tages oder einer bestimmten Woche genau Buch zu führen. Aufgrund dieser Aufzeichnungen konnte er feststellen, wieviel Zeit Männer und Frauen mit verschiedenen Tätigkeiten zubrachten, und direkte Vergleiche mit ähnlichen Studien anstellen, die schon weiter zurücklagen. Die in den siebziger Jahren durchgeführten Studien zeigten, so wie die oben zitierten, daß erwerbstätige Ehefrauen tatsächlich „zweischichtig" arbeiteten – im Beruf *und* zuhause. Gershuny fand jedoch heraus, daß der Anteil der Männer an der unbezahlten Hausarbeit bis zum Zeitpunkt seiner Untersuchung, das heißt bis Ende der achtziger Jahre, wesentlich angestiegen war. „In den Haushalten", so folgerte er, „wird die Hausarbeit jetzt gerechter aufgeteilt. Und dieses Phänomen beschränkt sich nicht allein auf Großbritannien. Was wir hier sehen, spiegelt eine meines Erachtens wirklich substantielle soziale Veränderung wider, die überall in der entwickelten Welt vor sich geht" (Gershuny, 1992, S. 80).

Er stützte sich bei dieser Schlußfolgerung auf Material aus vielen verschiedenen Ländern, von Holland, Deutschland, Polen, den USA bis Peru. Je weiter vorangeschritten die wirtschaftliche Entwicklung eines Landes ist, desto weniger Hausarbeit wird im Durchschnitt von den Frauen verrichtet und desto mehr unbezahlte Arbeit wird auch von den Männern geleistet. Es zeigte sich auch, daß die unbezahlte Arbeit der Männer sich keinesfalls auf außergewöhnliche Tätigkeiten, wie einmalig anfallende Arbeiten, Reparaturen im Haushalt, Gartenarbeit etc., beschränkt. Die zunehmende Teilnahme der Männer an der Hausarbeit betrifft die zentralen täglichen Routinen des Putzens und Kochens. Sogar in jenen Haushalten, in denen die Ehefrau keiner Erwerbstätigkeit nachgeht, arbeiten die Männer heute mehr im Haushalt mit als früher.

Trotz allem gibt es noch große Ungleichheiten. Berufstätige Ehefrauen erledigen im Durchschnitt immer noch einen größeren Teil der Routinehausarbeit als ihre Männer. Außerdem hat Gershuny in seiner Studie die Kinderbetreuung und -erziehung nicht berücksichtigt. In den meisten Fällen wird diese grundlegende Aufgabe immer noch als Domäne der Mutter betrachtet. Dabei geht es nicht nur um den dadurch bedingten Zeitaufwand, sondern auch um den Umstand, daß viele Frauen ihre berufliche Karriere vernachlässigen, um sich um ihre Kinder kümmern zu können. Ob sie dies bereitwillig tun oder nicht, die Konsequenzen sind weitreichend und tragen dazu bei, daß in jenen Bereichen des Berufslebens, die langfristigen Einsatz erfordern, weiterhin die Männer dominieren.

Scheidung und Trennung im Westen

Das Ansteigen der Scheidungsraten

Die Ehe wurde im Westen viele Jahrhunderte lang als praktisch unauflöslich betrachtet. Scheidungen wurden nur in sehr wenigen Fällen, wie beispielsweise bei Nichtvollziehung der Ehe, gewährt. In ein oder zwei Industrieländern wird die Scheidung auch heute noch nicht anerkannt, und 1986 war bei einem Referendum in Irland die Mehrheit dagegen, Ehepaaren die Scheidung zu gestatten. Doch dies sind heute nur noch Einzelfälle. Die meisten Länder haben eine rasche Entwicklung hinter sich, als deren Ergebnis die Scheidung erleichtert wurde (vgl. Abb. 12.1). Das sogenannte *Adversarialsystem* war für praktisch alle Industrieländer charakteristisch. Um eine Scheidung zu erlangen, mußte einer der Ehegatten gegen den anderen Klage (z. B. wegen Grausamkeit, böswilligen Verlassens oder

Verwandtschaft, Ehe und Familie

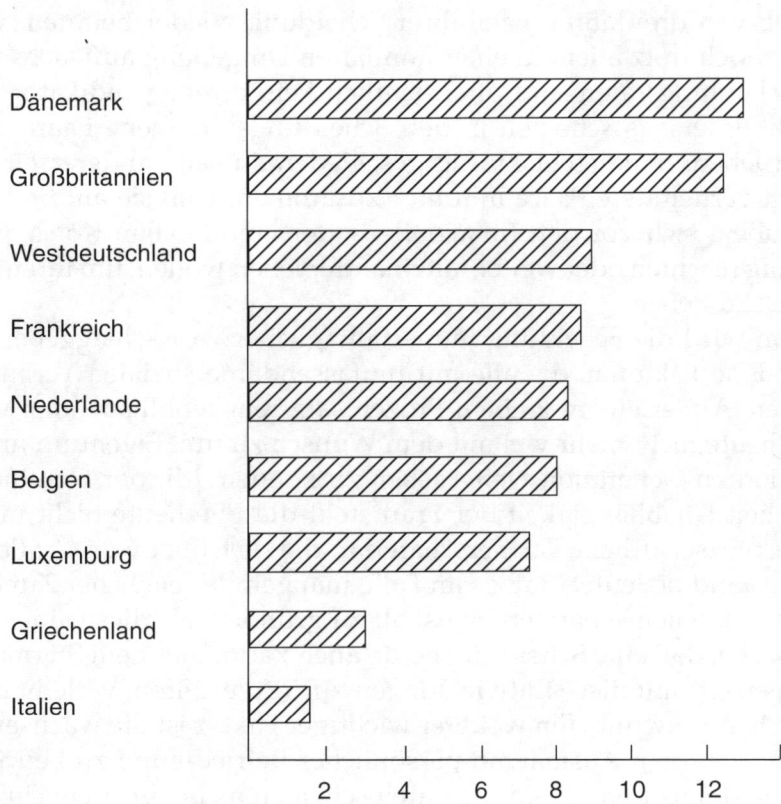

Abbildung 12.1 Scheidungen in Europa pro 1 000 Heiraten, 1989

Ehebruch) erheben. Die ersten Scheidungsgesetze, die eine Scheidung auch „ohne Verschulden" ermöglichten, wurden in einigen Ländern um die Mitte der sechziger Jahre erlassen. Seit damals sind viele westliche Staaten diesem Beispiel gefolgt, obwohl ihre Scheidungsgesetze sich durch manche Details unterscheiden. Das britische Gesetz, das Ehepaaren die Scheidung erleichtern sollte und eine Scheidung ohne Verschulden vorsah, wurde 1969 erlassen und trat 1971 in Kraft.

Zwischen 1960 und 1970 stieg die Scheidungsrate in Großbritannien um stetige 9 Prozent pro Jahr an und hat sich innerhalb dieses einen Jahrzehnts verdoppelt. Bis 1972 hatte sie sich nochmals verdoppelt, was zum Teil auf das Scheidungsreformgesetz des Jahres 1969 zurückzuführen war, das es vielen Ehepaaren, die schon seit Jahren in einer „toten" Ehe lebten, erleichterte, sich scheiden zu lassen. Seit 1980 hat sich die Scheidungsrate bis zu einem gewissen Grad stabilisiert, sie liegt jedoch im Vergleich zur Vergangenheit immer noch sehr hoch (Clark und Haldane, 1990).

Die Scheidung nimmt immer stärker Einfluß auf das Leben der Kinder. Man hat geschätzt, daß beinahe 40 Prozent aller 1970 in Großbritannien geborenen Kinder vor dem Eintritt ins Erwachsenenalter irgendwann in einer Alleinerzieherfamilie leben werden. Da 75 Prozent der Frauen und 83 Prozent der Männer innerhalb von drei Jahren nach ihrer Scheidung wieder heiraten, werden diese Kinder jedoch trotz allem in einer familiären Umgebung aufwachsen.

Die Scheidungsraten sind offensichtlich kein direkter Indikator für eheliches Unglück. Einerseits scheinen in den Scheidungsraten jene Paare nicht auf, die getrennt leben, ohne rechtskräftig geschieden zu sein, andererseits bleiben unglücklich verheiratete Paare mitunter zusammen, weil sie an die Heiligkeit der Ehe glauben, sich vor den finanziellen oder emotionalen Konsequenzen einer Scheidung fürchten oder weiter miteinander leben wollen, um ihren Kindern eine „Familie" zu geben.

Warum wird die Scheidung immer alltäglicher? Ausschlaggebend dafür sind verschiedene Faktoren, die alle mit umfassenderen sozialen Veränderungen zu tun haben. Außer einem kleinen Prozentsatz sehr wohlhabender Menschen hat die Ehe heute nicht mehr viel mit dem Wunsch zu tun, Eigentum und Status von Generation zu Generation weitergeben zu können. Mit der zunehmenden wirtschaftlichen Unabhängigkeit der Frau stellt die Ehe heute nicht mehr jene notwendige wirtschaftliche Partnerschaft dar, die sie früher war. Größerer allgemeiner Wohlstand bedeutet, daß es im Falle mangelnder ehelicher Zuneigung heute einfacher ist, einen separaten Haushalt zu gründen, als dies früher der Fall war. Die Tatsache, daß eine Scheidung heute auch kaum mehr ein Stigma darstellt, ist zwar einerseits auf diese Entwicklungen zurückzuführen, verleiht diesen jedoch zusätzlichen Schwung. Ein weiterer wichtiger Faktor ist die wachsende Tendenz, eine Ehe nach dem Ausmaß an persönlicher Befriedigung zu beurteilen, die sie bietet. Die steigenden Scheidungsraten scheinen nicht eine tiefe Unzufriedenheit mit der Ehe als solcher zum Ausdruck zu bringen, sondern viel eher eine zunehmende Entschlossenheit, die Ehe als lohnende und befriedigende Beziehung zu erfahren.

Die Scheidung als Erfahrung

Es ist sehr schwer, eine Bilanz der sozialen Vorteile und Kosten einer hohen Scheidungsrate zu ziehen. Ein toleranteres Meinungsklima ermöglicht es Ehepaaren, eine unbefriedigende Beziehung zu beenden, ohne deshalb von der Gesellschaft geächtet zu werden. Andererseits bedeutet die Beendigung einer Ehe beinahe immer eine emotionale Belastung und kann für einen oder beide der Betroffenen zu finanziellen Engpässen führen.

Die Entkopplung

Diane Vaughan hat die Beziehungen der Partner während der Zeit der Trennung oder Scheidung analysiert (Vaughan, 1991). Sie hat über einhundert Betroffene (hauptsächlich aus der Mittelschicht), die sich eben erst von ihrem Ehepartner getrennt hatten bzw. scheiden hatten lassen, interviewt, um den Übergang vom gemeinsamen zum getrennten Leben nachzeichnen zu können. Der Begriff der *Entkopplung* bezieht sich auf die Beendigung einer langfristigen intimen Beziehung. Sie fand heraus, daß in vielen Fällen der physischen Trennung eine *soziale Trennung* vorausgegangen war – zumindest einer der Partner hatte einen neuen

'Stimmt es, daß meine Ehe hier geschlossen wurde?'

Cartoon von David Austin, Wiedergabe mit Erlaubnis von *The Spectator*.

Lebensstil entwickelt, sich für neue Dinge interessiert, neue Freundschaften geschlossen, und das alles in einem Kontext, in dem der andere nicht präsent war. Dies bedeutete im Normalfall Geheimnisse vor dem Ehepartner, natürlich besonders dann, wenn eine neue Liebesbeziehung im Spiel war.

Laut Vaughans Studie erfolgt die Entkopplung anfangs oft ohne Absicht. Einer der Ehepartner – den sie den *Initiator* nennt – ist mit der Beziehung weniger zufrieden als der andere und schafft sich ein „Territorium" abseits jener Aktivitäten, denen die Ehepartner gemeinsam nachgehen. Davor hat der Initiator in vielen Fällen eine Zeitlang erfolglos versucht, den Partner bzw. die Partnerin zu ändern, ihn oder sie zu akzeptablem Verhalten zu bewegen, gemeinsame Interessen zu fördern etc. Schließlich kommt der Initiator jedoch zur Überzeugung, daß seine Bemühungen gescheitert sind und seine Ehe nicht mehr zu retten ist. Von diesem Moment an beschäftigt er bzw. sie sich nur mehr mit den Mängeln des Partners oder der Beziehung. Vaughan schrieb, dieser Prozeß sei das genaue Gegenteil des „sich Verliebens" am Anfang einer Beziehung, wenn man sich nur auf die attraktiven Seiten des anderen konzentriert und über jene Seiten, die vielleicht weniger gewinnend sind, einfach hinwegsieht.

Initiatoren, die eine Trennung ernsthaft in Betracht ziehen, diskutieren die Beziehung im Normalfall ausgiebig mit anderen und „vergleichen Notizen". Dabei wägen sie Kosten und Nutzen einer Trennung ab. Kann ich allein überleben? Wie werden Freunde und Eltern reagieren? Werden die Kinder darunter leiden? Werde ich über ausreichende finanzielle Mittel verfügen? Nachdem sie über diese und andere Probleme nachgedacht haben, beschließen manche, noch einen Versuch zu starten und die Beziehung wieder ins Lot zu bringen. Diese Diskussionen lassen andererseits jenen, die sich für eine Trennung entschieden haben, den Bruch mit dem Partner weniger erschreckend erscheinen und vermitteln ihnen das Gefühl, das Richtige zu tun. Die meisten Initiatoren gelangen zur Überzeugung, daß die Verantwortlichkeit für ihre eigene Selbstentfaltung Priorität vor der Verpflichtung gegenüber dem Partner besitzt.

Natürlich wird eine Trennung nicht immer ausschließlich durch einen der Partner vorangetrieben. Der andere Partner mag ebenfalls zur Auffassung gelangt sein, daß die Beziehung nicht mehr gerettet werden kann. In manchen Situationen kommt es zu einem abrupten Rollentausch. Derjenige, der zunächst die Beziehung retten wollte, ist fest entschlossen, sie zu beenden, während der anfängliche Initiator nun dafür ist zusammenzubleiben.

Stadien der Scheidung

Wenn ein Paar beschließt, sich scheiden zu lassen, sind etliche Änderungen des Lebensstils und der Perspektiven erforderlich. Paul Bohannan unterscheidet sechs einander überlappende *Stadien der Scheidung*, die ein Paar, das sich trennt, durchlaufen muß (Bohannan, 1970). Alle diese Stadien können Probleme und Spannungen verursachen, die nicht nur das Ehepaar selbst, sondern auch dessen Kinder, Verwandte und Freunde betreffen.

1 Die *emotionale Scheidung* ist Ausdruck der Zerrüttung der Ehe selbst; es kommt zu zunehmenden Spannungen zwischen den Partnern, die normalerweise in einer Trennung gipfeln.
2 Die *rechtliche Scheidung*, bei der die Scheidungsgründe thematisiert werden.
3 Die *wirtschaftliche Scheidung*: Vermögen und Eigentum werden aufgeteilt.
4 Die *elterliche Scheidung*: Das Sorgerecht für die Kinder und die Besuchsrechte müssen geklärt werden.
5 Die *soziale Scheidung* bringt für die Geschiedenen Veränderungen der freundschaftlichen und anderen sozialen Beziehungen mit sich.
6 Die *psychische Scheidung*: Die geschiedenen Partner müssen emotionale Abhängigkeiten abarbeiten und sich den Anforderungen eines Lebens als Alleinstehende stellen.

Eine Reihe von Interviews, die Robert Weiss in den USA mit geschiedenen Männern und Frauen durchführte, zeigte eine definitive „Verlaufskurve" der Anpassung (Weiss, 1976). Wirtschaftlich gesehen trifft die Scheidung Frauen wesentlich härter als Männer, während der Prozeß der psychologischen und sozialen Anpassung für beide Geschlechter ähnlich zu sein scheint. In der Mehrheit der von Weiss analysierten Fälle verschwinden der Respekt und die Zuneigung, die die Partner füreinander empfunden haben mögen, einige Zeit, bevor es tatsächlich zur Trennung kommt. An ihren Platz treten Feindseligkeit und Mißtrauen. Gleichzeitig dauert ein Gefühl der emotionalen Bindung an den Partner fort. Deshalb neigen auch Paare, die erbittert streiten, bevor sie schließlich auseinandergehen, dazu, ein tiefes Gefühl des *Trennungsschmerzes* zu empfinden. Die plötzliche Abwesenheit des Ehepartners führt zu Angst- oder Panikzuständen. Eine Minderheit der Betroffenen erlebt jedoch das Gegenteil – sie empfindet angesichts ihrer Freiheit und der Aussicht, ihr Leben wieder in die eigenen Hände nehmen zu können, ein Gefühl der Euphorie. Es ist auch möglich, daß Depression und Euphorie abwechseln. Nach einer gewissen Zeit verschwinden sowohl Depression als auch Euphorie, und es stellt sich ein Gefühl der Einsamkeit ein. Die Betroffenen haben das Gefühl, abseits der sicheren Familienwelt zu stehen, in der die anderen trotz all ihrer Probleme zu leben scheinen. Die Freundschaftsbeziehungen der Betroffenen ändern sich in beinahe allen Fällen. Obwohl Freunde der Geschiedenen unter Umständen versuchen, den Kontakt mit beiden Betroffenen aufrechtzuerhalten, neigen sie mit der Zeit dazu, mit dem einen mehr Zeit zu verbringen als mit dem anderen.

Ähnliche Resultate brachte auch eine Vielzahl späterer Studien. Es gibt verschiedene Arten, wie langfristige Partner, die auseinandergehen, versuchen, mit dem Streß, dem sie bei einer Scheidung fast unvermeidlich ausgesetzt sind, fertigzuwerden. Eine Strategie besteht in der Verdrängung: Man tut so, als ob „nichts passiert" sei und verschiebt die notwendigen materiellen und psychologischen Anpassungen auf einen späteren Zeitpunkt. Dies ist besonders in den frühen Stadien der Trennung sehr häufig. Eine weitere Strategie besteht darin zu versuchen, mit dem Partner weiterhin regelmäßige soziale und emotionale Kontakte aufrechtzuerhalten. Auch nachdem das Scheidungsverfahren abgeschlossen und vielleicht bereits eine neue Beziehung begonnen wurde, versucht oft einer der Partner – oder auch beide –, ein enges Verhältnis zum anderen aufrechtzuerhalten. Eine dritte Strategie ist die Assimilation: Der oder die Betroffene beeilt sich, seine oder ihre neuen Lebensumstände in ein stabiles Leben zu integrieren. Ein solcher Prozeß wird jedoch nur von sehr wenigen Menschen innerhalb kurzer Zeit bewältigt. Langfristig ist dieser dritte Weg jedoch die einzige Möglichkeit, den Übergang vom Ehepartner zum Geschiedenen zu bewältigen. Die Erfahrung einer Trennung kann letztendlich ein Mittel sein, zu größerer Selbständigkeit und zu einem besseren Verständnis des eigenen Selbst zu gelangen. Viele Menschen jedoch gehen rasch neue Bindungen oder eine neue Ehe ein, wobei sie riskieren, jene Umstände zu reproduzieren, die zum Scheitern der gerade beendeten Ehe oder Beziehung geführt haben.

Scheidung und Kinder

Die Auswirkungen der Scheidung der Eltern auf die Kinder sind nur schwer abzuschätzen. Das Ausmaß an Konflikten zwischen den Eltern vor der Trennung, das Alter der Kinder zum Zeitpunkt der Scheidung, ob es sich um Einzelkinder handelt oder ob Geschwister da sind, das Vorhandensein von Großeltern und anderen Verwandten, die Beziehung der Kinder zu den beiden Elternteilen und das Ausmaß ihres Kontakts mit ihnen nach vollzogener Trennung – all diese und weitere Faktoren beeinflussen den Anpassungsprozeß. Weil Kinder, deren Eltern unglücklich verheiratet sind, aber zusammenbleiben, unter den daraus resultierenden

Spannungen leiden können, ist es doppelt schwierig, die Folgen einer Scheidung für die Kinder zu bestimmen.

Untersuchungen deuten darauf hin, daß Kinder nach der Scheidung ihrer Eltern oft unter großen emotionalen Problemen leiden. Judith Wallerstein und Joan Kelly haben die Kinder von sechzig geschiedenen Paaren in Marin County, Kalifornien, untersucht (Wallerstein und Kelly, 1980). Die Kinder wurden dreimal kontaktiert – zum Zeitpunkt der gerichtlichen Scheidung sowie eineinhalb und fünf Jahre danach. Den Autorinnen zufolge litten zur Zeit der Scheidung beinahe alle der 131 Kinder unter starken emotionalen Störungen. Die Kinder im Vorschulalter waren verwirrt und verängstigt und neigten dazu, sich selbst die Schuld für die Scheidung der Eltern zuzuschreiben. Ältere Kinder waren besser in der Lage, die Gründe ihrer Eltern für die Scheidung zu verstehen, sorgten sich jedoch häufig sehr um die Auswirkungen der Scheidung auf ihre Zukunft und brachten nicht selten auch heftigen Ärger zum Ausdruck. Am Ende des fünfjährigen Zeitraums jedoch fanden die beiden Wissenschaftlerinnen, daß zwei Drittel der Kinder zumindest einigermaßen gut mit ihrem Leben zu Hause und ihren sonstigen sozialen Beziehungen zurechtkamen. Ein Drittel der Kinder allerdings blieb mit seinem Leben unzufrieden und litt weiter unter Depressionen und Einsamkeit – auch in einigen Fällen, in denen die Elternteile, bei denen die Kinder lebten, wieder geheiratet hatten.

Wir können natürlich nicht sagen, wie sich die Kinder entwickelt hätten, wären die Eltern zusammengeblieben. Die für die Studie herangezogenen Personen stammten alle aus einer wohlhabenden weißen Wohngegend und sind möglicherweise repräsentativ für die gesamte Bevölkerung, möglicherweise jedoch auch nicht. Darüberhinaus besteht ein Problem der Selbstselektion – die untersuchten Familien hatten bei Beratungsstellen vorgesprochen. Jene, die aktiv Hilfe suchen, sind unter Umständen weniger gut (oder besser) in der Lage, mit einer Trennung zurechtzukommen, als andere. Eine Erkenntnis scheint sich jedoch aus dieser und anderen Studien ableiten zu lassen: Es ist besser für die Kinder, wenn sie nach der Scheidung fortlaufenden Kontakt zu beiden Elternteilen haben, als wenn sie nur entweder den Vater oder die Mutter regelmäßig sehen.

Alleinerzieherhaushalte

Die Anzahl der Alleinerzieherhaushalte hat stark zugenommen. Die überwältigende Mehrheit von ihnen hat eine Frau zum Haushaltsvorstand, da bei einer Scheidung normalerweise die Mütter das Sorgerecht für die Kinder erhalten. (Bei einem kleinen Prozentsatz der Alleinerzieherhaushalte war der Alleinerzieher, auch in diesem Fall beinahe immer eine Frau, nie verheiratet). Es gibt in Großbritannien heute weit über eine Million solcher Alleinerzieherhaushalte, und ihre Zahl steigt weiter an. Derzeit ist eine von fünf Familien mit unversorgten Kindern eine Alleinerzieherfamilie (vgl. Abb. 12.2). Im Durchschnitt gehören diese Familien zu den ärmsten Gruppen unserer heutigen Gesellschaft. Viele Alleinerzieher sehen sich – egal, ob sie jemals verheiratet waren oder nicht – immer noch neben wirtschaftlicher Unsicherheit auch mit sozialer Mißbilligung konfrontiert. Früher übliche, stärker moralisierende Bezeichnungen wie „verlassene Ehefrau",

Verwandtschaft, Ehe und Familie 433

„vaterlose Familie", „zerrüttetes Elternhaus" sind heute allerdings im Verschwinden begriffen.

Die Kategorie der Alleinerzieherhaushalte ist in sich nicht sehr homogen. So sind beispielsweise mehr als die Hälfte der verwitweten Mütter Wohnungseigentümer, die überwiegende Mehrheit der ledigen Mütter jedoch lebt in gemieteten Unterkünften. Die Alleinerzieherschaft ist ein veränderlicher Zustand mit eher verwaschenen Grenzen. Im Fall einer verwitweten Person ist das Ende der Beziehung offensichtlich durch einen deutlichen Einschnitt markiert – obwohl sogar in diesen Fällen die Witwe oder der Witwer einige Zeit vor dem Verlust des Partners allein gelebt haben kann, wenn der Verstorbene vor seinem Tod z. B. längere Zeit im Krankenhaus war. Ungefähr 60 Prozent der Alleinerzieherhaushalte entstehen jedoch durch Scheidung oder Trennung. In solchen Fällen leben die Betroffenen manchmal über längere Zeiträume hinweg sporadisch zusammen. Eine alleinerziehende Mutter bemerkte:

> Ich glaube, es braucht einige Zeit, sich damit abzufinden, daß man eine alleinerziehende Mutter ist. Ich selbst habe erst im vergangenen Jahr akzeptiert, was ich bin. Vorher habe ich wohl immer geglaubt, daß wir doch noch einmal zuammenkommen, aber als er heiratete, mußte ich aufgeben. Ich habe mich damals sehr schlecht gefühlt, aber jetzt glaube ich, daß es das Beste war, was mir passieren konnte, weil ich nur dadurch mit meinem Leben ins reine gekommen bin. (Zitiert nach Crow und Hardey, 1992, S. 149)

Die meisten Menschen wünschen sich nicht, alleinerziehende Eltern zu werden, aber es gibt eine ständig wachsende Minderheit, die sich tatsächlich für den Alleinerzieherstatus entscheidet, für ein Kind oder mehrere Kinder, und dabei auf die Unterstützung eines Ehegatten oder Partners verzichtet. „Alleinerziehende Mütter aus Überzeugung" wäre eine passende Beschreibung für manche dieser Alleinerzieherinnen, im Normalfall für jene, die über ausreichende Ressourcen verfügen, um auch als Alleinerzieherin zurechtzukommen. Für die Mehrzahl

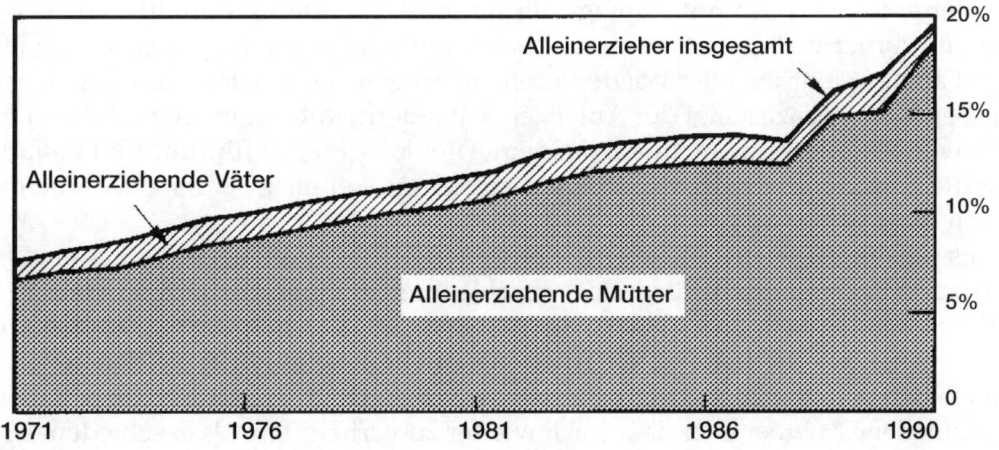

Abbildung 12.2 Zunahme von Alleinerziehern und –erzieherinnen in Großbritannien (mit Ausnahme von 1971 und 1987 dreijährige, gleitende Durchschnitte)
Quelle: Office of Population Censuses and Surveys statistics; aus *Social Trends* 22 (London, HMSO, 1992), S. 39.

der ledigen oder geschiedenen bzw. verwitweten Mütter sieht die Realität jedoch anders aus: Es gibt eine hohe Korrelation zwischen der Rate der außerehelichen Geburten und den Indikatoren der Armut und der sozialen Bedürftigkeit.

Wiederheirat und Stiefelternschaft

Wiederheirat

Eine Wiederverehelichung kann unter verschiedenen Umständen stattfinden. Manche Wiederverheiratete sind Anfang zwanzig und bringen keine Kinder in die neue Ehe mit. In jenen Fällen, in denen sich Menschen mit Ende zwanzig, in ihren Dreißiger- oder frühen Vierzigerjahren wiederverheiraten, bringen unter Umständen beide Partner ein oder mehrere Kinder aus ihren vorangegangenen Ehen mit in den Haushalt, in dem sie mit ihrem neuen Partner leben werden. Jene, die sich noch später wiederverheiraten, haben unter Umständen bereits erwachsene Kinder, die niemals in den neuen Haushalten der Eltern leben werden. Außerdem können aus der neuen Ehe selbst Kinder hervorgehen. Jeder der beiden Neuverheirateten kann zuvor ledig, geschieden oder verwitwet gewesen sein, was insgesamt acht mögliche Kombinationen ergibt. Verallgemeinernde Aussagen über die Wiederheirat müssen deshalb mit beträchtlicher Vorsicht getroffen werden, obwohl es einige allgemeine Punkte gibt, die es wert sind, erwähnt zu werden.

Um 1900 waren etwa neun Zehntel aller Ehen in Großbritannien Erstehen. Bei den meisten Wiederheiraten war zumindest ein Partner verwitwet. Mit dem Anstieg der Scheidungsraten jedoch begann auch die Anzahl der Wiederheiraten anzusteigen und ein ständig steigender Anteil der Wiederheiraten betraf nun Geschiedene. In den sechziger Jahren stieg die Anzahl der Wiederheiraten rapide an und ging während der siebziger und frühen achtziger Jahren wieder leicht zurück.

Heute ist bei achtundzwanzig von hundert Heiraten zumindest ein Partner bereits vorher verheiratet gewesen. Bis zu einem Alter von fünfunddreißig Jahren sind an der Mehrheit aller Wiederverehelichungen Geschiedene beteiligt. Jenseits dieser Altersgrenze steigt der Anteil jener Wiederheiraten, an denen Witwen bzw. Witwer beteiligt sind, an, und bei einem Alter jenseits von fünfundfünfzig Jahren ist die Anzahl dieser Art von Wiederheiraten größer als jene der Wiederheiraten nach einer Scheidung.

Es scheint zwar seltsam, aber die beste Möglichkeit, die Chancen auf eine Heirat zu steigern, besteht für beide Geschlechter in einer vorherigen Heirat! Die Wahrscheinlichkeit, daß jemand, der bereits einmal verheiratet war und geschieden wurde, wieder heiratet, ist größer als die Wahrscheinlichkeit, daß ein Single derselben Altersgruppe zum erstenmal heiratet. In allen Altersgruppen neigen geschiedene Männer eher dazu, sich wieder zu verheiraten, als geschiedene Frauen: drei von vier geschiedenen Frauen, aber fünf von sechs geschiedenen Männern gehen nochmals eine Ehe ein. Zumindest statistisch gesehen sind Wiederheiraten weniger erfolgreich als Erstheiraten. Die Scheidungsrate bei Wiederheiraten ist höher als jene bei Erstheiraten.

Das soll nicht bedeuten, daß Wiederheiraten zum Scheitern verurteilt sind. Menschen, die einmal geschieden wurden, haben unter Umständen höhere Erwartungen in bezug auf die Ehe als solche, die zum erstenmal heiraten. Deshalb sind sie möglicherweise eher bereit, auch ihre neue Ehe zu beenden, als jemand, der zuvor noch nie verheiratet war. Es ist möglich, daß Wiederheiraten, die andauern, im Durschschnitt befriedigender sind als Erstehen.

Stieffamilien

Eine **Stieffamilie** kann als Familie definiert werden, in der zumindest einer der Erwachsenen ein Stiefvater bzw. eine Stiefmutter ist. Benutzt man eine derartige Definition, ist die Anzahl der Stieffamilien wesentlich größer als in den offiziellen Statistiken angegeben, da diese sich normalerweise nur auf Familien beziehen, in denen Stiefkinder leben. Viele Wiederverheiratete werden zu Stiefeltern von Kindern, die zwar regelmäßig zu Besuch kommen, jedoch nicht ständig im selben Haushalt wohnen.

Ein weiterer Punkt ist die Adoption. Brenda Maddox hat geschätzt, daß es sich bei mehr als einem Drittel aller Adoptionen in den Vereinigten Staaten um die Adoption von Stiefkindern handelt. In Großbritannien liegt dieser Anteil niedriger, ist jedoch im Steigen begriffen. Die Adoption ist eine Methode, durch die Personen, die nicht die biologischen Eltern eines Kindes sind, durch eine öffentliche Deklaration der Zugehörigkeit des Kindes zu ihnen auf gewisse Weise den Mangel an genetischer Zusammengehörigkeit wettmachen können. Adoptiveltern haben ihren Kindern gegenüber gesetzlich bestimmte Rechte und Verpflichtungen. Andere Stiefeltern haben diese Rechte und Pflichten nicht, und in den meisten Fällen dauert ihre Beziehung zu den Stiefkindern nur so lange wie die Ehe mit dem natürlichen Elternteil. Der Gesetzgebung der meisten Länder zufolge hat ein Stiefvater oder eine Stiefmutter im Falle einer Scheidung oder beim Tode des mit ihm oder ihr verheirateten biologischen Elternteils keinerlei rechtlichen Anspruch auf das Sorgerecht für die Stiefkinder. Auch wenn ein Kind viele Jahre bei einem Stiefelternteil gelebt hat, hat dieser im Falle des Todes des biologischen Elternteils kaum Aussicht auf das Sorgerecht, wenn dieses vom anderen biologischen Elternteil beansprucht wird.

In Stieffamilien treten mit einiger Wahrscheinlichkeit gewisse Schwierigkeiten auf. Erstens gibt es meistens einen biologischen Vater bzw. eine biologische Mutter, der bzw. die irgendwo anders lebt und höchstwahrscheinlich weiterhin einen starken Einfluß auf das Kind bzw. die Kinder ausübt. Zweitens werden die kooperativen Beziehungen zwischen den Geschiedenen häufig belastet, wenn einer oder beide wieder heiraten. Nehmen wir den Fall einer Mutter von zwei Kindern, die einen Mann heiratet, der ebenfalls zwei Kinder hat. Sie alle leben zusammen. Wenn die „außenstehenden" Elternteile darauf beharren, daß die Kinder sie zu den gleichen Zeiten besuchen wie zuvor, werden die großen Spannungen, die sich ergeben, wenn eine solche neue Familie miteinander verwachsen soll, noch verstärkt werden. Es könnte sich unter solchen Umständen beispielsweise als unmöglich erweisen, jemals die ganze Familie am Wochenende zusammenzubringen.

Drittens werden in Stieffamilien Kinder mit unterschiedlichem Hintergrund zusammengebracht, die unter Umständen unterschiedliche Vorstellungen über das innerhalb der Familie angebrachte Benehmen mitbringen. Da die meisten Stiefkinder zwei Haushalten „gehören", besteht ein großes Risiko, daß unterschiedliche Anschauungen und Verhaltensweisen aufeinanderprallen. Eine Stiefmutter beschrieb ihre Erfahrungen folgendermaßen, nachdem die Probleme, mit denen sie sich konfrontiert sah, schließlich zu einer Trennung geführt hatten:

> Man fühlt sich immer schuldig. Man kann nicht tun, was man normalerweise mit seinem eigenen Kind tun würde, und deshalb fühlt man sich schuldig, aber wenn man normal reagiert und böse wird, fühlt man sich deshalb auch schuldig. Man hat immer solche Angst, unfair zu sein. Ihr Vater [der Vater der Stieftochter] und ich waren nicht einer Meinung, und wenn ich mit ihr schimpfte, sagte er, ich nörgle an ihr herum. Je weniger er tat, um sie zu erziehen, umso mehr schien ich herumzunörgeln ... Ich wollte ihr etwas geben, ein fehlendes Element in ihrem Leben ersetzen, aber vielleicht bin ich nicht flexibel genug. (Smith, 1990, S. 42).

Es gibt wenige etablierte Normen, die das Verhältnis zwischen Stiefeltern und Stiefkindern definieren. Sollte ein Kind den Stiefvater oder die Stiefmutter beim Vornamen nennen, oder ist „Mama" und „Papa" eher angebracht? Sollte der Stiefvater bzw. die Stiefmutter die Kinder genauso bestrafen, wie dies der biologische Vater oder die biologische Mutter tun würde? Wie soll sich der eine Stiefelternteil gegenüber dem neuen Partner des anderen verhalten, wenn er die Kinder abholt?

Der folgende Brief und die Antwort ist der Briefkastenkolumne *„Dear Abbie"* entnommen, die in vielen amerikanischen Zeitungen erscheint:

> Liebe Abbie!
>
> Vor einem Jahr habe ich Ted geheiratet. Seine Frau (Maxine) ist gestorben und hat ihn mit zwei Kindern im Alter von sechs und acht Jahren zurückgelassen. Es ist meine erste Ehe. Ich bin der Meinung, daß Ted jetzt, nach Maxines Tod, mit ihren Verwandten nicht mehr verwandt ist. Ted aber sagt, daß Maxines Eltern immer seine Schwiegereltern bleiben werden. Ich habe auch Eltern, was sind die dann? Man kann nur ein Paar Schwiegereltern zugleich haben und *meine* Eltern sollten auch als Großeltern betrachtet werden, aber das ist nicht der Fall. Die Titel „Großvater" und „Großmutter" gehen an Maxines Eltern. Meine Eltern werden „Papa Pete" und „Mama Mary" genannt. Findest Du das fair? .... und was kann ich dagegen tun? [unterzeichnet „Jemand mit einem Schwiegerelternproblem"]
>
> Lieber „Jemand mit einem Schwiegerelternproblem"!
>
> Obwohl technisch betrachtet Ted nicht mehr der Schwiegersohn von Maxines Eltern ist, würde ich Dir nicht zu dieser streng technischen Interpretation raten. Zwischen Teds ehemaligen Schwiegereltern und ihren Enkelkindern besteht eine so starke Bindung, daß Du, wenn Du klug bist, besser nicht daran rührst. Diese Bindungen stammen nämlich aus der Zeit, bevor Du überhaupt auf der Bildfläche erschienen bist. Großeltern sind Großeltern – für immer.
>
> (Zitiert nach Vischer und Vischer, 1979, S. 132)

Stieffamilien sind in Entwicklung begriffene Arten von verwandtschaftlichen Beziehungen, die in den modernen westlichen Gesellschaften neu sind, obwohl das Problem des „Jemand mit einem Schwiegerelternproblem" im Europa des Mittelalters und anderen traditionellen Gesellschaften nicht ungewöhnlich gewesen wäre. Doch die Probleme, die sich aus einer Wiederheirat *nach einer Scheidung* ergeben, sind wirklich neu. Die Mitglieder dieser Familien entwickeln ihre eigenen Methoden, sich auf die relativ unbekannten Umstände einzustellen, mit denen sie sich konfrontiert sehen. Manche Autoren sprechen heute von *binuklearen Familien* und bringen dadurch zum Ausdruck, daß die beiden Haushalte, die sich nach einer Scheidung bilden, immer noch ein Familiensystem umfassen, wenn die Kinder eingebettet sind. Die möglichen Arten von Familienverbindungen und -variationen, die auf diese Weise organisiert sind, sind, wie oben erwähnt, sehr zahlreich. Man stelle sich zum Beispiel vor, daß ein Mann und eine Frau, die miteinander zwei Kinder haben, sich scheiden lassen, und jeder ein zweites Mal heiratet. Im neuen Haushalt der Frau leben ihre eigenen beiden Kinder, sowie vielleicht ein oder mehrere weitere Kinder, die der neue Ehemann mit in die Ehe gebracht hat. Ihr Ex-Mann heiratet eine Frau, die ebenfalls Kinder mit in den gemeinsamen Haushalt bringt. Die ehemaligen Ehepartner mögen unter Umständen mit ihren eigenen Kindern ebenso wie mit ihren neuen Stiefkindern regelmäßig Kontakt haben, egal, wer bei wem lebt. Solche Verbindungen können verwandtschaftliche Beziehungen, z. B. mit den Eltern der Ex-Männer bzw. Ex-Frauen mit sich bringen. Außerdem können aus jeder der neuen Ehen weitere Kinder hervorgehen (Ahrous und Rodgers, 1989). Vielleicht sollte man daraus am ehesten den Schluß ziehen, daß zwar Ehen durch Scheidungen zerstört werden, Familien im allgemeinen jedoch nicht. Besonders dann, wenn Kinder vorhanden sind, bleiben viele Beziehungen trotz der durch die Wiederheirat umstrukturierten Familienverbindungen intakt.

Die dunklen Seiten der Familie

Da familiäre und verwandtschaftliche Beziehungen einen Teil der Existenz jedes einzelnen darstellen, umfaßt das Familienleben praktisch die gesamte Bandbreite emotionaler Erfahrungen. Familienbeziehungen – zwischen Frau und Mann, Eltern und Kindern, Brüdern und Schwestern oder zwischen entfernten Verwandten – können herzerwärmend und erfüllend sein. Sie können jedoch genausogut von den intensivsten Spannungen beherrscht sein und die Menschen zur Verzweiflung treiben oder ihnen tiefe Angst- oder Schuldgefühle vermitteln. Die „Schattenseite" des Familienlebens ist sehr umfangreich und straft das rosarote Bild der Harmonie Lügen, das uns nur zu oft in TV-Werbespots und überall sonst in den Massenmedien vorgegaukelt wird. Die Familie hat viele beklemmende Facetten, darunter die eben erörterten Konflikte und Feindseligkeiten, die schließlich zu Trennung und Scheidung führen, oder den Zusammenhang zwischen familiären Beziehungen und dem Ausbrechen von Geisteskrankheiten. Kaum etwas hat jedoch derart verheerende Konsequenzen wie der inzestuöse Mißbrauch von Kindern und die Gewalt in der Familie.

Sexueller Mißbrauch

Der sexuelle Mißbrauch von Kindern ist ein weit verbreitetes Phänomen und findet zum Großteil innerhalb des familiären Kontexts statt. *Sexueller Mißbrauch* läßt sich am einfachsten als die Vollziehung sexueller Akte durch Erwachsene an minderjährigen (in Großbritannien unter sechzehn Jahre alten) Personen definieren. Der Ausdruck *Inzest* bezieht sich auf sexuelle Beziehungen zwischen nahen Verwandten. Nicht jeder Inzest bedeutet gleichzeitig sexuellen Mißbrauch. Der Geschlechtsverkehr zwischen Bruder und Schwester ist Inzest, entspricht jedoch nicht der Definition des Mißbrauchs. Im Falle des sexuellen Mißbrauchs nutzt ein Erwachsener ein Kleinkind oder ein Kind zu sexuellen Zwecken aus (Ennew, 1986). Dennoch ist die häufigste Form des Inzests gleichzeitig eine Form des sexuellen Mißbrauchs: inzestuöse Beziehungen zwischen Vätern und ihren jungen Töchtern.

Inzest und allgemeiner der sexuelle Mißbrauch von Kindern sind Phänomene, die erst in den letzten zehn oder zwanzig Jahren „entdeckt" wurden. Natürlich war schon lange vorher bekannt, daß derartige sexuelle Akte vorkommen, die meisten Beobachter gingen jedoch von der Annahme aus, daß diese Verhaltensweisen aufgrund ihrer Tabuisierung wohl kaum weit verbreitet sein könnten. Das ist jedoch nicht der Fall. Der sexuelle Mißbrauch von Kindern hat sich als erschreckend häufig erwiesen. Dieses Phänomen tritt zwar in niedrigeren Gesellschaftsschichten angehörigen Familien vermutlich häufiger auf, existiert jedoch auf allen Stufen der gesellschaftlichen Hierarchie. Statistiken, die dem landesweiten Datenerfassungssystem der Vereinigten Staaten übermittelt wurden, wiesen für den Zeitraum zwischen 1976 und 1982 einen Anstieg der gemeldeten Fälle von sexuellem Kindesmißbrauch um 600 Prozent aus (Finkelhor, 1984).

Es ist beinahe sicher, daß dieser Anstieg auf die größere direkte Aufmerksamkeit zurückzuführen ist, die dem Problem von Wohlfahrtseinrichtungen und der Polizei gewidmet wurde. Ebenso sicher ist, daß solche Statistiken nur die Spitze des Eisbergs darstellen. In einigen Studien, die in den achtziger Jahren in Großbritannien und den USA durchgeführt wurden, zeigte sich, daß mehr als ein Drittel aller Frauen in ihrer Kindheit Opfer sexuellen Mißbrauchs gewesen sind, was bedeutet, daß sie unerwünschte sexuelle Berührungen über sich ergehen lassen mußten. Bei den Männern beläuft sich dieser Anteil auf etwa 10 Prozent (Russell, 1984).

Obwohl die Natur des sexuellen Mißbrauchs in seinen offensichtlicheren Formen deutlich zutage liegt, ist es schwierig, wenn nicht gar unmöglich, dessen volles Ausmaß zu kalkulieren, da er in so vielen verschiedenen Formen auftreten kann. Es ist zwar möglich, eine allgemeine Definition anzubieten, diese ist jedoch variierenden Interpretationen unterworfen. Eine weithin gebräuchliche Formulierung besagt, daß sexueller Mißbrauch dann vorliegt, wenn „eine andere, sexuell reife Person ein Kind in irgendeine Art von Aktivität involviert, von der sich der Erwachsene sexuelle Erregung verspricht. Dies kann Geschlechtsverkehr, Berührungen, die Entblößung von Geschlechtsorganen, das Zeigen pornographischen Materials oder das erotische Sprechen über Dinge einschließen" (zitiert nach Taylor, 1992, S. 26f.).

Warum sind Inzest und Kindesmißbrauch so plötzlich in das Blickfeld der Öffentlichkeit geraten? Ein Teil der Antwort auf diese Frage scheint darin zu bestehen, daß die Tabus gegenüber solchen Aktivitäten die Sozialarbeiter und -forscher davor zurückschrecken ließen, Eltern und Kindern diesbezügliche Fragen zu stellen. Die Frauenbewegung spielte eine wichtige Rolle, indem sie die öffentliche Aufmerksamkeit auf den sexuellen Mißbrauch lenkte; dies war ein Element umfassenderer Kampagnen gegen sexuelle Belästigung und Ausbeutung. Sobald die Forschung einmal begonnen hatte, mutmaßliche Fälle von Kindesmißbrauch zu untersuchen, kamen immer weitere ans Licht. Die „Entdeckung" des sexuellen Mißbrauchs von Kindern wurde, ausgehend von den Vereinigten Staaten, zu einem internationalen Phänomen (La Fontaine, 1990).

Wir wissen nicht genau, welcher Prozentsatz des sexuellen Mißbrauchs von Kindern inzestuöser Natur ist, man kann jedoch annehmen, daß sich die meisten Fälle im familiären Kontext ereignen. Sowohl die Natur der inzestuösen Beziehungen als auch die tatsächlichen sexuellen Handlungen sind sehr unterschiedlich. Die meisten Studien haben ergeben, daß es sich in 70 – 80 Prozent der Inzestfälle um Beziehungen zwischen Vater und Tochter bzw. Stiefvater und Tochter handelt. Es kommen jedoch auch Beziehungen zwischen Onkel und Nichte, Bruder und Schwester, Vater und Sohn, Mutter und Kind und sogar zwischen Großeltern und Enkeln vor. Manche dieser inzestuösen Kontakte sind vorübergehender Natur und beschränken sich auf ein Betasten der kindlichen Genitalien durch den Erwachsenen oder die Ermutigung des Kindes durch den Erwachsenen, dessen Genitalien zu berühren. Andere Beziehungen hingegen sind wesentlich intensiver und können mehrere Jahre lang andauern. Die betroffenen Kinder sind meist über zwei Jahre alt, es gibt jedoch auch Fälle, in denen Babys betroffen sind. In einem Fall etwa starb ein Baby an Erstickung durch Fellatio (oralen Verkehr) (Goodwin, 1982).

Manchmal gibt es innerhalb ein und derselben Familie mehrfache inzestuöse Beziehungen. In einer Studie wird beispielsweise über einen Fall berichtet, in dem ein Vater nicht nur mit seiner vierzehnjährigen Tochter Geschlechtsverkehr hatte, sondern auch ein gleichgeschlechtliches Verhältnis mit seinem dreizehnjährigen Sohn unterhielt, der seinerseits, ebenso wie ein weiterer Bruder, Geschlechtsverkehr mit seiner Schwester hatte. Die Mutter wußte zwar von diesen Aktivitäten, hatte jedoch zu große Angst vor ihrem Mann, um gegen ihn oder die Söhne Anzeige zu erstatten. Das volle Ausmaß des Mißbrauchs kam erst ans Licht, als der Vater verhaftet wurde, weil er seine Tochter verprügelt hatte (CIBA Foundation, 1984, S. 128).

Gewalt oder die Androhung von Gewalt spielen in vielen Inzestfällen eine Rolle. Die Kinder sind zwar manchmal mehr oder weniger willige Teilnehmer, doch scheinen solche Fälle recht selten zu sein. Auch Kinder sind natürlich geschlechtliche Wesen und es kommt oft vor, daß sie miteinander im Spiel ihre Sexualität erforschen. Die Mehrheit der Kinder, die von erwachsenen Familienmitgliedern sexuell mißbraucht werden, empfinden dies jedoch als abstoßend, beschämend oder bedrohlich. Es gibt jetzt genügend Material, um zu belegen, daß der sexuelle Mißbrauch von Kindern für die Opfer langfristige Konsequenzen nach sich zieht. Untersuchungen über Prostituierte, jugendliche Kriminelle, jugendliche Ausreißer und Drogenabhängige zeigen, daß ein hoher Prozentsatz von ihnen während der Kindheit sexuell mißbraucht worden ist. Eine Korrelation bedeutet natürlich keinen ursächlichen Zusammenhang (vgl. Kapitel 21 „Die Arbeit des Soziologen: Forschungsmethoden"). Zu demonstrieren, daß Mitglieder dieser Kategorien als Kind sexuell mißbraucht wurden, zeigt nicht, daß dieser Mißbrauch ursächlichen Einfluß auf ihr späteres Verhalten hatte. Wahrscheinlich haben wir es mit einer ganzen Reihe verschiedener Kausalfaktoren zu tun, wie beispielsweise mit Familienkonflikten, Vernachlässigung durch die Eltern, physischer Gewalt etc.

Erklärungen des sexuellen Mißbrauchs

Um zu erklären, warum es zu Inzest und allgemeiner zu sexuellem Mißbrauch von Kindern kommt, müssen wir uns mit zwei Fragen auseinandersetzen. Erstens, warum für Erwachsene sexuelle Aktivitäten mit Kindern reizvoll erscheinen, und zweitens, warum in der überwiegenden Mehrzahl der Fälle der Mißbrauch durch Männer begangen wird. Wenn man die unterschiedlichen Arten von Mißbrauch und mißbräuchlichen Beziehungen betrachtet, bringt jede dieser Fragen komplexe Themen aufs Tapet. Man kann mit einiger Gewißheit behaupten, daß nur in einer Minderheit der Fälle der Mißbrauch von psychisch Kranken begangen wird. Mit anderen Worten, es ist nicht möglich, durch psychische Störungen zu erklären, warum Erwachsene sich zu sexuellen Aktivitäten mit Kindern hingezogen fühlen.

Die meisten Erwachsenen, die Kinder mißbrauchen, scheinen sexuelle Beziehungen mit Kindern den Beziehungen mit Erwachsenen nicht *vorzuziehen*. Ausschlaggebend sind eher Gelegenheit und Machtverhältnisse. Die Kinder in der Familie sind abhängig und können sich den Forderungen und dem Druck der Eltern nur schwer widersetzen. Erwachsene, die inzestuöse Beziehungen zu Kindern unterhalten, scheinen oft ängstlich und gehemmt zu sein und Kontakte zu anderen Erwachsenen als schwierig zu empfinden. In vielen Fällen scheinen sie nicht nur ihre sexuellen Triebe zu befriedigen, sondern nach einer Zuneigung zu suchen, die sie sonst nirgends finden können. An dieser Stelle können wir eine Verbindung zu der Tatsache herstellen, daß sexueller Mißbrauch in der Mehrzahl der Fälle von Männern begangen wird. In einem früheren Kapitel (Kapitel 6 „Geschlecht und Sexualität") wurde bereits die „männliche Ausdrucksschwäche" behandelt, das heißt die Schwierigkeiten, die viele Männer beim Ausdrücken von Gefühlen haben, ein Phänomen, das wahrscheinlich tiefe psychologische Wurzeln hat. Männer assoziieren das Ausdrücken von Gefühlen direkt mit Sexualität, während sich Frauen eher auf die Beziehung in ihrer Gesamtheit konzentrieren. Männer assoziieren mit Sexualität außerdem die Ausübung von Macht und die Unterwerfung ihrer Partner. Für Männer ist deshalb der Unterschied zwischen der Sexualität der Erwachsenen und der sexuellen Annäherung an Kinder kleiner als für Frauen.

David Finkelhor, einer der führenden Experten auf dem Gebiet des Kindesmißbrauchs, hat argumentiert, daß eine derartige Interpretation in unzweideutiger Weise nahelegt, welche psychologischen und gesellschaftlichen Veränderungen erforderlich wären, um der sexuellen Ausbeutung von Kindern entgegenzuwirken.

> Zunächst könnten Männer von der Gelegenheit profitieren, Zuneigung und Abhängigkeit in Beziehungen zu praktizieren, die keine sexuelle Komponente haben, wie etwa Männerfreundschaften oder die erzieherische Interaktion mit Kindern. Zweitens könnte die Ausübung heterosexueller Sexualität als entscheidendes Kriterium männlicher Adäquatheit weniger betont werden. Drittens könnten die Männer lernen, egalitäre sexuelle Beziehungen zu genie-

ßen. Männer, die ohne Schwierigkeiten Beziehungen mit Frauen eingehen, die ihnen in bezug auf Reife und Kompetenz um nichts nachstehen, neigen weniger zu sexuellem Mißbrauch von Kindern. Wenn sich die Beziehungen der Männer zu den Frauen ändern, werden sich auch ihre Beziehungen zu den Kindern ändern. (Finkelhor, 1984, S. 13)

Gewalt in der Familie

Gewalt in der Familie ist ebenfalls eine überwiegend männliche Domäne. Man kann Gewalt in der Familie als physische Gewalt eines Familienmitgliedes gegen ein oder mehrere andere definieren. Studien haben gezeigt, daß das Hauptziel physischer Gewalt wiederum die Kinder, insbesondere Kleinkinder unter sechs Jahren sind. Gewalttätigkeit des Mannes gegenüber der Frau ist der zweithäufigste Typ und wurde ebenfalls schon in Kapitel 6 erwähnt. Physische Gewalt in der Familie, Gewalt gegen kleine Kinder und den Ehepartner kann jedoch auch von Frauen ausgehen.

Das traute Heim ist tatsächlich der gefährlichste Ort der modernen Gesellschaft. Statistisch gesehen ist die Wahrscheinlichkeit, daß Personen – ob männlich oder weiblich, ob jung oder alt – innerhalb der Familie physisch attackiert werden, wesentlich größer als die Wahrscheinlichkeit, nachts auf der Straße überfallen zu werden. Bei einem von vier Morden in Großbritannien handelt es sich um die Ermordung eines Familienmitgliedes durch ein anderes.

Gelegentlich wird behauptet, daß Frauen zuhause gegenüber Ehepartnern und Kindern beinahe genauso gewalttätig sind wie Männer. Einige Studien belegen, daß Frauen ihre Männer beinahe ebenso oft schlagen, wie dies umgekehrt der Fall ist (Straus, Gelles und Steinmetz, 1980). Die Gewalttätigkeit der Frauen ist jedoch weniger zügellos und eher episodischer Natur als jene der Männer und verursacht weniger häufig dauernde physische Schäden. Das „Prügeln der Ehefrau", die regelmäßige physische Gewalttätigkeit des Ehemannes gegenüber der Ehefrau, hat in umgekehrter Richtung keine wirkliche Entsprechung. Männer, die Kindern gegenüber physische Gewalt anwenden, neigen auch mehr als Frauen dazu, dies ständig zu tun und dabei Verletzungen mit langanhaltenden Konsequenzen zu verursachen.

Warum ist Gewalt in der Familie ein so weit verbreitetes Phänomen? Daran sind mehrere Gruppen von Faktoren beteiligt. Eine davon ist die für das Familienleben charakteristische Kombination von emotionaler Intensität und persönlicher Intimität; die Familienbeziehungen sind normalerweise mit starken Emotionen, oft einer Mischung aus Haß und Liebe, besetzt. Konflikte, die innerhalb der Familie aufbrechen, können eine Feindseligkeit entfesseln, die in anderen sozialen Kontexten nicht mit derselben Intensität empfunden würde. Was als unbedeutender Vorfall erscheint, kann regelrechte Kampfhandlungen zwischen Ehepartnern oder zwischen Eltern und Kindern auslösen. Ein Mann, der bei anderen Frauen exzentrisches Benehmen toleriert, kann so beispielsweise fuchsteufelswild werden, wenn seine eigene Frau bei einer Abendgesellschaft zuviel redet oder Intimitäten ausplaudert, die er lieber geheim gehalten hätte.

Ein zweites Bündel von Einflußfaktoren ist mit der Tatsache verknüpft, daß ein guter Teil der Gewalt innerhalb der Familie toleriert und sogar gebilligt wird.

Obwohl der gesellschaftlich tolerierten Gewalt in der Familie von Natur aus enge Grenzen gesetzt sind, kann sie leicht zu schweren Formen der Gewaltausübung führen. Es gibt nur wenige Kinder in Großbritannien, die nicht zum einen oder anderen Zeitpunkt von einem ihrer Elternteile eine Ohrfeige bekommen haben, auch wenn diese nicht sonderlich kräftig ausgefallen ist. Solche Handlungen finden oftmals allgemeine Billigung und werden wahrscheinlich gar nicht als „Gewaltanwendung" betrachtet. Würde jedoch ein Fremder in einem Geschäft einem Kind eine Ohrfeige geben, weil er sich über etwas ärgert, das das Kind gesagt oder getan hat, dann lägen die Dinge wohl anders. Dennoch handelt es sich in beiden Fällen um denselben Übergriff.

Auch Gewalttätigkeit zwischen den Ehepartnern wird, wenn auch weniger eindeutig, von der Gesellschaft gebilligt. Murray Straus hat argumentiert, daß die Elternschaft eine „Lizenz zum Schlagen" mit sich bringt und die „Heiratsurkunde eine Lizenz zum Schlagen des Partners ist" (Straus, 1978, S. 455). Die kulturelle Akzeptanz dieser Art von Gewalt in der Familie wird durch den alten amerikanischen Sinnspruch verdeutlicht:

> Eine Frau, ein Pferd und ein Hickory
> Je mehr du sie schlägst, desto besser sind sie.

Am Arbeitsplatz und in anderen öffentlichen Bereichen ist es im allgemeinen nicht gestattet, einen anderen zu schlagen, egal, wie sehr man sich über ihn ärgert. In der Familie liegt der Fall anders. Zahlreiche Untersuchungen ergaben, daß ein beträchtlicher Anteil aller Paare der Meinung ist, daß es unter gewissen Umständen erlaubt ist, den Ehepartner zu schlagen. Etwa ein Viertel der Amerikaner und Amerikanerinnen ist der Ansicht, daß ein Ehemann gute Gründe haben kann, seine Frau zu schlagen. Ein etwas geringerer Prozentsatz von ihnen ist der Meinung, daß dies auch in umgekehrter Richtung gilt (Greenblat, 1983).

Gewalt in der Familie spiegelt jedoch auch allgemeinere Strukturen der Gewalttätigkeit wider. Viele Männer, die ihre Frauen und Kinder physisch mißhandeln, haben auch schon in anderen Situationen Gewalttaten begangen. Eine von Jeffrey Fagan und seinen Mitarbeitern durchgeführte Studie über einen landesweiten Querschnitt mißhandelter Ehefrauen ergab, daß mehr als die Hälfte ihrer Ehemänner nicht nur den eigenen Frauen gegenüber gewalttätig war. Mehr als 80 Prozent dieser Männer waren sogar zumindest einmal wegen Gewalttätigkeit außerhalb der Familie verhaftet worden (Fagan, Stewart und Hansen, 1983).

Alternativen zu Ehe und Familie

Kommunen

Die Familie hat schon seit langer Zeit ihre Kritiker. Im 19. Jahrhundert schlugen viele Denker vor, das Familienleben durch gemeinschaftlichere Lebensformen zu ersetzen. Manche dieser Gedanken wurden in die Tat umgesetzt. Eines der besten Beispiele dafür ist die *Oneida Community* in Neu–England in den USA, die Mitte des 19. Jahrhunderts gegründet wurde. Sie basierte auf den religiösen Überzeugungen von John Humphrey Noyes. Jeder Mann in dieser Gemeinschaft war mit jeder Frau verheiratet und alle wurden als Eltern der Kinder der Gemeinschaft betrachtet. Nach verschiedenen anfänglichen Schwierigkeiten vergrößerte sich die Gruppe auf ungefähr 300 Mitglieder und bestand etwa dreißig Jahre lang, bevor sie sich letztendlich wieder auflöste. Seither wurden viele andere Kommunen gegründet, auch in Großbritannien und zahlreichen anderen westlichen Ländern. In den sechziger Jahren entstand eine große Vielfalt solcher Gruppen, bei denen freie sexuelle Beziehungen innerhalb der Gruppe und eine kollektive Verantwortlichkeit für die Erziehung der Kinder häufig die Regel waren. Eine kleine Anzahl dieser Kommunen existiert auch heute noch.

Das wohl wichtigste zeitgenössische Beispiel des gemeinschaftlichen Zusammenlebens ist das der **Kibbuzim** in Israel. Ein Kibbuz ist eine Gemeinschaft von Familien und Einzelpersonen, in der die Kinder gemeinsam aufgezogen werden. Die meisten der Kibbuzim waren ursprünglich kollektive landwirtschaftliche Betriebe, heute jedoch sind viele von ihnen zur industriellen Produktion übergegangen. Es gibt in Israel mehr als 240 solcher Kibbuzim mit insgesamt beinahe 100 000 Mitgliedern. Die kleinen haben nicht mehr als 50, andere hingegen bis zu 2 000 Mitglieder. Jeder Kibbuz funktioniert so, als wäre er ein einziger großer Haushalt; die Betreuung der Kinder fällt nicht in den Verantwortungsbereich der Familie, sondern obliegt der ganzen Gemeinschaft. In manchen der Kibbuzim leben die Kinder in speziellen „Kinderhäusern", verbringen jedoch die Wochenenden normalerweise mit ihrer Familie.

Die Kibbuzim wurden ursprünglich aus radikalen Motiven errichtet. Das Gemeinschaftseigentum und die Erziehung von Kindern in Gruppen sollte es den Kibbuz–Mitgliedern ermöglichen, der individualistischen und wettbewerbsorientierten Lebensweise der modernen Gesellschaften zu entkommen. Von diesen Idealen ist man auch heute keineswegs abgegangen. Über die Jahre hinweg haben sich die meisten der Kibbuzim jedoch für Lebensweisen entschieden, die konventioneller sind als die in der Gründungsphase bevorzugten Formen. Es ist jetzt üblicher geworden, daß Kinder in der Unterkunft ihrer Eltern schlafen. Die Kinderhäuser der Kibbuzim sind heute eher Orte der Kinderbeaufsichtigung und – betreuung und nicht mehr so sehr Ausdruck der kollektiven Verantwortlichkeit für die Kinder.

Lebensgemeinschaften

Lebensgemeinschaften, das heißt das Zusammenleben von Partnern in einer sexuellen Beziehung, ohne jedoch verheiratet zu sein, sind heute in den meisten westlichen Gesellschaften weit verbreitet. In Großbritannien wurden solche Lebensgemeinschaften bis vor einiger Zeit noch als mittlerer Skandal betrachtet. Während der achtziger Jahre jedoch stieg die Anzahl der in gemeinsamen Haushalten zusammenlebenden unverheirateten Männer und Frauen um beinahe 300 Prozent. Die Lebensgemeinschaft erfreut sich insbesondere unter Studenten großer Beliebtheit. In Großbritannien wurden nur wenige diesbezügliche Studien durchgeführt, in den Vereinigten Staaten jedoch haben Untersuchungen ergeben, daß einer von vier Studenten dort irgendwann während des Studiums mit einem Partner in einer sexuellen Beziehung zusammenlebt.

Die Lebensgemeinschaft scheint in Großbritannien in den meisten Fällen ein der Ehe vorangehendes Experimentalstadium zu sein. Solche Lebensgemeinschaften ergeben sich oft eher zufällig als aufgrund kalkulierter Planung. Ein Paar, das bereits eine sexuelle Beziehung unterhält, verbringt mehr und mehr Zeit gemeinsam, und schließlich gibt einer der Partner seine eigene Unterkunft auf und zieht zum anderen. Die auf diese Weise zusammenlebenden jungen Menschen haben beinahe immer vor, früher oder später einmal zu heiraten, jedoch nicht unbedingt den gegenwärtigen Partner. Nur in einer Minderheit dieser Fälle werden auch die Finanzen zusammengelegt. Mit einem Angehörigen des anderen Geschlechts zusammenzuleben, bleibt für viele Menschen, die auf das zwanzigste Lebensjahr zugehen, eine eher heimliche Angelegenheit. Die meisten jungen Frauen versuchen immer noch, ihre wahren Lebensumstände vor ihren Eltern geheimzuhalten, während Männer damit weniger Probleme haben.

In einigen europäischen Ländern, insbesondere in ländlichen Gegenden, hat die Lebensgemeinschaft im Gegensatz zu Großbritannien eine lange Geschichte als legitime Form des Zusammenlebens (Boh et al., 1989). Dies ist zum Beispiel in den skandinavischen Ländern der Fall, die heute die höchste Anzahl von Lebensgemeinschaften aufweisen. Es gibt jedoch keine direkte Kontinuität zwischen Vergangenheit und Gegenwart. In Schweden zum Beispiel lebte 1960 nur 1 Prozent aller Paare in einer Lebensgemeinschaft zusammen, ein Anteil, der heute auf etwa 25 Prozent angestiegen ist. Wie in anderen Ländern Europas heiraten auch in den skandinavischen Ländern die meisten der zusammenlebenden Paare nach einer gewissen Zeit oder sobald sich Kinder einstellen. Die Lebensgemeinschaft wurde in vielen Ländern in mancher Hinsicht der Ehe gleichgestellt, indem etwa ein Anspruch auf Güterteilung oder auf Unterhalt nach Auflösung der Lebensgemeinschaft rechtlich verankert wurde.

Homosexuellenfamilien

Viele homosexuelle Männer und Frauen leben heute in stabilen Beziehungen als Paare zusammen. Manche homosexuelle Paare wurden sogar offiziell „getraut", auch wenn diesen Zeremonien keine rechtliche Bedeutung zukommt. Die Einstellungen gegenüber der Homosexualität sind toleranter geworden; damit ging eine wachsende Bereitschaft der Gerichte einher, das Sorgerecht für Kinder auch einer in einem homosexuellen Verhältnis lebenden Mutter zuzusprechen. Die Technologie der künstlichen Befruchtung bedeutet, daß homosexuelle Frauen eine Familie gründen können, ohne heterosexuelle Kontakte eingehen zu müssen. Während in Großbritannien praktisch jede homosexuelle Familie mit Kindern zwei Frauen umfaßt, gaben in den späten sechziger und frühen siebziger Jahren die Wohlfahrtsbehörden mehrerer amerikanischer Städte obdachlose Homosexuelle im Teenageralter in die Obhut männlicher homosexueller Paare. Von dieser Vorgangsweise ist man jedoch vor allem aufgrund der negativen Reaktionen der Öffentlichkeit wieder abgegangen.

Alleinstehende

Verschiedene Faktoren haben dazu beigetragen, daß die Anzahl der Menschen, die in den modernen westlichen Gesellschaften allein leben, angestiegen ist. Zum einen gibt es einen Trend hin zu späteren Heiraten – es wird jetzt durchschnittlich drei Jahre später geheiratet als dies 1960 der Fall war – andererseits sind die Scheidungsraten stark gestiegen. Ein weiterer Faktor ist die wachsende Zahl alter Menschen, deren Partner bereits gestorben sind. Alleinstehend zu sein bedeutet in verschiedenen Lebensabschnitten verschiedenes. In ihren Zwanzigerjahren sind heute mehr Menschen noch ledig als dies früher der Fall war. Mitte dreißig jedoch ist nur mehr ein kleiner Prozentsatz der Männer und Frauen noch nie verheiratet gewesen. Die Mehrheit der Alleinstehenden zwischen dreißig und fünfzig ist geschieden und befindet sich gerade „zwischen" zwei Ehen. Die meisten Alleinstehenden über fünfzig hingegen sind verwitwet.

Peter Stein hat sechzig Alleinstehende zwischen fünfundzwanzig und fünfundvierzig interviewt (Stein, 1980). Die meisten standen der Tatsache, daß sie alleinstehend waren, ambivalent gegenüber. Sie waren sich bewußt, daß das Leben als Alleinstehender für die Karriere oft förderlich ist, da man sich als Alleinstehender voll und ganz auf die Arbeit konzentrieren kann, und daß man als Alleinstehender eine größere Vielfalt an sexuellen Kontakten eingehen und allgemein mehr Freiheit und Unabhängigkeit genießen kann. Andererseits jedoch brachten sie zum Ausdruck, daß es schwierig sei, in einer Welt, in der die meisten Gleichaltrigen verheiratet sind, allein zu leben, und daß sie unter Isolation oder Einsamkeit litten. Insgesamt fanden die meisten, daß der Druck zu heiraten größer sei als der Anreiz, alleinstehend zu bleiben.

Niedergang der Familie?

1859 schrieb ein Mitarbeiter der *Boston Quarterly Review*, daß „die Familie in ihrem alten Sinn aus unserem Land verschwindet und nicht nur unsere freien Institutionen in Gefahr sind, sondern die Existenz unserer Gesellschaft als solche bedroht ist" (zitiert nach Lantz, Schultz und O'Hara, 1977). Das Echo derartiger Urteile hallt noch heute nach; in den meisten westlichen Ländern werden derartige Befürchtungen noch heute regelmäßig geäußert. Die konservative Partei machte in den achtziger Jahren die Familie zum politischen Thema. Margaret Thatcher erklärte 1986 anläßlich der Frauenkonferenz der Konservativen: „Unsere Politik beginnt mit der Familie, ihrer Freiheit und ihrem Wohlergehen." Kritiker der Familie andererseits betrachten deren Niedergang mit Wohlwollen und scheinen sogar ihr Verschwinden kaum erwarten zu können.

Weil so oft – ohne dafür stichhaltige Gründe anzugeben – behauptet wurde, daß die Familie im Verschwinden begriffen ist, sollten wir derartigen Pauschalurteilen gegenüber eher skeptisch sein. Dennoch kann man nur schwer leugnen, daß Ehe und Familie heute einem tiefgreifenden Wandlungsprozeß unterworfen sind, der einerseits größere soziale Veränderungen zum Ausdruck bringt und andererseits selbst zu diesen beiträgt. Es scheint beinahe sicher zu sein, daß wir in der Zukunft weiterhin vielfältige Formen sozialer und sexueller Beziehungen erleben werden. Es scheint ebenso klar zu sein, daß die Familie nicht im Begriff ist sich aufzulösen.

Zusammenfassung

1 *Verwandtschaft, Familie* und *Ehe* sind eng verwandte Zentralbegriffe der Soziologie und der Ethnologie. *Verwandtschaft* bedeutet entweder genetische Zusammengehörigkeit oder durch Heirat geschaffene Bindungen. Eine *Familie* ist eine Gruppe miteinander verwandter Menschen, die für das Aufziehen von Kindern verantwortlich sind. *Ehe* bedeutet eine Verbindung zwischen zwei Menschen, die miteinander in einer gesellschaftlich gebilligten sexuellen Gemeinschaft zusammenleben.

2 Eine *Kernfamilie* ist ein Haushalt, in dem ein verheiratetes Paar (oder ein Alleinerzieher) mit eigenen oder adoptierten Kindern lebt. Wenn noch andere Familienmitglieder als das Ehepaar und die Kinder im selben Haushalt oder in einer ständigen und engen Beziehung mit diesem leben, spricht man von einer *Großfamilie*.

3 In den westlichen Gesellschaften assoziiert man Ehe und damit auch Familie mit *Monogamie* (einer kulturell gebilligten sexuellen Gemeinschaft zwischen einem Mann und einer Frau). Viele andere Kulturen jedoch tolerieren oder fördern im Gegensatz dazu die *Polygamie*, eine Form des ehelichen Zusammenlebens, bei der ein Mann bzw. eine Frau mehrere Ehepartner gleichzeitig haben kann. Die *Polygynie*, bei der ein Mann mit zwei oder mehr Frauen gleichzeitig verheiratet sein kann, ist wesentlich häufiger als die *Polyandrie*, bei der eine Frau gleichzeitig mit zwei oder mehreren Männern verheiratet sein kann.

4 In Westeuropa und in den USA hatte sich die Kernfamilienstruktur schon lange vor dem Einsetzen der Industrialisierung durchgesetzt, wurde jedoch auch durch diese stark beeinflußt. In anderen Teilen der Welt findet sich eine große Vielfalt von verschiedenen Familienformen. Die Veränderungen der Familienstrukturen ergeben sich aus Faktoren wie etwa der Entwicklung der Zentralregierung, der Ausdehnung der Städte und der zunehmenden Erwerbstätigkeit in Organisationen außerhalb des familiären Einflußbereichs. Diese Veränderungen liegen einer weltweiten Tendenz hin zu Kernfamiliensystemen zugrunde, sodaß Formen der Großfamilie und andere Arten von Verwandtschaftsgruppen nach und nach an Bedeutung verlieren.

5 In der Nachkriegszeit haben sich die Strukturen des Familienlebens im Westen stark verändert. Ein Großteil der Frauen gehört heute der erwerbstätigen Bevölkerung an, die Scheidungsraten steigen, und ein beträchtlicher Teil der Bevölkerung lebt entweder in Alleinerzieherhaushalten oder in Stieffamilien. *Lebensgemeinschaften* (bei denen ein Paar in einer sexuellen Gemeinschaft zusammenlebt, ohne verheiratet zu sein) sind in vielen Industriestaaten zunehmend zu einer Selbstverständlichkeit geworden.

6 Das Familienleben ist keinesfalls immer ein Musterbeispiel für Harmonie und Glück. Die „Schattenseite" der Familie weist nicht selten Formen des sexuellen Mißbrauchs und der Gewaltanwendung zwischen Familienmitgliedern auf. In der Mehrzahl der Fälle werden Kinder von Männern mißbraucht, was mit anderen Arten von Gewalttätigkeit in Zusammenhang zu stehen scheint.

7 Die Ehe ist für keines der Geschlechter mehr eine Vorbedingung der regelmäßigen sexuellen Betätigung (wenn sie es jemals war) und dient auch nicht mehr als Basis für wirtschaftliche Aktivitäten. Es scheint sicher zu sein, daß eine große Vielfalt sozialer und sexueller Beziehungen eine weitere Blüte erleben wird und daß gleichzeitig Ehe und Familie als Institutionen weiterbestehen werden.

Verwandtschaft, Ehe und Familie   447

Grundbegriffe

soziale Institution   Verwandtschaft
Familie   Ehe

Wichtige Fachausdrücke

Sippe	geschlossene häusliche
Kernfamilie	Kernfamilie
Großfamilie	affektiver Individualismus
Abstammungsfamilie	Exogamie
Fortpflanzungsfamilie	Endogamie
matrilokale Familie	serielle Monogamie
patrilokale Familie	patrilineare Vererbung
Monogamie	matrilineare Vererbung
Polygamie	neolokales Wohnen
Polygynie	Stieffamilien
Polyandrie	Kibbuzim
offene Familie	Lebensgemeinschaft
eingeschränkte patriarchalische Familie	

Weiterführende Literatur

Diana Gittins, *The Family in Question* (London: Macmillan, 1992) – eine auf den neuesten Stand gebrachte Version eines Standardwerks über die wichtigsten Aspekte des Familienlebens in modernen Gesellschaften.

Lydia Morris, *The Workings of the Household* (Cambridge: Polity, 1990) – eine Analyse des häuslichen Lebens im Kontext größerer sozialer Veränderungen.

Roderick Phillips, *Untying the Knot: A Short History of Divorce* (Cambridge: Cambridge University Press, 1991) – eine leicht lesbare Studie über die Geschichte der Scheidung in Europa und den Vereinigten Staaten.

Ann Phoenix, *Young Mothers?* (Cambridge: Polity, 1991) – eine Diskussion der Probleme, mit denen sich Mütter im Teenageralter in der modernen Gesellschaft konfrontiert sehen.

Martine Segalen, *Die Familie* (Frankfurt: Campus 1990) – behandelt historische, soziologische und ethnologische Aspekte der Familie im vergleichenden Überblick.

Reinhard Sieder, *Sozialgeschichte der Familie* (Frankfurt: Suhrkamp 1987) – Überblick über den Wandel von Familienformen.

Kapitel 13

Bildung, Kommunikation und Medien

Die frühe Entwicklung von Alphabetisierung und Schulwesen

Die Entwicklung des Schulwesens in Großbritannien
    Die Ursprünge des modernen Systems
    Die „Public Schools"

Vergleiche zwischen den Schulsystemen der Industriestaaten

Höhere Bildung
    Internationale Vergleiche
    Das britische System

Bildung und Ungleichheit
    Colemans Studie über die Ungleichheit im Bildungswesen der USA
    Spätere Studien
    Schultheorien
    Bernstein: Sprachcodes
    Bowles und Gintis: Schule und industrieller Kapitalismus
    Illich: Der verborgene Lehrplan
    Bildung und kulturelle Reproduktion
    Willis: Eine Analyse der kulturellen Reproduktion

Intelligenz und Ungleichheit
    Was ist Intelligenz?
    IQ und genetische Faktoren: die Jensen-Kontroverse
    Trennung von Genetik und IQ: eineiige Zwillinge

Geschlecht und Bildungssystem

Bildungswesen und Alphabetisierung in der Dritten Welt

Kommunikation und Medien

Massenkommunikation
    Die Entwicklung der Zeitungen
    Die Publikation von Zeitungen
    Der Einfluß des Fernsehens
    Fernsehgesellschaften
    Die Auswirkungen des Fernsehens auf das Verhalten
    Fernsehen als Vermittler sozialer Haltungen

Schlußfolgerungen

Zusammenfassung

Grundbegriffe

Fachausdrücke

Weiterführende Literatur

Stellen Sie sich vor, Sie steckten in den Schuhen – oder in den Holzpantoffeln – von Jean–Paul Didion, einem Bauernjungen, der vor etwa zweihundert Jahren in einer bäuerlichen Gemeinde in Frankreich aufwuchs. Im Jahre 1750 ist Jean–Paul vierzehn Jahre alt. Er kann weder lesen noch schreiben, aber das ist nicht weiter ungewöhnlich. In seinem Dorf können auch nur wenige der Erwachsenen mehr als ein oder zwei Wörter entziffern. Es gibt in den näheren Bezirken zwar einige von Nonnen oder Mönchen geführte Schulen, doch diese liegen weit außerhalb der Erfahrungswelt Jean–Pauls. Er hat nie jemanden gekannt, der zur Schule gegangen ist – mit Ausnahme des örtlichen Priesters. In den letzten acht oder neun Jahren hat Jean–Paul den größten Teil des Tages damit zugebracht, bei der Haus- und Feldarbeit zu helfen. Je älter er wird, desto länger wird der Tag, den er mit der harten körperlichen Arbeit des Pflügens auf dem Grund und Boden seines Vaters zubringen soll.

Jean–Paul wird die Umgebung, in der er geboren wurde, wahrscheinlich nie verlassen. Er wird beinahe sein ganzes Leben im Dorf und auf den umgebenden Feldern verbringen und nur gelegentlich in ein Nachbardorf oder eine nahegelegene Stadt kommen. Er wird vielleicht warten müssen, bis er weit über fünfzig Jahre alt ist, bevor er das Land seines Vaters erbt, und selbst dann wird er die Herrschaft darüber mit seinen jüngeren Brüdern teilen müssen. Jean–Paul weiß, daß er „Franzose" ist und daß sein Land von einem bestimmten Monarchen regiert wird. Er weiß auch, daß jenseits der Grenzen Frankreichs eine größere Welt liegt. Aber er hat nur eine sehr vage Vorstellung von „Frankreich" als politischer Einheit. Es gibt keine „Nachrichten" oder andere Quellen, aus denen er regelmäßig Information über Ereignisse anderswo schöpfen könnte. Was er von der Welt draußen weiß, stammt aus den Geschichten und Erzählungen der Erwachsenen, darunter auch von einigen Reisenden, die durch den Ort kamen. Wie die anderen in seiner Gemeinschaft hört er von wichtigen Begebenheiten – wie dem Tod des Königs – erst Tage, Wochen und manchmal sogar erst Monate, nachdem sie sich ereignet haben.

Obwohl Jean–Paul für unsere heutigen Verhältnisse ungebildet ist, ist er alles andere als unwissend. Er hat ein sehr gut entwickeltes und fein ausgeprägtes Verständnis für Familie und Kinder, da er selbst sich seit seiner frühesten Jugend um jene kümmern mußte, die jünger waren als er. Er besitzt bereits gute Kenntnisse über das Land, die Methoden der landwirtschaftlichen Produktion und die Möglichkeiten, Nahrungsmittel zu konservieren und zu lagern. Er beherrscht die lokalen Gebräuche und Traditionen und bewährt sich bei vielen Tätigkeiten außerhalb der landwirtschaftlichen Produktion, wie etwa beim Weben oder Korbflechten.

Jean–Paul ist eine fiktive Gestalt, doch die obige Beschreibung ist repräsentativ für die typische Erfahrung eines im frühmodernen Europa aufwachsenden Jungen. Vergleichen wir damit unsere heutige Situation. In den Industriestaaten kann praktisch jeder lesen und schreiben. Jeder von uns weiß, daß wir Mitglieder einer bestimmten Gesellschaft sind, und besitzt zumindest bis zu einem bestimmten Grad Wissen über unsere geographische Lage in der Welt und über die Vergangenheit unserer Gesellschaft. Unser Leben wird vom Kleinkindalter an auf jeder Altersstufe durch die Informationen beeinflußt, die wir aus Büchern, Zeitungen, Zeitschriften und dem Fernsehen beziehen. Wir alle haben einen Prozeß formeller

Schulbildung durchlaufen. Das gedruckte Wort, die elektronische Kommunikation und der formelle Unterricht in Schulen und Universitäten gehören heute zu den Grundlagen unserer Lebensweise.

In diesem Kapitel werden die Entstehung und die sozialen Auswirkungen des heutigen Bildungswesens analysiert.

Die frühe Entwicklung von Alphabetisierung und Schulwesen

Der Terminus „Schule" wurzelt in einem griechischen Wort, das soviel wie Freizeit oder Erholung bedeutet. In den vorindustriellen Gesellschaften war eine Schulbildung tatsächlich nur jenen zugänglich, die genug Zeit und Geld hatten, um sich eine solche auch leisten zu können. Die religiösen Führer oder Priester waren oft die einzigen, die richtig lesen und schreiben konnten und verwendeten ihre Fähigkeiten, um heilige Texte zu lesen und zu interpretieren. Die überwiegende Mehrheit der Menschen wuchs auf, indem sie durch Beobachtung und Nachahmung die sozialen Verhaltensmuster und die beruflichen Fertigkeiten der Erwachsenen lernte. Wie wir bereits gesehen haben, begannen die Kinder schon in einem sehr frühen Alter, bei der Hausarbeit, sowie auch bei landwirtschaftlicher und handwerklicher Arbeit zu helfen. Lesen war für ihr tägliches Leben weder notwendig noch nützlich.

Ein anderer Grund dafür, daß so wenige Menschen lesen konnten, bestand darin, daß sämtliche Texte aufwendig von Hand kopiert werden mußten und deshalb rar und teuer waren. Die Kunst des Druckens, eine Erfindung, die aus China nach Europa kam, änderte diese Situation. In den 50er Jahren des 15. Jahrhunderts erfand Johann Gutenberg den Buchdruck mit beweglichen Lettern. Durch den Buchdruck wurden Texte und Dokumente einem größeren Kreis von Personen zugänglich. Unter diesen Texten fanden sich Bücher und Broschüren, aber auch eine große Menge an routinemäßigem Material, das für das Funktionieren der immer komplexer werdenden Gesellschaft erforderlich war. So wurden beispielsweise die Gesetze niedergeschrieben und in gedruckter Form verbreitet. Aufzeichnungen, Berichte und die Sammlung von Routinedaten wurden zunehmend zu einem fixen Bestandteil der Regierungstätigkeit, von wirtschaftlichen Unternehmungen und Organisationen im allgemeinen. Der zunehmende Gebrauch von schriftlichem Material in vielen verschiedenen Lebensbereichen führte zu einem immer höherem Grad an **Literarizität** (d.h. Vorhandensein zumindest grundlegender Lese- und Schreibkenntnisse), als dies je zuvor der Fall gewesen war. Die moderne Form der **Schulbildung**, d.h. das Unterrichten von Schülern in speziell diesem Zweck gewidmeten Schulgebäuden, begann sich allmählich zu entwickeln. Dennoch wurden bis vor etwa eineinhalb Jahrhunderten und teilweise auch noch später die Kinder der Wohlhabenden häufig von Privatlehrern unterrichtet. Bis in die ersten Jahrzehnte des neunzehnten Jahrhunderts, in denen in den europäischen Ländern und in den Vereinigten Staaten Grundschulsysteme eingerichtet wurden, verfügte der Großteil der Bevölkerung jedoch weiterhin über keinerlei Schulbildung.

Der Prozeß der Industrialisierung und der Ausdehnung der Städte führte zu einem größeren Bedarf an spezialisierten Ausbildungen. Die Menschen arbeiten jetzt in vielen verschiedenen Berufen, und die beruflichen Fähigkeiten können nicht mehr direkt von den Eltern an die Kinder weitergegeben werden. Der Erwerb von Wissen basiert in zunehmendem Maße eher auf abstraktem Lernen (von Gegenständen wie Mathematik, Naturwissenschaften, Geschichte, Literatur etc.), als auf der praktischen Weitergabe spezifischer Fertigkeiten. In einer modernen Gesellschaft müssen die Menschen über grundlegende Fertigkeiten wie Lese-, Schreib- und Rechenkenntnisse und allgemeines Wissen über ihre physische, soziale und wirtschaftliche Umgebung verfügen. Außerdem ist es wichtig, daß sie wissen, wie man lernt, damit sie in der Lage sind, auch neue, manchmal sehr spezifische Formen von Information zu verarbeiten.

Die Entwicklung des Schulwesens in Großbritannien

Die Ursprünge des modernen Systems

Das moderne Bildungssystem begann in den meisten westlichen Gesellschaften im frühen neunzehnten Jahrhundert Gestalt anzunehmen. Großbritannien zögerte weit mehr als andere Länder, ein integriertes nationales System zu schaffen. In England und Wales war der Bildungssektor rückständig, in Schottland etwas besser entwickelt. Ein „ausgewählter Bildungsausschuß" erklärte im Jahre 1818, daß „England, was die Bildung anlangt, hinter all seinen Rivalen auf dem Kontinent zurücksteht." Um die Mitte des Jahrhunderts hatten es Holland, die Schweiz und die deutschen Länder geschafft, daß nun mehr oder weniger alle Kinder die Grundschule besuchten, in England und Wales jedoch lag dieses Ziel noch in weiter Ferne.

Zwischen 1870 (dem Jahr, in dem die Schulpflicht in Großbritannien eingeführt wurde) und dem Zweiten Weltkrieg wurde das Budget für die Schulbildung von allen aufeinander folgenden Regierungen immer weiter erhöht. Man hob zwar das Schulabgangsalter von zehn auf vierzehn Jahre an und baute immer mehr Schulen, doch die Schulbildung wurde nicht als wirkliche politische Priorität betrachtet (Chapman, 1986). Die meisten Schulen waren private oder kirchliche Einrichtungen und standen unter der Aufsicht der örtlichen Schulbehörden. Der Zweite Weltkrieg veränderte diese Situation. Die Rekruten für die Streitkräfte mußten Leistungs- und Lerntests absolvieren: daß die Ergebnisse dieser Tests auf einen ziemlich niedrigen Bildungsstand schließen ließen, stellte für die Behörden eine unangenehme Überraschung dar. Aus Sorge um den Wiederaufbau nach dem Krieg, begann die Regierung, das bestehende Schulsystem neu zu überdenken.

Bis 1944 besuchte eine überwältigende Mehrheit der britischen Kinder bis zum vierzehnten Lebensjahr eine einzige, kostenlose Schule, die *Grundschule*. Neben dem Grundschulsystem gab es auch *höhere Schulen*, doch für diese mußten die Eltern Schulgeld entrichten. Dieses System führte zu einer deutlichen Trennung der Kinder nach ihrer jeweiligen Klassenzugehörigkeit. Die Schulbildung für Kinder aus ärmeren Gesellschaftsschichten beschränkte sich fast immer auf die

Grundschule. Weniger als 2 Prozent der Bevölkerung absolvierten eine akademische Ausbildung. Das Schulgesetz von 1944 brachte einige wichtige Veränderungen, darunter eine unentgeltliche weiterführende Ausbildung für alle, eine neuerliche Anhebung des Schulabgangsalters auf fünfzehn Jahre und ein Bekenntnis zur Chancengleichheit auf dem Ausbildungssektor. Die Schulbildung wurde zu einem der Hauptverantwortungsbereiche der lokalen Behörden.

Als Ergebnis dieses Gesetzes gingen die meisten lokalen Schulbehörden zur Praxis der akademischen Auswahl über, um eine den Bedürfnissen der Kinder angepaßte weiterführende Bildung zu gewährleisten. Die akademische Auswahl fand in einem Alter von elf Jahren statt – jenem Alter, in dem die Kinder aus der Grundschule in die weiterbildenden Schulen wechselten – und sollte dazu dienen, die begabteren Kinder ohne Rücksicht auf ihren sozialen Hintergrund von den weniger begabten zu trennen. Für die meisten Schüler bestimmten die Ergebnisse dieser sogenannten *eleven–plus*-Prüfung, ob sie nach der Grundschule ein *Gymnasium* (für solche Kinder, die für eine spätere akademische Ausbildung geeignet schienen) oder eine Hauptschule (für jene Kinder, die eher für eine berufliche Ausbildung geeignet schienen) besuchten. Ein kleiner Anteil der Kinder ging entweder auf Fachschulen oder Sonderschulen. Jene, die ihre Ausbildung weiterführen wollten, hatten die Möglichkeit, bis zu einem Alter von siebzehn Jahren die Schule zu besuchen.

Bis zu den sechziger Jahren hatte sich – zum Teil als Ergebnis soziologischer Untersuchungen – gezeigt, daß die *eleven–plus*-Prüfung die in sie gesetzten Erwartungen nicht erfüllte. Der Crowther–Bericht aus dem Jahr 1959 zeigte, daß nur 12 Prozent der Schüler bis zu einem Alter von siebzehn Jahren auf der Schule blieben und daß ein früher Schulabgang eher mit dem sozialen Hintergrund in Zusammenhang stand als mit den schulischen Leistungen. Die Labour–Regierung, die 1964 wieder an die Macht kam, hatte sich auf die Einführung der *Gesamtschule* festgelegt, um der Trennung zwischen Hauptschulen und Gymnasien ein Ende zu setzen und Kinder aus verschiedenen sozialen Klassen zu mischen. Es gab jedoch einige Verwirrung bezüglich dessen, was die neuen Gesamtschulen bieten sollten: Sollte man sie zu „Gymnasien für alle" machen oder einen komplett neuen Schultyp schaffen? Für dieses Problem wurde keine einheitliche Lösung gefunden und die verschiedenen Schulen und Regionen entwickelten jeweils eigene Ansätze. Einige der lokalen Behörden widersetzten sich der Änderung, und so gibt es in manchen Gegenden auch heute noch Gymnasien.

Seit den frühen siebziger Jahren war der öffentliche Bildungssektor einer raschen Umwälzung unterworfen. Eine Situation, in der es an Arbeitskräften mangelte und Schulen gefordert wurden, welche die von der Wirtschaft benötigten Fertigkeiten vermittelten, wurde von einer Situation abgelöst, in der es zu viele Arbeitskräfte gibt, in der die Arbeitslosigkeit steigt und die Einnahmen der öffentlichen Hand sinken. Die Ausweitung des Bildungssektors, die bis dahin die gesamte Nachkriegszeit gekennzeichnet hatte, wurde plötzlich durch Einschränkungen und Versuche, die Ausgaben der öffentlichen Hand zu reduzieren, abgelöst. Von der Mitte der 70er bis in die frühen neunziger Jahre sanken die Bildungsausgaben der öffentlichen Hand von 6,3 Prozent auf etwas über 5 Prozent.

Ein im Jahre 1988 erlassenes Schulgesetz führte zu verschiedenen einschneidenden Reformen, von denen einige jedoch auf heftigen Widerstand stießen. In Übereinstimmung mit ihrer Politik auf anderen Gebieten versuchte die konservative Regierung, auf dem Bildungssektor ein Wettbewerbselement einzuführen. Man übertrug den Schulleitern größere finanzielle Verantwortung, und den Schulen wurde es gestattet, sich der Kontrolle der lokalen Schulbehörden zu entziehen und „unabhängige öffentliche Schulen" zu werden. Es wurde ein landesweiter Lehrplan entwickelt, der für den Unterricht in den öffentlichen Schulen einen allgemeinen Rahmen festlegt (Johnson, 1991).

1992 wurde eine neue Finanzierungsstelle etabliert, die es nach und nach übernehmen wird, für die Plätze in den Schulen außerhalb der Kontrolle der lokalen Schulbehörden zu sorgen. In dem Weißbuch, in dem die Aufgaben dieser Behörde im Detail definiert sind, erklärt die Regierung, daß „sie hofft, daß im Laufe der Zeit alle Schulen durch Zuwendungen erhalten werden können" – mit anderen Worten, daß sie sich den lokalen Schulbehörden entziehen werden. Bis Ende 1992 jedoch hatten von den insgesamt 23 000 öffentlichen Schulen erst 300 diesen Weg gewählt.

Die „Public Schools"

Die britischen *public schools* sind in mehr als einer Hinsicht ungewöhnlich. Sie sind nämlich nicht, wie ihr Name eigentlich sagt, „öffentlich", sondern ganz im Gegenteil private Schulen, für die entsprechendes Schulgeld zu entrichten ist. Der Grad ihrer Unabhängigkeit vom übrigen Schulsystem und die Schlüsselrolle, die sie in der Gesellschaft spielen (vgl. den Abschnitt über Eliten in Kapitel 10 „Politik, Regierung und Staat") hebt sie von den Systemen anderer Länder deutlich ab. Die *public schools* sind dem Buchstaben des Gesetzes nach zwar der Aufsicht des Staates unterstellt, in Wirklichkeit jedoch blieben sie von den meisten der größeren Novellierungen der Schulgesetzgebung unbeeinflußt. So blieben sie vom Schulgesetz des Jahres 1944 ebenso unberührt wie von der Einführung der Gesamtschulen. Bis vor kurzem waren sie zudem in der Mehrheit entweder reine Knaben– oder reine Mädchenschulen.

Privatschulen gibt es in allen westlichen Gesellschaften, und zwar häufig in Verbindung mit religiösen Glaubensgemeinschaften. In keiner anderen Gesellschaft jedoch sind Privatschulen so exklusiv oder so wichtig wie in Großbritannien. Sie sind vom staatlichen Lehrplan ausgenommen. Man hat angemerkt, daß das staatliche Schulwesen seit mehr als einem Jahrhundert von Personen verwaltet wird, die kaum Interesse daran haben und nicht im Traum daran denken würden, ihre eigenen Kinder auf eine öffentliche Schule zu schicken.

Vergleiche zwischen den Schulsystemen der Industriestaaten

In allen Staaten der Erde, auch in der Dritten Welt, gehört der Bildungssektor heute zu den Hauptinvestitionsgebieten (Ramirez und Boli, 1987). Es gibt jedoch große Unterschiede bezüglich der Organisation der Bildungsinstitutionen und des Anteils der Bevölkerung, der Zugang zu den einzelnen Bildungswegen und Bildungsniveaus genießt.

Manche Arten von **Bildungssystemen** sind sehr stark zentralisiert. In Frankreich z. B. lernen alle Schüler nach einem landesweit festgelegten Lehrplan und legen national vereinheitlichte Prüfungen ab. Das amerikanische System wiederum ist durch eine größere Dezentralisierung als in den meisten anderen Ländern gekennzeichnet. Die Bundesstaaten tragen mit einem Anteil von 40 Prozent wesentlich zur Finanzierung der Schulen bei, während die Bundesregierung nur für etwa 10 Prozent aufkommt. Der Rest stammt aus den Steuergeldern der lokalen Schulbezirke. Die Schulen werden von örtlichen Schulbehörden verwaltet, deren Mitglieder von den Wahlberechtigten des jeweiligen Bezirks gewählt werden. Diese Schulräte genießen umfangreiche Machtbefugnisse: so etwa bestimmen sie die Personalpolitik der Schule ebenso wie den Lehrplan.

Diese lokale Art der Kontrolle hat klare Vorteile insofern, als die Schulen auf die Bedürfnisse und Interessen jener, für die sie da sind, reagieren können. Andererseits jedoch führt die lokale Kontrolle zu großen Unterschieden der finanziellen Ressourcen, die davon abhängen, ob sich die jeweilige Schule in einer wohlhabenden oder weniger wohlhabenden Gegend befindet.

In den meisten Industrieländern gibt es neben dem von der öffentlichen Hand finanzierten Schulsystem auch Privatschulen und private Universitäten. Die zentralen oder lokalen Regierungsbehörden gewähren in manchen Fällen Unterstützungen für Schulen, die von religiösen Glaubensgemeinschaften betrieben werden. In Irland beispielsweise sind alle Schulen kirchliche Schulen, obwohl sie vom Staat mit hohen Beträgen subventioniert werden. In anderen Ländern wiederum bekommen Schulen, die von religiösen Glaubensgemeinschaften betrieben werden, nur wenig staatliche Unterstützung und existieren weitgehend unabhängig vom öffentlichen Schulsystem. In vielen Gesellschaften haben die Regierungen in der Vergangenheit danach gestrebt, den religiösen Organisationen die Kontrolle über die Schulen zu entreißen. Auch in Ländern, in denen die meisten Bildungsstätten jetzt öffentlich organisiert und finanziert werden, kämpfen religiöse Organisationen häufig darum, zumindest einige ihrer traditionellen Rechte auf dem Bildungssektor beizubehalten.

Höhere Bildung

Internationale Vergleiche

Zwischen den einzelnen Gesellschaften gibt es auch bei der **höheren Bildung** (Weiterbildung nach der Schule, normalerweise an Universitäten oder Colleges) große Unterschiede. In manchen Ländern sind alle Universitäten und Colleges öffentlich und werden direkt von der Regierung finanziert. Die akademische Ausbildung in Frankreich ist beispielsweise staatlich organisiert und durch eine zentrale Verwaltung gekennzeichnet, die beinahe so ausgeprägt ist wie im Bereich der Grundschulen und höherbildenden Schulen. Sämtliche Studienordnungen müssen durch eine dem Minister für Höhere Bildung unterstehende staatliche

Behörde genehmigt werden. An den Universitäten kann man zwei verschiedene Arten akademischer Titel erwerben, die entweder von der Universität oder von staatlicher Seite verliehen werden. Die staatlichen Titel sind im allgemeinen prestigeträchtiger als die von spezifischen Universitäten verliehenen Titel. Dies ist darauf zurückzuführen, daß man annimmt, daß sie garantiert den einheitlichen Standards entsprechen. Für verschiedene Positionen in der Regierung muß man sogar einen solchen staatlichen akademischen Grad besitzen, und auch in der Industrie sind sie gern gesehen. Praktisch alle Lehrenden an französischen Schulen, Colleges und Universitäten stehen selbst im Staatsdienst. Ihre Entlohnung und die Rahmenstrukturen ihrer Lehrverpflichtungen werden zentral bestimmt.

Die Vereinigten Staaten stechen unter den Industrieländern durch eine hohe Anzahl privater Colleges und Universitäten hervor. 54 Prozent aller akademischen Institutionen in den USA sind privat. Darunter finden sich einige der berühmtesten Universitäten wie Harvard, Princeton und Yale. Auf dem akademischen Sektor ist jedoch die Unterscheidung zwischen *privat* und *öffentlich* in den USA nicht so eindeutig und klar wie in anderen Ländern. Die Studenten privater Universitäten können staatliche Stipendien bzw. Stipendienkredite erhalten und auch die privaten Universitäten selbst erhalten vom Staat Forschungsgelder. Die öffentlichen Universitäten wiederum erhalten häufig beachtliche Zuwendungen oder Spenden der Privatwirtschaft, die ihnen auch häufig Forschungsaufträge erteilt.

Das britische System

Das akademische System in Großbritannien ist weitaus weniger zentralisiert als das französische, doch einheitlicher als das amerikanische. Die Universitäten und Colleges werden von der Regierung finanziert und die Entlohnung der Lehrbeauftragten auf allen Ebenen richtet sich nach einem landesweiten Besoldungsschema. Hinsichtlich der Organisation der einzelnen Institutionen und ihrer Lehrpläne jedoch gibt es beträchtliche Unterschiede.

Unmittelbar vor dem Krieg gab es in Großbritannien einundzwanzig Universitäten. Die meisten der Universitäten waren zu jener Zeit an unseren heutigen Verhältnissen gemessen sehr klein. 1937 lag die Gesamtzahl der *undergraduates* in Großbritannien nur wenig über der Anzahl der ganztägig beschäftigten akademischen Lehrbeauftragten im Jahre 1981 (Carswell, 1985). Graduiertenkurse waren selbst in Cambridge und Oxford, den ältesten Universitäten, nur wenig entwickelt. 1937 waren 75 Prozent aller graduierten Studenten des Landes an der Universität von London inskribiert.

Zwischen 1945 und 1970 dehnte sich der akademische Sektor in Großbritannien auf das vierfache seiner vorherigen Größe aus. Die alten Universitäten wurden erweitert und man baute neue Universitäten, die man je nachdem, ob als Baumaterialien Ziegel oder Beton verwendet wurden, „red–brick" oder „concrete universities" nannte (z. B. Sussex, Kent, Stirling und York). Mit der Schaffung der polytechnischen Colleges entstand ein *binäres* System. Diese zweite Schicht des höheren Bildungswesens erreichte relativ großen Umfang und umfaßt heute ungefähr vierhundert Colleges, die viele verschiedene Lehrgänge anbieten. Die polytechnischen

Colleges konzentrierten sich stärker als die Universitäten auf berufsorientierte Lehrgänge. Es kam weiters zur Gründung des sogenannten *Council for National Academic Awards,* einer Behörde, die dafür zu sorgen hat, daß die akademischen Grade einem einheitlichen Standard entsprechen.

Die akademischen Institutionen Großbritanniens zeichnen sich heute dadurch aus, daß die von ihnen verliehenen Grade eine „Einheitswährung" darstellen, wie es gelegentlich formuliert wurde. Darunter versteht man, daß ein in Leicester oder Leeds erworbener akademischer Grad zumindest theoretisch dem gleichen Standard entspricht, wie ein an den Universitäten von Oxford, Cambridge oder London erworbener Titel. Doch Oxford und Cambridge sind dafür bekannt, daß sie ihre Studenten, von denen etwa die Hälfte aus Privatschulen kommt, sehr sorgfältig auswählen. Mit einem akademischen Grad von Oxford oder Cambridge hat man bessere Chancen, einen hohen ökonomischen Status zu erlangen, als mit einem Grad der meisten anderen Universitäten.

Obwohl der Anteil der Briten, die eine Universitätsausbildung oder eine andere akademische Ausbildung absolvieren, nach dem Krieg angestiegen ist, liegt er immer noch weit unter den Prozentsätzen, die in anderen westlichen Ländern verzeichnet werden. 1990 inskribierten an den Universitäten nur 7 Prozent der Achtzehnjährigen, obwohl der Anteil der *„full–time"*-Studierenden zwischen 1980 und 1990 angestiegen ist. Bei den meisten Indikatoren rangiert Großbritannien im Vergleich mit anderen Ländern am unteren Ende der Tabelle.

In den achtziger Jahren verlangte die konservative Regierung ein „schlankeres", billigeres und zweckmäßigeres akademisches System, was eine Abkehr von der zuvor weitverbreiteten Überzeugung bedeutete, derzufolge Universitäten Orte sein sollten, an denen die freie Erforschung von Ideen möglich ist und akademisches Wissen um seiner selbst willen angestrebt werden kann. Zwischen 1981 und 1985 wurden an den Universitäten 5 600 Akademikerposten und 18 000 Plätze für *undergraduates* abgebaut (Kogan und Kogan, 1988). Obwohl die Regierung danach strebte, jede Art überflüssiger Ausgaben und eine Verlagerung von berufsorientierten hin zu akademischen Qualifikationen zu vermeiden, wuchs der Widerstand gegen eine Politik, die den spezifischen Beitrag der Universitäten zum Leben der Nation zu gefährden schien: die Suche nach den rationalen und unparteiischen Lösungen für Probleme aller Art.

Dieser Kritik wurde schließlich auch Gehör geschenkt. 1991 wurde das binäre System abgeschafft, und die polytechnischen Colleges sind jetzt ebenfalls Universitäten. Derzeit expandiert das universitäre Bildungssystem wieder, obwohl diese Entwicklung verglichen mit anderen europäischen Ländern eher bescheiden anmutet.

Bildung und Ungleichheit

Die Entwicklung des Bildungswesens war immer eng mit den Idealen der Massendemokratie verbunden. Reformer messen der Bildung natürlich um ihrer selbst willen große Bedeutung zu, da sie dem einzelnen die Möglichkeit gibt, seine Fähigkeiten und Talente zu entwickeln. Die Bildung wurde jedoch immer auch als

Mittel zur Erlangung von sozialer Gleichheit betrachtet. Universelle Bildung, so wurde argumentiert, wird zum Abbau ungleicher Vermögens- und Machtverhältnisse beitragen, indem fähigen jungen Menschen jene Fertigkeiten vermittelt werden, die sie brauchen, um in der Gesellschaft eine erstrebenswerte Position zu erlangen. Inwieweit hat sich dies bewahrheitet? Um diese Frage zu beantworten, wurden umfangreiche soziologische Untersuchungen angestellt. Deren Ergebnisse sind eindeutig: Bestehende Ungleichheiten werden durch Bildung weitaus mehr zum Ausdruck gebracht und bestätigt als abgebaut.

Colemans Studie über die Ungleichheit im Bildungswesen der USA

In verschiedenen Ländern durchgeführte Studien zeigen, daß der soziale und familiäre Hintergrund der für die schulischen Leistungen wichtigste Faktor ist und sich folglich in den späteren Einkommensverhältnissen widerspiegelt. Eine der klassischen Studien wurde in den sechziger Jahren in den USA durchgeführt. Das Bürgerrechtsgesetz von 1964 verlangte vom amerikanischen Bildungsminister einen Bericht über Ungleichheiten des Bildungssystems, die auf Unterschiede des ethnischen Hintergrunds, der Religion oder der nationalen Abstammung zurückzuführen sind. Mit der Leitung des Forschungsprojekts wurde der Soziologe James Coleman betraut. Im Jahr 1966 wurden die Ergebnisse der Studie – einer der umfangreichsten, die jemals auf dem Gebiet der Soziologie durchgeführt wurden – veröffentlicht.

Im Verlauf der Studie wurden Daten über mehr als eine halbe Million Schüler zusammengetragen, die unter anderem verschiedene Tests absolvieren mußten, die Auskunft über die verbale und nicht-verbale Kompetenz sowie die Leseleistungen und die mathematischen Kenntnisse der Schüler geben sollten. Außerdem füllten sechzigtausend Lehrer Formulare aus, um Daten über viertausend Schulen zur Verfügung zu stellen. Die Ergebnisse lieferten einen allgemeinen Überblick über das Schulsystem der Vereinigten Staaten und erbrachten einige überraschende Resultate, die praktische Auswirkungen auf die nachfolgenden politischen Entscheidungen haben sollten.

In der Studie wurde festgestellt, daß die überwiegende Mehrheit der Kinder Schulen besuchte, die praktisch nach den Merkmalen „schwarz" und „weiß" segregiert waren. In beinahe 80 Prozent der Schulen, die von weißen Schülern besucht wurden, betrug die Anzahl der schwarzen Schüler nur zehn Prozent der Weißen oder sogar noch weniger. Weiße und Amerikaner asiatischer Herkunft erzielten bei den Leistungstests bessere Ergebnisse als Schwarze oder Angehörige anderer ethnischer Minderheiten. Coleman hatte angenommen, die Studie würde zeigen, daß die meisten schwarzen Schulen weniger gut ausgerüstet waren, größere Klassen hatten und in schlechteren Gebäuden untergebracht waren als jene, die hauptsächlich von weißen Schülern besucht wurden. Die Ergebnisse der Studie zeigten jedoch weitaus weniger diesbezügliche Unterschiede, als man erwartet hatte.

Coleman schloß, daß die den Schulen zur Verfügung stehenden materiellen Ressourcen kaum Unterschiede der schulischen Leistungen bewirkten: der entscheidende Einfluß ergab sich vielmehr aus dem sozialen Hintergrund der Kinder. Colemans Worten zufolge „werden Ungleichheiten, mit denen Kinder aufgrund ihres Heims, ihres Wohnortes oder ihres Freundeskreises konfrontiert sind, über die Jahre hinweg mitgeschleppt und entwickeln sich schließlich zu jenen Ungleichheiten, mit denen sie am Ende ihrer Schulzeit ins Erwachsenenleben eintreten" (Coleman et al., 1966, S. 325). Es gab jedoch auch einige Hinweise darauf, daß Schüler aus ärmlichen Verhältnissen, die mit Schulkameraden aus wohlhabenderen Kreisen eng befreundet waren, vielfach auch bessere schulische Leistungen erbrachten.

Der Coleman–Report beeinflußte die öffentliche Diskussion über die Integration in den Schulen in Großbritannien ebenso wie in den Vereinigten Staaten, da er darauf hinzuweisen schien, daß Kinder aus Minderheitengruppen in Klassen, in denen sie gemeinam mit Schülern aus wohlhabenderen Bevölkerungsschichten lernen, bessere schulische Leistungen erbringen könnten.

Spätere Studien

Während spätere Studien einige der Befunde Colemans bestätigten, wurden andere Aspekte seiner Arbeit in Frage gestellt. Da seine Studie sich auf einen einzigen Zeitpunkt beschränkte, konnte sie Veränderungen weder erfassen noch analysieren. Eine von Michael Rutter in London durchgeführte Studie verfolgte die schulische Entwicklung einiger Gruppen von Jungen über mehrere Jahre hinweg. Die Jungen wurden zum ersten Mal im Jahr 1970 kontaktiert, als sie gerade im Begriff waren, das letzte Jahr ihrer Grundschulausbildung zu beenden. Rutter sammelte Informationen über den sozialen Hintergrund und die schulischen Leistungen dieser Schüler. 1974 wurde die Befragung wiederholt. Zu diesem Zeitpunkt hatten die Schüler bereits drei Jahre ihrer weiterführenden Ausbildung hinter sich. Einige der Schulen, die in diese Untersuchung einbezogen waren, wurden für besonders intensive Erhebungen ausgewählt: Lehrer und Schüler wurden befragt und das Unterrichtsgeschehen beobachtet.

Die Ergebnisse der Studie zeigten, daß die Schule tatsächlich einen Einfluß auf die schulische Entwicklung der Kinder ausübt. Die Faktoren, die Rutter als bedeutsam identifizierte, waren in Colemans Studie praktisch ausgespart worden. Zu diesen Faktoren gehörte zum Beispiel die Qualität der Interaktion zwischen Lehrer und Schüler, ein von Zusammenarbeit und Sympathie geprägtes Verhältnis zwischen Schülern und Lehrern oder eine gute Vorbereitung auf den Unterricht. Die Schulen, die eine bessere Lernumgebung boten, waren in bezug auf ihre materiellen Ressourcen oder Schulgebäude nicht unbedingt immer am besten ausgestattet.

Die Ergebnisse Rutters widerlegen nicht, daß Einflüsse vor und außerhalb der Schule für anhaltende soziale Ungleichheiten ausschlaggebend sind. Da die von Rutter hervorgehobenen Faktoren in Schulen, die stark motivierte Schüler haben und auch den Lehrern gute Möglichkeiten bieten, oft am ausgeprägtesten sind, lassen uns seine Ergebnisse verstehen, warum das Schulsystem dazu neigt, Ungleichheiten zu erhalten: Schüler aus relativ privilegierten Gesellschaftsschichten gehen in eine bestimmte Schule, wodurch deren Qualität aufrechterhalten wird. Dadurch werden gute Lehrer angezogen, wodurch wiederum die Motivation aufrechterhalten wird. Eine Schule hingegen, deren Schüler hauptsächlich aus einem ärmeren Umfeld stammen, wird wesentlich größere Anstrengungen unternehmen müssen, um ähnliche Ergebnisse zu erzielen. Rutters Schlußfolgerungen legen nahe, daß Unterschiede der schulischen Organisation und der Atmosphäre in der Schule jenen äußeren Einflüssen entgegenwirken können, die zu einer Behinderung der schulischen Leistungen führen. Eine Verbesserung der Unterrichtsqualität, des sozialen Klimas und der Arbeitsstrukturen innerhalb der Schule kann dazu beitragen, die Leistungen von Schülern aus ärmlichen Verhältnissen zu verbessern. In einer späteren Studie kam auch Coleman zu ähnlichen Ergebnissen (Coleman, Hoffer und Kilgore, 1981).

Christopher Jencks' 1972 veröffentlichte Studie *Inequality* behandelte einige der empirischen Beweise für den Zusammenhang zwischen schulischer Erziehung und Ungleichheit, die sich bis dahin angesammelt hatten, und konzentrierte sich hauptsächlich auf Forschungsarbeiten in den USA (Jencks et al., 1972). Jencks bestätigte neuerlich die Auffassung, daß schulischer und beruflicher Erfolg hauptsächlich vom familiären Hintergrund und anderen außerschulischen Faktoren abhängen, und daß schulische Reformen allein nur geringe Auswirkungen auf bestehende Ungleichheiten haben können. Jencks' Arbeit wurde aus methodologischen Gründen kritisiert, seine Schlußfolgerungen jedoch bleiben insgesamt glaubhaft (Oakes, 1985).

Heute steht bereits sehr viel an Information über die Ungleichheien des Bildungssystems in Großbritannien zur Verfügung. In der von A. H. Halsey und seinen Kollegen 1980 publzierten Untersuchung wurden verschiedene Vergleiche angestellt, unter anderem zwischen den Bildungsmöglichkeiten, die Jungen aus der Arbeiterklasse offenstehen, und jenen, die den Söhnen der *service class* (Akademiker, leitende Angestellte etc.) zugänglich sind. Die Wahrscheinlichkeit, daß der Sohn einer Familie aus der *service class* bis zu seinem 18. Lebensjahr in der Schule verblieb, war in der Nachkriegszeit zehnmal größer als bei den Söhnen der Arbeiterklasse, und die Wahrscheinlichkeit, daß er anschließend eine Universität besuchte, sogar elfmal größer.

Andere Studien haben sich mit dem Zusammenhang zwischen ethnischer Herkunft und schulischem Erfolg befaßt. Die schwarzen Schüler in Großbritannien erbringen im Durchschnitt wesentlich geringere schulische Leistungen als die weißen. Der Swann–Bericht zeigte 1985, daß nur 5 Prozent der Schulabgänger westindischer Herkunft 1981/82 mehr als ein oder zwei *A–levels* erreichten, während der diesbezügliche Prozentsatz der weißen Schüler bei 13 lag. (Eine *A–level*–Prüfung entspricht dem Abschluß eines Faches auf Matura– bzw. Abiturniveau, A.d.Ü.) Ein unverhältnismäßig großer Anteil der schwarzen Schüler kommt aus ärmeren Verhältnissen, was diese Unterschiede teilweise erklärt. Andere Studien haben ergeben, daß, auch wenn der soziale Hintergrund konstant gehalten wird, noch immer Unterschiede bestehen, was darauf hinweist, daß die Rassendiskriminierung unabhängig von der Klassenzugehörigkeit als solcher eine Rolle spielt (Craft und Craft, 1985).

Schultheorien

Bernstein: Sprachcodes

Es gibt verschiedene theoretische Positionen gegenüber den Auswirkungen des modernen Bildungswesens auf die gesellschaftliche Ungleichheit. Einer dieser Ansätze betont die sprachlichen Fertigkeiten der Schüler. Basil Bernstein argumentierte, daß Kinder mit unterschiedlichem Hintergrund in ihren frühen Jahren unterschiedliche *Codes* oder Sprachstile entwickeln, die später ihre schulischen Erfahrungen beeinflussen (Bernstein, 1973). Damit sind nicht Verschiedenheiten bezüglich des Wortschatzes oder der verbalen Kompetenz zu verstehen, an die man in diesem Zusammenhang häufig denkt. Bernstein interessiert sich vielmehr für die systematischen Unterschiede des Sprachgebrauchs, wobei er insbesondere Vergleiche zwischen armen und wohlhabenderen Kindern anstellte.

Die Sprache der Kinder aus der Arbeiterklasse, so argumentierte Bernstein, stelle einen **restringierten Code** dar, das heißt einen Sprachgebrauch, für den eine große Anzahl stillschweigender Voraussetzungen typisch ist, von denen die Sprecher annehmen, daß sie den anderen ohnehin bekannt sind. Ein solcher restringierter Code ist ein Typus von Sprache, der eng an die spezifischen Gegebenheiten der kulturellen Umgebung und der Wohnbezirke der Unterschicht gebunden ist. Viele Angehörige der Arbeiterklasse leben in einer stark familiär oder nachbarschaftlich geprägten Kultur, in der Werte und Normen als gegeben betrachtet und sprachlich nicht zum Ausdruck gebracht werden. Die Eltern neigen dazu, ihre Kinder zu erziehen, indem sie deren Verhalten in direkter Art und Weise durch Belohnungen oder Zurechtweisungen korrigieren. Ein restringierter Code ist für die Kommunikation über praktische Erfahrungen eher geeignet als für die Diskussion abstrakterer Gedanken, Prozesse oder Beziehungen. Der restringierte Code ist deshalb charakteristisch für Kinder, die in Unterschichtfamilien aufwachsen, sowie für die Freunde, mit denen sie ihre Zeit verbringen. Die Sprache orientiert sich an den Normen der Gruppe, ohne daß irgend jemand so leicht erklären könnte, *warum* er den jeweiligen Verhaltensmustern folgt.

Die sprachliche Entwicklung der Kinder aus den mittleren Gesellschaftsschichten hingegen schließt nach Bernstein das Erlernen eines **elaborierten Codes** ein, das heißt eines Sprachstils, bei dem die Bedeutung der Wörter *individualisiert* werden kann, um den Anforderungen der jeweiligen Situation gerecht zu werden. Die Formen des Spracherwerbs durch Kinder der Mittelschicht sind weniger stark an bestimmte Kontexte gebunden. Diesen Kindern fällt es deshalb leichter, zu verallgemeinern und abstrakte Gedanken zum Ausdruck zu bringen. Deshalb erklären Mütter aus mittleren Gesellschaftsschichten ihren Kindern häufig die Gründe und Prinzipien, die ihren Reaktionen auf das Verhalten der Kinder zugrundeliegen. Während eine Mutter aus der Arbeiterklasse ihrem Kind, das zuviel Süßes essen will, einfach „Keine Süßigkeiten mehr!" sagt, wird eine Mutter aus den mittleren Gesellschaftsschichten wahrscheinlich eher erklären, daß es für die Gesundheit und die Zähne schlecht ist, wenn man zu viele Süßigkeiten ißt.

Kinder, die einen elaborierten Sprachcode erlernt haben, meint Bernstein, sind besser in der Lage, den Anforderungen einer formalen akademischen Ausbildung

Bildung, Kommunikation und Medien

zu entsprechen als jene, die nur auf einen restringierten Code zurückgreifen können. Das bedeutet nicht, daß Kinder aus niedrigeren Gesellschaftsschichten eine „niedrigere" Art der Sprachverwendung aufweisen oder ihre Sprachcodes „verarmt" sind. Es ist eher so, daß ihr Sprachstil mit der akademischen Kultur der Schule kollidiert. Jene, die einen elaborierten Code beherrschen, fügen sich leichter in die schulische Umgebung ein.

Es gibt empirische Belege für Bernsteins Theorie, obwohl ihre Gültigkeit immer noch in Frage gestellt wird. Joan Tough hat die Sprache von Kindern aus der Arbeiterklasse und aus der mittleren Gesellschaftsschicht untersucht und tatsächlich systematische Unterschiede entdeckt. Sie bestätigt Bernsteins These, daß Kinder aus niedrigeren Gesellschaftsschichten im allgemeinen weniger häufig Anwort auf ihre Fragen bekommen und daß ihnen seltener Erklärungen der Überlegungen anderer Personen zur Verfügung gestellt werden (Tough, 1976). Zu denselben Schlußfolgerungen gelangten in späteren Untersuchungen auch Barbara Tizard und Martin Hughes (1984).

Bernsteins Ideen helfen uns zu verstehen, warum Kinder aus den unteren sozioökonomischen Schichten dazu neigen, in der Schule „unter dem Durchschnitt" zu bleiben. Die folgenden Charakteristika wurden mit dem restringierten Sprachcode in Verbindung gebracht und verringern die Bildungschancen von Kindern aus niedrigeren Gesellschaftsschichten:

1 Das Kind bekommt wahrscheinlich nur in beschränktem Ausmaß Antwort auf die Fragen, die es zu Hause stellt, und wird daher wahrscheinlich weniger gut informiert sein und der Welt mit weniger Neugier gegenübertreten als Kinder, die einen elaborierten Code beherrschen.
2 Dem Kind wird es schwerfallen, auf die unemotionale und abstrakte Sprache zu reagieren, mit der es im Unterricht konfrontiert wird. Es wird auch Probleme haben, mit den allgemeinen Prinzipien der schulischen Disziplin zurechtzukommen.
3 Wenn Arten der Sprachverwendung eingesetzt werden, die von jenen, mit denen das Kind vertraut ist, abweichen, wird viel von dem, was der Lehrer sagt, für das Kind unverständlich bleiben. Das Kind wird unter Umständen versuchen, dieses Problem zu bewältigen, indem es die Sprache des Lehrers in die ihm verständliche *übersetzt*. Unter diesen Umständen kann es jedoch geschehen, daß eben jene Inhalte, die der Lehrer vermitteln möchte, verloren gehen.
4 Während das Kind wenig Schwierigkeiten mit routinemäßigem „Drill" oder Auswendiglernen haben wird, sind größere Probleme zu erwarten, wenn es um begriffliche Unterscheidungen geht, die Verallgemeinerung und Abstraktion erfordern.

Bowles und Gintis: Schule und industrieller Kapitalismus

Die Arbeit von Samuel Bowles und Herbert Gintis beschäftigt sich hauptsächlich mit dem institutionellen Hintergrund der Entwicklung des modernen Schulwesens (Bowles und Gintis, 1978). Die Gedanken von Bowles und Gintis beziehen sich auf das Schulsystem der Vereinigten Staaten, lassen sich jedoch nach Meinung der Autoren auch auf andere westliche Gesellschaften anwenden. Sie zitieren Studien wie jene von Jencks et al. (1973) und stellen an den Anfang ihrer Arbeit die Beobachtung, daß das Bildungswesen die wirtschaftliche Gleichheit nicht nennenswert gefördert hat. Das moderne Bildungswesen, so meinen sie, sollte als Reaktion auf die wirtschaftlichen Bedürfnisse des industriellen Kapitalismus betrachtet werden. Die Schulen helfen, jene technischen und sozialen Fähigkeiten hervorzubringen, die von der Industrie benötigt werden. Außerdem vermitteln sie dem Heer der Arbeitenden Respekt vor Autorität und Disziplin. Die Autoritätsverhältnisse in der Schule sind hierarchischer Natur, betonen vor allem den Gehorsam und entsprechen damit jenen, die auch am Arbeitsplatz herrschen. Die Belohnungen und Bestrafungen in der Schule sind ebenfalls ein Abbild jener der Arbeitswelt. Die Schulen helfen, einige der Schüler zu „Leistung" und „Erfolg" zu motivieren, während andere entmutigt werden und auf schlecht bezahlten Arbeitsplätzen landen.

Bowles und Gintis räumen ein, daß die Entwicklung der Massenbildung viele positive Auswirkungen hatte. Das Analphabetentum ist praktisch verschwunden und die Schulbildung bietet außerdem einen Zugang zu Lernerlebnissen, die an sich zur Selbstverwirklichung beitragen. Doch weil das Bildungswesen hauptsächlich als Reaktion auf wirtschaftliche Bedürfnisse expandiert hat, erfüllt das Schulsystem nicht die Hoffnungen der aufgeklärten Reformer.

Laut Bowles und Gintis reproduzieren die modernen Schulen jenes Gefühl der Machtlosigkeit, das viele Menschen auch anderswo erfahren. Die der Bildung zugrundeliegenden Ideale der persönlichen Entwicklung können nur dann verwirklicht werden, wenn die Menschen ihre eigenen Lebensbedingungen kontrollieren und ihre Begabungen und die Fähigkeit, sich selbst auszudrücken, entwickeln können. Im gegenwärtigen System jedoch „müssen die Schulen Ungleichheit rechtfertigen und die Persönlichkeitsentwicklung auf Formen beschränken, die mit der Unterordnung unter willkürliche Autorität vereinbar sind; und sie müssen den Prozeß unterstützen, in dem Jugendliche dazu gebracht werden, sich mit ihrem Schicksal abzufinden" (ibid., S. 308). Wenn es am Arbeitsplatz mehr Demokratie und in der Gesellschaft mehr Gleichheit gäbe, so argumentieren Bowles und Gintis, wäre es auch möglich, ein Bildungssystem zu entwickeln, das zu einem größeren Maß an individueller Erfüllung führt.

Illich: Der verborgene Lehrplan

Einer der umstrittensten Bildungstheoretiker ist Ivan Illich. Er ist für seine Kritik der modernen wirtschaftlichen Entwicklung bekannt, die er als einen Prozeß bezeichnet, in dessen Verlauf vormals selbständige Menschen ihrer traditionellen Fähigkeiten beraubt wurden und sich in der Folge auf Ärzte verlassen mußten, wenn es um ihre Gesundheit ging, auf Lehrer, um Bildung zu erlangen, auf das Fernsehen, um unterhalten zu werden, und auf Arbeitgeber, um sich den Lebensunterhalt verdienen zu können. Illich argumentiert, daß die Schulpflicht – die sich auf der ganzen Welt durchgesetzt hat – in Frage gestellt werden sollte (Illich, 1972). Wie Bowles und Gintis betont auch Illich die Verbindung zwischen der Entwicklung des Bildungswesens und den wirtschaftlichen Erfordernissen der Disziplin und Hierarchie. Er argumentiert, daß sich die Schulen so entwickelt haben, daß sie vier grundlegende Aufgaben erfüllen können: die Beaufsichtigung der Schüler, die Verteilung der Menschen auf die verschiedenen Bereiche des Arbeitslebens, die Weitergabe dominanter Werte sowie die Vermittlung gesellschaftlich gebilligter Fähigkeiten und Kenntnisse. Die Schule wurde zu einer *Beaufsichtigungs*organisation, da der Schulbesuch obligatorisch ist und die Kinder zwischen der frühen Kindheit und ihrem Eintritt in die Arbeitswelt „von der Straße ferngehalten" werden.

In der Schule wird viel gelernt, was mit den offiziellen Bildungsinhalten nichts zu tun hat. Die Schulen lehren aufgrund der dort herrschenden Disziplin und Ordnung das, was Illich *passiven Konsum* nennt, d.h. eine unkritische Akzeptanz der existierenden sozialen Ordnung. Diese Dinge werden nicht bewußt unterrichtet, sondern sie sind ein fixer Bestandteil der Schulorganisation und des schulischen Ablaufs. Der **verborgene Lehrplan** lehrt die Kinder, daß ihre Rolle im Leben darin besteht, „ihren Platz zu kennen und still dort zu verharren" (ibid.).

Illich schlägt vor, die Gesellschaft wieder von den Schulen zu befreien. Er weist darauf hin, daß die Schulpflicht eine relativ junge Erfindung ist und argumentiert, es gebe keinen Grund, sie als etwas Unvermeidliches zu akzeptieren. Warum sollte man die Schulen in ihrer gegenwärtigen Form nicht einfach abschaffen, da sie weder größere Gleichheit herbeiführen noch die Entwicklung der individuellen kreativen Fähigkeiten ermöglichen? Illich meint damit nicht, daß alle Arten von Bildungsinstitutionen abgeschafft werden sollten. Das Bildungswesen, so argumentiert er, sollte jedem, der lernen möchte, den Zugang zu den verfügbaren Ressourcen eröffnen – in jedem Lebensalter und nicht nur während der Kindheit oder Jugend. Ein solches System sollte es ermöglichen, daß Wissen geteilt und weit verbreitet wird und nicht auf Spezialisten beschränkt bleibt. Die Lernenden sollten sich nicht einem standardisierten Lehrplan unterwerfen müssen, sondern frei wählen können, was sie lernen möchten.

Was das praktisch gesehen bedeutet, ist nicht ganz klar. Anstelle von Schulen schlägt Illich jedenfalls mehrere Arten von *Rahmenstrukturen für den Bildungssektor* vor. Die materiellen Ressourcen für das formale Lernen würden seinem Vorschlag zufolge in Bibliotheken, Leihagenturen, Laboratorien und Informationsbanken gelagert werden und allen Schülern bzw. Studenten zugänglich sein. Man würde „Kommunikationsnetzwerke" aufbauen, mit deren Hilfe Daten über die Kenntnisse und Fertigkeiten jedes einzelnen abrufbar wären und auch festgestellt werden könnte, ob der Betreffende bereit wäre, andere zu unterrichten oder an gegenseitigen Lernaktivitäten teilzunehmen. Die Studenten würden Gutscheine bekommen, mit denen sie die Dienste des Bildungssystems in Anspruch nehmen könnten, wann und wie sie wollen.

Sind diese Vorschläge ganz und gar utopisch? Viele würden diese Frage bejahen. Doch angesichts der Möglichkeit, daß die Erwerbsarbeit in der Zukunft beträchtlich eingeschränkt und umstrukturiert werden könnte, erscheinen sie weniger unrealistisch (vgl. Kapitel 15 „Arbeit und Wirtschaftsleben"). Würde die Erwerbstätigkeit eine weniger zentrale Rolle im gesellschaftlichen Leben spielen, dann würden sich die Menschen stattdessen vielleicht einer größeren Vielfalt von Beschäftigungen widmen. Vor diesem Hintergrund ergeben manche von Illichs Ideen durchaus einen Sinn. Die Bildung wäre nicht bloß eine Art von Jugenderziehung und wäre auch nicht auf spezielle Institutionen beschränkt, sondern würde jedem zugänglich sein, der Bildungsmöglichkeiten wahrnehmen möchte.

Bildung und kulturelle Reproduktion

Will man zwischen den Themen dieser drei theoretischen Perspektiven eine Verbindung schaffen, ist es vielleicht am aufschlußreichsten, auf den Begriff der **kulturellen Reproduktion** zurückzugreifen (Bourdieu, 1982, 1990: Bourdieu und Passeron, 1971). „Kulturelle Reproduktion" bezieht sich darauf, wie die Schulen gemeinsam mit anderen sozialen Institutionen dazu beitragen, daß soziale und wirtschaftliche Ungleichheiten über Generationen hinweg erhalten bleiben. Durch den Begriff wird unsere Aufmerksamkeit auf jene Mittel gelenkt, durch die die Schulen über den verborgenen Lehrplan das Erlernen von Werten, Einstellungen und Gewohnheiten beeinflussen. Die Schulen verstärken Unterschiede der in den frühen Lebensjahren erworbenen kulturellen Wertehaltung und Anschauungen. Wenn die Kinder die Schule verlassen, wirken sich diese so aus, daß für manche die Chancen verringert, für andere hingegen verbessert werden.

Die von Bernstein identifizierten Sprachstile stehen zweifellos mit jenen allgemeinen kulturellen Variationen in Verbindung, die den unterschiedlichen Interessen und Vorlieben zugrunde liegen. Kinder aus niedrigeren Gesellschaftsschichten, insbesondere aus Minderheitengruppen, entwickeln eine Art zu sprechen und sich zu benehmen, die mit dem in der Schule üblichen Sprachgebrauch und Benehmen kollidiert. Wie Bowles und Gintis betonen, werden den Schülern durch die Schule disziplinäre Regeln aufgezwungen, wobei sich die Autorität der Lehrer auf das akademische Lernen konzentriert. Kinder aus der Arbeiterklasse erleben beim Eintritt in die Schule einen wesentlich stärkeren kulturellen Konflikt als jene aus den privilegierteren Familien. Erstere finden sich nämlich tatsächlich in einer fremden kulturellen Umgebung wieder. Nicht nur sind sie meist weniger motiviert, gute schulische Leistungen zu erbringen, sondern nach Bernstein kollidieren ihr gewohnter Sprachgebrauch und ihr gewohntes Verhalten selbst dann mit dem Sprechen und Handeln der Lehrer, wenn beide Seiten sich intensiv um eine erfolgreiche Kommunikation bemühen.

Kinder verbringen viele Stunden in der Schule. Wie Illich betont, lernen sie viel mehr als das, was in den Unterrichtslektionen tatsächlich enthalten ist. Die Kinder bekommen einen Vorgeschmack davon vermittelt, wie die Arbeitswelt sein wird, und lernen, daß sie pünktlich sein und sich den von den jeweiligen Autoritätspersonen gestellten Aufgaben mit Fleiß und Sorgfalt widmen sollen (Webb und Westergaard, 1991).

Willis: Eine Analyse der kulturellen Reproduktion

Eine sehr bekannte Diskussion der kulturellen Reproduktion findet sich in dem Bericht über eine Feldstudie, die Paul Willis in einer Schule in Birmingham durchführte (Willis, 1982). Er stellte sich die Frage, wie sich die kulturelle Reproduktion vollzieht – oder, wie er es ausdrückt, „wie Kinder aus der Arbeiterklasse Arbeiterklasse-Jobs bekommen". Es wird gemeinhin angenommen, daß die Kinder aus den unteren Schichten oder aus Minderheitengruppen während des Schulprozesses einfach zu der Ansicht gelangen, daß sie „nicht gescheit genug" seien, um für ihr künftiges Berufsleben eine Arbeit mit guter Bezahlung oder hohem Prestige erwarten zu können. Mit anderen Worten lehrt sie der schulische Mißerfolg, ihre intellektuellen Schranken zu erkennen. Haben sie ihre „Minderwertigkeit" akzeptiert, wenden sie sich Tätigkeiten zu, die nur geringe Aufstiegsmöglichkeiten bieten.

Wie Willis hervorhebt, entspricht diese Interpretation ganz und gar nicht der Realität des Lebens und den Erfahrungen der Betroffenen. Die „Straßenweisheit" der Bewohner der ärmeren Viertel mag für den schulischen Erfolg wenig bis gar nicht relevant sein, schließt jedoch Fähigkeiten ein, die ebenso subtil, anspruchsvoll und komplex sind, wie die intellektuellen Fertigkeiten, die in der Schule gelehrt werden. Wenn überhaupt, gibt es nur wenige Kinder, die aus der Schule kommen und denken: „Ich bin so dumm, daß es nur fair und gerecht ist, wenn ich den ganzen Tag in der Fabrik Kartons aufeinanderstapeln muß." Wenn Kinder aus weniger privilegierten Gesellschaftsschichten niedrige Tätigkeiten akzeptieren, ohne sich ihr ganzes Leben lang als Versager zu fühlen, müssen wohl andere Faktoren beteiligt sein.

Willis konzentrierte sich auf eine bestimmte Gruppe von Jungen in der Schule und verbrachte viel Zeit mit ihnen. Die Mitglieder der Bande, die sich selbst „*The lads*" nannten, waren weiß, es gab in der Schule jedoch auch viele Kinder westindischer und asiatischer Herkunft. Willis fand heraus, daß die *lads* das Autoritätssystem der Schule sehr genau verstanden und durchschauten, dieses Wissen jedoch eher dazu benutzten, das System zu bekämpfen, als sich damit zu arrangieren. Sie betrachteten die Schule als fremde Umgebung, die sie jedoch zu ihren eigenen Zwecken manipulieren konnten. Sie genossen die ständigen Konflikte mit den Lehrern, die sie meist auf unbedenkliche Plänkeleien beschränkten. Sie konnten mit großer Präzision die Schwachstellen im Autoritätsanspruch ihrer Lehrer identifizieren und wußten auch, wo diese als Einzelpersonen verletzbar waren.

In der Klasse wurde beispielsweise von den Kindern erwartet, stillzusitzen, ruhig zu sein und fleißig zu arbeiten. Die *lads* jedoch saßen keine Minute ruhig, außer wenn der Blick des Lehrers einen von ihnen für einen kurzen Moment „einfror". Sie tratschten oft heimlich oder machten offen Bemerkungen, die nahe an der Grenze zur direkten Aufsässigkeit lagen, doch immer noch die Möglichkeit offen ließen, sich durch alle möglichen Erklärungen herauszureden, falls der Lehrer reagierte.

Willis beschreibt all das ganz wundervoll:

> Die „lads" sind Meister der getarnten Auflehnung, die stets kurz vor der offenen Konfrontation haltmacht. Im Klassenzimmer sitzen sie so eng wie möglich als Gruppe beisammen,

und es gibt ein ständiges Stühlerücken, ein mürrisches „Ähhmmm" auf die simpelsten Fragen und ein dauerndes nervöses Gezappel, bei dem jede Möglichkeit, auf einem Stuhl zu sitzen oder zu liegen, ausprobiert wird. Beim individuellen Studium zeigen manche offen ihre Verachtung, indem sie mit der Wange auf dem Pult schlafen, andere kehren dem Tisch den Rücken zu und starren aus dem Fenster oder gar gedankenverloren an die Wand ... Ein dauerndes Summen von Gesprächen schwappt über die Mahnungen, es zu unterlassen, hinweg wie die unwiderstehliche Flut über kaum getrockneten Sand; und überall sieht man verdrehte Augen, hört man übertriebenes Flüstern über verschwörerische Geheimnisse ... Auf den Korridoren ein schlurfendes Hin und Her, ein überfreundliches Hallo oder plötzliches Schweigen, wenn der stellvertretende Rektor vorbeigeht. Höhnisches oder irres Gelächter explodiert, es mag jemandem gelten, der eben vorbeigeht, oder auch nicht. Stehenzubleiben ist ebenso erniedrigend wie weiterzugehen ... Die Opposition gegen die Schule manifestiert sich hauptsächlich im Bemühen, symbolisch und physisch von der Institution und ihren Regeln abzurücken und ihren mächtigsten erkennbaren Zweck zu vereiteln: einen zur Arbeit zu bringen. (Willis, 1982, S. 26f., 48)

Die *lads* bezeichneten fügsame Kinder – jene, die die Autorität der Lehrer anerkannten und sich nach den schulischen Werten richteten – als „die Ohren". Die Ohren hörten tatsächlich auf die Lehrer und taten, was ihnen aufgetragen wurde. Die Ohren würden in ihrem weiteren Leben viel „erfolgreicher" sein als die *lads*, das heißt nach der Schule eine bequeme, gut bezahlte Arbeit bekommen. Trotzdem hatten sie in vielerlei Hinsicht ein weniger tiefes Verständnis der Komplexitäten der schulischen Bildung als die *lads*. Sie akzeptierten diese Komplexitäten, ohne sie zu hinterfragen.

Die meisten Schüler standen irgendwo zwischen den *lads* und den Ohren, das heißt sie waren weniger auf Konfrontationen bedacht als die erste und weniger fügsam als die zweite Gruppe. Der jeweilige Stil und die jeweilige Art der Opposition wurde auch durch ethnische Unterschiede stark beeinflußt. Die Lehrer waren in der Mehrheit weiß und trotz ihres Abscheus vor der Schule hatten die *lads* mit ihnen immer noch mehr gemeinsam, als die schwarzen Schüler. Einige Gruppen von Kindern aus Familien westindischen Ursprungs standen der Schule in einer offeneren und gewalttätigeren Weise feindlich gegenüber als die *lads*. Diese verhielten sich offen rassistisch und grenzten sich selbst scharf von den schwarzen Banden ab.

Die *lads* wußten, daß das Arbeitsleben der Schule sehr ähnlich sein würde, freuten sich jedoch schon darauf. Sie waren darauf vorbereitet, daß sie am Arbeitsplatz keine direkte Befriedigung finden würden, doch freuten sie sich auf den Lohn. Weit davon entfernt, sich ihren Berufstätigkeiten – Reifenmonteur, Teppichleger, Installateur, Maler und Anstreicher – aufgrund von Minderwertigkeitsgefühlen zuzuwenden, legten sie gegenüber der Arbeit dieselbe verächtliche Überlegenheit an den Tag wie gegenüber der Schule. Sie genossen den Erwachsenenstatus, der mit dem Eintritt ins Berufsleben einherging, waren jedoch nicht daran interessiert, selbst „Karriere zu machen". Wie Willis betont, findet man unter den Arbeitern häufig ähnliche kulturelle Merkmale, wie jene, die die *lads* in ihrer „Schuloppositionskultur" aufwiesen – Hänselei, Schlagfertigkeit und die Fähigkeit, die Forderungen der Autoritätspersonen, wenn nötig, zu unterlaufen. Erst später im Leben würden sie sich vielleicht als Gefangene einer mühseligen und unterbezahlten Arbeit sehen. Wenn sie Familien haben, werden sie vielleicht nachträglich – und ohne Hoffnung – auf die Bildung als einzigen Ausweg zurückblikken. Doch wenn sie versuchen, diese Einsicht ihren eigenen Kindern zu vermitteln, könnte es nur allzuleicht sein, daß sie nicht mehr Erfolg haben, als seinerzeit ihre eigenen Eltern.

Intelligenz und Ungleichheit

In unserer bisherigen Erörterung wurde die mögliche Bedeutung erblicher Begabungsunterschiede vernachlässigt. Was wäre, wenn unterschiedliche schulische Leistungen und daraus resultierende unterschiedliche berufliche Positionen und Einkommensunterschiede eine direkte Folge unterschiedlicher Intelligenz wären? Unter diesen Umständen, so könnte man argumentieren, herrscht im Schulsystem tatsächlich Chancengleichheit, denn jeder findet ein seinem angeborenen Potential entsprechendes Niveau.

Was ist Intelligenz?

Die Psychologen diskutieren schon seit Jahren, ob eine einzige menschliche Fähigkeit, die man als **Intelligenz** bezeichnen könnte, tatsächlich existiert und wie weit diese – wenn es sie tatsächlich gibt – auf erblich bedingten Unterschieden beruht. Der Begriff Intelligenz ist schwer zu definieren, da er sich auf viele verschiedene Eigenschaften bezieht, die oft nichts miteinander zu tun haben. Wir könnten z. B. annehmen, daß die „reinste" Form von Intelligenz in der Fähigkeit besteht, abstrakte mathematische Aufgaben zu lösen. Menschen, die dies sehr gut beherrschen, weisen jedoch auf anderen Gebieten, wie Kunst oder Geschichte, häufig nur geringe Fähigkeiten auf. Da sich der Begriff Intelligenz so hartnäckig jeder akzeptablen Definition entzieht, haben einige Psychologen den Vorschlag gemacht – der von vielen Angehörigen des Bildungssystems, denen auch nichts Besseres eingefallen war, akzeptiert wurde –, daß Intelligenz einfach als das betrachtet werden kann, „was in **IQ** (Intelligenzquotient)-Tests gemessen wird". Daß dies keine zufriedenstellende Lösung darstellt, ist offensichtlich, da die Definition von Intelligenz ganz und gar zirkulär wird.

IQ und genetische Faktoren: die Jensen–Kontroverse

Zwischen den Ergebnissen von IQ–Tests und der schulischen Leistung besteht tatsächlich eine hohe Korrelation. Daher besteht auch ein enger Zusammenhang zwischen diesen Ergebnissen und sozialen, wirtschaftlichen und ethnischen Unterschieden, weil diese ihrerseits mit unterschiedlichen schulischen Leistungen korrelieren. Weiße Schüler erzielen im Durchschnitt eine höhere Punktezahl als Schwarze oder die Mitglieder anderer benachteiligter Minderheiten. Auf der Basis dieser Tatsache wurde von manchen behauptet, daß IQ–Unterschiede zwischen Schwarzen und Weißen zum Teil das Resultat von Erbfaktoren sind. Ein 1967 vom amerikanischen Psychologen Arthur Jensen veröffentlichter Artikel verursachte großes Aufsehen, weil darin die IQ–Unterschiede zwischen Schwarzen und Weißen zum Teil auf genetische Unterschiede zurückgeführt wurden (Jensen, 1967, 1979).

Die Ansichten Jensens wurden vielfach kritisiert und werden von den meisten Autoren zurückgewiesen. Wir wissen nicht wirklich, ob mit den IQ-Tests stabile Fähigkeiten gemessen werden, und schon gar nicht, ob solche Fähigkeiten durch Vererbung weitergegeben werden. Die Kritiker Jensens bestreiten, daß die IQ-Unterschiede zwischen Schwarzen und Weißen – die normalerweise im Durchschnitt ungefähr 15 IQ-Punkte betragen – genetisch bedingt seien. Durch IQ-Tests werden vielfältige sprachliche, symbolische und mathematische Fähigkeiten gemessen, und Argumente wie jene von Bernstein und anderen legen nahe, daß diese Fähigkeiten stark durch frühe Lernprozesse beeinflußt werden. Die Tests vernachlässigen andere intellektuelle Fähigkeiten, die normalerweise als für den Schulunterricht nicht relevant betrachtet werden. Möglicherweise befinden sich darunter z. B. jene Fähigkeiten, die jemand, der über „Straßenweisheit" verfügt, unter Umständen in großem Ausmaß besitzt.

IQ-Tests sind wahrscheinlich immer bis zu einem gewissen Grad *kulturabhängig*. Es werden Fragen gestellt – oft haben sie z. B. mit abstraktem Denken zu tun –, die viel eher in den Erfahrungsbereich weißer Schüler aus mittleren Bevölkerungsschichten passen als in jenen von Schwarzen oder Mitgliedern anderer ethnischer Minderheiten. Die Ergebnisse von IQ-Tests können auch durch Faktoren beeinflußt werden, die mit den Fähigkeiten, die dabei angeblich gemessen werden, nichts zu tun haben, z. B. dadurch, ob der Test als Streßsituation empfunden wird oder nicht. Die Forschung hat gezeigt, daß Schwarze, wenn der IQ-Test von einem Weißen durchgeführt wird, ungefähr 6 Punkte weniger erreichen als dann, wenn der Test von einem Schwarzen durchgeführt wird.

Die Unterschiede der durchschnittlichen IQ-Werte von Schwarzen und Weißen sind beinahe sicher das Resultat sozialer und kultureller Einflüsse und nicht der Vererbung. Es gibt zwar vielleicht genetische Unterschiede zwischen den einzelnen Menschen, die sich auf die Ergebnisse von IQ-Tests auswirken, zwischen diesen und Rassenunterschieden läßt sich jedoch kein allgemeiner Zusammenhang herstellen. Der durchschnittliche IQ-Unterschied zwischen Schwarzen und Weißen ist wesentlich kleiner als die Unterschiede innerhalb der einzelnen Gruppen. Deshalb kann sich jedes einzelne Kind, egal, ob es schwarz oder weiß ist, irgendwo auf der Skala befinden.

Genetik und IQ: eineiige Zwillinge

Wir wissen nicht wirklich, wie sehr sich genetische Faktoren auf die IQ-Werte auswirken. Es gibt keine Möglichkeit, den relativen Einfluß des Erbgutes und jenen der Umwelt auf die Entwicklung eines Menschen zu isolieren. Das einzige Mittel, eine ungefähre Einschätzung zumindest zu versuchen, ist der Vergleich von eineiigen Zwillingen, die per definitionem genau dieselben genetischen Charakteristika aufweisen. Es wurden zwar einige wenige Studien über eineiige Zwillinge durchgeführt, die nach ihrer Geburt getrennt wurden und in verschiedenen Umgebungen aufwuchsen, doch die Anzahl der getrennten Zwillingspärchen, die gefunden und studiert wurden, ist klein, und man kann außerdem nicht immer absolut sicher sein, daß es sich tatsächlich um eineiige Zwillinge handelt (*zweieiige* Zwillinge entstehen aus separaten Eizellen und haben deshalb unterschiedliche Erbanlagen: Zwillinge können einander äußerlich sehr ähnlich sein, auch wenn sie nicht ein-, sondern zweieiig sind).

Nach der Sichtung der in mehreren Studien der Zwillingsforschung gewonnenen Daten kam L. J. Kamin zu dem Schluß, daß man daraus eigentlich nichts Definitives folgern kann. Das Material ist nicht verläßlich genug und die Anzahl der Fälle zu gering, um wirklich aussagekräftige Schlüsse über den Einfluß des Erbgutes auf den IQ zuzulassen. Mit Kamins Worten „stehen uns nicht genug Daten zur Verfügung, um die Hypothese, derzufolge unterschiedliche Antworten auf Testfragen durch die offenkundig unterschiedliche Lebenserfahrung der Versuchspersonen bedingt sind, zurückweisen zu können" (Kamin, 1977, S. 176).

Geschlecht und Bildungssystem

Geschlechtsspezifische Ungleichheiten in der schulischen Ausbildung sind kein getreues Abbild der mit der Zugehörigkeit zu Klassen oder ethnischen Guppen verknüpften Ungleichheiten. Während der Grundschulzeit und in den ersten Klassen der höherbildenden Schulen sind die schulischen Leistungen der Mädchen besser als jene der Jungen. Danach neigen die Mädchen dazu, zurückzufallen. In einigen Fächern sind weibliche Studierende unverhältnismäßig stärker vertreten als in anderen. Naturwissenschaften, technische Fächer und Medizin werden auf Universitäten und Colleges immer noch vom männlichen Geschlecht dominiert.

Die frühen Erfolge der Mädchen wurden manchmal dadurch erklärt, daß in den Grundschulen meist Frauen unterrichten. Es wurde auch behauptet, daß Ordnung und Fügsamkeit, mit denen Mädchen vielleicht weniger Probleme haben, während der Grundschulzeit stark betont werden. Später fallen die Mädchen unter Umständen deshalb zurück, weil dann Selbständigkeit und Unabhängigkeit gefragt sind. Die empirische Basis für diese Erklärungen ist jedoch nicht sehr tragfähig.

Die formalen Lehrpläne an den Schulen machen mit Ausnahme der Teilnahme an verschiedenen Spielen keinen systematischen Unterschied mehr zwischen Mädchen und Jungen. Die Pflichtfächer im landesweiten Lehrplan reduzieren die Möglichkeit einer geschlechtsspezifisch stereotypen Fächerwahl. Es gibt jedoch andere „Ansatzpunkte" für die Entwicklung von geschlechtsbedingten Unterschieden bei der Schulbildung. Dazu gehören die Erwartungen der Lehrer, schulische Rituale und andere Aspekte eines verborgenen Lehrplans (Skeggs, 1989). Regeln, die Mädchen dazu verpflichten, in der Schule Röcke oder Kleider zu tragen, gehören zu den offensichtlichsten Formen der geschlechtsspezifischen Typisierung. Die Folgen solcher Verordnungen gehen weit über das bloße Äußere der Schüler hinaus. Aufgrund der Kleidung, die sie tragen müssen, können die Mädchen nicht ungezwungen sitzen, an rauhen oder wilden Spielen teilnehmen oder manchmal auch so schnell laufen, wie sie es eigentlich könnten. Auch die Texte in den Schulbüchern tragen zur Aufrechterhaltung von Stereotypen bei.

Obwohl sich das heute ändert, werden in vielen Lesebüchern für die Grundschule die Jungen als diejenigen porträtiert, die Initiative und Unabhängigkeit zeigen, während die Mädchen, wenn sie überhaupt vorkommen, eher passiv sind und ihren Brüdern nur zusehen. Geschichten, die speziell für Mädchen geschrieben wurden, haben oft ein abenteuerliches Element, das jedoch im Normalfall die Form von Intrigen oder rätselhaften Vorkommnissen im häuslichen oder schulischen Bereich annimmt. Abenteuergeschichten für Jungen hingegen decken einen weiteren Bereich ab und handeln oft von Helden, die weit in die Ferne reisen oder sich auf andere Weise als unbeugsam und unabhängig zeigen (Statham, 1986).

Mädchen aus ethnischen Minderheiten sind in mancherlei Hinsicht doppelt benachteiligt. Beverley Bryan und ihre Kollegen beschrieben, was es heißt, in einer Schule in jenem Teil Großbritanniens, in dem Willis seine weißen Jungen untersuchte, eine schwarze Schülerin zu sein. Im Gegensatz zu den *lads* waren die schwarzen Mädchen anfangs begeisterte Schülerinnen, änderten jedoch ihre Einstellung aufgrund der Schwierigkeiten, mit denen sie sich in der Schule konfrontiert sahen. Auch als sie noch relativ klein waren, etwa sieben oder acht Jahre alt, wurden die Mädchen von den Lehrern auseinandergetrieben, wenn sie auf dem Spielplatz beieinanderstanden und plauderten. Da sie als „Störenfriede" betrachtet wurden, entwickelten sie sich auch sehr schnell zu solchen (Bryan, Dadzie und Scafe, 1987).

Die Frauenorganisationen in Großbritannien und auch anderswo haben die geschlechtsspezifische Diskriminierung in den Schulen und im akademischen Bereich oft kritisiert. Die Frauen sind im Lehrkörper von Colleges und Universitäten immer noch stark unterrepräsentiert. Gegenwärtig gibt es in Großbritannien nur 120 Professorinnen, was einem Anteil von etwa 4 Prozent entspricht. 1988 machten Frauen 31 Prozent der Projektmitarbeiter aus, jedoch nicht mehr als 7 Prozent des regulären Lehrkörpers (Bogdanor, 1990). Der Anteil der Frauen mit Ganztagsstellen an Universitäten ist zwar angestiegen, liegt jedoch mit 17 Prozent immer noch sehr niedrig. In ihrem Buch *Storming the Tower* (1990) analysieren Suzanne Lie und Virginia O'Leary vergleichende Statistiken aus aller Welt – z. B. aus Großbritannien, den Vereinigten Staaten, Deutschland, Norwegen, Indien und Israel – über die Position von Frauen im akademischen Bereich. In allen untersuchten Ländern hatte sich während der Nachkriegszeit die Anzahl der Studentinnen stetig erhöht. In den USA, in Israel und in Norwegen sind ungefähr die Hälfte aller *undergraduates* Frauen. Wenn es jedoch um akademische Positionen geht, bietet sich ein wesentlich weniger erfreuliches Bild. Nur ein geringer Teil der Universitätslehrer dieser Länder sind Frauen, und überall sind sie unverhältnismäßig stark auf niedrigeren Ebenen und im Bereich der befristeten Anstellungen vertreten.

Eine vergleichende Studie über Universitätslehrerinnen in Großbritannien und in den USA zeigte, daß Frauen in beiden Ländern im Durchschnitt mehr Lehrtätigkeit zu bewältigen haben als ihre männlichen Kollegen und weniger oft in der Graduiertenausbildung anzutreffen sind. Ein großes Maß an Lehrtätigkeit nimmt Zeit in Anspruch, die ansonsten für Forschungsarbeiten und Publikationen verwendet werden könnte; Publikationen und die Mitwirkung in der Graduiertenausbildung sind jedoch wichtige Kriterien für berufliches Fortkommen.

Bildungswesen und Alphabetisierung in der Dritten Welt

Als nächstes wollen wir uns mit dem Bildungswesen in den nicht industrialisierten Ländern befassen. Wir im Westen haben uns an den Umstand gewöhnt, daß die überwältigende Mehrheit der Bevölkerung lesen und schreiben kann und jahrelang zur Schule geht.Es ist jedoch keineswegs so, daß sich Bildung für alle auf der ganzen Welt bereits durchgesetzt hätte. Im letzten Vierteljahrhundert hat sich das Bildungswesen in den meisten Ländern der Dritten Welt rapide ausgeweitet. Doch es gibt immer noch einige Gesellschaften (wie Senegal in Afrika), in denen weit mehr als die Hälfte aller Kinder keinerlei Art von Schulbildung erhält.

1991 wurde geschätzt, daß 28 Prozent der Bevölkerung der Dritten Welt Analphabeten waren. In Indien allein sind mehr als 250 Millionen Menschen nicht in der Lage, zu lesen oder zu schreiben. In einigen Ländern verfügt überhaupt nur eine kleine Minderheit der Bevölkerung über Lese– oder Schreibkenntnisse. Nur 6 Prozent der Bevölkerung Äthiopiens kann lesen und schreiben, im Jemen sind es 8 und in Afghanistan 15 Prozent. Auch wenn mit dem Bevölkerungswachstum das Ausmaß an Grundschulausbildung steigt, wird das Analphabetentum viele Jahre lang nicht stark zurückgehen, denn ein großer Anteil der Analphabeten sind Erwachsene. Die absolute Zahl jener, die weder lesen noch schreiben können, steigt sogar noch an.

Viele Länder haben Alphabetisierungsprogramme eingeführt, die jedoch nur einen kleinen Beitrag zur Lösung eines riesigen Problems geleistet haben. Fernsehen, Radio und die anderen elektronischen Medien können, wenn sie vorhanden sind, verwendet werden, um Analphabeten direkt Bildung zu vermitteln, ohne daß diese zuvor mühsam lesen lernen müßten, doch Bildungsprogramme genießen erfahrungsgemäß wesentlich weniger Popularität als kommerzielle Unterhaltung.

Während der Zeit der Kolonialherrschaft wurde das Bildungswesen von den Kolonialmächten mißtrauisch betrachtet. Bis ins zwanzigste Jahrhundert hinein glaubten die meisten, daß die eingeborene Bevölkerung in den Kolonien ohnehin zu primitiv sei, um von einem Bildungsangebot tatsächlich profitieren zu können, obwohl die Bildung später nach und nach als Mittel erkannt wurde, mit dessen Hilfe man die lokale Elite den Interessen und dem Lebensstil der Europäer gegenüber sensibilisieren konnte. Gleichzeitig wurde erkannt, daß Schulbildung bei den kolonialisierten Völkern Unzufriedenheit und Rebellion fördern könnte. Diese Befürchtung bewahrheitete sich bis zu einem gewissen Grad, denn die Mehrheit der Anführer antikolonialistischer und nationalistischer Bewegungen stammte tatsächlich aus der gebildeten Elite. Viele dieser Leute hatten Schulen oder Universitäten in Europa besucht und konnten einen direkten Vergleich zwischen den demokratischen Institutionen in Europa und dem Fehlen jeglicher Demokratie in den Kolonien anstellen.

Die von den Kolonialherren eingeführten Bildungssysteme waren üblicherweise europäisch geprägt und hatten mit den Problemen der Kolonien herzlich wenig zu tun. Die Afrikaner mußten z. B. die Sprache ihrer europäischen Beherrscher erlernen und sich mit der Geschichte und Kultur Europas befassen. Die gebildeten Afrikaner in den britischen Kolonien wußten über die Könige und Königinnen

Englands Bescheid und lasen Shakespeare, Milton und die englischen Lyriker, wußten jedoch praktisch gar nichts über ihre eigene Geschichte oder Kultur. Die Bildungsreformen seit dem Ende des Kolonialismus haben diese Situation bis zum heutigen Tag nicht zur Gänze geändert.

Das koloniale Bildungswesen hinterließ auch noch ein anderes Vermächtnis: Die Bildungssysteme vieler Länder in der Dritten Welt sind „kopflastig". Der akademische Bereich ist im Vergleich zu den Grundschulen und höheren Schulen unverhältnismäßig stark entwickelt. Das Ergebnis davon ist eine gebildete Elite, deren Mitglieder, die ein College oder eine Universität besucht haben, oft keine Arbeit als Angestellte oder Akademiker finden. Angesichts des niedrigen Industrialisierungsgrades sind die meisten besserbezahlten Positionen in der Regierung zu finden, und dort gibt es nicht soviele davon, daß sie für alle reichen würden.

Viele Länder der Dritten Welt haben in den letzten Jahren versucht, ihre Anstrengungen auf dem Bildungssektor speziell auf die Armen in ländlichen Gebieten auszurichten, weil sie die Mängel des aus der Kolonialzeit überkommenen Systems erkannt haben. Diese Bemühungen hatten nur beschränkten Erfolg, denn aufgrund fehlender finanzieller Mittel mußten sie sich in Grenzen halten. Einige Länder, wie z. B. Indien, fördern die *Selbsthilfe–Bildung*, d. h. die Gemeinden stützen sich auf ihre vorhandenen Ressource, ohne daß deshalb größere finanzielle Mittel erforderlich wären. Jene, die lesen und schreiben können und vielleicht berufliche Fähigkeiten besitzen, werden ermutigt, andere als „Lehrlinge" aufzunehmen und in ihrer Freizeit auszubilden. Manche dieser Programme haben große Ähnlichkeit mit den Ideen, die Illich in seiner Kritik des orthodoxen Bildungswesens zum Ausdruck brachte, was nicht überraschend ist, da er seine Ideen in einem Dritte–Welt–Kontext entwickelt hat, in dem die formalen Schulsysteme mit Ausnahme der Vermittlung der grundlegenden Lese– und Schreibkenntnisse oft nur wenig Bezug zu den wirklichen Bedürfnissen der Bevölkerung haben.

Kommunikation und Medien

Die moderne Welt ist von ständiger **Kommunikation** oder Interaktion zwischen weit voneinander entfernten Menschen abhängig. Wenn wir nicht so sehr von der *Kommunikation über weite Distanzen* abhängig wären, dann wäre Massenbildung weder notwendig noch möglich. In den traditionellen Kulturen – wie in jenem Beispiel, das zu Beginn dieses Kapitels erwähnt wurde – bestand der Großteil desWissens aus dem, was der Anthropologe Clifford Geertz als **lokales Wissen** bezeichnete (Geertz, 1983). Die Traditionen wurden durch die lokale Gemeinschaft weitergegeben, und obwohl sich allgemeines kulturelles Gedankengut allmählich über große Gebiete verbreitete, waren die Prozesse der kulturellen Diffusion schwerfällig und widersprüchlich. Heute leben wir „auf der ganzen Welt" in einer Art und Weise, wie sie Jean–Paul Didion oder jedem anderen, der vor etwa 1800 gelebt hat, völlig unbegreiflich gewesen wäre. Wir wissen Bescheid über Situationen und Ereignisse, die Tausende Kilometer von uns entfernt sind – die elektronische Kommunikation macht solches Wissen beinahe unmittelbar verfügbar. Der Wandel der Informationsverbreitung und Informationstechnologien ist ebensosehr Teil der Entwicklung der modernen Gesellschaften, wie die Veränderungen der industriellen Produktion (Kern, 1983). Im zwanzigsten Jahrhundert haben schnelle Transportmittel und elektronische Kommunikation die globale Informationsverbreitung wesentlich intensiviert.

Massenkommunikation

Die **Massenmedien** – Zeitungen, Zeitschriften, Film und Fernsehen – werden oft mit Unterhaltung assoziiert und deshalb als Randerscheinungen im Leben der meisten Menschen betrachtet. Diese Betrachtungsweise ist jedoch ziemlich irreführend.

Die Massenkommunikationsmittel haben Anteil an vielen Aspekten unserer sozialen Aktivitäten. Finanzielle Transaktionen z. B. basieren heute hauptsächlich auf dem Austausch von in Computern gespeicherten Informationen. Ein Bankkonto ist nicht ein Häufchen von Banknoten in einem Safe, sondern eine Reihe von Zahlen, die auf einen Kontoauszug gedruckt werden und im Computer gespeichert sind. Jeder, der eine Kreditkarte benutzt, ist mit einem sehr komplexen System elektronisch gespeicherter und übertragener Informationen verbunden. Sogar die „Freizeit"-Medien, wie die Zeitungen oder das Fernsehen, haben weitreichenden Einfluß auf unsere Erfahrung. Das liegt nicht nur daran, daß sie unsere Einstellung auf spezifische Art und Weise beeinflussen, sondern ist darauf zurückzuführen, daß sie *Zugangsmittel* zu einem Wissen darstellen, von dem viele gesellschaftliche Aktivitäten abhängen. Es wäre z. B. unmöglich, an nationalen Wahlen teilzunehmen, wenn die Informationen über gegenwärtige politische Ereignisse, Kandidaten und Parteien nicht allgemein zugänglich wären. Sogar jene, die an der Politik weitgehend uninteressiert sind und nur wenig über die beteiligten Persönlichkeiten wissen, sind über die nationalen und internationalen Vorkommnisse informiert. Nur ein wahrer Einsiedler könnte von den „Nachrichten" völlig abgeschnitten leben, die auf jeden von uns förmlich niederprasseln – und man kann wohl auch vermuten, daß im 20. Jahrhundert sogar die Einsiedler Radios besitzen!

Die Entwicklung der Zeitungen

Die Zeitungen in ihrer heutigen Form entstanden aus den Streitschriften und Informationsblättern, die im 18. Jahrhundert gedruckt und in Umlauf gebracht wurden. Die Zeitungen wurden erst vom Ende des 19. Jahrhunderts an zu „Tageszeitungen" mit vielen Tausenden oder gar Millionen von Lesern. Die Zeitung war in der Geschichte der modernen Medien eine Entwicklung von fundamentaler Bedeutung, weil sie viele verschiedene Arten von Informationen in einem handlichen und leicht reproduzierbaren Format zusammengefaßt anbot. Die Zeitungen waren gewissermaßen ein einziges Paket, in dem Informationen über aktuelle Ereignisse, Unterhaltung und Werbung gemeinsam präsentiert wurden. Nachrichten und Werbung entwickelten sich gemeinsam, und die Unterscheidung zwischen Nachrichten, Werbung und Unterhaltung ist tatsächlich verschwommen und nur schwer zu definieren. Die Ankündigung, daß ein Schiff an- oder ablegt, kann zum Beispiel in dem einen Kontext eine Nachricht, in einem anderen eine Werbung sein oder in einem wiederum anderen, wenn sie bestimmte Passagiere betrifft und Teil einer Klatschspalte ist, sogar zu Unterhaltung werden.

Auf dem Gebiet der billigen Tagespresse waren die Vereinigten Staaten führend. Die Tageszeitung um einen Cent wurde zuerst in New York herausgebracht und in anderen großen Städten an der Ostküste nachgeahmt. Im frühen 20. Jahrhundert gab es städtische oder regionale Zeitungen, die die meisten amerikanischen Bundesstaaten abdeckten. (Im Gegensatz zu den kleineren europäischen Ländern entwickelten sich in den USA keine nationalen Zeitungen.) Während der Zeit der Massenimmigration wurden in den Vereinigten Staaten auch viele fremdsprachige Zeitungen publiziert. 1892 gab es z. B. siebenundneunzig deutschsprachige Zeitungen in den Städten des Mittelwestens und Nordostens des Landes. Die Erfindung des billigen Zeitungspapiers war der Schlüssel zur massiven Verbreitung der Zeitungen vom späten 19. Jahrhundert an.

Die beiden besten Beispiele für Prestigeblätter um die Jahrhundertwende waren die *New York Times* und die Londoner *Times*. Die meisten einflußreichen Zeitungen in anderen Ländern nahmen diese zu ihren Vorbildern. Die Zeitungen des oberen Marktsegments wurden zu einer bedenklichen politischen Macht und sind es bis heute geblieben.

Ein halbes Jahrhundert lang oder länger waren die Zeitungen der Hauptkanal für die rasche und umfassende Vermittlung von Informationen an ein Massenpublikum. Ihr Einfluß hat mit der Erfindung von Radio, Kino und – was noch viel wichtiger ist – mit dem Aufstieg des Fernsehens abgenommen. Noch 1960 wurde in Großbritannien täglich mehr als eine Zeitung pro Haushalt verkauft – der Durchschnitt betrug 112 Zeitungen pro 100 Haushalte –, doch seither hat diese Zahl immer weiter abgenommen. Heute kommen auf 100 Haushalte weniger als 90 Zeitungen. Insbesondere der Verkauf an junge Erwachsene ist stark zurückgegangen.

Die Publikation von Zeitungen

Zeitungen wurden lange mit dem Bild des mächtigen Industriebosses, des Oberhaupts eines Verlagsimperiums assoziiert. Dieses Bild ist nicht ganz unzutreffend. In vielen Ländern konzentriert sich der Besitz von Zeitungen in den Händen einiger weniger, großer Gesellschaften, die oft im Besitz von Einzelpersonen oder Familien sind bzw. von diesen beherrscht werden. Viele dieser Firmen besitzen heute auch umfangreiche Anteile in der Fernseh- und Unterhaltungsindustrie. In Großbritannien haben sich auf der Basis des Erfolgs der auflagenstarken Blätter der zwanziger und dreißiger Jahre riesige Gesellschaften herausgebildet, die von den *Pressebaronen*, den Lords Northcliffe, Beaverbrook und Kemsley, geleitet werden. Frankreich erlebte die Entwicklung des Hersant-Medienimperiums, die deutschen Verlagshäuser Springer und Gruner sind riesig. In den Vereinigten Staaten ist die Zahl der Städte mit konkurrierenden Zeitungsverlagen von mehr als fünfhundert zur Zeit der Jahrhundertwende auf kaum über 30 im Jahr 1984 zurückgegangen. Nur 3 Prozent der amerikanischen Städte haben konkurrierende Zeitungen – lokale Blätter sind zu einem Monopolgeschäft geworden.

Mit Ausnahme der USA haben alle westlichen Länder eine ganze Reihe nationaler Zeitungen. Man kann zwischen verschiedenen landesweit erhältlichen Zeitungen wählen, die oft unterschiedliche politische Standpunkte repräsentieren. Obwohl die Zeitungen in den USA lokale Blätter sind, bedeutet dies keineswegs, daß sie auch in lokalem Besitz sind. Mehr als 70 Prozent der Zeitungen befinden sich unter der Kontrolle von Verlagsketten. In manchen dieser Ketten geben die Besitzer, wie bei vielen der auflagenstarken Blätter in Europa, die politische Richtung vor, der die Redakteure und Journalisten zu folgen haben. In der Zeitungsverlagskette Hearst werden z. B. den Chefredakteuren der acht größten Blätter täglich mehrere Leitartikel zugesandt, von denen einige gedruckt werden *müssen* und einige andere gedruckt werden *können*. Die Chefredakteure schreiben keine eigenen Leitartikel.

Es ist extrem teuer, auflagenstarke Blätter auf dem Markt zu etablieren. Es gab – hauptsächlich auf dem Markt für die sogenannte „Regenbogenpresse" – einige erfolgreiche neue Zeitungen (z. B. in Großbritannien die *Sun* des australischen Unternehmers Rupert Murdoch), jedoch unvergleichlich mehr Mißerfolge. Die Konzentrationsprozesse im Zeitungswesen bereiten den meisten westlichen Regierungen Sorgen. In vielen Ländern haben die Regierungen Schritte unternommen, um zu verhindern, daß Zeitungen von großen Ketten übernommen werden, die jedoch in den meisten Fällen fehlgeschlagen sind. Manche Länder haben versucht, die politische Ausgewogenheit der Presse durchzusetzen: In Norwegen wurde in den siebziger Jahren beispielsweise ein Programm eingerichtet, mit dessen Hilfe sichergestellt werden sollte, daß zu gleichen Teilen in Zeitungen investiert wird, die verschiedene Seiten des politischen Spektrums vertreten, und heute haben die meisten lokalen Gemeinden in Norwegen zwei oder mehr gute und inhaltsreiche Zeitungen, die nationale und internationale Nachrichten aus verschiedenen Blickwinkeln präsentieren.

Es ist möglich, daß die Entwicklung der computergestützten Technologien zu einer größeren Anzahl von Zeitungen führen wird, da das Drucken und Produzieren von Zeitungen in letzter Zeit viel billiger geworden ist, als das früher der Fall war. Andererseits könnten die elektronischen Kommunikationsmedien einen weiteren Teil der Zeitungsauflagen verschlingen. Die Teletextsysteme bieten z. B. den ganzen Tag über Nachrichten, die ständig auf den neuesten Stand gebracht werden und einfach über den Fernsehschirm abgerufen werden können.

Der Einfluß des Fernsehens

Der zunehmende Einfluß des Fernsehens ist wahrscheinlich die wichtigste Entwicklung der letzten dreißig Jahre auf dem Mediensektor. Wenn die gegenwärtigen Tendenzen des Fernsehkonsums anhalten, wird jedes heute geborene Kind mit achtzehn Jahren mehr Zeit vor dem Fernsehschirm als mit irgendeiner anderen Tätigkeit verbracht haben – ausgenommen das Schlafen. Praktisch jeder Haushalt verfügt bereits über einen Fernsehapparat. In Großbritannien läuft der Fernseher pro Tag durchschnittlich 5 – 6 Stunden. Dasselbe gilt auch für die Vereinigten

Staaten und Westeuropa (Goodhardt, Ehrenberg und Collins, 1987). Die Anzahl der Stunden, die der einzelne mit Fernsehen verbringt, ist natürlich geringer, da in einem Haushalt verschiedene Familienmitglieder zu unterschiedlichen Zeiten vor dem Fernseher sitzen. Der durchschnittliche Erwachsene in Großbritannien verbringt jedoch drei Stunden pro Tag vor dem Fernseher.

In den letzten Jahren werden immer häufiger auch Videorekorder verwendet, um Sendungen für einen späteren Zeitpunkt aufnehmen oder zuhause Videofilme zeigen zu können. Auch alle möglichen Arten von Videospielen haben weite Verbreitung gefunden. In seinem Buch *Video Kids* (1991) analysiert Eugene Provenzo den Einfluß des Videospielsystems Nintendo. Es gibt gegenwärtig etwa 19 Millionen solcher Nintendo–Spiele in den USA und viele weitere in anderen Ländern. Beinahe alle gehören Kindern oder werden von Kindern benutzt. Auf der Basis dieser Spiele und ihrer Protagonisten haben sich soziale Codes und Traditionen entwickelt. Von den dreißig meistverkauften Spielzeugen in den USA waren 1990 fünfundzwanzig entweder Videospiele oder Zubehör für Videospiele. Die Spiele haben oft direkten Bezug zu den Charakteren oder Handlungen von Filmen oder Fernsehprogrammen, und umgekehrt gibt es auch Fernsehprogramme, die auf der Basis von Nintendo–Spielen entwickelt wurden. Videospiele, so schließt Provenzo, sind zu einem Schlüsselbereich der Kultur und der Erfahrungen der heutigen Kinder geworden.

Fernsehanstalten

Wie die auflagenstarken Zeitungen ist heute auch das Fernsehen ein Riesengeschäft, und in den meisten Ländern hat der Staat direkt mit der Verwaltung des Fernsehens zu tun. In Großbritannien ist die *British Broadcasting Corporation*, die die ersten Fernsehsendungen überhaupt produziert hat, eine staatliche Organisation. Sie wird durch Sehergebühren finanziert, die jeder Haushalt, der über ein Fernsehgerät verfügt, zu entrichten hat. Einige Jahre lang war die BBC die einzige Organisation, die in Großbritannien Radio– oder Fernsehprogramme ausstrahlen durfte, heute jedoch gibt es neben den beiden Kanälen BBC 1 und 2 auch zwei kommerzielle Fernsehsender (ITV 3 und 4), die Programme bringen, die von regionalen Gesellschaften produziert werden, deren Anzahl von der Regierung streng limitiert wird. Die Häufigkeit und Dauer der Werbeeinschaltungen wird gesetzlich kontrolliert, wobei das Maximum sechs Minuten pro Stunde beträgt (Pragnall, 1985). Diese Vorschriften gelten auch für die Satellitensender, die während der achtziger Jahre einem weiten Kreis von zahlenden Zusehern zugänglich gemacht wurden.

In den Vereinigten Staaten sind alle drei führenden TV–Gesellschaften kommerzielle Netzwerke – die *American Broadcasting Company* (ABC), das *Columbia Broadcasting System* (CBS) und die *National Broadcasting Company* (NBC). Den Netzwerken ist es gesetzlich nicht gestattet, mehr als fünf Fernsehstationen zu besitzen, die in den Fällen der drei obengenannten Organisationen ihren Sitz in den größten amerikanischen Städten haben. Die „Großen Drei" erreichen deshalb über ihre eigenen Stationen mehr als ein Viertel aller Haushalte. Zusätzlich hat jedes Netzwerk etwa zweihundert Tochtergesellschaften, die 90 Prozent der etwa siebenhundert Fernsehstationen des Landes ausmachen. Die Finanzierung der Netzwerke erfolgt durch den Verkauf von Werbezeit. Die *National Association of Broadcasters*, eine private Körperschaft, setzt Richtlinien über die Sendezeit, die für die Werbeeinschaltungen verwendet werden darf, fest: 9,5 Minuten pro Stunde während des „Hauptabendprogramms" und 16 Minuten pro Stunde zu anderen Tageszeiten. Die Fernsehgesellschaften erstellen regelmäßig Statistiken über die Einschaltquoten, um festzustellen, wieviele Zuseher das eine oder andere Programm sehen, und setzen danach die Preise für die Werbezeit fest. Die Einschaltquoten haben natürlich auch starken Einfluß darauf, ob eine Serie fortgesetzt wird oder nicht.

Die Macht der großen Netzwerke hat sich seit der Verbreitung von Satelliten- und Kabelfernsehen verringert. Die Zuseher in vielen europäischen Ländern, auch in Großbritannien, und in den großen amerikanischen Städten können aus einer Vielzahl verschiedener Kanäle und Programme auswählen. Unter diesen Umständen, und insbesondere, wenn man auch noch den Einfluß des Videos einkalkuliert, stellen sich die Zuseher immer mehr ihr eigenes „Programm" zusammen. Sie erstellen eher einen persönlichen „Programmfahrplan", als sich nach der vorgegebenen Programmabfolge der Netzwerke zu richten.

Satelliten- und Kabelfernsehen haben den Charakter des Mediums Fernsehen beinahe überall verändert. Sobald Satelliten- und Kabelprogramme begonnen haben, in die Domäne der orthodoxen Fernsehkanäle einzudringen, fällt es den Regierungen schwer, den Inhalt der Fernsehprogramme zu kontrollieren, wie dies für die Vergangenheit charakteristisch war. Fernsehen und die elektronischen Medien scheinen so eine grundlegende Rolle bei den Prozessen gespielt zu haben, die in Osteuropa schließlich zu den Revolutionen von 1989 führten (vgl. Kapitel 19 „Revolution und soziale Bewegungen").

Die Auswirkungen des Fernsehens auf das Verhalten

Im Lauf der Jahre wurde eine Unzahl von Untersuchungen durchgeführt, um die Auswirkungen von Fernsehprogrammen einzuschätzen. Die meisten dieser Studien beschäftigten sich mit Kindern, was angesichts des gewaltigen Fernsehkonsums der Kinder und dessen möglicher Auswirkungen auf die Sozialisation der Kinder nur allzu verständlich ist. Die drei am häufigsten untersuchten Themen waren die Auswirkungen des Fernsehens auf die Neigung zu Kriminalität und Gewalt, die Auswirkungen der Nachrichtensendungen und die Rolle des Fernsehens im politischen Leben. Wir werden uns hier auf das erste Thema konzentrieren.

Das häufige Vorkommen von Gewalt in Fernsehsendungen ist gut dokumentiert. Die umfangreichsten diesbezüglichen Studien stammen von Gerbner und seinen Kollegen. Dabei wurde seit 1967 alljährlich eine Stichprobe der Hauptabend- und der Wochenend-Tagesprogrammme aller großen amerikanischen Netzwerke analysiert. Die Anzahl und Häufigkeit von Gewalttaten und -szenen wurde für eine Reihe unterschiedlicher Programmtypen tabellarisch erfaßt. Gewalt wurde in diesem Zusammenhang als Androhung oder Gebrauch körperlicher Gewalt gegen die eigene Person oder andere definiert, durch die Körperverletzungen oder der Tod eintreten. Fernsehfilme haben sich als Programmtyp extrem

„gewalttätiger" Natur erwiesen: In durchschnittlich 80 Prozent aller derartiger Programme kommt Gewalt vor, wobei die durchschnittliche Anzahl von Gewaltszenen pro Stunde 7,5 beträgt. Kinderprogramme weisen sogar ein noch höheres Ausmaß an Gewalttätigkeit auf, obwohl in diesen Programmen seltener getötet wird. Die größte Anzahl von Gewalttaten und –szenen findet sich in Zeichentrickfilmen (Gerbner et al., 1979, 1980; Gunter, 1985).

Wie, wenn überhaupt, beeinflußt die Darstellung von Gewalt das Publikum? F. S. Anderson sammelte die Ergebnisse von siebenundsechzig in den zwanzig Jahren zwischen 1956 und 1976 erstellten Studien, in denen der Einfluß der Gewalt im Fernsehen auf die Aggressionsneigung von Kindern untersucht wurde. In etwa drei Viertel der Studien wurde angegeben, es sei gelungen, einen derartigen Zusammenhang nachzuweisen. In zwanzig Prozent der Fälle gab es keine klaren Ergebnisse, während in 3 Prozent der Fälle die Wissenschaftler zu dem Schluß gelangten, daß das Beobachten von Gewaltszenen im Fernsehen die Agressionsneigung sogar verringert (Anderson, 1977; Liebert, Sprafkin und Davidson, 1982).

Die Studien, die Anderson analysierte, unterscheiden sich jedoch sehr stark hinsichtlich der verwendeten Methoden, der Stärke des Zusammenhanges, der angeblich nachgewiesen wurde, sowie auch in bezug auf die Definition von „aggressivem Verhalten". In Kriminalfilmen, in denen Gewalttaten gezeigt wurden, (und in vielen Zeichentrickfilmen für Kinder) finden sich als zugrundeliegende Themen Gerechtigkeit und Vergeltung. In Kriminalfilmen wird ein weitaus höherer Anteil der Übeltäter der gerechten Strafe zugeführt, als dies bei polizeilichen Untersuchungen im wirklichen Leben der Fall ist, und in den Zeichentrickfilmen bekommen böse oder bedrohliche Charaktere normalerweise „das, was sie verdienen". Es muß nicht unbedingt der Fall sein, daß ein großes Ausmaß an Gewalt bei den Zusehern ein direktes Nachahmungsverhalten bewirkt; es könnte sein, daß sie von den zugrundeliegenden moralischen Themen stärker beeinflußt werden. Im allgemeinen neigten die Untersuchungen über die „Effekte" des Fernsehens auf die Zuseher immer dazu, diese – Kinder und Erwachsene – wie passive Konsumenten zu behandeln, die auf alles, was sie sehen, gleich reagieren.

Robert Hodge und David Tripp betonen, daß die Reaktionen der Kinder auf das Fernsehen die Interpretation oder ein *Verstehen* dessen, was sie sehen, einschließen und sich nicht darauf beschränken, den Inhalt der Sendung bloß zur Kenntnis zu nehmen (Hodge und Tripp, 1986). Sie behaupten, daß die meisten Untersuchungen die Komplexität der geistigen Prozesse von Kindern außer acht gelassen haben. Das Betrachten auch trivialer Programme ist keine an sich intellektuell anspruchslose Aktivität. Die Kinder „interpretieren" Programme, indem sie sie auf andere Bedeutungssysteme ihres Alltagslebens beziehen. Sogar sehr kleine Kinder verstehen z. B., daß die im Fernsehen gezeigte Gewalt „nicht echt" ist. Laut Hodge und Tripp ist es nicht die Gewalt an sich, die das Verhalten beeinflußt, sondern eher die allgemeine Grundhaltung, auf deren Basis Gewalt sowohl präsentiert als auch „interpretiert" wird.

Fernsehen als Vermittler sozialer Haltungen

Beschränkt man sich auf die Programminhalte, kann dem Einfluß des Fernsehens als kulturelles Medium nicht entsprechend Rechnung getragen werden. Das Fernsehen trägt dazu bei, *Erfahrungsrahmen* zu schaffen, d.h. jene gesamtkulturellen Haltungen, auf deren Basis der einzelne in der modernen Gesellschaft Informationen interpretiert und organisiert. Das Fernsehen ist für die heutige Ausdehnung der indirekten Kommunikationsformen ebenso wichtig wie Bücher, Zeitungen und Zeitschriften. Es gibt jene Rahmen vor, innerhalb welcher der einzelne die soziale Welt interpretiert und auf sie reagiert, indem es dazu beiträgt, unsere diesbezügliche *Erfahrung zu ordnen*. Implizite Voraussetzungen, die in den Gesamtcharakter der Produktion und Distribution von Fernsehprogrammen eingebaut sind, sind möglicherweise bedeutsamer, als welche Programme gezeigt werden.

Das Fernsehen hat z. B. bis zu einem gewissen Grad die Natur der modernen Wahlen verändert, weil es als Plattform für die Präsentation von Anliegen und Kandidaten sehr wichtig war. Um ein anderes Beispiel zu nennen: Die in der Werbung verwendeten Symbole haben unter Umständen einen tieferen Einfluß auf unser soziales Verhalten als die explizite „Botschaft", die der Anbieter dem Zuseher via Fernsehen vermitteln möchte. So werden sexuelle Unterschiede oft eher durch das symbolisiert, was in der Szenerie oder im Hintergrund von Werbespots geschieht, als durch das tatsächlich beworbene Produkt. In vielen Werbespots erscheinen die Männer als geistig und physisch aktiv, während die Frauen eher verträumt in die Gegend blicken (Goffman, 1981a).

Schlußfolgerungen

Wie das Bildungswesen werfen auch das Fernsehen und die „Kulturindustrie" Fragen über das Gleichgewicht zwischen Macht, Verantwortlichkeit und Freiheit auf. Die Schulen bieten – innerhalb und außerhalb des formalen Lehrplans – zahlreiche Lernergebnisse, die an sich zur Selbstverwirklichung und zur persönlichen Entwicklung beitragen. Das Lehren von Lese- und Schreibkenntnissen ist das offensichtlichste Beispiel: Wenn wir nicht die Möglichkeit hätten, uns dieser Fertigkeiten zu bedienen, wäre unsere Existenz radikal verarmt. Andererseits trägt das Schulsystem zur Aufrechterhaltung sozialer und wirtschaftlicher Ungleichheiten bei.

Die modernen Kommunikationsmedien spielen in unserem Leben eine ebenso zentrale Rolle und liefern nicht nur notwendige Information, sondern bieten auch die Möglichkeit zur Selbstbildung und Unterhaltung. Dennoch neigen die Medien insgesamt gesehen dazu, die Anschauungen der dominanten Gesellschaftsgruppen widerzuspiegeln. Dies ist nicht primär das Ergebnis einer direkten politischen Zensur, sondern ergibt sich aus der Tatsache, daß sich der Besitz von Fernsehstationen, Zeitungen, Datenbanken usw. in den Händen relativ weniger konzentriert. Wer sollte die Medien kontrollieren? Was können die weniger Privilegierten tun, um gehört zu werden? Es sind dies komplexe und schwierige Probleme, die heute angesichts der Beherrschung der weltweiten Kommunikation durch eine beschränkte Anzahl von Ländern eine internationale Dimension gewonnen haben. Dieses Phänomen wird in Kapitel 16 („Die Globalisierung des sozialen Lebens") diskutiert.

Zusammenfassung

1 Bildung in ihrer modernen Form, d.h. das Unterrichten von Schülern in speziell diesem Zweck gewidmeten Schulgebäuden, begann sich mit der Verbreitung gedruckter Materialien und zunehmender Alphabetisierung zu entwickeln.

2 Die Ausweitung des Bildungswesens im 20. Jahrhundert war eng mit einem wahrgenommenen Bedarf an einer disziplinierten Arbeiterschaft mit Lese- und Schreibkenntnissen verbunden. Obwohl Reformer Bildung vor allem als Mittel zur Verringerung von Ungleichheiten sahen, sind ihre Auswirkungen in dieser Hinsicht eher begrenzt. Durch die Bildung werden bestehende Ungleichheiten eher zum Ausdruck gebracht und bestätigt als geändert.

3 Nach der Theorie Bernsteins sind Kinder, die einen *elaborierten Sprachcode* erlernt haben, leichter in der Lage, den Anforderungen einer formalen schulischen Bildung zu entsprechen als jene, die nur auf *restringierte Codes* zurückgreifen können. Intelligenztests beruhen auf einer standardisierten Auffassung von „nützlichen" Fähigkeiten und Fertigkeiten, sind kulturgebunden und deshalb beschränkt anwendbar.

4 Der formelle Lehrplan ist nur ein Teil eines allgemeineren Prozesses der *kulturellen Reproduktion,* der durch verschiedene informelle Aspekte des Lernens, der Bildung und der schulischen Umgebung beeinflußt wird. Der „verborgene Lehrplan" spielt bei der kulturellen Reproduktion eine wichtige Rolle.

5 Die Organisation der Schulen und der Schulunterricht neigten dazu, geschlechtsspezifische Ungleichheiten zu erhalten. Regeln, die für Mädchen und Knaben bestimmte Kleidung vorschreiben, fördern Stereotypisierungen ebenso wie Texte, in denen die etablierten männlichen und weiblichen Klischees präsentiert werden. Es gibt empirische Hinweise darauf, daß Mädchen und Knaben von den Lehrern unterschiedlich behandelt werden. Die schulische Geschlechtertrennung hat eine lange Tradition. Bestimmte Fächer werden als eher für Mädchen und weniger für Knaben geeignet betrachtet und umgekehrt. Unter Studenten und unter dem akademischen Lehrpersonal sind die Frauen immer noch unterrepräsentiert: diese Situation wird sich wohl nicht bessern, solange die anderen Faktoren wirksam sind.

6 Eine allgemeine Grundschulpflicht ist bei weitem noch nicht auf der ganzen Welt etabliert. Es gibt in der Dritten Welt immer noch Länder, in denen die meisten Kinder keinerlei formale Bildung erhalten. Die absolute Anzahl der Analphabeten ist eher im Steigen als im Sinken begriffen.

7 Das Schulwesen muß als Element jener Massenkommunikationssysteme verstanden werden, die mit der Industrialisierung entstanden sind. Der Informationsaustausch zwischen weit voneinander entfernten Menschen hat enorm zugenommen. Die modernen politischen Systeme sind von einer informierten Bürgerschaft abhängig: Durch Printmedien und elektronische Medien wie Telefon, Radio, Fernsehen oder Datenübertragung per Computer sind das *Globale* und das *Lokale* näher aneinandergerückt.

8 Trotz der vielen Studien über Fernsehen und Gewalt ist immer noch nicht klar, wie sehr und auf welche Weise die Darstellung von Gewalt im Fernsehen aggressives Verhalten im wirklichen Leben fördert. Bei den meisten Untersuchungen wurde un-

Bildung, Kommunikation und Medien 481

terschätzt, inwieweit die Zuseher selektiv interpretieren, was sie sehen, und auf welch komplexe Art „Fiktion" und „Realität" miteinander verbunden sind.

9 Das Fernsehen und andere Massenmedien beeinflussen unser Leben in nachhaltiger Weise. Die Medien bieten nicht nur Unterhaltung sondern liefern und formen einen Großteil der Informationen, die wir im täglichen Leben benutzen. Fragen nach den Besitzern der Medien und das Ausmaß, in dem die Äußerung verschiedener Ansichten in den Medien möglich ist, sind von großer Bedeutung.

Grundbegriffe

Schulbildung   Kommunikation
kulturelle Reproduktion

Wichtige Fachausdrücke

Literarizität	verborgener Lehrplan
Bildungssystem	Intelligenz
höhere Bildung	IQ
restringierter Code	lokales Wissen
elaborierter Code	Massenmedien

Weiterführende Literatur

Pierre Bourdieu, *Die feinen Unterschiede. Kritik der gesellschaftlichen Urteilskraft* (Frankfurt: Suhrkamp, 1987) – eine detaillierte Analyse der klassenspezifischen Lebensstile.

James W. Carey, *Communication as Culture: Essays on Media and Society* (London: Unwin Hyman, 1989) – eine interessante und unschwer verständliche Sammlung von Aufsätzen über die Bedeutung der Kommunikation und der Medien in traditionellen und modernen Gesellschaften.

John Fiske, *Understanding Popular Culture* (London: Unwin Hyman, 1990) – eine faszinierende und provokante Diskussion der Massenkultur.

Andy Green, *Education and State Formation* (London: Macmillan, 1990) – eine Analyse der Entstehung der nationalen Bildungssysteme in England, Frankreich und den Vereinigten Staaten.

Robert Hodge and David Tripp, *Children and Television: A Semiotic Approach* (Cambridge: Polity, 1986) – es wird argumentiert, daß Kinder das Fernsehen aktiv „interpretieren".

Christopher Jencks, *Chancengleichheit* (Reinbek: Rowohlt, 1973) – eine immer noch sehr lesenswerte quantitative Studie über Ungleichheiten im Bildungswesen.

Sheila Riddell, *Gender and the Politics of the Curriculum* (London: Routledge, 1992) – basiert auf der Untersuchung von zwei höherbildenden Schulen und analysiert die Wechselwirkungen zwischen dem Lehrplan und der Geschlechtsidentität.

Kapitel 14

Religion

Definition von Religion (und Magie)
   Was Religion nicht ist
   Was Religion ist

Formen der Religion
   Totemismus und Animismus
   Judentum, Christentum und Islam
   Judentum
   Christentum
   Islam
   Die fernöstlichen Religionen
   Hinduismus
   Buddhismus, Konfuzianismus, Taoismus

Theorien der Religion
   Marx und die Religion
   Durkheim und das religiöse Ritual
   Durkheim und die Zukunft der Religion
   Weber und die Weltreligionen
   Bewertung

Arten der religiösen Organisation
   Weber und Troeltsch: Kirchen und Sekten
   Becker: Konfessionen und Kulte
   Bewertung

Geschlecht und Religion
   Religiöse Symbolik
   Frauen in religiösen Organisationen

Chiliastische Bewegungen
   Die Jünger Joachims
   Der „Ghost Dance"
   Die Natur der chiliastischen Bewegungen

Gegenwärtige religiöse Entwicklungen: die islamische Revolution
   Die Entwicklung des islamischen Glaubens
   Der Islam und der Westen

Religion in Großbritannien

Religion in den Vereinigten Staaten
   Vielfalt
   Christlicher Fundamentalismus

Das Problem der Säkularisierung

Abschließende Bewertung

Zusammenfassung

Grundbegriffe

Wichtige Fachausdrücke

Weiterführende Literatur

Religion 483

Im Namen des barmherzigen und gnädigen Gottes.

Beim Morgen und bei der Nacht, wenn alles still ist! Dein Herr hat dir nicht den Abschied gegeben und verabscheut (dich) nicht. Und das Jenseits ist besser für dich als das Diesseits.
Dein Herr wird dir (dereinst so reichlich) geben, daß du zufrieden sein wirst. (Doch auch schon im diesseitigen Leben hat er dir Gnade erwiesen). Hat er dich nicht als Waise gefunden und (dir) Aufnahme gewährt, dich auf dem Irrweg gefunden und recht geleitet, und dich bedürftig gefunden und reich gemacht? Gegen die Waise sollst du deshalb nicht gewalttätig sein, und den Bettler sollst du nicht anfahren.
Aber erzähle (deinen Landsleuten wieder und wieder) von der Gnade deines Herrn!*)

Diese Textstelle läßt gut erkennen, welchen Einfluß die Religion über Jahrtausende hinweg auf das Leben der Menschen ausübte. Gott liebt jeden von uns, versichert die Heilige Schrift; er läßt uns Fürsorge und Trost, Nahrung und Obdach zuteil werden. Wenn wir Gott verehren und an seine Güte glauben, wird es uns im nächsten Leben reichlich vergolten werden.

Wie wir etwas später in diesem Kapitel sehen werden, teilen nicht alle Religionen diesen Glauben, aber in der einen oder anderen Form findet sich Religion in jeder bekannten menschlichen Gesellschaft. Die ältesten bekannten Gesellschaften, von denen nur archäologische Funde Zeugnis ablegen, zeigen eindeutige Spuren religiöser Symbole und Zeremonien. Von damals an hat im Verlauf der gesamten Geschichte die **Religion** unablässig einen zentralen Bestandteil der menschlichen Erfahrung dargestellt, und sie hat beeinflußt, wie wir die Umwelt, in der wir leben, wahrnehmen und auf diese reagieren.

Die oben erwähnte Heilige Schrift stellt Religion als eine Quelle des persönlichen Trostes und Beistands dar. Doch die Religion war oft auch der Ursprung von heftigen sozialen Auseinandersetzungen und Konflikten. Betrachten Sie die in der folgenden Textstelle enthaltenen Ratschläge und die darin zum Ausdruck kommenden Gefühle:

Seid einander zugetan in brüderlicher Liebe, kommt einander mit Achtung zuvor;
im Eifer nicht lässig, im Geiste glühend, dem Herrn dienend;
in der Hoffung fröhlich, in der Drangsal geduldig, im Beten beharrlich;
um die Bedürfnisse der Heiligen besorgt, auf Gastfreundschaft bedacht!
Segnet eure Verfolger; segnet und fluchet nicht!
Freut Euch mit den Fröhlichen, weint mit den Weinenden;
seid eines Sinnes untereinander; trachtet nicht nach Hohem, sondern befaßt euch mit dem Geringen! „Seid nicht klug vor euch selbst!"
Vergeltet niemandem Böses mit Bösem! „Seid auf Gutes bedacht (nicht nur vor Gott, sondern auch) vor allen Menschen!"
Wenn möglich, haltet, soviel an euch liegt, Frieden mit allen Menschen!

Wie die erste Textstelle vermitteln auch diese Worte ein Gefühl der universellen Liebe und der Güte Gottes. Es ist schwierig, sich vorzustellen, daß Gläubige, die der Lehre der ersten dieser Schriften gefolgt sind, den in der zweiten zum Ausdruck gebrachten Gefühlen keine Sympathie entgegenbringen würden. In Wirklichkeit jedoch kam es zwischen den beiden Gruppen von Gläubigen über Jahrhunderte

---

*) Die gedanklichen Übergänge und Ergänzungen sind in Klammern gesetzt. Der Gesamttext ist so formuliert, daß das, was außerhalb der Klammern steht, im wesentlichen den eigentlichen Wortlaut des Originals wiedergibt.

hinweg immer wieder zu blutigen Konflikten. Das erste Zitat stammt nämlich aus dem Koran, der heiligen Schrift des Islam, und das zweite aus dem Neuen Testament der christlichen Bibel. Islam und Christentum haben einander überschneidende Ursprünge und berufen sich auf viele gemeinsame Propheten. Doch die beiden Glaubensgemeinschaften lehnen den Gott der jeweils anderen ab und betrachten die Angehörigen der jeweils anderen – oder die Angehörigen jeder anderen – Konfession als Ungläubige.

Zwischen dem 11. und dem 13. Jahrhundert fielen europäische Heere mit dem Ziel, das Heilige Land den Moslems (den Anhängern des Islam) zugunsten des Christentums zu entreißen, in Teile des Nahen Ostens ein. Diese Kriege, die von den Christen als „Kreuzzüge" bezeichnet wurden, gehörten zu den blutigsten, die jemals geführt wurden, fanden jedoch sowohl im Namen Gottes als auch im Namen Allahs statt. Tausende wurden dahingemetzelt und christliche wie islamische Heere verübten zwei Jahrhunderte hindurch Greueltaten. Die Europäer eroberten im ersten Kreuzzug weite Landstriche und wichtige Städte, darunter auch Jerusalem, doch bis zum Ende des neunten Kreuzzuges im Jahre 1272 hatten die Moslems das gesamte Heilige Land wieder zurückerobert.

Der Heilige Bernhard, der Abt eines großen Klosters im französischen Clairvaux, war einer der überzeugtesten Befürworter der Kreuzzüge. „Wie gesegnet sind doch die Märtyrer, die in der Schlacht sterben!" schrieb er. „Frohlocke, tapferer Krieger, wenn du lebst und im Herrn eroberst, doch lobe und preise noch mehr, wenn du fällst, um mit dem Herrn zu sein." (Königsberger, 1987)

Wie kann die Religion einen so starken Einfluß auf das Leben der Menschen ausüben, daß sie bereit sind, sich für die Ideale ihrer Religion zu opfern? Warum war die Religion ein allgegenwärtiger Aspekt der menschlichen Gesellschaften? Unter welchen Bedingungen vereint Religion Gemeinschaften und unter welchen Bedingungen trennt sie sie? Das sind die Fragen, die wir in diesem Kapitel zu beanworten versuchen werden. Dazu müssen wir uns fragen, was Religion eigentlich ist, und einige der unterschiedlichen Formen des religiösen Glaubens sowie der Religionsausübung betrachten. Wir werden uns auch mit den wichtigsten soziologischen Theorien der Religion beschäftigen und die verschiedenen Arten religiöser Organisation analysieren. Schließlich werden wir uns mit dem Schicksal der Religion in der modernen Welt beschäftigen, da viele Beobachter die Ansicht vertreten haben, daß mit dem Aufschwung der Wissenschaft und der modernen Industrie die Religion heute im sozialen Leben ein weniger zentraler Faktor geworden ist, als das vor der Moderne der Fall war.

Die Untersuchung der Religion ist eine große Herausforderung, die besondere Anforderungen an die Vorstellungskraft des Soziologen stellt. Wenn wir religiöse Praktiken analysieren, müssen wir in den religiösen Überzeugungen und Ritualen, auf die wir in den verschiedenen menschlichen Kulturen stoßen, einen Sinn entdecken können. Wir müssen jenen Idealen gegenüber, von denen die Gläubigen zutiefst überzeugt sind, aufgeschlossen sein, sie jedoch zugleich auf ausgewogene Art und Weise betrachten. Wir müssen uns mit Gedanken auseinandersetzen, die nach dem Ewigen streben, während wir uns gleichzeitig bewußt sein müssen, daß religiöse Gruppen auch ziemlich weltliche Ziele verfolgen – wie etwa die Beschaffung finanzieller Mittel oder das Werben um Anhänger. Wir müssen der Vielfalt religiöser Überzeugungen und Verhaltensweisen Rechnung tragen, aber auch die Natur der Religion als allgemeines Phänomen erforschen.

Definition von Religion (und Magie)

Die Vielfalt religiöser Überzeugungen und Organisationen ist derart groß, daß es Wissenschaftlern enorme Schwierigkeiten verursachte, zu einer allgemein anerkannten Definition von Religion zu gelangen. Im Westen ist Religion für die meisten Menschen gleichbedeutend mit Christentum – dem Glauben an ein höchstes Wesen, das uns befiehlt, in unserem irdischen Leben den Geboten der Moral zu folgen, und uns ein Leben nach dem Tod verspricht. Religion in ihrer Gesamtheit läßt sich auf diese Weise jedoch nicht charakterisieren. Diese Überzeugungen und viele andere Aspekte des Christentums sind in den meisten anderen Religionen der Welt nämlich nicht anzutreffen.

Was Religion nicht ist

Will man nicht in den Fehler des ethnozentrischen Denkens über Religion verfallen, ist es wahrscheinlich am besten, zu Beginn zu klären, was Religion – allgemein betrachtet – *nicht* ist (B. Wilson, 1982). Zunächst sollte Religion nicht mit **Monotheismus** (dem Glauben an einen einzigen Gott) gleichgesetzt werden. Die meisten Religionen haben viele Gottheiten. Sogar in einigen Varianten des Christentums gibt es mehrere Gestalten mit Attributen der Heiligkeit: Gott, Jesus, Maria, den Heiligen Geist, Engel und Heilige. In anderen Religionen hingegen gibt es überhaupt keine Götter.

Zweitens sollte Religion nicht mit *moralischen Geboten* gleichgesetzt werden, die zur Lenkung des Verhaltens der Gläubigen dienen sollen, wie jene Gebote, die Moses von Gott erhalten haben soll. Der Gedanke, daß sich die Götter für unser irdisches Verhalten interessieren, ist vielen Religionen ganz und gar fremd. Für die alten Griechen beispielsweise waren die Götter an den Aktivitäten der Menschheit weitgehend uninteressiert.

Drittens muß Religion nicht unbedingt versuchen zu *erklären, wie die Welt zu dem wurde, was sie ist*. Im Christentum soll der Mythos von Adam und Eva den Ursprung der menschlichen Existenz erklären, und viele andere Religionen haben ähnliche *Ursprungsmythen*, ebensoviele andere jedoch nicht.

Viertens kann Religion nicht mit dem *Übernatürlichen* gleichgesetzt werden, als wäre für sie stets der Glaube an ein Universum „jenseits des Reichs der Sinne" essentiell. Der Konfuzianismus z. B. versucht, die natürliche Harmonie der Welt zu akzeptieren, und bemüht sich nicht, „dahinterliegende" Wahrheiten zu finden.

Was Religion ist

Jene Merkmale, die alle Religionen *tatsächlich* zu teilen scheinen, sind die folgenden: Religionen verwenden eine Reihe von *Symbolen*, die Gefühle der *Ehrerbietung* oder der *Ehrfurcht* hervorrufen, und sind mit **Ritualen** oder Zeremonien (wie etwa Gottesdiensten) verbunden, zu denen sich eine Gemeinschaft von Gläubigen zusammenfindet. Jedes dieser Elemente erfordert nähere Erklärungen. Egal, ob eine Religion den Glauben an Gottheiten einschließt oder nicht, es sind praktisch immer Wesen oder Gegenstände vorhanden, die eine Haltung der Ehrfurcht oder des Erstaunens hervorrufen. In manchen Religionen beispielsweise glauben die Menschen eher an eine „göttliche Kraft", die sie verehren, als an personifizierte Gottheiten. In anderen Religionen gibt es Gestalten, die keine Götter sind, deren man aber dennoch mit Ehrfurcht gedenkt, wie z. B. Buddha oder Konfuzius.

Die mit der Religion verbundenen Rituale sind sehr vielfältig. Rituelle Handlungen können Gebete, Lieder und Gesänge, den Verzehr bestimmter Nahrungsmittel – oder den Verzicht darauf –, das Fasten an bestimmten Tagen etc. einschließen. Da rituelle Handlungen auf religiöse Symbole gerichtet sind, heben sie sich üblicherweise in der Betrachtung der Menschen deutlich von den Gewohnheiten und Verfahren des täglichen Lebens ab. Zündet man eine Kerze an, um einen Gott zu ehren oder zu besänftigen, so bedeutet diese Handlung etwas ganz anderes, als wenn man eine Kerze einfach um ihres Lichtes wegen entzündet. Religiöse Rituale werden oft von Einzelpersonen in völliger Abgeschiedenheit durchgeführt, doch in allen Religionen gibt es auch Zeremonien, die von den Gläubigen gemeinsam praktiziert werden. Reguläre Zeremonien finden normalerweise an besonderen Orten statt – in Kirchen, Tempeln oder Kultstätten.

Die Existenz kollektiver Zeremonien wird von Soziologen üblicherweise als einer der Hauptfaktoren zur Unterscheidung zwischen Religion und Magie angesehen, obwohl die Grenzen keineswegs klar sind. Unter **Magie** versteht man die Einflußnahme auf Ereignisse durch die Verwendung von Tränken, Gesängen oder rituellen Praktiken. Sie wird üblicherweise von einzelnen ausgeübt, nicht von einer Gemeinschaft von Gläubigen. Im Falle eines Unglücks oder in gefährlichen Situationen entschließen sich die Menschen oft, Zuflucht zur Magie zu nehmen. So beschreibt Bronislaw Malinowskis klassische Studie über die Bewohner der Trobriand-Inseln im Pazifik eine Vielfalt magischer Riten, die vor jeder gefährlichen Kanufahrt verrichtet werden (Malinowski, 1982). Wenn sie hingegen zum Fischfang auf den sicheren und ruhigen Wassern einer nahen Lagune auslaufen, verzichten die Insulaner auf derartige Riten.

Obgleich magische Praktiken aus den modernen Gesellschaften weitgehend verschwunden sind, ist magieähnlicher Aberglaube in gefährlichen Situationen noch immer weit verbreitet. Viele, die in gefährlichen Berufen arbeiten oder Beschäftigungen nachgehen, bei denen die Leistung durch Zufallsfaktoren dramatisch beeinflußt werden kann – wie etwa Bergleute, Hochseefischer oder Sportler – führen kleine abergläubische Rituale durch oder tragen in Zeiten der Belastung besondere Gegenstände bei sich. Ein Beispiel dafür könnte ein Tennisspieler sein, der darauf besteht, bei wichtigen Spielen einen bestimmten Ring zu tragen. Die Astrologie, ein Vermächtnis des magischen Gedankenguts des mittelalterlichen Europas, hat noch immer ihre Anhänger, obwohl sie wahrscheinlich die meisten Menschen nicht mehr allzu ernst nehmen (Adorno, 1974).

Formen der Religion

In traditionellen Gesellschaften spielt die Religion üblicherweise eine zentrale Rolle im gesellschaftlichen Leben. Religiöse Symbole und Rituale sind oft mit der materiellen und künstlerischen Kultur der Gesellschaft – Musik, Malerei oder Schnitzerei, Tanz, Erzählungen und Literatur – verwoben. In kleinräumigen Kulturen gibt es keine professionellen Priester, doch es gibt immer bestimmte Menschen, die sich auf das Wissen um religiöse (und oft magische) Praktiken spezialisieren. Obwohl es verschiedene derartige Spezialisten gibt, ist ein allgemein verbreiteter Typ jener des **Schamanen** (ein Wort, das seinen Ursprung bei den nordamerikanischen Indianern hat). Ein Schamane ist ein Mensch, von dem man glaubt, er sei imstande, Geister oder übernatürliche Kräfte mit Hilfe ritueller Mittel zu beeinflussen. Schamanen sind allerdings oft eher Magier als religiöse Führer und werden häufig von Menschen zu Rate gezogen, die mit dem unzufrieden sind, was in den religiösen Ritualen der Gemeinschaft geboten wird.

Totemismus und Animismus

Zwei Formen der Religion, auf die man häufig in kleinräumigen Kulturen trifft, sind **Totemismus** und **Animismus**. Das Wort „Totem" entstand ursprünglich bei den Indianerstämmen Nordamerikas, hat jedoch weite Verbreitung gefunden und bezeichnet verschiedene Arten von Tieren oder Pflanzen, denen übernatürliche Kräfte zugeschrieben werden. Normalerweise hat jede Verwandtschaftsgruppe oder Sippe innerhalb einer Gesellschaft ihr eigenes Totem, mit dem verschiedene rituelle Aktivitäten verbunden sind. Der Totemglaube mag den Angehörigen der industrialisierten Gesellschaften fremd erscheinen, in gewissen relativ unbedeutenden Zusammenhängen jedoch ist man Symbole gewöhnt, die jenen des Totemismus sehr ähnlich sind; man denke nur an eine Fußball- oder Eishockeymannschaft, die ein bestimmtes Tier oder eine bestimmte Pflanze als Emblem verwendet. Maskottchen sind Totems.

Der Animismus ist der Glaube an Geister oder Gespenster, von denen man annimmt, daß sie in derselben Welt existieren wie die Menschen. Solche Geister können als gut oder böse gelten und das menschliche Verhalten in vielerlei Hinsicht beeinflussen. In manchen Kulturen glaubt man beispielsweise, daß Krankheiten oder Irrsinn von Geistern hervorgerufen werden, die von den Menschen *Besitz ergreifen*, um ihr Verhalten zu kontrollieren. Der Animismus ist nicht auf kleinräumigere Kulturen beschränkt, sondern findet sich bis zu einem gewissen Grad in vielen Religionen. Im mittelalterlichen Europa wurden Menschen, von denen man annahm, daß sie von bösen Geistern besessen waren, häufig als Hexen oder Zauberer verfolgt.

Kleine, scheinbar „einfache" Gesellschaften haben häufig komplexe religiöse Glaubenssysteme. Unter diesen Gesellschaften sind Totemismus und Animismus häufiger als in Großgesellschaften, doch einige der kleinen Gesellschaften haben weitaus komplexere Religionen. Die von E. E. Evans-Pritchard beschriebenen Nuer im südlichen Sudan beispielsweise haben ein kompliziertes System theologischer Ideen, die einen „hohen Gott" oder „Himmelsgeist" zum Zentrum haben

(Evans–Pritchard, 1956). Zum Monotheismus neigende Religionen findet man unter den kleineren traditionellen Kulturen jedoch nur selten. Die meisten davon sind **polytheistisch**, das heißt ihre Angehörigen glauben an mehrere Gottheiten.

Judentum, Christentum und Islam

Die drei einflußreichsten monotheistischen Religionen der Weltgeschichte sind *Judentum, Christentum* und *Islam*. Alle drei haben ihren Ursprung im Nahen Osten, und jede von ihnen hat die anderen beeinflußt.

Judentum

Das Judentum ist die älteste der drei Religionen und geht bis ungefähr 1000 v. Chr. zurück. Die frühen Hebräer waren Nomaden, die im alten Ägypten und dessen Umgebung lebten. Ihre **Propheten** oder religiösen Führer bezogen ihre Gedanken zum Teil aus in der Region existierenden religiösen Überzeugungen, unterschieden sich von diesen jedoch durch ihren Glauben an einen einzigen, allmächtigen Gott. Die meisten ihrer Nachbarn waren Polytheisten. Die Hebräer glaubten, daß Gott Gehorsam gegenüber strengen moralischen Gesetzen fordert, und beanspruchten ein Wahrheitsmonopol, da sie ihren eigenen Glauben als einzig wahre Religion betrachteten (Zeitlin, 1984, 1988).

Bis zur Gründung des Staates Israel kurz nach dem Ende des Zweiten Weltkrieges gab es kein Land, in dem das Judentum Staatsreligion war. Jüdische Gemeinschaften überlebten in Europa, Nordafrika und Asien, obwohl sie häufigen Verfolgungen ausgesetzt waren, die ihren Höhepunkt während des Zweiten Weltkrieges in der Ermordung von Millionen von Juden in den Konzentrationslagern der Nazis fanden.

Christentum

Viele jüdische Ansichten wurden vom Christentum übernommen und als Teil des christlichen Glaubens verankert. Jesus war ein orthodoxer Jude, und das Christentum begann als jüdische Sekte. Es ist keineswegs erwiesen, daß Jesus die Absicht hatte, eine eigenständige Religion zu gründen. Seine Jünger betrachteten ihn als den von den Juden erwarteten *Messias* – diese Bezeichnung stammt aus dem Hebräischen, bedeutet soviel wie „der Gesalbte" und entspricht dem griechischen Ausdruck „Christos". Paulus, ein griechisch sprechender römischer Bürger, hatte wesentlichen Anteil an der Verbreitung des Christentums, vor allem durch seine ausgedehnte Missionstätigkeit in Kleinasien und Griechenland. Obwohl die Christen anfangs grausam verfolgt wurden, erhob Kaiser Konstantin den christlichen Glauben schließlich zur offiziellen Religion des Römischen Reiches. Das Christentum fand weite Verbreitung und sollte während der nächsten zweitausend Jahre nachhaltigen Einfluß auf die westliche Kultur ausüben.

Das Christentum hat heute mehr Anhänger und ist auf der Welt weiter verbreitet als jede andere Religion. Mehr als eine Milliarde Menschen betrachten sich als Christen, doch gibt es innerhalb des Christentums zahlreiche verschiedene Bekenntnisse, die sich theologisch und organisatorisch voneinander unterscheiden, wobei die Hauptzweige der Römische Katholizismus, der Protestantismus und das Orthodoxe Christentum sind.

Islam

Die Ursprünge des Islam, der heute die zweitgrößte Religion der Welt darstellt, überschneiden sich mit jenen des Christentums. Der Islam leitet sich von den Lehren des Propheten Mohammed im siebenten Jahrhundert n. Chr. ab. Der einzige Gott des Islam, Allah, hat dem islamischen Glauben zufolge das Schicksal der Menschen und aller anderen Lebewesen in seiner Hand. Die *Pfeiler des Islam* sind die fünf wichtigsten religiösen Pflichten der Muslime (wie die Anhänger des Islam bezeichnet werden). Der erste Pfeiler ist das Beten des islamischen Glaubensbekenntnisses „Es gibt keinen Gott außer Allah und Mohammed ist sein Prophet." Der zweite Pfeiler besteht in den täglichen fünf Gebeten, denen jeweils eine rituelle Waschung vorausgeht. Während dieser Gebete müssen sich die Gläubigen in Richtung Mekka, der heiligen Stadt in Saudiarabien verneigen, egal, wie weit sie davon entfernt sind.

Der dritte Pfeiler besteht in der Einhaltung des Ramadan, eines Fastenmonats, während dessen die Gläubigen bei Tageslicht weder Speisen noch Getränke zu sich nehmen dürfen. Der vierte Pfeiler ist das Spenden von Almosen an die Armen, das im islamischen Recht verankert ist und oft als Basis für die Einhebung von Steuern durch den Staat gedient hat. Fünftens schließlich wird von jedem Gläubigen erwartet, daß er zumindest einmal in seinem Leben versucht, nach Mekka zu pilgern.

Die Muslime glauben, daß Allah vor Mohammed durch frühere Propheten, darunter auch Moses und Jesus, gesprochen hat, deren Lehren seinen Willen direkt zum Ausdruck bringen. Der Islam hat sich sehr weit verbreitet und zählt jetzt etwa sechshundert Millionen Anhänger auf der ganzen Welt. Die Mehrheit von ihnen konzentriert sich in Nord- und Ostafrika, dem Nahen Osten und Pakistan. (Eine kurze Erörterung des islamischen Glaubens findet sich im untenstehenden Abschnitt über die Islamische Revolution.)

Die fernöstlichen Religionen

Hinduismus

Zwischen Judentum, Christentum und Islam einerseits und den fernöstlichen Religionen andererseits gibt es große Unterschiede. Die älteste der großen auch heute noch weit verbreiteten Religionen ist der *Hinduismus*, dessen Kerngedanken mehr als sechstausend Jahre zurückreichen. Der Hinduismus ist eine polytheistische Religion. Er weist in sich so große Unterschiede auf, daß manche Gelehrte vorgeschlagen haben, er sollte nicht als eine Einzelreligion, sondern eher als ein Bündel von miteinander verwandten Religionen aufgefaßt werden; viele lokale Kulte und religiöse Praktiken sind durch einige wenige allgemein akzeptierte Überzeugungen verbunden.

„Als nächstes passiert gar nichts. Das war schon alles".

Gezeichnet von Gahan Wilson; © 1980 The New Yorker Magazine Inc.

Die meisten Hindus akzeptieren die Doktrin des *Reinkarnationszyklus*, das heißt jenen Glauben, demzufolge alle Lebewesen Teil eines ewigen Prozesses von Geburt, Tod und Wiedergeburt sind. Ein zweites Hauptmerkmal des Hinduismus ist das Kastensystem, das auf der Annahme basiert, daß jeder Mensch nach Maßgabe seines Verhaltens in einer früheren Inkarnation in eine bestimmte Position einer gesellschaftlichen und rituellen Hierarchie hineingeboren wird. Für jede dieser Kasten existieren andere Pflichten und Rituale, und das Schicksal im nächsten Leben hängt hauptsächlich davon ab, wie gründlich man diese Pflichten erfüllt. Der Hinduismus akzeptiert die Möglichkeit vieler verschiedener religiöser Standpunkte und zieht keine klare Linie zwischen Gläubigen und Ungläubigen. Es gibt ebensoviele Hindus wie Muslime, etwa sechshundert Millionen, doch leben diese praktisch alle auf dem indischen Subkontinent. Der Hinduismus strebt im Gegensatz zum Christentum und zum Islam nicht danach, andere zum „wahren Glauben" zu bekehren.

Buddhismus, Konfuzianismus, Taoismus

Zu den **ethischen Religionen** des Ostens gehören *Buddhismus, Konfuzianismus und Taoismus*. In diesen Religionen gibt es keine Götter. Sie betonen vielmehr ethische Ideale, die den Gläubigen in eine Beziehung zum natürlichen Zusammenhalt und zur Einheit des Universums setzen.

Der *Buddhismus* beruht auf den Lehren des Siddharta Gautama oder Buddha (*der Erleuchtete*), eines Hinduprinzen, der im sechsten Jahrhundert v. Chr. in einem kleinen Königreich im Süden Nepals lebte. Laut Buddha kann der Mensch dem Reinkarnationskreislauf durch Entsagung entkommen. Der Weg zur Errettung besteht in einem Leben voll Selbstdisziplin und Meditation jenseits aller weltlichen Pflichten. Das Endziel des Buddhismus ist das *Nirwana*, die völlige geistige Erfüllung. Der Buddha lehnte die hinduistischen Rituale und das Kastenwesen ab. Wie der Hinduismus läßt auch der Buddhismus viele lokale Variationen zu, darunter auch den Glauben an lokale Gottheiten, und besteht nicht auf einer einzigen Sichtweise. Der Buddhismus stellt heute in einigen Staaten des Fernen Ostens, darunter Thailand, Burma, Sri Lanka, China, Japan und Korea, einen wichtigen Einfluß dar.

Der *Konfuzianismus* war die kulturelle Basis der herrschenden Gruppen im traditionellen China. „Konfuzius" (die latinisierte Form des Namens K'ung Fu–Tzu) lebte im sechsten Jahrhundert v. Chr., zur selben Zeit wie Buddha. Wie Lao–Tse, der Begründer des Taoismus, war auch Konfuzius ein Lehrer und nicht ein religiöser Prophet im Sinne der religiösen Führer des Nahen Ostens. Konfuzius wird von seinen Anhängern nicht als Gott betrachtet, sondern als „der Weiseste der Weisen". Der Konfuzianismus trachtet danach, das menschliche Leben an die innere Harmonie der Natur anzupassen; dabei kommt dem Ahnenkult große Bedeutung zu. Der *Taoismus* beruht auf ähnlichen Prinzipien und betont Meditation und Gewaltlosigkeit als Mittel zum Erreichen eines höheren Lebens. Obwohl manche ihrer Elemente in den Überzeugungen und Praktiken vieler Chinesen überlebten, haben Konfuzianismus und Taoismus in China als Ergebnis der strikten Opposition durch die Regierung einen Großteil ihres Einflusses verloren.

Theorien der Religion

Der soziologische Zugang zur Religion ist immer noch stark von den Gedanken der drei „klassischen" soziologischen Theoretiker Marx, Durkheim und Weber beeinflußt. Keiner dieser drei war selbst religiös, und alle drei dachten, daß die Bedeutung der Religion in der modernen Zeit abnehmen würde. Jeder von ihnen glaubte, daß Religion im Grunde eine Illusion darstellt. Die drei Denker meinten, daß die Anhänger der einzelnen Glaubensrichtungen zwar voll und ganz von der Richtigkeit ihrer Glaubensvorstellungen und der Rituale, die sie praktizieren, überzeugt sein mochten, daß jedoch die große Vielfalt verschiedener Religionen und deren offensichtlicher Zusammenhang mit verschiedenen Gesellschaftstypen diese Überzeugung inhärent unplausibel machten. Ein Mensch, der in eine australische Jäger– und Sammlergesellschaft hineingeboren wird, würde einfach andere religiöse Überzeugungen haben als jemand, der in das indische Kastensystem oder die katholische Kirche im Europa des Mittelalters hineingeboren wird.

Marx und die Religion

Trotz seines Einflusses auf diesem Gebiet hat sich Karl Marx mit der Religion nie im Detail auseinandergesetzt. Seine Gedanken leiteten sich in der Mehrzahl von theologischen und philosophischen Schriften einiger Autoren des frühen 19. Jahrhunderts ab. Einer dieser Autoren war Ludwig Feuerbach, der ein berühmtes

Werk mit dem Titel *Das Wesen des Christentums* verfaßte (Feuerbach, 1978, erstmals veröffentlicht 1841). Nach Feuerbach besteht Religion aus den Gedanken und Werten, die von menschlichen Wesen im Laufe ihrer kulturellen Entwicklung produziert, jedoch fälschlicherweise göttlichen Kräften oder Gottheiten zugeschrieben werden. Weil die Menschen ihre eigene Geschichte nicht voll und ganz verstehen, neigen sie dazu, von der Gesellschaft geschaffene Werte und Normen den Aktivitäten von Göttern zuzuschreiben. So ist die Geschichte der zehn Gebote, die Moses von Gott erhält, eine mythische Version des Ursprungs der moralischen Vorschriften, die das Leben der jüdischen und christlichen Gläubigen bestimmen.

Solange wir die Natur der von uns selbst geschaffenen religiösen Symbole nicht verstehen, argumentiert Feuerbach, solange sind wir dazu verdammt, Gefangene geschichtlicher Mächte zu sein, die sich unserer Kontrolle entziehen. Feuerbach verwendet den Begriff **Entfremdung**, um sich auf die Etablierung von Gottheiten oder göttlichen Kräften, die neben und über dem Menschen existieren, zu beziehen. Von Menschen geschaffene Werte und Gedanken werden als Produkt *fremder* oder separater Wesen, d.h. religiöser Kräfte oder Gottheiten, betrachtet. Während die Auswirkungen dieser Entfremdung in der Vergangenheit negativ waren, eröffnet das Verständnis von Religion als Entfremdung laut Feuerbach große Hoffnungen für die Zukunft. Sobald die Menschen erkennen, daß die in die Religion projizierten Werte in Wirklichkeit ihre eigenen sind, können diese Werte auf der Erde verwirklicht und müssen nicht auf ein Leben nach dem Tod verschoben werden. Die Macht, die die Christen ihrem Gott zuschreiben, kann durch die Menschen selbst übernommen werden. Die Christen glauben, daß Gott allmächtig ist und die Menschen liebt, die Menschen selbst jedoch unvollkommen und voller Fehler sind. Feuerbach jedoch glaubte, daß das Potential der Liebe und Güte und der Macht, unser eigenes Leben zu kontrollieren, in den sozialen Institutionen der Menschen angelegt ist und zum Tragen gebracht werden kann, sobald wir erst ihre wahre Natur erkannt haben.

Marx akzeptiert die Ansicht, daß Religion die Selbstentfremdung des Menschen darstellt. Oft wird angenommen, daß Marx nicht viel von der Religion hielt, was jedoch weit von der Wahrheit entfernt ist. Religion, so schreibt er, ist das „Herz einer herzlosen Welt", ein Zufluchtsort, an dem man der unwirtlichen täglichen Realität entkommen kann. Nach Marx' Auffassung wird und sollte die Religion in ihrer traditionellen Form verschwinden, jedoch deshalb, weil die durch die Religion verkörperten positiven Werte zu Leitidealen werden können, die das Schicksal der Menschen auf der Welt verbessern werden, und *nicht*, weil diese Ideale und Werte selbst irregeleitet wären. Wir sollten die Götter, die wir selbst geschaffen haben, nicht fürchten, und wir sollten aufhören, sie mit Werten auszustatten, die wir selbst verwirklichen können.

Marx erklärte in einem berühmten Ausspruch, Religion sei „Opium des Volkes". Die Religion verlegt die Möglichkeit des Glücks und den Lohn der Tugend in ein Leben nach dem Tod und lehrt den Menschen, zu resignieren und seine bestehenden Lebensbedingungen zu akzeptieren. So wird durch Versprechungen für das nächste Leben die Aufmerksamkeit von den Ungleichheiten und Ungerechtigkeiten dieser Welt abgelenkt. Die Religion hat ein starkes ideologisches

Element: Religiöse Überzeugungen und Werte dienen oft zur Rechtfertigung von Ungleichheiten bei Reichtum und Macht. Die Lehre etwa, derzufolge „die Sanftmütigen die Welt erben werden", legt Unterwürfigkeit und die widerstandslose Hinnahme von Unterdrückung nahe.

Durkheim und das religiöse Ritual

Im Gegensatz zu Marx brachte Emile Durkheim einen guten Teil seines intellektuellen Werdegangs mit der Untersuchung der Religion zu, wobei er sich insbesondere auf die Religion in kleinräumigen, traditionellen Gesellschaften konzentrierte. Durkheims 1912 erstmals veröffentlichtes Werk *Die elementaren Formen des religiösen Lebens* ist vielleicht die einflußreichste religionssoziologische Studie überhaupt (Durkheim, 1981). Durkheim verbindet Religion nicht primär mit sozialen Ungleichheiten oder Machtverhältnissen, sondern mit dem Gesamtcharakter der Institutionen einer Gesellschaft. Seine Arbeit beruht auf der Untersuchung des Totemismus der eingeborenen australischen Gesellschaften, und er argumentiert, daß der Totemismus die Religion in ihrer „elementarsten" oder einfachsten Form repräsentiert, wodurch sich auch der Titel seines Werks erklärt.

Ein Totem war ursprünglich, wie bereits erwähnt wurde, eine Pflanze oder ein Tier, denen eine für die Gruppe besondere symbolische Bedeutung zugeschrieben wurde. Ein Totem ist ein *heiliges* Objekt, das mit Ehrfurcht betrachtet wird und mit verschiedenen rituellen Aktivitäten im Zusammenhang steht. Durkheim definiert Religion, indem er eine Unterscheidung zwischen dem **Heiligen** und dem **Profanen** einführt. Heilige Objekte und Symbole, meint er, werden als etwas betrachtet, das sich von den alltäglichen Aspekten des Lebens – dem Profanen – deutlich unterscheidet. Eine Totempflanze oder ein Totemtier außerhalb eines speziellen rituellen Zusammenhangs zu verzehren, ist normalerweise verboten, und als geheiligtem Objekt werden dem Totem göttliche Eigenschaften zugeschrieben, die es völlig von anderen Tieren und Pflanzen, die gejagt bzw. gesammelt und gegessen werden dürfen, unterscheiden.

Warum ist das Totem heilig? Laut Durkheim deshalb, weil es das Symbol der Gruppe selbst ist und für die zentralen Werte der Gruppe oder Gemeinschaft steht. Die Ehrfurcht, die die Menschen vor dem Totem empfinden, leitet sich in Wirklichkeit von jenem Respekt ab, den sie zentralen sozialen Werten entgegenbringen. In der Religion ist das Objekt der Anbetung in Wirklichkeit die Gesellschaft selbst.

Durkheim betont ausdrücklich die Tatsache, daß Religionen niemals bloß eine Sache des Glaubens sind. Jede Religion umfaßt regelmäßige zeremonielle und rituelle Aktivitäten, zu denen eine Gruppe von Gläubigen zusammentrifft. Bei kollektiven Zeremonien wird ein Gefühl der Gruppensolidarität bestätigt und verstärkt. Die Zeremonien führen den einzelnen weg von den Angelegenheiten des profanen gesellschaftlichen Lebens in eine erhabene Sphäre, in der er sich mit höheren Kräften verbunden fühlt. Diese den Totems zugeschriebenen speziellen Kräfte, göttlichen Einflüsse oder Götter sind in Wirklichkeit der Ausdruck des Einflusses des Kollektivs auf das Individuum.

Zeremonien und Rituale sind nach Durkheims Ansicht wichtig, um die Angehörigen einer Gruppe aneinanderzubinden. Deshalb findet man sie nicht nur bei der eigentlichen Gottesanbetung, sondern auch im Zusammenhang mit verschiedenen Lebenskrisen, die wichtige soziale Übergänge markieren, wie z. B. Geburt, Heirat und Tod. In praktisch allen Gesellschaften sind diese Ereignisse von Ritualen oder Zeremonien begleitet. Durkheim argumentiert, daß kollektive Zeremonien die Gruppensolidarität zu einer Zeit verstärken, in der die Menschen gezwungen sind, sich an schwerwiegende Änderungen in ihrem Leben anzupassen. Begräbnisriten zeigen, daß die Werte der Gruppe das Hinscheiden eines bestimmten Individuums überdauern, und bieten so den Hinterbliebenen die Möglichkeit, sich an ihre geänderten Lebensumstände anzupassen. Die Trauer ist nicht der spontane Ausdruck des Schmerzes – oder zumindest nur für die durch den Todesfall persönlich Betroffenen. Die Trauer ist eine durch die Gruppe auferlegte Pflicht.

In kleinen traditionellen Kulturen, so Durkheim, sind beinahe alle Aspekte des Lebens von der Religion durchdrungen. Religiöse Zeremonien bringen einerseits neue Gedanken und Kategorien des Denkens hervor und bestätigen andererseits bereits bestehende Werte. Religion erschöpft sich nicht nur in einer Reihe von Gefühlen und Aktivitäten, sondern bedingt in Wirklichkeit die *Denkweisen* der Mitglieder von traditionellen Kulturen. Sogar die grundlegendsten Kategorien des Denkens, wie beispielsweise die Art und Weise, in der über Zeit und Raum gedacht wird, sind in einem religiösen Rahmen entstanden. Der Begriff der „Zeit" etwa leitete sich ursprünglich vom Zählen der Intervalle bei religiösen Zeremonien her.

Durkheim und die Zukunft der Religion

Mit der Entwicklung der modernen Gesellschaften, so meint Durkheim, verringert sich der Einfluß der Religion. Das wissenschaftliche Denken ersetzt in immer größerem Maßstab die religiösen Erklärungen, und zeremonielle und rituelle Aktivitäten nehmen nur mehr einen kleinen Teil des Lebens des einzelnen ein. Durkheim stimmt mit Marx überein, daß die traditionelle Religion, das heißt jene Art von Religion, die auf göttlichen Kräften oder Gottheiten aufbaut, im Verschwinden begriffen ist. „Die alten Götter", schreibt Durkheim, „sind tot". Dennoch erklärt er, daß die Religion, wenn auch in veränderter Form, wahrscheinlich weiter existieren wird. Auch der Zusammenhalt moderner Gesellschaften bedarf der Rituale, die ihre Werte stets von neuem bestätigen, und deshalb kann man erwarten, daß neue zeremonielle Aktivitäten entstehen und den Platz der alten einnehmen werden. Durkheim äußert sich nur vage, wie diese aussehen könnten, scheint dabei jedoch an das Hochhalten humanistischer und politischer Werte wie Freiheit, Gleichheit und gesellschaftliche Kooperation zu denken.

Man könnte argumentieren, daß die meisten Industriestaaten tatsächlich **bürgerliche Religionen** (Bellah, 1970) hervorgebracht haben. In Großbritannien dienen Symbole wie die Fahne, Lieder wie *Land of Hope and Glory* und Rituale wie Krönungen samt und sonders dazu, den *British way of life* zu bestätigen. Ob man in diesem Kontext wirklich von „Religion" sprechen kann, sei dahingestellt; diese Symbole und Praktiken existieren Seite an Seite mit den traditionellen Religionen. Doch ist es schwierig zu leugnen, daß bürgerliche Symbole und Rituale auf ähnlichen sozialen Mechanismen aufbauen, wie jene, die auch in den traditionellen Formen der Religion zu finden sind.

Weber und die Weltreligionen

Durkheim stützt seine Argumente auf eine sehr kleine Anzahl von Beispielen, obwohl er behauptet, daß seine Gedanken auf die Religion allgemein anwendbar seien. Max Weber hingegen nahm eine gewaltige Untersuchung der Religionen der Welt in Angriff. Kein Gelehrter hat sich vor oder nach ihm einer Aufgabe diesen Ausmaßes gestellt. Der größte Teil seiner Aufmerksamkeit konzentrierte sich auf das, was er als *Weltreligionen* bezeichnete, d.h. auf jene Religionen, die eine große Zahl von Anhängern gewonnen und den Verlauf der Weltgeschichte maßgeblich beeinflußt haben. Er stellte detaillierte Untersuchungen über den Hinduismus, den Buddhismus, den Taoismus und das alte Judentum an (Weber, 1981) und schrieb in *Die protestantische Ethik und der Geist des Kapitalismus* (1981; erstmals veröffentlicht 1904–5) und anderswo ausführlich über den Einfluß des Christentums auf die Geschichte des Westens. Seine geplante Studie über den Islam wurde allerdings nie fertiggestellt.

Webers religionssoziologische Arbeiten unterscheiden sich von jenen Durkheims durch das Schwergewicht, das auf den Zusammenhang zwischen Religion und sozialem Wandel gelegt wird, ein Aspekt, dem Durkheim nur wenig Aufmerksamkeit widmete. Sie unterscheiden sich auch von den Werken Marx', da Weber argumentiert, daß die Religion nicht unbedingt eine konservative Kraft ist, sondern daß religiös inspirierte Bewegungen ganz im Gegenteil oft zu dramatischen sozialen Wandlungsprozessen geführt hätten. So war der Protestantismus, und insbesondere der Puritanismus, der Ursprung der kapitalistischen Gesinnung des modernen Westens. Die frühen Unternehmer waren zumeist Calvinisten. Ihr Streben nach Erfolg, das neben anderen Faktoren für den Beginn der wirtschaftlichen Entwicklung des Westens ausschlaggebend war, war ursprünglich von dem Bestreben motiviert, Gott zu dienen. Der materielle Erfolg war für sie ein Zeichen göttlicher Gnade.

Weber faßte seine Forschungsarbeit über die Weltreligionen als ein einziges Projekt auf. Seine Studie über den Einfluß des Protestantismus auf die Entwicklung des Westens ist Teil eines umfassenden Versuchs, den Einfluß der Religion auf das soziale und wirtschaftliche Leben in verschiedenen Kulturen zu verstehen. In seiner Analyse der östlichen Religionen kommt Weber zu dem Schluß, daß sie für die Entwicklung des industriellen Kapitalismus, wie er sich im Westen herausbildete, ein unüberwindbares Hindernis darstellten. Dies ist nicht darauf zurückzuführen, daß die nicht–westlichen Zivilisationen rückständig wären; sie haben einfach nur andere Werte akzeptiert als jene, die schließlich in Europa vorherrschten.

Im traditionellen China und in Indien, erklärt Weber, gab es zu gewissen Zeiten eine bedeutsame Entwicklung von Handel, Produktion und Urbanismus, doch brachte diese nicht jene gewaltigen sozialen Umwälzungen mit sich, die im Westen zur Entwicklung des industriellen Kapitalismus führten. Die Religion war einer der Hauptfaktoren, die einen solchen Wandel verhinderten. Der Hinduismus beispielsweise ist, wie Weber es nennt, eine Religion „der anderen Welt". Das bedeutet, daß sein höchstes Ziel darin besteht, der Mühsal der materiellen Welt zu entkommen und auf eine höhere Ebene der geistigen Existenz zu gelangen. Die religiösen Gefühle und Motivationen des Hinduismus zielen nicht darauf ab, die materielle Welt zu kontrollieren oder zu formen. Der Hinduismus betrachtet ganz im Gegenteil die materielle Welt als Schleier, hinter dem sich jene wahren Ziele verbergen, an denen sich die Menschheit orientieren sollte. Auch der Konfuzianismus lenkte die Anstrengungen seiner Anhänger weg von der wirtschaftlichen Entwicklung, wie diese im Westen verstanden wurde, und legte eher Wert auf ein Leben in Harmonie mit der Welt als auf die aktive Kontrolle darüber. Obwohl China lange Zeit hindurch die mächtigste und kulturell am höchsten entwickelte Zivilisation der Welt war, wirkten seine herrschenden religiösen Werte als Hemmschuh gegenüber einer Dynamik, die die wirtschaftliche Entwicklung um ihrer selbst willen vorantreibt.

Weber betrachtete das Christentum als *Heilsreligion*, die unter anderem die Überzeugung einschließt, daß der Mensch „erlöst" werden kann, wenn er den christlichen Glauben annimmt und seinen moralischen Forderungen entspricht. Die Begriffe der Sünde und der Errettung aus der Sünde durch Gottes Gnade sind in diesem Zusammenhang von großer Bedeutung. Sie erzeugen eine Spannung und eine emotionale Dynamik, die in den östlichen Religionen grundsätzlich fehlt. Heilsreligionen haben einen „revolutionären" Aspekt. Während die Religionen des Ostens die Passivität des Gläubigen gegenüber bestehenden Verhältnissen bestärken, verlangt das Christentum einen ständigen Kampf gegen die Sünde und kann folglich auch zur Rebellion gegen eine bestehende Ordnung anstacheln. Religiöse Führer – wie Jesus – tauchen auf und interpretieren die existierenden Doktrinen neu, sodaß dadurch die gegebenen Machtstrukturen in Frage gestellt werden.

Bewertung

Marx, Durkheim und Weber arbeiten jeweils einige wichtige allgemeine Merkmale der Religion heraus, und in mancherlei Hinsicht ergänzen ihre Ansichten einander. Marx hat recht, wenn er behauptet, daß die Religion oft ideologische Implikationen hat und dazu dient, die Interessen der herrschenden Gruppen auf Kosten der anderen zu rechtfertigen; dies ist im Laufe der Geschichte wieder und wieder geschehen. Man betrachte z. B. den Einfluß des Christentums auf die Anstrengungen der europäischen Kolonialherren, andere Kulturen ihrer Herrschaft zu unterwerfen. Die Missionare, die danach strebten, „Heiden" zum christlichen Glauben zu bekehren, meinten es ohne jeden Zweifel ehrlich, obwohl ihre Tätigkeit zur Zerstörung der traditionellen Kulturen und zur Vorherrschaft der Weißen beitrug. Bis ins 19. Jahrhundert hinein tolerierten oder billigten beinahe alle christlichen Bekenntnisse die Sklaverei in den Vereinigten Staaten und anderen Teilen der Welt. Es wurden Doktrinen entwickelt, in denen behauptet wurde, die Sklaverei beruhe auf göttlichem Gesetz, und ungehorsame Sklaven machten sich eines Vergehens nicht nur ihrem Herrn, sondern auch Gott gegenüber schuldig.

Weber hat allerdings zweifellos recht, wenn er auf den verändernden, oft revolutionären Einfluß religiöser Ideale auf vorgegebene soziale Ordnungen hinweist. Obwohl die Kirchen anfangs die Sklaverei in den Vereinigten Staaten unterstützt hatten, spielten viele kirchliche Würdenträger später eine Schlüsselrolle im Kampf gegen die Sklaverei. Religiöse Überzeugungen haben viele soziale Bewegungen inspiriert, die es sich zum Ziel gesetzt haben, ungerechte Herrschaftssysteme zu stürzen; sie haben z. B. in den Bürgerrechtsbewegungen der sechziger Jahre in den USA eine große Rolle gespielt. Religion hat durch die bewaffneten Konflikte und die Kriege, die aus religiösen Gründen geführt wurden, auch den sozialen Wandel beeinflußt – und oft großes Blutvergießen verursacht.

Das Konfliktpotential der Religion, das in der Geschichte einen so wichtigen Platz einnimmt, findet in Durkheims Arbeit kaum Erwähnung. Er betont vor allem die Rolle der Religion bei der Festigung der sozialen Kohäsion. Doch es ist nicht schwierig, seine Ideen nicht nur auf die Erklärung von Solidarität, sondern auch auf die Herleitung von religiösen Spaltungen, Konflikten und Veränderungen anzuwenden. Denn ein Großteil der gefühlsmäßigen Intensität, die *gegen* andere religiöse Gruppen entwickelt werden kann, leitet sich aus der Wichtigkeit her, die den *innerhalb* der Gläubigengruppe geschaffenen religiösen Werten zukommt.

Zu den wertvollsten Aspekten von Durkheims Arbeit gehört seine Betonung von Ritualen und Zeremonien. Alle Religionen kennen regelmäßige Zusammenkünfte von Gläubigen, bei denen rituelle Vorschriften beachtet werden. Wie Durkheim richtig hervorhebt, kennzeichnen rituelle Aktivitäten auch die wichtigsten Übergänge im Verlauf des Lebens – Geburt, Eintritt ins Erwachsenenleben (Rituale im Zusammenhang mit der Pubertät finden sich in vielen Kulturen), Heirat und Tod (van Gennep, 1986).

Im verbleibenden Teil dieses Kapitels werden wir uns der von den drei Autoren entwickelten Ideen bedienen. Zunächst werden die unterschiedlichen Arten religiöser Organisation und das Thema Religion und Geschlecht behandelt. Anschließend werden jene religiösen Bewegungen diskutiert, die die existierende gesellschaftliche Ordnung in Frage stellten – die *chiliastischen Bewegungen* im Europa des Mittelalters und in einigen außereuropäischen Kulturen im 20. Jahrhundert. Danach wird eines der wichtigsten Beispiele der religiösen Erneuerung in der heutigen Zeit, die Entwicklung des islamischen Fundamentalismus, und schließlich die Religion in den heutigen westlichen Gesellschaften diskutiert.

Arten der religiösen Organisation

Weber und Troeltsch: Kirchen und Sekten

In allen Religionen gibt es Gemeinschaften von Gläubigen, doch diese Gemeinschaften können auf viele verschiedene Arten organisiert sein. Eine Möglichkeit, die religiösen Organisationen zu klassifizieren, wurde zuerst von Max Weber und seinem Kollegen, dem Religionshistoriker Ernst Troeltsch (Troeltsch, 1977) präsentiert. Weber und Troeltsch unterschieden zwischen **Kirchen** und **Sekten**. Eine Kirche ist eine große, gut etablierte religiöse Körperschaft, wie etwa die katholische oder die anglikanische Kirche. Eine Sekte ist eine kleinere, weniger stark organisierte Gruppe von Strenggläubigen, die normalerweise als Protest gegen eine Kirche entsteht, wie dies bei Calvinisten und Methodisten der Fall war. Die Kirchen verfügen normalerweise über eine formale bürokratische Struktur und eine Hierarchie religiöser Würdenträger und neigen dazu, das konservative Gesicht der Religion zu repräsentieren, weil sie in die bestehende institutionelle Ordnung integriert sind. Die meisten Angehörigen einer Kirche sind Kinder von Kirchenmitgliedern.

Die Sekten sind vergleichsweise klein. Ihr Ziel besteht normalerweise darin, den „wahren Weg" zu finden und zu gehen, und sie neigen dazu, sich von der umgebenden Gesellschaft in ihre eigenen Gemeinschaften zurückzuziehen. Sektenangehörige betrachten die etablierten Kirchen als korrupt. Die meisten Sekten haben wenige oder gar keine Würdenträger, da alle Mitglieder als gleichwertig betrachtet werden. Ein kleiner Teil der Sektenangehörigen wird in die Sekte hineingeboren, die meisten jedoch treten von sich aus der Sekte bei, um sich in Glaubensfragen weiterzuentwickeln.

Becker: Konfessionen und Kulte

Andere Autoren haben die Kirchen/Sekten–Typologie, wie sie ursprünglich von Weber und Troeltsch entwickelt wurde, weiter ausgebaut. Ein Beispiel dafür ist die Arbeit von Howard Becker, der zwei weitere Typen hinzufügte: **Konfession** und **Kult** (Becker, 1959). Eine Konfession ist eine Sekte, die „erkaltet" ist und nun eher eine institutionalisierte Körperschaft als eine aktive Protestgruppe darstellt. Sekten, die über eine gewisse Zeit hinweg bestehen bleiben, werden unvermeidlich zu Konfessionen. So waren beispielsweise Calvinismus und Methodismus in ihrer Gründungsphase, als sie ihre Mitglieder noch mit feurigem Eifer erfüllten, Sekten, wurden dann jedoch im Laufe der Jahre „respektabler". Konfessionen werden von den Kirchen als mehr oder weniger legitim anerkannt und koexistieren mit diesen, wobei es in vielen Fällen sogar zu einer harmonischen Zusammenarbeit kommt.

Kulte haben große Ähnlichkeit mit Sekten, jedoch andere Schwerpunkte. Sie sind von allen religiösen Organisationen am losesten strukturiert und am wenigsten beständig; sie bestehen aus Einzelpersonen, die das ablehnen, was sie als die Werte der sie umgebenden Gesellschaft betrachten. Ihr Schwerpunkt liegt auf der individuellen Erfahrung, wobei sie Einzelpersonen mit ähnlicher Gesinnung zusammenbringen. Man *tritt* einem Kult nicht förmlich *bei*, sondern folgt eher bestimmten Theorien oder vorgeschriebenen Verhaltensweisen. Den Mitgliedern ist es normalerweie gestattet, andere religiöse Verbindungen aufrechtzuerhalten. Wie Sekten entwickeln sich auch Kulte oft um die Person eines charismatischen Führers. Beispiele für Kulte im heutigen Westen sind Gruppen von Menschen, die an Spiritismus, an Astrologie oder an transzendentale Meditation glauben.

Bewertung

Die vier eben behandelten Begriffe sind nützlich, wenn es um die Analyse der verschiedenen Aspekte religiöser Organisation geht, sie müssen jedoch – teils, weil sie spezifisch christliche Traditionen widerspiegeln – mit Vorsicht angewendet werden. Wie der Fall des Islam zeigt, gibt es in nicht-christlichen Religionen nicht immer eine eigene *Kirche*, die getrennt von anderen Institutionen existiert, und einige der anderen etablierte Religionen haben keine entwickelte bürokratische Hierarchie. Der Hinduismus z. B. ist eine in sich so heterogene Religion, daß es schwerfällt, an ihm Züge einer bürokratischen Organisation zu entdecken. Es wäre auch nicht sehr sinnvoll, die einzelnen Untergruppen des Hinduismus als „Konfessionen" zu bezeichnen.

Die Begriffe Sekte und Kult sind vielleicht auf breiter Basis anwendbar, aber auch hier sollte man bis zu einem gewissen Grad Vorsicht walten lassen. Sektenähnliche Gruppierungen haben oft innerhalb der großen Weltreligionen existiert. Sie weisen die meisten der für westliche Sekten typischen Charakteristika auf, wie z. B. Engagement, Exklusivität, Abweichung von der Orthodoxie. Viele dieser Gruppen, z. B. im Hinduismus, sind jedoch traditionellen ethnischen Gemeinschaften ähnlicher als christlichen Sekten (B. Wilson, 1982). Vielen solchen Gruppen fehlt das Feuer der „wahren Gläubigen", das man im Christentum häufig findet, denn in den „ethischen Religionen" des Ostens gibt es ein größeres Maß an Toleranz gegenüber unterschiedlichen Standpunkten. Eine Gruppe kann „ihren eigenen Weg gehen", ohne deshalb unbedingt auf die Opposition anderer etablierterer Organisationen zu treffen. Der Begriff „Kult" wird häufig angewendet und kann sich z. B. auf manche Arten der chiliastischen Bewegungen beziehen, doch haben diese oft mehr Ähnlichkeit mit Sekten als mit jenen Kulten, an die Becker dachte, als er den Begriff formulierte.

Die Begriffe Kirche, Sekte und Konfession mögen bis zu einem gewissen Grad kulturgebunden sein, helfen uns jedoch, jene Spannungen zu untersuchen, die sich in allen Religionen zwischen den Polen der Erneuerung und der Institutionalisierung zu entwickeln neigen. Religiöse Organisationen, die über einige Zeit hinweg existiert haben, tendieren dazu, bürokratisch und unflexibel zu werden. Religiöse Symbole üben dennoch auf die Gläubigen eine gewaltige emotionale Wirkung aus und lassen sich nur widerwillig auf die Ebene des Alltäglichen reduzieren. Es entstehen ständig neue Sekten und Kulte. Wir finden hier eine Anwendungsmöglichkeit für Durkheims Unterscheidung zwischen dem Heiligen und dem Profanen. Je stärker religiöse Aktivitäten standardisiert und zu einer Sache gedankenloser Wiederholung werden, desto mehr geht das Element der Heiligkeit verloren, und das religiöse Ritual und der Glaube werden wie profane Elemente der Alltagswelt. Andererseits jedoch können Zeremonien dazu beitragen, das Gefühl für die spezifischen Eigenschaften der religiösen Erfahrung neu zu beleben und zu Inspirationserlebnissen führen, die von der etablierten Orthodoxie abweichen. So könnten Gruppen von der Hauptgemeinschaft abfallen und Protest- oder Separatistenbewegungen gründen oder sich auf sonstige Weise von den etablierten Ritualen und Glaubensmustern abgrenzen.

Geschlecht und Religion

Kirchen und Konfessionen sind, wie aus der bisherigen Diskussion hervorgeht, religiöse Organisationen mit definierten Autoritätssystemen. In diesen Hierarchien sind Frauen, wie in anderen Bereichen des gesellschaftlichen Lebens, großteils von der Macht ausgeschlossen. Dies ist im Christentum klar und deutlich ersichtlich, jedoch auch typisch für alle anderen großen Religionen.

Religiöse Symbolik

Nicht nur die Hierarchie, sondern auch der Symbolismus der christlichen Religion ist eine fast ausschließlich männliche Domäne. Während Maria, die Mutter Jesu, manchmal behandelt wird, als hätte sie göttliche Eigenschaften, ist Gott *der Vater,* eine männliche Gestalt, und auch Jesus trat in der Menschengestalt eines Mannes auf. Von der Frau wird gesagt, daß sie aus der Rippe des Mannes entstanden sei. Es gibt in den biblischen Texten zwar viele weibliche Gestalten, und manche von ihnen werden als mildtätig oder mutig dargestellt, doch die Hauptrollen der Heiligen Schrift sind dem männlichen Geschlecht vorbehalten. Es gibt z. B. kein weibliches Äquivalent zu Moses, und auch die Apostel des Neuen Testaments sind Männer.

Diese Tatsachen wurden von jenen, die sich in Frauenbewegungen engagieren, natürlich nicht übersehen. 1895 veröffentlichte Elizabeth Cady Stanton unter dem Titel *The Woman's Bible* (Stanton, 1985) eine Reihe von Kommentaren zur Heiligen Schrift. Ihrer Ansicht nach hat die Gottheit Frauen und Männer als gleichwertige Wesen geschaffen, und dies sollte auch in der Bibel voll und ganz zum Ausdruck kommen. Der maskuline Charakter der Bibel, so Stanton, spiegelte nicht die authentische Ansicht Gottes wider, sondern die Tatsache, daß sie von Männern geschrieben wurde. 1870 hatte die anglikanische Kirche einen Ausschuß eingesetzt, der beauftragt wurde, das zu tun, was schon oft zuvor geschehen war, nämlich die biblischen Texte zu revidieren und zu modernisieren. Wie Stanton hervorhob, saß in diesem Ausschuß keine einzige Frau. Sie versicherte, es gebe keinen Grund, anzunehmen, daß Gott männlich sei, da aus der Heiligen Schrift klar und deutlich hervorgehe, daß *alle* Menschen nach dem Abbild Gottes geschaffen sind. Als eine ihrer Kolleginnen eine Frauenrechtskonferenz mit einem Gebet an „Gott, unsere Mutter" eröffnete, gab es heftige Reaktionen der Kirchenbehörden, doch Stanton ließ sich nicht davon abbringen, sich um die Organisation eines dreiundzwanzig Frauen umfassenden weiblichen Revisionsausschusses zu bemühen, der ihr bei der Herausgabe von *The Woman's Bible* beratend zur Seite stehen sollte. In ihrer Einleitung faßte sie ihren Standpunkt kurz zusammen:

> Das kirchliche und das weltliche Recht, Kirche und Staat, Priester und Gesetzgeber, alle politischen Parteien und religiösen Konfessionen haben gleichermaßen gelehrt, daß die Frau nach dem Mann, aus dem Mann und für den Mann geschaffen wurde, als minderes Wesen und dem Mann unterworfen. Die Sitten, Formen, Zeremonien und Gebräuche der Gesellschaft, die Riten und die Disziplin der Kirche erwachsen alle aus diesem Gedanken ... Jene, die die göttliche Einsicht besitzen, dieses traurige Objekt des Mitleids zu einer höheren, würdigen Persönlichkeit zu wandeln und zu erheben, die es wert ist, von uns als Mutter der Rasse gepriesen zu werden, müssen beglückwünscht werden, weil sie einen Teil der mysti-

schen Kraft der östlichen Mahatmas besitzen. (Stanton, 1985, S. 7f.; vgl. auch Gage, 1980, erstmals erschienen 1893)

Man findet ziemlich viele weibliche Gottheiten in den Religionen der Welt. Diese werden manchmal als „fraulich", als sanft und liebevoll aufgefaßt, in anderen Fällen jedoch erscheinen Göttinnen als furchterregende Zerstörerinnen. Kriegsgöttinnen z. B. sind recht häufig, obwohl Frauen im wirklichen gesellschaftlichen Leben nur sehr selten die Rolle militärischer Führerinnen übernehmen. Bis jetzt wurde noch keine umfassende Studie der symbolischen und materiellen Rolle der Frau in den verschiedenen Religionen durchgeführt. Es scheint jedoch, wenn überhaupt, nur wenige Religionen zu geben, in denen Frauen entweder symbolisch oder in der Funktion religiöser Autoritäten dominant sind (Bynum, Harrell und Richman, 1986).

Man betrachte z. B. den Buddhismus. Frauen erscheinen in den Lehren mancher buddhistischer Orden als wichtige Gestalten. Insbesondere in einem Zweig der Religion, dem Mahayana–Buddhismus, werden die Frauen in einem besonders günstigen Licht dargestellt. Aber wie ein berühmter Gelehrter, der über dieses Thema schrieb, anmerkte, ist der Buddhismus insgesamt – wie das Christentum – eine „überwiegend vom Mann geschaffene und von einer patriarchalischen Machtstruktur dominierte Institution", in der die Frau meist „mit Weltlichkeit, Machtlosigkeit, dem Profanen und Unvollkommenen in Verbindung gebracht wird" (Paul, 1985, S. xix). In den buddhistischen Texten finden sich widersprüchliche Bilder der Frau, was zweifellos die in der säkularen Welt herrschende ambivalente Einstellung der Männer den Frauen gegenüber widerspiegelt. Die weiblichen Gestalten erscheinen einerseits als weise, mütterlich und sanft, andererseits jedoch als geheimnisvolles, befleckendes, zerstörerisches und bedrohliches Übel.

Es überrascht nicht, daß die Religionen eine männliche Bildersprache bevorzugt haben, wenn man die Ansicht Feuerbachs akzeptiert, derzufolge die Religion die tiefempfundenen Werte der Gesellschaft zum Ausdruck bringt.

Frauen in religiösen Organisationen

Im Buddhismus wurde den Frauen traditionellerweise die Rolle der Nonne zugestanden, was auch im Christentum der wichtigste Weg für den direkten Ausdruck der religiösen Überzeugung der Frau war. Das Klosterleben leitet sich von den Praktiken der frühchristlichen Gruppen ab, die ein Leben der Meditation in extremer Armut führten. Diese Einzelpersonen (von denen viele Einsiedler waren) und Gruppen hatten manchmal nur wenig Verbindung zur etablierten Kirche, doch bis zum frühen Mittelalter gelang es dieser, die Kontrolle über die meisten der von diesen Personen gegründeten Orden zu erlangen. Die Klöster wurden zu feststehenden Gebäuden, deren Bewohner dem Autoritätssystem der katholischen Kirche unterworfen waren. Manche der einflußreichsten Männerorden wie jene der Zisterzienser und Augustiner wurden im 12. und 13. Jahrhundert, also zur Zeit der Kreuzzüge, gegründet. Die Mehrheit der weiblichen Orden entstand erst ungefähr zweihundert Jahre später. Bis ins 19. Jahrhundert blieb auch die Anzahl ihrer Mitglieder relativ gering. Viele Frauen traten damals zum Teil deshalb in die Orden ein, weil diese Berufsmöglichkeiten im Bildungswesen und in der Krankenpflege boten, da diese Berufsbereiche von den religiösen Orden kontrolliert wurden. Mit der Herauslösung dieser Berufe aus dem Einflußbereich der Kirche sank jedoch die Anzahl der Frauen in den Orden wieder.

Obwohl sich die Rituale und Gebote der einzelnen Orden unterscheiden, wird jede Nonne als „Braut Christi" betrachtet. Bis in den fünfziger und sechziger Jahren in einigen der Orden Änderungen erfolgten, wurden manchmal sehr aufwendige „Heirats"-Zeremonien durchgeführt, in deren Verlauf die Novizinnen sich ihr Haar abschnitten, ihren religiösen Namen erhielten und einen Ehering bekamen. Eine Novizin kann von sich aus den Orden verlassen oder entlassen werden. Nach mehreren Jahren jedoch wird ewige Ordenszugehörigkeit gelobt.

Die Frauenorden heute unterscheiden sich stark in bezug auf ihre Überzeugungen und ihre Lebensweise. In manchen Klöstern tragen die Schwestern den kompletten traditionellen Habit und halten sich an die etablierten Ordensregeln. Andere Gemeinschaften jedoch leben im Gegensatz dazu nicht nur in modernen Gebäuden, sondern haben auch viele der alten Ordensregeln aufgegeben, sodaß die Schwestern jetzt beispielsweise normale Kleidung tragen. Das Verbot, zu gewissen Tageszeiten mit anderen zu sprechen, wurde gelockert, ebenso wie die Vorschriften über die Körperhaltung, die z. B. von den Schwestern verlangten, mit unter dem Habit versteckten gefalteten Händen zu gehen. Diese Veränderungen wurden aufgrund von in den sechziger Jahren durch die Kirchenbehörden erlassene Edikte möglich.

Die Angehörigen der Orden haben normalerweise keine oder nur wenig Autorität innerhalb der Kirchenhierarchie, obwohl sie dieser unterliegen. Die Existenz von Frauenorden hat den Frauen in den religiösen Organisationen niemals irgendeine Form direkter Macht gegeben; diese Organisationen werden in der katholischen und der anglikanischen Kirche noch immer beinahe ausschließlich von Männern dominiert, geraten aber zunehmend unter starken Druck von seiten der Frauenorganisationen. 1977 erklärte die Heilige Kongregation für die Glaubenslehre in Rom formell, daß Frauen für das katholische Priesteramt nicht zugelassen werden könnten. Dies wurde damit begründet, daß Jesus keine Frau unter die Schar seiner Jünger aufgenommen hat (Noel, 1980). Das Jahr 1987 wurde von der katholischen Kirche offiziell zum „Jahr der Madonna" erklärt. Dies wurde zum Anlaß genommen, die Frauen aufzufordern, sich ihrer traditionellen Rollen als Ehefrauen und Mütter zu besinnen.

In der anglikanischen Kirche waren Frauen bis 1992 als Diakonissen zugelassen, nicht jedoch zum Priesteramt. Sie waren offiziell Laien und durften grundlegende religiöse Rituale wie Segnungen oder Trauungen nicht vollziehen. Andererseits jedoch konnte eine Diakonisse auf Anweisung eines Pfarrers unter anderem gewisse Sakramente spenden und Taufen vornehmen. Der ständige Ausschuß der Generalsynode, der leitenden Körperschaft der anglikanischen Kirche, gab 1986 einen Bericht heraus, in dem jene Gesetzgebung analysiert wurde, die erforderlich wäre, falls Frauen zum Priesteramt zugelassen würden. Dieser Ausschuß bestand aus zehn Männern und zwei Frauen. Seine Aufgabe war es, sich mit den „Sicherheitsvorkehrungen" zu befassen, die nötig wären, um den Einwänden „jener innerhalb der anglikanischen Kirche" zu begegnen, „die aus dem einen oder anderen Grund nicht akzeptieren können, daß Frauen zu Priestern geweiht werden" (zitiert nach Aldridge, 1987, S. 377). Den Gefühlen und Hoffnungen der Frauen selbst wurde nur wenig Aufmerksamkeit geschenkt.

Die christliche Religion entstand im Grunde genommen aus einer revolutionären Bewegung. In ihrer Einstellung den Frauen gegenüber gehören jedoch einige der wichtigsten christlichen Kirchen zu den konservativsten Organisationen der modernen Gesellschaften. Während weibliche Priester in manchen Sekten und Konfessionen schon lange akzeptiert waren, blieben die katholische und die anglikanische Kirche dabei, die Ungleichheit zwischen den Geschlechtern formell zu unterstützen. Der anglikanische Bischof von London, Graham Leonard, wurde in einer Radiosendung im August 1987 gefragt, ob seiner Meinung nach die christliche Vorstellung von Gott vielleicht beeinflußt würde, wenn man am Altar regelmäßig eine Frau zu sehen bekäme. Er antwortete: „Ich glaube, ja. Meine erste Regung, wenn ich sie sähe, wäre, sie in die Arme zu nehmen ...". Die Möglichkeit sexueller Anziehung zwischen weiblichen Geistlichen und den Mitgliedern der Glaubensgemeinschaft, behauptete er, sei ein Grund dafür, daß Frauen nicht als reguläre Priester zugelassen werden sollten. In der Religion ist, wie auch anderswo, „der Mann derjenige, der die Initiative ergreift, während die Frau nur empfängt." (Jenkins, 1987).

1992 entschied sich die anglikanische Kirche, den Frauen das Priesteramt endlich zugänglich zu machen. Diese Entscheidung stieß bei vielen Gruppen, unter anderem bei der von Margaret Brown gegründeten Organisation „Frauen gegen die Priesterweihe von Frauen" auf Widerstand. Gemeinsam mit einigen männlichen Gruppen innerhalb der anglikanischen Kirche ist sie der Auffassung, daß die volle Zulassung von Frauen zum Priesteramt einen blasphemischen Verstoß gegen die in der Bibel enthüllte Wahrheit darstellt. Eine beträchtliche Anzahl von Gruppen hat ihre Absicht angekündigt, aufgrund dieser Entscheidung aus der Kirche auszutreten. So teilte unter anderem auch Graham Leonard mit, er habe beschlossen, die anglikanische Kirche zu verlassen und sich um die Aufnahme in die katholische Kirche zu bemühen.

Chiliastische Bewegungen

Der am Beginn von Kapitel 2 („Kultur und Gesellschaft") diskutierte Cargo-Kult ist ein Beispiel für eine **chiliastische** Bewegung. Die Existenz und Anzahl solcher Bewegungen zeigt sehr deutlich, daß Religion häufig zur Inspiration für Aktivismus und soziale Veränderungen wird. Eine chiliastische Gruppe ist eine Gruppe, die ihren Gläubigen entweder aufgrund einer umwälzenden Veränderung in der Gegenwart oder durch eine Wiederkehr des Goldenen Zeitalters, das angeblich in der Vergangenheit existiert hat, die unmittelbar bevorstehende kollektive Rettung verspricht. (Der Ausdruck „Chiliasmus" leitet sich von „Chiliade" her, einem veralteten Ausdruck für „Tausend" und bezieht sich auf das in der Bibel verheißene Tausendjährige Reich Christi, das *Millenium*). Chiliastische Bewegungen sind mit der Geschichte des Christentums eng verwoben und entstanden in zwei Hauptkontexten – in der Vergangenheit unter den Armen des Westens und in jüngerer Zeit unter den kolonialisierten Völkern in anderen Teilen der Welt.

Die Jünger Joachims

Eine chiliastische Bewegung im Europa des Mittelalters war als Joachimismus bekannt und erlebte ihre Blüte im 13. Jahrhundert (Cohn, 1961, 1970). Zu jener Zeit gab es in Europa einen Wirtschaftsaufschwung, und die dominante katholische Kirche wurde immer reicher. Viele Äbte verwandelten ihre Klöster in luxuriöse Schlösser, Bischöfe bauten Paläste, in denen sie in einem Prunk lebten, der jenem der weltlichen Feudalherren um nichts nachstand, und die Päpste unterhielten prachtvolle Höfe. Der Joachimismus entwickelte sich als Protest gegen diese Tendenzen in der offiziellen Kirche.

Um die Mitte des 13. Jahrhunderts begannen einige Franziskanermönche (deren Orden den Verzicht auf materielles Wohlergehen und Reichtum betonte), gegen die verschwenderische Lebensweise der kirchlichen Würdenträger zu protestieren. Ihre Bewegung stützte sich auf die prophetischen Schriften des etwa fünfzig Jahre zuvor verstorbenen Abtes Joachim von Fiore. Man entnahm Joachims Schriften die Prophezeiung, daß die „Vergeistigten", wie sie sich selbst nannten, im Jahr 1260 den Beginn des dritten und letzten Zeitalters des Christentums feiern würden. Dies würde zum Millenium führen, in dem alle menschlichen Wesen ohne Rücksicht auf ihre vorherige Religionszugehörigkeit in einem Leben christlicher Demut und freiwilliger Armut zusammenleben. Es wurde vorhergesagt, daß die bestehende Kirche vom deutschen Kaiser zerschlagen und der Klerus dahingemetzelt werden würde.

Als das Jahr 1260 vorüberging, ohne daß es zu diesem Umsturz gekommen war, wurde der Beginn des Milleniums aufgeschoben – und wieder und wieder verschoben. Das Feuer der Anhänger Joachims jedoch loderte weiter. Nachdem sie durch die religiösen Behörden verdammt worden waren, betrachteten die Anhänger Joachims die offizielle Kirche als Hure von Babylon und den Papst als Antichrist und das gehörnte Tier der Apokalypse. Sie erwarteten, daß sich aus ihren eigenen Reihen ein Retter erheben und als „engelsgleicher Papst", der von Gott erwählt wurde, die ganze Welt zu einem Leben in Armut zu bekehren, den Heiligen Stuhl besteigen würde. Eine der Gruppierungen innerhalb der Bewegung wurde von Fra Dolcino geleitet, der mit mehr als eintausend bewaffneten Männern in Norditalien einen Krieg gegen die Armeen des Papstes führte, bis er schließlich von diesen geschlagen wurde. Dolcino wurde als Ketzer auf dem Scheiterhaufen verbrannt, doch noch lange nach seinem Tod entstanden andere Gruppen, die behaupteten, von ihm inspiriert zu sein.

Der „Ghost Dance"

Ein ganz anderes Beispiel für eine chiliastische Bewegung ist der Kult des „*Ghost Dance*", der unter den Indianern der nordamerikanischen Prärien im späten 19. Jahrhundert entstand. Propheten verkündeten, daß sich als Zeichen des anbrechenden Milleniums eine gewaltige Katastrophe ereignen würde; Stürme, Erdbeben, Wirbelwinde und Wasserfluten würden alle weißen Eindringlinge vernichten. Die Indianer würden überleben, um die Prärien wieder von Büffelherden und anderem Wild bevölkert zu sehen. Nach der Katastrophe würden alle ethnischen Trennungen verschwunden sein, und die Weißen, die ins Land kämen, würden mit den Indianern in Freundschaft leben. Das Ritual des *„Ghost Dance"* verbreitete sich über das gesamte Gebiet von einer Siedlung zur anderen, wie in jüngerer Zeit die Cargo–Kulte in Neuguinea den Weg von einem Dorf zum anderen gefunden haben (Burridge, 1971). Die Rituale des *„Ghost Dance"*, welche Gesänge, Sprechgesänge und das Erreichen tranceähnlicher Zustände einschlossen, basierten zum Teil auf Ideen, die von der Begegnung mit dem Christentum herrührten, und zum Teil auf dem traditionellen Sonnentanz, den die Indianer vor der Ankunft der Weißen zu zelebrieren pflegten. Der *„Ghost Dance"* starb nach dem Massaker von Wounded Knee aus, bei dem 370 indianische Männer, Frauen und Kinder von weißen Soldaten dahingemetzelt wurden.

Die Natur der chiliastischen Bewegungen

Warum entstehen chiliastische Bewegungen? Man kann eine Anzahl von Merkmalen, die allen oder fast allen gemeinsam sind, identifizieren. Praktisch alle dieser Bewegungen drehen sich um die Aktivitäten von *Propheten* („erleuchteten" Führern oder Lehrern), die sich auf das Gedankengut der etablierten Religionen stützen und die Notwendigkeit betonen, diese neu zu beleben. Sie schaffen sich eine Anhängerschaft, wenn es ihnen gelingt, in Worte zu fassen, was andere nur vage empfinden, und wenn sie jene Emotionen ansprechen, die die Menschen in Aktivität versetzen. Das Prophetentum war immer stark mit den Heilsreligionen, insbesondere mit dem Christentum, verbunden, und die meisten der Anführer von chiliastischen Bewegungen in kolonialisierten Gebieten waren mit den christlichen Praktiken und Überzeugungen vertraut. Viele waren sogar Missionslehrer, die ihre angenommene Religion gegen jene wandten, die sie darin unterwiesen hatten.

Chiliastische Bewegungen entstehen oft dort, wo es entweder zu radikalen kulturellen Veränderungen oder einem plötzlichen Anstieg der Armut kommt (Worsley, 1973). Sie ziehen häufig Menschen an, die sich infolge solcher Veränderungen stark benachteiligt fühlen, weshalb sie nicht mehr bereit sind, den Status quo zu akzeptieren. Im Europa des Mittelalters waren chiliastische Bewegungen häufig die letzte verzweifelte Zuflucht für jene, die plötzlich verarmt waren. In Hungerszeiten z. B. fühlten sich die Bauern zu Propheten hingezogen, die die Vision einer „verkehrten Welt" anboten, in der die Armen schließich die Welt erben würden. Chiliastische Bewegungen bei kolonialisierten Völkern entwickeln sich häufig dann, wenn eine traditionelle Kultur durch den Einfluß der westlichen Kolonialherren zerstört wird, wie dies auch beim „Ghost Dance" der Fall war.

Der Chiliasmus wurde manchmal vor allem als Rebellion der Armen gegen die Privilegierten (Lantenari, 1963) oder der Unterdrückten gegen die Mächtigen interpretiert, was in vielen Fällen zweifellos einen Faktor darstellt. Doch insgesamt ist diese Interpretation zu stark vereinfacht: Manche chiliastische Bewegung, wie jene des Joachimismus, entsteht durch Einflüsse und Gefühle, die ursprünglich wenig mit materiellen Entbehrungen zu tun haben.

Gegenwärtige religiöse Entwicklungen: die islamische Revolution

Eine Ansicht, die Marx, Durkheim und Weber teilten, war die, daß die traditionelle Religion in der modernen Welt eine immer kleinere Rolle spielen würde und die *Säkularisierung* ein unvermeidlicher Prozeß sei. Von den dreien würde jedoch wahrscheinlich nur Weber erwartet haben, daß ein traditionelles religiöses System wie der Islam eine intensive Wiederbelebung erfahren und im späten 20. Jahrhundert zur Basis wichtiger politischer Entwicklungen werden würde – doch genau das hat sich in den achtziger Jahren im Iran ereignet. In jüngerer Zeit hat der islamische **Fundamentalismus** (die Betonung der buchstäblichen Interpretation religiösen Schrifttums) auch auf andere Länder, darunter Ägypten, Syrien, Libanon und Algerien, wichtige Auswirkungen gehabt. Wodurch erklärt sich diese weitreichende Erneuerungsbewegung im Islam?

Die Entwicklung des islamischen Glaubens

Um dieses Phänomen zu verstehen, müssen wir einerseits den Islam als traditionelle Religion und andererseits die weltlichen Veränderungen in jenen modernen Staaten betrachten, in denen er sehr einflußreich ist. Der Islam ist wie das Christentum eine Religion, die stets aktive Auseinandersetzungen stimuliert hat: Der Koran, die Heilige Schrift des Islam, ist voll von Anweisungen an die Gläubigen, „für Gott zu streiten". Dieser Kampf gilt sowohl den Ungläubigen als auch jenen, die Korruption in die muslimische Gemeinschaft bringen. Im Laufe der Jahrhunderte gab es sukzessive Generationen muslimischer Reformer, und der Islam ist mittlerweile intern ebensosehr gespalten wie das Christentum. Bereits früh in der Geschichte spalteten sich vom Hauptstrang des orthodoxen Islam der Kharigismus und der Schiismus ab. Die Kharigiten waren die erste eigentliche Sekte, die sich innerhalb des Islam entwickelte (Mortimer, 1982). Sie legten großen Wert auf Gleichheit, lehnten jede Form materieller Privilegien ab und verkündeten, daß jene, die sich schwerer Sünden schuldig gemacht hatten, nicht mehr als Muslime betrachtet werden sollten. Sie überlebten als Sekte nicht allzulange, waren jedoch in mancherlei Hinsicht die Vorläufer aller späteren fundamentalistischen Erneuerungsbewegungen des Islam – d. h. jener Bewegungen, die für sich in Anspruch nehmen, zu den „Wurzeln" des Islam zurückzukehren.

Die zweite große Sekte, jene der Schiiten, ist einflußreich geblieben. Der Schiismus ist heute die Staatsreligion im Iran (früher bekannt als Persien) und war die geistige Inspiration der iranischen Revolution. Die Schiiten führen ihren Ursprung auf den Imam Ali zurück, einen religiösen und politischen Führer des 7. Jahrhunderts, dessen persönliche Ergebenheit in Gott und dessen Tugend ihn unter den weltlichen Herrschern seiner Zeit hervorgehoben haben sollen. Es setzte sich allmählich die Auffassung durch, daß Alis Nachkommen die rechtmäßigen Führer des Islam seien, da man sie im Gegensatz zu den an der Macht befindlichen Dynastien als Mitglieder der Familie des Propheten Mohammed betrachtete. Die Schiiten glaubten, daß der legitime Erbe Mohammeds letztendlich wieder an die Macht gelangen werde und der mit den existierenden Regimen verbundenen Tyrannei und Ungerechtigkeit ein Ende setzen würde. Mohammeds Erbe würde

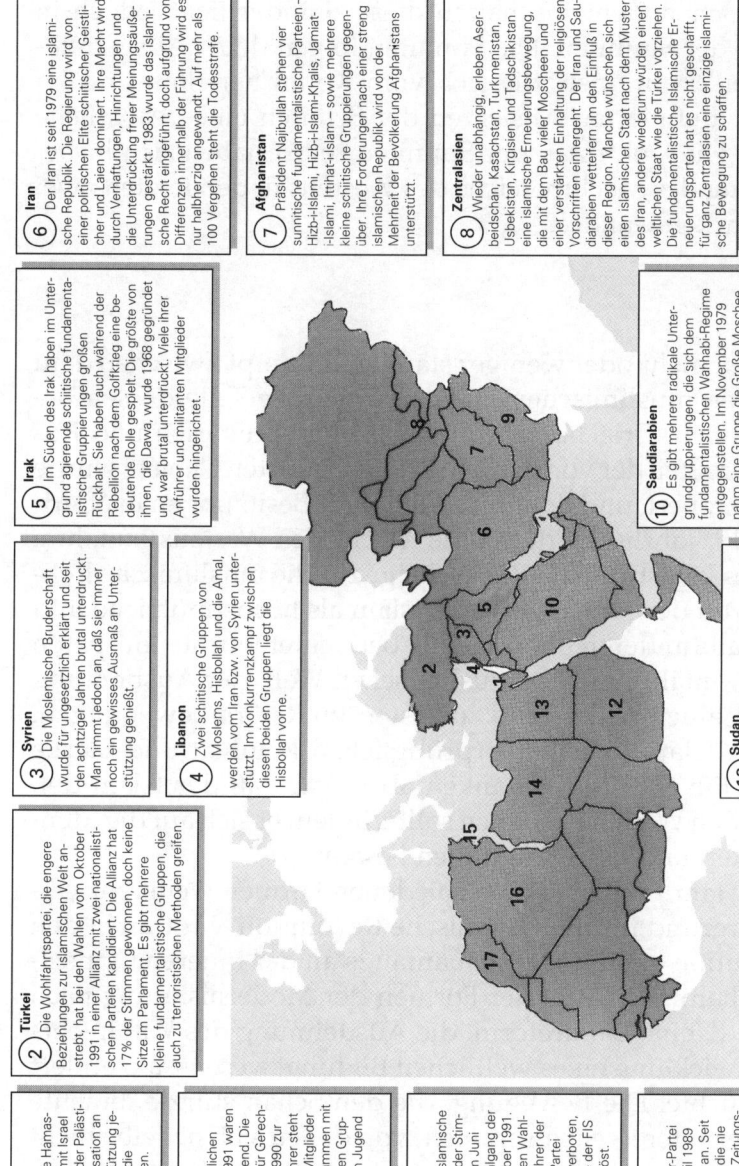

Abbildung 14.1 Islamische Kernländer (hervorgehobene Länder haben eine muslimische Bevölkerungsmehrheit; Bangladesh, Indonesien und Malaysien fehlen)

Quelle: Economist, 4. April 1992, S. 73

ein direkt von Gott geleiteter Führer sein und in Übereinstimmung mit dem Koran herrschen.

Der Schiismus ist seit dem 16. Jahrhundert die Staatsreligion des Iran. Es gibt auch in anderen Ländern des Nahen Ostens, z. B. im Irak, in der Türkei und in Saudiarabien, sowie in Indien und Pakistan große schiitische Minderheiten. Die Herrschaft über die islamischen Gemeinschaften dieser Länder liegt jedoch in den Händen der Mehrheit, der Sunniten. Die Sunniten folgen dem „Ausgetretenen Pfad", einer Reihe von Traditionen, die sich vom Koran herleiten und im Gegensatz zu den strenger definierten Ansichten der Schiiten eine beachtliche Meinungsvielfalt zulassen. Die Doktrinen der Sunniten selbst haben sich insbesondere seit der Ausdehnung des Machtbereichs des Westens in den letzten zwei oder drei Jahrhunderten stark gewandelt.

Der Islam und der Westen

Im Mittelalter gab es einen mehr oder weniger ständigen Kampf zwischen dem christlichen Europa und den muslimischen Staaten, die große Teile dessen beherrschten, was später Spanien, Griechenland, Jugoslawien, Bulgarien und Rumänien werden sollte. Ein Großteil der von den Muslimen eroberten Gebiete wurde von den Europäern zurückerobert, und der größte Teil ihrer Besitzungen in Nordafrika wurde im 18. und 19. Jahrhundert, als die Macht des Westens zunahm, kolonialisiert. Es waren dies katastrophale Rückschläge für die muslimische Religion und Zivilisation, die von den Anhängern des Islam als höchstmögliche und am weitesten entwickelte, alle anderen überragende betrachtet wurde. Im späten 19. Jahrhundert führte die Unfähigkeit der muslimischen Welt, der Ausbreitung der westlichen Kultur wirksamen Widerstand zu leisten, zu Reformbewegungen, die danach trachteten, den Islam in seiner ursprünglichen Reinheit und Stärke wiedererstehen zu lassen. Ein Schlüsselgedanke dabei war, daß der Islam den Herausforderungen durch den Westen begegnen sollte, indem er sich auf die Identität seiner eigenen Praktiken und Überzeugungen besann.

Diese Idee wurde im 20. Jahrhundert in verschiedenen Formen weiterentwickelt und bildete den Hintergrund für die „Islamische Revolution" im Iran in den Jahren 1978 – 9. Die Revolution entzündete sich anfangs an der inneren Opposition gegen den Schah, Mohammed Reza, der Formen der Modernisierung nach westlichem Vorbild, wie z. B. eine Landreform, die Ausdehnung des Wahlrechts auf die Frauen und die Entwicklung eines weltlichen Bildungswesens, akzeptiert hatte und zu fördern versuchte. Die Bewegung, die den Schah stürzte, brachte Menschen unterschiedlicher Interessen zusammen, von denen sich beileibe nicht alle dem islamischen Fundamentalismus verschrieben hatten. Die dominante Gestalt jedoch war der Ayatollah Khomeini, der eine radikale Neuinterpretation des schiitischen Gedankengutes vornahm.

Khomeini setzte eine auf der Basis des traditionellen islamischen Rechts organisierte Regierung ein, die er als den „Vertreter Alis" bezeichnete. Die islamische Revolution machte die Religion, wie sie im Koran festgeschrieben ist, zur unmittelbaren Grundlage des gesamten politischen und wirtschaftlichen Lebens. Nach dem neubelebten islamischen Recht bleiben Männer und Frauen streng voneinander getrennt, die Frauen haben in der Öffentlichkeit Körper und Kopf zu bedecken, Homosexuelle werden den Erschießungskommandos übergeben und Ehebrecher gesteinigt. Die strengen Gesetze gehen mit einer stark nationalistischen Gesinnung einher, die sich insbesondere gegen westliche Einflüsse wendet. Obwohl die der Revolution zugrundeliegenden Gedanken die gesamte islamische Welt dem Westen gegenüber vereinen sollten, haben sich die Regierungen jener Länder, in denen die Schiiten in der Minderheit sind, nicht sehr mit der islamischen Revolution im Iran identifiziert. Trotzdem hat der islamische Fundamentalismus auch in den meisten dieser Staaten beachtliche Popularität gewonnen und verschiedene Arten islamischer Erneuerungsbewegungen stimuliert.

Die islamische Erneuerungsbewegung kann offensichtlich nicht einfach nur als religiöses Phänomen betrachtet werden. Sie stellt zum Teil eine Reaktion gegen den Einfluß des Westens dar und ist eine Bewegung der nationalen oder kulturellen Selbstbehauptung. Es ist zweifelhaft, ob selbst die fundamentalistischsten Formen der islamischen Erneuerungsbewegung lediglich als Erneuerung traditioneller Ideen angesehen werden können. Was geschehen ist, ist etwas Komplexeres. Traditionelle Praktiken und Lebensweisen wurden wiederbelebt, jedoch mit Anliegen verknüpft, die in spezifischem Zusammenhang mit der modernen Zeit stehen.

Fundamentalistische islamische Bewegungen haben in den letzten zehn bis fünfzehn Jahren in vielen Ländern Nordafrikas, des Nahen Ostens und Südasiens an Bedeutung gewonnen (siehe Abb. 14.1). Algerien ist ein typischer Fall. Im Dezember 1991 gewann die Islamische Heilsfront den ersten Durchgang der Wahlen zur Nationalversammlung mit einem beträchtlichen Vorsprung an Stimmen. Ihr Programm bestand darin, Algerien nach dem Vorbild des Iran zu einem islamischen Staat zu machen. Doch die Armee intervenierte und setzte die Wahlen aus (Pilkington, 1992).

Beschäftigen wir uns nun mit den jüngsten Entwicklungen der Religion im Westen; dabei werden wir uns insbesondere auf Großbritannien und die Vereinigten Staaten konzentrieren.

Religion in Großbritannien

Einer Volkszählung im Jahr 1851 zufolge, die sich auf religiöse Gewohnheiten bezog, gingen in England und Wales etwa 40 Prozent der Erwachsenen jeden Sonntag zur Kirche; 1900 hatte sich diese Rate auf 35 Prozent verringert, 1950 auf 20 Prozent, während es heute nur noch etwa 10 Prozent sind. Die wichtigsten Konfessionen Großbritanniens verloren in den achtziger Jahren durchschnittlich 5 Prozent jener Anhänger, die tatsächlich zu den Gottesdiensten gingen, wobei der größte Rückgang (8 Prozent) in der römisch–katholischen Kirche zu verzeichnen war.

Doch nicht überall sind derartige Rückgänge zu beobachten. Beispielsweise gibt es Unterschiede zwischen Dreifaltigkeitskirchen und anderen. Dreifaltigkeitskirchen, zu denen unter anderem Anglikaner, Katholiken, Methodisten und Presbyterianer zählen, sind jene Kirchen, die an die in einem Gott vereinte Dreifaltigkeit glauben. Die Mitgliedschaft in den Dreifaltigkeitskirchen ging zwischen 1975 und 1990 um 16 Prozent zurück. Die Mitgliedschaft bei einigen der anderen Kirchen hingegen, wie bei den Mormonen oder den Zeugen Jehovas, stieg im selben Zeitraum an (HMSO, 1992).

Der Großteil der erwachsenen Bevölkerung Großbritanniens betrachtet sich selbst als einer religiösen Organisation zugehörig. Bei einer Befragung erklärten nur etwa 5 Prozent der Briten, sie hätten überhaupt keine religiöse Bindung. Beinahe 70 Prozent der Gesamtbevölkerung betrachteten sich als Angehörige der anglikanischen Kirche, obwohl die meisten von ihnen, wenn überhaupt, vielleicht nur einige Male in ihrem Leben die Kirche besucht haben. Außer der anglikanischen Kirche, der schottischen presbyterianischen Kirche und der katholischen Kirche finden sich unter den religiösen Gruppen in Großbritannien auch Juden, Mormonen, Muslime, Sikhs und Hindus. Zu den kleineren Sekten gehören die *Plymouth Brethren*, die *Rastafaris* und die *Divine Light Mission*.

In den Ländern des Westens und damit auch in Großbritannien sind seit den sechziger Jahren auch einige neue religiöse Bewegungen entstanden (Barker, 1991). Diese leiten sich von vielen verschiedenen religiösen Traditionen ab, von denen einige bis vor kurzer Zeit im Westen beinahe gänzlich unbekannt waren. Einige wenige, wie die *Aestherius Society* und die *Emin Foundation*, hatten bereits zu einem früheren Zeitpunkt in Großbritannien existiert, während andere aus verschiedenen europäischen Ländern kamen. Die Mehrzahl von ihnen entstand jedoch in den USA oder im Orient. Die Mitglieder sind meist Konvertierte und nicht im jeweiligen Glauben Erzogene. Sie sind häufig gebildet und stammen aus den mittleren Gesellschaftsschichten.

Die meisten der neuen religiösen Bewegungen erlegen ihren Mitgliedern in bezug auf Zeit und Engagement wesentlich mehr Pflichten auf als die älteren, etablierten Religionen. Manche Gruppen waren dafür bekannt, potentielle Mitglieder „mit Liebe zu bombardieren", um diese dazu zu bringen, sich der Gruppe ganz und gar anzuschließen. Ein potentielles Mitglied wird mit Aufmerksamkeit und ständigen spontanen Liebesbeweisen überschüttet, bis er oder sie emotionell in die Gruppe hineingezogen ist. Manche neue Bewegungen wurden sogar beschuldigt, ihre Anhänger einer „Gehirnwäsche" zu unterziehen, d. h. zu versuchen, deren Gedanken in einer Weise zu kontrollieren, daß sie die Fähigkeit zur unabhängigen Entscheidung verlieren. Die „Moonies" (siehe unten) wurden solcher Praktiken beschuldigt. Alles in allem jedoch zeigt die Forschung, daß eine derartige Interpretation weit hergeholt ist. Die Bewegungen suchen oder erreichen nur selten diesen Grad an Beherrschung ihrer Mitglieder, und die meisten potentiellen Mitglieder sind durchaus in der Lage, den Bekehrungsversuchen zu widerstehen, wenn sie dies möchten.

In Großbritannien gibt es in religiösen Angelegenheiten deutliche Muster, die mit dem Alter, dem Geschlecht, der Schichtzugehörigkeit und der Heimatregion zusammenhängen. Allgemein sind ältere Menschen religiöser als die Angehörigen jüngerer Altersgruppen. Bei den jungen Menschen erreicht der Kirchenbesuch im Alter von fünfzehn Jahren seinen Höhepunkt; später geht die durchschnittliche Anzahl der Kirchenbesuche zurück, bis zu einem Alter von dreißig oder vierzig, in dem der Enthusiasmus zurückkehrt. Danach steigt die Zahl der

Kirchenbesuche mit dem Alter. Frauen engagieren sich eher in religiösen Organisationen als Männer. In der anglikanischen Kirche beispielsweise besteht nur ein sehr schwacher derartiger Zusammenhang, doch in den *Christian Science-Kirchen* gibt es viermal soviele aktive Frauen wie Männer.

Allgemein sind Kirchenbesuch und das Bekenntnis zu einer Religion unter den Wohlhabenden häufiger als in ärmeren Gruppen. Die anglikanische Kirche wurde „die konservative Partei beim Gebet" genannt, und darin liegt immer noch ein Körnchen Wahrheit. Die Katholiken gehören eher der Arbeiterklasse an. Diese klassenspezifische religiöse Orientierung zeigt sich auch im Wahlverhalten: Anglikaner wählen eher konservativ, Katholiken eher die *Labour Party*, wie auch viele Methodisten, weil der Methodismus ursprünglich eng mit dem Aufstieg der *Labour Party* verbunden war. Das religiöse Engagement variiert auch stark mit dem Wohnort: 35 Prozent der Erwachsenen in Merseyside und 32 Prozent der Erwachsenen in Lancashire sind Kirchenmitglieder, verglichen mit nur 9 Prozent in Humberside und 11 Prozent in Nottinghamshire. Ein Grund dafür ist die Immigration – Liverpool hat sehr viele irische Katholiken, so wie Nordlondon seine Juden und Bradford seine Muslime und Sikhs hat.

Was ihre Auswirkungen auf das tägliche Verhalten angeht, sind religiöse Unterschiede in Nordirland stärker ausgeprägt als anderswo in Großbritannien. An den Auseinandersetzungen zwischen Protestanten und Katholiken, zu denen es dort kommt, ist zwar nur eine Minderheit der beiden Glaubensgemeinschaften beteiligt, doch die Konflikte sind dennoch häufig erbittert und von Gewalttätigkeit begleitet. Der Einfluß der Religion in Nordirland ist nicht leicht von anderen für die dortigen Antagonismen verantwortlichen Faktoren zu trennen. Der Glaube an ein „vereintes Irland", in dem die Republik Irland und Nordirland zu einem einzigen Staat verschmelzen würden, findet dort unter den Katholiken allgemein Beifall, wird jedoch von den Protestanten abgelehnt. Doch neben religiösen Überzeugungen spielen auch politische Überlegungen und nationalistisches Gedankengut eine wichtige Rolle.

Religion in den Vereinigten Staaten

Vielfalt

Die Stellung religiöser Organisationen in den Vereinigten Staaten ist in vielerlei Hinsicht ungewöhnlich. Die Religionsfreiheit wurde, lange bevor die Toleranz gegenüber unterschiedlichen religiösen Praktiken und Überzeugungen in irgendeiner anderen westlichen Gesellschaft Verbreitung fand, bereits zu einem Artikel der Verfassung der Vereinigten Staaten. Die frühen Siedler waren vor der religiösen Unterdrückung durch politische Obrigkeiten geflüchtet und sorgten für die Trennung von Staat und Kirche.

Die Vereinigten Staaten haben auch eine weitaus größere Vielfalt an religiösen Gruppen als alle anderen Industriestaaten. In den meisten westlichen Gesellschaften ist die Mehrheit der Bevölkerung formell Mitglied einer einzigen Kirche, wie etwa der anglikanischen Kirche in Großbritannien oder der römisch-katholischen

Kirche in Italien. Etwa 90 Prozent der amerikanischen Bevölkerung sind Christen, gehören jedoch einer Vielfalt von Kirchen und Konfessionen an. Viele Gruppen haben nur einige hundert Mitglieder, aber mehr als neunzig religiöse Organisationen geben an, mehr als fünfzigtausend Mitglieder zu haben. Zweiundzwanzig davon nennen Mitgliederzahlen von mehr als einer Million. Die bei weitem größte religiöse Gemeinschaft in den Vereinigten Staaten ist die katholische Kirche, die etwa fünfzig Millionen Mitglieder hat. Dies entspricht jedoch nur 27 Prozent aller Mitglieder religiöser Organisationen. Ungefähr 60 Prozent der Bevölkerung sind Protestanten, die sich auf viele verschiedene Konfessionen aufteilen. Die *Southern Baptist Convention* ist mit über dreizehn Millionen Mitgliedern die größte, gefolgt von der *United Methodist Church*, der *National Baptist Convention*, der lutheranischen und der episkopalischen Kirche. Unter den nicht–christlichen Gruppen ist die größte jene der jüdischen Kongregationen, die ungefähr sechs Millionen Mitglieder zählen.

Ungefähr 40 Prozent der amerikanischen Bevölkerung gehen im Durchschnitt einmal pro Woche zur Kirche. Ungefähr 70 Prozent gehören Kirchen, Kulten oder anderen religiösen Organisationen an, und die Mehrheit von ihnen gibt an, in der Gemeinde aktiv zu sein. Bei einer Befragung über ihre persönliche Einstellung gaben praktisch alle Amerikaner – ungefähr 95 Prozent – an, sie verfügten über die eine oder andere Art von religiösen Überzeugungen. Die meisten behaupteten, an Gott und an ein Leben nach dem Tod zu glauben, und verliehen ihrer Überzeugung Ausdruck, daß die Bibel göttlichen Ursprungs sei (Stark und Bainbridge, 1985). Eine 1992 veröffentlichte Studie zeigte, daß in den Vereinigten Staaten mehr Bürger angeben, religiös engagiert zu sein, als in jedem anderen Industriestaat mit Ausnahme Irlands. 70 Prozent der Amerikaner geben beispielsweise an, an ein Leben nach dem Tod zu glauben, verglichen mit 54 Prozent in Italien, 44 Prozent in Großbritannien und 31 Prozent in Schweden (siehe Abb. 14.2).

Seit dem Zweiten Weltkrieg kam es in den USA zu einer weitaus größeren Vermehrung der religiösen Bewegungen als je zuvor in ihrer Geschichte, wobei insbesondere eine noch nie dagewesene Serie von Zusammenschlüssen und Abspaltungen von Konfessionen zu verzeichnen war. Die meisten dieser Bewegungen waren kurzlebig, einige jedoch haben eine beachtliche Anhängerschaft gewonnen. Ein Beispiel dafür ist die vom Koreaner Sun Myung Moon gegründete Vereinigungskirche. Die Sekte begann sich in den frühen sechziger Jahren in den USA zu etablieren; sie wies alle Merkmale einer chiliastischen Bewegung auf. Die Anhänger Moons glaubten seiner Vorhersage, daß die Welt 1967 untergehen würde, doch auch die Tatsache, daß die Welt nach diesem Zeitpunkt ihren Geschäften in weitgehend unveränderter Weise nachging, bedeutete noch lange nicht das Ende der Sekte. Wie schon viele Führer chiliastischer Bewegungen vor ihm hat auch Moon seine Ideen im Lichte seiner gescheiterten Vorhersage revidiert. Seine neuen Lehren fanden sogar noch mehr Anhänger als zuvor, und heute heißt es, seine Bewegung umfasse vierzigtausend Menschen. Der Glaube der Vereinigungskirche ist eine Mischung östlicher Lehren mit Aspekten des fundamentalistischen Christentums und des Antikommunismus; neue Mitglieder müssen sich einer strengen religiösen Ausbildung unterziehen.

Christlicher Fundamentalismus

Das Wachstum der fundamentalistischen religiösen Organisationen in den Vereinigten Staaten ist eine der bemerkenswertesten Erscheinungen der letzten zwanzig Jahre. Der christliche Fundamentalismus ist eine Reaktion auf die liberale Theologie und die *Säkularisierung innerhalb der Kirche*, d. h. die Anwesenheit von Leuten in der Kirche, die nicht viel aktives Interesse an der Religion haben. Die fundamentalistischen Gruppen stehen meist der politischen Rechten nahe und haben sich nicht gescheut, direkte Aktionen auf politischer Ebene zu setzen (Wills, 1990).

Ein Ausdruck dieser Tendenz ist die von Reverend Jerry Falwell 1980 gegründete sogenannte *Moral Majority*. Sie ist formell eine politische Körperschaft, bezieht ihre Mitglieder und finanziellen Mittel jedoch aus ihrer Verbindung mit fundamentalistischen Organisationen. Der weltliche Einfluß der *Moral Majority* ist beachtlich: Falwell gibt an, zweiundsiebzigtausend Geistliche und vier Millionen Laien für seine Sache rekrutiert zu haben, die ihm Millionen Dollar für die Intervention in politischen Kampagnen bringen. Die „Religiöse Rechte" hat extensiven Gebrauch von Radio und Fernsehen gemacht, um ihren Einfluß zu vergrößern. Religiöse Gruppen besitzen jetzt viele Radio- und Fernsehstationen, und ihre wichtigsten Programme erreichen ein Millionenpublikum. Im Gegensatz zu älteren Sekten (wie den *Plymouth Brethren*) hat sich die Religiöse Rechte der neuen elektronischen Technologie vorbehaltlos bedient, statt ihr feindlich gegenüberzustehen. Das regelmäßige Fernsehpublikum für religiöse Programme wurde 1991 auf elf Millionen geschätzt, was etwa 6 Prozent des gesamten Fernsehpublikums der Vereinigten Staaten entspricht. Einige der führenden Figuren wie Jim Bakker und Jimmy Swaggart waren 1987 und 1988 der Mittelpunkt von Sexskandalen. Ihre Probleme hatten eine nachhaltige Auswirkung auf die Seherzahlen: Sie gingen um vier Millionen zurück, sind aber immer noch beachtlich. Der Fundamentalismus ist heute in den Vereinigten Staaten weitaus bedeutsamer als in anderen Industrieländern. In Großbritannien z. B. konnte er nur geringe Fortschritte erzielen.

Manche Autoren haben nahegelegt, daß es direkte Parallelen zwischen dem christlichen und dem islamischen Fundamentalismus gebe; beide brächten ein Bedürfnis nach Sicherheit und Orientierung in einer von Schwierigkeiten geplagten, unsicheren Welt zum Ausdruck, doch ist das wahrscheinlich zu oberflächlich. Der islamische Fundamentalismus hat seine Ursprünge in den Kollisionen zwischen der westlichen Moderne und den traditionellen Kulturen und unterscheidet sich in den meisten Punkten sehr stark vom religiösen Fundamentalismus in den Vereinigten Staaten. Andererseits gehen beide mit starken nationalistischen Gefühlen einher, und in beiden Fällen unterstützen fundamentalistische religiöse Führer eine aggressive Haltung in den internationalen Beziehungen. Ein Faktor, der beide Spielarten des Fundamentalismus begünstigt, scheint ein Bedürfnis danach zu sein, durch die Wiederherstellung grundlegender religiöser und kultureller Werte als „starke Nation" wiederbestätigt zu werden.

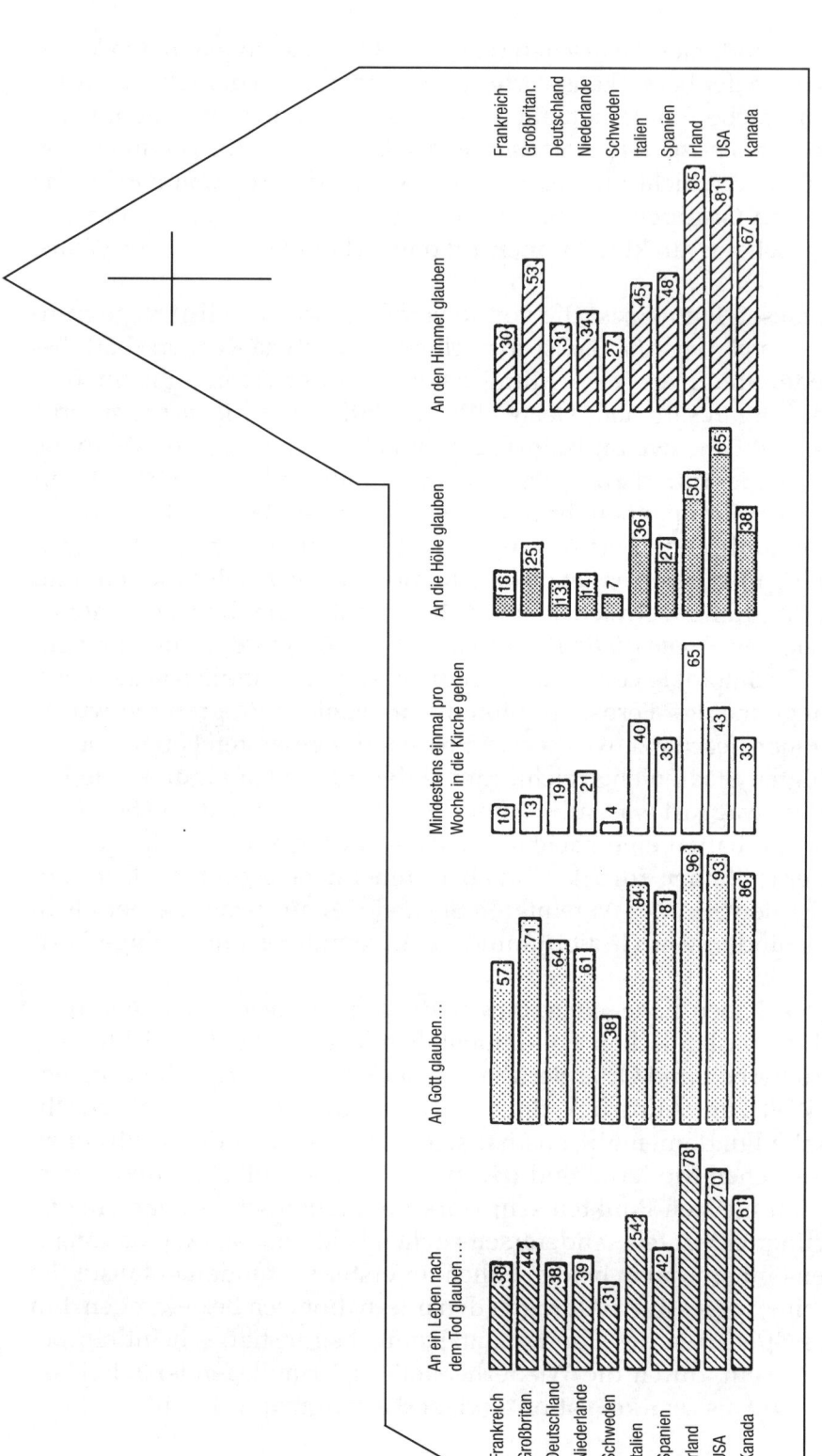

Abbildung 14.2 Religiöse Neigungen in westlichen Ländern (Prozentangaben für Länderstichproben)

Quelle: European Values Study statistics, nach der Darstellung in *The World in 1992* (London: The Economist Publications, 1991), S. 97.

Das Problem der Säkularisierung

In Umfragen gaben 70 Prozent der Briten an, sie glaubten an eine Art von Gottheit, und in den USA florieren, wie wir gesehen haben, viele Sekten und Kulte neben den etablierten Kirchen. Im Iran und anderen Gebieten des Nahen Ostens, Afrikas und Indiens stemmt sich ein vitaler und dynamischer islamischer Fundamentalismus der Verwestlichung entgegen. In Nordirland halten Protestanten und Katholiken schon vor Jahrhunderten etablierte, unterschiedliche religiöse Zugehörigkeitsgefühle aufrecht, während die Aktivisten beider Konfessionen einen offenen Krieg gegeneinander führen. Der Papst bereist Südamerika unter der begeisterten Anteilnahme von Millionen von Katholiken. Angesichts all dessen könnte die Behauptung, der Einfluß der Religion in der modernen Welt wäre im Sinken begriffen, seltsam erscheinen.

Die Soziologen jedoch sind sich allgemein einig, daß ein solcher Niedergang, als langfristige Tendenz gesehen, tatsächlich stattgefunden hat. Unter **Säkularisierung** versteht man jenen Prozeß, in dessen Verlauf die Religion ihren Einfluß auf die verschienenen Bereiche des gesellschaftlichen Lebens verliert. Die Säkularisierung hat eine Anzahl verschiedener Aspekte oder Dimensionen. Zunächst wären hier die *Mitgliedszahlen* der religiösen Organisationen zu nennen – das heißt die Anzahl jener Menschen, die einer Kirche oder einer anderen religiösen Körperschaft angehören und aktiv an Gottesdiensten oder anderen Zeremonien teilnehmen. Mit Ausnahme der USA haben alle Industriestaaten eine beträchtliche Säkularisierung – gemessen an diesem Indikator – erlebt. Das Muster, dem die Verringerung des Einflusses der Religionen in Großbritannien folgt, findet sich im größten Teil Westeuropas, darunter auch in katholischen Ländern wie Frankreich oder Italien. Mehr Italiener als Franzosen gehen regelmäßig zur Kirche und nehmen an den wichtigsten Ritualen (wie der Osterkommunion) teil, doch das generelle Muster des Niedergangs der Religion ist in allen Fällen ähnlich.

Eine zweite Dimension der Säkularisierung betrifft das Ausmaß, in dem Kirchen und andere religiöse Organisationen *ihren gesellschaftlichen Einfluß, ihren Reichtum und ihr Prestige aufrechterhalten*. In früheren Zeiten hatten religiöse Organisationen, wie wir bereits gesehen haben, normalerweise beträchtlichen Einfluß auf Regierungen und gesellschaftliche Institutionen und genossen in der Gemeinschaft großen Respekt. Inwieweit ist dies immer noch der Fall? Die Antwort auf diese Frage ist klar. Auch wenn wir uns auf das gegenwärtige Jahrhundert beschränken, ist unübersehbar, daß religiöse Organisationen nach und nach einen Großteil ihres vorherigen gesellschaftlichen und politischen Einflusses verloren haben, und daß es sich dabei, wenngleich es einige Ausnahmen gibt, um eine weltweite Tendenz handelt. Die Kirchenführer können nicht mehr automatisch darauf zählen, Einfluß bei den Mächtigen zu haben. Zwar ist unbestreitbar, daß einige der etablierten Kirchen immer noch sehr reich sind, und neuen religiösen Bewegungen gelingt es nicht selten, sehr schnell große Vermögen anzuhäufen, doch sind die materiellen Umstände vieler alter religiöser Organisationen unsicher. Kirchen und Tempel müssen verkauft werden oder befinden sich in einem heruntergekommenen Zustand.

Die dritte Dimension der Säkularisierung betrifft Überzeugungen und Werte. Dies können wir als die Dimension der *Religiosität* bezeichnen. Die Anzahl jener, die zur Kirche gehen, und der Grad des gesellschaftlichen Einflusses der Kirchen sind offensichtlich nicht unbedingt ein direkter Ausdruck der gängigen Überzeugungen oder der Ideale. Viele gläubige Menschen gehen nicht regelmäßig zu Gottesdiensten oder nehmen nicht an öffentlichen Zeremonien teil. Andererseits bedeuten regelmäßige Kirchenbesuche oder regelmäßige Teilnahme an Zeremonien nicht immer starke religiöse Überzeugung, denn unter Umständen geschieht das aus Gewohnheit oder weil es von der Gemeinschaft erwartet wird.

Wie bei den anderen Dimensionen der Säkularisierung ist auch hier ein genaues Verständnis der Vergangenheit erforderlich, um zu sehen, wie sehr die Religiosität heute zurückgegangen ist. In vielen traditionellen Gesellschaften, so auch im mittelalterlichen Europa, war das Engagement für den Glauben im täglichen Leben weniger intensiv und weniger wichtig, als man annehmen könnte. Die Erforschung der englischen Geschichte brachte beispielsweise ans Licht, daß beim einfachen Volk halbherzige religiöse Überzeugungen gang und gäbe waren. In den meisten Kulturen, insbesondere in den größeren traditionellen Gesellschaften, scheint es religiöse Skeptiker gegeben zu haben (Ginzburg, 1983).

Doch es gibt keinen Zweifel, daß religiöse Überzeugungen heute weniger ins Gewicht fallen, als dies in der traditionellen Welt allgemein der Fall war – besonders, wenn unter der Bezeichnung „Religion" auch die ganze Bandbreite des Übernatürlichen subsumiert wird, an das die Menschen glaubten. Es ist einfach so, daß die meisten von uns unsere Umgebung nicht mehr als durchdrungen von göttlichen oder spirituellen Wesen erfahren. Manche der größten Spannungen in der heutigen Welt, wie etwa jene zwischen Israel und den benachbarten arabischen Staaten, wurzeln primär oder zumindest zum Teil in religiösen Unterschieden. Die Mehrheit der Konflikte und Kriege ist heute jedoch hauptsächlich weltlicher Natur und dreht sich um unterschiedliche politische Anschauungen oder materielle Interessen.

Abschließende Bewertung

Der Einfluß der Religion hat sich entlang jeder der drei Dimensionen der Säkularisierung verringert. Sollten wir daraus schließen, daß die Autoren des 19. Jahrhunderts doch recht hatten? Vielleicht hat sich der Todeskampf der Religion nur länger hingezogen, als sie erwartet hatten? Eine solche Schlußfolgerung wäre übereilt. Die Faszination der Religion in ihren traditionellen und ihren neuen Formen wird wahrscheinlich noch lange anhalten. Das moderne rationalistische Denken und eine religiöse Orientierung stehen heute in einem Spannungsverhältnis zueinander. Eine rationalistische Perspektive hat viele Bereiche unserer Existenz erobert und wird in der vorhersehbaren Zukunft wahrscheinlich auch nicht an Einfluß verlieren. Dennoch wird es sicherlich Reaktionen gegen den Rationalismus geben, die zu Perioden der religiösen Erneuerung führen. Es gibt wahrscheinlich nur wenige Menschen auf der Erde, die niemals von religiösen Gefühlen berührt wurden, und Wissenschaft und rationalistisches Denken schweigen über

Religion 517

so fundamentale Fragen wie den Sinn und Zweck des Lebens, die immer im Mittelpunkt der Religionen gestanden haben.

Zusammenfassung

1 Es sind keine Gesellschaften bekannt, in denen es keine Form von Religion gibt, obwohl sich die religiösen Anschauungen und Praktiken von Kultur zu Kultur unterscheiden. Alle Religionen verwenden eine Reihe von Symbolen, die ein Gefühl der *Ehrfurcht* hervorrufen und an *Rituale* gebunden sind, die von einer Gemeinschaft von Gläubigen praktiziert werden.

2 *Totemismus* und *Animismus* sind häufige Typen von Religion in kleineren Kulturen. Im Totemismus werden einer Pflanzen- oder Tierart übernatürliche Kräfte zugeschrieben. Animismus ist der Glaube an Geister oder Gespenster, die sich in derselben Welt aufhalten wie die Menschen und manchmal von diesen *Besitz ergreifen*.

3 Die drei einflußreichsten monotheistischen Religionen (Religionen, in denen es nur einen Gott gibt) der Weltgeschichte sind *Judentum, Christentum* und *Islam. Polytheismus* (der Glaube an einige oder viele Götter) ist in anderen Religionen üblich. In manchen Religionen – wie beispielsweise dem Konfuzianismus – gibt es weder Götter noch übernatürliche Wesen.

4 Die Ansätze der Religionssoziologie wurden hauptsächlich von den Gedanken der drei „klassischen" Denker Marx, Durkheim und Weber beeinflußt. Alle drei vertraten die Ansicht, daß Religion in einem grundlegenden Sinn eine Illusion ist. Sie glaubten, daß die „andere" Welt, die die Religion erschafft, *unsere* eigene Welt ist, die durch die Linse des religiösen Symbolismus verzerrt wird.

5 Man unterscheidet mehrere verschiedene Arten der religiösen Organisation. Eine *Kirche* ist eine große, etablierte religiöse Körperschaft mit einer bürokratischen Struktur. *Sekten* sind klein und zielen darauf ab, die ursprüngliche Reinheit der Lehre wiederherzustellen, die in den Händen der offiziellen Kirchen „korrumpiert" wurde. Eine *Konfession* ist eine Sekte, die institutionalisiert wurde und eine dauerhafte Organisationsform besitzt. Ein *Kult* ist eine lose Gruppe von Menschen, die demselben Anführer folgen oder ähnliche religiöse Ideale hochhalten.

6 Religiöse Organisationen werden im allgemeinen von Männern dominiert. In den meisten Religionen, insbesondere im Christentum, sind die Bilder und Symbole meist maskuliner Natur. In einigen Religionen jedoch sind weibliche Gottheiten üblich.

7 Eine *chiliastische* Bewegung ist eine Bewegung, die unmittelbare kollektive Errettung entweder aufgrund einer fundamentalen Veränderung in der Gegenwart oder durch die Wiederkehr eines lange vergangenen Goldenen Zeitalters verspricht. Praktisch alle solchen Bewegungen drehen sich um die Aktivität von *Propheten*, das heißt von professionellen oder „erleuchteten" Deutern des etablierten religiösen Gedankenguts.

8 Der Ausdruck *Säkularisierung* bezieht sich auf den abnehmenden Einfluß der Religion. Es ist schwierig, den Grad der Säkularisierung zu messen, weil verschiedene Dimensionen des Wandels eine Rolle spielen. Obwohl der Einfluß der Religion definitiv abgenommen hat, ist die Religion gewiß nicht im Begriff zu verschwinden und weist in der modernen Welt auch weiterhin vielfältige Formen auf. Religionen können sowohl als konservative als auch als revolutionäre Kräfte in der Gesellschaft wirken.

Grundbegriffe

Religion   Magie
Ritual   Säkularisierung

Wichtige Fachausdrücke

Monotheismus   das Profane
Schamane   bürgerliche Religion
Totemismus   Kirche
Animismus   Sekte
Polytheismus   Konfession
Propheten   Kult
ethische Religionen   Chiliasmus
Entfremdung   Fundamentalismus
das Heilige

Weiterführende Literatur

Eileen Barker, *New Religious Movements* (London: HMSO, 1991) – eine Überblicksstudie über den Einfluß der neuen religiösen Bewegungen in Großbritannien.

David G. Bromley, *Falling from the Faith* (London, Sage, 1988) – eine Sammlung von Aufsätzen, in denen diskutiert wird, warum Menschen sich entschließen, ihren Glauben aufzugeben oder aus religiösen Organisationen auszutreten.

Ernest Gellner, *Postmodernism, Reason and Religion* (London: Routledge, 1992) – eine provokante Diskussion des Wiederauflebens und der Bedeutung von Religion in der heutigen Zeit.

Thomas Luckmann, *Die unsichtbare Religion* (Frankfurt: Suhrkamp, 1991) – erörtert die Rolle der Religion für die persönliche Identität.

Franz-Xaver Kaufmann, *Religion und Modernität* (Tübingen: Mohr, 1989) – über die Stellung der Religion in modernen Gesellschaften.

Bassam Tibi, *Der Islam und das Problem der kulturellen Bewältigung sozialen Wandels* (Frankfurt/Main: Suhrkamp, 1991) – eine Darstellung der gegenwärtigen Entwicklung des Islam.

Kapitel 15

Arbeit und Wirtschaftsleben

Die Arbeitsteilung
  Primärer, sekundärer und tertiärer Sektor
  Industrielle Arbeitsteilung: Taylorismus und Fordismus
  Arbeit am Fließband
  Die Grenzen von Fordismus und Taylorismus

Fordismus und darüber hinaus
  Post–Fordismus und flexible Fertigung
  Automatisierung
  Low–trust–Systeme, high–trust–Systeme und Gruppenproduktion
  Betriebliche Mitbestimmung

Unternehmen und Unternehmensmacht
  Typen des bürokratisierten Kapitalismus

Gewerkschaften und Arbeitskonflikte
  Die Entwicklung der Gewerkschaften
  Warum gibt es Gewerkschaften?
  Neuere Entwicklungen
  Streiks
  Streikstatistik
  Jüngste Trends des industriellen Konflikts

Arbeitslosigkeit, Frauenarbeit und die informelle Ökonomie
  Arbeitslosigkeit
  Die Analyse der Arbeitslosigkeit
  Beschäftigt oder arbeitslos
  Warum sind die Arbeitslosenraten gestiegen?
  Frauen und Arbeit
  Hausarbeit
  Frauenarbeit außerhalb des Haushalts
  Die informelle Ökonomie

Die Zukunft der Arbeit

Zusammenfassung

Grundbegriffe

Wichtige Fachausdrücke

Weiterführende Literatur

Alle Menschen hängen von Produktionssystemen ab. Würden Nahrung und Behausung nicht regelmäßig bereitgestellt, könnten wir nicht überleben. Sogar in Gesellschaften, in denen keine Nahrung produziert wird – den Jäger- und Sammlerkulturen –, gibt es systematische Arrangements, die den Nachschub und die Verteilung notwendiger materieller Ressourcen garantieren sollen. In allen Gesellschaften nimmt für die meisten Leute die produktive Betätigung oder die **Arbeit** einen größeren Teil ihres Lebens ein als irgend eine andere Art von Aktivität. In modernen Gesellschaften ist es üblich, daß Menschen in einer Vielfalt verschiedener Berufe arbeiten, doch dies ist erst auf die industrielle Entwicklung zurückzuführen. Die Mehrheit der Bevölkerung der traditionellen Kulturen war mit einer einzigen Hauptaufgabe befaßt – der Sammlung oder der Produktion von Nahrung. In den größeren Gesellschaften gab es verschiedene handwerkliche Betätigungen, wie jene des Zimmermanns, des Steinmetzen oder des Schiffbauers; doch nur ein kleiner Teil der Bevölkerung widmete sich diesen Tätigkeiten voll und ganz.

Arbeit kann als die Verrichtung von Aufgaben definiert werden, bei der geistige und körperliche Energie aufgewendet wird; diese Aufgaben haben zum Ziel, Güter und Dienstleistungen hervorzubringen, die sich an menschliche Bedürfnisse wenden. Eine **Beschäftigung** oder ein *Job* ist Arbeit, die im Austausch gegen einen regelmäßigen Lohn oder ein regelmäßiges Gehalt verrichtet wird. Arbeit ist in allen Kulturen die Grundlage des *Wirtschaftssystems* oder der **Ökonomie**, die aus jenen Institutionen besteht, die die Erzeugung und Verteilung von Gütern und Dienstleistungen sicherstellen.

Die Analyse ökonomischer Institutionen ist eine wichtige Aufgabe der Soziologie, da die Ökonomie alle anderen Segmente der Gesellschaft in größerem oder geringerem Ausmaß beeinflußt. Wirtschaftliche Aktivität übt nicht jenes Ausmaß von beherrschendem Einfluß aus, das ihr Marx zugeschrieben hat, doch sind die Auswirkungen ökonomischer Praktiken in jeder Gesellschaft von beträchtlicher Bedeutung. Das Jagen und Sammeln, die Weidewirtschaft, der Ackerbau, die Industriegesellschaft – diese verschiedenen Arten, den Lebensunterhalt zu sichern, haben einen fundamentalen Einfluß auf das Leben, das Menschen führen. Die Verteilung der Güter und die Unterschiede der wirtschaftlichen Position jener, die diese erzeugen, wirken sich auch auf alle möglichen Arten *sozialer Ungleichheiten* aus. Wohlstand und Macht sind nicht in unvermeidlicher Weise miteinander verknüpft, doch im allgemeinen sind jene Gruppen, die die reichsten sind, auch die mächtigsten Gruppen einer Gesellschaft.

In diesem Kapitel werden wir die Natur der Arbeit in modernen Industriegesellschaften analysieren und die wichtigeren Umwälzungen erörtern, die derzeit die Wirtschaftsverfassung beeinflussen. Wir werden die Eigentumsstruktur und Bedeutung großer Unternehmen und die Ursprünge von Arbeitskonflikten untersuchen. Dann werden wir uns mit einigen der wichtigsten Probleme der heutigen Arbeitswelt auseinandersetzen – mit unbezahlter Arbeit, der informellen Ökonomie, Arbeitslosigkeit im großen Maßstab und der Möglichkeit, daß die Arbeit in ihrer Bedeutung für das gesellschaftliche Leben allmählich abnimmt.

Die Arbeitsteilung

Eines der charakteristischsten Merkmale des Wirtschaftssystems moderner Gesellschaften ist die Herausbildung einer sehr komplexen und vielfältigen **Arbeitsteilung**. Mit anderen Worten wird die Arbeit in eine gewaltige Zahl verschiedener Berufe zerlegt, auf die sich Leute spezialisieren. In den traditionellen Gesellschaften beruhte die nicht–landwirtschaftliche Arbeit auf der Beherrschung eines Handwerks, und die dazu erforderlichen Fertigkeiten wurden in einer langwierigen Lehrzeit erworben. Der Arbeiter war im allgemeinen vom Anfang bis zum Ende für alle Aspekte des Produktionsprozesses zuständig. Der Schmied, der einen Pflug herstellte, pflegte so das Eisen zu schmieden, zu formen und das Gerät zusammenzubauen. Mit dem Aufstieg der modernen industriellen Produktion sind viele Formen des traditionellen Handwerks zur Gänze verschwunden, während jene, die überlebt haben, meist Teil größerer Produktionsprozesse wurden. Ein Elektriker, der heute in einem Betrieb arbeitet, mag z. B. nur einige Teile einer bestimmten Maschine überprüfen und warten, während sich andere Leute um die anderen Aufgaben und um andere Maschinen kümmern.

Der Kontrast zwischen der Arbeitsteilung in traditionellen und in modernen Gesellschaften ist wahrlich außergewöhnlich. Sogar in den größten traditionellen Gesellschaften existierten im allgemeinen nicht mehr als zwanzig oder dreißig wichtige Formen des Handwerks, zusammen mit einigen wenigen anderen spezialisierten Aktivitäten, wie jenen des Händlers, des Soldaten oder des Priesters. In einem modernen industriellen System gibt es viele tausende unterschiedliche Berufe. Die britische Volkszählung erfaßt um die 20 000 unterschiedliche Berufe als Teil der britischen Wirtschaft. In traditionellen Gemeinschaften war ein Großteil der Bevölkerung (der sich der Landwirtschaft widmete) wirtschaftlich autark; Nahrungsmittel, Kleidung und andere Lebensnotwendigkeiten wurden für den Eigenbedarf erzeugt. Im Gegensatz dazu ist es ein Hauptmerkmal moderner Gesellschaften, daß die **wirtschaftliche Verflechtung** in enormem Ausmaß zugenommen hat. Jeder von uns hängt von einer Unzahl anderer Arbeiter ab, will er über jene Produkte und Dienstleistungen verfügen, die zur Erhaltung unseres Lebens notwendig sind. Die große Mehrheit der Leute in modernen Gesellschaften ist, bis auf wenige Ausnahmen, nicht damit befaßt, die Nahrung, die sie verzehren, zu erzeugen, die Wohnungen, in denen sie leben, zu erbauen oder die materiellen Güter, die sie konsumieren, herzustellen.

Die wirtschaftliche Verflechtung ist heute zu einem globalen Phänomen geworden (siehe Kapitel 16 „Die Globalisierung des sozialen Lebens"). Wie die anderen industrialisierten Länder erzeugt Großbritannien nur einen Teil der Güter, die von seiner Bevölkerung benutzt oder konsumiert werden. Betrachten wir z. B. die Elektronikindustrie. Heute hat mikroelektronische Technologie einen enormen Einfluß auf unser Leben. Sie findet bei einer großen Bandbreite von Gütern Verwendung, darunter Computer, Flugüberwachungssysteme, Fernsehapparate, Taschenrechner und elektronische Spiele.

Einige haben die Elektronikbranche die „Industrie der Industrien" unserer Tage genannt, da ihre Produkte in den Produktionsprozessen vieler industrieller Branchen allgemeine Verwendung finden. Der größte Teil der in Großbritannien verwendeten elektronischen Produkte wird im Ausland hergestellt, im Rahmen einer äußerst komplexen Arbeitsteilung. Der Fernsehapparat zu Hause kann z. B. Bestandteile enthalten, die in bis zu dreißig oder vierzig verschiedenen Ländern hergestellt und zusammengebaut werden.

Ein großer Teil dieser Produktion ist im Fernen Osten oder in Ländern der Dritten Welt angesiedelt. Die Vereinigten Staaten und Europa importieren wesentlich mehr Fernsehempfänger als sie herstellen, auch wenn man jene Apparate mitzählt, für die die amerikanische und europäische Industrie lediglich eine Zulieferfunktion haben. Der größte Produzent von Fernsehempfängern ist China, das um die 20 Prozent der Weltproduktion herstellt – obwohl dort viele Komponenten verwendet werden, die ursprünglich anderswo gefertigt wurden. Es wird gefolgt von Japan und Südkorea, die jeweils 14 Prozent der Weltproduktion herstellen. Die Elektronikindustrie ist nur ein Beispiel der *internationalen Arbeitsteilung*, die heute von großer Bedeutung ist.

Primärer, sekundärer und tertiärer Sektor

Man kann die Arbeit in einer industriellen Ökonomie nützlicherweise auf drei Sektoren aufteilen: den *primären*, den *sekundären* und den *tertiären* Sektor. Das Verhältnis der Beschäftigten innerhalb der drei Sektoren variiert im allgemeinen mit den verschiedenen Stadien der Industrialisierung. Primäre Produktionszweige sind jene, die natürliche Ressourcen sammeln oder zutage fördern. Der **primäre Sektor** einer Ökonomie besteht unter anderem aus der Landwirtschaft, dem Bergbau, der Forstwirtschaft und der Fischerei. In den Frühphasen der industriellen Entwicklung finden sich die meisten Arbeiter im primären Sektor. Mit dem zunehmenden Einsatz von Maschinen und dem Bau von Fabriken wird ein größerer Anteil der Arbeiterschaft vom **sekundären Sektor** angesaugt. Sekundäre Industrien sind jene, die Rohstoffe in Konsum- und Produktionsgüter umwandeln. Der **tertiäre Sektor** umfaßt **Dienstleistungsbranchen** – Berufe, die anstatt direkt Güter hervorzubringen, anderen ihre Dienstleistungen anbieten. Ärzte, Lehrer, Manager und mittlere Angestellte verrichten Arten von Arbeit, die im allgemeinen den Dienstleistungsberufen zugerechnet werden.

Obwohl es sich dabei um einen vergleichsweise groben Indikator handelt, gestattet es uns die Distinktion zwischen dem primären, sekundären und tertiären Sektor, Unterscheidungen zwischen verschiedenen Typen von Gesellschaft zu treffen. In den meisten Entwicklungsländern sind ungefähr drei Viertel der Arbeitskräfte in der Landwirtschaft tätig, wobei sich der Rest ungefähr zu gleichen Teilen zwischen der Produktion und dem Dienstleistungsbereich verteilt. In den industrialisierten Ländern befaßt sich andererseits nur ein winziger Teil der Bevölkerung mit der landwirtschaftlichen Produktion. Zum Beispiel finden sich heute weniger als 2 Prozent der britischen Erwerbstätigen im landwirtschaftlichen Bereich – verglichen mit 22 Prozent im Jahr 1851. Ein anderer bedeutender Trend innerhalb der industrialisierten Gesellschaften ist die Ausweitung des Dienstleistungsbereichs. Im Jahre 1911 arbeiteten in Großbritannien bloß 19 Prozent der Beschäftigten im tertiären Sektor. Heute beträgt dieser Anteil mehr als die Hälfte.

Industrielle Arbeitsteilung: Taylorismus und Fordismus

Gegen Ende des 18. Jahrhunderts identifizierte Adam Smith, einer der Gründungsväter der modernen Wirtschaftswissenschaften, verschiedene Vorteile, die die Arbeitsteilung bei der Erhöhung der Produktivität bietet. Sein berühmtestes Werk, *Der Wohlstand der Nationen (An Inquiry into the Nature and Causes of the Wealth of Nations*; zuerst erschienen 1776), beginnt mit einer Beschreibung der Arbeitsteilung in einer Nadelfabrik. Ein einzelner Arbeiter konnte vielleicht zwanzig Nadeln am Tag herstellen. Durch die Zerlegung des Arbeitsablaufs in eine Anzahl einfacher Arbeitsgänge waren jedoch zehn Arbeiter, die in Abstimmung aufeinander spezialisierte Arbeitsgänge erledigten, in der Lage, 48 000 Nadeln täglich zu produzieren. Der Arbeitsausstoß des einzelnen Arbeiters stieg in anderen Worten von 20 auf 4 800 Nadeln, wobei jeder spezialisierte Mitarbeiter 240mal so viel produzierte, wie es einem einzelnen Arbeiter oder einer einzelnen Arbeiterin möglich gewesen wäre (Smith, 1978).

In der Folge erweiterte Charles Babbage (der auch eine Frühform des Computers erfand) Smiths Analyse (Babbage, 1835). Nach dem „Babbage–Prinzip" kann der technologische Produktionsfortschritt an Hand des Ausmaßes bestimmt werden, in dem die Arbeitsgänge der einzelnen Arbeiter vereinfacht und mit jenen der anderen Arbeiter vernetzt werden. Dieser Prozeß reduziert den Preis, den Arbeitgeber für die Arbeitsleistung bezahlen müssen, sowie die Anlernzeit; gleichzeitig schwächt er die Verhandlungsmacht der Arbeiter und senkt dadurch die Lohnkosten.

Sechzig Jahre später erreichten diese Ideen in der Arbeit von Frederick Winslow Taylor, einem amerikanischen Unternehmensberater, ihre Hochblüte (Braverman, 1980). Taylors Ansatz der, wie er es nannte, *wissenschaftlichen Betriebsführung*, beruhte auf der detaillierten Untersuchung industrieller Abläufe, um sie in einfache Arbeitsgänge zu zerlegen, die zeitlich genau erfaßt und organisiert werden können. Der **Taylorismus** hatte in vielen Ländern weitverbreitete Auswirkungen auf die Organisation der industriellen Produktion und Technologie, obwohl sein Einfluß variierte. Japan widersetzte sich besonders hartnäckig, und die japanische Industrialisierung nahm einen Weg, der sich von dem der meisten westlichen Gesellschaften ganz deutlich unterschied. In der japanischen Industrie war von Anfang an der Einsatz von Arbeitsteams und Arbeitsgruppen ein wichtiges Element; präzise Abgrenzungen der einzelnen Arbeiten gab es nicht, was zu einer beträchtlichen Arbeitsflexibilität beitrug.

Taylor befaßte sich mit der Verbesserung der industriellen Effizienz, doch verwendete er wenig Aufmerksamkeit darauf, wie Produkte verkauft werden sollten. Die Massenproduktion braucht jedoch Massenmärkte, und der Industrielle Henry Ford war einer der ersten, der dies erkannte und sich zunutze machte. Das von ihm entwickelte System der Massenproduktion, das mit der Bearbeitung von Massenmärkten verknüpft wird, wird **Fordismus** genannt. Ford errichtete seine erste Fabrik in Highland Park, Michigan, im Jahr 1913. Dort wurde ein einziges Produkt hergestellt – der Ford Modell T –, was es ermöglichte, spezialisierte Werkzeuge und Maschinen heranzuziehen, die so konstruiert waren, daß sie schnelle, präzise und einfache Arbeitsgänge zuließen. Eine von Fords bedeutsamsten

Innovationen stellte die Konstruktion eines Fließbandes dar – von dem es heißt, seine Vorbilder wären die Schlachthöfe von Chicago gewesen, wo Tiere auf einem Förderband Stück für Stück „zerlegt" wurden. Jeder Arbeiter an Fords Fließband hatte eine spezifische Aufgabe, wie etwa die Montage der linken Türklinke, während sich die Autos am Fließband entlang bewegten. Bis zum Jahr 1929, als man die Produktion des Modells T einstellte, wurden fünfzehn Millionen Autos hergestellt. Zu diesem Zeitpunkt wurden 80 Prozent der Autos der ganzen Welt in den Vereinigten Staaten zugelassen.

Arbeit am Fließband

Nachdem er anscheinend die Effizienz der Produktion maximiert hatte, mußte Ford feststellen, daß auch die Fließbandfertigung ihre Probleme mit sich brachte. Die Arbeitsausfälle und die Entlassungen und Neueinstellungen erreichten sehr bald Höchstwerte. Nach Auskunft des Leiters der Fordschen Personalabteilung kostete es im Jahr 1930 lediglich 38 Dollar, um einen neuen Arbeiter einzuschulen, so einfach und routinisiert waren die verlangten Arbeitsgänge. Da allerdings die jährliche Personalfluktuation mehr als 50 000 Arbeiter betrug, beliefen sich die gesamten Schulungskosten auf 2 Millionen Dollar pro Jahr (Meyr, 1981). Ford versuchte, die Disziplin der Arbeiter zu fördern, indem er seinen Einfluß über die Tore der Fabrik hinaus ausweitete. Sein „5 Dollar–Tag" bot den Arbeitern Lohnanreize, wenn sie im Gegenzug nicht nur ihre Arbeitsgewohnheiten, sondern auch ihre persönlichen Verhaltensweisen änderten. Sonderzahlungen und die Möglichkeit, ein Betriebsdarlehen zu erhalten, waren davon abhängig, ob sich die Angestellten gemessen und ordentlich benahmen und ihren Alkohol– und Tabakkonsum einschränkten. Die Firma richtete sogar ihre eigene „soziologische Abteilung" ein, die das Privatleben der Arbeiter untersuchen und darüber Bericht erstatten sollte.

Der Fordismus – die Produktion für Massenmärkte in großen Fabriken unter Verwendung der Methoden der Fließbandfertigung – wurde für die Automobilindustrie der ganzen Welt von zentraler Bedeutung und in andere industrielle Umgebungen übernommen. Ford und sein Hauptkonkurrent General Motors errichteten Niederlassungen in Großbritannien, Deutschland, Japan und anderen Ländern. Citroën führte die Fließbandfertigung in Frankreich schon 1919 ein, wobei amerikanische Ingenieure als Berater engagiert wurden. In Citroëns Fußstapfen trat in Frankreich Renault, in Italien Fiat und später Austin–Morris in Großbritannien. Der Fordismus wurde auch nach Japan importiert, zuallererst von Toyota.

Ein lebendiges Bild der Arbeit am Fließband liefert ein Beschäftigter der französischen Automobilfabrik Citroën:

> Jeder Arbeiter hat für seine Handgriffe einen wohldefinierten Bereich, wenn auch die Grenzen unsichtbar sind: Sobald ein Auto das Territorium eines Arbeiters erreicht, ergreift er das Schweißgerät oder den Lötkolben, den Hammer oder die Feile und macht sich an die Arbeit. Einige Schläge, einige Funken, dann ist der Lötvorgang abgeschlossen und das Auto verläßt bereits die ungefähr einen Meter lange Position. Und schon kommt der nächste Wagen in den Arbeitsbereich. Und der Arbeiter fängt von vorne an. Manchmal, wenn er schnell gearbeitet hat, hat er einige Sekunden Aufschub, bevor ein neues Auto ankommt: Entweder nutzt

er sie, um einmal tief durchzuatmen, oder er intensiviert seine Anstrengungen, um „das Band hinaufzugehen", sodaß er ein wenig Zeit gewinnen kann ... wenn der Arbeiter allerdings zu langsam ist, dann „fällt er zurück", findet sich also immer weiter hinter seiner Position; er ist dann noch immer mit seinem Arbeitsvorgang befaßt, wenn der nächste Arbeiter mit seinem bereits begonnen hat. Dann muß er sich beeilen und versuchen aufzuholen. Und das langsame Einherschweben der Autos, das mir fast wie ein Stillstand erscheint, wirkt dann so unablässig wie ein Wildwasser, dem nichts und niemand Einhalt gebieten kann ... manchmal ist es so schlimm wie das Ertrinken. (Linhart, 1981, S. 15f.)

Die Grenzen von Fordismus und Taylorismus

Es gab eine Zeit, da der Fordismus die wahrscheinliche Zukunft weiter Bereiche der industriellen Produktion darzustellen schien. Aus mehreren Gründen ist dies nicht eingetreten, und der Höhepunkt des Fordismus ist bereits überschritten (Sabel, 1986). In der Tat machte er sich nur in einigen industriellen Sektoren besonders bemerkbar – vor allem eben in der Automobilindustrie. Das System kann nur in jenen Industrien entwickelt werden, die standardisierte Produkte für große Märkte herstellen; die Errichtung mechanisierter Fließbänder ist außergewöhnlich kostspielig. Ist ein fordistisches System jedoch einmal eingerichtet, dann ist es ziemlich starr – um z. B. ein Produkt zu verändern, sind im allgemeinen bedeutende Neuinvestitionen erforderlich. Darüberhinaus ist die fordistische Produktion relativ leicht nachzuahmen, wenn genügend Geld vorhanden ist, um die Fabrik zu errichten. Firmen in Ländern, wo Arbeitskraft teuer ist, haben es dann ziemlich schwer, mit jenen zu konkurrieren, wo die Löhne niedriger sind. Dieser Faktor spielte bei den ersten Erfolgen der japanischen Autoindustrie eine Rolle (obwohl die japanischen Löhne heute keinesfalls mehr niedrig sind) und in der jüngeren Vergangenheit bei jenen Südkoreas.

Tayloristische Managementtechniken erfordern nicht unbedingt große Kapitalinvestitionen. Die Grenzen des Taylorismus haben wesentlich mehr damit zu tun, daß Menschen nicht wie Maschinen sind und es nicht gerne haben, wenn sie behandelt werden, als wären sie welche. Werden Arbeiten in monotone Arbeitsgänge zerlegt, dann bieten sie dem kreativen Engagement des Arbeiters wenig Raum (Salaman, 1986). Unter solchen Umständen ist es schwierig, Arbeiter dazu zu motivieren, mehr als das Allernotwendigste zu tun, und die Arbeitsunzufriedenheit ist hoch. In ihrer extremen Form, wie sie von Taylor selbst propagiert wurde, hatte die „wissenschaftliche Betriebsführung" keinen sehr großen Einfluß. Doch einige der Merkmale der modernen Industrie, auf die Taylor die Aufmerksamkeit lenkte, haben sich in der Tat sehr weit verbreitet. Denn in gewissem Ausmaß betont er einfach Merkmale der Arbeitsteilung, die von der Mechanisierung der Produktion in fast naturgesetzlicher Weise hervorgebracht werden.

Fordismus und darüber hinaus

Post–Fordismus und flexible Fertigung

Manche Autoren haben nahegelegt, daß heute der Fordismus einem neuen Produktionssystem gewichen ist, der flexiblen Fertigung, bei der anstelle von standardisierten Produkten für Massenmärkte kleine Gütermengen für spezielle Bedürfnisse erzeugt werden. Andere wiederum betrachten diese Auffassung als eine allzugroße Vereinfachung. Aus den bereits angeführten Gründen dominierte der Fordismus immer nur eine begrenzte Anzahl industrieller Sektoren. In einigen dieser Bereiche lebt er fort. So ergab z. B. eine Untersuchung der Nahrungsmittelindustrie, daß die Massenproduktion von Nahrungsmitteln noch immer weit verbreitet ist (C. Smith, 1989). In anderen Industrien, wie etwa der Automobilerzeugung, gibt es eindeutige Entwicklungen in Richtung einer größeren Flexibilität des Produktionsprozesses, obwohl auch Elemente des älteren Systems weiterbestehen. Verschiedene Faktoren haben zu diesem Wandel beigetragen, darunter der Einfluß von CAD (*computer–aided design*), der Automatisierung und der Einführung von Formen der kooperativen oder Gruppenproduktion, die mit dem hierarchischen Charakter des Fordismus nicht sehr gut verträglich sind. Betrachten wir diese Faktoren der Reihe nach.

Automatisierung

CAD ist nicht dasselbe wie **Automatisierung** – die Verwendung von Maschinen, um Produktionsprozesse bei lediglich minimaler Beaufsichtigung durch Menschen zu steuern und zu kontrollieren – doch stellt es einen wesentlichen Bestandteil davon dar. Die Einführung von computergesteuerten Prozessen in der Industrie hat die flexible Fertigungsweise stark befruchtet, denn mit der Hilfe von Computern können Werkzeuge und Arbeitsabläufe schnell und billig entworfen, konstruiert und verändert werden. Bevor Computer verwendet wurden, war die industrielle Konstruktion in den meisten Industrien eine wesentlich langwierigere und kostspieligere Angelegenheit. Es bedurfte großer Investitionen, die sich nur dann rentieren konnten, wenn Güter in genügend großen Stückzahlen hergestellt wurden (Grint, 1991).

Die Automatisierung hat sich bisher nur auf relativ wenige Industrien ausgewirkt, doch angesichts der stetigen Fortschritte in der Computertechnologie wird sie in Zukunft ganz sicherlich größere Auswirkungen haben (P. Marsh, 1982; Large, 1984). Es werden heute rasche Fortschritte bei der Entwicklung von *Industrierobotern* erzielt, die immer mehr Funktionen übernehmen sollen, die üblicherweise Menschen zufielen, was Formen der Automatisierung hervorbringt, die wesentlich raffinierter sind als jene, die bisher bekannt waren.

Der Ausdruck „Roboter" stammt vom tschechischen Wort *robota* oder Sklave, dem vor 50 Jahren vom Dramatiker Karel Capek zur Popularität verholfen wurde. Die Idee programmierbarer Maschinen reicht jedoch wesentlich weiter zurück: Christopher Spencer, ein Amerikaner, erfand den Automaten, eine programmierbare Drehbank, die um die Mitte des 19. Jahrhunderts Schrauben, Muttern und Zahnräder herstellte. Roboter in nennenswerter Zahl fanden zum ersten Mal

Arbeit und Wirtschaftsleben 527

1946 in die Industrie Eingang, als die ersten automatischen Steuerungsvorrichtungen für Maschinen in einigen einfachen Produktionsbereichen der Maschinenindustrie eingeführt wurden.

Roboter von einiger Komplexität entstanden jedoch erst mit der Entwicklung von Mikroprozessoren – im Grunde seit Beginn der 70er Jahre unseres Jahrhunderts. Der erste Roboter, der von einem Minicomputer gesteuert wurde, wurde 1974 entwickelt. Heutige Roboter können zahlreiche Aufgaben erledigen, wie schweißen, das Aufbringen von Sprühlacken, heben und tragen, und werden von Mikroprozessoren gesteuert. Einige Roboter können Teile unterscheiden, indem sie „fühlen" oder berühren, während andere „sehen" können, indem sie einen bestimmten Bereich von Gegenständen visuell unterscheiden. Wie Robert Ayres und Steven Miller hervorgehoben haben,

> kann es keinen hingebungsvolleren und unermüdlicheren Fabrikarbeiter geben als den Roboter. Roboter können punktschweißen und Sprühlacke aufbringen, immer wieder, bei einer Vielfalt von Werkstücken und in makelloser Weise; und sie können rasch neu programmiert werden, um gänzlich neue Aufgaben zu erledigen ... Für die nächsten paar Jahre läßt sich absehen, daß in mittelgroßen Erzeugerfirmen viele Industrieroboter installiert werden. Roboter werden Werkstücke an Gruppen von automatischen Maschinen in „Fertigungszellen" weiterleiten, die seriell angeordnet werden können, um Fertigungssysteme in „geschlossenen Schleifen" zu bilden, die von Mikroprozessoren gesteuert werden. (Ayres und Miller, 1985, S. 342)

Diese Systeme werden die Fabriken der Zukunft darstellen; ihre Vorläufer wurden in den USA und in Japan bereits gebaut.

Der wichtigste Schritt auf dem Weg zur vollständig automatisierten Fabrik ist das flexible Fertigungssystem (FFS). Dieses besteht aus einem computergesteuerten Bearbeitungszentrum, das mit Hochgeschwindigkeit Metallteile formt, aus Robotern, die diese Teile mit Greifern bewegen und aus gesteuerten Transporteinrichtungen, die Materialien der Produktionsstätte zuliefern und von ihr fortbringen. Das FFS kann jederzeit neu programmiert werden, um neue Teile oder Fertigungsabfolgen hervorzubringen. Diese Systeme sind in der Lage, Güter in kleinen Stückzahlen billig herzustellen; verschiedene Produkte können je nach Belieben auf derselben Anlage hergestellt werden. Dies hat weitreichende Implikationen. In der Ära des Fordismus konnten Einsparungen nur bei gigantischen Stückzahlen erzielt werden. Flexible Fertigungssysteme können kleine Stückzahlen von Gütern so effizient produzieren, wie ein Fertigungssystem, das auf die Erzeugung einer Million identischer Gegenstände angelegt war.

Flexible Fertigungssysteme sind derzeit in Japan am weitesten entwickelt. In den japanischen Fabriken werken tagsüber kleine Teams an den Maschinen, während in der Nacht die Arbeit allein den Robotern und Maschinen überlassen ist. In der Fabrik von Fanuc, in der Nähe des Fujiyama, werken automatische Bearbeitungszentren und Roboter während der ganzen Nacht, während unbemannte Transportwägelchen leise durch das Halbdunkel rollen, das lediglich vom gedämpften Blinken blauer Warnlichter unterbrochen wird. In der Nacht wird die ganze Operation von einem einzelnen Mann überwacht, der die Maschinen über ein internes Fernsehsystem beobachtet. Geht irgend etwas schief, kann der Aufseher einen Teil des Prozesses stillegen und die Produktion daran vorbeileiten. Yamazaki plant eine neue Fabrik, die vom Hauptquartier der Firma aus, das sich 35 km entfernt befindet, gesteuert wird. Die in der Fabrik verrichtete Arbeit (die Erzeugung von Werkzeugmaschinen) wird vom Hauptquartier aus zur Gänze programmiert. Die Fabrik wird 200 Mitarbeiter haben, die soviel Güter herstellen, wie es 2 500 Arbeitern in einer konventionellen Fabrik möglich wäre (Ayres und Miller, 1983).

Die meisten großen Automobilfirmen haben Teile ihrer Produktion automatisiert, wobei sie für die Montage, das Schweißen und das Lackieren Roboter einsetzen. Auf modernen automatisierten Fertigungsstraßen werden 98 Prozent der über 3 000 Schweißvorgänge, die an der typischen Autokarosserie vorgenommen werden, von Robotern verrichtet. Die Mehrheit der Roboter, die weltweit in der Industrie verwendet werden, finden sich in der Tat in der Automobilherstellung. Obwohl die automatisierte Fabrik unmittelbar bevorsteht, war bis jetzt die Nützlichkeit von Robotern im Produktionsprozeß vergleichsweise beschränkt, da ihre Fähigkeit, verschiedene Objekte zu erkennen und kompliziertere Formen zu manipulieren, noch immer ein ziemlich rudimentäres Niveau hat. Dennoch ist praktisch sicher, daß sich in den vor uns liegenden Jahren die automatisierte Produktion rasch ausbreiten wird. Die Leistungsfähigkeit von Robotern nimmt rapide zu, während ihre Kosten sinken.

Low–trust–Systeme, high–trust–Systeme und Gruppenproduktion

Der Fordismus und der Taylorismus wurden von einigen Industriesoziologen als **low–trust–Systeme** bezeichnet (Fox, 1974). Die Aufgaben werden vom Management gestellt und mit den Erfordernissen von Maschinen verknüpft. Jene, die sie ausführen, werden streng überwacht und haben wenig Handlungsautonomie. **High–trust–Stellungen** sind jene, wo es weitgehend Individuen überlassen bleibt, das Tempo und sogar den Inhalt ihrer Arbeit zu bestimmen, innerhalb bestimmter allgemeiner Richtlinien. In Industrien, die vom Fordismus oder Taylorismus beeinflußt sind, sind derartige Positionen auf die Ebene des Managements beschränkt.

Seit den frühen 70er Jahren unseres Jahrhunderts haben Firmen in verschiedenen Industrien in Europa und den Vereinigten Staaten begonnen, mit Alternativen zur low–trust–Organisation zu experimentieren; dies war vor allem die Reaktion auf Probleme, die durch den hohen Grad an industriellem Konflikt und Abwesenheit von der Arbeit, ergänzt durch eine auf tayloristische Managementtechniken zurückzuführende niedrige Arbeitsmoral, verursacht wurden.

Gruppenproduktion – die Aufgabe des Fließbandes und die Einrichtung kooperativer Arbeitsgruppen – wurde als weitverbreitetes Mittel der Reorganisation des Arbeitsablaufes eingesetzt. Volkswagen war eine der ersten Firmen, die die Gruppenproduktion in der Automobilindustrie einführte; andere, die verschiedene Formen der kooperativen Produktion eingerichtet haben, waren Volvo und Saab und in der jüngeren Vergangenheit Ford und General Motors. Einige dieser Strategien wurden wieder aufgegeben, während sich andere als dauerhafter erwiesen. Was Arbeitsproduktivität und Arbeitszufriedenheit anlangt, scheinen jene Maßnahmen am erfolgreichsten gewesen zu sein, die direkt mit der Automatisierung verknüpft waren. Die Automatisierung der eher routinehaften und monotonen Jobs gestattet es z. B. Arbeitern, neue Fertigkeiten zu entwickeln, und sich auf Aufgaben zu konzentrieren, die interessanter sind und mehr Hingabe erfordern.

Die Bemühungen um die Einführung der Gruppenproduktion wurden zum Teil durch die Bewegung zur Humanisierung der Arbeitswelt angeregt. Die fordistischen und tayloristischen Managementtechniken waren von Anfang an kritisiert worden. Einige Kritiker verwiesen darauf, daß Menschen nicht behandelt werden könnte, als wären sie Maschinen. Die Leute mögen *mit* Maschinen arbeiten, doch sie arbeiten nicht *wie* Maschinen. Die Arbeit am Fließband und andere monotone Jobs, so wurde argumentiert, erzeugen auf Grund ihres Wesens Widerstände bei jenen, die sie zu verrichten haben. Die Antwort darauf liegt darin, derartige Arbeiten zu reorganisieren, sodaß Arbeiter eine größere Identifikation mit der Arbeit und mehr Kreativität entwickeln können. Die Qualität des Arbeitslebens wird maximiert, wo der Arbeitsablauf die folgenden Merkmale hat: Dem Arbeiter wird die primäre Verantwortung für die Überwachung dessen, was er tut, eingeräumt – die beständige Überwachung durch andere wird eliminiert (ein Übergang von einer low–trust– zu einer high–trust– Situation). Der Job wird umgestaltet, sodaß er nun eine Vielfalt von Operationen anstelle eines Bündels von Handgriffen umfaßt. Schließlich wird der Arbeitsplatz so gestaltet, daß kooperative Interaktion mit anderen gestattet oder sogar gefordert ist (Salaman, 1992).

Im Lichte all dieser Entwicklungen können wir schließen, daß das Auftauchen flexibler Fertigungssysteme in verschiedenen Sektoren der modernen Industrie ein Phänomen von großer Bedeutung ist. Die flexible Produktion kommt den Konsumenten zugute, da die Fertigung an spezifische Bedürfnisse angepaßt werden kann, und sie bietet den Produzenten befriedigendere Arbeitsformen. Doch bestehen viele Formen der routinisierten Arbeit weiter, und in manchen industriellen Bereichen mag es sein, daß diese sich weiter verbreiten als zuvor. Die industrielle Produktion im Westen ist noch immer häufig durch ziemlich starre Formen der Autorität, verbunden mit low–trust– Positionen, gekennzeichnet (was die Unterschiede zu Japan anlangt, siehe Kapitel 9 „Gruppen und Organisationen").

Betriebliche Mitbestimmung

Die Schaffung demokratischer Systeme der betrieblichen Mitbestimmung in der Industrie wird manchmal als ein weiteres Mittel, der Hierarchisierung der Arbeitnehmerschaft entgegenzuwirken, aufgefaßt. Die Idee der **betrieblichen Mitbestimmung** ist wesentlich älter als Vorstellungen über die Gruppenproduktion. Marx verwies im 19. Jahrhundert darauf, daß die politischen Teilnahmerechte der Bürgerschaft nicht bis in den Arbeitsplatz hineinreichten. Die politische Demokratie sollte seiner Auffassung nach durch die Einführung demokratischer Rechte in der Arbeitswelt ergänzt werden. Diese Forderungen wurden von den Regierungen einiger Länder und von den Gründern genossenschaftlicher Betriebe in bestimmten Sektoren der Industrie ernstgenommen.

Es gibt zahlreiche Hinweise darauf, daß Organisationen, in denen die Arbeiter einen gewissen Einfluß auf den Entscheidungsprozeß haben, sich durch hohe Arbeitsmoral und hohe Produktivität auszeichnen. In einer frühen Analyse von

17 Experimenten mit Systemen der betrieblichen Mitbestimmung kam Paul Blumberg zum Schluß, daß „es in der gesamten Literatur kaum eine Untersuchung gibt, die nicht nachweist, daß eine echte Stärkung der Entscheidungsmacht der Arbeiter die Arbeitszufriedenheit erhöht, oder daß sich andere allgemein anerkannte positive Konsequenzen ergeben. Eine derartige Übereinstimmung der Befunde ist, so würde ich annehmen, in der Sozialforschung selten" (Blumberg, 1968, S. 123). Blumbergs Ergebnisse sind kritisiert worden, da die von ihm erörterten Fälle meist nur eine kurze Lebenszeit hatten, etwa zwei oder drei Jahre. Spätere Studien haben jedoch seine Schlußfolgerung bestätigt. Eine Untersuchung von Sperrholzerzeugern im Nordwesten der Vereinigten Staaten zeigte, daß Betriebe mit einem System der Mitbestimmung um 30–50 Prozent effizienter arbeiteten als herkömmliche Betriebe ähnlicher Größe in derselben Industrie (Berman, 1982).

In Deutschland gibt es schon seit längerem verschiedene Formen der betrieblichen Mitbestimmung, die anderen Ländern der Europäischen Gemeinschaft sehr oft zur Nachahmung empfohlen worden sind. Betriebliche Mitbestimmung in Deutschland operiert auf zwei Ebenen: Es gibt die Betriebsräte, die direkt am Arbeitsplatz angesiedelt sind, und es gibt Arbeitnehmervertreter im Aufsichtsrat. Die Betriebsräte sind vor allem mit alltäglichen Verwaltungsangelegenheiten befaßt. Der Aufsichtsrat übt im Prinzip die Gesamtkontrolle über die Entscheidungen der Firma aus. Er hat eine Beratungsfunktion in Fragen der Unternehmensstrategie, ernennt die Spitzenmanager und überwacht deren Aktivitäten. In den meisten Fällen liegt jedoch die tatsächliche Macht im Unternehmen in den Händen des Unternehmensvorstandes, der aus einigen wenigen Spitzenmanagern besteht. Vertreter der Arbeiterschaft finden sich nur sehr selten im Vorstand, und die meisten Arbeitgeber widersetzen sich einer solchen Vertretung (C. Lane, 1989).

Genossenschaftliche Organisationen, in denen die Arbeiter eine Reihe von Entscheidungsbefugnissen haben, die üblicherweise dem Management vorbehalten waren, finden sich in verschiedenen anderen westeuropäischen Ländern. Zum Beispiel waren die Mondragon–Genossenschaften im Baskenland Nordspaniens bei der Herstellung verschiedener Konsumgüter äußerst erfolgreich. Häufig allerdings gibt es Widerstände gegen die Ausweitung der betrieblichen Mitbestimmung sowohl auf Seiten des Managements als auch auf Seiten der Gewerkschaft. Den Managern ist es zuwider, daß sie Entscheidungsbefugnisse an die Arbeiter abgeben müssen, während die Gewerkschaften manchmal die Auffassung vertreten, daß die betriebliche Mitbestimmung ihr Recht auf Tarif- bzw. Kollektivvertragsverhandlungen untergräbt (Thornley, 1981).

Unternehmen und Unternehmensmacht

Der Aufstieg der Großunternehmen hat seit 1900 einen immer stärkeren Einfluß auf moderne Ökonomien ausgeübt. Der Anteil der zweihundert größten produzierenden Firmen Großbritanniens am gesamten Produktionsvermögen hat sich von 1900 bis auf den heutigen Tag alljährlich um 0,5 Prozent gesteigert. Diese zweihundert Unternehmen verfügen nun über mehr als die Hälfte des gesamten Produktionsvermögens. Die zweihundert größten Unternehmen des *Geldwesens*

– Banken, Bausparkassen und Versicherungen – sind für mehr als die Hälfte aller finanziellen Aktivitäten verantwortlich. Sowohl am Produktionssektor als auch im Geld- und Kreditwesen gibt es zahlreiche Verflechtungen zwischen großen Firmen. Zum Beispiel besitzen Finanzunternehmen mehr als 30 Prozent der Aktien der zweihundert größten Firmen.

Selbstverständlich gibt es in der britischen Ökonomie weiterhin viele Tausend kleinere Firmen und Unternehmen. In diesen Betrieben ist das Bild des **Unternehmers** – des Chefs, der eine Firma besitzt und leitet – alles andere als überholt. Doch bei den Großunternehmen stellt sich die Sache anders dar. Seit Adolf Berle und Gardiner Means vor mehr als einem halben Jahrhundert ihre berühmte Studie *The Modern Corporation and Private Property* publizierten, gilt es als ausgemacht, daß die meisten der größten Firmen nicht von jenen geleitet werden, die sie besitzen (Berle und Means, 1967 – Erstveröffentlichung 1932). Theoretisch sind die Großunternehmen das Eigentum der Aktieninhaber, die das Recht haben, bei allen sie betreffenden wichtigen Entscheidungen mitzubestimmen. Da sich die meisten Aktien jedoch im Streubesitz befinden, haben Berle und Means argumentiert, daß die tatsächliche Kontrolle über die Entscheidungen in Großunternehmen in die Hände von Managern übergegangen ist, die die alltäglichen Geschicke der Betriebe bestimmen. Das *Eigentum* an den Unternehmen hat sich so von ihrer *Kontrolle* abgelöst.

Aufgrund der Befunde von Berle und Means und aufgrund späterer Untersuchungen haben manche Autoren einen bedeutsamen Wandel im Wesen und der Perspektive der großen Unternehmen diagnostiziert. Die Manager, die heute die riesigen Unternehmen leiten, haben, so wird behauptet, andere Interessen als die Inhaber der Aktien. Während letztere den Ertrag ihrer Investition maximieren möchten, interessieren sich Manager mehr für das Wachstum der Firma und ihr Image in der weiteren Gesellschaft. Es wurde behauptet, daß die Großunternehmen als Folge dieser Entwicklung ein höheres Ausmaß von „sozialer Verantwortung" übernommen hätten, da sie ihrer öffentlichen Rolle ebenso großen Wert beimessen wie der Erzielung von Gewinnen.

Diese Auffassung ist allerdings von zweifelhafter Gültigkeit. Tatsächlich besitzen viele Manager beträchtliche Aktienanteile ihrer eigenen und anderer Unternehmen, und es ist anzunehmen, daß sie mit ihnen hohe Erträge erzielen möchten. Die Gehälter der Manager sind im allgemeinen mit dem finanziellen Erfolg der Firmen verknüpft, ein Erfolg, der üblicherweise am erzielten Gewinn gemessen wird. Wenn sie befragt werden, wo ihre Prioritäten liegen, dann betonen Manager selbst ihre Gewinnorientierung. Eine Untersuchung von ungefähr 190 höheren Managern und Leitern einer Anzahl großer britischer Firmen zeigte z. B., daß der „Maximierung des Wachstums des Gesamtgewinns" und der „Maximierung des Kapitalertrags" der Vorrang eingeräumt wurde. Ziele wie „Leistungen für die weitere Gemeinschaft" fanden sich ziemlich weit unten auf der Liste (Francis, 1980).

Die genaue Anzahl der Großunternehmen, die von Managern kontrolliert werden, ist nicht so ohne weiteres zu bestimmen. Eine Einzelperson (oder eine Familie), die über nicht mehr als 15–20 Prozent des Gesamtkapitals verfügt, kann in der Lage sein, die faktische Kontrolle über die Firma auszuüben, wenn der Besitz der übrigen Aktien weit genug gestreut ist. Darüberhinaus befindet sich ein guter Teil des Aktienkapitals großer Gesellschaften heutzutage in den Händen *anderer* Gesellschaften – im allgemeinen von Banken, Versicherungen und Finanzorganisationen. Soweit diese Unternehmen selbst noch von den Interessen der Aktienbesitzer beherrscht werden, kann sich ein ganzes Konglomerat von Firmen unter der Kontrolle von Aktieninhabern statt von Managern befinden. Dennoch gibt es weitgehende Übereinstimmung dahingehend, daß der Großteil der sehr großen Unternehmen sich unter der Kontrolle von Managern befindet.

Ob sie nun von Eigentümern oder Managern geleitet werden, die Macht der bedeutenderen Unternehmen ist jedenfalls sehr groß. Wo eine Einzelfirma oder eine Handvoll von Unternehmen einen bestimmten Industriezweig beherrschen, dort werden die Preise häufig einseitig fixiert, statt durch den freien Wettbewerb gebildet zu werden; beim Benzinpreis etwa folgt ein Ölmulti dem Beispiel des anderen. Befindet sich eine Firma in einem bestimmten industriellen Bereich in einer beherrschenden Position, dann sprechen wir von einem **Monopol**. Häufiger findet sich das **Oligopol**, wo eine kleine Gruppe riesiger Unternehmen die Marktmacht ausübt. In Oligopolsituationen sind Firmen mehr oder weniger in der Lage, die Bedingungen, zu denen sie Güter und Dienstleistungen von kleineren Firmen beziehen, zu diktieren.

Typen des bürokratisierten Kapitalismus

In der Entwicklung der heutigen **Großunternehmen** können drei allgemeine Stadien unterschieden werden – obwohl diese einander überlappen und heute noch Seite an Seite existieren. Die erste Phase, die für das 19. und frühe 20. Jahrhundert charakteristisch war, war vom **Familienkapitalismus** beherrscht. Sogar große Firmen wurden meist entweder von einzelnen Inhabern oder von einer Handvoll von Mitgliedern einer Familie geleitet – und dann an die Erben weitergegeben. Die berühmtesten Unternehmer–"Dynastien" – wie etwa die Rockefellers oder die Fords – fallen in diese Kategorie. Diese Familien besaßen nicht bloß ein einzelnes großes Unternehmen, sondern verfügten über eine Vielfalt von Firmenbeteiligungen und standen so an der Spitze eines Wirtschaftsimperiums.

Die meisten der großen Firmen, die von Unternehmerfamilien gegründet wurden, sind seither zu Aktiengesellschaften geworden und werden heute von Managern geführt. Doch wichtige Elemente des Familienkapitalismus haben sich erhalten, sogar bei einigen der allergrößten Unternehmen. Bei Kleinbetrieben, wie etwa Geschäften, die von ihren Inhabern betrieben werden, kleinen Installateur– oder Malerfirmen usw., ist der Familienkapitalismus natürlich weiterhin die hauptsächliche Unternehmensform. Einige dieser Firmen sind ebenfalls „Dynastien" im Kleinformat – ein Geschäft etwa kann sich über zwei oder mehr Generationen in den Händen derselben Familie befinden. Allerdings ist der Sektor der Kleinunternehmen sehr unstabil, und es kommt häufig zu wirtschaftlichen Zusammenbrüchen; der Anteil der Firmen, die über eine sehr lange Zeitstrecke hinweg in den Händen der Mitglieder ein und derselben Familie lagen, ist winzig.

Familienbetriebe waren nicht immer ausschließlich damit befaßt, durch aggressive Geschäftspraktiken Profite anzuhäufen. Einige Eigentümer traten ihren Angestellten mit einer „paternalistischen" Perspektive gegenüber und boten ihnen materielle Anreize – darunter gelegentlich auch Wohnraum und finanzielle Hilfestellung –, die die meisten heutigen Firmen nicht in Betracht ziehen würden. Manchmal allerdings wurden auch die Interessen der Familie über jene des Unternehmens gestellt: Ein Familienmitglied, von dem bekannt war, daß es wenig Interesse und vielleicht auch wenig Befähigung zum Geschäft hatte, konnte dennoch in eine verantwortungsvolle Position in der Firma geschleust werden.

Am Sektor der Großunternehmen wurde der Familienkapitalismus in zunehmendem Ausmaß durch den **Managerkapitalismus** abgelöst. Da durch das Wachstum sehr großer Firmen die Manager stetig an Einfluß gewannen, wurden die Unternehmerfamilien verdrängt. Das Ergebnis wurde als „Ersetzen der familiären Rolle des Betriebs durch die Vorherrschaft des Betriebs selbst" beschrieben (Useem, 1984, S. 16). Das Unternehmen wurde zu einer besser abgegrenzten *Wirtschafts*einheit, der gegenüber den Interessen der Gründerfamilie Priorität zukam. Die Familie hatte einst die Geschicke der Firma kontrolliert; doch heute ist in jenen Unternehmen, die weiterhin mit Familien verknüpft sind, meist das Gegenteil der Fall. Die leitenden Angestellten der Firma kümmern sich zuerst um deren Gewinne und nur in zweiter Linie um die Erträge, die den Familienmitgliedern zufallen. Der Unterschied ist empirisch belegt worden: In einer Untersuchung von zweihundert großen Industrieunternehmen fand Michael Allen, daß bei abnehmenden Gewinnen Familienunternehmen kaum dazu neigten, die leitenden Angestellten zu ersetzen, daß jedoch die unter Kontrolle von Managern stehenden Betriebe dies sehr rasch taten (Allen, 1981).

Der Managerkapitalismus ist heute teilweise einer dritten Form des Unternehmenssystems, dem **institutionellen Kapitalismus**, gewichen. Dieser Ausdruck bezieht sich auf die Entstehung eines gefestigten Netzwerks führender Unternehmen, das sich nicht nur mit den Entscheidungsprozessen innerhalb einzelner Firmen befaßt, sondern auch mit der Entwicklung von Unternehmensmacht in der Außenwelt. Der institutionelle Kapitalismus basiert auf der zunehmenden finanziellen Verflechtung von Unternehmen und bewirkt in gewissem Ausmaß eine Umkehr des Prozesses der Zunahme der Macht der Manager. Sein Kennzeichen ist die wachsende Bedeutung der Zusammenarbeit zwischen Unternehmensführern verschiedener Gesellschaften; Aktienbesitz dieses Typs beraubt häufig die firmeninternen Manager ihrer tatsächlichen Entscheidungsmacht. Einer der Hauptgründe für die Verbreitung des institutionellen Kapitalismus ist ein Wandel der Investitionsgewohnheiten, der ungefähr während der letzten dreißig Jahre stattgefunden hat. Einzelne Mitglieder der Bevölkerung investieren in zunehmendem Ausmaß in Bausparkassen, in Fonds, in Versicherungen und bei anderen Finanzorganisationen, die ihrerseits ihre Ersparnisse bei industriellen Unternehmungen anlegen.

Die Mehrzahl der großen Unternehmen ist heutzutage *transnational* – sie werden auf internationaler Basis tätig und haben Filialen und Subunternehmen in zahlreichen Ländern. Wir werden diesen Aspekt des Wirtschaftslebens im nächsten Kapitel („Die Globalisierung des sozialen Lebens") detailliert betrachten.

Gewerkschaften und Arbeitskonflikte

Konflikte zwischen Arbeitern und jenen, die ökonomische und politische Autorität ihnen gegenüber ausüben, gibt es schon seit langer Zeit. Aufstände gegen die Militärpflicht und hohe Steuern sowie Hungerrevolten zu Zeiten des Ernteausfalles waren in den städtischen Bereichen Europas im 18. Jahrhundert an der Tagesordnung. Diese „vormodernen" Formen des Arbeitskonflikts finden sich in einigen Ländern noch bis vor wenig mehr als 100 Jahren. Zum Beispiel gab es 1868 in mehreren großen italienischen Städten Hungeraufstände (Geary, 1983). Solche traditionellen Formen der Konfrontation waren nicht bloß sporadische irrationale Ausbrüche: Der Einsatz von Drohungen oder von Gewalt hatte zur Folge, daß der Preis von Korn und anderen Grundnahrungsmitteln begrenzt wurde (Thompson, 1980b; A. Booth, 1977).

Die Entwicklung der Gewerkschaften

Arbeitskonflikte zwischen Beschäftigten und Arbeitgebern waren in der ersten Hälfte des 19. Jahrhunderts häufig nur halb–organisiert. Kam es zur Konfrontation, verließen die Arbeiter nicht selten ihre Arbeitsplätze und rotteten sich in den Straßen zusammen; sie artikulierten ihre Ressentiments durch Ordnungsstörungen oder durch Gewalttätigkeiten gegen Autoritäten und Behörden. In einigen Teilen Frankreichs hielt sich noch bis ins späte 19. Jahrhundert unter den Arbeitern der Brauch, unbeliebte Arbeitgeber mit dem Erhängen zu bedrohen! Der Einsatz von Streiks, der heute mit den organisierten Verhandlungen zwischen Arbeitern und Management assoziiert wird, entwickelte sich nur langsam und sporadisch. Die *Combination Acts*, die 1799 und 1800 in Großbritannien erlassen wurden, erklärten die Zusammenkünfte organisierter Gruppen von Arbeitern für illegal und verboten öffentliche Demonstrationen. Diese Gesetze wurden 20 Jahre später widerrufen, als offenkundig wurde, daß sie mehr Störungen der öffentlichen Ordnung hervorriefen, als sie unterdrückten. Die **Gewerkschaftsbewegung** erlangte bald eine Massengefolgschaft; ihre Aktivitäten wurden im letzten Viertel des 19. Jahrhunderts legalisiert, worauf bis zum Jahr 1920 in Großbritannien die Mitgliedschaft auf bis zu 60 Prozent der männlichen Arbeiter anstieg. Die britische Gewerkschaftsbewegung wird von einem Dachverband koordiniert, der 1868 gegründet wurde, dem *Trades Union Congress*, der starke Beziehungen zur *Labour Party* entwickelte.

In der Frühphase der Entwicklung der modernen Industrie gab es kaum einen direkten Zusammenhang zwischen der Existenz von Gewerkschaften und der Streikneigung. Ein Großteil der früheren Streiks war spontan, in dem Sinn, daß sie nicht von einer spezifischen Arbeitnehmerorganisation ausgerufen wurden. Ein Bericht des amerikanischen Arbeitsministeriums aus dem Jahr 1907 zeigte, daß ungefähr die Hälfte aller damaligen Streiks nicht von den Gewerkschaften ausgerufen worden waren (Ross, 1954). Ganz Ähnliches traf vermutlich auf Großbritannien zu. Gegen Ende des Ersten Weltkriegs veränderte sich diese Situation; seitdem ist der Anteil der Streiks von gewerkschaftlich nicht organisierten Arbeitern sehr klein geworden.

Arbeit und Wirtschaftsleben 535

Die Entwicklung der Gewerkschaftsbewegung hat sich in verschiedenen Ländern recht unterschiedlich gestaltet, wie auch der Einfluß, den die Gewerkschaften auf Arbeitnehmerschaft, Arbeitgeber und Regierungen ausüben konnten. In Großbritannien und den Vereinigten Staaten wurden die Gewerkschaften früher gegründet als in den meisten europäischen Gesellschaften. Die deutschen Gewerkschaften z. B. wurden in den 30er Jahren von den Nazis weitgehend zerstört und nach dem Zweiten Weltkrieg neu gegründet, während die Hauptentwicklung der französischen Gewerkschaftsbewegung tatsächlich erst in den 30er Jahren begann, als die Freiheit, Gewerkschaften zu errichten und an Tarifverhandlungen teilzunehmen, formell anerkannt wurde.

Ca. 42 Prozent der Arbeitnehmerschaft im heutigen Großbritannien sind Gewerkschaftsmitglieder, verglichen mit unter 20 Prozent in den Vereinigten Staaten. Die meisten europäischen Länder liegen, was ihre Mitgliederzahl anlangt, unter den Zahlen Großbritanniens, doch Belgien und Dänemark haben Mitgliedsraten von ungefähr 65 Prozent, während in Schweden der Anteil der Mitglieder sogar bei 90 Prozent liegt. Schweden liefert ein gutes Beispiel für ein Land, wo die Gewerkschaftsbewegung eine wichtige und direkte Rolle bei der Gestaltung der Regierungspolitik spielt. Dort gibt es ständige Beratungen auf nationaler Ebene zwischen Gewerkschaftsvertretern, Arbeitgebern und der Regierung.

Warum gibt es Gewerkschaften?

Obwohl sie sich hinsichtlich ihrer Mitgliederstärke und ihrer Macht drastisch unterscheiden, gibt es organisierte Gewerkschaften in allen westlichen Ländern. Alle diese Länder haben das Recht der Arbeiter, in Verfolgung ihrer wirtschaftlichen Ziele zu streiken, gesetzlich anerkannt. Warum sind die Gewerkschaften zu einem Grundmerkmal der modernen Gesellschaften geworden? Warum scheint der Konflikt zwischen den Gewerkschaften und der Arbeitgeberseite ein mehr oder weniger allgegenwärtiger Zug moderner Industriegesellschaften zu sein?

Einige Autoren haben die Auffassung vertreten, daß Gewerkschaften tatsächlich nichts anderes sind, als eine Version der mittelalterlichen Zünfte – Verbindungen von Personen, die im selben Handwerk tätig sind –, die im Kontext der modernen Industrie wieder aufleben. So hat Frank Tannenbaum nahegelegt, daß Gewerkschaften Verbindungen darstellen, die auf der gemeinsamen Perspektive und Erfahrung jener gründen, die in ähnlichen Beschäftigungen tätig sind (Tannenbaum et al., 1974). Diese Deutung könnte verstehbar machen, warum Gewerkschaften häufig zuerst bei Facharbeitern entstanden sind, erklärt aber nicht, warum sie beständig mit Lohnverhandlungen und Arbeitskonflikten zu tun hatten. Eine zufriedenstellendere Erklärung muß sich auf die Tatsache stützen, daß sich die Gewerkschaften entwickelt haben, um die materiellen Interessen von Arbeitern wahrzunehmen, die in Industrien eingebunden wurden; dies stiftete zwar Solidarität, doch vermittelte es ihnen sehr wenig formale Macht über ihre Arbeitswelt.

In der Frühphase der Entwicklung der modernen Industrie hatten die Arbeiter in den meisten Ländern keine politischen Rechte und konnten die Arbeitsbedingungen, denen sie ausgesetzt waren, kaum beeinflussen. Die Gewerkschaften entwickelten sich zunächst als Mittel, dem Machtungleichgewicht zwischen

Arbeitnehmern und Arbeitgebern entgegenzuwirken. Während die Arbeiter als Individuen wenig Macht hatten, konnten sie durch kollektive Organisation ihren Einfluß beträchtlich verstärken. Ein Arbeitgeber kann auf die Arbeit eines einzelnen Belegschaftsmitglieds verzichten, doch nicht auf die aller oder der meisten Arbeiter einer Fabrik. Gewerkschaften waren ursprünglich hauptsächlich „Defensiv"–Organisationen, indem sie die Mittel bereitstellten, durch die sich die Arbeiter der überwältigenden Macht entgegenstellen konnten, die die Arbeitgeber über ihr Leben ausübten.

Die Arbeiter verfügen nun in der politischen Sphäre über das Wahlrecht, und es gibt etablierte Formen der Verhandlungen mit den Arbeitgebern, durch die man wirtschaftliche Vorteile verfolgen und Beschwerden vorbringen kann. Doch bleibt der Einfluß der Gewerkschaften sowohl auf der betrieblichen als auch auf der gesellschaftlichen Ebene noch immer vor allem die Macht, ein *Veto* einzulegen. Mit anderen Worten können die Gewerkschaften, indem sie die ihr zur Verfügung stehenden Machtmittel, darunter auch das Streikrecht, einsetzen, normalerweise die Strategien und Initiativen der Arbeitgeber lediglich *blockieren*, sie allerdings nicht von Anfang an beeinflussen. Davon gibt es einige partielle Ausnahmen, wie in jenen Fällen, wenn die Gewerkschaften und die Arbeitgeber in periodischen Abständen Abmachungen über die Arbeitsbedingungen treffen. Es gibt eine wachsende Tendenz, für die Dauer dieser Abmachungen ein Streikverbot in die Vertragsbedingungen aufzunehmen. Auf nationaler Ebene – und da vor allem in den skandinavischen Ländern – können Gewerkschafter bei der Gestaltung der Wirtschaftspolitik eine bedeutsame Rolle spielen.

Nichtsdestoweniger waren die Gewerkschaften einiger Länder ständigen Angriffen feindseliger Arbeitgeber und Regierungen ausgesetzt. Die heute bestehenden Verhandlungsrechte der Arbeiterschaft mußten gegen erbitterten Widerstand erkämpft werden, und hatte man sie einmal errungen, dann waren sie häufig neuerlichen Attacken unterworfen. Die Arbeitgeber mancher Industriezweige haben sich standhaft geweigert, Gewerkschaftsmitglieder zu beschäftigen oder die Einrichtung von betrieblichen Interessenvertretungen in ihren Firmen zuzulassen. Der Widerstand der Arbeitgeber gegenüber den Gewerkschaften war besonders ausgeprägt in den Vereinigten Staaten – dies ist ein Faktor, der den niedrigen Grad der gewerkschaftlichen Organisierung der Arbeitnehmerschaft des Landes erklärt. Unter dem Slogan des „amerikanischen Plans" kämpfte so in den 20er und 30er Jahren die *National Association of Manufacturers* gegen einige der zentralen Verhandlungsrechte, die von den Gewerkschaften in Anspruch genommen wurden. „Gelbe" Verträge (bei denen Arbeitnehmer sich verpflichteten, keiner Gewerkschaft beizutreten) wurden gefördert, zusammen mit positiveren Strategien, wie etwa der Gewinnbeteiligung, um den Arbeitern zu zeigen, daß man sich auch ohne Gewerkschaften Vorteile verschaffen konnte.

Neuere Entwicklungen

Auch die Gewerkschaften haben sich natürlich im Lauf der Jahre verändert. Einige sind sehr groß geworden und wurden als dauerhafte Organisationen bürokratisiert. Gewerkschaften verfügen über vollbeschäftigte Funktionäre, die selbst wenig direkte Erfahrungen mit den Arbeitsbedingungen ihrer Mitglieder haben mögen. Die Tätigkeiten und Auffassungen der Gewerkschaftsführer können sich also von jenen der Mitglieder, die sie vertreten, einigermaßen entfernen. Die in der Gewerkschaft organisierten Betriebsmitglieder geraten gelegentlich in Konflikt mit den Strategien ihrer eigenen Gewerkschaften. Den meisten Gewerkschaften ist es nicht gelungen, einen großen Anteil weiblicher Arbeiter als Mitglieder zu gewinnen. Obwohl einige von ihnen Kampagnen gestartet haben, um die weibliche Mitgliedschaft anzuheben, haben in der Vergangenheit viele von ihnen beitrittswillige Frauen aktiv entmutigt.

Heutzutage sind die Gewerkschaften der westlichen Länder durch drei miteinander verknüpfte Wandlungsprozesse bedroht – eine Verlangsamung der weltweiten ökonomischen Aktivitäten verbunden mit hohen Arbeitslosenraten, was die Verhandlungsmacht der Gewerkschaften schwächt; der Verfall der älteren produzierenden Industrien, in denen die Gewerkschaftsbewegung traditionell stark verankert war; und die wachsende Intensität des internationalen Wettbewerbs, vor allem seitens fernöstlicher Länder, wo die Löhne oft niedriger sind als im Westen. In den Vereinigten Staaten und in mehreren europäischen Ländern, darunter Großbritannien, Frankreich, Deutschland und Dänemark, kamen in den 70er und 80er Jahren rechtsgerichtete Regierungen an die Macht, die zumeist entschlossen waren, den, wie sie es wahrnahmen, übertriebenen Einfluß der Gewerkschaften auf die Industrie zurückzudrängen.

Arbeitsgesetze, die 1980 und 1982 in Großbritannien erlassen wurden, legten den gesetzlichen Rechten der Gewerkschaften neue Beschränkungen auf. Die offizielle Definition eines „gewerkschaftlichen Konflikts" wurde eingeengt, um Aktivitäten wie z. B. das Aufstellen von Streikposten bei den Zulieferern eines Arbeitgebers auszuschließen. Das Gewerkschaftsgesetz aus dem Jahre 1984 schrieb den Gewerkschaften vor, eine Urabstimmung unter ihren Mitgliedern durchführen zu lassen, bevor bestimmte Maßnahmen gesetzt wurden; gleichzeitig wurden die Vorrechte der Gewerkschaften in anderer Weise beschränkt. Die Beamten des nachrichtendienstlichen Zentrums der Regierung wurden des Rechts beraubt, einer Gewerkschaft anzugehören, ein Schachzug, der mit dem Hinweis gerechtfertigt wurde, daß Arbeitskonflikte im nachrichtendienstlichen Zentrum eine Bedrohung der nationalen Sicherheit darstellen könnten. Diese Maßnahmen hatten zweifellos bedeutsame Auswirkungen auf die Gewerkschaftsbewegung, sowohl auf der nationalen als auch auf der regionalen Ebene. Verbunden mit den weiter oben erwähnten allgemeinen Faktoren, haben sie den Einfluß der Gewerkschaften drastisch reduziert (siehe Abb. 15.1).

In den Vereinigten Staaten sehen sich die Gewerkschaften einer Krise von noch größeren Dimensionen gegenüber als ihre Pendants in den meisten europäischen Ländern. In verschiedenen bedeutenden Industriezweigen wurden während der letzten zehn Jahre die gewerkschaftlich abgesicherten Arbeitsbedingungen und Mindestlöhne unterminiert. Während der letzten Jahre haben die Arbeiter in der Transport-, der Stahl- und der Automobilindustrie allesamt niedrigere Löhne akzeptiert, als vorher ausgehandelt worden waren. Die Gewerkschaften haben anläßlich verschiedener größerer Streiks Niederlagen erlitten, deren berüchtigtstes

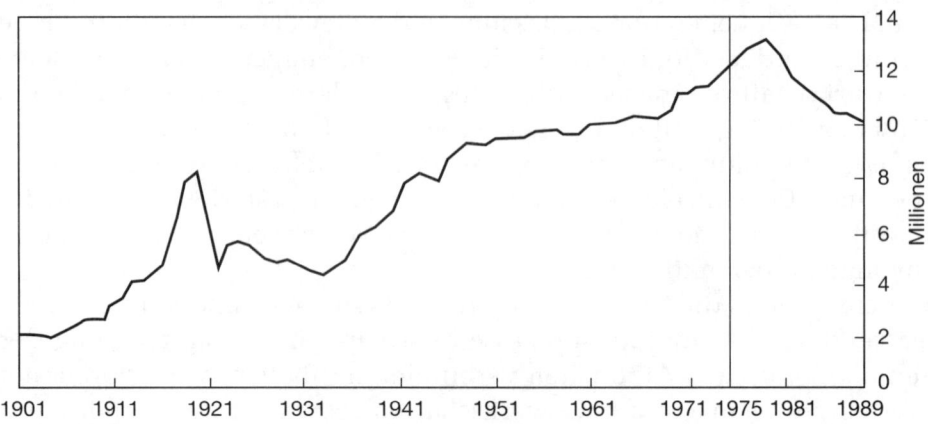

Abbildung 15.1 Anstieg und Sinken der Zahl der Gewerkschaftsmitglieder in Großbritannien, 1901 bis 1989
Quelle: Statistik des Arbeitsministeriums; Abbildung aus *Social Trends 22* (London: HMSO, 1992), S. 189.

Beispiel in Großbritannien vielleicht jene der Gewerkschaft der Fluglotsen Anfang der achtziger Jahre darstellte.

Der Rückgang der Mitgliederzahlen der Gewerkschaften und das Sinken ihres Einflusses ist in den industrialisierten Ländern ein Phänomen von ziemlich weitreichender Bedeutung und sollte nicht zur Gänze auf den politischen Druck zurückgeführt werden, den rechtsgerichtete Regierungen auf die Gewerkschaften ausgeübt haben. Gewerkschaften werden im allgemeinen während Perioden hoher Arbeitslosigkeit geschwächt, wie es seit geraumer Zeit in vielen westlichen Ländern der Fall war (vergleiche weiter unten). Die weiter oben skizzierten Trends in Richtung flexibler Produktionsweisen tendieren dazu, die Macht der Gewerkschaften zu schwächen, die ihre Hochblüte dann erreichen, wenn viele Leute zusammen in großen Fabriken arbeiten (Fulcher, 1991)

Streiks

Was ist ein **Streik**? Die Antwort ist weder offensichtlich, noch leicht zu formulieren. Können wir z. B. zwischen einem Streik und einer kurzen Arbeitsunterbrechung unterscheiden? Die Streikstatistiken vieler Länder versuchen, diese Unterscheidung zu treffen, indem als Streik lediglich Unterbrechungen gezählt werden, die länger als eine bestimmte Zeit (wie z. B. einen halben Tag) dauern, oder bei denen mehr als eine bestimmte Anzahl von Arbeitern beteiligt ist. Sind die Weigerung, Überstunden zu machen, oder der „Dienst nach Vorschrift" Beispiele für Streikaktivitäten? Kann man von einem Streik sprechen, wenn sich Mieter zusammentun und sich weigern, die von ihnen geforderten Mieten zu bezahlen? Der Ausdruck *Mietstreik* wird manchmal auf eine derartige Situation angewendet, und in der Tat wird die Einstellung von Aktivitäten in zahlreichen Zusammenhängen des öfteren als Streik bezeichnet – z. B. wenn Studenten sich weigern, die Vorlesungen zu besuchen, um auf ein bestimmtes Problem aufmerksam zu machen.

Alles in allem scheint es angebracht, „Streik" in einem engen Sinn zu definieren, sodaß der Ausdruck nicht seine ganze Präzision verliert. Wir können einen Streik als zeitweilige Arbeitsunterbrechung einer Gruppe von Beschäftigten definieren, die auf ein Problem aufmerksam machen oder einer Forderung Nachdruck verleihen will (Hyman, 1984). Alle Bestandteile dieser Definition sind wichtig, wenn man Streiks von anderen Formen der Auseinandersetzung und des Konflikts abgrenzen möchte. Ein Streik ist *temporär*, da die Arbeiter die Absicht haben, an denselben Arbeitsplatz beim selben Arbeitgeber zurückzukehren; wo Arbeiter überhaupt ihre Arbeitsplätze verlassen, ist der Ausdruck unangemessen. Als *Arbeitsunterbrechung* kann ein Streik von einer Weigerung, Überstunden zu machen, oder einer Verlangsamung des Arbeitstempos unterschieden werden. Eine *Gruppe* von Arbeitern muß beteiligt sein, da ein Streik kollektives Handeln ist, und nicht die Reaktion eines einzelnen Arbeiters. Daß jene, gegen die sich die Aktion richtet, *Arbeitgeber* sind, dient dazu, Streiks von den Protestformen der Mieter oder der Studenten zu unterscheiden. Schließlich geht es bei einem Streik darum, *auf ein Problem aufmerksam zu machen oder einer Forderung Nachdruck zu verleihen*; von Arbeitern, die bloß deshalb abwesend sind, weil sie an einer Sportveranstaltung teilnehmen, kann man nicht sagen, daß sie sich im Streik befinden.

Streiks stellen nur einen Aspekt oder Typ des Konflikts dar, der zwischen Arbeitern und Management entstehen kann. Andere nah verwandte Formen des organisierten Konflikts sind die *Aussperrung* (bei der es die Arbeitgeber und nicht die Arbeiter sind, die eine Arbeitsunterbrechung verursachen), Produktionsbeschränkungen und Auseinandersetzungen anläßlich von Tarifverhandlungen. Zu den weniger organisierten Formen des Konflikts kann man hohe Fluktuation, häufige Abwesenheit vom Arbeitsplatz und Sabotage gegenüber den in der Produktion eingesetzten Maschinen zählen.

Streikstatistik

Da einer genauen Abgrenzung des Streikbegriffs ein ziemlich großes Ausmaß von Willkürlichkeit anhaftet, ist es nicht überraschend, daß verschiedene Länder bei der Erfassung von Streiks in verschiedener Weise vorgehen. Man kann zwar internationale Vergleiche der Streikhäufigkeit anstellen, doch müssen diese mit Vorsicht interpretiert werden. Was in einem Land als Streik aufgefaßt wird und daher in die Statistik eingeht, mag in einem anderen nicht als solcher zählen. In Großbritannien etwa müssen in eine Unterbrechung zumindest zehn oder mehr Arbeiter involviert sein, bevor sie als Streik gezählt wird, während in den Vereinigten Staaten (seit 1982) lediglich Unterbrechungen, an denen 1000 oder mehr Arbeiter teilnehmen, in die Streikstatistik aufgenommen werden.

Üblicherweise werden drei Maße der Streikaktivitäten publiziert – die Anzahl der Streiks pro Jahr, der Prozentsatz der Arbeitnehmer, die im betreffenden Jahr an Streiks teilgenommen haben und die Anzahl der Arbeitstage, die durch Streiks verlorengingen. Zusammengenommen liefern diese drei Angaben eine grobe Vorstellung der unterschiedlichen Streikbetroffenheit verschiedener Länder. Verbindet man alle drei Kriterien, dann sind Italien und Kanada unter den von Streiks am meisten betroffenen Ländern, während Deutschland und die skandinavischen Länder am wenigsten betroffen sind. Die Vereinigten Staaten und Großbritannien liegen im Mittelfeld. Es scheint kein spezifischer Zusammenhang zwischen dem Ausmaß der Streikaktivitäten, wie er durch die offiziellen Statistiken erfaßt wird, und der allgemeinen Wirtschaftssituation zu bestehen. Länder, die von Streiks wenig betroffen sind, haben mit anderen Worten nicht notwendigerweise höhere Wachstumsraten als jene, deren Arbeitgeber häufiger bestreikt werden. Das ist nicht sonderlich überraschend; die Aussagekraft der vergleichenden Streikstatistiken ist ohnehin zweifelhaft, und industrielle Konflikte oder Spannungen können sich noch in vielen anderen Formen als in Streiks manifestieren. Zusätzlich folgt aus der Harmonie der industriellen Beziehungen nicht, daß deshalb die Produktivität unweigerlich hoch sein muß (M.Jackson, 1986).

Jüngste Trends des industriellen Konflikts

In einem bekannten Werk, das Anfang der sechziger Jahre veröffentlicht wurde, findet man die Aussage, daß Streiks im Begriff seien „abzusterben". Nach Auffassung der Autoren sind längere und intensivere Auseinandersetzungen vor allem für die Frühphasen der Industrialisierung charakteristisch. Existiert einmal ein stabiles System industrieller Beziehungen und Verhandlungen, so die Behauptung, nimmt die Streikhäufigkeit ab (Ross und Hartmann, 1960). Kaum war diese These verlautbart worden, gab es eine Welle des industriellen Konflikts in vielen westlichen Ländern, darunter auch Großbritannien. Ein bemerkenswerter Zug der Streikaktivitäten im Großbritannien der 60er und frühen 70er Jahre war der starke Anstieg der Anzahl der inoffiziellen Streiks. Es scheint, daß damals viele Arbeiter von ihren offiziellen Gewerkschaftsvertretungen ebenso enttäuscht waren wie von ihren Arbeitgebern (Thompson, 1983).

In den achtziger Jahren verlagerte sich das Schwergewicht der Streikaktivitäten zurück zu den offiziellen Gewerkschaften. Gleichzeitig sank die Streikhäufigkeit in Großbritannien ganz beträchtlich, vor allem aufgrund des für die zu diesem Zeitpunkt für die Gewerkschaften ziemlich restriktiven politischen und wirtschaftlichen Klimas. Die bedeutsamste Konfrontation war zweifellos der Bergarbeiterstreik im Jahr 1984. Ein landesweiter Streik der Kohlenarbeiter war ausgerufen worden, nachdem die Kohlenbehörde im März angekündigt hatte, daß innerhalb der nächsten zwölf Monate zwanzig Gruben geschlossen und 20 000 Jobs eingespart werden würden. Für die darauf folgenden fünf Jahre waren noch weitere fünfzig Gruben zur Schließung vorgesehen, was einen Verlust von 50 000 weiteren Arbeitsplätzen bedeutet hätte. Es war ein langwieriger und erbitterter Streik, der schließlich mit der Niederlage der Bergarbeitergewerkschaft endete. Zusammenstöße zwischen den Kohlenarbeitern und der Polizei warfen eine Reihe von Fragen hinsichtlich der bürgerlichen Freiheiten auf, deren Implikationen vom Rechtssystem noch nicht zur Gänze aufgearbeitet worden sind.

Arbeit und Wirtschaftsleben 541

Während der achtziger und der frühen neunziger Jahre sind Streikaktivitäten in Großbritannien stark zurückgegangen, zumindest gemessen an den Daten der offiziellen Statistik. Dies scheint Teil eines internationalen Trends zu sein. Mit zwei oder drei Ausnahmen haben während dieses Zeitraums alle westlichen Länder eine Verringerung ihrer Streikaktivitäten erfahren.

Arbeitslosigkeit, Frauenarbeit und die informelle Ökonomie

Wenn wir die Arbeitswelt und die Ökonomie untersuchen, dann können wir uns nicht bloß mit jenen Leuten befassen, die in stabilen, normalen Arbeitsverhältnissen stehen. Zu jedem beliebigen Zeitpunkt gehört nur eine Minderheit der erwachsenen Bevölkerung zur bezahlten Arbeitnehmerschaft. Die Jungen, ältere Leute, ein großer Prozentsatz der Frauen, jene, die nicht auf einen Broterwerb angewiesen sind, und die Arbeitslosen, sie alle stehen außerhalb. Die meisten dieser Personen arbeiten sicherlich so hart oder noch härter als Leute, die bezahlte Ganztagsjobs innehaben. Kinder und Studenten müssen den Lehrstoff erarbeiten; Pensionisten arbeiten im Haus und im Garten; Hausfrauen verrichten Haushaltsaufgaben und ziehen Kinder heran (sie können auch teilzeitbeschäftigt sein). Nur bei einer winzigen Minderheit Wohlhabender an der Spitze des Klassensystems, die von ihrem Vermögen leben können, und bei den wesentlich zahlreicheren Arbeitslosen wird der durchschnittliche Tag nicht von Arbeitsaktivitäten beherrscht. Für die meisten Leute ist Arbeitslosigkeit kein glücklicher Zustand. Ohne Arbeit zu sein, wenn man Arbeit haben möchte, und ohne über die Mittel zu verfügen, ein zufriedenstellendes Leben zu führen, bringt sowohl psychologische als auch materielle Belastungen mit sich.

Arbeitslosigkeit

Im Verlauf dieses Jahrhunderts haben die Arbeitslosenraten beträchtlich geschwankt. In den westlichen Ländern erreichte die Arbeitslosigkeit in den frühen 30er Jahren Höchstwerte; in Großbritannien etwa waren das 20 Prozent der Arbeitnehmerschaft. In der Nachkriegszeit war die Wirtschaftspolitik in Europa und in den Vereinigten Staaten von den Ideen des Ökonomen John Maynard Keynes stark beeinflußt. Keynes glaubte, daß Arbeitslosigkeit auf fehlende Kaufkraft zurückzuführen ist; Regierungen können intervenieren und das Nachfrageniveau einer Ökonomie anheben, was zur Schaffung neuer Arbeitsplätze führt. Viele gelangten zur Überzeugung, daß staatliche Eingriffe ins Wirtschaftsleben bedeuten, daß hohe Arbeitslosenraten der Vergangenheit angehörten. Die *Vollbeschäftigung* wurde in praktisch allen westlichen Gesellschaften Ziel der Regierungspolitik. Bis in die 70er Jahre schien diese Politik erfolgreich zu sein, und das Wirtschaftswachstum war mehr oder weniger stetig.

Doch seit ungefähr fünfzehn Jahren sind die Arbeitslosenraten nach oben geschnellt, und der Keynesianismus wurde als wirtschaftliches Steuerungsinstrument weitgehend aufgegeben. Während ungefähr eines Vierteljahrhunderts nach dem Zweiten Weltkrieg betrug die Arbeitslosenrate in Großbritannien weniger

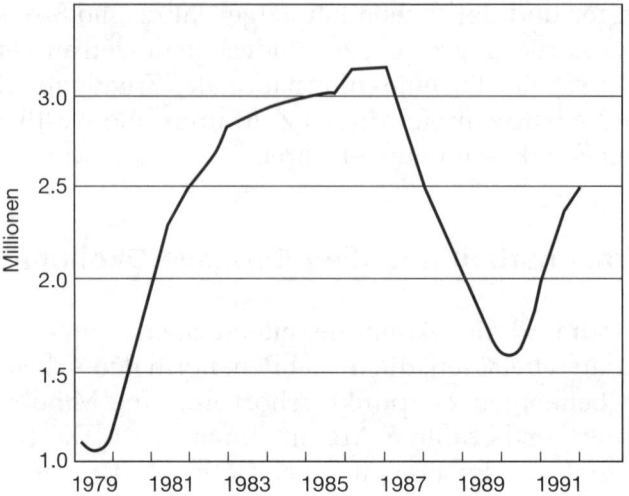

Abbildung 15.2 Anzahl der Arbeitslosen in Großbritannien zwischen 1979 und 1991
Quelle: Labour Force Survey Statistics, veröffentlicht im *Guardian*, 19.März 1992.

als 2 Prozent. In den frühen 80er Jahren stieg sie auf 12 Prozent an, fiel dann wieder, um gegen Ende des Jahrzehnts wieder anzusteigen. 1991 lag sie bei 10 Prozent. In den 80er Jahren wurde ein Höchstwert von 3,12 Millionen Menschen, die als Arbeitslose vorgemerkt waren, erreicht; diese Zahl fiel im März 1990 auf 1,6 Millionen und stieg im Oktober 1991 wieder auf 2,5 Millionen an (HMSO, 1992). Anfang 1993 betrug die Zahl der Arbeitslosen fast 3 Millionen.

Die Analyse der Arbeitslosigkeit

Arbeitslosigkeit im großen Maßstab war seit Anfang der 80er Jahre ein sehr bedeutsames Phänomen. Die Interpretation der offiziellen Arbeitslosenstatistiken ist allerdings keineswegs einfach (siehe Abb. 15.3). Arbeitslosigkeit ist nicht leicht zu definieren. Sie bedeutet „keine Arbeit haben". Doch „Arbeit" bedeutet hier „bezahlte Arbeit" und „Arbeit in einer anerkannten Beschäftigung". Personen, die als Arbeitslose korrekt vorgemerkt sind, können sich dennoch verschiedenen Formen der produktiven Aktivität widmen, wie etwa Arbeiten im Haus oder im Garten. Viele Leute sind teilzeitbeschäftigt oder nur gelegentlich gegen Entgelt beschäftigt; Pensionisten werden nicht als „arbeitslos" gezählt (Sinclair, 1987). Die von den Regierungen gesammelten Statistiken sind nicht direkt vergleichbar; im allgemeinen erfassen sie viele Leute nicht, die gerne bezahlte Arbeit finden würden, denen dies aber nicht gelingt.

Die unterschiedliche Betroffenheit durch die offiziell definierte Arbeitslosigkeit in Großbritannien ist gut belegt. Die Arbeitslosigkeit ist bei Männern höher als bei Frauen und bei ethnischen Minderheiten höher als bei Weißen. Ethnische Minderheiten haben auch wesentlich höhere Raten der Langzeitarbeitslosigkeit als der Rest der Bevölkerung. Der jüngste Anstieg der Arbeitslosigkeit hat vor allem junge Leute getroffen, wiederum bei den Minderheitengruppen in stärkerem Ausmaß als bei Weißen. Die Arbeitslosenrate jener im Alter zwischen 16 und 19

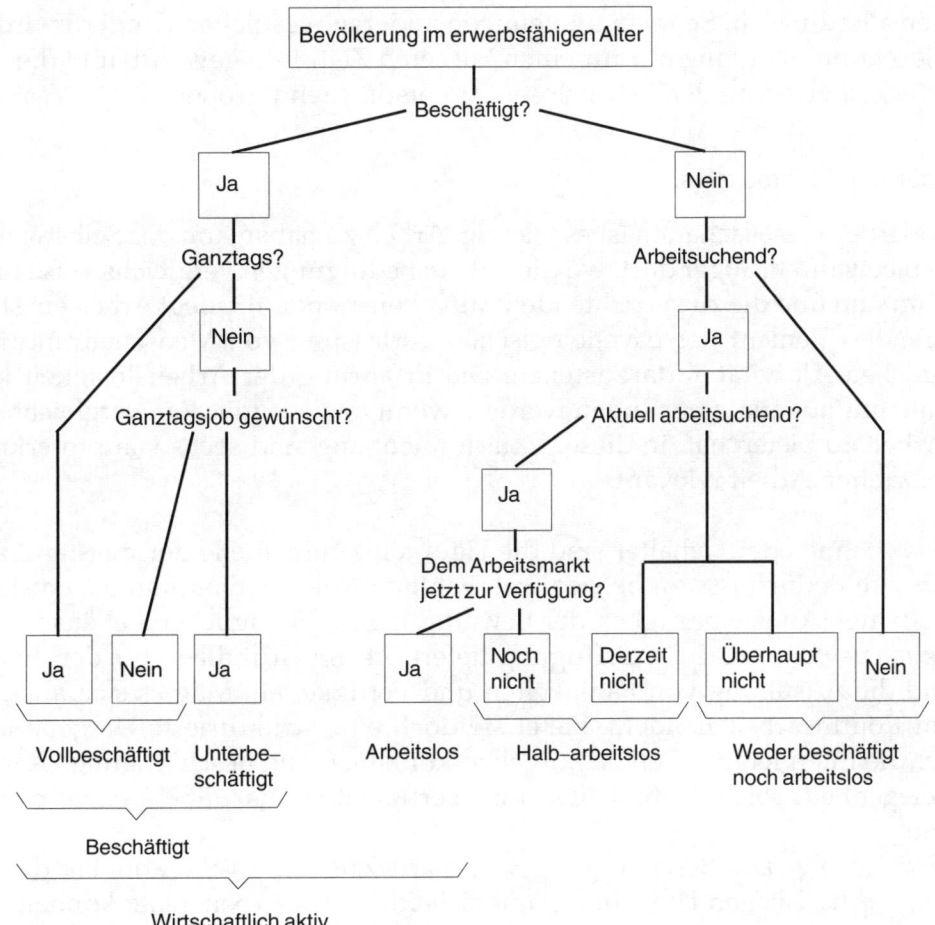

Abbildung 15.3 Eine Taxonomie des Arbeitsmarktstatus

Quelle: Peter Sinclair, *Unemployment: Economic Theory and Evidence* (Oxford: Blackwell, 1987), S. 2.

liegt bei ungefähr 20 Prozent. In gewissem Ausmaß ist dies ein Artefakt, da sich dahinter auch Studenten verbergen, die teilzeitbeschäftigt sind oder Gelegenheitsarbeiten nachgehen. Allerdings zählt ein beträchtlicher Anteil der jungen Leute zu den Langzeitarbeitslosen, vor allem die Mitglieder von Minderheitengruppen. Mehr als die Hälfte der männlichen jugendlichen Arbeitslosen ist bereits seit sechs Monaten oder länger arbeitslos.

Die Erfahrung der Arbeitslosigkeit kann auf jene, die gewohnt sind, sichere Arbeitsplätze zu haben, äußerst verstörend wirken. Offensichtlich ist die unmittelbarste Folge ein Einkommensverlust. Dessen Auswirkungen sind aufgrund der unterschiedlichen Höhe der Arbeitslosenunterstützung in verschiedenen Ländern unterschiedlich ausgeprägt. In Großbritannien etwa erhalten die Arbeitslosen Langzeitunterstützungen. Arbeitslosigkeit mag hier zwar akute finanzielle Schwierigkeiten verursachen, beeinträchtigt jedoch nicht den Zugang zur Gesundheitsversorgung und zu den anderen Leistungen des Wohlfahrtsstaates. In den Vereinigten

Staaten allerdings, in Spanien und einigen anderen westlichen Ländern wird Arbeitslosenunterstützung nur für einen kürzeren Zeitraum gewährt, und die wirtschaftliche Belastung der Arbeitslosen ist entsprechend größer.

Beschäftigt oder arbeitslos

In modernen Gesellschaften ist es wichtig, Arbeit zu haben, um das Selbstwertgefühl zu bewahren. Sogar dort, wo die Arbeitsbedingungen vergleichsweise unangenehm sind und die zu verrichtenden Aufgaben monoton, pflegt Arbeit ein strukturierendes Element der psychologischen Verfassung von Menschen und ihrer alltäglichen Aktivitäten darzustellen. Die Erfahrung der Arbeitslosigkeit kann deshalb nur adäquat verstanden werden, wenn man sie mit dem vergleicht, was die Arbeit zu bieten hat. In diesem Zusammenhang sind sechs Hauptmerkmale der bezahlten Arbeit relevant.

1 *Geld* Löhne oder Gehälter sind die Haupteinkunftsquelle der meisten Leute, um ihre Bedürfnisse zu befriedigen. Fehlt ein solches Einkommen, entstehen vielfältige Ängste bezüglich der Bewältigung des alltäglichen Lebens.
2 *Aktivitätsniveau* Die Beschäftigung liefert oft die Grundlage für den Erwerb und die Ausübung von Fähigkeiten und Fertigkeiten. Mag es sich auch nur um Routinearbeit handeln, bietet sie doch eine strukturierte Umgebung, in der die Energien der Person aufgehen können. Ohne Beschäftigung kann die Gelegenheit, solche Fähigkeiten und Fertigkeiten auszuüben, eingeschränkt sein.
3 *Abwechslung* Die Beschäftigung verschafft Zugang zu Situationen, die sich von der häuslichen Umgebung unterscheiden. Am Arbeitsplatz können Individuen, auch wenn die zu verrichtenden Aufgaben vergleichsweise langweilig sind, Befriedigung daraus beziehen, daß sie etwas tun, was sich von ihren häuslichen Aufgaben unterscheidet. Arbeitslosigkeit bringt diese Quelle des Kontrasts zum häuslichen Milieu weitgehend zum Versiegen.
4 *Zeitstruktur* Bei Leuten, die in regelmäßiger Beschäftigung stehen, wird der Tag im allgemeinen im Einklang mit dem Rhythmus der Arbeit organisiert. Dies mag zwar manchmal als bedrückend empfunden werden, doch verschafft es ein Gefühl der Orientierung im alltäglichen Leben. Arbeitslose empfinden die Langeweile meist als gravierendes Problem und entwickeln ein Gefühl der Apathie gegenüber der Zeit. Wie ein Arbeitsloser bemerkte, „die Zeit ist jetzt nicht mehr so wichtig wie früher ... es gibt so viel davon" (Fryer und McKenna, 1987).
5 *Sozialkontakte* Der Arbeitsplatz schafft häufig die Grundlage für Freundschaften und stellt Gelegenheiten zur Verfügung, Dinge gemeinsam mit anderen zu tun. Ist man aus der Arbeitswelt herausgelöst, dann besteht die Wahrscheinlichkeit, daß der Kreis möglicher Freunde und Bekanntschaften sich verkleinert.
6 *Persönliche Identität* Beschäftigung verleiht im allgemeinen ein Gefühl der stabilen sozialen Identität. Besonders bei Männern ist die Selbstachtung oft eng verknüpft mit dem wirtschaftlichen Beitrag, den sie zur Erhaltung ihrer Familie leisten.

Arbeit und Wirtschaftsleben 545

Vor dem Hintergrund dieser eindrucksvollen Liste ist es nicht schwierig einzusehen, warum Arbeitslosigkeit das Vertrauen von Personen in ihren eigenen gesellschaftlichen Wert untergraben kann.

Der jüngste Anstieg der Arbeitslosigkeit im Westen ist zu einem gewissen Teil Ergebnis des Verfalls der alten Industrien. Das bedeutet, daß die Arbeitslosenraten in den verschiedenen Regionen eines Landes beträchtliche Unterschiede aufweisen – ein Sachverhalt, der durch landesweit errechnete Arbeitslosenraten verschleiert wird. In Gebieten, wo traditionellerweise die Schwerindustrie konzentriert war, kann die Arbeitslosigkeit 20 Prozent oder mehr erreichen. In den alten Industriegebieten und ihren Städten ergibt sich dann eine teilweise Desintegration von traditionsreichen sozialen Gemeinschaften. Städte etwa, die vom Bergbau oder der Stahlerzeugung geprägt waren, von Südwales und dem Ruhrgebiet bis nach Detroit und Pittsburgh, sind heutzutage häufig praktisch verfallen. Wenn die Gruben und Fabriken schließen, fallen die Grundstückspreise in den Keller; während viele Arbeitslose fortziehen, können andere sich dies nicht mehr leisten.

Ähnliche Wandlungsprozesse können heute in Japan beobachtet werden, der letzten vollentwickelten Industriegesellschaft, die davon betroffen war. Viele japanische Arbeiter genossen früher eine wesentlich höhere Arbeitsplatzsicherheit als westliche Beschäftigte, da die großen Unternehmen eine Politik der „Lebensstellung" verfolgten – d.h. ihre Mitarbeiter ein Leben lang beschäftigten (siehe Kapitel 9 „Gruppen und Organisationen"). Für solche Arbeiter ist die Erfahrung der Arbeitslosigkeit noch verstörender, als sie es für die meisten Beschäftigten im Westen ist. Eine jüngst erschienene Darstellung der Arbeitslosigkeit in Japan erwähnt den Fall von Atsuhiko Tateuchi, einem 47jährigen, der seinen Job als Abteilungsleiter in einem Betrieb mittlerer Größe verlor (McGill, 1987). Da er die Arbeitslosigkeit als unerträglich degradierend wahrnahm, sagte er seiner Familie nichts davon. Stattdessen fuhr er fort, jeden Morgen um 7.30 Uhr das Haus zu verlassen, angetan mit Anzug und Krawatte. Er verbrachte den Tag in Kaffeehäusern, Parks oder Kinos. Schließlich wurden seine Frau und seine Kinder mißtrauisch, da er schon um halb sieben Uhr abends heimkam, statt um Mitternacht!

Ein anderes Beispiel ist der Fall von Kamaishi, einer Stahlstadt in Nordjapan. Ein Großteil der Beschäftigung in der Stadt hing von einem Stahlwerk ab, das zum Nippon-Konzern gehörte, dem größten Stahlerzeuger der Welt. Es war das erste Stahlwerk Japans gewesen, das man 1886 eröffnet hatte, doch es wurde 1990 zur Gänze geschlossen, wobei 2 300 Arbeitsplätze verlorengingen. Mehrere tausend Einwohner der Stadt, deren örtliche Geschäfte ebenfalls vom Stahlwerk abhängig waren, wurden ebenfalls arbeitslos. Der Bürgermeister von Kamaishi merkte dazu an, daß die Stadt nun wieder das sei, was sie vor hundert Jahren gewesen war, „bloß ein Dorf". Die Umwälzungen der örtlichen Wirtschaft und des Lebens der Leute waren tiefgreifend.

Warum sind die Arbeitslosenraten gestiegen?

In den letzten Jahren haben die Arbeitslosenraten in westlichen Ländern geschwankt, und zwischen verschiedenen Gesellschaften bestanden beträchtliche Unterschiede. So blieb etwa in Europa das schwedische Niveau der Arbeitslosigkeit niedrig, während die Raten in Großbritannien und Italien wesentlich höhere Werte beibehielten. Außerhalb des westlichen Kulturkreises war die Arbeitslosigkeit in Japan stets geringer als anderswo. Die hohen Niveaus der Arbeitslosigkeit, die man während der letzten beiden Jahrzehnte in vielen westlichen Staaten vorfindet, können vermutlich durch eine Kombination von Faktoren erklärt werden.

1 Ein wichtiges Element ist die Verschärfung des internationalen Wettbewerbes in Industriezweigen, auf denen der Wohlstand des Westens bisher beruht hat. 1947 erzeugten die Vereinigten Staaten 60Prozent des auf der ganzen Welt produzierten Stahls. Heute beträgt dieser Wert nur mehr ungefähr 15 Prozent, während die Stahlproduktion in Japan und in Ländern der Dritten Welt um 300 Prozent angestiegen ist. Zu nennen sind hier vor allem Singapur, Taiwan und Hongkong – die heute die japanischen Preise unterbieten.
2 Beginnend mit der „Ölkrise" im Jahr 1973 (als sich die wichtigsten ölproduzierenden Länder zusammentaten und gemeinsam den Ölpreis anhoben) gab es mehrere Zeitpunkte, zu denen die Weltwirtschaft entweder einer einschneidenden Rezession oder doch einer Verlangsamung des Wachstums unterworfen war.
3 Der zunehmende Einsatz der Mikroelektronik in der Industrie hat die Nachfrage nach Arbeitskraft geschwächt.
4 Mehr Frauen als jemals zuvor suchen bezahlte Arbeit mit dem Ergebnis, daß mehr Leute um die beschränkte Anzahl verfügbarer Arbeitsplätze konkurrieren.

Es ist unklar, ob die gegenwärtigen hohen Arbeitslosenraten in der unmittelbaren Zukunft fortbestehen oder sogar noch ansteigen werden. Einige Länder scheinen in einer besseren Position zu sein, die Arbeitslosigkeit in großem Maßstab zu bekämpfen, als andere. Die Arbeitslosenraten wurden in den Vereinigten Staaten mit mehr Erfolg gesenkt als in Großbritannien oder in einigen anderen großen europäischen Ländern; vielleicht deshalb, weil die schiere Wirtschaftskraft des Landes ihm mehr Macht auf dem Weltmarkt verschafft als kleineren und krisenanfälligeren Ökonomien. Andererseits könnte es auch sein, daß der außergewöhnlich große Dienstleistungssektor in den USA ein größeres Reservoir neuer Arbeitsplätze darstellt, als in jenen Ländern zur Verfügung steht, wo traditionellerweise ein Großteil der Bevölkerung in Produktionsbetrieben beschäftigt war.

Frauen und Arbeit

Hausarbeit

In einem Großteil der soziologischen Literatur über die Arbeit, zumindest bis vor ganz wenigen Jahren, wurde unbezahlte Arbeit – das ist jene, der keine direkte Entlohnung gegenübersteht, und die nicht unter einen bestimmten „Beruf" fällt – kaum jemals betrachtet. Unbezahlte Arbeit, und da vor allem die von Frauen im häuslichen Bereich, wurde weitgehend ingnoriert, obwohl derartige Arbeit für die Volkswirtschaft genauso notwendig ist wie bezahlte Beschäftigung. Es gibt Schätzungen, denen zufolge **Hausarbeit** dem Wert nach ungefähr ein Drittel der jährlichen Gesamtproduktion einer modernen Ökonomie ausmacht.

Arbeit und Wirtschaftsleben 547

Die spezifische Verknüpfung zwischen Frauen und Hausarbeit – die vor allem auf die Betreuung des Heims und die Erziehung der Kinder zielt – war nicht sonderlich sinnvoll, als der Haushalt noch eine Produktionseinheit darstellt, also in vorindustriellen Zeiten. Ein Teil der verheirateten Frauen und praktisch alle unverheirateten Frauen verrichteten seit den frühesten Anfängen der Industrialisierung bezahlte Arbeit. Doch viele Frauen wurden auch in die häusliche Sphäre relegiert („nicht arbeitend"), als für Männer bezahlte Beschäftigung an abgesonderten Arbeitsstätten zur Norm wurde. Dieser Prozeß war von einem Rückgang der Anzahl der Hausangestellten begleitet. J.K. Galbraith hat angemerkt, daß seit Beginn des frühen 20. Jahrhunderts Hausangestellte zwar nur von einer kleinen Minderheit beschäftigt wurden – „im Zuge der Demokratisierung" stehe jedoch „heute fast dem gesamten männlichen Bevökerungsanteil eine Ehefrau als Dienerin zur Verfügung" (Galbraith, 1974, S. 51). Es ist tatsächlich der Fall, daß Männer durch die häusliche Arbeit ihrer Frauen in die Lage versetzt werden, in ihren „bezahlten Jobs" wesentlich mehr zu tun, als ihnen möglich wäre, wenn sie sich selbst versorgen müßten.

Vor der Urbanisierung verrichteten die meisten Frauen über die Kindererziehung und die Hausarbeit hinaus eine Vielzahl von Aufgaben. Frauen bestellten z. B. Gärten und ernteten Gemüse, das zu Hause konsumiert wurde; sie hüteten Schafe, Ziegen, Kühe und andere Tiere; sie machten ihr eigenes Brot; und sie sorgten für Vorräte haltbarer Nahrungsmittel. Mit Ausnahme der Häuser der Reichen waren die Aufgaben, die man heute mit Hausarbeit assoziiert – putzen, aufräumen, abstauben, einkaufen usw. – von untergeordneter Bedeutung. Die Räume in vormodernen Häusern waren keiner speziellen Verwendung vorbehalten und ziemlich karg möbliert. Im Durchschnittshaushalt gab es wenig zu säubern oder aufzuräumen. Das Kochen, das Essen und die Arbeit am Spinnrad oder am Webstuhl, all das fand in ein und demselben Raum statt (Tilly und Scott, 1978). Die Aufgaben der Frauen waren oft eng mit jenen der Männer verknüpft, da der Haushalt eine abgeschlossene Produktionseinheit darstellte.

Mit der Herausbildung von Arbeitsstätten, die vom Heim getrennt waren, wurde auch die Produktion vom Konsum abgetrennt. Die Männer, die „Produzenten", „gingen zur Arbeit"; das Heim, die Domäne der Frau, wurde zu einem Ort, wo als Teil des Familienlebens Güter konsumiert wurden. Die Hausfrau wurde zur „Konsumentin", zu jemandem, „der nicht arbeitet", ihre produktive Aktivität blieb im Verborgenen. Doch offenkundig *ist* Hausarbeit Arbeit, so anstrengend und anspruchsvoll wie die meisten Arten industrieller Arbeit. In Oakleys Untersuchung der Hausarbeit verwiesen Frauen häufig auf deren „endlosen" Charakter – sie ist Arbeit, die nie zu Ende geht, die „niemals erledigt" ist (Oakley, 1978). Hausfrauen legen hohen Wert darauf, daß sie ein beträchtliches Ausmaß von Kontrolle über das, was sie tun, haben, und wann sie es tun. Wie die Industriearbeiter haben sie jedoch eine Abneigung gegen Aufgaben, die bloße Routine darstellen – wie etwa das Bügeln oder das Abstauben.

Frauenarbeit außerhalb des Haushalts

Zwischen den beiden Weltkriegen erreichte die Anzahl der Frauen, die nichts anderes als Hausfrauen waren, einen Höchstwert. Obwohl es üblich war, daß unverheiratete Frauen bezahlte Beschäftigung annahmen, pflegte die große Mehrheit der verheirateten Frauen zu dieser Zeit nicht zu „arbeiten". Während beider Kriege wurden Frauen ermutigt, Arbeitsplätze anzunehmen, die von den Männern, die in den Krieg gezogen waren, verlassen worden waren; nach dem Ersten Weltkrieg wurden sie wieder verdrängt, doch nach dem Zweiten Weltkrieg war ihre Vertreibung weniger gründlich. Die seit damals anhaltende Zunahme der Frauenbeschäftigung (siehe Kapitel 6 „Geschlecht und Sexualität") wurde in enge Verbindung mit der Vermehrung der Arbeitsplätze am Dienstleistungssektor gebracht. Frauen sind im Dienstleistungssektor überrepräsentiert, wenn auch nicht in den Positionen der Manager und der Spitzenkräfte. Frauenarbeitsplätze findet man vor allem in *sekundären Arbeitsmärkten*. Der **primäre Arbeitsmarkt** besteht aus Arbeitsplätzen in großen Unternehmungen, in Industrien, die einen hohen gewerkschaftlichen Organisierungsgrad aufweisen, und in Behörden. Dort erhalten die Beschäftigten vergleichsweise hohe Gehälter, und sie verfügen über ausreichende Arbeitsplatzsicherheit und Aufstiegsmöglichkeiten. **Sekundäre Arbeitsmärkte** schließen Beschäftigungsformen ein, die unstabil sind, wo die Arbeitsplatzsicherheit und die Löhne niedrig sind, wo es wenig Aufstiegsmöglichkeiten gibt, und wo die Arbeitsbedingungen häufig schlecht sind. Die Arbeit als Kellnerin, als Verkäuferin, als Putzfrau und viele andere Dienstleistungsjobs, die vor allem von Frauen ausgeübt werden, fallen in diese Kategorie.

Frauen finden sich ebenfalls wesentlich häufiger als Männer in Teilzeitbeschäftigungen. 90 Prozent der Teilzeitbeschäftigten in Großbritannien sind Frauen; ungefähr 40 Prozent aller beschäftigten Frauen haben Teilzeitstellen inne. Nach der Geburt des ersten Kindes nehmen viele Frauen Teilzeitjobs an, wenn sie nicht überhaupt die Arbeitnehmerschaft verlassen. Ältere Frauen, die in die offizielle Ökonomie zurückkehren, wenn die Kinder erwachsen sind, nehmen oft Teilzeitarbeitsplätze an – entweder weil sie diese vorziehen, oder weil ihnen nur wenige Ganztagsstellen zur Verfügung stehen.

Das aus bezahlter Arbeit stammende Einkommen von Frauen ist ein wesentlicher Bestandteil des Haushaltseinkommens, vor allem bei den weniger privilegierten Gruppen. Berechnungen zufolge würde die Anzahl der Haushalte, die in Armut leben, um ein Drittel höher sein, als es derzeit der Fall ist, gäbe es nicht diese Einkommen von Frauen aus Teilzeitarbeit. Untersuchungen der Organisation des Haushaltsbudgets zeigen, daß Frauen, die bezahlte Arbeit verrichten, typischerweise mehr Einfluß auf das häusliche Wirtschaftssystem ausüben als jene, bei denen das nicht der Fall ist. Diese Frauen betrachten ihr Einkommen allerdings häufig als „Zweitverdienst", als „Zusatzeinkommen", sogar dann, wenn sie mehr verdienen als ihre Ehemänner (Leighton, 1991).

Arbeit und Wirtschaftsleben 549

Die informelle Ökonomie

Wir neigen häufig dazu, Leute entweder als „beschäftigt" oder als „arbeitslos" aufzufassen, als ob dies einander ausschließende Kategorien wären; doch ist dies eine allzu vereinfachte Sicht der Arbeit. Nicht nur die Hausarbeit, sondern auch andere Arten von unbezahlter Arbeit (wie etwa das Reparieren des eigenen Autos) spielen im Leben vieler Leute eine bedeutsame Rolle; viele Arten von Arbeit lassen sich nicht in die überkommenen Kategorien der bezahlten Beschäftigung einfügen. Ein Großteil der Arbeit, die in der **informellen Ökonomie** verrichtet wird, findet in der offiziellen Beschäftigungsstatistik keinen direkten Niederschlag. Der Ausdruck *informelle Ökonomie* bezieht sich auf Transaktionen außerhalb des regulären Beschäftigungssystems, wobei manchmal Dienstleistungen gegen Geld, oft aber auch Güter und Dienstleistungen direkt getauscht werden (Pahl, 1987).

So kann es etwa vorkommen, wenn jemand vorbeikommt, um den Wasserhahn zu reparieren, daß er bar bezahlt wird, ohne daß er eine Rechnung ausstellt oder daß irgendwelche sonstigen Details über die Arbeitsleistung aufgezeichnet werden. Leute tauschen „billige" – also veruntreute oder gestohlene – Waren mit Freunden oder Bekannten, die sich ihnen in anderer Weise erkenntlich zeigen. Die informelle Ökonomie beinhaltet nicht nur „verborgene" Geldtransaktionen, sondern auch viele Formen der *Selbstversorgung* innerhalb oder außerhalb des Heims. So liefern etwa die Aktivitäten der Heimwerker und die Bedienung von Haushaltsmaschinen und –geräten Güter und Dienstleistungen, die ansonsten über den Markt beschafft werden müßten (Gershuny und Miles, 1983).

Um dies zu illustrieren, verwendet Ray Pahl das Beispiel einer Dachreparatur. Das Dach könnte auf verschiedene Arten repariert werden:

1 Der Hauseigentümer könnte die Arbeit gemeinsam mit anderen Haushaltsmitgliedern erledigen. Die benötigten Materialen könnten in einem Geschäft gekauft oder von einem Freund oder Nachbarn erworben werden, dem sie bei irgend einer anderen Arbeit übrig geblieben sind. In einem solchen Fall könnte es sein, daß es zu überhaupt keinen finanziellen Transaktionen kommt. Die Haushaltsmitglieder mögen sich entschieden haben, das Dach selbst zu reparieren, da sie es sich nicht leisten können, einen Handwerker dafür zu bezahlen, oder weil sie stolz darauf sind, daß sie fähig sind, ihr Haus ohne Hilfe Dritter instand zu halten.

2 Das Dach könnte von einem Freund oder Nachbarn im Austausch gegen Geld oder sonstige Vorteile repariert werden. Die Basis der Arbeitsbeziehungen ist hier informell und unterscheidet sich deutlich von der, die zwischen Arbeitgeber und Arbeitnehmer besteht. Wird die Arbeit von einem Verwandten erledigt, dann kann es Monate oder sogar Jahre dauern, bis dafür eine Zahlung erfolgt.

3 Zur Erledigung der Arbeit könnte ein Handwerker engagiert werden. In diesem Fall könnte es sich um eine „normale" Transaktion handeln, bei der die Dienstleistung zur Gänze in Geld abgegolten wird und in der Buchhaltung des Gewerbetreibenden aufscheint. Andererseits könnte der Handwerker einen niedrigeren Preis verrechnen, bar bezahlt werden und darauf verzichten, die Transaktion in seine Buchhaltung eingehen zu lassen, um so zu vermeiden,

daß er einen Einkommensbestandteil deklarieren muß, der besteuert werden könnte. (Pahl, 1984, S. 13–46)

Der informelle Sektor ist bei ärmeren Gruppen und in Regionen mit hoher Arbeitslosigkeit von besonderer Bedeutung. Viele Güter oder Dienstleistungen, die sonst nicht bezahlt werden könnten, können auf diese Art bereitgestellt werden. Selbstversorgung ist selbstverständlich nicht bloß eine Sache der ökonomischen Notwendigkeit; sie kann sich an Bedürfnisse wenden, die im Kontext der bezahlten Arbeit nicht befriedigt werden können.

Die Weichen zwischen der informellen und der formellen Ökonomie werden üblicherweise im Haushalt gestellt. Die Haushaltsmitglieder treffen oft kollektive Entscheidungen über ein Haushaltseinkommen, das geeignet ist, ihre Bedürfnisse zu befriedigen, und verteilen in gewissem Ausmaß – wenn es die Umstände gestatten – bezahlte und unbezahlte Arbeit im Einklang damit. So könnten etwa ein Mann und eine Frau im Rahmen ihrer bezahlten Beschäftigung Überstunden machen, um verschiedene im Haushalt anfallende Kosten abzudecken (wie etwa die Bezahlung eines Tischlers, der ihnen neue Schränke einbaut). Stattdessen könnten die beiden jedoch auch darauf verzichten, Überstunden zu leisten, und die häuslichen Aufgaben selbst erledigen.

Die Zukunft der Arbeit

Was als *Arbeit* aufgefaßt wird, ist also eine komplexe Frage; neben der herkömmlichen Beschäftigung sind hier viele andere Arten von Betätigungen in Betracht zu ziehen. „Jedermann hat das Recht auf Arbeit" verkündet die allgemeine Erklärung der Menschenrechte, die nach dem Zweiten Weltkrieg bei den Vereinten Nationen unterzeichnet wurde. Damals bedeutete dies das Recht auf einen bezahlten Job. Wenn allerdings der Trend in Richtung Massenarbeitslosigkeit sich als dauerhaft erweist, dann könnte es sich herausstellen, daß dieses Ziel in unerreichbare Ferne rückt. Vielleicht sollten wir das Wesen der bezahlten Arbeit neu überdenken, vor allem die zentrale Bedeutung, die sie sehr häufig im Leben von Menschen hat.

Arbeitslosigkeit wird von Arbeitgebern wie von Arbeitnehmern als negatives Phänomen aufgefaßt, doch sollte diese Sichtweise nicht unüberprüft bleiben. Schließlich läuft die Gleichsetzung von „Arbeit" mit „bezahlter Beschäftigung" auf eine merkwürdige Einschränkung hinaus. Wenn jemand aus Interesse statt um materieller Vorteile wegen enorme Anstrengungen auf ein Hobby verwendet, wie etwa die Pflege eines schönen Gartens, warum sollte das dann nicht als Arbeit aufgefaßt werden? Das Wort „Arbeitslosigkeit" wurde erst im späten 19. Jahrhundert zum Bestandteil unserer Sprache; vielleicht könnte es im späten 20. Jahrhundert verschwinden, wenn man aufhört, jene, die keinen Arbeitsplatz haben, mit den „Arbeitslosen" gleichzusetzen. Warum sollte man nicht, wie einige Beobachter vorschlagen, alle Arbeitslosen als Selbständige klassifizieren und die Bedürftigen unter ihnen finanziell unterstützen, damit sie den von ihnen gewählten Aufgaben nachgehen können? (Handy, 1984; Jones, 1982; Merritt, 1982)

Arbeit und Wirtschaftsleben 551

In allen industrialisierten Ländern wird die durchschnittliche Länge der Arbeitswoche allmählich reduziert. Viele Arbeiter leisten noch immer sehr viele Überstunden, doch einige Regierungen haben neue Beschränkungen der zulässigen Höchstarbeitszeit eingeführt. In Frankreich etwa sind Überstunden auf ein Maximum von 130 pro Jahr beschränkt. In den meisten Ländern gehen Männer mit 65 und Frauen mit 60 in Pension, doch scheint es einen Trend in Richtung einer Verkürzung der durchschnittlichen Arbeitskarriere zu geben (Blyton, 1985). Vermutlich würden mehr Leute die Arbeitnehmerschaft im Alter von 60 Jahren oder noch früher verlassen, wenn sie es sich leisten könnten.

Wenn die Zeit, die auf bezahlte Beschäftigung aufgewendet wird, weiterhin schrumpft und wenn das Bedürfnis, einen Job zu haben, weniger zentral wird, dann könnten Berufskarrieren in drastischer Weise reorganisiert werden. Beispielsweise könnten die gemeinsame Innehabung eines Arbeitsplatzes oder flexible Arbeitszeiten immer weiter verbreitet werden. Einige Betrachter der Arbeitswelt haben vorgeschlagen, daß eine Art von Freisemester, wie sie auf den Universitäten existieren, auch den Arbeitern anderer Bereiche gewährt werden, so daß jedermann das Recht hätte, sich zum Zwecke der Weiterbildung oder anderer Formen der Persönlichkeitsentwicklung ein Jahr frei zu nehmen. Vielleicht werden mehr und mehr Individuen sich auf die *Lebensplanung* verlegen, die die Arbeit in den verschiedenen Stadien ihres Lebens in verschiedener Weise strukturiert (bezahlt, unbezahlt, ganztags oder halbtags etc.). So könnten sich z. B. manche Leute entscheiden, erst nach einer Periode der formalen Ausbildung, gefolgt von einer weiteren, die z. B. dem Reisen gewidmet ist, in das Arbeitskräftereservoir einzutreten. Viele Leute könnten es auch vorziehen, ihr ganzes Leben lang nur teilzeitbeschäftigt zu sein, statt auf Grund des Mangels an Ganztagsarbeitsplätzen dazu gezwungen zu sein.

Einige neuere Umfragen über die Arbeitswelt legen nahe, daß sogar unter den existierenden Bedingungen Teilzeitarbeiter über höhere Arbeitszufriedenheit verfügen als Vollbeschäftigte. Das mag deshalb sein, weil die meisten Teilzeitbeschäftigten Frauen sind, die sich von ihren Karrieren weniger erwarten als Männer oder die besonders froh sind, der Eintönigkeit des Haushalts entrinnen zu können. Doch scheint Teilzeitarbeit auf viele Personen gerade deshalb eine besondere Anziehungskraft auszuüben, weil sie dadurch in die Lage versetzt werden, die bezahlte Arbeit mit anderen Aktivitäten zu vereinbaren und daher ein abwechslungsreicheres Leben zu führen (Humphries, 1983). Einige Leute könnten es vorziehen, ihr Leben mit einer Art „Spitze" zu beschließen, indem sie sich von ihren Jugendjahren bis zum mittleren Alter gänzlich der bezahlten Arbeit widmen, um sich dann vielleicht auf eine zweite Karriere zu verlegen, die ihnen neue Interessensgebiete erschließen könnte.

Der französische Soziologe und Sozialkritiker André Gorz hat argumentiert, daß in der Zukunft die bezahlte Arbeit im Leben der Menschen eine immer weniger wichtige Rolle spielen wird. Gorz gründet seine Auffassung auf eine kritische Einschätzung der Marxschen Schriften. Marx glaubte, daß die Arbeiterklasse – von der er annahm, daß ihr immer mehr Leute angehören würden – eine Revolution herbeiführen würde, die geeignet wäre, eine menschenwürdigere Art von Gesellschaft hervorzubringen, in der die Arbeit unter den Dingen des Lebens von zentraler Bedeutung sein würde. Obwohl er einen linken Standpunkt vertritt, weist

Gorz diese Auffassung zurück. Statt, wie Marx nahelegte, zur größten gesellschaftlichen Gruppierung zu werden und eine erfolgreiche Revolution anzuführen, schrumpft die Arbeiterklasse. Manuelle Arbeiter sind nun zu einer – immer weiter abnehmenden – Minderheit in der Arbeiterschaft geworden.

Gorz zufolge ergibt es keinen besonderen Sinn mehr, anzunehmen, die Arbeiter könnten jene Unternehmen, denen sie angehören, übernehmen, ganz zu schweigen von der Übernahme der Macht im Staat. Es gibt keine echte Hoffnung auf einen Wandel der Natur der bezahlten Arbeit, da diese aufgrund technischer Erwägungen organisiert ist, denen man sich nicht entziehen kann, soll eine Ökonomie leistungsfähig sein. „Nichts anderes kann mehr in Betracht kommen als die Befreiung *von* der Arbeit ...", schreibt Gorz (Gorz, 1980, S. 62). Das ist besonders dort erforderlich, wo die Arbeit nach tayloristischen Prinzipien organisiert ist oder wo sie aus anderen Gründen monoton oder unterdrückend ist.

Die gestiegene Arbeitslosigkeit zusammen mit der Ausbreitung von Teilzeitarbeit, so Gorz, haben bereits hervorgebracht, was er die „Nicht–Klasse der Nicht–Arbeiter" nennt, die Seite an Seite mit den stabil Beschäftigten existiert. Tatsächlich befinden sich bereits die meisten Leute in dieser „Nicht–Klasse", da der Anteil jener in stabiler bezahlter Beschäftigung zu jedem beliebigen Zeitpunkt relativ klein ist – wenn wir die Jungen, die Alten, die Kranken und die Hausfrauen zusammen mit den Leuten, die teilzeitbeschäftigt oder arbeitslos sind, ausschließen. Die Verbreitung der Mikroelektronik wird nach Gorz die Anzahl der verfügbaren Vollarbeitsplätze weiter verringern. Als Ergebnis wird sich zunehmender Widerstand gegen die „produktivistische" Perspektive der westlichen Gesellschaft formieren, mit deren Betonung des Wohlstands, des Wirtschaftswachstums und der materiellen Güterproduktion. In kommenden Jahren wird sich die Mehrheit der Bevölkerung einer Vielfalt von Lebensweisen widmen, die außerhalb der Sphäre der dauerhaften bezahlten Arbeit liegen werden.

Nach Gorz gehen wir in Richtung einer „dualen Gesellschaft". Im einen Sektor wird die Produktion und die politische Verwaltung organisiert sein, um die gesellschaftliche Effizienz zu maximieren. Der andere Sektor wird eine Sphäre sein, wo Individuen einer Vielfalt von Beschäftigungen nachgehen, die nicht Arbeit darstellen und Vergnügen und Selbstverwirklichung bieten.

Wie ist diese Auffassung zu bewerten? Daß die Natur und die Organisation der Arbeit in den industriellen Ländern großen Wandlungsprozessen unterworfen *sind*, steht außer Frage. Es erscheint möglich, daß sich immer mehr Leute vom „Produktivismus" – der Betonung des beständigen Wirtschaftswachstums und der Anhäufung materieller Besitztümer – abwenden. Es ist sicherlich beherzigenswert, Arbeitslosigkeit nicht ausschließlich negativ zu sehen, wie Gorz vorgeschlagen hat, sondern stattdessen als einen Zustand, der Individuen die Gelegenheit eröffnet, ihren Interessen nachzugehen und ihre Talente zu entwickeln. Doch zumindest bis zum heutigen Zeitpunkt sind in dieser Richtung nur wenige Fortschritte erzielt worden; von der Situation, die Gorz heraufbeschwört, scheinen wir noch weit entfernt zu sein. Da Frauen nach besseren Arbeitsplätzen verlangen, hat es einen Anstieg und nicht ein Sinken der Anzahl von Leuten gegeben, die ein aktives Interesse an der Erlangung bezahlter Beschäftigung bewei-

Arbeit und Wirtschaftsleben 553

sen. Bezahlte Arbeit bleibt für viele der Schlüssel zum Erwerb jener materiellen Ressourcen, die notwendig sind, um ein abwechslungsreiches Leben zu führen.

Zusammenfassung

1 *Arbeit* ist die Verrichtung von Aufgaben unter Aufwendung geistiger und körperlicher Energie, die zum Ziel haben, Güter und Dienstleistungen hervorzubringen, die sich an menschliche Bedürfnisse wenden. Eine *Beschäftigung* ist Arbeit, die im Austausch gegen einen regelmäßigen Lohn verrichtet wird. Arbeit ist in allen Kulturen die Grundlage des Wirtschaftssystems.

2 Ein charakteristisches Merkmal des Wirtschaftssystems moderner Gesellschaften ist die Herausbildung einer sehr komplexen und vielfältigen *Arbeitsteilung*. Die Wirtschaft der industrialisierten Länder besteht aus drei Sektoren: dem *primären Sektor* (wo natürliche Ressourcen gesammelt oder zutage gefördert werden), dem *sekundären Sektor* (wo Rohstoffe in Waren umgewandelt werden), und dem *tertiären Sektor* (der Dienstleistungen bereitstellt).

3 Die moderne Wirtschaft wird von Großunternehmen dominiert. Wenn eine Firma einen beherrschenden Einfluß über einen Industriezweig ausübt, verfügt sie über ein *Monopol*. Wird ein derartiger Einfluß von einer kleinen Anzahl von Firmen ausgeübt, spricht man von einem *Oligopol*. Durch ihren Einfluß auf die Regierungspolitik und auf den Güterkonsum haben die riesigen Konzerne gewaltige Auswirkungen auf unser Leben.

4 Gewerkschaften und die Anerkennung des *Streik*rechts sind charakteristische Merkmale des Wirtschaftslebens in allen westlichen Ländern. Gewerkschaften entstanden als *Defensiv*organisationen, die den Arbeitern eine gewisse Kontrolle über ihre Arbeitsbedingungen zur Verfügung stellen sollten. Heute spielen Gewerkschaftsführer nicht selten eine wichtige Rolle bei der Formulierung der Wirtschaftspolitik ihres Landes – obwohl dies z. B. in Großbritannien derzeit in geringerem Ausmaß zutrifft als früher.

5 Ein *primärer Arbeitsmarkt* besteht aus den Beschäftigten der Großunternehmen, der gewerkschaftlich organisierten Industrien und der öffentlichen Hand. Ein *sekundärer Arbeitsmarkt* besteht aus unstabilen Beschäftigungsverhältnissen; dort sind die Arbeitsmöglichkeiten unsicher und beschränkt, die Arbeitsbedingungen schlecht.

6 Arbeitslosigkeit war im 20. Jahrhundert ein stets wiederkehrendes Problem der industrialisierten Länder. Da die Arbeit die psychologische Verfassung der Person strukturiert, ist Arbeitslosigkeit häufig mit einem Orientierungsverlust verknüpft. Die Auswirkungen neuer Technologien dürften die Arbeitslosenraten weiter ansteigen lassen.

7 „Arbeit" sollte nicht als ein Ausdruck aufgefaßt werden, der sich lediglich auf bezahlte Beschäftigung bezieht. Hausarbeit und die informelle Ökonomie sind wichtige Bereiche unbezahlter Arbeit, die einen bedeutsamen Beitrag zur allgemeinen Produktion von Wohlstand leisten. Der Ausdruck *informelle Ökonomie* bezieht sich auf Transaktionen, bei denen entweder Dienstleistungen gegen Geld oder Güter direkt gegen Dienstleistungen getauscht werden; *Selbstversorgung* ist manchmal eine Sache der ökonomischen Notwendigkeit, kann aber auch Bedürfnisse befriedigen, die in bezahlten Arbeitsverhältnissen nicht verwirklicht werden können.

8 Die Natur der Frauenarbeit wurde durch die Trennung von Arbeitsplatz und Haushalt stark beeinflußt. Viele verheiratete Frauen werden „Hausfrauen" und als „nicht

arbeitend" aufgefaßt – obwohl die Anzahl der Arbeitsstunden, die sie den häuslichen Aufgaben widmen, wesentlich größer sein kann als die ihrer Ehemänner. Heute stehen sehr viel mehr Frauen in bezahlter Beschäftigung als noch vor einigen Jahrzehnten; doch sind Frauen in schlecht bezahlten Beschäftigungsverhältnissen überrepräsentiert.

9 Das Wesen und die Organisation der Arbeit ist derzeit einschneidenden Wandlungsprozessen unterworfen, die in der Zukunft sicherlich noch wichtiger werden dürften. Dennoch bleibt bezahlte Arbeit für viele der Schlüssel zum Erwerb der Ressourcen, die notwendig sind, um ein abwechslungsreiches Leben zu führen.

Grundbegriffe

Arbeit   Arbeitsteilung
Ökonomie

Wichtige Fachausdrücke

Beschäftigung   Gewerkschaftsbewegung
wirtschaftliche Verflechtung   Unternehmer
primärer Sektor   Monopol
sekundärer Sektor   Oligopol
tertiärer Sektor   Großunternehmen
Dienstleistungsbranchen   Familienkapitalismus
Taylorismus   Managerkapitalismus
Fordismus   institutioneller Kapitalismus
Automatisierung   Streik
low–trust–Systeme   Hausarbeit
high–trust–Systeme   primärer Arbeitsmarkt
Gruppenproduktion   sekundärer Arbeitsmarkt
betriebliche Mitbestimmung   informelle Ökonomie

Weiterführende Literatur

Keith Grint, *The Sociology of Work: An Introduction* (Cambridge: Polity, 1991) – ein sehr nützliches Lehrbuch, das sich mit den meisten Aspekten der Soziologie der modernen Arbeitswelt befaßt.

Ian McLoughlin and John Clark, *Technological Change at Work* (Milton Keynes: Open University Press, 1988) – analysiert technologische Entwicklungen am Arbeitsplatz, mit besonderer Betonung der Informationstechnologien.

Ray Pahl, *Divisions of Labour* (Oxford: Blackwell, 1984) – eine wichtige Analyse der Arbeit, des Haushaltes und der Familie.

Ben Pimlott and Chris Cook, *Trade Unions in British Politics: The First 250 Years*

(London: Longman, 1991) – eine interessante Sammlung von Aufsätzen zur Geschichte und gegenwärtigen Stellung der Gewerkschaften in Großbritannien.

Andrew Sayer and Richard Walker, *The New Social Economy* (Oxford: Blackwell, 1992) – eine nützliche Erörterung der Entwicklungen in der heutigen industriellen Produktion.

Paul Thompson and David McHugh, *Work Organisations: A Critical Discussion* (London: Macmillan, 1990) – ein Lehrbuch, das einen Überblick über die Organisationssoziologie liefert.

Hans Georg Zilian und Bertram Malle, *Spreu und Weizen. Das Verhalten der Arbeitskräftenachfrage* (Graz: Nausner & Nausner, 1994) - eine theoretisch und empirisch gut fundierte Darstellung von Sortierprozessen auf dem Arbeitsmarkt.

Teil V

Der soziale Wandel in der modernen Welt

Alle Kapitel dieses Buches betonen, wie radikal sich der soziale Wandel in der modernen Zeit vollzogen hat. Dieser Wandel war praktisch in der gesamten Menschheitsgeschichte allmählich; die meisten Menschen führten mehr oder weniger das gleiche Leben wie ihre Eltern. Im Gegensatz dazu leben wir in einer Welt, die sich kontinuierlich und dramatisch ändert. In den Kapiteln des vorliegenden Teiles werden wir einige Bereiche untersuchen, in denen der Wandel besonders tiefgreifend ist.

Kapitel 16 enthält eine Anlayse einer besonderen, uns alle betreffenden Komponente des Wandels: die zunehmende Einbindung verschiedener Gesellschaften in globale Systeme. Die Globalisierung des sozialen Lebens und die sich ändernden Muster der Urbanisierung beeinflussen einander gegenseitig. Der Urbanismus – die Summe der zu einer Zunahme der Bevölkerung in den Städten der ganzen Welt führenden Faktoren – wird im darauffolgenden Kapitel behandelt. Anschließend wird eine jener gegenwärtigen Veränderungen besprochen, deren Konsequenzen besonders weitreichend sind – die enorme Zunahme der Weltbevölkerung. Das Bevölkerungswachstum wurde durch die Verbreitung westlicher Techniken im Gesundheitswesen und in der Medizin entscheidend beeinflußt, und im vorliegenden Kapitel werden wir den sozialen Kontext von Gesundheit und Krankheit untersuchen. Eine Auswirkung der Zunahme des Lebensalters war die Veränderung der Altersverteilung (des Anteils der Bevölkerung in den verschiedenen Altersgruppen) der modernen Gesellschaften, die zu erheblichen Unterschieden zwischen den Industrienationen und den Entwicklungsländern geführt hat.

In den beiden abschließenden Kapitel werden die Wandlungsprozesse direkt behandelt. Ein Hauptmerkmal der modernen Zeit ist der entschiedene Versuch, den sozialen und politischen Wandel durch kollektive Maßnahmen herbeizuführen. Wir untersuchen einige der wichtigsten Formen des revolutionären Wandels vom 18. Jahrhundert bis in unsere Zeit und analysieren auch einige generelle Mechanismen des Protestes und der kollektiven Gewalt. Im letzten Kapitel werden wir auf allgemeine Interpretationen des sozialen Wandels eingehen. Wir erörtern, was man unter sozialem Wandel versteht, und warum dieser Wandel in unserer Zeit so tiefgreifend und konstant ist. Anschließend wird versucht, die zukünftigen Konsequenzen der gegenwärtigen Muster des Wandels an der Schwelle zum 21. Jahrhundert zu beschreiben.

Kapitel 16

Die Globalisierung des sozialen Lebens

Gesellschaften in der Dritten Welt
Die Entstehung der Nationen
Die wirtschaftlichen Folgen des Kolonialismus
Armut
Die Schwellenländer
Unterschiede zwischen reichen und armen Ländern
Zusammenhänge zwischen der Ersten und der Dritten Welt
Nahrungsmittelproduktion und Hunger in der Welt
Hunger
Agribusiness
Nahrungsmittelproduktion und Ökologie

Theoretische Perspektiven
Imperialismus
Neoimperialismus
Die Dependenztheorie
Die Weltsystem–Theorie
Kritik und Kommentar

Die multinationalen Konzerne
Verschiedene Arten multinationaler Konzerne
Das Wachstum der multinationalen Konzerne

Die internationale wirtschaftliche Integration
Ein Beispiel: die Automobilindustrie
Gegenwärtige Entwicklungen

Nichtstaatliche Akteure
Die Vereinten Nationen
Andere internationale Organisationen
Handelsnetzwerke

Gefahren für die globale Umwelt
Gefahrenquellen
Ist die Umwelt ein soziologisches Thema?

Die Globalisierung der Medien
Das Nachrichtenwesen
Kino, Fernsehen, Werbung und elektronische Kommunikation
Kino
Fernsehen
Werbung
Elektronische Kommunikation
Der Medienimperialismus

Schlußfolgerung

Zusammenfassung

Grundbegriffe

Wichtige Fachausdrücke

Weiterführende Literatur

Wenn Sie das nächste Mal ein Geschäft oder einen Supermarkt betreten, so sehen Sie sich die Palette der angebotenen Produkte näher an. Die Warenvielfalt, die wir im Westen als selbverständlich ansehen und die jeder, der über das nötige Geld verfügt, auch kaufen kann, ist von erstaunlich komplexen, weltumspannenden Handelsbeziehungen abhängig. Die angebotenen Produkte und die zu deren Erzeugung notwendigen Halbfertigprodukte oder Rohstoffe wurden in Hunderten verschiedenen Ländern hergestellt. Sie alle müssen regelmäßig quer durch die Welt transportiert werden, und es ist ein ständiger Informationsfluß erforderlich, um die Millionen damit zusammenhängenden täglichen Transaktionen zu koordinieren.

„Die menschliche Gesellschaft", schrieb der Anthropologe Peter Worsley, „gibt es erst in unserer Zeit" (Worsley, 1984, S. 1), womit er meinte, daß wir erst seit relativ kurzer Zeit von weltumspannenden Formen des sozialen Zusammenschlusses reden können. Die Welt ist – als Ergebnis der zunehmenden Interdependenzen, denen sich jetzt niemand mehr entziehen kann – in mehrfacher Hinsicht ein einziges soziales System geworden. Das globale System ist nicht nur ein Umfeld, in welchem sich spezielle Gesellschaften – wie Großbritannien – entwickeln und verändern. Die sozialen, politischen und wirtschaftlichen Zusammenhänge über die Staatsgrenzen hinweg beeinflussen das Schicksal der Bewohner der einzelnen Länder entscheidend. Die allgemeine Bezeichnung, mit der diese zunehmende gegenseitige Abhängigkeit der Weltgesellschaft charakterisiert wird, lautet **Globalisierung.**

Es wäre ein Irrtum, unter Globalisierung nur einen weltweiten Einigungsprozeß zu verstehen. Mit Globalisierung der sozialen Beziehungen sollte in erster Linie die Neuordnung von Zeit und Raum im sozialen Leben bezeichnet werden. Mit anderen Worten, unser Leben wird zunehmend von Ereignissen bestimmt, die weit weg vom sozialen Kontext, in dem wir unsere tagtäglichen Aktivitäten verrichten, stattfinden. Obwohl die Globalisierung heute rasch voranschreitet, ist sie für uns keineswegs völlig neu, sondern zwei bis drei Jahrhunderte alt und begann mit der Ausbreitung des westlichen Einflusses in der Welt (Wir haben bestimmte Aspekte dieses Phänomens bereits in Kapitel 2 „Kultur und Gesellschaft" besprochen).

Unser Hauptanliegen in diesem Kapitel gilt der Analyse der ungleichmäßigen oder fragmentarischen Beschaffenheit der Prozesse, in deren Verlauf verschiedene Teile dieser Welt miteinander in Verbindung traten. Die Globalisierung der sozialen Beziehungen erfolgte nicht gleichmäßig; von Anfang an war sie von Ungleichheiten zwischen verschiedenen Regionen in der Welt begleitet. Besonders wichtig sind die Prozesse, die zur Entstehung der Gesellschaften der Dritten Welt führten. Die Industrieländer werden durch große Unterschiede bei Reichtum und Lebensstandard von den weniger entwickelten Ländern, in denen der Großteil der Weltbevölkerung lebt, getrennt. Wir werden zunächst betrachten, wie sich die Gesellschaften der Dritten Welt entwickelt haben und wie ihr derzeitiges Verhältnis mit den Industrieländern beschaffen ist. Dann werden wir einige der wichtigen Theorien der weltweiten Entwicklung besprechen, ehe wir uns den internationalen Organisationen und den Medien widmen.

Gesellschaften in der Dritten Welt

Die Entstehung der Nationen

Die meisten Gesellschaften der Dritten Welt befinden sich in Gebieten, die einst von Kolonialmächten regiert wurden – in Asien, Afrika und Südamerika. Eine oder zwei davon sind noch immer Kolonien (Hongkong beispielsweise ist eine britische Kolonie, obwohl es 1997 an China übergeben werden soll). Ein paar kolonialisierte Gebiete wurden früh unabhängig, wie Haiti, das im Jänner 1804 die erste eigenständige schwarze Republik wurde. Die spanischen Kolonien in Südamerika erlangten 1810 ihre Unabhängigkeit, während sich Brasilien 1822 von Portugal lossagte. In den meisten frühen Beispielen unabhängiger Staatenbildung trugen die europäischen Siedler für gewöhnlich zur Trennung von der ursprünglichen Kolonialmacht wesentlich bei (Haiti war eine Ausnahme). Das war natürlich bei der Gründung der Vereinigten Staaten von Amerika der Fall.

Einige Länder, die niemals von Europa aus regiert wurden, waren nichtsdestoweniger stark von kolonialistischen Einflüssen geprägt; das beste Beispiel dafür ist China. China wurde mit Waffengewalt gezwungen, mit den europäischen Mächten Handelsverträge abzuschließen, aufgrund derer den Europäern in bestimmten Gebieten, unter anderem in großen Seehäfen, die Regierung zufiel. Hongkong ist das letzte noch bestehende Beispiel dafür.

Die meisten Nationen der Dritten Welt sind erst seit dem Zweiten Weltkrieg selbständig und haben oft blutige antikolonialistische Kämpfe hinter sich. Unter den Beispielen sind Indien, das bald nach der Erlangung der Unabhängigkeit in Indien und Pakistan zerfiel, sowie eine Reihe anderer asiatischer Länder (wie Burma, Malaysia oder Singapur) und viele afrikanische Staaten (einschließlich Kenia, Nigeria, Zaire, Tansania und Algerien).

Viele Länder der Dritten Welt waren vor der Kolonialisierung keine eigenen Gesellschaften. Ihre Grenzen wurden ihnen von den europäischen Herrschern aufgezwungen; die Kolonialherren zwangen für gewöhnlich viele verschiedene Kulturen unter eine einzige Verwaltung oder zerstückelten Kulturen, wenn es darum ging, die Hoheitsgebiete europäischer Mächte voneinander zu trennen. Obwohl es die koloniale Expansion bereits seit dem 16. Jahrhundert gibt, wurden die meisten Gebiete der heutigen Dritten Welt erst im 19. Jahrhundert kolonialisiert. Indien gelangte erst in den sechziger Jahren des 19. Jahrhunderts voll und ganz unter britische Herrschaft, ungefähr zu jener Zeit also, als die Briten ihre Administration in Malaya, Singapur und Burma verfestigten.

Afrika war für die Europäer der „schwarze Kontinent" und blieb bis in die Mitte des 19. Jahrhunderts weitgehend unerforscht. In den siebziger und achtziger Jahren des letzten Jahrhunderts wetteiferten die führenden europäischen Mächte um den Erwerb verschiedener Teile Afrikas, und einige Zeit später wurden dort effiziente koloniale Regierungssysteme errichtet. Die Zeit der Kolonialregierung war auf diese Weise in manchen Fällen sehr kurz und nicht lange genug, um eine Vielzahl unterschiedlicher indigener Gruppen unter einer wirksamen Administration zu integrieren. Das erklärt, warum heute viele Dritte Welt–Länder in ihrem Inneren so uneinheitlich und zerrissen sind. Zur Zeit der Erlangung der

Unabhängigkeit Kenias im Jahr 1963, konnten sich z.B. manche Leute noch persönlich an die Zeit vor der Errichtung der weißen Herrschaft erinnern (J. E. Goldthorpe, 1984).

Die wirtschaftlichen Folgen des Kolonialismus

Die europäischen Mächte erwarben aus mehreren Gründen Kolonien:

1 Der Besitz von Kolonien vergrößerte den politischen Einfluß und die Macht des Mutterlandes und bot Platz für militärische Stützpunkte.
2 Die meisten Bewohner westlicher Länder betrachteten den Kolonialismus als ein Unternehmen zur Zivilisierung, durch das die Eingeborenen aus ihren „primitiven" Lebensbedingungen emporgehoben werden sollten. Die Missionare wollten den Heiden den christlichen Glauben bringen.
3 Es gab ein wichtiges wirtschaftliches Motiv. Von der Frühzeit der westlichen Expansion an wurden Nahrungsmittel, Bodenschätze und andere Güter aus den kolonialisierten Gebieten herangeschafft, um die wirtschaftliche Entwicklung des Westens in Gang zu halten. Auch dann, wenn Kolonien nicht in erster Linie um wirtschaftlicher Vorteile willen erworben wurden, bemühte sich das Mutterland beinahe immer, die Kosten für die Verwaltung des Gebietes durch ausreichende wirtschaftliche Erträge wettzumachen.

In einigen Regionen boten die bestehenden wirtschaftlichen Aktivitäten der lokalen Bevölkerung eine ausreichende Basis für den Handel. In der Mehrzahl der Fälle jedoch, insbesondere in den Tropen, förderten die Europäer den Anbau von **Barernten**, die für den Verkauf auf internationalen Märkten bestimmt waren. Die Kolonialisten legten oft Plantagen, Farmen und Bergwerke an, in denen sie als Aufseher arbeiteten, während die lokale Bevölkerung die Arbeitskraft lieferte. In den meisten Fällen wurden große Landflächen in das Eigentum der europäischen Siedler übergeben. Eine bedeutende wirtschaftliche Erfindung der Kolonialländer war die Errichtung von **Konzessionsgesellschaften**, Gesellschaften, die vom Kolonialstaat eine Lizenz und damit das Monopol für die Produktion bestimmter Waren oder Ernten innerhalb eines bestimmten Gebietes bekamen (Weatherby et al., 1987). Ein paar dieser Gesellschaften, darunter sowohl staatlich kontrollierte als auch private, wurden sehr groß und hatten einen bestimmenden Einfluß auf die Gebiete, in denen sie aktiv waren. Die Nachfolger einiger Konzessionsgesellschaften sind heute im Welthandel sehr präsent.

Viele, wenn auch nicht alle Dritte Welt–Länder sind, verglichen mit den Industrienationen, verarmt. Der Großteil der Bevölkerung arbeitet in der Landwirtschaft, wobei traditionelle Produktionsmethoden vorherrschen. In einigen Fällen plünderten die Kolonialländer ihre Ressourcen, und hielten sie in einem Zustand der Unterwerfung. Zusätzlich war und ist in diesem Jahrhundert das Bevölkerungswachstum der meisten Länder der Dritten Welt hoch (siehe Kapitel 18 „Bevölkerung, Gesundheit und Alterung"). Es ist für sie daher sehr schwierig, eine dauerhafte wirtschaftliche Entwicklung zu erreichen, weil die Zuwächse in der Produktion sofort von noch mehr hungrigen Mäulern verschlungen werden.

Die Globalisierung des sozialen Lebens 563

In den ärmeren Ländern der Dritten Welt leben viele Leute unter Bedingungen, die für die Bewohner westlicher Länder beinahe unvorstellbar sind. Agostino Neto, der erste Präsident von Angola, einem Land im Süden Afrikas, schrieb ein Gedicht, das das Leben eines armen Steinbrucharbeiters anschaulich beschreibt (zitiert aus Bennett und George, 1987, S. 113). Es trägt den bewußt ironischen Titel „Westliche Zivilisation":

Das Haus besteht aus Blech,
und aus ein paar Pfosten,
die in der Erde stecken.

Ein paar Lumpen dazu –
fertig ist der Raum.

Die Sonne lugt durch die Ritzen
und begrüßt
nach zwölf Stunden Sklavenarbeit
den stolzen Besitzer.

Steine brechen
Steine heben
Steine brechen
Steine heben
bei schönem Wetter
bei Regenwetter
Steine brechen
Steine heben

Man altert früh.

Eine Matte in dunklen Nächten
genügt, um zu sterben,
dankbar
an Hunger
zu sterben.

Armut

Die Bedingungen in den ärmeren Entwicklungsländern haben sich in den letzten Jahren eher verschlechtert als verbessert. Zwar gibt es in den Industrieländern zahlreiche Arme (siehe Kapitel 7 „Schichtung und Klassenstruktur"), wenige jedoch sind chronisch unterernährt oder sterben an Hunger, wie das bei den Armen der Dritten Welt der Fall ist. Es wurde geschätzt, daß 1991 in allen Entwicklungsländern 1 200 Millionen Leute in absoluter Armut lebten – beinahe ein Viertel der Weltbevölkerung. Die Hälfte davon lebt in Südasien, ein Drittel in Schwarzafrika, ein Gebiet, auf das der Begriff „Entwicklungsland" nicht wirklich anwendbar ist, weil das reale Einkommen pro Kopf zwischen 1981 und 1991 um ca. 25 Prozent zurückgegangen ist (Ekins, 1992).

Die Armut ist meist in den ländlichen Gebieten am ärgsten, obwohl es auch in den Städten viele Millionen Arme gibt. Die Unterernährung, die fehlende Schulbildung, die niedrige Lebenserwartung und Substandard–Wohnungen sind im allgemeinen am Land am häufigsten. Viele Arme wohnen in Gebieten, in denen landwirtschaftlich nutzbarer Boden rar und die landwirtschaftliche Produktivität gering ist sowie häufig Dürreperioden oder Überflutungen auftreten. Frauen sind im allgemeinen stärker benachteiligt als Männer. Sie sind mit zahlreichen kulturellen, sozialen und wirtschaftlichen Problemen konfrontiert, die selbst die unterprivilegiertesten Männer nicht betreffen. Sie arbeiten durchschnittlich mehr und verdienen, wenn überhaupt, weniger (Weltbank, 1990).

Die Schwellenländer

Die Dritte Welt ist keine Einheit. Während die meisten Länder der Dritten Welt hinter den Gesellschaften des Westens und Osteuropas nachhinken, haben einige von ihnen einen Industrialisierungsprozeß eingeleitet. Man bezeichnet sie manchmal als **Schwellenländer** (neu industrialisierte Länder): Brasilien und Mexiko sowie die vier „Drachen" Hongkong, Südkorea, Singapur und Taiwan in Ostasien sind unter ihnen.

Das Wirtschaftswachstum der erfolgreichsten unter den Schwellenländern, wie z. B. Taiwan, erreicht ein Vielfaches der meisten westlichen Industrienationen (N. Harris, 1987). Noch 1965 befand sich unter den dreißig größten Exportländern von industriellen Erzeugnissen kein einziges Entwicklungsland, zwanzig Jahre später jedoch waren Hongkong und Südkorea bereits unter den ersten fünfzehn. Ihr Exportanteil war ungefähr gleich groß wie jener Schwedens oder der Schweiz. Der relative Erfolg dieser Länder hatte allerdings auf den Rest der Dritten Welt nur geringe positive Auswirkungen.

Brasilien ist bei weitem das größte Schwellenland – seine Wirtschaft steht weltweit an achter Stelle. Das Bruttosozialprodukt des Landes stieg zwischen 1932 und der Mitte der achtziger Jahre jährlich um durchschnittlich 6,5 Prozent. In den späten sechziger und besonders in den siebziger Jahren waren die Wachstumsraten, verglichen mit jenen der meisten Industrieländer, spektakulär. In Mexiko verfehlte die Wachstumsrate in diesen beiden Jahrzehnten die 8 Prozent–Marke nur knapp. Andererseits sind beide Länder bei westlichen Banken hoch verschuldet, und die Chancen, die Schulden auch nur mittelfristig zurückzahlen zu können, sind gering. Ein großer Anteil des neu geschaffenen Reichtums wird von den Privilegierten monopolisiert, anstatt den Armen auf dem Land und in der Stadt zugute zu kommen.

Bei den „vier Drachen" Asiens hielt die wirtschaftliche Prosperität bis in die frühen neunziger Jahre an (siehe Abb. 16.1). Ebenso wie sie im Ausland investieren, treiben sie das Wirtschaftswachstum zu Hause voran. Südkorea ist nunmehr weltweit die Nummer Eins in der Stahl– und Schiffsbauindustrie und ist gerade dabei, sich den Großteil des Elektronikweltmarktes zu sichern. Singapur entwickelt sich zum wichtigsten Finanz– und Handelszentrum Südostasiens. Taiwan hat verschiedene Formen der Produktionsindustrie angesiedelt und ist ebenfalls im Bereich der elektronischen Entwicklung präsent. Nur Hongkongs „Wirtschaftswunder" verblaßt, größtenteils wegen der Unsicherheit, was nach der Rückgabe der Kolonie im Jahr 1997 an China passieren wird.

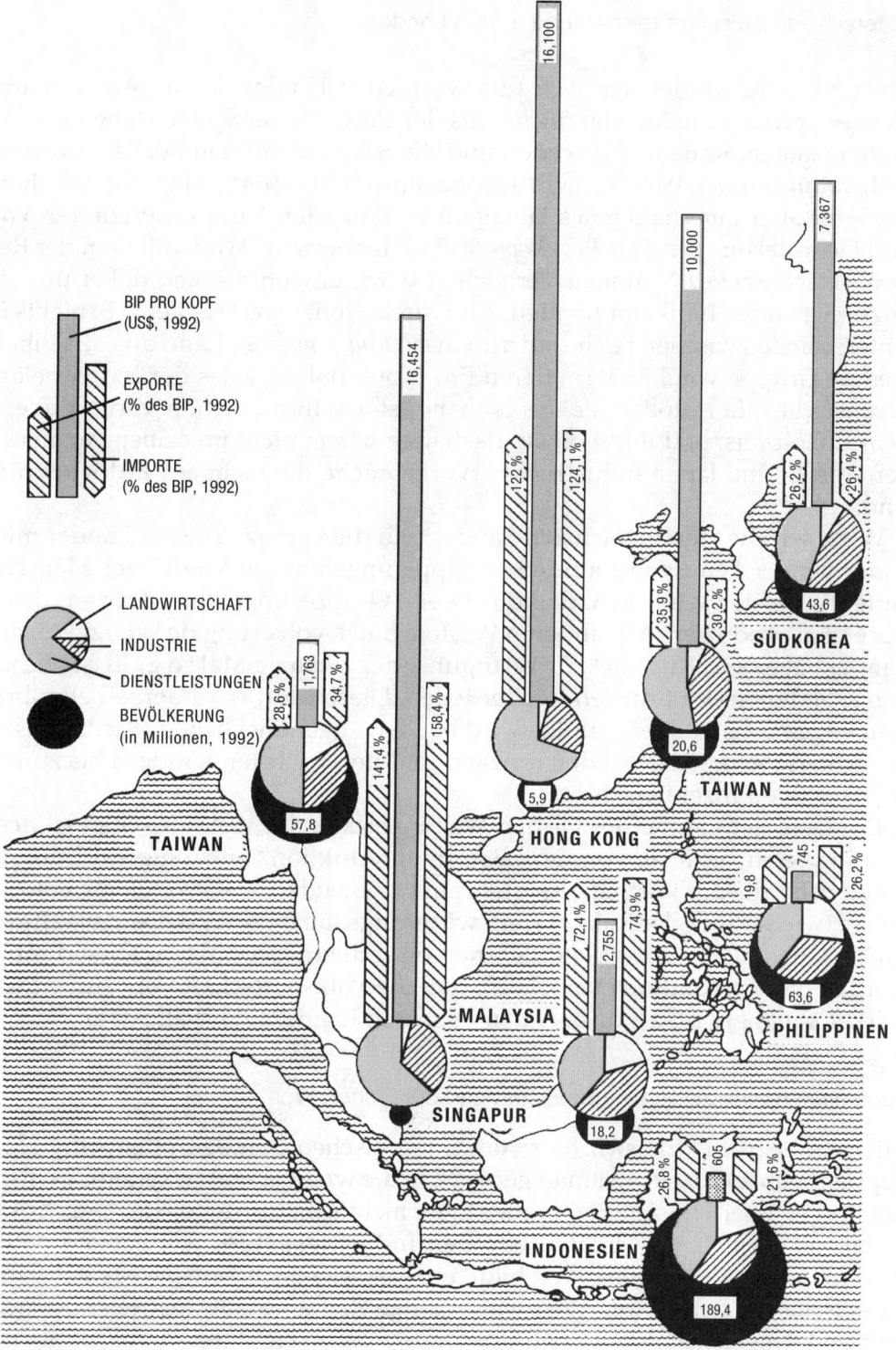

Abbildung 16.1 Die Volkswirtschaften der vier asiatischen „kleinen Drachen" und ihrer Nachbarländer
Quelle: Business International; Asian Development Bank; Zahlen aus *The World in 1992* (London: The Economist Publications, 1991), S. 83. (BIP=Bruttoinlandsprodukt)

Unterschiede zwischen reichen und armen Ländern

Etwa zwanzig Länder der Welt (die westlichen Länder, Japan, Australien und Neuseeland) sind heute viel reicher als der Rest. An der Spitze stehen die Vereinigten Staaten, Kanada, Schweden und die Schweiz mit den höchsten **Bruttosozialprodukten** der Welt. (Das Bruttosozialprodukt – BSP – einer Gesellschaft ist der Wert aller innerhalb eines Jahres im betreffenden Land produzierten Waren und Dienstleistungen. Das *Pro–Kopf–BSP* ist der normale Wert, mit dem der Reichtum verschiedener Nationen verglichen wird, obwohl es sich dabei um einen unzureichenden Indikator handelt. Als Durchschnittswert sagt er z. B. nichts über Unterschiede zwischen reich und arm in *ein und demselben* Land aus). Es gibt eine weitere Gruppe von Ländern, deren Pro–Kopf–BSP an jenes der Industrieländer heranreicht: die Erdölländer des Nahen Ostens. Ihre Position variiert aber mit dem Rohölpreis, und ihre Volkswirtschaften haben nicht im selben Ausmaß wie der Westen und Japan Industrien hervorgebracht, die nicht auf Erdöl begründet sind.

Wenn wir die vierzig reichsten Länder und die vierzig ärmsten Länder miteinander vergleichen (wobei auf jede Gruppe ungefähr ein Viertel der Menschheit entfällt), werden wir sehen, daß die zweite Gruppe ungefähr 5 Prozent des BSP der ersten produziert. Mit anderen Worten, die Bevölkerung der vierzig reichsten Länder hat einen „Kuchen" zur Verfügung, der zwanzig Mal so groß ist wie jener, den sich die vierzig ärmsten Länder teilen. Diese Kluft wird derzeit eher breiter statt enger. Schätzungen zufolge wird bei den augenblicklichen Wachstumsraten der Unterschied zwischen den ärmsten und den reichsten Ländern bis zum Jahr 2020 um 300 Prozent wachsen.

Die Lage der Länder der Dritten Welt innerhalb der Weltwirtschaft ist deswegen so prekär, weil sie von der „Barernteproduktion" abhängig sind. In vielen Ländern beruht das Wirtschaftssystem auf nur ein oder zwei Produkten, von denen einige (wie Kaffee oder Kakao) stark witterungsabhängig sind. Deren Weltmarktpreise schwanken viel stärker als jene von Industrieprodukten. Diese Probleme werden oft noch dadurch verschärft, daß die Volkswirtschaft vom Außenhandel stärker abhängig ist, als das bei den reicheren Ländern der Fall ist.

Zusammenhänge zwischen der Ersten und der Dritten Welt

Mit dem Begriff *Dritte Welt* (der vom französischen Demographen Alfred Sauvy geprägt wurde) bezeichnet man gemeinhin die weniger entwickelten Gesellschaften. In gewisser Hinsicht ist er allerdings nicht sehr zufriedenstellend. Er klingt so, als ob diese Gesellschaften von den Industrieländern weitgehend getrennt wären und eine Art eigene Welt bildeten. Das ist jedoch keineswegs der Fall; die Gesellschaften der Dritten Welt waren lange Zeit an die Industrieländer gekoppelt und umgekehrt. Wie bereits erwähnt, wurden sie durch den Kolonialismus und die Handelsbeziehungen mit den westlichen Ländern geprägt. Andererseits haben auch die Beziehungen des Westens mit anderen Teilen der Welt diesen stark beeinflußt. Die Tatsache, daß es in den Vereinigten Staaten und in Brasilien

Die Globalisierung des sozialen Lebens 567

einen hohen schwarzen Bevölkerungsanteil gibt, ist z. B. ein Ergebnis des „Menschenhandels" – des Sklavenhandels –, den die Siedler zu treiben begannen.

Gegenwärtig werden die Verbindungen zwischen den Ländern der Ersten und der Dritten Welt infolge der zunehmenden Globalisierung sogar noch komplexer. Viele in westlichen Betrieben verwendete Rohstoffe werden aus der Dritten Welt importiert. Große Mengen von Nahrungsmitteln (Barernten) kommen regelmäßig von der Dritten Welt in die Industrieländer. Schließlich werden jetzt in zunehmendem Maße Waren in der Dritten Welt hergestellt, weil viele europäische Firmen dort Fabriken errichtet haben. Wir werden diese Entwicklungen später in diesem Kapitel analysieren.

Nahrungsmittelproduktion und Hunger in der Welt

Die Verteilung der Nahrungsmittelversorgung spiegelt die allgemeinen Ungleichheiten zwischen reichen und armen Ländern wider. Die Weltgesundheitsorganisation schätzt, daß zehn Millionen Kinder unter fünf Jahren in der Dritten Welt vom Hungertod bedroht sind. Weit über zehn Millionen Kinder sterben jedes Jahr im Säuglings– oder Kleinkindalter an Krankheiten, die auf ihre eigene Mangelernährung oder auf die Mangelernährung ihrer Mutter zurückzuführen sind. Und vermutlich sind ungefähr 700 Millionen Erwachsene ernstlich unterernährt (Bennett und George, 1987).

Die weltweite Nahrungsmittelproduktion steigt jedoch kontinuierlich und konnte bis jetzt entgegen allen Befürchtungen vor einigen Jahren mit dem Bevölkerungswachstum Schritt halten. Die durchschnittliche weltweite Getreideernte betrug in den letzten Jahren ungefähr 1 300 Millionen Tonnen, was ausreicht, um die fünf Milliarden Menschen, die heute auf der Erde wohnen, zu ernähren.

Praktisch der gesamte Nahrungsmittelüberschuß wird jedoch in den Industrieländern produziert. Nordamerika ist die bei weitem größte Quelle für den Nahrungsmittelexport. Vor dem Zweiten Weltkrieg teilte es diese Position mit Südamerika, wobei besonders Argentinien ein wichtiger Produzent von Getreide und Vieh war. Das Bevölkerungswachstum in Südamerika, die mangelnden landwirtschaftlichen Reformen und die fehlende Modernisierung haben allerdings dazu geführt, daß dieser Kontinent heute keinen Überschuß mehr produziert; die meisten südamerikanischen Länder produzieren derzeit nicht genug Nahrungsmittel für ihren eigenen Bedarf. In Nordamerika und Europa hingegen besteht auf dem Landwirtschaftssektor eine große Überkapazität. Auf beiden Kontinenten zahlen die Regierungen den Bauern regelmäßig Prämien, damit diese Teile ihrer Äcker brach liegen lassen, und lagern sehr große Mengen von Nahrungsmitteln ein, die auf den Weltmärkten keine Käufer finden.

Hunger

Über extremen Hunger in den Ländern der Dritten Welt weiß man in den reicheren Staaten unter anderem deswegen wenig, weil sich die Beschaffenheit des Hungers geändert hat. Hunger wird im allgemeinen als vorübergehender Zustand gesehen, der nach bestimmten ungewöhnlichen Umständen in einer bestimmten

Region auftritt. So kam es z. B. zu bestimmten Zeiten im 19. Jahrhundert in Irland zu Hungersnöten, wenn die Kartoffelernte ausfiel. Hungersnöte dieser Art treten noch auf, aber unter den Armen der Welt ist der Nahrungsmittelmangel chronisch geworden und meist nicht mehr auf bestimmte Zeiten und Regionen beschränkt.

Unterernährung und Hunger sind heute in Afrika am weitesten verbreitet. Die meisten afrikanischen Länder importieren mehr Nahrungsmittel, als sie exportieren, aber der Anteil ihrer Einnahmen, der für diesen Zweck zur Verfügung gestellt werden kann, ist im Sinken begriffen. Eine Spirale sich ständig verschlechternder Bedingungen hat eingesetzt, weil einerseits die Bevölkerung anwächst und es andererseits an Devisen fehlt, um Dünger, Pestizide und landwirtschaftliche Maschinen zu kaufen, mit denen die Nahrungsmittelproduktion erhöht werden könnte. Kriege, Aufstände und ungewöhnliche Dürreperioden haben die Situation noch verschärft. Länder, in denen zwei Drittel der Arbeitskräfte oder mehr in der Landwirtschaft arbeiten, müssen heute beinahe 10 Prozent all ihrer Nahrungsmittel importieren (Cannon, 1987).

Auch wenn sich die reicheren Länder bei der Nahrungsmittelhilfe an diese Länder großzügiger erwiesen, als es derzeit der Fall ist, würde das die grundsätzlichen Probleme nicht lösen. Die Hilfslieferungen tragen nichts dazu bei, um die Fähigkeit der armen Länder, eine effizientere Landwirtschaft zu entwickeln, zu verbessern, und können sogar den gegenteiligen Effekt hervorrufen. In einigen Teilen Afrikas haben z. B. Weizen– und Reisimporte zu einer Veränderung des lokalen Speisezettels und der Essensgewohnheiten geführt. In den tropischen Zonen des Kontinents ist der Anbau dieser Produkte extrem teuer, und so werden sie mit dem Geld, das vorher für die lokale Landwirtschaft verwendet wurde, importiert. Angesichts derartiger paradoxer Folgen wurde von mancher Seiten vorgeschlagen, die Nahrungsmittellieferungen tatsächlich auf Notsituationen zu beschränken. Auf alle Fälle ist ein Transfer von *Produktions*ressourcen (z. B. von landwirtschaftlichen Maschinen und den Mitteln, um sie zu warten und zu reparieren) in großem Umfang erforderlich, wodurch für die einheimische Landwirtschaft effizientere Methoden entwickelt werden könnten.

Aber sogar in diesem Zusammenhang gilt es grundlegende Probleme zu lösen. Eine umfassende Studie über Entwicklungshilfe hat gezeigt, daß das Geld, das von den Industrieländern in die armen Länder fließt, oft – und sogar systematisch – zweckentfremdet verwendet wird. Es fließt in militärische Kanäle oder wird für die Unterstützung einflußreicher Einzelpersonen und Gruppen verwendet, oder es versickert in einer Bürokratie, in der es unverantwortlich ausgegeben wird. Aufgrund dieser Umstände ist es nicht überraschend, wenn Hilfsprojekte für Arme und Verhungernde katastrophal enden können. Der Autor einer Untersuchung kam zu folgendem Schluß:

> Straßen, die in Flüsse münden und dann munter auf der anderen Seite weiterführen; Silos ohne Stromversorgung, hochkompliziertes Gerät in entlegenen Dörfern, wo es niemand bedienen kann; Fischzuchten, die für 4 000 Dollar ein Kilo Fisch produzieren und an afrikanische Bauern verkaufen wollen, die nicht einmal 400 Dollar im Jahr verdienen; Dämme, die Tausende um Hab und Gut bringen und die Verbreitung tückischer Krankheiten begünstigen; Umsiedelungspläne, die Siedler noch ärmer machen als sie es waren, bevor sie ihre Heimat verließen – all diese Pannen sind keine kuriosen Ausnahmen irgendeiner bewährten, allgemeingültigen Regel der Entwicklungshilfe. Im Gegenteil: Sie sind die Regel. (Hancock, 1989, S. 225)

Aufgrund einer allgemeinen Enttäuschung angesichts orthodoxer Entwicklungshilfestrategien haben viele die „Hilfe zur Selbsthilfe" unterstützt. Ihr Ziel ist es, die Armen mit einem Minimum an Nahrungsmitteln, sauberem Trinkwasser, Wohnraum und Bildung zu versorgen, damit sie nicht nur überleben, sondern aktiv an der Schaffung besserer Lebensbedingungen teilnehmen können. Diese Projekte haben meist einen kleineren Maßstab, machen so weit wie möglich lokale Ressourcen nutzbar und setzen dort Low–tech ein, wo High–tech Schaden anrichten kann (Ekins, 1992).

Agribusiness

Trotz der Tatsache, daß viele ihrer Bürger Hunger leiden, sind die Länder der Dritten Welt wichtige Nahrungsmittellieferanten an den Westen. Westliche Nahrungsmittelunternehmen – die **Agribusiness**-Unternehmen – sind hier der Hauptmotor. Der Begriff *Agribusiness* wurde von Ray Goldberg von der *Harvard Business School* geprägt und bedeutet, daß die Nahrungsmittelproduktion weitgehend *industrialisiert* worden ist – daß unter Maschineneinsatz produziert und die Produktion durch systematische Verarbeitung, Transport und Lagerung organisiert wird. Viele Millionen Leute – vor allem in den Industrieländern – produzieren ihre eigenen Nahrungsmittel nicht mehr direkt. Die Nahrungsmittel, die sie konsumieren, enthalten viele verschiedene Früchte, Mineralien und andere aus der Dritten Welt importierte Bestandteile. Bei diesen handelt es sich meist um keine „Grundnahrungsmittel" (wie Getreide oder Fleisch), sondern um solche, die auf den westlichen Speisezetteln häufig zu finden sind (wie Kaffee, Tee und Rohrzucker).

Viele der großen, in den Ländern der Dritten Welt tätigen Agribusiness–Firmen sind aus den von den Kolonialmächten errichteten Konzessionskompanien hervorgegangen. Eine der ersten Plantagen z. B., die eine ausländische Gesellschaft in Afrika innehatte, war jene, die William Hesketh Lever im 19. Jahrhundert errichtet hatte. Lever war die treibende Kraft beim Aufbau der *Lever Brothers*, aus der *Unilever*, die größte Nahrungsmittelfirma der Welt, hervorging. Ihre Aktivitäten in Afrika bezogen sich ursprünglich auf die Kontrolle des Handels mit Palmöl, das in den firmeneigenen Seifenfabriken in Nordwest–England verarbeitet wurde.

Weitere Beispiele sind die *Firestone Rubber Company* und die *Brooke Bond Tea Company*. Erstere kaufte 1926 4 000 km^2 von der liberianischen Regierung, um eine riesige Gummiplantage zu errichten. Obwohl nur geringe Ressourcen auf regelmäßiger Basis in die liberianische Wirtschaft flossen, wurde das Land von der Gesellschaft so abhängig, daß es oft „Firestone Republic" genannt wurde (Dinham und Hines, 1983). Brooke Bond pflanzte in den zwanziger Jahren die erste Teeplantage in Afrika; später folgten auch Plantagen in Indien, Pakistan und Ceylon (jetzt Sri Lanka).

Heute werden mehrere Sektoren der Weltproduktion an Export–Ernten von einer Handvoll großer Agribusiness–Gesellschaften kontrolliert. Drei Gesellschaften (Gill und Duffus, Cadbury–Schweppes und Nestlé) kontrollieren 60 – 80 Prozent des Welt–Kakao–Umsatzes. Neunzig Prozent des in Westeuropa und Nordamerika verkauften Tees werden von fünf europäischen und drei US–Gesellschaften kontrolliert. Ein Drittel des Welthandels mit Margarine und Tafelöl ist in Händen eines einzigen Unternehmens (Unilever). Die für die Ernten bezahlten Preise werden hauptsächlich durch die Aktivitäten an der New Yorker und Londoner Börse bestimmt, weitab also von den Bedingungen der lokalen Produzenten.

Die Besteuerung der Agribusiness–Unternehmen stellt für die Regierungen der Dritten Welt eine Deviseneinnahmequelle dar, und die von den Konzernen gebotenen Löhne liegen oft höher als jene der konkurrierenden lokalen Unternehmen. Die Auswirkungen sind aber für das Gastgeberland insgesamt weitgehend negativ. Obwohl Agribusiness–Unternehmen im allgemeinen sehr effizient arbeiten, ist der überwältigende Teil ihrer Produktion für den Bedarf der industrialisierten Regionen der Welt bestimmt. Traditionellere Methoden der landwirtschaftlichen Produktion werden untergraben, weil Arbeiter auf die Arbeitsplätze im Agribusiness abwandern. Hat dieser Prozeß einmal eingesetzt, ist die lokale Bevölkerung den ausländischen Konzernen ausgeliefert, weil diese anderswo investieren können. Die lokalen Führungsschichten werden im allgemeinen durch ihre Verbindungen mit den Agribusiness–Unternehmen reicher, und die Kluft zwischen ihnen und den Bauern vertieft sich.

Nahrungsmittelproduktion und Ökologie

Bestimmte Methoden der modernen Landwirtschaft, insbesondere jene des Agribusiness, haben gravierende Auswirkungen auf die Umwelt. Die High–tech–Landwirtschaft neigt dazu, die Landwirtschaft von den natürlichen Ressourcen, von denen sie jahrtausendelang abhängig war, zu trennen. Der Einsatz von Kunstdünger und Pestiziden sowie die Zuchtmethoden von Pflanzen und Tieren entwickeln sich nach einer wissenschaftlichen und industriellen Logik, die nur mehr lose mit dem Zyklus der landwirtschaftlichen Produktion und Erneuerung verbunden ist. Die modernen Nahrungsmittelproduktionssysteme haben, auch wenn sie außerordentlich produktiv sind, dazu beigetragen, die langfristige Umweltverträglichkeit auszuhöhlen und sogar unmittelbar die Umwelt beeinflußt. (Goodman und Redclift, 1991).

Sogar in einem Industrieland wie den Vereinigten Staaten wurden die durch die Bodenerosion in den achtziger Jahren verursachten Schäden auf 6 Milliarden Dollar geschätzt. Die intensive landwirtschaftliche Produktion in den westlichen Ländern hat zunehmend auch Probleme im Zusammenhang mit Müllentsorgung, mit der Umweltverschmutzung und mit der Seuchenbekämpfung mit sich gebracht. Ein weiterer, zentraler Aspekt der modernen landwirtschaftlichen Praktiken war die Zerstörung traditioneller Muster bäuerlicher Landnutzung und ländlicher Besitzstruktur. Abholzung, Drainagierungen und Einebnungen haben zu diesem Wandel beigetragen. Die Verschlechterung der Bodenqualität ist ebenfalls eine weit verbreitete Folge. In den achtziger Jahren z. B. verringerte sich die landwirtschaftlich nutzbare Fläche in den EG–Ländern um 10 Prozent.

Wegen der kurzfristigen Gewinne aus der Intensivierung der landwirtschaftlichen Produktivität, ist es in Entwicklungsländern viel schwieriger als in den Industrieländern, Umweltprioritäten zu setzen. Die sogenannte „Grüne Revolution", bei der zuerst im Getreidegürtel des Mittleren Westens der Vereinigten Staaten entwickelte Pflanzenzuchtmethoden in Dritte Welt–Länder eingeführt wurden, brachte viele Fortschritte in der Produktivität. Einige dieser Methoden sind jedoch alles andere als „grün", was ihre längerfristigen Umweltfolgen angeht. Ärmere Leute in den Entwicklungsländern sind oft wegen der langfristigen Aufrechterhaltung der Ressourcen, von denen sie abhängig sind, in einer widersprüchlichen Situation gefangen. Die von ihnen angewendeten traditionellen landwirtschaftlichen Methoden sind beinahe immer so in die lokale Umgebung integriert, daß sie regelmäßige Ernten zulassen. Die modernen Produktionssysteme bieten zwar die Möglichkeit, den Ernteertrag zu erhöhen, aber um den Preis der Erschöpfung oder der Verlagerung der Ressourcen, die die lokale Bevölkerung einst selbst kontrollierte.

Theoretische Perspektiven

Wie erklärt es sich, daß Reichtum und Macht zwischen den Industrieländern und den Dritte Welt–Ländern so ungleich verteilt sind? Als Erklärungsversuch für die markanten globalen Ungleichheiten, die sich in den letzten Jahrhunderten herausgebildet haben, wurden drei theoretische Modelle entwickelt: die *Imperialismustheorie*, die *Dependenztheorie* und die *Weltsystemtheorie*.

Imperialismus

Die **Imperialismustheorie** wurde zuerst vom englischen Historiker J. A. Hobson formuliert und vom sowjetischen Führer Lenin übernommen, der von Marx beeinflußt war. Hobsons Arbeit wurde zu Beginn des 20. Jahrhunderts, zur Zeit des westlichen „Wettlaufs um Afrika", veröffentlicht. Hobsons Ansicht nach war der Kolonialismus eine logische Folge des Versuches, neue Märkte für Investitionen zu finden, nachdem die Produktionskapazität so gestiegen war, daß man die Güter auf den heimischen Märkten nicht mehr gewinnbringend verkaufen konnte. Hobson zufolge kann der Großteil der Bevölkerung nicht mehr als einen relativ kleinen Anteil der hergestellten Güter kaufen; daraus resultiert ein ständiges Bemühen sowohl um neue Absatzmärkte, als auch um billigere Produktionsmethoden, indem billige Quellen für Rohstoffe und Arbeitskräfte in anderen Teilen der Welt aufgespürt werden. Was Hobson *Imperialismus* nennt – das Bestreben, andere Völker zu erobern und zu unterwerfen, das sich unter anderem im Kolonialismus niederschlug – ist das Ergebnis dieses Ausdehnungsdruckes (Hobson, 1965).

Dieser Prozeß förderte einerseits die wirtschaftliche Entwicklung der westlichen Länder und führte andererseits zur Verarmung großer Teile der restlichen Welt, weil Ressourcen von den nichtindustrialisierten Gebieten abgezogen wurden. Er riß eine immer tiefer werdende Kluft zwischen dem reichen Westen und der armen Dritten Welt auf. Lenin argumentierte, daß die großen Konzerne bei dieser Entwicklung eine führende Rolle spielen, wenn auch mit Unterstützung ihrer nationalen Regierungen. Sie sind die Wegbereiter der Ausbeutung der nichtindustrialisierten Regionen, indem sie mit ärmeren Ländern Handelsbeziehungen zu Bedingungen aufbauen, die hauptsächlich sie selbst begünstigen.

Neoimperialismus

Spätere Autoren haben auf der Grundlage der Ideen Lenins und Hobsons Theorien des **Neoimperialismus** entwickelt. Im Mittelpunkt ihres Interesses steht eher die gegenwärtige Welt als die von Hobson und Lenin analysierte Zeit. Die alten Kolonialreiche, wie das britische Empire, sind mehr oder weniger vollkommen verschwunden; praktisch alle Kolonialgebiete sind unabhängig geworden. Trotzdem, so argumentieren sie, erhalten die Industriestaaten mit Hilfe ihrer führenden wirtschaftlichen Position im Welthandel und über den Einfluß großer, weltweit operierender Konzerne die Kontrolle aufrecht. Die westlichen Länder sind in der Lage, ihre privilegierte Position aufrechtzuerhalten, indem sie die Bedingungen des Welthandels diktieren.

Die Dependenztheorie

Ein mit den neoimperialistischen Theorien zusammenhängender Ansatz ist die **Dependenztheorie**. Dieser Ansatz wurde ursprünglich in einem südamerikanischen Kontext entwickelt (Cardoso, 1972; Furtado, 1975). Den Anhängern der Dependenztheorie zufolge hat sich die globale Gesellschaft *unregelmäßig* entwickelt, sodaß der innere **Kern** der industriellen Welt (Vereinigte Staaten, Europa, Japan) eine führende Rolle spielt, und die Dritte Welt–Länder von ihm *abhängig* sind. Die Ursprünge und die Beschaffenheit dieser Abhängigkeit variieren, je nachdem, wie weit und von wem ein Land kolonialisiert wurde. Die Abhängigkeit bedeutet für gewöhnlich, daß sich die Dritte Welt–Länder auf den Verkauf von Barernten an die Industrieländer verlassen.

Brasilien hat sich beispielsweise zum führenden Kaffeeproduzenten für den Export entwickelt. Weitere Barernten sind Zucker, Gummi und Bananen (daher der Name *Bananenrepublik*, mit dem der reichere Norden verächtlich die labilen südamerikanischen Regime bezeichnet (Munck, 1986)). Die starke Präsenz traditioneller Formen der Landwirtschaft verhinderte in Verbindung mit der Produktion von Export–Barernten die Entwicklung moderner Produktionsbetriebe. Nachdem die südamerikanischen Staaten zu weit hinter die Industrieländer Europas und Nordamerikas zurückgefallen und von deren industriellen Gütern abhängig geworden waren, setzte die Stagnation ein.

Der Wirtschaftswissenschaftler André Gunder Frank hat den Begriff „Entwicklung der Unterentwicklung" geprägt, um die Entwicklung der Dritte–Welt–Länder zu beschreiben. Er argumentiert, daß diese Gesellschaften unmittelbar aufgrund ihrer im Verhältnis zu den Industriestaaten untergeordneten Position verarmten. Die Industrieländer wurden *auf Kosten* der Dritten Welt reich, die erst durch Kolonialismus und Neo–Imperialismus geschaffen wurde. Mit Franks Worten sind „Entwicklung und Unterentwicklung zwei Seiten ein und derselben Medaille" (Frank, 1969, S. 4). Die reichen Länder bilden ein *metropolitanes Zentrum*, um das *Satelliten* (Dritte Welt–Länder) kreisen, wobei deren Wirtschaftssysteme von jenen der stärker industrialisierten Länder abhängig sind, während sie selbst weitgehend verarmen.

Die Weltsystem–Theorie

Die von Immanuel Wallerstein entwickelte **Weltsystemtheorie** ist der differenzierteste aller Interpretationsversuche der weltweiten Ungleichheitsmuster. Wallerstein zufolge hat sich vom 16. Jahrhundert an ein Weltsystem entwickelt – eine Reihe von weltumspannenden wirtschaftlichen und politischen Zusammenhängen –, das auf der Expansion einer *kapitalistischen Weltwirtschaft* beruht (Wallerstein, 1986). Die kapitalistische Weltwirtschaft besteht aus den *Kernländern* (die im großen und ganzen Franks *metropolitanem Zentrum* entsprechen), der **Semiperipherie**, der **Peripherie** und der **externen Arena**. Die *Kernstaaten* sind solche Staaten, in denen zuerst moderne Wirtschaftsunternehmen entstanden sind, welche in der Folge einen Industrialisierungsprozeß durchmachten: Großbritannien, die Niederlande und Frankreich zuerst, gefolgt von nordwesteuropäischen Gesellschaften wie Deutschland. In den Kerngebieten gab es eine Reihe von aufstrebenden Produktionsbetrieben und relativ fortgeschrittene Formen landwirtschaftlicher Produktion sowie zentralisierte Regierungsformen.

Südeuropäische mediterrane Gesellschaften (wie Spanien), entwickelten sich zur *Semiperipherie* der Kernländer. Mit anderen Worten, sie waren mit den nördlicher gelegenen Staaten durch verschiedene Handelsbeziehungen verbunden, stagnierten wirtschaftlich jedoch. Bis vor zwei Jahrhunderten bestand die *Peripherie* – der „äußere Rand" – der Weltwirtschaft hauptsächlich aus den östlichen europäischen Randgebieten. Aus diesen Gebieten, etwa dem heutigen Polen, wurden Barernten direkt an die Kernländer verkauft.

Große Gebiete von Asien und Afrika waren zu dieser Zeit Teil der *externen Arena* – d. h. sie blieben von den von den Kernländern geknüpften Wirtschaftsbeziehungen unberührt. Als Ergebnis des Kolonialismus und später aufgrund der Aktivitäten großer Konzerne wurden diese Regionen in die Weltwirtschaft einbezogen. Die Dritte Welt–Länder bilden derzeit die Peripherie eines heute umfassenden Weltsystems, zu dem die Vereinigten Staaten und Japan hinzugekommen sind, die nun den Kern beherrschen. Da die Kernländer das Weltsystem dominieren, so Wallerstein, sind sie in der Lage, den Welthandel im Sinne ihrer Interessen zu organisieren. Die Industrieländer haben eine Position errichtet, von der aus sie die Ressourcen der weniger entwickelten Gesellschaften für ihre eigenen Zwekke ausbeuten können, eine Ansicht, die auch die Dependenztheorie vertritt.

Kritik und Kommentar

Wie stichhaltig sind diese Theorien? Sie sind sich darin einig, daß das Ungleichgewicht des Reichtums und der Ressourcen zwischen den Industrieländern und der Dritten Welt ihren Ursprung im Kolonialismus hat. Das stimmt sicher, und zweifellos wurden die in der Kolonialzeit entwickelten Abhängigkeitsverhältnisse fortgesetzt und verstärkt. Die meisten Länder der Dritten Welt sind in Wirtschaftsbeziehungen eingebunden, die ihre wirtschaftliche Entwicklung hemmen, von denen sie sich aber nur unter größten Schwierigkeiten befreien können. Dadurch werden die Industrieländer zunehmend reicher, während viele Dritte–Welt–Länder stagnieren.

Das Argument (besonders von Frank), daß die Prosperität der Industriegesellschaften eine Folge der Ausbeutung der ärmeren Länder sei, ist aber falsch. Die von diesen Ländern bezogenen Ressourcen waren, verglichen mit dem in den Industrieländern selbst erzeugten Wachstum der Industrie, von untergeordneter Bedeutung (Blomstrom und Hettne, 1984). Darüberhinaus zeigen die Erfahrungen der Schwellenländer, daß unter bestimmten Umständen auch weniger entwickelte Länder in der Lage sind, eine rasche Industrialisierung und ein schnelles Wirtschaftswachstum herbeizuführen.

Wallersteins Theorie ist besonders wichtig, weil sie sich nicht nur mit den globalen Ungleichheiten beschäftigt, sondern die Welt als ein zusammenhängendes soziales System analysiert. Die Industriegesellschaften und die Länder der Dritten Welt sind verschiedene Komponenten mehrerer, zusammengehöriger, paralleler Entwicklungsprozesse. Diese Perspektive ist von fundamentaler Bedeutung, auch wenn Wallersteins Darstellung im Detail kritisiert werden kann.

Eine grundlegende Schwäche jeder dieser Theorien besteht darin, daß sie sich beinahe ausschließlich auf ökonomische Faktoren der Weltsystementwicklung konzentrieren. Zwar sind wirtschaftliche Einflüsse sehr wichtig, aber ebenso wichtig sind politische Erwägungen, Kriege und kulturelle Faktoren. Sie alle haben zur Zunahme der weltweiten wechselseitigen Abhängigkeiten beigetragen (Somjee, 1991). Wir werden in diesem Kapitel noch auf sie eingehen.

Die multinationalen Konzerne

Die oben skizzierten Theorien räumen der Rolle großer Wirtschaftsunternehmen bei der Gestaltung der weltweiten Entwicklung im 20. Jahrhundert mit Recht viel Platz ein. Wir wollen in der Folge näher auf diese Konzerne eingehen. Sie werden im allgemeinen **multinationale Gesellschaften** genannt, wobei der Begriff „*transnational*" eigentlich vorzuziehen wäre, weil er angibt, daß diese Firmen statt *innerhalb* einiger oder vieler Staaten *über* die nationalen Grenzen *hinweg* tätig sind. Ein multinationaler Konzern ist eine Firma, die in zwei oder mehreren Ländern Fabriken oder Büros hat.

Die größten multinationalen Konzerne sind Giganten, deren Vermögen weit größer ist als jenes vieler Länder. Die Hälfte der hundert größten Wirtschaftseinheiten in der heutigen Welt sind Staaten, die andere Hälfte multinationale Konzerne! Der Umfang der Tätigkeiten dieser Firmen ist umwerfend. Die sechshundert größten Multis decken über ein Fünftel der gesamten weltweiten industriellen und landwirtschaftlichen Produktion ab. Ungefähr siebzig multinationale Konzerne erzielen die Hälfte des weltweiten Umsatzes (Dicken, 1992). Die Erträge der zweihundert größten Firmen sind von der Mitte der siebziger Jahre bis in die neunziger Jahre um das Zehnfache gestiegen. In den vergangenen zwanzig Jahren wurden die Aktivitäten der Multis zunehmend international: 1950 hatten nur drei der dreihundertfünfzehn größten Firmen der Welt Produktionsniederlassungen in mehr als zwanzig Ländern, während es heute etwa fünfzig sind. Diese Gruppe ist heute natürlich noch eine kleine Minderheit; die meisten Multis haben Niederlassungen in zwei bis fünf Ländern.

Achtzig der zweihundert weltweit führenden multinationalen Gesellschaften haben ihren Stammsitz in den Vereinigten Staaten und erzielen knapp über die Hälfte des Gesamtumsatzes. Der Anteil amerikanischer Firmen ist jedoch seit 1960 parallel zum dramatischen Wachstum japanischer Firmen deutlich zurückgegangen: 1960 waren nur fünf japanische Firmen unter den zweihundert Größten, 1991 bereits achtundzwanzig. Im Gegensatz zu anders lautenden Annahmen (inklusive einiger der oben erwähnten Theoretiker) werden die meisten Investitionen in den Industrieländern getätigt: Drei Viertel *aller* ausländischen Direktinvestitionen werden von einem Industrieland in einem anderen getätigt. Nichtsdestoweniger sind die Multis in den Ländern der Dritten Welt stark engagiert, wobei Brasilien, Mexiko und Indien die höchsten ausländischen Investitionen aufweisen. Der höchste und schnellste Anstieg der Investitionsraten der Multis seit 1970 ist in den asiatischen Schwellenländern Singapur, Hongkong, Südkorea und Malaysia zu verzeichnen.

Verschiedene Arten multinationaler Konzerne

Die multinationalen Konzerne haben im Laufe dieses Jahrhunderts in der Weltwirtschaft einen immer wichtiger werdenden Platz erobert. Ebenso wie die Volkswirtschaften in zunehmenden Maße *konzentriert* und von einer begrenzten Zahl sehr großer Firmen dominiert werden, konzentriert sich die Weltwirtschaft. Für die USA und einige andere führende Industrienationen gilt, daß die landesweiten Marktleader auch international stark präsent sind. In vielen Bereichen der Weltproduktion (z. B. im Agribusiness) sind die größten Firmen *Oligopole*, d.h. die Produktion wird von drei oder vier marktbeherrschenden Konzernen kontrolliert. Während der vergangenen zwei oder drei Jahrzehnte haben sich internationale Oligopole in der Automobilproduktion, bei den Mikroprozessoren, in der Elektronikindustrie und bei einigen anderen, weltweit vermarkteten Produkten entwickelt.

Ein besonders wichtiger, neuerer Trend ist die Entstehung von **Konglomeraten** – Firmen, die viele verschiedene Produktions- und Dienstleistungszweige abdecken. Ein Beispiel ist die US-Firma R. J. Reynolds, der Hersteller der Winston-Zigaretten. Reynolds besitzt unter anderem Del Monte (Obst), Heublein (Alkohol), Sealand Services (Frachtunternehmen), Kentucky Fried Chicken (Restaurantkette) und Aminoil (Erdöl, Mineralöl).

H. V. Perlmutter teilt die multinationalen Konzerne in drei verschiedene Kategorien ein (siehe Abb. 16.2): Bei den **ethnozentrischen Multis** wird die Firmenpolitik in der Zentrale des Stammlandes festgelegt und soweit wie möglich in die Praxis umgesetzt. Die Firmen und Fabriken des Mutterbetriebes in der ganzen Welt sind kulturelle Erweiterungen der ursprünglichen Firma – ihre Usancen werden von allen Töchtern weltweit angewendet. Die zweite Kategorie sind die **polyzentrischen** Firmen, bei denen Überseeniederlassungen in jedem Land von lokalen Firmen gemanagt werden. Die Zentrale im Stammland oder in den Stammländern der Mutterfirma legt grobe Richtlinien fest, nach denen die lokalen Firmen ihre eigenen Geschäfte leiten.

Schließlich gibt es die **geozentrischen Multis** mit einer internationalen Managementstruktur. Managersysteme werden global integriert, und höhere Manager sind sehr mobil; sie ziehen je nach Bedarf von Land zu Land. Perlmutter zufolge ist derzeit der Großteil der Multis polyzentrisch, aber es besteht ein starker Trend zur geozentrischen Kategorie; viele Firmen werden ihrer Struktur nach immer internationaler (Perlmutter, 1972).

Von allen Multis sind die japanischen Firmen meist am stärksten ethnozentrisch. Ihre weltweiten Geschäfte werden im allgemeinen von der Mutterfirma genau kontrolliert, wobei manchmal enge Verbindungen zur japanischen Regierung bestehen. Das japanische Ministerium für Welthandel und Industrie (MITI) greift viel direkter in die Aufsicht der Geschäftstätigkeit japanischer Firmen im Ausland ein als westliche Regierungen. Das MITI hat eine Reihe von Entwicklungsplänen erstellt, mit denen die Ausbreitung japanischer Firmen in den Überseegebieten in den letzten beiden Jahrzehnten koordiniert werden sollte. Eine speziell japanische Spielart der Multis sind die Handelsriesen oder *sogo shosha*. Es handelt sich dabei um gigantische Konglomerate, die sich hauptsächlich mit der Finanzierung und der Förderung des Handels beschäftigen. Sie stellen anderen

Die Globalisierung des sozialen Lebens

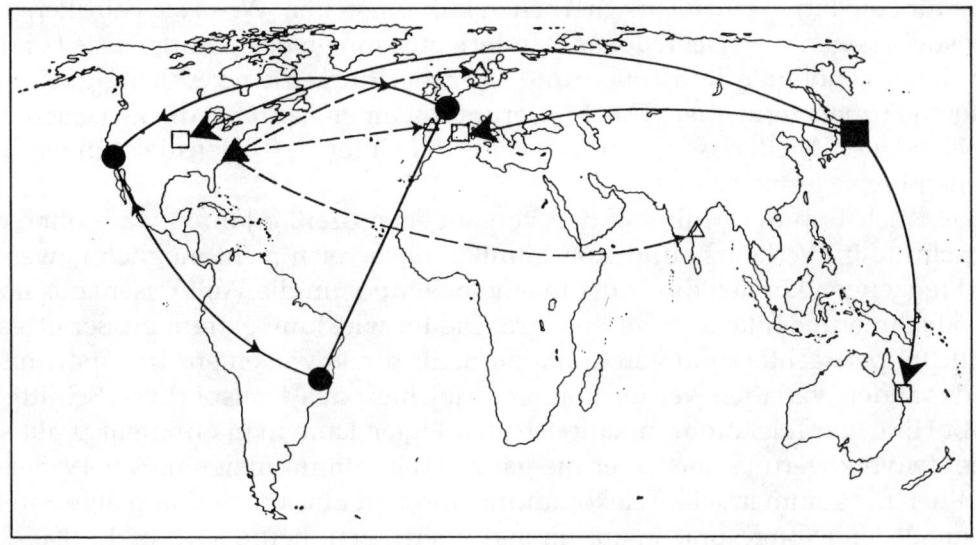

■ Ethnozentrische Multis
(eine starke Zentrale im Stammland leitet alle Zweigniederlassungen☐)

▲ Polyzentrische Multis
(die Zentrale im Stammland erläßt Richtlinien△)

● Geozentrische Multis
(global integrierte Managementstruktur; Manager wechseln zwischen Niederlassungen)

Abbildung 16.2 Drei Typen multinationaler Konzerne

Firmen finanzielle, organisatorische und Informationsdienstleistungen zur Verfügung. Ungefähr die Hälfte der japanischen Exporte und Importe laufen über die zehn größten sogo shosha. Einige, wie Mitsubishi, haben auch große eigene Produktionsfirmen.

Das Wachstum der multinationalen Konzerne

Warum wachsen die multinationalen Gesellschaften? Erstens verkörpern sie den Trend zur Internationalisierung moderner Wirtschaftsunternehmen. Firmen, die Produkte einkaufen und mit Gewinn wieder verkaufen – was ihre raison d´être darstellt – wären dumm, würden sie ihre Geschäfte auf ein Land beschränken. Je mehr sie expandieren wollen, desto sinnvoller ist es, nach Quellen gewinnbringender Investitionen zu suchen, wo immer diese liegen. Zweitens kann eine Firma, die in Dritte Welt–Länder expandiert, billige Arbeitskräfte einsetzen und sich häufig das Fehlen von Gewerkschaften zunutze machen. Drittens hat sie über Niederlassungen in mehreren Ländern möglicherweise Zugang zu vielen verschiedenen Bodenschätzen. Viertens können multinationale Unternehmen mit Niederlassungen auf vielen Märkten manchmal Steuervorteile in Anspruch nehmen, indem sie ihre Gewinne auf Zweigorganisationen aufteilen. Schließlich sind multinationale Unternehmen in der Lage, viele Transaktionen *intern abzuwickeln*, sonst für eine Firma einen Unsicherheitsfaktor darstellen. Wenn sie Fabriken und Dienstleistungen in verschiedenen Ländern zusammenlegen, können sie bei den von ihnen benötigten Rohstoffen und Dienstleistungen eine Abhängigkeit von anderen Firmen vermeiden. Das Mutterunternehmen kann für die zwischen den verschiedenen Niederlassungen transferierten Güter und Dienstleistungen ihre eigenen Preise festsetzen.

Das Wachstum der Multis in den vergangenen dreißig Jahren wäre ohne die Fortschritte im Verkehrs- und Kommunikationsbereich nicht möglich gewesen. Mit Flugzeugen können die Leute in einem Tempo um die Welt reisen, das noch vor 50 Jahren undenkbar gewesen wäre. Die Entwicklung extrem großer Ozeanschiffe (Superfrachter) und von Containern, die direkt von einem Transportmittel auf das andere verladen werden können, erleichtert den Transport von Schüttgut.

Mit Hilfe von Telekommunikationstechnologien kann man nunmehr praktisch ohne Zeitverzögerung quer über die ganze Welt kommunizieren. Seit 1965 sind Satelliten für kommerzielle Telekommunikation im Einsatz; der damalige Satellit konnte 240 Telefongespräche auf einmal übertragen, heute sind es 12 000! Die größeren Multis haben jetzt ihre eigenen Kommunikationssysteme auf Satellitenbasis. Der Mitsubishi-Konzern verfügt z. B. über ein massives Netzwerk, mit dem Tag für Tag fünf Millionen Wörter von und zu der Tokioter Zentrale übertragen werden.

Die internationale wirtschaftliche Integration

Die multinationalen Firmen haben zu einer neuen **internationalen Arbeitsteilung** beigetragen – zu einer neuen wirtschaftliche Verflechtung der Gesellschaften –, die alle Länder der Welt nachhaltig beeinflußt hat. Obwohl es stimmt, daß die Länder der Dritten Welt von Bewegungen in bestimmten Weltmarktsegmenten viel stärker *abhängig* – und dadurch verwundbarer – sind als die industrialisierten Gesellschaften, ist in einer bestimmten Hinsicht die gegenseitige Abhängigkeit *aller* Volkswirtschaften voneinander gestiegen. Denn sogar die Länder mit dem höchsten Grad an Industrialisierung können ihre eigene wirtschaftliche Entwicklung nicht in demselben Ausmaß wie früher steuern (Kahn, 1986).

Die Multis haben nicht nur durch das schiere Ausmaß ihrer Aktivitäten zur globalen wirtschaftlichen Interdependenz beigetragen, sondern auch durch die Art, wie die größten Firmen ihre Verwaltungs- und Produktionssysteme weltweit integriert haben.

Ein Beispiel: die Automobilindustrie

Die Automobilerzeugung und die damit verbundenen Güter und Dienstleistungen – die Produktion und die Verarbeitung von Erdöl, die Errichtung von Tankstellen, Hotels und Motels, der Straßenbau – stand im Mittelpunkt der westlichen Entwicklung der Nachkriegszeit. In Frankreich und in Japan ist ein Zehntel aller in der Produktion tätigen Arbeiter direkt in der Autoindustrie beschäftigt, in Großbritannien und den Vereinigten Staaten ein Zwanzigstel, und in den Zulieferindustrien und der dazugehörigen Dienstleistungsbranche sind weitere Millionen beschäftigt (Womack et al., 1990).

Die Automobilindustrie gehört zu jenen Produktionszweigen, die am weitesten internationalisiert sind, und wird von einigen wenigen, großen Konzernen beherrscht, die alle Multis sind (Dicken, 1992). Ungefähr 80 Prozent der Weltproduktion an Autos werden von den zehn größten Autoherstellern der Welt abgedeckt. Der größte Autohersteller der Welt waren die Vereinigten Staaten, aber in den frühen achtziger Jahren wurden sie von Japan überholt. Ungefähr ein Viertel des heimischen Umsatzes in den USA wird mit japanischen Autos erzielt – der Wert in Großbritannien betrug 1991 10 Prozent.

Die Autohersteller waren die Ersten, die weltweit die multinationalen Unternehmen **vertikal integriert** – zentral koordiniert – haben. Ford und General Motors, zwei Firmen mit Stammsitz in den USA, waren lange Zeit hindurch bei der weltweiten Integration ihrer Produktions- und Verteilersysteme führend. In den späten sechziger Jahren wandelte Ford sämtliche europäischen Niederlassungen um; die zuvor getrennt auf einige Länder konzentrierten Töchter wurden zu einem einzigen Unternehmen, Ford Europa, zusammengefaßt. Beginnend mit dem Ford Fiesta wurden in der Produktion verschiedene, an mehreren Orten ausgeführte Arbeitsgänge zu einem einzigen Produktionsprozeß zusammengefaßt; dieses Modell wurde bei den meisten späteren Fordtypen weitergeführt (siehe Abb. 16.3). Das Ergebnis ist ein äußerst kompliziert vernetztes Austausch-System von Fahrzeugteilen und Konstruktionsarbeitsgängen, in das nicht nur die Fordfabriken in den verschiedenen Ländern selbst involviert sind, sondern auch hunderte Zulieferanten. General Motors hat in Europa später ein ähnliches System eingeführt. In beiden Fällen bestehen auch enge Verbindungen mit Niederlassungen außerhalb von Europa.

In der Automobilindustrie ist es in den vergangenen zehn bis fünfzehn Jahren zu großen technologischen Neuerungen gekommen. Ältere Formen der Fließbandproduktion gingen unter dem Einfluß der Automatisierung und flexiblerer Produktionssysteme (siehe Kapitel 15 „Arbeit und Wirtschaftsleben") zurück. Die neuen Produktionstechniken machen es großen Firmen leichter, verschiedene Varianten eines Grundmodells herzustellen. Sie verringern aber die massive Investition, die die Einführung eines neuen Grundmodells mit sich bringt, nicht. Um die entstehenden Kosten abzudecken oder mit jemandem zu teilen, sind praktisch alle größeren Automobilhersteller Arbeitsgemeinschaften eingegangen. Diese strategischen Allianzen haben ein weltumspannendes Netz von Querverbindungen geschaffen.

Gegenwärtige Entwicklungen

Die Veränderungen in der Autoindustrie sind Teil eines globalen und immer rascheren räumlichen Umstrukturierungsprozesses der Industrie. Das hat für die westlichen Länder tiefgreifende Folgen (Morgan und Sayer, 1988). Weltweit ist der Anteil an Arbeitsplätzen in der Produktion zu einer Zeit angestiegen, als die Arbeitslosenrate in vielen westlichen Ländern in die Höhe schnellte. Mit anderen

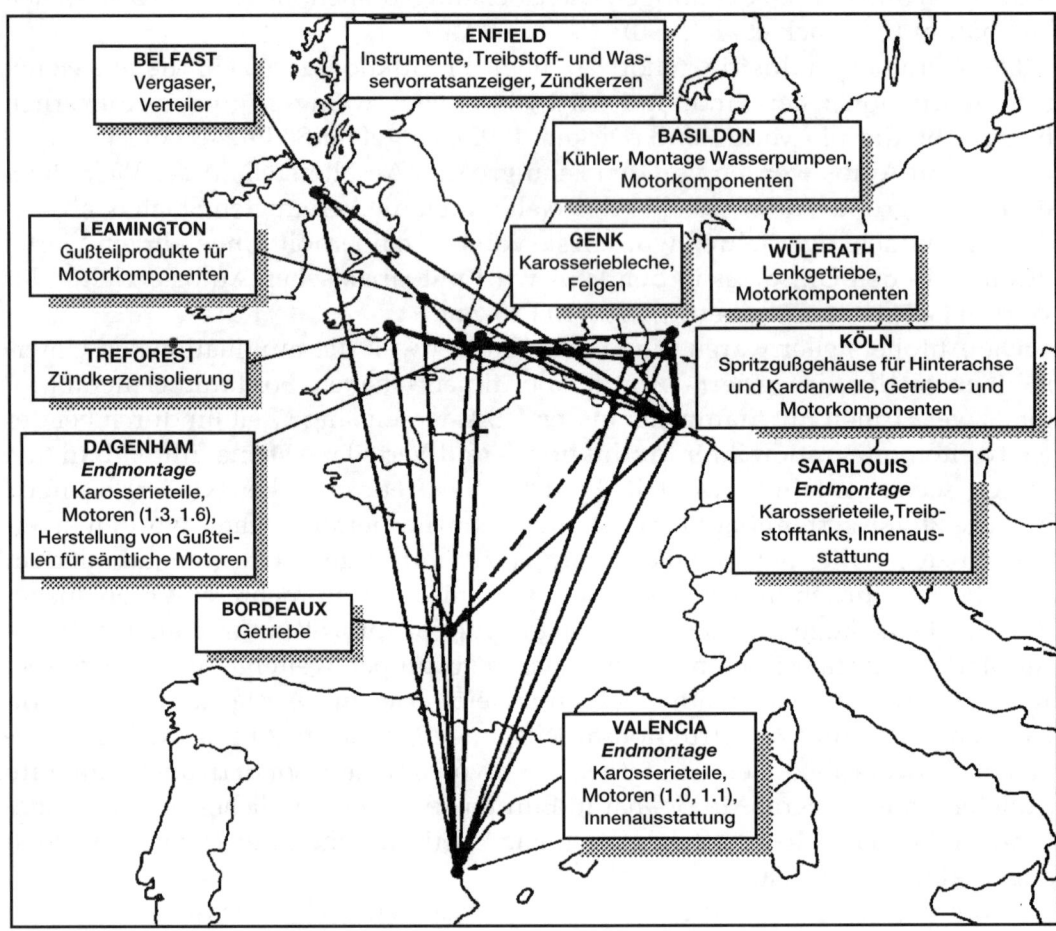

Abbildung 16.3 Das Ford Fiesta–Produktionsnetz in Europa
Quelle: Peter Dicken, *Global Shift* (London: Paul Chapman, 1992), S. 300.

Worten, die Arbeitsplatzbeschaffung in der Produktion ereignet sich außerhalb der westlichen Staaten (insbesondere in den Schwellenländern), entweder dort, wo die Multis Produktionsbetriebe errichtet haben oder wo die lokale Regierung die Wirtschaftsentwicklung erfolgreich gefördert hat oder beides.

Wird sich der Schwerpunkt der globalen Macht aufgrund des wirtschaftlichen Erfolges Japans, der zunehmenden Prosperität anderer, kleinerer asiatischer Länder – und der Möglichkeit, daß China wirtschaftlich rasch vorwärtskommen könnte – wieder dorthin verlagern, wo sie vor dem Aufstieg Europas konzentriert war? Werden Asien und der pazifische Raum der neue „Kern" globaler sozialer und wirtschaftlicher Beziehungen werden und die USA und Europa mehr an den Rand gedrängt? Das ist möglich, es spielen dabei aber noch andere Faktoren eine Rolle. Die Expansion ist nicht auf den Fernen Osten beschränkt. Es ist möglich, daß einige südamerikanische Länder, vor allem Brasilien, zur Weltspitze aufsteigen werden. Darüberhinaus hängt die Entwicklung in den nächsten Jahrzehnten nicht nur von wirtschaftlichen, sondern auch von politischen und militärischen Veränderungen ab. Die militärische und politische Stärke der Vereinigten Staaten und Europas setzt einer grundlegenden „Verlagerung der Weltmacht nach dem Osten" wahrscheinlich Grenzen.

Nichtstaatliche Akteure

Die Interdependenzen in der Welt nehmen nicht nur wegen der internationalen Arbeitsteilung und der internationalen Wirtschaftsbeziehungen zu. Denn seit Anfang dieses Jahrhunderts – und wiederum vor allem nach dem Zweiten Weltkrieg – ist die Zahl der international agierenden, nicht–kommerziellen Organisationen gestiegen. Gemeinsam mit den multinationalen Gesellschaften werden diese oft **nicht–staatliche Akteure** genannt, weil ihre Aktivitäten nicht an die Politik spezieller Staaten oder Regierungen gebunden sind.

Neben den Multis existieren einige Haupttypen nichtstaatlicher Akteure. Zunächst gibt es Organisationen, die die internationale Staatengemeinschaft vertreten, darunter insbesondere die Vereinten Nationen und ihre Teilorganisationen (wie die UNESCO, die Organisation der Vereinten Nationen für Erziehung, Wissenschaft und Kultur). Zweitens gibt es sehr viele Organisationen, die sich mit Prozessen beschäftigen, welche eine internationale Zusammenarbeit oder Kommunikation erfordern, wie Postdienste, Telekommunikation, Schiffahrtsbestimmungen für den Transport etc. Drittens gibt es Organisationen, in denen Staaten oder andere wirtschaftliche Unternehmen mit gemeinsamen internationalen Interessen Mitglied sind. Die größte Organisation dieser Art ist die EG (die Europäische Gemeinschaft – siehe Kapitel 10 „Politik, Regierung und Staat"). Wir werden in der Folge kurz auf jede dieser Organisationsarten eingehen.

Die Vereinten Nationen

Nach dem Ersten Weltkrieg kam es angesichts der massiven Verluste an Menschenleben zu einem weitgehenden Umdenken. Die führenden Politiker waren sich einig, daß es niemals wieder zu einem Krieg solchen Ausmaßes kommen dürfe (obwohl sich ihre Hoffnungen natürlich nicht erfüllt haben). Um eine Organisation zu schaffen, die über den internationalen Querelen stehen würde, wurde kurz nach dem Krieg der Völkerbund ins Leben gerufen. Der amerikanische Präsident Woodrow Wilson war eine der Hauptfiguren der Planung und Organisation, wobei er den Völkerbund als Gremium sah, das in Zukunft den Weltfrieden sichern und die internationale Zusammenarbeit fördern könne. Mit Wilsons Worten „haben wir (die Staaten) alle, ob wir wollen oder nicht, am Leben in der Welt teil. Die Interessen aller Nationen sind auch unsere eigenen. Wir sind Partner der übrigen ... Bürger der Welt" (Scott, 1918, S. 270).

Wilsons Vision ist nicht Wirklichkeit geworden. Einige andere führende Politiker betrachteten den Völkerbund eher als Mittel zur Verfolgung ihrer eigenen nationalen Interessen denn als eine darüber hinausgehende Kraft. Außerdem waren nicht alle Länder der Welt Mitglieder, sondern hauptsächlich jene, die im

Krieg gekämpft hatten. Die Sowjetunion war ausdrücklich ausgeschlossen. Schließlich traten nach vielen Diskussionen auch die Vereinigten Staaten nicht bei, weil sich die Organisation von Wilsons Modell stark unterschied. Obwohl der Völkerbund nur eine teilweise repräsentative Organisation und nicht in der Lage war, einen weiteren Weltkrieg zu verhindern, wurde er die Keimzelle zahlreicher neuer Formen internationaler Instanzen, die es heute noch gibt. Der Völkerbund hatte beispielsweise eine eigene Gesundheitsorganisation, die sich mit der Dokumentation und Kontrolle der Ausbreitung von Seuchen in der ganzen Welt befaßte. Diese Institution wurde später, als der Völkerbund nach dem Zweiten Weltkrieg durch die Vereinten Nationen ersetzt wurde, in Weltgesundheitsorganisation (WHO) umbenannt.

Die Vereinten Nationen umfassen heute praktisch alle Staaten der Welt, aber diese Entwicklung war keineswegs einfach. Die amerikanische Regierung versuchte zuerst, die Organisation zur Verfolgung ihrer eigenen Ziele zu benutzen. Aus diesen und anderen Gründen zog sich 1950 die Sowjetunion zurück, um ein Konkurrenzgremium, die „Anhänger des Friedens", zu gründen. In Abwesenheit der Russen erhielten die Amerikaner wenig später UN-Unterstützung für ihr militärisches Eingreifen in Südkorea, das vom kommunistischen Norden überrannt worden war. Alarmiert durch die Aussicht, daß die UN weiterhin für die Interessen des Westens benutzt werden könnten, wurde die Sowjetunion wieder Vollmitglied.

Wie der Völkerbund vor ihnen haben die Vereinten Nationen nur beschränkte Möglichkeiten, den Frieden auf eigene Faust zu schützen oder zu fördern. Ihre Streitkräfte sind klein und kommen aus vielen Mitgliedsstaaten. Sie haben aber auf das Weltsystem einen tiefgreifenden Einfluß. Obwohl sie keineswegs eine Art „Weltregierung" darstellen, sind die Vereinten Nationen mit ihren mehr als einhundertfünfzig Mitgliedsstaaten Ausdruck der zunehmenden Integration des Weltsystems. Natürlich spiegeln sie auch die materiellen und ideologischen Konflikte, die die globale gesellschaftliche Ordnung spalten, wider.

Andere internationale Organisationen

Viele Organisationen der zweiten oben genannten Kategorie (Gremien, die mit der internationalen Zusammenarbeit befaßt sind) sind mit den Vereinten Nationen auf irgendeine Weise verbunden. Die Internationale Post- und Telekommunikationsunion gab es beispielsweise bereits, ehe die Vereinten Nationen gegründet wurden, wurde diesen allerdings in weiterer Folge angeschlossen. Diese Organisation gibt Normen für die Tarife im internationalen Brief- und Paketverkehr sowie für die Telekommunikation, wie z. B. für über Satellit geführte Telefongespräche, heraus.

Wir neigen dazu, viele Dienstleistungen der internationalen Organisationen als selbstverständlich zu betrachten, weil die Routineaktivitäten solcher Gremien nicht sehr transparent sind, aber die Standardisierung vieler Formen der globalen Beziehungen ist relativ neu. Im Jahr 1850 gab es z. B. in den einzelnen Teilen Europas 1 200 verschiedene Postgebühren, und deren europaweite Standardisierung

Die Globalisierung des sozialen Lebens

war erst um die Jahrhundertwende erreicht. Die weltweite Koordination von Postsystemen dauerte noch viel länger. Es gibt jetzt viele ähnliche internationale Organisationen, die mit unterschiedlichen Aspekten der Koordination der weltumspannenden Aktivitäten befaßt sind. Das *Jahrbuch der Internationalen Organisationen* listete im Jahr 1958 1 000 Organisationen auf, 1972 war die Zahl auf 2 190 angestiegen. Heute zählt man über 5 000.

Handelsnetzwerke

Neue globale **Handelsnetzwerke** – Netzwerke für den wirtschaftlichen Austausch zwischen Firmen oder Ländern – werden als Ergebnis gegenwärtiger Trends errichtet. Sie integrieren sehr große Sektoren der Welt wirtschaftlich, während jeder Block mit den anderen in Konkurrenz tritt. Im Zuge der Liberalisierung des Handels innerhalb der Europäischen Gemeinschaft 1992 wurde die weltweit größte Freihandelszone geschaffen. In dieser Zone leben gegenwärtig 324 Millionen Menschen, und sie wird sich in den späteren neunziger Jahren wahrscheinlich noch vergrößern. Im Jahr 2000 soll das mittlere Pro–Kopf–BSP auf ca. 18 000 Dollar angewachsen sein.

Die Freihandelszone zwischen den Vereinigten Staaten und Kanada kann in Zukunft auf den Großteil Mittel– und Südamerikas ausgedehnt werden. Wenn das der Fall ist, sind davon möglicherweise ca. 580 Millionen Leute betroffen. Solch eine Handelszone könnte ein Pro–Kopf–BSP von ungefähr 15 000 Dollar schaffen (wobei das US– und das kanadische Pro–Kopf–BP viel höher wären). Die „vier Drachen" sind derzeit dabei, selbst eine Handelszone zu schaffen, zu der beizutreten Australien und Neuseeland vorgeschlagen wurde. So ein Block könnte bis zum Jahr 2000 eine Bevölkerung von über 40 Millionen mit einem Pro–Kopf–BSP von über 13 000 Dollar umfassen.

Es ist zweifelhaft, ob diese sich neu bildenden Freihandelszonen den weniger entwickelten Ländern der Welt zugute kommen werden. Sie könnten die früher erwähnten globalen Unterschiede zwischen arm und reich sogar noch verschärfen. Rußland und die meisten übrigen Staaten der früheren Sowjetunion, sowie China, könnten gut überleben, wenn sie „draußen" blieben. Die ärmeren Länder Südostasiens oder Schwarzafrikas aber könnten schwer darunter leiden und hinter der allgemeinen Expansion der Weltwirtschaft noch weiter zurückbleiben.

Gefahren für die globale Umwelt

In den letzten zweihundert oder dreihundert Jahren, als sich die westlichen Institutionen in der ganzen Welt verbreiteten, geriet die natürliche Umwelt der Völker dieser Erde zunehmend in Bedrängnis (siehe umseitiges Bild). Für viele Beobachter stellt die Zerstörung der Ressourcen der Erde derzeit die größte Gefahr für die Menschheit dar, obwohl es einige andere Quellen einer möglichen globalen Katastrophe gibt, darunter die Gefahr eines großflächigen Krieges.

Die Bedrohung der Umwelt rührt von der außergewöhnlichen Ausdehnung der industriellen Produktion und der dazugehörigen technologischen Eingriffe

DER BEDROHTE PLANET

1972

BEVÖLKERUNG

1972 betrug die Weltbevölkerung 3,84 Milliarden, wovon 72% in Entwicklungsländern lebten.

KRIEG UND FLÜCHTLINGE

Die Staaten gaben 680 Milliarden $ (auf Preisbasis 1988) für Waffen und Streitkräfte aus. Die Anzahl der Kriegsflüchtlinge wurde auf drei Millionen geschätzt.

KERNKRAFT

1972 gab es in 15 Ländern knapp mehr als 100 Kernkraftwerke zur Stromerzeugung. Bei den friedlich genutzten Reaktoren kam es zu keinem größeren radioaktiven Zwischenfall (wohl aber bei militärischen Anlagen in Großbritannien und der UdSSR).

VERKEHR

1972 gab es 250 Millionen Fahrzeuge, darunter 200 Millionen Autos. Die durch sie verursachte Umweltverschmutzung beschränkte sich beinahe gänzlich auf die Industrieländer.

1992

BEVÖLKERUNG

Die Weltbevölkerung beträgt nunmehr 5,47 Milliarden, wovon 77% in den Entwicklungsländern leben, und wächst schneller als je zuvor. Jedes Jahr gibt es 9,5 Millionen Menschen mehr – was der Weltbevölkerung von ca. 1000 v. Chr. entspricht.

KRIEG UND FLÜCHTLINGE

Die globalen Rüstungsausgaben in diesem Jahr werden auf knapp unter 800 Milliarden $ geschätzt (Preisbasis 1988). Die Anzahl der Flüchtlinge auf unserem Planeten wird mit 15 Millionen beziffert.

KERNKRAFT

1992 gab es in 31 Staaten 428 Kernkraftwerke. Es gab zwei ernste Zwischenfälle – 1979 in Three Mile Island, Vereinigte Staaten, und 1986 in Tschernobyl, Ukraine.

VERKEHR

Es gibt knapp über 600 Millionen Motorfahrzeuge, darunter 480 Millionen Autos. Die Industrieländer sind bei weitem stärker motorisiert als die Entwicklungsländer, aber der Verkehr hat in vielen Großstädten der Dritten Welt die Luftqualität beeinträchtigt.

GLOBALE ERWÄRMUNG

Wahrscheinlich werden 23 Milliarden Tonnen Kohlendioxid in die Luft geblasen. Die Konzentration beträgt derzeit 356 Teile pro Million. Auch die Brandrodung trägt zur globalen Erwärmung bei.

OZONSCHICHT

1975 betrug die Chlorkonzentration 1,4 Teile pro Milliarde, jetzt beinahe 3 – was ausreicht, jedesmal im Frühling ein Loch in die Ozonschicht zu reißen.

MEGASTÄDTE

Es gibt 13 Städte mit über 10 Millionen Einwohnern; neun liegen in Entwicklungsländern. 46% der Bevölkerung leben in Städten, im Jahr 2000 wird dieser Prozentsatz auf 50 gestiegen sein.

REGENWÄLDER

Groben Schätzungen zufolge werden jährlich 170.000 km² Regenwald vernichtet.

FISCHFANG

Die Ausbeute ist auf ca. 90 Millionen Tonnen pro Jahr gestiegen. Die Gefahr, daß Fischbestände zusammenbrechen, steigt.

ARTEN

Es gibt jetzt nur mehr ungefähr 600.000 afrikanische Elefanten; die Bestände wurden hauptsächlich von Wilderern wegen des Elfenbeins reduziert.

Quellen: UNO, World Resources Institute, Worldwide Fund for Nature; Fotografie © Tom Van Sant/ Geosphere Project, Santa Monica/Science Photo Library. Veröffentlicht in *Independent*, 3. Juni 1992; Fotografie The Bodleian Library, Oxford.

GLOBALE ERWÄRMUNG

16 Milliarden Tonnen Kohlendioxid, die Hauptursache für den klimaverändernden Treibhauseffekt, wurden durch die Verbrennung fossiler Brennstoffe und von der Zementindustrie in die Luft geblasen. Die Konzentration in der Atmosphäre betrug 327 Teile pro Million.

OZONSCHICHT

Niemand wußte, wie stark der Ozonkiller Chlor in der Atmosphäre konzentriert war; das Loch über der Antarktis hatte sich noch nicht gebildet. Chlor entsteht durch Treibgas und andere weit verbreitete Industriechemikalien.

MEGASTÄDTE

1972 gab es drei Städte mit über 10 Millionen Einwohnern, zwei davon in Industrieländern. 38% der Weltbevölkerung leben in den Städten.

REGENWÄLDER

Bis zu einem Drittel des Regenwaldgürtels der Erde ist zerstört. Ca 0,5% oder 100.000 km² der noch bestehenden Wälder werden jährlich abgeholzt, was der Fläche von Island entspricht.

FISCHFANG

Das jährliche Fischfangvolumen betrug 56 Millionen Tonnen als Folge der Ausweitung der Hochseeflotten.

ARTEN

1972 gab es fast zwei Millionen afrikanische Elefanten, eine der tausenden Arten, die durch den Menschen bedroht ist. Eine Welle der Ausrottung wie es sie seit der letzten Eiszeit nicht mehr gab.

in die Natur seit dem 18. Jahrhundert her. Diese Entwicklungen sind der Beschleunigung unterworfen. Die menschlichen Eingriffe in die Natur waren im 20. Jahrhundert viel tiefgreifender und weitreichender als je zuvor.

Einige Autoren sprechen heute vom „Ende der Natur" (McKibben, 1992). Seit der Erfindung der Landwirtschaft (siehe Kapitel 2 „Kultur und Gesellschaft") vor vielen Tausend Jahren haben die Menschen die Natur gestaltet. Jäger– und Sammlergesellschaften lebten hauptsächlich von der Natur, von dem, was sie in der natürlichen Umwelt fanden, und machten nur wenige Versuche, die Welt um sie herum zu ändern. Diese Situation änderte sich mit dem Aufkommen der Landwirtschaft. Um Früchte zu ziehen, muß Land gerodet werden, müssen Bäume gefällt, Unkraut gejätet und Büsche entfernt werden. Auch ziemlich primitive landwirtschaftliche Methoden können zur Bodenerosion führen. Wenn die Urwälder gerodet und Lichtungen geschlagen werden, kann der Wind den Mutterboden wegwehen. Die Ackerbauerngemeinde rodet dann einige neue Parzellen, und so setzt sich der Prozeß fort. Einige Landschaften, die wir heute für „natürlich" halten, wie etwa die felsige Buschlandschaft im südwestlichen Griechenland, sind in Wirklichkeit ein Ergebnis der durch den vor ungefähr 5 000 Jahren betriebenen Ackerbau verursachten Bodenerosion.

Vor der Entwicklung der modernen Industrie blieb der Einfluß der Menschheit auf die Natur jedoch relativ gering. Umgekehrt bestimmte die Natur das menschliche Leben viel stärker. Heute ist der menschliche Druck auf die natürliche Umgebung so intensiv, daß es nur wenige natürliche Prozesse gibt, die vom Tun des Menschen noch unberührt sind. Beinahe das gesamte Ackerland wird landwirtschaftlich genutzt. Was früher eine beinahe unzugängliche Wildnis war, ist jetzt ein Naturpark und wird tagein tagaus von Tausenden Touristen besucht. Wie wir noch sehen werden, wurde wahrscheinlich sogar das weltweite Klima von der globalen Entwicklung der industriellen Produktion beeinflußt.

„Grüne" Bewegungen und Parteien (wie *Friends of the Earth* oder *Greenpeace*), die selbst oft weltumspannende Organisationen sind, sind die Antwort auf die neuen Umweltgefahren. Obwohl es viele verschiedene grüne Philosophien gibt, ist ihnen das Bemühen gemeinsam, im Sinne der Umwelt tätig zu werden, die Ressourcen zu erhalten statt sie zu erschöpfen und die verbleibenden Tierarten zu schützen. Hunderte Tierarten sind in den vergangenen fünfzig Jahren ausgestorben, und der Prozeß ist im Moment noch voll im Gange.

Einige Umweltprobleme treten vorzugsweise in spezifischen Gebieten auf. In den früheren kommunistischen Gesellschaften in Osteuropa und in der Sowjetunion z. B. sind die Flüsse, Wälder und die Luft in vielen Gebieten durch industrielle Emissionen stark verschmutzt. Setzt sich die Verschmutzung ungehindert fort, so werden die Folgen potentiell in der ganzen Welt zu spüren sein. Wie bereits früher in diesem Kapitel betont wurde, ist die gegenseitige Abhängigkeit der Gesellschaften weltweit viel stärker als das jemals zuvor der Fall war. Als Passagiere des „Raumschiffs Erde" sind wir alle von der Beeinträchtigung der Umwelt betroffen, wo immer wir auch leben.

Die Globalisierung des sozialen Lebens 587

Gefahrenquellen

Es gibt mehrere verschiedene globale Gefahren für die Umwelt: Die Erzeugung von Abfällen, die kurzfristig nicht entsorgt oder recycled werden können, die Umweltverschmutzung und der Raubbau an nicht erneuerbaren Ressourcen. Wir neigen dazu, das „Abfall" zu nennen, was wir in den Mülleimer werfen, und tatsächlich ist der Hausmüll ein großes Umweltproblem. Die Menge des in den Industrieländern tagein, tagaus produzierten Hausmülls ist erschreckend; diese Länder werden manchmal „Wegwerfgesellschaften" genannt, weil das Volumen der selbstverständlich weggeworfenen Dinge so groß ist. Essen wird z. B. großteils in Verpackungen gekauft, die am Abend weggeworfen werden. Manche Verpackungen können wiederverarbeitet und wiederverwendet werden, aber bei den meisten handelt es sich um Einweg–Verpackungen. Bestimmte, häufig verwendete Kunststoffsorten werden unverwendbarer Müll, den man nicht wiederverwerten kann und der auf Mülldeponien vergraben werden muß.

Wenn Umweltwissenschaftler von Müll sprechen, so meinen sie jedoch nicht nur Dinge, die weggeworfen werden, sondern auch gasförmige Abfälle, die in die Atmosphäre entsorgt werden. Ein paar solcher Abfälle geben in steigendem Maße Anlaß für eine ernsthafte weltweite Besorgnis. Das durch Verbrennung von Brennstoffen wie Erdöl und Kohle in Autos und Kraftwerken in die Atmosphäre ausgestoßene Kohlendioxid und gasförmige Stoffe, die von Spraydosen, Isoliermaterialien und Klimaanlagen in die Atmosphäre gelangen, sind Beispiele dafür. Das Kohlendioxid ist hauptverantwortlich für die globale Erwärmung, die die Wissenschaftler entdeckt zu haben glauben, während die anderen Gase die Ozonschicht um die Erde angreifen (Seymour und Girardet, 1985).

Eine Erklärung für die globale Erwärmung wäre folgende: Die Kohlendioxidschicht in der Erdatmosphäre wirkt wie das Glas eines Glashauses. Die Sonnenstrahlen können zwar durch, aber nicht mehr zurück; daraus erklärt sich die Erderwärmung; die globale Erwärmung wird deshalb manchmal auch „Treibhauseffekt" genannt. Wenn tatsächlich eine globale Erwärmung stattfindet, dann werden die Folgen wahrscheinlich katastrophal sein. Unter anderem wird der Meeresspiegel steigen, wenn die Polkappen abschmelzen und sich die Ozeane erwärmen und ausdehnen. Viele der großen Metropolen an den Küsten oder auf niedriger Seehöhe werden überflutet und unbewohnbar werden. Große Gebiete mit bisher fruchtbarem Ackerland werden Wüsten sein.

Die Ozonschicht hoch oben in der Erdatmosphäre bildet einen Schutzschild gegen die UV–Strahlung. Die in den Sprays und bei vielen Kühlschränken verwendeten Gase produzieren Partikel, die mit der Ozonschicht reagieren und diese angreifen. Man glaubt, daß diese chemischen Stoffe über beiden Polen erkennbare „Löcher" in die Ozonschicht gefressen haben und daß die Ozonschicht auch an anderen Stellen dünner wird. Die Strahlung, die dadurch in die Erdatmosphäre gelangt, hat verschiedene, potentiell gefährliche Auswirkungen; sie kann unter anderem zur Vermehrung der Starerkrankungen am Auge und in der Folge zu Erblindungen sowie zur Erhöhung der Hautkrebsrate führen.

Die moderne Industrie, die weltweit noch immer expandiert, hat zu einem steilen Anstieg in der Nachfrage nach Energiequellen und Rohstoffen geführt. Die

Welt kann aber nicht endlos mit Energie und Rohstoffen versorgt werden. Auch bei gleichbleibender Ausbeutung werden z. B. die Erdölvorräte der Welt bis 2050 vollkommen erschöpft sein. Zwar kann es sein, daß neue Erdölvorkommen oder alternative, billige Energiequellen entdeckt werden, aber es gibt ganz einfach einen Punkt, an dem einige zentrale Ressourcen erschöpft sein werden, wenn der globale Konsum nicht eingeschränkt wird.

Ist die Umwelt ein soziologisches Thema?

Warum sollte die Umwelt für Soziologen ein Thema sein? Reden wir hier nicht über Themen, für die allein Naturwissenschaftler oder Techniker zuständig sind? Denn der Einfluß der Menschen auf die Natur ist physikalisch und wurde durch die modernen Technologien der industriellen Produktion erst ermöglicht. Wie aus den in diesem Buch besprochenen Inhalten aber bereits klar hervorgehen sollte, sind die moderne Industrie und Technologie im Zusammenhang mit spezifischen sozialen Institutionen entstanden. Die Ursprünge unseres Einwirkens auf die Umwelt sind sozial, und sozial sind die meisten Konsequenzen dieses Handelns.

Die globale Umwelt zu retten, bedeutet demnach einen sozialen *und* technologischen Wandel. Aufgrund der früher diskutierten großen globalen Ungleichheiten gibt es wenig Hoffnung, daß die armen Dritte Welt–Länder das Wirtschaftswachstum von sich aus wegen der größtenteils von den Reichen verursachten Umweltprobleme aufgeben. Die Erde scheint aber nirgends auch nur annähernd ausreichende Ressourcen zu besitzen, daß jeder auf diesem Planeten mit dem Lebensstandard, den die meisten Bewohner der Industrieländer als selbstverständlich betrachten, leben könnte. Wenn daher die verarmten Gebiete der Welt gegenüber den Reicheren aufholen sollen, dann müssen die reicheren Länder wahrscheinlich ihre Erwartungen bezüglich eines konstanten Wirtschaftswachstums revidieren. Viele „grüne" Autoren argumentieren, daß die Bewohner der reichen Länder auf das Konsumdenken reagieren und sich einfacheren Lebensweisen zuwenden müssen, wenn die globale ökologische Katastrophe vermieden werden soll (Goodin, 1992).

Die Globalisierung der Medien

Wenn wir uns heute alle bewußt sind, daß wir in „einer Welt" leben, dann ist das weitgehend ein Ergebnis der internationalen Verbreitung der Kommunikationsmedien. Jeder, der den Fernsehapparat aufdreht und „die Weltnachrichten" schaut, sieht folgendes: eine Präsentation einiger Ereignisse, die an diesem Tag oder kurz vorher in vielen verschiedenen Teilen der Welt stattgefunden haben. Fernsehprogramme und Filme werden auf großen internationalen Märkten verkauft; Hunderte Millionen Menschen sehen solche Programme und Serien. Die Verbreitung der Sendungs– und Empfangssysteme ist unübersehbar. In praktisch allen Ländern der Welt wurden nationale Fernsehanstalten errichtet. Die Anzahl der Fernsehgeräte in der ganzen Welt stieg von 190 Millionen um die Mitte der sechziger

Jahre auf geschätzte 1 200 Millionen 1991. Radiogeräte gibt es in noch viel größerer Zahl. Videogeräte hinken zwar noch ziemlich hinterher, haben aber ein außergewöhnliches Potential für die Verbreitung von Medienbildern und Nachrichten.

All diese Entwicklungen weisen auf die Entstehung einer **Weltinformationsordnung** hin – ein internationales System der Produktion, der Verteilung und des Konsums von Informationen. Wie andere Aspekte der globalen Gesellschaft hat sich die neue Informationsordnung ungleichmäßig entwickelt und spiegelt Unterschiede zwischen den Industrieländern und den Ländern der Dritten Welt wider.

Das Nachrichtenwesen

Die Nachrichten werden von einer kleinen Anzahl von Nachrichtenagenturen kanalisiert, die die neuesten Nachrichten an Zeitungen, Radio- und Fernsehstationen in der ganzen Welt liefern. Reuters, eine britische Agentur, war eine der ersten auf diesem Gebiet. 1870 teilte sie zusammen mit der französischen Agentur HAVAS die Welt in exklusive Nachrichtenterritorien auf. Reuters war in Großbritannien, Holland und deren Kolonien und Überseegebieten tätig, zu denen damals noch weite Gebiete von Afrika und Asien gehörten. HAVAS übernahm Frankreich, Italien, Spanien, Portugal und einen Teil des Nahen Ostens. 1876 erklärte sich Reuters einverstanden, HAVAS exklusive Rechte auf Südamerika zuzugestehen, während Reuters den ganzen Fernen Osten außer dem damaligen Indochina, aber inklusive Ozeanien, bekam. Die beiden Agenturen tauschten mit der führenden amerikanischen Agentur, *Associated Press* (AP), Nachrichten aus.

AP war somit zu dieser Zeit bezüglich des von den US-Zeitungen verwendeten Materials von den zwei europäischen Agenturen abhängig, aber nach dem Ersten Weltkrieg begannen die führenden amerikanischen Agenturen mit ihren europäischen Rivalen in vielen Teilen der Welt zu konkurrieren. Die beiden größten Agenturen, AP und UPI (*United Press International*), beziehen noch immer die meisten Einkünfte von Zeitungen sowie Radio- und Fernsehstationen in den Vereinigten Staaten, sind aber bei der Vermittlung von international verwendetem Nachrichtenmaterial sehr einflußreich geworden.

Zusammen mit der *Agence France Presse*, die HAVAS ablöste, sind Reuters, AP und UPI für die meisten weltweit übertragenen internationalen Nachrichten verantwortlich. UPI, heute die größte der vier Agenturen, hat 6 400 Kunden in 114 Ländern, und ihre Meldungen werden in 48 Sprachen übersetzt. Die von diesen Agenturen gesammelten Informationen, die einst über Morsezeichen oder per Telefon übertragen wurden, werden jetzt per Computer und Satellit verbreitet. Gemeinsam senden die Agenturen 34 Millionen Wörter pro Tag aus; eigenen Angaben zufolge stellen sie neun Zehntel sämtlicher in der Weltpresse, im Radio und im Fernsehen verlautbarten Nachrichten zur Verfügung.

Kino, Fernsehen, Werbung und elektronische Kommunikation

Bei der Produktion und Verteilung von Fernsehprogrammen, Filmen, Werbung und verschiedenen Formen der elektronischen Kommunikation dominieren die amerikanischen Quellen.

Kino

In den zwanziger Jahren, als der Spielfilm geboren wurde, stellte Hollywood vier Fünftel aller in der Welt ausgestrahlten Filme her, und die Vereinigten Staaten haben auch heute bei weitem den größten Einfluß in der Filmindustrie. In vielen Ländern subventioniert die Regierung ihre eigene Filmindustrie, aber kein anderes Land kann bezüglich des Exportes von Spielfilmen mit den Vereinigten Staaten konkurrieren. In Großbritannien etwa machen die amerikanischen Filme 40 Prozent aller pro Jahr im Kino gezeigten Filme aus. Die meisten übrigen Länder mit einer exportierenden Filmindustrie, wie Italien, Japan und Westdeutschland, importieren ebenfalls große Mengen amerikanischer Filme. In Südamerika liegt der Anteil oft über 50 Prozent, und das Verhältnis in vielen Teilen Asiens, Afrikas und des Nahen Ostens ist ähnlich. In Thailand sind sogar 90 Prozent aller pro Jahr ausgestrahlten Filme amerikanischer Herkunft.

Fernsehen

In den Fernsehprogrammen sind neben den amerikanischen Konzernen die Briten weltweit stark präsent. Mit Ausnahme der im Fernsehen gezeigten Kinospielfilme sind die Erträge aus den britischen Fernsehexporten ungefähr gleich hoch wie jene der USA. Ein im Verhältnis viel höherer Anteil britischer Programme wird jedoch an einen einzigen Markt verkauft – in die Vereinigten Staaten. Das ist bei den amerikanischen Fernsehprogrammen anders, deren Einfluß weltweit also größer ist.

Werbung

Neun der zehn größten Werbefirmen der Welt sind nordamerikanisch. Die Hälfte der großen Agenturen in Kanada, Westdeutschland, Frankreich, Großbritannien und Australien sind amerikanisch; in vielen asiatischen, afrikanischen und südamerikanischen Staaten sind die größten Agenturen entweder amerikanisch oder im Besitze von US–Firmen. Die zehn größten Werbeagenturen sind Multis, wobei einige eine ganze Reihe von Niederlassungen in anderen Ländern haben. Die großen Werbeagenturen werden regelmäßig von den riesigen Multis unter Vertrag genommen, um Werbeprogramme, die in vielen Ländern gleichzeitig ausgestrahlt werden, zu koordinieren.

Elektronische Kommunikation

Der amerikanische Einfluß auf die für die Datenübertragung verwendeten elektronischen Kanäle, von denen moderne Staaten und große Firmen abhängen, ist stark. Die Telekommunikationsverbindungen, die jetzt für den Bankverkehr, die weltweiten Geldtransfers und für einige Arten der Rundfunk– und Fernsehübertragung eine wichtige Voraussetzung sind, befinden sich größtenteils in amerikanischen Händen. Die *International Business Machines* (IBM) mit Stammsitz in den Vereinigten Staaten ist einer der größten multinationalen Konzerne und hat auf den internationalen Informationsfluß, insbesondere auf die Versorgung mit Computerressourcen, einen enormen Einfluß. Schätzungsweise sind neun Zehntel aller in den Datenbanken der ganzen Welt gespeicherten Daten für die amerikanische Regierung oder andere Organisationen in den Vereinigten Staaten zugänglich.

Der größte Medienverbund der Welt, *Times–Warner*, 1989 nach einer Verschmelzung gebildet, hat seinen Sitz ebenfalls in den Vereinigten Staaten. Er hat ungefähr 350 000 Beschäftigte und Niederlassungen in Europa, Lateinamerika, Asien und Australien. Seine Aktivitäten umfassen Filmproduktionen, Fernsehen, Video, das Verlegen von Büchern und Plattenaufzeichnungen. Weitere riesige Medienkonzerne wurden vom australischen Geschäftsmann Rupert Murdoch und vom italienischen Unternehmer Silvio Berlusconi gegründet. Sieben derartige Konzerne erzielen mehr als die Hälfte des weltweiten Umsatzes in Fernsehen, Radio und Kino.

Der Medienimperialismus

Die Spitzenposition der Industrieländer, vor allem der Vereinigten Staaten, in der Produktion und Verbreitung der Medien hat viele Beobachter dazu bewogen, von einem Medienimperialismus zu sprechen. Ein kulturelles Imperium sei errichtet worden, wird argumentiert. Dritte Welt–Länder gelten als speziell verwundbar, weil es ihnen an Ressourcen fehlt, um ihre eigene kulturelle Unabhängigkeit zu wahren.

Über die elektronischen Medien wurden westliche Kulturprodukte sicher weit über die Erde verbreitet. Pico Iyer spricht von „Videonächten in Katmandu", von Diskobesuchen in Bali (Iyer, 1989). Amerikanische Videos sind ebenso wie Musikkassetten mit westlicher Popmusik, die über den Schwarzmarkt eingeschleust werden, in der Islamischen Republik Iran gang und gäbe (Sreberny–Mohammadi, 1992). Es geht hier aber nicht nur um populärere Unterhaltungsformen. Die Kontrolle der großen westlichen Agenturen über die Weltnachrichten, wurde gesagt, bedeutet, daß die Informationen unter dem Blickwinkel der Industrieländer verbreitet werden. Die Länder der Dritten Welt kommen in den Nachrichtensendungen hauptsächlich vor, wenn es dort Katastrophen, Krisen oder militärische Auseinandersetzungen gibt, wird behauptet. Die tägliche Berichterstattung über andere Themen wäre außerdem den Industrieländern vorbehalten und würde die Dritte Welt nicht erfassen.

Herbert Schiller hat darauf hingewiesen, daß die Kontrolle der globalen Kommunikation durch US–Firmen in Relation zu verschiedenen Faktoren gesehen werden muß. Er führt an, daß die amerikanischen Fernseh– und Rundfunknetzwerke zunehmend unter den Einfluß der Bundesregierung und insbesondere des Verteidigungsministeriums geraten seien. Außerdem sei die RCA, die Eigentümerin der NBC–Fernseh– und Rundfunknetzwerke auch ein führender Rüstungslieferant an das Pentagon, das Hauptquartier der US–Streitkräfte. Amerikanische Fernsehexporte propagierten gemeinsam mit der Werbung eine Kommerzkultur, die die lokalen kulturellen Ausdrucksformen verdrängt. Auch wenn die Regierung kommerzielles Fernsehen innerhalb ihrer Grenzen verbiete, könnten Rundfunk–

und Fernsehprogramme von Nachbarländern oft direkt empfangen werden (Schiller, 1989).

Schiller übertreibt möglicherweise. Die Menge der US–Fernseh– und Filmexporte ist im Verhältnis zur weltweiten Gesamtmenge anteilsmäßig seit den späten sechziger Jahren zurückgegangen. Nach einer Untersuchung der Entwicklung von Rundfunk– und Fernsehstationen in zehn Dritte Welt–Ländern kamen Elihu Katz und seine Kollegen zur Ansicht, daß es bei der Einführung des Rundfunks und des Fernsehens in den weniger entwickelten Gesellschaften *Institutionalisierungsphasen* gibt. In der ersten Phase wird ein Rundfunkmodell von anderswo, meist von den Vereinigten Staaten, Großbritannien oder Frankreich übernommen, auf dessen Grundlage das zunächst noch zarte Pflänzchen heranwächst. In dieser ersten Phase sind die Medien mit Importprodukten saturiert. In der zweiten Phase werden lokale Produktionsanlagen gebaut, und das System beginnt, sich mehr nach der lokalen Gesellschaft zu richten. In der dritten Phase neigen die Regierungen dazu, sich einzumischen, um Bedingungen zu fördern, unter denen den westlichen Einflüssen bis zu einem gewissen Grad Widerstand geboten werden kann (Katz et al., 1978).

Auf Betreiben der Führer der Dritte Welt–Länder rief die UNESCO gegen Ende der siebziger Jahre eine „Internationale Studienkommission für Kommunikationsprobleme" ins Leben. Der Bericht der Kommission wurde später in Form eines Buches herausgegeben: *Many Voices, One World* (MacBride et al., 1988). Es ging im Detail auf die Beschwerden der Entwicklungsländer über Vorurteile im System des internationalen Nachrichtenflusses ein, warf aber auch ebenso viele Kontorversen auf wie es zu lösen half. Später wurde eine Umfrage durchgeführt, um zu bestimmen, wie weit die im Bericht vorgeschlagenen Ideallösungen realisiert worden waren. Die meisten Kommunikationsprofis aus den Ländern der Dritten Welt, die im Projekt zur Sprache kamen, glaubten, daß der Nachrichtenfluß noch immer vom Blickwinkel der Industrieländer beherrscht war. Sie wiesen aber auch darauf hin, daß der Nachrichtenfluß von den Entwicklungsländern hin zu den Industrieländern merklich angestiegen ist (Kumar und Biernatzki, 1992).

Was die Programme außerhalb der Nachrichten angeht, so scheint die Situation sehr gemischt zu sein. Bei einem Treffen von Medienforschern in Brasilien im Sommer 1990 herrschte allgemeine Übereinstimmung darüber, daß das lateinamerikanische Fernsehen und Kino in den letzten 20 Jahren stärker von den USA beherrscht worden war als zuvor. Das hauseigene Fernsehen in Brasilien ist sogar kommerzieller ausgerichtet als das der Vereinigten Staaten, wodurch eine konsumorientierte Perspektive gefördert wird. Mit der Entwicklung von Satelliten– und Kabelfernsehen steigt aber die Vielfalt der Kulturprodukte. Andere Untersuchungen haben gezeigt, daß heimische Produkte dem Importmaterial vorgezogen werden, wenn eine Wahlmöglichkeit besteht.

Schlußfolgerung

Was ist das Ergebnis der in diesem Kapitel beschriebenen Prozesse? Wird die ganze Welt in absehbarer Zukunft ein einziges politisches System sein, das von irgendeiner Art Weltregierung überwacht wird? Die Globalisierungsprozesse gehören sicher zu den wichtigsten sozialen Veränderungen der Gegenwart, und eine soziologische Analyse, die sich auf die Untersuchung einzelner Gesellschaften beschränkt, wird zunehmend altmodisch. Viele der grundlegenden Probleme, mit denen sich die Menschen heute beschäftigen, wie z. B. Umweltprobleme oder die Vermeidung großer militärischer Konfrontationen, sind gezwungenermaßen global.

Trotz der zunehmenden wirtschaftlichen und kulturellen Interdependenzen ist das globale System von Ungleichheiten gespalten und besteht aus einem Flickwerk von Staaten, die sowohl gegenläufige als auch gemeinsame Interessen haben. Es weist nichts wirklich darauf hin, daß die Interessenskonflikte der einzelnen Staaten in näherer Zukunft von einem politischen Konsens abgelöst werden könnten. Es kann sein, daß es eines Tages eine Weltregierung gibt, aber dahin führt nur ein langfristiger Entwicklungsprozeß. Eines der besorgniserregendsten Merkmale der heutigen Weltgesellschaft ist, daß weder die politische Integration noch die Reduktion der internationalen Unterschiede des Vermögens und der Macht mit der zunehmenden Globalisierung Schritt halten. Die Einigung der Welt nimmt in mehrfacher Hinsicht zu, und einige traditionelle Konfliktquellen zwischen den Staaten verschwinden (siehe Kapitel 11 „Krieg und Militär"). Die Unterschiede zwischen reichen und armen Gesellschaften sind aber ziemlich extrem und könnten zu neuen, starken internationalen Spannungen führen. Es gibt bis jetzt kein zentrales weltweites Gremium, das diese Spannungen wirksam in den Griff bekommen oder eine weltweite Umverteilung des Reichtums in die Wege leiten könnte.

Zusammenfassung

1 Die wechselseitigen Abhängigkeiten innerhalb der Weltgesellschaft sind gestiegen – ein Prozeß, den wir *Globalisierung* nennen. Die Entwicklung der weltweiten sozialen Beziehungen beinhaltet großangelegte Ungleichheiten zwischen den Industriegesellschaften und den Gesellschaften der Dritten Welt. Die größten Ungleichheiten des Vermögens und des Lebensstandards sind jene, die die reichen Industrieländer von den ärmeren Ländern trennen.

2 Die meisten Gesellschaften der Dritten Welt befinden sich in Gebieten, die unter westlicher Kolonialherrschaft standen. Viele sind erst nach dem Zweiten Weltkrieg unabhängig geworden. Obwohl die meisten Gesellschaften der Dritten Welt im Vergleich zu den Industrieländern verarmt sind, hat eine Minderheit (die Schwellenländer) unlängst ein rapides Wirtschaftswachstum erlebt.

3 Millionen Menschen in der ganzen Welt sterben jedes Jahr an Hunger oder an Krankheiten, die mit Mangelernährung zusammenhängen. Dabei wird trotz eines schnellen Bevölkerungswachstums so viel Nahrung produziert, daß jeder in der Welt satt werden könnte. Die westlichen Länder vernichten große Mengen von Lebensmitteln oder legen sie auf unbestimmte Zeit auf Lager, obwohl Menschen in anderen Teilen der Welt an Hunger sterben. Das Ausmaß der regelmäßigen Nahrungsmittellieferungen der reichen an die ärmeren Länder ist gering.

4 Die weltweite Verteilung der Nahrungsmittelversorgung ist stark vom Einfluß des Agribusiness abhängig – von der industriellen Herstellung, Verarbeitung und Lagerung

von Nahrungsmitteln. Agribusiness–Unternehmen, die in der Dritten Welt tätig sind, sind eher auf den Export in westliche Märkte ausgerichtet als auf die Förderung der lokalen Landwirtschaft.

5 Unser Verständnis der Entwicklung in Richtung globaler Ungleichheiten wurde von drei Theorien geprägt: Die Theorien des *Imperialismus* und des *Neoimperialismus* sehen die Kräfte hinter solchen Entwicklungen in Form eines wirtschaftlichen Drucks von Industrieunternehmen zur Expansion im Ausland. Die Dependenztheorien betonen die Möglichkeit der Industrieländer, die Bedingungen ihrer Beziehungen mit den Ländern der Dritten Welt zu diktieren. Die Weltsystemtheorie beschreibt eine zentralisierte Weltwirtschaft, in der die *Kernländer*, die *Semi–Peripherie*, die *Peripherie* und die *Randgebiete* miteinander verbunden sind.

6 Ein wichtiges Merkmal im weltweiten Entwicklungsprozeß ist die Entstehung der *Multis* – Gesellschaften, die in zwei oder mehreren Ländern über die nationalen Grenzen hinweg tätig sind. Die Länder des Weltwirtschaftssystems wurden hauptsächlich durch die Aktivitäten der Multis miteinander verflochten.

7 Die Erfindung der Telekommunikationstechnologien ermöglicht mehr oder weniger eine Sofort–Kommunikation zwischen verschiedenen Teilen der Welt. Fortschritte im Transportwesen haben den häufigen und raschen Austausch von Gütern zwischen den Ländern erleichtert. *Nichtstaatliche Akteure* – Organisationen, welche mit Prozessen befaßt sind, die eine internationale Zusammenarbeit oder Kommunikation erfordern – sind entstanden, damit den Anforderungen dieser Trends Rechnung getragen werden kann.

8 Die Umweltbedrohungen sind die größten Gefahren, mit denen die Menschheit in naher Zukunft fertig werden muß. Die meisten dieser Gefahren sind ihrer Natur nach global, da sie die Stofflichkeit der Erde als solcher bedrohen. Die drei größten Gefahren sind die Erzeugung von Müll, die Umweltverschmutzung und der Raubbau an den Bodenschätzen. Die Sorge um die Umwelt ist nicht nur ein technologisches, sondern auch ein soziales Thema. Der menschliche Angriff auf die Umwelt ist ein Ergebnis der Entwicklung und der weltweiten Expansion der sozialen Institutionen des Westens, sowie der Bedeutung, die diese Institutionen einem kontinuierlichen Wirtschaftswachstum beimessen.

9 Der Gedanke, daß wir *in einer Welt* leben, ist größtenteils ein Ergebnis der internationalen Bedeutung der Kommunikationsmedien. Fernsehnachrichtenprogramme liefern ein Mosaik internationaler Bilder ins Haus. Eine Weltinformationsordnung, ein internationales System der Produktion, der Verteilung und des Konsums von Informationsgütern hat sich herausgebildet. Aufgrund der Spitzenposition der Industrieländer in der Weltinformationsordnung sind viele der Ansicht, daß die Dritte Welt–Länder eine neue Form von *Medienimperialismus* erleben.

Grundbegriffe

Globalisierung   Imperialismus

Wichtige Fachausdrücke

Barerntenproduktion	externe Arena
Konzessionsgesellschaften	multinationale Konzerne
Schwellenländer	Konglomerate
Bruttosozialprodukt (BSP)	ethnozentrische Multis
Agribusiness	polyzentrische Multis
Neoimperialismus	geozentrische Multis
Dependenztheorie	internationale Arbeitsteilung
Kernländer	vertikale Integration
Weltsystemtheorie	nichtstaatliche Akteure
Semi–Peripherie	Handelsnetzwerke
Peripherie	Weltinformationsordnung

Weiterführende Literatur

Peter Dicken, *Global Shift: The Internationalisation of Economic Activity* (London: Chapman, 1992) – eine umfassende Übersicht über Trends in der Weltwirtschaft.

Paul Ekins, *A New World Order: Grass Roots Movements for Global Change* (London: Routledge, 1992) – eine interessante Übersicht und eine Zusammenfassung über die Versuche, mit globalen Problemen zurechtzukommen, indem Menschen von unten mobilisiert werden.

Brian Kelly and Mark London, *The Four Little Dragons: A Journey to the Source of the Business Boom along the Pacific Rim* (London: Touchstone, 1990) – ein Überblick über die Einflüsse Koreas, Taiwans, Hongkongs und Singapurs auf die Weltwirtschaft.

Jorge Lorrain, *Theories of Development: Capitalism, Colonialism and Dependency* (Cambridge: Polity, 1989) – ein Text, der die wichtigsten theoretischen Ansätze für das Verständnis der Entwicklungsthemen nachzeichnet.

Vandana Shiva, *The Violence of the Green Revolution: Third World Agriculture, Ecology and Politics* (London: Zed, 1991) – zeigt auf, daß die „Grüne Revolution" bestenfalls unterschiedliche Vorteile für weniger entwickelte Gesellschaften gebracht hat.

Sally Sontheimer, *Women and the Environment: A Reader. Crisis and Development in the Third World* (London: Women´s Press, 1991) – eine Sammlung von Artikeln, die zeigt, daß die Umweltbelastung in den ärmeren Ländern in unverhältnismäßigem Ausmaß Frauen betrifft, und die auch positive Reaktionen aufzeigt.

Erwin Staub, *The Roots of Evil: The Origins of Genocide and Other Group Violence* (Cambridge: Cambridge University Press, 1989) – analysiert einige der größten „Verbrechen gegen die Menschheit" des 20. Jahrhunderts.

John Toye, *Dilemmas of Development: Reflections on the Counter–revolution in Development Theory and Policy* (Oxford: Blackwell, 1989) – untersucht die neueren radikalen Veränderungen in der Entwicklungstheorie und –planung.

Immanuel Wallerstein, *Der Historische Kapitalismus* (Hamburg: Argument, 1989) – eine Einführung des bedeutenden Theoretikers der globalen Ungleichheit.

Kapitel 17

Der moderne Urbanismus

Die traditionelle Stadt

Merkmale des modernen Urbanismus
  Die Entwicklung der modernen Städte:
  Bewußtsein und Kultur
  Interpretationen des städtischen Lebens

Urbanismustheorien
  Die Chicagoer Schule
  Sozialökologie
  Urbanismus als Lebensform
  Urbanismus und geschaffene Umwelt
  Harvey: Die Umstrukturierung des Raumes
  Castells: Urbanismus und soziale Bewegungen
  Kommentar

Muster urbaner Entwicklungen im Westen nach dem Zweiten Weltkrieg
  Urbanismus in den Vereinigten Staaten
  Suburbanisierung
  Der Verfall der Innenstädte
  Finanzielle Krisen

Urbanismus in Großbritannien
Suburbanisierung und der innerstädtische Verfall
Finanzielle Krisen in britischen Städten
Vom öffentlichen zum privaten Wohnen
Gentrification oder „Stadt–Recycling"

Urbanismus und internationale Einflüsse
  Die globale Stadt

Die Urbanisierung der Dritten Welt
  Delhi
  Mexico City

Mögliche Entwicklungen

Zusammenfassung

Grundbegriffe

Wichtige Fachausdrücke

Weiterführende Literatur

Die traditionelle Stadt

In traditionellen Gesellschaften waren Städte, an modernen Kriterien gemessen, meist sehr klein. Babylon z. B., eine der größten Städte des Altertums im Nahen Osten, war nur vier Quadratkilometer groß und hatte in seiner Glanzzeit möglicherweise bloß 15 000 bis 20 000 Einwohner. Die ersten Städte der Welt entstanden ungefähr 3500 v. Chr. im Niltal in Ägypten, im Tal des Euphrat und des Tigris im heutigen Irak und im Industal im heutigen Pakistan. Rom war unter Kaiser Augustus mit ca. 300 000 Einwohnern die bei weitem größte antike Stadt außerhalb von China.

Die meisten Städte der Antike hatten trotz ihrer unterschiedlichen Zivilisationen gewisse Merkmale gemeinsam: Sie waren für gewöhnlich mit einer Mauer umgeben. Die Stadtmauern, die hauptsächlich der militärischen Verteidigung dienten, verstärkten die Trennung zwischen der städtischen Gemeinde und dem Umland. Das Zentrum, in dem oft ein großer öffentlicher Platz lag, war manchmal mit einer zweiten, inneren Mauer umgeben. Obwohl es dort meist einen Markt gab, hatte dieses Zentrum mit den Geschäftsvierteln im Herzen moderner Städte wenig gemeinsam. Die Hauptgebäude waren beinahe ausnahmslos religiöser oder politischer Natur, wie z. B. Tempel und Paläste oder Höfe (Sjoberg, 1960, 1963; Cox, 1964; Wheatley, 1971). Die Häuser der herrschenden Klasse oder Elite waren meist im Zentrum oder in dessen Nähe konzentriert, während die weniger Privilegierten näher am Stadtrand wohnten; einige lebten außerhalb der Mauern, konnten sich aber schnell dahinter in Sicherheit bringen, wenn sie angegriffen wurden.

Verschiedene ethnische und religiöse Gruppen waren oft auf eigene Viertel verteilt, in denen ihre Mitglieder sowohl wohnten als auch arbeiteten. Manchmal waren diese Viertel von Mauern umgeben. Auf dem Hauptplatz, an dem auch feierliche Zusammenkünfte stattfanden, hatte für gewöhnlich nur eine Minderheit der Bürger Platz, und die Kommunikation zwischen den Stadtbewohnern war im allgemeinen unregelmäßig. Öffentliche Verlautbarungen wurden von den offiziellen Vertretern mit lauter Stimme kundgetan. Obwohl ein paar traditionelle Städte breite Durchzugsstraßen hatten, gab es in den meisten von ihnen wenige „Straßen" im modernen Sinn des Wortes. Die Wege bestanden meist aus unbebauten Landstreifen. Für die meisten Leute lag der Arbeitsplatz zu Hause und im selben Gebäude, manchmal sogar im selben Raum. Die „Fahrt zur Arbeit" war mehr oder weniger unbekannt.

In einigen traditionellen Staaten waren die Städte durch ein wohldurchdachtes Straßensystem miteinander verbunden, aber diese Straßen wurden hauptsächlich für militärische Zwecke gebaut; die Kommunikation war größtenteils langsam und ihrer Natur nach begrenzt. Reisen war weitgehend eine spezielle Angelegenheit, wobei Kaufleute und Soldaten als einzige regelmäßig weit reisten. Die Städte waren die wichtigsten Zentren der Wissenschaft, der Kunst und der kosmopolitischen Kultur in traditionellen Staaten, aber das Niveau ihres Einflusses auf die ländlichen Gebiete war immer relativ niedrig. Nicht mehr als ein winziger Anteil der Bevölkerung lebte in den Städten, und der Unterschied zwischen den Städten und den ländlichen Gebieten war markant. Weitaus die größte Mehrheit der Menschen lebte in kleinen Landgemeinden, und ihre Kontakte gingen nur selten – wenn überhaupt – über die Begegnung mit dem einen oder anderen staatlichen Beamten oder Händler aus der Stadt hinaus.

Wenn wir in diesem Kapitel die modernen Städte untersuchen, so werden wir einige der grundlegendsten Änderungen besprechen, die unsere Welt von der traditionellen unterscheiden. Denn in allen Industrieländern lebt der Großteil der Bevölkerung in städtischen Gebieten. Darüberhinaus beeinflußt das moderne städtische Leben jeden, nicht nur jene, die in den Städten selbst wohnen. Wir werden zunächst die starke Zunahme der Zahl von Stadtbewohnern untersuchen, die sich im letzten Jahrhundert vollzogen hat, und dann einige der wichtigsten Urbanismustheorien analysieren, ehe wir uns den verschiedenen Mustern der **Urbanisierung** zuwenden, wobei Großbritannien, die Vereinigten Staaten und Städte in der Dritten Welt miteinander verglichen werden sollen.

Merkmale des modernen Urbanismus

Alle modernen Industriegesellschaften sind sehr stark urbanisiert. Die größeren Städte in den Industrieländern haben bis zu 20 Millionen Einwohner, und städtische **Ballungsgebiete** – Anhäufungen von Städten, die sich über weite bebaute Gebiete erstrecken – zählen oft noch viel mehr Einwohner. Die extremste gegenwärtige Form urbanen Lebens wird durch das verkörpert, was manche **Megalopolis**, die „Stadt der Städte", genannt haben. Der Begriff wurde im antiken Griechenland geprägt, um einen Stadtstaat zu bezeichnen, der über allen Kulturen stehen sollte, aber seine gegenwärtige Bedeutung hat nur mehr wenig mit diesem Traum zu tun. In unserer Zeit wurde er zum ersten Mal verwendet, um die Städte an der Nordostküste der Vereinigten Staaten zu beschreiben, einen Ballungsraum, der sich über ungefähr achthundert Kilometer vom Norden Bostons bis südlich von Washington D.C. erstreckt. In dieser Region leben ungefähr 40 Millionen Menschen, bei einer Bevölkerungsdichte von achtzehnhundert Einwohnern pro Quadratkilometer. Eine beinahe ebenso große und dichte städtische Bevölkerung ist in der Gegend der Großen Seen auf US–amerikanischer und kanadischer Seite konzentriert.

Großbritannien, die Gesellschaft, die als erste industrialisiert wurde, machte auch als erste den Wandel von einer ländlichen zu einer vorwiegend städtischen Gesellschaft durch. Im Jahr 1800 lebten weit unter 20 Prozent der Bevölkerung in Städten mit mehr als zehntausend Einwohnern. Im Jahr 1900 war dieser Anteil auf 74 Prozent gestiegen. Die Hauptstadt London zählte um 1800 ungefähr 1,1 Millionen Einwohner und war zu Beginn des 20. Jahrhunderts auf über sieben Millionen angewachsen. London war damals bei weitem die größte Stadt, die die Welt jemals gesehen hatte, ein großes Industrie–, Handels– und Finanzzentrum im Herzen des damals noch expandierenden britischen Empire.

In den meisten europäischen Staaten und in den USA setzte die Urbanisierung ein wenig später ein, aber in einigen Fällen ging sie, wenn sie einmal begonnen hatte, schneller voran. Im Jahr 1800 waren die Vereinigten Staaten noch ländlicher strukturiert als die führenden europäischen Staaten derselben Zeit. Weniger als 10 Prozent der Bevölkerung lebten dort in Gemeinden mit über 2 500 Einwohnern.

Heute leben weit über drei Viertel aller Amerikaner in solchen Gemeinden. Zwischen 1800 und 1900 stieg die Bevölkerung New Yorks von 60 000 auf 4,8 Millionen!

Die Urbanisierung im 20. Jahrhundert ist ein globaler Prozeß, in den die Dritte Welt immer stärker hineingezogen wird. Vor 1900 waren es beinahe ausnahmlos die Städte des Westens, die wuchsen. Zwar expandierten die Städte der Dritten Welt bis 1950 ein wenig, aber ihr Wachstum vollzog sich vor allem in den letzten vierzig Jahren. Im Verhältnis zur Weltbevölkerung nimmt die Bevölkerung in den Städten viel schneller zu. Im Jahr 1975 lebten 39 Prozent der Weltbevölkerung in Städten, aber Schätzungen der Vereinten Nationen zufolge werden im Jahr 2000 bereits 50 Prozent und im Jahr 2025 63 Prozent in Städten wohnen. Im Jahr 2025 wird die Hälfte der Weltbevölkerung auf Ost- und Südasien konzentriert sein, und zu diesem Zeitpunkt wird die städtische Bevölkerung sowohl in Afrika als auch in Südamerika jene der europäischen Städte überholt haben.

Die Entwicklung moderner Städte: Bewußtsein und Kultur

Erst zur Jahrhundertwende begannen Statistiker und Sozialwissenschaftler, zwischen der Kleinstadt und der Stadt zu unterscheiden. Städte mit einer größeren Einwohnerzahl galten normalerweise als kosmopolitischer als kleinere Zentren, wobei ihr Einfluß über die nationale Gesellschaft, der sie angehörten, hinausreichte.

Die Ausdehnung der Städte war ein Ergebnis des Bevölkerungswachstums sowie des Zuzuges von Menschen von Bauernhöfen, aus Dörfern und aus Kleinstädten. Diese Migration war oft international, wobei die Leute mit bäuerlichem Hintergrund direkt in die Städte der Länder, in die sie einwanderten, zogen. Die Einwanderung einer großen Anzahl von Europäern aus armen landwirtschaftlich strukturierten Gegenden in die USA ist das offenkundigste Beispiel.

Einwandererströme quer über Staatsgrenzen hinweg in Städte waren auch in Europa weit verbreitet. Kleinbauern und Dorfbewohner wanderten in die Städte ab (wie das heute in großem Maßstab in Dritte Welt-Ländern der Fall ist), weil sie in den ländlichen Gebieten keine Zukunftsaussichten hatten und weil die Großstädte offensichtliche Vorteile boten und Anziehungskraft besaßen, ja, weil die „Straßen mit Gold gepflastert waren" (Arbeitsplätze, Reichtum, eine breite Palette von Gütern und Dienstleistungen). Die Großstädte wurden darüberhinaus zunehmend Zentren der finanziellen und industriellen Macht, wobei Unternehmer manchmal neue städtische Zonen aus dem Boden stampften. Chicago war im Jahr 1900 auf eine Bevölkerung von weit über zwei Millionen angewachsen, und das auf einem Gebiet, das bis in die dreißiger Jahre des 19. Jahrhunderts noch vollkommen unbewohnt gewesen war.

Die Entwicklung moderner Großstädte hatte nicht nur auf die Lebens- und Verhaltensweisen einen großen Einfluß, sondern auch auf die Denkmuster und Gefühle (Lees, 1985). Seit der Entstehung der großen städtischen Agglomerationen im 18. Jahrhundert waren die Meinungen über die Auswirkungen der Städte auf das soziale Leben geteilt. Für einige verkörperten die Städte „die zivilisierte Tugend", Quellen der Dynamik und der kulturellen Kreativität (Schorske, 1963). Diesen Autoren zufolge maximieren Städte die Möglichkeiten der wirtschaftlichen und kulturellen Entwicklung und bieten Voraussetzungen für ein angenehmes und befriedigendes Leben. James Boswell pries häufig die Vorzüge Londons, das er mit „einem Museum, einem Garten, mit endlosen musikalischen Kombinationen" (Byrd, 1978, S. 92) verglich. Andere brandmarkten die Stadt als ein rauchendes Inferno, in dem sich aggressiv und beängstigend Massen drängten und das von Verbrechen, Gewalt und Korruption durchsetzt sei.

Interpretationen des städtischen Lebens

Im 19. und frühen 20. Jahrhundert, als die Städte wucherten, fanden diese kontrastierenden Ansichten neue Ausdrucksformen. Den Kritikern boten die Städte ein leichtes Ziel, weil die Lebensbedingungen der Armen in den sich am schnellsten entwickelnden Stadtgebieten häufig erschreckend waren. Der englische Romanschriftsteller und Gesellschaftsanalytiker George Gissing erlebte persönlich sowohl in London als auch in Chicago in den siebziger Jahren des 19. Jahrhunderts extreme Armut. Seine Beschreibungen des Londoner East End, in dem die ärmsten Viertel der Stadt liegen, zeichnen ein grauenvolles Bild. Gissing porträtierte das Gebiet folgendermaßen:

> Stinkende Marktstraßen, mit Fabriken, Bauhöfen, heruntergekommenen Lagerhäusern, Straßen, in denen sich kleine Geschäfte und Handwerksbetriebe drängen, verdreckte Hinterhöfe und Durchgänge, die in ein pestilenzartige Gerüche verbreitendes Halbdunkel führen. Überall Plackerei in ihrer erniedrigendsten Form. Durch die Straßen donnern hochbeladene Wägen, das Pflaster ist von Arbeitern der derbsten Sorte abgetreten, an den Straßenecken und in den Winkeln zeigt sich das abstoßendste Elend. (Gissing, 1973, S 25f.)

Zu dieser Zeit lag die Armut in amerikanischen Städten nicht so sehr im Blickfeld der Öffentlichkeit wie die europäische Armut. Gegen Ende des Jahrhunderts aber begannen Reformer die Verwahrlosung großer Teile von New York, Boston, Chicago und anderen größeren Städten anzuprangern. Ein dänischer Einwanderer, Jacob Riis, der später als Reporter für die *New York Tribune* arbeitete, machte ausgedehnte Reisen durch die Vereinigten Staaten, dokumentierte die Armut und hielt Vorträge über notwendige Reformen. Sein Buch *How the Other Half Lives*, das 1890 erschien, stieß auf großes Interesse (Riis, 1957; Lane, 1974). Andere schlossen sich seiner Sicht an. Ein Lyriker faßte die Armut von Boston in folgende Worte:

> In einer großen christlichen Stadt ohne Freund an Hunger gestorben!
> Verhungert, wo es doch manch festlich gedeckten Tisch gibt!
> In einer Stadt der Spitäler im Gefängnis gestorben!
> Obdachlos, in einem Land gestorben, das sich des freien Obdaches für alle rühmt!
> In einer Stadt der Millionäre mittellos gestorben!
>
> (zitiert aus Lees, 1985, S. 128f.)

Das Ausmaß der städtischen Armut und die großen Unterschiede zwischen verschiedenen Stadtvierteln gehörten zu den wichtigsten Faktoren, die die frühen soziologischen Analysen des städtischen Lebens förderten. Es überrascht nicht, daß die ersten wichtigen soziologischen Studien und Theorien über moderne städtische Lebensbedingungen in Chicago, in einer Stadt mit einer phänomenalen Wachstumsrate und sehr ausgeprägten Ungleichheiten, entstanden.

Urbanismustheorien

Die Chicagoer Schule

Eine Anzahl von Autoren, die zwischen 1920 und 1940 an der Universität Chicago arbeiteten, insbesondere Robert Park, Ernest Burgess und Louis Wirth, entwickelten Ideen, die lange Jahre hindurch die Hauptgrundlage für die Theorie und Forschung der Stadtsoziologie bildeten. Zwei von der Chicagoer Schule entwickelte Begriffe verdienen besondere Aufmerksamkeit: Der **ökologische Ansatz** in der städtischen Analyse und die Charakterisierung von **Urbanismus** als *Lebensform*, die von Wirth entwickelt wurde (Park, 1952; Wirth, 1938).

Sozialökologie

Ökologie ist ein Begriff, der aus den Naturwissenschaften stammt: die Untersuchung der Adaption pflanzlicher oder tierischer Organismen an ihre Umgebung. In der Natur sind Organismen meist systematisch über ein bestimmtes Gebiet verbreitet, sodaß zwischen den verschiedenen Arten ein Gleichgewicht erreicht wird. Die Chicagoer Schule ging davon aus, daß die Lage größerer städtischer Siedlungen und die Verteilung verschiedener Arten von Nachbarschaften innerhalb dieser Siedlungen nach ähnlichen Prinzipien interpretiert werden kann. Das Wachstum von Städten beruht nicht auf Zufall, sondern ist eine Reaktion auf günstige Umweltbedingungen. In modernen Gesellschaften entwickeln sich große Stadtgebiete beispielsweise entlang von Flüssen, in fruchtbaren Ebenen oder an Kreuzungen von Handelswegen oder Eisenbahnen.

„Sobald sie einmal besteht", meint Park, „ist eine Stadt, wie es scheint, ein großer Sortiermechanismus, der aus der Gesamtbevölkerung unfehlbar diejenigen Individuen selektiert, die an das Leben in einer bestimmten Region oder in einem bestimmten Milieu am besten angepaßt sind" (Park, 1952, S. 79). Städte ordnen sich durch Prozesse der Konkurrenz, der Invasion und der Sukzession zu „natürlichen Gebieten". All diese Prozesse kommen in der biologischen Ökologie vor. Wenn wir die Ökologie eines Sees in einer natürlichen Umgebung betrachten, werden wir feststellen, daß der Wettbewerb zwischen den verschiedenen Arten von Fischen, Insekten und anderen Organismen dahingehend wirkt, daß eine ziemlich stabile Verteilung unter ihnen erreicht wird. Dieses Gleichgewicht wird gestört, wenn neue Arten eindringen – den See zu ihrem Lebensraum machen wollen. Bestimmte Lebewesen, die in der Mitte des Sees siedelten, werden nach außen gedrängt, um nunmehr am Rand eine gefährdetere Existenz zu führen. Die eindringenden Arten sind in den zentralen Gebieten ihre Nachfolger.

Siedlungs–, Bewegungs– und Neuansiedlungsmuster in Städten nehmen aus ökologischer Perspektive ähnliche Formen an. Die verschiedenen Nachbarschaften entwickeln sich durch die Anpassungen der Bewohner, die um die Sicherung ihrer Lebensgrundlagen kämpfen. Eine Stadt kann als Landkarte von Gebieten mit verschiedenen und kontrastierenden sozialen Merkmalen dargestellt werden. In den ersten Phasen des Wachstums moderner Städte siedeln sich Industrien an Orten an, welche sich für die Verarbeitung der Rohstoffe, die sie brauchen, eignen, d.h. in der Nähe von Versorgungssträngen. Die Bevölkerung siedelt sich um diese Arbeitsplätze herum an, die mit der Zunahme der Einwohnerschaft immer stärker differenziert werden. Die solchermaßen entwickelte Infrastruktur wird entsprechend attraktiver; auch in diesem Bereich verschärft sich die **Konkurrenz**. Die Grundstückspreise und -steuern steigen und machen es für Familien schwierig, im Zentrum zu leben, es sei den, sie nehmen einengende Verhältnisse oder verfallende Wohnungen mit daher niedrigeren Mieten in Kauf. Das Zentrum wird von Geschäften und Vergnügungsstätten beherrscht, während die wohlhabenderen Einwohner an die neu entstehende Peripherie ziehen. Dieser Prozeß spielt sich entlang der Verkehrswege ab, weil diese die Zeit von und zum Arbeitsplatz verringern. Die zwischen diesen Straßen liegenden Gebiete entwickeln sich langsamer.

Städte können als Abfolge konzentrischer Kreise gesehen werden, die in Segmente zerfallen. Im Zentrum liegen die **Innenstadt**gebiete, eine Mischung aus der Prosperität großer Unternehmen und dem Verfall des privaten Hausbesitzes. Dahinter liegen ältere Viertel, in denen Arbeiter mit traditionellen manuellen Berufen wohnen. Noch weiter außen liegen die Vorstädte, in denen häufig Gruppen mit höherem Einkommen leben. Prozesse der **Invasion** und der **Sukzession** gehen innerhalb einzelner Segmente der konzentrischen Kreise vor sich. Wenn Immobilien in zentraler oder zentrumsnaher Lage verfallen, kann es vorkommen, daß ethnische Minderheiten einziehen. Gleichzeitig beginnt ein großer Teil der dort wohnenden Bevölkerung abzuwandern und löst eine Fluchtbewegung in andere Stadtviertel oder in die Vorstädte aus.

Obwohl der **sozialökologische** Ansatz eine Zeitlang in Verruf geriet, wurde er später wiederbelebt und von mehreren Autoren, insbesondere von Amos Hawley (Hawley, 1950, 1968) verfeinert. Statt sich jedoch wie seine Vorgänger auf den Wettbewerb um spärliche Ressourcen zu konzentrieren, betont Hawley die *Interdependenz* verschiedener Stadtgebiete. Die *Differenzierung* – die Spezialisierung von Gruppen und Berufsrollen – ist der wichtigste Prozeß, in dem sich Menschen an ihre Umwelt anpassen. Gruppen, von denen viele andere abhängig sind, spielen eine dominante Rolle, die sich oft in ihrer zentralen geographischen Position widerspiegelt. Beispielsweise bieten große Banken oder Versicherungsgesellschaften wichtige Dienstleistungen für viele Mitglieder einer Gemeinschaft an und sind daher im allgemeinen im Stadtkern angesiedelt. Die Bereiche, die sich innerhalb eines Stadtgebietes herausbilden, sind aber, wie Hawley aufzeigt, nicht nur das Ergebnis räumlicher, sondern auch zeitlicher Beziehungen. Die Dominanz des Geschäftslebens findet z. B. nicht nur in Mustern der Bodennutzung Ausdruck, sondern auch im Rhythmus des Alltagslebens – sinnbildlich während der täglichen Stoßzeit. Der zeitliche Ablauf des Alltags der Menschen spiegelt die Hierarchie der Viertel innerhalb der Stadt wider.

Der ökologische Ansatz war für die zahlreichen empirischen Untersuchungen, die von ihm inspiriert wurden, ebenso wichtig wie als theoretische Perspektive. Viele Studien über Städte als Ganzes und über einzelne Viertel basierten auf ökologischen Überlegungen – z. B. Studien, die sich mit den oben erwähnten Prozessen der Invasion und der Sukzession auseinandersetzten. Er kann jedoch auch zu Recht in mehrfacher Hinsicht kritisiert werden. Die ökologische Perspektive tendiert dazu, die Bedeutung des bewußten Entwurfes und der bewußten Planung der Organisation einer Stadt unterzubewerten und die Stadtentwicklung als einen „natürlichen" Prozeß zu betrachten. Die von Park, Burgess und ihren Kollegen entwickelten räumlichen Organisationsmodelle wurden aus der amerikanischen Erfahrung abgeleitet und treffen nur auf einige Stadttypen in den Vereinigten Staaten, nicht aber auf die Städte in Europa, Japan oder in der Dritten Welt zu.

Urbanismus als Lebensform

Die Wirthsche Theorie des Urbanismus als *Lebensform* befaßt sich weniger mit der internen Differenzierung der Städte als damit, daß Urbanismus eine Form der sozialen Existenz ist. Wirth schreibt:

> Der Grad, bis zu dem die heutige Welt „urban" genannt werden kann, wird nicht nur durch den Anteil der Gesamtbevölkerung bestimmt, der in Städten wohnt. Die Einflüsse, die Städte auf das soziale Leben ausüben, sind größer als der Anteil der städtischen Bevölkerung vermuten ließe. Die Stadt ist nämlich nicht nur zunehmend der Wohnort und der Arbeitsplatz des modernen Menschen, sondern initiiert und steuert als Zentrum das wirtschaftliche, politische und kulturelle Leben, um das herum die entlegensten Gemeinden der Welt kreisen und das die verschiedenen Gebiete, Völker und Aktivitäten in einen Kosmos einbindet. (Wirth, 1938, S. 342)

Wirth zeigt auf, daß in den Städten große Mengen von Menschen sehr nahe beieinander wohnen, meist ohne einander persönlich zu kennen – ein grundlegender Unterschied zu kleinen, traditionellen Dörfern. Die meisten Kontakte zwischen den Stadtbewohnern sind flüchtig und partiell und nicht per se befriedigend, sondern Mittel zu anderen Zwecken. Interaktionen mit Verkaufspersonal in Geschäften, Bankangestellten, Mitreisenden oder Schaffnern in Zügen sind vorübergehende Begegnungen, welche nicht um ihrer selbst willen gepflogen werden.

Da Stadtbewohner dazu neigen, sehr mobil zu sein, sind die Bande zwischen ihnen relativ schwach. Die Menschen sind tagtäglich in viele verschiedene Aktivitäten und Situationen eingebunden – der „Lebensrhythmus" ist schneller als in ländlichen Gebieten. Der Wettbewerb ist stärker als die Kooperation. Wirth bestreitet nicht, daß die Dichte des sozialen Lebens in den Städten zur Bildung von Nachbarschaften mit eigenen Charakteristiken führt, von denen einige die Eigenarten kleiner Gemeinden beibehalten können. In Einwanderergebieten z. B. findet man traditionelle Beziehungstypen zwischen Familien, wobei die meisten Menschen einander persönlich kennen. Je mehr solche Gebiete jedoch in größeren städtischen Lebensmustern aufgehen, desto weniger bestehen solche Charakteristiken fort.

Wirths Ideen sind mit Recht weit verbreitet. Es gibt unzählige Beispiele für die Unpersönlichkeit der Städte und für den Mangel an Beziehungen der Bewohner untereinander. Eines ist der berühmt–berüchtigte Mord an Katherine Genovese am 13. März 1964 in New York City. Genovese ging spät nachts durch eine belebte, von Bäumen gesäumte Straße in Queens, einem Viertel in unmittelbarer Nähe von Manhattan, nach Hause. Sie wurde auf ihrem Weg drei Mal überfallen. Der letzte Überfall im Eingang ihres Hauses endete tödlich. Die Unpersönlichkeit des Stadtlebens wird in der Passivität der Zuschauer sichtbar. Insgesamt achtunddreißig ehrbare Bürger wurden Zeugen der Überfälle, aber nicht ein einziger kam Genovese zu Hilfe oder rief die Polizei. In einem Leitartikel einer Zeitung wurde erklärt, daß „die Stadt Katherine Genovese die Freunde geraubt hat" (Latane und Darley, 1970). Katherine Genovese hatte zwar sicher Freunde, aber wo waren sie, als sie sie brauchte? Angesichts der Weitläufigkeit des Großstadtlebens waren sie sicher irgendwo bei sich zu Hause – in Manhattan, Long Island oder Brooklyn – ohne von Katherines Unglück zu ahnen.

Die Anonymität vieler alltäglicher Kontakte in modernen Städten ist nicht zu leugnen – und das gilt bis zu einem bestimmten Grad auch für das soziale Leben allgemein in den modernen Gesellschaften. Wirths Theorie ist wichtig für die Erkenntnis, daß der Urbanismus nicht nur *Teil* einer Gesellschaft ist, sondern die Beschaffenheit des umfassenderen sozialen Systems ausdrückt und beeinflußt. Aspekte der urbanen Lebensform sind für das soziale Leben in modernen Gesellschaften als Ganzes wichtig und nicht nur für die Aktivitäten jener, die zufällig in großen Städten wohnen. Wirths Ideen haben aber auch ihre Grenzen. Wie die ökologische Perspektive, mit der sie viel gemeinsam hat, stützt sich Wirths Theorie hauptsächlich auf Beobachtungen amerikanischer Städte, wird jedoch auf jeglichen Urbanismus verallgemeinert. Urbanismus ist nicht überall und zu allen Zeiten dasselbe. Wie bereits erwähnt, unterschieden sich antike Städte z. B. in mehrfacher Hinsicht ziemlich von den Städten der modernen Gesellschaften. Das Leben war für die meisten Bewohner der frühen Städte nicht sehr viel anonymer oder unpersönlicher als für jene, die in Dorfgemeinschaften wohnten.

Wirth übertreibt auch die Unpersönlichkeit moderner Städte. Gemeinschaften mit engen Freundschaften oder Verwandtschaftsbeziehungen sind innerhalb moderner städtischer Gemeinschaften dauerhafter, als er annahm. Everett Hughes, ein Kollege Wirths an der Universität Chicago, schrieb über ihn: „Louis hat aufgezeigt, wie unpersönlich die Stadt ist, während er selbst mit einem ganzen Clan von Verwandten und Freunden auf einer sehr persönlichen Basis lebte" (zitiert aus Kasarda und Janowitz, 1974). Gruppen wie jene, die Herbert Gans „urbane Dörfler" nennt, sind in modernen Städten gang und gäbe (Gans, 1962). Seine „urbanen Dörfler" sind Italo–Amerikaner, die in einem Bostoner Innenstadtviertel wohnen. Die Bedeutung derartiger „ethnisch weißer" Gebiete wird möglicherweise in den amerikanischen Städten abnehmen, aber sie werden durch neuere innerstädtische Einwanderergemeinden ersetzt werden.

Noch wichtiger ist, daß Nachbarschaften mit engen verwandtschaftlichen und persönlichen Beziehungen oft aktiv durch das Stadtleben *geschaffen* zu werden scheinen. Diese Beziehungen sind nicht nur Überbleibsel einer zuvor existierenden Lebensform, die in der Stadt eine Zeitlang überdauert haben. Claude Fischer hat eine Erklärung geliefert, warum Urbanismus im großen Maßstab tatsächlich verschiedene Subkulturen fördert, statt jeden in einer anonymen Masse untergehen zu lassen. Die Großstadtbewohner, so Fischer, sind in der Lage, mit anderen mit gleichem Hintergrund oder mit gleichen Interessen zu kooperieren, um auf örtlicher Ebene Verbindungen zu knüpfen. Sie können sich bestimmten religiösen, ethnischen, politischen und anderen subkulturellen Gruppen anschließen. Eine

Kleinstadt oder ein Dorf sind nicht für die Entwicklung einer derartigen subkulturellen Vielfalt geeignet (Fischer, 1975, 1984). Die Mitglieder ethnischer Gemeinden in Städten z. B. haben einander möglicherweise in ihrem Herkunftsland kaum oder gar nicht gekannt. Wenn sie in der Stadt ankommen, zieht es sie in Gebiete, in denen andere mit einem ähnlichen sprachlichen und kulturellen Hintergrund wohnen, und neue Subgemeinschaftsstrukturen bilden sich. Ein Künstler oder eine Künstlerin könnte in einem Dorf oder in einer Kleinstadt wenige andere Künstler treffen, an die er oder sie sich anschließen kann. In einer Großstadt aber kann er Teil einer bedeutenden künstlerischen und intellektuellen Subkultur werden.

Eine Großstadt ist eine „Welt der Fremden", aber sie schafft und fördert persönliche Beziehungen. Das ist kein Paradoxon. Bei der urbanen Erfahrung müssen wir zwischen dem öffentlichen Bereich, in dem die Begegnungen mit Fremden stattfinden, und der privateren Welt der Familie, der Freunde und Arbeitskollegen unterscheiden. Es kann schwierig sein, „Leute zu treffen", wenn man das erste Mal in eine Großstadt zieht, aber jemand, der in eine kleine, festgefügte Landgemeinde zieht, könnte die Freundlichkeit der Einwohner weitgehend als äußerliche Höflichkeit empfinden. Es kann Jahre dauern, bis man „angenommen" wird. Das ist in einer Großstadt nicht der Fall. Edward Krupat hat das folgendermaßen kommentiert:

> Das städtische Ei ... hat eine härtere Schale. Weil es ihnen an Gelegenheiten fehlt, miteinander bekannt zu werden, bleiben viele Leute, die einander jeden Tag bei der Bushaltestelle oder am Bahnhof, in einer Cafeteria oder in der Eingangshalle am Arbeitsplatz treffen, immer „vertraute Fremde". Manche Leute bleiben auch ihr Leben lang vollkommene Außenseiter, weil sie die entsprechenden sozialen Voraussetzungen nicht mitbringen oder nicht initiativ werden. Ganz deutlich wird jedoch sichtbar, daß die Leute wegen der Vielfalt der Fremden – jeder ist ein potentieller Freund – und wegen der vielen möglichen Lebensweisen und Interessen in der Stadt keine Außenseiter bleiben. Wenn sie einmal in einer Gruppe oder in einem Netzwerk sind, so vervielfältigen sich die Möglichkeiten, ihre Beziehungen zu erweitern. Insgesamt scheint es, daß die positiven Möglichkeiten in der Stadt gegenüber den Einschränkungen überwiegen und daß die Menschen positive Beziehungen entwickeln und aufrechterhalten können. (Krupat, 1985, S. 36)

Wirths Ideen sind heute nicht wertlos geworden, doch haben spätere Untersuchungen klargestellt, daß sie zu allgemein gehalten sind. Die modernen Großstädte bringen unpersönliche und anonyme soziale Beziehungen mit sich, aber sie sind auch Quellen der Vielfalt und bisweilen der Intimität.

Urbanismus und geschaffene Umwelt

Neuere Urbanismus-Theorien haben betont, daß Urbanismus kein autonomer Prozeß ist, sondern im Zusammenhang mit größeren Mustern des politischen und wirtschaftlichen Wandels analysiert werden muß. Die zwei führenden Autoren im Bereich der Stadtanalyse, David Harvey und Manuel Castells, sind stark von Marx beeinflußt (Harvey, 1973, 1982, 1985; Castells, 1977, 1983).

Harvey: Die Umstrukturierung des Raumes

Der Urbanismus, betont Harvey, ist ein Aspekt der **geschaffenen Umwelt**, die sich durch die Ausbreitung des industriellen Kapitalismus entwickelt hat. In traditionellen Gesellschaften waren Stadt und Land klar differenziert. In der modernen Welt verwischt die Industrie die Trennlinie zwischen Stadt und Land. Die Landwirtschaft wird mechanisiert und nur nach Preis- und Profitüberlegungen betrieben, als ob es sich um eine industrielle Arbeit handle; dieser Prozeß weicht den Unterschied zwischen den sozialen Lebensformen von Stadt- und Landbewohnern auf.

Im modernen Urbanismus, so Harvey, wird der Raum beständig *neu strukturiert*. Dieser Vorgang wird durch die Standortwahl von Fabriken großer Unternehmen, durch die Standorte von Forschungs- und Entwicklungszentren, durch die Steuerungsmechanismen der Regierungen bezüglich Bodennutzung und industrieller Produktion und durch die Aktivitäten privater Investoren, die Immobilien kaufen und verkaufen, bestimmt. Unternehmen z. B. wägen kontinuierlich die relativen Vorteile neuer Standorte gegen jene bereits bestehender ab. Wenn die Produktion in einem Gebiet billiger wird als in einem anderen oder die Firma von einem Produkt auf ein anderes umsteigt, werden Büros und Fabriken an einem Ort geschlossen und anderswo wieder eröffnet. Wenn es daher zu einer bestimmten Zeit Geschäfte mit beträchtlichen Gewinnen zu machen gibt, kann es im Zentrum von Großstädten zu einer Anhäufung von Bürogebäuden kommen. Wenn die Büros einmal gebaut sind und das Zentrum umstrukturiert ist, sehen sich die Investoren um ein neues Potential für spekulative Bauten um. Was in einer bestimmten Zeit Gewinn bringt, bringt oft keinen Gewinn mehr, wenn sich das finanzielle Klima ändert.

Die Aktivitäten privater Eigenheimkäufer werden stark davon beeinflußt, in welchem Ausmaß und wo Firmen Grundstücke aufkaufen. Ein weiterer Einfluß wird durch die Darlehenszinsen und durch die von den lokalen und zentralen Behörden festgelegten Steuern ausgeübt. Nach dem Zweiten Weltkrieg z. B. kam es zu einer verstärkten Erschließung von Vorstädten größerer US-Städte. Dieser Trend war teilweise auf ethnische Diskriminierung und auf die Tendenz der Weißen, aus den innerstädtischen Gebieten abzuwandern, zurückzuführen. Harvey argumentiert, daß dieser Prozeß jedoch nur möglich war, weil die Regierung Eigenheimkäufer und Baufirmen steuerlich begünstigte und weil Finanzierungsgesellschaften spezielle Kreditbedingungen schufen. Dadurch wurde eine Basis für die Errichtung und den Ankauf neuer Wohnbauten an der Peripherie der Städte gebildet und gleichzeitig die Nachfrage nach industriell gefertigten Produkten, wie z. B. Automobilen, gesteigert. Die Vergrößerung und der gestiegene Wohlstand der Klein- und Großstädte in Südengland seit den sechziger Jahren steht mit dem Niedergang alter Industrien im Norden und mit der darauffolgenden Verlagerung von Investitionen hin zu neuen industriellen Möglichkeiten in direktem Zusammenhang (Massey, 1984).

Castells: Urbanismus und soziale Bewegungen

Wie Harvey unterstreicht Castells, daß die räumliche Anordnung einer Gesellschaft eng mit den generellen Mechanismen ihrer Entwicklung verbunden ist. Um Städte zu verstehen, müssen wir den Prozeß, durch welchen räumliche Formen geschaffen und umgewandelt werden, begreifen. Das Erscheinungsbild und die architektonischen Merkmale von Städten und Stadtvierteln sind der Ausdruck von Kämpfen und Konflikten zwischen verschiedenen Gruppen der Gesellschaft. Mit anderen Worten, die städtische Umwelt verkörpert symbolische und räumliche Manifestationen breiterer sozialer Kräfte. Wolkenkratzer z. B. können gebaut werden, weil von ihnen erwartet wird, daß sie Gewinn abwerfen, aber die riesigen Gebäude „symbolisieren auch die Macht des Geldes über die Stadt durch Technologie und Selbstvertrauen und sind die Kathedralen der Zeit des aufsteigenden Konzernkapitalismus" (Castells, 1983, S. 103).

Im Gegensatz zu den Chicagoer Soziologen sieht Castells die Stadt nicht nur als speziellen *Ort* – als städtischen Raum –, sondern als integralen Bestandteil von Prozessen des **kollektiven Konsums**, der seinerseits ein inhärenter Aspekt des Industriekapitals ist. Wohnhäuser, Schulen, Verkehrsnetze und Freizeiteinrichtungen sind Produkte der modernen Industrie, die von Menschen „konsumiert" werden. Das Steuersystem beeinflußt, wer wo in der Lage ist, sich eine Wohnung oder ein Haus zu kaufen oder zu mieten und wer wo baut. Große Konzerne, Banken und Versicherungsgesellschaften, die für Bauprojekte Kapital zur Verfügung stellen, haben große Macht über diese Prozesse. Die Regierungsbehörden aber greifen ebenfalls direkt in viele Aspekte des städtischen Lebens ein, indem sie Straßen und Sozialwohnungen bauen, Grüngürtel planen usw. (Lowe, 1986). Das äußere Erscheinungsbild der Städte ist also ein Ergebnis sowohl der Kräfte des freien Marktes als auch der Regierungsmacht.

Wie aber die gebaute Umgebung beschaffen ist, hängt nicht nur von den Aktivitäten der Reichen und Mächtigen ab. Castells unterstreicht die Bedeutung der Kämpfe unterprivilegierter Gruppen um die Verbesserung ihrer Lebensbedingungen. Städtische Probleme lösen eine Reihe sozialer Bewegungen aus, die die Wohnbedingungen verbessern wollen, gegen die Luftverschmutzung protestieren, Parks und Grünräume verteidigen und gegen Bauprojekte auftreten, die ein bestimmtes Gebiet von Grund auf verändern würden. Castells hat z. B. die Schwulenbewegung in San Francisco untersucht, der es gelungen ist, ganze Viertel um ihre eigenen kulturellen Werte herum neu zu strukturieren – indem verschiedene Schwulenorganisationen, Clubs und Bars eröffnet wurden und sich entfalten konnten –, und die in der Lokalpolitik eine wichtige Rolle übernommen hat.

Städte, so betonen Harvey und Castells, sind beinahe gänzlich artifizielle Umwelten, die von uns selbst gebaut werden. Nicht einmal die entlegensten ländlichen Gebiete können sich dem Einfluß menschlicher Eingriffe und moderner Technologien entziehen, weil der Mensch die natürliche Welt umgestaltet und umgeordnet hat. Nahrungsmittel werden nicht für die lokalen Bewohner produziert, sondern für nationale und internationale Märkte. In der mechanisierten Landwirtschaft ist der Boden streng unterteilt, speziellen Nutzungsarten zugeführt und in physische Muster geordnet, die mit den natürlichen Merkmalen der Umwelt wenig gemeinsam haben. Jene, die auf Bauernhöfen und in entlegenen ländlichen Gebieten wohnen, sind wirtschaftlich, politisch und kulturell an die größere Gesellschaft gebunden, wie sehr sich manche ihrer Verhaltensweisen auch von jenen der Stadtbewohner unterscheiden mögen.

Kommentar

Die Ansichten von Harvey und Castells stießen auf ein breites Echo (Pickvance, 1985; Saunders, 1987), und ihre Arbeiten haben der Stadtsoziologie neue Wege eröffnet. Im Gegensatz zum ökologischen Ansatz betonen sie nicht die „natürlichen" räumlichen Prozesse, sondern unterstreichen, wie die Landnutzung und die gebaute Umwelt soziale und wirtschaftliche Machtsysteme widerspiegeln. Das ist ein wichtiger Unterschied der Perspektive. Die Ideen von Harvey und Castells sind aber oft sehr abstrakt und haben nicht so vielfältige Forschungsprojekte nach sich gezogen wie jene der Chicagoer Schule.

In mancher Hinsicht ergänzen die Ansichten Harveys und Castells und jene der Chicagoer Schule einander in fruchtbarer Weise, und wenn man sie kombiniert, ergeben sie ein umfassendes Bild urbaner Prozesse. Die in der Stadtökologie beschriebenen Kontraste zwischen Stadtgebieten gibt es, genauso wie es eine generelle Unpersönlichkeit des städtischen Lebens gibt. Beide Faktoren aber sind variabler, als die Mitglieder der Chicagoer Schule glaubten, und werden hauptsächlich von den von Harvey und Castells analysierten sozialen und wirtschaftlichen Einflüssen bestimmt (Micklin und Choldin, 1984). John Logan und Harvey Molotch haben einen Ansatz vorgeschlagen, der eine direkte Verbindung der Standpunkte von Autoren wie Harvey und Castells mit einigen Merkmalen der „Ökologen" darstellt (Logan und Molotch, 1987). Mit Harvey und Castells sind sie sich darin einig, daß die generellen Merkmale der nationalen und internationalen wirtschaftlichen Entwicklung das städtische Leben sehr direkt beeinflussen. Der Einfluß dieser weitläufigen wirtschaftlichen Faktoren, argumentieren sie, wird jedoch durch lokale Organisationen einschließlich kleiner Unternehmen, Banken und lokaler Behörden sowie durch Aktivitäten privater Hauskäufer vermittelt.

Immobilien – Grundstücke und Gebäude – werden, so Logan und Molotch, genau wie andere Dinge in modernen Gesellschaften gekauft und verkauft, aber die Märkte, die die städtische Umwelt strukturieren, werden dadurch beeinflußt, wie verschiedene Einwohnergruppen das Eigentum, das sie kaufen und verkaufen, nutzen wollen. Aus diesem Prozeß ergeben sich viele Spannungen und Konflikte – und diese sind die Schlüsselfaktoren bei der Strukturierung einzelner Stadtviertel. Ein Wohnblock z. B. wird von seinen Bewohnern als „Zuhause", vom Eigentümer jedoch als „Mietobjekt" betrachtet. Unternehmen interessieren sich am meisten für den An- und Verkauf von Immobilien in einer bestimmten Gegend, um den besten Produktionsstandort zu bekommen oder um gewinnbringend zu spekulieren. Ihre Interessen und Anliegen unterscheiden sich sehr von jenen der Bewohner, für die ein Viertel „das Zuhause" ist.

In den modernen Städten, zeigen Logan und Molotch auf, versuchen große Finanz- und Produktionsunternehmen kontinuierlich, die Landnutzung in bestimmten Gebieten zu intensivieren. Je mehr ihnen dabei freie Hand gelassen wird, desto größere Chancen gibt es für Bodenspekulationen und für die Errichtung neuer, gewinnbringender Gebäude. Diese Firmen kümmern sich kaum um die sozialen und physischen Auswirkungen ihrer Aktivitäten auf ein bestimmtes Viertel – darum z. B., ob schöne, alte Wohnungen oder Häuser zerstört werden, um neuen, großen Bürokomplexen Platz zu machen. Der von großen, in das Baugeschäft involvierten Firmen geförderte Wachstumsprozeß richtet sich oft gegen die Interessen lokaler Unternehmen oder Einwohner, welche manchmal versuchen, aktiven Widerstand zu leisten. Die Bewohner eines Viertels schließen sich in Gruppen zusammen, um ihre Interessen als Anrainer zu verteidigen. Solche lokalen Verbände können für die Ausdehnung von Restriktionen im Rahmen der Raumplanung Stimmung machen, neue Bauten im Grüngürtel oder in Parks blockieren oder eine für sie günstigere Mietergesetzgebung einfordern.

Muster urbaner Entwicklungen im Westen nach dem Zweiten Weltkrieg

In den Vereinigten Staaten wurde viel mehr über städtische Prozesse geforscht als in Großbritannien, aber im allgemeinen sind die Muster der städtischen Entwicklung in Großbritannien der Nachkriegszeit ein Abbild jener, die sich in den USA bereits etwas früher herausgebildet haben. Wir werden deshalb zunächst auf die amerikanische Erfahrung eingehen, ehe wir urbane Probleme und Themen in Großbritannien diskutieren.

Urbanismus in den Vereinigten Staaten

Suburbanisierung

Eine der deutlichsten Entwicklungen in den US–Städten nach dem Krieg war die Ausdehnung der *Vorstadt*. Das englische Wort „suburb" hat seinen Ursprung im lateinischen Begriff *sub urbe*, was soviel bedeutet wie „unter der Herrschaft der Stadt stehend". In der Geschichte des Urbanismus wurde dieser Begriff meist seiner Bedeutung gemäß verwendet. Die Vorstädte waren kleine Einschlüsse von Wohngebieten, deren Einrichtungen und Lebensgrundlagen von den städtischen Zentren abhingen. Gegenwärtig wird das Wort zur Bezeichnung jeglichen bebauten Gebietes, das sich an eine große Stadt anschließt, verwendet.

In den Vereinigten Staaten erreichte der Prozeß der **Suburbanisierung** in den fünfziger und sechziger Jahren seinen Höhepunkt. Die Stadtzentren wuchsen in diesen Jahrzehnten um 10 Prozent, während die Wachstumsrate der Randgebiete 48 Prozent betrug. Die Bewegung hinaus in die Vorstädte wurde großteils von weißen Familien vollzogen, wobei die Aufhebung der Rassentrennung in den Schulen ihren Teil zum Auszug der Weißen aus den innerstädtischen Gebieten beitrug. Viele Weiße wollten ihre Kinder in ausschließlich weiße Schulen schikken. Natürlich gab es auch andere Gründe. Die Leute zogen weg, um der Verschmutzung, dem Verkehrsstau und den höheren Kriminalitätsraten der innerstädtischen Bereiche zu entkommen, oder wurden durch die niedrigeren Grundsteuern, die Aussicht auf größere Häuser oder auf ein eigenes Haus mit Garten

Der moderne Urbanismus 611

„ *Komm' nur, Kind! Das ist ein Baum ... ein Baum!*"

Wiedergabe mit Erlaubnis von *Punch*.

dazu bewogen. Gleichzeitig wurden dank eines ausgedehnten Straßenbauprogramms zuvor abgeschiedene Gebiete besser erschlossen, besser an Arbeitsplätze angebunden, und die Ansiedelung von Industrien und Dienstleistungsbetrieben in den Vorstädten selbst ermöglicht. Viele Vorstadtgebiete entwickelten sich ihrem Wesen nach zu eigenen Städten, die durch Autobahnen an die anderen Vorstädte angeschlossen waren. Von den sechziger Jahren an stieg der Anteil jener, die zwischen einzelnen Vorstädten pendelten, stärker an als der Anteil jener, die zwischen einer Vorstadt und der Stadt pendelten (ein Muster, das man heute in Großbritannien ebenfalls findet).

Der Verfall der Innenstädte

Der Verfall der Innenstadt, der in den letzten Jahrzehnten alle amerikanischen Großstädte prägte, ist eine direkte Folge der Ausdehnung der Vorstädte. Die Bewegung von Gruppen mit hohem Einkommen weg von der Innenstadt bedeutet einen Verlust an Steuereinnahmen der lokalen Gebietskörperschaft. Da unter jenen, die bleiben oder die Gruppen mit hohem Einkommen ersetzen, viele Arme sind, ist der Handlungsspielraum für den Ersatz dieser Erträge gering. Wenn die Steuern in der Innenstadt erhöht werden, neigen reichere Gruppen und Geschäftsleute dazu, weiter hinauszuziehen.

Diese Situation verschlimmert sich durch die Tatsache, daß die Bausubstanz in den Innenstädten schlechter ist als in den Vorstädten und daß die Kriminalitäts– und die Arbeitslosenrate höher sind. Es müssen daher mehr Mittel für Wohlfahrtsprogramme, Schulen, die Gebäudeerhaltung, für die Polizei und die Feuerwehr aufgewendet werden. Ein Kreislauf des Verfalls entwickelt sich, in dessen Verlauf die Probleme in den Innenstädten umso größer werden, je mehr sich die Vorstädte ausdehnen. In vielen städtischen Gebieten Amerikas waren die Auswirkungen katastrophal – insbesondere in den älteren Städten wie New York, Boston oder Washington D.C. In einigen Vierteln dieser Städte ist der Verfall der Bausubstanz möglicherweise stärker als in großen Stadtgebieten in anderen Industrieländern. Verfallende Mietskasernen, Gebäude hinter Verschlägen und ausgebrannte Gebäude wechseln mit Baulücken ab, in denen sich der Schutt häuft.

Finanzielle Krisen

In den siebziger und frühen achtziger Jahren waren verschiedene Städte in den Vereinigten Staaten beinahe bankrott, und praktisch alle waren gezwungen, viele ihrer Dienstleistungen einzuschränken. Die Stadt Cleveland geriet 1979 in Zahlungsverzug und war unfähig, Schulden in der Höhe von ungefähr einem Fünftel ihres Jahresbudgets zurückzuzahlen, und auch Chicago und San Francisco schlugen sich mit Defiziten in der Höhe von vielen Millionen Dollar herum, ohne sie decken zu können. Am besten bekannt ist jedoch die Krise, die vor nicht allzu langer Zeit New York heimsuchte.

Wie die meisten anderen älteren Industriestädte erlitt New York seit dem Zweiten Weltkrieg massive Verluste bei den Arbeitsplätzen in Produktionsbetrieben. Die Expansion im Finanz– und Versicherungssektor reichte nicht aus, um diesen Verlust wettzumachen. Das Nettoergebnis war ein ständiger Rückgang der Einnahmen der Stadt. Von den fünfziger Jahren an zog New York auch große Mengen von Schwarzen, Puertoricanern und anderen Gruppen mit niederen Einkommen an. Zwischen 1950 und 1970, als die Armutsrate in den Vereinigten Staaten insgesamt zurückging, stieg die Anzahl jener, die in New York unter der Armutsgrenze lebten, von einem Drittel auf die Hälfte der Stadtbevölkerung an. 1974 hatte die Stadt Schulden in der Höhe von 1,2 Milliarden Dollar angehäuft. In den Jahren 1974 und 1975 kam es zu einer generellen wirtschaftlichen Rezession, und die Banken lehnten weitere Darlehen an die Stadt ab, während der Kongreß und die Regierung des Bundesstaates ihre Beihilfen reduzierten.

New York City entging nur deswegen dem Bankrott, weil die Stadtregierung ihre Ausgaben drastisch reduzierte. Ungefähr 50 000 öffentliche Arbeitsplätze wurden eliminiert, und das städtische Budget wurde um nahezu 20 Prozent gesenkt. Schulen, Gesundheitsdienste, Polizei und Feuerwehr waren stark davon betroffen. Bestimmte Wohlfahrtsprogramme wurden mehr oder weniger abgeschafft, andererseits wurden für Unternehmer neue steuerliche Anreize geschaffen. Die seit den frühen achtziger Jahren praktizierte Politik wurde von Kritikern

A tale of two cities genannt. In Manhattan kam es zu einem Bauboom bei Büros und Hotels, wodurch große, neue Investoren angezogen wurden. Die Mehrheit der städtischen Bevölkerung besteht andererseits aus Gruppen mit niedrigem Einkommen, deren Bedürfnisse von Politikern weitgehend ignoriert werden.

New York hat heute einen riesigen Prozentsatz Obdachloser; sie sind sogar für Touristen in der Stadt sichtbar, nicht nur weil sie nächtens die Parkbänke besetzen, sondern weil sie in Busstationen, Bahnhöfen und sogar auf Flughäfen wohnen. In vielen Vierteln gibt es Obdachlosenheime, die aber oft abgelehnt werden, weil sie so autoritär wie Gefängnisse geführt werden. Der Oberste Gerichtshof des Staates New York verfügte 1987, daß die Tausenden alleinstehenden Obdachlosen der Stadt Anspruch auf medizinische Versorgung und Sozialhilfe haben – was ihnen zuvor vorenthalten worden war. Dadurch sind einige grundlegende Bedürfnisse abgedeckt, für die die meisten Obdachlosen selbst nicht aufkommen konnten, aber es bedeutet auch einen großen Druck auf die Ressourcen, mit denen andere Wohlfahrtseinrichtungen gespeist werden.

Urbanismus in Großbritannien

Suburbanisierung und der innerstädtische Verfall

Die meisten großen Muster des urbanen Wandels, die man im Amerika der Nachkriegszeit findet, sind auch in Großbritannien zu sehen. In den vergangenen dreißig Jahren ist die Einwohnerschaft aller größeren innerstädtischen Gebiete Großbritanniens zurückgegangen, größtenteils, weil es zu Bewegungen an die Peripherie sowie in die *Satellitenstädte* (Städte, in denen hauptsächlich Leute wohnen, die in der Stadt arbeiten) und Dörfer gekommen ist. Die Bevölkerung des Großraumes London hat in der Zeit von 1970 bis 1985 um ca. eine halbe Million abgenommen, während viele mittlere und kleinere Städte zur selben Zeit wuchsen, z. B. Cambridge, Ipswich, Norwich, Oxford und Leicester. Die Innenstädte haben speziell im Norden rapid Produktionsbetriebe verloren.

Bis auf einige Ausnahmen war die „Flucht in die Vorstädte" nicht so ausgeprägt wie in den USA, und der daraus folgende Verfall der Innenstädte war weniger tiefgreifend. Trotzdem sind einige innerstädtische Gebiete – z. B. in Liverpool – ebenso heruntergekommen wie viele Viertel in amerikanischen Großstädten. Ein Bericht der anglikanischen Kirche aus dem Jahr 1985, *Faith in the City*, beschrieb die innerstädtischen Gebiete in wenig aufmunternder Sprache: „Graue Mauern, mit Abfall übersäte Straßen, Fenster, die mit Planken verschlagen sind, Grafitti, Abbruch und Bauschutt sind die traurigen Merkmale der Stadtbezirke und Pfarren, von denen hier die Rede ist. Die Wohnungen in den Innenstädten sind älter als anderswo. Ungefähr ein Viertel des englischen Hausbestandes wurde vor 1919 errichtet, aber der Anteil in den innerstädtischen Gebieten bewegte sich zwischen 40 Prozent und 60 Prozent" (Church of England, 1985, S. 18).

Wie in den Vereinigten Staaten siedelt sich die neue Industrie abseits der innerstädtischen Gebiete, entweder an der Peripherie oder in kleineren Städten an. Dieser Prozeß wurde in einigen Teilen bewußt durch die Schaffung geplanter Neustädte verschärft, wie Milton Keynes in Buckinghamshire. Eine Reihe nationaler Programme – die z. B. Prämien für die Renovierung von Häusern durch die Besitzer oder steuerliche Anreize, um Unternehmen anzuziehen, umfaßte – wurde gestartet, um die Innenstädte wiederzubeleben, aber die meisten blieben erfolglos. Der Scarman–Bericht aus dem Jahr 1982, Ergebnis einer offiziellen Untersuchung über den Aufruhr in Brixton, einem Stadtteil von London, ein Jahr zuvor, hielt fest, daß es kein koordiniertes Vorgehen bei der Bekämpfung der Innenstadtprobleme gäbe (Scarman, 1982). Zu neuerlichen Unruhen kam es 1985 (auch wieder in Brixton und im Broadwater Farm Estate, Tottenham, Nordlondon, wo ein Polizist ermordet wurde), 1990 und 1991 in Oxford, Bristol und in anderen Städten.

Als Paul Harrison Hackney, einen der ärmsten Londoner Bezirke, beschrieb, zeichnete er ein Bild der Hoffungslosigkeit:

> Die Polizei steht vor der praktisch unlösbaren Aufgabe, diese explosive Mischung aus Zutaten, die die Dynamik der britischen Gesellschaft in der Innenstadt konzentriert hat, im Griff zu behalten. Die von Rezession und hoher Arbeitslosigkeit aufgeheizte Mixtur führt unvermeidlich eine hohe Kriminalitätsrate herbei. Das erfordert wiederum eine zahlenmäßig stärkere Präsenz der Polizeikräfte als in anderen Gegenden, viel häufigere negative Kontakte mit Mitgliedern der Bevölkerung in der Rolle des potentiell Verdächtigen und viel mehr Gelegenheiten für falsche Einschätzungen oder Übergriffe seitens der Polizei. (Harrison, 1983, S. 369)

Das ist ein Teufelskreis. Die Ärmsten werden nicht nur häufiger Opfer von Verbrechen als andere Gruppen, sondern sie müssen auch mit einer viel stärkeren Polizeipräsenz zurechtkommen. Umgekehrt haben mehr von ihnen kriminelle Lebensläufe, als es sonst der Fall wäre. In Gebieten wie Hackney, warnte Harrison, ist eine „Gesellschaft der Barrikaden und der Selbstjustiz" im Entstehen, für die auch eine „ständige Erosion der bürgerlichen Freiheiten" kennzeichnend ist.

Die Arbeitslosenrate im Jahr 1992 in einigen Londoner Vierteln liegt bei Männern unter 25 Jahren höher als 40 Prozent, und bei jugendlichen Schwarzen kann sie sogar die 60 Prozent–Marke erreichen. Obdachlosigkeit ist möglicherweise in London ein ebenso großes Problem wie in New York geworden. In London hat sich die Zahl der Obdachlosen von den frühen achtziger Jahren bis zu Beginn der neunziger Jahre vervierfacht oder sogar verfünffacht. Ein Regierungsausschuß, der 1987 einen Bericht über die Londoner Innenstadt erstellte, kam zu dem Schluß, daß das schlechte städtische Management – insbesondere die fehlenden öffentlichen Dienstleistungen – zu den Problemen in New York beigetragen hätte und daß London auf demselben Weg wäre.

Das Regierungsprogramm *Action for Cities* aus dem Jahr 1988 wollte jedoch eher mit privaten Investitionen und im Vertrauen auf die freien Kräfte des Marktes eine Verbesserung herbeiführen statt über staatliche Eingriffe. Nichtsdestoweniger forderte der zuständige Minister Michael Heseltine zur „Partnerschaft" – einer Kombination aus Privatinitiativen und öffentlichen Anreizen – auf. Bis 1990 waren der Regierung zufolge ungefähr 900 Millionen Pfund privater Gelder in entwicklungsbedürftige Gebiete geflossen, als Reaktion auf öffentliche Unterstützungen und Subventionen; diese Reaktion der Wirtschaft fiel aber weitaus schwächer aus als erwartet.

Studien zeigen, daß es, abgesehen von gelegentlichen Vorzeigeprojekten, zu nichts führt, wenn man Anreize schafft und erwartet, daß Privatunternehmen die notwendigen Schritte setzen. Das ist ein unzulänglicher Weg, um mit den grundlegenden sozialen Problemen, die von den Stadtkernen erzeugt wurden, zurechtzukommen. In der Innenstadt kommen derart viele bedrückende Umstände zusammen, daß die Umkehrung eines einmal in Gang geratenen Verfallsprozesses auf jeden Fall unglaublich schwierig ist. Ohne größere öffentliche Ausgaben aber, die von Regierungsseite kaum zu erwarten sind, sind die Aussichten auf eine radikale Verbesserung tatsächlich mager (Macgregor und Pimlott, 1991).

Finanzielle Krisen in britischen Städten

Das Verhältnis zwischen staatlicher und lokaler Besteuerung ist in Großbritannien anders als in den USA, weswegen in Großbritannien keine Stadt bankrott gegangen ist. Doch ähnliche Formen finanzieller Krisen haben viele Innenstadtgebiete in Großbritannien heimgesucht. Mit dem *Local Government Act* von 1972 wurden sechs neue „Regionen": Merseyside, Greater Manchester, South Yorkshire, West Midlands, West Yorkshire und Tyne and Wear eingerichtet. Den Regionalräten dieser Gebiete wurde die Verantwortung für die Gesamtplanung der Stadtgebiete übertragen, wobei die – kleineren – Bezirksräte für das Schulwesen, für bestimmte soziale Dienstleistungen, für das Wohnen und andere Dienstleistungen zuständig waren. London hatte ein anderes System. Einundzwanzig Jahre lang wurde es vom 1965 eingerichteten *Greater London Council* (GLC – Rat für Groß London), verwaltet. Ungefähr die Hälfte der Einnahmen, von denen die Regionalräte abhängen, kommen von der Zentralregierung, wie das auch auf den GLC vor seiner Abschaffung 1985 zutraf.

Von den späten siebziger Jahren an wurde auf die lokalen Behörden ein starker Druck ausgeübt, damit sie sogar in den am meisten vom Verfall bedrohten Innenstadtgebieten ihre Budgets kürzten und die lokalen Dienstleistungen einschränkten. Ein 1980 im Parlament verabschiedetes Gesetz sah Strafen für Behörden vor, welche die von der Zentralregierung festgelegten Ausgabenobergrenzen überschritten. Einige der Regionalräte der von Armut am meisten betroffenen Innenstadtbezirke waren nicht in der Lage, die Budgetobergrenzen einzuhalten. Das führte zu erbitterten Konflikten zwischen der Regierung und mehreren Regionalräten, insbesondere jenen, die von der Labourpartei dominiert waren, wie in Liverpool oder in Sheffield. Einige weigerten sich von Anfang an, die in Whitehall festgelegten Grenzen zu akzeptieren, wobei 80 Räte in Liverpool und Lambeth im März 1986 wegen ihrer mangelnden Kooperationsbereitschaft persönlich Strafe zahlen mußten.

Gegen Ende der achtziger Jahre wurden die Finanzen der Lokalregierungen durch die Einführung der *Poll Tax* (offiziell „Gemeindeabgabe" genannt) in Mitleidenschaft gezogen. Es war beabsichtigt, daß jeder, der sich für eine Erhöhung der Ausgaben der lokalen Verwaltung aussprach oder daraus Nutzen zog, sich der dadurch verursachten Kosten bewußt werden sollte, indem er eine ungeachtet der persönlichen Vermögenslage pro Kopf eingehobene Steuer und nicht mehr eine anteilsmäßige Gemeindeumlage (also eine Vermögenssteuer) entrichten sollte.

Trotz Änderungen erwies sich die neue Steuer als schwierig einzuheben, und obwohl sie bald abgeschafft wurde, waren die Auswirkungen beträchtlich. Bestimmte Stadträte standen mit noch weniger Erträgen als zuvor da und waren gezwungen, bei Dienstleistungen einzusparen, die jeder für unerläßlich hielt. Der Anteil jener, die die Steuern nicht zahlen wollten, war in innerstädtischen Gebieten viel höher als anderswo, und um einer Zahlung zu entgehen, verschwanden viele Leute aus den ärmsten Bevölkerungsgruppen von den Wählerlisten, wodurch sie ihr Wahlrecht verloren.

Vom öffentlichen zum privaten Wohnen

Ein 1980 verabschiedetes Gesetz gab Bewohnern städtischer Sozialmietwohnungen – Mietwohnungen, die von der lokalen Verwaltung zur Verfügung gestellt werden – das Recht, ihr Heim mit Abschlägen von bis zu 60 Prozent, je nachdem, wie lange sie dort schon gewohnt hatten, käuflich zu erwerben. Diese Maßnahme erwies sich als sehr populär, und viele nutzten die Gelegenheit. Ungefähr 85 Prozent des verkauften Wohnraumes waren Häuser statt Wohnungen, was zeigt, daß die meisten Käufe außerhalb der Innenstädte getätigt wurden. 1988 gab es um 1,3 Millionen weniger vermietete Häuser im Land als acht Jahre zuvor.

Zu dieser Situation ist es teilweise gekommen, weil es keinen gleichwertigen Ersatz für die verkauften Sozialwohnungen gab, und teilweise, weil der Mietwohnungsmarkt geschrumpft war. Der Mietwohnungssektor war schon seit Jahrzehnten rückläufig gewesen, aber zuvor war diese Entwicklung durch die Errichtung neuer Sozialmietwohnungen ausgeglichen worden. Ein 1988 verabschiedetes Wohnbaugesetz deregulierte den Mietwohnungsmarkt, wobei bestehende Mietzinsbeschränkungen fielen. Die Menge des verfügbaren Mietwohnungsbestandes hat sich aber nur marginal erhöht.

Der Bestand an städtischen Sozialmietwohnungen wurde natürlich weitgehend von den bessergestellten Mietern aufgekauft. Auf diese Weise war der Großteil der attraktiveren Wohnungen weg. Nun besteht die Gefahr, daß die verbleibenden städtischen Sozialwohnungen entwertet und zu Orten werden, an denen diejenigen wohnen, die keine andere Wahlmöglichkeit mehr haben. Bei vielen der verbleibenden Sozialwohnungen hat teilweise wegen der finanziellen Einschränkungen, die viele Stadträte hinnehmen mußten, bereits der Verfall eingesetzt (Raynsford, 1991).

Vor dem Hintergrund einer langen Rezession in Großbritannien in den späten achtziger und frühen neunziger Jahren fielen die Wohnungen stark im Wert. Viele Menschen, einschließlich jener, die ihre Sozialmietwohnungen gekauft hatten, hatten große Hypotheken zu einer Zeit aufgenommen, als es den Anschein hatte, als ob der Wert von Häusern ins Unermeßliche steigen würde und als ob bei einem Weiterverkauf große Kapitalgewinne zu erwarten wären. Die Goldmine, nach der sie gesucht hatten, fanden sie nicht, und die Anzahl derer, die sich die Häuser bzw. die Darlehensrückzahlungen nicht mehr leisten konnten, stieg um ein Vielfaches. In Großbritannien gibt es viel mehr Eigenheimbesitzer als in anderen Ländern, und die meisten Menschen ziehen es vor, einer Bausparkasse Geld schuldig zu sein und ein eigenes Haus zu haben, als in Mietwohnungen zu wohnen. Der Verkauf der städtischen Sozialwohnungen ist aber bis zu einem bestimmten Grad jenen auf den Kopf gefallen, die sich finanziell am meisten davon erhoffen konnten.

Gentrification oder „Stadt–Recycling"

Gentrification – der Umbau alter Gebäude für neue Zwecke – ist in großen Städten gang und gäbe. Manchmal waren solche Umnutzungen Teil von Entwicklungsprogrammen, aber öfter sind sie das Ergebnis der Renovierung von Gebäuden in heruntergekommenen Stadtvierteln; die erneuerten Gebäude werden höheren Einkommensgruppen zugeführt und mit verschiedenen Annehmlichkeiten wie Geschäften und Restaurants versehen.

Das wichtigste Beispiel ist die Instandsetzung des Docklands–Areals in London. Haben wir es hier mit einem unvergleichlich erfolgreichen Stadterneuerungsprojekt zu tun oder ist das Projekt mehr oder weniger gescheitert? Die Meinungen sind verschieden, obwohl sich alle einig sind, daß die „Verjüngungskur" der Docklands nach Beginn der Rezession nicht so ausgefallen ist, wie es sich ihre Verfechter ausgedacht hatten. Die Docklands erstrecken sich über ca. 22 Quadratkilometer in Ostlondon am Ufer der Themse. Sie hatten ihre wirtschaftliche Funktion verloren, nachdem die Werften geschlossen und die Industrie niedergegangen war. Man nannte sie „das größte Stadterneuerungsgebiet Westeuropas" und „die größte Chance seit der Londoner Feuersbrunst".

Die Docklands liegen neben dem Finanzviertel der Londoner City, aber auch neben armen Arbeiterbezirken auf der anderen Seite. Von 1960 an gab es intensive Auseinandersetzungen – die noch immer andauern – bezüglich der Nutzung dieses Gebietes. Viele, die in oder neben den Docklands wohnten, waren für eine Umnutzung im Rahmen von städtisch geförderten Stadtentwicklungsprojekten, was einen Schutz der Interessen ärmerer Anrainer bedeutet hätte. In der Zwischenzeit wurde die Region nach der Errichtung der *Docklands Development Corporation* im Jahr 1981 zum Zentrum einer Strategie, wie wir sie oben beschrieben haben, die darin bestand, private Unternehmer zu ermutigen, bei der städtischen Erneuerung eine Vorreiterrolle zu übernehmen.

Das Areal unterscheidet sich heute offenkundig stark von den verarmten Nachbarvierteln: überall neue, oft abenteuerliche Gebäude. Lagerhäuser wurden in Luxusappartements umgewandelt, und neue Wohnblocks wurden errichtet. In Canary Wharf wurde ein sehr großer Bürokomplex mit einem zentralen, von vielen anderen Stellen in London aus sichtbaren Gebäude errichtet. Inmitten all der Pracht aber findet man heruntergekommene Gebäude und Ödland. Viele Büroräume stehen leer, und Luxuswohnungen erwiesen sich als unverkäuflich. In den Docklands–Bezirken liegen einige der ärmsten Wohnbezirke des Landes, aber die Leute, die in solchen Unterkünften wohnen, haben von der Bautätigkeit um sie herum beinahe nichts profitiert. Es wurden zwar viele „kostengünstige" Wohnungen gebaut, aber nur ein kleiner Prozentsatz der ansässigen Bewohner waren in der Lage oder gewillt, sie zu kaufen. 1991 schlitterte Canary Wharf in eine ernste finanzielle Krise, und die meisten Gebäude blieben leer.

Die Docklands wurden zwischen Wohlhabenden und Nichtshabenden aufgerieben, so sehr, daß es kaum andere vergleichbare Beispiele gibt. Obwohl viel renoviert wurde und viele neue Gebäude entstanden, wurde mit Sicherheit kein integriertes Viertel geschaffen: „Eine Sonntagswüste" wurden sie genannt, „und ohne irgend etwas, das die Katastrophe mildern könnte – klassische Architektur, gute Verkehrsverbindungen oder öffentliche Räume" (Brownhill, 1990, S. 177).

Urbanismus und internationale Einflüsse

In der Stadtanalyse müssen wir heute – wie auf vielen anderen Gebieten der Soziologie – bereit sein, globale und lokale Themen miteinander zu verbinden. Einige Faktoren, die sich auf die innerstädtischen Bereiche ausgewirkt haben, haben in Veränderungen ihren Ursprung, die sich jenseits der britischen Grenzen abspielen. Die Probleme z. B., unter denen Liverpool oder Teesside leiden, haben ihre Wurzeln weitgehend im durch den internationalen Wettbewerb bedingten Niedergang einiger der wichtigsten, zuvor dort konzentrierten Industrien.

Bei der Erörterung der zunehmenden Einbindung von Stadtgebieten in ein internationales Geflecht von Wirtschaftsbeziehungen haben Logan und Molotch unter fünf verschiedenen im Entstehen begriffenen Stadttypen unterschieden (Logan und Molotch, 1987, Kapitel 7). Eine ist die **Stadt der Zentralen**. Städte dieses Typs sind Zentren, in denen die großen multinationalen Konzerne ihre Schlüsselbereiche unterbringen. Sie sind nach globalen Gesichtspunkten ausgerichtet. London z. B. ist in dieser Kategorie weltweit führend – als Zentrum finanzieller und industrieller Transaktionen und von Kommunikations- und Verkehrsvernetzungen, die sich über die ganze Welt erstrecken.

Ein zweiter Stadttyp ist das **Innovationszentrum**. Es handelt sich dabei um ein Stadtgebiet, in dem Forschung und Entwicklung konzentriert sind und technische und wissenschaftliche Prozesse für anderswo erzeugte Güter entwickelt werden. Cambridge ist ein Beispiel, dessen Universität an einen riesigen „Wissenschaftspark" angeschlossen ist. Das weltweit einflußreichste Zentrum ist das Silicon Valley in Nordkalifornien. Die Innovationszentren in den Vereinigten Staaten und zu einem geringeren Grad in Großbritannien sind oft direkt an den Bedürfnissen der Rüstungsproduktion orientiert. Das Forschungs- und Entwicklungsbudget des Verteidigungsministeriums macht ca. ein Drittel aller Forschungs- und Entwicklungsausgaben in den Vereinigten Staaten aus; die Vergabe großer Aufträge beeinflußt die Prosperität der Innovationszentren ganz entscheidend.

Der dritte Stadttyp ist der **Modulproduktionsort**. In der komplexen internationalen Arbeitsteilung, die es jetzt gibt, werden Produkte in geographisch weit auseinanderliegenden Regionen erzeugt und montiert. So werden in bestimmten Städten Teile und Produkte hergestellt, deren Endmontage in anderen Regionen oder Ländern stattfindet. Mehrere multinationale Gesellschaften beispielsweise haben in Belfast Fabriken errichtet, in denen Teile produziert werden, die für die Endmontage an anderen Orten verwendet werden.

Ein vierter Typ ist das **Dritte Welt-Zwischenlager**, das den internationalen Einflüssen direkter als die drei anderen Typen ausgesetzt ist. Städte dieser Art liegen in Grenzgebieten und weisen einen hohen Einwandereranteil aus Dritte Welt-Ländern auf. Ein Beispiel wäre Marseille, ein wichtiges Tor für Nordafrikaner, die nach Frankreich wollen. In den Vereinigten Staaten sind jene Städte, die mit den südamerikanischen Gesellschaften in Verbindung stehen – Miami etwa mit seiner großen kubanischen Gemeinde oder Los Angeles mit seinen ständig wachsenden mexikanischen Vierteln – das beste Beispiel.

Schließlich gibt es Städte, die sich zu **Rentnerstädten** entwickelt haben. Viele Rentner ziehen jetzt an Orte mit gutem Klima. Es handelt sich dabei teilweise um interne Migrationen; britische Rentner z. B. ziehen in Erholungsstädte an der englischen Südküste, wie Bournmouth und Worthing. Rentnergebiete haben auch ein stark internationales Flair. Briten, die Ferienhäuser in Spanien haben, ziehen möglicherweise in ihrer Rente dort hin.

Die globale Stadt

Die führenden Städte der Zentralen sind Beispiele für das, was Saskia Sassen (1991) die **globale Stadt** genannt hat. Für ihre Arbeit hat sie drei solche Städte untersucht: New York, London und Tokio. Die gegenwärtige Entwicklung der Weltwirtschaft (siehe Kapitel 16 „Die Globalisierung des sozialen Lebens"), so Sassen, hat es mit sich gebracht, daß Großstädte nunmehr eine neue strategische Rolle spielen. Die meisten dieser Städte waren lange Zeit hindurch internationale Handelszentren, jetzt aber sind vier Merkmale hinzugekommen:

1 Sie haben sich in „Kommandostellen" – Zentren, von denen aus Politik gemacht und gesteuert wird – für die Weltwirtschaft entwickelt.
2 Die Städte sind Schlüsselpositionen für finanzielle und spezialisierte Dienstleistungsunternehmen, deren Einfluß auf die internationale Entwicklung größer ist als der des Produktionssektors.
3 Sie sind Stätten der Produktion und Innovation für diese aufstrebenden Branchen.
4 Die Städte sind Märkte, auf denen die „Produkte" von Finanz- und Dienstleistungsindustrien gekauft, verkauft oder anderweitig verwendet werden.

New York, London und Tokio haben eine sehr unterschiedliche Geschichte, aber wir können in den letzten zwei oder drei Jahrzehnten vergleichbare Änderungen in ihrer Beschaffenheit feststellen. Innerhalb der heute breit aufgesplitterten Weltwirtschaft bieten Städte wie diese die Möglichkeit, die wichtigsten Operationen zentral zu steuern. Je globalisierter das Wirtschafsleben, so Sassen, umso stärker konzentriert sich das Management auf ein paar führende Zentren. Globale Städte sind aber viel mehr als bloße Orte der Koordination. Sie sind Produktionskontexte. Nicht um die Produktion materieller Güter aber geht es hier, sondern um die Produktion spezialisierter Dienstleistungen, die von Unternehmen verlangt werden, um ihre über die Welt vestreuten Büros und Fabriken verwalten zu können, sowie um die Produktion finanzieller Innovationen und Märkte. Dienstleistungen und finanzielle Güter sind die „Sachen", die die globale Stadt herstellt.

In den Geschäftsvierteln der globalen Städte befinden sich Orte mit ganzen Anhäufungen von „Produzenten", die in enger Interaktion zusammenarbeiten können, persönliche Kontakte oft mit eingeschlossen. In der globalen Stadt vermischen sich lokale Unternehmen und nationale und multinationale Organisationen, sowie eine Vielzahl ausländischer Unternehmen. So haben 350 ausländische Banken Büros in New York City, dazu 2 500 andere ausländische Finanzgesellschaften. In der Stadt arbeitet jeder vierte Bankangestellte in einer ausländischen Bank. Die globalen Städte konkurrieren miteinander, sie bilden aber auch ein Geflecht und sind teilweise von den Staaten, in denen sie liegen, unabhängig.

Die globale Stadt hat auch ihre dunklen Seiten. Jene, die in Finanz- und in globalen Dienstleistungsunternehmen arbeiten, bekommen hohe Löhne, und die Gebiete, in denen sie wohnen, werden aufgewertet. Gleichzeitig gehen herkömmliche Arbeitsplätze in der Produktion verloren, und gerade der Prozeß der Aufwertung schafft ein großes Netz von Niedriglohn-Arbeiten in Restaurants, Hotels und Geschäften. Neben glänzendem Reichtum besteht Armut. Derselbe Widerspruch, könnte man sagen, der sich in der stark unterschiedlichen Stadtlandschaft der Londoner Docklands zeigt.

Die Urbanisierung der Dritten Welt

1960 war New York zusammen mit der Region New Jersey die weltgrößte urbane Agglomeration mit einer Bevölkerung von 15,4 Millionen. Damals befanden sich acht der zehn größten Stadtgebiete der Welt in Industrieländern; nur Shanghai und Buenos Aires gehörten zur Dritten Welt. Wenn der gegenwärtige Trend anhält, wird aber bis zum Jahr 2000 Mexico City mit mehr als dreißig Millionen Einwohnern die bei weitem größte Stadt sein. Zu diesem Zeitpunkt werden acht der zehn größten Städte in Asien oder Südamerika liegen.

Die Stadtgebiete, die sich nunmehr in den Dritte Welt-Ländern entwickeln, unterscheiden sich dramatisch von den Städten in den Industrieländern. Die Menschen werden von den Städten der Dritten Welt angezogen, entweder, weil ihre traditionellen Systeme landwirtschaftlicher Produktion nicht mehr aufrecht sind oder weil die städtischen Gebiete bessere Arbeitsmöglichkeiten bieten. Die Neuzuwanderer haben möglicherweise die Absicht, nur für eine relativ kurze Zeit in die Stadt auszuwandern und in ihre Dörfer zurückzukehren, sobald sie genug verdient haben. Manche kehren tatsächlich zurück, aber die meisten sind gezwungen, zu bleiben, weil sie aus irgendeinem Grund ihre Position in den früheren Gemeinden verloren haben. Die Einwanderer drängen sich in Elendsvierteln, die an den Rändern der Städte aus dem Boden schießen. In westlichen Städten siedeln sich die Neuankömmlinge meistens in Vierteln nahe der Innenstadt, während in den Dritte Welt-Ländern offenbar genau das Gegenteil vor sich geht. Die Zuwanderer bevölkern das, was man den „Faulrand" der Städte nennt. Viele leben unter Bedingungen, die für jemanden, der an westliche Lebensbedingungen gewöhnt ist, beinahe unvorstellbar sind – sogar in Slumvierteln.

Als Beispiele können Städte in Indien und Lateinamerika dienen. Die indische Bevölkerung wächst noch immer stark an, und herkömmliche Formen der Bewirtschaftung ländlicher Gebiete können diese wachsende Zahl nicht versorgen. Die Landflucht ist sogar an Dritte Welt-Standards gemessen außergewöhnlich hoch. Delhi, die Hauptstadt, ist am schnellsten gewachsen, aber Kalkutta, Bombay und Madras haben ebenfalls mehrere Millionen Einwohner. Diese Städte sind massiv überbevölkert, in vielen Stadtteilen verbringen die Leute den ganzen Tag und auch die Nächte auf der Straße. Sie haben überhaupt kein Zuhause.

Andere leben in Hütten aus Sackleinen oder Karton, die am Rande der Stadt überall dort aufgestellt werden, wo es ein wenig Platz gibt. Auch wenn bestimmte Zuwanderer Arbeit finden, ist die Stadtzuwanderrate viel zu hoch, als daß man allen Einwanderern feste Behausungen zur Verfügung stellen könnte. Die Hüttenbewohner der Städte haben praktisch überhaupt keinen persönlichen Besitz, entwickeln aber oft starke Gemeinschafts- und Selbsthilfeorganisationsformen.

Delhi

Delhi, die Hauptstadt Indiens, ist ein gutes Beispiel, um zu zeigen, wie Muster der Nachbarschaftsorganisation von jenen westlicher Städte abweichen. Das Stadtgebiet von Delhi besteht aus einer Altstadt und Neu Delhi, einem viel später erbauten Stadtteil, in dem sich die Regierungsgebäude befinden. Wie im Falle anderer indischer Großstädte haben manche Gebiete eine extrem hohe Bevölkerungsdichte in relativ kleinen Vierteln, während in anderen Vierteln die Dichte gering ist. Die Altstadt ist von einem Gewirr enger Gassen durchzogen, während einige benachbarte Viertel breite Boulevards haben. Die meisten Menschen bewegen sich eher zu Fuß oder auf dem Rad statt mit motorisierten Verkehrsmitteln fort.

Es gibt kein eigenes Geschäftsviertel im westlichen Sinn; Banken und Büros liegen größtenteils außerhalb des Stadtzentrums. In der Altstadt gibt es unzählige kleine Geschäfte, die vor allem vom Handel leben. Viele von ihnen sind nicht viel breiter als ein paar Fuß. Die Produktion und der Verkauf der Waren befinden sich häufig unter einem Dach. Es gibt auch große Mengen von Straßenverkäufern und Straßenhändlern. Die Viertel Neu Delhis sind relativ offen und ruhig. Jene, die darin arbeiten, wohnen oft in ziemlich wohlhabenden Vorstädten, einige Meilen weiter weg, in Richtung Stadtrand. Barackensiedlungen gibt es entlang der Peripherie und entlang vieler Zufahrtsstraßen. Sie entstehen überall dort, wo es eine unbebaute Fläche gibt, auch in den öffentlichen Parks und manchmal in Vierteln, die in der Vergangenheit reich waren. Die Baracken findet man entweder in kleinen Klumpen oder öfters in Anhäufungen zu mehreren Tausend. Die Stadtbehörden lassen periodisch einige der Slumgebiete schleifen, aber sie entstehen anderswo neu.

Mexico City

Die größten lateinamerikanischen Städte sind auf ähnliche Weise von Slumvierteln umgeben, deren Einwohner sich sowohl aus Neuankömmlingen als auch aus Familien rekrutieren, die aufgrund der städtischen Erneuerung oder aufgrund eines Autobahnbaus aus anderen Vierteln verdrängt wurden. In Mexico City lebt über ein Drittel der Bevölkerung in Unterkünften oder Vierteln ohne Fließwasser, und beinahe ein Viertel dieser Gebäude hat keine Kanalisation. Die Stadt besteht aus einem alten Zentrum, aus Geschäfts- und Unterhaltungsvierteln und wohlhabenden Wohnvierteln (alles, was die meisten Touristen zu sehen bekommen). Der äußere Umkreis jedoch ist beinahe ausnahmslos mit Hüttensiedlungen oder Slums verbaut. Es gibt viele öffentlich geförderte Sozialwohnungen, aber das setzt ein Einkommen in einer Höhe voraus, das nur 40 Prozent der Stadtbevölkerung erzielen. Nur ungefähr 10 Prozent der Bewohner können sich eine Wohnung oder ein Haus auf dem privaten Immobilienmarkt kaufen oder mieten. Die Mehrheit der Stadtbevölkerung ist deshalb vom Zugang zu verfügbaren Wohnungen ausgeschlossen. Die Wohnungen werden größtenteils von den Bewohnern selbst „beschafft": Sie roden das Land und stellen ihre eigenen Häuser auf. Diese Wohnsiedlungen sind de facto illegal, werden aber von den Stadtbehörden toleriert.

In Mexico City findet man drei Arten von Gebieten mit „Volkswohnungen": Die *colonias proletarias* bestehen aus meist illegal am Stadtrand in Eigenregie errichteten Hütten. Über die Hälfte der Bevölkerung des Stadtgebietes von Mexico City lebt in solchen Unterkünften. Die meisten dieser Gebiete wurden von den Besitzlosen nicht aus eigenem Antrieb in Besitz genommen, sondern mit dem Einverständnis der lokalen Behörden von illegalen privaten Bauherren „organisiert". Die Bauherren haben ihr lokales Netzwerk von Organisatoren, an die die Bewohner regelmäßig Zahlungen leisten müssen. Der größte Teil des von den *colonias* okkupierten Bodens war ursprünglich öffentlich oder gehörte der Gemeinde und war angeblich durch die mexikanische Verfassung davor geschützt, verkauft oder angeeignet zu werden.

Ein zweiter Typ von Wohnbauten sind die *vecindadas* oder Slums. Sie befinden sich meist in den älteren Teilen der Innenstadt, und man erkennt sie daran, daß mehrere Familien in heruntergekommenen Mieteinheiten zusammenwohnen. In diesen Slums wohnen zwei Millionen Leute unter Bedingungen, die mindestens ebenso bedrückend sind wie jene in den *colonias*. Die dritte Art sind die *ciudades perdidas* oder Hüttenstädte. Sie sind den *colonias proletarias* ähnlich, liegen aber eher in der Stadtmitte als an der Peripherie. Einige dieser Siedlungen wurden in den letzten Jahren von den Stadtbehörden geschleift, und ihre Bewohner sind an die Peripherie gezogen.

94 Prozent des Bundesdistrikts Mexico City sind bebaut, nur 6 Prozent sind unbebaut. Es gibt viel weniger Grünflächen – Parks und unbebaute Grünstreifen – als sogar in den dichtest bevölkerten nordamerikanischen und europäischen Städten. Die Umweltverschmutzung ist ein wichtiges Problem und wird vor allem von Bussen, Autos und LKW verursacht, die die unzulänglichen Straßen der Stadt verstopfen. Der Rest kommt von der Industrie. Es wurde geschätzt, daß ein Tag in Mexico City gleichwertig ist mit 40 an einem Tag gerauchten Zigaretten. Im März 1992 erreichte die Verschmutzung ihren absoluten Höhepunkt. Während ein Ozongehalt von bis zu 100 Punkten als „gesundheitlich zufriedenstellend" bezeichnet wurde, kletterte der Ozongehalt in diesem Monat auf 398 Punkte. Die Regierung mußte die vorübergehende Schließung von Fabriken anordnen, Schulen wurden geschlossen, und 40 Prozent der Autos wurden abwech-

selnd von der Straße verbannt. Ein Beobachter beschrieb die Stadt zu dieser Zeit folgendermaßen: „Von der Luft aus gesehen ... sind die Umrisse der Stadt unter dem dichten, graubraunen Gebräu kaum auszunehmen. Mexico City sah aus, als ob es von einem sintflutartigen Regen heimgesucht würde. Unten am Boden aber war die Stadt staubtrocken – badete aber in „Ozon"" (Reid, 1992).

Dabei konnte noch dreißig Jahre früher Carlos Fuentes seinem Roman über Mexico City den Titel *La Region Mas Transparente (Landschaft in klarem Licht)* geben.

Mögliche Entwicklungen

Welche Zukunft haben Städte und Stadtbewohner? Die in diesem Kapitel analysierten Muster bilden ein kompliziertes Mosaik, aus dem kein einzelner genereller Trend ablesbar ist. In den Industrieländern ist es wahrscheinlich, daß der Trend zur Ausbreitung städtischer Lebensformen anhält. Dank der verbesserten Kommunikationssysteme können die Leute weiter weg von ihrem Arbeitsplatz leben, als das zuvor möglich war, gleichzeitig „kommt der Arbeitsplatz zu ihnen", wenn neue Industrien abseits der Stadtzentren angesiedelt werden. Einige ältere Städte, insbesondere jene, deren Grundstock die älteren produzierenden Industrien sind, werden weiterhin an Bevölkerung verlieren, wenn die Menschen gänzlich abwandern. Genau diese Umstände aber werden eine weitere Aufwertung fördern. Je mehr die Stadtkerne verkommen, desto mehr Möglichkeiten gibt es tatsächlich für eine Aufwertung. Die Immobilien werden so billig, daß eine Renovierung zu einem vernünftigen Preis unternommen werden kann.

Während die Bevölkerung in den Städten der Industrieländer stabil bleibt oder abnimmt, wird sie in den Entwicklungsländern weiterhin anwachsen. Die Lebensbedingungen in den Ländern der Dritten Welt scheinen sogar noch schlechter zu werden, zumindest bei den Armen, die in der Stadt wohnen. So wichtig die Probleme, die es in den Industrieländern gibt, auch sein mögen, sie werden, gemessen an jenen der Dritten Welt, vollkommen unbedeutend.

Zusammenfassung

1 Traditionelle Städte unterschieden sich in mehrfacher Hinsicht von modernen Stadtgebieten. Sie waren, nach modernen Kriterien gemessen, meist sehr klein, von Mauern umgeben und im Zentrum von religiösen Gebäuden und Palästen beherrscht.

2 In traditionellen Gesellschaften lebte nur eine kleine Minderheit der Bevölkerung in den Städten. In den Industrieländern leben heute zwischen 60 und 90 Prozent in den Städten. Der *Urbanismus* nimmt auch in den Gesellschaften der Dritten Welt rasch zu.

3 Die frühen Ansätze in der Stadtsoziologie waren vom Werk der Chicagoer Schule beherrscht, deren Verteter die städtischen Prozesse nach von der Biologie abgeleiteten ökologischen Modellen begriffen. Louis Wirth entwickelte den Begriff des Urbanismus als *Lebensform* und argumentierte, daß das Stadtleben Unpersönlichkeit

und soziale Distanz hervorbrächte. Diese Ansätze wurden kritisiert, ohne jedoch gänzlich aufgegeben zu werden.

4 David Harvey und Manuel Castells verbinden in ihren Arbeiten Urbanismusmuster mit der weiteren Gesellschaft, statt urbane Prozesse als in sich abgeschlossen zu betrachten. Die Lebensformen, die Stadtbewohner entwickeln, sowie das physische Erscheinungsbild verschiedener Viertel sind der Ausdruck genereller Merkmale der Entwicklung des industriellen Kapitalismus.

5 Die Ausdehnung der *Vorstädte* und der *Satellitenstädte* hat zum Niedergang der Innenstädte beigetragen. Reichere Gruppen und Unternehmen tendieren dazu, aus dem Stadtkern auszuziehen, um die niederen lokalen Steuersätze in Anspruch zu nehmen. Ein Kreislauf des Niederganges beginnt, sodaß die Probleme der Innenstadtbewohner umso größer werden, je stärker sich die Vorstädte ausdehnen. Die *Wiederverwertung* alter bestehender Bausubstanz wurde in vielen größeren Städten eingeführt, aber gegenwärtig gibt es wenig Anzeichen, daß der Verfall der Innenstädte angehalten und umgekehrt werden könnte.

6 Die urbane Analyse muß heute bereit sein, globale und lokale Themen miteinander zu verbinden. Faktoren, die die städtische Entwicklung lokal beeinflussen, sind manchmal Teil eines viel weiter reichenden Prozesses. Die Strukturen der lokalen Nachbarschaften und ihre Wachstums- und Niedergangsmuster spiegeln oft internationale Veränderungen in der industriellen Produktion wider.

7 In Ländern der Dritten Welt finden massive Stadtentwicklungsprozesse statt. In diesen Gesellschaften unterscheiden sich die Städte oft in wichtigen Punkten von jenen des Westens und werden oft von Slums beherrscht, in denen die Lebensumstände extrem elend sind.

Grundbegriffe

Innenstadt   die geschaffene Umwelt
Sozialökologie

Wichtige Fachausdrücke

Urbanisierung   Suburbanisierung
Ballungsgebiete   Gentrification
Megalopolis   die Stadt der Zentralen
ökologischer Ansatz   Innovationszentrum
Urbanismus   Modulproduktionsort
Konkurrenz   Dritte Welt–Zwischenlager
Invasion   Rentnerstadt
Sukzession   globale Stadt
kollektiver Konsum

Weiterführende Literatur

Jim Kemeny, *Housing and Social Theory* (London: Routledge, 1991) – eine Studie, die das Wohnen mit umfassenderen wissenschaftlichen und soziologischen Debatten verbindet.

Anthony D. King, *Global Cities* (London: Routledge, 1991) – setzt sich für einen globalen Ansatz des Verständnisses der modernen Stadt ein.

Paul Lawless, *Britain's Inner Cities* (London: Chapman, 1989) – erörtert die Entwicklung der Innenstadt und mit welchen Strategien den Problemen begegnet werden könnte.

Norman Lewis, *Inner City Regeneration* (London: Open University Press, 1992) – eine Anlayse aktueller konfliktträchtiger Trends in verschiedenen Vierteln einer Stadt.

Suzanne Macgregor and Ben Pimlott, *Tackling the Inner Cities* (Oxford: Clarendon Press, 1991) – erörtert die Misere der Innenstädte Großbritanniens heute.

Richard Sennett, *Fleisch und Stein. Der Körper und die Stadt in der westlichen Kultur* (Berlin: Berlin Verlag, 1995) – eine anregende und wohl informierte Darstellung unterschiedlicher Formen von Stadt.

Kapitel 18

Bevölkerung, Gesundheit und Alterung

Weltbevölkerungswachstum

Bevölkerungsanalyse: Demographie
Grundlegende demographische Konzepte

Die Dynamik der Bevölkerungsveränderung
Malthusianismus
Bevölkerungswachstum in der Dritten Welt
Der demographische Übergang
Die Zukunftsaussichten für die Dritte Welt
Bevölkerung in Großbritannien

Gesundheit und Krankheit
Die Behandlung von Krankheiten in der Vergangenheit
Die Entwicklung der modernen Medizin
Die Dritte Welt
Kolonialismus und die Ausbreitung von Krankheiten

Die Infektionskrankheiten heute
Gesundheit und Krankheit in den entwickelten Ländern
Die Verbreitung von Krankheiten und die wesentlichsten Krankheitstypen
Das Gesundheitswesen in Großbritannien
Das Gesundheitswesen in den Vereinigten Staaten
Gesundheit und die globale Umwelt

Alter und Alterung im Westen
Demographische Tendenzen
Was ist „Alter"?
Verrentung
Die physischen Auswirkungen der Alterung
Die Zukunft

Zusammenfassung

Grundbegriffe

Wichtige Fachausdrücke

Weiterführende Literatur

Im Bericht über seinen ersten Besuch in Indien schrieb der bekannte Biologe Paul R. Ehrlich:

> Verstandesmäßig ist mir das Problem der Bevölkerungsexplosion schon seit langem klar, gefühlsmäßig habe ich es erst vor ein paar Jahren in einer heißen, übelriechenden Nacht in Delhi begriffen. Zusammen mit meiner Frau und meiner Tochter befand ich mich mit einem uralten Taxi auf dem Heimweg zu unserem Hotel. Auf den Sitzen wimmelte es von Flöhen. Nur der dritte Gang funktionierte. Während wir im Schrittempo durch die Stadt fuhren, kamen wir durch ein dichtbevölkertes Elendsviertel. Es waren fast 40 Grad, und die Luft war dick von Staub und Rauch. Die Straßen waren voll von Menschen. Menschen, die aßen, sich wuschen, schliefen. Menschen, die schwatzten, stritten und kreischten. Die ihre Hände durch das Taxifenster streckten und bettelten. Die urinierten und ihren Darm entleerten. Die sich an Busse klammerten und Vieh trieben. Menschen, Menschen, Menschen, Menschen. Während der Wagen langsam, laut hupend durch die Menschenmassen fuhr, gaben Staub, Lärm, Hitze und Feuerstellen der Szene etwas Höllisches. Würden wir jemals unser Hotel erreichen? Offen gesagt, wir fürchteten uns alle drei – als könnte jeden Augenblick etwas geschehen –, aber natürlich geschah nichts. Alte Indienkenner werden über unsere Reaktion lachen. Wir waren nur ein paar überprivilegierte Touristen, denen die Menschenmassen und Geräusche Indiens fremd waren. Vielleicht; aber seit jener Nacht kenne ich das *Gefühl* der Überbevölkerung. (Ehrlich, 1971, S. 15)

Mit Ausnahme der Verbreitung der Nuklearwaffen und der Bedrohung des globalen ökologischen Systems (obwohl bereits diese Probleme mehr als genug sind!) ist das Bevölkerungswachstum die drängendste und dringendste Angelegenheit, mit der sich die Menschheit gegenwärtig konfrontiert sieht. Die wohlhabenden Länder haben mehr Nahrung, als sie für sich selbst brauchen, und in den meisten von ihnen ist das Bevölkerungswachstum niedrig oder rückläufig. In einem Großteil der restlichen Welt jedoch ist das Bevölkerungswachstum immens hoch und der Druck auf die verfügbaren Ressourcen extrem.

Jene von uns, die in den Industriestaaten leben, haben vielleicht das Gefühl, daß das Bevölkerungswachstum in der Dritten Welt nicht „unser" Problem ist und daß man nicht eingreifen, sondern die betroffenen Gesellschaften mit ihrem Bevölkerungswachstum selbst zurandekommen lassen sollte, so gut sie können. Auch wenn man von der unmoralischen Haltung absieht, die eine derartige Gleichgültigkeit gegenüber dem Schicksal von drei Viertel der Menschen auf dieser Welt bedeutet, läßt sich diese Ansicht nicht rechtfertigen. Wenn das Bevölkerungswachstum weiter so schnell zunimmt, birgt es das Risiko einer globalen Katastrophe. Der Druck auf die globalen Ressourcen könnte zu erbitterten Konflikten führen, die wiederum in großen Kriegen enden könnten. An diesem Punkt verschmelzen die drei großen Probleme, die die Menschheit in den nächsten paar Jahrzehnten lösen muß: die Möglichkeit einer nuklearen Auseinandersetzung, ökologische Gefahren und das Bevölkerungswachstum.

Warum ist die Weltbevölkerung so dramatisch gewachsen? Was sind die Hauptfolgen dieses Wachstums? Im vorliegenden Kapitel werden wir versuchen, diese Fragen zu beantworten, wobei wir unsere Analyse mit zwei verwandten Themen verbinden werden: mit dem Problembereich Gesundheit und Krankheit einerseits und den Folgen der Bevölkerungs*alterung* in den Industriestaaten andererseits.

Weltbevölkerungswachstum

Es gibt gegenwärtig 5,5 Milliarden (5 500 Millionen) Menschen auf der Welt. Man schätzt, daß „Baby Nummer 5 000 000 000" am 11. Juli 1987 geboren wurde, obwohl natürlich niemand wissen kann, wann und wo sich dieses Ereignis tatsächlich zugetragen hat. Ehrlich errechnete in den sechziger Jahren, daß bei einer anhaltenden Rate des Bevölkerungswachstums in neunhundert Jahren (was in der Weltgeschichte keinen sonderlich langen Zeitraum darstellt) 60 000 000 000 000 000 Menschen auf der Erde leben würden. Damit würden auf jeden Quadratmeter Land- und auch Wasserfläche 120 Menschen kommen. Der Physiker J. H. Fremlin rechnete aus, daß zur Unterbringung einer solchen Bevölkerung ein sich durchgehend über die gesamte Erdoberfläche erstreckendes 2000 Stockwerke hohes Gebäude erforderlich wäre. Und sogar in einem so gewaltigen architektonischen Meisterwerk würden jedem Menschen nur etwa drei Quadratmeter Bodenfläche zur Verfügung stehen (Fremlin, 1964).

Ein solches Bild ist natürlich nicht mehr als eine alptraumhafte Fiktion, die den Menschen begreiflich machen soll, wie katastrophal die Folgen eines anhaltenden Bevölkerungswachstums wären. Real hingegen geht es darum, was in den nächsten dreißig oder vierzig Jahren geschehen wird, denn wenn es nicht gelingt, die gegenwärtigen Tendenzen innerhalb dieses Zeitraums umzukehren, wird die Weltbevölkerung dann bereits auf ein unerträgliches Niveau angestiegen sein. Derzeit besteht Grund zur Annahme, daß das Weltbevölkerungswachstum zurückzugehen beginnt, was sich teilweise vielleicht darauf zurückführen läßt, daß sich die Regierungen und andere Behörden die Warnungen Ehrlichs und anderer vor zwanzig Jahren zu Herzen nahmen und Programme zur Kontrolle des Bevölkerungswachstums einführten. Schätzungen aus den späten sechziger Jahren über die wahrscheinliche Weltbevölkerung im Jahr 2000 wurden vor nicht allzulanger Zeit nach unten korrigiert. Gegenwärtigen Berechnungen der Weltbank zufolge wird die Weltbevölkerung im Jahr 2000 wahrscheinlich 6,5 Milliarden Menschen umfassen, während in früheren Schätzungen von über 8 Milliarden die Rede war. Den jüngsten Prognosen zufolge wird die Weltbevölkerung die Zahl von 8 Milliarden wahrscheinlich erst im Jahre 2022 erreichen. Aber auch dies ist immer noch ein Wachstum von gigantischen Ausmaßen, wenn man bedenkt, daß vor einem Jahrhundert nur 1,5 Milliarden Menschen auf der Erde lebten. Außerdem sind die dem Bevölkerungswachstum zugrundeliegenden Faktoren keinesfalls vollständig vorhersagbar, und man muß bei der Interpretation aller diesbezüglichen Schätzungen Vorsicht walten lassen.

Bevölkerungsanalyse: Demographie

Das Studium der Bevölkerung bezeichnet man als **Demographie**. Diese Bezeichnung wurde vor etwa eineinhalb Jahrhunderten erfunden – zu einer Zeit, als die Staaten gerade begannen, offizielle Statistiken über die Beschaffenheit und Zusammensetzung ihrer Bevölkerung zu führen. Die Demographie beschäftigt sich mit der Messung der Bevölkerungsgröße und der Erklärung des Bevölkerungswachstums und –rückgangs. Die Bevölkerungsstrukturen werden von drei Faktoren bestimmt: Geburten, Todesfällen und Migrationsbewegungen. Die Demographie wird üblicherweise als Zweig der Soziologie behandelt, denn jene Faktoren, die die Wanderungsbewegungen ebenso wie die Geburten– und Sterberaten in einer gegebenen Gruppe oder Gesellschaft beeinflussen, sind vor allem sozialer und kultureller Natur.

Ein Großteil der demographischen Arbeit ist oft eher statistisch. Alle Industriestaaten sammeln und analysieren heute grundlegende Statistiken über ihre Bevölkerung, indem sie Volkszählungen (systematische Umfragen, die Aufschluß über die gesamte Bevölkerung eines Landes geben sollen) durchführen. So streng die Verfahrensweisen der Datensammlung heute auch sind, die demographischen Statistiken sind sogar in diesen Nationen nicht gänzlich zuverlässig. In Großbritannien wird alle zehn Jahre eine umfassende Volkszählung durchgeführt; Stichprobenerhebungen finden wesentlich häufiger statt. Viele Menschen jedoch scheinen in den offiziellen Bevölkerungsstatistiken nicht auf – vielleicht sogar eine halbe Million. Diese sind illegale Einwanderer, Landstreicher, Obdachlose und andere, die es aus dem einen oder anderen Grund vermeiden, sich erfassen zu lassen.

In vielen Ländern der Dritten Welt, insbesondere in jenen, die in letzter Zeit sehr hohe Bevölkerungswachstumsraten zu verzeichnen hatten, sind die demographischen Statistiken weitaus weniger zuverlässig und objektiv. Einige Demographen haben z. B. geschätzt, daß die Anzahl der in Indien registrierten Geburten und Todesfälle möglicherweise nur etwa drei Viertel der wahren Gesamtwerte betragen könnte, und in Teilen Zentralafrikas ist die Verläßlichkeit der offiziellen Statistiken sogar noch geringer.

Für die Regierungen solcher Ländern ist es schwierig, ein genaues Bild von der Landesbevölkerung zu bekommen. Darüberhinaus fehlen vielen der Einwohner selbst jene Informationen über die eigene Person, die in der industrialisierten Welt praktisch jeder besitzt. Im Westen weiß jeder, wann er geboren wurde, und folglich auch, wie alt er ist. Vor der allgemeinen Alphabetisierung war dies nicht der Fall, und in den Ländern der Dritten Welt wissen auch heute noch viele Menschen nicht, wie alt sie sind. „Alter" wird in den traditionellen Gemeinschaften normalerweise an der Lebenserfahrung der betrefffenden Person gemessen. Man ist eher „ein junger Erwachsener" oder „verheiratet mit kleinen Kindern" oder „Großvater" bzw. „Großmutter" als einundzwanzig, dreißig oder sechzig Jahre alt.

Grundlegende demographische Konzepte

Zu den wichtigsten der von den Demographen verwendeten Grundbegriffen gehören *die rohe Geburtenrate, die Fruchtbarkeit, die Reproduktionsfähigkeit* und *die rohe Sterbensrate*. Die **rohe Geburtenrate** wird normalerweise als Anzahl von Lebendgeburten pro Jahr und Tausend der Bevölkerung angegeben. Sie heißt wegen ihres sehr allgemeinen Charakters *rohe* Rate. Rohe Geburtenraten verraten z. B. nicht, welcher Anteil einer Bevölkerung männlich oder weiblich ist oder wie die *Alterszusammensetzung* (die relativen Anteile junger und älterer Menschen) der betreffenden Bevölkerung aussieht. Werden Statistiken erstellt, die die Geburtenraten oder Sterberaten in Bezug zu solchen Kategorien setzen, sprechen die Demographen nicht mehr von rohen, sondern von *spezifischen* Raten. Altersspezifische Sterberaten geben z. B. den Anteil einer Bevölkerung an, der pro Jahr in den einzelnen Altersgruppen stirbt.

Wenn wir die Bevölkerungsstrukturen etwas detaillierter verstehen wollen, benötigen wir normalerweise die aus den spezifischen Geburtenraten hervorgehenden Informationen. Die rohen Geburtenraten hingegen sind dann nützlich, wenn man Vergleiche zwischen verschiedenen Gruppen, Gesellschaften und Regionen insgesamt anstellen möchte. So betrug etwa die rohe Geburtenrate in Großbritannien im Jahr 1990 13,9 pro 1 000. Andere Industrieländer weisen rohe Geburtenraten zwischen einem Minimum von 10 pro 1 000 (Deutschland und Dänemark) und einem Maximum von 20 pro 1 000 (die ehemalige UdSSR und Polen) auf. In vielen anderen Teilen der Welt sind die rohen Geburtenraten sogar noch viel höher. In Indien z. B. betrug die rohe Geburtenrate 1990 33 pro 1 000 und in Kenia 54 pro 1 000 (Weltbank, 1992).

Die Geburtenraten sind ein Ausdruck der **Fruchtbarkeit** der Frauen. „Fruchtbarkeit" bezieht sich darauf, wieviele lebendgeborene Kinder die durchschnittliche Frau hat. Die Fruchtbarkeitsrate ergibt sich aus einer ziemlich komplexen Berechnung. Sie gibt jene Anzahl von Kindern an, die eine durchschnittliche Frau einer gegebenen Population zur Welt bringen würde, wenn sie bis zum Ende ihrer fruchtbaren Jahre leben und in denselben Intervallen Kinder zur Welt bringen würde, wie die Frauen jener Altersgruppe, die das gebärfähige Alter gerade hinter sich gelassen hat. Die Fruchtbarkeitsrate in Großbritannien lag 1990 bei 1,8, was für die Industrieländer weitgehend typisch ist. In Pakistan lag diese Rate bei 4,5, und in Kenya bei 7,8. Da dies Durchschnittszahlen sind, sind viele Familien in diesen Gesellschaften wesentlich größer (obwohl nicht jedes lebendgeborene Kind auch überlebt).

Die Fruchtbarkeit wird von der **Reproduktionsfähigkeit** unterschieden, die jene Anzahl von Kindern angibt, die eine Frau rein biologisch gesehen zur Welt bringen *kann*. Eine normale Frau ist körperlich in der Lage, während ihrer empfängnisbereiten Zeit jedes Jahr ein Kind zur Welt zu bringen. Die Reproduktionsfähigkeit variiert mit dem Eintritt von Pubertät und Menopause, die den Beginn bzw. das Ende der fruchtbaren Jahre markieren (und die sich beide von Land zu Land und auch von Frau zu Frau unterscheiden). Während es Familien geben kann, in denen eine Frau zwanzig oder mehr Kinder zur Welt bringt, sind die Fruchbarkeitsraten in der Praxis immer viel niedriger als die Reproduktionsfähigkeit, da soziale und kulturelle Faktoren der Fortpflanzung Grenzen setzen.

Die **rohen Sterberaten** werden in der gleichen Weise berechnet wie die Geburtenraten; sie geben also die Anzahl der Todesfälle pro Tausend der Bevölkerung und Jahr an. Auch hier gibt es bedeutende Unterschiede zwischen den Ländern. Allerdings fallen die Sterberaten in vielen Gesellschaften der Dritten Welt derzeit auf Werte, die mit den im Westen registrierten vergleichbar sind. Die Sterberate in Großbritannien betrug im Jahr 1990 11 pro 1 000. In Indien beträgt sie 12 pro 1 000, in Kenia 13 pro 1 000. Einige Staaten haben viel höhere Sterberaten. In Sierra Leone beispielsweise beträgt die Sterberate 25 pro 1 000. Wie die rohen Geburtenraten sind auch die rohen Sterberaten nur ein sehr allgemeiner Index für die *Sterblichkeit* (die Anzahl von Todesfällen in einer Bevölkerung). *Spezifische* Sterberaten hingegen geben präzisere Auskunft. Ein besonders wichtiger Aspekt der allgemeinen Sterberaten ist die **Säuglingssterblichkeitsrate**. Die Säuglingssterblichkeitsrate gibt jene Anzahl von Babies pro 1 000 Lebendgeburten und Jahr an, die vor Vollendung ihres ersten Lebensjahres sterben. Einer der Hauptfaktoren, die der Bevölkerungsexplosion zugrundeliegen, war und ist die Verringerung der Säuglingssterblichkeitsraten.

Abnehmende Säuglingssterblichkeitsraten sind der wichtigste Einfluß auf die zunehmende **Lebenserwartung**, d.h. jene Anzahl von Jahren, die eine Durchschnittsperson zu leben erwarten kann. 1900 betrug die Lebenserwartung in Großbritannien etwa vierzig Jahre. Bis zum heutigen Tag ist sie auf beinahe vierundsiebzig (zweiundsiebzig für Männer und siebendundsiebzig für Frauen) angestiegen. Dies bedeutet jedoch nicht, daß die meisten Menschen um die Jahrhundertwende im Alter von ungefähr vierzig Jahren starben. Wenn eine große Anzahl von Säuglingen stirbt, geht die durchschnittliche Lebenserwartung, die natürlich ein statistischer Mittelwert ist, zurück. Denn wenn man die Lebenserwartung jener Menschen berechnet, die das erste Lebensjahr vollendet haben, konnte im Jahr 1900 die Durchschnittsperson damit rechnen, achtundfünfzig Jahre alt zu werden. Die anderen Faktoren, die die Lebenserwartung beeinflussen, sind Krankheit, Ernährung und die Auswirkungen von Naturkatastrophen. Die Lebenserwartung muß von der **Lebensdauer** unterschieden werden, die angibt, wie lange ein Angehöriger einer Spezies maximal leben kann. Während die Lebenserwartung in den meisten Gesellschaften der Welt angestiegen ist, ist die Lebensdauer unverändert geblieben. Nur ein winziger Teil der Bevölkerung wird einhundert oder mehr Jahre alt.

Die Dynamik der Bevölkerungsveränderung

Die Bevölkerungswachstums- oder Bevölkerungsrückgangsraten werden ermittelt, indem man die Anzahl der Todesfälle eines gewissen Zeitraums von der Anzahl der Geburten abzieht, wobei normalerweise auch hier Jahresraten errechnet werden. Manche europäische Länder haben negative Wachstumsraten, das heißt, daß sich ihre Bevölkerung verringert. Praktisch alle Industrieländer haben Wachstumsraten von weniger als 0,7 Prozent. Die Bevölkerungswachstumsraten waren im 18. und 19. Jahrhundert in Europa und den Vereinigten Staaten hoch, sind jedoch mittlerweile zurückgegangen. Viele Entwicklungsländer haben heute Raten zwischen 2 und 3 Prozent, was vielleicht als nicht allzu gravierender Unterschied gegenüber den Industrieländern erscheinen mag. Tatsächlich jedoch ist der Unterschied enorm.

Das Bevölkerungswachstum ist **exponentiell**, daß heißt es geht in sich beschleunigender Weise vor sich. Es gibt eine alte persische Erzählung, die uns hilft, dies zu verdeutlichen. Ein Höfling bat einen Herrscher, ihn für jeden seiner Dienste mit jener Anzahl von Reiskörnern zu entlohnen, die das Doppelte der Zahl der Reiskörner betrug, die er für die vorherige Dienstleistung erhalten hatte. In der Annahme, einen guten Handel abgeschlossen zu haben, begann der König mit einem Reiskorn im ersten Feld eines Schachbretts und befahl, weiteren Reis aus seinem Vorratsspeicher zu bringen. Beim einundzwanzigsten Feld war der Speicher leer; beim vierzigsten Feld betrug die Anzahl der benötigten Reiskörner zehn Milliarden (Meadows et al, 1992). Beginnt man in anderen Worten mit einem Gegenstand und verdoppelt ihn, um dann das Resultat wieder zu verdoppeln und fährt immer weiter so fort, gelangt man sehr schnell zu riesigen Zahlen: 1:2:4:8:16:32:64:128 etc. Nach nur siebenmaliger Wiederholung der mathematischen Operation erhalten wir ein Wachstum von 12 800 Prozent. Genau dasselbe Prinzip gilt auch für das Bevölkerungswachstum. Wir können diesen Effekt mittels der **Verdoppelungszeit** messen. Darunter versteht man jenen Zeitraum, den eine Bevölkerung benötigt, um sich zu verdoppeln. Ein einprozentiges Bevölkerungswachstum in einem Jahr zieht eine Verdoppelung der Bevölkerung innerhalb von siebzig Jahren nach sich. Bei einem zweiprozentigen Wachstum braucht eine Bevölkerung fünfunddreißig Jahre, um sich zu verdoppeln, während sie sich bei dreiprozentigem Wachstum in nur dreiundzwanzig Jahren verdoppelt.

Malthusianismus

Es wurden verschiedene Versuche unternommen, die demographischen Strukturen der Welt und die Veränderungen, die sich innerhalb von Gesellschaften ergeben haben, zu interpretieren, um zukünftige Tendenzen vorhersagen und möglicherweise beeinflussen zu können. Einer der ersten dieser Versuche stammte von Thomas Malthus und liegt ungefähr zwei Jahrhunderte zurück. In den Gesellschaften längst vergangener Zeiten waren die Geburtenraten, am Standard der heutigen industrialisierten Welt gemessen, sehr hoch. Dennoch blieb das Bevölkerungswachstum bis zum 18. Jahrhundert niedrig, weil insgesamt ein ungefähres Gleichgewicht zwischen Geburten und Todesfällen herrschte. Die allgemeine Tendenz ging in Richtung eines zahlenmäßigen Anstiegs, und manchmal gab es in der Tat Zeiten eines deutlichen Bevölkerungswachstums. Auf diese jedoch folgte wiederum ein Ansteigen der Sterberaten. In Europa z. B. wurden im Mittelalter Eheschließungen häufig auf einen späteren Zeitpunkt verschoben, wenn die Ernten schlecht waren. In der Folge wurden weniger Nachkommen gezeugt, während die Sterberaten anstiegen. Diese komplementären Tendenzen verringerten die Anzahl der zu fütternden Münder. Keine vorindustrielle Gesellschaft konnte diesem selbstregulierenden Rhythmus entkommen.

Während der Entwicklung der Industriegesellschaften sahen viele ein neues Zeitalter heraufdämmern, in dem der Mangel der Vergangenheit angehören würde. Es wurde weithin angenommen, daß die Entwicklung der modernen Industrie eine neue Ära des Überflusses mit sich bringen würde. In seiner 1798 veröffentlichten Schrift *Essay on the Principles of Population* kritisierte Thomas Malthus diese Vorstellungen. Dadurch entfachte er eine Debatte über den Zusammenhang zwischen Bevölkerung und Nahrungsressourcen, die bis in die Gegenwart angedauert hat. Zu jener Zeit wuchs die Bevölkerung Europas rapide an. Malthus wies darauf hin, daß das Bevölkerungswachstum exponentiell sei, das Nahrungsmittelangebot jedoch von vorgegebenen Ressourcen abhänge, die nur durch die Urbarmachung neuer Anbauflächen vergrößert werden könnten. Das Bevölkerungswachstum neige deshalb dazu, über die verfügbaren Ressourcen hinauszuwachsen; das unvermeidliche Ergebnis dessen wiederum sind Hungersnöte, die zusammen mit Kriegen und Krankheiten als natürliche Grenze für das Bevölkerungswachstum fungieren. Es sei das Schicksal des Menschen, immerdar in Elend und Hunger zu leben, sofern er nicht das praktiziere, was Malthus als „moralische Zurückhaltung" bezeichnete. Damit meinte er die strikte Beschränkung der Häufigkeit des Geschlechtsverkehrs. (Der Gebrauch von Kontrazeptiven sei, so behauptete er, ein „Laster").

Eine Zeitlang wurde der **Malthusianismus** ignoriert, da die Bevölkerungsentwicklung in den westlichen Ländern einem ganz anderen Muster folgte als jenem, das er vorausgesagt hatte. Im 19. und 20. Jahrhundert gingen die Bevölkerungswachstumsraten zurück. In den dreißiger Jahren herrschte in vielen Industrieländern sogar ernsthafte Sorge über einen Bevölkerungs*rückgang*. Manche Experten sagten voraus, daß die Bevölkerung Großbritanniens innerhalb von fünfzig Jahren bis auf fünfunddreißig Millionen zurückgehen könnte.

Das starke Anwachsen der Weltbevölkerung in unserem Jahrhundert hat den Ansichten Malthus' wieder einiges an Glaubwürdigkeit verliehen, obwohl nur wenige sie in ihrer ursprünglichen Version vertreten. Die Bevölkerungszunahme in den Ländern der Dritten Welt scheint über die Ressourcen hinauszuwachsen, die diese Länder produzieren können.

Bevölkerungswachstum in der Dritten Welt

Praktisch alle Industrieländer haben heute, verglichen mit ihrer eigenen Vergangenheit und den Nationen der Dritten Welt niedrige Geburten– und Sterberaten. In der Mehrheit der weniger entwickelten Länder sind die Sterberaten zurückgegangen, die Geburtenraten jedoch bleiben hoch. Aufgrund der relativ plötzlichen Einführung der modernen Medizin und der Methoden der Hygiene gingen demographische Veränderungen, die im Westen mehr als zweihundert Jahre in Anspruch genommen haben, in der Dritten Welt innerhalb eines Zeitraums von weniger als einem halben Jahrhundert vor sich.

Das Bevölkerungswachstum in Asien, Afrika und Lateinamerika schränkt die Möglichkeiten der wirtschaftlichen Entwicklung in diesen Regionen drastisch ein. In einer Bevölkerung mit einem Nullwachstum (wie dies in den meisten westlichen Ländern der Fall ist) müssen 3 bis 5 Prozent des Volkseinkommens investiert werden, um einen einprozentigen Anstieg des Pro–Kopf–Einkommens zu erzielen. Wenn eine Bevölkerung jedoch um 3 Prozent pro Jahr wächst, müssen bis zu 20 Prozent des Volkseinkommens investiert werden, um eine solche Verbesserung des Lebensstandards zu erreichen. Da in jenen Regionen, in denen die Bevölkerung rapide wächst, die meisten der ärmsten Länder der Welt zu finden sind, ist ein solches Investitionsniveau unter keinen Umständen erreichbar, weshalb diese Länder weiter und weiter hinter die industrialisierten Regionen der Welt zurückfallen (vgl. Kapitel 16 „Die Globalisierung des sozialen Lebens").

Der rapide Rückgang der Sterblichkeit bei Geburtenraten, die stabil sind oder nur leicht zurückgehen, hat in den Ländern der Dritten Welt völlig andere Altersstrukturen geschaffen, als man sie in der industrialisierten Welt findet. In Mexiko sind z. B. 45 Prozent der Bevölkerung weniger als fünfzehn Jahre alt. In den Industrieländern hingegen fällt nur etwa ein Viertel der Bevölkerung in diese Altersgruppe. Die Alterszusammensetzung nach dem Muster der „verlängerten Pyramide" in den nicht–industrialisierten Ländern trägt zu deren sozialen und wirtschaftlichen Schwierigkeiten bei. Eine junge Bevölkerung braucht Unterstützung und Bildung, und ihre Mitglieder sind im allgemeinen nicht wirtschaftlich produktiv. Die Realität sieht allerdings so aus, daß in vielen Ländern der Dritten Welt unzählige Kinder entweder ganztags arbeiten oder ein kärgliches Leben als „Straßenkinder" fristen und um alles nur Erdenkliche betteln. Wenn solche Kinder heranreifen, werden die meisten von ihnen zu Arbeitslosen, Obdachlosen oder beidem (Ennew, 1986).

Eine Bevölkerung, die einen sehr großen Anteil junger Menschen aufweist, wird weiter wachsen, auch wenn die Geburtenrate plötzlich zurückgehen sollte. Wenn die Fruchtbarkeit auf das „Ersatzniveau" sinkt, wenn also für jeden lebenden Menschen einer Bevölkerung ein Kind geboren wird, würde es immer noch 75 Jahre dauern, bevor das Wachstum dieser Bevölkerung zum Stillstand kommt.

Der demographische Übergang

Die Demographen bezeichnen die Veränderungen im Verhältnis zwischen Geburten und Todesfällen, die vom 19. Jahrhundert an in den Industrieländern vor sich gingen, häufig als **demographischen Übergang.** Diese Bezeichnung wurde von Warren S. Thompson geprägt, der einen dreistufigen Prozeß beschrieb, durch den eine Art der Bevölkerungsstabilität nach und nach durch eine andere ersetzt wird (Thompson, 1929).

Die erste Phase dieses Prozesses bezieht sich auf jene Bedingungen, die für die meisten traditionellen Gesellschaften charakteristisch sind: Sowohl die Geburten– als auch die Sterberate sind hoch und die Säuglingssterblichkeitsrate ist sogar besonders hoch. Die Bevölkerung wächst, wenn überhaupt, nur geringfügig, da die hohe Anzahl der Geburten durch die große Zahl der Todesfälle mehr oder weniger ausgeglichen wird. Die zweite Phase des Prozesses, die in Europa und den Vereinigten Staaten – mit großen regionalen Unterschieden – im frühen 19. Jahrhundert begann, setzt dann ein, wenn die Sterberaten fallen, während die Fruchtbarkeitsraten hoch bleiben. Es handelt sich deshalb um eine Phase starken Bevölkerungswachstums. Dieses Stadium wird in der Folge durch die dritte Phase des Prozesses abgelöst, während der die Geburtenraten parallel zur industriellen Entwicklung auf ein solches Niveau sinken, daß die Bevölkerungsgröße wieder relativ stabil ist.

Die Demographen sind sich nicht einig, wie diese Abfolge interpretiert werden soll oder wie lange die dritte Phase wahrscheinlich andauern wird. Die Fruchtbarkeit in den westlichen Ländern war im letzten Jahrhundert nicht gänzlich stabil, und zwischen den industrialisierten Nationen sowie zwischen den Klassen oder Regionen der einzelnen Staaten bestehen weiterhin beachtliche Fruchtbarkeitsunterschiede. Dennoch herrscht allgemeine Übereinstimmung darüber, daß die Abfolge der Phasen eine wichtige Transformation des demographischen Charakters moderner Gesellschaften recht genau beschreibt.

Die Zukunftsaussichten für die Dritte Welt

Wird sich der demographische Übergang in der Dritten Welt wiederholen? Die Antwort auf diese Frage ist noch nicht klar. In vielen Gesellschaften der Dritten Welt bleibt die Fruchtbarkeit hoch, weil traditionelle Haltungen in bezug auf die Familiengröße beibehalten wurden. Große Familien werden oft immer noch als erstrebenswert betrachtet, da sie Arbeitskräfte liefern. Manche der Religionen, die in Gebieten mit hohem Bevölkerungswachstum Einfluß besitzen, wenden sich entweder gegen die Geburtenregelung oder vertreten sogar ausdrücklich die Position, daß es erstrebenswert sei, viele Kinder zu haben. Die Empfängnisverhütung wird von den islamischen Führern in mehreren Ländern und auch von der katholischen Kirche abgelehnt, deren Einfluß insbesondere in Lateinamerika sehr ausgeprägt ist. Selbst die politischen Behörden haben nicht immer versucht, das Bevölkerungswachstum einzudämmen. So wurde etwa 1974 in Argentinien der Gebrauch von Kontrazeptiven z. B. im Rahmen eines Programmes verboten, mit dessen Hilfe die Bevölkerung so schnell wie möglich verdoppelt werden sollte, da man dies als Mittel betrachtete, die wirtschaftliche und militärische Stärke des Landes zu entwickeln.

Es hat jedoch trotz allem den Anschein, als würde sich das enorme Bevölkerungswachstum der letzten Jahrzehnte zumindest verlangsamen. Es kam in zumindest einigen großen Ländern der Dritten Welt zu einer Verringerung der Fruchbarkeit. Ein Beispiel dafür ist China, das gegenwärtig eine Bevölkerung von beinahe einer Milliarde Menschen besitzt, was beinahe einem Fünftel der gesamten Weltbevölkerung entspricht. Um die Bevölkerungszahl ungefähr auf ihrem gegenwärtigen Niveau zu stabilisieren, hat die chinesische Regierung eines der weitreichendsten Programme zur Bevölkerungskontrolle eingeführt, die jemals von einem Land durchgeführt wurden. Es ist offizielle chinesische Politik, daß jedes Paar nur *ein* Kind haben sollte. Eine Reihe von Anreizen (wie z. B. bessere Wohngelegenheiten, kostenlose medizinische Betreuung und Schulbildung) wurden eingeführt, um Familien mit Einzelkindern zu fördern, während Familien, die mehr als ein Kind haben, mit besonderen Benachteiligungen zu rechnen haben (die Löhne jener, die ein drittes Kind bekommen, werden gekürzt).

Es gibt Hinweise darauf, daß diese Politik spürbare Auswirkungen hat (Mirsky, 1982), obwohl sie auf den Widerstand einer Bevölkerung traf, deren Mitglieder nicht sehr bereitwillig waren,"Eltern und ein Kind" als richtige „Familie" zu betrachten. Außerdem verlangt das Programm ein gewisses Ausmaß an zentraler Regierungskontrolle, das in den meisten anderen Entwicklungsländern entweder inakzeptabel oder nicht vorhanden ist. In Indien beispielsweise wurden viele Programme erprobt, die die Familienplanung fördern und zum Gebrauch von Kontrazeptiven anregen sollten. Die Erfolge waren jedoch relativ gering. Indien hatte 1985 eine Bevölkerung von 765 Millionen. Das durchschnittliche jährliche Bevölkerungswachstum Indiens betrug zwischen 1975 und 1985 2,3 Prozent, für die zwanzig Jahre zwischen 1980 und 2000 wird eine Verminderung dieser Rate auf 1,8 Prozent prognostiziert. Im Jahr 2000 jedoch werden in diesem Land 1 Milliarde Menschen leben. Selbst wenn sich die Bevölkerungswachstumsrate wie vorhergesagt vermindert, bleibt der Bevölkerungszuwachs enorm.

Der technische Fortschritt ist unvorhersagbar, sodaß niemand mit Sicherheit angeben kann, wie viele Menschen die Erde letztendlich ernähren könnte. Doch auch bei der gegenwärtigen Anzahl könnten die globalen Ressourcen bereits weit unter jenem Niveau liegen, das erforderlich wäre, um in der Dritten Welt einen Lebensstandard zu ermöglichen, der sich mit jenem der Industriestaaten vergleichen ließe. Der Verbrauch an Energie, Rohstoffen und anderen Gütern ist in den westlichen Ländern sehr viel höher als in anderen Teilen der Welt. Diese hohen Niveaus werden außerdem zum Teil erst durch Transfer aus den weniger entwickelten Regionen ermöglicht. In den Vereinigten Staaten wird pro Person zweiunddreißigmal so viel Energie verbraucht, wie in einem durchschnittlichen afrikanischen Land. Wenn sich die weltweiten Strukturen des Energieverbrauchs nicht drastisch verändern – wie etwa durch die Nutzung von Sonnen- oder Windenergie in großem Maßstab – gibt es keine Möglichkeit, dieses Niveau des Energieverbrauchs auf alle Menschen dieser Welt auszudehnen. Es gibt einfach nicht genug bekannte Energieressourcen für alle.

Bevölkerung in Großbritannien

Die Bevölkerung Großbritanniens ist in den letzten Jahren leicht angestiegen. Zwischen 1951 und 1991 stieg die Bevölkerung von 50 225 000 auf 55 508 000 an, obwohl 1981–82 tatsächlich ein Rückgang um 32 000 zu verzeichnen war. Eine der wichtigsten Veränderungen in diesem Jahrhundert betrifft die Alterszusammensetzung der Bevölkerung. Die Anzahl der Menschen im Alter von fünfundsechzig oder mehr Jahren ist heute viermal größer als im Jahr 1901 und entspricht heute 18 Prozent der Bevölkerung, während es 1901 weniger als 6 Prozent waren (HMSO, 1992).

Eine weitere wichtige Veränderung seit dem ersten Jahrzehnt unseres Jahrhunderts war ein allgemeiner Rückgang der Fruchtbarkeit. Es gab in dieser Zeit jedoch einige Schwankungen. Nach dem Zweiten Weltkrieg kam es zu einem deutlichen, jedoch vorübergehenden Ansteigen der Fruchtbarkeit, dem sogenannten „Babyboom". Die Geburtenrate stieg von einem Tiefststand von 17 pro 1 000 in den frühen dreißiger Jahren auf 22 pro 1 000 in den späten fünfziger Jahren. Der Babyboom war nicht die Folge einer Tendenz, größere Familien zu bilden – es war tatsächlich nur eine geringe Zunahme des Anteils von Familien mit drei oder mehr Kindern zu verzeichnen. Es gab eher eine deutliche Verringerung des Anteils der kinderlosen Familien bzw. der Familien mit nur einem Kind.

Die Demographen haben nicht mit dem Babyboom gerechnet und auch die Rückkehr zu niedrigeren Fruchtbarkeitsniveaus in den frühen siebziger Jahren nicht vorhergesehen. Trotz dieser Umkehr wächst die Bevölkerung des Landes ingesamt weiter. Der Babyboom hat, um eine andere Metapher zu verwenden, eine „Ausbuchtung" in der Alterszusammensetzung der Bevölkerung bewirkt. Die Babyboom–Generation ist jetzt erwachsen und hat selbst Kinder. Da der Anteil der Menschen im fortpflanzungsfähigen Alter auch in den nächsten zwanzig Jahren hoch bleiben wird, wird die Anzahl der Geburten pro Jahr weiterhin größer sein als jene der Todesfälle.

Während die Babyboom-Generation immer älter wird, wird es schließlich zu einem Nullwachstum der Bevölkerung kommen, sofern es bei der gegenwärtigen niedrigen Fruchtbarkeitsrate bleibt. In einer solchen Situation würde die Anzahl der Geburten pro Jahr (plus die Anzahl der Eingewanderten) zahlenmäßig der Anzahl der Todesfälle und der Ausgewanderten entsprechen. Ein Nullwachstum der Bevölkerung wird bis zum Ende unseres Jahrhunderts wahrscheinlich für ungefähr vierzig Länder charakteristisch sein. Wenn dies tatsächlich eintreten sollte, wird es in den betroffenen Bevölkerungen dann einen noch größeren Anteil älterer Menschen geben, als dies heute bereits der Fall ist. Weil aber in der Vergangenheit die Vorhersagen der Demographen in bezug auf die Bevölkerungstendenzen – insbesondere auf kurzfristiger Basis – nicht besonders präzise waren, kann man nicht davon ausgehen, daß eine derartige Entwicklung unvermeidlich ist.

Die Konsequenzen des Babybooms illustrieren die Auswirkungen von Fruchtbarkeitsschwankungen auf die Institutionen einer Gesellschaft. In ihren frühen Jahren erzeugten die Angehörigen dieser Generation die Notwendigkeit, die medizinische Betreuung für Kinder sowie die Produktion von Kinderpflegeartikeln und Wohlfahrtsleistungen zu erweitern. Als die Babyboom-Generation in das Schulsystem eintrat, kam es zu einer starken Belastung der vorhandenen persönlichen und materiellen Ressourcen des Bildungssystems. Jetzt, da diese Generation in den Arbeitsmarkt eingetreten ist, hat sie den Druck auf die Beschäftigungsmöglichkeiten verstärkt. Wenn die Babyboom-Generation das Pensionsalter erreicht, wird es zu einer besonderen Belastung der Wohlfahrtseinrichtungen und des medizinischen Betreuungssytems für Senioren kommen. Weil der Babyboom durch den „Geburtenmangel" der siebziger Jahre abgelöst wurde, ist die nachfolgende Generation wesentlich weniger umfangreich. Dies hat bereits eine Umstrukturierung der schulischen Ressourcen erfordert, da weniger Lehrer benötigt werden, und wird, während diese Nachfolgegeneration nun selbst ein immer höheres Alter erreicht, neue Probleme der Ressourcenverteilung mit sich bringen.

Gesundheit und Krankheit

Demographische Themen sind immer eng mit dem Problembereich Krankheit und Gesundheit verbunden. Wieviele Kinder geboren werden, welcher Anteil von ihnen über das Säuglingsalter hinaus überlebt, wie alt die Menschen werden und die wichtigsten Todesursachen – all diese Faktoren stehen einem engen Zusammenhang mit den gesundheitlichen Verhältnissen einer Gesellschaft. Gesundheit und Krankheit wiederum werden stark durch Aspekte der Gesellschaftsstruktur beeinflußt. Soziale Faktoren wirken sich nicht nur auf die Lebenserwartung, sondern auch auf die Wahrscheinlichkeit, von einer der vorherrschenden Krankheiten betroffen zu werden, und auf die Qualität der medizinischen Betreuung aus.

Die Behandlung von Krankheiten in der Vergangenheit

Alle Kulturen haben Begriffe der körperlichen „Gesundheit" und „Krankheit", aber das meiste von dem, was wir heute als *Medizin* bezeichnen, leitet sich von Entwicklungen ab, die sich in den westlichen Gesellschaften erst während der letzten zwei oder drei Jahrhunderte vollzogen haben. Davor wurden Krankheiten und andere körperliche Leiden hauptsächlich von der Familie oder der verwandtschaftlichen Einheit bewältigt. Es hat immer Menschen gegeben, die sich als „Heiler" spezialisierten und eine Kombination von physischen und magischen Mitteln verwendeten, und in vielen nicht–westlichen Kulturen auf der ganzen Welt haben bis heute traditionelle Systeme der medizinischen Behandlung überlebt. In Indien beispielsweise wird die ayurvedische traditionelle Heilkunst bereits seit nahezu zweitausend Jahren angewendet. Sie beruht auf einer Theorie über das Gleichgewicht zwischen den psychischen und physischen Aspekten der Persönlichkeit, wobei Unausgewogenheiten durch diätetische Maßnahmen und Kräuterarzneien behandelt werden. Die traditionelle Medizin des chinesischen Volkes basiert ebenfalls auf einem Konzept der Harmonie der Persönlichkeit und bedient sich neben Kräutern und anderen Heilmitteln auch der Akupunktur.

In den traditionellen Kulturen ist es üblich, Krankheit als einen Aspekt des psychischen und sozialen Gesamtbefindens des Menschen zu betrachten, und auch in Europa hielten sich ähnliche Anschauungen bis ins 18. Jahrhundert. Die meisten Schulen der europäischen Medizin hatten ihren Ursprung in griechischen Behandlungssystemen, die Krankheit durch die allgemeine mentale und physische Disposition des Individuums zu erklären suchten (Porter, 1986). Die Ärzte waren kein definierter „Berufsstand", sondern wurden normalerweise von Aristokraten oder Edelleuten als Heiler beschäftigt. Wie bereits in Kapitel 5 („Konformität und Devianz") erwähnt, sind Krankenhäuser im modernen Sinn erst seit dem frühen 19. Jahrhundert in großer Zahl entstanden. Bis zu jener Zeit, und in manchen Gebieten sogar bis zu einem noch späteren Zeitpunkt, beschränkte sich die Behandlung von Krankheiten beinahe gänzlich auf eine Kombination von Hausmitteln, Gebeten und Magie.

Die Entwicklung der modernen Medizin

Die moderne Medizin brachte ein neues Verständnis von Krankheit mit sich, das die Ursprünge der Krankheiten als körperlich und folglich als wissenschaftlich erklärbar betrachtet. Die Anwendung der Wissenschaft in Diagnose und Therapie ist eines der Hauptkennzeichen der modernen Gesundheitssysteme. Andere wichtige Merkmale sind die Annahme, daß Krankenhäuser der geeignete Ort sind, um schwere Erkrankungen zu behandeln oder zu heilen, und die Herausbildung des Ärztestandes als Körperschaft, die einen eigenen Ehrenkodex besitzt und über beträchtliche gesellschaftliche Macht verfügt. Diese drei Aspekte der Medizin stellten eng miteinander verbundene Entwicklungen dar. An die wissenschaftliche Auffassung von Krankheit war das Erfordernis einer systematischen und langwierigen medizinischen Ausbildung gebunden, wobei Heiler, die sich auf autodidaktisch erworbene medizinische Kenntnisse stützten, ausgeschlossen wurden. Obwohl das professionelle Praktizieren von Medizin nicht auf die Krankenhäuser beschränkt blieb, stellten diese eine Umgebung dar, in der die Ärzte zum erstenmal in der Lage waren, eine große Anzahl von Patienten unter Bedingungen, die den konzentrierten Einsatz medizinischer Technologie ermöglichten, zu behandeln und zu studieren.

Im Mittelalter waren die vorherrschenden Krankheiten vor allem Infektionskrankheiten wie Tuberkulose, Cholera, Malaria und Pest. Im Jahr 1348 tötete der Schwarze Tod, eine durch die Flöhe von schwarzen Ratten übertragene Seuche, ein Viertel der Bevölkerung Englands und verheerte große Teile Europas. Infektionskrankheiten sind heute in den Industrieländern nur mehr eine relativ unbedeutende Todesursache, und mehrere von ihnen sind auch in anderen Teilen der Welt praktisch ausgerottet worden. In den Industrieländern sind die häufigsten Todesursachen heutzutage nicht-infektiöse Krankheiten wie Krebs oder Herzerkrankungen. Während in vergangenen Jahrhunderten die höchsten Sterblichkeitsraten unter Säuglingen und Kleinkindern anzutreffen waren, steigen heute die Sterblichkeitsraten mit dem Alter.

Trotz des Ansehens, das sich die moderne Medizin erworben hat, sind die Verbesserungen der medizinischen Betreuung nur in relativ geringem Ausmaß für die Senkung der Sterblichkeitsraten vor dem Beginn des 20. Jahrhunderts verantwortlich. Die entscheidenden Faktoren waren funktionierende sanitäre Einrichtungen, bessere Ernährung, Abwasserentsorgungssysteme und verbesserte allgemeine Hygiene. Die Auswirkungen machten sich insbesondere in Form einer Verringerung der Säuglings- und Kindersterblichkeitsrate bemerkbar. Medikamente, Fortschritte in der Chirurgie und Antibiotika hatten erst einen wahrnehmbaren Einfluß auf die Sterblichkeitsraten, als bereits einige Jahrzehnte unseres Jahrhunderts vergangen waren. Antibiotika zur Behandlung von bakteriellen Infektionen waren erst in den dreißiger und vierziger Jahren verfügbar, während die Immunisierung (gegen Krankheiten wie Kinderlähmung) noch später entwickelt wurde.

Das „biomedizinische Gesundheitsmodell", wie Ross Hume Hall es genannt hat, das die Grundlage der Schulmedizin abgibt, ist jedoch ebenfalls nicht von Kritik verschont geblieben. Das biomedizinische Modell betrachtet den Körper als Maschine und legt den Schwerpunkt auf das Heilen von Krankheiten. Hall und andere vertreten die Ansicht, daß sich eine neue Art von Gesundheitssystemen, die mit den gegenwärtig existierenden nur wenig Ähnlichkeit hat, mit „dem Menschen in seiner Gesamtheit" befassen sollte (Hall, 1990).

Die Dritte Welt

Kolonialismus und die Ausbreitung von Krankheiten

Die Expansion des Westens während der Kolonialzeit führte dazu, daß in einige Teile der Welt Krankheiten eingeschleppt wurden, die dort zuvor nicht existiert hatten. Pocken, Masern und Typhus waren bei der eingeborenen Bevölkerung Mittel- und Südamerikas vor der Eroberung durch die Spanier unbekannt, und die englischen und französischen Kolonisten brachten dieselben Krankheiten nach

Nordamerika (Dubos, 1959). Manche dieser Krankheiten führten zu Epidemien, die die lokale Bevölkerung, die wenig oder gar keine Abwehrkräfte dagegen besaß, dahinrafften. Es gibt gute Anhaltspunkte dafür, daß die Jäger- und Sammlergemeinschaften auf dem amerikanischen Kontinent nicht in dem Ausmaß unter Infektionskrankheiten litten, wie die europäischen Gesellschaften dieser Zeit. Viele infektiöse Organismen gedeihen nur, wenn menschliche Populationen eine größere Dichte erreichen, als sie für Jäger- und Sammlergesellschaften typisch ist. Seßhafte Gemeinschaften laufen Gefahr, daß ihre Wasservorräte durch Abfallprodukte verseucht werden; dieses Risiko entfällt bei den Jägern und Sammlern, die beständig den Wohnort wechseln. Wissenschaftliche Untersuchungen deuten außerdem darauf hin, daß die Ernährung der Sammler und Jäger zumindest dort, wo ihre Umwelt nicht allzu unwirtlich war, trotz des niedrigen technischen Niveaus der betreffenden Gesellschaften häufig besser war als die jener Menschen, die in größeren Gesellschaften zusammenlebten. Die Abhängigkeit von Getreideprodukten als Hauptnahrungsquelle (die sich mit den ortsgebundenen Anbauformen ergab) reduzierte die Vielfältigkeit und Qualität der Ernährung im Vergleich zu der umfangreichen Palette verschiedener Nahrungsmittel, die Jäger und Sammler zu sich nahmen.

Es erscheint als praktisch gesichert, daß in Afrika und den subtropischen Gebieten Asiens Infektionskrankheiten schon seit langer Zeit weit verbreitet waren. Tropische und subtropische Bedingungen sind für Krankheiten wie die von Moskitos übertragene Malaria oder die durch die Tsetsefliege übertragene Schlafkrankheit besonders förderlich. Dennoch war das Risiko, sich eine Infektionskrankheit zuzuziehen, vor dem Kontakt mit den Europäern wahrscheinlich kleiner als später. Epidemien, Dürre oder Naturkatastrophen hatten immer schon eine Bedrohung dargestellt, doch der Kolonialismus brachte einen Wandel der Beziehung zwischen Populationen und ihrer Umwelt mit sich, der sich negativ auf die Gesundheitsverhältnisse auswirkte. Die Europäer führten neue landwirtschaftliche Methoden ein und brachten damit die Ökologie ganzer Regionen aus dem Gleichgewicht. So gibt es heute zum Beispiel in großen Teilen Ostafrikas aufgrund der unkontrollierten Verbreitung der Tsetsefliege keine Rinder mehr. Vor der Ankunft der Kolonisten aus dem Westen hingegen hatten die Afrikaner dort große Herden gehalten.

Die wesentlichste Folge des Kolonialsystems bestand in seinen Auswirkungen auf die Ernährung aufgrund der geänderten Wirtschaftsbedingungen, die die Produktion für die Weltmärkte mit sich brachte. Dadurch sank auch die Widerstandskraft gegen Krankheiten. Mit dem Übergang zur Produktion von Ernten, die auf Märkten verkauft wurden, sank insbesondere in vielen Teilen Afrikas der Nährstoffwert der jeweils üblichen Kost.

Dies war jedoch nicht bloß ein einseitiger Prozeß. Mit dem Einsetzen des Kolonialismus änderte sich auch die Ernährung im Westen radikal und hatte im Hinblick auf die Gesundheit einen paradoxen Effekt. Einerseits wurde die Ernährung im Westen durch eine Reihe neuer Nahrungsmittel, wie Bananen, Ananas und Grapefruits bereichert, die zuvor entweder ganz unbekannt oder sehr selten gewesen waren; andererseits jedoch hatte der Import von Tabak, Kaffee und vor allem Rohzucker, der in zunehmendem Maße für alle nur denkbaren Arten von

Gerichten verwendet wurde, schädliche Auswirkungen. Der hohe Anteil von Zucker in der westlichen Ernährung steht gemeinsam mit den Auswirkungen des Tabakkonsums in einem engen Zusammenhang mit dem massiven Auftreten von Krebs- und Herzerkrankungen.

Die Infektionskrankheiten heute

Obwohl bei der Eindämmung der Infektionskrankheiten in der Dritten Welt große Fortschritte erzielt wurden und obwohl manche von ihnen praktisch eliminiert wurden, sind sie dort immer noch wesentlich weiter verbreitet als im Westen. Das wichtigste Beispiel für eine Krankheit, die beinahe völlig verschwunden ist, sind die Pocken, die in früheren Zeiten nicht nur in Europa, sondern auch in vielen anderen Teilen der Welt eine furchtbare Geißel waren. Die Maßnahmen gegen die Malaria waren weit weniger erfolgreich. Als das Insektizid DDT entwickelt worden war, verband man damit die Hoffnung, daß die Moskitos, die Hauptüberträger der Malaria, ausgerottet werden könnten; anfangs wurden auch tatsächlich beachtliche Fortschritte erzielt. Diese haben sich jedoch verlangsamt, weil einige Arten von Moskitos gegen das DDT resistent geworden sind.

In der überwiegenden Mehrheit der Länder der Dritten Welt fehlt es immer noch an den grundlegenden medizinischen Ressourcen. Die tatsächlich existierenden Krankenhäuser konzentrieren sich ebenso wie die ausgebildeten Ärzte großteils auf die urbanen Gebiete, und ihre Dienste werden vor allem von der wohlhabenden Minderheit der Bevölkerung monopolisiert. Die meisten Länder der Dritten Welt haben die eine oder andere Form eines durch die Zentralregierung organisierten nationalen Gesundheitswesens eingeführt, doch die zur Verfügung stehenden medizinischen Leistungen sind normalerweise stark begrenzt. Der kleine Anteil der Reichen bedient sich privater medizinischer Einrichtungen und reist in manchen Fällen sogar in den Westen, wenn anspruchsvolle medizinische Behandlung benötigt wird. Die Bedingungen in vielen Städten, insbesondere in den Armenvierteln, machen es sehr schwierig, die Infektionskrankheiten in den Griff zu bekommen. In vielen Armenviertel fehlen grundlegende Einrichtungen wie Wasserversorgung, Kanalisation und Müllabfuhr beinahe zur Gänze.

Studien der Weltgesundheitsorganisation zufolge beziehen mehr als zwei Drittel der Menschen in den urbanen Gebieten der Länder der Dritten Welt ihr Wasser aus Quellen, die nicht einmal den minimalsten Gesundheitsstandards entsprechen. Man hat geschätzt, daß siebzehn von fünfundzwanzig über das Wasser übertragene Krankheiten, die in der Dritten Welt grassieren, entweder um fünfzig Prozent reduziert oder ganz beseitigt werden könnten, indem man einfach die Versorgung mit einwandfreiem Wasser gewährleistet. Nur etwa ein Viertel der Stadtbewohner in den Ländern der Dritten Welt hat die Möglichkeit, ihre Abwässer über Kanäle zu entsorgen. Etwa 30 Prozent von ihnen verfügen über keinerlei sanitäre Einrichtungen. Diese Umstände schaffen den Nährboden für Krankheiten wie die Cholera.

Auch AIDS hat in manchen Teilen der Dritten Welt sehr weite Verbreitung gefunden. Insbesondere in Zentralafrika droht AIDS bis zum frühen 21. Jahrhundert Millionen von Menschen zu töten (siehe Kapitel 6 „Geschlecht und Sexualität").

Gesundheit und Krankheit in den entwickelten Ländern

Die Verbreitung von Krankheiten und die wesentlichsten Krankheitstypen

In den industrialisierten Gesellschaften sind die Krankheitsrisiken sehr unterschiedlich verteilt. Ungefähr 70 Prozent der Todesfälle in den westlichen Ländern können auf vier Haupttypen von Krankheiten zurückgeführt werden: Krebs, Herzerkrankungen, Schlaganfälle und Lungenerkrankungen. Es wurden einige Fortschritte erzielt, was die Kenntnis der Ursprünge dieser Krankheiten sowie die Behandlung ihrer Auswirkungen in Einzelfällen betrifft, doch wirksam geheilt werden kann keine von ihnen. Da ihre Verteilung über Länder, Regionen und Klassen Unterschiede aufweist, erscheint als evident, daß diese Krankheiten mit der Ernährung und dem Lebensstil in Zusammenhang stehen. Menschen mit höherem sozio-ökonomischen Status sind im Durchschnitt gesünder, größer und stärker und leben länger als jene, die einen Platz weiter unten auf der sozialen Skala einnehmen. Die Unterschiede sind bei der Säuglings- und Kindersterblichkeit am größten, doch die Angehörigen der Arbeiterklasse haben *in jedem Lebensalter* ein höheres Risiko zu sterben als wohlhabendere Menschen.

Woran liegt das? Die Angehörigen der wohlhabenderen Gesellschaftsschichten ernähren sich häufig besser, doch haben sie für gewöhnlich auch besseren Zugang zu medizinischer Betreuung und neigen eher dazu, diese Zugangsmöglichkeiten auch aktiv zu nutzen. Das Krankheitsrisiko und die Wahrscheinlichkeit zu sterben, werden auch durch die Arbeitsbedingungen direkt beeinflußt. Menschen, die in Büros oder im häuslichen Umfeld arbeiten, bleiben von verschiedenen potentiell schädlichen Einflüssen verschont. Die Verbreitung von berufsbedingten Erkrankungen läßt sich nur schwer berechnen, weil es sich nicht immer feststellen läßt, inwieweit eine Krankheit durch die Arbeitsbedingungen oder durch andere Faktoren verursacht wird. Einige Berufskrankheiten jedoch sind gut dokumentiert, wie beispielsweise die unter Bergleuten weitverbreiteten, durch das Einatmen von Staub hervorgerufenen Lungenerkrankungen. Wer in einer Umgebung arbeitet, in der Asbest verwendet wird, hat ein größeres Risiko, bestimmte Arten von Krebs zu bekommen.

Es ist allgemein anerkannt, daß die Neigung zu Herzerkrankungen durch eine an tierischen Fetten reiche Ernährung, Bewegungsmangel und gewohnheitsmäßiges Rauchen verstärkt wird. Die meisten der diesbezüglichen Beweise sind indirekt und stammen aus Korrelationsstudien, die das Auftreten von Herzerkrankungen mit verschiedenen Ernährungsgewohnheiten, dem Rauchen und dem Ausmaß an körperlicher Betätigung in Verbindung bringen. Vor zwanzig Jahren hatten die USA die weltweit höchste Sterberate infolge von Herzerkrankungen, doch innerhalb der letzten zwei Jahrzehnte ist diese Rate zurückgegangen. Dieser Rückgang scheint das Ergebnis einer Ernährungsumstellung sowie der Tatsache zu sein, daß jetzt ein größerer Anteil der Bevölkerung regelmäßig Bewegung macht, als dies früher der Fall war, und daß heute bessere Mittel zur Verfügung stehen, um jenen, die einen Herzanfall erleiden, schnell Hilfe zukommen zu lassen.

In Großbritannien, wo es eine sehr hohe Rate an Todesfällen infolge von Herzerkrankungen gibt, war kein solcher Rückgang zu verzeichnen. Kampagnen gegen das Rauchen waren jedoch bis zu einem gewissen Grad erfolgreich. Als die ersten Berichte, die eine enge Korrelation zwischen Zigarettengenuß und Krebs belegten, in den frühen sechziger Jahren veröffentlicht wurden, rauchten mehr als 50 Prozent der männlichen Bevölkerung regelmäßig. Dieser Anteil ist jetzt auf unter 30 Prozent zurückgegangen. Der Anteil der jugendlichen Raucher hat sich allerdings kaum verändert, und der Anteil der Frauen, die regelmäßig rauchen, ist sogar angestiegen. Das Rauchen ist in vielen anderen westlichen Ländern noch weiter verbreitet als in Großbritannien. Man hat geschätzt, daß weltweit 20 Prozent der Todesfälle infolge von Krebserkrankungen vermieden werden könnten, wenn das Zigarettenrauchen ganz aufgegeben würde.

Das Gesundheitswesen in Großbritannien

Praktisch alle Industrieländer mit Ausnahme der Vereinigten Staaten haben umfassende öffentliche Gesundheitssysteme. Das *National Health Service* (NHS) in Großbritannien z. B. wurde 1948 eingerichtet. Das seiner Gründung zugrundeliegende, deklarierte Prinzip war, daß der Zugang zu medizinischer Versorgung von medizinischen Bedürfnissen statt von der Zahlungsfähigkeit abhängen sollte.

Das NHS wird aus Einnahmen der Zentralregierung finanziert, die als Teil der Einkommenssteuer eingehoben werden. Die Behandlung durch einen praktischen Arzt und im Krankenhaus ist unentgeltlich. Von Ärzten verschriebene Medikamente wurden ursprünglich unentgeltlich abgegeben, doch die letzten Regierungen haben durch Gesetzesnovellierungen ein System des Selbstbehalts eingeführt. Als das NHS eingeführt wurde, um ein **öffentliches Gesundheitswesen** zu gewährleisten, stellte unter anderem der Druck von seiten der Ärzteschaft sicher, daß es parallel dazu auch weiterhin **private medizinische Einrichtungen** geben würde. Während die Mehrheit der praktischen Ärzte ausschließlich für das NHS arbeitet, unterhält ein Großteil der Fachärzte auch Privatpraxen. Es gibt einige rein private Krankenhäuser und medizinische Einrichtungen sowie auch medizinisches Personal, das ausschließlich im privaten Sektor tätig ist, wobei die Finanzierung und die Bezahlung von Honoraren oft über private Krankenversicherungen erfolgen. Allerdings ist nur eine kleine Minderheit der Bevölkerung privat krankenversichert.

Die praktischen Ärzte erfüllen eine grundlegende Funktion, indem sie den Zugang der Patienten zur fachärztlichen Behandlung kanalisieren. Der durchschnittliche britische Bürger geht etwa viermal jährlich zum praktischen Arzt. Ungefähr 90 Prozent aller Erkrankungen werden direkt vom Praktiker behandelt, wobei jeder dieser praktischen Ärzte einen Patientenstamm hat, dessen Höchstanzahl vom NHS festgesetzt wird. Patienten, die einen praktischen Arzt aufsuchen, haben nicht automatisch auch das Recht, an einen Facharzt überwiesen zu werden; dies obliegt der Beurteilung des praktischen Arztes. Da Fachärzte nicht für sich werben dürfen, ist es unter Umständen für den Patienten gar nicht einfach, sich selbst an einen privaten Facharzt zu wenden, wenn der zuständige praktische Arzt dagegen ist.

Heute obliegt die lokale Verwaltung des NHS den *District Health Authorities* (DHA). Die DHAs bestehen aus Vertretern der örtlichen Behörden, Vertretern des Ärztestandes sowie Repräsentanten lokaler Interessensgruppen und Freiwilligen-

„Der Arzt macht keine Visiten mehr. Er hat gesagt, Du sollst doch vorbeikommen, wenn es Dir besser geht!"

Cartoon von William Scully, Wiedergabe mit Erlaubnis von *The Spectator*.

verbänden. Die DHAs sollen grundsätzlich die Zusammensetzung der Gemeinschaft nach Kriterien wie z. B. Klassenzugehörigkeit und ethnischem Hintergrund widerspiegeln, sind in der Praxis jedoch häufig eine Domäne der Mittelschicht. Daß die Ärzteschaft in den DHAs vertreten ist, wird durch deren Fachkenntnis gerechtfertigt. Es ist jedoch interessant, daß eine solche Situation in anderen Zuständigkeitsbereichen der Lokalbehörden nicht zu finden ist, wo es den Angestellten gesetzlich verboten ist, für Wahlen in Ausschüsse ihrer eigenen Organisationen zu kandidieren (Kingdom, 1991).

Ein Weißbuch, das 1989 von der konservativen Regierung vorgelegt wurde, veränderte das NHS von Grund auf. In diesem Dokument wurde hervorgehoben, daß man die Bürokratie bekämpfen, den „internen Wettbewerb" fördern und für ein effizienteres Management sorgen müsse. Lokales Management im Einklang mit den lokalen Bedürfnisse, so hieß es im Weißbuch, sei die beste Garantie für betriebliche Effizienz. Die DHAs sollten von den übergeordneten Regierungsstellen unabhängiger werden, als dies zuvor der Fall war. Die Organisationen des NHS sollten jenen „flexiblen Firmen" ähnlicher werden, die in der Industrie entstanden sind (siehe Kapitel 15 „Arbeit und Wirtschaftsleben").

Eine der umstrittensten Neuerungen bestand darin, daß man den einzelnen Krankenhäusern die Entscheidung überließ, ob sie eigenständige Körperschaften werden wollten. Im Rahmen dieses Programms werden die Krankenhäuser ermutigt, sich auf autonome Finanzierung umzustellen. Sie können von den landesweit vereinbarten Löhnen abgehen, sich auf dem Kapitalmarkt Geld beschaffen und Gewinne erwirtschaften. Bis 1992 hatten sich bereits einige Krankenhäuser auf diese Weise „entkoppelt", und es sieht ganz so aus, als ob andere ihrem Beispiel bald folgen würden. Es wurde jedoch kritisiert, daß solche Krankenhäuser wahrscheinlich nur in wohlhabenderen Gebieten florieren werden. Man befürchtet weiters, daß solche Krankenhäuser unter Umständen teure Apparate anschaffen werden, die bereits in einem anderen nahegelegen Krankenhaus zur Verfügung stehen und deshalb nicht unbedingt erforderlich sind, und daß man Patienten, deren Behandlung besonders teuer kommen könnte, vielleicht nur ungern aufnehmen wird (Mohan, 1991).

Gesundheitswesen in den Vereinigten Staaten

In den USA wird ein höherer Anteil des Volkseinkommens für medizinische Betreuung aufgewendet als in irgendeinem anderen Land. Das Gesundheitswesen in den USA funktioniert hauptsächlich über private Versicherungen, wobei es für ältere Menschen und Arme zusätzliche staatliche Unterstützungen gibt. Das System ist fragmentierter und vielfältiger als in den meisten anderen Ländern. So können sich Krankenhäuser beispielsweise im Besitz der Bundesregierung, der Regierungen der Bundesstaaten, der Stadtverwaltungen und der Bezirksbehörden, privater Organisationen oder gemeinnütziger Vereinigungen befinden. Es gibt in den Vereinigten Staaten weitaus weniger praktische Ärzte als in Großbritannien. Wer medizinische Behandlung braucht, sucht meist direkt einen Spezialisten auf. Die Krankenhauskosten stellen in den Vereinigten Staaten einen höheren Anteil an den Ausgaben für das Gesundheitswesen dar als in Großbritannien und den meisten anderen westlichen Ländern.

Das amerikanische Gesundheitssystem hat sich in den letzten zwanzig Jahren beträchtlich verändert (Starr, 1982; Light, 1986, 1987). 1968 wurde von Thomas F. Frist, einem Arzt aus Nashville, und Jack C. Massey, jenem Geschäftsmann, der *Kentucky Fried Chicken* in eine landesweite Restaurantkette verwandelt hat, die erste ausdrücklich gewinnorientierte Krankenhauskette gegründet. Das Kapital für die Erweiterung von Frists Krankenhaus *Park View* stammte von der *Hospital Corporation of America* (HCA), die von Massey und Frist gegründet worden war. Die HCA begann daraufhin, andere Krankenhäuser aufzukaufen und ist heute die größte Krankenhauskette ihres Typs im ganzen Land. Zuvor waren die meisten privaten medizinischen Einrichtungen gemeinnützig und wurden von lokalen Gemeindeverbänden oder religiösen Orden betrieben. Gewinnorientierte Organisationen wurden auch in vielen anderen Bereichen des Gesundheitswesens gegründet, z. B. verschiedene Ambulatorien, Beratungsstellen und fachmedizinische Zentren.

Die Medizin wird traditionellerweise mit Fürsorge, Dienst am Nächsten und Barmherzigkeit assoziiert. Hat die Entwicklung von gewinnorientierten Organisationen zur weiteren Verwirklichung oder zur Unterhöhlung dieser Ideale beigetragen? Kann die medizinische Versorgung vermarktet werden wie das Angebot einer Fast-Food-Kette ? Es wurden mehrere Studien durchgeführt, um diese Fragen zu beantworten, darunter auch eine umfangreiche Untersuchung des Medizinischen Instituts der *National Academy of Science* (Fein, 1986). Diese Studien liefern keine Anhaltspunkte für die Behauptung der gewinnorientierten Ketten, ihre Krankenhäuser seien effizienter und böten günstigere Leistungen als die gemeinnützigen. Im Durchschnitt sind die Gebühren in gewinnorientierten Krankenhäusern bedeutend höher.

Ein Vergleich der medizinischen Standards ist schwieriger. In den gewinnorientierten Organisationen scheinen – zahlungskräftigen Patienten – dieselben Leistungen zugänglich zu sein, die auch in den anderen Krankenhäusern zur Verfügung stehen. Die gewinnorientierten Krankenhäuser haben allerdings nur wenige Patienten, die nicht versichert sind, oder deren Behandlungskosten nur durch die Wohlfahrt gedeckt werden, sodaß solche Organisationen zunächst einmal den Effekt haben, einen Großteil der weniger lohnenden Aufgaben auf andere Sektoren des Gesundheitssystems zu überwälzen. Alles in allem scheinen sie die allgemeinen Kosten des Gesundheitswesens in die Höhe zu treiben, den Anteil der Ausgaben für Ausbildung und Forschung zu reduzieren und Druck in Richtung eines „Sparkurses" zu erzeugen, der zu Einschränkungen bei wichtigen Leistungen führen kann (Waitzkin, 1986; Califano, 1986).

Trotz des hohen Lebensstandards und der hohen Beträge, die für medizinische Dienstleistungen ausgegeben werden, sind die Vereinigten Staaten nicht das gesündeste Land der Welt. Bei den beiden üblichen Indikatoren des Gesudheitszustands einer Bevölkerung, der durchschnittlichen Lebenserwartung und der Säuglingssterblichkeitsrate, rangieren sie ziemlich weit hinten. Es gibt in den Vereinigten Staaten schätzungsweise zwanzig Millionen Menschen, die keine private Krankenversicherung besitzen und denen der Zugang zum öffentlichen Gesundheitswesen praktisch verwehrt bleibt.

Die Logik des amerikanischen Gesundheitswesens stützt sich auf die Überlegung, daß der Wettbewerb die billigsten Dienstleistungen hervorbringen wird, ein Angebot, aus dem der Konsument dann nach Belieben auswählen kann. Die Schwachstellen dieser Position sind hinreichend bekannt. Erstens können sich die Konsumenten nicht so einfach unter den angebotenen Leistungen umsehen, wenn sie krank sind; sie besitzen im allgemeinen auch nicht das fachliche Wissen, um dieses Angebot beurteilen zu können. Zweitens haben Menschen, die nicht über ausreichende Mittel verfügen, nur sehr beschränkten Zugang zu medizinischen Leistungen, während die wohlhabenderen Bevölkerungsschichten sich wesentlich bessere medizinische Betreuung leisten können. Drittens besteht für einen Patienten, dessen Behandlung von der Krankenversicherung voll gedeckt wird, kaum ein Anreiz, sich nach billigeren Leistungen umzusehen. Das Gesamtergebnis ist ein System, das im Verhältnis zum erreichten Gesundheitszustand sehr teuer kommt und Teile der Bevölkerung ausgrenzt.

Die Erfahrungen mit dem amerikanischen System sind für die Diskussion, die derzeit in Großbritannien über das Gesundheitswesen geführt wird, von direkter Bedeutung. In Großbritannien haben sich die privaten medizinischen Einrichtungen in den letzten Jahren stark ausgedehnt, und viele Briten werfen dem *National Health Service* vor, es sei ineffizient, bürokratisch und widme den Bedürfnissen des einzelnen Patienten zuwenig Aufmerksamkeit. Die Kritiker des NHS wünschen sich ein stärker privatisiertes System nach dem Modell der Vereinigten Staaten. Doch wie wir gesehen haben, gibt es allen Grund, solche Vorschläge mit Vorsicht zu betrachten. Inwieweit die oben erörterten NHS-Reformen das britische System an das amerikanische annähern werden, bleibt abzuwarten.

Gesundheit und die globale Umwelt

Unsere Gesundheit hängt offensichtlich mit unserer lokalen und globalen Umwelt zusammen. Niemand weiß genau, inwieweit die gegenwärtigen Bedrohungen der globalen Ökosysteme in einem Zusammenhang mit Gesundheit und Krankheit stehen; manche Arten der Umweltbelastung jedoch stellen mit Sicherheit auch eine Bedrohung für die Gesundheit dar. Der Umweltschutz ist deshalb Teil der präventivmedizinischen Programme.

Man denke z. B. an den Smog in den Städten. Obwohl andere Städte, wie etwa Mexiko City, später wesentlich schlechtere Bedingungen aufwiesen, war Los Angeles Ende der sechziger Jahre als „Welthauptstadt des Smogs" bekannt. Die Stadt verabschiedete einige Maßnahmen zur Luftverbesserung, die später in anderen urbanen Gebieten und anderen Ländern ebenfalls eingeführt wurden. Der größte Teil des Smogs stammte von Autoabgasen. Als Ergebnis der neuen Vorschriften ging die Smogbelastung in Los Angeles drastisch zurück. In den frühen neunziger Jahren war die Smogbelastung wieder größer als 1970, da sich die Autos und Lastwagen vermehrt hatten und mehr Kilometer zurücklegten als je zuvor.

Lange Zeit hindurch glaubte man, daß die gesundheitsschädlichen Auswirkungen der Luftverschmutzung sich auf Asthmatiker oder unter Emphysema leidende Menschen beschränkten. Heute hingegen ist man der Ansicht, daß es bei allen Erwachsenen zu einer Einschränkung der Lungenfunktion und zu anderen Erkrankungen der Atemwege kommen kann, wenn die Luftqualität unter einen gewissen Standard absinkt. Was kann man dagegen tun? Die einzige erfolgversprechende Lösung besteht darin, den Würgegriff des Automobils abzuschütteln oder in großem Maßstab auf Elektrofahrzeuge umzusteigen.

Moderne Ökonomien sind jedoch in hohem Ausmaß von der Automobilerzeugung und deren Zulieferindustrien abhängig (siehe Kapitel 16 „Die Globalisierung des sozialen Lebens"). Um eine saubere und gesündere Umwelt zu schaffen, wären wesentliche soziale Veränderungen erforderlich. Der Zusammenhang zwischen Luftverschmutzung und dem Auto ist nur ein Punkt auf einer langen Liste von Umweltproblemen. Es wurde angemerkt, daß „dem zerbrechlichen Rahmenwerk der Biosphäre in den letzten vierzig Jahren, seit die globale Entwicklung wirklich begonnen hat, mehr Schaden zugefügt wurde als in den zwei oder drei Millionen Jahren davor ..." (Goldsmith, 1988, S. 10).

Ross Hume Hall vertritt die Ansicht, daß das Gesundheitswesen auf den Umweltschutz abgestimmt werden sollte:

> Auf der einen Seite haben wir die Umweltschützer, die den Niedergang der Ökologie unserer Erde im Detail beschreiben; auf der anderen Seite haben wir die Gesundheitsbehörden, die diesen Niedergang nicht zur Kenntnis nehmen ... [derzeit] identifizieren wir eine Gesundheitsbedrohung und eine damit verbundene Reparaturmaßnahme ... Das Gegenteil dieses

Ansatzes, die präventive Methode, befaßt sich weniger damit, auf den Nachweis spezifischer Anhaltspunkte für Zusammenhänge zwischen Ursache und Wirkung zu warten. Wir sagen einfach: Wir wissen nicht genau, welche Auswirkungen die Umwelteinflüsse auf die Gesundheit haben, und deshalb deponieren wir z. B. keinen toxischen Müll und zerstören keine Ökosysteme – Punktum. (Hall, 1990, S. 183)

Alter und Alterung im Westen

Demographische Tendenzen

Die weiter oben erörterten Bevölkerungstrends haben bewirkt, daß der Anteil der älteren Menschen an der Bevölkerung der Industrieländer stark zugenommen hat. (siehe Tabelle 18.1). Gleichzeitig jedoch ist die soziale Stellung der älteren Menschen in den modernen Gesellschaften viel unsicherer geworden, als dies in vielen früheren Kulturen der Fall war, wo ein hohes Alter oft Ansehen, Reichtum und Macht mit sich brachte. Die älteren Menschen hatten normalerweise nicht nur eine sichere Position in der Gemeinschaft, sondern behielten auch wichtige Pflichten innerhalb der Familie. Davon ist jedoch in unseren modernen Gesellschaften nicht mehr viel zu erkennen (Riley, 1987).

Das Durchschnittsalter der Briten ist mehr als eineinhalb Jahrhunderte hindurch gestiegen. Um 1800 betrug das Durchschnittsalter (der Median) der Bevölkerung wahrscheinlich nur sechzehn Jahre. Am Anfang des 20. Jahrhunderts war es auf dreiundzwanzig gestiegen. 1970 betrug es achtundzwanzig und heute liegt es bereits über dreißig. Das Durchschnittsalter der Bevölkerung wird noch eine Zeit lang weiter ansteigen, sofern sich die gegenwärtigen demographischen Trends nicht wesentlich verändern. Im Jahr 2000 wird es wahrscheinlich fünfunddreißig betragen, und bis zum Jahr 2030 könnte es sogar auf siebenunddreißig ansteigen. Bis dahin könnte der Anteil der über Fünfundsechzigjährigen in der Bevölkerung auf bis zu elf Millionen anwachsen. Auch die Anzahl der sehr Alten ist beträchtlich angestiegen. Einigen Schätzungen zufolge wird der Anteil der über Fünfundachtzigjährigen im Jahr 2000 60 Prozent über dem heutigen Wert liegen und über 1,5 Prozent der Gesamtbevölkerung ausmachen.

Tabelle 18.1 Prozentsatz der Bevölkerung über 65 in verschiedenen Ländern, 1980 und Prognose

	1980	2010	2030
Kanada	9,51	14,61	22,39
Frankreich	13,96	16,26	21,76
Deutschland	15,51	20,35	25,82
Italien	13,45	17,28	21,92
Japan	9,10	18,62	19,97
Großbritannien	14,87	14,61	19,24
USA	11,29	12,79	19,49

Quelle: OECD, „Ageing populations: the social policy implications", *Demographic Change and Public Policy*, 1988.

Bevölkerung, Gesundheit und Alterung 649

Die Zunahme des Anteils der älteren Menschen an der Bevölkerung ist auf zwei Hauptgründe zurückzuführen. Einerseits leben die Menschen heute im Durchschnitt länger als früher. Die durchschnittliche Lebenserwartung der Einjährigen hat seit 1900 bei den Frauen um vierzehn Jahre und bei den Männern um zwölf Jahre zugenommen. Zweitens macht sich der Babyboom bemerkbar; er hat eine vergrößerte Generation hervorgebracht, die sich nun „ihren Weg durch die Bevölkerungsstruktur bahnt".

Was ist „Alter"?

Die Definition des Begriffs *Alter* durch die Anzahl von Lebensjahren ist ebenso eine Erfindung unserer modernen Zeit wie die *Kindheit* (siehe Kapitel 3 „Sozialisation und Lebenszyklus"). Das Alter wurde in der Vergangenheit eher mit Veränderungen des Aussehens und der körperlichen Fähigkeiten in Verbindung gebracht als mit dem in Jahren gemessenen Alter eines Menschen, das im allgemeinen ohnehin nicht bekannt war. Heute hat der Begriff des Alters eine rechtliche Definition, die sich auf jenes Alter bezieht, in dem sich die meisten Menschen zur Ruhe setzen und bestimmte Arten von Sozialleistungen, wie z. B. Renten, beanspruchen können.

Verrentung

Die Grenzen für die Erreichung des Rentenalters unterscheiden sich von Land zu Land und auch innerhalb einzelner Staaten. Noch vor einem halben Jahrhundert zog man sich in Großbritannien erst aus dem Arbeitsleben zurück, wenn man erkrankte oder wenn die körperliche Leistungsfähigkeit stark nachließ. Noch in den späten zwanziger Jahren war über die Hälfte aller Männer über fünfundsechzig erwerbstätig. Dieses Phänomen ist heute paradoxerweise nur mehr an der Spitze der beruflichen Pyramide anzutreffen: Führende Persönlichkeiten aus der Politik, dem Rechtswesen, der Kunst und einigen wenigen anderen Bereichen bleiben oft bis ins hohe Alter aktiv.

Bis 1992 lag das Rentenalter für die meisten Männer in Großbritannien bei fünfundsechzig, während es für Frauen sechzig betrug (obwohl Frauen normalerweise mehrere Jahre länger leben als Männer). Die geplante Gesetzesnovellierung wird das Alter, in dem sowohl Männer als auch Frauen in Rente gehen müssen, auf fünfundsechzig festsetzen; wer dies möchte, wird jedoch bereits mit sechzig Jahren in Rente gehen können. In den Vereinigten Staaten wurde das fixe Rentenalter vor kurzem völlig abgeschafft. Die meisten europäischen Länder hingegen haben sich in die entgegengesetzte Richtung bewegt und Maßnahmen getroffen, um das Alter, in dem sich die Arbeitnehmer aus dem Berufsleben zurückziehen müssen, herabzusetzen. Manche europäische Länder verpflichten Regierungsangestellte und Arbeitnehmer in der Industrie, bereits mit sechzig Jahren in Rente zu gehen; dies kommt jedoch bei Frauen häufiger vor als bei Männern. In vielen Ländern ist diese Vorgangsweise jetzt aufgrund der gesetzlich verankerten Gleichberechtigung nicht mehr zulässig.

Die Verrentung bringt für die Betroffenen und oft für ganze Haushalte soziale, wirtschaftliche und psychologische Probleme mit sich. Sie stellt auch für jene, die ihre neue Freizeit als willkommene Chance zu nutzen wissen, eine bedeutende Umstellung dar (Parnes, 1985). Mit der Verrentung verringert sich praktisch immer das Einkommen. Das Durchschnittseinkommen von Familien, in denen zumindest ein Mitglied fünfundsechzig oder mehr Jahre alt ist, liegt kaum über der Hälfte des Durchschnittseinkommens der gesamten Bevölkerung. Da die über Fünfundsechzigjährigen heute einen so großen Anteil der Bevölkerung darstellen, gibt es natürlich auch zwischen ihnen große Einkommensunterschiede. Viele ältere Menschen (15 Prozent der über Fünfundsechzigjährigen) müssen ein eher ärmliches Dasein fristen, weil die staatlichen Altersrenten kaum Luxus erlauben. Alleinstehende Frauen sind im Durchschnitt am ärmsten.

Die sozialen und psychologischen Folgen der Verrentung unterscheiden sich je nach den Berufserfahrungen und dem Lebensstandard der Betroffenen. In einer arbeitszentrierten Gesellschaft bedeutet die Verrentung häufig einen Statusverlust, und auch das Fehlen jener Routine, die vielfach mehr als ein halbes Jahrhundert lang das Leben eines Menschen geprägt hat, hinterläßt eine nur schwer schließbare Lücke. Aufgrund der Geschwindigkeit der technischen und sonstigen Veränderungen erfüllen das Wissen und die Fertigkeiten, die im Laufe eines ganzen Lebens zusammengetragen wurden, die Jugend nicht mehr mit jenem Respekt, der ihnen in den meisten traditionellen Kulturen noch gezollt wurde.

Ältere Menschen ziehen sich heute früher aus der ganztägigen Erwerbstätigkeit zurück als in der Vergangenheit. Bis Mitte der siebziger Jahre waren noch etwa 90 Prozent der Männer im Alter von 60 Jahren ganztags beschäftigt. Im Jahr 1992 betrug dieser Anteil nur noch 50 Prozent (*Economist*, 26. Februar 1992). Bei den Frauen ist das Bild komplexer, die Tendenz scheint jedoch grundsätzlich in die gleiche Richtung zu gehen. Diese Veränderungen spiegeln teilweise den Entschluß wider, relativ früh aus der Erwerbstätigkeit auszuscheiden, um sich anderen Tätigkeiten widmen zu können. Außerdem schicken die Betriebe ihre Mitarbeiter gerne früher in die Pension, um durch „natürlichen Abgang" Personalkosteneinsparungen zu erzielen; zusätzlich verringern sich so die Kosten für jene höheren Pensionen, die zur Auszahlung gelangen, wenn Arbeitnehmer sich erst in höherem Alter pensionieren lassen.

Das Alter geht oft mit dem Abbruch von Beziehungen einher. Die Verrentung bedeutet nicht nur den Verlust des Arbeitsplatzes, sondern führt auch dazu, daß der Kontakt zu den ehemaligen Arbeitskollegen abreißt. Die Kinder haben normalerweise eigene Haushalte, und die Beziehungen zu Verwandten und Freunden enden oft durch Todesfälle oder schlafen ein, weil große geographische Entfernungen zu überwinden wären, ältere Menschen jedoch für gewöhnlich weniger reisen als junge. In Großbritannien ist der Anteil von alleinstehenden, über fünfundsechzigjährigen Frauen wesentlich größer als der Anteil alleinstehender Frauen in der Altersgruppe zwischen fünfundvierzig und vierundsechzig (1985: 32 Prozent verglichen mit 15 Prozent). Der Anteil von über fünfundsechzigjährigen alleinstehenden Männern ist mit 8 Prozent hingegen sogar etwas niedriger als der entsprechende Anteil der Altersgruppe zwischen fünfundvierzig und vierundsechzig (9 Prozent). Ältere Menschen leiden stark unter der Angst vor Gewalttaten, was unter Umständen ihre Aktivitäten – besonders im städtischen Raum – einschränkt.

Die soziale Situation älterer Frauen ist oft problematischer als jene der Männer. Es ist statistisch gesehen für einen verwitweten oder geschiedenen Mann leichter, eine neue Lebensgefährtin oder Ehefrau zu finden, als für eine Frau einen neuen Partner zu finden, weil Frauen länger leben, und es deshalb mehr ältere Frauen gibt. Außerdem ist die Gesellschaft immer noch eher bereit, einen Mann zu tolerieren, der eine Beziehung zu einer wesentlich jüngeren Frau unterhält oder sie sogar heiratet als umgekehrt.

Die physischen Auswirkungen der Alterung

Das Alter kann als solches nicht mit Krankheit oder körperlichem Versagen gleichgesetzt werden, obwohl sich mit fortschreitendem Alter häufig auch zunehmende Gesundheitsprobleme einstellen. Die Biologen haben erst in den letzten zwanzig Jahren systematisch versucht, eine Unterscheidung zwischen den körperlichen Auswirkungen der Alterung und krankheitsbedingten Veränderungen zu treffen. Derzeit herrscht noch Uneinigkeit darüber, bis zu welchem Grad sich der Körper mit fortschreitendem Alter unvermeidlich „abnutzt". Außerdem sind die Auswirkungen der sozialen und wirtschaftlichen Einbußen nur schwer von jenen des körperlichen Verfalls zu trennen. Der Verlust von Verwandten und Freunden, die Trennung von den Kindern, die unter Umständen woanders hingezogen sind, und auch der Verlust der Arbeit können einen gesundheitlichen Tribut fordern. Obwohl viele über Fünfundsechzigjährige angeben, noch beinahe ganz gesund zu sein, meint ein großer Anteil der Menschen in dieser Altersgruppe einer amerikanischen Studie zufolge, daß ihre Hauptprobleme „gesundheitliche Probleme" und „unzureichende medizinische Betreuung" seien (Kart, 1985).

Die Zukunft

In einer Gesellschaft, die großen Wert auf Jugend, Vitalität und körperliche Attraktivität legt, neigen ältere Menschen dazu, „unsichtbar" zu werden. In den letzten Jahren jedoch hat sich die Haltung gegenüber dem Alter in mancherlei Hinsicht gewandelt. Ältere Menschen haben zwar wenig Aussicht, die volle Autorität und das Ansehen zurückzugewinnen, das den „Ältesten" der Gemeinschaft in vergangenen Zeiten zustand. Doch während ihr Anteil an der Bevölkerung zunimmt, wächst auch der politische Einfluß der älteren Menschen. In den USA sind sie heute bereits eine mächtige politische Lobby geworden, und auch in Großbritannien zeichnen sich derartige Tendenzen ab.

Außerdem haben Akivistengruppen begonnen, gegen das Phänomen des **„ageism"** zu kämpfen, indem sie versuchen, eine positive Einstellung gegenüber dem Alter und den älteren Menschen herbeizuführen. Unter „ageism" versteht man die Diskriminierung von Menschen aufgrund ihres Alters; es handelt sich also um eine Ideologie wie Sexismus und Rassismus. Über alte Menschen existieren ebensoviele falsche Klischeevorstellungen wie in anderen mit Vorurteilen behafteten Bereichen. So wird z. B. oft angenommen, daß die meisten der über Fünfundsechzigjährigen in Krankenhäusern oder Altersheimen lebten, daß ein großer Prozentsatz von ihnen senil sei oder daß ältere Arbeitnehmer über geringere Fähigkeiten verfügten als jüngere. All diese Annahmen sind jedoch unzutreffend. 95 Prozent der über Fünfundsechzigjährigen in Großbritannien leben in privaten Unterkünften; nur etwa 7 Prozent der Fünfundsechzig- bis Achtzigjährigen weisen altersbedingte Degenerationssymptome auf; und die Produktivität und die Anwesenheitszeiten der über sechzigjährigen Erwerbstätigen sind jenen der jüngeren Altersgruppen im Durchschnitt überlegen (Atchley, 1985).

In ihrem Buch *Life After Work*, das den Untertitel *The Arrival of the Ageless Society* trägt, schreiben Michael Young und Tom Schuller (1991), das Alter sei ein Mittel der Unterdrückung geworden, das dazu diene, Menschen in fixe, stereotype Rollen zu zwängen. Viele der Betroffenen jedoch lehnen sich aktiv gegen eine solche Behandlung auf und erforschen neue Tätigkeitsbereiche und Arten der Selbstverwirklichung. Sie stellen das, was Young und Schuller als „altersblockierte Gesellschaft" bezeichnen, in Frage. In den modernen Gesellschaften wird man eher aufgrund seines Alters als aufgrund seiner Eigenschaften, Aktivitäten und Identitäten entweder den Jungen oder den Alten zugezählt. Die beiden Gruppen sollten, so Young und Schuller, ein Bündnis eingehen, um sich den altersspezifischen Mechanismen der sozialen Kontrolle zu entziehen und eine alterslose Gesellschaft zu schaffen. Sie könnten nicht nur Pioniere im Hinblick auf ihre eigene soziale Stellung sein, sondern auch für die Mehrheit der erwerbstätigen Bevölkerung. Aus einer Position heraus, die Parallelen zu jener von André Gorz aufweist (siehe Kapitel 15 „Arbeit und Wirtschaftsleben"), argumentieren Young und Schuller, daß die Jungen und die Alten dazu beitragen könnten, die moderne Gesellschaftsordnung aus der Tretmühle des Konsumfetischismus zu befreien.

Mehr und mehr Menschen, so behaupten sie und zitieren dabei Virginia Woolf, könnten von den Zwängen der Arbeit befreit werden: „Immer Arbeit tun, die man nicht tun möchte, und sie tun wie ein Sklave, schmeichelnd und kriechend." Sie könnten ihre besonderen Talente und Anliegen entwickeln, wie Virginia Woolf es auf spektakuläre Art und Weise tat. Ihr literarisches Talent – „klein, aber dem Besitzer teuer" – so meinte sie, würde andernfalls „verderben und damit auch ich selbst, meine Seele ... wie Rost, der das Blühen des Frühlings zerfrißt."

Zusammenfassung

1 Das Bevölkerungswachstum ist eines der wichtigsten globalen Probleme, mit denen sich die Menschheit derzeit konfrontiert sieht. Ungefähr ein Viertel der Weltbevölkerung leidet an Unterernährung, und jedes Jahr verhungern mehr als zehn Millionen Menschen. Dieses Elend konzentriert sich auf die Länder der Dritten Welt.

2 Das Studium der Bevölkerung nennt man *Demographie*. Ein Großteil der demographischen Arbeit ist statistischer Natur; die Demographen versuchen jedoch auch zu erklären, aus welchen Gründen die Bevölkerungsstrukturen ihre jeweilige Form annehmen. Die wichtigsten Begriffe der Bevölkerungsanalyse sind *Geburtenraten, Sterberaten, Fruchbarkeit* und *Reproduktionsfähigkeit*.

3 Die Veränderungen der Bevölkerungsstrukturen, die in den industrialisierten Gesellschaften vor sich gegangen sind, werden normalerweise als Prozeß des *demogra-*

phischen Übergangs analysiert. Vor der Industrialisierung waren sowohl die Geburtenraten als auch die Sterberaten hoch. Während der Anfänge des Industriezeitalters kam es zu einem Bevölkerungswachstum, weil die Sterberaten schneller abnahmen als die Geburtenraten. Schließlich stellte sich ein neues Gleichgewicht ein, bei dem einander niedrige Geburtenraten und niedrige Sterberaten gegenüberstehen.

4 Die Ressourcen der Erde sind begrenzt, auch wenn sich die Schranken der Produktion angesichts der technologischen Entwicklungen ständig verändern. Der Energieverbrauch und der Verbrauch von Rohstoffen und anderen Gütern sind in den westlichen Ländern wesentlich höher als in anderen Teilen der Erde; diese Verbrauchsniveaus hängen vom Transfer von Ressourcen aus weniger entwickelten Regionen in die Industrienationen ab. Bei einer gleichmäßigen Verteilung der Ressourcen hingegen würde der Lebensstandard im Westen beträchtlich sinken.

5 Demographische Fragen sind eng mit dem Problembereich „Gesundheit und Krankheit" verbunden. Alle Kulturen haben Begriffe körperlicher Gesundheit und Krankheit. Das jedoch, was wir heute unter „Medizin" verstehen, ist großteils relativ jungen Ursprungs, wie z. B. Krankenhäuser und der Einsatz von Wissenschaft und Technologie in der medizinischen Behandlung.

6 Die Anfälligkeit gegenüber den häufigsten Krankheiten wird in den modernen Gesellschaften stark vom sozioökonomischen Status beeinflußt. Menschen aus wohlhabenderen Gesellschaftsschichten sind häufiger gesünder, größer und stärker und leben meist länger als jene aus ärmeren Gesellschaftsschichten.

7 Die Verrentung wirft für den Betroffenen (und oft für ganze Haushalte) soziale, wirtschaftliche und psychologische Probleme auf. Für die meisten stellt die Verrentung einen markanten Übergang dar, der normalerweise mit einer Einkommensverringerung und oft auch mit einer Veränderung der gesellschaftlichen Stellung einhergeht. Sie kann zu Einsamkeit und Orientierungslosigkeit führen, zumal die Betroffenen einen Großteil ihrer alltäglichen Routinen neu organisieren müssen.

8 In den letzten Jahren haben die älteren Menschen, die jetzt einen großen Anteil der Bevölkerung der Industrieländer ausmachen, begonnen, auf eine stärkere Berücksichtigung ihrer spezifischen Interessen und Bedürfnisse zu drängen. Ein wichtiger Aspekt dieser Entwicklung ist der Kampf gegen das Phänomen des „ageism" (Diskriminierung von Menschen aufgrund ihres Alters).

Grundbegriffe

rohe Geburtenrate
Fruchtbarkeit

rohe Sterberate
demographischer Übergang

Wichtige Fachausdrücke

Demographie
Reproduktionsfähigkeit
Säuglingssterblichkeitsrate
Lebenserwartung
Lebensdauer
exponentielles Wachstum

Verdoppelungszeit
Malthusianismus
öffentliches Gesundheitswesen
private medizinische Einrichtungen
„ageism"

Weiterführende Literatur

David Coleman, *The British Population* (Oxford: Oxford University Press, 1992) – ein umfassender Überblick über die gegenwärtigen demographischen Tendenzen in Großbritannien.

Jonathan Gabe, Michael Calnan and Michael Bury, *The Sociology of the Health Service* (London: Routledge, 1991) – eine Reihe soziologischer Abhandlungen über die gegenwärtigen Entwicklungen in der Gesundheitspolitik.

Ross Hume Hall, *Health and the Global Environment* (Cambridge: Polity, 1990) – ein Plädoyer für eine umfassende Neuorientierung des Gesundheitswesens unter besonderer Betonung von Prävention und Umweltschutz.

Reiner Klingholz, *Wahnsinn Wachstum. Wieviel Mensch erträgt die Erde* (Hamburg 1994: Gruner & Jahr Verlag, 1994) – aktuelle Analysen und Reportagen über Bevölkerungswachstum, die Situation von Frauen und exzessiven Ressourcenverbrauch.

Nafis Sadik, *Weltbevölkerungsbericht 1994* (Bonn: UNO Verlag, 1994) – leicht lesbare Zusammenschau anläßlich der Weltbevölkerungskonferenz in Kairo (der Weltbevölkerungsbericht erscheint jährlich mit wechselnden Themenschwerpunkten).

Michael Young and Tom Schuller; *Life after Work: The Arrival of the Ageless Society* (London: Harper Collins, 1990) – eine anregende Diskussion der Rolle älterer Menschen in modernen Gesellschaften.

Kapitel 19

Revolution und soziale Bewegungen

Definition des Begriffs „Revolution"

Die Revolutionen des 20. Jahrhunderts
  Die Russische Revolution
  Die Revolution in China

Theorien der Revolution
  Marx' Theorie
  Chalmers Johnson: Revolution als „Ungleichgewicht"
  Bewertung
  James Davies: Warum kommt es zu Revolutionen?
  Bewertung
  Charles Tillys Protesttheorie
  Bewertung

Die Folgen der Revolutionen
  Kurzfristige Konsequenzen
  Ein Vergleich zwischen China und Indien

1989: Die Revolutionen in Osteuropa
  Bewegungen und Übergänge
  Veränderungen und ihre Ursprünge

Aufstand, Aufruhr und andere Arten kollektiver Aktion
  Le Bons Theorie der Masse
  Rationale Aspekte der Massenaktion

Soziale Bewegungen
  Definition
  Die Klassifizierung sozialer Bewegungen
  Theorien der sozialen Bewegungen
  Neil Smelser: Sechs Vorbedingungen für soziale Bewegungen
  Kommentar
  Alain Touraine: Historizität
  Kommentar
  Soziale Bewegungen und die Soziologie

Zusammenfassung

Grundbegriffe

Wichtige Fachausdrücke

Weiterführende Literatur

In den letzten zwei oder drei Jahrhunderten haben Revolutionen einige der nachhaltigsten sozialen Umwälzungen der Weltgeschichte herbeigeführt; im 18. Jahrhundert waren die wichtigsten davon die Amerikanische Revolution (1776) und die Französische Revolution (1789). Manche der Ideen der damaligen Revolutionsführer sollten später einen nachhaltigen Einfluß ausüben. Die Ideale der Freiheit, der Bürgerrechte und der Gleichheit, in deren Namen die beiden Revolutionen stattfanden, wurden zu grundlegenden politischen Werten der Moderne. Die Verkündung dieser Werte als Ziele – und die Überzeugung, man könne sie durch Massenaktionen erreichen – waren eine grundlegende historische Neuerung. In früheren Zeiten hatten nur die idealistischsten Träumer zu behaupten gewagt, daß es eine soziale Ordnung geben könne, die jedem die Möglichkeit zur politischen Mitbestimmung einräumt.

Der Ausdruck **Revolution** wurde ungefähr von derselben Zeit an in seiner modernen Bedeutung verwendet wie das Wort *Demokratie*. Bis der Erfolg der amerikanischen und französischen Umwälzungsbewegungen deutlich machte, daß die Welt an der Schwelle zu etwas ganz Neuem stand, wurde er nicht sehr häufig verwendet. Alexis de Toqueville, jener europäische Beobachter, der die damaligen Entwicklungen in den Vereinigten Staaten und Frankreich besser als jeder andere verstand, schrieb 1856: „Was den Fürsten und Staatsmännern Europas als ein gewöhnliches Ereignis im Leben der Völker erschienen war, dünkt sie nun etwas so Neues, allem bis dahin in der Welt Geschehen so Entgegengesetztes und gleichwohl so Allgemeines, so Ungeheures, so Unbegreifliches, daß bei seinem Anblick der menschliche Geist sich keinen Rat weiß" (Tocqueville, 1959, S. 16).

Zu jener Zeit enthielt das Wort „Revolution" immer noch einen großen Teil seiner vorherigen Bedeutung, nämlich „sich in einem Kreis bewegen" (d. h. jener Bedeutung, die unter anderem im Englischen heute noch vorhanden ist, wo z. B. die Umdrehungen eines Rades als *revolutions* bezeichnet werden). Die französischen und amerikanischen Revolutionsführer meinten nämlich, den Weltenlauf zu einer natürlichen Ordnung der Dinge „zurückzudrehen". Sie erklärten, daß alle Menschen frei und gleich geboren wären, jedoch durch Könige und andere selbsternannte Autoritäten unterjocht worden seien. Die Revolution sei das Mittel, die Menschen zu ihrem glücklichen, natürlichen Zustand zurückzuführen. In mancherlei Hinsicht war deshalb das wirklich Neue an der Amerikanischen und Französischen Revolution nicht einmal jenen offenbar, die selbst den größten Beitrag dazu geleistet hatten.

Als immer deutlicher wurde, daß zumindest einige der von der Revolution bewirkten Veränderungen von Dauer waren, und sich der Einfluß jener Ideale, für die die Revolutionäre gekämpft hatten, verbreitete, verstand man unter dem Begriff „Revolution" in zunehmendem Maße Massenaktivitäten, die auf grundlegende soziale Veränderungen abzielen (Abrams, 1982). Obwohl einige spätere Revolutionen danach trachteten, die Gesellschaft wieder auf eine frühere Form zurückzuführen (wie dies bei der Islamischen Revolution im zeitgenössischen Iran der Fall ist), wird „Revolution" seither überwiegend mit *Fortschritt* assoziiert und als Bruch mit der Vergangenheit verstanden, der eine neue Ordnung für die Zukunft ermöglichen soll (Arendt, 1963).

Was ist eine Revolution? Welche sozialen Bedingungen führen zu revolutionären Umwälzungen? Wie kann man Protestbewegungen oder Rebellionen am besten analysieren? Dies sind die Hauptfragen, die im vorliegenden Kapitel erörtert werden. Zuvor jedoch müssen einige Begriffe definiert werden. Es ist nicht möglich, das Phänomen der Revolution im allgemeinen zu verstehen, ohne über jene Bedingungen Bescheid zu wissen, unter denen die bedeutendsten Prozesse des revolutionären Wandels stattgefunden haben. Deshalb werden wir im Detail auf zwei Revolutionen eingehen, bevor die Versuche verschiedener Denker, allgemeingültige Aussagen über radikalen politischen Wandel und die Auswirkungen sozialer Bewegungen zu treffen, diskutiert werden.

Definition des Begriffs „Revolution"

Zunächst müssen wir den Begriff der Revolution so genau wie möglich definieren. Dieser Begriff wird in der Alltagssprache sehr unterschiedlich verwendet. Ein **Staatsstreich**, bei dem lediglich die bestehende politische Führung durch eine neue abgelöst wird, und der keine Veränderungen der politischen Institutionen und des Machtsystems mit sich bringt, wäre beispielsweise keine Revolution im soziologischen Sinn. Damit eine Abfolge von Ereignissen eine Revolution darstellt, müssen verschiedene Merkmale vorliegen:

1 Eine Reihe von Ereignissen ist keine Revolution, wenn sie nicht mit einer *sozialen Massenbewegung* einhergeht. Durch diese Bedingung werden Fälle ausgeschlossen, in denen entweder eine Partei durch Wahlen an die Macht gelangt oder eine kleine Gruppe, wie etwa führende Militärs, die Macht an sich reißt.
2 Eine Revolution führt zu *bedeutenden Reform- oder Wandlungsprozessen* (Skocpol, 1979, S. 4f.). John Dunn zufolge bedeutet dies, daß die neuen Machthaber tatsächlich imstande sein müssen, die Gesellschaft, über die sie die Herrschaft erlangt haben, besser zu regieren als ihre Vorgänger. Die Führung müsse in der Lage sein, zumindest einige ihrer Ziele zu erreichen (Dunn, 1974). Wenn in einer Gesellschaft eine Bewegung formell an die Macht gelangt, dann jedoch nicht in der Lage ist, wirksam zu regieren, kann man nicht von einer Revolution sprechen; in diesem Fall handelt es sich wohl eher um eine Gesellschaft, die im Chaos versinkt oder vom Zerfall bedroht ist.
3 Eine Revolution setzt die *Androhung oder Anwendung von Gewalt* seitens der Teilnehmer der Massenbewegung voraus. Revolutionen sind politische Veränderungen, die gegen den Widerstand der bestehenden Führung durchgesetzt werden, wobei letztere nur durch die Androhung oder tatsächliche Anwendung von Gewalt dazu gebracht werden kann, auf ihren Machtanspruch zu verzichten.

Wenn wir diese drei Kriterien miteinander verbinden, können wir Revolution als gewaltsame Machtergreifung durch die Anführer einer Massenbewegung definieren, wobei diese Macht in der Folge dazu benutzt wird, umfangreiche soziale Reformprozesse einzuleiten.

Revolutionen unterscheiden sich von bewaffneten **Rebellionen**, die zwar mit der Androhung oder Anwendung von Gewalt einhergehen, jedoch keine nennenswerten Veränderungen herbeiführen. Bis vor etwa dreihundert Jahren waren die meisten Aufstände eher Rebellionen als Revolutionen. Im mittelalterlichen Europa beispielsweise erhoben sich manchmal Leibeigene oder Bauern, um gegen Maßnahmen ihrer Herren zu protestieren (Scott, 1986; Zagorin, 1982). Ihr Ziel bestand jedoch beinahe immer darin, sich eine bessere Behandlung zu sichern oder einen besonders tyrannischen Grundherrn durch einen milderen zu ersetzen. Der Gedanke an Aktionen zur radikalen Veränderung der bestehenden politischen Struktur der Gesellschaft war damals praktisch unbekannt.

Die Revolutionen des 20. Jahrhunderts

Bis zu den Ereignissen in Osteuropa im Jahr 1989 hatten sich beinahe alle Revolutionen des 20. Jahrhunderts in Entwicklungsländern und nicht in den Industriestaaten ereignet. Die Revolutionen mit den weitreichendsten Konsequenzen für die ganze Welt waren die Russische Revolution von 1917 und die Chinesische Revolution von 1949. Beide ereigneten sich in überwiegend ländlichen, bäuerlichen Gesellschaften, obwohl die Sowjetunion später eine hohen Grad der Industrialisierung erreichte. Auch viele Länder der Dritten Welt haben in unserem Jahrhundert Revolutionen erlebt, z. B. Mexiko, die Türkei, Ägypten, Vietnam, Kuba und Nicaragua.

Die Russische Revolution

Vor 1917 war Rußland eine wirtschaftlich rückständige Gesellschaft, die von den Zaren autokratisch regiert wurde. Während der Großteil der Landbevölkerung ein ärmliches Leben fristete, wies die Zarenherrschaft alle Merkmale einer Diktatur auf; sie stützte sich auf eine starke Geheimpolizei und ein weitgespanntes Netz von Informanten, die verhindern sollten, daß Dissidenten Einfluß erlangten. Die Leibeigenschaft (oder Sklaverei) wurde in Rußland erst nach 1860 abgeschafft. Die Entscheidung der Regierung, den Leibeigenen die Freiheit zu schenken, war Teil eines Versuchs, eine Gesellschaft zu modernisieren, die militärisch mit den führenden europäischen Mächten nicht mehr Schritt halten konnte. Rußland verlor den Krimkrieg von 1854 – 1855 und auch den Krieg von 1904 – 1905 gegen die Japaner. Großteils als Reaktion auf diese Niederlagen wurden Investitionsprogramme zur Förderung der industriellen Entwicklung ins Leben gerufen, die unter anderem den Bau zahlreicher neuer Straßen und Eisenbahnlinien umfaßten. Man erzielte zwar einige wirtschaftliche Erfolge, doch die zaristische Regierung war zu sehr der Tradition verhaftet, um jene tiefgreifenden sozialen Reformen zuzulassen, die zu jener Zeit in den europäischen Ländern stattfanden.

Die russische Gesellschaft stand 1905 bereits unter beträchtlichem Druck. Die Anfänge der raschen Industrialisierung hatten zur Entwicklung einer Klasse von Industriearbeitern geführt, deren Lebensbedingungen manchmal ebenso schlecht waren wie die der meisten Bauern. Die Industriearbeiter wurden an der Organisation schlagkräftiger Gewerkschaften gehindert und von der politischen Mitsprache völlig ausgeschlossen und standen deshalb der Regierung immer feindseliger gegenüber. In Teilen der Bauernschaft war die Haltung gegenüber den Zaren schon seit wesentlich längerer Zeit immer ablehnender geworden. Während des Russisch–Japanischen Kriegs von 1904–1905 kam es unter der Führung von Fabriksarbeitern und Angehörigen der Streitkräfte, die vom Verlauf des Krieges enttäuscht waren, zu einem Aufstand. Dieser konnte nur niedergeschlagen werden, indem die Regierung schnell Frieden mit den Japanern schloß, die aufständischen Truppen zur Räson brachte und gegen die Rebellen einsetzte. Zar Nikolaus II. führte einige wenige Reformen durch, wie etwa die Einrichtung eines Parlaments, nahm diese jedoch alle wieder zurück, sobald er seine Macht neuerlich gesichert sah.

Zwischen 1905 und 1907 herrschte unter Industriearbeitern und Bauern beträchtliche Unzufriedenheit, die in zahlreichen Streiks zum Ausdruck kam. Einige davon wurden von den Bolschewiken angeführt, einer von mehreren Parteien, die sich zum Sozialismus oder Marxismus bekannten. Der Einfluß derartiger Parteien nahm in den ersten Jahren des Ersten Weltkriegs (1914–1918), eines Konflikts, in dem Rußland neuerlich schlecht abschnitt und der wegen der großen Zahl von Beteiligten viel ernstere Konsequenzen hatte als frühere Kriege, ständig zu. Rußland hatte in seinen Armeen fünfzehn Millionen Mann, konnte es sich jedoch nicht leisten, diese auch gut genug auszurüsten, um die Deutschen zu besiegen. Mehrere Millionen Männer wurden getötet, verwundet oder gefangengenommen, und auch ein großer Teil der Offiziere fand den Tod.

Engpässe bei Lebensmitteln und Brennstoffen brachten große Entbehrungen für die Zivilbevölkerung mit sich, da die meisten Ressourcen für die Streitkräfte bestimmt waren. Die reicheren Gruppen begannen sich ebenso wie die Armen entschieden gegen die Regierung zu stellen. Der Zar, der an seinem Recht auf absolute Herrschaft festhielt und im Banne seines seltsamen Beraters Rasputin stand, wurde von den anderen Gruppen im Land immer stärker isoliert. Im März 1917 organisierten Arbeiter und Soldaten in St. Petersburg eine Reihe von Streiks und Aufständen, die rasch auf ganz Westrußland übergriffen. Der Zar wurde zum Abdanken gezwungen, und man setzte eine neue provisorische Regierung ein.

Die Armee hatte sich mittlerweile mehr oder weniger aufgelöst, da die meisten Soldaten in ihre Heimatdörfer und –städte zurückgekehrt waren. Die Bauern begannen, das Land der Großgrundbesitzer gewaltsam in Besitz zu nehmen, und die provisorische Regierung war nicht imstande, die anhaltende Unruhe und Gewalttätigkeit unter den Arbeitern und den abgerüsteten Soldaten einzudämmen. Lenin, der Anführer der Bolschewiken, war entschlossen, die Macht zu ergreifen; seine Parole war „Frieden und Brot, Frieden und Land", ein Appell, der sich gleichermaßen an die Arbeiter in den Städten wie an die Bauernschaft richtete. Im Oktober 1917 zwangen die Bolschewiken die provisorische Regierung zum Rücktritt. Die neue Sowjetregierung reorganisierte und remobilisierte die Streitkräfte in der „Roten Armee" und begann, fundamentale soziale Veränderungen durchzuführen, nachdem sie siegreich aus einem erbitterten Bürgerkrieg hervorgegangen war. Der Grundstein einer Gesellschaft, die die zweitstärkste Industrie– und Militärmacht der Erde werden sollte, war gelegt (Carr, 1970).

Die Russische Revolution war in mancherlei Hinsicht ungewöhnlich. Die Aufstände, die den Anfang vom Ende des zaristischen Regimes bedeuteten, waren spontaner und großflächiger als in den meisten anderen Revolutionen des 20. Jahrhunderts. Anfang 1917 ahnten selbst die Bolschewiken nicht, daß innerhalb so kurzer Zeit eine erfolgreiche Revolution über die Bühne gehen würde. Doch der Fall Rußlands birgt einige allgemeine Lektionen über moderne Revolutionen:

1 Viele Revolutionen fanden vor dem Hintergrund eines Krieges statt. Lange Kriege belasten akzeptierte Institutionen, und wenn die Kriegsführung zu wünschen übrig läßt, verliert die Regierung im allgemeinen sehr rasch den Rückhalt bei der Bevölkerung. Wenn auch die Streitkräfte gegenüber einem Regime auf Distanz gehen, verliert dieses das beste Werkzeug zur Unterdrückung seiner Gegner.
2 Die Bauern spielten eine wichtige Rolle. Vor der Russischen Revolution wurden die Bauern vielfach (auch von Lenin) für eine fast ausschließlich konservative Kraft gehalten, die der traditionellen Lebensweise verbunden ist und sich kaum einer Bewegung anschließen würde, die nach radikalen sozialen Veränderungen trachtet. Diese Annahme hat sich als Irrtum erwiesen: Die Bauern waren an der Mehrheit der Revolutionen des 20. Jahrhunderts direkt beteiligt.

Die Revolution in China

China war bis zur Entwicklung der stählernen Passagier- und Frachtschiffe im 19. Jahrhundert vom Westen beinahe gänzlich abgeschnitten. Die historische Kontinuität des chinesischen Kaiserreichs, die mindestens zwei Jahrtausende zurückreichte, blieb bis zur Jahrhundertwende gewahrt. Ein Großteil der chinesischen Gesellschaft behielt die althergebrachten traditionellen Lebensweisen bis zur Revolution von 1949 bei, obwohl in Regierungskreisen einige Modernisierungsschritte gesetzt worden waren.

Während China für jede westliche Macht zu groß war, um kolonialisiert zu werden, unterminierten im 19. Jahrhundert die umfangreichen Handelsaktivitäten der europäischen Staaten die eingesessene chinesische Wirtschaft. Im späten 19. Jahrhundert verschlechterte sich die finanzielle Situation der kaiserlichen Regierung immer mehr, vor allem wegen der ungünstigen Handelsbedingungen, die China aufgezwungen worden waren. Da die Regierung gegenüber ihren europäischen Gläubigern in Zahlungsschwierigkeiten geriet, erhöhte sie die Steuern für die Bauernschaft. Daraufhin häuften sich Unruhen und Bauernaufstände. In vielen Teilen des riesigen Landes, vor allem dort, wo die Zentralmacht immer schon schwach gewesen war, verfuhren lokale Herrscher und Banditen mehr oder weniger nach eigenem Belieben.

Obwohl die Chinesen zutiefst von der Überlegenheit ihrer Zivilisation gegenüber allen anderen überzeugt waren, wurden sie sowohl von den europäischen Staaten als auch von den Japanern immer wieder gedemütigt. China verlor verschiedene Gebiete in Zentral- und Südostasien, die es früher beherrscht hatte, und wurde in aufeinanderfolgenden militärischen Auseinandersetzungen von den Briten, Franzosen und Japanern besiegt.

1911 zwang eine Massenerhebung den Kaiser zum Abdanken. Obgleich die Ereignisse von 1911 und 1912 gelegentlich als „Revolution" bezeichnet werden, brachten sie keine Regierung an die Macht, die imstande gewesen wäre, das Land zu einen und wirksame Reformen durchzuführen. Man gründete eine chinesische Republik, doch auch lokale Militärführer errichteten ihre eigenen Reiche, und einige der Provinzen erklärten ihre Unabhängigkeit. Es folgte ein mehrjähriger Bürgerkrieg, während dessen die Bauern ebenso litten wie jene, die direkt in die Kampfhandlungen verwickelt waren.

Daran schloß sich eine Zeit der relativen Stabilität, in der einer der Kriegsführer, Tschiang Kai–schek, die Herrschaft über einen großen Teil des Landes erlangte und die Mitglieder der Kommunistischen Partei verfolgen und ermorden ließ, wo immer man ihrer nur habhaft werden konnte. Die Kommunisten, die sich zuvor in den Städten etabliert hatten, zogen sich deshalb in abgelegene ländliche Gebiete zurück. An der Spitze der überlebenden Mitglieder der kommunistischen Bewegung versuchte Mao Zedong, Marx' Ideen an die spezifische Situation Chinas anzupassen, wobei er dem Bauernstand als revolutionärer Kraft besondere Bedeutung beimaß. Außerdem war die von Mao angeführte Bewegung stark nationalistisch ausgerichtet; es war eines ihrer Ziele, die chinesische Gesellschaft wiederaufzubauen und gegen Japan und den Einfluß des Westens zu verteidigen.

Die Kommunisten wurden zur wichtigsten Gruppierung, die der japanischen Invasion im Zweiten Weltkrieg – vor allem durch die Anwendung von Guerillataktiken – Widerstand leistete. Die japanische Okkupation versetzte das Land in einen Zustand beinahe vollständiger Auflösung. Nach dem Krieg flammten die Auseinandersetzungen zwischen den Kommunisten und den Anhängern Tschiang Kai–scheks wieder auf, um 1949 schließlich mit dem Sieg für Maos Rote Armee zu enden. Die Reste von Tschiang Kai–scheks Truppen wurden mit Hilfe der amerikanischen Flotte nach Formosa (heute Taiwan) gebracht.

Als die neue Regierung 1949 an die Macht kam, konnte man China kaum eine politische Einheit nennen. Hätten die Kommunisten die nationale Einheit nicht so erfolgreich wiederhergestellt, würde „China", wie wir es heute kennen, möglicherweise gar nicht existieren. Das Land hätte leicht in mehrere Staaten zerfallen können, ein Schicksal, das die meisten traditionellen Großreiche tatsächlich ereilt hatte. (Dort, wo früher einmal das Osmanische Reich war, finden sich heute beispielsweise verschiedene nordafrikanische und Nahoststaaten (Dunn, 1974).) Die kommunistische Regierung konnte sich die Unterstützung einer breiten Basis der Bevölkerung sichern, indem sie den Appell an nationalistische Empfindungen mit einer umfassenden Agrarreform verknüpfte. Drei Jahre nach der Revolution hatte man bereits 45 Prozent der landwirtschaftlich genutzten Flächen der Kontrolle der traditionellen Grundherren entrissen und unter 300 Millionen Bauern aufgeteilt.

Theorien der Revolution

Da in den letzten beiden Jahrhunderten der Weltgeschichte die Revolutionen eine so große Rolle gespielt haben, ist es nicht verwunderlich, daß es eine Vielzahl von

Theorien gibt, die versuchen, das Phänomen der Revolution zu erklären. Manche dieser Theorien wurden sehr früh in der Geschichte der Sozialwissenschaften formuliert; am wichtigsten davon ist der von Marx entwickelte Ansatz. Marx lebte lange bevor die von seinen Ideen inspirierten Revolutionen ausbrachen, doch wollte er ja seine Theorie nicht bloß als Analyse der Bedingungen des revolutionären Wandels verstanden wissen, sondern als Mittel, um einen solchen Wandel herbeizuführen. Ungeachtet ihrer empirischen Gültigkeit hatten Marx' Gedanken immense praktische Auswirkungen auf die sozialen Veränderungen des 20. Jahrhunderts.

Andere einflußreiche Theorien stammen aus wesentlich jüngerer Zeit und sollten sowohl die „ursprünglichen Revolutionen" (wie z. B. die Amerikanische oder die Französische Revolution) als auch spätere Revolutionen erklären. Einige Theorien werfen ihr Netz sogar noch weiter aus und versuchen, revolutionäre Aktivitäten in Verbindung mit anderen Formen von Rebellion oder Protest zu analysieren. Wir werden vier Theorien der Revolution betrachten: die Ansichten von Marx, Chalmers Johnsons Theorie der politischen Gewalt, James Davies' Analyse der Revolution und der steigenden wirtschaftlichen Erwartungen und die Interpretation des kollektiven Protests durch den Sozialhistoriker Charles Tilly.

Marx' Theorie

Marx' Theorie der Revolution beruht auf seiner Interpretation der Menschheitsgeschichte im allgemeinen (siehe auch Kapitel 22 „Die Entwicklung der soziologischen Theorie"). Nach Marx ist die Entwicklung von Gesellschaften von wiederkehrenden Klassenkonflikten gekennzeichnet, die, wenn sie sich zuspitzen, häufig in einem Prozeß der revolutionären Veränderung gipfeln. Klassenkämpfe leiten sich von den **Widersprüchen** – den unlösbaren Spannungen – innerhalb der Gesellschaften ab. Die meisten dieser Widersprüche sind auf wirtschaftliche Veränderungen, auf *den Wandel der Produktionskräfte,* zurückzuführen. In jeder einigermaßen stabilen Gesellschaft herrscht ein Gleichgewicht zwischen der Wirtschaftsstruktur, den sozialen Beziehungen und dem politischen System. Wenn sich die Produktionskräfte wandeln, verschärfen sich die Widersprüche und führen zu offenen Zusammenstößen zwischen den Klassen – und letztendlich zur Revolution.

Marx wendet dieses Modell sowohl auf die vergangene Entwicklung des Feudalismus als auch auf die Entwicklung des industriellen Kapitalismus in der von ihm prognostizierten Form an. Die traditionellen Feudalgesellschaften Europas beruhten auf der landwirtschaftlichen Produktion, wobei die Produktionsleistung von Leibeigenen erbracht wurde, die von einer Klasse von Aristokraten und Landadeligen beherrscht wurden. Wirtschaftliche Veränderungen innerhalb dieser Gesellschaften ließen Städte entstehen, in denen sich Handel und Handwerk entwickelten. Dieses neue, *innerhalb* der Feudalgesellschaft entstandene Wirtschaftssystem bedrohte dessen Grundlagen. Die neuentstehende Wirtschaftsordnung beruhte weniger auf der traditionellen Beziehung zwischen Leibeigenen und deren Herren, sondern ermutigte Industrielle, Güter für den Verkauf auf offenen Märkten zu produzieren. Die Widersprüche zwischen der alten Feudalwirtschaft und der sich herausbildenden kapitalistischen Wirtschaft spitzten sich schließlich zu und gipfelten in gewalttätigen Konflikten zwischen der aufstrebenden Klasse der Kapitalisten und den Feudalherren. Dieser Prozeß führte zu Revolutionen; das wichtigste Beispiel dafür ist die Französische Revolution von 1789. Durch solche Revolutionen und revolutionäre Veränderungen in anderen europäischen Gesellschaften sei es, so Marx, den Kapitalisten gelungen, sich die Vorherrschaft zu sichern.

Die Entwicklung des Kapitalismus jedoch ließ, Marx zufolge, neue Widersprüche entstehen, die schließlich zu einer weiteren Reihe von Revolutionen führen sollten, die von den Idealen des **Sozialismus** oder des **Kommunismus** getragen waren. Der *industrielle Kapitalismus* ist eine Wirtschaftsordnung, die auf dem Profitstreben des einzelnen und dem Wettbewerb auf dem Markt beruht. Dieses System schafft eine Kluft zwischen einer reichen Minderheit, die die industriellen Ressourcen kontrolliert, und einer verarmten Mehrheit von Lohnabhängigen. Arbeiter und Kapitalisten geraten in einen immer heftigeren Konflikt. Arbeiterbewegungen und politische Parteien, die die Masse der arbeitenden Bevölkerung vertreten, stellen schließlich die Herrschaft der Kapitalisten in Frage und stürzen das bestehende politische System. Nach Marx kann der erforderliche Übergang dort, wo die Position einer herrschenden Klasse besonders gefestigt ist, nur durch Gewalt herbeigeführt werden. In anderen Fällen jedoch könne dieser Prozeß friedlich durch parlamentarische Aktionen vor sich gehen – eine *Revolution* (im oben definierten Sinn) sei unter diesen Umständen nicht erforderlich.

Marx erwartete, daß es in einigen westlichen Staaten noch zu seinen Lebzeiten zu Revolutionen kommen würde. Gegen Ende seines Lebens, als er erkannte, daß die erwarteten Revolutionen ausblieben, wandte er seine Aufmerksamkeit anderen Gesellschaften zu – interessanterweise vor allem der russischen. Rußland, so argumentierte er, sei eine wirtschaftlich rückständige Gesellschaft, in der von Westeuropa entlehnte neue Formen von Handel und Handwerk Fuß zu fassen begannen. Er meinte, dies würde wahrscheinlich zu größeren Widersprüchen führen als in den europäischen Ländern, da die Einführung neuartiger Produktionsweisen und Technologien in einer rückständigen Gesellschaft eine hochexplosive Mischung aus alt und neu ergebe. In Übereinstimmung mit russischen Radikalen vertrat Marx die Ansicht, daß diese Umstände in Rußland zu einer Revolution führen könnten, fügte jedoch hinzu, daß diese Revolution nur dann erfolgreich sein würde, wenn sie auch auf andere, westliche Staaten übergreife. Unter diesen Umständen könne eine postrevolutionäre Regierung in Rußland von der höher entwickelten Wirtschaft im übrigen Europa profitieren, um einen raschen Modernisierungsprozeß voranzutreiben.

Chalmers Johnson: Revolution als „Ungleichgewicht"

Marx standen für seine Analysen nur einige wenige Revolutionen zur Verfügung. Wer heute versucht, das Phänomen der Revolution zu verstehen, kann auf eine wesentlich größere Vielfalt historischer Beispiele zurückgreifen. Gleichzeitig kann man heute die Frage, inwieweit Marx' Ideen selbst den revolutionären Wandlungsprozeß beschleunigt haben, in die Analyse einbeziehen.

Chalmers Johnsons Arbeit basiert auf Gedanken von Talcott Parsons (Johnson, 1964, 1971). Nach Parsons sind Gesellschaften *selbstregulierende Systeme*. Ein selbstregulierendes System reagiert auf Veränderungen, indem es seine institutionelle Ordnung anpaßt, damit das Gleichgewicht zwischen den Institutionen gewahrt und das System weiterhin funktionstüchtig bleibt. Am leichtesten läßt sich dieser Gedanke am Beispiel des menschlichen Körpers erklären. Wenn der menschliche Körper sich in funktionstüchtigem Zustand befindet, kann er erfolgreich auf Veränderungen seiner Umwelt reagieren. Wenn die Außentemperatur ansteigt, mobilisiert der Körper bestimmte Mechanismen, z. B. die Schweißdrüsen, um seine Temperatur konstant zu halten. Es kann jedoch vorkommen, daß sich die Bedingungen derart drastisch verändern, daß das gesamte System in Unordnung gerät. Wenn z. B. die Außentemperatur zu stark ansteigt, können die Körpermechanismen die Veränderung nicht mehr bewältigen, und die physiologischen Funktionen werden ernsthaft beeinträchtigt. An diesem Punkt ist der Körper aus dem Gleichgewicht geraten.

Johnsons Theorie zufolge ist eine der Vorbedingungen für den Ausbruch einer Revolution ein **Ungleichgewicht** innerhalb einer Gesellschaft. Ein derartiges Ungleichgewicht, so Johnson, ergibt sich hauptsächlich dadurch, daß die wichtigsten kulturellen Werte und das wirtschaftliche Produktionssystem der Gesellschaft auseinanderdriften. Der Grund für diese Kluft innerhalb der Gesellschaft können entweder interne oder signifikante externe Veränderungen sein, im Normalfall handelt es sich jedoch um eine Kombination aus internen und externen Faktoren. Im China des 19. und des frühen 20. Jahrhunderts beispielsweise gerieten die traditionellen Werte der chinesischen Kultur immer stärker unter den Druck der vom westlichen Handel herbeigeführten wirtschaftlichen Veränderungen. Das alte Produktionssystem, das auf einer Zweiteilung der Produktionsbasis in Grundbesitzer und versklavte Bauernschaft beruhte, begann sich aufzulösen, wodurch es zu einem Ungleichgewicht kam.

Sobald sich ein solches Ungleichgewicht eingestellt hat, so Johnson, verlieren viele Menschen die Orientierung und sind bereit, sich neuen Führern zuzuwenden, die soziale Veränderungen versprechen. Die alten Machthaber verlieren nach und nach die Unterstützung eines immer größeren Teils der Bevölkerung. Dennoch muß an diesem Punkt nicht unweigerlich eine Revolution ausbrechen. Wenn die Machthaber richtig auf die Situation reagieren und Maßnahmen zur Wiederherstellung des Gleichgewichts einleiten, können sie ihren Sturz verhindern. In dieser Situation geschieht es mitunter, daß eine starrsinnige herrschende Elite sich verzweifelt gegen die Änderungsbestrebungen stemmt und alle verfügbaren Streitkräfte einsetzt, um die Urheber der Proteste auszumerzen; nach erfolgreichem militärischen Einschreiten wird vielfach ein Zwangsregime oder „Polizeistaat" errichtet. Um die Opposition auszulöschen und dadurch gleichzeitig die im Entstehen begriffenen Veränderungen wieder rückgängig zu machen, wird mitunter rücksichtslos militärische Gewalt eingesetzt.

Allerdings kann keine Gesellschaft auf Dauer lediglich durch Gewalt regiert werden. Wenn es dem Regime nicht gelingt, den Großteil der Bevölkerung zur Rückkehr zu den traditionellen Gewohnheiten und Haltungen zu bewegen, wird es nicht von Dauer sein. Wenn deutlich zu erkennen ist, daß sich die Gesellschaft in einem Zustand großer Unordnung befindet, nimmt auch die Loyalität der Streitkräfte gegenüber den Herrschenden ab. Dieser Prozeß kann von verschiedenen Faktoren beschleunigt werden. Der wichtigste derartige Faktor ist eine Kriegsniederlage (wie in Rußland vor der Revolution von 1917), die die Armee demoralisiert und schwächt. Zu diesem Zeitpunkt werden in der Gesellschaft entweder Bürgerkrieg und Chaos oder aber eine Revolution ausbrechen. Ein neues Regime kommt an die Macht und leitet Reformen ein, die die Gesellschaft wieder ins Gleichgewicht (in eine neue Art von Gleichgewicht) bringen.

Bewertung

Johnsons Theorie ist klar und umfassend. Was er als „Ungleichgewicht" bezeichnet, ist offensichtlich mit Marx' Begriff des Widerspruchs verwandt. Während nicht evident ist, daß Johnsons Begriff jenem von Marx überlegen ist, scheint die Idee, daß sozialer Wandel zu Verschiebungen führt, die von den bestehenden Institutionen nicht ohne radikale Umstrukturierung bewältigt werden können, durchaus sinnvoll.

Die Brauchbarkeit von Johnsons Theorie wird jedoch ein wenig beeinträchtigt durch die Auffassung, daß Gesellschaften sich normalerweise in einer Art natürlicher Harmonie bzw. in einem natürlichen Gleichgewicht befinden. Dem ist gewiß nicht so: In vielen Gesellschaften, vor allem in der modernen Welt, gibt es viele Gründe für Spannungen oder Konflikte, ohne daß es deswegen zu Revolutionen kommen würde. Außerdem mißt Johnson dem tatsächlich von den Revolutionären vertretenen *Gedankeninhalt* wenig Bedeutung bei. Menschen werden nicht zu Revolutionären, bloß weil ein soziales System Belastungen ausgesetzt ist. Wir können moderne Revolutionen nicht verstehen, ohne jene Auswirkungen in Betracht zu ziehen, die Rufe nach Freiheit, Demokratie und Gleichheit auf Impulse zur Schaffung neuer Formen der sozialen Ordnung haben. Letztlich kann Johnsons Theorie auch kaum eine Erklärung dafür liefern, warum Revolutionen in der modernen Zeit ziemlich häufig geworden sind, zuvor jedoch praktisch unbekannt waren.

James Davies: Warum kommt es zu Revolutionen?

Ein Hinweis darauf, warum Revolutionen relativ häufig geworden sind, stammt von James Davies. Er hebt hervor, daß sich in der Geschichte zahllose Perioden finden, in denen Menschen in äußerster Armut oder extremer Unterdrückung lebten, ohne deshalb zu rebellieren. Ständige Armut und Entbehrung machen Menschen nicht zu Revolutionären, sondern werden eher mit Resignation oder in stummer Verzweiflung erduldet. Zu Revolutionen kommt es eher dann, wenn sich die Lebensbedingungen der Menschen *verbessern*. Sobald der Lebensstandard steigt, steigt auch das Aspirationsniveau der Menschen. Wenn sich dann die Entwicklung umkehrt, entsteht eine Tendenz zu revoltieren, weil gestiegene Erwartungen enttäuscht werden.

Zu sozialen Protesten und letztendlich zu Revolutionen kommt es daher eher in Situationen, in denen eine Verbesserung der Lebensbedingungen zu verzeichnen

'Im Grunde geht es ihnen nur darum, daß sie einen Lebensstil anstreben, der dem Eurer Majestät etwas ähnlicher ist.'

Zeichnung von C. E. Martin; © 1976 The New Yorker Magazine Inc.

ist. Nicht *absolute Deprivation* führt zum Protest, sondern **relative Deprivation** – was zählt, ist die Diskrepanz zwischen dem Leben, das die Menschen führen müssen, und jenen Lebensumständen, die sie für realistischerweise errreichbar halten.

Bewertung

Diese These trägt zum Verständnis des Zusammenhangs zwischen der Revolution und der modernen sozialen und wirtschaftlichen Entwicklung bei. Der Einfluß von Fortschrittsidealen läßt gemeinsam mit den Hoffnungen auf ein Wirtschaftswachstum die Erwartungen steigen, die, wenn sie enttäuscht werden, Proteste auslösen. Solche Proteste werden durch die Verbreitung von Idealen der Gleichheit und der demokratischen Mitbestimmung zusätzlich intensiviert (Davies, 1962; Brinton, 1965).

Wie Charles Tilly hervorgehoben hat, zeigt Davies' Theorie jedoch nicht auf, wie und warum verschiedene Gruppen sich *mobilisieren,* um einen revolutionären Wandel herbeizuführen. Es mag häufig vorkommen, daß steigende Erwartungen Protest auslösen, doch um zu verstehen, wie der Protest sich in revolutionäres Handeln umsetzt, müssen wir jene kollektiven Organisationsprozesse identifizieren, die einer wirksamen Herausforderung des herrschenden Systems vorhergehen.

Charles Tillys Protesttheorie

In *From Mobilization to Revolution* konzentriert sich Charles Tilly auf dieses Thema, indem er versucht, revolutionäre Wandlungsprozesse im Kontext einer weitergefaßten Interpretation von Protest und Gewalt zu analysieren (Tilly, 1978). Er unterscheidet vier Hauptkomponenten der **kollektiven Aktion,** wobei diese als Massenbewegung definiert ist, deren Ziel darin besteht, eine bestehende soziale Ordnung zu bekämpfen oder zu stürzen:

1 Die *Organisation* der beteiligten Gruppe oder Gruppen. Die Organisationsformen der Protestbewegungen sind sehr vielfältig und reichen von der spontanen Ansammlung von Menschenmassen bis zu straff durchorganisierten revolutionären Gruppen. Die von Mao in China angeführte Bewegung begann z. B. als kleine Guerillagruppe.
2 **Mobilisierung**. Darunter versteht man unter anderem die Art und Weise, in der eine Gruppe die Kontrolle über die für eine kollektive Aktion erforderlichen Ressourcen, das heißt z. B. materielle Güter, politische Unterstützung und Waffen, erlangt. Mao erhielt Material und moralische Unterstützung von einer wohlwollenden Bauernschaft sowie von vielen Stadtbewohnern.
3 Die *gemeinsamen Interessen* jener, die sich für die kollektive Aktion engagieren, die Gewinne oder Verluste, die sie aufgrund ihrer Politik oder Taktik erwarten. Der Mobilisierung für kollektive Aktionen liegen immer gemeinsame Interessen zugrunde. Mao schaffte es, sich Unterstützung auf breiter Brasis zu sichern, weil viele Menschen ein gemeinsames Interesse daran hatten oder zu haben glaubten, die Regierung zu stürzen.
4 *Gelegenheit.* Offensichtlich können zufällige Ereignisse die Gelegenheit zur Verwirklichung revolutionärer Ziele bieten. Viele Formen der kollektiven Aktion, darunter auch die Revolution, werden von solchen zufälligen Begebenheiten stark beeinflußt. Maos Erfolg war nicht unvermeidlich, beruhte auf bestimmten faktischen Voraussetzungen – wie z. B. auf militärischen Erfolgen. Hätte es eine Revolution gegeben, wenn Mao gefallen wäre?

Kollektive Aktion selbst kann einfach als Handeln definiert werden, das von Menschen in der Verfolgung gemeinsamer Interessen gesetzt wird, wie es z. B. geschieht, wenn sich Menschen versammeln, um für eine gemeinsame Sache zu demonstrieren. Das Engagement der Beteiligten kann unterschiedlich stark sein: Manche engagieren sich sehr intensiv, während andere sich eher passiv oder unregelmäßig beteiligen. Eine wirkungsvolle kollektive Aktion, wie z. B. jene, die schließlich in einer Revolution gipfelt, durchläuft üblicherweise die oben beschriebenen Phasen 1–4 (Tilly, 1978, S. 7–10).

Soziale Bewegungen entwickeln sich nach Tillys Ansicht häufig als Mittel zur Mobilisierung von Gruppenressourcen, wenn den Menschen entweder keinerlei institutionalisiertes Mittel, sich Gehör zu verschaffen, zur Verfügung steht oder wenn ihre Bedürfnisse von den Regierungsbehörden direkt unterdrückt werden. Inwieweit Gruppen in einem bestehenden politischen System aktiv und wirksam vertreten sind, ist von grundlegender Bedeutung dafür, ob ihre Mitglieder zur Erreichung ihrer Ziele Gewalt anwenden oder nicht. Kollektive Aktion bedeutet ab einem gewissen Punkt offene Konfrontation mit den politischen Behörden, d.h. die Mitglieder der Bewegung „gehen auf die Straße". Doch solche Aktivitäten haben nur dann eine Chance, die etablierten Machtstrukturen nachhaltig zu beeinflussen, wenn sie von systematisch organisierten Gruppen getragen werden.

Die typischen Arten der kollektiven Aktion und des Protests unterscheiden sich je nach dem historischen und kulturellen Hintergrund. In Großbritannien weiß heute beispielsweise fast jeder darüber Bescheid, wie sich Gruppen zusammenfinden, um ihre Forderungen zu vertreten; man kennt auch die verschiedenen Arten von Demonstrationen, wie z. B. Protestmärsche, Massenversammlungen oder Straßenschlachten, ob man nun jemals selbst daran teilgenommen hat oder nicht. Es gibt jedoch viele andere Arten des kollektiven Protests, die in den meisten modernen Gesellschaften seltener geworden oder gänzlich verschwunden sind (wie etwa Kämpfe zwischen Dörfern, der Sturm auf Maschinen oder Lynchjustiz). Die Mitglieder von Protestbewegungen können auch auf andere Beispiele zurückgreifen und diese benutzen, um ihre eigenen Praktiken zu modifizieren. So entstanden beispielsweise in verschiedenen Teilen der Welt zahllose Guerillabewegungen, sobald sich unter den aufständischen Gruppen herumgesprochen hatte, welche Erfolge man mit Guerillaaktionen gegen reguläre Armeen erzielen kann.

Wann und warum kommt es bei kollektiven Aktionen zur Gewaltanwendung? Nachdem Tilly viele verschiedene Vorfälle untersucht hatte, die sich in Westeuropa seit 1800 ereignet hatten, kam er zu dem Schluß, daß kollektive Gewalt meist aus Aktionen entsteht, die anfangs nicht mit Gewaltanwendung einhergehen. Ob es zu Gewalttaten kommt, hängt stärker von anderen Faktoren, insbesondere von den Reaktionen der Behörden, als von der Natur der Aktion selbst ab. Dies läßt sich anhand der Straßendemonstration hervorragend illustrieren. Die meisten dieser Demonstrationen verlaufen ohne Körperverletzung oder Sachbeschädigung. Einige wenige jedoch gehen mit Gewalttaten einher, weshalb sie als „Straßenschlachten" etikettiert werden. Manchmal greifen die Behörden zwar erst ein, wenn es bereits zu Gewalttaten gekommen ist. Die Erfahrung jedoch hat gezeigt, daß die gewalttätigen Reaktionen in der Mehrzahl der Fälle von den Behörden selbst herbeigeführt werden. Wie Tilly schreibt, „sind im modernen Europa die Kräfte der Repression selbst immer wieder für die Entstehung und die Ausübung kollektiver Gewalt verantwortlich gewesen" (Tilly, 1978, S. 177). Darüberhinaus ist bei gewaltsamen Auseinandersetzungen die Exekutive für den größten Teil der Todesfälle und Verletzungen verantwortlich. Das ist nicht erstaunlich, wenn man bedenkt, daß sie besseren Zugang zu Waffen und militärischer Ausbildung besitzen. Die Gruppen, die durch das Einschreiten der Exekutive unter Kontrolle gebracht werden sollen, lassen sich hingegen in weit größerem Ausmaß Sachbeschädigungen zuschulden kommen.

Revolutionäre Bewegungen sind nach Tilly eine Art kollektiver Aktion, die bei **multipler Souveränität**, wie er es nennt, auftreten, d. h. in Situationen, in denen eine Regierung nicht die volle Kontrolle über die ihr angeblich unterstellten Gebiete besitzt. Multiple Souveränität kann als Ergebnis eines externen Krieges entstehen, als Folge interner politischer Auseinandersetzungen oder auch aufgrund einer Kombination dieser beiden Faktoren. Ob es zu einer Revolution mit anschließender Machtübernahme kommt, hängt davon ab, wie weit die regierenden Behörden die Kontrolle über die Streitkräfte bewahren, ob es innerhalb der regierenden Gruppen Konflikte gibt, und wie gut die nach der Macht strebenden Protestbewegungen organisiert sind.

Bewertung

Tillys Analyse ist eine der komplexesten Studien über kollektive Gewalt und revolutionäre Kämpfe. Die von ihm entwickelten Begriffe scheinen auf viele verschiedene Kontexte anwendbar zu sein; er selbst bewahrt sich bei ihrer Anwendung die Sensibilität gegenüber der historischen und kulturellen Vielfalt. Die Umstände, unter denen es zu Prozessen revolutionären Wandels kommt, werden maßgeblich von der Organisation der sozialen Bewegungen, den diesen zugänglichen Ressourcen sowie den Beziehungen zwischen den um die Macht ringenden Gruppen beeinflußt.

Tilly hat jedoch wenig über die Umstände zu sagen, die zu „multipler Souveränität" *führen*. Angesichts der Tatsache, daß es sich dabei um eine fundamentale Komponente der Erklärung des Phämomens Revolution handelt, muß dies als wesentliche Lücke gewertet werden. Theda Skocpol zufolge geht Tilly davon aus, daß revolutionäre Bewegungen von der bewußten und willkürlichen Verfolgung von Interessen geleitet würden, wobei ein revolutionärer Wandel dort zustande käme, wo diese Interessen tatsächlich verwirklicht würden. Für Skocpol hingegen sind revolutionäre Bewegungen weniger eindeutig und ihre Ziele weniger genau umrissen. Revolutionen, betont sie, entstehen oft als unbeabsichtigte Konsequenzen partiellerer Ziele, die von Gruppen und Bewegungen verfolgt werden. Sie schreibt:

> Die Idee der Zweckhaftigkeit ist in bezug auf den Ablauf und das Ergebnis historischer Revolutionen ebenso irreführend wie in bezug auf ihre Ursachen. Denn diese Idee legt nahe, daß revolutionäre Prozesse und ihre Ergebnisse durch die Aktivität und die Intentionen oder Interessen der Schlüsselgruppe(n), die die Revolution ausgelöst haben, erklärt werden können ... derartige Vorstellungen sind viel zu einfach. Im Laufe der historischen Revolutionen wurden nämlich unterschiedlich situierte und motivierte Gruppen zu Teilnehmern an komplexen Entwicklungen vielfältiger Konflikte. Diese Konflikte wurden von bestehenden sozialen, wirtschaftlichen und internationalen Bedingungen wesentlich geprägt und begrenzt. Und sie haben sich auf unterschiedliche Weise entwickelt, je nachdem, wie sich die jeweilige revolutionäre Situation anfangs präsentiert hat. (Skocpol, 1979, S. 17)

Die Folgen der Revolution

Die Untersuchung der Ergebnisse von Revolutionen ist ebenso kompliziert wie die Analyse ihrer Ursprünge. Was *nach* einer Revolution geschieht, ist teilweise genau von jenen Ereignissen beeinflußt, die zu ihr führten. Nach einer Revolution ist das betreffende Land mitunter verarmt und gespalten. Reste des besiegten Regimes oder andere um die Macht wetteifernde Gruppen können ihre Streitkräfte neu formieren und eine erneute Offensive starten. Wenn Nachbarstaaten der neuen Regierung feindselig gegenüberstehen (wie etwa nach der Russischen Revolution im Jahre 1917), wird ihr Erfolg beim sozialen Wiederaufbau möglicherweise wesentlich geringer sein, als wenn die Nachbarn positiv dazu stehen und bereit sind, aktiv Hilfe zu leisten. Revolutionsregierungen unterscheiden sich jedoch auch durch ihre Ziele, denn manche verfolgen wesentlich radikalere Zielsetzungen als andere. Obwohl Revolutionen für die Gesellschaft, in der sie stattfinden, langfristige Konsequenzen haben können, ist es extrem schwierig, diese von anderen Faktoren zu trennen, die an der nachfolgenden Entwicklung der Gesellschaft beteiligt sind.

Kurzfristige Konsequenzen

Auf viele Revolutionen folgen Bürgerkriege, in denen das neue Regime die oppositionellen Gruppen besiegen muß. Revolutionen finden normalerweise statt, nachdem die Autorität einer Regierung radikal untergraben wurde; nach dem Sturz der alten Regierung rivalisieren mitunter mehrere Gruppierungen um ihre Nachfolge. Einige davon besitzen möglicherweise genügend militärische Stärke, um auch gegen die neue Regierung weiterzukämpfen, oder werden von anderen Nationen, die ihre Ziele gutheißen, finanziell unterstützt. Dies geschah bei der Russischen und bei der Chinesischen Revolution, obgleich die Revolutionäre auf einen unterschiedlichen Grad an Widerstand stießen – in Rußland griffen sogar von westlichen Ländern entsandte Streitkräfte ein, um den Zarentreuen zur Seite zu stehen.

Revolutionen finden im Namen der Freiheit statt, haben allerdings nicht selten ein Nachspiel, das von massiver sozialer Unterdrückung gekennzeichnet ist. Es gibt jedoch auch Ausnahmen von dieser Regel, wie z. B. die Amerikanische Revolution. In der Mehrzahl der Fälle jedoch folgten auf Revolutionen Perioden der willkürlichen Einkerkerungen, der Exekutionen und der strikten Zensur. Auf manche folgte eine Eskalation der Gewalt. Der Begriff **Revolutionsterror** zur Bezeichnung der systematischen Anwendung von Gewalt, um den Gehorsam gegenüber der neuen Führung zu erzwingen, wurde urprünglich geprägt, um die Zeit nach der Französischen Revolution des Jahres 1789 zu beschreiben. Zahllose mutmaßliche Anhänger des alten Regimes oder Gegner der Revolution wurden gefaßt und öffentlich hingerichtet.

Derartige Entwicklungen stellen sich jedoch zumeist nicht unmittelbar, sondern erst einige Jahre nach der Machtübernahme durch das neue Regime ein, denn normalerweise lassen Revolutionsregierungen eine „Beruhigungszeit" verstreichen, bevor sie mit der Durchsetzung ihres radikalen, neuen Programms beginnen. Während dieser Zeit ist die Wahrscheinlichkeit groß, daß die Anhänger des alten Regimes oder andere Dissidentengruppen sich mit der Opposition gegen die neue Politik verbünden. In der Sowjetunion z. B. verfolgte Stalin trotz des unter den Bauern weit verbreiteten Widerstands eine rigorose Politik der landwirtschaftlichen Kollektivierung. Im Laufe dieses Prozesses und der gegen die Dissidentengruppen gerichteten Säuberungsaktionen verloren zahllose Menschen ihr Leben oder wurden in Arbeitslager deportiert. Man hat geschätzt, daß während dieser Zeit 5 Prozent der Bevölkerung der Sowjetunion festgenommen wurden (Kesselman et al., 1987). Zwischen der Revolution und diesen Ereignissen jedoch lag mehr als ein Jahrzehnt.

Ein Vergleich zwischen China und Indien

Wir können versuchen, die längerfristigen Auswirkungen von Revolutionen zu analysieren, indem wir Gesellschaften vergleichen, die einander bis auf die Tatsache, daß einige eine Revolution erlebt haben und andere nicht, gleichen. So kann man etwa die wirtschaftlichen und politischen Entwicklungen der letzten vierzig Jahre in China und in Indien vergleichen. Beide Länder befreiten sich etwa zur gleichen Zeit, kurz nach dem Zweiten Weltkrieg, vom direkten Einfluß des Westens. Im Gegensatz zu Indien kam es in China jedoch zu einer Revolution. In Indien hatten zwar starke Protestbewegungen gegen die britische Herrschaft gelegentlich bestimmte gesellschaftliche Bereiche lahmgelegt, doch zogen sich die Briten zurück, ohne durch eine Revolution gestürzt worden zu sein.

Der Entwicklungsverlauf der beiden Gesellschaften seit den vierziger Jahren weist signifikante Unterschiede auf. In China etablierte die Kommunistische Partei einen starken, zentralisierten Regierungsapparat, der der Presse und den anderen Medien eine strikte Zensur auferlegte. Indien hingegen hat ein Parlament nach westlichem Modell und ein Mehrparteiensystem. Im Hinblick auf das Recht auf freie Meinungsäußerung sowie die Bildung legaler politischer Organisationen herrscht in China wesentlich weniger politische Freiheit als in Indien. China hingegen hat bei der Bekämpfung der extremen Armut und der Korruption des Beamtenapparats sowie bei der Schaffung von Gesundheits- und Wohlfahrtseinrichtungen weitaus größere Fortschritte erzielt. Die Analphabetenrate ist in China wesentlich niedriger als in Indien. Auch das Wirtschaftswachstum war in China in den fünfzehn Jahren nach der Revolution nach allgemeiner Auffassung weitaus höher als in Indien. Nicht nur während dieser Zeit, sondern auch in den meisten Jahren seither war das Wirtschaftswachstum in China weitaus höher als das Bevölkerungswachstum – wiederum im Gegensatz zu Indien. Auch die chinesische Agrarreform war wesentlich erfolgreicher als ihr indisches Pendant. In China wurde die Macht der reichen Grundbesitzer gebrochen und das Land unter den ärmeren Bauern aufgeteilt.

Weder Indien noch China haben einen besonders konstanten Entwicklungsprozeß erlebt. In Indien hatte die Zentralregierung zu kämpfen, um die Kontrolle über ein von starken regionalen Unterschieden geprägtes Land zu behalten. Zwischen 1966 und 1968 versetzte die „Kulturrevolution" China in Aufruhr. In dieser Zeit versuchten Millionen hauptsächlich junger Menschen den Parteifunktionären,

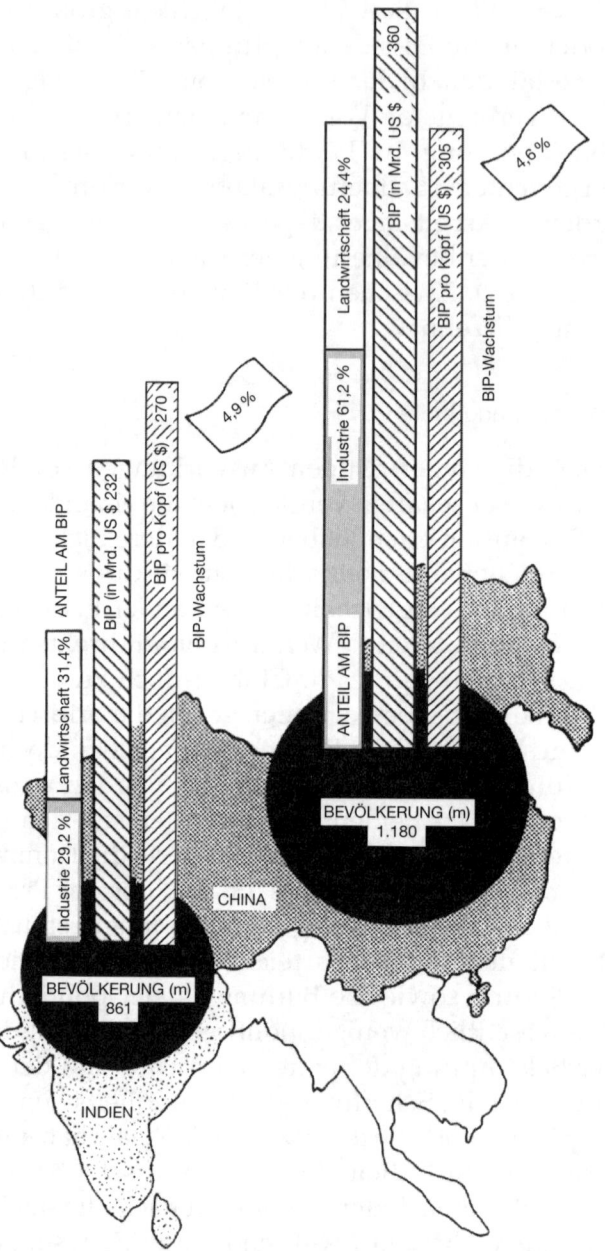

Abbildung 19.1 Vergleich der Volkswirtschaften Chinas und Indiens, 1992
Quellen: Business International; Asiatische Entwicklungsbank; Abbildung aus *The World in 1992* (London: The Economist Publications, 1991), S. 84. (BIP = Bruttoinlandsprodukt)

den Akademikern und den höheren Angestellten, die ihrer Meinung nach die Lehren der Revolution ignorierten, die „proletarischen Werte" wieder näherzubringen.

1979 begann sich China vom wirtschaftlichen Kollektivismus abzuwenden. Die in diesem Jahr eingeleiteten Maßnahmen sollten die Marktmechanismen auf dem

Agrarsektor fördern und führten einige zuvor abgeschaffte Formen des Privateigentums wieder ein. Die landwirtschaftlichen Erträge stiegen in den folgenden sechs Jahren um 400 Prozent an, das Durchschnittseinkommen der Landarbeiter auf mehr als das Doppelte. Später wurden Chinas Küstenprovinzen für ausländische Investoren und den Außenhandel geöffnet, und der Industrie wurde ein größerer Wettbewerbsspielraum eingeräumt. Während der gesamten achtziger Jahren hatte China eine der höchsten Wirtschaftswachstumsraten der Welt.

Im Jahr 1989 wurden am „Platz des Himmlischen Friedens" in Peking von der chinesischen Armee Hunderte unbewaffnete Demonstranten getötet, die die Einführung einer Demokratie westlichen Stils in China forderten, während es im selben Jahr, wie wir im nächsten Abschnitt sehen werden, prodemokratischen Bewegungen in Osteuropa gelang, die kommunistischen Regierungen zu stürzen. Die Konservativen, die die militärische Niederschlagung der Demonstrationen angeordnet hatten, versuchten, auch die Wirtschaftsreformen wieder zurückzunehmen. Doch diese waren bereits zu tief verwurzelt, um rückgängig gemacht zu werden, und die wirtschaftliche Basis Chinas ist heute weitaus tragfähiger als jene Indiens. (Obgleich Chinas wirtschaftliche Entwicklung von seinem Nachbarn Taiwan, den der chinesische Staat als Teil seines Staatsgebietes beansprucht, in ein anderes Licht gerückt wird. Taiwan hat 21 Millionen Einwohner, China nicht weniger als 1,2 Milliarden, und dennoch produziert Taiwan halb so viel wie China, also beinahe dreißigmal mehr pro Person.)

Auch Indien hat seit der Mitte der achtziger Jahre und insbesondere seit 1991 seinen wirtschaftlichen Kurs geändert. Man schaffte unzählige Beschränkungen, Lizenzvorschriften und Regulierungen ab, denen die Wirtschaft vor dieser Zeit unterworfen war und unternahm auch Schritte, um mehr ausländische Investoren zu gewinnen. Indiens Wachstumsraten sind heute etwa so hoch wie jene Chinas, doch basieren diese Raten auf einem niedrigeren Niveau des allgemeinen ökonomischen Wohlstands (siehe Abb. 19.1).

1989: Die Revolutionen in Osteuropa

Die meisten Revolutionen des 20. Jahrhunderts hingen, wie bereits erwähnt, mit dem Marxismus und der Machtübernahme durch die kommunistischen Parteien zusammen. Marx zufolge stellt die kommunistische Gesellschaft eine Entwicklungsphase jenseits des Kapitalismus dar, und die in der Sowjetunion, China und mehreren Ländern Osteuropas etablierten Einparteiensysteme wurden von ihren Anhängern als Fortschritt gegenüber der liberalen Demokratie westlicher Prägung gewertet.

China, das bei weitem bevölkerungsreichste Land der Erde, bleibt kommunistisch, obwohl – wie eben erwähnt – das Wirtschaftssystem seit einiger Zeit wieder stärker von Marktmechanismen geprägt ist. Die Sowjetunion hingegen existiert nicht mehr, und auch in ganz Osteuropa ist kein einziger kommunistischer Staat mehr übriggeblieben. Ein bedeutsamer Umstand! Denn das, was als Avantgarde der Geschichte bezeichnet worden war, hat sich eher als Sackgasse erwiesen. Die Revolutionen, die 1989 in Osteuropa stattfanden, waren weit davon entfernt, die

Sache des Marxismus und Kommunismus zu vertreten, sondern führten deren Sturz herbei. Die Revolutionäre wollten nicht den Kapitalismus überwinden, sondern zielten auf dessen Wiedereinführung ab, was ihnen schließlich auch gelungen ist. Weit davon entfernt, sich „jenseits" der liberalen pluralistischen Demokratie zu bewegen, strebten sie vielmehr danach, diese auch in ihren Ländern zu etablieren.

Die Russische Revolution des Jahres 1917 wurde gleichsam umgekehrt, wenn auch die Revolutionen von 1989 nicht so dramatisch verliefen. Ein repressives, scheinbar jedoch trotzdem fest etabliertes und sogar unerschütterliches System wurde in nur zwei Jahren aufgelöst – wenngleich ein innerer Reformprozeß bereits früher begonnen hatte. Bis zum Ende der achtziger Jahre galt die Sowjetunion neben den USA als eine der beiden „Supermächte" der Welt. 1992 war sie keine Supermacht mehr, sondern in einzelne Staaten aufgesplittert, von denen nur zwei, Rußland und die Ukraine, auch nur annäherungsweise von sich behaupten konnten, zu den mächtigen Nationen der Erde zu gehören.

Wie lassen sich diese Ereignisse erklären? Kann man bei dem Wandel, der 1989 in Osteuropa vor sich ging, von echten Revolutionen sprechen? Wenn ja, sind die zuvor untersuchten Revolutionstheorien für ihre Erklärung in irgendeiner Weise relevant oder haben wir es hier mit Formen des Protests zu tun, die historisch spezifische Merkmale aufweisen?

Bewegungen und Übergänge

Zunächst muß hervorgehoben werden, daß die Herrschaft der Sowjetunion über Osteuropa auf militärischer Macht beruhte. Obgleich es in mehreren osteuropäischen Ländern eigene kommunistische Parteien gab, wurde der Kommunismus ihnen vor allem von außen durch die Sowjetarmeen aufgezwungen, durch die sie 1945 von den Nazis befreit worden waren. In den darauffolgenden Jahren kam es zu mehreren Aufständen in Staaten, die den Sowjetkommunismus stürzen oder reformieren wollten – 1953 in Ostdeutschland, 1956 in Ungarn und Polen, 1968 in der Tschechoslowakei. Die Sowjets griffen immer ein, um derartige Prozesse zu blockieren. Diese Herausforderung des Kommunismus brachte nicht nur die Ablehnung gegen diesen zum Ausdruck, sondern auch den Wunsch, dem Einfluß der Sowjets zu entrinnen. Sie basierte auf dem Nationalismus und dem Bestreben, die von Moskau dirigierten Regierungen durch autonome, nationale Regierungen zu ersetzen.

Anders ausgedrückt hatte man schon lange vor den Revolutionen nach Veränderungen gestrebt. Dissidentenbewegungen, die üblicherweise mit strikter Repression seitens der kommunistischen Führung rechnen mußten, blieben aktiv, obwohl sie in den Untergrund gehen mußten. Zu den Anführern dieser Bewegungen zählen Lech Walesa in Polen und Vaclav Havel in der Tschechoslowakei, die beide nach den Ereignissen von 1989 in ihrem jeweiligen Land das Amt des Präsidenten bekleiden sollten. Walesa war früher der Anführer der polnischen „Solidarität", die einen wichtigen Anstoß zu den späteren Veränderungen gab. Die „Solidarnosc" wurde 1980 anläßlich einer Besetzung der Lenin–Werft in Danzig durch die Arbeiter gegründet. Walesa trug als Arbeiterführer zur Bildung eines

Bündnisses mit regimekritischen Intellektuellen und oppositionellen Elementen in der katholischen Kirche bei. Diese drei Gruppen bildeten gemeinsam die Solidarnosc. Der Protest in Danzig führte in Polen zur Einsetzung eines Militärregimes unter General Jaruzelski, der die Solidarnosc unterdrückte. Doch diese weigerte sich, einfach von der Bildfläche zu verschwinden, und Walesa erlangte weltweite Berühmtheit. Die Solidarnosc lieferte Dissidentengruppen in anderen kommunistischen Staaten ein Modell. Der Übergang vom Kommunismus zur liberalen Demokratie und zum Kapitalismus beruhte in Polen ebenso wie in Ungarn eher auf Verhandlungen mit der Regierung als auf weiteren offenen Konfrontationen.

Die Ereignisse in den meisten anderen osteuropäischen Ländern waren plötzlicher und dramatischer. In Ostdeutschland fanden im Oktober 1989 massive Straßendemonstrationen statt, und die Berliner Mauer fiel im November desselben Jahres. Kurz darauf kam es in der Tschechoslowakei zu ähnlichen Ereignissen, die man dort als „sanfte Revolution" bezeichnete. Nur in Rumänien kam es auf beiden Seiten zu erheblicher Gewaltanwendung. Dort wurden im Dezember 1989 der kommunistische Führer Nicolai Ceaucescu und seine Frau hingerichtet.

Veränderungen und ihre Ursprünge

Der plötzliche Zusammenbruch der kommunistischen Regierungen in den osteuropäischen Ländern wurde zweifellos stark von den in der Sowjetunion durch Michail Gorbatschow geförderten politischen und wirtschaftlichen Reformen beeinflußt. Diese Reformen in der UdSSR erfüllten oppositionelle Bewegungen in den osteuropäischen Ländern, in denen die Führung meist stur auf dem harten Kurs beharrte, mit neuem Leben. Am wichtigsten aber war, daß Gorbatschow sich weigerte, sowjetische Militärinterventionen wie unter seinen Vorgängern zuzulassen.

Diese Faktoren helfen zu erklären, warum der Wandel in Osteuropa relativ gewaltlos vor sich ging. Um jedoch seine Ursachen zu erkennnen, müssen wir tiefer verwurzelte Einflüsse betrachten. Bis in die frühen sechziger Jahre waren die Wirtschaftswachstumsraten in den kommunistischen Ländern allgemein ziemlich hoch und schienen manchmal jene der westlichen Länder hinter sich zu lassen. In den beiden darauffolgenden Jahrzehnten jedoch tat sich eine enorme Kluft zwischen dem Wohlstand der westlichen Länder und der wirtschaftlichen Stagnation im Osten auf. Die Technologie im Osten war rückständig, und die Nahrungsmittel- und Konsumgüterknappheit wurde zu einem chronischen Zustand. Der relative Mangel an wirtschaftlichem Fortschritt war tatsächlich einer der Hauptgründe für die Reformprozesse in der UdSSR selbst.

In den Ländern Osteuropas war mittlerweile das allgemeine Bildungsniveau gestiegen. Die für die kommunistischen Gesellschaften charakteristische Unterscheidung zwischen „Handarbeitern" und „Kopfarbeitern" wurde vielfach als künstlich und repressiv empfunden. Die kommunistischen Regierungen versuchten zwar, ihre Gesellschaften durch die Kontrolle von Fernsehen, Radio und anderen Medien vom Rest der Welt zu isolieren, doch mit der fortschreitenden Entwicklung der elektronischen Kommunikationsmedien wurde dies immer schwieriger.

Die praktische Unmöglichkeit, in Länder außerhalb Osteuropas zu reisen, und der sichtbare Reichtum des Westens führten zu wachsender Unzufriedenheit.

In seiner Analyse der Revolutionen in Osteuropa beschreibt William Echikson die Erfahrungen eines ostdeutschen Freundes, der am Tag nach dem Fall der Berliner Mauer zum erstenmal in seinem Leben Westberlin besuchte:

> Er genoß die Büchergeschäfte und das Essen, doch als er nach Hause zurückgekehrt war, fühlte er sich deprimiert. Er hatte jeden Abend im Fernsehen gesehen, daß es dem Westen wirtschaftlich besser ging. Nun konnte er dies zum erstenmal riechen, fühlen, in sich aufnehmen – und es war eine Übelkeit verursachende Erfahrung. „Nach dem ersten Abend im Westen war ich fast immer krank," sagte er, „Ich hatte gewußt, daß wir hinten waren. Ich hatte nur nicht gewußt, daß wir so weit hinten waren." (Echikson, 1990, S. 23)

Die Revolutionen in Osteuropa entstanden aus nationalistischen Gefühlen, dem Verlangen nach persönlicher und politischer Autonomie und dem Wunsch, am wirtschaftlichen Wohlstand des Westens teilzuhaben. Es bleibt abzuwarten, ob es für die Betroffenen schwierig sein wird, sich an das Leben in einer marktorientierten Konsumgesellschaft zu gewöhnen. Wirtschaftlich gesehen wird der Übergang von der Planwirtschaft zum Kapitalismus wahrscheinlich große Probleme aufwerfen. Auch auf psychologischer Ebene könnte es Schwierigkeiten geben. So sehr die kommunistischen Staaten ihre Bevölkerung auch unterdrückten und ungeachtet ihrer anderen Mängel, gaben sie den Menschen doch soziale Sicherheit. Die liberale Demokratie im Westen ist individualistisch und wettbewerbsorientiert. Wer einen solchen Individualismus nur schwer akzeptieren kann, findet beim Staat weniger Unterstützung als in den alten kommunistischen Systemen.

Der Definition am Beginn dieses Kapitels zufolge ist ziemlich klar, daß die Ereignisse, die sich 1989 in Osteuropa vollzogen, tatsächlich Revolutionen waren. Es kam zu Massenaktivitäten und in der Folge zu beträchtlichen sozialen Veränderungen, und bei den Konfrontationen mit den Behörden wäre es sicher zur Gewaltanwendung gekommen, wenn diese mit einer Demonstration der Stärke reagiert hätten. Es finden sich definitive Übereinstimmungen mit den bereits analysierten Revolutionstheorien: Auf wirtschaftlicher, politischer und kultureller Ebene kam es in den kommunistischen Gesellschaften der achtziger Jahre zu deutlichen Widersprüchlichkeiten oder Verlagerungen. Die Reaktion der Regierungen und der bewaffneten Streitkräfte, insbesondere der sowjetischen, war entscheidend. Denn mit militärischer Gewalt hätte man die Aufstände wahrscheinlich niederschlagen können.

In anderer Hinsicht jedoch wiesen die Revolutionen in Osteuropa einzigartige Merkmale auf, die mit den sozialen Veränderungen, die heute in der ganzen Welt vor sich gehen, zusammenhängen. Zu den wichtigsten Einflüssen gehören die bereits erwähnten elektronischen Massenmedien. Fernsehen und Radio schufen nicht nur die Umstände, die letztendlich zur Revolution führen sollten, sondern waren auch für das Revolutionsgeschehen selbst von zentraler Bedeutung (Boden, 1992). In einer Welt der Kommunikation ohne Zeitverlust kann sich heute keine Gesellschaft mehr so abschotten wie vor zwanzig Jahren. Die Geschwindigkeit, mit der 1989 die Ereignisse in den verschiedenen Ländern aufeinanderfolgten, führten zu einer Art elektronischen „Dialogs" zwischen Protestierenden an verschiedenen Orten.

Aufstand, Aufruhr und andere Arten kollektiver Aktion

Alle Revolutionen hängen mit kollektiver Aktion zusammen. Wie Tillys Theorie nahelegt, findet sich kollektive Aktion jedoch auch in vielen anderen Situationen und kann immer dann auftreten, wenn sich große Menschenmengen ansammeln können. Der „städtische Mob" stellte seit den Anfängen der Stadtentwicklung immer eine potentielle Gefahr für die politischen Machthaber dar. Im Gegensatz zu ländlichen Regionen leben in den Städten viele Menschen auf engstem Raum zusammen und können relativ leicht „auf die Straße gehen", um für ihre Anliegen zu demonstrieren oder ihrer Unzufriedenheit Ausdruck zu verleihen.

Die Aktionen der urbanen Gruppen sind ein Beispiel für **Aktivitäten der Massen**. Unter „Masse" versteht man eine relativ umfangreiche Ansammlung von Menschen, die in einem öffentlichen Raum direkt interagieren. Solche Massen sind einerseits ein alltäglicher Teil des urbanen Lebens. Wir sprechen von „Massen", die Einkaufsstraßen, Theater und Vergnügungsparks überschwemmen, und meinen damit eine große Anzahl von Menschen in einem physisch begrenzten Raum. Diese Menschen befinden sich im Zustand einer *unzentrierten Interaktion* (siehe Kapitel 4 „Soziale Interaktion und Alltagsleben"). Sie befinden sich physisch in derselben Umgebung und sind sich der Anwesenheit der jeweils anderen bewußt, verfolgen jedoch einzeln oder in kleinen Gruppen ihre eigenen Ziele. In manchen Situationen, z. B. bei einer Demonstration, einem **Aufstand** oder einer Panik, hängt hingegen das Verhalten des einzelnen plötzlich mit jenem aller anderen zusammen. Es kommt zu einer *zentrierten Interaktion*, d. h. die Menge handelt, wenn auch nur vorübergehend, als Einheit. Massenaktion in diesem Sinn hat die Soziologen und Historiker viele Jahre lang – seit der Französischen Revolution von 1789, um genau zu sein – intensiv beschäftigt.

Le Bons Theorie der Masse

Eine der einflußreichsten frühen Studien über das Verhalten der Masse war Gustave Le Bons 1895 veröffentlichtes Buch *Psychologie der Masse*. Le Bon wurde durch seine Untersuchungen über den revolutionären Mob der Französischen Revolution zu seiner Arbeit angeregt. In seinen Augen verhalten sich Menschen, die in der kollektiven Emotion einer Masse gefangen sind, deutlich anders, als wenn sie in kleineren Gruppen agieren. Unter dem Einfluß einer **zielgerichteten Masse** sind Individuen zu barbarischen und heldenhaften Taten fähig, die sie allein nicht in Erwägung ziehen würden. Der revolutionäre Mob z. B., der die Bastille erstürmt hat, hat dies offensichtlich ungeachtet der Verluste getan; 1789 beging der Straßenmob auch sonst zahlreiche Greueltaten.

Was liegt diesem Verhalten zugrunde? Le Bon zufolge verlieren Menschen, die von einer kollektiven, von einer Masse erzeugten Erregung erfaßt sind, vorübergehend einen Teil der kritischen Urteilsfähigkeit, über die sie normalerweise im täglichen Leben verfügen. Sie werden äußerst beeinflußbar und folgen den Anfeuerungen der Führer des Mobs oder Demagogen, ohne zu zögern. Unter dem Einfluß der Masse regredieren Individuen zu „primitiveren" Reaktionstypen. Le Bon schrieb: „Ferner steigt durch die bloße Zugehörigkeit zu einer organisierten

Masse der Mensch mehrere Stufen auf der Leiter der Zivilisation herab. Isoliert war er vielleicht ein gebildetes Individuum, in der Masse ist er ein Barbar, d.h. ein Instinktwesen. Er besitzt die Spontaneität, die Heftigkeit, die Wildheit und auch den Enthusiasmus und Heroismus primitiver Wesen" (Le Bon, 1908, S. 16f.).

Obwohl sich viele spätere Autoren auf ihn berufen haben, müssen Le Bons Ideen mit einigem Vorbehalt behandelt werden. Le Bon schrieb als konservativer Demokratiekritiker, der die Französische Revolution als Auftakt zu einem Zeitalter sah, in dem „Massen", d.h. die Masse der gewöhnlichen Bevölkerung, über ihre rechtmäßigen Herrscher herrschen würden. Große Gruppen, darunter nach Le Bons Auffassung auch parlamentarische Versammlungen, können keine vernünftigen Entscheidungen treffen, zu denen Einzelpersonen fähig sind. Sie sind wie Straßenmobs in Gefahr, durch Massenemotionen, Moden oder Launen verleitet zu werden. Le Bon wollte zeigen, daß die Demokratie die primitiveren Reaktionen der Menschen hervorbringen und die höheren, zivilisierteren Fähigkeiten überwältigen würde.

Einige Ideen Le Bons aber, zumindest jene über die Masse auf der Straße, scheinen Gültigkeit zu haben. Es scheint tatsächlich der Fall zu sein, daß die Zusammenrottung großer Menschenmengen unter bestimmten Umständen eine kollektive Emotion erzeugen kann, die zu außergewöhnlichen Aktivitätstypen führt. Bei Popkonzerten und bei Sportveranstaltungen kann es vorkommen, daß die Zuschauer „durchdrehen". Wenn sie von Panik erfaßt werden, rennen die Menschen manchmal Hals über Kopf, um sich in Sicherheit zu bringen, auch wenn andere dabei erdrückt oder zu Tode getrampelt werden. Mobs können bei bestimmten Anlässen durch die Straßen stürmen und jene, die sie als ihre Feinde betrachten, schlagen oder töten – wie das beispielsweise bei Angriffen auf Juden in Nazideutschland der Fall war.

Rationale Aspekte der Massenaktion

Die meisten Formen des Verhaltens von Massen sind aber differenzierter und „rationaler", als Le Bon glaubte. Jene, die bei einer solchen kollektiven Aktion mittun, sind sich oft ihrer Ziele deutlicher bewußt, als Le Bon vermutete. Auch bestehen solche Massen nicht hauptsächlich aus Menschen, die bereits eine Neigung zu verantwortungslosem Verhalten haben – der kriminelle Pöbel –, wie Le Bon nahelegte. George Rudés Untersuchungen über die Französische Revolution zeigen, daß die meisten Menschen im Mob, der die Bastille gestürmt hat, „respektable" Individuen mit orthodoxen Berufen waren und keine Kriminellen oder Vagabunden (Rudé, 1959). Untersuchungen des städtischen Aufruhrs in schwarzen Vierteln in den Vereinigten Staaten zeigten, daß die meisten Aufrührer weder Kriminelle noch Sozialhilfeempfänger waren. Der durchschnittliche Aufständische war ein Mann mit einem manuellen Beruf, bei dem die Wahrscheinlichkeit höher war, daß er sich bei sozialen und politischen Themen gut auskannte und an Bürgerrechtsaktivitäten beteiligt war, als bei anderen schwarzen Stadtbewohnern. Darüberhinaus gehörten praktisch alle Häuser, die angegriffen oder geplündert wurden, Weißen, obwohl der Aufruhr kaum zielgerichtet erschien (US Riot Commission, 1968).

Einige Autoren waren der Ansicht, daß die meisten Aktivitäten von Massen verständlich werden, wenn man eine ganz andere Interpretation als jene von Le Bon heranzieht. So hat Richard Berk argumentiert, daß die Aktivitäten von Einzelpersonen in einer Masse dann am besten verstanden werden könnten, wenn man sie als logische Reaktion auf spezifische Situationen betrachtet (Berk, 1974). Die Zusammenrottung von Massen bietet oft Möglichkeiten, um Ziele unter geringem persönlichem Einsatz zu erreichen. In Massensituationen sind die Individuen relativ anonym und können sich der Aufdeckung von Handlungen entziehen, die ansonsten zu Bestrafungen führen würden, – z. B. wenn ein Geschäft geplündert wird, um an Konsumgüter zu kommen. Wenn sie als Masse handeln, haben Individuen vorübergehend weit mehr Macht, als sie als einzelne Bürger haben.

Könnte diese Interpretation auf Situationen angewendet werden, in denen es auch zu extremer Gewalt gegen unschuldige Menschen kommt? Etwa auf Lynchmobs in den amerikanischen Südstaaten? Das Lynchen (d.h. das Hängen ohne Gerichtsverfahren) von Schwarzen war zu einer bestimmten Zeit recht häufig. Nach dem Bürgerkrieg kam es regelmäßig zu „Negerjagden", bei denen befreite Sklaven ausfindig gemacht und getötet wurden. Zwischen 1889 und 1899 kam es zu über 1 800 Lynchmorden, und da zweifellos etliche derartige Morde nicht aufgezeichnet wurden, war die tatsächliche Anzahl wahrscheinlich beträchtlich höher. Brandstiftung an den Häusern von Schwarzen, Folterungen und Verstümmelungen wurden ebenfalls von den Mobs praktiziert. Es scheint, als ob nur die Perspektive Le Bons solche Aktionen erklären könnte, und zweifelsohne sind dabei manche der von ihm identifizierten Merkmale der Gewaltausübung durch Mobs relevant. Bei den Lynchmorden gab es aber auch einige rationale Aspekte. Die Teilnehmer waren für gewöhnlich halb–organisierte Vigilanten–Gruppen, die glaubten, für die gerechte Sache zu kämpfen. Dadurch, daß sie als Mob agierten, wurde ihre individuelle Verantwortung für die Ereignisse reduziert, während sie ihrer Wut über die Freilassung der Sklaven öffentlich Ausdruck verliehen. Die Gewalt diente auch als Mittel der sozialen Kontrolle über die Schwarzen, wobei der ganzen schwarzen Bevölkerung gegenüber betont wurde, daß die Verabschiedung eines Gesetzes im Norden nichts an der Realität der Macht der Weißen im Süden ändere. Es könnte argumentiert werden, daß Menschen bis zu einem bestimmten Grad die üblichen Formen der sozialen Kontrolle überwinden können, wenn sie in zielgerichteten Massen agieren. Die Macht und die Anonymität der Masse ermöglicht es ihnen, so zu handeln, wie sie es normalerweise gerne tun würden, ohne sich jedoch dazu in der Lage zu fühlen.

Im Verhalten des Mobs und im Aufruhr drücken sich, wie Tilly betont, charakteristischerweise die Frustrationen der Menschen aus, denen es nicht gelingt, zu orthodoxen Kanälen Zugang zu erhalten, um Unzufriedenheit auszudrücken oder Reformen zu fordern, die sie für notwendig erachten. Schon immer haben Autoritäten jeden Typs die Aktivitäten des Mobs gefürchtet, nicht nur wegen der direkten Bedrohung, die von ihm ausgeht, sondern auch, weil er wahrgenommene soziale Ungerechtigkeiten in öffentlicher und unübersehbarer Weise zum Ausdruck bringt. Das Verhalten der Masse im Kontext von Revolutionen führt zu gewaltigen sozialen Änderungen, aber sogar der Aufruhr, der oberflächlich betrachtet negativ aussehen mag, zu willkürlicher Zerstörung führt und Todesopfer fordert, kann Wandel fördern und zumindest einige der angestrebten Vorteile bringen. Die Häufung der Aufstände in den schwarzen Vierteln in den USA in den 60er Jahren zwang die Weißen dazu, den Nachteilen, unter denen die Schwarzen litten, Aufmerksamkeit zu widmen und führte zu neuen Reformprogrammen.

Soziale Bewegungen

Neben jenen, die an revolutionären Aktivitäten teilnehmen, gibt es in den modernen Gesellschaften ein breites Spektrum anderer sozialer Bewegungen, von denen manche dauerhaft, manche aber höchst kurzlebig sind. Soziale Bewegungen sind ebenso offenkundig ein Merkmal der gegenwärtigen Welt wie die formalen, bürokratischen Organisationen, gegen die sie sich oft richten. Die Untersuchung ihrer Beschaffenheit und ihres Einflusses ist einer der Interessensschwerpunkte der Soziologie.

Definition

Eine **soziale Bewegung** kann als kollektiver Versuch zur Förderung eines gemeinsamen Interesses oder zur Erreichung eines gemeinsamen Zieles durch ein kollektives Vorgehen außerhalb des Bereiches etablierter Institutionen definiert werden. Die Definition muß gerade wegen der Variationen zwischen verschiedenen Typen von Bewegungen weit gefaßt sein. Viele soziale Bewegungen sind sehr klein und umfassen möglicherweise nicht mehr als ein paar Dutzend Mitglieder. Andere können Tausende oder sogar Millionen Menschen umfassen. Einige Bewegungen betreiben ihre Aktivitäten innerhalb der Grenzen der Gesellschaft oder der Gesellschaften, in der bzw. in denen sie existieren, während andere als ungesetzliche oder Untergrundgruppen operieren. Oft werden natürlich Gesetze teilweise oder ganz als Ergebnis des Engagements sozialer Bewegungen geändert. Gruppen von Arbeitern, die ihre Mitglieder in Streiks organisierten, waren z. B. einst illegal; ihre Aktivitäten wurden in verschiedenen Ländern mehr oder weniger streng bestraft. Später jedoch wurden die Gesetze geändert, und der Streik wurde eine legitime Taktik im Konflikt zwischen Arbeitgebern und Arbeitnehmern. Andere Arten des wirtschaftlichen Protestes blieben dagegen in den meisten Ländern ungesetzlich, wie z. B. Sit-ins in Fabriken oder am Arbeitsplatz.

Die Trennlinie zwischen sozialen Bewegungen und formalen Organisationen ist manchmal nicht klar, weil die Bewegungen, die sich nachhaltig etablieren, bürokratische Merkmale annehmen. Soziale Bewegungen können auf diese Weise nach und nach zu formalen Organisationen werden, während (seltener) Organisationen zu sozialen Bewegungen verkommen können. Die Heilsarmee begann beispielsweise als soziale Bewegung, hat aber jetzt beinahe alle Merkmale einer dauerhaften Organisation. Ein Beispiel für den entgegengesetzten Prozeß wäre der Fall einer politischen Partei, die verboten und in den Untergrund gedrängt wird und möglicherweise eine Guerillabewegung wird.

Ebenso ist es nicht immer leicht, soziale Bewegungen von *Interessensgruppen* zu trennen – von Verbänden, die entstehen, um Politiker so zu beeinflussen, daß sie im Sinne der Mitglieder dieser Verbände handeln. Ein Beispiel für eine Interessensgruppe wäre die *Automobile Association*, die im Parlament eine Lobby bildet, um die Interessen der Autofahrer zu verteidigen. Ist aber die *Campaign for Nuclear Disarmament*, die im Parlament bei Fragen, die mit Kernwaffen zu tun haben, regelmäßig Lobbies bildet, eine Interessensguppe oder Teil einer breiteren Massenbewegung? In solchen Fällen kann keine klare Antwort gegeben werden. Soziale Bewegungen betreiben ihre Anliegen oft durch organisierte Kanäle, während sie gleichzeitig unorthodoxen Formen der Aktivität nachgehen.

Die Klassifizierung sozialer Bewegungen

Es wurden viele verschiedene Klassifikationen sozialer Bewegungen vorgeschlagen. Die möglicherweise klarste und erschöpfendste Klassifikation wurde von David Aberle erstellt (Aberle, 1966). Er unterscheidet zwischen vier Typen: **Transformationsbewegungen** haben die langfristige Veränderung der Gesellschaft oder Gesellschaften, denen sie selbst angehören, zum Ziel. Die Änderungen, die ihre Vertreter ins Auge fassen, sind umstürzlerisch, umfassend und oft gewalttätig. Beispiele sind revolutionäre oder bestimmte radikale religiöse Bewegungen. Viele chiliastische Bewegungen haben beispielsweise eine mehr oder weniger vollkommene Neustrukturierung der Gesellschaft vorhergesagt, wenn das Zeitalter des Heils kommt. Die Ziele von **Reformbewegungen** sind enger gesteckt und sind nur auf die Änderung bestimmter Aspekte der Gesellschaftsordnung ausgerichtet. Diese Bewegungen befassen sich mit spezifischen Arten der Ungleichheit oder Ungerechtigkeit. Beispiele dafür sind die *Women's Christian Temperance Union* oder Gruppen von Abtreibungsgegnern.

Die Transformations- und die Reformbewegungen sind primär auf die Durchsetzung gesellschaftlicher Veränderungen ausgerichtet. Aberles andere zwei Typen zielen hauptsächlich darauf ab, die Gewohnheiten oder die Einstellung von Individuen zu ändern. **Erlösungsbewegungen** möchten Menschen von Wegen abbringen, die als verderbenbringend angesehen werden. Viele religiöse Bewegungen fallen insofern in diese Kategorie, als sie sich auf die persönliche Errettung konzentrieren. Beispiele dafür sind die Pfingstgemeinden, die glauben, daß die spirituelle Entwicklung des Einzelnen seinen wahren Wert anzeigt. Schließlich gibt es Bewegungen, die etwas holprig mit **Alterativbewegungen** bezeichnet werden und sich die teilweise Veränderung von Individuen zum Ziele gesetzt haben. Sie wollen keine komplette Veränderung der Gewohnheiten von Menschen, sondern nur eine Änderung bestimmter spezifischer Züge herbeiführen. Ein Beispiel sind die Anonymen Alkoholiker.

Theorien der sozialen Bewegungen

Die Theorien der Revolution neigen unweigerlich dazu, sich mit jenen sozialer Bewegungen zu überschneiden. Tillys „Mobilisierung der Ressourcen" versteht sich z. B. als ziemlich weite Theorie und wurde zur Analyse der sozialen

Bewegungen verwendet. Davies' Interpretation der steigenden Aspirationen und des Protestes beeinflußte ebenfalls die Analyse der sozialen Bewegungen. Zwei Theorien aber waren besonders wichtig, was ihre theoretische Komplexität wie das von ihnen angeregte Ausmaß empirischer Forschungen angeht. Es handelt sich um die theoretischen Ansätze von Neil Smelser und Alain Touraine.

Neil Smelser: Sechs Vorbedingungen für soziale Bewegungen

Smelser unterscheidet zwischen sechs Bedingungen, die einem kollektiven Handeln allgemein und sozialen Bewegungen im besonderen zugrunde liegen (Smelser, 1972). Mit *struktureller Förderlichkeit* bezeichnet man generelle soziale Bedingungen, die die Bildung sozialer Bewegungen verschiedener Art fördern oder hemmen. Smelser zufolge läßt das gesellschaftspolitische System in den Vereinigten Staaten bestimmte Wege der Mobilisierung offen, weil die staatliche Regulierung in diesen Bereichen relativ gering ist. Es gibt z. B. keine offizielle Staatsreligion, und die Leute können, wenn sie einer konfessionellen Gruppe angehören möchten, diese frei wählen. Soziale Bewegungen auf der Grundlage von religiösen Idealen werden von den Politikern toleriert, solange sie keine straf- oder zivilrechtlichen Gesetze übertreten.

Soziale Bewegungen finden so günstige Entwicklungsbedingungen vor, auch wenn sie dadurch nicht ausgelöst werden. Mit *struktureller Spannung* werden Spannungen – in Marx' Terminologie Widersprüche – bezeichnet, die Interessenskonflikte innerhalb von Gesellschaften verursachen. Unsicherheiten, Ängste, Zweifel oder direkte Zielkonflikte sind Ausdruck solcher Spannungen. Die Quellen können genereller Natur oder stärker situationsbedingt sein. Nachhaltige Ungleichheiten zwischen ethnischen Gruppen führen so zu allgemeinen Spannungen; diese können dann in Gestalt eines spezifischen Konfliktes aufbrechen, z. B. wenn Schwarze in eine zuvor rein weiße Gegend ziehen.

Die dritte Bedingung, die Smelser anführt, ist die Verbreitung *allgemeiner Überzeugungen*. Soziale Bewegungen entwickeln sich nicht einfach als Reaktion auf vage empfundene Ängste oder Feindseligkeiten. Sie werden durch den Einfluß von Ideologien geformt, welche Mißstände herauskristallisieren und Handlungsweisen vorschlagen, die als Gegenmittel dienen könnten. Revolutionäre Bewegungen gehen z. B. von Fragen aus, warum es zu Ungerechtigkeiten kommt und wie diese durch den politischen Kampf beseitigt werden können. *Auslösungsfaktoren* sind Ereignisse oder Zwischenfälle, die tatsächlich ein direktes Handeln jener verursachen, die in einer Bewegung involviert sind. Als Rosa Parks sich 1955 in Montgomery, Alabama, weigerte, in den für die Schwarzen reservierten Teil des Busses zu gehen, trug dies zur Entstehung der amerikanischen Bürgerrechtsbewegung bei.

Diese vier Typen von Faktoren, argumentiert Smelser, können zusammen gelegentlich zu öffentlichem Aufruhr oder zu Gewaltausbrüchen führen, führen aber nur dann zu sozialen Bewegungen, wenn es eine *koordinierte Gruppe* gibt, die zum Handeln mobilisiert wird. Eine soziale Bewegung kann nur dann existieren, wenn sie eine Führerschaft und irgendeine Art von regelmäßigen Kommunikationsmitteln zwischen den Teilnehmern sowie finanzielle und materielle Ressourcen besitzt. Die Art und Weise, wie sich eine soziale Bewegung entwickelt, ist schließlich von der *Ausübung der sozialen Kontrolle* stark beeinflußt. Die Behörden können auf eine Herausforderung antworten, indem sie auf die Bedingungen der Förderlichkeit und der Spannung einwirken, welche das Aufkommen einer Bewegung begünstigt haben. In einer Situation ethnischer Spannungen können z. B. Schritte gesetzt werden, um einige der schlimmsten Aspekte ethnischer Ungleichheit, die Ressentiments und Konflikte verursacht haben, zu reduzieren. Ein weiterer wichtiger Aspekt der sozialen Kontrolle betrifft die Reaktionen der Polizei oder der Streitkräfte. Wie wir gesehen haben, kann das Ausmaß der Spaltung innerhalb der polizeilichen oder militärischen Einheiten für das Ergebnis der Konfrontationen zwischen revolutionären Bewegungen und den Behörden entscheidend sein.

Kommentar

Das Smelsersche Modell ist für die Analyse der Abfolge der Entwicklung sozialer Bewegungen und des kollektiven Handelns im allgemeinen nützlich. Nach Smelser können wir jede Phase in der Abfolge als „zusätzlichen Beitrag" zum Gesamtergebnis betrachten, wobei jede Phase eine Bedingung für die Entstehung der nachfolgenden ist. Diese Theorie ist aber auch in mancher Hinsicht problematisch. Eine soziale Bewegung – verstanden als öffentliche Konfrontation – kann ohne irgendein auslösendes Moment erstarken. Andererseits kann eine Reihe von Vorfällen erst das Bedürfnis wecken, eine Bewegung ins Leben zu rufen, um die Umstände, welche zu den Zwischenfällen geführt haben, zu ändern. Die Bewegung kann Spannungen *auslösen* und sich nicht nur als Reaktion auf diese Spannungen entwickeln. Die Frauenbewegung hat aktiv danach getrachtet, geschlechtsbedingte Ungleichheiten zu identifizieren und dort zu bekämpfen, wo diese für selbstverständlich gehalten wurden. Die Smelsersche Theorie behandelt alle sozialen Bewegungen als Reaktion auf Situationen und geht weniger darauf ein, daß sich ihre Mitglieder von sich aus zusammenschließen, um die gewünschten sozialen Änderungen herbeizuführen. In diesem Punkt unterscheiden sich Smelsers Ideen von jenen Alain Touraines.

Alain Touraine: Historizität

Touraine betont, daß soziale Bewegungen die Bedeutung, die die modernen Gesellschaften dem *Aktivismus* bei der Durchsetzung von Zielen beimessen, widerspiegeln (Touraine, 1977, 1981). Die modernen Gesellschaften sind von dem, was Touraine **Historizität** nennt, geprägt – eine Perspektive, bei der die Kenntnis der sozialen Prozesse dazu verwendet wird, um die sozialen Bedingungen unseres Daseins neu zu gestalten. Die Beschreibung der Beschaffenheit und der Verteilung von Ungleichheiten im Schulwesen war z. B. einer der Faktoren, die den Aufstieg der Bürgerrechtsbewegung in den Vereinigten Staaten gefördert haben. Touraine ist weniger am Hintergrund und an den Bedingungen interessiert, die soziale Bewegungen entstehen lassen, als vielmehr am Verständnis der *Ziele*, die soziale Bewegungen verfolgen. Soziale Bewegungen entstehen nicht bloß als irrationale Reaktionen auf soziale Spaltungen oder Ungerechtigkeiten. Sie entwickeln sich gemeinsam mit Ansichten und Strategien, wie man diese überwinden kann.

Soziale Bewegungen, sagt Touraine, können nicht als isolierte Formen von Zusammenschlüssen verstanden werden. Sie entwickeln sich in bewußtem Antagonismus zu anderen Gruppen – meist zu etablierten Organisationen – aber manchmal auch zu rivalisierenden Bewegungen. Alle sozialen Bewegungen haben Interessen oder Ziele, *für* die sie sind. Alle haben Einstellungen und Ideen, *gegen* die sie sind. Touraine ist der Ansicht, daß andere Theorien über soziale Bewegungen (inklusive jener von Smelser) nicht genügend darauf eingegangen sind, wie deren Ziele durch ihre Begegnungen mit jenen, die andere Ideen vertreten, geformt werden – und auch zuwenig darauf, wie sie selbst die Zielsetzungen und Aktionen ihrer Opponenten beeinflussen. Die Ziele und Perspektiven der Frauenbewegung wurden z. B. in Opposition zu den von Männern dominierten Institutionen, die sie ändern wollten, formuliert und haben sich mit den Erfolgen und Mißerfolgen der Bewegung verschoben. Sie haben auch die Perspektiven der Männer beeinflußt. Diese veränderten Perspektiven haben wiederum eine Neuorientierung der Frauenbewegung angeregt. Und so setzt sich der Prozeß fort.

Touraine argumentiert, daß soziale Bewegungen im Kontext dessen, was er **Handlungsfelder** nennt, untersucht werden sollten. Mit dem Begriff werden die Zusammenhänge zwischen sozialen Bewegungen und den Kräften oder Faktoren, gegen die sie gerichtet sind, bezeichnet. Der Prozeß des „Aushandelns" innerhalb eines Handlungsfeldes kann zu einer Veränderung der Bedingungen führen, gegen welche die Bewegung ihren Kampf richtet, aber auch zu einem Verschmelzen der Perspektiven beider Seiten. Die Bewegung kann entweder verpuffen – oder sich als permanente Organisation institutionalisieren. Die Gewerkschaften wurden z. B. zu formalen Organisationen, als das Streikrecht und Verhandlungsmethoden, die sowohl für die Arbeitnehmer als auch für die Arbeitgeber akzeptabel waren, durchgesetzt waren. Sie sind aus früheren Konfrontationsprozessen entstanden, bei denen die Gewalt eine große Rolle gespielt hat. Dort, wo noch immer Konfliktquellen bestehen (wie in den Beziehungen zwischen Arbeitgebern und Arbeitnehmern) tauchen sporadisch noch immer neue Bewegungen auf.

Kommentar

Touraines Theorie ist nicht so klar wie die Smelsers. Es ist jedoch aufschlußreich hervorzuheben, daß sich soziale Bewegungen in einem Prozeß wechselseitiger Gestaltung und Neudefinition zwischen gegnerischen Gruppen oder Organisationen entwickeln. Diese Analyse kann auch auf Bewegungen Anwendung finden, die sich hauptsächlich mit der Veränderung des Individuums befassen – Aberles Erlösungs– oder alternative Kategorien –, obwohl Touraine selbst über diese wenig sagt. Die Anonymen Alkoholiker sind z. B. eine Bewegung, die auf medizinischen Erkenntnissen über die Auswirkungen des Alkohols auf die Gesundheit der Menschen und auf ihre sozialen Aktivitäten aufgebaut ist. Die Bewegung erhielt ihre Form durch die Opposition gegen die Werbung, mit der der Alkoholkonsum angekurbelt werden soll, sowie durch ihren Versuch, dem Druck zu begegnen, dem Alkoholiker in einer Gesellschaft ausgesetzt sind, in welcher der Genuß von Alkohol toleriert wird.

Soziale Bewegungen und Soziologie

Die sozialen Bewegungen sind für die Soziologen aus zwei Gründen von Interesse. Sie sind Gegenstand von Untersuchungen, aber mehr noch können sie den Blickwinkel verändern, unter dem Soziologen das Gebiet des Verhaltens, das sie zu analysieren versuchen, *betrachten*. Die Frauenbewegung ist z. B. für die Soziologie nicht nur deswegen relevant, weil sie Forschungsmaterial liefert, sondern sie hat eine Schwäche in den etablierten Rahmenbedingungen des soziologischen Denkens zutage gefördert und Konzepte entwickelt (wie jenes des Patriarchats), die uns die Themen Geschlecht und Macht zu verstehen helfen. Es besteht ein kontinuierlicher Dialog nicht nur zwischen sozialen Bewegungen und den Organisationen, gegen die sie auftreten, sondern zwischen den sozialen Bewegungen und der Soziologie selbst.

Zusammenfassung

1 Revolutionen haben in den vergangenen Jahrhunderten in vielen Teilen der Welt stattgefunden. Die Amerikanische Revolution 1776 und die Französische Revolution 1789 inspirierten Ideale und Hoffnungen, die in der Politik weite Verbreitung fanden.

2 Der Begriff *Revolution* ist sehr schwierig zu definieren. Ein politischer Wandlungsprozeß ist dann eine Revolution, wenn daran eine soziale Massenbewegung beteiligt ist, welche bereit ist Gewalt einzusetzen, um ihre Ziele zu erreichen, und die in der Lage ist, die Macht zu ergreifen und in der Folge Reformen zu initiieren.

3 Es gibt verschiedene Revolutionstheorien. Marx' Interpretation der Revolution ist besonders wichtig, nicht nur wegen ihres intellektuellen Beitrages – der in mehrfacher Hinsicht in Frage gestellt werden kann –, sondern weil sie bis zu einem bestimmten Grad dazu gedient hat, tatsächliche revolutionäre Prozesse in diesem Jahrhundert zu formen.

4 Da es sich bei einer Revolution um ein so komplexes Phänomen handelt, ist es schwierig, generelle Aussagen über die Bedingungen, die zu einem revolutionären Wandel führen, zu treffen. Die meisten Revolutionen passieren dort, wo die Regierungsmacht zersplittert wurde (z. B. im Zuge eines Krieges) und wo eine unterdrückte Gruppe in der Lage ist, eine Massenbewegung zu erzeugen und in Gang zu halten. Revolutionen sind in der Regel unbeabsichtigte Folgen von Teilzielen, die solche Bewegungen ursprünglich verfolgten.

5 Postrevolutionäre Regimes sind oft autoritär und führen die Zensur und andere Kontrollmechanismen ein. Revolutionen haben normalerweise für die Gesellschaften, in denen sie stattfinden, langfristige Folgen, obwohl es schwierig ist, diese von anderen, die nachfolgende Entwicklung dieser Gesellschaft beeinflussenden Faktoren zu trennen.

6 1989 kam es in Osteuropa zu einer Reihe von Revolutionen, durch die der Kommunismus gestürzt wurde. Obwohl diese Revolutionen eher antimarxistisch als marxistisch

waren, gibt es Parallelen zu früheren Prozessen des revolutionären Wandels. Der mangelnde Wille der Sowjetunion, militärisch einzugreifen, war z. B. eine Schlüsselbedingung für den Erfolg der Aufstände.

7 Aktivitäten von Massen gibt es nicht nur bei Revolutionen, sondern unter vielen anderen Umständen, in denen der soziale Wandel nicht so dramatisch ist – wie bei öffentlichem Aufruhr. Die Aktionen des aufrührerischen Mobs können vollkommen destruktiv und willkürlich erscheinen, dienen aber oft bestimmten Zwecken der Beteiligten.

8 In der modernen Gesellschaft finden sich viele Arten sozialer Bewegungen. Soziale Bewegungen sind ein Versuch, gemeinsame Interessen durch eine kooperative Vorgangsweise außerhalb der Sphäre etablierter Institutionen zu fördern. Die Soziologie untersucht solche Bewegungen nicht nur, sondern reagiert auch auf die Themen, die sie aufwerfen.

Grundbegriffe

Revolution	kollektive Aktion
Rebellion	soziale Bewegung

Wichtige Fachausdrücke

Staatsstreich	Aktivität der Masse
Widerspruch	Aufstand
Sozialismus	zielgerichtete Masse
Kommunismus	Transformationsbewegung
Ungleichgewicht	Reformbewegung
relative Deprivation	Erlösungsbewegung
Mobilisierung	alterative Bewegung
multiple Souveränität	Historizität
Revolutionsterror	Handlungsfeld

Weiterführende Literatur

Zbigniew Brzezinski, *Das gescheiterte Experiment. Der Untergang des kommunistischen Systems* (Wien: Ueberreuter Sachbuch, 1989) – eine Studie über Aufstieg und Niedergang des Kommunismus im 20. Jahrhundert, in der behauptet wird, daß der Kommunismus „eine historische Tragödie" sei.

James DeFronzo, *Revolutions and Revolutionary Movements* (London: Westview, 1991) – eine umfassende Studie über die größten Revolutionen des zwanzigsten Jahrhunderts.

John Dunn, „*Understanding revolutions*" in: *Rethinking Modern Political Theory* (Cambridge: Cambridge University Press, 1985) – eine Erörterung der Probleme des Verständnisses moderner Revolutionen.

Ron Eyerman and Andrew Jamison, *Social Movements* (Cambridge: Polity, 1991) – ein nützlicher Überblick und eine Analyse über die aktuelle Theorie der Beschaffenheit sozialer Bewegungen, mit besonderer Betonung der neueren sozialen Bewegungen.

Chester Hartman and Pedro Vilanova, *Paradigms Lost: The Post–Cold War Era* (London: Pluto, 1991) – eine Erörterung über den Zustand der Welt nach dem Zusammenbruch des Kommunismus in der Sowjetunion und in Osteuropa.

Kapitel 20

Sozialer Wandel – Vergangenheit, Gegenwart und Zukunft

Definition

Theorien des sozialen Wandels
    Evolutionäre Theorien
    Sozialdarwinismus
    Unilineare und multilineare Evolution
    Die Parsonssche Evolutionstheorie
    Kommentar
    Historischer Materialismus
    Kritik

Die Grenzen der Theorien: Webers Interpretation des Wandels

Bestimmungsgründe des Wandels
    Die physische Umwelt
    Die politische Organisation
    Kulturelle Faktoren

Analyse einzelner Episoden des Wandels

Der Wandel in der jüngsten Vergangenheit
    Wirtschaftliche Einflusse
    Politische Einflüsse
    Kulturelle Einflüsse

Der gegenwärtige Wandel und Aussichten für die Zukunft
    Sind wir auf dem Weg zu einer postindustriellen Gesellschaft?
    Kritische Bewertung
    Die Postmoderne und das „Ende der Geschichte"
    Kapitalismus, Sozialismus und Demokratie

Der soziale Wandel – Zukunftsperspektiven

Zusammenfassung

Grundbegriffe

Wichtige Fachausdrücke

Weiterführende Literatur

Seit ungefähr einer halben Million Jahre gibt es Menschen auf der Welt. Ackerbau, die Voraussetzung für die Seßhaftigkeit, gibt es erst seit ca. 12 000 Jahren. Kulturen gibt es seit höchstens 6 000 Jahren. Wenn wir uns die gesamte Menschheitsgeschichte als einen Tag vorstellen, dann wäre der Ackerbau vier Minuten vor Mitternacht erfunden worden; die Zivilisation wäre drei Minuten vor Mitternacht entstanden. Die Entwicklung moderner Gesellschaften hätte gar erst dreißig Sekunden vor Mitternacht eingesetzt! In den letzten dreißig Sekunden dieses Menschentages hat sich aber möglicherweise ebensoviel verändert wie seit der Stunde Null.

Das Tempo des sozialen Wandels in der modernen Zeit ist leicht an den Fortschritten der technologischen Entwicklung ablesbar. Der Wirtschaftshistoriker David Landes drückte das folgendermaßen aus:

> Die moderne Technologie produziert nicht nur schneller; sie erzeugt auch Gegenstände, die nach den handwerklichen Methoden von gestern unter keinen Umständen hergestellt werden könnten. Die beste indianische (gemeint ist wohl: indische (Anm. d. Ü.)) Handspinnerin hätte kein so feines und regelmäßig angeordnetes Gewebe produzieren können, wie die Mule-Maschine es vermag; und alle Schmieden des christlichen Abendlandes im 18. Jahrhundert hätten nicht so breite, glatte und gleichartige Stahlplatten erzeugen können wie ein modernes Walzwerk. Vor allem aber hat die moderne Technologie Dinge hervorgebracht, die im vorindustriellen Zeitalter kaum hätten erdacht werden können: die Kamera, das Kraftfahrzeug, das Flugzeug, das ganze Angebot elektronischer Geräte, angefangen beim Radio bis hin zu den Datenverarbeitungsanlagen, dem Atomkraftwerk usw. usw. ... Das Ergebnis war eine ungeheure Steigerung der Produktion und der Vielfalt des Güter- und Dienstleistungsangebots. Dies allein hat die menschliche Lebensweise stärker als alles andere seit der Entdeckung des Feuers verändert: Der Engländer des Jahres 1750 befand sich, was die Versorgung mit materiellen Gütern betrifft, in größerer Nähe zu den Legionären Cäsars als zu seinen Urenkeln. (Landes, 1973, S. 19)

Die Lebensweisen und sozialen Institutionen, die für die moderne Welt charakteristisch sind, unterscheiden sich von jenen auch der jüngeren Vergangenheit vollkommen. Während eines Zeitraumes von nur zwei oder drei Jahrhunderten – einer extrem kurzen Zeitspanne in der Menschheitsgeschichte – wurde das menschliche soziale Leben aus jenen Typen der Gesellschaftsordnung herausgelöst, in denen die Menschen seit Tausenden von Jahren gelebt hatten.

In den letzten fünfzig Jahren beschleunigte sich das Tempo des Wandels, statt sich zu verringern, und mehr als irgendeine Generation vor uns gehen wir einer ungewissen Zukunft entgegen. Die Lebensbedingungen der früheren Generationen waren immer unsicher: Die Menschen waren Naturkatastrophen, Seuchen und Hungersnöten ausgeliefert. Wir in den Industrieländern sind heute weitgehend gegen solche Unwägbarkeiten gefeit. Die Ungewißheit unserer Zukunft rührt von den sozialen Kräften her, die wir selbst freigesetzt haben.

Definition

Wie sollen wir den **sozialen Wandel** definieren? In einer bestimmten Hinsicht ist alles unablässig der Veränderung unterworfen. Jeder Tag ist ein neuer Tag, jeder Augenblick ist ein neuer Zeitpunkt. Der griechische Philosoph Heraklit wies darauf hin, daß niemand zweimal in den gleichen Fluß steigen kann. Beim zweiten

Mal ist der Fluß ein anderer, weil das Wasser weitergeflossen ist und sich auch der Mensch leicht geändert hat. Obwohl diese Beobachtung in einer bestimmten Hinsicht richtig ist, möchten wir natürlich normalerweise sagen, daß der Fluß und die Person noch dieselben sind. Die Gestalt des Flusses und das physische und persönliche Erscheinungsbild der Person mit den nassen Füßen sind kontinuierlich genug, daß beide im Wandel „die gleichen" bleiben.

Einen bedeutsamen Wandel zu identifizieren, heißt aufzuzeigen, wie weit es innerhalb einer bestimmten Zeitspanne Änderungen bei der einem Objekt oder einer Situation *zugrundeliegenden Struktur* gibt. Im Falle der menschlichen Gesellschaften müssen wir, um zu entscheiden, wie weit und auf welche Art und Weise ein System einem Wandlungsprozeß unterliegt, zeigen, bis zu welchem Grad es in einem bestimmten Zeitraum zu einer Änderung der *Basisinstitutionen* kommt. Ein Nachzeichnen des Wandels bedeutet auch, daß gezeigt werden muß, was gleich bleibt, um eine Kontrastfolie der Veränderungen zu gewinnen. Sogar in der sich rasch wandelnden heutigen Welt gibt es Kontinuitäten aus der weit zurückliegenden Vergangenheit. Die großen Religionssysteme z. B., wie das Christentum oder der Islam, halten ihre Bande mit den vor ca. 2 000 Jahren eingeführten Ideen und Riten aufrecht. Die meisten Institutionen in den modernen Gesellschaften ändern sich jedoch offensichtlich wesentlich schneller als die Institutionen in der traditionellen Welt.

In diesem Kapitel werden wir uns mit Interpretationsversuchen des die gesamte Menschheitsgeschichte beeinflussenden Wandels befassen. Hierauf werden wir erörtern, warum in der modernen Zeit ein besonders tiefgreifender und rapider sozialer Wandel vor sich geht. In der Folge werden wir versuchen festzustellen, wohin die großen Entwicklungsstränge in modernen Gesellschaften im Moment zu führen scheinen.

Theorien des sozialen Wandels

Zwei allgemeine Ansätze waren vermutlich für Versuche, die generellen Mechanismen des Wandels in der Menschheitsgeschichte zu verstehen, relevanter als alle anderen. Der erste ist der Ansatz des **sozialen Evolutionismus**, der biologische und soziale Prozesse der Veränderung miteinander zu verbinden versucht. Der zweite Standpunkt ist der des ursprünglich von Marx entwickelten **historischen Materialismus**, der später von verschiedenen Autoren weiter ausgefeilt wurde.

Evolutionäre Theorien

Die evolutionären Theorien des sozialen Wandels gehen von einem ziemlich offenkundigen Faktum aus. Wenn wir verschiedene historische Typen der menschlichen Gesellschaft miteinander vergleichen, scheint klar zu sein, daß es eine Bewegung hin zu einer größeren Komplexität gibt (siehe Kapitel 2 „Kultur und Gesellschaft"). Jäger und Sammler–Gesellschaften, die man (obwohl es noch immer welche gibt) auf den frühesten Entwicklungsstufen findet, scheinen in ihrer Struktur relativ einfach zu sein, wenn man sie mit den Ackerbaugesellschaften vergleicht, welche später in der Geschichte auftauchen. Bei den Jäger und Sammler-Gesellschaften gab es z. B. keine eigenen herrschenden Gruppen oder politischen Machthaber, die wir normalerweise in Ackerbaugesellschaften finden. Traditionelle Staaten waren größer und komplizierter. In diesen Gesellschaften gab es klar unterschiedene Klassen und eigene politische, rechtliche und kulturelle Institutionen. Schließlich sind die Industriegesellschaften komplizierter als alle zuvor existierenden Typen. Sie weisen viele spezifische Institutionen und Organisationen auf.

Die Entwicklung hin zu einer zunehmenden Komplexität wurde oft unter Rückgriff auf das Konzept der **Differenzierung** analysiert. Wenn Gesellschaften komplexer werden, dann werden bestimmte Gebiete des sozialen Lebens, die einst vermischt waren, klar differenziert, d.h. von einander getrennt. Die zunehmende Differenzierung und Komplexität in der menschlichen Gesellschaft, argumentieren evolutionäre Autoren, kann mit Prozessen verglichen werden, die die biologische Entwicklung von Arten steuern. Die Richtung der biologischen Evolution geht ebenfalls von einfachen zu komplexeren Arten. Lebewesen auf den unteren Sprossen der evolutionären Leiter, wie die Einzeller, sind, verglichen mit höheren Tieren, sehr einfach strukturiert.

In der biologischen Evolution wird die Entwicklung von einfachen hin zu komplexeren Organismen durch die Anpassung an die Umgebung erklärt – wie gut sich Tiere an ihr materielles Milieu anpassen (siehe Kapitel 2 „Kultur und Gesellschaft"). Komplexere Organismen haben eine größere Fähigkeit, sich ihren Umgebungen anzupassen und in ihnen zu überleben, als einfache. Den Evolutionstheoretikern zufolge gibt es zwischen der biologischen Entwicklung und der Abfolge menschlicher Gesellschaften in der Geschichte direkte Parallelen. Je komplexer eine Gesellschaft ist, desto größer ist im Vergleich zu einfacheren Typen ihr Überlebenswert.

Sozialdarwinismus

Frühe Theorien der sozialen Evolution im 19. Jahrhundert setzten den Evolutionismus häufig mit „Fortschritt" gleich – mit einer Bewegung hin zu moralisch höheren Formen der Gesellschaft. Eine Variante dieser Theorie, die kurz vor der Jahrhundertwende sehr populär wurde, war der **Sozialdarwinismus**. Wie der Name schon sagt, orientierte sich der Sozialdarwinismus an Charles Darwins Arbeiten über die biologische Evolution. Es wurde argumentiert, daß menschliche Gesellschaften wie biologische Organismen miteinander kämpfen, um zu überleben. Die modernen Gesellschaften des Westens sind durch diesen Kampf an die Spitze gekommen und verkörpern so den höchsten Grad des sozialen Fortschrittes, der bis jetzt erzielt wurde. Einige Autoren zogen sozialdarwinistische Ideen heran, um die Überlegenheit der Weißen gegenüber Schwarzen abzuleiten, wobei sie „wissenschaftliche" Rechtfertigungen für den Rassismus entwickelten. Die Theorie wurde auch herangezogen, um die dominante Position des Westens zu legitimieren. Der Sozialdarwinismus erreichte während der Zeit des „Kampfes um Afrika" unter den europäischen Mächten seinen Höhepunkt – vor dem Aufstieg der modernen ethnologischen Feldforschung, welche die Vielfalt der menschlichen Kulturen dokumentierte und zur Relativierung der eurozentrischen

Perspektive des sozialdarwinistischen Gedankengutes beitrug. Gegen Ende der 20er Jahre dieses Jahrhunderts war der Darwinismus nachhaltig diskreditiert, und tatsächlich verlor der Sozialevolutionismus insgesamt an Popularität.

Unilineare und multilineare Evolution

Die Theorien des 19. Jahrhunderts über die soziale Entwicklung waren oft **unilinear**, das heißt sie behaupteten, daß es in der menschlichen Gesellschaft eine einzige Entwicklungslinie – vom Einfachen zum Komplexeren hin – gäbe. Um ihren evolutionären Weg zu gehen, müsse jede Gesellschaft die gleichen Entwicklungsstadien durchlaufen. In den vergangenen Jahrzehnten allerdings wurde die evolutionäre Theorie in der Soziologie in gewissem Ausmaß wiederbelebt, wobei aber die **multilineare Evolution** betont wurde (Lenski und Lenski, 1982). Multilineare Theorien anerkennen, daß es viele Entwicklungslinien von einem Gesellschaftstyp hin zu einem anderen geben kann. Dieser Theorie zufolge können die verschiedenen Arten der Gesellschaft entsprechend ihrem Grad an Komplexität und Differenzierung kategorisiert werden; jedoch nicht alle folgen einem einzigen Weg der Veränderung.

Multilineare Evolutionisten betrachten die zunehmende Anpassung an die Umgebung noch immer als den wichtigsten Mechanismus des Wandels. Für sie ist jeder nachfolgende Gesellschaftstyp bei der Anpassung an seine Umgebung erfolgreicher als einfachere Typen. Ackerbaugesellschaften waren z. B. bei der Sicherung beständiger Nahrungsquellen effizienter als Jäger und Sammler-Gesellschaften. Gegenwärtige Anhänger der evolutionären Theorie hüten sich jedoch, die solchermaßen zunehmende adaptive Fähigkeit als „Fortschritt" zu sehen.

Die Parsonssche Evolutionstheorie

Eine der einflußreichsten Theorien wurde von Talcott Parsons formuliert. Er geht davon aus, daß die soziale Evolution eine Erweiterung der biologischen Evolution ist, obwohl die tatsächlichen Mechanismen der Entwicklung verschieden sind. Beide Evolutionstypen können unter Bezug auf Parsons *evolutionäre Universalien* verstanden werden, das heißt Entwicklungstypen, die unter unterschiedlichen Bedingungen und zu verschiedenen Gelegenheiten auftreten und einen großen Überlebenswert haben. Der Gesichtssinn ist z. B. eine evolutionäre Universalie in der Natur. Er hat sich nicht nur in einem Teil des Tierreiches, sondern unabhängig voneinander bei verschiedenen Arten entwickelt. Die Fähigkeit zu sehen, ermöglicht eine breitere Reihe koordinierter Reaktionen auf die Umwelt, als dies für Organismen ohne Gesichtssinn möglich ist, und hat daher einen großen adaptiven Wert. Der Gesichtssinn ist für alle Tiere auf einer höheren Stufe der biologischen Evolution vonnöten.

Die Kommunikation ist, wie Parsons aufzeigt, für alle menschlichen Kulturen von grundlegender Bedeutung, und die Sprache ist die Basis der Kommunikation. Die Sprache ist somit die erste und hervorstechendste evolutionäre Universalie. Es ist keine menschliche Gesellschaft bekannt, die keine Sprache hat. Drei weitere evolutionäre Universalien, die man sogar in den frühesten Formen der Gesellschaft findet, sind die Religion, die Verwandtschaft und die Technologie. Diese vier Universalien betreffen derart grundlegende Aspekte jeder menschlichen Gesellschaft, daß kein Prozeß der sozialen Evolution ohne sie stattfinden könnte.

Parsons meint, daß die soziale Evolution als Prozeß einer zunehmenden Differenzierung sozialer Institutionen analysiert werden kann, wenn sich die Gesellschaften von einem einfachen auf ein komplexeres Stadium zubewegen. Die frühesten Formen der Gesellschaft zeigen einen nur sehr niedrigen Grad an Differenzierung, und für sie ist der *konstitutive Symbolismus*, wie Parsons es nennt, charakteristisch. Das bedeutet, daß es eine Reihe von Symbolen – weitgehend religiösen Charakters – gibt, die praktisch alle Aspekte des sozialen Lebens durchdringen. Als Beispiel einer Kultur auf der untersten Stufe der sozialen Evolution nimmt Parsons (wie Durkheim) den Fall der Aborigines–Gesellschaften in Australien her. Diese Gesellschaften sind beinahe vollkommen nach Verwandtschaftsbeziehungen geordnet, welche ihrerseits wieder der Ausdruck religiöser Vorstellungen und mit den wirtschaftlichen Aktivitäten verwoben sind. Es gibt sehr wenig Eigentum, keine eigenen Häuptlinge und keine Produktionswirtschaft, weil Jagen und Sammeln die Lebensgrundlage darstellen.

Die nächste Stufe in der Evolution ist die „fortgeschrittene primitive Gesellschaft". Bei diesem Typ ersetzt ein Schichtungssystem den stärker egalitären Charakter der einfacheren Kulturen. Fortgeschrittenen primitiven Gesellschaften sind oft sowohl ethnische als auch Klassenunterschiede eigen. Sie entwickeln ein eigenes produktives System mit Ackerbau oder Viehzucht und Orten der Seßhaftigkeit. Die Religion ist von anderen Aspekten des sozialen Lebens stärker getrennt und wird von einer eigenen Priesterschaft organisiert und entwickelt.

Weiter oben in der Skala finden wir das, was Parsons „intermediäre Gesellschaften" nennt. Intermediäre Gesellschaften wurden von den meisten anderen Autoren „Zivilisationen" oder „traditionelle Staaten" genannt, wie das Alte Ägypten, Rom oder China. Mit ihnen verbindet man die Entstehung der Schrift und des Lesens. Die Religion wird weiter verfeinert, wobei sich eine systematische Theologie herausbildet, deren Bereich von politischen, wirtschaftlichen und Familienbeziehungen klar getrennt ist. Die politische Führerschaft entwickelt sich in Form von Regierungsbehörden, denen aristokratische Herrscher vorstehen. In diesem Stadium entstehen verschiedene neue evolutionäre Universalien, unter anderem spezielle Formen politischer Legitimität, bürokratische Organisationen, monetärer Austausch und ein spezialisiertes Rechtssystem. Jeder dieser Faktoren, sagt Parsons, erhöht die Fähigkeit einer Gesellschaft, eine große Anzahl von Menschen in eine umfassende Gemeinschaft zu integrieren, beträchtlich.

Industriegesellschaften stehen in Parsons' evolutionärem Schema an der Spitze. Sie sind intern viel differenzierter als der intermediäre Typ. In Industriegesellschaften sind das wirtschaftliche und das politische System klar voneinander getrennt, und beide unterscheiden sich wiederum vom rechtlichen und vom religiösen System. Die Entwicklung der Massendemokratie ist ein Mittel, um die ganze Bevölkerung in die politische Ordnung einzubinden. Industriegesellschaften verfügen über eine territorial viel höhere Einheit als frühere Typen und sind voneinander durch klar definierte physische Grenzen getrennt. Der durch die

Institutionen der Industriegesellschaften erzeugte höhere Überlebenswert wird durch die Verbreitung des Industrialismus in der ganzen Welt bewiesen, welcher zu einem mehr oder weniger kompletten Verschwinden früherer Gesellschaftstypen führt.

Kommentar

Auch in ihrer neueren und ausgefeilteren Form stoßen die evolutionären Theorien auf beträchtliche Schwierigkeiten (Gellner, 1964; Giddens, 1992). Es ist keinesfalls ausgemacht, daß die Entwicklung menschlicher Gesellschaften der Natur nachempfunden ist, und das Konzept der Anpassung ist wahrscheinlich in der Soziologie von geringem Wert. In der Biologie hat **Anpassung** eine ziemlich präzise Bedeutung. Man versteht darunter die Art und Weise, wie zufällig erzeugte Merkmale bestimmter Organismen ihr Überleben begünstigen und dabei die von einer zur anderen Generation übermittelten Gene beeinflussen. Im Falle der sozialen Evolution ist die Bedeutung nicht so klar umgrenzt.

Es ist nicht einmal sicher, daß wir Gesellschaften nach verschiedenen Komplexitätsstufen vernünftig klassifizieren können, wie wir dies bei Lebewesen können. Jäger und Sammler–Gesellschaften sind in mancher Hinsicht komplexer als industrialisierte Gesellschaften gestaltet, auch wenn sie viel kleiner sind. Die meisten Jäger und Sammler–Gemeinschaften haben Verwandtschaftssysteme, die weitaus komplizierter sind als die der meisten Industrieländer.

Die jüngeren Evolutionstheorien sind ausgefeilter als die früheren, aber obwohl wir sagen können, daß es eine generelle Richtung der menschlichen Sozialentwicklung von kleineren zu größeren Gesellschaften gibt, ist nicht klar, ob das unter Rückgriff auf die Begriffe der Anpassung oder des Überlebenswertes erklärt werden kann. Die Beschaffenheit des sozialen und kulturellen Wandels scheint wesentlich komplizierter zu sein als es die Evolutionstheorien haben wollen.

Historischer Materialismus

Die Marxsche Interpretation des sozialen Wandels hat mit den evolutionären Theorien etwas gemeinsam. Beide betrachten die zentralen Muster des Wandels als Ergebnis der Interaktion mit der materiellen Umwelt. Marx zufolge beruht jede Gesellschaft auf einer wirtschaftlichen Basis oder einem *Unterbau*, dessen Wandel zu Änderungen im *Überbau*, d.h. bei den politischen, rechtlichen und kulturellen Institutionen, führt. Marx verwendet den Begriff der Anpassung, der ihm zu mechanistisch erschienen wäre, nicht. Seiner Ansicht nach setzen sich die Menschen mit ihrer Umwelt aktiv auseinander, möchten sie beherrschen und ihren Zwecken unterordnen. Sie passen sich nicht an ihre Umwelt an oder in sie ein.

Der soziale Wandel, argumentiert Marx, kann durch die Art und Weise verstanden werden, wie Menschen durch die Entwicklung immer ausgefeilterer Produktionssysteme die materielle Welt mehr und mehr beherrschen und sie ihren Zwecken unterordnen. Für ihn ist dieser Prozeß ein Prozeß der Expansion der **Produktivkräfte** – mit anderen Worten, des Grades des wirtschaftlichen Fortschrittes, den eine Gesellschaft erreicht hat. Marx zufolge tritt der soziale Wandel nicht bloß als langsamer Entwicklungsprozeß auf, sondern in Form revolutionärer Veränderungen. Perioden gradueller Veränderungen der Produktivkräfte und anderer Institutionen wechseln mit Phasen eines dramatischeren, revolutionären Wandels ab. Das wurde oft als **dialektische Interpretation des Wandels** bezeichnet. Die wichtigsten Veränderungen erfolgen durch Spannungen, Zusammenstöße und Kämpfe.

Veränderungen, die bei den Produktionskräften auftreten, bedingen Spannungen in anderen Institutionen des Überbaues. Je mehr sich diese Spannungen zuspitzen, desto stärker ist der Druck in Richtung einer umfassenden Veränderung der Gesellschaft. Die Kämpfe zwischen den Klassen werden immer erbitterter und führen in letzter Konsequenz entweder zur Zersetzung der bestehenden Institutionen oder zum Übergang zu einem neuen Typ der sozialen Ordnung durch einen Prozeß der politischen Revolution.

Als Beispiel für die Theorie von Marx können uns die Veränderungen bei der Ablöse des Feudalismus durch den industriellen Kapitalismus in der europäischen Geschichte dienen. Das feudale Wirtschaftssystem stützte sich auf eine kleinräumige, landwirtschaftliche Produktion, wobei der Adel und die Leibeigenen die zwei Hauptklassen waren. Marx zufolge vollzogen sich größere Veränderungen im Unterbau, als sich der Handel und die Technik (die Produktivkräfte) entwickelten. Sie ordneten die Wirtschaftsbeziehungen neu; diese basierten von nun an auf einer kapitalistischen Produktion und Industrie in den kleineren und größeren Städten. Zwischen der alten, auf Grund und Boden basierenden, agrarischen Wirtschaftsordnung und dem neu auftauchenden kapitalistischen Produktionssystem entwickelte sich eine Reihe von Spannungen. Je intensiver diese Spannungen wurden, desto größer wurde der Druck auf die anderen Institutionen. Der Konflikt zwischen dem Adel und der neu entstehenden kapitalistischen Klasse führte in letzter Konsequenz zu einem revolutionären Prozeß, welcher die Konsolidierung eines neuen Gesellschaftstyps signalisierte. Mit anderen Worten: Der industrielle Kapitalismus hatte den Feudalismus ersetzt.

Kritik

Marx' Ideen sind sicher beim Verständnis einiger wichtiger Übergänge in der Geschichte hilfreich, und viele Historiker und Soziologen, die sich selbst nicht als Marxisten bezeichnen würden, haben große Teile der Marxschen Interpretation des Niederganges des Feudalismus und des Ursprunges des modernen Kapitalismus übernommen. Als generelles System zur Analyse des sozialen Wandels hat die Marxsche Theorie jedoch unübersehbare Grenzen. Es ist nicht klar, wie weit andere historische Übergänge ins Marxsche Schema passen. Bestimmte Archäologen haben sich z. B. auf Aspekte der Marxschen Theorie gestützt, um die frühe Entwicklung von Kulturen zu erklären (Childe, 1956, 1979). Sie argumentieren, daß die Kulturen begannen, als sich die Produktionskräfte weit genug entwickelt hatten, um eine auf Klassen beruhende Gesellschaft hervorzubringen. Das ist bestenfalls ein äußerst vereinfachter Standpunkt, da sich die traditionellen Staaten eher im Zuge militärischer Expansionen und Eroberungen bildeten. Politische und militärische Macht war oft ein *Mittel*, um Reichtum anzuhäufen, und nicht das Ergebnis desselben. Darüberhinaus paßte die Marxsche Theorie niemals ganz auf die Entwicklung der großen östlichen Kulturen in Indien, China und Japan.

Die Grenzen der Theorien: Webers Interpretation des Wandels

Max Weber kritisierte sowohl die evolutionären Theorien als auch den Marxschen historischen Materialismus. Versuche, den historischen Wandel als Ganzes mit den Begriffen der Anpassung an die materielle Welt oder mit wirtschaftlichen Faktoren zu erklären, müssen, so Weber, fehlschlagen. Obwohl solche Einflüsse zweifellos wichtig sind, *beherrschen* sie den generellen Entwicklungsprozeß letztendlich nicht. Es besteht keine Aussicht, die Vielfalt der menschlichen sozialen Entwicklung durch eine monokausale Theorie erklären zu können. Neben den wirtschaftlichen Aspekten sind oft Faktoren wie militärische Macht, Regierungsform und Ideologie gleich wichtig oder sogar wichtiger.

Wenn der Webersche Standpunkt richtig ist, worüber bei den meisten Autoren Einverständnis herrscht, so gibt es keine einzelne Theorie, die auf alle Formen des sozialen Wandels passen würde. Bei der Analyse des Wandels können wir bestenfalls zweierlei erreichen: Erstens können wir einige Faktoren definieren, die in vielen verschiedenen Kontexten einen nachhaltigen und generellen Einfluß auf den sozialen Wandel ausüben. Zweitens können wir Theorien entwickeln, die auf bestimmte „Phasen" oder „Episoden" des Wandels passen – z. B. auf die frühe Entstehung traditioneller Staaten. Evolutionistische und marxistische Wissenschaftler hatten nicht unrecht, als sie die Bedeutung der umweltbedingten und der wirtschaftlichen Faktoren für die Muster des sozialen Wandels betonten – sie verliehen ihnen aber ein im Vergleich zu anderen Einflüssen unangemessenes Gewicht.

Bestimmungsgründe des Wandels

Die wichtigsten Einflüsse auf den sozialen Wandel können in drei großen Kategorien zusammengefaßt werden: die *physische Umgebung*, die *politische Organisation* und die *kulturellen Faktoren*.

Die physische Umwelt

Wie die Evolutionisten betonten, hat die phyische Umgebung oft einen Einfluß auf die Entwicklung der menschlichen sozialen Organisationen. Das wird unter extremen Umweltbedingungen am klarsten, wenn die Menschen ihre Lebensweisen nach den Witterungsbedingungen organisieren müssen. Völker in Polarregionen entwickeln notwendigerweise andere Gewohnheiten und Verhaltensweisen als jene in subtropischen Gebieten.

Auch weniger extreme physische Bedingungen beeinflussen oft die Gesellschaft. Die indigene australische Bevölkerung bestand immer aus Jägern und Sammlern, da auf dem Kontinent kaum einheimische Pflanzen wuchsen, die sich für einen regelmäßigen Anbau eigneten, und es keine Tiere gab, die domestiziert werden konnten, um eine Viehzucht zu entwickeln. Die frühen Zivilisationen entstanden hauptsächlich in Gegenden mit fruchtbarem Ackerland, z. B. in einem Flußdelta. Andere Faktoren, wie z. B. günstige Verkehrsverbindungen auf dem Landweg oder die Nähe von Seewegen sind ebenfalls wichtig. Gesellschaften, die von anderen durch Gebirgszüge, undurchdringliche Urwälder oder Wüsten abgeschnitten sind, bleiben oft über lange Zeiträume relativ unverändert.

Der direkte Einfluß der Umwelt auf den sozialen Wandel ist jedoch geringer, als man vermuten könnte. Sogar Völker, die nur einfache Techniken kennen, entwickeln manchmal in relativ unwirtlichen Gegenden einen beträchtlichen produktiven Reichtum. Umgekehrt haben Jäger und Sammler–Gesellschaften häufig in sehr fruchtbaren Regionen gelebt, ohne sich zu einer Viehzüchter– oder Ackerbaugesellschaft zu entwickeln. Zwischen der Umwelt und den sich entwickelnden Produktionssystemtypen gibt es nur wenige direkte und konstante Verbindungen. Die Betonung der Anpassung an die Umgebung durch die Evolutionisten ist deshalb weniger erhellend als Marx' Ansatz, der die Bedeutung der Produktionsverhältnisse für soziale Entwicklungen hervorhebt. Zweifellos beeinflussen Typen von Produktionssystemen den Grad und die Beschaffenheit des in einer Gesellschaft vor sich gehenden Wandels stark, obwohl sie nicht so überwältigend wichtig sind, wie Marx meinte.

Die politische Organisation

Ein zweiter, wichtiger Einflußfaktor bei sozialen Veränderungen ist die Art und Weise der politischen Organisation. In Jäger– und Sammlergesellschaften ist dieser Einfluß minimal, weil es keine spezifischen politischen Instanzen gibt, die die Gemeinschaft mobilisieren können. In allen anderen Gesellschaftstypen beeinflußt das Vorhandensein eines spezifischen politischen Entscheidungsträgers – Häuptlinge, Lehensherren, Könige oder Regierungen – den Entwicklungsgang der Gesellschaft nachhaltig.

Politische Systeme sind nicht, wie Marx sagt, der Ausdruck einer zugrundeliegenden Wirtschaftsorganisation. In Gesellschaften, die ähnliche Produktionssysteme haben, können die Formen der politischen Ordnung sehr verschieden sein. Die Produktionsweisen in kleinen, nichtstaatlichen Viehzüchtergesellschaften sind z. B. von jenen in großen, staatlich organisierten Kulturen nicht sehr verschieden, und es kann sein, daß die Herrscher einen territorialen Expansionsprozeß initiieren, der den wirtschaftlichen Wohlstand der Gesellschaften, über die sie regieren, stark vermehrt. Andererseits kann ein Monarch, der versucht, sich ein anderes Land anzueignen, damit aber Schiffbruch erleidet, eine Gesellschaft wirtschaftlich zerrütten oder in den Ruin treiben.

Die *militärische Stärke* ist ein wichtiger Aspekt der politischen Bestimmungsgründe des sozialen Wandels. Wie oben erwähnt, spielte die militärische Macht bei der Etablierung der meisten traditionellen Staaten eine grundlegende Rolle – ihr Einfluß auf die weitere Entwicklung oder Expansion war ebenso wichtig. Die Beziehungen zwischen dem Produktionsniveau und der militärischen Stärke sind wiederum ziemlich indirekt. Ein Herrscher kann auch dann, wenn dabei ein

Großteil der Bevölkerung verarmt, beschließen, die Ressourcen z. B. in den Aufbau des Militärs zu investieren.

Kulturelle Faktoren

Zu diesen zählt man die Auswirkungen der Religion, der Denkstile und der Bewußtseinsformen. Wie wir zuvor (in Kapitel 14 „Religion") gesehen haben, kann die Religion im sozialen Leben entweder als konservative oder als innovative Kraft wirken. Viele Formen religiösen Glaubens und Kultes haben den Wandel gebremst und betonten vor allem die Notwendigkeit, traditionelle Werte und Rituale beizubehalten. Wie Weber hervorhebt, spielen aber religiöse Überzeugungen häufig beim Druck in Richtung sozialer Veränderungen eine Rolle.

Ein besonders wichtiger kultureller Einfluß, der den Charakter und das Tempo des Wandels mitbestimmt, sind Kommunikationssysteme. Die Erfindung der Schrift beeinflußte beispielsweise den sozialen Wandel auf mehrfache Art. Man konnte Aufzeichnungen führen, die es ermöglichten, materielle Ressourcen besser zu verwalten, und die Voraussetzung für die Entwicklung großer Organisationen waren. Zusätzlich änderte die Schrift die menschliche Wahrnehmung der Beziehung zwischen Vergangenheit, Gegenwart und Zukunft. Gesellschaften, die eine Schrift besitzen, haben Aufzeichnungen über vergangene Ereignisse und wissen, daß sie selbst eine Geschichte haben. Die Geschichte zu verstehen, kann dazu dienen, einen Sinn für die generelle „Bewegung" oder „Entwicklungslinie", die eine Gesellschaft verfolgt, zu bekommen, und die Menschen können diese dann aktiv weiter fördern.

Zu den kulturellen Faktoren gehört auch der Einfluß der *Führerschaft*. Einzelne Führer haben einen enormen Einfluß auf bestimmte Phasen und Aspekte der Weltgeschichte gehabt; man braucht nur an die großen religiösen Führer zu denken (wie Jesus), an einzelne politische oder militärische Führer (wie Julius Cäsar) oder an Erneuerer in der Naturwissenschaft oder in der Philosophie (wie Newton). Ein Führer, der in der Lage ist, eine dynamische Politik zu verfolgen, und der sich einer Massengefolgschaft versichert, oder jemand, der vorher existierende Denkweisen radikal ändern kann, kann die festgefügte Ordnung der Dinge umstürzen.

Einzelpersonen können jedoch nur dann Führungspositionen erreichen und mit ihren Handlungen Erfolg haben, wenn dafür günstige soziale Bedingungen bestehen. Hitler war z. B. in der Lage, in den dreißiger Jahren in Deutschland die Macht zu ergreifen, weil das Land zu dieser Zeit großen Spannungen und Krisen ausgesetzt war. Wenn es diese Umstände nicht gegeben hätte, wäre er wahrscheinlich eine obskure Figur innerhalb einer kleinen politischen Splittergruppe geblieben.

Analyse einzelner Episoden des Wandels

Der Einfluß der aufgezählten Faktoren ist je nach Zeit und Ort verschieden. Die generelle menschliche soziale Entwicklung wurde nicht nur von einem einzigen Faktor bestimmt. Wir können allerdings Theorien über spezifische Zeitabschnitte oder **Episoden des Wandels** formulieren. Als Beispiel können wir Robert Carneiros Interpretation der ursprünglichen Entwicklung der traditionellen Staaten oder Zivilisationen (Carneiro, 1970) hernehmen. Carneiro geht davon aus, daß Kriege bei der Entstehung traditioneller Staaten eine wichtige Rolle gespielt haben, verweist aber darauf, daß Kriege auch in Gesellschaften, die niemals Staaten werden, gang und gäbe sind und deshalb nicht der einzige Faktor für die Staatenbildung sein können.

Nach Carneiro führt Krieg zur Entstehung von Staaten, wenn die beteiligten Völker nur begrenzt Ackerland besitzen – wie das im alten Ägypten (Nildelta), im Tal von Mexiko oder in den küstennahen Bergtälern von Peru der Fall war. Unter solchen Umständen übt der Krieg einen starken Druck auf knappe Ressourcen aus. Die Abwanderung aus dem Gebiet ist schwierig, weil es physisch abgegrenzt ist. Die überlieferten Lebensweisen geraten unter Druck, wobei bestimmte Gruppen die militärische Herrschaft über die anderen erreichen wollen, und Versuche zur Zentralisierung der Kontrolle über die Produktion gemacht werden. Es kann sein, daß ein ganzes Tal unter einem Häuptling vereint wird, der dann in der Lage ist, die administrativen Ressourcen zu konzentrieren, um einen Regierungsapparat oder Staat zu realisieren.

Die Theorie ist interessant und wichtig und hilft uns, eine große Zahl verschiedener Fälle der staatlichen Entwicklung zu verstehen. Nicht alle frühen Staaten aber entwickelten sich unter den von Carneiro beschriebenen physischen Umständen (Claessen und Skalnik, 1978), und spätere Formen des traditionellen Staates entstanden oft unter ziemlich unterschiedlichen Umständen. Wenn Staaten einmal entstanden sind, dann regen sie anderswo weitere Entwicklungen an. Andere Völker sind in der Lage, deren Vorbild zu folgen und bilden ihr eigenes politisches System. Die Tatsache, daß Carneiros Theorie nur auf eine begrenzte Anzahl von Fällen traditioneller Staatenbildungen anwendbar ist, ist kein Grund, sie zu verurteilen oder zurückzuweisen. Sie ist von hinreichender Allgemeinheit, um als gute und nützliche Theorie gelten zu können. Daß einzelne Theorien entwickelt werden könnten, die wesentlich größere Abschnitte des sozialen Wandels erklären, ist eher unwahrscheinlich.

Der Wandel in der jüngsten Vergangenheit

Was erklärt, warum die beiden letzten Jahrhunderte, das Zeitalter der Moderne, sich zunehmend schneller gewandelt haben? Es handelt sich dabei natürlich um ein sehr komplexes Thema, aber es ist nicht schwer, einige Faktoren, die dabei eine Rolle gespielt haben, aufzuzeigen. Es überrascht nicht, daß sie nach ähnlichen Kriterien eingeteilt werden können wie jene, die den sozialen Wandel in der Geschichte beeinflußt haben. Wenn wir sie analysieren, werden wir den Einfluß der physischen Umwelt im Kontext unserer Erörterung der allgemeinen wirtschaftlichen Einflußfaktoren behandeln.

Wirtschaftliche Einflüsse

Auf Wirtschaftsebene ist der wichtigste Einflußfaktor der *industrielle Kapitalismus*. Der Kapitalismus unterscheidet sich grundlegend von vorherigen Produktionssystemen, weil er eine stetige Ausweitung der Produktion und eine ständig steigende Akkumulierung von Reichtum mit sich bringt. In den traditionellen Produktionssystemen waren die Produktionsniveaus ziemlich statisch und auf die überlieferten, gewohnten Bedürfnisse abgestimmt. Die kapitalistische Entwicklung fördert die immer wiederkehrende Erneuerung der Produktionstechnologie, ein Prozeß, in den die Wissenschaft immer stärker hineingezogen wird. Die in der modernen Industrie übliche technologische Innovationsrate ist weitaus größer als in zuvor bestehenden Wirtschaftsordnungen.

Nehmen wir als Beispiel die heutige Automobilindustrie: Alle paar Jahre bringen die großen Hersteller neue Modelle heraus, und sie versuchen, die bestehenden ständig zu verbessern und zu verändern. Oder betrachten wir die gegenwärtige Entwicklung der elektronischen Datenverarbeitung: In den vergangenen 15 Jahren hat sich die Leistungsfähigkeit der Computer um das tausendfache verstärkt. In der Mitte der sechziger Jahre brauchte ein großer Computer mehrere Zehntausende, händisch hergestellte Anschlüsse. Ein gleichwertiges Gerät heute ist nicht nur viel kleiner, sondern braucht auch nur 10 Elemente in einem integrierten Schaltkreis.

In traditionellen Gesellschaften war der Großteil der Produktion lokal. Kaufleute machten zwar weite Reisen und trieben auch über große Entfernungen verschiedene Arten von Handel, aber meist beschränkte sich dieser Handel auf Luxusgüter, die nur von wenigen konsumiert wurden. Die Entwicklung der modernen Industrie setzte dem lokalen Charakter der traditionellen Produktion ein Ende, und die Konsumenten und Produzenten wurden in eine Arbeitsteilung eingebunden, die sich heute tatsächlich über die ganze Welt erstreckt. Marx beschreibt diesen Prozeß sehr genau, indem er aufzeigt, daß der moderne Kapitalismus

> durch die Exploitation des Weltmarkts die Produktion und Konsumtion aller Länder kosmopolitisch gestaltet (hat). Sie hat zum großen Bedauern der Reaktionäre den nationalen Boden der Industrie unter den Füßen weggezogen. Die uralten nationalen Industrien sind vernichtet worden und werden noch täglich vernichtet. Sie werden verdrängt durch neue Industrien, deren Einführung eine Lebensfrage für alle zivilisierten Nationen wird, durch Industrien, die nicht mehr einheimische Rohstoffe, sondern den entlegensten Zonen angehörige Rohstoffe verarbeiten und deren Fabrikate nicht nur im Lande selbst, sondern in allen Weltteilen zugleich verbraucht werden. (Marx, und Engels, 1972, S. 466.)

Die Entwicklung des industriellen Kapitalismus hat die Lebensweisen der Menschen grundlegend geändert. Die meisten Menschen in den modernen Gesellschaften leben nun z. B. eher in Städten als in Landgemeinden und arbeiten eher in Fabriken und Büros als in der landwirtschaftlichen Produktion. Wir nehmen diese Lebensbedingungen heute für selbstverständlich hin und denken nicht darüber nach, wie einzigartig sie in der Geschichte sind. Unsere Gesellschaft ist die erste, in der die große Mehrheit der Menschen nicht mehr in kleinen Landgemeinden lebt bzw. ihr Einkommen vom Land bezieht. Die Änderungen im Zuge der Entwicklung des Urbanismus und neuer Arbeitswelten haben die meisten anderen Institutionen beeinflußt und wurden von diesen beeinflußt.

Politische Einflüsse

Der zweite Haupttyp von Bestimmungsgründen des Wandels in der modernen Zeit sind neue politische Entwicklungen. Der Kampf der Nationen um die Ausdehnung ihrer Macht, um die Vermehrung ihres Reichtums und um den militärischen Sieg über ihre Konkurrenten war ein Motor des Wandels in den letzten zwei oder drei Jahrhunderten. Der politische Wandel in den traditionellen Kulturen war normalerweise auf die Eliten beschränkt. Eine aristokratische Familie konnte z. B. eine andere als Herrscher ersetzen, ohne daß sich das Leben des Großteils der Bevölkerung wesentlich änderte. Das gilt für die modernen politischen Systeme nicht, in denen die Aktivitäten der politischen Führer und der Regierungsbeamten das Leben der Masse der Bevölkerung fortwährend beeinflussen. Die politischen Entscheidungen treiben den Wandel sowohl extern als auch intern voran und geben ihm eine Richtung; dies war früher in weit geringerem Ausmaß der Fall.

Die politische Entwicklung in den vergangenen zwei oder drei Jahrhunderten hat sicher den wirtschaftlichen Wandel ebensosehr beeinflußt wie der wirtschaftliche Wandel die Politik. Die Regierungen spielen jetzt eine wichtige Rolle bei der Stimulierung des Wirtschaftswachstums (und manchmal bei dessen Dämpfung), und in allen Industriegesellschaften greift der Staat tief in die Produktion ein; zudem ist die Regierung bei weitem der größte Arbeitgeber.

Militärische Faktoren und Kriege waren ebenfalls wichtig. Die militärische Stärke der westlichen Nationen vom 17. Jahrhundert an ermöglichte es ihnen, auf alle Länder der Welt Einfluß zu nehmen, und unterstützte die weltweite Verbreitung westlicher Lebensart. Im 20. Jahrhundert waren die Auswirkungen der beiden Weltkriege nachhaltig – die Zerstörung vieler Länder, die zum Prozeß des Wiederaufbaus führte, der wiederum wichtige institutionelle Veränderungen z. B. in Deutschland und Japan bedingte. Sogar die Siegerstaaten, wie die USA, erfuhren im Zuge des Einflusses des Krieges auf die Wirtschaft wichtige innere Veränderungen.

Kulturelle Einflüsse

Kulturelle Faktoren haben ebenfalls auf die Prozesse des Wandels in der modernen Zeit eingewirkt. Einen wichtigen Einfluß übten vor allem die Entwicklung der Wissenschaft und die Säkularisierung des Denkens aus. Beide haben zum *kritischen* und *innovativen* Charakter der modernen Perspektive beigetragen. Wir gehen nicht länger davon aus, daß die Bräuche und Gewohnheiten hauptsächlich deswegen akzeptabel sind, weil sie sich auf die Autorität der Tradition stützen können. Im Gegenteil: Unsere Lebensweise in den modernen Gesellschaften muß zunehmend eine „rationale" Basis haben. Das bedeutet, daß sie, je nachdem ob sie durch überzeugende Argumente und Beweise gerechtfertigt werden kann, verteidigt und, wenn nötig, verändert werden muß. Der Entwurf für den Bau eines Spitals wird beispielsweise in der Hauptsache nicht auf überlieferten Vorlieben beruhen, sondern auf seiner Funktionalität – also auf seiner Fähigkeit, den Bedürfnissen der Kranken in effizienter Weise entgegenzukommen.

Der Prozeß des Wandels wurde nicht bloß von Veränderungen in der Art, *wie* wir denken, mitgestaltet. Denn auch der *Inhalt* der Ideen hat sich geändert. Ideale der Selbstvervollkommnung, der Freiheit, der Gleichheit und der demokratischen Beteiligung sind weitgehend Erfindungen der vergangenen zwei oder drei Jahrhunderte, und diese Ideale haben weitreichende Prozesse des sozialen und politischen Wandels bis hin zu Revolutionen vorangetrieben. Auch das sind keine Begriffe, die an die Tradition gebunden werden können, sie suggerieren vielmehr eine beständige Revision der Lebensweisen im Sinne einer Besserung der Menschheit. Obwohl sie ursprünglich im Westen entwickelt wurden, haben sich diese Ideale in der ganzen Welt verbreitet und haben den weltweiten Wandel vorangetrieben.

Der gegenwärtige Wandel und Aussichten für die Zukunft

Wohin führt uns der soziale Wandel? Welche Hauptentwicklungen werden unser Leben am Beginn des 21. Jahrhunderts beeinflussen? Die Soziologen geben auf diese Fragen, die offensichtlich zur Spekulation einladen, keine einstimmige Antwort. Wir werden einige unterschiedliche Perspektiven zu diesem Thema betrachten.

Sind wir auf dem Weg zu einer postindustriellen Gesellschaft?

Viele Beobachter haben festgestellt, daß das, was sich heute abspielt, ein Übergang zu einer neuen Gesellschaft ist, die nicht länger hauptsächlich auf der Industrie beruht. Wir gehen, sagen sie, einem Entwicklungsabschnitt überhaupt *jenseits des industriellen Zeitalters* entgegen. Alvin Toffler hat angemerkt, daß „das, was sich heute vollzieht, ist höchstwahrscheinlich weit umfassender, tiefgreifender und bedeutsamer als eine industrielle Revolution ... die heutige Zeit (ist) nichts weniger als die zweite große Trennungslinie der Menschheitsgeschichte." (Toffler, 1970, S. 18). Um die neue, im Entstehen begriffene soziale Ordnung zu beschreiben, wurden viele verschiedene Begriffe geprägt: *Informationsgesellschaft*, *Dienstleistungsgesellschaft* oder *Wissensgesellschaft*. Die Tatsache, daß wir die alten Formen der industriellen Entwicklung hinter uns lassen, hat viele dazu veranlaßt, Begriffe in Verbindung mit der Silbe *post* (= nach) einzuführen, um die Veränderungen zu beschreiben. Die Wissenschaftler sprechen z. B. von der *postmodernen* oder der *Post–Mangel*gesellschaft. Der Begriff, der aber am ehesten in den allgemeinen Sprachgebrauch eingedrungen ist – und anscheinend zuerst von Daniel Bell, einem Amerikaner, und dem Franzosen Alain Touraine verwendet wurde – ist die **postindustrielle Gesellschaft** (Bell, 1985; Touraine, 1972).

Die Vielfalt der Bezeichnungen ist ein Hinweis auf die vielen Ideen, mit denen man den gegenwärtigen sozialen Wandel interpretieren möchte. Ein häufiges Motiv ist die Bedeutung der *Information* oder des *Wissens* für die Gesellschaft der Zukunft. Unsere Lebensweise, die sich auf die Herstellung materieller Güter, auf die Maschine und auf die Fabrik stützt, ist im Begriff, von einer Gesellschaft abgelöst zu werden, deren wichtigste Grundlage des Produktionssystems die Information ist.

Das klarste und umfassendste Porträt der postindustriellen Gesellschaft stammt von Daniel Bell in seiner Arbeit *Die nachindustrielle Gesellschaft* (Bell, 1985). Die postindustrielle Ordnung, so Bell, zeichnet sich durch die Zunahme des Dienstleistungssektors und die Abnahme des Produktionssektors aus. Der Arbeiter, der in einer Fabrik oder in einer Werkstatt arbeitet, ist nicht mehr der wichtigste Typ des Arbeitnehmers. Die Angestellten (Büroangestellte und Akademiker) übertreffen die Arbeiterschaft zahlenmäßig, wobei die Zahl der Akademiker am schnellsten von allen ansteigt.

Die Menschen, die in höheren Angestelltenverhältnissen arbeiten, spezialisieren sich auf die Produktion von Information und Wissen. Die Produktion und Kontrolle dessen, was Bell das *kodifizierte Wissen* nennt – die systematische, koordinierte Information – ist die wichtigste strategische Ressource, von der die Gesellschaft abhängt. Jene, die mit der Erzeugung und Verteilung dieser Ressource befaßt sind – Naturwissenschaftler, Computerspezialisten, Wirtschaftsfachleute, Ingenieure und Professionals aller Art – werden zunehmend die führende soziale Gruppe und treten an die Stelle der Industrie- und Kleinunternehmer des alten Systems. Auf der kulturellen Ebene gibt es eine Bewegung weg von der Arbeitsethik hin zu einem freieren, lustbetonteren Lebensstil. Die Arbeitsdisziplin, die für den Industrialismus charakteristisch war, läßt in der postindustriellen Ordnung nach. Die Menschen haben bei der Gestaltung ihrer Arbeit und ihres Privatlebens einen größeren Innovationsspielraum.

Kritische Bewertung

Wie stichhaltig ist die Auffassung, daß die alte industrielle Ordnung von einer postindustriellen Gesellschaft abgelöst wird? Obwohl die These weitgehend akzeptiert wurde, gibt es einige gute Gründe, sie vorsichtig zu behandeln (Williams, 1985). Die empirischen Behauptungen, auf die sich der Begriff stützt, sind in mehrfacher Hinsicht problematisch:

1 Die Idee, daß die Information die wichtigste Basis des Wirtschaftssystems wird, stützt sich auf eine fragwürdige Interpretation der Verlagerung hin zum Dienstleistungssektor. Dieser Trend, der von einem Verlust an Arbeitsplätzen in anderen Produktionssektoren begleitet wird, ist beinahe schon so alt wie der Industrialismus selbst. Es handelt sich nicht einfach um ein Phänomen der jüngeren Zeit. Vom frühen 19. Jahrhundert an nahmen der Produktionssektor und der Dienstleistungssektor zu und verdrängten gleichzeitig die Landwirtschaft, wobei der Dienstleistungssektor stets schneller wuchs als der Produktionssektor. Der Arbeiter war niemals wirklich der typische Vertreter der Arbeitnehmerschaft. Ein höherer Anteil bezahlter Arbeitnehmer hat immer in der Landwirtschaft und im Dienstleistungssektor gearbeitet, wobei der Dienstleistungssektor proportional zur Abnahme des landwirtschaftlichen Sektors angewachsen ist. Der wichtigste Wandel hat sich nicht zwischen der industriellen

und der Dienstleistungsarbeit vollzogen, sondern zwischen der Bauernarbeit und allen anderen Berufsarten.

2 Der Dienstleistungssektor ist sehr heterogen. „Dienstleistungsberufe" können nicht einfach mit „Angestelltenberufen" gleichgesetzt werden. Viele Arbeitsstellen in den Dienstleistungsberufen (wie z. B. die Arbeit an einer Tankstelle) sind händische Arbeiten und daher eigentlich der *blue collar*–Welt zuzuzählen. Die meisten Angestelltenpositionen erfordern sehr wenig spezielles Wissen – und wurden stark mechanisiert. Das gilt für die meisten niederen Bürotätigkeiten wie Sekretariats- und Schreibarbeiten.

3 Viele Dienstleistungsarbeiten sind Teil eines Prozesses, an dessen Ende die Produktion materieller Güter steht – und sollten daher eigentlich als Teil des produzierenden Sektors betrachtet werden. Ein Computerprogrammierer, der für ein Industrieunternehmen arbeitet und Werkzeugmaschinen steuert und überwacht, ist direkt in einen Herstellungsprozeß materieller Güter involviert.

4 Niemand kann mit Sicherheit sagen, wie die langfristigen Auswirkungen der zunehmenden Verwendung von Mikroprozessoren und elektronischen Kommunikationssystemen sein werden. Gegenwärtig sind sie *in* die Produktion integriert und *ersetzen* sie nicht. Es scheint sicher zu sein, daß solche Technologien weiterhin sehr hohe Innovationsraten aufweisen und in weitere Gebiete des sozialen Lebens eindringen werden. Jede Bewertung ihres Einflusses muß aber spekulativ bleiben. Wie weit wir bereits in einer Gesellschaft leben, in der „das kodifizierte Wissen" die Hauptressource darstellt, ist unklar (Gill, 1985; Lyon, 1987).

5 Die These von der postindustriellen Gesellschaft neigt dazu, die Bedeutung der Wirtschaftsfaktoren für den sozialen Wandel überzubewerten. Solch eine Gesellschaft wird als Ergebnis der Entwicklungen in der Wirtschaft beschrieben, die zu Änderungen in anderen Institutionen führen. Die meisten Vertreter der postindustriellen Hypothese wurden von Marx nur wenig beeinflußt oder sind gar direkte Kritiker. Ihre Position aber ist quasi-marxistisch in dem Sinne, als sie die wirtschaftlichen Faktoren als für den sozialen Wandel bestimmend auffassen.

Einige der von den postindustriellen Theoretikern zitierten Entwicklungen sind wichtige Merkmale der gegenwärtigen Welt, aber es ist nicht offenkundig, daß das Kozept der „postindustriellen Gesellschaft" das beste Mittel ist, um mit ihnen zurechtzukommen. Darüberhinaus stehen sowohl politische und kulturelle als auch wirtschaftliche Kräfte hinter dem sozialen Wandel.

Die Postmoderne und das „Ende der Geschichte"

Einige Autoren sind in jüngster Zeit weiter gegangen und haben nicht nur vom Ende des industriellen Zeitalters gesprochen. Die derzeit stattfindenden Entwicklungen, sagen sie, sind sogar tiefgreifender. Was gerade geschieht, ist nichts weniger als eine Bewegung über die Moderne – über die Institutionen und Lebensweisen, die man mit den modernen Gesellschaften als Ganzes in Verbindung bringt – hinaus. Eine „postmoderne" Zeit wird kommen; möglicherweise hat sie auch schon begonnen. Moderne Gesellschaften, wird gesagt, lassen sich von der Idee inspirieren, daß die Geschichte eine „Form" hat – daß sie „irgendwohin führt", letztlich zum „Fortschritt". Die evolutionären Theorien, die wir in diesem Kapitel bereits besprochen haben, und die Arbeiten von Marx gehen alle von dieser Annahme aus.

Die Vertreter der Postmoderne argumentieren, daß diese Idee zusammengebrochen ist. Es gibt keine „großen Narrative" mehr – umfassende Geschichtsauffassungen, die einen Sinn ergeben würden (Lyotard, 1986). Es gibt nicht nur keinen generellen Fortschrittsbegriff, der verteidigt werden könnte, sondern es gibt auch nichts, was man „Geschichte" nennen könnte. Alles, was existiert, ist eine unbestimmte Anzahl verschiedener Geschichten und Wissensformen ohne irgendein natürliches Zentrum. Diese Situation steht in Verbindung mit dem Niedergang der Autorität der Naturwissenschaften, mit der Erkenntnis, daß viele unterschiedliche, gleichermaßen authentische Werte und Orientierungen möglich sind. Die postmoderne Welt ist so eine hoch pluralistische. Einige in den vorhergehenden Kapiteln diskutierte Änderungen sind hier relevant: der zunehmende Einfluß der Informationstechnologie, die weltweite elektronische Kommunikation und die Bewegung weg von standardisierten Produktionssystemen. Eine Gruppe von Autoren drückte diese Dinge folgendermaßen aus:

> Unsere Welt wird ständig neu gemacht. Die Massenproduktion, der Massenkonsument, die Großstadt, der Staat des Großen Bruders, die sich ausdehnenden Wohnsiedlungen und der Nationalstaat sind im Niedergehen. Flexibilität, Diversität, Differenzierung und Mobilität, Kommunikation, Dezentralisierung und Internationalisierung sind aufsteigend. In diesem Prozeß werden unsere eigenen Identitäten, unser Sinn für uns selbst, unsere eigenen Subjektivitäten verändert. Wir stehen an der Schwelle zu einem neuen Zeitalter. (S. Hall et al., 1988)

Die Geschichte endet mit der Moderne, weil es kein Mittel mehr gibt, das im Entstehen begriffene pluralistische Universum generell zu beschreiben. Das ist eine Variante des „Endes der Geschichte". Der Autor, dessen Namen jedoch mit dem Begriff als erstes verbunden wird, ist Francis Fukuyama. Fukuyamas Idee des Endes der Geschichte scheint sich zunächst von den Ideen der Theoretiker der Postmoderne vollkommen zu unterscheiden. Seine Ansichten gründen sich nicht auf den Zusammenbruch der Moderne, sondern auf ihren weltweiten Triumph in Form von Kapitalismus und liberaler Demokratie (Fukuyama, 1989).

Im Gefolge der osteuropäischen Revolutionen 1989, der Auflösung der Sowjetunion und einer Bewegung hin zur Mehrparteiendemokratie in anderen Regionen, argumentiert er, sind die ideologischen Kämpfe früherer Zeiten vorbei. Das Ende der Geschichte ist das Ende der Alternativen. Niemand verteidigt mehr die Monarchie, und der Faschismus gehört der Vergangenheit an. Aber auch der Kommunismus, der so lange Zeit hindurch der Hauptrivale der westlichen Demokratie war, ist ein Phänomen der Vergangenheit. Entgegen den Vorhersagen von Marx hat der Kapitalismus seinen langen Kampf mit dem Sozialismus gewonnen, und die liberale Demokratie hat keinen ernstzunehmenden Gegner mehr. Wir haben, behauptet Fukuyama, „den Endpunkt der ideologischen Evolution der Menschheit und die Universalisation der westlichen Demokratie als Endform der menschlichen Regierung erreicht" (Fukuyama, 1989, S. 4).

Die zwei Versionen der Idee des Endes der Geschichte sind nicht so unterschiedlich, wie sie auf den ersten Blick erscheinen. Die liberale Demokratie ist ein System für den Ausdruck verschiedener Ansichten und Interessen. Sie spezifiziert nicht, wie wir uns verhalten sollen, außer daß sie darauf Wert legt, daß wir die Ansichten der anderen respektieren sollen. Daher ist sie mit einem Pluralismus der Haltungen und Lebensweisen vereinbar.

Kapitalismus, Sozialismus und Demokratie

Diesen verschiedenen Konzeptionen des Endes der Geschichte zufolge ist nicht nur der Kommunismus sowjetischen Stils, sondern auch der Sozialismus insgesamt irrelevant geworden. Ist diese Ansicht korrekt? Haben wir tatsächlich eine Welt erreicht, in der es in der Zukunft keine Alternative zur Ausdehnung der liberalen Demokratie gibt?

Sozialismus, wie er allgemein verstanden wird, ist ein viel breiterer Begriff als Kommunismus, zumindest jener der früheren Sowjetunion (oder Chinas). Die Sozialisten glauben, daß die kapitalistische Produktion ein System ist, das darauf abzielt, große Unterschiede zwischen Reich und Arm hervorzubringen, und das sich nur ungezügelt entwickeln kann. Preis und Profit sind der rote Faden der kapitalistischen Wirtschaft, nicht die Produktion oder die Bedürfnisse des Menschen. Darüberhinaus, behaupten viele sozialistische Theoretiker, ist die liberale Demokratie, obwohl sie in der gegenwärtigen Welt von grundlegender Bedeutung sein mag, tatsächlich nicht demokratisch genug. Sie funktioniert nur auf der Ebene des Nationalstaates. Die Menschen können nur in weit auseinanderliegenden Intervallen über jene abstimmen, die sie regieren, und der Zugang zu den höchsten politischen Positionen ist meist das Vorrecht der Privilegierten.

Wie der Sowjetkommunismus geht der Sozialismus von der Idee der wirtschaftlichen Planung aus – und wendet sich gegen das ungezügelte Wirken der Gesetze des Marktes. Wenn der Sozialismus als starke und zentralisierte Leitung der Volkswirtschaft verstanden wird, dann ist sein Zeitalter sicher vorbei. Die moderne Wirtschaftsordnung ist zu komplex, als daß sie einer strikten, zentralisierten Kontrolle unterworfen werden könnte. Sie braucht Signale von unten heraus, die nur von kompetitiven Preismechanismen gegeben werden können. Außerdem tendiert eine zentralisierte Wirtschaftsplanung – wie die Erfahrung der kommunistischen Gesellschaften zeigte – dazu, ein autoritäres und repressives politisches System hervorzubringen.

Daß der Sozialismus, in einem allgemeinen Sinn als Engagement gegenüber den Mitmenschen, der Gemeinschaft und größerer Gleichheit verstanden, verschwinden sollte, erscheint allerdings unplausibel. Wir haben sicher nicht das Ende der Geschichte erreicht – oder das Ende der Moderne. Pluralismus ist wichtig, aber es ist offenkundig, daß die Menschheit heute mit gemeinsamen Problemen kämpft, Problemen, die nur durch sehr umfassende Initiativen gelöst werden können. Eine einseitige kapitalistische Ausdehnung kann nicht endlos weitergehen. Die Ressourcen der Welt sind begrenzt. Als menschliches Kollektiv müssen wir Schritte setzen, um die wirtschaftlichen Unterschiede zwischen den reichen und den armen Ländern und die Unterschiede innerhalb der Gesellschaften zu überwinden; dabei müssen wir gleichzeitig die Ressourcen, von denen wir alle abhängig sind, schützen. Auf der Ebene der politischen Ordnung ist die liberale Demokratie tatsächlich nicht ausreichend. Als System, das auf den Staat beschränkt ist, bietet sie keine Lösung dafür an, wie eine *globale* pluralistische Ordnung gewaltfrei erzeugt werden kann. Prozesse der Demokratisierung auf Ebenen unter jenen des Staates sind – sogar im persönlichen Leben – gleich wichtig (Giddens, 1993).

Der Sozialismus als solcher kann sich nicht mit all diesen Problemen befassen, aber er kann eine Orientierung für Reflexionen und praktische Maßnahmen bieten, um mit ihnen zurechtzukommen. Weiterreichende Überlegungen sind sicherlich notwendig. Es müssen Themen und Fragen angesprochen werden, die außerhalb des orthodoxen sozialistischen Gedankengutes liegen. Eine dieser Themengruppen betrifft die **Umweltökologie**. Was möglicherweise auf einen irreparablen Schaden der Umwelt hinausläuft, wurde bereits durch die Verbreitung der industriellen Produktion verursacht. Ökologische Fragen betreffen nicht nur die Art und Weise, wie wir am besten mit Umweltschäden zurechtkommen und diese in Schranken halten, sondern sind Fragen der Lebensweise an sich, die die Industriegesellschaft hervorgebracht und gefördert hat. Wenn das Ziel des kontinuierlichen Wirtschaftswachstums aufgegeben werden muß, dann muß wahrscheinlich die Schaffung neuer sozialer Institutionen in Angriff genommen werden. Der technische Fortschritt ist nicht vorhersagbar, und es kann sein, daß die Erde tatsächlich über genügend Ressourcen für sehr generelle Industrialisierungsprozesse verfügt. Im Moment scheint das aber nicht machbar zu sein, und wenn die Dritte Welt–Länder einen Lebensstandard erreichen wollen, der auch nur in Ansätzen mit dem westlichen vergleichbar sein soll, so werden globale Anpassungen erforderlich sein.

Weitere brisante Themen sind die *Geschlechtsunterschiede* und die *Gewalt*. Die Ungleichheiten zwischen Männern und Frauen sind in allen Kulturen tief verwurzelt, und die Herstellung von mehr Gleichheit zwischen den Geschlechtern wird voraussichtlich tiefgreifende Veränderungen unserer bestehenden sozialen Institutionen erforderlich machen. Obwohl diese Frage heftig diskutiert wird, ist es nicht offenkundig, wie sich die geschlechtsspezifischen Themen in die definierten Ziele des Sozialismus einfügen. Dasselbe gilt für den Versuch, mit der Bedrohung zurechtzukommen, die durch die Beschleunigung der Rüstungsindustrie und die Zunahme der militärischen Macht entstanden ist. Das Problem, wie man die Risiken einer großflächigen militärischen Konfrontation einschränkt und möglicherweise gänzlich eliminiert, ist eine dringende Aufgabe, mit der die Menschheit in den neunziger Jahren und darüber hinaus konfrontiert ist.

Der soziale Wandel – Zukunftsperspektiven

Ob wir uns nun auf eine postindustrielle Gesellschaftsordnung zubewegen oder nicht – wir erleben offenbar eine Zeit des sozialen Wandels, der sogar, im Vergleich mit den letzten zwei Jahrhunderten dramatische Ausmaße annimmt. Zwar

708 Der soziale Wandel in der modernen Welt

kennen wir die wichtigsten Dimensionen dieses Wandels, aber deren Interpretation gestaltet sich problematisch.

Wir können nicht vorhersagen, ob die kommenden hundert Jahre eine friedliche soziale und wirtschaftliche Entwicklung bringen oder ob die globalen Probleme zunehmen werden – und möglicherweise von der Menschheit nicht mehr gelöst werden können (siehe Abb. 20.1). Anders als für die frühen Soziologen vor 200 Jahren ist es für uns klar erkennbar, daß die moderne Industrie, die Technik und die Wissenschaft in ihren Konsequenzen nicht immer nutzbringend sind. Auf unserer Welt leben mehr Menschen als je zuvor, und noch nie waren wir so reich. Wir haben Möglichkeiten, unser Schicksal selbst zu bestimmen und unser Leben zum Guten zu wenden, die für die vorhergehenden Generationen ziemlich unvorstellbar waren. Die Welt aber steht im Schatten einer wirtschaftlichen und ökologischen Katastrophe. Das bedeutet jedoch nicht, daß man in Verzweiflung und Resignation verfallen sollte. Wenn uns die Soziologie etwas anbieten

DIE WELT IM 21. JAHRHUNDERT

PESSIMISTISCHES SZENARIO
Fortsetzung der gegenwärtigen Politik

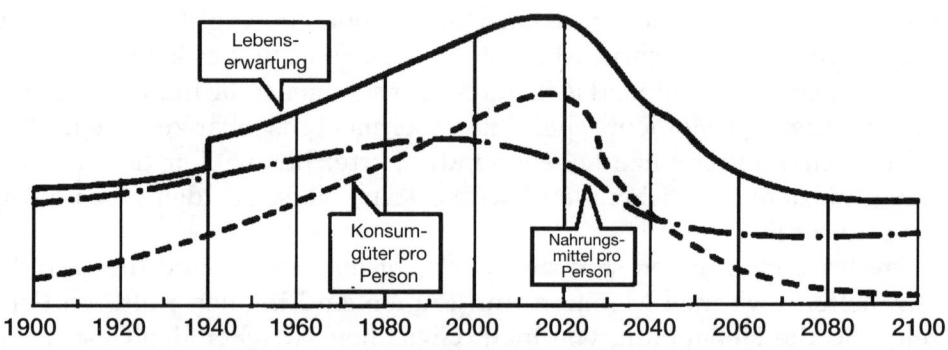

OPTIMISTISCHES SZENARIO
Weltbevölkerung 7,7 Milliarden, bescheidenes Wachstum

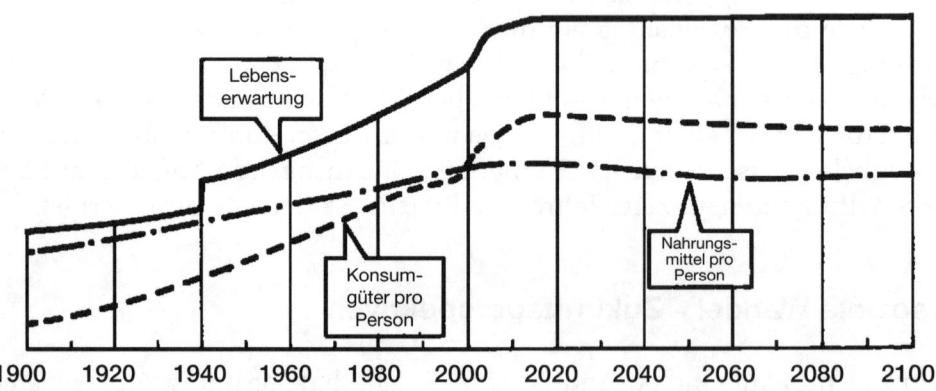

Abbildung 20.1 Bevölkerungspolitik, Produktion und Umwelt: zwei verschiedene Szenarien
Quelle: D. H. Meadows, D. L. Meadows und Jorgen Randers, *Beyond the Limits* (London: Earthscan, 1992).

kann, dann das tiefe Bewußtsein, daß die Menschen die sozialen Institutionen geformt haben. Daß wir um die Schattenseite des modernen sozialen Wandels wissen, soll uns nicht davon abhalten, realistisch und hoffnungsvoll in die Zukunft zu blicken.

Zusammenfassung

1 In der modernen Zeit – von ca. dem 18. Jahrhundert bis in die Gegenwart – haben sich die Prozesse des Wandels unerhört beschleunigt. In dieser Zeit, die nur einen winzigen Teil der Menschheitsgeschichte ausmacht, haben möglicherweise mehr tiefgreifende Veränderungen stattgefunden als in der gesamten Zeit davor.

2 Die beiden wichtigsten generellen Versuche zur Interpretation des sozialen Wandels sind der *Evolutionismus* und der *historische Materialismus*. Für beide ist der Wandel hauptsächlich aus der Beziehung des Menschen zu seiner materiellen Umwelt erklärbar. Beide Theorien sind in mehreren Punkten kritisierbar.

3 Keine monokausale Theorie kann den ganzen sozialen Wandel erklären. Es können viele wichtige Bestimmungsgründe des Wandels unterschieden werden, die Anpassung an die materielle Umgebung ist nur einer davon. Weitere Einflüsse sind politischer, militärischer und kultureller Natur.

4 Es ist möglich, über spezifische Episoden des Wandels Theorien zu entwickeln. Ein Beispiel ist Robert Carneiros Theorie der Entwicklung traditioneller Staaten.

5 Unter den wichtigen Faktoren des modernen sozialen Wandels sind die Ausdehnung des industriellen Kapitalismus zu nennen, die Entwicklung der zentralisierten Nationalstaaten, die Industrialisierung des Krieges sowie die Entstehung der Wissenschaft und „rationaler" oder kritischer Denkweisen.

6 Eine weitere Auffassung ist mit der Idee der postindustriellen Gesellschaft verknüpft. Dieser Idee zufolge ist die alte industrielle Ordnung im Begriff, durch eine neue soziale Ordnung auf der Basis von Wissen und Information verdrängt zu werden. Diese Vorstellungen unterschätzen das Ausmaß, in dem die Dienstleistungen in den Produktionsbereich eingebettet sind und räumen den wirtschaftlichen Faktoren ebenfalls eine zu große Bedeutung ein.

7 Manche Autoren haben behauptet, daß wir am Ende der Moderne angelangt wären – daß wir uns bereits auf dem Weg zu einer „postmodernen" Welt befänden. Andere schlagen vor, daß wir vom „Ende der Geschichte" sprechen sollten. Damit meinen sie nicht, daß der historische Wandel zum Stillstand gekommen wäre, sondern daß es in Zukunft keine Alternativen zum Kapitalismus und zur liberalen Demokratie gibt, die alle anderen konkurrierenden Systeme weltweit besiegt haben.

8 Traditionelle Diskussionen zwischen den Verteidigern des *kapitalistischen freien Marktes* und des Sozialismus sind möglicherweise veraltet. Neue Themen rücken in den Vordergrund, die nicht so ohne weiteres in das System der etablierten soziologischen Positionen eingebettet werden können, und auf die innerhalb dieses Systems auch nicht leicht reagiert werden kann.

> **Grundbegriffe**
>
> sozialer Wandel   postindustrielle Gesellschaft
> sozialer Evolutionismus

> **Wichtige Fachausdrücke**
>
> historischer Materialismus   Anpassung
> Differenzierung   Produktionskräfte
> Sozialdarwinismus   dialektische Interpretation des Wandels
> unilineare Evolution   Episoden des Wandels
> multilineare Evolution   Umweltökologie

Weiterführende Literatur

Daniel Bell, *Die nachindustrielle Gesellschaft* (Frankfurt/Main: Campus, 1985) – eines der ersten und einflußreichsten Bücher über die Idee der Entstehung einer postindustriellen Ordnung.

Raymond Boudon, *Theories of Social Change* (Cambridge: Polity Press, 1986) – eine Analyse und eine Kritik einiger vorherrschender Ansätze zum Verständnis des sozialen Wandels.

Francis Fukuyama, – *Das Ende der Geschichte. Wo stehen wir?* (München: Kindler, 1992) – eine vieldiskutierte Arbeit, die davon ausgeht, daß wir keine historischen Alternativen zum Kapitalismus und zur liberalen Demokratie mehr haben.

Margaret A. Rose, *The Post–modern and Post–industrial: A Critical Analysis* (Cambridge: Cambridge University Press, 1991) – ein historischer und kritischer Führer durch die Debatten über Postmodernität und die postindustrielle Gesellschaft.

TEIL VI
Methoden und Theorien der Soziologie

Das erste Kapitel dieses abschließenden Teils erörtert, wie Soziologen Forschung betreiben. Eine Anzahl grundlegender Forschungsmethoden steht zur Verfügung, die uns helfen herauszufinden, was in der sozialen Welt vorgeht. Wir müssen sicherstellen, daß die Information, auf der die soziologische Argumentation basiert, so verläßlich und genau wie möglich ist. Dieses Kapitel betrachtet die dabei auftretenden Probleme und gibt Hinweise darauf, wie man am besten mit ihnen umgehen kann.

Im letzten Kapitel des Buches analysieren wir einige der wichtigsten theoretischen Ansätze in der Soziologie. Die Soziologie ist kein Gegenstand, der über ein theoretisches System verfügt, über dessen Gültigkeit allgemeine Übereinstimmung besteht. In diesem Kapitel werden unterschiedliche theoretische Traditionen verglichen und einander gegenübergestellt.

TEIL VI.
Methoden und Theorien der Soziologie

Kapitel 21

Die Arbeit des Soziologen: Forschungsmethoden

Forschungsstrategien
Das Forschungsproblem
Sichtung des Beweismaterials
Präzisierung des Forschungsproblems
Das Forschungsdesign
Durchführung des Forschungsprojekts
Interpretation der Ergebnisse
Darstellung der Forschungsergebnisse
Der Gesamtprozeß

Allgemeine Methodologie
Kausalität und Korrelation
Kausale Mechanismen
Kontrollen
Die Identifikation von Ursachen

Forschungsmethoden
Feldforschung
Voraussetzungen der Feldforschung
Die Vor– und Nachteile der Feldforschung
Umfragen
Standardisierte und offene Fragebögen
Die Stichprobe
Beispiel: „Wahlen und Wähler"

Bewertung der Umfrageforschung
Dokumentenanalyse
Stolpersteine der Dokumentenanalyse
Experimente
Andere Methoden
Interviews
Biographien
Tagebücher
Konversationsanalyse
Triangulation
Ein Beispiel: Wallis und die Scientology–Sekte

Ethische Probleme der Forschung: Die Befragten reden zurück
Probleme bei der Publikation: Wallis' Erfahrung

Der Einfluß der Soziologie

Zusammenfassung

Grundbegriffe

Wichtige Fachausdrücke

Weiterführende Literatur

Die Probleme, mit denen sich Soziologen sowohl theoretisch als auch empirisch auseinandersetzen, sind oft ganz ähnlich wie jene, die vielen anderen Leuten Sorgen bereiten. Wie kann es Hungersnöte in einer Welt geben, die bei weitem wohlhabender ist, als sie es jemals war? Welche Auswirkungen wird die zunehmende Verwendung von Informationstechnologie auf unser Leben haben? Wird sich die Familie als Institution auflösen? Sind Filme und das Fernsehen für Gewaltverbrechen mitverantwortlich?

Soziologen versuchen, auf diese und viele andere Fragen Antworten zu finden. Ihre Befunde sind keineswegs notwendigerweise das letzte Wort in einer bestimmten Angelegenheit. Dennoch ist es stets das Ziel soziologischer Theorie und soziologischer Forschung, sich von der spekulativen oder uninformierten Art und Weise zu distanzieren, in der gewöhnliche Leute im allgemeinen solche Fragen betrachten. Gute soziologische Arbeit versucht, die gestellten Fragen so präzise wie möglich zu formulieren und das faktische Beweismaterial zu bewerten, bevor zu Schlußfolgerungen übergegangen wird. Um diese Ziele verwirklichen zu können, müssen wir verläßliche Forschungsverfahren anwenden und fähig sein, das Material genau zu analysieren. Wir müssen mit den brauchbarsten **Forschungsmethoden** vertraut sein, die man an eine bestimmte Untersuchung heranbringen kann, und wir müssen wissen, wie man die Ergebnisse am besten analysieren kann.

Bei der soziologischen Forschung spielen mehrere Aspekte eine Rolle. Forschungsverfahren oder *-strategien* beziehen sich darauf, wie Forschung geplant und durchgeführt wird. Das bedeutet die Auswahl der geeigneten Forschungsmethode und die Entwicklung einer Vorgangsweise, diese auf das betreffende Forschungsgebiet anzuwenden. Forschungs*methodologie* befaßt sich mit der Logik der Interpretation der Resultate und der Analyse der Befunde. Forschungs*methoden* sind die tatsächlichen *Techniken*, die verwendet werden, um die soziale Welt zu untersuchen (Bulmer, 1984). Hierher gehört die Verwendung von Fragebögen, Interviews, „teilnehmender Beobachtung" oder Feldstudien in einer Gemeinschaft, zusammen mit der Interpretation offizieller Statistiken und historischer Dokumente – sowie andere Techniken, die weniger verbreitet sind.

In diesem Kapitel werden wir zunächst die Stadien des soziologischen Forschungsprozesses skizzieren, zusammen mit den Hauptprinzipien, die bei der Interpretation der Ergebnisse Anwendung finden. Wir werden dann die am weitesten verbreiteten Forschungsmethoden vergleichen und dabei einige tatsächlich durchgeführte Projekte und Untersuchungen betrachten. Häufig gibt es große Unterschiede zwischen der Art und Weise, wie Forschung idealerweise durchgeführt werden sollte, und wirklichen Studien!

Forschungsstrategien

Das Forschungsproblem

Am Anfang des Forschungsprozesses steht immer ein *Forschungsproblem*. Der Ausgangspunkt mag ja manchmal die bloß faktische Unwissenheit sein: Wir können einfach den Wunsch haben, unser Wissen über bestimmte Institutionen, soziale Prozesse oder Kulturen zu vertiefen. Der Forscher könnte sich dabei Fragen stellen wie die folgenden: Welcher Anteil der Bevölkerung hat starke religiöse Überzeugungen? Sind die Leute heutzutage tatsächlich „politikverdrossen"? Wie groß ist der ökonomische Vorsprung von Männern gegenüber Frauen? Die Antworten darauf wären vor allem *deskriptiv*. Die beste soziologische Forschung beginnt allerdings mit Problemen, die gleichzeitig *Rätsel* darstellen. Ein Rätsel ist nicht lediglich ein Mangel an Information, sondern eine *Verstehenslücke*. Ein großer Teil der Fähigkeit, brauchbare soziologische Forschung zu produzieren, besteht darin, Rätsel korrekt identifizieren zu können. Deskriptive Forschung beantwortet einfach die Frage: „Was geht hier vor?" Forschung, die sich mit Rätseln auseinandersetzt, versucht unser Verständnis dafür zu vertiefen, *warum* Dinge in bestimmter Weise geschehen, statt sie einfach so hinzunehmen, wie sie sind. So könnten wir fragen: Warum verändern sich religiöse Glaubensmuster? Was erklärt den Aufstieg der „neuen Rechten" in den letzten Jahren? Warum sind Frauen in beruflichen Positionen mit hohem Status unterrepräsentiert?

Kein Forschungsvorhaben steht für sich allein. Forschungsprobleme ergeben sich aus der laufenden Arbeit; ein Forschungsprojekt kann ohne weiteres zu einem anderen führen, da es Fragen aufwirft, die der Forscher vorher nicht berücksichtigt hat. Auch aus der Lektüre der Arbeiten anderer Forscher, sei es von Büchern oder Artikeln in Fachzeitschriften, können sich Rätsel ergeben, wie auch aus einer Sensibilität gegenüber spezifischen gesellschaftlichen Entwicklungen. Wir haben z. B. in Kapitel 5 („Konformität und Devianz") erwähnt, daß in den letzten Jahren die Anzahl der Programme zugenommen hat, in deren Namen psychisch Kranke innerhalb ihrer Gemeinde behandelt werden sollen, statt sie in Irrenanstalten zu verwahren. Dies könnte für Soziologen verschiedene Fragen aufwerfen: Worauf ist dieser Einstellungswandel gegenüber psychisch Kranken zurückzuführen? Welche Konsequenzen werden sich wahrscheinlich für die Patienten selbst und für den Rest der Gemeinschaft ergeben?

Sichtung des Beweismaterials

Der erste Schritt des Forschungsprozesses ist üblicherweise der, zu einer bestimmten Fragestellung das verfügbare Material zu sichten (siehe Abb. 21.1). Es könnte sein, daß frühere Forschungen das Problem bereits in zufriedenstellender Weise geklärt haben; daher muß man, wenn man ein Forschungsvorhaben hat, zuerst die Arbeiten anderer Soziologen im betreffenden Gebiet lesen. Wenn das Problem noch nicht geklärt wurde, muß sich der Forscher mit existierenden Untersuchungen mit verwandter Fragestellung auseinandersetzen, um deren Nützlichkeit für den vorliegenden Zweck zu überprüfen. Haben andere Forscher bereits dasselbe Rätsel identifiziert? Wie haben sie es zu lösen versucht? Welche Fragen hat ihre Forschung offen gelassen? Die Auseinandersetzung mit den Ideen anderer hilft dabei, die Probleme zu klären, die in einem möglichen Projekt behandelt werden können, und Klarheit über die Methoden zu gewinnen, die an das Problem herangebracht werden können.

Präzisierung des Forschungsproblems

Der nächste Schritt besteht in der Erarbeitung einer *klaren Formulierung des Forschungsproblems*. Wenn es bereits relevante Forschungsliteratur gibt, dann kann es sein, daß der Forscher mit einer relativ klaren Vorstellung davon, wie man sich dem Forschungsproblem annähern könnte, aus der Bibliothek zurückkehrt. Vermutungen über die Beschaffenheit des Problems können in dieser Phase mit Gewinn in ganz bestimmte **Hypothesen** umgesetzt werden. Eine Hypothese ist eine Vermutung über die Beziehung zwischen den Phänomenen, für die sich der Forscher interessiert. Wenn man brauchbare Forschungsergebnisse erzielen möchte, muß eine Hypothese derart formuliert sein, daß sie anhand des gesammelten faktischen Materials überprüft werden kann.

Das Forschungsdesign

Wir müssen uns nun entscheiden, *wie* wir das benötigte Material (die benötigte Information) sammeln werden. Es gibt eine Reihe verschiedener Forschungsmethoden, und welche ausgewählt wird, hängt von den allgemeinen Zielen der Studie und von den zu analysierenden Verhaltensaspekten ab. Für manche Zwecke wird eine Umfrage (bei der im allgemeinen Fragebögen verwendet werden) angebracht erscheinen. Unter anderen Umständen könnte es zweckmäßig sein, Interviews oder eine Beobachtungsstudie durchzuführen. Natürlich kann keine dieser Methoden verwendet werden, wenn wir ein Problem der historischen Soziologie untersuchen. Hier müssen wir Dokumente aus der betreffenden Epoche heranziehen.

Durchführung des Forschungsprojekts

Wenn man mit der tatsächlichen Forschungsarbeit befaßt ist, können sich leicht unvorhergesehene praktische Schwierigkeiten einstellen. Es mag sich als unmöglich erweisen, den Kontakt mit manchen von jenen aufzunehmen, denen man Fragebögen zuschicken möchte oder die der Forscher zu interviewen wünscht. Ein Unternehmen oder eine Behörde können z. B. unwillig sein, den Forscher seine Arbeit wie geplant durchführen zu lassen. Von dokumentarischem Material mag es sich herausstellen, daß es viel schwieriger aufzufinden ist, als man vermutet hatte.

Interpretation der Ergebnisse

Das gesammelte Material muß analysiert und zu dem Problem, das die Studie veranlaßt hat, in Beziehung gesetzt werden. Die Schwierigkeiten des Forschers sind also noch nicht vorbei – manchmal beginnen sie jetzt erst! Die Implikationen der gesammelten Daten abzuleiten und sie auf das Forschungsproblem rückzubeziehen, ist selten einfach. Während es vorkommen kann, daß eine klare Antwort auf die Fragen gefunden wird, mit denen sich das Forschungsvorhaben befaßt hat, stellen sich viele Untersuchungen am Ende als eher vorläufige Befunde heraus.

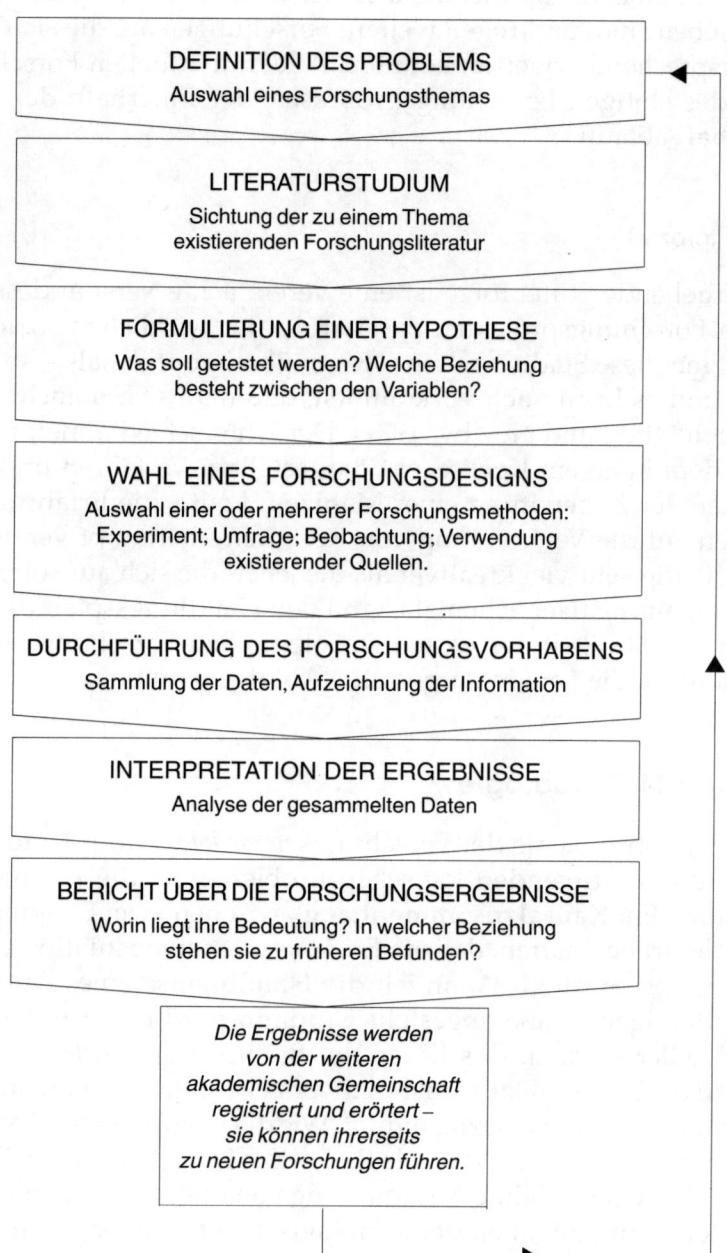

Abbildung 21.1 Die Stadien des Forschungsprozesses

Darstellung der Forschungsergebnisse

Der Forschungsbericht, der üblicherweise als Zeitschriftenartikel oder Buch veröffentlicht wird, stellt das Forschungsprojekt dar und versucht, die jeweiligen Schlußfolgerungen zu begründen. Dies ist die „Endphase" lediglich in bezug auf das einzelne Forschungsprojekt. Die meisten Berichte verweisen auf Fragen, die offen geblieben sind, und regen weitere Forschungen an, die sich in der Zukunft als vielversprechend erweisen könnten. Alle individuellen Forschungsvorhaben sind Teil des stetigen Forschungsprozesses, der innerhalb der soziologischen Gemeinschaft abläuft.

Der Gesamtprozeß

Die vorhergehende Stufenfolge ist eine vereinfachte Version dessen, was in tatsächlichen Forschungsprojekten passiert. In der wirklichen soziologischen Forschung folgen diese Stadien selten – wenn überhaupt jemals – so säuberlich aufeinander, und es kann auch vorkommen, daß man sich manchmal auch nur so „fortwurstelt" (Bell und Newby, 1977). Der Unterschied ähnelt ein wenig jenem zwischen dem in einem Kochrezept dargestellten Verfahren und dem tatsächlichen Prozeß der Zubereitung einer Mahlzeit. Leute, die Erfahrung als Koch haben, mögen auf die Verwendung von Rezepten überhaupt verzichten, und ihre Arbeit ist häufig sehr viel kreativer als die jener, die sich auf solche Rezepte stützen. Die Einhaltung fixer Schemata kann den Handlungsspielraum allzusehr einschränken; ein Großteil der besten soziologischen Forschung läßt sich nicht so ohne weiteres in die gerade dargestellte Abfolge einfügen.

Allgemeine Methodologie

Eines der Hauptprobleme der Forschungs*methodologie* (der Untersuchung der in der Forschung auftretenden logischen Probleme) ist die Analyse von Ursache und Wirkung. Ein **Kausalzusammenhang** zwischen zwei Ereignissen oder Situationen ist derart beschaffen, daß ein Ereignis oder eine Situation eine andere bzw. ein anderes hervorbringt. Wenn ich die Handbremse eines Autos löse, das auf einer abschüssigen Straße abgestellt ist, dann wird es zu rollen beginnen und immer schneller werden. Das Lösen der Bremse *verursachte* diesen Ablauf; und die Gründe dafür sind relativ leicht zu verstehen, indem man auf die relevanten physikalischen Prinzipien Bezug nimmt. Wie die Naturwissenschaft geht die Soziologie von der Annahme aus, daß alle Ereignisse Ursachen haben. Das gesellschaftliche Leben ist keine zufällige Ansammlung von Ereignissen ohne Sinn oder Struktur. Eine der Hauptaufgaben der soziologischen Forschung – in Verbindung mit dem theoretischen Denken – ist es, Ursachen und Auswirkungen zu identifizieren.

Kausalität und Korrelation

Kausalität kann nicht direkt aus einer **Korrelation** abgeleitet werden. Korrelation ist das Bestehen einer statistischen Beziehung zwischen zwei Mengen von Ereignissen oder **Variablen**. Eine Variable ist jede Dimension, in der sich Individuen oder Gruppen voneinander unterscheiden. Das Alter, Einkommensunterschiede, Kriminalitätsraten und soziale Klassenunterschiede sind einige der vielen von Soziologen untersuchten Variablen. Es könnte den Anschein haben, daß bei einer engeren Korrelation zwischen zwei Variablen eine die Ursache der anderen sein muß, doch oft ist das nicht der Fall. Es gibt sehr viele Korrelationen zwischen Variablen, ohne daß deshalb eine kausale Beziehung bestünde. So besteht z. B. seit dem Zweiten Weltkrieg eine starke Korrelation zwischen dem Rückgang des Pfeifenrauchens in Großbritannien und einer Verringerung der Anzahl der Leute, die regelmäßig ins Kino gehen. Offenkundig ist die eine Veränderung nicht Ursache der anderen, und wir würden es schwierig finden, auch nur einen entfernten kausalen Zusammenhang zwischen den beiden herzustellen.

In vielen Fällen ist es allerdings nicht so offenkundig, daß eine beobachtete Korrelation keine Kausalbeziehung impliziert. Solche Korrelationen sind Fallen für jene, die nicht auf der Hut sind, und können leicht zu fragwürdigen oder falschen Schlußfolgerungen verleiten. In seiner klassischen Arbeit *Der Selbstmord* fand Émile Durkheim eine Korrelation zwischen Selbstmordraten und den Jahreszeiten (Durkheim, 1987; zuerst erschienen 1897). In den von ihm untersuchten Gesellschaften stieg die Selbstmordhäufigkeit von Jänner bis ungefähr Juni oder Juli stetig an, um gegen das Ende des Jahres hin wieder abzusinken. Man könnte annehmen, dies zeigte, daß die Temperatur oder klimatische Veränderungen mit der Neigung von Einzelpersonen, Selbstmord zu begehen, kausal verknüpft sind. Vielleicht werden die Leute bei steigenden Temperaturen impulsiver und neigen dann zu übereilten Entschlüssen? Die hier wirkende Kausalbeziehung hat allerdings fast sicher mit der Temperatur oder dem Klima direkt überhaupt nichts zu tun. Im Frühling und im Sommer führen die Leute ein intensiveres gesellschaftlicheres Leben als im Winter, und Individuen, die isoliert oder unglücklich sind, neigen dazu, diese Gefühle stärker zu empfinden, wenn das Aktivitätsniveau anderer Leute steigt. Daher entwickeln sie im Frühjahr und Sommer eher Selbstmordtendenzen als im Herbst und im Winter, wenn sich das Tempo des gesellschaftlichen Lebens verlangsamt. Wenn wir überprüfen, ob eine Korrelation auf einem Kausalzusammenhang beruht und entscheiden, in welche Richtung die Kausalbeziehungen verlaufen, müssen wir also stets auf der Hut sein.

Statistische Begriffe

Bei der Analyse der Ergebnisse werden in der soziologischen Forschung häufig statistische Techniken verwendet. Einige dieser Techniken sind sehr weit entwickelt und komplex, doch die am häufigsten verwendeten sind leicht zu verstehen. Die am weitesten verbreiteten sind *Maße der zentralen Tendenz* (Berechnungsverfahren für Durchschnitte) und *Korrelationskoeffizienten* (Maße des systematischen Zusammenhangs einer Variablen mit einer anderen).

Es gibt drei Methoden, Durchschnitte zu berechnen, von denen jede bestimmte Vor- und Nachteile hat. Nehmen wir als Übungsbeispiel das persönliche Vermögen von dreizehn Individuen (darunter alle Werte wie Häuser, Autos, Sparguthaben und Wertpapiere). Nehmen wir an, das Vermögen der dreizehn sieht wie folgt aus:

1	£ 000 (null)	8	£ 80.000
2	£ 5.000	9	£ 100.000
3	£ 10.000	10	£ 150.000
4	£ 20.000	11	£ 200.000
5	£ 40.000	12	£ 400.000
6	£ 40.000	13	£ 10,000.000
7	£ 40.000		

Der **Mittelwert** entspricht dem *Durchschnitt*, wie er im allgemeinen verstanden wird. Er wird errechnet, indem man das persönliche Vermögen der dreizehn Leute addiert und das Ergebnis durch die Gesamtzahl der Leute, also dreizehn, dividiert. Das Gesamtvermögen beträgt £ 11,085.000, indem wir dies durch dreizehn dividieren, erhalten wir einen Mittelwert von £ 852.692. Der Mittelwert ist oft ein nützliches Maß, da in seine Berechnung jeder Wert der Verteilung eingeht. Er kann jedoch irreführend sein, wenn sich ein Fall oder eine kleine Anzahl von Fällen sehr von der Mehrheit unterscheidet. Im obigen Beispiel ist der Mittelwert tatsächlich kein sehr zweckmäßiges Maß der *zentralen Tendenz*, da das Auftreten einer sehr großen Zahl, nämlich £ 10.000.000, die ganze Verteilung verzerrt. Man könnte den Eindruck gewinnen, daß die meisten dieser Leute ein wesentlich größeres Vermögen haben, als ihnen tatsächlich zur Verfügung steht.

In solchen Fällen kann eins von zwei anderen Maßen verwendet werden. Der **Modus** oder **Modalwert** ist die Zahl, die in einer gegebenen Menge von Daten am häufigsten vorkommt. In unserem Beispiel ist er £ 40.000. Das Problem beim Modalwert ist, daß er die *Verteilung* der übrigen Daten nicht in Betracht zieht. Der in einer gegebenen Menge von Zahlen am häufigsten auftretende Fall ist nicht notwendigerweise für die ganze Verteilung repräsentativ und mag daher keinen besonders nützlichen „Durchschnittswert" darstellen. Im vorliegenden Fall gibt der Wert von £ 40.000 keine sehr genaue Vorstellung vom Zentralwert, da er so nahe am unteren Ende der Zahlen liegt.

Das dritte Maß ist der **Median**; er ist die Zahl, die in der *Mitte* einer beliebigen Menge von Zahlen liegt. In unserem Beispiel wäre das die siebente Zahl, £ 40.000. Das Beispiel beruht auf einer ungeraden Zahl von Werten. Wäre diese Zahl gerade gewesen – z. B. zwölf statt dreizehn – würde der Median berechnet, indem man den Mittelwert der beiden mittleren Fälle, der Werte 6 und 7, berechnet. Wie der Modalwert vermittelt der Median keine Vorstellung der tatsächlichen *Bandbreite* der gemessenen Daten.

Manchmal wird der Forscher mehr als ein Maß der zentralen Tendenz verwenden, um ein deskriptives Bild des Durchschnitts zur Verfügung zu stellen. Meist jedoch wird er oder sie die **Standardabweichung** der betreffenden Daten berechnen. Das ist eine Methode, die *Streuung* einer Menge von Zahlen zu ermitteln – die in diesem Fall von 0 bis £ 10.000.000 reicht.

Oft erweisen sich **Korrelationskoeffizienten** als nützlich, wenn man zum Ausdruck bringen möchte, wie eng der Zusammenhang zwischen zwei oder mehreren Variablen ist. Besteht ein vollständiger, gleichsinniger Zusammenhang zwischen zwei Variablen, dann können wir von einer perfekten positiven Korrelation sprechen – die durch einen Koeffizienten von 1,0 ausgedrückt wird. Gibt es keinen Zusammenhang zwischen zwei Variablen (zwischen ihnen besteht einfach überhaupt kein systematischer Zusammenhang), ist der Koeffizient 0. Eine perfekte *negative* Korrelation, die als –1,0 ausgedrückt wird, besteht dann, wenn zwei Variablen in einer vollständig inversen Beziehung zueinander stehen. In den Sozialwissenschaften findet man nie perfekte Korrelationen vor. Korrelationen in einer Größenordnung von 0,6 oder darüber, seien sie nun positiv oder negativ, werden im allgemeinen als Hinweis auf einen starken Zusammenhang zwischen den analysierten Variablen aufgefaßt. Positive Korrelationen dieser Stärke könnte man etwa zwischen der sozialen Herkunft und dem Wahlverhalten feststellen. Je höher eine Person in Großbritannien auf der Skala des sozioökonomischen Status angesiedelt ist, desto höher ist die Wahrscheinlichkeit, daß sie anstelle der Labour Partei die Konservativen wählt.

Kausale Mechanismen

Die Bestimmung der Kausalzusammenhänge, die Korrelationen zugrundeliegen, ist häufig ein schwieriger Prozeß. In modernen Gesellschaften besteht z. B. eine hohe Korrelation zwischen schulischen Erfolgen und der beruflichen Stellung. Je besser die Schulnoten einer Person, einen desto besser bezahlten Job wird er oder sie schließlich bekommen. Wie kann diese Korrelation erklärt werden? Forschungen haben gezeigt, daß nicht bloß die schulische Erfahrung selbst relevant ist; der schulische Erfolg wird wesentlich stärker durch den familiären Hintergrund der betreffenden Person beeinflußt. Kinder aus wohlhabenderen Familien, deren Eltern ein starkes Interesse an den für das Lernen relevanten Geschicklichkeiten haben und wo es Bücher im Überfluß gibt, haben eine höhere Wahrscheinlichkeit, sowohl in der Schule als auch in der Arbeitswelt gut abzuschneiden als jene aus Familien, in denen diese Konstellation nicht gegeben ist. Die kausalen Mechanismen sind hier die Einstellungen der Eltern gegenüber ihren Kindern gemeinsam mit den Lernmöglichkeiten, die das Elternhaus zur Verfügung stellt. (Für eine weitere Erörterung von Elternhaus und Schule siehe Kapitel 13 „Bildung, Kommunikation und Medien").

Kausale Verknüpfungen in der Soziologie sollten nicht allzu mechanisch aufgefaßt werden. Die Einstellungen der Leute und die subjektiven Gründe, die sie für ihr Handeln haben, sind Kausalfaktoren der Beziehungen zwischen Variablen im sozialen Leben.

Kontrollen

Wollen wir die Ursache oder Ursachen, die eine Korrelation erklären, bestimmen, dann müssen wir zwischen **unabhängigen Variablen** und **abhängigen Variablen** unterscheiden. Eine unabhängige Variable ruft in einer anderen Variable einen Effekt hervor; die beeinflußte Variable ist die abhängige. Im gerade erwähnten Beispiel ist die schulische Leistung die unabhängige Variable und das Berufseinkommen die abhängige Variable. Die Distinktion bezieht sich auf die *Richtung* des Kausalzusammenhangs, den wir untersuchen. Ein und derselbe Faktor kann in einer Untersuchung eine unabhängige Variable darstellen, eine abhängige Variable in einer anderen; das hängt davon ab, welche kausalen Prozesse analysiert werden. Würden wir die Auswirkungen von Unterschieden des Berufseinkommens auf den Lebensstil analysieren, dann wäre das Berufseinkommen die unabhängige Variable und nicht die abhängige.

Herauszufinden, ob eine Korrelation zwischen Variablen auf einem kausalen Zusammenhang beruht, setzt voraus, daß man **Kontrollverfahren** anwendet; dies heißt, daß wir einige Variablen konstant halten, um die Auswirkungen anderer zu betrachten. Dadurch sind wir in der Lage, uns zwischen Erklärungen für beobachtete Korrelationen zu entscheiden, indem wir kausale und nicht–kausale Zusammenhänge voneinander trennen. So haben etwa Forscher, die sich mit der kindlichen Entwicklung befaßt haben, behauptet, daß es einen Kausalzusammenhang zwischen mütterlicher Deprivation im Kleinkindalter und ernsthaften

Persönlichkeitsproblemen im Erwachsenenalter gibt. (Mütterliche Deprivation wird in diesem Zusammenhang als die Trennung eines Kindes von seiner Mutter für einen längeren Zeitraum – mehrere Monate oder noch länger – während der ersten Lebensjahre definiert.) Wie könnten wir testen, ob es tatsächlich einen Kausalzusammenhang zwischen mütterlicher Deprivation und späteren Persönlichkeitsstörungen gibt? Wir würden dies dadurch bewerkstelligen, daß wir versuchen, andere mögliche Einflüsse, die die Korrelation erklären könnten, zu kontrollieren oder „abzuschirmen".

Eine Quelle der mütterlichen Deprivation ist ein längerer Krankenhausaufenthalt des Kindes, während dessen es von seinen Eltern getrennt ist. Ist es jedoch tatsächlich die enge Bindung an die *Mutter,* auf die es wirklich ankommt? Vielleicht wird ein Kind sich zur stabilen Person entwickeln, wenn es im Kindesalter Liebe und Zuwendung von anderen Personen erhält? Um diese möglichen Kausalzusammenhänge zu untersuchen, müßten wir Fälle, wo Kinder keinerlei Zuwendung erhielten, mit anderen Fällen vergleichen, wo Kinder von ihren Müttern getrennt wurden, jedoch von irgend jemand anderem Liebe und Zuwendung bekamen. Sollte die erste Gruppe ernsthafte Persönlichkeitsstörungen entwickeln, die zweite Gruppe jedoch nicht, dann würde das den Verdacht nahelegen, daß es auf die regelmäßige Versorgung durch *irgend jemanden* im Kleinkindalter ankommt, unabhängig davon, ob dies nun die Mutter ist. (Tatsächlich scheinen Kinder im allgemeinen gut zu gedeihen, solange sie eine liebevolle und stabile Beziehung mit jemandem haben, der sich um sie kümmert – das muß nicht die Mutter selbst sein.)

Die Identifikation von Ursachen

Viele mögliche Ursachen könnten herangezogen werden, um eine beliebige Korrelation zu erklären. Wie können wir jemals sicher sein, daß wir alle in Betracht gezogen haben? Das können wir nicht. Wären wir genötigt, den möglichen Einfluß jedes Kausalfaktors zu überprüfen, den wir uns als potentiell relevant vorstellen können, dann wären wir niemals in der Lage, ein Stück soziologischer Forschung in zufriedenstellender Weise durchzuführen und seine Resultate zu interpretieren. Die Identifikation von Kausalzusammenhängen wird normalerweise durch frühere Forschungen auf dem betreffenden Gebiet angeleitet. Wenn wir im vorhinein keine plausible Vorstellung der vermutlichen Kausalmechanismen haben, die einer Korrelation zugrundeliegen, dann würden wir es wahrscheinlich äußerst schwierig finden, die wirklichen kausalen Verknüpfungen herauszufinden. Wir hätten keine Vorstellung davon, *was* wir testen sollten.

Ein gutes Bespiel der bei der korrekten Identifikation von Kausalbeziehungen auftauchenden Probleme liefert die lange Geschichte der Studien über Rauchen und Lungenkrebs. Die Forschung hat immer wieder eine starke Korrelation zwischen den beiden festgestellt. Raucher haben eine höhere Wahrscheinlichkeit, an Lungenkrebs zu erkranken, als Nichtraucher, und schwere Raucher eine höhere Wahrscheinlichkeit als mäßige Raucher. Die Korrelation kann auch umgekehrt formuliert werden. Ein hoher Prozentsatz jener, die Lungenkrebs haben, sind

Raucher oder haben während langer Phasen ihrer Vergangenheit geraucht. Es gibt derart viele Studien, die diese Korrelationen bestätigen, daß allgemeine Übereinstimmung dahingehend besteht, daß ein Kausalzusammenhang bestehen muß. Die genauen kausalen Mechanismen sind allerdings weitgehend unbekannt.

Wie oft die Korrelationen zwischen bestimmten Variablen auch überprüft werden mögen, es bleibt immer ein gewisser Spielraum für Zweifel an den möglichen Kausalbeziehungen; alternative Interpretationen der Korrelation sind immer möglich. So wurde etwa vorgeschlagen, daß Personen, die dazu prädisponiert sind, Lungenkrebs zu entwickeln, ebenso prädisponiert sind, Raucher zu werden. Dieser Auffassung nach ist es nicht das Rauchen, das Lungenkrebs verursacht; sowohl das Rauchen als auch der Lungenkrebs werden durch Dispositionen hervorgebracht, die Teil der biologischen Verfassung bestimmter Individuen sind.

Forschungsmethoden

Feldforschung

In der Soziologie werden verschiedene Forschungsmethoden verwendet. In der *Feldforschung* oder **teilnehmenden Beobachtung** (die beiden Ausdrücke sind austauschbar) lebt der Forscher mit der Gruppe oder der Gemeinschaft, die untersucht wird, und nimmt vielleicht sogar direkt an ihren Aktivitäten teil. Ein Beispiel der Feldforschung ist Erving Goffmans berühmte Untersuchung des Verhaltens in einer Irrenanstalt (Goffman, 1972). Goffman verbrachte mehrere Monate in einer psychiatrischen Anstalt und arbeitete als Assistent des Leiters der sportlichen Veranstaltungen. Ein oder zwei Mitglieder des Personals wußten, daß er ein soziologischer Forscher war, nicht hingegen die Insassen. Daher konnte Goffman sich unter ihnen frei und formlos bewegen und sogar mit den schwerkranken Patienten der geschlossenen Abteilung Kontakt aufnehmen. So war er in der Lage, ein detailliertes Bild des Lebens der Organisation zu zeichnen, gemeinsam mit einem Bild der Einstellungen und Auffassungen jener, die in ihr leben und arbeiten. Sein Forschungsmaterial waren die täglichen Protokolle über das Leben in den einzelnen Abteilungen und Aufzeichnungen der Gespräche oder Kontakte mit den Patienten und den Pflegern.

Zum Beispiel fand er heraus, daß in den geschlossenen Abteilungen, wo viele Patienten der gewöhnlichen sozialen Kommunikation unzugänglich waren, die Pfleger ein oder zwei „Arbeitspatienten" aus anderen Abteilungen einsetzten, um ihnen bei ihrer Arbeit behilflich zu sein. Für diese Hilfeleistungen wurden die Arbeitspatienten üblicherweise durch einen steten Strom von Begünstigungen belohnt. Diese Praxis wurde zwar offiziell von den Krankenhausleitern nicht gebilligt, sie war aber tatsächlich unerläßlich für den reibungslosen Ablauf des Alltags der Organisation. Ein Beispiel aus den Feldnotizen Goffmans, in denen er die Aktivitäten jedes Tages verzeichnete:

> Ich esse mit einem befreundeten Patienten in einer der großen Patienten–Cafeterias. Er sagt: „Das Essen ist hier ganz gut, aber ich mag keinen (Konserven–) Lachs." Dann entschuldigt er

sich, kippt seinen vollen Teller in den Abfalleimer und geht zur Diät–Theke hinüber. Dann kommt er mit einem Eiergericht zurück. Er lächelt belustigt und konspirativ und sagt: „Ich spiele mit dem zuständigen Wärter Billard." (Goffman, 1972, S. 280)

Es gelang Goffman, die psychiatrische Anstalt aus der Perspektive der Patienten zu sehen statt aufgrund der medizinischen Kategorien, die von den Psychiatern auf sie angewendet werden. „Damals wie heute", so Goffman, „glaube ich, daß jede Gruppe von Menschen – Gefangene, Primitive, Piloten oder Patienten – ein eigenes Leben entwickelt, welches sinnvoll, vernünftig und normal erscheint, sobald man es aus der Nähe betrachtet ..." (Goffman, 1972, S. 7). Goffmans Arbeit illustriert, daß das, was dem Außenstehenden als „verrückt" erscheint, nicht ganz so irrational ist, wenn es im Kontext des Krankenhauses interpretiert wird. In psychiatrischen Anstalten herrschen Regeln der Disziplin, der Bekleidung und des Verhaltens, die es den Insassen fast unmöglich machen, sich wie Personen der Außenwelt zu benehmen. Nach der Aufnahme oder Einlieferung ins Krankenhaus wurden den Patienten ihre persönlichen Besitztümer zum Großteil weggenommen; sie wurden entkleidet, gebadet und desinfiziert, und man gab ihnen Anstaltskleidung. Von diesem Zeitpunkt an war praktisch ihr gesamtes Verhalten dem überwachenden Blick des Personals ausgesetzt; sie hatten kaum eine Intimsphäre; und das Personal behandelte die Patienten häufig so, als wären sie Kinder. In der Folge entwickelten sie Verhaltensmuster, die dem Außenstehenden als bizarr erscheinen, die jedoch nachvollziehbare Versuche waren, mit den außergewöhnlichen Anforderungen ihrer Umgebung fertig zu werden.

Voraussetzungen der Feldforschung

Ein Feldforscher oder eine Feldforscherin kann in einer Gemeinschaft nicht bloß *anwesend sein*, sondern muß ihren Mitgliedern seine oder ihre Anwesenheit erklären und rechtfertigen. Er oder sie muß das Vertrauen und die Kooperationsbereitschaft der Gemeinschaft oder Gruppe gewinnen und über einen gewissen Zeitraum erhalten, sollen irgendwelche brauchbaren Resultate erzielt werden. Das mag erforderlich machen, unter Bedingungen zu leben, an die man sich nicht so ohne weiteres anpassen kann, vor allem, wenn man Kulturen untersucht, die sich von unserer stark unterscheiden.

Es war lange Zeit üblich, daß die auf teilnehmender Beobachtung basierenden Forschungsberichte die Gefahren, denen man ausgesetzt war, oder die Probleme, die überwunden werden mußten, in keiner Weise erwähnten, doch in letzter Zeit sind die veröffentlichten Erinnerungen und Tagebücher der Feldforscher in diesen Bereichen etwas offenherziger. Häufig muß man mit Gefühlen der Einsamkeit fertig werden – es ist nicht leicht, sich in eine Gemeinschaft einzufügen, der man nicht wirklich angehört. Es kann zu beständigen Frustrationen kommen, wenn die Mitglieder einer Gruppe oder Gemeinschaft sich weigern, offen über sich selbst zu sprechen; direkte Fragen mögen in manchen kulturellen Kontexten begrüßt werden, in anderen hingegen auf eisiges Schweigen stoßen. Einige Arten von Feldforschung können sogar körperlich gefährlich sein – ein Forscher etwa, der eine jugendliche Bande untersucht, könnte als Polizeispitzel betrachtet oder in gewalttätige Auseinandersetzungen mit rivalisierenden Gruppen verwickelt werden.

Wie die meisten Formen der Sozialforschung ist auch die Feldforschung im allgemeinen eine einseitige Angelegenheit, was jene betrifft, deren Verhalten untersucht wird. Die Auswahl der zu untersuchenden Gruppe wird üblicherweise allein vom Forscher getroffen; ihre Mitglieder werden vorher kaum jemals gefragt oder gar in das Projektdesign eingebunden (Georges und Jones, 1980). Es ist also nicht überraschend, wenn Feldforscher manchmal auf Mißtrauen stoßen oder daß manchmal Projekte der Feldforschung bereits am Anfang aufgegeben wurden.

Einer der ersten anthropologischen Feldforscher, Frank Hamilton Cushing, der in den 70er Jahren des vorigen Jahrhunderts die Zuñi-Indianer New Mexicos untersuchte, beschrieb die Probleme, mit denen er sich auseinandersetzen mußte (wie auch die Belohnungen, die ihm zuteil wurden) (Cushing, 1983). Als er das erste Mal im Feld anlangte, hatte Cushing zahlreiche kleine Geschenke mitgebracht und unternahm verschiedene Versuche, sich in der Gemeinschaft beliebt zu machen. Die Zuñi waren ihm gegenüber nicht unfreundlich, doch weigerten sie sich standhaft, ihre religiösen Zeremonien untersuchen zu lassen. Ihr Anführer versuchte, ihn zum Fortgehen zu bewegen, doch gestattete er ihm schließlich zu bleiben, unter der Bedingung, daß Cushing manche der indianischen Sitten annahm – um zu zeigen, daß er ihre Glaubensvorstellungen und Bräuche nicht für närrisch hielt. Er mußte also die Bekleidung der Zuñi tragen, die ihm nicht sehr gut paßte und die er unbequem fand; er mußte die Nahrung der Zuñi essen; seine Hängematte wurde abgebaut, und er mußte auf dem Fußboden auf Schaffellen schlafen, wie die Zuñi selbst. Eine seiner kritischsten Erfahrungen kam, als man ihm sagte, daß er sich eine Frau nehmen müsse, und man ihm eine Frau schickte, die mit ihm leben sollte. Zuerst versucht er, sich ihrer Aufmerksamkeit zu entziehen, doch ohne Erfolg. Schließlich schickte er sie fort, obwohl sie dadurch in den Augen der Zuñi entehrt war.

Seit damals haben sich die Zuñi – wie viele andere Gruppen von Indianern – an den Besuch von Forschern gewöhnt, doch ihre Beziehung zu ihnen war häufig gespannt. Der Archäologe F. W. Hodge erregte in den 20er Jahren ihre Feindseligkeit, da er in einer ihrer uralten Kultstätten mit Ausgrabungen begann (Pandey, 1972, S. 331–2); man vertrieb ihn, und die Kameras des Fotografen der Expedition wurden zerstört.

Die berühmte Anthropologin Ruth Benedict wurde wenig später von den Zuñi besser aufgenommen. Ein Zuñi-Dolmetscher sagte später, daß sie höflich gewesen sei und in großzügiger Weise Geld verteilt habe, doch daß ihre veröffentlichten Beschreibungen des Lebens der Zuñi auf schwachen Beinen stünden, da sie an vielen Aspekten des Lebens der Zuñi nicht aktiv teilgenommen habe. Seitdem sind andere Feldforscher zu verschiedenen Gelegenheiten aus der Zuñi-Gemeinschaft verstoßen worden. Ein Stammesangehöriger fragte einen Forscher, der bei den Zuñi zu Besuch war: „Sind wir noch immer so primitiv, daß ihr Anthropologen jeden Sommer kommen müßt, um uns zu studieren?" (Pandey, 1975, S. 203)

Die Vor- und Nachteile der Feldforschung

Die Feldforschung – wenn sie erfolgreich ist – liefert wesentlich reichere Informationen über das soziale Leben als die meisten anderen Forschungsmethoden. Wenn wir einmal verstanden haben, wie sich die Dinge für eine gegebene Gruppe „von innen" darstellen, verstehen wir wahrscheinlich auch wesentlich besser als vorher, warum die betreffenden Akteure so handeln, wie sie es tun. Feldforschung ist praktisch die einzig verfügbare Methode, wenn der Forscher eine Gruppe untersucht, deren Kultur Außenstehenden weitgehend unbekannt ist, und die „gelernt" werden muß, bevor ihre Aktivitäten voll verständlich werden. Aus diesem Grund ist sie die hauptsächliche Forschungsmethode der Ethnologie, die sich damit befaßt, nicht-westliche Kulturen zu dokumentieren und zu verstehen.

Die Feldforschung ermöglicht dem Forscher mehr Flexibilität als andere Methoden (wie etwa Fragebögen). Der Feldforscher ist in der Lage, sich neuen und unerwarteten Umständen rasch anzupassen und Hinweisen nachzugehen, die sich aus dem Forschungsprozeß selbst ergeben. Die Feldforschung liefert wahrscheinlich eher unerwartete Befunde als die meisten anderen Untersuchungsmethoden, weil der Forscher urplötzlich entdecken kann, daß seine vorgängigen Ideen bezüglich der fraglichen Gruppe oder Gemeinschaft ganz und gar falsch waren. Die Feldforschung hat auch ihre Grenzen: Es können nur vergleichsweise kleine Gruppen oder Gemeinschaften untersucht werden, und sehr viel hängt davon ab, ob der Forscher Erfolg dabei hat, das Vertrauen der beteiligten Individuen zu gewinnen. Gelingt dies nicht, dann kann das Forschungsvorhaben im allgemeinen nicht einmal beginnen.

Umfragen

Die Interpretation von Feldforschung wirft üblicherweise Probleme der Generalisierung auf. Wie können wir sicher sein, daß das, was wir in einem Kontext gefunden haben, auf andere Situationen zutrifft? Dies ist bei **Umfragen** im allgemeinen ein geringeres Problem, obwohl diese Vorgangsweise natürlich ebenfalls ihre Nachteile hat. Bei einer Umfrage werden Fragebögen an eine ausgewählte Gruppe von Personen – manchmal bis zu mehrere tausend – entweder übersandt oder in Interviews vorgelegt. Die Feldforschung ist am besten für Tiefenuntersuchungen des sozialen Lebens geeignet; die Befragungsmethode bringt im allgemeinen Information hervor, die weniger detailliert ist, doch von der wir mit einiger Sicherheit annehmen können, daß sie auf einen weiten Bereich zutrifft.

Standardisierte und offene Fragebögen

Bei Umfragen werden zwei Arten von Fragebögen verwendet. Manche enthalten eine *standardisierte* Fragenbatterie, auf die es nur eine festgelegte Anzahl von Reaktionen gibt. Entweder die Befragten oder die Forscher kreuzen bestimmte Antwortkategorien auf die gestellten Fragen an – z. B. „ja/nein/weiß nicht" oder „sehr wahrscheinlich/wahrscheinlich/unwahrscheinlich/sehr unwahrscheinlich".

Geschlossene Antwortvorgaben haben den Vorteil, daß die Reaktionen leicht zu vergleichen und tabellarisch zu erfassen sind, da nur eine kleine Anzahl von Antwortkategorien vorgesehen ist. Da sie allerdings keine Subtilitäten der Auffassung oder des verbalen Ausdrucks erfassen können, ist die dadurch gewonnene Information meist ziemlich eingeschränkt. Andere Arten von Fragebogen enthalten *offene* Fragen, was den Befragten die Gelegenheit gibt, ihre Auffassungen in ihren eigenen Worten zum Ausdruck zu bringen: Sie sind nicht darauf beschränkt, Antwortangaben anzukreuzen. Offene Fragen sind flexibler und liefern eine reichhaltigere Information als standardisierte. Der Forscher kann an Antworten anknüpfen, um ein tieferes Verständnis von den Ansichten des Befragten zu erlangen. Andererseits bedeutet die fehlende Standardisierung, daß es schwieriger sein kann, die Reaktionen zu vergleichen.

Fragebogenitems müssen sorgfältig konstruiert werden, wenn sie brauchbare Resultate liefern sollen. Eine Frage wie „Was halten Sie von der Regierung?" ist wertlos, da sie viel zu vage ist. Wären sie überhaupt in der Lage, sie zu beantworten, würden die Befragten das, worauf der Forscher hinausmöchte, in sehr vielfältiger Weise interpretieren. Umfrageforscher müssen auch darauf achten, keine *Suggestiv*fragen zu verwenden – Fragen, die auf eine Weise formuliert sind, daß sie eine bestimmte Reaktion ermutigen. Eine Frage, die mit den Worten beginnt: „Stimmen Sie zu, daß ...?" ist eine Suggestivfrage, da sie den Befragten dazu *einlädt* zuzustimmen. Eine neutralere Frage würde mit den Worten beginnen: „Was ist Ihre Meinung zu ...?". Bei der Formulierung von Fragen gibt es viele andere Quellen der möglichen Verzerrung oder der Mehrdeutigkeit. Zum Beispiel kann eine Frage eine Doppelentscheidung verlangen: „Ist Ihre Gesundheit heute besser oder schlechter als vor einem Jahr?" Die Doppelentscheidung bezieht sich auf „besser/schlechter" und „heute/damals". Eine klarere Formulierung wäre „Ist Ihre Gesundheit heute besser als vor einem Jahr?" (H. Smith, 1975). Die Befragten könnten auf beide Fragen mit „ja" antworten; im ersten Fall könnte der Forscher dies nicht interpretieren. Fragen sollten so einfach wie möglich sein, damit mehrdeutige Reaktionen vermieden werden.

Fragebogenitems werden normalerweise so angeordnet, daß ein Interviewerteam die Fragen in stets derselben vorgegebenen Reihenfolge stellen kann, wobei die Reaktionen in derselben Weise aufgezeichnet werden. Alle Items müssen dem Interviewer und den Interviewten leicht verständlich sein. Bei den großen, landesweiten Umfragen, die regelmäßig von Regierungsbehörden und Forschungsorganisationen veranstaltet werden, werden Interviews mehr oder weniger gleichzeitig im ganzen Land von vielen Interviewern durchgeführt. Jene, die die Interviews durchführen, und jene, die die Ergebnisse analysieren, könnten ihre Arbeit nicht effizient erledigen, wenn sie beständig miteinander Kontakt aufnehmen müßten, um Mehrdeutigkeiten der Fragen oder der Antworten abzuklären.

Fragebögen müssen sorgfältig auf die Merkmale der Befragten abgestimmt sein. Werden sie verstehen, was dem Forscher vorschwebt, wenn er eine bestimmte Frage stellt? Verfügen sie über genug Information, um brauchbare Antworten zu geben? *Werden* sie antworten? Die von den Forschern verwendeten Ausdrücke können den Befragten unbekannt sein: So könnte etwa die Frage „Wie ist Ihr Familienstand?" auf einiges Unverständnis stoßen. Es wäre passender zu fragen:

„Sind Sie ledig, verheiratet oder geschieden?". Den meisten Umfragen gehen *Pilotstudien* voraus, um jene Probleme zu identifizieren, die vom Forscher nicht vorhergesehen wurden. Eine Pilotstudie ist ein Probelauf, bei dem ein Fragebogen von einigen wenigen Leuten ausgefüllt wird. Sollten sich irgendwelche Schwierigkeiten zeigen, können diese vor Beginn der Haupterhebung beseitigt werden.

Die Stichprobe

Oft interessieren sich Soziologen für die Merkmale sehr vieler Individuen – z. B. für die politischen Einstellungen der britischen Wähler. Es wäre unmöglich, all diese Leute direkt zu untersuchen, daher konzentriert sich die Forschung in solchen Situationen auf einen kleinen Prozentsatz der Gesamtgruppe – auf eine **Stichprobe** der Gesamtheit. Im allgemeinen kann man ziemlich zuversichtlich sein, daß die Ergebnisse, die man bei der Befragung einer Stichprobe der Bevölkerung gewonnen hat, auf die Gesamtpopulation übertragen werden können. Untersuchungen von nicht mehr als 2 000 bis 3 000 britischen Wählern können z. B. ein sehr genaues Bild der Einstellungen und Wahlabsichten der Gesamtbevölkerung liefern. Doch um eine derartige Genauigkeit erzielen zu können, muß eine Stichprobe repräsentativ sein. Das Ziehen einer *repräsentativen Stichprobe* heißt sicherzustellen, daß die untersuchte Gruppe von Individuen für die Gesamtpopulation typisch ist. Die *Stichprobenziehung* ist komplexer als es den Anschein hat, und Statistiker haben verschiedene Regeln entwickelt, um die richtige Größe und Zusammensetzung von Stichproben zu ermitteln.

Eine besonders wichtige Vorgangsweise ist das Ziehen einer *Zufallsstichprobe*, wobei eine Stichprobe derart bestimmt wird, daß jedes Mitglied der betreffenden Population dieselbe Wahrscheinlichkeit hat, ausgewählt zu werden. Das raffinierteste Verfahren zur Erlangung einer Zufallsstichprobe ist es, jedem Populationsmitglied eine Zahl zuzuweisen und dann einen Computer heranzuziehen, der Zufallszahlen generiert, aus denen die Stichprobe abgeleitet wird – indem man z. B. jede 10. Zahl aus einer Zufallsserie auswählt.

Beispiel: 'Wahlen und Wähler'

Eines der berühmtesten frühen Beispiele der Umfrageforschung war *Wahlen und Wähler* (*The People's Choice*), eine Studie, die von Paul Lazarsfeld und einigen seiner Kollegen vor ungefähr einem halben Jahrhundert durchgeführt wurde (Lazarsfeld et al., 1969). Die Studie verwendete erstmals einige der Haupttechniken der Umfrageforschung, die bis heute angewendet werden. Gleichzeitig zeigen allerdings ihre Mängel die Grenzen der Umfragemethode ziemlich deutlich auf. *Wahlen und Wähler* basierte auf einer Untersuchung der Wahlabsichten der Einwohner von Erie County, Ohio, während der amerikanischen Präsidentschaftskampagne im Jahre 1940 und hat das Design vieler späterer politischer Umfragen beeinflußt, nicht nur jener, die von akademischen Forschern angestellt wurden. Um etwas tiefer schürfen zu können, als dies in einem einzelnen Fragebogen möglich ist, interviewten die Forscher jedes Mitglied der Stichprobe von Wählern zu sieben verschiedenen Gelegenheiten. Es war ihr Ziel, Veränderungen der Absichten der Wähler nachzuzeichnen und deren Gründe zu verstehen.

Am Anfang des Projekts stand eine Anzahl klar umrissener Hypothesen. Eine bezog sich darauf, daß Beziehungen und Ereignisse, die den Wählern einer Gemeinschaft *nahe* stehen, ihre Wahlabsichten stärker beeinflussen als die fernen Ereignisse der Weltpolitik, und die Ergebnisse bestätigten im großen und ganzen die Hypothese. Die Forscher entwickelten raffinierte Meßtechniken zur Analyse politischer Einstellungen; doch war ihre Arbeit auch stark von theoretischen Ideen beeinflußt und leistete einen bedeutenden Beitrag zum theoretischen Denken. Unter den Begriffen, die auf sie zurückgehen, waren jene des „Meinungsführers" und des „zweistufigen Kommunikationsflusses". Manche Individuen – Meinungsbildner – pflegen die politischen Meinungen ihrer Umgebung zu beeinflussen. Die Meinungsbildner bestimmen die Reaktionen auf politische Ereignisse, indem sie diese den Angehörigen ihrer Umgebung auslegen. Die Auffassungen der Leute über das politische System werden nicht auf direkte Weise geformt, sondern in einem zweistufigen Prozeß: Die von den Meinungsbildnern zum Ausdruck gebrachten Auffassungen beeinflussen die Reaktionen anderer Individuen auf die politischen Tagesprobleme.

Die Studie fand die Bewunderung vieler, wurde aber auch weithin kritisiert. Lazarsfeld und seine Kollegen behaupteten, sie wären „an allen Bedingungen, die das politische Verhalten der Leute beeinflussen", interessiert. Wie Kritiker angemerkt haben, erhellten ihre Forschungen aber lediglich bestimmte Aspekte des politischen Verhaltens. Die Studie enthielt wenig Material über die existierenden Institutionen des politischen Systems und deren Funktionsweise und konzentrierte sich stattdessen auf politische Einstellungen. Daß man dieselbe Gruppe von Leuten mehrmals interviewte – ein Verfahren, das heute *Panelstudie* heißt – bedeutete, daß die Befunde weniger oberflächlich waren als bei den meisten Formen der Umfrageforschung. Doch es liegt in der Natur von Umfragen, daß sie im allgemeinen nur herausfinden können, was Leute über sich selbst *sagen* – und nicht das, was sie wirklich denken oder tun.

Bewertung der Umfrageforschung

In der soziologischen Forschung werden Umfragen aus mehreren Gründen weiterhin sehr gerne angewendet (C. Marsh, 1982; W. L. Miller, 1983). Die Antworten auf Fragebögen können leichter quantifiziert und analysiert werden als Material, das durch andere Forschungsmethoden gewonnen wurde; man kann eine große Anzahl von Personen untersuchen, und sollten die finanziellen Mittel ausreichen, kann der Forscher ein Umfrageinstitut, das sich auf derartige Erhebungen spezialisiert hat, beauftragen, das von ihm benötigte Material zu sammeln.

Viele Soziologen sind jedoch der Auffassung, daß die Umfragemethode allzu häufig angewendet wird, und äußern sich entsprechend kritisch; sie argumentieren, daß die Leichtigkeit, mit der das Material quantifiziert werden kann, den Befunden einen Anschein der Genauigkeit verleiht, der angesichts der vergleichsweise oberflächlichen Natur der meisten Reaktionen in Umfragen einigermaßen zweifelhaft ist. Die Methode hat noch weitere Nachteile. Die Ausfallsraten sind manchmal hoch, vor allem wenn Fragebögen postalisch verschickt und retourniert werden. Es ist nicht ungewöhnlich, daß Studien publiziert werden, die auf Ergebnissen basieren, die bei nicht viel mehr als der Hälfte der Stichprobe gewonnen wurden – obwohl im allgemeinen angestrebt wird, Verweigerer noch einmal zu kontaktieren oder sie durch andere zu ersetzen. Wir wissen wenig über jene, die sich weigern, an Umfragen teilzunehmen bzw. interviewt zu werden, wenn der Forscher an ihrer Türschwelle erscheint, doch wird die Umfrageforschung von den zu Befragenden sehr häufig als aufdringlich und zeitaufwendig empfunden (Goyder, 1987).

Die Bedingungen, unter denen Umfragen durchgeführt werden, und die üblicherweise verwendete Sprache, um die Ergebnisse zu beschreiben, erzeugen nicht selten eine Kluft zwischen der Umfrageforschung und den Komplexitäten der Individuen aus Fleisch und Blut, die auf die gestellten Fragen antworten. Werden postalische Fragebögen verwendet, dann ist der Forscher so weit von den Personen entfernt, die er untersucht, daß es schwierig sein kann, in Erinnerung zu behalten, daß lebende Menschen das Material, das in ihren Briefkästen einlangt, lesen und zurückschicken. Telefonische Umfragen – die mit zunehmender Häufigkeit eingesetzt werden, wenn eine rasche Analyse der Meinungen zu einem aktuellen Problem benötigt wird – sind fast genauso anonym. Die Sprache, in der die Ergebnisse von Umfragen erörtert werden, wo es um „Interviewpersonen", „Befragte" oder „Interviewte" geht, bringt eine abstrakte und unpersönliche Konzeption der beteiligten Personen zum Ausdruck. Die Behandlung von Menschen als im wesentlichen passiv und reaktiv ist vermutlich mehr als bloß ein Mittel zum Zweck der Analyse von Umfragedaten – dadurch kommt häufig eine eingeschränkte und einschränkende Auffassung menschlicher Denkprozesse zum Ausdruck.

Gemessen anhand von Fragebogenitems mögen z. B. zwei Personen eine allem Anschein nach ähnliche Einstellung aufweisen, doch können sie gleichzeitig ganz verschiedene Gründe für ihre Auffassungen haben. So könnten z. B. beide auf eine Frage im Bereich der Außenpolitik antworten, daß sie „sehr stark" davon überzeugt sind, daß Großbritannien seine militärischen Verpflichtungen im Ausland einschränken sollte – und beide würden dann so gezählt, als hätten sie dieselbe Auffassung. Doch ihre wirklichen Einstellungen könnten gänzlich verschieden voneinander sein. Einer könnte an eine „Festung Großbritannien" glauben – an eine Einschränkung des überseeischen Engagements aufgrund der isolationistischen Auffassung, daß man Ausländer bei der Lösung ihrer Probleme sich selbst überlassen sollte; während der andere sich der Idee der weltweiten Abrüstung verpflichtet fühlt und meint, daß Großbritannien seinen Einfluß in der Welt auf andere Weise als durch die Anwendung militärischer Macht geltend machen sollte.

Verfügen Interviewer über ein gewisses Ausmaß an Flexibilität, um den Antworten etwas tiefer auf den Grund gehen zu können, dann sind sie manchmal in der Lage, mit solchen Problemen fertig zu werden. Je intensiver und unmittelbarer die Begegnung zwischen dem Forscher und jenen ist, auf die sich eine Studie bezieht, desto informativer und besser abgesichert werden die Schlußfolgerungen, die er daraus ziehen kann, im allgemeinen sein. Die Ergebnisse von Umfragen sollten, wo immer es möglich ist, durch Tiefenmaterial von der Art, wie es die Feldforschung liefert, ergänzt werden.

Dokumentenanalyse

Die meisten Erörterungen soziologischer Forschung legen das Schwergewicht auf Feldforschung, Umfrageforschung oder eine Kombination der beiden. **Dokumentenanalyse** – die systematische Verwendung gedruckten oder geschriebenen Materials zu Forschungszwecken – wird häufig unter ferner liefen abgehandelt. Doch gibt es kaum Feldforschungs- oder Umfragestudien, bei denen nicht ein gewisses Ausmaß von dokumentarischem Material gesichtet wird. Bei *Wahlen und Wähler* wurden beispielsweise Zeitungen und andere Materialien in beträchtlichem Ausmaß herangezogen, um einerseits die Studie vorzubereiten, andererseits den Forschungsbericht abzufassen. In der einen oder anderen Verkleidung ist die Dokumentenanalyse in der Tat eine der am weitesten verbreiteten Methoden zur Gewinnung soziologischer Daten.

Zu den Dokumenten, die in der soziologischen Forschung am häufigsten konsultiert werden, gehören öffentliche und private Aufzeichnungen (die üblicherweise *Archiv*quellen genannt werden, wobei ein Archiv einfach der Ort ist, wo geschriebene Aufzeichnungen abgelagert werden): z. B. Regierungsdokumente, kirchliche Verzeichnisse, Briefe oder Gerichtsakten. Die bei der Forschung verwendeten Dokumente schließen praktisch in allen Fällen auch Informationen und Befunde ein, die von früheren Autoren des betreffenden Forschungsfeldes produziert wurden. Viele Untersuchungen sind damit mindestens so beschäftigt, Material aus der Arbeit anderer zu sammeln und zu analysieren, wie mit der Generierung gänzlich neuer Daten.

Ein Beispiel für die Verwendung historischer Dokumente ist Anthony Ashworths Untersuchung der Soziologie des Stellungskriegs im Ersten Weltkrieg (Ashworth, 1980). Ashworth interessierte sich für die Frage, wie das Leben der Männer beschaffen war, die unter ständigem Beschuß durch den Gegner ausharren mußten und wochenlang Seite an Seite mit anderen zusammengepfercht waren. Bei der Untersuchung der von diesen Männern entwickelten sozialen Beziehungen stützte er sich auf eine Vielfalt dokumentarischer Quellen: offizielle historische Darstellungen des Krieges, darunter auch Darstellungen verschiedener Divisionen und Bataillone, Archivmaterialien, die Notizen und Aufzeichnungen, die von den einzelnen Soldaten informell angelegt worden waren, persönliche Erinnerungen an die Kriegserlebnisse und andere Memoiren.

Obwohl diese Materialien offensichtlich in mancher Hinsicht voneinander sehr verschieden waren, gelang es Ashworth, indem er sich auf eine solche Vielfalt von Quellen stützte, eine reiche und detaillierte Beschreibung des Lebens in den Schützengräben zu entwickeln. Er entdeckte z. B., daß manche Gruppen von Soldaten ihre eigenen Normen entwickelten, die festlegten, wie oft sie sich in Kampfhandlungen verwickeln wollten, wobei die Befehle ihrer Offiziere nicht selten praktisch ignoriert wurden. So stellten z. B. an einem Weihnachtstag die Soldaten beider Seiten, der Deutschen und der verbündeten Westmächte, die Feindseligkeiten ein und veranstalteten in einem Fall sogar ein improvisiertes Fußballmatch gegeneinander.

Eine wichtige Unterform der Dokumentenanalyse besteht aus der Reanalyse von *Datensätzen* – Aufzeichnungen von Forschungsbefunden –, die von anderen Forschern erstellt wurden. Regierungen und andere Organisationen publizieren regelmäßig „offizielle Statistiken" einer Vielfalt sozialer Phänomene: Bevölkerungsentwicklung, Verbrechen, Eheschließungen und Scheidungen, Selbstmorde, Arbeitslosenraten usw. Seit den Frühzeiten der Entwicklung der Soziologie wurden diese Daten als Grundlage der soziologischen Forschung herangezogen. Forscher können die aus solchen Statistiken gewonnenen Daten verwenden oder re-analysieren und das Material heranziehen, um ein gegebenes Forschungsproblem zu lösen.

Wie liest man eine Tabelle?

Bei der Lektüre soziologischer und statistischer Literatur wird man oft auf Tabellen stoßen. Sie sehen manchmal sehr kompliziert aus, doch sind sie tatsächlich fast immer leicht zu entschlüsseln, wenn einige Grundprinzipien befolgt werden; bei entsprechender Übung werden diese in Fleisch und Blut übergehen. Man sollte der Versuchung, die Tabellen zu überspringen, *nicht* nachgeben; sie enthalten Informationen in konzentrierter Form, die schneller „abgelesen" werden können, als wenn dasselbe Material verbal formuliert wäre. Wenn man die Interpretation von Tabellen einmal beherrscht, ist man auch in der Lage zu überprüfen, inwieweit die Schlußfolgerungen, die ein Autor aus dem betreffenden Material ableitet, tatsächlich gerechtfertigt erscheinen. Die Schritte, die bei der Erfassung des Inhalts einer Tabelle befolgt werden müssen, sind die folgenden:

1 Lies die ganze Tabellenüberschrift. Diese ist häufig ziemlich lang, was auf den Versuch des Forschers oder Statistikers zurückzuführen ist, präzise anzugeben, welche Art von Information vermittelt wird. Die Tabellenüberschrift im von uns verwendeten Beispiel führt zuerst den *Inhalt* des Tabellenmaterials an, zweitens die Tatsache, daß es Material für *Vergleichszwecke* liefert, und drittens die Tatsache, daß Datenmaterial nur für eine begrenzte Anzahl von Ländern zur Verfügung gestellt wird.

2 Sieh nach, ob die Daten durch irgendwelche Erklärungen oder *Fußnoten* ergänzt sind. Eine Fußnote unserer Beispieltabelle, die sich auf die Hauptspalte bezieht, verweist darauf, daß die Daten sich nur auf zugelassene Fahrzeuge beziehen. Dies ist wichtig, denn in manchen Ländern kann der Anteil der ordnungsgemäß zugelassenen Autos geringer sein als in anderen. Fußnoten können darüber Auskunft geben, warum das Material gesammelt wurde oder warum es in einer bestimmten Weise dargestellt wird. Wurden die in der Tabelle enthaltenen Daten nicht vom Forscher selbst gesammelt, sondern basieren sie auf Befunden, die ursprünglich an anderer Stelle veröffentlicht wurden, wird eine *Quelle* angeführt. Die Quelle vermittelt manchmal einen Eindruck davon, wie verläßlich die Information vermutlich ist; darüberhinaus teilt sie mit, wo man nachschlagen müßte, um die Originaldaten, auf denen die Tabelle beruht, zu finden. Bei unserer Tabelle macht die Quellenangabe deutlich, daß die Daten mehr als einer Quelle entnommen wurden.

3 Lies die *Überschriften* oberhalb und links der Tabelle. (Manchmal sind Tabellen derart angeordnet, daß sich die „Überschriften" unterhalb der Tabelle statt oberhalb befinden.) Diese informieren darüber, welche Art von Information in den einzelnen Zeilen und Spalten enthalten ist. Beim Lesen der Tabelle muß man sich die Überschriften vor Augen halten, wenn man die Zahlen durchgeht. In unserem Beispiel bezeichnen die Überschriften auf der linken Seite der Tabelle die erfaßten Länder, während jene oberhalb der Tabelle sich auf die Verbreitung des Autobesitzes und die verschiedenen Jahre beziehen, für die diese erfaßt wurde.

4 Identifiziere die verwendeten *Einheiten* – die Zahlen der Tabelle können für die Anzahl der Fälle stehen, für Prozentsätze, Durchschnitte oder für andere Maße. Manchmal kann es nützlich sein, die in der Tabelle enthaltenen Zahlen in eine Form zu bringen, die für einen bestimmten

> Zweck brauchbar ist: Werden z. B. keine Prozentzahlen zur Verfügung gestellt, dann kann es sich lohnen, diese zu berechnen.
> 5 Überlege die Schlußfolgerungen, die aufgrund der in der Tabelle enthaltenen Information gezogen werden. Die meisten Tabellen werden vom Autor oder von der Autorin diskutiert; was er oder sie zu sagen hat, sollte man sich natürlich vor Augen halten, während man selbst die Tabelle interpretiert. Man sollte sich auch überlegen, welche weiteren Themen oder Fragen durch die Daten aufgeworfen werden könnten.
>
> *Tabelle* Autobesitz: internationale Vergleichswerte verschiedener ausgewählter Länder
>
> | | Anzahl der Autos pro 1 000 der erwachsenen Bevölkerung [a] | | | |
> |---|---|---|---|---|
> | | 1971 | 1981 | 1984 | 1989 |
> | Brasilien | 12 | 78 | 84 | 98 |
> | Chile | 19 | 45 | 56 | 67 |
> | Irland | 141 | 202 | 226 | 228 |
> | Frankreich | 261 | 348 | 360 | 475 |
> | Griechenland | 30 | 94 | 116 | 150 |
> | Italien | 210 | 322 | 359 | 424 |
> | Japan | 100 | 209 | 227 | 286 |
> | Schweden | 291 | 348 | 445 | 445 |
> | Großbritannien | 224 | 317 | 343 | 366 |
> | USA | 448 | 536 | 540 | 607 |
> | Westdeutschland | 247 | 385 | 412 | 479 |
> | Jugoslawien | 43 | 114 | 125 | 139 |
>
> [a] Alle zugelassenen Kraftfahrzeuge
> *Quelle*: *United Nations Annual Bulletin of Transport Statistics*; *World Road Statistics*, International Road Federation, berichtet in Social Trends (London: HMSO, 1987), S. 68; Statistical Office of the European Community, *Basic Statistics of the Community* (Luxemburg, 1991).
>
> Die Zahlen unserer Tabelle lassen mehrere interessante Trends erkennen. Erstens variiert die Verbreitung des Autobesitzes zwischen den verschiedenen Ländern beträchtlich: In den USA ist die Anzahl der Autos pro 1 000 Personen fast zehnmal so groß wie in Chile. Zweitens legt die Tabelle einen klaren Zusammenhang zwischen dem Autobesitz und dem Wohlstandsniveau eines Landes nahe. In der Tat könnten wir den Autobesitz vermutlich als groben Indikator von Unterschieden der Prosperität verwenden. Drittens hat in fast allen angeführten Ländern die Verbreitung des Autobesitzes zwischen 1971 und 1989 zugenommen, doch in einigen von ihnen war der Anstieg größer als in anderen – was vermutlich auf Unterschiede des Ausmaßes verweist, in dem die Länder ökonomisch gewachsen sind, also in dieser Hinsicht „aufholten".

Die von Regierungen produzierten Daten sind äußerst umfassend und beinhalten verschiedene Haupttypen von Quellenmaterial. So werden etwa in regelmäßigen Abständen Volkszählungen durchgeführt, die Daten über viele gesellschaftliche und wirtschaftliche Fragestellungen verfügbar machen. Da die Beantwortung verpflichtend ist, ist das auf Volkszählungen basierende Material ungewöhnlich umfassend. Regierungen führen auch andere Umfragen durch, um Informationen in kürzeren Zeiträumen zu gewinnen, als durch die in periodischen Abständen stattfindenden Volkszählungen beschafft werden können (Carley, 1981; Hakim, 1982).

Stolpersteine der Dokumentenanalyse

Selbstverständlich unterscheiden sich dokumentarische Quellen hinsichtlich ihrer Genauigkeit gewaltig, und der Forscher, der sich auf sie stützt, muß ihre Verläßlichkeit einschätzen können. Zeitungsberichte sind z. B. bekannt großzügig im Umgang mit den Tatsachen, vor allem die „populäreren" Zeitungen und Zeitschriften. Vor einigen Jahren wurde ein Leserbrief im *Guardian* veröffentlicht. Der Briefschreiber, der sich „Presseforscher" nannte, hatte acht verschiedene Zeitungsartikel über die Hochzeit der jungen Gesellschaftslöwin Ira von Fürstenberg in Venedig gesammelt. Im Leserbrief hieß es, die Presse habe „von neuem ihren Unternehmungsgeist und ihren standhaften Individualismus bewiesen. Sie weigert sich, sich an irgendwelche verbindlichen Standards zu halten, auch wenn es nur um ganz einfache Tatsachen geht". Über die Braut wurde berichtet, daß sie zu spät zur Zeremonie erschienen sei. Die Zahlenangaben reichten von 30 bis zu 70 Minuten. Irgend jemand fiel in den Canale Grande, doch gab es vier verschiedene Versionen darüber, wer das gewesen sei. Die Anzahl der anwesenden Fotografen variierte von 50 bis 250 und die der Gäste von 250 bis 600 (P. Mann, 1985).

Offizielle Statistiken sind selbstverständlich verläßlicher als Zeitungsberichte. Allerdings müssen sogar solche Statistiken vom Forscher stets *interpretiert* werden, der sich der vielen Beschränkungen, denen sie unterliegen können, bewußt sein muß. So werden in allen Ländern z. B. offizielle Kriminalstatistiken geführt, doch verraten diese nicht sehr viel über die wirkliche Verteilung des kriminellen Verhaltens, da die erfaßten Verbrechen nur jene sind, die der Polizei bekannt wurden. Im Fall von Verbrechen wie etwa dem des Diebstahls beinhalten diese nur einen kleinen Prozentsatz der Vergehen, die tatsächlich begangen werden; viele gelangen einfach nicht zur Kenntnis der Polizei. Große Kaufhäuser etwa informieren die Polizei lediglich über einen Bruchteil der Fälle von Ladendiebstahl, die jede Woche passieren – im allgemeinen nur dann, wenn der Kaufhausdetektiv jemanden auf frischer Tat ertappt. (Zur weiteren Erörterung der Verbrechensstatistik siehe Kapitel 5 „Konformität und Devianz".)

Experimente

In einer Hinsicht bieten Experimente große Vorteile gegenüber anderen Forschungsverfahren. In einer experimentellen Situation kann der Forscher die relevanten Variablen direkt kontrollieren. Man kann in der Tat das **Experiment** als einen Versuch definieren, innerhalb der vom Forscher erstellten künstlichen Bedingungen den Einfluß einer oder mehrerer Variablen auf andere zu testen. In den Naturwissenschaften finden Experimente breite Verwendung, doch in der Soziologie ist der Raum für die experimentelle Vorgangsweise stark eingeschränkt (Silverman, 1982). Wir können bloß kleine Gruppen von Individuen im Labor untersuchen, und bei solchen Experimenten wissen Leute, daß sie zum Forschungsobjekt geworden sind, und können sich daher anders verhalten als sonst.

Dennoch können sich experimentelle Methoden manchmal auch in der Soziologie als nützlich erweisen. Ein Beispiel liefert ein ausgeklügeltes Experiment, das von Philip Zimbardo durchgeführt wurde, der ein simuliertes Gefängnis einrichtete,

Vier Hauptmethoden der soziologischen Forschung

Forschungsmethode	Stärken	Schwächen
Feldforschung	– Ergibt üblicherweise reichhaltigere und „tiefergehende" Information als andere Methoden. – Ermöglicht es dem Forscher, seine Strategien flexibel zu handhaben und neuen Hinweisen, die sich ergeben, nachzugehen.	– Kann nur zur Untersuchung vergleichsweise kleiner Gruppen oder Gemeinschaften eingesetzt werden. – Die Befunde könnten sich unter Umständen lediglich auf die untersuchten Gruppen oder Gemeinschaften beziehen; auf der Grundlage einer einzelnen Feldforschungsstudie ist es nicht leicht, zu Generalisierungen zu gelangen.
Umfragen	– Gestatten die effiziente Sammlung von Daten, die sich auf eine große Zahl von Individuen beziehen. – Gestatten es, die Antworten der Befragten in präziser Weise miteinander zu vergleichen.	– Das gesammelte Material kann oberflächlich sein; ist der Fragebogen hochstandardisiert, können wichtige Unterschiede zwischen den Auffassungen der Befragten verwischt werden. – Es kann sein, daß die Reaktionen eher wiedergeben, was Leute zu glauben behaupten, statt das, was sie tatsächlich glauben.
Dokumentenanalyse	– Kann sowohl von „Tiefen"– Material als auch über große Fallzahlen Daten liefern, je nach der Art der untersuchten Dokumente. – Ist oft unerläßlich, wenn eine Untersuchung entweder zur Gänze historisch orientiert ist oder eine eindeutige historische Dimension hat.	– Der Forscher hängt von existierenden Quellen ab, die lückenhaft sein können. – Es mag schwierig sein, die Quellen dahingehend zu interpretieren, inwieweit sie wirkliche Tendenzen wiedergeben – wie im Fall verschiedener Arten von offiziellen Statistiken.
Experimente	– Der Einfluß spezifischer Variablen kann vom Forscher kontrolliert werden. – Die Experimente können im allgemeinen von späteren Forschern leichter repliziert werden.	– Viele Aspekte des sozialen Lebens können nicht ins Laboratorium übertragen werden. – Die Reaktionen der Untersuchungspersonen können von der experimentellen Situation beeinflußt worden sein.

wobei er studentische Freiwillige auf die Rollen der Wächter und der Gefangenen verteilte (Zimbardo, 1972). Er wollte herausfinden, inwieweit das Spielen dieser verschiedenen Rollen zu Veränderungen der Einstellung und des Verhaltens führt. Die Ergebnisse waren für die Forscher schockierend, obwohl sie sie in gewissem Ausmaß erwartet hatten. Jene, die die Wächter spielten, verfielen sehr rasch in autoritäre Verhaltensweisen und zeigten echte Feindseligkeit gegenüber den „Gefangenen". Sie begannen, die „Gefangenen" herumzukommandieren und sie zu beschimpfen und einzuschüchtern. Im Gegensatz dazu zeigten die anderen eine Mischung aus Apathie und Rebellion, die häufig bei den Insassen wirklicher Gefängnisse festgestellt wird. Diese Effekte waren derart ausgeprägt und die Stimmung war so aufgeheizt, daß das Experiment frühzeitig abgebrochen werden mußte. Der Forscher kam zur Schlußfolgerung, daß das Verhalten in Gefängnissen stärker von der Beschaffenheit der Gefängnissituation als von den individuellen Merkmalen der Beteiligten beeinflußt wird.

Andere Methoden

Interviews

Es gibt keine säuberliche Unterscheidung zwischen der Umfragemethode und Interviews, da dort, wo Fragebogen direkt vorgelegt werden, der Forscher die Befragten ja tatsächlich interviewt. Das Interview anhand eines Fragebogens wird manchmal „formal" oder „kontrolliert" genannt, um es von weniger strukturierten Interviews zu unterscheiden, bei denen es den Befragten gestattet ist, sich frei zu verschiedenen Aspekten eines Themas zu äußern. Manche Interviewstudien verwenden überhaupt keinen Fragebogen: Gelegentlich werden Leute sehr ausführlich befragt; und wo es darum geht, Tiefeninformation zu gewinnen, kann man sich manchmal auf wenige Befragte beschränken. Ausführliche Interviews liefern reichhaltigeres Material, als man üblicherweise durch Umfragen gewinnen kann, doch die Nachteile bestehen darin, daß der Einfluß des Interviewers größer sein kann, also möglicherweise die Ergebnisse beeinflußt, und daß es schwieriger ist, die Reaktionen einem exakten Vergleich zu unterwerfen (Brenner, 1978).

Biographien

Biographien bestehen aus lebensgeschichtlichem Material, das sich auf bestimmte Individuen bezieht – im allgemeinen in ihrer eigenen Darstellung. Keine andere Forschungsmethode kann so viele Details über die zeitliche Entwicklung der Glaubensvorstellungen und Einstellungen von Personen liefern. Biographien sind besonders wertvoll, wo sich Forschungen auf die Zusammenhänge zwischen der psychologischen Entwicklung und sozialen Prozessen beziehen. Allerdings basieren solche Studien nur selten zur Gänze auf den Erinnerungen der betroffenen Personen. Im allgemeinen werden auch dokumentarische Quellen – wie etwa Briefe, Berichte von Zeitgenossen oder Zeitungsartikel – verwendet, um die zur Verfügung gestellte Information zu erweitern und zu überprüfen. Die Auffassungen über den Wert biographischen Materials gehen auseinander. Manche meinen, die Methode wäre zu unzuverlässig, um nützliche Information hervorzubringen; andere wiederum sind der Auffassung, daß Biographien eine Quelle der Einsicht darstellen, wie sie nur von wenigen anderen soziologischen Forschungsmethoden erreicht werden kann.

Biographien wurden in verschiedenen wichtigen Studien erfolgreich herangezogen und werden in der Ethnologie ebenso wie in der Soziologie häufig verwendet (Bertaux, 1981). Eine berühmte frühe Studie, die von derartigem Material ausgiebigen Gebrauch machte, war *The Polish Peasant in Europe and America* von W. I. Thomas und Florian Znaniecki, deren fünf Bände zwischen 1918 und 1920 zum ersten Mal publiziert wurden (Thomas und Znaniecki, 1966). Thomas und Znaniecki konnten ein viel sensibleres und subtileres Bild der Erfahrung der Einwanderung zeichnen, als es ihnen möglich gewesen wäre, hätten sie keine Biographien gesammelt. Eine jüngere Arbeit, die heute ebenfalls ein Klassiker ist und zum Bestseller wurde, ist Studs Terkels Buch *Working* (Terkel, 1977). Es trug den Untertitel „Leute sprechen über das, was sie den ganzen Tag tun, und wie sie das, was sie tun, empfinden" und lieferte eine reichhaltige und berührende Darstellung der Auffassungen von Amerikanern über ihre alltägliche Arbeit.

Biographien überstreichen nicht in allen Fällen die ganze Laufbahn eines Individuums oder alle ihre Hauptaspekte. So publizierte etwa Edwin H. Sutherland eine Studie, die auf der Lebensgeschichte von Chic Conwell, eines professionellen Diebes basierte; das Material beschränkte sich im großen und ganzen auf Conwells kriminelle Aktivitäten (Sutherland und Conwell, 1937). Biographien grenzen an die allgemeine *oral history* – verbale Darstellungen der Vergangenheit, die von Zeitzeugen zur Verfügung gestellt werden.

Tagebücher

Tagebücher finden manchmal Verwendung, wenn Soziologen die alltäglichen Aktivitäten von Individuen in einer bestimmten sozialen Umgebung nachzeichnen möchten. Die Feldforschung und Umfragen können nicht ausreichend sein, um Informationen über das gewöhnliche Alltagsleben der Leute bereitzustellen. Möchten wir also ein Bild davon gewinnen, was diese Leute zu verschiedenen Tageszeiten oder zu verschiedenen Zeiten der Woche oder des Monats tun, dann ist es oft hilfreich, sie ihre eigenen Aufzeichnungen führen zu lassen. Wiederum gibt es nur sehr wenige Studien, die sich auf nichts anderes als derartige Information stützen; sie wird fast immer gleichzeitig mit anderem Material verwendet, das man durch andere Methoden erlangt hat.

Konversationsanalyse

In der soziologischen Forschung werden Tonbänder und Videos in zunehmendem Ausmaß verwendet. Beide werden häufig bei der **Konversationsanalyse** eingesetzt, der Untersuchung von Gesprächen in natürlichen Kontexten. Mit dem Tonbandgerät können alle hörbaren Merkmale einer Unterhaltung zwischen zwei oder mehr Personen aufgezeichnet werden. Da wir, wenn wir miteinander reden, auch den Gesichtsausdruck und Gesten verwenden, um Sinngehalte zu vermitteln, liefern Videoaufzeichnungen eine sogar noch vollständigere Dokumentation des Ablaufs einer Konversation. Obwohl so vieles von dem Reichtum der ursprünglichen Situation verloren geht, können durch die Verwendung einer passenden Notation die aufgezeichneten Gespräche transkribiert und publiziert werden. (Für eine Illustration siehe Kapitel 4 „Soziale Interaktion und Alltagsleben".)

Während der letzten Jahre wurden sehr viele Studien, die sich mit Konversationsanalyse befaßten, veröffentlicht, was eine Vielfalt von Einsichten in die Beschaffenheit der menschlichen Interaktion ermöglichte. Ein Beispiel ist William B. Sanders Untersuchung eines sehr speziellen Typs der Konversation: des polizeilichen Verhörs. Bei Verhören findet Konversation statt, doch nicht „beliebiges Gerede" – wie durch eine der Lieblingsphrasen des polizeilichen Melodramas deutlich gemacht wird: „Die Fragen stelle ich!". Es gelang Sanders, den spezifischen Charakter des Verhörs zu analysieren, sodaß Merkmale zutage traten, die man andernfalls übersehen hätte können. Die vernehmenden Beamten sagen z. B. häufig überhaupt nicht sehr viel; sie regen den Einvernommenen zum Sprechen an, indem sie grunzen oder absichtliche lange Pausen einschieben (Sanders, 1974).

Die Konversationsanalyse kann nur bei Kleingruppen angewendet werden und befaßt sich häufig mit Aspekten des Alltagslebens, die als äußerst trivial erscheinen könnten, doch ist ihre Bedeutung in der Soziologie wesentlich größer, als es den Anschein haben könnte. Schließlich sind die Konversation und das Gespräch universelle Merkmale des sozialen Handelns, sowohl in informellen als auch in stärker strukturierten Interaktionssituationen (siehe Kapitel 4 „Soziale Interaktion und Alltagsleben").

Triangulation

Alle Forschungsmethoden haben ihre Vor- und Nachteile. Daher ist es üblich, anläßlich eines einzelnen Forschungsprojekts mehrere Methoden miteinander zu kombinieren, wobei jede dazu verwendet wird, die anderen zu ergänzen und zu überprüfen, ein Prozeß, der als **Triangulation** bekannt ist. Wir gewinnen ein Bild des Werts der Kombination von Methoden – und, allgemeiner, der Probleme und Fallgruben wirklicher soziologischer Forschung –, indem wir ein spezifisches Forschungsprojekt genauer betrachten.

Ein Beispiel: Wallis und die Scientology–Sekte

Roy Wallis unternahm es, die als Scientology bekannte Bewegung zu untersuchen. Der Gründer von Scientology, L. Ron Hubbard, entwickelte verschiedene religiöse Doktrinen, die zur Grundlage einer Kirche wurden. Scientology zufolge sind wir alle spirituelle Wesen – Thetanen –, doch haben wir unsere spirituelle Natur vernachlässigt. Wir können durch Trainingsprozesse, die uns unsere wirklichen spirituellen Fähigkeiten bewußt machen, unsere vergessenen übernatürlichen Kräfte wiedererlangen. Wallis gab zu, daß er zu seinem Projekt durch die „exotische" Natur von Scientology angeregt worden war. Wie war es möglich, daß Leute an derart bizarr erscheinende Ideen glauben konnten? (Wallis, 1976).

Die Scientology–Sekte war sehr umstritten, doch hatte sie eine große Gefolgschaft gewonnen. Warum war gerade diese Bewegung, nur eine von vielen neuen religiösen Gruppierungen, so prominent geworden?

Es war nicht einfach, das Projekt in Gang zu bringen. Wallis wußte, daß die Führer der Bewegung höchstwahrscheinlich nicht gewillt sein würden, an einem soziologischen Forschungsprojekt mitzuwirken, da sie bereits von verschiedenen Regierungsbehörden „untersucht" worden waren. Im Zuge seiner Lektüre über die Geschichte der Bewegung stieß er allerdings auf ein Buch, das von einem ihrer früheren Mitglieder verfaßt worden war. Er nahm Kontakt mit dem Autor auf, der ihn schließlich mit einer Anzahl von Bekannten in Verbindung brachte, die ihre Beziehungen zur Scientology–Sekte ebenfalls zum Großteil aufgegeben hatten. Viele dieser Personen erwiesen sich als bereit, sich interviewen zu lassen; einige von ihnen hatten noch immer Kontakt mit Sektenmitgliedern. Diese ersten Interviewpartner stellten Wallis Dokumente und Literatur zur Verfügung, die aus der Zeit ihrer Mitgliedschaft stammten; darunter befand sich auch die Adressenliste einer Teilorganisation von Scientology. Wallis erstellte einen Fragebogen und verschickte ihn an eine Stichprobe der Personen auf der Liste. Es stellte sich heraus, daß die Liste derart veraltet war, daß ein großer Prozentsatz der Stichprobe die dort angegebene Adresse bereits wieder verlassen hatte. Einige andere waren nur deshalb auf die Liste gekommen, weil sie ein einziges Buch über Scientology gekauft hatten, und hatten keine wirkliche Verbindung zur Bewegung.

Als Stichprobe von Scientologyanhängern im allgemeinen erwies sich die Umfrage nur von begrenztem Wert, obwohl sich aus ihr bestimmte Schlußfolgerungen ableiten ließen. Dennoch gelang es Wallis auf diese Weise, einige weitere Kontakte herzustellen. Einige der Personen, die den Fragebogen ausgefüllt hatten, ließen ihre Bereitschaft erkennen, sich interviewen zu lassen. Wallis bereiste daher die Vereinigten Staaten und Großbritannien, machte Interviews und sammelte gleichzeitig zusätzliche dokumentarische Information. Er begann mit einer festgelegten Fragebatterie, doch fand er es bald ergiebiger, etwas lockerer und flexibler vorzugehen und den Befragten zu gestatten, sich ausführlich zu Angelegenheiten zu äußern, die sie für wichtig hielten. Einige Befragte waren bereit, das Gespräch auf Tonband aufzeichnen zu lassen; andere waren es nicht.

Wallis kam bald zur Auffassung, daß er die Lehren der Scientology–Sekte besser verstehen mußte, und nahm daher an einem einführenden „Kommunikations"–Kurs teil, der von einer Scientologygruppe veranstaltet wurde. Er verlegte sich also auf teilnehmende Beobachtung, doch hielt er seine Identität als Forscher geheim. Während des Kurses lebte er in einem Haus der Scientology–Sekte, und er fand es einigermaßen schwierig, die Rolle des verdeckten teilnehmenden Beobachters aufrecht zu erhalten. Die Konversation mit anderen Mitgliedern und das Fortschreiten des Kurses verlangten von ihm ein öffentliches Bekenntnis zu Ideen, die nicht die seinen waren. Brachte man zum Ausdruck, daß man mit diesen Ideen nicht übereinstimmte, führte dies zu solchen Schwierigkeiten, daß klar wurde, daß Wallis nicht weitermachen konnte, ohne sich öffentlich zu einigen der Hauptprinzipien der Scientology–Sekte zu bekennen. Daher machte er sich leise aus dem Staub, ohne den Kurs zu beenden.

Später schrieb er an die Führer der Bewegung und teilte ihnen mit, daß er ein Soziologe wäre, der Scientology zum Forschungsgegenstand gemacht hatte. Indem er darauf verwies, daß die Bewegung vielen Angriffen ausgesetzt gewesen sei, legte er nahe, daß seine eigene Forschung ein ausgewogeneres Bild liefern könnte. In der Folge besuchte er das britische Hauptquartier der Sekte und sprach mit einem der dortigen Offiziellen. Der Mann war etwas beunruhigt darüber, daß Wallis den Kommunikationskurs abgebrochen hatte, und er wußte von den Fragebögen, die an die Liste von Scientology-Anhängern verschickt worden waren. Trotzdem gestattete er Wallis, einige Mitglieder der Belegschaft und einige Schüler zu interviewen, und stellte Kontaktadressen in den Vereinigten Staaten bereit. Schließlich hatte Wallis das Gefühl, er hätte genug Material, um ein Buch über die Scientology-Bewegung zu veröffentlichen (Wallis, 1976).

Wallis sah sich besonderen Schwierigkeiten gegenüber, da sich seine Forschung auf eine Organisation bezog, die ihre Geheimnisse eifersüchtig für sich behalten wollte; in anderer Hinsicht sind die Probleme, die sich ihm in den Weg stellten, wie auch das Bedürfnis, eine Kombination von Forschungsmethoden zu verwenden, für viele andere Formen der soziologischen Forschung typisch. Das gesamte Material, das er gesammelt hatte, war immer nur Stückwerk, doch in ihrer Gesamtheit brachten die verschiedenen von ihm verwendeten Methoden eine wertvolle Studie hervor, die wichtig und einflußreich werden sollte.

Ethische Probleme der Forschung: Die Befragten reden zurück

Jegliche Forschung, die sich mit Menschen befaßt, nicht nur im Bereich der Soziologie, kann ethische Probleme aufwerfen (Barnes, 1979). Medizinische Experimente werden üblicherweise mit menschlichen Versuchspersonen durchgeführt, manchmal mit Kranken und Sterbenden, und es ist nicht einfach anzugeben, inwieweit solche Experimente ethisch gerechtfertigt sind. Um die Aussagekraft zu gewährleisten, können medizinische Experimente auf der Irreführung von Patienten beruhen. Beim Test eines neuen Medikaments kann einer Patientengruppe tatsächlich das Medikament verabreicht werden; anderen wird mitgeteilt, daß sie es erhalten, in der Tat ist das aber nicht der Fall. Der Glaube, daß man ein heilendes Medikament verabreicht bekommt, könnte für sich bereits zu positiven Auswirkungen auf die Gesundheit führen; dieser Effekt kann kontrolliert werden, indem man das wirkliche Medikament nur der Hälfte der Patienten gibt, die an den experimentellen Versuchsreihen teilnehmen. Doch ist dies ethisch vertretbar? Es stößt sicherlich an die Grenzen des Rechtfertigbaren, wenn die Möglichkeit besteht, daß das wirkliche Medikament positive Auswirkungen hat oder lebensrettend wirken kann. Werden andererseits solche Verfahren nicht verwendet, dann kann es schwierig oder unmöglich sein herauszufinden, wie wirksam das Medikament tatsächlich ist.

Ähnliche Probleme entstehen in der soziologischen Forschung, wenn die Betroffenen in irgend einer Form getäuscht werden. Ein Beispiel ist die berühmte und heftig umstrittene Serie von Experimenten, die Stanley Milgram durchführte. Milgram versuchte herauszufinden, inwieweit Leute bereit sind, anderen

Schmerzen zuzufügen, wenn sie den Befehl dazu von einer Autoritätsperson bekommen (Milgram, 1974). Von den freiwilligen Teilnehmern des Experiments wurde verlangt, andere Personen, die in einem Gedächtnistest nicht korrekt reagiert hatten, mit Hilfe einer für diesen Zweck konstruierten Maschine Elektroschocks auszusetzen. Bei den Experimenten wurden jene, die sich freiwillig zur Teilnahme gemeldet hatten, systematisch getäuscht: Die wahre Zielsetzung der Untersuchung wurde ihnen vorenthalten, und man ließ sie in dem Glauben, es handle sich um eine Studie über das Gedächtnis. Obwohl sie der Meinung waren, daß sie anderen Versuchspersonen wirkliche Stromstöße versetzten, waren diese in Wirklichkeit Verbündete des Forschers, die ihre Reaktionen lediglich spielten, da die „Schockmaschine" eine Attrappe war.

War dieses Täuschungsmanöver ethisch vertretbar, vor allem angesichts der Tatsache, daß die Versuchspersonen ihre Erfahrung als äußerst beunruhigend empfanden? Nach dem allgemeinen Urteil der Kritiker ging diese Untersuchung „zu weit", da die damit verknüpfte Täuschung für die Freiwilligen psychologisch gesehen potentiell schädlich war. Doch ist es alles andere als klar, wo in der Forschung die Trennlinie zwischen „entschuldbarer" und „unentschuldbarer" Täuschung gezogen werden kann. Milgrams Untersuchung ist sehr bekannt geworden, nicht bloß wegen der bei ihr angewendeten Täuschungsmanöver, sondern auch wegen ihrer eindrucksvollen Resultate. Denn die Untersuchung ließ den Schluß zu, daß viele Leute bereit sind, gegenüber anderen brutal zu handeln, wenn sie „unter Befehl" stehen, sich so zu verhalten.

Wallis war auch nicht sonderlich aufrichtig gegenüber jenen, deren Verhalten er untersuchte, da er seine Identität als Soziologe geheimhielt, als er den Scientology–Kurs belegte. Darüberhinaus gab er allem Anschein nach seine schriftliche Zustimmung zu Bedingungen, die er nicht einhielt – denn er wollte seine Arbeit publizieren. Er versuchte zwar, eindeutige Lügen zu vermeiden, doch hielt er den wahren Grund seiner Teilnahme geheim; war dies ethisch vertretbar? Die Antwort ist nicht offensichtlich. Wäre Wallis in jedem Stadium des Forschungsprojekts gänzlich aufrichtig gewesen, dann wäre er nicht sehr weit gekommen, und es könnte argumentiert werden, daß es im Interesse der Gesellschaft ist, zu wissen, was innerhalb von Organisationen, die ihr Tun mit Geheimnissen umgeben, vorgeht. Aus diesen Gründen könnten wir seine Strategie gerechtfertigt finden.

Ethische Fragen stellen sich in der Soziologie jedoch auch häufig angesichts der potentiellen Konsequenzen der Veröffentlichung oder der Verwertung von Forschungsergebnissen. Die in einer bestimmten Studie untersuchten Personen können an ihren Ergebnissen Anstoß nehmen, entweder weil sie sich in einem Licht dargestellt finden, das ihnen nicht sonderlich zusagt, oder weil Einstellungen und Verhaltensweisen, die sie lieber für sich behalten würden, der Öffentlichkeit übermittelt werden. In den meisten Kontexten des sozialen Lebens betätigen sich manche Leute auf eine Art und Weise, die sie der Öffentlichkeit nicht unbedingt zugänglich machen möchten. So gibt es z. B. Leute, die in Fabriken oder Büros beschäftigt sind und dort regelmäßig Materialien entwenden; Krankenschwestern wickeln sterbende Patienten manchmal in die erst für das Leichenschauhaus bestimmten Tücher, noch bevor sie gestorben sind, und hören auf, sie zu pflegen;

Gefängniswärter können sich von Insassen bestechen lassen und bestimmte Gefangene als Vertrauenspersonen anerkennen und sie Aufgaben erledigen lassen, die eigentlich ihnen selbst vorbehalten wären.

In den meisten Fällen ist es ungeachtet möglicher feindseliger Reaktionen der Untersuchten oder anderer Personen die Pflicht des Soziologen, seine Befunde zu veröffentlichen. In der Tat ist dies einer der Hauptbeiträge, den soziologische Forschung im Dienst der Entwicklung einer freien und offenen Gesellschaft leisten kann. „Eine gute Studie", so wurde festgestellt, „wird irgend jemanden zornig machen" (Becker, 1976, S. 113). Für den Sozialforscher scheint es keinen Grund zu geben, sich davor zu fürchten, wenn das Forschungsunternehmen kompetent durchgeführt wurde und die getätigten Schlußfolgerungen auf guten Argumenten basieren. Allerdings müssen die möglichen Konsequenzen der Publikation der Ergebnisse ebenso sorgfältig überlegt werden wie die *Form*, in der dies geschehen soll. Oft wird der Forscher versuchen, die Probleme direkt mit den Betroffenen zu erörtern, bevor er sich zu einer endgültigen Form der Veröffentlichung entschließt.

Probleme bei der Publikation: Wallis' Erfahrung

Bevor er sein Buch veröffentlichte, schickte Wallis sein Manuskript an das Hauptquartier der Scientology–Bewegung. Er führte einige Veränderungen durch, um einigen ihrer Einwände entgegenzukommen; etwas später schickten sie weitere detailliertere Kommentare. Obwohl Wallis weitere Veränderungen am Text vornahm, übergaben die Scientologen das Manuskript einem Rechtsanwalt, der Erfahrung mit Verleumdungsklagen hatte. Auf seinen Rat hin wurden weitere Abänderungen durchgeführt. Ein Kommentar zum Buch, der sich äußerst kritisch mit Wallis' Forschungsmethoden und Schlußfolgerungen auseinandersetzte, wurde von einem Soziologen, der auch ein praktizierender Scientologe war, verfaßt und schließlich dem veröffentlichten Werk als Appendix hinzugefügt. Die Scientologen publizierten auch einen Artikel, der Wallis Forschungsarbeit analysierte, in einer ihrer eigenen Zeitschriften. Dort zitierten sie auch das Komitee für Fragen der Beziehung zwischen der Verhaltensforschung und dem Schutz der Privatsphäre, das dem *Office of Science and Technology* angehört und das betont hatte, daß „informierte Zustimmung" eingeholt werden sollte, wenn sich Forscher mit menschlichen Versuchspersonen befassen. Informierte Zustimmung, so die Scientologen, war nicht eingeholt worden, und sie fügten hinzu, daß Wallis' Publikation auf den Auskünften eines kleinen Personenkreises beruhte, dessen Mitglieder der *Church of Scientology* gegenüber zum Großteil feindselig eingestellt waren.

Wallis mußte sich später noch mit weiteren Verwicklungen auseinandersetzen, die aus seiner Forschungsarbeit entstanden. 1984 wurde er als potentieller Zeuge in einer ausgedehnten rechtlichen Auseinandersetzung zwischen der *Church of Scientology* und der Autorin eines anderen Buches über Scientology genannt. Wallis hatte sich mit der Autorin in Verbindung gesetzt, während er seine eigene Untersuchung durchführte, und sie hatte ihm Dokumente und Informationen über die Scientologen zur Verfügung gestellt und ihm auch über ihre eigenen Kontakte den Zugang zur Sekte erleichtert. Aufgrund einer Verfügung eines kalifornischen Gerichtshofes, der mit der Sache befaßt war, mußte er einen Teil dieses Materials aushändigen – das er eigentlich unter Zusicherung der vertraulichen Behandlung erhalten hatte. Glücklicherweise war die betreffende Information für keine der beteiligten Parteien von großer Bedeutung, doch wenn sie mehr Schaden hätte anrichten können, dann hätte Wallis eine schwierige Entscheidung zu treffen gehabt – das Versprechen der Vertraulichkeit zu brechen oder sich der Justiz zu widersetzen (Wallis, 1987).

Wallis hatte es mit einer mächtigen und artikulierten Gruppe zu tun, der es gelang, ihn dazu zu überreden, frühere Versionen seines Forschungsberichts zu überarbeiten, doch viele der Individuen oder Gruppen, die von Soziologen und anderen Sozialwissenschaftlern untersucht werden, haben keinen vergleichbaren Einfluß. Wenn sie ihn hätten, dann könnten die Schwierigkeiten, denen sich Wallis ausgesetzt sah, wesentlich häufiger auftreten, als dies tatsächlich der Fall ist.

Sicherlich sollte es für Forscher in der großen Mehrheit der Fälle die Regel sein, die informierte Zustimmung der zu Untersuchenden einzuholen. Doch müssen bestimmte Fälle übrig bleiben, in denen dieses Prinzip nicht zur Gänze befolgt werden kann. Wollten wir die Gewalttätigkeit von Polizisten untersuchen, dann hätte dieses Vorhaben wenig Aussicht auf Verwirklichung, wenn wir gegenüber den Polizeibehörden und den einzelnen Beamten unser Ziel offen deklarierten. Der Zweck der Untersuchung müßte in einem bestimmten Ausmaß verschleiert werden, um überhaupt ein gewisses Ausmaß an Kooperation zu erhalten; doch dies könnte angesichts der potentiellen Bedeutung der Ergebnisse für die weitere Gemeinschaft gerechtfertigt werden.

Es ist die erste Pflicht des Soziologen und jedes anderen Sozialwissenschaftlers, die offene und freie Diskussion sozialer Probleme zu fördern. Paradoxerweise kann die Täuschung gelegentlich ein Mittel darstellen, um dies zu erreichen, indem sie Tatsachen ans Tageslicht bringt, die ansonsten vor der Öffentlichkeit verborgen blieben.

Der Einfluß der Soziologie

Es ist selten der Fall, daß soziologische Forschung nur für die intellektuelle Gemeinschaft der Soziologen von Interesse ist. Viele andere Gesellschaftsmitglieder lesen über ihre Befunde oder erfahren auf andere Art davon. Diese Tatsache hat weitreichende Implikationen. Die Soziologie besteht nicht nur aus Untersuchungen *über* moderne Gesellschaften; sie ist selbst ein bedeutsames Element im Leben dieser Gesellschaften.

Man nehme das Beispiel, das in Kapitel 1 („Soziologie: Probleme und Perspektiven") erwähnt wird: die Natur der Wandlungsprozesse der Ehe, der Scheidung und der Familie. Es gibt nur wenige Leute, die in einer modernen Gesellschaft leben und darüber gar nichts wissen, was als Resultat des „Niedersickerns" von Forschung anzusehen ist. Unser Denken und Verhalten wird vom soziologischen Wissen in komplexer und oft subtiler Weise beeinflußt; dadurch nimmt wiederum das Forschungsgebiet der Soziologie neue Formen an. Man kann das Phänomen charakterisieren, indem man sagt, daß die Soziologie in einer *reflexiven* Beziehung zu den Menschen steht, deren Verhalten sie untersucht. „Reflexiv" beschreibt den Austausch zwischen soziologischer Forschung und menschlichem Verhalten. Wir sollten daher nicht überrascht sein, daß soziologische Befunde zwar manchmal unseren Common sense–Vorstellungen widersprechen, häufig jedoch mit unserem Alltagswissen weitgehend übereinstimmen. Der Grund dafür ist nicht einfach der, daß die Soziologie Befunde zutage fördert, die uns bereits bekannt waren; er liegt vielmehr darin, daß soziologische Forschung beständig unser existierendes Alltagswissen über die Gesellschaft beeinflußt.

Zusammenfassung

1 Jede Forschung beginnt bei einem *Forschungsproblem*, das den Forscher beunruhigt oder ihm Rätsel aufgibt. Forschungsprobleme können durch Lücken der existierenden Literatur, durch theoretische Debatten oder praktische Probleme der sozialen Welt nahegelegt werden. In der Durchführung von Forschungsstrategien läßt sich eine Anzahl klarer Einzelschritte unterscheiden – obwohl diese bei der tatsächlichen Forschung selten genau befolgt werden.

2 Ernstzunehmende soziologische Forschung beruht auf der Verwendung eines brauchbaren Ansatzes der Analyse eines bestimmten sozialen Phänomens. Drei Aspekte der soziologischen Forschung können unterschieden werden: *Forschungsstrategie* befaßt sich mit der Planung eines bestimmten Forschungsprojekts; *Forschungsmethodologie* bezieht sich auf die allgemeine Logik und die allgemeinen Prinzipien der Forschung; *Forschungsmethoden* beziehen sich darauf, wie die Forschung durchgeführt wird, z.B. durch Feldforschung, Umfragen etc.

3 Bei der Analyse von Forschungsarbeiten, die quantitative Daten hervorgebracht haben, werden verschiedene statistische Techniken verwendet. Die wichtigsten sind *Maße der zentralen Tendenz* und *Korrelationskoeffizienten*. Maße des Zentralwerts sind Berechnungen des Durchschnittswerts einer bestimmten Menge von Zahlen; Korrelationskoeffizienten messen das Ausmaß des systematischen Zusammenhangs zwischen Variablen.

4 In der Feldforschung oder *teilnehmenden Beobachtung* verbringt der Forscher längere Zeiträume mit der Gruppe oder Gemeinschaft, die untersucht wird. Eine zweite Methode, die *Umfrage*, besteht darin, einer Stichprobe größerer Populationen Fragebögen zuzuschicken oder vorzulegen. *Dokumentenanalyse* heißt, gedrucktes Material aus Archiven oder sonstigen Beständen als Informationsquellen zu verwenden. Weitere Methoden sind *Experimente*, *Tiefeninterviews*, die Verwendung von *Biographien* und *Tagebüchern* und die *Konversationsanalyse*.

5 Jede der verschiedenen Forschungsmethoden hat ihre Grenzen. Aus diesem Grund verbinden Forscher häufig zwei oder mehrere Methoden in ihrer Arbeit, wobei jede einzelne Methode dazu verwendet wird, das mit den anderen Methoden erlangte Material zu überprüfen oder zu ergänzen. Dieser Prozeß heißt *Triangulation*.

6 In der soziologischen Forschung ist der Wissenschaftler oft mit ethischen Problemen konfrontiert. Diese entstehen entweder daraus, daß die untersuchten Personen vom Forscher getäuscht werden, oder aus der Tatsache, daß die Veröffentlichung von Forschungsbefunden das Leben oder die Gefühle der Untersuchten beeinträchtigen könnte. Es gibt keinen gänzlich zufriedenstellenden Weg, mit diesen Problemen fertig zu werden, doch sollte jeder Forscher gegenüber diesen Fragestellungen sensibilisiert sein.

> **Grundbegriffe**
>
> Forschungsmethoden   Korrelation
> Kausalität

> **Wichtige Fachausdrücke**
>
> Hypothese   Korrelationskoeffizient
> Kausalzusammenhang   teilnehmende Beobachtung (Feldforschung)
> Variable   Umfrage
> unabhängige Variable   Stichprobe
> abhängige Variable   Dokumentenanalyse
> Kontrolle   Experiment
> Mittelwert   Biographien
> Modus   Konversationsanalyse
> Median   Triangulation
> Standardabweichung

Weiterführende Literatur

Margaret Fonow and Judith A. Cook, *Beyond Methodology: Feminist Scholarship as Lived Research* (Bloomington, Ind.: Indiana University Press, 1991) – eine Aufsatzsammlung, die sich mit den Implikationen des Feminismus für die sozialwissenschaftlichen Forschungsmethoden befaßt.

Lee Harvey, Morag MacDonald and Anne Devany, *Doing Sociology* (London: Macmillan, 1992) – ein projekt–orientierter Zugang zur Methodologie, der sich an Studienanfänger der Soziologie wendet.

Morton Hunt, *Die Praxis der Sozialforschung* (Frankfurt: Campus, 1990) – Reportagen eines Wissenschaftsjournalisten über bedeutende empirische Untersuchungen.

Catherine Marsh, *Exploring Data* (Cambridge: Polity Press, 1988) – eine hervorragende Einführung in die Datenanalyse, die sich auf reale soziale Probleme stützt, um statistische Verfahren zu illustrieren.

Kenn Plummer, *Documents of Life* (London: Routledge, 1990) – eine Einführung in qualitative sozialwissenschaftliche Methoden.

Anselm Strauss, *Grundlagen qualitativer Sozialforschung* (Stuttgart: UTB, 1994) – eine sehr nützliche Einführung.

Lynne Williams and Audrey Dunsmuir, *How to do Social Research* (London: Harper Collins, 1990) – eine an der Praxis orientierte Einführung in die meisten Aspekte der grundlegenden soziologischen Forschungsmethoden.

Kapitel 22

Die Entwicklung der soziologischen Theorie

Frühe Ursprünge
  Auguste Comte
  Émile Durkheim
  Karl Marx
  Max Weber

Spätere Entwicklungen

Gegenwärtige Ansätze
  Funktionalismus
  Mertons Version des Funktionalismus
  Jüngste Entwicklungen
  Strukturalismus
  Sprache und Bedeutung
  Strukturalismus und Semiotik
  Symbolischer Interaktionismus
  Symbole
  Marxismus

Theoretische Dilemmas
  Struktur und Handlung
  Bewertung
  Konsens und Konflikt
  Bewertung
  Die Formung der modernen Welt
  Die marxistische Perspektive
  Webers Auffassung
  Bewertung
  Das Problem des Geschlechts
  Bewertung

Theorien
  Ein Beispiel: Die protestantische Ethik

Das theoretische Denken in der Soziologie

Zusammenfassung

Grundbegriffe

Wichtige Fachausdrücke

Weiterführende Literatur

Wenn sie mit dem Studium der Soziologie beginnen, sind viele Menschen verwirrt von der Vielfalt an Perspektiven, die sich ihnen bietet. Die Soziologen haben keinen gemeinsamen theoretischen Standpunkt, sondern diskutieren oft untereinander, wie man an das Studium des menschlichen Verhaltens herangehen und Forschungsergebnisse am besten interpretieren sollte. Woran liegt das? Warum herrscht unter den Soziologen nicht größere Übereinstimmung, wie dies bei den Naturwissenschaftlern der Fall zu sein scheint?

Die Antwort auf diese Fragen ist eng mit der Natur der Soziologie selbst verknüpft. Die Soziologie beschäftigt sich mit unserem eigenen Leben und unserem eigenen Verhalten, und das Studium unserer selbst ist das komplizierteste und schwierigste Unterfangen, das man sich nur vorstellen kann. In allen akademischen Disziplinen - einschließlich der Naturwissenschaften - gibt es bei den theoretischen Ansätzen weitaus mehr Uneinigkeit als bei der empirischen Forschung, weil empirische Untersuchungen direkt überprüft und auch wiederholt werden können, wenn es unterschiedliche Ansichten über die Ergebnisse gibt. Theoretische Dispute beruhen immer teilweise auf Interpretationen und können nur selten eindeutig gelöst werden. In der Soziologie wird dieses Problem noch zusätzlich durch jene Schwierigkeiten kompliziert, die das Studium unseres eigenen Verhaltens unvermeidlich mit sich bringt. Deshalb stellen theoretische Kontroversen und Debatten einen zentralen Bestandteil der Soziologie dar.

In diesem Kapitel werden wir die Entwicklung der wichtigsten **theoretischen Ansätze** der Soziologie behandeln und die Dilemmas aufzeigen, auf die sie verweisen. Wir werden zunächst die Ansichten einiger der Gründungsväter der modernen Soziologie betrachten - denn viele der Ideen, die sie entwickelten, haben auch heute noch Einfluß - bevor wir in der Folge die theoretischen Ansätze betrachten, die heute die Soziologie beherrschen, und einige der Probleme diskutieren, die diese aufwerfen.

Frühe Ursprünge

Die Menschen haben sich immer für die Ursprünge ihres eigenen Verhaltens interessiert, doch über Tausende von Jahren stützten sich unsere Versuche, uns selbst zu verstehen, auf Denkweisen, die von Generation zu Generation weitergegeben und im Zusammenhang mit der Religion zum Ausdruck gebracht wurden. Das systematische Studium des menschlichen Verhaltens und der menschlichen Gesellschaft ist eine relativ junge Entwicklung, deren Anfänge auf das späte 18. Jahrhundert zurückgehen. Der Hintergrund dieses neuen Ansatzes war jene Reihe umwälzender Veränderungen im Zusammenhang mit der Industrialisierung und dem Urbanismus, auf die in diesem Buch vielfach Bezug genommen wurde. Das Zerbrechen der traditionellen Lebensweisen führte zu dem Versuch, zu einem neuen Verständnis sowohl der sozialen als auch der natürlichen Welt zu gelangen.

Auguste Comte

Natürlich kann kein einzelner Mensch eine ganze wissenschaftliche Disziplin begründen. Dementsprechend trugen viele zum frühen soziologische Denken bei. Am häufigsten wird dabei der Name des französischen Autors Auguste Comte (1789–1857) in den Mund genommen, wenn auch bloß deshalb, weil er derjenige war, der das Wort „Soziologie" geprägt hat. Comte benutzte ursprünglich den Ausdruck „Sozialphysik", um sich auf das neue Forschungsgebiet zu beziehen. Als jedoch auch andere Autoren begannen, diesen Ausdruck zu verwenden, erfand er – um seine Ansichten von jenen dieser anderen zu trennen – ein neues Wort, um damit das Fachgebiet zu bezeichnen, das er zu etablieren wünschte. Comte betrachtete die Soziologie als die letzte sich entwickelnde und zugleich bedeutendste und komplexeste aller Wissenschaften. Seiner Meinung nach sollte sie zum Wohlergehen der Menschheit beitragen; gegen Ende seiner Laufbahn entwickelte er ehrgeizige Pläne für eine Rekonstruktion der französischen Gesellschaft im besonderen und der menschlichen Gesellschaften im allgemeinen.

Émile Durkheim

Comtes Arbeit übte direkten Einfluß auf einen anderen französischen Autor, Émile Durkheim (1858–1917), aus. Obwohl er sich auf Aspekte von Comtes Schriften stützte, war Durkheim der Meinung, daß Comtes Schaffen zu spekulativ und zu vage sei und Comte sein Vorhaben, die Soziologie auf wissenschaftlicher Basis zu etablieren, nicht erfolgreich durchgeführt habe. Um wissenschaftlich zu werden, so Durkheim, müßte die Soziologie „soziale Tatsachen" studieren. Das bedeutet, sie müsse die sozialen Institutionen mit derselben Objektivität analysieren, mit der die Wissenschaft die Natur untersucht. Durkheims berühmtes erstes Prinzip der Soziologie lautet: „Studiere soziale Tatsachen als *Dinge!*" Damit meint er, daß bei der Untersuchung des gesellschaftlichen Lebens ebenso strenge Grundsätze zur Anwendung kommen können wie bei der Untersuchung von Objekten oder Abläufen in der Natur.

Wie alle wichtigen Begründer der Soziologie beschäftigten Durkheim vor allem die Veränderungen, die eine Transformation der Gesellschaft herbeiführen. Er versuchte, diese Veränderungen auf der Basis der Entwicklung der **Arbeitsteilung** (der Zunahme immer komplexerer Unterscheidungen zwischen verschiedenen Tätigkeiten) als Teil der Industrialisierung zu verstehen. Durkheim argumentiert, daß die Arbeitsteilung nach und nach die Religion als Hauptbasis der sozialen Kohäsion ablöse. Mit der zunehmenden Arbeitsteilung würden die Menschen immer stärker voneinander abhängig, da jeder die von den Angehörigen anderer Berufsgruppen produzierten Güter und Dienstleistungen benötige. Durkheim zufolge sind die Veränderungsprozesse in der modernen Welt so rasch und tiefgreifend, daß sie zu bedeutenden sozialen Schwierigkeiten führen, die er mit der **Anomie** in Verbindung bringt. Unter Anomie versteht man das Gefühl der Ziellosigkeit oder Nutzlosigkeit, das durch gewisse soziale Umstände hervorgerufen wird. Die traditionellen moralischen Standards und Vorschriften, die in der Vergangenheit von der Religion festgesetzt wurden, werden durch die moderne gesellschaftliche Entwicklung weitgehend beseitigt, sodaß viele Menschen in modernen Gesellschaften das Gefühl haben, ihrem täglichen Leben fehle es an Sinnhaftigkeit.

Eine der berühmtesten Studien Durkheims beschäftigt sich mit der Analyse des Selbstmords (Durkheim, 1987; erstmals erschienen 1897). Der Suizid scheint ein rein persönlicher Akt und das Ergebnis extremer persönlicher Unglücklichkeit zu sein. Durkheim jedoch zeigt auf, daß soziale Faktoren einen grundlegenden Einfluß auf das Suizidverhalten haben, wobei auch die Anomie zu diesen Einflüssen zählt. Die Selbstmordraten weisen von Jahr zu Jahr regelmäßige Strukturen auf, die soziologisch erklärt werden können. Obwohl gegen gewisse Aspekte in Durkheims Studie zahlreiche Einwände erhoben werden können, bleibt sie trotz allem ein klassisches Werk, dessen Relevanz für die heutige Soziologie noch beileibe nicht erschöpft ist.

Karl Marx

Die Ideen von Karl Marx stehen in deutlichem Widerspruch zu jenen Comtes und Durkheims. Marx wurde im Jahre 1818 in Deutschland geboren und starb 1883 in England. Obwohl er ursprünglich in den deutschen Denktraditionen geschult wurde, verbrachte er einen Großteil seines Lebens in Großbritannien und schrieb dort auch seine wichtigsten Werke. Marx war nicht in der Lage, eine akademische Laufbahn einzuschlagen, da er in jungen Jahren aufgrund seiner politischen Aktivitäten in Konflikt mit den deutschen Behörden geraten war. Nach einem kurzen Aufenthalt in Frankreich ließ er sich ständig im Exil in Großbritannien nieder.

Seine Schriften decken eine Vielzahl von Gebieten ab. Sogar seine erbittertsten Kritiker räumen ein, daß seine Arbeit für die Entwicklung der Soziologie bedeutsam ist, doch Marx selbst betrachtete sich nicht als „Soziologe". Ein Großteil seiner Schriften konzentriert sich auf ökonomische Themen, doch da er immer bemüht ist, wirtschaftliche Probleme mit sozialen Institutionen in Verbindung zu bringen, ist seine Arbeit auch reich an soziologischen Erkenntnissen.

Marx' Standpunkt beruht auf der **materialistischen Geschichtsphilosophie**, wie er sie nannte. Marx zufolge sind es nicht die Ideen und Werte des Menschen, die als Hauptquellen des sozialen Wandels fungieren. Der soziale Wandel werde primär durch wirtschaftliche Einflüsse hervorgerufen. Diese wiederum stehen in Verbindung mit den Konflikten zwischen den Klassen, die als Motor für die historische Entwicklung fungieren. In Marx' Worten: „Die Geschichte aller bisherigen Gesellschaft ist die Geschichte von Klassenkämpfen" (Marx und Engels, 1972, S. 462).

Obwohl er über verschiedene Abschnitte der Geschichte schreibt, konzentriert sich die Aufmerksamkeit Marx' auf Veränderungen in der modernen Zeit. Für ihn stehen die wichtigsten Veränderungen der Moderne mit der Entwicklung des **Kapitalismus** in Verbindung. Der Kapitalismus ist ein Produktionssystem, das in einem scharfen Kontrast zu den vorhergehenden Wirtschaftsordnungen der Geschichte steht und auf der Produktion von Gütern und Dienstleistungen beruht, die an eine große Anzahl von Konsumenten verkauft werden. Jene, die Kapital –

Fabriken, Maschinen und große Mengen Geld – besitzen, bilden eine herrschende Klasse. Die Masse der Bevölkerung bildet eine Klasse von Lohnarbeitern – die Arbeiterklasse, die keine eigenen Produktionsmittel besitzt, sondern Anstellung bei den Besitzern des Kapitals finden muß. Der Kapitalismus ist folglich ein Klassensystem, in dem der Konflikt zwischen den Klassen durchaus üblich ist.

Marx zufolge wird der Kapitalismus in der Zukunft durch den Sozialismus oder den Kommunismus (bei Marx sind diese Worte austauschbar) abgelöst, und in der sozialistischen Gesellschaft wird es keine Klassen mehr geben. Marx meint damit nicht, daß alle Ungleichheiten zwischen den einzelnen Angehörigen der Gesellschaft verschwinden werden. Er möchte eher zum Ausdruck bringen, daß die Gesellschaften nicht mehr in eine kleine Klasse, die die wirtschaftliche und politische Macht in den Händen hält und eine große Masse andererseits, die wenig von dem durch ihre Arbeit geschaffenen Reichtum profitiert, gespalten sein wird. Das Wirtschaftssystem wird in gemeinschaftlichen Besitz übergehen und es wird zu einer gerechteren und partizipatorischen Gesellschaftsordnung kommen.

Für Marx stellte das Studium der Entwicklung und der wahrscheinlichen Zukunft des Kapitalismus ein Mittel dar, letzteren aktiv durch politisches Handeln umzuformen. Marx' soziologische Beobachtungen waren deshalb eng mit einem politischen Programm verknüpft. Ganz gleich, inwieweit Marx' Schriften selbst gültig sein mögen, hatte dieses Programm einen weitreichenden Effekt auf die Welt des 20. Jahrhunderts. Bis vor kurzer Zeit lebte mehr als ein Drittel der Weltbevölkerung in Gesellschaften, deren Regierungen behaupteten, sich auf Marx' Ideen zu stützen.

Es ist sehr wichtig, an Marx' Werk ohne Vorurteile heranzugehen. Das ist nicht einfach, denn der weitreichende Einfluß der Schriften Marx' hat große Meinungsverschiedenheiten über ihren Wert hervorgerufen. Sogar jene, die von Marx stark beeinflußt wurden, haben dessen Gedankengut unterschiedlich verwendet – es gibt große Auffassungsunterschiede unter jenen, die sich selbst „Marxisten" nennen. Trotz des Zusammenbruchs des Kommunismus in Osteuropa werden Marx' Gedanken, wenn sie auf kritische und selektive Art und Weise verwendet werden, eine wichtige intellektuelle Ressource für die Sozialwissenschaften bleiben.

Max Weber

Wie Marx kann man auch Max Weber (1864–1920) nicht einfach als „Soziologen" bezeichnen, denn auch seine Interessen und Anliegen erstreckten sich auf viele verschiedene Disziplinen. Er wurde in Deutschland geboren, wo sich auch seine gesamte akademische Laufbahn vollzog. Weber war vom Charakter her eher depressiv und lange Zeit seines Lebens nicht in der Lage, als Universitätslehrer zu wirken, verfügte jedoch über ein privates Einkommen, das es ihm ermöglichte, sich der Wissenschaft zu widmen. Er war ein Mensch von außerordentlich umfangreichem Wissen. Seine Schriften bezogen sich auf das Gebiet der Wirtschaft, des Rechtswesens, der Philosophie, der vergleichenden Geschichte und auch der Soziologie, und ein Großteil seiner Arbeit befaßte sich mit der Entwicklung des modernen Kapitalismus. Er war von Marx beeinflußt, stand jedoch einigen der grundlegenden Gedanken von Marx sehr kritisch gegenüber. Er lehnte die materialistische Konzeption der Geschichte ab und betrachtete den Klassenkonflikt als weniger bedeutend als Marx. Webers Ansicht nach haben Ideen und Werte auf soziale Veränderungen ebensoviel Einfluß wie wirtschaftliche Bedingungen.

Einige der wichtigsten Schriften Webers befassen sich mit einer Analyse der Charakteristika der westlichen Gesellschaft und Kultur im Vergleich zu jenen anderer großer Zivilisationen. Er verfaßte umfangreiche Arbeiten über das traditionelle chinesische Reich, über Indien und den Nahen Osten (Weber, 1981) und leistete im Zuge dieser Untersuchungen einen wesentlichen Beitrag zur Religionssoziologie. Er verglich die vorherrschenden religiösen Systeme in China und Indien mit jenen des Westens und kam zu dem Schluß, daß gewisse Aspekte des christlichen Glaubens einen starken Einfluß auf die Entstehung des Kapitalismus hatten. (Siehe Kapitel 14 „Religion".)

Eines der vorherrschenden Themen in Webers Arbeit ist die Untersuchung der **Bürokratie**. Eine Bürokratie ist eine Organisation in großem Maßstab, die in Büros aufgeteilt ist und von Beamten von unterschiedlichem Rang getragen wird. Beispiele für solche Bürokratien sind große Industriebetriebe, Regierungsorganisationen, Krankenhäuser und Schulen. Weber hielt den Fortschritt der Bürokratie für ein unvermeidliches Charakteristikum unserer Ära. Sie ermöglicht die effiziente Leitung umfangreicher Organisationen, erschwert jedoch die effektive, demokratische Partizipation in den modernen Gesellschaften. Bürokratie bedingt die Herrschaft von Experten, deren Entscheidungen ohne allzugroße Rücksichtnahme auf die dadurch Betroffenen erfolgen.

Webers Beiträge erstrecken sich außerdem auf viele andere Gebiete, so etwa finden sich unter seinen Schriften Studien über die Entwicklung der Städte, über Rechtssysteme, Typen von Wirtschaftssystemen und die Natur der Klassen. Er schrieb auch ausführlich über den Gesamtcharakter der Soziologie selbst. Weber war zurückhaltender als Durkheim oder Marx, wenn es darum ging, die Soziologie als Wissenschaft zu bezeichnen. Seiner Auffassung nach ist es irreführend, zu glauben, man könne die Menschen mit Hilfe derselben Verfahrensweisen studieren, die auch bei Untersuchungen der physischen Welt zur Anwendung gelangen. Der Mensch ist ein denkendes, reflektierendes Wesen. Wir messen dem meisten, was wir tun, eine Bedeutung und einen Sinn bei, und jede Disziplin, die sich mit dem menschlichen Verhalten beschäftigt, muß diesen Tatsachen Rechnung tragen.

Spätere Entwicklungen

Während die Ursprünge der Soziologie sich hauptsächlich auf Europa beschränkten, hat sich das Fachgebiet der Soziologie in unserem Jahrhundert weltweit etabliert. Einige der wichtigsten Entwicklungen fanden in den Vereinigten Staaten statt. Die Arbeit George Herbert Meads (1863–1931), eines Philosophen, der an der Universität von Chicago lehrte, übte einen wichtigen Einfluß auf die Entwicklung der soziologischen Theorie aus. Mead betonte die Zentralität der Sprache und der Symbole in ihrer Gesamtheit im menschlichen sozialen Leben. Die von ihm entwickelte Perspektive wurde später als **symbolischer Interaktio-**

nismus bezeichnet. Mead widmete der Analyse kleinräumiger sozialer Prozesse mehr Aufmerksamkeit als dem Studium der Gesamtgesellschaft.

Talcott Parsons (1902–1979) war der bedeutendste amerikanische soziologische Theoretiker der Nachkriegszeit. Er verfaßte zahlreiche Arbeiten, über viele empirische Gebiete der Soziologie ebenso wie über theoretische Fragen. Er trug unter anderem zum Studium der Familie, der Bürokratie, der Professionen und der Politik bei. Er war auch einer von jenen, die am maßgeblichsten zur Entwicklung des **Funktionalismus**, eines ursprünglich von Durkheim und Comte vertretenen theoretischen Ansatzes, beitrugen. Dem funktionalistischen Standpunkt zufolge sollten wir uns beim Studium einer gegebenen Gesellschaft darauf konzentrieren, wie deren verschiedene „Teile" oder Institutionen ineinandergreifen, um dieser Gesellschaft über die Zeit hinweg Kontinuität zu verleihen.

Die europäischen Denker sind jedoch auch an der späteren Entwicklung der soziologischen Theorie maßgeblich beteiligt. Ein Ansatz, der sich besonderer Popularität erfreut, ist der **Strukturalismus**, der die soziologische Analyse eng an die Untersuchung der Sprache knüpft. Der strukturalistische Gedanke faßte ursprünglich in der Linguistik Fuß und wurde später durch den Anthropologen Claude Lévi-Strauss (geb. 1908) in die Sozialwissenschaften übernommen. Seine Ursprünge lassen sich jedoch bis Durkheim und Marx zurückverfolgen.

Gegenwärtige Ansätze

Die wichtigsten theoretischen Unterschiede in der heutigen Soziologie spiegeln die in früheren Zeiten etablierten unterschiedlichen Ansätze wider, wobei die wichtigsten heute der *Funktionalismus*, der *Strukturalismus*, der *symbolische Interaktionismus* und der *Marxismus* sind.

Funktionalismus

Der funktionalistische Gedanke wurde, wie bereits erwähnt, ursprünglich durch Comte vertreten, der ihn als eng verknüpft mit seiner allgemeinen Auffassung der Soziologie betrachtete. Auch Durkheim hielt die funktionale Analyse für ein Schlüsselelement seiner Formulierung der Aufgaben der soziologischen Theorie und Forschung. Die Entwicklung des Funktionalismus in seiner modernen Form jedoch wurde durch die Arbeit von Ethnologen stark beeinflußt. Bis ins frühe 20. Jahrhundert stützte sich die Ethnologie hauptsächlich auf die von Kolonialverwaltern, Missionaren und Reisenden verfaßten Briefe und Dokumente. Die Ethnologie des 19. Jahrhunderts war deshalb eher spekulativ und nur unzureichend dokumentiert. Die damaligen Autoren pflegten Bücher zu produzieren, indem sie einfach Beispiele aus der ganzen Welt sammelten, ohne sich allzusehr darum zu kümmern, wie authentisch diese waren oder aus welchem besonderen kulturellen Kontext sie stammten. Religion z. B. pflegte man damals zu analysieren, indem man verschiedene Beispiele von religiösen Überzeugungen und Praktiken aus den verschiedensten Kulturen einfach miteinander verglich.

Die moderne Ethnologie geht auf jene Zeit zurück, als die Wissenschaftler mit den oben beschriebenen Methoden nicht mehr zufrieden waren und langfristige Feldstudien in verschiedenen Kulturen auf der ganzen Welt durchzuführen begannen. Zwei der Begründer der ethnologischen Feldstudien waren ein stark von Durkheim beeinflußter britischer Autor, A. R. Radcliffe–Brown (1881–1955), und Bronislaw Malinowski (1884–1942), ein Pole, dessen berufliche Laufbahn sich zum Großteil in Großbritannien vollzog. Malinowski verfaßte als Ergebnis eines längeren Aufenthalts auf den Trobriand-Inseln im Pazifik einige der beachtetsten ethnologischen Studien, die jemals veröffentlicht wurden. Radcliffe–Brown studierte die Bewohner der Andaman-Inseln, die auf einem Archipel vor der Küste Burmas lebten.

Radcliffe-Brown und Malinowski betonen beide, daß man eine Gesellschaft oder eine Kultur in ihrer Gesamtheit studieren muß, um ihre wichtigsten Institutionen zu verstehen und zu erklären, warum sich ihre Angehörigen so verhalten, wie sie es eben tun. Wir können z. B. die religiösen Überzeugungen und Gebräuche einer Gesellschaft nur analysieren, wenn wir aufzeigen, in welcher Verbindung diese zu anderen Institutionen innerhalb dieser Gesellschaft stehen, denn die verschiedenen Teile einer Gesellschaft entwickeln sich in einer nahen Beziehung zueinander.

Die *Funktion* einer sozialen Praxis oder Institution zu untersuchen, bedeutet, den Beitrag zu analysieren, den diese Praxis oder Institution in bezug auf den Fortbestand der Gesellschaft in ihrer Gesamtheit leistet. Dies läßt sich am besten anhand der Analogie zum menschlichen Körper verdeutlichen, wie dies von Comte, Durkheim und vielen nachfolgenden funktionalistischen Autoren getan wurde. Um ein Körperorgan wie das Herz zu studieren, müssen wir feststellen, in welcher Beziehung es zu anderen Teilen des Körpers steht. Das Herz spielt für den Fortbestand des Organismus eine lebenswichtige Rolle, indem es das Blut durch den Körper pumpt. In gleicher Weise bedeutet eine Analyse der Funktion einer sozialen Einheit die Beantwortung der Frage, welche Rolle diese Einheit für den Fortbestand der Gesellschaft spielt. Nach Durkheim etwa bestärkt die Religion die Menschen in ihrer Verhaftung gegenüber zentralen gesellschaftlichen Werten und trägt so zur Aufrechterhaltung der sozialen Kohäsion bei. (Für weitere Details zu Durkheims Religionstheorie siehe Kapitel 14 „Religion".)

Mertons Version des Funktionalismus

Der Funktionalismus fand seinen „Weg zurück" in die Soziologie mit Hilfe der Schriften von Talcott Parsons und Robert K. Merton, die beide die funktionalistische Analyse als Schlüssel zur Weiterentwicklung der soziologischen Theorie und Forschung betrachteten. Mertons Version des Funktionalismus war besonders einflußreich und diente als Basis für die Arbeiten einer ganzen Generation vor allem amerikanischer Soziologen, fand jedoch auch anderswo umfangreiche Anwendung. Merton lieferte eine komplexere funktionalistische Analyse als Radcliffe-Brown oder Malinowski. Zur selben Zeit adaptierte er sie für das Studium der industrialisierten Gesellschaften, die sich in grundlegender Hinsicht von jenen einfacheren Kulturen unterscheiden, die von den Ethnologen studiert wurden.

Merton unterscheidet zwischen **manifesten und latenten Funktionen.** Manifeste Funktionen sind jene, die den Teilnehmern an einer spezifischen Art gesellschaftlicher Aktivität bekannt sind und von diesen auch beabsichtigt werden. Latente Funktionen hingegen sind Folgen der genannten Aktivitäten, deren sich die Teilnehmer nicht bewußt sind (Merton, 1957). Um diese Unterscheidung zu veranschaulichen, benutzt Merton das Beispiel eines Regentanzes der Hopi-Indianer in New Mexico. Die Hopi glauben, daß diese Zeremonie den Regen bringen wird, den sie für ihre Felder brauchen (manifeste Funktion). Dies ist der Grund, warum sie diesen Tanz organisieren und daran teilnehmen. Der Regentanz, so argumentiert Merton, indem er an Durkheims Religionstheorie anknüpft, hat jedoch auch den Effekt einer Förderung der Kohäsion der Gesellschaft (latente Funktion). Ein wichtiger Teil des soziologischen Erklärens beruht laut Merton auf der Enthüllung der latenten Funktionen von gesellschaftlichen Aktivitäten und Institutionen.

Merton unterscheidet weiters zwischen Funktionen und *Dysfunktionen.* Die kleinen, von den Ethnologen studierten Kulturen, so erklärt er, sind vielfach integrierter und solidarischer als die großen, industrialisierten Gesellschaften, mit denen sich die Soziologie hauptsächlich beschäftigt. Radcliffe-Brown und Malinowski konnten sich ausschließlich auf die Identifizierung von Funktionen konzentrieren, weil die von ihnen untersuchten Kulturen stabil und integriert waren. Beim Studium der modernen Welt jedoch müssen wir uns auch der desintegrativen Tendenzen bewußt sein. Der Ausdruck „Dysfunktion" bezieht sich auf Aspekte der gesellschaftlichen Aktivität, die dazu neigen, Veränderungen herbeizuführen, weil sie die soziale Kohäsion *bedrohen.*

Nach den dysfunktionalen Aspekten des sozialen Verhaltens Ausschau zu halten, bedeutet, sich auf Charakteristika des sozialen Lebens zu konzentrieren, die die bestehende Ordnung der Dinge in Frage stellen. Es ist z. B. falsch, anzunehmen, daß die Religion immer funktional ist – daß sie nur zur sozialen Kohäsion beiträgt. Wenn zwei Gruppen unterschiedlichen Religionen oder unterschiedlichen Versionen ein und derselben Religion angehören, kann es zu großen sozialen Konflikten kommen, die in der Gesellschaft eine tiefe Kluft aufreißen. So wurden auch oft Kriege zwischen religiösen Gemeinschaften geführt, wie z. B. die bewaffneten Auseinandersetzungen zwischen Protestanten und Katholiken in der europäischen Geschichte.

Jüngste Entwicklungen

Der funktionalistische Ansatz war lange Zeit hindurch die wahrscheinlich führende theoretische Tradition der Soziologie, insbesondere in den Vereinigten Staaten. In jüngster Zeit jedoch hat er an Popularität verloren, weil seine Grenzen ans Licht gekommen sind – obwohl er auch heute noch überzeugend argumentierende Anhänger besitzt (Alexander, 1985). Viele der funkionalistischen Denker - auf Merton traf dies nicht zu - betonen jene Faktoren übermäßig, die zu sozialer Kohäsion führen, und vernachlässigen dafür jene, durch die Spaltung und Konflikt herbeigeführt werden. (Als Beispiel sei Talcott Parsons erwähnt.) Außerdem gewannen viele Kritiker den Eindruck, daß die funktionale Analyse den Gesellschaften Eigenschaften verleiht, die diese in Wirklichkeit gar nicht besitzen. Die Funktionalisten schreiben oft so, als ob Gesellschaften „Bedürfnisse" und „Zwecke" hätten, obwohl diese Begriffe nur auf Einzelpersonen sinnvoll angewendet werden können. Betrachten wir z. B. Mertons Analyse des Regentanzes der Hopi. Merton schreibt, als ob wir, wenn wir beweisen können, daß die Zeremonie hilft, die Hopi-Kultur zu integrieren, damit erklärt hätten, warum diese Zeremonie „wirklich" existiert – denn schließlich und endlich wissen wir, daß der Regentanz nicht wirklich Regenfälle hervorruft. Dies ist nicht der Fall, es sei denn, wir gehen von der Annahme aus, daß die Hopi-Gesellschaft ihre Mitglieder dazu „bringt", genau das zu tun, was sie „braucht", um zusammengehalten zu werden. Dies kann jedoch nicht der Fall sein, denn Gesellschaften besitzen weder Willenskraft, noch sind sie zweckgerichtet; dies trifft nur auf Individuen zu.

Strukturalismus

Der Strukturalismus wurde, wie auch der Funktionalismus, von den Schriften Durkheims beeinflußt, obwohl der Hauptanstoß zu seiner Entwicklung aus der Linguistik kam. Die Arbeit des Schweizer Sprachwissenschaftlers Ferdinand de Saussure (1857–1913) war die wichtigste frühe Quelle strukturalistischen Gedankenguts. Obwohl Saussure nur über die Sprache schrieb, wurden die von ihm entwickelten Ansichten später in viele verschiedene Disziplinen der Sozialwissenschaften und auch der Geisteswissenschaften übernommen.

Vor Saussures Arbeit befaßte sich die Sprachwissenschaft hauptsächlich damit, Veränderungen im Wortgebrauch im Detail nachzuvollziehen. Laut Saussure wird bei dieser Verfahrensweise das zentrale Charakteristikum der Sprache außer acht gelassen. Wir können die grundlegenden Charakteristika – oder *Strukturen* – der Sprache niemals erkennen, wenn wir nur die Worte betrachten, die die Menschen beim Sprechen verwenden (Saussure, 1967). Sprache besteht aus grammatikalischen Regeln und Bedeutungsregeln, die „hinter den Worten liegen", in diesen jedoch nicht ausgedrückt werden. Ein einfaches Beispiel: Im Englischen hängen wir normalerweise „–ed" an ein Verb, wenn wir zum Ausdruck bringen wollen, daß wir uns auf ein Ereignis in der Vergangenheit beziehen. Dies ist eine von Tausenden grammatikalischen Regeln, die jeder Sprecher einer Sprache kennt, und die dazu dient, das, was wir sagen, zu *konstruieren*. Saussure zufolge bedeutet die Analyse der sprachlichen Strukturen die Suche nach den unserem Sprechen zugrundeliegenden Regeln. Viele dieser Regeln sind uns nur implizit bekannt, und wir könnten nicht so leicht sagen, welche es sind. Die Aufgabe der Linguistik besteht darin, das, was wir implizit zwar *wissen*, doch nur in der Form, daß wir über die praktische Tätigkeit zu sprechen verfügen, zu formulieren.

Sprache und Bedeutung

Saussure argumentiert, daß der Sinn der Wörter sich aus den Strukturen der Sprache herleitet und nicht von den Objekten, auf die diese sich beziehen. Man könnte naiv sein und glauben, daß der Sinn des Wortes „Baum" jenes Objekt mit Blättern ist, auf das sich der Ausdruck bezieht. Saussure zufolge ist dies jedoch nicht der Fall. Wir können dies an der Tatsache erkennen, daß es in der Sprache viele Wörter gibt, die sich auf nichts beziehen - wie z. B. „und", „aber" oder „dennoch". Außerdem gibt es durchaus sinnvolle Wörter, die sich auf mythische Objekte beziehen und in der Realität keinerlei Existenz besitzen, wie zum Beispiel „Einhorn". Wenn der Sinn eines Wortes sich nicht von dem Objekt herleitet, auf das es sich bezieht, wo kommt er dann her? Saussures Antwort besagt, daß sich der Sinn aus den *Unterschieden* zwischen verwandten Begriffen ergibt, die die Regeln einer Sprache zulassen. Die Bedeutung des Wortes „Baum" ergibt sich aus der Tatsache, daß wir „Baum" von „Strauch", „Gebüsch", „Wald" und einer Reihe anderer Wörter unterscheiden, die eine ähnliche – jedoch unterschiedliche – Bedeutung besitzen. Bedeutungen entstehen innerhalb der Sprache und nicht aufgrund der Objekte in der Welt, auf die wir uns damit beziehen.

Strukturalismus und Semiotik

Dieser Analyse fügt Saussure die wichtige Beobachtung hinzu, daß nicht nur Geräusche (Sprechen) oder Zeichen auf Papier (Schreiben) Bedeutung schaffen können. Alle Objekte, die man systematisch unterscheiden kann, können benutzt werden, um *Bedeutungen zu schaffen*. Ein Beispiel dafür ist die Verkehrsampel. Wir benutzen den Kontrast zwischen grün und rot, um „geh" und „stop" zum Ausdruck zu bringen (gelb bedeutet „fertigmachen zum Losfahren" oder „bereitmachen zum Stehenbleiben"). Zu beachten ist, daß nicht die tatsächlichen Farben selbst, sondern der *Unterschied* die Bedeutung schafft. Es würde nichts ändern, wenn wir grün verwendeten, um „stop" zum Ausdruck zu bringen und rot, um „geh" zu signalisieren – so lange wir nur konsequent dem Unterschied Rechnung tragen. Saussure bezeichnet das Studium der nicht-sprachlichen Ausdrucksmittel als *Semiologie*, doch der heute häufiger dafür verwendete Ausdruck lautet **Semiotik.**

Semiotische Untersuchungen lassen sich zu vielen verschiedenen Aspekten der menschlichen Kultur anstellen. Ein Beispiel dafür sind Mode und Bekleidung. Was macht einen gewissen Kleidungsstil zu einer gegebenen Zeit modisch? Es sind sicherlich nicht die tatsächlich getragenen Kleider, denn kurze Röcke können im einen Jahr modisch, im darauffolgenden Jahr hingegen schon wieder unmodern sein. Was Dinge modern macht, ist wieder der *Unterschied* zwischen dem, was die tragen, die „auf dem neuesten Stand sind", und was jene tragen, die hinter dieser ersten Gruppe zurückbleiben. Ein anderes Beispiel aus dem Gebiet der Bekleidung ist die Trauerkleidung. In unserer Kultur bringen wir Trauer zum Ausdruck, indem wir schwarz tragen. In anderen Kulturen aber tragen Trauernde weiß. Das Ausschlaggebende ist nicht die Farbe selbst, sondern die Tatsache, daß sich die Trauernden anders anziehen, als sie dies normalerweise zu tun pflegen.

Der strukturalistische Ansatz wurde in der Ethnologie auf umfangreicherer Basis verwendet, als in der Soziologie, insbesondere in den Vereinigten Staaten. Lévi-Strauss folgend, der die Bezeichnung *Strukturalismus* populär gemacht hat, wurde die strukturalistische Analyse auch zum Studium von Verwandschaft, Mythos, Religion und anderen Gebieten herangezogen. Jedoch wurden auch viele soziologische Theoretiker von strukturalistischen Ideen beeinflußt. Strukturalistische Konzepte wurden auf das Studium von Medien (Zeitungen, Magazinen, Fernsehen), Ideologien und der Kultur allgemein angewandt.

Das strukturalistische Denken hat Schwächen, die seine Attraktivität als allgemeiner theoretischer Rahmen für die Soziologie beeinträchtigen. Der Strukturalismus entstand in der Sprachwissenschaft und hat sich für die Analyse gewisser Aspekte des menschlichen Verhaltens als relevanter erwiesen als für andere. Er ist sehr nützlich, wenn es darum geht, Kommunikation und Kultur zu erforschen, jedoch weniger brauchbar, um die praktischen Aspekte des sozialen Lebens, wie z.B. wirtschaftliche oder politische Aktivitäten, zu analysieren.

Symbolischer Interaktionismus

Der symbolische Interaktionismus mißt dem aktiven, kreativen Individuum mehr Gewicht bei, als die anderen theoretischen Ansätze. Seit den Zeiten Meads wurde er von vielen anderen Autoren weiterentwickelt und in den Vereinigten Staaten wurde er zum bedeutendsten Rivalen des funktionalistischen Standpunktes. Wie im Falle des Strukturalismus entsprang auch der symbolische Interaktionismus aus der Beschäftigung mit der Sprache; doch Mead entwickelte seinen Gedanken in eine andere Richtung weiter.

Symbole

Mead ist der Ansicht, daß die Sprache es uns ermöglicht, Wesen zu werden, die sich ihrer eigenen Individualität bewußt sind, und das Schlüsselelement in diesem Prozeß ist das **Symbol**. Ein Symbol ist etwas, das für etwas anderes *steht*. Betrachtet man nochmals das von Saussure gebrauchte Beispiel, so ist das Wort „Baum" ein Symbol, mit dessen Hilfe wir das Objekt Baum darstellen. Sobald wir einen solchen Begriff erfaßt haben, so Mead, können wir auch dann an einen Baum denken, wenn gar keiner zu sehen ist. Wir haben gelernt, das Objekt symbolisch zu erfassen. Das symbolische Denken befreit uns von der Beschränkung unserer Erfahrung auf das, was wir tatsächlich sehen, hören oder fühlen.

Im Gegensatz zu den niedrigeren Tieren lebt der Mensch in einem Universum, das reich an Symbolen ist. Dies trifft auch auf unseren Sinn für das eigene Selbst zu. (Tiere haben keinen solchen Sinn für das eigene Selbst, wie dies bei Menschen der Fall ist.) Jeder von uns ist sich seiner selbst bewußt, denn wir lernen, uns selbst wie von außen zu betrachten, uns selbst so zu sehen, wie andere uns sehen. Wenn ein Kind beginnt, „ich" zu verwenden, um sich auf das Objekt (das Kind selbst) zu beziehen, das die anderen mit „du" bezeichnen, beginnt dieses Kind, erste Anfänge der Selbstbewußtheit zu zeigen. (Eine weitere Diskussion über Meads Theorie der Entwicklung des Selbst findet sich in Kapitel 3 „Sozialisation und Lebenszyklus".)

Praktisch die gesamte Interaktion zwischen menschlichen Individuen, so argumentieren die symbolischen Interaktionisten, beruhen auf einem Austausch von Symbolen. Wenn wir mit anderen interagieren, so suchen wir ständig nach „Anhaltspunkten", die uns sagen, welche Art von Verhalten im betreffenden Kontext passend ist und wie das zu interpretieren ist, was der andere meint oder beabsichtigt. Der symbolische Interaktionismus lenkt unsere Aufmerksamkeit auf die Details der interpersonellen Interaktion und darauf, wie diese Details verwendet werden, um dem, was andere sagen und tun, Sinn zu verleihen. Stellen Sie sich z. B. einen Mann und eine Frau bei ihrem ersten Rendezvous vor. Jeder wird einen beträchtlichen Teil des Abends damit verbringen, sich den anderen anzusehen und abzuschätzen, wie sich die weitere Beziehung, wenn überhaupt, entwickeln wird. Keiner von den beiden möchte, daß der andere dies zu genau bemerkt, obwohl beide wissen, das eben das geschieht. Beide sind sehr vorsichtig in bezug auf ihr eigenes Verhalten und möchten sich selbst in einem günstigen Licht erscheinen lassen, doch da beide auch dies wissen, wird wahrscheinlich jeder der beiden nach Details im Verhalten des anderen Ausschau halten, die einen Schluß auf dessen wirkliche Meinung zulassen. Ein komplexer und subtiler Prozess der symbolischen Interpretation prägt die Interaktion zwischen diesen beiden.

Die vom symbolischen Interaktionismus beeinflußten Soziologen konzentrieren sich normalerweise auf die Interaktion von Angesicht zu Angesicht in den Kontexten des Alltagslebens. Erving Goffman, dessen Arbeit in Kapitel 4 („Soziale Interaktion und Alltagsleben") behandelt wurde, hat einen besonders wertvollen Beitrag zu dieser Art von Untersuchung geleistet und das, was bei Mead als trockener, abstrakter theoretischer Ansatz erschien, mit Geist und Schwung angereichert. In den Händen Goffmans und anderer bietet der symbolische Interaktionismus vielerlei Einblicke in die Natur unserer Handlungen im Laufe unseres täglichen sozialen Lebens. Doch der symbolische Interaktionismus muß sich auch die Kritik gefallen lassen, daß er sich zu stark auf das Mikro-Geschehen konzentriert. Die Vertreter des symbolischen Interaktionismus haben es immer sehr schwierig gefunden, mit Strukturen und Prozessen des Makrobereichs zurechtzukommen, mit eben jenen Phänomenen, die die beiden anderen Traditionen am stärksten hervorheben.

Marxismus

Der Funktionalismus, der Strukturalismus und der symbolische Interaktionismus sind nicht die einzigen theoretischen Traditionen von Bedeutung in der Soziologie, und diese Dreiteilung ist auch nicht die einzige Möglichkeit, theoretische Ansätze zu klassifizieren. Eine einflußreiche Art des Ansatzes, die sich dieser Unterteilung widersetzt, ist der **Marxismus**. Die Marxisten führen ihre Ursprünge natürlich alle in irgendeiner Form auf die Schriften von Marx zurück, doch lassen sich die Ideen von Karl Marx auf vielerlei verschiedene Art interpretieren, weshalb es heute auch verschiedene Schulen des Marxismus gibt, die sehr unterschiedliche theoretische Positionen einnehmen.

Grob gesprochen läßt sich der Marxismus entlang von Linien unterteilen, die den Grenzen zwischen den drei eben beschriebenen theoretischen Traditionen entsprechen. Viele Marxisten haben implizit oder offen einen funktionalistischen Zugang zum historischen Materialismus gewählt (Cohen, 1978). Ihre Version des Marxismus unterscheidet sich von der jener Marxisten, die durch den Strukturalismus beeinflußt wurden, wobei der bekannteste Autor, der einen solchen Stand-

Die Entwicklung der soziologischen Theorie

punkt entwickelte, der Franzose Louis Althusser (Althusser, 1968) ist. Diese beiden Typen des marxistischen Denkens unterscheiden sich wiederum von dem Gedankengut jener Marxisten, die dem aktiven, kreativen Charakter des menschlichen Verhaltens große Bedeutung beimessen. Nur wenige der betreffenden Autoren wurden vom symbolischen Interaktionismus direkt beeinflußt, doch die Perspektive, die sie sich zueigen machten, war letzterem sehr nahe (Fromm, 1989; Marcuse, 1989).

In all seinen Versionen unterscheidet sich der Marxismus von den nicht-marxistischen Traditionen der Soziologie. Die meisten marxistischen Autoren betrachten den Marxismus als Teil eines „Pakets" von soziologischer Analyse und politischer Reform. Der Marxismus soll nach dieser Auffassung ein Programm radikalen politischen Wandels hervorbringen. Außerdem messen die Marxisten den Klassenunterschieden, dem Konflikt, der Macht und der Ideologie mehr Bedeutung bei, als viele nichtmarxistische Soziologen – insbesondere die meisten vom Funktionalismus beeinflußten. Am besten ist es, den Marxismus nicht als Ansatz innerhalb der Soziologie, sondern als parallel zur Soziologie existierendes Schrifttum zu betrachten, wobei sich beide überschneiden und sich häufig gegenseitig beeinflussen. Die nicht-marxistische Soziologie und der Marxismus standen immer in einer Beziehung der gegenseitigen Beeinflussung und Opposition.

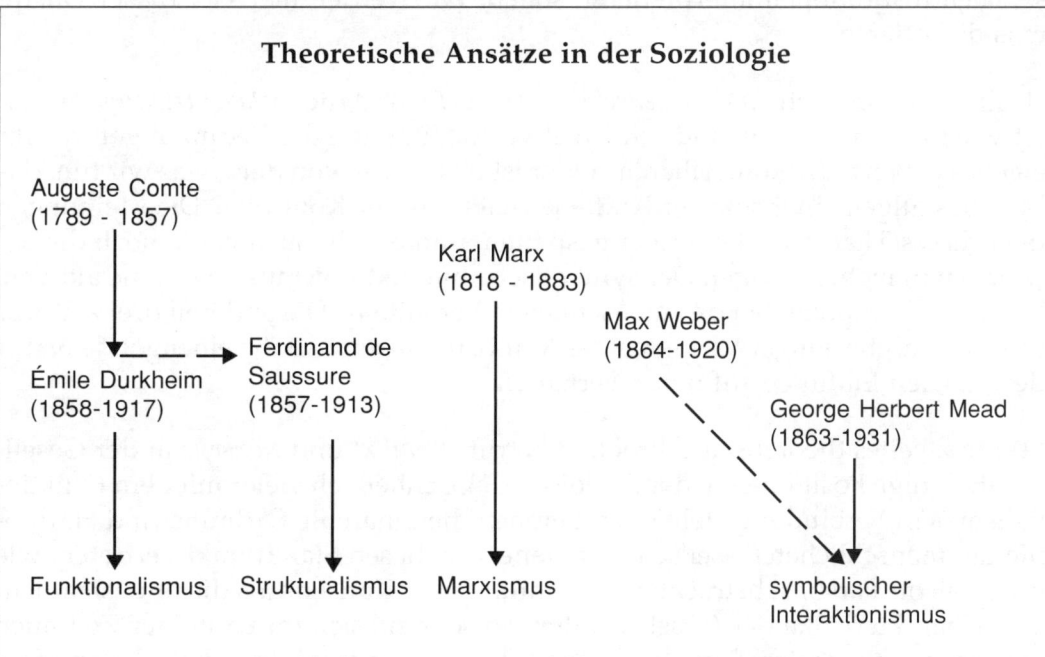

Theoretische Ansätze in der Soziologie

Die durchgehenden Linien zeigen direkten Einfluß an, die gestrichelten Linien eine indirekte Verbindung. Es ist nicht sicher, daß Saussure viele seiner Ideen direkt Durkheim verdankt, es gibt jedoch mehrere bedeutende Überschneidungen. Meads Ansichten sind nicht auf jene Webers zurückzuführen, doch die Ansichten des letzteren, der die sinnvolle, zielgerichtete Natur der menschlichen Handlung betont, stehen im Zusammenhang mit den Themen des symbolischen Interaktionismus.

Theoretische Dilemmas

Wie sollen wir den relativen Wert dieser vier theoretischen Ansätze einschätzen? Obwohl jeder von ihnen überzeugte Vertreter hat, gibt es offensichtliche Punkte, in denen sie einander ergänzen. Der Funktionalismus und die meisten Versionen des Marximus konzentrieren sich auf die Eigenschaften sozialer Gruppen oder Gesellschaften in einem größeren Maßstab. Sie sind grundsätzlich mit den „großen Fragen" beschäftigt, wie z. B. „Wie werden Gesellschaften zusammengehalten?" oder „Welches sind die Hauptbedingungen des sozialen Wandels?" Der symbolische Interaktionismus hingegen konzentriert sich eher auf die Kontexte, die sich im sozialen Leben von Angesicht zu Angesicht ergeben. Der Strukturalismus unterscheidet sich von den anderen Ansätzen insofern, als er sich hauptsächlich auf die kulturellen Aspekte der sozialen Aktivität konzentriert.

Bis zu einem gewissen Grad ist es daher möglich, sich bei der Diskussion spezifischer sozialer Probleme all dieser Theorien in selektiver Art und Weise zu bedienen, doch in gewisser Hinsicht kollidieren sie eindeutig miteinander. Es gibt einige grundlegende **theoretische Dilemmas** – Themen der andauernden Kontroverse bzw. des andauernden Disputs –, die uns diese kollidierenden Standpunkte vor Augen führen. Manche davon betreffen sehr allgemeine Themen, die z. B. mit der Frage zu tun haben, wie wir die menschlichen Aktivitäten und die sozialen Institutionen interpretieren sollen. Wir werden hier vier dieser Dilemmas diskutieren.

(1) Ein Dilemma betrifft das *menschliche Handeln* und die *soziale Struktur*. Es lautet wie folgt: Inwieweit sind wir kreative Akteure, die die Bedingungen für ihr eigenes Leben aktiv kontrollieren? Oder ist das meiste von dem, was wir tun, das Ergebnis allgemeiner sozialer Kräfte jenseits unserer Kontrolle? Die Meinungen über dieses Thema waren immer gespalten, und es teilt auch heute noch die Soziologen in mehrere Lager. Der symbolische Interaktionismus betont die aktiven, kreativen Komponenten des menschlichen Verhaltens. Die anderen drei Ansätze (mit Ausnahme einiger Varianten des Marxismus) betonen die einengende Natur der sozialen Einflüsse auf unser Verhalten.

(2) Ein zweites theoretisches Problem betrifft *Konflikt* und *Konsens* in der Gesellschaft. Einige Positionen in der Soziologie, einschließlich vieler mit dem Funktionalismus in Verbindung stehender, betonen die inhärente Ordnung und Harmonie der menschlichen Gesellschaften. Jene, die diesen Standpunkt vertreten, wie etwa Talcott Parsons, betrachten Kontinuität und **Konsens** als die offensichtlichsten Charakteristika der Gesellschaften, so sehr sie sich im Laufe der Zeit auch ändern mögen. Andere Soziologen wiederum, besonders jene, die stark von Marx oder Weber beeinflußt sind, betonen, der soziale **Konflikt** sei immer und überall anzutreffen (Collins, 1974). Für sie sind Gesellschaften von Spaltungen, Spannungen und Kämpfen gekennzeichnet. Für sie ist es illusorisch zu behaupten, die Menschen lebten die meiste Zeit über freundschaftlich miteinander. Sogar wenn es keine offenen Konfrontationen gibt, so ihre Ansicht, bleiben tiefe Interessensgegensätze, die irgendwann wahrscheinlich in aktive Konflikte münden werden.

(3) Ein drittes Problem betrifft nicht so sehr die allgemeinen Charakteristika des menschlichen Verhaltens oder der Gesellschaften in ihrer Gesamtheit, sondern die Aspekte der *modernen sozialen Entwicklung*. Es hat mit den bestimmmenden Einflüssen zu tun, die die Ursprünge und die Natur der modernen Gesellschaften betreffen, und leitet sich aus den Unterschieden zwischen den marxistischen und den nicht-marxistischen Ansätzen ab. Dieses Dilemma dreht sich hauptsächlich um die folgende Frage: Inwieweit wurde die moderne Welt von den von Marx angeführten wirtschaftlichen Faktoren, insbesondere von den Mechanismen des kapitalistischen Wirtschaftssystems, geprägt? Inwieweit jedoch haben andere Einflüsse (wie z. B. soziale, politische oder kulturelle Faktoren) die soziale Entwicklung in der modernen Ära geprägt?

(4) Es gibt ein viertes grundlegendes theoretisches Dilemma, das in den orthodoxen Traditionen der Soziologie kaum eine Rolle spielt, jedoch nicht länger ignoriert werden kann. Es handelt sich dabei um das Problem, wie wir eine zufriedenstellende Analyse der *Geschlechtsbeziehungen* in die Soziologie miteinbeziehen können. Alle bedeutenden Protagonisten in der vergangenen Entwicklung der soziologischen Theorie waren Männer und in ihren Schriften widmeten sie der Tatsache, daß die Menschheit aus den Angehörigen zweier Geschlechter besteht, praktisch keinerlei Aufmerksamkeit (Sydie, 1987). In ihren Arbeiten erscheinen die menschlichen Individuen, als seien sie „sächlich", sie sind eher abstrakte „Akteure" als sich voneinander unterscheidende Frauen und Männer. Da wir keine sehr umfangreiche Basis besitzen, auf der wir aufbauen können, wenn es darum geht, die geschlechtsbezogenen Themen in ein Verhältnis zu den etablierteren Formen des theoretischen Denkens in der Soziologie zu setzen, ist dies zum gegenwärtigen Zeitpunkt von den vier erwähnten Problemen wohl dasjenige, mit dem wir am schwersten zurande kommen werden.

Eines der wichtigsten theoretischen Dilemmas in Verbindung mit dem Geschlecht ist das folgende: Sollen wir das „Geschlecht" als allgemeine Kategorie in unser soziologisches Denken integrieren? Oder sollten wir im Gegensatz dazu die geschlechtsbezogenen Themen analysieren, indem wir sie in spezifischere Einflüsse aufspalten, die das Verhalten von Frauen und Männern in unterschiedlichen Kontexten beeinflussen? Oder anders ausgedrückt: Gibt es Charakteristika, die Männer und Frauen in bezug auf ihre Identität und ihr soziales Verhalten in allen Kulturen gleichermaßen voneinander trennen? Oder lassen sich Geschlechtsunterschiede immer hauptsächlich in bezug auf andere Unterschiede erklären, die die Gesellschaften spalten (z. B. Klassenunterschiede)?

Betrachten wir nun diese Dilemmas der Reihe nach.

Struktur und Handlung

Eines der wichtigsten von Durkheim und vielen anderen Soziologen seither behandelten Themen ist die Tatsache, daß die Gesellschaften, denen wir angehören, unserem Verhalten **soziale Einschränkungen** auferlegen. Durkheim argumentierte, daß die Gesellschaft dem Individuum gegenüber Priorität genießt. Die Gesellschaft ist bei weitem mehr als die Summe des Verhaltens der einzelnen. Wenn wir die soziale Struktur analysieren, studieren wir Charakteristika, die eine den Strukturen der materiellen Umgebung vergleichbare „Festigkeit" oder „Solidität" besitzen. Man stelle sich einen Menschen vor, der in einem Raum mit mehreren Türen steht. Die Struktur des Raums schränkt seine oder ihre möglichen Aktivitäten ein. Die Anordnung von Wänden und Türen etwa definiert die Eingangs- und Ausgangsmöglichkeiten. Die soziale Struktur schränkt nach Durkheim unsere Aktivitäten in einer dazu parallelen Weise ein, indem sie dem, was wir als einzelne tun können, Grenzen setzt. Sie ist für uns „extern", wie die Wände des Raums.

Diese Ansicht wurde von Durkheim in einer berühmten Passage zum Ausdruck gebracht:

> Wenn ich meine Pflichten als Bruder, Gatte oder Bürger erfülle, oder wenn ich übernommene Verbindlichkeiten einlöse, so gehorche ich damit Pflichten, die außerhalb meiner Person und der Sphäre meines Willens im Recht und in der Sitte begründet sind. ... Ebenso hat der gläubige Mensch die Bräuche und Glaubenssätze seiner Religion bei seiner Geburt fertig vorgefunden. Daß sie vor ihm da waren, setzt voraus, daß sie außerhalb seiner Person existierten. Das Zeichensystem, dessen ich mich bediene, um meine Gedanken auszudrücken, das Münzsystem, in dem ich meine Schulden zahle, die Kreditpapiere, die ich bei meinen geschäftlichen Beziehungen benütze, die Sitten meines Berufes führen ein von dem Gebrauche, den ich von ihnen mache, unabhängiges Leben. Das eben Gesagte kann für jeden einzelnen Aspekt des gesellschaftlichen Lebens wiederholt werden. (Durkheim, 1961, S. 105f.)

Obwohl die Art von Ansicht, die Durkheim zum Ausdruck bringt, viele Anhänger besitzt, wurde sie auch scharf kritisiert. Was ist „Gesellschaft", fragen die Kritiker, wenn nicht die Summe aus vielen individuellen Handlungen? Wenn wir eine Gruppe studieren, sehen wir nicht eine kollektive Einheit, sondern Individuen, die miteinander auf vielerlei verschiedene Art und Weise interagieren. Eine „Gesellschaft" *ist* nichts anderes, als eine Vielzahl von Individuen, die sich in Beziehung zueinander auf regelmäßige Art und Weise verhalten. Den Kritikern zufolge (unter denen sich die meisten vom symbolischen Interaktionismus geprägten Soziologen finden) haben wir als menschliche Wesen Gründe für das, was wir tun, und leben in einer von kulturellen Bedeutungen durchdrungenen sozialen Welt. Ihrer Ansicht nach sind soziale Phänomene *nicht* wie „Dinge", sondern hängen von den symbolischen Bedeutungen ab, mit denen wir das, was wir tun, ausstatten. Wir sind nicht die *Geschöpfe* der Gesellschaft, sondern ihre *Schöpfer*.

Bewertung

Es ist unwahrscheinlich, daß diese Kontroverse je zur Gänze beigelegt werden wird, da sie existiert, seit die modernen Denker erstmals systematisch begannen zu versuchen, das menschliche Verhalten zu erklären. Außerdem handelt es sich um eine Debatte, die sich nicht auf die Soziologie beschränkt, sondern die Gelehrten auf allen Gebieten der Sozialwissenschaften beschäftigt. Sie müssen im Lichte des in diesem Buche Gelesenen entscheiden, welche Position Sie selbst als am ehesten, für korrekt betrachten.

Dennoch können die Unterschiede zwischen den beiden Ansichten auch übertrieben werden. Während nicht beide zur Gänze recht haben können, ist unschwer zu erkennen, daß zwischen ihnen Verbindungen bestehen. Durkheims Ansicht ist in mancherlei Beziehung eindeutig gültig. Die sozialen Institutionen gehen der Existenz jedes gegebenen Individuums voraus; es ist auch unübersehbar, daß sie einen einschränkenden Einfluß auf uns ausüben. So habe ich z. B. das in Großbritannien existierende Währungssystem nicht erfunden. Ich habe auch nicht die Wahl, ob ich es verwenden möchte oder nicht, wenn ich jene Güter und Dienstleistungen erwerben möchte, die man mit Geld kaufen kann. Das Währungssystem existiert wie all die anderen etablierten Institutionen unabhängig von jedem individuellen Mitglied der Gesellschaft und schränkt die Aktivitäten dieses Individuums ein.

Andererseits wäre es offensichtlich falsch, anzunehmen, daß die Gesellschaft uns „extern" umgibt, wie die physische Welt. Die physische Welt würde nämlich weiterexistieren, egal ob es noch menschliche Wesen gibt oder nicht, während es offenkundig Unsinn wäre, dasselbe auch von der Gesellschaft zu behaupten. Während die Gesellschaft jedem Individuum „extern" vorgegeben ist, kann sie per definitionem nicht *allen* Individuen gemeinsam extern sein.

Außerdem kann das, was Durkheim als „soziale Tatsachen" bezeichnet, uns zwar Einschränkungen unseres Handelns auferlegen, *bestimmt* jedoch nicht, was wir tun. Wenn ich fest dazu entschlossen wäre, könnte ich beschließen, ohne Geld zu leben, obwohl es sehr schwierig wäre, auf diese Weise zu überleben. Als menschliche Wesen treffen wir Entscheidungen und reagieren nicht einfach passiv auf die Ereignisse um uns. Der Weg nach vorne, um die Kluft zwischen „strukturellen" und „handlungsbetonten" Ansätzen zu überbrücken, besteht darin, zu erkennen, daß wir die sozialen Strukturen im Laufe unserer täglichen Aktivitäten *aktiv schaffen und verändern*. Die Tatsache, daß ich das Währungssystem benutze, trägt z. B. auf geringfügige, jedoch notwendige Art und Weise zum Bestehen dieses Systems selbst bei. Wenn jeder oder auch nur die Mehrheit der Menschen an einem gewissen Punkt beschlösse, die Verwendung von Geld zu vermeiden, würde sich das Währungssystem einfach auflösen.

Konsens und Konflikt

Es ist wiederum nützlich, mit Durkheim zu beginnen, wenn man die *Konflikt* und *Konsens* betonenden Standpunkte einander gegenüberstellt. Durkheim betrachtet die Gesellschaft als Menge voneinander abhängiger Teile. Für die meisten funktionalistischen Denker ist die Gesellschaft ein *integriertes Ganzes*, das aus eng miteinander vernetzten Strukturen besteht. Dies enspricht Durkheims Betonung des einschränkenden, „externen" Charakters der „sozialen Fakten". Die Analogie besteht hier jedoch nicht mit den Wänden eines Gebäudes, sondern mit der Physiologie des Körpers.

Ein Körper besteht aus verschiedenen spezialisierten Körperteilen (wie zum Beispiel dem Gehirn, dem Herzen, der Lunge, der Leber usw.), von denen jeder zum Fortbestand des Lebens des Organismus beiträgt. Die Organe funktionieren notwendigerweise in Harmonie miteinander, und wenn das nicht der Fall sein sollte, ist das Leben des Organismus bedroht. So verhält es sich laut Durkheim (und Parsons) auch mit der Gesellschaft. Damit eine Gesellschaft über die Zeit hinweg fortbestehen kann, müssen ihre spezialisierten Institutionen (wie beispielsweise das politische System, die Religion, die Familie und das Bildungssystem) in Harmonie miteinander funktionieren. Der Fortbestand einer Gesellschaft hängt folglich von der Kooperation ab, die wiederum einen allgemeinen Konsens oder allgemeine Übereinstimmung unter ihren Mitgliedern in bezug auf grundlegende Werte voraussetzt.

Jene, die sich hauptsächlich auf den Konflikt konzentrieren, haben eine ganz andere Anschauung. Ihre Grundannahmen können leicht erläutert werden, wenn man Marx' Erklärung des Klassenkonfliktes als Beispiel verwendet. Nach Marx sind die Gesellschaften in Klassen mit unterschiedlichen Ressourcen unterteilt. Da derart deutliche Ungleichheiten existieren, gibt es auch Interessensunterschiede, die in das soziale System „eingebaut" sind. Diese Interessenskonflikte brechen irgendwann in einem aktiven Kampf zwischen den Klassen aus, der wiederum Prozesse radikaler Veränderung herbeiführen kann. Nicht alle, die von dieser Anschauungsweise beeinflußt sind, konzentrieren sich so stark auf die Klassen wie Marx. Es gibt auch andere Spaltungen, die in bezug auf die Entstehung von Konflikten als wichtig betrachtet werden, wie z. B. die Spaltung in verschiedene Rassengruppen oder politische Lager. Egal wie die Konfliktgruppen, auf die das Hauptaugenmerk gelegt wird, beschaffen sein mögen, die Gesellschaft wird grundsätzlich als *voll von Spannung* betrachtet, und dieser Auffassung nach stellt auch das stabilste soziale System nur ein prekäres Gleichgewicht antagonistischer Gruppierungen dar.

Bewertung

Wie auch im Fall der Gegenüberstellung von Struktur und Aktion ist es nicht sehr wahrscheinlich, daß diese Debatte zu einem endgültigen Ergebnis kommen wird. Doch wieder erscheinen die Unterschiede zwischen den Konsens und Konflikt betonenden Standpunkten größer, als dies wirklich der Fall ist. Die beiden Positionen sind keinesfalls ganz und gar unvereinbar. Alle Gesellschaften basieren wahrscheinlich auf der einen oder anderen Art allgemeiner Übereinstimmung in bezug auf Werte, und in allen gibt es gewiß auch Konflikte.

Außerdem haben wir einer allgemeinen Regel der soziologischen Analyse zufolge immer die Verbindungen *zwischen* Konflikt und Konsens innerhalb der sozialen Systeme zu untersuchen. Die Werte, die unterschiedliche Gruppen hochhalten, und die Ziele, die ihre Mitglieder verfolgen, spiegeln oftmals eine Mischung aus gemeinsamen und gegensätzlichen Interessen wider. Sogar in Marx' Beschreibung des Klassenkonflikts teilen z. B. verschiedene Klassen gemeinsame Interessen ebenso, wie sie einander antagonistisch gegenüberstehen. So hängen die Kapitalisten von der Arbeiterschaft ab, die sie für die Arbeit in den Betrieben benötigen, während die Arbeiter von den Kapitalisten abhängen, die ihnen den Lohn bezahlen. Unter solchen Umständen gibt es keinen fortdauernden offenen Konflikt, sondern das, was beide Seiten gemeinsam haben, überbrückt vielfach die Unterschiede, wenn auch in anderen Situationen der umgekehrte Fall eintritt.

Ein nützliches Konzept, das bei der Analyse der Beziehungen zwischen Konflikt und Konsens hilfreich ist, ist jenes der *Ideologie*, der Werte und Überzeugungen, die die Position der mächtigeren Gruppen auf Kosten der weniger mächtigen zu sichern helfen. Macht, Ideologie und Konflikt sind immer sehr eng miteinander verbunden. Bei vielen Konflikten geht es um die Macht, und zwar wegen der Vorteile, die diese bringen kann. Jene, die die meiste Macht besitzen, sind unter Umständen hauptsächlich auf die Ideologie angewiesen, um ihre Vorherrschaft zu bewahren, sind jedoch normalerweise ebenso in der Lage, Gewalt anzuwenden, wenn sich dies als nötig erweisen sollte. In den Zeiten der Feudalherrschaft wurde die Herrschaft der Aristokratie z. B. von dem Gedanken unterstützt, daß eine Minderheit der Menschen „zum Herrschen geboren" sei, doch die aristokratischen Herrscher setzten oft auch Gewalt gegen jene ein, die sich ihrer Macht zu widersetzen wagten.

Die Formung der modernen Welt

Die marxistische Perspektive

Die Schriften von Marx stellen der soziologischen Analyse eine mächtige Herausforderung, die auch angenommen wurde. Von seiner eigenen Zeit bis hin zur Gegenwart haben sich viele soziologische Debatten um Marx' Ansichten über die Entwicklung der modernen Gesellschaften gedreht. Wie bereits erwähnt, betrachtet Marx die modernen Gesellschaften als *kapitalistisch*. Die hinter den sozialen Veränderungen der modernen Ära stehende Triebkraft ist der Druck in Richtung einer konstanten wirtschaftlichen Transformation, der ein fester Bestandteil der kapitalistischen Produktion ist. Der Kapitalismus ist ein wesentlich dynamischeres Wirtschaftssystem als sämtliche ihm vorangehende. Die Kapitalisten konkurrieren miteinander, um ihre Güter an die Konsumenten zu verkaufen, und die Firmen müssen so billig und effizient produzieren, wie nur möglich, um auf einem Konkurrenzmarkt zu überleben. Dies führt zu ständiger technologischer Innovation, da eine Verbesserung der Effizienz der in einem bestimmten Produktionsprozeß eingesetzten Technologie den Betrieben Wettbewerbsvorteile bringt.

Es gibt auch starke Anreize zur Erschließung neuer Märkte, auf denen man Güter verkaufen, billiges Rohmaterial kaufen und billige Arbeitskräfte benutzen kann. Der Kapitalismus ist deshalb laut Marx ein unablässig expandierendes System, das sich immer weiter über den Globus ausbreitet. So erklärt Marx die globale Expansion der westlichen Industrie.

Marx' Interpretation des Einflusses des Kapitalismus hat viele Anhänger gefunden, und spätere Autoren haben die Ausführungen von Marx noch beträchtlich verfeinert. Andererseits fand Marx viele Kritiker, die die Entwicklungsdynamik der Moderne einer alternativen Analyse unterziehen wollten. Praktisch jeder akzeptiert, daß der Kapitalismus eine bedeutende Rolle bei der Formung der Welt, in der wir heute leben, gespielt hat. Doch andere Soziologen haben argumentiert, daß Marx den Einfluß der rein *wirtschaftlichen* Faktoren auf den gesellschaftlichen Wandel überbewertet habe, und der Kapitalismus für moderne soziale

Entwicklungen *weniger ausschlaggebend* sei, als dies behauptet wurde. Die meisten dieser Autoren waren auch skeptisch in bezug auf Marx' Überzeugung, daß das kapitalistische System letztendlich durch ein sozialistisches abgelöst werden würde. Es scheint, daß ihre skeptische Haltung durch die Ereignisse in Osteuropa im Jahr 1989 und den Jahren darauf bestätigt wurde.

Webers Auffassung

Einer der frühesten und hellsichtigsten Kritiker von Marx war Max Weber. Von Webers Schriften wurde gesagt, sie brächten einen lebenslangen Kampf mit „dem Gespenst von Marx", dem von Marx hinterlassenen intellektuellen Vermächtnis, zum Ausdruck. Der von Weber ausgearbeitete Alternativstandpunkt hat bis zum heutigen Tage seine Wichtigkeit beibehalten. Weber zufolge haben die nicht-wirtschaftlichen Fakoren für die moderne soziale Entwicklung eine Schlüsselrolle gespielt. Webers berühmte und vieldiskutierte Schrift *Die protestantische Ethik und der Geist des Kapitalismus* argumentiert, daß religiöse Werte, insbesondere jene des Puritanismus, für die Entstehung der kapitalistischen Haltung von grundlegender Bedeutung waren. Diese Haltung hat sich Weber zufolge nicht, wie Marx dies annahm, durch wirtschaftliche Veränderungen als solche ergeben.

Webers Verständnis der Natur der modernen Gesellschaften und der Gründe für die Verbreitung der westlichen Lebensart über den ganzen Globus steht zu jenem von Marx in einem deutlichen Widerspruch. Weber zufolge ist der Kapitalismus, eine klar unterscheidbare Art der Organisation von wirtschaftlichen Unternehmungen, einer unter anderen wichtigen Faktoren, die die soziale Entwicklung in der modernen Zeit geprägt haben. Den kapitalistischen Wirtschaftsmechanismen zugrundeliegend und in mancherlei Hinsicht wichtiger als diese ist der Einfluß von *Wissenschaft* und *Bürokratie*. Die Wissenschaft hat die moderne Technologie geprägt und wird dies wahrscheinlich auch in jeder zukünftigen sozialistischen Gesellschaft tun. Die Bürokratie ist die einzige Möglichkeit, große Mengen von Menschen effizient zu organisieren, und nimmt mit dem wirtschaftlichen und politischen Wachstum unvermeidlich zu. Die Entwicklung von Wissenschaft, moderner Technologie und Bürokratie faßt Weber unter dem Ausdruck **Rationalisierung** zusammen. Rationalisierung bedeutet die Organisation des sozialen und wirtschaftlichen Lebens gemäß den Prinzipien der Effizienz und auf der Basis des technischen Wissens.

Bewertung

Welche Art der Interpretation der modernen Gesellschaft ist korrekt? Die auf Marx oder die auf Weber zurückgehende? Auch hier sind die Gelehrten in zwei Lager gespalten.

Marxistische Auffassung	Weberianische Auffassung
1 Die Hauptdynamik der modernen Entwicklung ist die Expansion der kapitalistischen Wirtschaftsmechanismen.	1 Die Hauptdynamik der modernen Entwicklung ist die Rationalisierung der Produktion.
2 Die modernen Gesellschaften sind von Klassenunterschieden gekennzeichnet, die eines ihrer Wesensmerkmale sind.	2 Die Klassenzugehörigkeit ist eine Art der Ungleichheit neben anderen - wie z. B. der Ungleichheiten zwischen Mann und Frau - in den modernen Gesellschaften.
3 Die wichtigsten Machtverhältnisse, wie jene, die die unterschiedlichen Positionen von Männern und Frauen bestimmen, ergeben sich letztendlich aus wirtschaftlichen Ungleichheiten.	3 Die Macht im Wirtschaftssystem ist von anderen Quellen trennbar. Die Ungleichheit zwischen Mann und Frau z. B. läßt sich nicht ökonomisch erklären.
4 Die modernen Gesellschaften, wie wir sie heute kennen (kapitalistische Gesellschaften), sind eine Übergangsform – wir können erwarten, daß sie in der Zukunft radikal umorganisiert werden. Die eine oder andere Art von Sozialismus wird letztendlich den Kapitalismus ablösen.	4 Die Rationalisierung wird in der Zukunft in allen Bereichen des sozialen Lebens weiter fortschreiten. Alle modernen Gesellschaften hängen von denselben grundlegenden Arten der sozialen und wirtschaftlichen Organisation ab.
5 Die Ausbreitung des westlichen Einflusses über die ganze Welt ist hauptsächlich das Ergebnis der expansionistischen Tendenzen des kapitalistischen Wirtschaftssystems.	5 Der globale Einfluß des Westens rührt von dessen Beherrschung der industriellen Ressourcen sowie dessen militärischer Überlegenheit her.

In der obenstehenden Liste werden einige der relevanten Unterschiede einander gegenübergestellt. (Man darf nicht vergessen, daß es auch innerhalb der beiden Lager unterschiedliche Auffassungen gibt und deshalb nicht jeder Theoretiker mit allen angeführten Punkten übereinstimmen wird.)

Die Unterschiede zwischen der marxistischen und der Weberschen Position wirken sich auf verschiedene Gebiete der Soziologie aus. Sie beeinflussen nicht nur unsere Analyse der industrialisierten Gesellschaften, sondern auch unsere Betrachtungsweise der weniger entwickelten Gesellschaften. Außerdem sind die zwei Perspektiven an unterschiedliche politische Positionen gebunden. Autoren der Linken vertreten im großen und ganzen die in der linken Hälfte der Liste angeführten Ansichten, während Liberale und Konservative zu jenen auf der rechten Seite neigen. Doch die Faktoren, die mit diesem besonderen Dilemma zusammenhängen, sind in stärkerem Ausmaß direkt empirischer Natur als die mit den anderen Dilemmas in Verbindung stehenden. Empirische Untersuchungen über die Entwicklungswege von modernen Gesellschaften und Ländern der Dritten Welt helfen uns zu beurteilen, inwieweit die Veränderungsmuster eher der einen oder der anderen Seite entsprechen.

Das Problem des Geschlechts

Geschlechtsbezogene Themen spielen in den Schriften der wichtigsten Autoren, die die Rahmenstruktur der modernen Soziologie geschaffen haben, kaum eine zentrale Rolle. Die wenigen Stellen, an denen sie tatsächlich auf geschlechtsspezifische Themen eingingen, ermöglichen es uns jedoch zumindest, die groben Umrisse eines grundlegenden theoretischen Dilemmas zu skizzieren, wenn es in ihrer Arbeit auch wenig gibt, das uns helfen könnte, dieses Dilemma zu lösen. Wir können dieses Dilemma am besten beschreiben, indem wir ein Motiv, das gelegentlich in den Schriften Durkheims auftaucht, mit einem vergleichen, das sich bei Marx findet. Durkheim merkt an einer Stelle seiner Diskussion des Selbstmords an, daß der Mann „fast ganz ein Produkt der Gesellschaft ist", während die Frau „in viel höherem Maße so geblieben ist, wie es von Natur geschaffen wurde". Er geht näher auf diese Beobachtung ein und äußert sich über den Mann wie folgt: „Seine Neigungen, sein Streben, seine Stimmungen sind zum großen Teil kollektiven Ursprungs, während alles dies bei seiner Gefährtin viel unmittelbarer organischen Einflüssen unterworfen ist. Er hat also ganz andersgeartete Bedürfnisse als sie." (Durkheim, 1987, S. 457f.). Mit anderen Worten besitzen Männer und Frauen unterschiedliche Identitäten, Vorlieben und Neigungen, weil die Frauen weniger sozialisiert und „der Natur näher" sind als Männer.

Heute würde niemand einen auf diese Weise zum Ausdruck gebrachten Standpunkt akzeptieren. Die weibliche Identität wird durch den Prozeß der Sozialisation ebensosehr geprägt wie jene des Mannes. Doch mit einigen Modifikationen stellt Durkheims Behauptung eine mögliche Sichtweise der Formung und der Natur des Geschlechts dar, nämlich daß Geschlechtsunterschiede grundsätzlich auf biologisch gegebenen Unterscheidungen zwischen Mann und Frau beruhen. Eine solche Auffassung ist nicht unbedingt mit der Überzeugung gleichzusetzen, daß Geschlechtsunterschiede in der Mehrzahl angeboren sind. Sie legt viel eher nahe, daß die soziale Position und die Identität der Frau hauptsächlich durch ihre Fortpflanzungsfunktion und die Aufgabe der Kindererziehung geprägt ist (wie dies Chodorow behauptet; siehe Kapitel 6 „Geschlecht und Sexualität"). Wenn dieser Standpunkt korrekt ist, dann sind Geschlechtsunterschiede in allen Gesellschaften tief verwurzelt. Die unterschiedlichen Machtverhältnisse bei Männern und Frauen reflektieren die Tatsache, daß die Frauen Kinder zur Welt bringen und deren primäre Bezugspersonen sind, während die Männer sich aktiv in den „öffentlichen" Sphären der Politik, der Arbeitswelt und des Krieges betätigen.

Marx' Ansicht unterscheidet sich wesentlich von der eben erläuterten. Für Marx spiegeln die unterschiedlichen Machtverhältnisse und der unterschiedliche Status von Mann und Frau hauptsächlich andere Unterscheidungen wider, in seinen Augen vor allem die Klassenunterschiede. Seiner Ansicht zufolge gab es in den frühesten Formen menschlicher Gesellschaft weder Geschlechts- noch Klassenunterschiede. Die Macht des Mannes über die Frau ergab sich erst mit der Entstehung der Klassenunterschiede. Die Frauen wurden durch die Institution der Ehe zu einer Art „Privateigentum" des Mannes. Die Frauen werden aus ihrer Abhängigkeit befreit, wenn die Klassenunterschiede beseitigt sind. Auch diese Analyse würde heute kaum mehr jemand akzeptieren, doch können wir sie ein wenig plausibler machen, indem wir sie weiter verallgemeinern. Die Klasse ist nicht der einzige Faktor, der soziale Unterschiede bewirkt, die das Verhalten von Männern und Frauen beeinflussen. Unter den anderen relevanten Faktoren finden sich auch die Ethnizität und der kulturelle Hintergrund. Man könnte z. B. argumentieren, daß die Frauen in einer Minderheitengruppe (z. B. bei den Schwarzen in den Vereinigten Staaten) mehr mit den Männern in dieser Minderheitengruppe gemeinsam haben, als mit den der Mehrheit angehörenden (d.h. den weißen) Frauen. Oder es könnte auch der Fall sein, daß Frauen aus einer gewissen Kultur (wie einer kleinen Kultur von Jägern und Sammlern) mit den Männern dieser Kultur mehr gemeinsam haben, als mit den Frauen einer industrialisierten Gesellschaft.

Bewertung

Die mit diesem vierten Dilemma in Verbindung stehenden Themen sind von größter Wichtigkeit und haben direkten Bezug zu jenen Herausforderungen, die die feministischen Autorinnen der Soziologie gestellt haben. Niemand kann ernsthaft leugnen, daß ein Großteil der soziologischen Analyse in der Vergangenheit die Frau entweder ganz ignoriert oder mit einer drastisch unzureichenden Interpretation der weiblichen Identität und des weiblichen Verhaltens gearbeitet hat. Trotz all der neuen Untersuchungen über die Frauen, die in den letzten zwanzig Jahren in der Soziologie angestellt wurden, gibt es immer noch viele Gebiete, auf denen die besonderen Aktivitäten und Anliegen der Frauen nur unzureichend analysiert wurden. „Das Studium der Frauen in die Soziologie zu tragen", ist jedoch in und an sich nicht dasselbe, wie sich mit Geschlechtsproblemen auseinanderzusetzen, denn das Geschlecht betrifft das Verhältnis zwischen der Identität und dem Verhalten von Frauen *und* Männern. Im Moment muß die Frage offen bleiben, inwieweit Geschlechtsunterschiede mit Hilfe anderer soziologischer Konzepte (Klasse, Ethnizität, kultureller Hintergrund und so weiter) erklärbar sind, oder inwieweit im Gegensatz dazu andere soziale Unterschiede in bezug auf das Geschlecht erklärt werden müssen. Einige der wichtigsten von der Soziologie in der Zukunft beizubringenden Erklärungen werden von der effizienten Auseinandersetzung mit diesem Dilemma abhängen.

Theorien

Wir können eine Unterscheidung zwischen *theoretischen Ansätzen* und **Theorien** treffen. In diesem Kapitel haben wir uns bisher mit theoretischen Ansätzen befaßt, die allgemeine Zugänge zum gesamten Gegenstandsbereich der Soziologie darstellen. Theorien hingegen konzentrieren sich jeweils auf ein enger gefaßtes Gebiet und stellen Versuche dar, bestimmte soziale Bedingungen oder Vorkommnisse zu erklären. Sie werden üblicherweise im Zuge des Forschungsprozesses gebildet und legen ihrerseits Probleme nahe, denen Forschungsvorhaben gewidmet werden sollten. Ein Beispiel dafür wäre Durkheims Theorie des Selbstmords.

In den vielen verschiedenen Forschungsgebieten, auf denen sich die Soziologen betätigen, wurden unzählige Theorien entwickelt. Manche sind sehr präzise formuliert, gelegentlich sogar in mathematischer Form ausgedrückt, obwohl dies in anderen Sozialwissenschaften (insbesondere in den Wirtschaftswissenschaften) üblicher ist als in der Soziologie.

Einige Arten von Theorien versuchen mehr zu erklären als andere und es gibt verschiedene Meinungen, inwieweit es für Soziologen nützlich oder erstrebenswert ist, sich mit ehrgeizigen theoretischen Anstrengungen zu befassen. Robert Merton argumentiert z. B. nachdrücklich, daß die Soziologen ihre Aufmerksamkeit auf das konzentrieren sollten, was er *Theorien der mittleren Reichweite* (Merton, 1957) nennt. Wir sollten eher bescheiden sein, als versuchen, großangelegte theoretische Schemata zu entwickeln (wie dies z. B. Parsons tat).

Theorien mittlerer Reichweite sind spezifisch genug, um direkt durch empirische Forschung getestet zu werden, doch gleichzeitig allgemein genug, um eine Reihe verschiedener Phänomene abzudecken. Ein Beispiel dafür ist die Theorie der **relativen Deprivation**. Diese Theorie besagt, daß die Art und Weise, wie Menschen ihre Lebensumstände bewerten, davon abhängt, mit wem sie sich selbst vergleichen. Deshalb entsprechen Gefühle der Entbehrung nicht unbedingt der tatsächlichen materiellen Armut eines Individuums. Eine Familie, die in einem kleinen Haus in einer ärmlichen Gegend wohnt, in der alle in mehr oder weniger den gleichen Umständen leben, wird sich wahrscheinlich weniger benachteiligt fühlen, als eine Familie, die in einem solchen Heim in einer Gegend lebt, in der die Mehrheit der Häuser viel größer ist und von wohlhabenderen Menschen bewohnt wird.

Es ist in der Tat wahr, daß es umso schwerer ist, eine Theorie empirisch zu testen, je weiter gefaßt und je ehrgeiziger sie ist. Dennoch gibt es keinen offensichtlichen Grund, warum sich das theoretische Denken in der Soziologie auf die „mittlere Reichweite" beschränken sollte. Warum dies so ist, wollen wir am Beispiel jener Theorie betrachten, die Weber in *Die protestantische Ethik und der Geist des Kapitalismus* anbietet.

Ein Beispiel: Die protestantische Ethik

In *Die protestantische Ethik* (1981, erstmals erschienen 1904–5) geht Weber daran, sich mit einem fundamentalen Problem auseinanderzusetzen: Warum hat sich der Kapitalismus im Westen und sonst nirgends entwickelt? Während etwa fünfzehn Jahrhunderten nach dem Fall des alten Rom waren andere Zivilisationen in der Weltgeschichte weitaus bedeutender als der Westen. Europa war tatsächlich ein eher unbedeutender Fleck auf dem Globus, während China, Indien und das Ottomanische Reich im Nahen Osten allesamt Großmächte waren. Insbesondere die Chinesen waren dem Westen in bezug auf den Stand der technischen und wirtschaftlichen Entwicklung weit voraus. Was geschah, daß vom 17. Jahrhundert an Europas wirtschaftliche Entwicklung einen solchen Aufschwung erlebte?

Um diese Frage zu beantworten, so Weber, müssen wir herausfinden, was die moderne Industrie von früheren Arten der wirtschaftlichen Aktivität unterscheidet. In diesem Zusammenhang stoßen wir in vielen verschiedenen Zivilisationen auf das Bestreben, Reichtümer anzuhäufen, und dies ist nicht weiter schwer zu erklären. Die Menschen schätzen den Wohlstand aufgrund der Annehmlichkeiten, der Sicherheit, der Macht und des Genusses, den er ihnen bringen kann. Sie möchten der Armut entkommen und verwenden den Reichtum, nachdem sie ihn angehäuft haben, um ihr Leben angenehm zu gestalten.

Wenn wir die wirtschaftliche Entwicklung im Westen betrachten, so Weber, sehen wir etwas ganz anderes: eine Einstellung gegenüber der Anhäufung von Reichtum, wie sie sich sonst nirgends in der Geschichte findet. Diese Einstellung nennt Weber den *Geist des Kapitalismus*. Es handelt sich dabei um eine Reihe von Überzeugungen und Werten, die von den ersten kapitalistischen Kaufleuten und Industriellen hochgehalten wurden. Diese Menschen hatten ein starkes Verlangen, persönlichen Reichtum anzuhäufen. Doch im Gegensatz zu den Reichen anderswo hatten sie nicht das Bestreben, ihren Reichtum für einen luxuriösen Lebensstil zu verwenden. Ihre Lebensweise war ganz im Gegenteil von Verzicht und Bescheidenheit gekennzeichnet. Sie lebten ruhig und einfach und mieden die gewöhnlichen Manifestationen des Wohlstands. Diese sehr ungewöhnliche Merkmalskombination, so versucht Weber zu beweisen, war für die frühe wirtschaftliche Entwicklung des Westens lebenswichtig. Denn im Gegensatz zu den Reichen in vorhergegangenen Zeiten und in anderen Kulturen verschwendeten diese Gruppen ihren Reichtum nicht. Stattdessen investierten sie ihn wieder, um die weitere Expansion der von ihnen geleiteten Betriebe zu ermöglichen.

Die Kernaussage der Theorie Webers ist, daß die für den Geist des Kapitalismus ausschlaggebenden Verhaltensweisen religiösen Ursprungs sind. Das Christentum allgemein förderte eine derartige Haltung, doch die wichtigste Triebkraft ergab sich aus dem Einfluß des Protestantismus, insbesondere einer speziellen Art des Protestantismus, nämlich des *Puritanismus*. Die frühen Kapitalisten waren in der Mehrzahl Puritaner und viele von ihnen auch Calvinisten. Weber argumentiert, daß bestimmte Lehren des Calvinismus die direkte Quelle des Geistes des Kapitalismus gewesen seien. Eine davon war die Auffassung, daß die Menschen Gottes Werkzeug auf Erden sind und daß der Allmächtige von ihnen verlangt, zum Ruhme Gottes in einer *Berufung* – in einem Beruf – zu arbeiten.

Ein zweiter wichtiger Aspekt des Calvinismus war der Gedanke der *Prädestination*, dem zufolge nur gewisse, prädestinierte Menschen unter den „Erwählten" seien, die nach ihrem irdischen Leben ins Himmelreich eingehen werden. Nach Calvins ursprünglicher Lehre kann ein Mensch auf Erden nichts tun, um die Tatsache, ob er zu den Erwählten gehört oder nicht, zu ändern. Dies wird ausschließlich durch Gott vorbestimmt. Diese Überzeugung rief unter Calvins Anhängern jedoch so große Ängste hervor, daß sie modifiziert wurde, um es den Gläubigen zu ermöglichen, an gewissen Zeichen zu erkennen, ob sie zu den Erwählten gehörten oder nicht. Der Erfolg im Berufsleben – abzulesen am materiellen Wohlstand – wurde zum Hauptanzeichen dafür, daß jemand tatsächlich zu den Auserwählten gehörte. Unter den von diesem Gedankengut beeinflußten Gruppen kam es zu einem gewaltigen Streben nach wirtschaftlichem Erfolg. Gleichzeitig jedoch mußten die Gläubigen ein mäßiges und bescheidenes Leben führen. Die Puritaner hielten den Luxus für ein Übel, sodaß das Bestreben, Wohlstand anzuhäufen, von einem strengen und bescheidenen Lebensstil begleitet wurde.

Die frühen Unternehmer waren sich kaum der Tatsache bewußt, daß sie zu gewaltigen Veränderungen in der Gesellschaft beitrugen, sondern wurden hauptsächlich von religiösen Motiven geleitet. Der asketische, d. h. der von Selbstverleugnung gekennzeichete Lebensstil der Puritaner wurde in der Folge zu einem festen Bestandteil der modernen Zivilisation. Weber schrieb:

> Der Puritaner *wollte* Berufsmensch sein – wir *müssen* es sein. Denn indem die Askese aus den Mönchszellen heraus in das Berufsleben übertragen wurde und die innerweltliche Sittlichkeit zu beherrschen begann, half sie an ihrem Teile mit daran, jenen mächtigen Kosmos der modernen, an die technischen und ökonomischen Voraussetzungen mechanisch–maschineller Produktion gebundenen Wirtschaftsordnung zu erbauern ... Indem die Askese die Welt umzubauen und in der Welt sich auszuwirken unternahm, gewannen die äußeren Güter dieser Welt zunehmende und schließlich unentrinnbare Macht über den Menschen, wie niemals zuvor in der Geschichte. ... und als ein Gespenst ehemals religiöser Glaubensinhalte geht der Gedanke der Berufspflicht in unserem Leben um. Wo die Berufserfüllung nicht direkt zu den höchsten geistigen Kulturwerten in Beziehung gesetzt werden kann – oder wo nicht umgekehrt: sie auch subjektiv einfach als ökonomischer Zwang empfunden werden muß –, da verzichtet der Einzelne heute meist auf ihre Ausdeutung überhaupt. Auf dem Gebiet seiner höchsten Entfesselung, in den Vereinigten Staaten, neigt das seines religiös–ethischen Sinnes entkleidete Erwerbsstreben heute dazu, sich mit rein agonalen Leidenschaften zu assoziieren. (Weber, 1981, S. 188f.)

Webers Theorie wurde von vielen Seiten kritisiert. Manche argumentierten z. B., daß die Einstellung, die er als „Geist des Kapitalismus" bezeichnete, in den frühen italienischen Handelsstädten schon lange existierte, bevor man überhaupt zum erstenmal vom Calvinismus hörte. Andere wiederum haben darauf hingewiesen, daß der Schlüsselbegriff des „Arbeitens in einer Berufung", den Weber mit dem Protestantismus assoziiert, bereits im katholischen Glauben existierte. Doch der Kern von Webers Erklärung wird auch heute noch von vielen akzeptiert, und die These, die er präsentierte, bleibt so gewagt und erhellend wie zu jenem Zeitpunkt, als er sie formulierte. Wenn Webers These gültig ist, dann wurde die moderne wirtschaftliche und soziale Entwicklung entscheidend von etwas beeinflußt, das auf den ersten Blick davon weit entfernt zu sein scheint: von einer Reihe religiöser Ideale.

Webers Theorie entspricht etlichen wichtigen Kriterien des theoretischen Denkens in der Soziologie:

1 Sie ist **kontraintuitiv** - sie bietet eine Interpretation an, die mit dem bricht, was der Hausverstand annehmen würde. Die Theorie entwickelt so eine neue Perspektive in bezug auf das behandelte Thema. Die meisten Autoren vor Weber haben der Möglichkeit, daß religiöse Ideale für die Entstehung des Kapitalismus eine grundlegende Rolle gespielt haben könnten, nur wenig Platz eingeräumt.
2 Die Theorie bietet weder eine rein „strukturelle" noch eine rein „individuelle" Erklärung. Die frühe Entwicklung des Kapitalismus war eine unbeabsichtigte Folge dessen, was die puritanischen Geschäftsleute anstrebten, nämlich nach dem Willen Gottes zu leben.

3 Die Theorie erklärt einen Sachverhalt, der ansonsten verwirrend wäre: Warum sollten Menschen auf einen bescheidenen Lebensstil Wert legen, während sie gleichzeitig große Anstrengungen auf sich nehmen, um Wohlstand anzuhäufen?
4 Die Theorie wirft außerdem Licht auf einige Umstände, deren Erklärung sie ursprünglich nicht gewidmet war. Weber betonte, daß er lediglich versuchte, die frühen Ursprünge des modernen Kapitalismus zu verstehen. Dennoch erscheint es gerechtfertigt anzunehmen, daß ähnliche Werte wie die des Puritanismus auch an anderen Fällen erfolgreicher kapitalistischer Entwicklung beteiligt sein könnten.
5 Eine gute Theorie ist nicht nur eine, die sich als gültig erweist. Eine gute Theorie ist auch eine, die *fruchtbar* ist und neue Ideen hervorbringt und zu neuer Forschungsarbeit inspiriert. Webers Theorie war in dieser Hinsicht zweifellos äußerst erfolgreich, da sie den Ausgangspunkt für eine große Anzahl nachfolgender Untersuchungen und Theorien darstellt.

Das theoretische Denken in der Soziologie

Die Bewertung von Theorien und insbesondere von theoretischen Ansätzen in der Soziologie ist eine sehr anspruchsvolle Aufgabe. Theoretische Debatten sind per definitionem abstrakter als Kontroversen stärker empirischer Natur. Die Tatsache, daß es keinen theoretischen Ansatz gibt, der die gesamte Soziologie beherrscht, scheint ein Schwachpunkt des Fachgebiets zu sein. Dies ist jedoch nicht der Fall. Der Wettstreit zwischen den verschiedenen theoretischen Ansätzen und Theorien ist vielmehr ein Ausdruck der Vitalität des soziologischen Unterfangens. Beim Studium der Menschen, beim Studium unserer selbst, rettet uns die Vielfalt der Theorien vor dem Dogma. Das menschliche Verhalten ist kompliziert und vielseitig und es ist sehr unwahrscheinlich, daß eine einzige theoretische Perspektive all seinen Aspekten gerecht werden könnte. Die Vielfältigkeit des theoretischen Denkens stellt eine ergiebige Quelle von Gedanken dar, auf die man sich bei der Forschung stützen kann, und die jene Phantasie, die für den Fortschritt in der soziologischen Arbeit so wichtig ist, stimuliert.

Zusammenfassung

1 In der Soziologie (und auch in den anderen Sozialwissenschaften) findet sich eine Vielfalt theoretischer Ansätze. Der Grund dafür ist unschwer einzusehen: Theoretische Dispute sind sogar in den Naturwissenschaften schwer beizulegen und in der Soziologie stehen wir aufgrund der komplexen Probleme, die das Studium unseres eigenen Verhaltens mit sich bringt, besonderen Schwierigkeiten gegenüber.

2 Unter den Gründungsvätern soziologischer Theorie finden sich unter anderem Auguste Comte (1789 - 1857), Émile Durkheim (1858 - 1917), Karl Marx (1818 - 1883) und Max Weber (1864 - 1920). Viele ihrer Ideen sind in der Soziologie auch heute noch von Bedeutung.

3 Die wichtigsten theoretischen Ansätze in der Soziologie sind der *Funktionalismus*, der *Strukturalismus*, der *symbolische Interaktionismus* und der *Marxismus*. Bis zu einem gewissen Grad sind diese Ansätze komplementär. Es gibt jedoch auch große Unterschiede zwischen ihnen, die die Art und Weise beeinflussen, auf die theoretische Themen von den den jeweiligen Richtungen angehörigen Autoren behandelt werden.

4 Ein wichtiges theoretisches Dilemma der Soziologie betrifft die Frage, in welches Verhältnis man das menschliche Verhalten zur sozialen Struktur setzen sollte. Sind wir die Schöpfer der Gesellschaft oder werden wir von ihr geschaffen? Die Wahl zwischen diesen beiden Alternativen ist nicht so ausschließlich, wie es den Anschein hat. Das wirkliche Problem besteht darin, wie man die beiden Aspekte des sozialen Lebens miteinander *in Bezug setzen* kann.

5 Ein zweites Dilemma betrifft die Frage, ob Gesellschaften als harmonisch und geregelt dargestellt werden können, oder ob sie nicht viel eher als durch andauernden Konflikt gekennzeichnet betrachtet werden sollten. Auch in diesem Fall stehen einander die beiden Alternativen nicht völlig konträr gegenüber; wir müssen aufzeigen, in welcher Verbindung *Konflikt* und *Konsens* stehen. Bei der Lösung dieser Aufgabe sind die Begriffe *Ideologie* und *Macht* von Nutzen.

6 Ein dritter Punkt der ständigen Auseinandersetzung in der Soziologie hat mit der Analyse der modernen sozialen Entwicklung zu tun. Werden die Veränderungsprozesse in der modernen Welt hauptsächlich von der kapitalistischen Wirtschaftsentwicklung geprägt oder durch andere, unter anderem auch nicht-wirtschaftliche Faktoren? Die in dieser Debatte eingenommenen Positionen werden bis zu einem gewissen Grad durch die politische Einstellung und Überzeugung der einzelnen Soziologen beeinflußt.

7 Ein viertes Dilemma betrifft die Frage, wie wir in der soziologischen Analyse mit geschlechtsbezogenen Themen umgehen sollen. Die Feministinnen haben der Soziologie eine Herausforderung gestellt, die jetzt nach und nach auf der Ebene der empirischen Forschung angenommen wird. Es gibt jetzt wesentlich mehr Studien über die Anliegen und Ansichten der Frauen, als dies früher der Fall war. Diese jedoch beantworten allein nicht die Frage, wie wir geschlechtsspezifische Probleme mit den existierenden Ansätzen und Begriffen der soziologischen Theorie analytisch in Verbindung bringen sollen.

8 Webers These über den Einfluß des Puritanismus auf die moderne wirtschaftliche Entwicklung ist ein gutes Beispiel dafür, was eine Theorie wertvoll macht. Webers Ideen bleiben umstritten, doch in mancherlei Hinsicht hat seine Theorie Neuland erschlossen und außerdem zu einem großen Ausmaß an nachfolgender Forschungsarbeit angeregt.

Grundbegriffe

theoretischer Ansatz	Konflikt
Konsens	Theorie

> **Wichtige Fachausdrücke**
>
> | | |
> |---|---|
> | Arbeitsteilung | latente Funktionen |
> | Anomie | Semiotik |
> | materialistische Geschichtsphilosophie | Symbol |
> | Kapitalismus | Marxismus |
> | Bürokratie | theoretisches Dilemma |
> | symbolischer Interaktionismus | soziale Einschränkung |
> | Funktionalismus | Rationalisierung |
> | Strukturalismus | relative Deprivation |
> | manifeste Funktionen | kontraintuitives Denken |

Weiterführende Literatur

Roslyn W. Bologh, *Love or Greatness: Max Weber and Feminist Thinking - a feminist enquiry* (London, Unwin Hyman, 1990) – eine feministische Kritik Max Webers.

Anthony Giddens, *Capitalism and Modern Social Theory* (Cambridge: Cambridge University Press, Neuauflage, 1992) – eine Diskussion der Schriften von Marx, Durkheim und Max Weber.

Anthony Giddens, *Die Konstitution der Gesellschaft. Grundzüge einer Theorie der Strukturierung* (Frankfurt: Campus, 1992) – der Autor dieses Lehrbuchs ist auch einer der führenden soziologischen Theoretiker.

C. Wright Mills, *Kritik der soziologischen Denkweise* (Neuwied am Rhein: Luchterhand, 1963) – eine klassische Analyse jener Themen, auf denen das theoretische Denken in der Soziologie aufbauen sollte.

Quentin Skinner (ed.), *The Return of Grand Theory* (Cambridge: Cambridge University Press, 1986) – eine Sammlung von Artikeln über die führenden theoretischen Traditionen.

Alan Swingewood - *A Short History of Sociological Thought* (London: Macmillan, 1991) – eine Abhandlung über die Entwicklung der soziologischen Theorie von den klassischen Autoren bis hin zur Gegenwart.

Annette Treibel, *Einführung in soziologische Theorien der Gegenwart* (Opladen: Leske und Budrich 1994) – knapper Überblick über gegenwärtig in Deutschland einflußreiche Ansätze.

Bryan S. Turner, *From History to Modernity* (London: Routledge, 1992) – eine Einschätzung des Beitrags Webers zu den Debatten über Moderne und Postmoderne.

TEIL VII
Appendix und Glossare

Appendix: Über die Benutzung von Bibliotheken

Bibliotheken können ziemlich einschüchternd wirken - vor allem, wenn sie groß sind. Viele Leute kommen sich verloren vor, wenn sie sich den anscheinend unzähligen Informationsquellen in Bibliotheken gegenübersehen. Dann kann es passieren, daß man nur einen Teil des Angebots nutzt, was sich unter Umständen nachteilig auf den Studienerfolg auswirken kann. Es ist eine gute Idee, sich schon zu Beginn des Studiums mit den von Bibliotheken zur Verfügung gestellten Ressourcen vertraut zu machen. Wenn Sie dies früh genug tun, wird das Gefühl des Verlorenseins nicht lange anhalten.

Die gesamte in einer Bibliothek verfügbare Information ist systematisch geordnet und katalogisiert, um die Auffindung der Dinge, die man benötigt, zu erleichtern. Die meisten kleineren Bibliotheken haben frei zugängliche Regale - die Bücher können in Augenschein genommen werden, und der Benutzer oder die Benutzerin kann selbst jene Bücher auswählen, die er oder sie braucht. In den meisten größeren Bibliotheken ist nur ein Teil der Bücher frei zugänglich, der Rest wird in Magazinen aufbewahrt, wo sie weniger Platz benötigen. In solchen Bibliotheken muß der Leser, wenn er ein Buch konsultieren oder entlehnen will, den betreffenden Band verlangen bzw. einen Bestellschein ausfüllen. Manche Bibliotheken verwenden beide Systeme.

Wenn Sie ein bestimmtes Buch benötigen, können Sie den Namen des Autors oder den Titel im Index oder Katalog aufsuchen. Dieser kann aus einer computergespeicherten Liste, aus Schubladen voll Karteikarten oder aus Mikrofilmen bestehen - oder aus allen drei! Haben Sie die Signatur gefunden, können Sie das Buch bei den Bibliotheksangestellten bestellen oder es in den frei zugänglichen Regalen finden, die immer nach Signaturen geordnet sind. Alle oder die meisten soziologischen Bücher werden sich in einem bestimmten Teil der Bibliothek befinden; jeder Bibliothekar wird ihnen erklären können, wie das Katalogsystem funktioniert.

Um Bücher zu einem bestimmten Thema zu finden, wenn die betreffenden Autorennamen oder Titel unbekannt sind, bedient man sich eines Schlagwortkatalogs (auch dieser kann wiederum über die EDV abrufbar oder auf Karteikarten erfaßt sein). Ein Schlagwortkatalog listet Bücher nach bestimmten Themen auf - wie etwa „Klasse", „Bürokratie" etc.

Viele der größeren Bibliotheken haben heute computerunterstützte Suchsysteme, die leicht zu bedienen sind und im allgemeinen allen Bibliotheksbenutzern zur Verfügung stehen. Man gibt einfach das Sachgebiet oder die Sachgebiete ein, zu denen man bibliographische Information braucht, und der Bildschirm zeigt dann eine Liste der relevanten Titel.

Die meisten Bibliotheken bieten ähnliche Dienstleistungen an, doch verschiedene Bibliotheken haben jeweils verschiedene Vorgangsweisen, und es gibt auch unterschiedliche Katalogisierungssysteme. Scheuen Sie sich nie, das Bibliothekspersonal um Hilfe zu bitten, wenn es irgendeinen Aspekt der Bibliotheksorganisation gibt, den Sie nicht verstehen oder bezüglich dessen Sie Hilfe brauchen. Sie sollten nicht davor zurückschrecken, sich an das Bibliothekspersonal zu wenden, denn bei diesen handelt es sich um ausgebildete Fachleute, die sicherstellen möchten, daß die Ressourcen der Bibliothek jedermann zur Verfügung stehen, der sie benutzen möchte. Im allgemeinen wissen sie außergewöhnlich viel über das in der Bibliothek enthaltene Material und sind nur allzu bereit zu helfen, wenn sie darum gebeten werden.

Allgemeine soziologische Informationsquellen

Wenn Sie mit der Untersuchung eines bestimmten soziologischen Themas beginnen und allgemeine Informationen darüber finden möchten, gibt es eine Anzahl nützlicher Quellen. Verschiedene Wörterbücher der Soziologie stehen zur Verfügung. In diesen finden sich kurze Erörterungen der wichtigsten Begriffe der Disziplin sowie Darstellungen der Ideen einiger der führenden Vertreter des Fachgebiets. Die größeren Lexika – wie z. B. die Encyclopaedia Britannica - enthalten viele Eintragungen, die für soziologische Themen relevant sind. Die Eintragungen in Wörterbüchern und Lexika liefern praktisch immer kurze Listen von Büchern oder Artikeln als Verweis auf weiterführende Literatur.

Man kann Bücher und Artikel, die für ein bestimmtes Problem oder eine bestimmte Fragestellung relevant sind, auch auf andere Weise suchen. Die *International Bibliography of the Social Sciences*, die alljährlich von der UNESCO publiziert wird, bietet eine umfassende Aufzählung der Arbeiten, die zu verschiedenen sozialwissenschaftlichen Themen während des Verlaufs des jeweiligen Jahres erschienen sind. So können sie etwa unter „Bildungssoziologie" nachschlagen und dort Material zitiert finden, das auf dem neuesten Stand ist. Eine ebenso nützliche Quelle sind die *Sociological Abstracts*, die nicht nur Bücher und Artikel zu den verschiedenen Bereichen der Soziologie auflisten, sondern auch eine Kurzfassung des Inhalts zur Verfügung stellen. Die *Sociological Abstracts*, der *Social Science Citation Index* und die deutschsprachige Publikationen (Monographien, Sammelbände, Zeitschriftenartikel und sogenannte „graue Literatur") dokumen-

Appendix: Über die Benutzung von Bibliotheken 781

tierende Datenbank *WISO* sind auch als CD-ROMs verfügbar, was einem das mühsame Blättern in dicken Bänden erspart. Fragen Sie in ihrer Universitätsbibliothek nach diesen Hilfsmitteln.

Soziologische Fachzeitschriften

Es lohnt sich, sich mit den wichtigsten soziologischen Fachzeitschriften vertraut zu machen. Zeitschriften erscheinen im allgemeinen drei- oder viermal jährlich. Die in ihnen enthaltene Information und die dort geführten Diskussionen sind häufig aktueller als das in Büchern enthaltene Material, da es länger dauert, bis ein Buch geschrieben ist und veröffentlicht wird. Zeitschriftenartikel sind manchmal ziemlich technisch, und der soziologische Anfänger mag ihre Lektüre anfangs recht mühsam finden. Doch alle führenden Zeitschriften veröffentlichen regelmäßig Artikel von allgemeinem Interesse, die auch jenen zugänglichen sind, die nur ein eingeschränktes Wissen über das Gebiet haben.

Zu den wichtigsten Zeitschriften gehören *Sociology* (die offizielle Zeitschrift der *British Sociological Association*), das *British Journal of Sociology*, die *Sociological Review* und das *American Journal of Sociology*. Zu den wichtigsten deutschsprachigen Zeitschriften gehören: *Kölner Zeitschrift für Soziologie und Sozialpsychologie, Zeitschrift für Soziologie, Soziale Welt, Schweizer Zeitschrift für Soziologie* und *Österreichische Zeitschrift für Soziologie*.

Literaturrecherchen für Dissertationen oder größere Projekte

Gelegentlich kann es vorkommen, daß Sie die Bibliothek dazu verwenden möchten, ein bestimmtes Forschungsprojekt zu betreiben, vielleicht, wenn sie ihre Dissertation schreiben. Eine solche Aufgabe kann ein intensiveres Quellenstudium notwendig machen, als während des normalen Studiums erforderlich ist.

Wenn man statistische Informationen benötigt, sind die folgenden, jährlich erscheinenden amtlichen Veröffentlichungen eine nützliche Quelle: *Statistisches Jahrbuch für die Bundesrepublik Deutschland und für das Ausland* (hrsg. vom Statistischen Bundesamt), *Statistisches Jahrbuch für die Republik Österreich* (hrsg. vom Österreichischen Statistischen Zentralamt), *Statistisches Jahrbuch der Schweiz* (hrsg. vom Bundesamt für Statistik). In Österreich erscheinen außerdem regelmäßig *Mikrozensus Jahresergebnisse*. Einige statistische Veröffentlichungen sind mittlerweile auch in CD-ROM–Versionen verfügbar (manche Bibliotheken verfügen über Arbeitsplätze, an denen man diese elektronischen Datensammlungen bequem benutzen kann): *Deutschland-CD, Das elektronische statistische Jahrbuch Deutschlands auf CD-ROM, International Statistical Yearbook on CD-ROM, OECD Statistical Compendium on CD-ROM*.

Zeitungsartikel stellen eine Fundgrube wertvoller Informationen für den Soziologen dar. Einige Zeitungen publizieren „offiziöses" Material, wie man das manchmal nennt. Das heißt, daß sie nicht nur aktuelle Meldungen bringen, sondern auch Ausschnitte aus Parlamentsprotokollen, Regierungsberichten und anderen offiziellen Quellen abdrucken. In Großbritannien sind *The Times*, *The Guardian* und *The Independent* die wichtigsten Beispiele, und alle drei veröffentlichen auch ein Namen- und Sachregister zu dem von ihnen publizierten Material. Vergleichbare deutschsprachige Zeitungen sind die *Neue Zürcher Zeitung*, *Frankfurter Allgemeine* und *Der Standard*.

Weitere Recherchen

Wenn sie einmal zu einem regelmäßigen Bibliotheksbenutzer geworden sind, dann werden sie vermutlich feststellen, daß es eher üblich ist, sich von der Anzahl der Arbeiten zu einem bestimmten Bereich überwältigt zu fühlen, als Schwierigkeiten zu haben, relevante Literatur ausfindig zu machen. Eine Art, dieses Problem zu bewältigen, besteht natürlich darin, sich bei der Auswahl von Büchern oder Artikeln auf die von den Universitätslehrern angegebene Literatur zu stützen. Fehlen diese Hinweise, oder möchten Sie ihre Literatursuche intensivieren, dann ist es die beste Vorgangsweise, die benötigte Information so genau wie möglich zu definieren. Dies schränkt das Ausgangsmaterial ihrer Literatursuche auf ein erträgliches Ausmaß ein. Wenn ihre Bibliothek über frei zugängliche Regale verfügt, dann lohnt es sich, eine Anzahl möglicherweise relevanter Bücher und Artikel durchzusehen, bevor sie jene auswählen, mit denen sie schließlich zu arbeiten beginnen. Wenn sie ein Buch haben, dem sie vertrauen, dann könnten sie dessen Bibliographie als Leitfaden verwenden. Wenn sie eine derartige Entscheidung treffen, dann halten sie sich nicht nur vor Augen, auf welchen Gegenstandsbereich sich das Buch bezieht, sondern auch, wann es geschrieben wurde. In der Soziologie und den anderen Sozialwissenschaften finden beständig neue Entwicklungen statt, die offensichtlich von älteren Büchern nicht abgedeckt werden können.

Glossar der Grundbegriffe

Fettgedruckte Wörter im Text der einzelnen Eintragungen verweisen auf Begriffe oder Ausdrücke, die sich an anderer Stelle der Glossare finden.

ARBEIT. Die Aktivität, durch die Menschen durch Einwirkung auf die Natur Produkte hervorbringen und so ihr Überleben sichern. Arbeit ist nicht mit bezahlter Beschäftigung gleichzusetzen. In traditionellen Kulturen gab es nur ein rudimentäres Geldwesen, und nur sehr wenige Menschen arbeiteten für Geld. Auch in modernen Gesellschaften gibt es noch viele Arten von Arbeit, bei denen kein direktes Entgelt bezahlt wird, wie etwa die Hausarbeit.
ARBEITSTEILUNG. Jene Zerlegung eines Produktionssystems in spezialisierte Einzelaufgaben oder Beschäftigungen, die zur **wirtschaftlichen Verflechtung** führt. In allen Gesellschaften gibt es zumindest rudimentäre Formen der Arbeitsteilung, vor allem zwischen den Tätigkeiten der Männer und jenen der Frauen. Mit der Industrialisierung wurde die Arbeitsteilung jedoch wesentlich komplexer, als sie es jemals war. In der modernen Welt hat sie internationale Dimensionen angenommen.
BEGEGNUNG (Encounter). Ein Treffen von zwei oder mehr Personen im Rahmen der face–to–face–Interaktion. Unser Alltagsleben kann als Aufeinanderfolgen von Begegnungen im Tagesablauf aufgefaßt werden. In modernen Gesellschaften sind an vielen unserer Begegnungen eher Fremde als Leute, die wir gut kennen, beteiligt.
BILDUNG. Die Übertragung von Wissen von einer Generation auf die andere durch unmittelbare Unterweisung. Zwar gibt es Bildungsprozesse in allen Gesellschaften, doch ist erst in der Moderne die Massenerziehung den Schulen überantwortet worden – spezialisierten Bildungsinstitutionen, in denen Individuen mehrere Jahre ihres Lebens verbringen.
DEMOGRAPHISCHER ÜBERGANG. Eine Interpretation des Bevölkerungswandels, derzufolge ab einem gewissen Niveau des wirtschaftlichen Wohlstandes ein stabiles Verhältnis zwischen Geburten und Todesfällen eintritt. Nach dieser

Auffassung gibt es in prä–industriellen Gesellschaften ein ungefähres Gleichgewicht zwischen Geburten und Todesfällen, da der Bevölkerungszuwachs durch Nahrungsmittelknappheit, Krankheiten und Kriege in Schach gehalten wird. In modernen Gesellschaften hingegen wird ein Bevölkerungsgleichgewicht erreicht, weil Familien aus wirtschaftlichen Gründen die Anzahl der Kinder beschränken.

DEVIANZ. Verhaltensweisen, die nicht mit den von der Mehrzahl der Mitglieder einer Gruppe oder einer Gesellschaft akzeptierten **Normen** oder **Werten** übereinstimmen. Was als „deviant" betrachtet wird, ist so vielfältig wie die Normen und Werte, die verschiedene Kulturen oder Subkulturen voneinander unterscheiden. Viele Verhaltensweisen, die in einem bestimmten Kontext oder in einer bestimmten Gruppe höchste Anerkennung finden, werden anderswo abgelehnt.

DISKRIMINIERUNG. Aktivitäten, durch die den Mitgliedern einer bestimmten Gruppe Ressourcen oder Auszahlungen vorenthalten werden, die anderen zur Verfügung stehen. Diskriminierung muß von Vorurteilen unterschieden werden, obwohl die beiden Phänomene für gewöhnlich in einem engen Zusammenhang stehen. Es kann vorkommen, daß Personen zwar Vorurteile gegenüber bestimmten Menschen haben, diese aber nicht diskriminieren; umgekehrt kann jemand Leute diskriminieren, gegen die er keinerlei Vorurteile hegt.

EHE. Eine sozial gebilligte sexuelle Beziehung zwischen zwei Personen. Die Ehepartner sind fast immer zwei Personen verschiedenen Geschlechts, doch werden in manchen Kulturen Formen der Ehe zwischen Homosexuellen toleriert. Die Ehe bildet im allgemeinen die Grundlage der **Fortpflanzungsfamilie** – es wird also erwartet, daß das Ehepaar Kinder hervorbringt und aufzieht. Viele Gesellschaften gestatten die **Polygamie**, bei der ein Individuum gleichzeitig mehr als einen Ehepartner haben kann.

ETHNIZITÄT. Kulturelle Werte und Normen, die die Mitglieder einer gegebenen Gruppe von anderen unterscheiden. Die Mitglieder einer ethnischen Gruppen verfügen über ein deutliches Bewußtsein einer gemeinsamen kulturellen Identität, die sich von den sie umgebenden Gruppen abhebt. In praktisch allen Gesellschaften sind ethnische Unterschiede mit Unterschieden der Macht und des Besitzes verknüpft. Haben ethnische Distinktionen eine „rassische" Basis, sind derartige Unterschiede nicht selten besonders stark ausgeprägt.

FAMILIE. Eine Gruppe von Individuen, die einander durch Abstammung, **Ehe** oder Adoption verbunden sind und die eine wirtschaftliche Einheit bilden, wobei die erwachsenen Mitglieder der Gruppe für die Betreuung und Erziehung der Kinder verantwortlich sind. In allen uns bekannten Gesellschaften gibt es irgendeine Art von Familiensystem, wenn auch die Beschaffenheit dieser Systeme stark variiert. Während in modernen Gesellschaften die hauptsächliche Form die **Kernfamilie** ist, findet man auch verschiedene Formen der **Großfamilie**.

FEMINISMUS. Die Verfechtung des Rechts der Frauen auf Gleichstellung mit den Männern in allen Lebensbereichen. Die Ursprünge des Feminismus liegen im Europa des 18. Jahrhunderts; heute gibt es in fast allen Ländern der Welt feministische Bewegungen.

FORMELLE BEZIEHUNGEN. Die in Gruppen oder Organisationen bestehenden Beziehungen, die von den **Normen** oder Regeln des „offiziellen" Autoritätssystems umschrieben werden.

FORSCHUNGSMETHODEN. Die verschiedenen Untersuchungsverfahren, durch die empirisches (faktisches) Material gewonnen wird. In der Soziologie gibt es zahlreiche verschiedene Forschungsmehoden, doch die am weitesten verbreiteten sind die Feldforschung (oder **teilnehmende Beobachtung**) und die Verfahren der **Umfrage**forschung. Oft lohnt es sich, bei einem einzelnen Forschungsprojekt zwei oder mehr Methoden miteinander zu kombinieren.

FRUCHTBARKEIT. Die durchschnittliche Anzahl der lebendgeborenen Kinder von Frauen im gebärfähigen Alter in einer gegebenen Gesellschaft. Die Fruchtbarkeit muß von der **Reproduktionsfähigkeit** unterschieden werden, die die Anzahl der möglichen Geburten angibt, zu denen die Frauen einer gegebenen Population fähig sind. Die Fruchtbarkeit ist stets wesentlich niedriger als die Reproduktionsfähigkeit.

GEISTESKRANKHEIT. Störung der Persönlichkeit oder der psychischen Prozesse. Die Psychiatrie kennt zwei allgemeine Formen der psychischen Störung: die Neurosen (mildere Formen der Krankheit, wie etwa Angstzustände) und die Psychosen (schwere Formen der psychischen Störung, bei denen Personen den Bezug zu der von der Mehrheit der Bevölkerung definierten Wirklichkeit verlieren). Inwieweit psychische Krankheiten eine organische Basis haben – und ob sie überhaupt als „Krankheiten" aufgefaßt werden sollen –, ist umstritten.

GENUS (SOZIALES GESCHLECHT). Soziale Erwartungen gegenüber dem Verhalten, das für die Angehörigen der beiden Geschlechter als angemessen betrachtet wird. Der Begriff des sozialen Geschlechts bezieht sich nicht auf die körperlichen Unterscheidungsmerkmale von Männern und Frauen, sondern auf sozial geprägte Merkmale der Männlichkeit und Weiblichkeit. Die Untersuchung der Geschlechterbeziehungen ist in den letzten Jahren eines der wichtigsten Gebiete der Soziologie geworden, obwohl es durch lange Zeit hindurch vernachlässigt wurde.

GESELLSCHAFT. Der Begiff der Gesellschaft ist eines der wichtigsten Konzepte der Soziologie. Eine Gesellschaft ist eine Gruppe von Menschen, die auf einem bestimmten Gebiet lebt, einem gemeinsamen System der politischen Autorität unterworfen ist und über eine eigenständige Identität gegenüber anderen Gruppen verfügt. Manche Gesellschaften, wie jene der Jäger und Sammler, sind sehr klein und umfassen nicht mehr als einige wenige Dutzend Menschen. Andere wiederum sind sehr groß und zählen viele Millionen Mitglieder – die moderne chinesische Gesellschaft etwa hat eine Bevölkerung von mehr als einer Milliarde Menschen.

GLOBALISIERUNG. Die Entwicklungen weltweiter sozialer und ökonomischer Beziehungen. In der heutigen Zeit werden zahlreiche Aspekte des Lebens der Menschen durch Organisationen und soziale Netzwerke beeinflußt, die Tausende von Meilen entfernt sind. Ein zentrales Merkmal der Globalisierung ist die Herausbildung eines **Weltsystems** – wir müssen also bei der Anlayse der Globalisierung in mancher Hinsicht die ganze Welt als eine einzige Gesellschaftsordnung auffassen.

IDEOLOGIE. Gemeinsame Ideen oder Überzeugungen, die die Interessen herrschender Gruppen rechtfertigen. Ideologien finden sich in allen Gesellschaften, in denen systematische und tief verwurzelte Ungleichheiten zwischen verschiedenen

Gruppen bestehen. Der Begriff der Ideologie steht in engem Zusammenhang mit jenem der **Macht**, da ideologische Systeme dazu dienen, die unterschiedliche Macht verschiedener Gruppen zu legitimieren.

IMPERIALISMUS. Die Errichtung großer Reiche in der Zeit der Kolonialisierung.

INDUSTRIALISIERUNG DES KRIEGES. Die Anwendung industrieller Produktionsverfahren auf Waffen und Waffensysteme, verbunden mit der Organisation der Streitkräfte als „Militärmaschinen". Die Industrialisierung des Krieges ist für die Entwicklung moderner Gesellschaften ebenso grundlegend wie die Industrialisierung im Dienste friedlicher Zwecke. Sie steht in engem Zusammenhang mit dem im 20. Jahrhundert aufgetauchten **totalen Krieg** – kriegerische Auseinandersetzungen, an denen Hunderttausende oder Millionen von Soldaten beteiligt sind und in deren Verlauf die gesamte **Ökonomie** den Kriegszielen untergeordnet wird.

INFORMELLE BEZIEHUNGEN. Beziehungen innerhalb von Gruppen oder Organisationen, die sich aufgrund von persönlichen Beziehungen entwickeln; Verhaltensroutinen, die von den formell vorgesehenen Vorgangsweisen abweichen.

INNENSTADT. Die zentral gelegenen Wohnviertel einer Stadt, die im allgemeinen andere Merkmale aufweisen als die Vororte. In vielen modernen Stadtlandschaften der Ersten Welt verfallen die innerstädtischen Bezirke, da die wohlhabenderen Stadtbewohner in die umliegenden Gebiete gezogen sind.

KAUSALITÄT. Ein ursächlicher Zusammenhang zwischen einem Faktor oder einer **Variablen** und anderen Faktoren oder Variablen. Eine Beziehung von „Ursache und Wirkung" besteht immer dann, wenn ein Ereignis oder ein Zustand (die Wirkung) durch andere Ereignisse oder Zustände (die Ursache) hervorgebracht wird. In der Soziologie gehören die Handlungsgründe von Personen, aber auch die vielfältigen äußeren Einwirkungen auf ihr Verhalten zu den Kausalfaktoren.

KLASSE. Obwohl dies einer der in der Soziologie am häufigsten verwendeten Begriffe ist, besteht über seine Definition eine gewisse Uneinigkeit. Die meisten Soziologen verwenden den Ausdruck allerdings, um sich auf sozio–ökonomische Unterschiede zwischen Gruppen oder Einzelpersonen zu beziehen, die Unterschiede des materiellen Wohlstands und der Macht hervorbringen.

KOLLEKTIVE AKTION. Vergleichsweise spontane Aktionen einer großen Anzahl von Menschen, die sich gleichzeitig an einem bestimmten Ort oder in einem bestimmten Gebiet befinden. Eine der wichtigsten Formen der kollektiven Aktion ist das Verhalten von Menschenmassen. Beim Verhalten in der Masse können Individuen Ziele anstreben, deren Verwirklichung ihnen unter gewöhnlichen Umständen verwehrt ist.

KOMMUNIKATION. Die Übertragung von Information von einem Individuum oder einer Gruppe auf andere Gruppen oder Individuen. Kommunikation ist die unerläßliche Grundlage jeglicher sozialer Interaktion. Bei face–to–face–Begegnungen wird meist sprachlich kommuniziert, obwohl es auch viele Körpersignale gibt, die Individuen bei der Interpretation des Sprechens oder Handelns anderer heranziehen. Mit der Entwicklung der Schrift und der elektronischen Medien – Radio, Fernsehen oder computergesteuerte Informationssysteme – löst sich die Kommunikation zum Teil von den unmittelbaren face–to–face–Beziehungen ab.

KONFLIKT. Gegensätze zwischen Individuen oder Gruppen der Gesellschaft. Konflikt tritt in zwei verschiedenen Formen auf: Im ersten Fall besteht ein Interessensgegensatz zwischen zwei oder mehr Individuen bzw. Gruppen; im zweiten Fall kommt es zu aktiven Auseinandersetzungen zwischen einzelnen Menschen oder Kollektiven. Interessenskonflikte führen nicht immer zum offenen Kampf, während es zu aktiven Konflikten zwischen Parteien kommen kann, die irrigerweise annehmen, daß zwischen ihnen Interessensgegensätze bestehen.
KONFORMITÄT. Verhalten, das sich den geltenden Normen einer Gruppe oder einer Gesellschaft unterordnet. Menschen befolgen soziale Normen nicht ausschließlich deshalb, weil sie die ihnen zugrundeliegenden **Werte** akzeptieren, sondern manchmal auch, weil es zweckmäßig ist oder weil sie **Sanktionen** fürchten.
KONSENS. Übereinstimmung hinsichtlich grundlegender sozialer Werte zwischen den Mitgliedern einer Gruppe, Gemeinschaft oder Gesellschaft. Manche Theoretiker der Soziologie messen dem Konsens als Grundlage der gesellschaftlichen Stabilität große Bedeutung bei. Diese Autoren meinen, alle einigermaßen dauerhaften Gesellschaften verfügten über ein „gemeinsames Wertsystem" konsensueller Glaubensvorstellungen, das von der Mehrheit der Bevölkerung geteilt werde.
KORRELATION. Eine regelhafte Beziehung zwischen zwei Dimensionen oder **Variablen**, die oft statistisch formuliert wird. Korrelationen können positiv oder negativ sein. Eine positive Korrelation zwischen zwei Variablen besteht, wenn hohe Werte der einen Variable mit hohen Werten der anderen einhergehen; bei einer negativen Korrelation sind hohe Werte der einen Variable mit niedrigen der anderen verknüpft.
KULTUR. Die **Werte**, **Normen** und materiellen Güter, die für eine gegebene Gruppe charakteristisch sind. Wie der Begriff der **Gesellschaft** wird auch der Begriff der Kultur in der Soziologie und in den anderen Sozialwissenschaften (vor allem in der Anthropologie) sehr häufig verwendet. Die Kultur ist eines der charakteristischsten Merkmale der von Menschen gebildeten sozialen Verbände.
KULTURELLE REPRODUKTION. Die Weitergabe von kulturellen **Werten** und **Normen** von Generation zu Generation. Der Ausdruck „kulturelle Reproduktion" bezieht sich auf die Mechanismen, durch die die Kontinuität der kulturellen Erfahrung über die Zeit hinweg gewahrt wird. In modernen Gesellschaften gehören zu den Hauptmechanismen der kulturellen Reproduktion Bildungsprozesse, die nicht bloß über die formellen Unterrichtsinhalte wirken. Die kulturelle Reproduktion erfolgt in tiefgreifender Weise durch den **verborgenen Lehrplan**, der Schülern auf informelle Weise bestimmte Verhaltensformen vermittelt.
MACHT. Die Fähigkeit von Individuen oder von Mitgliedern einer Gruppe, ihre Ziele zu erreichen oder ihre Interessen durchzusetzen. Macht ist ein allgegenwärtiger Aspekt menschlicher Beziehungen. Viele gesellschaftliche **Konflikte** sind Machtkämpfe, denn das Ausmaß an Macht, das sich Individuen oder Gruppen verschaffen können, entscheidet darüber, inwieweit sie ihre Wünsche verwirklichen können – auf Kosten der Verwirklichung der Wünsche anderer Gruppen oder Personen.
MAGIE. Riten, durch die Geister oder andere übernatürliche Wesen beeinflußt werden sollen, um menschliche Ziele zu erreichen. In den meisten Gesellschaften

besteht ein gewisses Spannungsverhältnis zwischen der Magie und der **Religion**. Im Gegensatz zur Religion ist die Magie häufig eine individuelle Aktivität, die von Zauberern oder **Schamanen** ausgeübt wird.

MILITÄRHERRSCHAFT. Anstelle gewählter Politiker besorgen führende Militärs die Regierungsgeschäfte. Militärregierungen gab es in unserem Jahrhundert in vielen Teilen der Welt. Es gibt verschiedene Typen der Militärherrschaft; in manchen Fällen regiert das Militär selbst, während in anderen Entscheidungsträger regieren, die von den Militärs ernannt werden und diesen direkt verantwortlich sind.

NATIONALSTAAT. Ein für die Moderne charakteristischer Typ von **Staat**, bei dem eine Regierung die Hoheitsgewalt über einen bestimmten territorialen Bereich ausübt und die große Mehrheit der Bevölkerung **Staatsbürger** sind, die sich einer einzigen Nation zugehörig fühlen. Nationalstaaten stehen in engem Zusammenhang mit dem Aufstieg des **Nationalismus**, obwohl nationale Loyalitäten sich nicht immer mit den Grenzen heute existierender Staaten decken. Nationalstaaten entwickeln sich als Teile eines sich formierenden Systems von Nationalstaaten, das europäischen Ursprungs ist, heute jedoch die ganze Welt umspannt.

NORMEN. Verhaltensregeln, die das bestimmten sozialen Kontexten angemessene Verhalten festlegen. Eine Norm gebietet oder verbietet bestimmte Verhaltensweisen. Alle menschlichen Gruppen befolgen bestimmte Typen von Normen, deren Einhaltung stets von irgendwelchen **Sanktionen** erzwungen wird, die von der informellen Mißbilligung bis hin zu Körperstrafen oder Hinrichtungen reichen.

OBJEKTIVITÄT. Ganz wie Naturwissenschaftler versuchen auch Soziologen, bei der Bewertung der Ergebnisse von sozialwissenschaftlichen Untersuchungen objektiv zu sein. Objektivität heißt, rivalisierenden Interpretationen „unparteiisches Gehör" zu schenken, also bei der Interpretation wissenschaftlicher Befunde soweit wie möglich danach zu streben, Verzerrungen auszuschalten oder zu reduzieren. Es ist jedoch ein entscheidendes Merkmal der Objektivität, daß die von einem bestimmten Autor gewonnene Schlußfolgerung von anderen Mitgliedern der sozialwissenschaftlichen Gemeinschaft überprüft und kritisiert werden kann.

ÖKONOMIE. Das Tausch- und Produktionssystem, das die Befriedigung der materiellen Bedürfnisse der Mitglieder einer Gesellschaft sicherstellt. Die wirtschaftlichen Verhältnisse sind in allen Gesellschaften von zentraler Bedeutung. Wirtschaftliche Abläufe beeinflussen im allgemeinen viele andere Aspekte des sozialen Lebens. Moderne Ökonomien unterscheiden sich deutlich von traditionellen Wirtschaftssystemen, da ein Großteil der Bevölkerung nicht mehr mit der landwirschaftlichen Produktion befaßt ist.

ORGANISATION. Eine große Gruppe von Individuen, die in festgelegten Autoritätsbeziehungen zueinander stehen. In Industriegesellschaften gibt es viele verschiedene Typen der Organisation, die sich auf die meisten Lebensbereiche auswirken. Zwar sind nicht alle Organisationen **Bürokratien** im technischen Sinn, doch gibt es enge Verbindungen zwischen der Herausbildung von Organisationen und bürokratischen Tendenzen.

PATRIARCHAT. Die Herrschaft von Männern über Frauen. Alle bekannten Gesellschaften sind patriarchalisch, obwohl Ausmaß und Wesen der Macht, die Männer im Vergleich zu Frauen ausüben, vielfältigen Variationen unterworfen sind. Eines der Hauptziele der Frauenbewegungen in modernen Gesellschaften ist die Bekämpfung bestehender patriarchalischer Institutionen.

POLITIK. Die Mittel der Machtausübung, um Wesen und Inhalt der Regierungstätigkeit zu beeinflussen. Die „politische" Sphäre schließt die Aktivitäten der **Regierung** ein, darüberhinaus aber auch noch die Handlungen vieler anderer Gruppen und Individuen. Der Regierungsapparat wird von vielen Außenstehenden in vielfältiger Weise beeinflußt.

POSTINDUSTRIELLE GESELLSCHAFT. Eine Lieblingsidee jener, die glauben, soziale Wandlungsprozesse hätten uns über die industrialisierte Gesellschaft hinausgeführt. Eine postindustrielle Gesellschaft basiert statt auf der Erzeugung materieller Güter auf der Produktion von Information. Nach Auffassung der Anhänger dieser Idee sind wir heute einer Reihe von sozialen Veränderungen unterworfen, die um nichts weniger tiefgreifend sind als jene, die vor ungefähr zweihundert Jahren die industrielle Ära ausgelöst haben.

RASSISMUS. Die Zuschreibung der Überlegenheit oder der Minderwertigkeit an eine Bevölkerungsgruppe, deren Mitglieder bestimmte vererbte Körpermerkmale gemeinsam haben. Der Rassismus ist eine spezifische Form des Vorurteils, das an die physischen Unterschiede zwischen Personen anknüpft. Rassistische Einstellungen faßten vor allem während der Kolonialisierung durch den Westen Fuß, doch scheinen sie auch auf Mechanismen des Vorurteils und der Diskriminierung zu beruhen, die man in sehr vielen Kontexten des Lebens verschiedener menschlicher Gesellschaft findet.

REBELLION. Ein Aufstand gegen die politische Autorität unter Einsatz oder Androhung von Gewalt. Anders als **Revolutionen** zielen Rebellionen vor allem darauf ab, bestimmte Herrscher oder Regimes zu stürzen, statt strukturelle Gesellschaftveränderungen herbeizuführen.

REGIERUNG. Der Prozeß der Umsetzung von Strategien und Entscheidungen durch die **Beamten** eines politischen Apparats. Unter „Regierung" können wir einen Prozeß verstehen, mit *der* Regierung sind die Entscheidungsträger gemeint, die für bindende politische Beschlüsse zuständig sind. Während in der Vergangenheit die Regierungsoberhäupter praktisch ausnahmslos Monarchen oder Kaiser waren, werden in den meisten modernen Gesellschaften die Regierungsgeschäfte von Politikern und Beamten besorgt, die nicht durch Erbfolge in ihre Machtpositionen gelangen, sondern aufgrund ihrer Erfahrungen und ihrer Qualifikationen gewählt oder ernannt werden.

RELIGION. Glaubensvorstellungen der Mitglieder einer Gemeinschaft, die mit der Verwendung von **Symbolen**, denen mit Ehrfurcht und Staunen begegnet wird, verknüpft sind, sowie mit Ritualen, die von den Mitgliedern der Gemeinschaft praktiziert werden. Religionen sind nicht unweigerlich mit dem Glauben an übernatürliche Wesen verknüpft. Obwohl es nicht einfach ist, die Trennlinie zwischen Religion und **Magie** zu ziehen, wird oft behauptet, daß Magie weniger im Zentrum von Gemeinschaftsritualen steht, sondern eher von Individuen praktiziert wird.

REVOLUTION. Ein politischer Wandlungprozeß, der auf einer **sozialen Bewegung** von Massen beruht, die ein bestehendes Regime gewaltsam stürzt und eine Regierung bildet. Eine Revolution unterscheidet sich von einem Staatsstreich durch ihren Rückhalt in einer Massenbewegung und durch die resultierende Veränderung des politischen Gesamtsystems. Bei einem Staatsstreich kommt es zu einer gewaltsamen Machtergreifung durch Einzelpersonen, die die Nachfolge der bisherigen politischen Führung übernehmen, jedoch zu keiner radikalen Veränderung des Regierungssystems. Revolutionen müssen auch von **Rebellionen** unterschieden werden, die ebenfalls gegen die herrschenden politischen Autoritäten gerichtet sind, doch wiederum statt auf eine Transformation der politischen Struktur auf eine Ersetzung von Personen gerichtet sind.

RITUAL. Formalisierte Verhaltensweisen der Mitglieder einer Gruppe oder einer Gemeinschaft. Rituale werden häufig in religiösen Kontexten vollzogen, doch finden sich rituelle Verhaltensweisen auch in vielen anderen Zusammenhängen. Die meisten Gruppen verfügen über irgendwelche Formen ritueller Praktiken.

ROHE GEBURTENRATE. Ein statistisches Maß der Anzahl der Geburten pro Jahr in einer gegebenen Population. Dieses wird üblicherweise in der Anzahl der Geburten pro Tausend Mitglieder der Bevölkerung angegeben. Obwohl die rohe Geburtenrate für viele Zwecke ein nützliches Maß darstellt, ist sie sehr allgemeiner Natur, da sie keinen Hinweis auf die Geburtenhäufigkeit in den Altersgruppen der betreffenden Gesellschaft gibt.

ROHE STERBERATE. Ein statistisches Maß der Anzahl der jährlichen Todesfälle in einer gegebenen Population. Dieses wird üblicherweise in der Anzahl der Todesfälle pro Tausend Mitglieder der Bevölkerung in einem bestimmten Jahr angegeben. Rohe Sterberaten sind ein allgemeiner Indikator der Mortalität in einer Gemeinschaft oder Gesellschaft, doch sind sie von eingeschränkter Brauchbarkeit, da sie die Altersverteilung der betreffenden Population außer acht lassen.

SÄKULARISIERUNG. Ein Prozeß des Niedergangs der Bedeutung der Religion. Obwohl die modernen Gesellschaften in zunehmendem Ausmaß säkularisiert wurden, ist es nicht ganz einfach, das Ausmaß dieser Entwicklung zu bestimmen. Mit Säkularisierung kann ein Wandel der Teilnahme an den Aktivitäten religiöser Organisationen (wie etwa des Kirchenbesuchs) gemeint sein, aber auch der soziale und materielle Einfluß religiöser Organisationen sowie das Ausmaß, in dem religiöse Überzeugungen verbreitet sind.

SELBSTBEWUSSTHEIT. Ein Bewußtsein der eigenen spezifischen sozialen Identität als eigenständige Person. Menschen verfügen nicht von Geburt an über Selbstbewußtheit, sondern erwerben diese im Zuge ihrer frühkindlichen **Sozialisation**. Der Spracherwerb ist für die Prozesse, durch die das Kind zu einem Wesen mit einem Bewußtsein seiner selbst wird, von entscheidender Bedeutung.

SOZIALE BEWEGUNG. Eine große Gruppierung von Personen, die einen Prozeß des **sozialen Wandels** herbeiführen oder verhindern möchten. Soziale Bewegungen stehen üblicherweise in **Konflikt** mit **Organisationen**, gegen deren Ziele und Sichtweisen sie häufig opponieren. Bewegungen, denen es gelingt, die Macht zu erringen, können allerdings ihrerseits zu Organisationen werden, wenn sie einmal institutionalisiert sind.

SOZIALE GRUPPEN. Mengen von Individuen, die in systematischer Weise miteinander interagieren. Gruppen liegen auf einem Kontinuum, das von sehr kleinen Personenverbindungen bis zu großen **Organisationen** und **Gesellschaften** reicht. Unabhängig davon, wie groß die Gruppe ist, gehört es zu ihren Definitionsmerkmalen, daß ihre Mitglieder sich einer gemeinsamen Identität bewußt sind. Ein Großteil unseres Lebens wird im Gruppenverband verbracht; in modernen Gesellschaften gehören die meisten Menschen zahlreichen verschiedenen Arten von Gruppen an.

SOZIALE INSTITUTION. Grundlegende Form der sozialen Aktivität, an der die Mehrheit der Mitglieder einer gegebenen Gesellschaft teilnimmt. Institutionen sind mit **Normen** und **Werten** verbunden, denen sich eine große Zahl von Individuen unterwirft; alle institutionalisierten Verhaltensweisen sind durch strenge Sanktionen abgesichert. Institutionen bilden das „Fundament" einer Gesellschaft, da sie mit vergleichsweise stabilen und zeitlich beständigen Verhaltensweisen verknüpft sind.

SOZIALE MOBILITÄT. Die Bewegung von Individuen oder Gruppen zwischen verschiedenen sozialen Positionen. **Vertikale Mobilität** führt in der Hierarchie eines Schichtungssystems auf- oder abwärts. **Horizontale Mobilität** ist die physische Bewegung von Individuen oder Gruppen von einer Region zur anderen. Bei der Analyse der vertikalen Mobilität unterscheiden Soziologen zwischen der Mobilität einer Person im Laufe ihrer eigenen Karriere und der Distanz, die zwischen der von einer Person erreichten Position und jener ihrer Eltern liegt.

SOZIALE POSITION. Die soziale Identität eines Individuums in einer bestimmten Gruppe oder Gesellschaft. Soziale Positionen können sehr allgemein sein (wie etwa die mit Geschlechterrollen verknüpften) oder auch wesentlich spezifischer (wie z. B. berufliche Positionen).

SOZIALE ROLLE. Das von einer Person, die eine bestimmte **soziale Position** einnimmt, erwartete Verhalten. Die Idee der sozialen Rolle stammt ursprünglich aus der Welt des Theaters; in jeder Gesellschaft spielen Individuen eine Anzahl verschiedener Rollen, je nach dem wechselnden Kontext ihrer Aktivitäten.

SOZIALE SCHICHTUNG. Das Bestehen strukturierter Ungleichheiten zwischen gesellschaftlichen Gruppen hinsichtlich ihres Zugangs zu materiellen oder symbolischen Auszahlungen. Zwar gibt es in allen Gesellschaften Formen der Schichtung, doch entstehen große Unterschiede des Reichtums und der Macht erst mit der Herausbildung von Gesellschaftssystemen, die Merkmale des Staates haben. In modernen Gesellschaften ist die ausgeprägteste Form der Schichtung jene nach **Klassen**.

SOZIALER EVOLUTIONISMUS. Ein Zugang zum sozialen Wandel, der sich auf Begriffe und Ideen der evolutionären Theorie in der Biologie stützt. Zwar war das evolutionäre Denken in der Soziologie vor allem im 19. Jahrhundert von großer Bedeutung, doch wirken evolutionäre Ideen auch in der gegewärtigen Soziologie nach. Der soziologische Evolutionismus zeigt sich in vielen Versionen, doch behaupten die meisten derartigen Theorien, daß sich menschliche Gesellschaften stetig von einfachen zu komplexeren Formen der Assoziation fortentwickeln.

SOZIALER WANDEL. Veränderung der grundlegenden Strukturen einer sozialen Gruppe oder Gesellschaft. Der soziale Wandel ist im gesellschaftlichen Leben allgegenwärtig, hat sich aber in der Moderne intensiviert. Die Ursprünge der modernen Soziologie können auf den Versuch zurückgeführt werden, jene dramatischen Wandlungsprozesse zu verstehen, die die traditionelle Welt zerstört und neue Formen der Gesellschaftsordnung hervorgebracht haben.

SOZIALISATION. Die sozialen Prozesse, in deren Verlauf Kinder ein Bewußtsein von Normen und Werten erwerben und eine persönliche Identität entwickeln. Sozialisationsprozesse sind zwar während des Kleinkindalters und der Kindheit von besonderer Bedeutung, doch erstrecken sie sich in gewissem Ausmaß über das ganze Leben. Menschliche Individuen sind niemals immun gegenüber den Reaktionen der sie umgebenden Menschen, die ihr Verhalten in allen Phasen des Lebenszyklus beeinflussen und verändern.

SOZIALÖKOLOGIE. Ein theoretischer Ansatz der Stadtforschung, der auf einer Analogie zur Anpassung von Pflanzen und Organismen an ihre physische Umwelt basiert. Ökologischen Theorien zufolge entstehen die verschiedenen Nachbarschaften und Zonen von Städten als Resultat natürlicher Anpassungsprozesse, die der Konkurrenz städtischer Populationen um knappe Ressourcen entspringen.

SOZIOLOGIE. Die Untersuchung menschlicher Gruppen und Gesellschaften mit besonderer Betonung der Analyse der industrialisierten Welt. Die Soziologie ist ein Zweig der Sozialwissenschaften, zu denen auch die Anthropologie, die Ökonomie, die Politikwissenschaft und die Sozialgeographie zählen. Die Trennlinien zwischen den verschiedenen Disziplinen sind nicht sehr scharf, und ihnen allen sind bestimmte Interessen, Begriffe und Methoden gemeinsam.

STAAT. Ein **politischer Apparat** (**Regierung**sinstitutionen und **Beamte**), der über ein bestimmtes Gebiet herrscht und dessen Autorität durch **Gesetze** und die Fähigkeit, **Zwang** anzuwenden, gestützt wird. Nicht alle Gesellschaften sind auch Staaten. Jäger- und Sammlergesellschaften und kleinere Agrargesellschaften verfügen über keine staatlichen Einrichtungen. Die Herausbildung des Staates bedeutet einen Markstein der Menschheitsgeschichte, da die damit verknüpfte Zentralisierung der politischen Macht den Prozessen des **sozialen Wandels** eine neue Dynamik verleiht.

STAND (STATUS). Die gesellschaftliche Anerkennung oder das Prestige, das einer bestimmten Gruppe seitens anderer Gesellschaftsmitglieder gezollt wird. Statusgruppen verfügen im allgemeinen über einen eigenen Lebensstil, über Verhaltensmuster, die für die Mitglieder der Gruppe spezifisch sind. Statusprivilegien können positiv oder negativ sein. „**Paria**"–Gruppen werden von der Bevölkerungsmehrheit verachtet oder als Ausgestoßene behandelt.

THEORETISCHER ANSATZ. Eine Perspektive gegenüber dem gesellschaftlichen Leben, die sich von einer bestimmten theoretischen Tradition herleitet. Zu den wichtigsten theoretischen Traditionen der Soziologie gehören der **Funktionalismus**, der **Strukturalismus**, der **symbolische Interaktionismus** und der **Marxismus**. Theoretische Ansätze liefern eine allgemeine „Perspektive" für die Arbeit des Soziologen und beeinflussen nicht nur die Forschungsgebiete, sondern auch die Art und Weise, in der Forschunsprobleme identifiziert und behandelt werden.

THEORIE. Ein Versuch, allgemeine Merkmale festzustellen, die beobachtete Regelmäßigkeiten erklären. Die Konstruktion von Theorien ist ein zentrales Element aller soziologischen Arbeit. Theorien stehen zwar im allgemeinen in enger Beziehung zu den breiteren **theoretischen Ansätzen**, sind aber auch stark von den Forschungsergebnissen beeinflußt, die unter Anwendung eben dieser Theorien gewonnen wurden.

DAS UNBEWUSSTE. Motive und Ideen, die dem Bewußtsein der Person nicht verfügbar sind. Ein zentraler psychologischer Mechanismus des Unbewußten ist die Verdrängung, bei der das direkte Bewußtsein der Person gegenüber bestimmten psychischen Elementen „blockiert" ist. Nach Freuds Theorie spielen in der Kindheit verfestigte unbewußte Wünsche und Impulse auch im Leben des Erwachsenen eine wichtige Rolle.

VERBRECHEN. Jede Handlung, die den von einer politischen Autorität erlassenen Gesetzten zuwiderläuft. Obwohl wir im allgemeinen die „Kriminellen" für ein wohlabgegrenztes Segment der Bevölkerung halten, gibt es nur wenige Menschen, die im Laufe ihres Lebens nicht irgendwann einmal die Gesetze in irgendeiner Weise übertreten haben. Zwar sind es die staatlichen Autoritäten, die die Gesetze formulieren, doch kann es auch vorkommen, daß eben diese Autoritäten in bestimmten Kontexten selbst kriminelle Handlungen setzen.

VERWANDTSCHAFT. Eine Beziehung zwischen Personen, die auf Abstammung, **Ehe** oder Adoption beruht. Verwandtschaftliche Beziehungen bestehen per definitionem zwischen Eheleuten und innerhalb der **Familie**, doch reichen sie weit über diese Institutionen hinaus. Während in den meisten modernen Gesellschaften Verwandtschaftsbeziehungen, die über die unmittelbare Familie hinausreichen, nur wenig soziale Verpflichtungen mit sich bringen, ist in vielen anderen Kulturen die Verwandtschaft für weite Bereiche des gesellschaftlichen Lebens von zentraler Bedeutung.

VORURTEIL. Vorgefaßte Meinung über ein Individuum oder eine Gruppe, die sich der Veränderung auch angesichts neuer Informationen widersetzen. Vorurteile können positiv oder negativ sein.

WERTE. Die Ideen von menschlichen Individuen oder Gruppen über das Wünschenswerte, das Richtige, das Gute und das Böse. Unterschiedliche Werte sind Schlüsselaspekte der kulturellen Variation. Was von Individuen geschätzt wird, ist durch die spezifische **Kultur**, in der sie leben, stark beeinflußt.

WISSENSCHAFT. Wissenschaft als Naturwissenschaft ist die systematische Untersuchung der physischen Welt. Die Wissenschaft basiert auf der geordneten Sammlung und Bewertung von empirischen Daten, verbunden mit dem Entwurf von **theoretischen Ansätzen** und der Konstruktion von **Theorien**, die diese Daten erhellen oder erklären. Die wissenschaftliche Tätigkeit kombiniert revolutionäre neuartige Denkweisen mit dem sorgfältigen Testen von **Hypothesen** und Ideen. Ein wichtiges Merkmal, das die Wissenschaft von anderen Denksystemen (wie etwa jenem der Religion) unterscheidet, ist die Annahme, daß *alle* wissenschaftlichen Ideen der wechselseitigen Kritik und Widerlegung durch die Mitglieder der wissenschaftlichen Gemeinschaft unterworfen sind.

Glossar der wichtigen Fachausdrücke

Fettgedruckte Wörter in den Eintragungen beziehen sich auf Begriffe oder Ausdrücke, die an anderer Stelle in den Glossaren zu finden sind.

ABHÄNGIGE VARIABLE. Eine **Variable** oder ein Faktor, der von einer anderen (der **unabhängigen Variablen**) kausal beeinflußt wird.
ABSCHRECKUNG. Die Verhütung militärischer Konflikte, indem man sicherstellt, daß ein Aggressor derart schwere Verluste erleiden würde, daß ihm die Aufnahme von Feindseligkeiten nicht mehr als lohnend erscheint.
ABSOLUTE ARMUT. Armut wird hier durch die Minimalerfordernisse definiert, die notwendig sind, um ein Leben ohne gesundheitliche Beeinträchtigungen zu führen.
ABSTAMMUNGSFAMILIE. Die **Familie**, in die ein Individuum hineingeboren ist.
AFFEKTIVER INDIVIDUALISMUS. Der Glaube an die romantische Zuneigung als Grundlage des Eingehens von ehelichen Bindungen.
AGEISM. Diskriminierung oder Vorurteile gegen eine Person aufgrund ihres Alters.
AGGREGAT. Eine Ansammlung von Personen an einem öffentlichen Ort, wobei alle jedoch ihren eigenen Geschäften nachgehen, statt eine solidarische Gruppe zu bilden.
AGRARGESELLSCHAFTEN. Gesellschaften, deren Lebensunterhalt auf der landwirtschaftlichen Produktion beruht (dem Anbau von Ernten).
AGRIBUSINESS. Die mechanisierte Massenproduktion landwirtschaftlicher Güter.
AIDS. Eine Krankheit, die das körpereigene Immunsystem angreift.
AKADEMIKER UND FREIBERUFLER (professionals). Die Inhaber von Stellen, bei denen hohe Ausbildungsniveaus erforderlich sind, und deren Verhalten von Regeln umschrieben wird, die von zentralen Körperschaften (oder Berufsverbänden) festgelegt werden.

AKTION–REAKTION. Ein Aspekt des Wettrüstens, bei dem jede Seite ihre Verteidigungsstrategie und ihre Verteidigungsausgaben im Hinblick auf die erwartete Reaktion der anderen Seite entwickelt.

AKTIVITÄT DER MASSE. Handlungen, die von Individuen durchgeführt werden, wenn sie Teil einer Masse sind.

ALLGEMEINE WEHRPFLICHT. Ein System des nationalen Präsenzdienstes, bei dem jedes Individuum ab einem bestimmten Alter (oder was weit mehr verbreitet ist, alle Männer ab einem bestimmten Alter) sich einer Periode der militärischen Ausbildung unterziehen müssen.

ALTERATIVE BEWEGUNG. Eine Bewegung, die versucht, das Verhalten oder Bewußtsein von Individuen zu verändern.

ALTERSSTUFEN. Das in vielen kleinen, traditionellen Kulturen anzutreffende System, bei dem die einer bestimmten Altersgruppe angehörigen Individuen gemeinsam kategorisiert werden und ähnliche Rechte und Pflichten haben.

ANDROGENITALES SYNDROM. Eine endokrine Abnormität, die bei Individuen mit der hormonellen Beschaffenheit von Frauen männliche Genitalien hervorbringt.

ANIMISMUS. Der Glaube, daß die Ereignisse der Welt von den Tätigkeiten von Geistern bewirkt werden.

ANOMIE. Ein Begriff, der von Durkheim in die Soziologie eingeführt wurde und sich auf eine Situation bezieht, in der soziale **Normen** ihre Macht verlieren, das individuelle Verhalten zu steuern.

ANPASSUNG. Bezieht sich auf die Fähigkeit eines biologischen Organismus, innerhalb einer gegebenen Umwelt zu überleben.

APARTHEID. Das in Südafrika früher herrschende System der Rassentrennung, das heute zum Großteil abgeschafft ist.

ARBEITERKLASSE. Eine soziale Klasse, die sich allgemein gesprochen aus Menschen zusammensetzt, die blue–collar–Positionen einnehmen oder händische Arbeit verrichten.

ARBEITSTEILUNG. Jene Zerlegung eines Produktionssystems in spezialisierte Einzelaufgaben oder Beschäftigungen, die zur **wirtschaftlichen Verflechtung** führt. In allen Gesellschaften gibt es zumindest rudimentäre Formen der Arbeitsteilung, vor allem zwischen den Tätigkeiten der Männer und jenen der Frauen. Mit der Industrialisierung wurde die Arbeitsteilung jedoch wesentlich komplexer, als sie es jemals war. In der modernen Welt hat sie internationale Dimensionen angenommen.

ASSIMILATION. Die Absorption einer Minderheit durch die Mehrheitsbevölkerung, wobei die Minderheitengruppe die Werte und Normen der dominanten Kultur übernimmt.

AUFSTAND. Ein Ausbruch illegaler Gewalt, der sich gegen Personen oder Gegenstände oder gegen beides richtet.

AUTOKRATISCHE MILITÄRHERRSCHAFT. Die Herrschaft eines bestimmten hohen Militärs, der die Macht selbst in den Händen hält.

AUTOMATISIERUNG. Automatisierte Produktionsprozesse werden von Maschinen gesteuert und überwacht, wobei Menschen nur minimale Kontrollfunktionen ausüben.

AUTORITÄRE PERSÖNLICHKEIT. Ein Bündel spezifischer Persönlichkeitsmerkmale, zu denen eine starre und intolerante Weltsicht und eine Unfähigkeit, mit Mehrdeutigkeiten zu leben, gehören.
AUTORITÄRER PRÄTORIANISMUS. Eine Form der Militärherrschaft, bei der die Streitkräfte gemeinsam mit nichtmilitärischen Politikern die Regierungsgeschäfte besorgen.
BALLUNGSGEBIETE. Eine Zusammenballung von Städten zu einer geschlossenen städtischen Umwelt.
BANDE. Eine informelle Gruppe von Individuen, die sich regelmäßig trifft, um gemeinsamen Aktivitäten nachzugehen, die sich außerhalb des Gesetzes bewegen können.
BARERNTENPRODUKTION. Der Anbau von Ernten, die auf Weltmärkten verkauft werden, statt von der örtlichen Bevölkerung verzehrt zu werden.
BAUERN. Menschen, die unter Verwendung traditioneller landwirtschaftlicher Methoden Nahrungsmittel erzeugen.
BEGRENZTER KRIEG. Kriegerische Auseinandersetzungen, an denen nur ein kleiner Teil der Bevökerung beteiligt ist und die vor allem von Soldaten getragen werden.
BESCHÄFTIGUNG. Jede Form der bezahlten Arbeit, der jemand regelmäßig nachgeht.
BETRIEBLICHE MITBESTIMMUNG. Formen der demokratischen Teilnahme oder Vertretung am Arbeitsplatz.
BILDUNGSSYSTEM. Das innerhalb einer gegebenen Gesellschaft bestehende System, das erzieherische Dienstleistungen anbietet.
BIOGRAPHIEN. Untersuchungen der Biographie von Individuen, die oft auf Selbstdarstellungen und Dokumenten, wie z. B. Briefen, beruhen.
BRUTTOSOZIALPRODUKT (BSP). Das gesamte in einem Land pro Jahr produzierte Vermögen, das im allgemeinen pro Kopf der Bevölkerung berechnet wird.
BÜRGERLICHE RELIGION. Formen des Rituals und der Überzeugung, die religiösen Phänomenen ähnlich sind, jedoch dem profanen Bereich zuzuzählen sind – wie etwa politische Aufmärsche oder Zeremonien.
BÜRGERRECHTE. Gesetzlich verbriefte Rechte, die allen **Staatsbürgern** einer gegebenen nationalen Gemeinschaft zustehen.
BÜROKRATIE. Ein Typ der **Organisation**, der sich durch eine klar strukturierte Autoritätshierarchie, durch schriftlich festgehaltene Verfahrensregeln und durch ganztagsbeschäftigte und bezahlte Funktionäre auszeichnet.
CHILIASMUS. Überzeugungen der Mitglieder bestimmter Typen religiöser Bewegung, denen zufolge sich in der nahen Zukunft gewaltige Umwälzungen vollziehen werden, die das Heraufdämmern einer neuen Epoche ankünden.
COMMON SENSE–VORSTELLUNGEN. Weit verbreitete Glaubensvorstellungen über die soziale oder natürliche Welt, die von Laienmitgliedern (also Nicht–Spezialisten) der Gesellschaft unterhalten werden.
DEMOGRAPHIE. Die Untersuchung der Bevölkerung.
DEMOKRATIE. Ein politisches System, das es den Bürgern gestattet, an der politischen Entscheidungsfindung mitzuwirken oder Vertreter in die Körperschaften der Regierung zu entsenden.

DEMOKRATISCHER ELITISMUS. Eine Theorie der Grenzen der **Demokratie**, derzufolge die demokratische Teilnahme in einer großräumigen Gesellschaft notwendigerweise auf die regelmäßige Wahl der politischen Führer beschränkt ist.
DEPENDENZTHEORIE. Ein Ausdruck, der sich auf die These bezieht, daß eine Reihe von Ländern, vor allem in der **Dritten Welt**, unfähig ist, wichtige Aspekte ihres Wirtschaftslebens zu kontrollieren, da die Weltwirtschaft von den industrialisierten Gesellschaften dominiert wird.
DEVIANTE SUBKULTUR. Eine Subkultur, deren Mitglieder Werte haben, die sich von jenen der Mehrheit einer Gesellschaft beträchtlich unterscheiden.
DIALEKTISCHE INTERPRETATION DES WANDELS. Eine Interpretation des Wandels, die den Konflikt zwischen einander entgegengesetzten Einflüssen oder Gruppen als Motor der sozialen Transformation auffaßt.
DIENSTLEISTUNGSBRANCHEN. Industrien, die anstelle von Produktionsgütern Dienstleistungen herstellen, wie z. B. die Tourismusbranche.
DIFFERENTIELLE ASSOZIATION. Eine von Edwin H. Sutherland vorgeschlagene Interpretation der Entwicklung des kriminellen Verhaltens. Seiner Auffassung nach wird kriminelles Verhalten in Assoziation mit anderen erlernt, die sich regelmäßig in krimineller Weise betätigen.
DIFFERENZIERUNG. Die Ausformung zunehmender Komplexität innerhalb organischer Systeme oder von Gesellschaften.
DOKUMENTENANALYSE. Forschung, die sich auf die Analyse von Dokumenten stützt, auf Archivmaterial oder offizielle Statistiken.
DAS DRAMATURGISCHE MODELL. Ein Ansatz der Analyse der sozialen Interaktion, der sich auf Metaphern stützt, die von der Welt des Theaters abgeleitet sind.
DRITTE WELT. Die weniger entwickelten Gesellschaften, in denen die industrielle Produktion entweder praktisch nicht existiert oder nur in einem begrenzten Ausmaß vorhanden ist. Ein Großteil der Weltbevölkerung lebt in Ländern der Dritten Welt.
DRITTE WELT–ZWISCHENLAGER. Eine Stadt, die als Brückenkopf für die Zuwanderung aus weniger entwickelten Ländern in entwickeltere dient.
EGOZENTRISMUS. Nach Piaget die charakteristische Sichtweise des Kindes in den frühen Lebensjahren. Zum egozentrischen Denken gehört es, daß Gegenstände und Ereignisse der Umwelt nur in Bezug zur Position des Kindes selbst gedeutet werden.
EINGESCHRÄNKTE PATRIARCHALISCHE FAMILIE. Ein Übergangstyp der **Familie**, der sich in Europa vom späten 17. bis zur Mitte des 19. Jahrhunderts findet, bei dem der Haushalt sich weitgehend von der äußeren Gemeinschaft ablöst und wo die Macht des Vaters innerhalb der Familie besondere Bedeutung gewinnt.
EINKOMMEN. Zahlungen, die im allgemeinen aus Löhnen, Gehältern oder Investitionen entstehen.
ELABORIERTER CODE. Ein Sprachstil, der auf der bewußten und konstruierten Verwendung von Wörtern basiert, um präzise Bedeutungen zu vermitteln.
EMPIRISCHE UNTERSUCHUNG. Eine Untersuchung der Tatsachen in einem beliebigen Bereich der Soziologie.

ENDOGAMIE. Ein System, innerhalb dessen ein Individuum nur eine Person aus derselben Verwandtschaftsgruppe heiraten kann.

ENTFREMDUNG. Das Gefühl, daß unsere eigenen menschlichen Fähigkeiten von anderen Wesen übernommen werden. Der Ausdruck wurde ursprünglich von Marx verwendet, um sich auf die Projektion menschlicher Fähigkeiten auf Götter zu beziehen. Später verwendete er den Begriff, um den Verlust der Verfügungsmacht über den Arbeitsprozeß und dessen Ergebnisse auf Seiten der Arbeiter zu charakterisieren.

ENTKERKERUNG. Die Freilassung einer großen Anzahl von Personen aus psychiatrischen Anstalten und Gefängnissen in die Außenwelt.

ENTWICKLUNGSFRAGEN. Von Soziologen aufgeworfene Fragen, die sich auf die Ursprünge und den Entwicklungsgang **sozialer Institutionen** von der Vergangenheit bis zur Gegenwart beziehen.

EPISODEN DES WANDELS. Abläufe des **sozialen Wandels**, die in verschiedenen Gesellschaften in ähnlicher Weise ablaufen.

ERLÖSUNGSBEWEGUNG. Eine **soziale Bewegung**, die darauf abzielt, zu einem früheren Zustand zurückzukehren, den man gegenüber dem jetzigen für überlegen hält.

ERSTE WELT. Die Gruppe von Nationalstaaten, die über entwickelte industrialisierte Ökonomien, die auf der kapitalistischen Produktionsweise beruhen, verfügen.

ESPRIT DE CORPS. Das Gefühl, zu einer Gruppe von Menschen zu gehören, die eine ähnliche Weltsicht hat wie man selbst.

ETHISCHE RELIGIONEN. Religionen, die auf der ethischen Überzeugungskraft eines „großen Lehrers" (wie Buddha oder Konfuzius) beruhen, statt auf dem Glauben an übernatürliche Wesen.

ETHNOLOGIE. Eine der Soziologie eng verwandte Sozialwissenschaft, die sich vor allem mit der Untersuchung traditioneller Kulturen und der **Evolution** der menschlichen Gattung befaßt.

ETHNOMETHODOLOGIE. Die Untersuchung der Methoden, die Leute anwenden, um dem, was andere im Verlauf der alltäglichen sozialen Interaktion sagen und tun, einen Sinn abzugewinnen. Die Ethnomethodologie befaßt sich mit den „Ethnomethoden", durch die es Menschen gelingt, miteinander sinnvoll zu verkehren.

ETHNOZENTRISCHE MULTIS. Multinationale Konzerne, die vorwiegend vom Hauptquartier der Muttergesellschaft aus geleitet werden.

ETHNOZENTRISMUS. Die Tendenz, andere Kulturen durch die Augen der eigenen Kultur zu betrachten und sie dadurch fehlzuinterpretieren.

ETIKETTIERUNGSTHEORIE. Ein Ansatz der Untersuchung der **Devianz**, der nahelegt, daß Menschen „deviant" werden, weil ihrem Verhalten von politischen Autoritäten und anderen bestimmte Etiketten angeheftet werden.

EVOLUTION. Die Entwicklung biologischer Organismen aufgrund der Anpassung der Art an die Anforderungen der physischen Umwelt.

EXOGAMIE. Ein System, innerhalb dessen Individuen nur jemanden heiraten dürfen, der einer anderen Verwandschaftsgruppe als sie selbst angehört.

EXPERIMENT. Eine Forschungsmethode, die es gestattet, **Variablen** in kontrollierter und systematischer Weise zu analysieren, entweder in einer vom Forscher angelegten künstlichen Situation oder unter natürlichen Umständen.
EXPONENTIELLES WACHSTUM. Eine geometrische und nicht lineare Zuwachsrate, die zu einem sehr raschen Anwachsen einer Population führt.
EXTERNE ARENA. Länder, die während einer bestimmten Periode außerhalb der Weltwirtschaft bleiben.
FAMILIE. Eine Gruppe von Individuen, die einander durch Abstammung, **Ehe** oder Adoption verbunden sind und die eine wirtschaftliche Einheit bilden, wobei die erwachsenen Mitglieder der Gruppe für die Betreuung und Erziehung der Kinder verantwortlich sind. In allen uns bekannten Gesellschaften gibt es irgendeine Art von Familiensystem, wenn auch die Beschaffenheit dieser Systeme stark variiert. Während in modernen Gesellschaften die hauptsächliche Form die **Kernfamilie** ist, findet man auch verschiedene Formen der **Großfamilie**.
FAMILIENKAPITALISMUS. Kapitalistische Wirtschaftsform, bei der Firmen Unternehmerfamilien gehören und von diesen verwaltet werden.
FEMININITÄT. Die charakteristischen Verhaltensweisen, die von Frauen in einer bestimmten Kultur erwartet werden.
FORDISMUS. Das von Henry Ford eingeführte Produktionssystem, das auf dem Fließband basiert.
FORMALE OPERATIONALE PERIODE. Nach Piaget ein Stadium der kognitiven Entwicklung, in dem das heranwachsende Kind fähig wird, mit abstrakten Begriffen und hypothetischen Situationen umzugehen.
FORTPFLANZUNGSFAMILIE. Die Familie, die jemand durch Heirat oder durch die Zeugung von Kindern begründet.
FUNDAMENTALISMUS. Der Glaube an die Notwendigkeit einer Rückbesinnung auf den buchstäblichen Sinn überlieferter heiliger Texte.
FUNKTIONALISMUS. Eine theoretische Perspektive, die auf der Idee gründet, daß soziale Ereignisse am besten unter Bezug auf die von ihnen geleistete Funktion erklärt werden können, also auf den Beitrag, den sie zum Weiterbestehen einer Gesellschaft leisten.
GENTRIFICATION. Ein Prozeß der Revitalisierung verfallender Nachbarschaften, bei dem die Erneuerung alter Gebäude und der Bau neuer ermutigt werden.
GEOZENTRISCHE MULTIS. **Multinationale Konzerne**, deren Verwaltungsstruktur global ist, statt von einem bestimmten Land aus gelenkt zu werden.
GESCHLOSSENE HÄUSLICHE KERNFAMILIE. Das System der **Kernfamilie**, das für den modernen Westen charakteristisch ist und bei dem die häusliche Einheit gegenüber der sie umgebenden Gemeinschaft weitgehend abgeschlossen ist.
GESETZE. Ein System von Verhaltensregeln, das von einer politischen Autorität erlassen wird und sich auf die Macht des Staates stützt.
GEWALT IN DER FAMILIE. Gewalt zwischen den Mitgliedern eines Haushalts. Ein Großteil der ernstzunehmenden häuslichen Gewalt wird von Männern gegenüber Frauen ausgeübt.

GEWALTMANAGEMENT. Die Form, in der das Militär und Waffensysteme innerhalb einer bestimmten Gesellschaft relativ zu den zivilen Behörden organisiert sind.

GEWERKSCHAFT. Ein Vertretungskörper der Arbeiterinteressen im industriellen Bereich.

GLOBALE STADT. Eine Großstadt wie London, New York oder Tokio, die zu einem Organisationszentrum der neuen globalen Ökonomie geworden ist.

GROSSFAMILIE. Eine Familiengruppe, die aus mehr als zwei Generationen von Verwandten besteht und die entweder im selben Haushalt oder sehr nahe beieinander lebt.

GROSSUNTERNEHMEN. Unternehmen oder Firmen.

GRUPPENPRODUKTION. Produktion, die sich auf Kleingruppen statt auf Individuen stützt.

GUERILLABEWEGUNG. Eine militärische **Organisation**, die nicht dem Bereich der Regierung eines Landes zuzurechnen ist.

HANDELSNETZWERKE. Netzwerke des ökonomischen Austausches, die Unternehmen oder Länder verbinden.

HANDLUNGSFELD. Das Gebiet, auf dem **soziale Bewegungen** mit etablierten **Organisationen** interagieren, wobei sich die Ideen und die Perspektive der Mitglieder dieser Bewegungen und Organisationen häufig verändern.

HAUSARBEIT. Unbezahlte Arbeit, die im allgemeinen von Frauen im Haushalt verrichtet wird und die sich mit den alltäglichen häuslichen Aufgaben, wie dem Kochen, dem Putzen und dem Einkaufen, befaßt.

DAS HEILIGE. Etwas, das unter den Anhängern einer bestimmten Religion Gefühle der Erfurcht und der Ehrerbietung auslöst.

HETEROSEXUALITÄT. Eine Orientierung sexueller Aktivitäten und Gefühle, die auf Personen des anderen Geschlechts gerichtet ist.

HIGH–TRUST–SYSTEME. Organisationen oder Arbeitswelten, in denen Individuen ein großes Ausmaß an Autonomie und Kontrolle über ihre Aufgaben eingeräumt wird.

HINTERBÜHNE. Ein Bereich, der hinter den Vorstellungen auf der „Vorderbühne" liegt. Der Begriff wurde von Erving Goffman eingeführt; auf der Hinterbühne können sich Akteure entspannen und informellen Verhaltensweisen hingeben.

HISTORISCHER MATERIALISMUS. Marx' Interpretation des **sozialen Wandels** in der Geschichte, derzufolge Wandlungsprozesse vor allem von ökonomischen Faktoren bestimmt sind.

HISTORIZITÄT. Die Verwendung eines historischen Verständnisses als Grundlage des Versuchs, den Verlauf der Geschichte zu beeinflussen – also einen **sozialen Wandel** in Gang zu setzen, der auf Information beruht.

HÖFLICHE GLEICHGÜLTIGKEIT. Der Prozeß, durch den Individuen, die sich in einem gemeinsamen physischen Interaktionskontext befinden, einander signalisieren, daß sie sich der Gegenwart des anderen bewußt sind, ohne deshalb bedrohlich oder allzu freundlich zu wirken.

HÖHERE BILDUNG. Bildung, die über die Schule hinausführt und in Colleges oder Universitäten vermittelt wird.

HOMOSEXUALITÄT. Eine Orientierung sexueller Aktivitäten oder Gefühle, die sich auf Personen desselben Geschlechts richtet.
HORIZONTALE MOBILITÄT. Die Bewegung von Individuen von einem Gebiet eines Landes in ein anderes oder zwischen verschiedenen Ländern.
HYPOTHESE. Eine Idee oder eine Vermutung über einem bestimmten Sachverhalt, die formuliert wird, um einem empirischen Test unterzogen zu werden.
IDEALTYP. Ein „reiner Typ", der gewonnen wird, indem man bestimmte Merkmale eines sozialen Sachverhaltes isoliert, die nicht unbedingt in der Wirklichkeit realisiert sind. Die Merkmale sind Definitionsmerkmale und nicht unbedingt wünschenswerte Eigenschaften. Ein Beispiel ist Max Webers Idealtyp der bürokratischen Organisation.
INFORMATIONSTECHNOLOGIE. Formen der Technologie, die auf Informationsverarbeitung beruhen und sich auf mikroelektronische Schaltelemente stützen.
INFORMELLE ÖKONOMIE. Ökonomische Transaktionen, die außerhalb der Sphäre herkömmlicher, bezahlter Arbeit liegen.
INNOVATIONSZENTRUM. Eine Stadt, deren wirtschaftliches Wohlergehen davon abhängt, daß sie ein Zentrum der technologischen Innovation oder Kreativität darstellt.
INSTINKT. Ein festes Verhaltensmuster genetischen Ursprungs, das bei allen normalen Tieren innerhalb einer gegebenen Art auftritt.
INSTITUTIONELLER KAPITALISMUS. Kapitalistische Wirtschaftsform, die auf der Innehabung von Anteilen an bestimmten Institutionen gründet.
INTELLIGENZ. Ausmaß der intellektuellen Fähigkeit, vor allem wie sie durch IQ (Intelligenzquotienten)–Tests gemessen wird.
INTERESSENSGRUPPEN. Gruppen, die sich zusammenfinden, um in der politischen Arena spezifische Interessen zu verfolgen, und deren Aktivitäten vor allem in der Beeinflussung von Mitgliedern gesetzgebender Körperschaften bestehen.
INTERGENERATIONSMOBILITÄT. Aufwärts– oder Abwärtsbewegung im System der sozialen Schichtung von einer Generation zur anderen.
INTERNATIONALE ARBEITSTEILUNG. Der Ausdruck bezieht sich auf die Verflechtung von Ländern oder Regionen, die auf globalen Märkten tätig werden.
INTRAGENERATIONSMOBILITÄT. Aufwärts– oder Abwärtsbewegung im System der sozialen Schichtung innerhalb des Verlaufs einer persönlichen Karriere.
INVASION. Ein in der Ökologie verwendeter Begriff, um sich auf das Eindringen einer neuen Art in ein Gebiet zu beziehen, das vorher von anderen dominiert wurde.
IQ (Intelligenzquotient). Ein bei Tests der symbolischen oder logischen Fähigkeiten erreichtes Ergebnis.
JÄGER– UND SAMMLERGESELLSCHAFTEN. Gesellschaften, deren Ernährungsgrundlage auf der Jagd, dem Fischen und dem Sammeln eßbarer Pflanzen beruht.
KAPITALISMUS. Ein Wirtschaftssystem, das auf dem Privateigentum an Vermögenswerten beruht; diese werden investiert und re–investiert, um Profite abzuwerfen.

KAPITALISTEN. Die Eigentümer von Firmen, von Grund und Boden oder von Firmenanteilen und Aktien, die diese Vermögenswerte dazu benutzen, Gewinne zu erwirtschaften.

KASTE. Eine Form der Schichtung, bei der die soziale Position eines Individuums bei der Geburt festgelegt ist und nicht verändert werden kann. Es gibt praktisch keine Ehe zwischen Angehörigen verschiedener Kastengruppen.

KAUSALZUSAMMENHANG. Eine Beziehung, bei der ein Zustand (die Wirkung) von einem anderen (der Ursache) herbeigeführt wird.

KERKERORGANISATION. Eine **Organisation**, in der Individuen für lange Zeitstrecken gegenüber der Außenwelt abgeschlossen sind – wie etwa ein Gefängnis, eine psychiatrische Klinik, eine Kaserne oder ein Internat.

KERNFAMILIE. Eine Familiengruppe, die aus der Ehefrau, dem Ehemann (oder einem von beiden) und den von ihnen abhängigen Kindern besteht.

KERNLÄNDER. Die Kernländer der Weltwirtschaft sind jene, die aufgrund ihres am höchsten entwickelten Industrialisierungsgrades eine zentrale Position einnehmen (dazu gehören vor allem die USA, Westeuropa und Japan).

KIBBUZIM. Israelische Gemeinschaften, in denen Gemeinschaftsproduktion herrscht und Ungleichheiten des Wohlstandes und des Einkommens auf ein Minimum reduziert sind.

KIRCHE. Eine große Menge von Personen, die einer etablierten religiösen Organisation angehören. Der Ausdruck wird auch auf den Ort angewendet, an dem religiöse Zeremonien abgehalten werden.

KLASSENBEWUSSTSEIN. Ein Bewußtsein des Klassensystems, darunter auch die Wahrnehmung einer Person, welcher Klasse sie selbst zugehört, zusammen mit Bildern des Klassensystems.

KLIENTEL. Ein System der Patronage, bei dem bestimmten Personen, die über Macht oder Einfluß verfügen, Dienstleistungen zur Verfügung gestellt werden. Diese „Patrone" verpflichten sich andere aufgrund der Auszahlungen, über die sie verfügen.

KOGNITION. Menschliche Denkprozesse, die auf Wahrnehmung, dem Überlegen und der Erinnerung basieren.

KOLLEKTIVER KONSUM. Ein von Manuel Castells verwendeter Begriff, um sich auf urbane Konsumprozesse zu beziehen – wie etwa das Kaufen und Verkaufen von Grundstücken.

KOLONIALISIERUNG. Der Prozeß, durch den sich westliche Nationen zu den Herrschern von Teilen der Welt aufschwangen, die von ihren angestammten Territorien weit entfernt waren.

KOMMUNISMUS. Ein Bündel von politischen Ideen, das mit Marx assoziiert wird und vor allem von Lenin weiterentwickelt wurde; es war bis 1990 in der Sowjetunion und in Osteuropa institutionalisiert und ist es heute noch in China.

KONFESSION. Eine religiöse **Sekte**, die ihre reformatorische Dynamik eingebüßt hat, zu einer institutionalisierten Körperschaft geworden ist und sich auf die Gefolgschaft einer beträchtlichen Anzahl von Personen stützen kann.

KONGLOMERATE. Unternehmungen, die sich aus einzelnen Firmen zusammensetzen, die eine Reihe verschiedener Produkte und Dienstleistungen erzeugen bzw. mit diesen handeln.

KONKRETE OPERATIONALE PERIODE. Eine Periode der kognitiven Entwicklung, die von Piaget beschrieben wurde; in dieser Phase basiert das Denken des Kindes vor allem auf seiner physischen Wahrnehmung der Welt. In dieser Periode ist das Kind noch nicht fähig, mit abstrakten Begriffen oder hypothetischen Situationen umzugehen.
KONKURRENZ. Ein in der Ökologie verwendeter Begriff, der den Kampf verschiedener Arten um die besten Lagen in einem gegebenen Territorium bezeichnet.
KONSTITUTIONELLER MONARCH. Ein König oder eine Königin, die vor allem „repräsentieren", während sich die wirkliche Macht in den Händen anderer politischer Führer befindet.
KONTRAINTUITIVES DENKEN. Ein Denken, das Ideen hervorbringt, die common sense–Annahmen zuwiderlaufen.
KONTROLLE. Ein statistisches oder experimentelles Verfahren, um bestimmte **Variablen** konstant zu halten, um den kausalen Einfluß anderer zu untersuchen.
KONVERSATION. Verbale Kommunikation zwischen zwei oder mehr Individuen.
KONVERSATIONSANALYSE. Die empirische Untersuchung von Konversationen, die sich auf Techniken der **Ethnomethodologie** stützt.
KONZESSIONSGESELLSCHAFTEN. Europäische Gesellschaften, die in Kolonialgebieten über das ausschließliche Recht, einen bestimmten Bereich oder eine bestimmte Branche zu bewirtschaften, verfügten.
KORRELATIONSKOEFFIZIENT. Ein Maß der Korrelation zwischen Variablen.
KRIMINELLE NETZWERKE. Ein Netz von Sozialbeziehungen zwischen Individuen, die sich an kriminellen Aktivitäten beteiligen.
KRITISCHE SITUATIONEN. Soziale Umstände, unter denen Individuen gezwungen sind, sich mit radikal neuen Anforderungen auseinanderzusetzen, was einen großen Druck auf ihr bisheriges Verhalten und ihre bisherigen Einstellungen ausübt.
KULT. Eine religiöse Splittergruppe, mit der Personen in loser Verbindung stehen, der es jedoch an einer dauerhaften Struktur fehlt.
KULTURELLE UNIVERSALIEN. Werte oder Verhaltensweisen, die allen menschlichen Kulturen gemeinsam sind.
KULTURELLER PLURALISMUS. Die Koexistenz verschiedener gleichberechtigter Subkulturen innerhalb einer gegebenen Gesellschaft.
LATENTE FUNKTIONEN. Funktionale Konsequenzen, die von den Mitgliedern des sozialen Systems, in dem sie auftreten, nicht beabsichtigt oder erkannt werden.
LEBENSDAUER. Das maximale Alter, das das Mitglied einer gegebenen Art überhaupt – aus biologischen Gründen – erreichen kann.
LEBENSERWARTUNG. Die Anzahl zusätzlicher Jahre, die Menschen beliebigen Alters im Durchschnitt noch vor sich haben.
LEBENSGEMEINSCHAFT. Das Zusammenleben zweier Personen in einer einigermaßen dauerhaften sexuellen Beziehung, ohne daß sie verheiratet wären.
LEGITIMATIONSKRISE. Diese liegt vor, wenn es einer politischen Ordnung nicht gelingt, ein hinreichendes Ausmaß an Engagement seitens ihrer **Staatsbür-**

ger zu erreichen, das sie in die Lage versetzt, die Regierungsgewalt ordnungsgemäß auszuüben.

LEGITIMITÄT. Der Glaube, daß eine bestimmte politische Ordnung gerecht und gültig ist.

LESBENTUM. Homosexuelle Aktivitäten oder Zuneigung zwischen Frauen.

LIBERALE DEMOKRATIE. Ein System der **Demokratie**, das auf parlamentarischen Institutionen beruht und im wirtschaftlichen Bereich mit einem marktwirtschaftlichen System verknüpft ist.

LITERARIZITÄT. Die Fähigkeit von Personen, lesen und schreiben zu können.

LOKALES WISSEN. Wissen über eine lokale Gemeinschaft oder einen Handlungskontext, das Individuen zur Verfügung steht, die lange Abschnitte ihres Lebens darin verbringen.

LOW–TRUST–SYSTEME. Ein **organisatorischer** Kontext oder eine Arbeitsumgebung, wo Individuen wenig Verantwortung für ihre Aufgaben haben und wenig Kontrolle darüber.

MACHTELITE. Kleine Netzwerke von Individuen, die nach der Auffassung von C. Wright Mills in modernen Gesellschaften die Macht in ihren Händen konzentriert haben.

MAKROSEGREGATION. Die Trennung zwischen sehr großen Zahlen von Mitgliedern verschiedener rassischer Gruppen, die auch territorial voneinander getrennt sind.

MAKROSOZIOLOGIE. Die Untersuchung von Großgruppen, **Organisationen** oder sozialen Systemen.

MALTHUSIANISMUS. Eine von Thomas Malthus entwickelte Doktrin über die Bevölkerungsdynamik, derzufolge das Bevölkerungswachstum an „natürliche Grenzen" stößt, die von Hungersnöten und Kriegen gebildet werden.

MANAGERKAPITALISMUS. Kapitalistische Wirtschaftsform, bei der die Unternehmen von Managern statt von den Eigentümern verwaltet werden.

MANIFESTE FUNKTIONEN. Die Funktionen eines Aspektes oder Typus der sozialen Aktivität, die den betroffenen Individuen bekannt sind und von ihnen beabsichtigt werden.

MÄNNLICHE AUSDRUCKSSCHWÄCHE. Die Schwierigkeiten, die Männer dabei haben, ihre Gefühle anderen gegenüber zum Ausdruck zu bringen bzw. über diese Gefühle zu sprechen.

MARXISMUS. Ein Gedankengebäude, das sich hauptsächlich von Marx' Ideen herleitet.

MASCHINENPRODUKTION. Wirtschaftliche Produktion, die sich auf den Einsatz von Maschinen stützt, die von unbelebten Energiequellen betrieben werden.

MASKULINITÄT. Die charakteristischen Verhaltensweisen, die von Männern in einer bestimmten Kultur erwartet werden.

MASSENMEDIEN. Kommunikationsformen wie Zeitungen, Zeitschriften, Radio oder Fernsehen, die sich an ein Massenpublikum wenden.

MASSENVERBREITUNG. Die großen Massen der Leser und Seher, die von modernen Kommunikationsmedien, wie etwa von den Zeitungen oder vom Fernsehen, erreicht werden.

MATERIALISTISCHE GESCHICHTSPHILOSOPHIE. Die von Marx entwikkelte Auffassung, derzufolge die „materiellen" oder wirtschaftlichen Faktoren bei der Formung des historischen Wandels die Hauptrolle spielen.
MATRILINEARE VERERBUNG. Der Vererbung von Eigentum oder Titeln durch die weibliche Linie.
MATRILOKALE FAMILIE. Ein Familiensystem, bei dem vom Ehemann erwartet wird, daß er in der Nähe der Eltern seiner Frau lebt.
MEDIAN. Die Zahl, die in der Mitte einer Anzahl von Zahlen liegt – es ist dies eine Form der Berechnung der „zentralen Tendenz", die manchmal nützlicher ist als die Berechnung des Mittelwerts.
MEGALOPOLIS. Die „Stadt aller Städte" im antiken Griechenland – ein Ausdruck, der heute dazu verwendet wird, sich auf sehr große städtische **Ballungsgebiete** zu beziehen.
MEHRWERT. Der Wert der Arbeitskraft eines Individuums in der marxistischen Theorie, der, nachdem der Arbeitgeber die Kosten der Anstellung eines Arbeiters bestritten hat, „übrigbleibt".
MESOSEGREGATION. Trennungen zwischen rassischen Gruppen, die sich auf benachbarte Wohnviertel erstrecken.
METRISCHE ZEIT. Die Zeit, wie sie mit der Uhr gemessen wird – also in Stunden, Minuten oder Sekunden. Vor der Erfindung der Uhr basierte die Zeitrechnung auf Ereignissen der natürlichen Welt, wie etwa dem Sonnenaufgang und -untergang.
MIKROSEGREGATION. Trennung zwischen rassischen Gruppen, die in Details des Alltagslebens durchgesetzt wird – z. B. getrennte Wartesäle in Bus- oder Eisenbahnstationen.
MIKROSOZIOLOGIE. Die Untersuchung des menschlichen Verhaltens in der Interaktion von Angesicht zu Angesicht.
MILITÄRISCH–INDUSTRIELLER KOMPLEX. Eine Menge institutioneller Beziehungen zwischen Unternehmen und dem Militär, die auf einem gemeinsamen Interesse an der Waffenerzeugung basieren.
MILITÄRISCHE GESINNUNG. Ein von Samuel Huntington geprägter Ausdruck, der sich auf die typische Perspektive bezieht, die der Soldat gegenüber der Welt einnimmt.
MINDERHEITENGRUPPE (oder **ETHNISCHE MINDERHEIT**). Eine Gruppe von Menschen, die in einer bestimmten Gesellschaft eine Minderheit darstellt und die sich aufgrund ihrer spezifischen physischen oder kulturellen Merkmale gegenüber anderen Mitgliedern dieser Gesellschaft benachteiligt findet.
MITTELSCHICHT. Eine soziale Klasse, die sich – allgemein gesprochen – aus jenen zusammensetzt, die in white–collar Berufen und im niedrigen Management arbeiten.
MITTELWERT. Ein statistisches Maß der „zentralen Tendenz" oder des Durchschnitts, das man erhält, wenn man eine Gesamtsumme durch die Anzahl der betreffenden Einzelfälle dividiert.
MOBILISIERUNG. Die „Vorbereitung" von Gruppen auf das kollektive Handeln.
MODULPRODUKTIONSSTANDORT. Ein städtisches Gebiet, wo Teilprodukte hergestellt werden, die schließlich anderswo montiert werden.

MODUS. Die Zahl, die in einer Menge von Daten am häufigsten vorkommt; durch sie kann die zentrale Tendenz manchmal in hilfreicher Weise dargestellt werden.

MONOGAMIE. Eine Form der Ehe, bei der jeder Partner zu einem bestimmten Zeitpunkt nur mit einer einzigen Person verheiratet sein darf.

MONOPOL. Eine Situation, in der eine einzelne Firma einen bestimmten Industriezweig dominiert.

MONOTHEISMUS. Der Glaube an einen einzigen Gott.

MULTILINEARE EVOLUTION. Eine Interpretation der sozialen Evolution, derzufolge es verschiedene „Pfade" der evolutionären Entwicklung gibt, die von verschiedenen Gesellschaften beschritten werden.

MULTINATIONALE KONZERNE. Wirtschaftsunternehmen, deren Aktivitäten sich auf zwei oder mehr Länder erstrecken.

MULTIPLE SOUVERÄNITÄT. Eine Situation, bei der es in einer Gesellschaft keine einzelne souveräne Macht gibt.

MUTATION. Ein Prozeß des zufälligen genetischen Wandels, durch den die physischen Merkmale eines Tieres oder einer Pflanze verändert werden. Der größte Teil der Mutationen führt im Verlauf der **Evolution** „nirgendwohin" – das heißt, den Organismen, die der Mutation unterworfen werden, gelingt es nicht zu überleben. In einem winzigen Teil der Fälle bringt die Mutation jedoch Merkmale hervor, die es neuen Arten ermöglichen, sich durchzusetzen.

MÜTTERLICHE DEPRIVATION. Situation, in der Babys oder Kleinkinder für einen Zeitraum von mehreren Wochen oder länger vom engen Kontakt mit der Mutter abgeschnitten werden.

NATIONALISMUS. Eine Menge von Überzeugungen und Symbolen, die die Identifikation mit einer bestimmten nationalen Gemeinschaft zum Ausdruck bringen.

NATIONALSTAAT. Ein für die Moderne charakteristischer Typ von **Staat**, bei dem eine Regierung die Hoheitsgewalt über einen bestimmten territorialen Bereich ausübt und die große Mehrheit der Bevölkerung **Staatsbürger** sind, die sich einer einzigen Nation zugehörig fühlen. Nationalstaaten stehen in engem Zusammenhang mit dem Aufstieg des **Nationalismus**, obwohl nationale Loyalitäten sich nicht immer mit den Grenzen heute existierender Staaten decken. Nationalstaaten entwickeln sich als Teile eines sich formierenden Systems von Nationalstaaten, das europäischen Ursprungs ist, heute jedoch die ganze Welt umspannt.

NEOIMPERIALISMUS. Die Herrschaft einiger Nationen über andere, aufgrund ungleicher Bedingungen des wirtschaftlichen Tausches. Im Gegensatz zu älteren Reichsbildungen gründet sich der Neoimperialismus nicht auf die direkte Ausübung von politischer Macht einer Gesellschaft gegenüber einer anderen. Neoimperialistische Beziehungen finden sich vor allem zwischen industrialisierten Gesellschaften und den Ländern der **Dritten Welt**.

NEOLOKALES WOHNEN. Ein Familienmuster, bei dem das neuverheiratete Paar einen Haushalt gründet, der vom Wohnort der Eltern sowohl der Braut als auch des Bräutigams relativ weit entfernt ist.

NEUROTISCHE ZUSTÄNDE. Eine vergleichsweise milde Form der psychischen Störung, wie z.B. Angstgefühle.

NICHTSTAATLICHE AKTEURE. Internationale Agenturen, die keine Staaten sind, jedoch im Weltsystem eine Rolle spielen.

NONVERBALE KOMMUNIKATION. Kommunikation zwischen Individuen, die statt auf der Verwendung von Sprache auf dem Gesichtsausdruck oder auf Gesten beruht.

OBERSCHICHT. Eine soziale Klasse, die sich allgemein gesprochen aus den wohlhabenderen Mitgliedern einer Gesellschaft zusammensetzt, vor allem aus jenen, die ein Vermögen geerbt haben, Unternehmen besitzen oder Aktienpakete innehaben.

ÖDIPUSKOMPLEX. Eine Phase der frühen psychologischen Entwicklung des Menschen, in der nach Freud das Kind eine intensive Liebe zur Mutter empfindet, verknüpft mit einem Haß gegenüber dem Vater. Nach Freud bedeutet die Überwindung des Ödipuskomplexes in der Entwicklung des Kindes als autonomes Wesen einen Übergang von zentraler Bedeutung. Freud entnahm den Ausdruck „Ödipus" der mythologischen Geschichte des Ödipus, der, ohne zu wissen, um wen es sich handelte, seine Mutter heiratete und seinen Vater tötete.

OFFENE FAMILIE. Ein Familiensystem des traditionellen Europa, bei dem die familiären Beziehungen mit der örtlichen Gemeinschaft eng verflochten sind.

ÖFFENTLICHE DISTANZ. Der physische Raum, den Personen zwischen sich und anderen aufrecht erhalten, wenn sie eine öffentliche Vorstellung geben, z. B. wenn sie einen Vortrag halten.

ÖFFENTLICHES GESUNDHEITSWESEN. Gesundheitsdienstleistungen, die allen Mitgliedern der Bevölkerung offenstehen und von der Regierung finanziert werden.

ÖKOLOGISCHER ANSATZ. Eine Perspektive der Stadtforschung, die die „natürliche" Verteilung städtische Nachbarschaften auf Gebiete mit kontrastierenden Merkmalen betont.

OLIGARCHIE. Herrschaft einer kleinen Minderheit innerhalb einer Organisation oder Gesellschaft.

OLIGARCHISCHE MILITÄRHERRSCHAFT. Regierung, die von einer kleinen Gruppe von Spitzenmilitärs angeführt wird.

OLIGOPOL. Eine Situation, bei der eine kleine Zahl von Unternehmen eine bestimmte Branche dominiert.

ORGANISATIONSMITGLIEDER (BEAMTE). Individuen, die in großen **Organisationen** formale Positionen bekleiden.

ORGANISIERTES VERBRECHEN. Kriminelle Aktivitäten von Organisationen, die als Wirtschaftsunternehmen etabliert sind.

PARIAS. Gruppen, die unter einem negativen **Status** oder unter **Diskriminierung** leiden – auf die, in anderen Worten, von den anderen Mitgliedern der Gesellschaft „herabgesehen" wird. Während eines Großteils der europäischen Geschichte waren die Juden eine Paria–Gruppe.

PARTIZIPATORISCHE DEMOKRATIE. Ein demokratisches System, bei dem alle Mitglieder einer Gruppe oder Gemeinschaft wichtigere Entscheidungen gemeinsam treffen.

PATRILINEARE VERERBUNG. Die Vererbung von Eigentum oder Titeln durch die männliche Linie.
PATRILOKALE FAMILIE. Ein Familiensystem, bei dem von der Frau erwartet wird, daß sie in der Nähe der Eltern des Ehemanns lebt.
PAZIFISMUS. Die Überzeugung, daß der Krieg moralisches Unrecht ist.
PEER-GRUPPE. Eine Freundesgruppe, die aus Einzelpersonen von ähnlichem Alter und sozialem Status besteht.
PERIPHERIE. Der Ausdruck bezieht sich auf Länder, die in der Weltwirtschaft eine marginale Rolle spielen und daher in ihren Handelsbeziehungen von den produzierenden Gesellschaften der „Kernländer" abhängig sind.
PERSÖNLICHER RAUM. Der physische Raum, den Individuen zwischen sich und anderen, die ihnen persönlich bekannt sind, aufrechterhalten.
PLURALE GESELLSCHAFT. Eine Gesellschaft, in der verschiedene ethnische Gruppierungen Seite an Seite existieren, wobei jede in Gemeinschaften oder Regionen lebt, die voneinander weitgehend getrennt sind.
PLURALISTISCHE DEMOKRATIETHEORIEN. Theorien, die betonen, welch wichtige Rolle verschiedenen miteinander konkurrierenden Interessensgruppen dabei zukommt, zu verhindern, daß zuviel Macht in den Händen politischer Führer versammelt wird.
POLITISCHE PARTEI. Eine Organisation, die zum Ziel hat, an die Regierungsmacht zu gelangen und diese Macht dazu zu verwenden, ein spezifisches Programm zu verfolgen.
POLITISCHE RECHTE. Rechte der politischen Teilnahme, wie z. B. das Recht an lokalen und nationalen Wahlen teilzunehmen, die den **Staatsbürgern** einer bestimmten nationalen Gemeinschaft zukommen.
POLITISCHER APPARAT. Die **Organisationen** der Regierung, die die regelmäßige politische Verwaltung eines bestimmten räumlichen Gebiets ermöglichen.
POLYANDRIE. Eine Form der **Ehe**, bei der eine Frau gleichzeitig zwei oder mehrere Ehemänner haben darf.
POLYGAMIE. Eine Form der **Ehe**, bei der eine Person zugleich zwei oder mehrere Partner haben darf.
POLYGYNIE. Eine Form der **Ehe**, bei der ein Mann mehr als eine Ehefrau zur selben Zeit haben darf.
POLYTHEISMUS. Glaube an zwei oder mehrere Götter.
POLYZENTRISCHE MULTIS. Multinationale Konzerne, die von zwei oder mehreren Hauptverwaltungszentren in verschiedenen Ländern geleitet werden.
POSITIVISMUS. Eine philosophische Position, derzufolge es aufgrund einer gemeinsamen logischen Struktur enge Verbindungen zwischen den Sozial- und den Naturwissenschaften gibt.
PRÄ-OPERATIONALES STADIUM. Ein Stadium der kognitiven Entwicklung nach Piaget, bei dem das Kind weit genug fortgeschritten ist, um die Grundformen des logischen Denkens zu beherrschen.
PRESTIGE. Der einem Individuum oder einer Gruppe aufgrund ihres Status erwiesene Respekt.

PRIMÄRER ARBEITSMARKT. Der Ausdruck bezieht sich auf die wirtschaftliche Position von Gruppen von Individuen, die sichere Arbeitsplätze und gute Arbeitsbedingungen haben.
PRIMÄRER SEKTOR. Jener Teil der modernen Wirtschaft, der auf der Gewinnung natürlicher Ressourcen basiert (einschließlich der landwirtschaftlichen Produktion).
PRIMÄRGRUPPE. Eine Gruppe von Individuen, die zueinander in einer persönlichen Beziehung stehen.
PRIVATE GESUNDHEITSVERSORGUNG. Gesundheitliche Dienstleistungen, die nur jenen zur Verfügung stehen, die dafür die vollen Kosten entrichten.
PRODUKTIONSKRÄFTE. Ein von Marx verwendeter Ausdruck, um sich auf die Faktoren zu beziehen, die für das Wirtschaftswachstum einer Gesellschaft verantwortlich sind.
PRODUKTIONSMITTEL. Die Mittel, durch die in einer Gesellschaft materielle Güter hergestellt werden; diese schließen nicht bloß die Technologie, sondern auch die sozialen Beziehungen zwischen den Produzenten ein.
DAS PROFANE. Das, was zur alltäglichen Welt gehört.
PROJEKTION. Die Zuschreibung von Gefühlen, die man tatsächlich selbst hat, auf andere.
PROPHETEN. Religiöse Anführer, die aufgrund ihrer Interpretation heiliger Texte eine Gefolgschaft gewinnen.
PROSTITUTION. Der Verkauf sexueller Gunstbezeugungen.
PSYCHOANALYSE. Die von Sigmund Freud erfundene psychotherapeutische Technik. Das Wort „Psychoanalyse" wird heute auch auf das von Freud begründete intellektuelle System der psychologischen Theorie angewendet.
PSYCHOPATH. Ein spezifischer Persönlichkeitstypus; solchen Individuen fehlen der moralische Sinn und die Identifikation mit anderen, die man bei den meisten normalen Menschen antrifft.
PSYCHOTISCHE ZUSTÄNDE. Ernsthafte psychische Störungen.
RASSE. Physische Unterschiede zwischen Menschen, die als Grundlage der Zusammenfassung großer Zahlen von Individuen wahrgenommen werden.
RATIONALISIERUNG. Ein von Weber verwendeter Begriff, um den Prozeß zu bezeichnen, durch den Formen der präzisen Kalkulation und Organisation, die auf abstrakten Regeln und Verfahren beruhen, in zunehmendem Ausmaß die soziale Welt dominieren.
REAKTIONSRUFE. Anscheinend unfreiwillige Ausrufe von Individuen, wenn sie z. B. überrascht werden, etwas aus Unachtsamkeit fallen lassen oder Freude zum Ausdruck bringen.
REDEN. Das Abhalten von Konversationen oder Gesprächen im Verlauf des alltäglichen sozialen Lebens.
REFORMBEWEGUNG. Eine **soziale Bewegung**, die darauf abzielt, ein praktisches, aber beschränktes Programm des **sozialen Wandels** durchzuführen.
REGIONALISIERUNG. Die Aufteilung des gesellschaftlichen Lebens auf verschiedene regionale Kontexte oder Zonen.
RELATIVE ARMUT. Armut, die in Bezug auf den Lebensstandard der Mehrheit einer gegebenen Gesellschaft definiert wird.

RELATIVE DEPRIVATION. Das Gefühl, relativ zu einer Gruppe, mit der man sich vergleicht, zu kurz gekommen zu sein.

RENTNERSTADT. Eine Stadt, die im allgemeinen ein günstiges Klima hat und in die viele Leute ziehen, wenn sie aus dem Erwerbsleben ausscheiden.

REPRÄSENTATIVE MEHRPARTEIENDEMOKRATIE. Ein demokratisches System, das sich auf die Existenz zweier oder mehrerer politischer Parteien stützt und bei dem die Wähler politische Führer wählen, die sie vertreten sollen.

REPRODUKTIONSFÄHIGKEIT. Ein Maß der Anzahl der Kinder, die eine Frau – rein biologisch gesehen – gebären kann.

RESIDUALE REGELVERLETZUNG. Die Verletzung von **Normen**, die grundlegende Aspekte unserer alltäglichen sozialen Interaktion umschreiben.

RESOZIALISATION. Ein Muster des Persönlichkeitswandels, bei dem eine erwachsene Person Verhaltensweisen übernimmt, die sich von jenen, die sie vorher aufwies, unterscheiden.

RESTRINGIERTER CODE. Ein Sprachstil, der auf einem stark entwickelten kulturellen Vorverständnis beruht, sodaß man viele Ideen nicht verbal zu formulieren braucht.

REVOLUTIONSTERROR. Die Anwendung bzw. Androhung von Gewalt, um politische Ziele gegen den Widerstand anderer durchzusetzen.

SANKTION. Eine Form der Belohnung oder Bestrafung, die sozial erwartete Verhaltensformen verstärkt.

SÄUGLINGSSTERBLICHKEITSRATE. Die Anzahl der Kinder, die während des ersten Lebensjahres sterben, bezogen auf 1000 Lebendgeburten.

SCHAMANE. Ein Individuum, dem spezielle, magische Kräfte zugeschrieben werden; ein Zauberer oder Hexer.

SCHIZOPHRENIE. Eine ernsthafte Form der **Geisteskrankheit**, bei der der Wirklichkeitssinn des Individuums beeinträchtigt wird.

SCHMELZTIEGEL. Die Idee, daß ethnische Unterschiede miteinander kombiniert werden können, um neue Verhaltensmuster hervorzubringen, die sich aus verschiedenen kulturellen Quellen herleiten.

SCHWELLENLÄNDER. Länder der Dritten Welt, die in den letzten zwei oder drei Jahrzehnten begonnen haben, eine starke industrielle Basis zu entwickeln, wie z. B. Singapur oder Hongkong.

SEKTE. Eine religiöse Bewegung, die sich von der Hauptströmung einer Religion abspaltet.

SEKUNDÄRER ARBEITSMARKT. Bezieht sich auf die wirtschaftliche Situation von Leuten, die unsichere Arbeitsplätze und schlechte Arbeitsbedingungen haben.

SEKUNDÄRER SEKTOR. Jener Teil der Wirtschaft, der sich mit der Herstellung von Gütern befaßt.

SEKUNDÄRGRUPPE. Eine Gruppe von Individuen, die einander persönlich nicht kennen.

SELBSTAUFKLÄRUNG. Das vertiefte Verständnis ihrer Lebensbedingungen, das Menschen aufgrund sozialwissenschaftlicher Untersuchungen erlangen können – was sie unter Umständen in die Lage versetzt zu handeln, um diese Bedingungen zu verändern.

SEMI–PERIPHERIE. Länder, die den industriellen Kernländern Arbeitskräfte und Rohmaterialien zur Verfügung stellen, selbst aber nicht vollindustrialisiert sind.
SEMIOTIK. Die Untersuchung, auf welche Weise nicht–linguistische Phänomene Sinn generieren können – wie z. B. eine Verkehrsampel.
SENSO–MOTORISCHES STADIUM. Nach Piaget eine Phase der menschlichen kognitiven Entwicklung, in der das Bewußtsein des Kindes von seiner Umwelt durch die Wahrnehmung und den Tastsinn dominiert sind.
SERIELLE MONOGAMIE. Wenn eine Person hintereinander mehrere Ehen schließt, jedoch nie mehr als einen Partner gleichzeitig hat.
SEXISMUS. Einstellungen oder Überzeugungen, die den Mitgliedern eines der beiden Geschlechter fälschlich bestimmte Fähigkeiten zuschreiben oder absprechen und dadurch geschlechtsspezifische Ungleichheiten rechtfertigen.
SEXUELLE AKTIVITÄT. Aktivität mit dem Ziel der sexuellen Befriedigung.
SEXUELLE BELÄSTIGUNG. Unwillkommene sexuelle Avancen eines Individuums gegenüber einem anderen, die fortgesetzt werden, auch wenn deutlich geworden ist, daß die andere Person daran kein Interesse hat.
SEXUS (NATÜRLICHES GESCHLECHT). Die biologischen und anatomischen Unterschiede, die Frauen von Männern unterscheiden.
SINNHAFTE AKTIVITÄTEN. Menschliches Handeln, das aus bestimmten Gründen und mit bestimmten Zielvorstellungen geschieht. Der Großteil des menschlichen Verhaltens setzt sich aus sinnhaften Aktivitäten zusammen; dies ist eines der Hauptmerkmale, das das menschliche Verhalten von der Bewegung von Gegenständen und Ereignissen in der natürlichen Welt unterscheidet.
SIPPE. Eine Verwandtschaftsgruppe, die über die Familie hinausreicht und sich in vielen präindustriellen Gesellschaften findet.
SKLAVEREI. Eine Form der sozialen Schichtung, bei der bestimmte Individuen ganz buchstäblich im Eigentum anderer stehen.
SOUVERÄNITÄT. Die unbestrittene politische Herrschaft eines **Staates** über ein bestimmtes Territorium.
SOZIALDARWINISMUS. Eine Auffassung der sozialen Evolution, die die Bedeutung des Kampfes und des Krieges zwischen Gruppen oder Gesellschaften als Motor der Entwicklung hervorhebt.
SOZIALE DISTANZ. Das Ausmaß der räumlichen Distanz, das von Individuen aufrecht erhalten wird, wenn sie mit anderen interagieren, die sie nicht gut kennen.
SOZIALE EINSCHRÄNKUNG. Der Ausdruck bezieht sich auf die Tatsache, daß die Gruppen und Gesellschaften, denen wir angehören, unser Verhalten konditionieren. Soziale Einschränkungen wurden von Durkheim als eines der entscheidenden Merkmale „sozialer Tatsachen" aufgefaßt.
SOZIALE KATEGORIE. Eine statistische Gruppierung von Individuen, denen ein bestimmtes Merkmal gemeinsam ist – z. B. alle Individuen in einer gegebenen Gesellschaft, die über einem bestimmten Einkommensniveau liegen.
SOZIALE RECHTE. Rechte auf soziale und Wohlfahrtsleistungen, die allen Bürgern einer gegebenen nationalen Gemeinschaft zustehen, darunter z. B. das Recht auf Arbeitslosenunterstützung oder Krankengeld.

SOZIALE REPRODUKTION. Die Prozesse, die Merkmale der sozialen Struktur über die Zeit hinweg erhalten oder perpetuieren.
SOZIALE SCHLIESSUNG. Praktiken, durch die sich Gruppen von anderen Gruppen abschließen.
SOZIALE TRANSFORMATION. Wandlungsprozesse in „Gesellschaften" oder sozialen Systemen.
SOZIALES SELBST. Die Basis der Selbstbewußtheit in menschlichen Individuen nach der Theorie von G.H. Mead. Das soziale Selbst ist die dem Individuum durch die Reaktionen der anderen verliehene Identität. Eine Person erreicht Selbstbewußtheit, indem sie sich dieser sozialen Identität bewußt wird.
SOZIALISATIONSINSTANZEN. Gruppen oder soziale Kontexte, innerhalb derer bedeutsame Prozesse der Sozialisation ablaufen.
SOZIALISMUS. Ein Bündel politischer Ideen, das die kooperative Natur der modernen industriellen Produktion betont, sowie die Notwendigkeit, eine egalitäre Sozialgemeinschaft zu verwirklichen.
SOZIOBIOLOGIE. Ein Ansatz, der versucht, das Verhalten von sowohl Menschen als auch Tieren unter Rückgriff auf biologische Prinzipien zu erklären.
DIE SOZIOLOGISCHE DENKWEISE. Die Anwendung kreativen Denkens auf die Formulierung und Beantwortung soziologischer Fragen. Entwickelt das Individuum soziologische Phantasie, dann muß es sich von den vertrauten Routinen des Alltagslebens „fortdenken".
STAATENLOSE GESELLSCHAFT. Eine **Gesellschaft**, die keine formalen Institutionen der **Regierung** hat.
STAATSBÜRGER. Das Mitglied einer politischen Gemeinschaft, das sowohl Rechte als auch Pflichten hat, die mit dieser Mitgliedschaft verbunden sind.
STAATSGESELLSCHAFT. Eine **Gesellschaft**, die einen formalen Apparat einer **Regierung** hat.
STAATSSTREICH. Die gewaltsame Übernahme der **Regierung**sgewalt. Anders als im Fall der Revolution ist dabei keine **soziale** Massen**bewegung** beteiligt.
STADT DER ZENTRALEN. Eine Stadt, die in der internationalen Arbeitsteilung eine koordinierende Rolle spielt – ein Zentrum des weltweiten Handels und der Finanz.
STAND. Eine Form der Schichtung, bei der Ungleichheiten zwischen Gruppen von Individuen rechtlich verankert sind.
STANDARDABWEICHUNG. Eine Form der Berechnung der Streuung einer Gruppe von Zahlen.
STEHENDE ARMEE. Eine Armee mit Berufssoldaten, die eine vergleichsweise dauerhafte Existenz hat.
STEREOTYPES DENKEN. Gedankenprozesse, die sich auf starre und unveränderliche Kategorien stützen.
STICHPROBE. Ein Anteil von Individuen oder Fällen aus einer größeren Population, der als für diese Gesamtpopulation repräsentativ untersucht wird.
STIEFFAMILIEN. Familien, in denen zumindest ein Ehepartner Kinder aus einer vorhergehenden Ehe hat, die entweder zu Hause leben oder in der Nähe.

STREIK. Eine zeitweilige Arbeitsunterbrechung durch eine Gruppe von Beschäftigten, um Irritationen zum Ausdruck zu bringen oder eine Forderung durchzusetzen.

STRUKTURALISMUS. Ein **theoretischer Ansatz**, der ursprünglich in der Linguistik entwickelt wurde und sich mit der Identifikation von Strukturen in sozialen oder kulturellen Systemen befaßt.

SUBKULTUR. Werte und **Normen**, die sich von jenen der Mehrheit unterscheiden und von einer Untergruppe der Gesellschaft akzeptiert werden.

SUBURBANISIERUNG. Die Entwicklung von Vorstädten und von Wohnvierteln außerhalb der inneren Bezirke der Stadt.

SUFFRAGETTEN. Mitglieder der frühen Frauenbewegungen, die für die politische Gleichberechtigung von Frauen und Männern kämpften.

SUKZESSION. Ein ökologischer Ausdruck, der sich auf die Ersetzung einer dominanten Art in einer bestimmten Umgebung durch eine andere bezieht.

SÜNDENBOCK. Ein Individuum oder eine Gruppe, denen Übeltaten angerechnet werden, die sie nicht begangen haben.

SYMBOL. Ein Gegenstand, der verwendet wird, um für einen anderen zu stehen oder ihn zu repräsentieren, wie im Falle einer Flagge, die eine Nation symbolisiert.

SYMBOLISCHER INTERAKTIONISMUS. Ein von George Herbert Mead entwickelter, **theoretischer Ansatz** in der Soziologie, der großen Wert auf die Rolle von Symbolen und Sprache als zentralen Elementen aller menschlichen Interaktion legt.

TATSACHENFRAGEN. Fragen, die sich auf Tatsachen – im Gegensatz zu theoretischen oder moralischen Fragestellungen – beziehen.

TAYLORISMUS. Ein Ideenbündel, das auch als *scientific management* bezeichnet wird und von Frederick Winslow Taylor entwickelt wurde; dabei geht es um einfache, koordinierte industrielle Arbeitsabläufe.

TECHNOLOGIE. Die Anwendung von Wissen auf die materielle Produktion. Bei der Technologie werden materielle Geräte entwickelt (wie z. B. Maschinen), die bei der Auseinandersetzung des Menschen mit der Natur Anwendung finden.

TEILNEHMENDE BEOBACHTUNG (Feldforschung). Eine in der Soziologie und Ethnologie weithin verwendete Forschungsmethode, bei der der Forscher an den Aktivitäten der untersuchten Gruppe oder Gemeinschaft teilnimmt.

TERRORISMUS. Die Anwendung von Gewalt seitens von Gruppen, die nicht der Regierung angehören, um ihre politischen Ziele zu erreichen.

TERTIÄRER SEKTOR. Jener Teil der Wirtschaft, der mit der Bereitstellung von Dienstleistungen befaßt ist.

TESTIKULARES FEMINISIERUNGSSYNDROM. Eine Drüsenstörung, die in Individuen, die vom Chromosomensatz her männlich sind, weibliche Genitalien hervorbringt.

THEORETISCHE FRAGEN. Fragen, die der Soziologe aufwirft, wenn er versucht, eine bestimmte Reihe von beobachteten Ereignissen zu erklären. Das Stellen von theoretischen Fragen ist von zentraler Bedeutung, wenn wir über das Wesen des sozialen Lebens verallgemeinern wollen.

THEORETISCHES DILEMMA. Ein grundlegendes theoretisches Problem, das im Mittelpunkt lang andauernder Debatten in der Soziologie steht.

TOTALER KRIEG. Krieg, an dem große Teile der Bevölkerung teilnehmen, ob direkt oder indirekt, und bei dem Hunderttausende oder Millionen von Soldaten eingesetzt werden.

TOTEMISMUS. Ein System religiöser Überzeugungen, das bestimmten Tieren oder Pflanzen göttliche Eigenschaften zuschreibt.

TRADITIONELLE STAATEN. Gesellschaften auf staatlicher Basis, deren Produktionsgrundlage die Landwirtschaft oder die Weidewirtschaft ist. Traditionelle Staaten werden auch oft als „frühe Zivilisationen" bezeichnet.

TRANSFORMATIONSBEWEGUNG. Eine **soziale Bewegung**, die darauf abzielt, größere Prozesse des **sozialen Wandels** auszulösen.

TRIANGULATION. Die Verwendung verschiedener Forschungsmethoden, um verläßlichere empirische Daten zu gewinnen, als man aufgrund der Verwendung einer einzelnen Methode erlangen kann.

ÜBERFORDERUNG DES STAATES. Eine Theorie, derzufolge moderne Staaten als Ergebnis der Überlastung durch komplexe administrative Entscheidungen sich großen Schwierigkeiten gegenübersehen.

ÜBERGANGSKLASSEN. Ein von Marx verwendeter Ausdruck, um sich auf Klassen zu beziehen, die einem aussterbenden Gesellschaftstypus angehören und in einem neuen Gesellschaftstypus weiterbestehen – wie die Bauern oder großen Grundbesitzer in einem System, das kapitalistisch geworden ist.

ÜBERWACHUNG. Die Beaufsichtigung der Aktivitäten bestimmter Individuen oder Gruppen durch andere, um deren Konformität sicherzustellen.

UMFRAGE. Eine soziologische Forschungsmethode, bei der der untersuchten Population Fragebögen vorgelegt werden.

UMWELTÖKOLOGIE. Der Ausdruck bezieht sich auf das Bestreben, angesichts der Auswirkungen der modernen Industrie und Technologie die Integrität der physischen Umwelt zu bewahren.

UNABHÄNGIGE VARIABLE. Eine **Variable** oder ein Faktor, der einen anderen kausal beeinflußt (die **abhängige Variable**).

UNBEABSICHTIGTE KONSEQUENZEN. Konsequenzen, die aus Verhalten entstehen, das zu anderen Zwecken gesetzt wurde. Viele der bedeutsamen Merkmale der sozialen Aktivität sind von jenen, die daran teilnehmen, nicht beabsichtigt.

UNGLEICHGEWICHT. Der Zusammenbruch des sozialen Gleichgewichts oder des **Konsenses**.

UNILINEARE EVOLUTION. Eine Darstellung der sozialen Evolution, derzufolge sich alle Gesellschaften durch dieselbe Abfolge von Stadien hindurch entwickeln müssen.

UNTERKLASSE. Eine Klasse von Individuen, die am unteren Ende des Klassensystems angesiedelt ist und sich im allgemeinen aus Leuten zusammensetzt, die ethnischen Minderheiten entstammen.

UNTERNEHMER. Der Eigentümer einer Firma.

UNZENTRIERTE INTERAKTION. Interaktion zwischen Leuten, die in einer bestimmten Situation gleichzeitig anwesend sind, jedoch nicht miteinander direkt von Angesicht zu Angesicht kommunizieren.

URBANISIERUNG. Die Entwicklung von größeren und kleineren Städten.

URBANISMUS. Ein von Louis Wirth verwendeter Ausdruck, um sich auf spezifische Merkmale des städtischen sozialen Lebens, wie z. B. auf seine Unpersönlichkeit, zu beziehen.

VARIABLE. Eine Dimension, entlang der ein Gegenstand, ein Individuum oder eine Gruppe kategorisiert werden kann, wie z. B. das Einkommen oder die Körpergröße.

DER VERALLGEMEINERTE ANDERE. Ein Begriff aus der Theorie von G.H. Mead, demzufolge das Individuum während seines **Sozialisationsprozesses** die allgemeinen **Werte** einer gegebenen Gruppe oder Gesellschaft übernimmt.

VERBRECHEN DER MÄCHTIGEN. Verbrecherische Aktivitäten, die von Personen gesetzt werden, die sich in Machtpositionen befinden.

VERBRECHEN OHNE OPFER. Eine als kriminell definierte Aktivität des Individuums, von der keine andere Person direkt betroffen ist, wie die Einnahme von Drogen oder das illegale Glücksspiel.

VERBORGENER LEHRPLAN. Verhaltensmerkmale oder Einstellungen, die in der Schule vermittelt werden, doch keinen Teil des formellen Lehrplans darstellen. Der verborgene Lehrplan ist die „stillschweigende Tagesordnung" im Bildungsprozeß – sie übermittelt z. B. Aspekte der Geschlechtsunterschiede.

VERDOPPELUNGSZEIT. Die Zeitspanne, die erforderlich ist, damit ein bestimmtes Bevölkerungsniveau sich verdoppelt.

VERGEWALTIGUNG. Die Androhung oder die Verwendung von Gewalt, um ein Individuum dazu zu zwingen, mit einem anderen sexuelle Handlungen zu vollziehen.

VERGLEICHENDE FRAGEN. Fragen, die sich auf Vergleiche zwischen verschiedenen menschlichen Gesellschaften beziehen und zu Zwecken der soziologischen Theoriebildung oder Forschung gestellt werden.

VERMÖGEN. Die materiellen Besitztümer und das Geld, das einem Individuum oder einer Gruppe gehört.

VERSCHIEBUNG. Die Verlagerung von Ideen oder Emotionen von ihrer wahren Quelle fort auf ein anderes Objekt.

VERTIKALE INTEGRATION. Die zentralisierte Koordination der weltweiten Aktivitäten von **multinationalen Konzernen**.

VERTIKALE MOBILITÄT. Die Aufwärts– oder Abwärtsbewegung innerhalb eines sozialen Schichtungssystems.

VORDERBÜHNE. Schauplatz der sozialen Aktivität, auf dem Individuen versuchen, eine bestimmte „Vorstellung" für andere zu geben.

WAFFENHANDEL. Der Verkauf von Waffen aus geschäftlichen Motiven, ob er nun von Regierungen oder von privaten Händlern betrieben wird.

WEIDEGESELLSCHAFTEN. Gesellschaften, deren Lebensunterhalt auf der Züchtung oder Haltung gezähmter Tiere beruht.

WELTINFORMATIONSORDNUNG. Ein globales Kommunikationssystem, das über Satelliten, Radio– und Fernsehsender und über telefonische und Computeranschlüsse operiert.

WELTSYSTEMTHEORIE. Ein **theoretischer Ansatz**, der vor allem auf die Arbeiten von Immanuel Wallerstein zurückgeht und die Entwicklung einzelner Gesellschaften in bezug auf ihre Position innerhalb globaler sozialer Systeme analysiert.

WETTRÜSTEN. Der Wettbewerb zwischen zwei oder mehr Nationen, um über andere die militärische Überlegenheit zu erringen.

WHITE-COLLAR-VERBRECHEN. Die kriminellen Aktivitäten von Professionals und jenen in white-collar-Positionen.

WIDERSPRUCH. Ein von Marx verwendeter Ausdruck, um sich auf die antagonistischen Tendenzen in einer Gesellschaft zu beziehen.

WIDERSPRÜCHLICHE KLASSENLAGEN. Positionen in der Klassenstruktur, die Merkmale mit sowohl höheren als auch niedrigeren Klassenlagen gemeinsam haben; man findet diese vor allem bei monotonen white-collar-Tätigkeiten und im niederen Management.

WIRTSCHAFTLICHE VERFLECHTUNG. Der Ausdruck bezieht sich auf die Tatsache, daß im Rahmen der **Arbeitsteilung** Individuen voneinander abhängen, um viele oder die meisten der Güter, die sie für ihren Lebensunterhalt benötigen, hervorbringen zu können.

WISSENSCHAFT. Die Anwendung systematischer Forschungsmethoden und sorgfältiger logischer Analyse auf die Untersuchung von Gegenständen, Ereignissen oder Menschen und der Wissensbestand, der auf diese Weise zustandekommt.

WOHLFAHRTSSTAAT. Ein politisches System, das für seine Bürger ein weites Spektrum von Wohlfahrtsleistungen bereitstellt.

ZEIT-RAUM-KONVERGENZ. Der Prozeß, durch den Entfernungen „zeitlich verkürzt werden", wenn sich die Geschwindigkeit von Transportmitteln erhöht.

ZEITGEOGRAPHIE. Ein Zugang zur Untersuchung des menschlichen Verhaltens, der vom schwedischen Geographen Torsten Hägerstrand initiiert wurde und sich mit der Bewegung von Individuen über Zeit und Raum hinweg befaßt.

ZENTRIERTE INTERAKTION. Die Interaktion zwischen Individuen, die an gemeinsamen Aktivitäten oder an direkten Gesprächen miteinander teilnehmen.

ZIELGERICHTETE MASSE. Eine Menschenmenge, die gemeinsame Ziele verfolgt.

ZWANGSGEWALT. Zwang, der auf der Androhung oder dem tatsächlichen Einsatz von Gewalt basiert.

ZWEITE WELT. Die industrialisierten, früher kommunistischen Gesellschaften Osteuropas und der Sowjetunion.

Bibliographie

Aberle, David 1966: *The Peyote Religion Among the Navaho* (Chicago: Aldine Press)
Aboud, Frances 1989: *Children and Prejudice* (Oxford: Blackwell)
Abrams, Philip 1978: *Work, Urbanism and Inequality: UK Society Today* (London: Weidenfeld and Nicolson)
Abrams, Philip 1982: *Historical Sociology* (Ithaca, NY: Cornell University Press)
Adorno, Theodor W. et al. 1950: *The Authoritarian Personality* (New York: Harper and Row)
Adorno, Theodor W. 1974: „The stars down to earth: the *Los Angeles Times* astrology column", *Telos*, 19
Ahrons, Constance R. and Roy H. Rodgers 1989: *Divorced Families: Meeting the Challenge of Divorce and Remarriage* (New York: Norton)
Ainsworth, M. D. S. 1977: *Infancy in Uganda* (Baltimore, Md: Johns Hopkins University Press)
Alavi, H. 1983: „Colonial and post-colonial societies", in: T. B. Bottomore (Hrsg.), *A Dictionary of Marxist Thought* (Oxford: Blackwell)
Alba, Richard 1985: *Italian Americans: Into the Twilight of Ethnicity* (Englewood Cliffs, NJ: Prentice-Hall)
Albrow, Martin 1972: *Bürokratie* (Bureaucracy, dt.), (München: List)
Aldridge, Alan 1987: „In the absence of the minister: structures of subordination in the role of deaconess in the Church of England", *Sociology*, 21
Alexander, Jeffrey C. (Hrsg.) 1985: *Neofunctionalism* (London: Sage)
Allen, Michael P. 1981: „Managerial power and tenure in the large corporation", *Social Forces*, 60
Allen, Robert L. 1970: *A Guide to Black Power in America: A Historical Analysis* (London: Gollancz)
Allmän/månad statistik 1987: *Sveriges Officiella Statistik* (Stockholm: Statistika Centralbyrån)
Althusser, Louis 1968: *Für Marx* (Pour Marx, dt.), (Frankfurt/Main: Suhrkamp)
Altman, Dennis 1986: *AIDS and the New Puritanism* (London: Pluto Press)
Anderson, Benedict 1988: *Die Erfindung der Nation. Zur Karriere eines erfolgreichen Konzepts* (Imagined Communities, dt.), (Frankfurt/Main: Campus)
Anderson, F. S. 1977: „TV violence and viewer aggression: accumulation of study results 1956-1976", *Public Opinion Quarterly*, 41
Anderson, Michael 1980: *Approaches to the History of the Western Family* (London: Macmillan)
Anderson, Michael 1981: *Family Structure in Nineteenth Century Lancashire* (Cambridge: Cambridge University Press)
Archibald, Katherine 1947: *Wartime Shipyard* (Berkeley: University of California Press)
Arendt, Hannah 1963: *Über die Revolution* (On Revolution, dt.), (München: Piper)
Arendt, Hannah 1992: *Eichmann in Jerusalem. Ein Bericht von der Banalität des Bösen* (Eichmann in Jerusalem, dt.), (München: Piper)
Ariès, Philippe 1978: *Geschichte der Kindheit* (L'enfant et la vie familiale sous l'ancien régime, dt.), (München: Deutscher Taschenbuch-Verlag; Erstveröffentlichung 1960)
Ashford, Douglas E. 1987: *The Emergence of Welfare States* (Oxford: Blackwell)
Ashworth, A. E. 1980: *Trench Warfare, 1914-1918* (London: Macmillan)

Atchley, Robert C. 1985: *Social Forces and Ageing* (4th edn, Belmont: Wadsworth)
Atholl, Justin 1954: *Shadow of the Gallows* (London: Hutchinson)
Atkinson, J. Maxwell and John Heritage (Hrsg.) 1984: *Structures of Social Action: Studies in Conversation Analysis* (New York: Cambridge University Press)
Attwood, Lynne and Maggie McAndrew 1984: „Women at work in the USSR", in: Marilyn J. Davidson and Cary L. Cooper, *Working Women: An International Survey* (Chichester: Wiley)
Ayres, Robert and Steven Miller 1983: *Robotics: Applications and Social Implications* (Cambridge, Mass.: Ballinger Press)
Ayres, Robert and Steven Miller 1985: „Industrial robots on the line", in: Tom Forrester (Hrsg.), *The Information Technology Revolution* (Oxford: Blackwell)
Babbage, Charles 1835: *On the Economy of Machinery and Manufactures* (London: Charles Knight)
Bach, R. 1980: „The new Cuban immigrants: their background and prospects", *Monthly Labour Review*, 103, October
Bailyn, Bernard 1960: *Education in the Forming of American Society* (New York: Random House)
Bakal, Donald A. 1979: *Psychology and Medicine: Psychobiological Dimensions of Health and Illness* (London: Tavistock)
Ballard, Roger 1982: „South Asian families", in: R. N. Rapoport et al., *Families in Britain* (London: Routledge and Kegan Paul)
Balswick, J. O. 1983: „Male inexpressiveness", in: Kenneth Solomon and Norman B. Levy, *Men in Transition: Theory and Therapy* (New York: Plenum Press)
Barker, Eileen 1984: *The Making of a Moonie* (Oxford: Blackwell)
Barker, Eileen 1991: *New Religious Movements* (London: HMSO)
Barnaby, Frank 1992: „Nuclear countdown", *New Statesman and Society*, 5 (187), January
Barnes, John A. 1979: *Who Should Know What? Social Science, Privacy and Ethics* (Harmondsworth: Penguin)
Barth, Frederick 1969: *Ethnic Groups and Boundaries* (London: Allen and Unwin)
Bartolle, K. et al. 1980: *Integrated Cooperatives in the Industrial Society: The Example of the Kibbutz* (Amsterdam: Van Gorum)
Barton, S. E. et al. 1985: „HTLV-III antibody in prostitutes", *Lancet*, 1424
Bastide, Roger 1967: „Colour, racism and Christianity", *Daedalus*, Spring
Bastide, Roger 1978: *The African Religions of Brazil* (Baltimore, Md: Johns Hopkins University Press)
Bate, J. St John 1985: *The Automated Office: Information Technology and its Effect on Management and Office Staff* (London: Collins)
Baumrind, D. 1964: „Some thoughts on ethics of research: after reading Milgram's 'Behavioural study of obedience'", *American Psychologist*, 19
Beattie, John 1964: *Other Cultures* (London: Routledge and Kegan Paul)
Beauvoir, Simone de 1992: *Das andere Geschlecht. Sitte und Sexus der Frau* (Le Deuxième Sexe, dt.), (Reinbek bei Hamburg: Rowohlt; Erstveröffentlichung 1949)
Becker, Howard 1959: *Soziologie als Wissenschaft vom sozialen Handeln* (Through values to social interpretation, dt.), (Würzburg: Holzner)
Becker, Howard S. 1967: „Whose side are we on?", *Social Problems*, 14
Becker, Howard S. 1974: „Labelling theory reconsidered", in: P. Rock and M. McIntosh, *Deviance and Social Control* (London: Tavistock)
Becker, Howard S. 1976: „Problems in the publication of field studies", in: *Sociological Work* (New Brunswick, NJ: Transaction Books)
Bell, Colin and Howard Newby 1977: *Doing Sociological Research* (London: Allen and Unwin)
Bell, Daniel 1953: „Crime as an American way of life", *Antioch Review*, 13
Bell, Daniel 1985: *Die nachindustrielle Gesellschaft* (The Coming of Post-industrial Society, dt.), (Frankfurt/Main: Campus)
Bellah, Robert N. 1970: *Beyond Belief* (New York: Harper and Row)
Benn, Melissa 1991: „Deadly trade", *Guardian*, 12 November
Bennett, Jon and Susan George 1987: *The Hunger Machine* (Cambridge: Polity Press)
Bennett, Lerone 1967: *Black Power USA: The Human Side of Reconstruction* (Chicago: Johnson Publishing)
Berger, John 1990: *Sehen. Das Bild der Welt in der Bilderwelt* (Ways of Seeing, dt.), (Reinbek bei Hamburg: Rowohlt)

Berk, Richard A. 1974: „A gaming approach to crowd behaviour", *American Sociological Review*, 37
Berle, Adolf and Gardiner C. Means 1967: *The Modern Corporation and Private Property* (New York: Harcourt, Brace and World; Erstveröffentlichung 1932)
Berman, L. V. 1982: „The United States of America: a cooperative model for worker management", in: F. H. Stephen (Hrsg.), *The Performance of Labour-Managed Firms* (New York: Macmillan)
Bernstein, Basil 1973: *Studien zur sprachlichen Sozialisation* (Class, Codes and Control, dt.), (Düsseldorf: Schwann)
Bertaux, Daniel (Hrsg.) 1981: *Biography and Society: The Life History Approach in the Social Sciences* (London: Sage)
Bertelson, David 1986: *Snowflakes and Snowdrifts: Individualism and Sexuality in America* (Lanham: University Press of America)
Bettelheim, Bruno 1989: *Aufstand gegen die Masse. Die Chance des Individuums in der modernen Gesellschaft* (The Informed Heart, dt.), (Frankfurt/Main: Fischer; Erstveröffentlichung 1960)
Beynon, Hugh 1975: *Working for Ford* (England: EP Publishing)
Binder, A. and P. Scharf 1982: „Deadly force in law enforcement", *Crime and Delinquency*, 28
Blackburn, Clare 1991: *Poverty and Health: Working with Families* (Milton Keynes: Oxford University Press)
Blau, Peter M. 1963: *The Dynamics of Bureaucracy* (Chicago: University of Chicago Press)
Blau, Peter M. and Otis Dudley Duncan 1967: *The American Occupational Structure* (New York: Wiley)
Blauner, Robert 1964: *Alienation and Freedom* (Chicago: University of Chicago Press)
Bloch, S. and P. Reddaway 1977: *Russia's Political Hospitals* (London: Gollancz)
Blomstrom, Magnus and Bjorn Hettne 1984: *Development Theory in Transition. The Dependency Debate and Beyond: Third World Responses* (London: Zed Books)
Blumberg, Paul 1968: *Industrial Democracy: The Sociology of Participation* (London: Constable)
Blumberg, Paul 1987: *Inequality in an Age of Decline* (New York: Oxford University Press)
Blyton, Paul 1985: *Changes in Working Time: An International Review* (London: Croom Helm)
Bobbio, Norberto 1988: *Die Zukunft der Demokratie* (Il futuro della democrazia, dt.), (Berlin: Rotbuch)
Boden, Deirdre 1987: „Temporal frames: time, talk and organizations" (unveröffentliches Manuskript, Department of Sociology, Washington University, St Louis)
Boden, Deirdre 1992: „Reinventing the global village: communication and the revolutions of 1989", in: Anthony Giddens (Hrsg.), *Human Societies* (Cambridge: Polity)
Bogdanor, V. 1990: *Women at the Top* (London: Hansard)
Boh, K. et al. 1989: *Changing Patterns of European Family Life: A Comparative Analysis of Fourteen European Countries* (London: Routledge)
Bohannan, Paul (Hrsg.) 1960: *African Homicide and Suicide* (Princeton, NJ: Princeton University Press)
Bohannan, Paul 1970: „The six stations of divorce", in: Paul Bohannan (Hrsg.), *Divorce and After* (New York: Doubleday)
Bonney, Norman 1992: „Theories of social class and gender", *Sociology Review*, 1
Booth, Alan 1977: „Food riots in the North-West of England, 1770-1801", *Past and Present*, 77
Booth, Charles 1889: *Labour and Life of the People*. Band 1: *Life and Labour of the People in London* (London: Williams and Norgate)
Booth, William 1970: *In Darkest England and the Way Out* (London: Macmillan; Erstveröffentlichung 1890)
Bottomley, A. K. and K. Pease 1986: *Crime and Punishment: Interpreting the Data* (Milton Keynes: Open University Press)
Bourdieu, Pierre 1982: *Die feinen Unterschiede. Kritik der gesellschaftlichen Urteilskraft* (La distinction, dt.), (Frankfurt/Main: Suhrkamp)
Bourdieu, Pierre 1990: *Was heißt sprechen? Die Ökonomie des sprachlichen Tausches* (Ce que parler veut dire, dt.), (Wien: Braumüller)
Bourdieu, Pierre und Jean-Claude Passeron 1971: *Illusion der Chancengleichheit. Untersuchungen zur Soziologie des Bildungswesens am Beispiel Frankreich* (Les Héritiers. Les Etudiants et la Culture, dt.), (Stuttgart: Klett)

Bowlby, John 1973: *Mütterliche Zuwendung und geistige Gesundheit* (Maternal Care and Mental Health, dt.), (München: Kindler)
Bowlby, John 1958: „The nature of the child's tie to its mother", *International Journal of Psychoanalysis*, 39
Bowles, Samuel und Herbert Gintis 1978: *Pädagogik und die Widersprüche der Ökonomie. Das Beispiel USA* (Schooling in Capitalist America, dt.), (Frankfurt/Main: Suhrkamp)
Box, Steven 1983: *Power, Crime and Mystification* (London: Tavistock)
Braun, Ernest 1984: *Wayward Technology* (London: Frances Pinter)
Braverman, Harry 1980: *Die Arbeit im modernen Produktionsprozeß* (Labour and Monopoly Capital: The Degradation of Work in the Twentieth Century, dt.), (Frankfurt/Main: Campus)
Brekke, Toril et al. 1985: *Women: A World Report* (London: Methuen)
Brennan, Teresa 1988: „Controversial discussions and feminist debate", in: Naomi Segal and Edward Timms, *The Origins and Evolution of Psychoanalysis* (New Haven, Conn.: Yale University Press)
Brenner, Michael 1978: „Interviewing: the social phenomenology of a research instrument", in: Michael Brenner, Peter Marsh and Marilyn Brenner, *The Social Contexts of Method* (London: Croom Helm)
Breuilly, John 1982: *Nationalism and the State* (Manchester: Manchester University Press)
Brinton, Crane 1965: *The Anatomy of Revolution* (New York: Knopf)
Broch, T. et al. 1966: „Belligerence among the primitives", *Journal of Peace Research*, 3
Brown, Lester R. et al. 1974: *By Bread Alone* (Washington DC: Overseas Development Council)
Brownhill, Sue 1990: *Developing London's Docklands: Another Great Planning Disaster?* (London: Chapman)
Brownmiller, Susan 1980: *Gegen unseren Willen. Vergewaltigung und Männerherrschaft* (Against Our Will: Men, Women and Rape, dt.), (Frankfurt/Main: Fischer)
Brummer, Alex 1987: „San Francisco gives the Pope a rough ride", *Guardian*, 19 September
Bryan, Beverley, Stella Dadzie and Suzanne Scafe 1987: „Learning to resist: black women and education", in: Gaby Weiner and Madeleine Arnot, *Gender under Scrutiny: New Inquiries in Education* (London: Hutchinson)
Buckle, Abigail and David P. Farrington 1984: „An observational study of shoplifting", *British Journal of Criminology*, 24
Bulkeley, Rip and Graham Spinardi 1986: *Space Weapons: Deterrence or Delusion?* (Cambridge: Polity Press)
Bull, Peter 1983: *Body Movement and Interpersonal Communication* (New York: Wiley)
Bulmer, Martin (Hrsg.) 1975: *Working Class Images of Society* (London: Routledge and Kegan Paul)
Bulmer, Martin 1984: *Sociological Research Methods* (London: Macmillan)
Burawoy, Michael 1979: *Manufacturing Consent* (Chicago: University of Chicago Press)
Burns, E. M. and P. L. Ralph 1974: *World Civilizations* (New York: Norton)
Burridge, Kenneth 1971: *New Heaven, New Earth: A Study of Millenarian Activities* (Oxford: Blackwell)
Butler, David and Donald Stokes 1974: *Political Change in Britain* (London: Macmillan)
Bynum, Caroline Walker, Steven Harrell and Paula Richman (Hrsg.) 1986: *Gender and Religion: On the Complexity of Symbols* (Boston, Mass.: Beacon Press)
Byrd, Max 1978: *London Transformed: Images of the City in the Eighteenth Century* (New Haven, Conn.: Yale University Press)
Califano, Joseph A. 1986: *America's Health Care Revolution: Who Lives? Who Dies? Who Pays?* (New York: Random House)
Campagna, David 1985: „The economics of juvenile prostitution in the USA", *International Children's Rights Monitor*, 2
Campbell, Anne 1986a: *The Girls in the Gang* (Oxford: Blackwell)
Campbell, Anne 1986b: „Self-reporting of fighting by females", *British Journal of Criminology*, 26
Campbell, Anne and John T. Gibbs (Hrsg.) 1986: *Violent Transactions* (Oxford: Blackwell)
Camporesi, Piero 1990: *Das Brot der Träume. Hunger und Halluzinationen im vorindustriellen Europa* (Il pane selvaggio, dt.), (Frankfurt/Main: Campus)
Cancian, Francesca M. 1987: *Love in America: Gender and Self-Development* (New York: Cambridge University Press)

Cannon, Geoffrey 1987: *The Politics of Food* (London: Century)
Caplan, Pat 1987: *The Cultural Construction of Sexuality* (London: Tavistock)
Caplin, L. and D. Kessler 1976: *An Economic Analysis of Crime* (Springfield, Ill.: Charles Thomas)
Cardoso, F. H. 1972: „Dependency and under-development in Latin America", *New Left Review*, 74
Cardoso, G. 1983: *Negro Slavery in the Sugar Plantations of Veracruz and Pernambuco, 1550-1680* (Washington DC: University Press of America)
Carlen, Pat et al. 1985: *Criminal Women: Autobiographical Accounts* (Cambridge: Polity Press)
Carley, Michael 1981: *Social Measurement and Social Indicators* (London: Allen and Unwin)
Carlstein, Tommy 1983: *Time Resources, Society and Ecology.* Band 1: *Preindustrial Societies* (London: Allen and Unwin)
Carlstein, Tommy, Don Parkes and Nigel Thrift (Hrsg.) 1978: *Making Sense of Time* (3 Bände, New York: Wiley)
Carneiro, Robert L. 1970: „A theory of the origin of the state", *Science*, 169
Carr, Edward Hallett 1970: *The October Revolution: Before and After* (London: Macmillan)
Carrington Goodrich, L. 1946: „The early development of firearms in China", *Isis*, 36(2)
Carswell, John 1985: *Government and the Universities in Britain: Progress and Performance 1960-1980* (Cambridge: Cambridge University Press)
Castells, Manuel 1977: *The Urban Question: A Marxist Approach* (London: Edward Arnold)
Castells, Manuel 1983: *The City and the Grass Roots: A Cross-cultural Theory of Urban Social Movements* (London: Edward Arnold)
Centers, Richard 1949: *The Psychology of Social Classes* (Princeton, NJ: Princeton University Press)
Chalfant, Paul H., Robert E. Beckley and C. Eddie Palmer 1986: *Religion in Contemporary Society* (2. Aufl., Palo Alto, Ca.: Mayfield)
Chapman, Karen 1986: *The Sociology of Schools* (London: Tavistock)
Cherlin, Andrew J. 1981: *Marriage, Divorce, Re-Marriage* (Cambridge, Mass.: Harvard University Press)
Chigwada, Ruth 1991: „The policing of black women", in: Ellis Cashmore and Eugene McLaughlin, *Out of Order? Policing Black People* (London: Routledge)
Childe, V. Gordon 1956: *Man Makes Himself* (London: Watts)
Childe, V. Gordon 1979: „Prehistory and Marxism", *Antiquity*, 53
Chodorow, Nancy 1985: *Das Erbe der Mütter. Psychoanalyse und Soziologie der Geschlechter* (The Reproduction Mothering, dt.), (München: Frauenoffensive)
Chodorow, Nancy 1988: *Psychoanalytic Theory and Feminism* (Cambridge: Polity Press)
Chomsky, Noam 1977: *Reflexionen über die Sprache* (Reflections on Language, dt.), (Frankfurt/Main: Suhrkamp)
Christie, Bruce (Hrsg.) 1985: *Human Factors of Information Technology in the Office* (Chichester: Wiley)
Church of England 1985: *Faith in the City: The Report of the Archbishop of Canterbury's Commission on Urban Priority Areas* (London: Christian Action)
CIBA Foundation 1984: *Child Sexual Abuse Within the Family* (London: Tavistock)
Cipolla, Carlo M. 1965: *Guns and Sails in the Early Phase of European Expansion 1400-1700* (London: Collins)
Claessen, Henri J. M. and Peter Skalnik 1978: *The Early State* (The Hague: Mouton)
Clark, Burton R. 1985: *The School and the University: An International Perspective* (Berkeley: University of California Press)
Clark, David and Douglas Haldane 1990: *Wedlocked? Intervention and Research in Marriage* (Cambridge: Polity)
Clinard, Marshall 1978: *Cities with Little Crime: The Case of Switzerland* (Cambridge: Cambridge University Press)
Cloward, R. and L. Ohlin 1960: *Delinquency and Opportunity* (New York: Free Press)
Clyne, P. 1973: *Guilty But Insane* (London: Thomas Nelson)
Cockburn, Cynthia 1993: *Blockierte Frauenwege. Wie Männer Gleichheit in Institutionen und Betrieben verweigern* (In the Way of Women, dt.), (Hamburg: Argument)
Cohen, Albert 1955: *Kriminelle Jugend. Zur Soziologie jugendlichen Bandenwesens* (Delinquent Boys, dt.), (Reinbek bei Hamburg: Rowohlt)
Cohen, G. A. 1978: *Karl Marx's Theory of History: A Defence* (Oxford: Clarendon Press)

Cohen, Stanley 1985: *Visions of Social Control: Crime, Punishment and Classification* (Oxford: Blackwell)
Cohn, Norman 1961: *Das Ringen um das tausendjährige Reich* (The Pursuit of the Millennium, dt.), (Bern: Francke)
Cohn, Norman 1970: „Mediaeval millenarianism", in: Sylvia L. Thrupp (Hrsg.), *Millennial Dreams in Action: Studies in Revolutionary Religious Movements* (New York: Schocken Books)
Coleman, James S., Thomas Hoffer and Sally Kilgore 1981: *Public and Private Schools* (Chicago: National Opinion Research Center)
Coleman, James S. et al. 1966: *Equality of Educational Opportunity* (Washington DC: US Government Printing Office)
Collins, Randall 1974: *Conflict Sociology: Toward an Explanatory Science* (New York: Academic Press)
Collins, Randall 1979: *The Credential Society: An Historical Sociology of Education* (New York: Academic Press)
Collins, Randall 1981: „On the micro-foundations of macro-sociology", *American Journal of Sociology*, 86
Cone, James H. 1987: *Für mein Volk. Schwarze Theologie und schwarze Kirche* (For My People: Black Theology and the Black Church, dt.), (Freiburg: Edition Exodus)
Connelly, Mark Thomas 1980: *The Response to Prostitution in the Progressive Era* (Chapel Hill: University of North Carolina Press)
Cook, Alice and Gwyn Kirk 1983: *Greenham Women Everywhere: Dreams, Ideas and Actions from the Women's Peace Movement* (London: Pluto Press)
Cook P. J. 1982: „The role of firearms in violent crime", in: Marvin E. Wolfgang and Neil Alan Wiener (Hrsg.), *Criminal Violence* (London: Sage)
Cook, Thomas D. and Donald T. Campbell 1979: *Quasi-Experimentation: Design and Analysis Issues for Field Settings* (Chicago: Rand McNally)
Cooley, Charles 1969: *Sociological Theory and Social Research* (New York: Wiley)
Corcoran, P. E. 1983: „The limits of democratic theory", in: G. Duncan (Hrsg.), *Democratic Theory and Practice* (Cambridge: Cambridge University Press)
Cornish, Derek B. and Ronald V. Clarke 1986: *The Reasoning Criminal: Rational Choice Perspectives on Offending* (New York: Springer)
Cowan, Ruth Schwartz 1985: „The Industrial Revolution in the home", in: Donald MacKenzie and Judy Wajcman, *The Social Shaping of Technology* (Milton Keynes: Open University Press)
Coward, Rosalind 1984: *Female Desire: Women's Sexuality Today* (London: Paladin)
Coward, Ros 1992: „Lash back in anger: have feminists fired a war on women?", *Guardian*, 24 March
Cox, Oliver C. 1964: „The pre-industrial city reconsidered", *Sociological Quarterly*, 5
Craft, M. and A. Craft 1985: „The participation of ethnic minority pupils in further and higher education", *Education Research*, 25
Crewe, Ivor 1983: „The electorate: partisan dealignment ten years on", *Western European Politics*, 6
Crewe, Ivor 1987: „The campaign of confusion", *New Society*, 8 May
Crompton, Rosemary and Gareth Jones 1984: *White Collar Proletariat* (London: Macmillan)
Crow, Graham and Michael Hardey 1992: „Diversity and ambiguity among lone-parent households in modern Britain", in: Catherine Marsh and Sara Arber, *Families and Households: Divisions and Change* (London: Macmillan)
Crozier, Michel 1964: *The Bureaucratic Phenomenon* (London: Tavistock)
Cruickshank, Margaret (Hrsg.) 1982: *Lesbian Studies, Present and Future* (Old Westbury, NY: Feminist Press)
Currell, Melville E. 1974: *Political Woman* (London: Croom Helm)
Curtiss, Susan 1977: *Genie* (New York: Academic Press)
Cushing, Frank H. 1983: *Ein weißer Indianer. Mein Leben mit den Zuñi* (My Adventures in Zuñi, dt.), (Olten: Walter; Erstveröffentlichung 1882-3)
Dahl, Robert 1985a: *Polyarchy: Participation and Opposition* (New Haven, Conn.: Yale University Press)
Dahl, Robert 1985b: *A Preface to Economic Democracy* (Cambridge: Polity Press)
Davenport, W. 1965: „Sexual patterns and their regulation in a society of the South West Pacific", in: F. Beach (Hrsg.), *Sex and Behaviour* (New York: Wiley)

Davidson, Basil 1974: *Africa in History: Themes and Outlines* (London: Macmillan)
Davies, Bronwyn 1992: *Frösche und Schlangen und feministische Märchen* (Frogs and Snails and Feminist Tales, dt.), (Hamburg: Argument)
Davies, D. 1986: *Information Technology at Work* (London: Heinemann)
Davies, James C. 1962: „Towards a theory of revolution", *American Sociological Review*, 27
Davies, R. 1979: *Capital, State and White Labour in South Africa, 1900-1960* (Brighton: Harvester Press)
Davis, Angela 1971: „Reflections on black woman's role in the community of slaves", *Black Scholar*, 3
Davis, Kingsley 1940: „Extreme social isolation of a child", *American Journal of Sociology*, 45
Davis, Mike et al. (Hrsg.) 1987: *Toward a Rainbow Socialism: Essays on Race, Ethnicity, Class and Gender*. Band 2 von *Year Left* (London: Verso)
Dear, Michael and Jennifer Wolch 1987: *Landscapes of Despair* (Princeton, NJ: Princeton University Press)
Demars, O. 1974: *Dirty Business* (New York: Harper and Row)
Diamond, Stanley 1976: *Kritik der Zivilisation. Anthropologie und die Wiederentdeckung des Primitiven* (In Search of the Primitive, dt.), (Frankfurt/Main: Campus)
Dicken, Peter 1992: *Global Shift* (veränderte, 2. Aufl., London: Paul Chapman)
Dinham, Barbara and Colin Hines 1983: *Agribusiness in Africa* (London: Earth Resources Research)
Ditton, Jason 1977: *Part-time Crime: An Ethnography of Fiddling and Pilferage* (London: Macmillan)
Dizard, W. 1982: *The Coming Information Age: An Overview of Technology, Economics and Politics* (New York: Longman)
Dobash, Russell P., R. Emerson Dobash and Sue Gutteridge 1986: *The Imprisonment of Women* (Oxford: Blackwell)
Dolbeare, Kenneth M. and Murray J. Edlelman 1974: *American Politics: Policies, Power and Change* (Lexington, Mass.: D. C. Heath)
Domhoff, G. William 1967: *Who Rules America?* (Englewood Cliffs, NJ: Prentice-Hall)
Domhoff, G. William 1970: *The Higher Circles: The Governing Class in America* (New York: Random House)
Domhoff, G. William 1979: *The Powers That Be: Processes of Ruling Class Domination in America* (New York: Random House)
Donaldson, Margaret 1979: *Wie Kinder denken. Intelligenz und Schulversagen* (Children's Minds, dt.), (München: Piper)
Dore, Ronald 1973: *British Factory, Japanese Factory: The Origins of National Diversity in Industrial Relations* (London: Allen and Unwin)
Dowling, Colette 1984: *Der Cinderella-Komplex. Die heimliche Angst der Frauen vor der Unabhängigkeit* (The Cinderella Complex, dt.), (Frankfurt/Main: Fischer)
Drew, Paul and Tony Wootton 1988: *Erving Goffman and the Interaction Order* (Cambridge: Polity Press)
Dubos, René 1959: *Mirage of Health* (New York: Doubleday Anchor)
Duchen, Claire 1986: *Feminism in France* (London: Routledge and Kegan Paul)
Dugdale, R. 1877: *The Dukes: A Study in Crime, Pauperism and Heredity* (New York: Putnam)
Dunn, John 1974: *Moderne Revolutionen. Analyse eines politischen Phänomens* (Modern Revolutions, dt.), (Stuttgart: Reclam)
Dunn, John 1985: „Understanding revolutions", in: J. Dunn (Hrsg.), *Rethinking Modern Political Theory* (Cambridge: Cambridge University Press)
Durie, Sheila and R. Edwards 1982: *Fuelling the Nuclear Arms Race: The Links Between Nuclear Power and Nuclear Weapons* (London: Pluto Press)
Durkheim, Émile 1981: *Die elementaren Formen des religiösen Lebens* (Les formes élémentaires de la vie religieuse, dt.), (Frankfurt/Main: Suhrkamp; Erstveröffentlichung 1912)
Durkheim, Émile 1984: *Die Regeln der soziologischen Methode* (Les Règles de la méthode sociologique, dt.), (Frankfurt/Main: Suhrkamp; Erstveröffentlichung 1895)
Durkheim, Émile 1987: *Der Selbstmord* (Le suicide, dt.), (Frankfurt/Main: Suhrkamp; Erstveröffentlichung 1897)
Dyer, Gwynne 1985: *War* (London: Bodley Head)
Eberhard, Wolfram 1966: *Conquerors and Rulers* (Leiden: Brill)

Echikson, William 1990: *Lighting the Night: Revolution in Eastern Europe* (London: Sidgwick and Jackson)

Ehrenreich, Barbara 1984: *Die Herzen der Männer. Auf der Suche nach einer neuen Rolle* (The Hearts of Men, dt.), (Reinbek bei Hamburg: Rowohlt)

Ehrlich, Paul R. 1971: *Die Bevölkerungsbombe* (The Population Bomb, dt.), (München: Hanser)

Eibl-Eibesfeldt, I. 1972: „Similarities and differences between cultures in expressive movements", in: Robert A. Hinde (Hrsg.), *Non-verbal Communication* (Cambridge: Cambridge University Press)

Eibl-Eibesfeldt, I. 1973: „The expressive behaviour of the deaf-and-blind born", in: M. von Cranach and I. Vine (Hrsg.), *Social Communication and Movement* (New York: Academic Press)

Eisenstadt, S. N. 1963: *The Political System of Empires* (Glencoe: Free Press)

Ekins, Paul 1992: *A New World Order: Grassroots Movements for Global Change* (London: Routledge)

Ekman, Paul and W. V. Friesen 1971: „Constants across culture in the face and emotion", *Journal of Personality and Social Psychology*, 17

Ekman, Paul and W. V. Friesen 1978: *Facial Action Coding System* (New York: Consulting Psychologists Press)

Elkind, David 1991: *Total verwirrt. Teenager in der Krise* (All Grown Up and No Place to Go, dt.), (Bergisch Gladbach: Lübbe)

Ellman, Michael 1980: „Against convergence", *Cambridge Journal of Economics*, 4

Ellwood, Robert S. 1979: *Alternative Altars: Unconventional and Eastern Spirituality in America* (Chicago: University of Chicago Press)

Elshtain, Jean Bethke 1981: *Public Man, Private Woman* (Princeton, NJ: Princeton University Press)

Elshtain, Jean Bethke 1987: *Women and War* (New York: Basic Books)

Elston, M. 1980: „Medicine: half our future doctors?", in: R.Silverstone and A.Ward (Hrsg.), *Careers of Professional Women* (London: Croom Helm)

Engerman, Stanley L. 1977: „Black fertility and family structure in the United States, 1880-1940", *Journal of Family History*, 2

England, Paula and George Farkas 1986: *Households, Employment and Gender: A Social, Economic and Democratic View* (New York: Aldine)

Ennew, Judith 1986: *The Sexual Exploitation of Children* (Cambridge: Polity Press)

Epstein, Cynthia Fuchs and Rose Laub Coser (Hrsg.) 1981: *Access to Power: Cross-national Studies of Women and Elites* (London: Allen and Unwin)

Erickson, John 1974: „Some military and political aspects of the 'Militia Army' controversy, 1919-1920", in: C. Abramsky et al. (Hrsg.), *Essays in Honour of E. H. Carr* (Hamden: Shoe String Press)

Erikson, Erik H. 1992: *Kindheit und Gesellschaft* (Childhood and Society, dt.), (Stuttgart: Klett-Cotta; Erstveröffentlichung 1950)

Erikson, Robert and John J. Goldthorpe 1986: „National variation in social fluidity", CASMIN Project Working Paper, Nr. 9

Ermann, David and Richard Lundman 1982: *Corporate and Governmental Deviance* (Oxford: Oxford University Press)

Estabrook, A. 1916: *The Dukes in 1915* (Washington DC: Carnegie Institution)

Estrich, Susan 1987: *Real Rape* (Cambridge, Mass.: Harvard University Press)

Etzioni-Halevy, Eva 1983: *Bureaucracy and Democracy: A Political Dilemma* (London: Routledge and Kegan Paul)

Evans, David J. 1992: „Left realism and the spatial study of crime", in: David J. Evans et al., *Crime, Policing and Place: Essays in Environment Criminology* (London: Routledge)

Evans, R. 1982: *The Fabrication of Virtue: English Prison Architecture, 1750-1840* (Cambridge: Cambridge University Press)

Evans, Richard J. 1977: *The Feminists: Women's Emancipation Movements in Europe, America and Australasia, 1840-1920* (New York: Barnes and Noble)

Evans-Pritchard, E. E. 1940: *The Nuer: A Description of the Modes of Livelihood and Political Institutions of a Nilotic People* (Oxford: Clarendon Press)

Evans-Pritchard, E. E. 1956: *Nuer Religion* (Oxford: Oxford University Press)

Eysenck, Hans Jürgen 1980: *Kriminalität und Persönlichkeit* (Crime and Personality, dt.), (Frankfurt/Main: Ullstein)

Fagan, Jeffrey A., Douglas K. Stewart and Karen V. Hansen 1983: „Violent men or violent husbands? Background factors and situational correlates", in: David Finkelhor et al., *The Dark Side*

of Families: Current Family Violence Research (Beverly Hills, Ca.: Sage)
Fallon, Ivan 1992: „Votes were cast", Sunday Times, 12 April
Faludi, Susan 1993: *Die Männer schlagen zurück. Wie die Siege des Feminismus sich in Niederlagen verwandeln und was Frauen dagegen tun können* (Backlash: The Undeclared War against Women, dt.), (Reinbek bei Hamburg: Rowohlt)
Farley, R. 1985: „Three steps forward and two back? Recent changes in the social and economic status of blacks", in: R. Alba, *Ethnicity and Race in the U.S.A.: Toward the 21st Century* (London: Routledge and Kegan Paul)
Farrington, David and J. Gunn (Hrsg.) 1985: *Aggression and Dangerousness* (New York: Wiley)
Farrington, David and R. Kidd 1980: „Stealing from a 'lost' letter: effects of victim characteristics", *Criminal Justice and Behaviour*, 7
Farrington, David, Lloyd E. Ohlin and James Q. Wilson 1986: *Understanding and Controlling Crime: Toward a New Research Strategy* (New York: Springer)
Fausto-Sterling, Anne 1988: *Gefangene des Geschlechts. Was biologische Theorien über Mann und Frau sagen* (Myths of Gender, dt.), (München: Piper)
Feeney, F. 1986: „Robbers as decision-makers", in: Derek B. Cornish and Ronald V. Clarke (Hrsg.), *The Reasoning Criminal: Rational Choice Perspectives on Offending* (New York: Springer)
Fein, Rashi 1986: *Medical Care, Medical Costs* (Cambridge, Mass.: Harvard University Press)
Fenstermaker Berk, Sarah 1985: *The Gender Factory: The Apportionment of Work in American Households* (New York: Plenum Press)
Fettner, Ann G. and William A. Check 1984: *The Truth About AIDS: Evolution of an Epidemic* (New York: Holt, Rinehart and Winston)
Feuerbach, Ludwig 1978: *Das Wesen des Christentums* (Stuttgart: Reclam; Erstveröffentlichung 1841)
Finch, M. 1981: *The NAACP: Its Fight for Justice* (London: Methuen)
Fine, B. 1977: „Labelling theory", *Economy and Society*, 4
Fineman, Stephen et al. 1987: *Unemployment: Personal and Social Consequences* (London: Tavistock)
Finer, Samuel E. 1962: *The Man on Horseback: The Role of the Military in Politics* (London: Pall Mall Press)
Finer, Samuel E. 1975: „State and nation-building in Europe: the role of the military", in: Charles Tilly (Hrsg.), *The Formation of National States in Europe* (Princeton, NJ: Princeton University Press)
Finkelhor, David 1984: *Child Sexual Abuse: New Theory and Research* (New York: Free Press)
Finkelhor, David and K. Yllo 1982: „Forced sex in marriage: a preliminary report", *Crime and Delinquency*, 28
Finley, Moses I. (Hrsg.) 1968: *Slavery in Classical Antiquity* (Cambridge: Heffer)
Finley, Moses I. 1981: *Die Sklaverei in der Antike. Geschichte und Probleme* (Ancient Slavery and Modern Ideology, dt.), (München: Beck)
Firestone, Shulamith 1975: *Frauenbefreiung und sexuelle Revolution* (The Dialectic of Sex, dt.), (Frankfurt/Main: Fischer)
Fischer, Claude S. 1975: „Toward a subcultural theory of urbanism", *American Journal of Sociology*, 80
Fischer, Claude S. 1984: *The Urban Experience* (2. Aufl., New York: Harcourt Brace Jovanovich)
Fitzpatrick, J. 1971: *Puerto Rican Americans: The Meaning of Migration to the Mainland* (Englewood Cliffs, NJ: Prentice-Hall)
Flake, Carol 1984: *Redemptorama: Culture, Politics and the New Evangelicalism* (Garden City, NY: Anchor)
Flowers, Ronald Barri 1987: *Women and Criminality: The Woman as Victim, Offender and Practitioner* (New York: Greenwood Press)
Fogel, Robert W. and Stanley L. Engerman 1974: *Time on the Cross* (2 Bände, Burton: University Press of America)
Ford, Clellan S. and Frank A. Beach 1954: *Formen der Sexualität. Das Sexualverhalten von Mensch und Tier* (Patterns of Sexual Behaviour, dt.), (Berlin: Colloquium)
Form, William 1985: *Divided We Stand: Working Class Stratification in America* (Urbana: University of Illinois Press)
Forrester, Tom (Hrsg.) 1985: *The Information Technology Revolution* (Oxford: Blackwell)
Foster, Janet 1990: *Villains: Crime and Community in the Inner City* (London: Routledge)

Foucault, Michel 1973: *Wahnsinn und Gesellschaft. Eine Geschichte des Wahns im Zeitalter der Vernunft* (Histoire de la Folie, dt.), (Frankfurt/Main: Suhrkamp)

Foucault, Michel 1977: *Überwachen und Strafen* (Surveiller et punir. La naissance de la prison, dt.), (Frankfurt/Main: Suhrkamp)

Fox, Alan 1974: *Beyond Contract: Work, Power and Trust Relations* (London: Faber and Faber)

Fraiberg, Selma H. 1969: *Das verstandene Kind. Die ersten fünf Jahre* (The Magic Years: Understanding and Handling the Problems of Early Childhood, dt.), (Hamburg: Hoffmann und Campe)

Francis, Arthur 1980: „Company objectives, managerial motivation and the behaviour of large firms: an empirical test of the theory of 'managerial' capitalism", *Cambridge Journal of Economics*, 4

Frank, André Gunder 1969: *Kapitalismus und Unterentwicklung in Lateinamerika* (Capitalism and Underdevelopment in Latin America, dt.), (Frankfurt/Main: Europäische Verlagsanstalt)

Frank, André Gunder 1981: *Crisis: In the Third World* (New York: Holmes and Meier)

Frazier, Franklin 1939: *The Negro Family in the United States* (Chicago: University of Chicago Press)

Freeman, R. B. and D. A. Wise 1982: *The Youth Labour Market Problem: Its Nature, Causes and Consequences* (Chicago: University of Chicago Press)

Freidson, Eliot 1980: *Doctoring Together: A Study of Professional Social Control* (Chicago: University of Chicago Press)

Freidson, Eliot 1986: *Professional Powers: A Study of the Institutionalization of Formal Knowledge* (Chicago: University of Chicago Press)

Fremlin, J. H. 1964: „How many people can the world support?", *New Scientist*, 19 October

French, Marilyn 1992: *Der Krieg gegen die Frauen* (The War against Women, dt.), (München: Knaus)

Freud, Sigmund 1992: *Zur Psychopathologie des Alltagslebens: Über Vergessen, Versprechen, Vergreifen, Aberglaube und Irrtum* (Frankfurt/Main: Fischer; Erstveröffentlichung 1904)

Friedan, Betty 1984: *Der zweite Schritt: Ein neues feministisches Manifest* (The Second Stage, dt.), (Zürich: Buchklub Ex Libris)

Friedrich, Carl 1969: *Totalitarianism in Perspective: Three Views* (London: Pall Mall Press)

Fromm, Erich 1989: Gesamtausgabe. Band 9: *Sozialistischer Humanismus und humanistische Ethik* (München: Deutscher Taschenbuch-Verlag)

Fryer, David and Stephen McKenna 1987: „The laying off of hands - unemployment and the experience of time", in: Stephen Fineman (Hrsg.), *Unemployment: Personal and Social Consequences* (London: Tavistock)

Fryer, Peter 1984: *Staying Power: The History of Black People in Britain* (London: Pluto Press)

Fukuyama, Francis 1989: „The end of history?", *The National Interest*, 16

Fulcher, James 1991: „A new stage in the development of capitalist society?", *Sociology Review*, 1

Furnivall, J. 1956: *Colonial Policy and Practice: A Comparative Study of Burma and Netherlands India* (New York: New York University Press)

Furstenberg, Frank F. Jr, Theodore Hershberg and John Modell 1975: „The origins of the female-headed black family: the impact of the urban experience", *Journal of Interdisciplinary History*, 6

Furtado, Celso 1975: *Die wirtschaftliche Entwicklung Brasiliens* (Formação econômia do Brasil, dt.), (München: Fink)

Gage, Matilda Joslyn 1980: *Women, Church and State* (Watertown, Mass.: Persephone Press; Erstveröffentlichung 1893)

Gailey, H. A. 1970/72: *A History of Africa: 1800 to the Present* (2 Bände, New York: Houghton-Mifflin)

Galbraith, John Kenneth 1974: *Wirtschaft für Staat und Gesellschaft* (Economics and the Public Purpose, dt.), (München: Droemer Knaur)

Gans, Herbert J. 1962: *The Urban Villagers: Group and Class in the Life of Italian-Americans* (2. Aufl., New York: Free Press)

Gans, Herbert J. 1968: *People and Plans: Essays on Urban Problems and Solutions* (New York: Basic Books)

Gardner, Beatrice and Allen Gardner 1969: „Teaching sign language to a chimpanzee", *Science*, 165

Gardner, Beatrice and Allen Gardner 1975: „Evidence for sentence constituents in the early utterances of child and chimpanzee", *Journal of Experimental Psychology*, 104

Garfinkel, Harold 1963: „A conception of, and experiments with, 'trust' as a condition of stable concerted actions", in: O. J. Harvey (Hrsg.), *Motivation and Social Interaction* (New York: Ronald Press)

Garfinkel, Harold 1984: *Studies in Ethnomethodology* (Oxford: Blackwell)
Geary, Dick 1983: *Arbeiterprotest und Arbeiterbewegung in Europa 1848-1939* (European Labour Protest, 1848-1939, dt.), (München: Beck)
Geertz, Clifford 1983: *Local Knowledge: Further Essays in Interpretative Anthropology* (New York: Basic Books)
Gelb, I. J. 1952: *A Study of Writing* (Chicago: University of Chicago Press)
Gellner, Ernest 1964: *Thought and Change* (London: Weidenfeld and Nicolson)
Gellner, Ernest 1991: *Nationalismus und Moderne* (Nations and Nationalism, dt.), (Berlin: Rotbuch)
George, Stephen 1990: *An Awkward Partner: Britain in the European Community* (Oxford: Oxford University Press)
Georges, Robert A. and Michael O. Jones 1980: *People Studying People: The Human Element in Fieldwork* (Berkeley: University of California Press)
Gerbner, George et al. 1979: „The demonstration of power: violence profile no. 10", *Journal of Communication*, 29
Gerbner, George et al. 1980: „The 'mainstreaming' of America: violence profile no. 11", *Journal of Communication*, 30
Gershuny, Jonathan 1992: „Change in the domestic division of labour in the UK, 1975-1987: dependent labour versus adaptive partnership", in: Nicholas Abercrombie and Alan Warde (Hrsg.), *Social Change in Contemporary Britain* (Cambridge: Polity)
Gershuny, J. I. and I. D. Miles 1983: *The New Service Economy: The Transformation of Employment in Industrial Societies* (London: Frances Pinter)
Gerson, Kathleen 1985: *Hard Choices: How Women Decide about Work, Career and Motherhood* (Berkeley: University of California Press)
Giddens, Anthony 1984: *Interpretative Soziologie. Eine kritische Einführung* (New Rules of Sociological Method, dt.), (Frankfurt/Main: Campus)
Giddens, Anthony 1985: *The Nation-State and Violence* (Cambridge: Polity Press)
Giddens, Anthony 1992: *Die Konstitution der Gesellschaft. Grundzüge einer Theorie der Strukturierung* (The Constitution of Society, dt.), (Frankfurt/Main: Campus)
Giddens, Anthony 1993: *Wandel der Intimität: Sexualität, Liebe und Erotik in der modernen Gesellschaft* (The Transformation of Intimacy, dt.), (Frankfurt/Main: Fischer)
Gill, Colin 1985: *Work, Unemployment and the New Technology* (Cambridge: Polity Press)
Gilligan, Carol 1993: *Die andere Stimme. Lebenskonflikte und Moral der Frau* (In a Different Voice: Psychological Theory and Women's Development, dt.), (München: Piper)
Gilroy, Paul 1987: „*There Ain't no Black in the Union Jack*" (London: Hutchinson)
Ginzburg, Carlo 1983: *Der Käse und die Würmer. Die Welt eines Müllers um 1600* (Il formaggio e i vermi, dt.), (Frankfurt/Main: Syndikat)
Gissing, George 1973: *Demos* (Brighton: Harvester; Erstveröffentlichung 1892)
Glasgow, D. 1981: *The Black Underclass* (New York: Vintage)
Glass, David (Hrsg.) 1954: *Social Mobility in Britain* (London: Routledge and Kegan Paul)
Gleitman, Henry 1986: *Psychology* (New York: Norton)
Glueck, Sheldon W. and Eleanor Glueck 1956: *Physique and Delinquency* (New York: Harper and Row)
Goffman, Erving 1971: *Verhalten in sozialen Situationen. Strukturen und Regeln der Interaktion im öffentlichen Raum* (Behaviour in Public Places, dt.), (Gütersloh: Bertelsmann)
Goffman, Erving 1972: *Asyle. Über die soziale Situation psychiatrischer Patienten und anderer Insassen* (Asylums: Essays on the Social Situation of Mental Patients and Other Inmates, dt.), (Frankfurt/Main: Suhrkamp)
Goffman, Erving 1975: *Stigma. Über Techniken der Bewältigung beschädigter Identität* (Stigma: Notes on the Management of Spoiled Identity, dt.), (Frankfurt/Main: Suhrkamp)
Goffman, Erving 1980: *Rahmen-Analyse. Ein Versuch über die Organisation von Alltagserfahrungen* (Frame Analysis, dt.), (Frankfurt/Main: Surhkamp)
Goffman, Erving 1981a: *Geschlecht und Werbung* (Gender Advertisments, dt.), (Frankfurt/Main: Suhrkamp)
Goffman, Erving 1981b: *Forms of Talk* (Philadelphia: University of Pennsylvania Press)
Goffman, Erving 1982: *Das Individuum im öffentlichen Austausch. Mikrostudien zur öffentlichen Ordnung* (Relations in Public: Microstudies of the Public Order, dt.), (Frankfurt/Main: Surhkamp)

Goffman, Erving 1986: *Interaktionsrituale. Über Verhalten in direkter Kommunikation* (Interaction Ritual, dt.), (Frankfurt/Main: Suhrkamp)
Goffman, Erving 1988: *Wir alle spielen Theater. Die Selbstdarstellung im Alltag* (The Presentation of Self in Everyday Life, dt.), (München: Piper)
Golding, Peter and Sue Middleton 1982: *Images of Welfare: Press and Public Attitudes to Poverty* (Oxford: Martin Robertson)
Goldsheider, Frances K. and Linda J. White 1991: *New Families, No Families? The Transformation of the American Home* (Berkeley: University of California Press)
Goldsmith, Edward 1988: „Foreword", in: Edward Goldsmith and Nicholas Hilyard, *The Earth Report: Monitoring the Battle for our Environment* (London: Mitchell Beazley)
Goldstein, Paul J. 1979: *Prostitution and Drugs* (Lexington, Mass.: D. C. Heath)
Goldthorpe, J. E. 1984: *The Sociology of the Third World: Disparity and Development* (2. Aufl., Cambridge: Cambridge University Press)
Goldthorpe, John H. 1971: „Theories of industrial society", *Archives Européennes de Sociologie*, 12
Goldthorpe, John H. 1983: „Women and class analysis: in defence of the conventional view", *Sociology*, 17
Goldthorpe, John H. and C. Payne 1986: „Trends in intergenerational class mobility in England and Wales 1972-1983", *Sociology*, 20
Goldthorpe, John H., C. Llewellyn and C. Payne 1980, 1988: *Social Mobility and Class Structure in Modern Britain* (1. und 2. Aufl., Oxford: Oxford University Press)
Goldthorpe, John H. et al. 1970-1: *Der wohlhabende Arbeiter in England* (The Affluent Worker in the Class Structure, dt.), (3 Bände, München: Goldmann)
Goode, E. 1972: *Drugs in American Society* (New York: Alfred Knopf)
Goode, William J. 1963: *World Revolution in Family Patterns* (New York: Free Press)
Goodhardt, G. J., A. S. C. Ehrenberg and M. A. Collins 1987: *The Television Audience: Patterns of Voting* (2. Aufl., London: Gower)
Goodin, Robert E. 1992: *Green Political Theory* (Cambridge: Polity)
Goodman, David and Michael Redclift 1991: *Refashioning Nature: Food, Ecology and Culture* (London: Routledge)
Goodwin, Charles 1981: *Conversational Organization: Interaction between Speakers and Hearers* (New York: Academic Press)
Goodwin, Jean 1982: *Sexual Abuse, Incest Victims and their Families* (Boston, England: John Wright)
Goody, Jack 1977: *The Domestication of the Savage Mind* (Cambridge: Cambridge University Press)
Gordon, P. 1986: *Racial Violence and Harassment* (London: Runnymede Trust)
Gorz, André 1980: *Abschied vom Proletariat* (Adieux au prolétariat. Au delà du socialisme, dt.), (Frankfurt/Main: Europäische Verlagsanstalt)
Gossett, Thomas F. 1963: *Race: The History of an Idea in America* (Dallas: Southern Methodist University Press)
Gottman, Jean 1961: *Megalopolis: The Urbanized Northeastern Seaboard of the United States* (New York: Twentieth Century Fund)
Goyder, John 1987: *The Silent Minority: Non-respondents on Sample Surveys* (Cambridge: Polity Press)
Graef, Roger 1989: *Talking Blues* (London: Collins)
Greeley, Andrew 1977: *The American Catholic: A Social Portrait* (New York: Basic Books)
Greenbaum, Joan 1979: *In the Name of Efficiency: Management Theory and Shopfloor Practice in Data-Processing Work* (Philadelphia: Temple University Press)
Greenberg, Martin S., Chauncey E. Wilson and Michael K. Mills 1978: „Victim decision-making: an experimental approach", in: D. Walsh (Hrsg.), *Shoplifting: Controlling a Major Crime* (London: Macmillan)
Greenblat, Cathy Stein 1983: „A hit is a hit . . . or is it? Approval and tolerance of the use of physical force by spouses", in: David Finkelhor et al., *The Dark Side of Families: Current Family Violence Research* (Beverly Hills, Ca.: Sage)
Greenfield, P. M. and J. H. Smith 1976: *The Structure of Communication in Early Language Development* (New York: Academic Press)
Gregory, Derek and John Urry 1985: *Social Relations and Spatial Structures* (London: Macmillan)
Griffin, Susan 1978: *Rape: The Power of Consciousness* (New York: Harper and Row)
Grinker, Roy and P. Spiegel 1945: *Men under Stress* (Philadelphia: Balkiston)

Grint, Keith 1991: *The Sociology of Work* (Cambridge: Polity)
Grusky, David B. and Robert M. Hauser 1984: „Comparative social mobility revisited: models of convergence and divergence in 16 countries", *American Sociological Review*, 49
Gunter, Barrie 1985: *Dimensions of Television Violence* (London: Gower)
Gutman, Herbert G. 1975: „Extended review of 'Time on the Cross'", *Journal of Negro History*, 60
Gutman, Herbert G. 1976: *The Black Family in Slavery and Freedom, 1750-1925* (New York: Pantheon)
Habermas, Jürgen 1973: *Legitimationsprobleme im Spätkapitalismus* (Frankfurt/Main: Suhrkamp)
Habermas, Jürgen 1976a: *Zur Rekonstruktion des Historischen Materialismus* (Frankfurt/Main: Suhrkamp)
Habermas, Jürgen 1976b: „Was heißt Universalpragmatik?", in: K.-O. Apel (Hrsg.), *Sprachpragmatik und Philosophie* (Frankfurt/Main: Suhrkamp)
Habermas, Jürgen 1981: *Theorie des kommunikativen Handelns.* Band 1: *Handlungsrationalität und gesellschaftliche Rationalisierung* (Frankfurt/Main: Suhrkamp)
Hagen, John 1988: *Structural Criminology* (Cambridge: Polity Press)
Hägerstrand, Torsten 1973: „The domain of human geography", in: R. J. Chorley (Hrsg.), *Directions in Geography* (London: Methuen)
Hakim, Catherine C. 1982: *Secondary Analysis in Social Research* (London: Allen and Unwin)
Hale, Robert B. 1971: *The Strengths of Black Families* (New York: Emerson Hall)
Hall, Edward T. 1959: *The Silent Language* (New York: Doubleday)
Hall, Edward T. 1976: *Die Sprache des Raumes* (The Hidden Dimension, dt.), (Düsseldorf: Schwann)
Hall, Ross Hume 1990: *Health and the Global Environment* (Cambridge: Polity)
Hall, Ruth 1985: *Ask Any Woman: A London Enquiry into Rape and Sexual Assault* (Bristol: Falling Wall Press)
Hall, Ruth, Selma James and Judith Kertesz 1984: *The Rapist who Pays the Rent* (2. Aufl., Bristol: Falling Wall Press)
Hall, Stuart et al. 1988: „New times", *Marxism Today*, October
Halle, David 1984: *America's Working Man: Work, Home and Politics among Blue Collar Property Owners* (Chicago: University of Chicago Press)
Halsey, A. H., A. F. Heath and J. M. Ridge 1980: *Origins and Destinations* (Oxford: Oxford University Press)
Hammond, Phillip E. (Hrsg.) 1985: *The Sacred in a Secular Age: Toward Revision in the Scientific Study of Religion* (Berkeley: University of California Press)
Hamnett, Chris et al. 1990: *Restructuring Britain: The Changing Social Structure* (London: Sage)
Hancock, Graham 1989: *Händler der Armut. Wohin verschwinden unsere Entwicklungsmilliarden?* (Lords of Poverty, dt.), (München: Droemer Knaur)
Handy, Charles 1984: *The Future of Work: A Guide to a Changing Society* (Oxford: Basil Blackwell)
Hansen, I. 1980: „Sex education for young children", zitiert in J. Scanzoni and G. L. Fox, „Sex role, family and society"', *Journal of Marriage and the Family*, 42
Harder, Mary White et al. 1972: „Jesus people", *Psychology Today*, 6
Harding, Vincent 1980: *The Other American Revolution* (Los Angeles: University of California Center for Afro-American Studies, Culture and Society Monograph Series, Band 4)
Hardyment, Christina 1987: *Labour Saved?* (Cambridge: Polity Press)
Harlow, Harry F. and Margaret K. Harlow 1962: „Social deprivation in monkeys", *Scientific American*, 207
Harlow, Harry F. and R. R. Zimmerman 1959: „Affectional responses in the infant monkey", *Science*, 130
Harris, Christopher 1983: *The Family and Industrial Society* (London: Allen and Unwin)
Harris, Marvin 1990: *Kannibalen und Könige. Die Wachstumsgrenzen der Hochkulturen* (Cannibals and Kings: The Origins of Cultures, dt.), (Stuttgart: Klett-Cotta)
Harris, Nigel 1987: *The End of the Third World: Newly Industrializing Countries and the Decline of an Ideology* (Harmondsworth: Penguin)
Harrison, Paul 1983: *Inside the Inner City: Life under the Cutting Edge* (Harmondsworth: Penguin)
Hartley, E. 1946: *Problems in Prejudice* (New York: Kings Crown Press)
Hartman, Mary and Lois Banner (Hrsg.) 1974: *Clio's Consciousness Raised: New Perspectives on the History of Women* (New York: Norton)

Hartmann, Heidi 1981: „The family as the locus of class, gender and political struggle: the example of housework", *Signs*, 6
Harvey, David 1973: *Social Justice and the City* (Oxford: Blackwell)
Harvey, David 1982: *The Limits to Capital* (Oxford: Blackwell)
Harvey, David 1985: *Consciousness and the Urban Experience: Studies in the History and Theory of Capitalist Urbanization* (Oxford: Blackwell)
Hausson, Carola and Karin Linden 1984: *Moscow Women* (London: Allison and Busby)
Hawley, Amos H. 1950: *Human Ecology: A Theory of Community Structure* (New York: Ronald Press)
Hawley, Amos 1968: „Human ecology", *International Encyclopaedia of Social Science*, Band 4 (Glencoe: Free Press)
Heath, Anthony 1981: *Social Mobility* (London: Fontana)
Heath, Anthony et al. 1986: *How Britain Votes* (Oxford: Pergamon Press)
Heitlinger, Alena 1979: *Women and State Socialism: Sex Inequality in the Soviet Union and Czechoslovakia* (London: Macmillan)
Held, David 1987: *Models of Democracy* (Cambridge: Polity Press)
Hemming, John 1987: *Amazon Frontier: The Defeat of the Brazilian Indians* (London: Macmillan)
Henriques, Fernando 1963: *Prostitution and Society*, Band 2 (London: MacGibbon and Kee)
Henslin, James M. and Mae A. Briggs 1971: „Dramaturgical desexualization: the sociology of the vaginal examination", in: Henslin (Hrsg.), *Studies in the Sociology of Sex* (New York: Appleton-Century-Crofts)
Heritage, John 1984: *Garfinkel and Ethnomethodology* (Cambridge: Polity Press)
Hill, Richard C. 1984: „Economic crisis and political response in the motor city", in: Larry Sawer and William K. Tabb (Hrsg.), *Sunbelt/Snowbelt: Urban Development and Regional Restructuring* (Oxford: Oxford University Press)
Hill, Richard C. 1984: „Transnational capitalism and urban crisis: The case of the auto industry and Detroit", in: Ivan Szelenyi (Hrsg.), *Cities in Recession: Critical Responses to the Urban Policies of the New Right* (London: Sage)
Himmelstrand, Ulf et al. 1981: *Beyond Welfare Capitalism* (London: Heinemann)
Hindelang, Michael J. et al. 1978: *Violence of Personal Crime* (Cambridge: Ballinger)
Hirst, Paul and Penny Woolley 1982: *Social Relations and Human Attributes* (London: Tavistock)
HMSO (Her Majesty's Stationery Office) 1992: *Social Trends 22* (London: HMSO)
Hobson, John A. 1970: *Der Imperialismus* (Imperialism: A Study, dt.), (Köln: Kiepenheuer & Witsch; Erstveröffentlichung 1902)
Hodge, Robert and David Tripp 1986: *Children and Television: A Semiotic Approach* (Cambridge: Polity Press)
Höllinger, Franz and Max Haller 1990: „Kinships and social networks in modern societies: a cross-cultural comparison among seven nations", *European Sociological Review*, 6
Holloway, David 1984: *The Soviet Union and the Arms Race* (2. Aufl., New Haven, Conn.: Yale University Press)
Holmes, Leslie 1986: *Politics in the Communist World* (Oxford: Oxford University Press)
Homans, Hilary 1987: „Man-made myth: the reality of being a woman scientist in the NHS", in: Anne Spencer and David Podmore (Hrsg.), *In a Man's World: Essays on Women in Male-Dominated Professions* (London: Tavistock)
Hooks, Bell 1986: *Ain't I a Woman: Black Women and Feminism* (London: Pluto Press)
Hooper, Judith O. and Frank H. Hooper 1985: „Family and individual development theories: conceptual analysis and speculations", in: J. A. Meacham, *Family and Individual Development* (Basel: Karger)
Hopper, Earl 1981: *Social Mobility: A Study of Control and Instability* (Oxford: Blackwell)
Hough, Jerry W. F. and Merle Fainsod 1979: *How the Soviet Union is Governed* (Cambridge, Mass.: Harvard University Press)
Hoy Steele, C. 1975: „Urban Indian identity in Kansas: some implications for research", in: J. Bennett (Hrsg.), *The New Ethnicity: Perspectives from Ethnology* (St Paul, Minn.: West Publishing)
Hughes, Gordon 1991: „Taking crime seriously? A critical analysis of New Left Realism", *Sociology Review*, 1
Humphries, Judith 1983: *Part-time Work* (London: Kogan Page)
Hundley, N. (Hrsg.) 1975: *The Chicano* (Santa Barbara, Ca.: Clio Press)

Huntington, Samuel P. 1981: *The Soldier and the State: The Theory and Politics of Civil-Military Relations* (Cambridge, Mass.: Harvard University Press)
Huntington, Samuel 1990: „Democratisation and security in Eastern Europe", in: P. Volten, *Uncertain Futures: Eastern Europe and Democracy* (New York: Institute for East-West Security Studies)
Hutchinson, E. 1981: *Legislative History of American Immigration Policy, 1785-1965* (Philadelphia: University of Pennsylvania Press)
Huttenback, Robert A. 1976: *Racism and Empire: White Settlers v. Coloured Immigrants in British Self-Governing Colonies, 1830-1910* (Ithaca, NY: Cornell University Press)
Hyde, Janet Shibley 1986: *Understanding Human Sexuality* (New York: McGraw-Hill)
Hyman, Richard 1984: *Strikes* (2. Aufl., London: Fontana)
ICS Newsletter 1987: „The US economy: who owns the wealth, who needs welfare, who saves, and why" (Institute for Social Research, Michigan: University of Michigan, Winter 1986-7)
Idell, Albert 1956: *The Bernal Diaz Chronicles* (New York: Doubleday)
Illich, Ivan D. 1972: *Entschulung der Gesellschaft* (Deschooling Society, dt.), (München: Kösel)
Ingham, Geoffrey 1984: *Capitalism Divided? The City and Industry in British Social Development* (London: Macmillan)
IISS (International Institute for Strategic Studies) 1987: *Strategic Survey, 1986-1987* (London)
Issel, William 1985: *Social Change in the United States, 1945-1983* (London: Macmillan)
Iyer, Pico 1989: *Video Nights in Katmandu* (New York: Vintage)
Jackman, Mary R. and Robert W. Jackman 1983: *Class Awareness in the United States* (Berkeley: University of California Press)
Jackson, K. 1967: *The Ku Klux Klan in the City, 1915-1930* (Oxford: Oxford University Press)
Jackson, Kenneth T. 1981: „The spatial dimensions of social control: race, ethnicity and government housing policy in the United States, 1918-1968", in: Bruce N. Stave (Hrsg.), *Modern Industrial Cities: History, Policy and Survival* (Beverly Hills, Ca.: Sage)
Jackson, Kenneth T. 1985: *Crabgrass Frontier: The Suburbanization of the United States* (New York: Oxford University Press)
Jackson, Michael P. 1986: *Industrial Relations* (3. Aufl., London: Croom Helm)
Jacobs, Jane 1993: *Tod und Leben großer amerikanischer Städte* (The Death and Life of Great American Cities, dt.), (Wiesbaden: Vieweg)
Jaher, Frederic Cople (Hrsg.) 1973: *The Rich, the Well Born and the Powerful* (Urbana: University of Illinois Press)
Jaher, Frederic Cople 1980: „The gilded elite: American multimillionaires, 1865 to the present", in: William D. Rubinstein (Hrsg.), *Wealth and the Wealthy in the Modern World* (London: Croom Helm)
James, William 1890: *Principles of Psychology* (New York: Holt, Rinehart and Winston)
Janelle, D. G. 1968: „Central place development in a time-space framework", *Professional Geographer*, 20
Janowitz, Morris 1977: *Military Institutions and Coercion in the Developing Nations: An Essay in Comparative Analysis* (Chicago: University of Chicago Press)
Janus, S. S. and D. H. Heid Bracey 1980: „Runaways: pornography and prostitution" (New York: mimeo)
Jencks, Christopher et al. 1973: *Chancengleichheit* (Inequality: A Reassessement of the Effects of Family and Schooling in America, dt.), (Reinbek bei Hamburg: Rowohlt)
Jenkins, Simon 1987: „Eve versus the Adams of the Church", *Sunday Times*, 6 September
Jensen, Arthur 1967: „How much can we boost IQ and scholastic achievement?", *Harvard Educational Review*, 29
Jensen, Arthur 1979: *Bias in Mental Testing* (New York: Free Press)
Johnson, Chalmers 1964: *Revolution and the Social System* (Stanford, Ca.: Stanford University Press)
Johnson, Chalmers 1971: *Revolutionstheorie* (Revolutionary Change, dt.), (Köln: Kiepenheuer & Witsch)
Johnson, Richard 1991: „A new road to serfdom? A critical history of the 1988 Act", in: *Education Group II, Education Limited: Schooling, Training and the New Right in England since 1979* (London: Unwin Hyman)
Jones, Barry 1982: *Sleepers Awake! Technology and the Future of Work* (Brighton: Wheatsheaf)

Jones, R. and Schneider, P. 1984: „Self-help production cooperatives: government-administered cooperatives during the depression", in: R. Jackall and H. Levin (Hrsg.), *Worker Cooperatives in America* (Berkeley: University of California Press)
Jordan, Winthrop 1968; *White Over Black* (Chapel Hill: University of North Carolina Press)
Kahn, R. N. 1986: „Multinational companies and the world economy: economic and technological impact", *Impact of Science on Society*, 36
Kaldor, Mary 1982: *The Baroque Arsenal* (New York: Hill and Wang)
Kamata, Satoshi 1982: *Japan in the Passing Lane* (London: Allen and Unwin)
Kamin, Leon J. 1977: *The Science and Politics of IQ* (Harmondsworth: Penguin)
Karabel, Jerome and A. H. Halsey (Hrsg.) 1977: *Power and Ideology in Education* (Oxford: Oxford University Press)
Kart, Gary S. 1985: *The Social Realities of Ageing* (Boston, Mass.: Allyn and Bacon)
Kasarda, John D. and Morris Janowitz 1974: „Community attachment in mass society", *American Sociological Review*, 39
Katz, Elihu et al. 1978: *Broadcasting in the Third World: Promise and Performance* (London: Macmillan)
Katz, Sedelle and Mary Ann Mazur 1979: *Understanding the Rape Victim: A Synthesis of Research Findings* (London: Wiley)
Kautsky, John J. 1982: *The Politics of Aristocratic Empires* (Chapel Hill: University of North Carolina Press)
Kavanagh, Dennis A. 1987: *Thatcherism and British Politics* (Oxford: Oxford University Press)
Keating, Michael 1992: „Do the workers really have no country?", in John Coakley, *The Social Origins of Nationalist Movements: The Contemporary West European Experience* (London: Sage)
Kellner, Peter 1992: „Does sex matter in the polling booth?", *Independent*, 18 March
Kelly, Liz 1988: *Surviving Sexual Violence* (Cambridge: Polity)
Kelso, W. 1984: *Kingsmill Plantations, 1619-1800: Archaeology of Country Life in Colonial Virginia* (Orlando: Academic Press)
Kennedy, Gavin 1983: *Defense Economics* (New York: St Martin's Press)
Keohane, Robert 1984: *After Hegemony* (Princeton, NJ: Princeton University Press)
Kern, Steven 1983: *The Culture of Time and Space: 1880-1918* (Cambridge, Mass.: Harvard University Press)
Kerner Commission 1968: *Report of the National Advisory Commission on Civil Disorders* (New York: Bantam)
Kerr, Clark 1983: *The Future of Industrialized Societies* (Cambridge, Mass.: Harvard University Press)
Kerr, Clark et al. 1966: *Der Mensch in der industriellen Gesellschaft. Die Probleme von Arbeit und Management unter den Bedingungen wirtschaftlichen Wachstums* (Industrialism and Industrial Man: The Problems of Labour and Management in Economic Growth, dt.), (Frankfurt/Main: Europäische Verlagsanstalt)
Kesselman, Mark et al. 1987: *European Politics in Transition* (Lexington, Mass.: D. C. Heath)
King, D. (Hrsg.) 1979: *The Cherokee Indian Nation* (Knoxville: University of Tennessee Press)
Kingdom, John 1991: *Government and Politics in Britain* (Cambridge: Polity)
Kinsey, Alfred C. et al. 1963: *Das sexuelle Verhalten der Frau* (Sexual Behaviour in the Human Female, dt.), (Frankfurt/Main: Fischer; Erstveröffentlichung 1953)
Kinsey, Alfred C. et al. 1970: *Das sexuelle Verhalten des Mannes* (Sexual Behaviour in the Human Male, dt.), (Frankfurt/Main: Fischer; Erstveröffentlichung 1948)
Kitcher, Philip 1985: *Vaulting Ambition: Sociobiology and the Quest for Human Nature* (Cambridge, Mass.: MIT Press)
Knorr-Cetina, Karin and Aaron V. Cicourel (Hrsg.) 1981: *Advances in Social Theory and Methodology: Towards an Interpretation of Micro- and Macro-Sociologies* (London: Routledge and Kegan Paul)
Koenigsburger, H. G. 1987: *Mediaeval Europe, 400-1500* (London: Longman)
Koestler, Arthur 1976: *The Act of Creation* (London: Hutchinson)
Kogan, Maurice, with David Kogan 1988: *The Attack on Higher Education* (London: Kogan Page)
Kohn, Melvin 1969: *Class and Conformity* (Homeward, Ill.: Dorsey Press)
Kosa, John and Irving Kenneth Zola (Hrsg.) 1975: *Poverty and Health: A Sociological Analysis* (Cambridge, Mass.: Harvard University Press)
Kovel, Joel 1970: *White Racism: A Psychohistory* (New York: Random House)

Krieger, Joel 1986: *Reagan, Thatcher, and the Politics of Decline* (Cambridge: Polity Press)
Krupat, Edward 1985: *People in Cities: The Urban Environment and its Effects* (Cambridge: Cambridge University Press)
Kübler-Ross, Elisabeth (Hrsg.) 1988: *Reif werden zum Tode* (Death: The Final Stage of Growth, dt.), (Stuttgart: Kreuz)
Kübler-Ross, Elisabeth 1990: *Verstehen, was Sterbende sagen wollen. Einführung in ihre symbolische Sprache* (Living with Death and Dying, dt.), (Stuttgart: Kreuz)
Kumar, Keval J. and W. E. Biernatzki 1992: „International news flows", *Communication Research Trends*, 10
La Fontaine, Jean 1990: *Child Sexual Abuse* (Cambridge: Polity)
Lake, R. 1981: *The New Suburbanites: Race and Housing in the Suburbs* (New Brunswick, NJ: Center for Urban Policy Research, Rutgers University Press)
Landes, David S. 1973: *Der entfesselte Prometheus. Technologischer Wandel und industrielle Entwicklung in Westeuropa von 1750 bis zur Gegenwart* (The Unbound Prometheus, dt.), (München: Deutscher Taschenbuch-Verlag)
Landry, Bart 1987: *The New Black Middle Class* (Berkeley: University of California Press)
Lane, Christel 1989: *Management and Labour in Europe: The Business Enterprise in Germany, Britain and France* (London: Elgar)
Lane, Harlan 1976: *The Wild Boy of Aveyron* (Cambridge, Mass.: Harvard University Press)
Lane, James B. 1974: *Jacob A. Riis and the American City* (London: Kennikat Press)
Lantenari, Vittorio 1963: *The Religions of the Oppressed: A Study of Modern Messianic Cults* (New York: Knopf)
Lantz, Herman, Martin Shultz and Mary O'Hara 1977: „The changing American family from the pre-industrial to the industrial period: a final report", *American Sociological Review*, 42
Laqueur, Walter 1976: *Guerrilla: A Historical and Critical Study* (Boston, Mass.: Little, Brown)
Large, Peter 1984: *The Micro Revolution Revisited* (Totowa: Rowan and Littlefield)
Laslett, Peter 1977: *Family Life and Illicit Love in Earlier Generations* (Cambridge: Cambridge University Press)
Laslett, Peter 1991: *Verlorene Lebenswelten: Geschichte der vorindustriellen Gesellschaft* (The World We Have Lost, dt.), (Frankfurt/Main: Fischer)
Latane, B. and J. Darley 1970: *The Unresponsive Bystander: Why Doesn't He Help?* (New York: Appleton Century Crofts)
Lazarsfeld, Paul F., Bernard Berelson and Hazel Gaudet 1969: *Wahlen und Wähler. Soziologie des Wahlverhaltens* (The People's Choice, dt.), (Neuwied: Luchterhand; Erstveröffentlichung 1948)
Le Bon, Gustave 1982: *Psychologie der Massen* (Psychologie des foules, dt.), (Stuttgart: Kröner; Erstveröffentlichung 1895)
Lee, Laurie 1991: *Des Sommers ganze Fülle* (Cider with Rosie, dt.), (Berlin: Deutsche Buch-Gemeinschaft)
Lee, R. 1960: *The Chinese in the United States of America* (Oxford: Oxford University Press)
Lee, R. B. 1968: „What hunters do for a living or, how to make out on scarce resources", in: R. B. Lee and I. Devore (Hrsg.), *Man the Hunter* (Chicago: Aldine)
Lee, R. B. 1969: „Kung Bushman subsistence: an input-output analysis", in: A. P. Vayda (Hrsg.), *Environment and Cultural Behaviour* (New York: Natural History Press)
Lees, Andrew 1985: *Cities Perceived: Urban Society in European and American Thought, 1820-1940* (New York: Columbia University Press)
Leighton, Gillian 1991: „Wives' paid and unpaid work and husbands' unemployment", *Sociology Review*, 1
Leiuffsrud, Hakon and Alison Woodward 1987: „Women at class crossroads: repudiating conventional theories of family class", *Sociology*, 21
Lemert, Edwin 1972: *Human Deviance, Social Problems and Social Control* (Englewood Cliffs, NJ: Prentice-Hall)
Lenski, Gerhard and Jean Lenski 1982: *Human Societies* (4. Aufl., New York: McGraw-Hill)
Lerner, Barbara 1982: „American education: how are we doing?", *Public Interest*, 69
Leslie, Gerald R. 1982: *The Family in Social Context* (5. Aufl., Oxford: Oxford University Press)
Leventhal, Paul and Sharon Tanzer 1991: „Fear and folly in a deadly trade", *Guardian*, 4 October
Levison, Andrew 1974: *The Working Class Majority* (New York: Coward, McGann and Geoghegan)

Lewontin, Richard 1986: *Menschen. Genetische, kulturelle und soziale Gemeinsamkeiten* (Human Diversity, dt.), (Heidelberg: Spektrum der Wissenschaft)
Liazos, A. 1972: „The poverty of the sociology of deviance: nuts, sluts and perverts", *Social Problems*, 20
Lie, Suzanne S. and Virginia E. O'Leary 1990: *Storming the Tower: Women in the Academic World* (London: Kogan Page)
Lieberman, M. 1978: *Power for the Poor - The Family Centre Project: An Experiment in Self-help* (London: Allen and Unwin)
Lieberson, Stanley 1963: *Ethnic Patterns in American Cities* (New York: Free Press)
Liebert, Robert M., Joyce N. Sprafkin and M. A. S. Davidson 1982: *The Early Window: Effects of Television on Children and Youth* (London: Pergamon Press)
Light, Donald W. 1986: „Corporate medicine for profit", *Scientific American*, 255
Light, Donald W. 1987: „Social control and the American health care system", in: Howard E. Freeman and Sol Levine (Hrsg.), *Handbook of Medical Sociology* (4. Aufl., Englewood Cliffs, NJ: Prentice-Hall)
Linhart, R. 1981: *The Assembly Line* (London: John Calder)
Linton, Ralph 1937: „One hundred percent American", *American Mercury*, 40
Lipset, Seymour Martin (Hrsg.) 1981: *Party Coalitions in the 1980s* (San Francisco: Institute for Contemporary Affairs)
Lipset, Seymour Martin and Reinhard Bendix 1959: *Social Mobility in Industrial Society* (Berkeley: University of California Press)
Lister, Ruth 1990: „Concepts of poverty", *Social Studies Review*, 6
Lockwood, David 1966: *The Blackcoated Worker: A Study in Class Consciousness* (London: Unwin)
Lodge, Juliet (Hrsg.) 1981: *Terrorism: A Challenge to the State* (New York: St Martin's Press)
Lofland, John 1977: „The dramaturgy of state executions", in: Horace Bleackley and John Lofland, *State Executions, Viewed Historically and Sociologically* (Montclair, NJ: Patterson Smith)
Logan, John R. and Harvey L. Molotch 1987: *Urban Fortunes: The Political Economy of Place* (Berkeley: University of California Press)
Lombroso, Cesare 1902: *Die Ursachen und Bekämpfung des Verbrechens* (Berlin: Bermühler)
Lowe, Stuart 1986: *Urban Social Movements: The City after Castells* (London: Macmillan)
Lueptow, L. B. 1975: „Parental status and influence on the achievement orientations of high school seniors", *Sociology of Education*, 48
Luia, Z. 1974: „Recent women college graduates: a study of rising expectations", *American Journal of Orthopsychiatry*, 44
Lynch, K. 1976: *Making Sense of a Region* (Cambridge, Mass.: MIT Press)
Lyon, David 1987: *The Information Society: Issues and Illusions* (Cambridge: Polity Press)
Lyotard, Jean-François 1986: *Das postmoderne Wissen. Ein Bericht* (La condition postmoderne, dt.), (Graz: Böhlau, Edition Passagen)
Lystad, Mary (Hrsg.) 1986: *Violence in the Home: Interdisciplinary Perspectives* (New York: Brunner and Mazel)
MacBride, Sean et al. 1988: *Many Voices, One World* (London: Kogan Page)
McConville, Sean 1981: *A History of English Prison Administration*, Band 1 (London: Routledge and Kegan Paul)
McGill, Peter 1987: „Sunset in the East", *Observer*, 2 August
Macgregor, Susanne and Ben Pimlott 1991: „Action and inaction in the cities", in: Macgregor, S. and B. Pimlott, *Tackling the Inner Cities: The 1980s Reviewed, Prospects for the 1990s* (Oxford: Clarendon Press)
McKay, David 1983: *American Politics and Society* (Oxford: Martin Robertson)
Mackenzie, Donald and Judy Wajcman 1985: *The Social Shaping of Technology* (Milton Keynes: Open University Press)
McKibben, Bill 1992: *Das Ende der Natur. Die globale Umweltkrise bedroht unser Überleben* (The End of Nature, dt.), (München: Piper)
MacKinnon, Catherine A. 1979: *Sexual Harassment of Working Women: A Case of Sex Discrimination* (New Haven, Conn.: Yale University Press)
McLean, Charles 1978: *The Wolf Children* (New York: Hill and Wang)

McNeill, William H. 1984: *Krieg und Macht. Militär, Wirtschaft und Gesellschaft vom Altertum bis heute* (The Pursuit of Power: Technology, Armed Force and Society since AD 1000, dt.), (München: Beck)

McPhail, Thomas L. 1987: *Electronic Communication: The Future of International Broadcasting and Communication* (2. Aufl., Beverly Hills, Ca.: Sage)

MacPike, Loralee 1989: *There's Something I've Been Meaning to Tell You* (Tallahassee: Naiad)

Macquet, Jacques 1961: *The Premise of Inequality in Ruanda. A Study of Political Relations in a Central African Kingdom* (London: International African Institute)

Malinowski, Bronislaw 1983: *'Magie, Wissenschaft und Religion' und andere Schriften* ('Magic, Science and Religion', and Other Essays, teils dt.), (Frankfurt/Main: Fischer)

Mann, Michael 1990: *Geschichte der Macht. Band 1: Von den Anfängen bis zur griechischen Antike* (The Sources of Social Power. Band 1: A History of Power from the Beginning to 1760, dt.), (Frankfurt/Main: Campus)

Mann, Michael 1991: *Geschichte der Macht. Band 2: Vom Römischen Reich bis zum Vorabend der Industrialisierung* (The Sources of Social Power. Band 1: A History of Power from the Beginning to 1760, dt.), (Frankfurt/Main: Campus)

Mann, Peter H. 1985: *Methods of Social Investigation* (Oxford: Blackwell)

Mansbridge, J. J. 1983: *Beyond Adversary Democracy* (Chicago: University of Chicago Press)

Marable, Manning 1991: *Race, Reform and Rebellion: The Second Reconstruction in Black America, 1945-1990* (London: Macmillan)

Marcuse, Herbert 1989: *Vernunft und Revolution. Hegel und die Entstehung der Gesellschaftstheorie* (Reason and Revolution, dt.), (München: Deutscher Taschenbuch-Verlag; Erstveröffentlichung 1941)

Marsh, Catherine 1982: *The Survey Method: The Contribution of Surveys to Sociological Explanation* (London: Allen and Unwin)

Marsh, Peter 1982: *The Robot Age* (London: Sphere)

Marshall, Gordon et al. 1988: *Social Class in Modern Britain* (London: Hutchinson)

Marshall, S. L. A. 1947: *Men Against Fire* (New York: Marrow)

Marshall, Thomas H. 1992: *Bürgerrechte und soziale Klassen. Zur Soziologie des Wohlfahrtsstaates.* (Class, Citizenship and Social Development, dt.), (Frankfurt/Main: Campus)

Marty, Martin E. 1970: *The Righteous Empire* (New York: Dial Press)

Marx, Karl 1968a: *Ökononisch-philosophische Manuskripte* (Berlin: Dietz, MEW Ergänzungsband 1; Erstveröffentlichung 1844)

Marx, Karl 1968b: *Das Kapital. Kritik der politischen Ökonomie. Band 1:* (Berlin: Dietz, MEW Band 23; Erstveröffentlichung 1864)

Marx, Karl and Friedrich Engels 1972: *Manifest der Kommunistischen Partei* (Berlin: Dietz, MEW Band 4; Erstveröffentlichung 1848)

Mason, P. 1971: *Patterns of Dominance* (Oxford: Oxford University Press)

Massey, Doreen 1984: *Spatial Divisions of Labour: Social Structures and the Geography of Production* (London: Methuen)

Mayo, Elton 1933: *The Human Problems of an Industrial Civilization* (London: Macmillan)

Mayo, Elton 1949: *The Social Problems of an Industrial Civilization* (London: Routledge and Kegan Paul)

Mead, George Herbert 1973: *Geist, Identität und Gesellschaft: Aus der Sicht des Sozialbehaviourismus* (Mind, Self and Society: From the standpoint of a social behaviorist, dt.), (Frankfurt/Main: Suhrkamp; Erstveröffentlichung 1934)

Meadows, Donella H. et al. 1992: *Die neuen Grenzen des Wachstums: Die Lage der Menschheit* (The Limits to Growth, dt.), (Stuttgart: Deutsche Verlags-Anstalt)

Mednick, S. and T. Moffitt (Hrsg.) 1986: *The New Biocriminology* (Cambridge: Cambridge University Press)

Mednick, S. et al. 1982: „Biology and violence", in: Martin E. Wolfgang and N. A. Wiener (Hrsg.), *Criminal Violence* (London: Sage)

Mednick, S. A. et al. 1987: *The Causes of Crime: New Biological Approaches* (Cambridge: Cambridge University Press)

Melbin, Murray 1987: *Night as Frontier: Colonising the World after Dark* (New York: Free Press)

Melton, J. Gordon 1978: *Encyclopaedia of American Religions* (2 Bände, Wilmington: McGrath)

Merritt, Giles 1982: *World Out of Work* (London: Collins)
Merton, Robert K. 1949: „Discrimination and the American creed", in: R. M. McIver, *Discrimination and National Welfare* (New York: Harper and Row)
Merton, Robert K. 1957: *Social Theory and Social Structure* (veränderte Aufl., Glencoe: Free Press)
Meyr, S. 1981: *The Five Dollar Day: Labour Management and Social Control in the Ford Motor Company, 1908-1921* (New York: State University of New York Press)
Michels, Robert 1979: *Zur Soziologie des Parteiwesens in der modernen Demokratie. Untersuchungen über die oligarchischen Tendenzen des Gruppenlebens* (Stuttgart: Kröner; Erstveröffentlichung 1911)
Micklin, Michael and Harvey M. Choldin 1984: *Sociological Human Ecology: Contemporary Issues and Applications* (Boulder, Colo.: Westview)
Mies, Maria 1990: *Patriarchat und Kapital. Frauen in der internationalen Arbeitsteilung* (Patriarchy and Accumulation on a World Scale, dt.), (Zürich: Rotpunkt)
Milgram, Stanley 1974: *Das Milgram-Experiment. Zur Gehorsamsbereitschaft gegenüber Autorität* (Obedience to Authority: An Experimental View, dt.), (Reinbek bei Hamburg: Rowohlt)
Milgram, Stanley 1977: *The Individual in a Social World: Essays and Experiments* (Reading, Mass.: Addison-Wesley)
Miller, Eleanor M. 1986: *The Street Woman* (Philadelphia: Temple University Press)
Miller, William L. 1983: *The Survey Method in Social and Political Sciences: Achievements, Failures, Prospects* (New York: St Martin's Press)
Mills, C. Wright 1962: *Die amerikanische Elite. Gesellschaft und Macht in den Vereinigten Staaten* (The Power Elite, dt.), (Hamburg: Holsten; Erstveröffentlichung 1956)
Mills, C. Wright 1963: *Kritik der soziologischen Denkweise* (The Sociological Imagination, dt.), (Neuwied: Luchterhand; Erstveröffentlichung 1959)
Mills, D. Quinn and Janice McCormick 1985: *Industrial Relations in Transition: Cases and Text* (New York: Wiley)
Milward, Alan S. 1984: *The Economic Effects of the World Wars on Britain* (London: Macmillan)
Miner, Horace 1956: „Body ritual among the Nacirema", *American Anthropologist*, 58
Mirsky, Jonathan 1982: „China and the one child family", *New Society*, 59, 18 February
Mitchell, Juliet 1984: *Psychoanalyse und Feminismus. Freud, Reich, Laing und die Frauenbewegung* (Psychoanalysis and Feminism, dt.), (Frankfurt/Main: Suhrkamp)
Mitterauer, Michael und Reinhard Sieder 1991: *Vom Patriarchat zur Partnerschaft. Zum Strukturwandel der Familie* (München: Beck)
Mohan, John 1991: „Privatisation in the British health sector: a challenge to the NHS?", in: Jonathan Gabe et al., *The Sociology of the Health Service* (London: Routledge)
Molotch, Harvey, and Deirdre Boden 1985: „Talking social structure: discourse, dominance and the Watergate hearings", *American Sociological Review*, 50
Mommsen, Wolfgang J. 1982: „Nichtlegale Gewalt und Terrorismus in den westlichen Industriegesellschaften", in: W. J. Mommsen et al., *Sozialprotest, Gewalt, Terror. Gewaltanwendung durch politische und gesellschaftliche Randgruppen im 19. und 20. Jahrhundert* (Stuttgart: Klett-Cotta)
Money, John und Anke A. Ehrhardt 1975: *Männlich, weiblich. Die Entstehung der Geschlechtsunterschiede* (Man and Woman/Boy and Girl, dt.), (Reinbek bei Hamburg: Rowohlt)
Monter, E. William 1977: „The pedestal and the stake: courtly love and witchcraft", in: Renate Bridenthal and Claudia Koouz, *Becoming Visible: Women in European History* (Boston, Mass.: Houghton Mifflin)
Moquin, W. (Hrsg.) 1974: *A Documentary History of the Italian Americans* (New York: Praeger)
Morawska, Eva 1985: *For Bread with Butter: Life-Worlds of the East Central Europeans in Johnstown, Pennsylvania, 1890-1940* (Cambridge: Cambridge University Press)
Morgan, Kevin and Andrew Sayer 1988: *Microcircuits of Capital: The Electronics Industry and Uneven Development* (Cambridge: Polity Press)
Morgan, Robin 1990: *The Demon Lover: On the Sexuality of Terrorism* (London: Mandarin)
Morris, Allison 1987: *Women, Crime and Justice* (Oxford: Blackwell)
Morris, Desmond 1978: *Der Mensch, mit dem wir leben. Ein Handbuch unseres Verhaltens* (Manwatching: A Field Guide to Human Behavior, dt.), (München: Droemer und Knaur)
Morris, Jan 1993: *Conundrum. Bericht von meiner Geschlechtsumwandlung* (Conundrum, dt.), (München: Piper)
Morris, Ruth 1989: *Crumbling Walls: Why Prisons Fail* (London: Mosaic)

Mortimer, Edward 1982: *Faith and Power: The Politics of Islam* (London: Faber and Faber)

Moynihan, Daniel P. 1965: *The Negro Family: A Case for National Action* (Washington DC: US Government Printing Office)

Muller, Peter O. 1981: *Contemporary Suburban America* (Englewood Cliffs, NJ: Prentice-Hall)

Mumford, Lewis 1973: *Interpretations and Forecasts* (London: Secker and Warburg)

Munck, R. 1986: *Politics and Dependency in the Third World: The Case of Latin America* (London: Zed Books)

Murdock, George Peter 1945: „The common denominator of cultures", in: Ralph Linton (Hrsg.), *The Science of Man in a World of Crisis* (New York: Columbia University Press)

Murdock, George 1949: *Social Structure* (New York: Macmillan)

Murray, Charles 1990: *The Emerging British Underclass* (London: Institute of Economic Affairs)

Naipaul, V. S. 1992: *Indien. Ein Land in Aufruhr* (India: A Wounded Civilization, dt.), (Köln: Kiepenheuer & Witsch)

Napes, G. 1970: „Unequal justice: a growing disparity in criminal sentences troubles legal experts", *Wall Street Journal*, 9 September

Neary, Ian J. 1986: „Socialist and communist party attitudes towards discrimination against Japan's Burakumin", *Political Studies*, 34

Needham, Joseph 1975: *The Development of Iron and Steel Technology in China* (Cambridge: Cambridge University Press)

Nelson, W. 1975: *Americanization of the Common Law: The Impact of Legal Change on Massachusetts Society, 1760-1830* (Cambridge, Mass.: Harvard University Press)

Neuberger, Julia 1991: *Whatever's Happening to Women? Promises, Practices and Pay Offs* (London: Kyle Cathie)

Newman, Philip L. 1965: *Knowing the Gururumba* (New York: Holt, Rinehart and Winston)

Newspaper Advertising Bureau 1978: *Seven Days in March: Major News Stories in the Press and on TV* (New York)

Nichols, Eve K. 1986: *Mobilizing Against Aids* (Cambridge, Mass.: Harvard University Press)

Nichols, Theo and Hugh Beynon 1977: *Living with Capitalism* (London: Routledge and Kegan Paul)

Nie, Norman H., Sidney Verba and John R. Petrocik 1976: *The Changing American Voter* (Cambridge, Mass.: Harvard University Press)

Noel, Gerard 1980: *The Anatomy of the Catholic Church* (London: Hodder and Stoughton)

NORC 1981: *Social Survey* (Princeton, NJ: National Opinion Research Centre)

Novak, M. A. 1979: „Social recovery of monkeys isolated for the first year of life: II. Long-term assessment", *Developmental Psychology*, 2

Oakes, Jeannie 1985: *Keeping Track: How Schools Structure Inequality* (New Haven, Conn.: Yale University Press)

Oakley, Ann 1976: *Housewife* (Harmondsworth: Penguin)

Oakley, Ann 1978: *Die Soziologie der Hausarbeit* (The Sociology of Housework, dt.), (Frankfurt/Main: Roter Stern)

Oakley, Ann 1982: *Subject Women* (London: Fontana)

Oberg, Jan 1980: „The new international military order: a threat to human security", in: Eide Asbjorn et al. (Hrsg.), *Problems of Contemporary Militarism* (New York: St Martin's Press)

Offe, Claus 1984: *Contradictions of the Welfare State* (Cambridge, Mass.: MIT Press)

Offe, Claus 1985: *Disorganized Capitalism* (Cambridge: Polity Press)

Otterbein, Keith F. 1985: *The Evolution of War: A Cross-cultural Study* (New Haven, Conn.: Human Relations Area Files Press)

Ouchi, William G. 1979: „A conceptual framework for the design of organizational control mechanisms", *Management Science*, 25

Ouchi, William G. 1981: *Theory Z: How American Business Can Meet the Japanese Challenge* (Reading, Mass.: Addison-Wesley)

Pagden, Anthony 1982: *The Fall of Natural Man* (Cambridge: Cambridge University Press)

Pahl, J. 1978: *A Refuge for Battered Women* (London: HMSO)

Pahl, R. E. 1984: *Divisions of Labour* (Oxford: Blackwell)

Pahl, R. E. 1987: „A comparative approach to the study of the informal economy", vorgestellt im Jahr 1987 auf der Tagung der American Sociological Association, August

Pahl, R. E. and P. A. Wilson 1987: „The family as a hologram: first you see it then you don't", *Sociological Review*, 35

Pahl, R. E. and J. Winkler 1974: „The economic elite: theory and practice", in: Philip Stanworth and Anthony Giddens, *Elites and Power in British Society* (Cambridge: Cambridge University Press)

Pandey, Trikoli Nath 1972: „Anthropologists at Zuñi", *Proceedings of the American Philosophical Society*, 166

Pandey, Trikoli Nath 1975: „'India man' among American Indians", in: André Beteille and T. N. Madan (Hrsg.), *Encounter and Experience: Personal Accounts of Fieldwork* (Honolulu: University Press of Hawaii)

Park, Robert E. 1952: *Human Communities: The City and Human Ecology* (New York: Free Press)

Parkes, Don and Nigel Thrift 1980: *Times, Spaces and Places* (Chichester: Wiley)

Parkin, Frank 1971: *Class Inequality and Political Order* (London: McGibbon and Kee)

Parkin, Frank 1979: *Marxism and Class Theory: A Bourgeois Critique* (London: Tavistock)

Parkinson, C. Northcote 1992: *Parkinsons Gesetz und andere Studien über die Verwaltung* (Parkinson's Law, dt.), (Düsseldorf: Econ)

Parnes, Herbert S. 1985: *Retirement among American Men* (Lexington, Mass.: Lexington Books)

Parsons, Talcott 1964: „Evolutionary universals in society", *American Sociological Review*, 29

Parsons, Talcott 1975: *Gesellschaften. Evolutionäre und komparative Perspektiven* (Societies: Evolutionary and Comparative Perspectives, dt.), (Frankfurt/Main: Suhrkamp)

Parsons, Talcott 1976: *Zur Theorie sozialer Systeme* (The Social System, dt.), (Opladen: Westdeutscher Verlag)

Parten, Mildred 1932: „Social play among preschool children", *Journal of Abnormal and Social Psychology*, 27

Paul, Diana Y. 1985: *Women in Buddhism: Images of the Feminine in the Mahayana Tradition* (Berkeley: University of California Press)

Payne, E. J. 1899: *History of the New World Called America* (2 Bände, London: Oxford University Press)

Pearson, G. 1975: *The Deviant Imagination* (Basingstoke: Macmillan)

Pearton, Maurice 1984: *The Knowledgeable State: Diplomacy, War and Technology since 1830* (Kansas: University Press of Kansas)

Perlmutter, Amos 1977: *The Military and Politics in Modern Times: On Professionals, Praetorians, and Revolutionary Soldiers* (New Haven, Conn.: Yale University Press)

Perlmutter, H. V. 1972: „The development of nations, unions and firms as worldwide institutions", in: H. Gunter (Hrsg.), *Transnational Industrial Relations* (New York: St Martin's Press)

Pickvance, Chris 1985: „The rise and fall of urban movements and the role of comparative analysis", *Society and Space*, 3

Pilkington, Andy 1991: „Is there a British underclass?", *Sociology Review*, 6

Pilkington, Edward 1992: „Hapless democratic experiment", *Guardian*, 28 January

Pilling, Stephen 1991: *Rehabilitation and Community Care* (London: Routledge)

Pinkney, A. 1986: *The Myth of Black Progress* (Cambridge: Cambridge University Press)

Platt, Anthony 1969: *The Child Savers* (Chicago: University of Chicago Press)

Player, E. 1991: „Women and crime in the city", in: David Downes, *Crime in the City* (London: Routledge)

Plummer, Kenneth 1975: *Sexual Stigma: An Interactive Account* (London: Routledge and Kegan Paul)

Pollack, O. 1950: *The Criminality of Women* (Westport: Greenwood Press)

Porter, J. 1971: *Black Child, White Child: The Development of Racial Attitudes* (Cambridge, Mass.: Harvard University Press)

Porter, Roy 1986: *Patients and Practitioners: Lay Perceptions of Medicine in Pre-industrial Society* (Cambridge: Cambridge University Press)

Pragnall, A. 1985: *Television in Europe* (Manchester: European Institute for the Media)

Pred, Allen 1986: *Place, Practice and Structure: Social and Spatial Transformation in Southern Sweden, 1750-1850* (Cambridge: Polity Press)

President's Commission on Organized Crime 1985 and 1986: *Records of Hearings, March 14, 1984 and June 24-26, 1985* (Washington DC: US Government Printing Office)

Provenzo, Eugene 1991: *Video Kids: Making Sense of Nintendo* (Cambridge, Mass.: Harvard University Press)

Ramirez, Francisco O. and John Boli 1987: „The political construction of mass schooling: European origins and worldwide institutionalism", *Sociology of Education*, 60

Rapoport, Robert and Rhona Rapoport 1982: „British families in transition", in: R. N. Rapoport et al., *Families in Britain* (London: Routledge and Kegan Paul)

Raynsford, Nick 1991: „Housing conditions, problems and policies", in: Susanne Macgregor and Ben Pimlott, *Tackling the Inner Cities: The 1980s Reviewed, Prospects for the 1990s* (Oxford: Clarendon Press)

Reid, Mike 1992: „Mexico's vale of tears", *Guardian*, 27 March

Reitlinger, Gerald 1957: *Die SS. Tragödie einer deutschen Epoche. Mit 243 Kurzbiographien* (The SS: Alibi of a Nation, 1922-1945, dt.), (München: Desch)

Rex, John 1986: *Race and Ethnicity* (Milton Keynes: Open University Press)

Rex, John and Sally Tomlinson 1979: *Colonial Immigrants in a British City* (London: Routledge)

Richards, M. P. M. (Hrsg.) 1974: *The Integration of a Child into a Social World* (Cambridge: Cambridge University Press)

Richards, Martin and Paul Light (Hrsg.) 1986: *Children of Social Worlds* (Cambridge: Polity Press)

Richards, Martin, Jacqueline Burgoyne and Roger Ormrod 1987: *Divorce Matters* (Harmondsworth: Pelican)

Richardson, James T. et al. 1979: *Organized Miracles* (New Brunswick, NJ: Transaction Books)

Richardson, Ken and David Spears 1972: *Race, Culture and Intelligence* (Harmondsworth: Penguin)

Riddell, Peter 1985: *The Thatcher Government* (Oxford: Blackwell)

Rights of Women Lesbian Custody Group 1986: *Lesbian Mothers' Legal Handbook* (London: Women's Press)

Riis, Jacob A. 1957: *How the Other Half Lives: Studies among the Tenements of New York* (New York: Dover; Erstveröffentlichung 1890)

Riley, Matilda White 1987: „On the significance of age in sociology", *American Sociological Review*, 52

Robinson, D. 1977: *Self-help and Health: Mutual Aid for Modern Problems* (London: Martin Robertson)

Robinson, D. 1980: „Self-help health groups", in: P. Smith, *Small Groups and Personal Change* (London: Methuen)

Rockford, E. Burke 1985: *Hare Krishna in America* (New Brunswick, NJ: Rutgers University Press)

Rodgers, Harrell R. Jr 1986: *Poor Women, Poor Families: The Economic Plight of America's Female-Headed Households* (Armonk, NY: M. E. Sharpe)

Rosen, Ruth 1982: *The Lost Sisterhood: Prostitution in America, 1900-1918* (Baltimore, Md.: Johns Hopkins University Press)

Rosenhan, D. 1973: „On being sane in an insane place", *Science*, 179

Rosenthau, J. N. 1980: *The Study of Global Interdependence* (London: Frances Pinter)

Rosner, Menachem and Arnold S. Tannenbaum 1987: „Organisational efficiency and egalitarian democracy in an international communal society: the Kibbutz", *British Journal of Sociology*, 38

Ross, Arthur M. 1954: „The natural history of the strike", in: Arthur Kornhauser, Robert Dubin and Arthur M. Ross, *Industrial Conflict* (New York: McGraw-Hill)

Ross, Arthur M. and P. T. Hartman 1960: *Changing Patterns of Industrial Conflict* (New York: Wiley)

Ross, George, Stanley Hoffmann and Sylvia Malzacher 1987: *The Mitterrand Experiment: Continuity and Change in Modern France* (Cambridge: Polity Press)

Rossi, Alice S. and Ann Calderwood 1973: *Academic Women on the Move* (New York: Russell Sage)

Rossides, Daniel W. 1990: *Social Stratification: The American Class System in Comparative Perspective* (Englewood Cliffs: Prentice Hall)

Roth, Martin and Jerome Kroll 1986: *The Reality of Mental Illness* (Cambridge: Cambridge University Press)

Rothman, D. 1971: *The Discovery of the Asylum* (Boston, Mass.: Little, Brown)

Royal Commission on the National Health Service 1979: *Report* (London: HMSO)

Rubenstein, E. A. et al. (Hrsg.) 1972: *Television in Day to Day Life: Patterns of Use* (Washington DC: US Government Printing Office)

Rubin, Lillian 1990: *Erotic Wars: What Happened to the Sexual Revolution?* (New York: Farrar)

Rubinstein, W. D. 1980: *Wealth and Inequality in Britain* (London: Faber and Faber)

Ruddick, Sara 1993: *Mütterliches Denken. Für eine Politik der Gewaltlosigkeit* (Maternal Thinking: Towards a Feminist Peace Politics, dt.), (Frankfurt/Main: Campus)

Rudé, George 1959: *The Crowd in the French Revoluticn* (Oxford: Oxford University Press)
Rudé, George 1979: *Die Volksmasse in der Geschichte. Unruhen, Aufstände und Revolutionen in England und Frankreich 1730-1848* (The Crowd in History, dt.), (Frankfurt/Main: Campus)
Rumble, Greville 1985: *The Politics of Nuclear Defence: A Comprehensive Introduction* (Cambridge: Polity Press)
Russell, Diana 1984: *Sexual Exploitation: Rape, Child Abuse and Sexual Harassment* (Beverly Hills, Ca.: Sage)
Russell, Diana 1990: *Rape in Marriage* (Bloomington: Indiana University Press)
Rutherford, A. 1984: *Prisons and the Process of Justice* (London: Heinemann)
Rutter, M. and H. Giller 1983: *Juvenile Delinquency: Trends and Perspectives* (Harmondsworth: Penguin)
Ryan, Tom 1985: „The roots of masculinity", in: Andy Metcalf and Martin Humphries (Hrsg.), *Sexuality of Men* (London: Pluto)
Sabel, Charles F. 1986: *Arbeit und Politik* (Work and Politics: The Division of Labour in Industry, dt.), (Wien: Verlag d. Österr. Staatsdruckerei, Edition S.)
Sack, Robert David 1986: *Human Territoriality: Its Theory and History* (Cambridge: Cambridge University Press)
Sahlins, Marshall 1972: *Stone Age Economics* (Chicago: Aldine)
Sahlins, Marshall 1976: *The Use and Abuse of Biology* (Ann Arbor: University of Michigan Press)
Said, Edward 1981: *Orientalismus* (Orientalism, dt.), (Frankfurt/Main: Ullstein)
Salaman, Graeme 1981: *Class and the Corporation* (London: Fontana)
Salaman, Graeme 1986: *Working* (London: Tavistock)
Salaman, Graeme 1992: „Work design and corporate strategies", in: John Allen et al., *Political and Economic Forms of Modernity* (Cambridge: Polity)
Sampson, Anthony 1992: *The Essential Anatomy of Britain* (London: Hodder and Stoughton)
Sanders, William B. 1974: *The Sociologist as Detective: An Introduction to Research Methods* (New York: Praeger)
Sargant, William 1958: *Der Kampf um die Seele. Eine Physiologie der Konversionen* (Battle for the Mind, dt.), (München: Piper)
Sarsby, H. 1983: *Romantic Love and Society: Its Place in the Modern World* (Harmondsworth: Penguin)
Sassen, Saskia 1991: *The Global City: New York, London, Tokyo* (Princeton: Princeton University Press)
Saunders, Peter 1987: *Soziologie der Stadt* (Social Theory and the Urban Question, dt.), (Frankfurt/Main: Campus)
Saunders, Peter 1990: *Social Class and Stratification* (London: Routledge)
Saussure, Ferdinand de 1967: *Grundfragen der allgemeinen Sprachwissenschaft* (Cours de linguistique générale, dt.), (Berlin: de Gruyter)
Sayers, Janet 1986: *Sexual Contradiction: Psychology, Psychoanalysis and Feminism* (London: Tavistock)
Saywell, Shelley 1985: *Women in War* (New York: Viking)
Scarman, Leslie George 1982: *The Scarman Report* (Harmondsworth: Penguin)
Schafer, Kermit 1965: *Prize Bloopers* (Greenwich: Fawcett)
Scheff, Thomas J. 1980: *Das Etikett „Geisteskrankheit". Soziale Interaktion und psychologische Störung* (Being Mentally Ill, dt.), (Frankfurt/Main: Fischer)
Schiller, Herbert 1989: *Culture Inc.: The Corporate Takeover of Public Expression* (New York: Oxford University Press)
Schmitter, Philippe C. 1991: „The European Community as an emergent and novel form of political domination", Arbeitspapier des Centre for Advanced Studies in the Social Sciences, Madrid
Schorske, Carl 1963: „The idea of the city in European thought: Voltaire to Spengler", in: Oscar Handlin and John Burchard (Hrsg.), *The Historian and the City* (Cambridge, Mass.: Harvard University Press)
Schrire, Carmel (Hrsg.) 1984: *Past and Present in Hunter Gatherer Studies* (New York: Academic Press)
Schuman, Howard, Charlotte Steel and Lawrence Bobo 1985: *Racial Attitudes in America: Trends and Interpretations* (Cambridge, Mass.: Harvard University Press)
Schumpeter, Joseph A. 1987: *Kapitalismus, Sozialismus und Demokratie* (Capitalism, Socialism and

Democracy, dt.), (München: Francke; Erstveröffentlichung 1942)
Scott, J. 1969: *The White Poppy* (New York: Harper and Row)
Scott, James Brown 1918: *President Wilson's Foreign Policy: Messages, Addresses, Papers* (Oxford: Oxford University Press)
Scott, James C. 1986: *Weapons of the Weak: Everyday Forms of Peasant Resistance* (New Haven, Conn.: Yale University Press)
Scott, John 1991: *Who Rules Britain?* (Cambridge: Polity)
Scraton, Phil et al. 1991: *Prisons under Protest* (Milton Keynes: Open University Press)
Scriven, Jeannie 1984: „Women at work in Sweden", in: Marilyn J. Davidson and Cary L. Cooper (Hrsg.), *Working Women: An International Survey* (New York: Wiley)
Scull, Andrew T. 1980: *Die Anstalten öffnen? Decarceration der Irren und Häftlinge* (Decarceration: Community Treatment and the Deviant - A Radical View, dt.), (Frankfurt/Main: Campus)
Segal, Lynne 1990: *Slow Motion: Changing Masculinities, Changing Men* (London: Virago)
Sennett, Richard and Jonathan Cobb 1977: *The Hidden Injuries of Class* (Cambridge: Cambridge University Press)
Sereny, Gitta 1986: *Dann schon lieber auf den Strich. Die unsichtbaren Kinder–Die erschütternde Tragödie der Ausreißer auf unseren Straßen* (The Invisible Children: Child Prostitution in America, West Germany and Great Britain, dt.), (München: Heyne)
Sewell, William H. 1971: „Inequality of opportunity for higher education", *American Sociological Review*, 36
Seymour, J. and H. Girardet 1985: *Fern vom Garten Eden. Die Geschichte des Bodens; Kultivierung, Zerstörung, Rettung* (Far from Paradise: The Story of the Human Impact on the Environment, dt.), (Frankfurt/Main: Krüger)
Sharp, Sue 1976: *Just Like a Girl* (Harmondsworth: Penguin)
Shattuck, Roger 1980: *The Forbidden Experiment: The Story of the Wild Boy of Aveyron* (New York: Farrar, Straus and Giroux)
Shawcross, Tim and Kim Fletcher 1987: „How crime is organized in London", *Illustrated London News*, October
Sheehan, Michael 1983: *The Arms Race* (Oxford: Martin Robertson)
Sheehy, Gail 1973: *Hustling: Prostitution in our Wide Open Society* (New York: Delacorte)
Sheldon, William A. 1949: *Varieties of Delinquent Youth* (New York: Harper)
Shepherd, Gill 1987: „Rank, gender and homosexuality: Mombasa as a key to understanding sexual options", in: Pat Caplan (Hrsg.), *The Social Construction of Sexuality* (London: Tavistock)
Sieber, Sam 1981: *Fatal Remedies: The Ironies of Social Intervention* (New York: Plenum Press)
Silverman, David 1982: *Secondary Analysis in Social Research: A Guide to Data Sources and Methods with Examples* (London: Allen and Unwin)
Silverman, Irwin 1985: *Qualitative Methodology and Sociology* (Aldershot: Gower)
Sinclair, Peter 1987: *Unemployment: Economic Theory and Evidence* (Oxford: Blackwell)
Singh, J. A. L. and Robert M. Zingg 1942: *Wolf Children and Feral Man* (New York: Harper and Row)
SIPRI (Stockholm International Peace Research Institute) 1988: *Jahrbuch Rüstung und Abrüstung* (World Armament and Disarmament: Yearbook 1986, dt.), (Baden-Baden: Nomos)
Sitkoff, Howard 1981: *The Struggle for Black Equality, 1954-1980* (New York: Hill and Wang)
Sjoberg, Gideon 1960: *The Pre-industrial City: Past and Present* (Glencoe: Free Press)
Sjoberg, Gideon 1963: „The rise and fall of cities: a theoretical perspective", *International Journal of Comparative Sociology*, 4
Skeggs, Beverley 1989: „Gender differences in education", in: Ivan Reid and Erica Stratta, *Sex Differences in Britain* (London: Gower)
Skocpol, Theda 1979: *States and Social Revolutions: A Comparative Analysis of France, Russia and China* (Cambridge: Cambridge University Press)
Smelser, Neil J. 1972: *Theorie des kollektiven Verhaltens* (The Theory of Collective Behaviour, dt.), (Köln: Kiepenheuer & Witsch)
Smith, Adam 1978: *Der Wohlstand der Nationen. Eine Untersuchung seiner Natur und seiner Ursachen* (An Inquiry into the Nature and Causes of the Wealth of Nations, dt.), (München: Deutscher Taschenbuch-Verlag; Erstveröffentlichung 1776)
Smith, Anthony D. 1979: *Nationalism in the Twentieth Century* (Oxford: Martin Robertson)

Smith, C. 1989: „Flexible specialisation, automation and mass production", *Work, Employment and Society*, 3
Smith, David J. and Stephen Small 1983: *A Group of Young Black People*. Band 2: *Police and People in London* (London: Policy Studies Institute)
Smith, Donna 1990: *Stepmothering* (London: Harvester)
Smith, H. W. 1975: *Strategies of Social Research: The Methodological Imagination* (Englewood Cliffs, NJ: Prentice-Hall)
Smith, R. 1981: *Moon of Popping Trees* (Lincoln: University of Nebraska Press)
Solomos, John and Tim Rackett 1991: „Policing and urban unrest: rotten constitution and policy response", in: Ellis Cashmore and Eugene McLaughlin, *Out of Order? Policing Black People* (London: Routledge)
Somjee, A. H. 1991: *Development Theory: Critiques and Explorations* (London: Macmillan)
Sorokin, Pitrim A. 1927: *Social Mobility* (New York: Harper)
Soustelle, J. 1970: *Daily Life of the Aztecs on the Eve of the Spanish Conquest* (Stanford, Ca.: Stanford University Press)
Spitz, René A. 1945: „Hospitalism: an enquiry into the genesis of psychiatric conditions in early childhood", in: Anna Freud et al. (Hrsg.), *The Psychoanalytic Study of the Child* (New York: International Universities Press)
Sreberny-Mohammadi, Annabelle 1992: „Media integration in the Third World", in: B. Gronbeck et al., *Media, Consciousness and Culture* (London: Sage)
Stack, Carol B. 1974: *All Our Kin* (New York: Harper and Row)
Stanton, Elizabeth Cady 1985: *The Woman's Bible: The Original Feminist Attack on the Bible* (Edinburgh: Polygon Books; Erstveröffentlichung 1895)
Stanton, Elizabeth Cady, Susan B. Anthony and Matilda Joslyn Gage (Hrsg.) 1889: *History of Woman Suffrage*. Band 1 (Rochester, NY: Charles Mann)
Stanworth, Michelle 1984: „Women and class analysis: a reply to John Goldthorpe", *Sociology*, 18
Staples, Robert 1973: *The Black Woman in America* (Chicago: Nelson Hill)
Stark, Rodney and William Sims Bainbridge 1985: *The Future of Religion: Secularization, Revival and Cult Formation* (Berkeley: University of California Press)
Starr, Paul 1982: „Medicine and the waning of professional sovereignty", *Daedalus*, 107
Statham, June 1986: *Daughters and Sons: Experiences of Non-sexist Childraising* (Oxford: Blackwell)
Stein, Peter J. (Hrsg.) 1980: *Single Life: Unmarried Adults in Social Context* (New York: St Martin's Press)
Steinberg, C. S. 1980: *TV Facts* (New York: Facts on File)
Steinson, Barbara J. 1980: „'The mother half of humanity': American women in peace and preparedness movements in World War I", in: Carol R. Berkin and Clara M. Lovett, *Women, War and Revolution* (New York: Holmes and Meier)
Stone, Lawrence 1977: *The Family, Sex and Marriage in England, 1500-1800* (London: Weidenfeld and Nicolson)
Straus, Murray A. 1978: „Wife-beating: how common and why?", *Victimology*, 2
Straus, Murray A., Richard J. Gelles and Suzanne K. Steinmetz 1980: *Behind Closed Doors: Violence in the American Family* (Garden City, NY: Anchor)
Suransky, Valerie P. 1982: *The Erosion of Childhood* (Chicago: University of Chicago Press)
Sussman, Marvin B. 1953: „The help pattern in the middle class family", *American Sociological Review*, 18
Sutherland, Edwin H. 1949: *Principles of Criminology* (Chicago: Lippincott)
Sutherland, Edwin H. and C. Conwell 1937: *The Professional Thief* (Chicago: University of Chicago Press)
Swann Report 1985: *Education for All* (London: HMSO)
Sydie, R. A. 1987: *Natural Women, Cultured Men: A Feminist Perspective on Sociological Theory* (New York: Methuen)
Szasz, Thomas 1976: *Die Fabrikation des Wahnsinns* (The Manufacture of Madness, dt.), (Frankfurt/Main: Fischer)
Szelenyi, Ivan 1983: *Urban Inequalities under State Socialism* (Oxford: Oxford University Press)
Tannenbaum, A. et al. 1974: *Hierarchy in Organizations* (San Francisco: Jossey Bass)
Task Force on Assessment 1967: „Crime rates: impact and assessment": Report to The President's

Commission on Law Enforcement and the Administration of Justice (Washington DC: US Government Printing Office)
Taylor, P. 1982: „Schizophrenia and violence", in: J. Gunn and D. Farrington (Hrsg.), *Abnormal Offenders, Delinquency and the Criminal Justice System* (Chichester: Wiley)
Taylor, Steve 1992: „Measuring child abuse", *Sociology Review*, 1
Terkel, Studs 1977: *Working: People Talk About What They Do All Day and How They Feel About What They Do* (Harmondsworth: Penguin)
Terkel, Studs 1991: *Der gute Krieg. Amerikaner erleben den Zweiten Weltkrieg* (The Good War, dt.), (Leipzig: Reclam)
Thomas, W. I. and Florian Znaniecki 1966: *The Polish Peasant in Europe and America* (New York: Dover, Erstveröffentlichung in 5 Bänden 1918-20)
Thompson, E. P. 1980a: „Zeit, Arbeitsdisziplin und Industriekapitalismus", in: Edward P. Thompson, *Plebeische Kultur und moralische Ökonomie* (Frankfurt/Main: Ullstein)
Thompson, E. P. 1980b: „Die 'moralische Ökonomie' der englischen Unterschichten im 18. Jahrhundert", in: Edward P. Thompson, *Plebeische Kultur und moralische Ökonomie* (Frankfurt/Main: Ullstein)
Thompson, P. 1983: *The Nature of Work* (London: Macmillan)
Thompson, Warren S. 1929: „Population", *American Journal of Sociology*, 34
Thornley, Jenny 1981: *Workers' Co-operatives, Jobs and Dreams* (London: Heinemann)
Thrall, Charles 1970: „Household technology and the division of labour in families", unpublished Ph.D. dissertation, Harvard University
Tilly, Charles 1975: „Reflections on the history of European state making", in: Charles Tilly (Hrsg.), *The Formation of National States in Europe* (Princeton, NJ: Princeton University Press)
Tilly, Charles 1978: *From Mobilization to Revolution* (Reading, Mass.: Addison-Wesley)
Tilly, Louise A. and Joan W. Scott 1978: *Women, Work and Family* (New York: Holt, Rinehart and Winston)
Tinbergen, Nikolaas 1979: *Instinktlehre. Vergleichende Erforschung angeborenen Verhaltens* (The Study of Instinct, dt.), (Berlin: Parey)
Tizard, Barbara and Martin Hughes 1984: *Young Children Learning, Talking and Thinking at Home and at School* (London: Fontana)
Tobias, J. 1967: *Crime and Industrial Society in the Nineteenth Century* (London: Batsford)
Tocqueville, Alexis de 1987: *Über die Demokratie in Amerika* (De la démocratie en Amérique, dt.), (Stuttgart: Reclam; Erstveröffentlichung 1835)
Tocqueville, Alexis de 1989: *Der alte Staat und die Revolution* (L'ancien régime et la révolution, dt.), (München: Deutscher Taschenbuch-Verlag; Erstveröffentlichung 1856)
Toffler, Alvin 1970: *Der Zukunftsschock* (Future Shock, dt.), (Bern: Scherz)
Toffler, Alvin 1987: *Die dritte Welle - Zukunftschance: Perspektiven für die Gesellschaft des 21. Jahrhunderts* (The Third Wave, dt.), (München: Goldmann)
Tough, Joan 1976: *Listening to Children Talking* (London: Ward Lock Educational)
Touraine, Alain 1972: *Die postindustrielle Gesellschaft* (La société postindustrielle, dt.), (Frankfurt/Main: Suhrkamp)
Touraine, Alain 1977: *The Self-production of Society* (Chicago: University of Chicago Press)
Touraine, Alain 1981: *The Voice and the Eye: An Analysis of Social Movements* (Cambridge: Cambridge University Press)
Townsend, Peter 1979: *Poverty in the United Kingdom: A Survey of Household Resources and Standards of Living* (Harmondsworth: Penguin)
Troeltsch, Ernst 1977: Gesammelte Schriften. Band 1: *Die Soziallehren der christlichen Kirchen und Gruppen* (Aalen: Scientia)
Trow, Martin 1961: „The second transformation of American secondary education", *Comparative Sociology*, 2
Truman, David B. 1982: *The Governmental Process* (London: Greenwood Press)
Turnbull, Colin 1983: *The Mbuti Pygmies: Change and Adaptation* (New York: Holt, Rinehart and Winston)
Turnbull, Colin M. 1984: *The Human Cycle* (London: Jonathan Cape)
Tuttle, Lisa 1986: *Encyclopedia of Feminism* (London: Longman)
UNICEF 1987: *The State of the World's Children* (Oxford: Oxford University Press)

US Bureau of Statistics 1987: *Statistical Abstract of the United States* (Washington DC: US Government Printing Office)
US Dept of Health, Education and Welfare 1973: *Work in America: Report of a Special Task Force to the Secretary of Health, Education and Welfare* (Washington DC: US Government Printing Office)
US Riot Commission 1968: *Report of the National Advisory Commission on Civil Disorder* (New York: Bantam)
Useem, Michael 1984: *The Inner Circle: Large Corporations and the Rise of Business Political Activity in the US and the UK* (Oxford: Oxford University Press)
van den Berghe, Pierre L. 1970: *Race and Ethnicity: Essays in Comparative Sociology* (New York: Basic Books)
van Gennep, Arnold 1986: *Übergangsriten* (Les rites de passage, dt.), (Frankfurt/Main: Campus; Erstveröffentlichung 1908)
van Vuuren, D. J. et al. 1991: *South Africa in the Nineties* (Pretoria: HRSC)
Vance, Carole S. 1984: *Pleasure and Danger: Exploring Female Sexuality* (London: Routledge and Kegan Paul)
Vanveley, T. et al. 1977: „Trends in racial segregation 1960-70", *American Journal of Sociology*, 82
Vass, Anthony A. 1986: *Aids: A Plague in Us. A Social Perspective on the Condition and its Social Consequences* (St Ives: Venus Academicus)
Vass, Anthony A. 1990: *Alternatives to Prison: Punishment, Custody and the Community* (London: Sage)
Vaughan, Diane 1991: *Wenn die Liebe keine Zukunft hat. Stationen und Strategien der Trennung* (Uncoupling: Turning Points in Intimate Relationships, dt.), (Reinbek bei Hamburg: Rowohlt)
Verney, Tim 1992: „Women still face work inequality", *Cambridge Evening News*, 20 March
Viorst, Judith 1987: „And the prince knelt down and tried to put the glass slipper on Cinderella's foot", in: Jack Zipes, *Don't Bet On The Prince: Contemporary Feminist Fairy Tales in North America and England* (London: Methuen)
Vischer, Emily B. and John S. Vischer 1979: *A Guide to Working with Step-parents and Step-children* (Secaucus, NJ: Citadel Press)
Viteritti, Joseph P. 1979: *Bureaucracy and Social Justice: The Allocation of Jobs and Services to Minority Groups* (Port Washington, NY: Kennikat Press)
von Clausewitz, Carl 1980: *Vom Kriege* (Bonn: Dümmler)
Wade, Wyn Craig 1987: *The Fiery Cross: The Ku Klux Klan in America* (New York: Simon and Schuster)
Waitzkin, Howard 1986: *The Second Sickness: Contradictions of Capitalist Health Care* (Chicago: University of Chicago Press)
Walby, Sylvia A. 1986: „Gender, class and stratification: toward a new approach", in: Rosemary Crompton and Michael Mann (Hrsg.), *Gender and Stratification* (Oxford: Blackwell)
Wall, Richard, Jean Robin and Peter Laslett 1983: *Family Forms in Historic Europe* (Cambridge: Cambridge University Press)
Wallace, M. 1987: „A caring community?", *Sunday Times*, 3 May
Wallace, Michelle 1982: „A black feminist's search for sisterhood", in: Gloria T. Hull, Patricia Bell Scott and Barbara Smith, *All the Women Are White, All the Blacks Are Men, But Some of Us Are Brave, Black Women's Studies* (Old Westbury, NY: Feminist Press)
Wallerstein, Immanuel 1986: *Das moderne Weltsystem. Kapitalistische Landwirtschaft und die Entstehung der europäischen Weltwirtschaft im 16. Jahrhundert* (The Modern World System, dt.), (Frankfurt/Main: Syndikat)
Wallerstein, Judith S. and Joan Berlin Kelly 1980: *Surviving the Break-Up: How Children and Parents Cope with Divorce* (New York: Basic Books)
Wallis, Roy 1976: *The Road to Total Freedom: A Sociological Analysis of Scientology* (London: Heinemann)
Wallis, Roy 1987: „My secret life: dilemmas of integrity in the conduct of field research", in: Ragnhild Kristensen and Ole Riis, *Religiose Minoriteter* (Aarhus: Aarhus Universitetsfarlag)
Walsh, Dermot 1986: *Heavy Business: Commercial Burglary and Robbery* (London: Routledge and Kegan Paul)
Walum, Laurel Richardson 1977: *The Dynamics of Sex and Gender: A Sociological Perspective* (Chicago: Rand McNally)

Warner, W. Lloyd and P. S. Lunt 1947: *The Status System of a Modern Community* (New Haven, Conn.: Yale University Press)
Warner, W. Lloyd et al. 1949: *Social Class in America* (Chicago: Science Research Associates)
Warren, Robert Penn 1965: *Who Speaks for the Negro?* (New York: Macmillan)
Watson, K. 1982: *Education in the Third World* (London: Croom Helm)
Watson, Peggy 1992: „Eastern Europe's silent revolution: gender" (Cambridge: mimeo)
Weatherby, Joseph et al. 1987: *The Other World: Issues and Politics in the Third World* (New York: Macmillan)
Webb, Rob and Hal Westergaard 1991: „Social stratification, culture and education", *Sociology Review*, 1
Weber, Max 1948: *From Max Weber,* übersetzt und hrsg. von H. Gerth and C. Wright Mills (London: Routledge and Kegan Paul)
Weber, Max 1976: *Wirtschaft und Gesellschaft. Grundriß der verstehenden Soziologie* (Tübingen: Mohr; Erstveröffentlichung 1922)
Weber, Max 1981: *Gesammelte Aufsätze zur Religionssoziologie* (Tübingen: Mohr; Erstveröffentlichung 1920)
Weeks, Jeffrey 1986: *Sexuality* (London: Methuen)
Weinstein, Fred 1980: *The Dynamics of Nazism: Leadership, Ideology and the Holocaust* (New York: Academic Press)
Weiss, Robert 1975: *Marital Separation* (New York: Basic Books)
Weiss, Robert 1976: *Going it Alone* (New York: Basic Books)
Weitzman, Lenore 1985: *Divorce Revolution: The Unexpected Social and Economic Consequences for Women and Children in America* (New York: Free Press)
Weitzman, Lenore et al. 1972: „Sexual socialization in picture books for preschool children", *American Journal of Sociology*, 77
Wellman, David T. 1987: *Portraits of White Racism* (Cambridge: Cambridge University Press)
Wesson, Robert G. 1967: *The Imperial Order* (Berkeley: University of California Press)
Wheatley, Paul 1971: *The Pivot of the Four Quarters* (Edinburgh: Edinburgh University Press)
White, Michael and Malcolm Trevor 1983: *Under Japanese Management: The Experience of British Workers* (London: Heinemann)
Widom, Cathy Spatz and Joseph P. Newman 1985: „Characteristics of non-institutionalized psychopaths", in: David P. Farrington and John Gunn, *Aggression and Dangerousness* (Chichester: Wiley)
Wilkinson, Paul 1974: *Political Terrorism* (London: Macmillan)
Wilkinson, Paul 1986: *Terrorism and the Liberal State* (London: Macmillan)
Will, J., P. Self and N. Datan 1976: „Maternal behaviour and perceived sex of infant", *American Journal of Orthopsychiatry*, 46
Williams, Philip M. et al. 1979: *De Gaulle's Republic* (London: Greenwood Press)
Williams, Raymond 1985: *Towards 2000* (Harmondsworth: Penguin)
Williams, Robin 1983: „Sociological tropes: a tribute to Erving Goffman", *Theory, Culture and Society*, 2
Williams, W. M. 1956: *Gosforth: The Sociology of an English Village* (London: Routledge and Kegan Paul)
Willis, Paul 1982: *Spaß am Widerstand. Gegenkultur in der Arbeiterschule* (Learning to Labour: How Working Class Kids Get Working Class Jobs, dt.), (Frankfurt/Main: Syndikat)
Wills, Garry 1990: *Under God: Religion and American Politics* (New York: Simon and Schuster)
Wilson, Bryan 1982: *Religion in Sociological Perspective* (Oxford: Oxford University Press)
Wilson, Edward O. 1975: *Sociobiology: The New Synthesis* (Cambridge, Mass.: Harvard University Press)
Wilson, Edward O. 1980: *Biologie als Schicksal. Die soziobiologischen Grundlagen menschlichen Verhaltens* (On Human Nature, dt.), (Frankfurt/Main: Ullstein)
Wilson, J. 1946: „Egypt", in: J. Frankfort et al., *The Intellectual Adventure of Ancient Man* (Chicago: University of Chicago Press)
Wilson, John 1972: *Religion* (London: Heinemann)
Wilson, M. 1951: *Good Company* (London: Routledge and Kegan Paul)
Wilson, Trevor 1986: *The Myriad Faces of War* (Cambridge: Polity Press)

Wilson, William Junius 1978: *The Declining Significance of Race: Blacks and Changing American Institutions* (Chicago: University of Chicago Press)
Wilson, William Junius et al. 1987: „The changing structure of urban poverty", vorgestellt auf der Jahrestagung der American Sociological Association
Wiltsher, Anne 1985: *Most Dangerous Women: Feminist Peace Campaigners of the Great War* (London: Pandora)
Winick, Charles and Paul M. Kinsie 1971: *The Lively Commerce* (Chicago: Quadrangle)
Winn, Marie 1991: *Kinder ohne Kindheit* (Children Without Childhood, dt.), (Reinbek bei Hamburg: Rowohlt)
Wirth, Louis 1938: „Urbanism as a way of life", *American Journal of Sociology*, 44
Wittke, Carl 1956: *The Irish in America* (Baton Rouge: Louisiana State University Press)
Wolf, Eric R. 1986: *Die Völker ohne Geschichte. Europa und die andere Welt seit 1400* (Europe and the People Without History, dt.), (Frankfurt/Main: Campus)
Wolfgang, Marvin 1958: *Patterns of Homicide* (Philadelphia: University of Pennsylvania Press)
Wollstonecraft, Mary 1975-6: *Verteidigung der Rechte der Frauen* (A Vindication of the Rights of Woman, dt.), (2 Bände, Zürich: Ala; Erstveröffentlichung 1792)
Womack, J. R. et al. 1990: *The Machine that Changed the World* (New York: Rawson)
World Bank 1990: *World Development Report 1990* (Oxford: Oxford University Press)
World Bank 1992: *World Development Report* (Oxford: Oxford University Press)
Worrall, Anne 1990: *Offending Women: Female Lawbreakers and the Criminal Justice System* (London: Routledge)
Worsley, Peter 1967: *The Third World* (London: Weidenfeld and Nicolson)
Worsley, Peter 1973: *Die Posaune wird erschallen. Cargo-Kulte in Melanesien* (The Trumpet Shall Sound: A Study of „Cargo Cults" in Melanesia, dt.), (Frankfurt/Main: Suhrkamp)
Worsley, Peter 1984: *The Three Worlds: Culture and World Development* (London: Weidenfeld and Nicolson)
Wright, Erik Olin 1978: *Class, Crisis and the State* (London: New Left Books)
Wright, Erik Olin 1985: *Classes* (London: Verso)
Yoffie, D. B. 1983: *Power and Protectionism: Strategies of the Newly Industrializing Countries* (New York: Columbia University Press)
Young, Allen 1972: „Out of the closets into the streets", in: Karla Jay and Allen Young (Hrsg.), *Out of the Closets: Voices of Gay Liberation* (New York: Douglas)
Young, Jock 1988: „Recent developments in criminology", in: Michael Haralambos, *Developments in Sociology*, Band 4
Young, Michael and Tom Schuller 1991: *Life After Work: The Arrival of the Ageless Society* (London: Harper Collins)
Zagorin, Perez 1982: Rebels and Rulers 1550-1660. Band 1: *Society, States and Early Modern Revolution: Agrarian and Urban Rebellions* (Cambridge: Cambridge University Press)
Zammuner, Vanda Lucia 1987: „Children's sex-role stereotypes: a cross-cultural analysis", in: Phillip Shaver and Clyde Hendrick, *Sex and Gender* (London: Sage)
Zangrando, R. 1980: *The NAACP Crusade against Lynching, 1909-1950* (Philadelphia: Temple University Press)
Zeitlin, Irving 1984: *Ancient Judaism: Biblical Criticism from Max Weber to the Present* (Cambridge: Polity Press)
Zeitlin, Irving 1988: *The Historical Jesus* (Cambridge: Polity Press)
Zerubavel, Eviatar 1979: *Patterns of Time in Hospital Life* (Chicago: University of Chicago Press)
Zerubavel, Eviatar 1982: „The standardization of time: a sociohistorical perspective", *American Journal of Sociology*, 88
Zimbardo, Philip 1972: „Pathology of imprisonment", *Society*, 9
Zimblast, A. (Hrsg.) 1979: *Case Studies in the Labour Process* (New York: Monthly Review Press)

Index

Aberglaube 486
Aberle, David 681, 684
Abfallentsorgung 587
abhängige Variable 721, 794
Aborigines 273, 693, 696
Abschreckung 794
    – militärische 401–404
    – und Bestrafung 152
absolute Armut 263–265, 666, 794
Abstammungsfamilie 414
Abtreibung 201, 346, 794
Abwärtsmobilität 257–262
Achtung und soziale Interaktion 104
Ackerbau 586
    – in der Dritten Welt 62, 522, 562, 566–573, 640
Action for Cities (GB, Regierungsprogramm 1988) 614
Adams, Abigail 198
Adoption 435
Adorno, Theodor 276, 486
Adversarialsystem der Scheidung 426f.
affektiver Individualismus 12, 16–18, 418–420, 422, 794
Affen *siehe* Primaten
African National Congress (ANC) 287
Afrika 151, 471f., 561, 563, 568, 570, 640
    – *siehe auch* Südafrika
ageism 651f., 794
Aggregate 305, 794
Aggression 17f., 179, 188, 478
    – und Krieg 54, 378f., 386
Agrargesellschaften 50, 54, 56f., 59, 691f., 794
    – Krieg in 374
Agribusiness 569–571, 794

AIDS 212, 216–219, 794
Aktienbesitz 241, 531
Aktion–Reaktion 402, 795
aktive Bigotte 278
Aktivitäten der Masse 677–680, 795
Algerien 391, 509
Alleinerzieherfamilien 18, 264f., 427, 432–434
Alleinstehende 445
Allen, Michael 533
allgemeine Überzeugungen 682
allgemeine Wehrpflicht 380, 383f., 795
Allwetterliberale 278
„Alte Herren"–Netzwerk 360
Alter 94, 171, 649–651
Alterativbewegungen 681, 795
Altern 648–652
Alternativen zur Haftstrafe 153f.
Altersarbeitslosigkeit 258f.
Altersstufen 85, 92, 94, 795
Althusser, Louis 759
Amerikanische Revolution 172, 657
Anderson, Benedict 362
Anderson, F. S. 478
androgenitales Syndrom 180, 795
Angestellte 237f., 242, 251, 253–255, 703f.,
    – soziale Mobilität 257f., 260–262
    – Wahlverhalten 338
anglikanische Kirche 500, 502f., 509–511
ängstliche Bigotte 278
Animismus 467f., 795
Anomie 139–141, 144, 148, 748f., 795
Anonyme Alkoholiker 324f., 684f.
Anpassung 691–694, 795
Anti–Nazi–Liga 294
Anwälte 317

Apartheid 232, 284–287, 795
Arbeit 88, 91f., 234, 520–530, 783
- Definition der 198, 520
- Zukunft der 550–553
- *siehe auch* Beschäftigung; Hausarbeit
Arbeiterklasse 157f., 234, 236, 238, 240, 244–247, 252, 254–256, 642, 797
- und Bildung 459–462, 464–467
Arbeitshäuser 133
Arbeitskonflikte 534–541, 680
Arbeitslosigkeit 236, 250, 261, 264, 342, 368
- ethnische Minderheiten 245, 295f., 542, 614
Arbeitsmarktuntersuchung (GB, 1990) 251
Arbeitsteilung 189, 521–525, 783
- internationale 521f., 578–581
- in prämodernen Gesellschaften 59
Arbeitsunfälle 162
Archäologie 695
Archibald, K. 321
Archivquellen 731
Argentinien 635
Arier 271
Ariès, Philippe 91
Armeen 374f., 378–381, 383
- Aufhebung der Rassentrennung (USA) 288
- britische 373, 382–385
- Frauen in 386
Armut 255, 296f., 620, 671
- und chiliastische Bewegungen 505
- Definition der 263f.
- und Dritte Welt 563f.
- und Revolution 665f.
- und Ungleichheit 240, 263–265
- und Verrentung 650
Armutsfalle 196
arrangierte Ehen 16, 420f., 424
Ashworth, Anthony 731f.
Assimilation 300, 795
Associated Press (AP) 589
Assoziationen *siehe* Gruppen
Astrologie 486, 498
Asylgesetz (GB, 1991) 295
Atholl, Justin 133
Atomwaffen 384f.
Aufhebung der Rassentrennung (USA) 288
Aufnahmegeräte in der Forschung 737f.
Aufstände 534, 614, 659–661, 677–680, 795
- Rassen– 285, 288–291, 679, 680
Aufwärtsmobilität 257f., 260f.
Aufzeichnungen 321, 698
- *siehe auch* Dokumentenforschung
Aushebung (militärisch) 380, 383f.
Auslösefaktoren (soziale Bewegungen) 682
Ausrufe 108f.
Ausschließung 239

Aussperrung 539
Aussteiger 139f.
Autoindustrie 523–526, 528, 700
- Beispiel für die Internationalisierung in 576, 578f.
autokratische Militärherrschaft 393, 795
Automatisierung 17, 19, 526–528, 579, 795
autoritäre Persönlichkeit 276f., 796
autoritärer Prätorianismus 394, 796
Autoritätseinschränkung 120
Aveyron, der wilde Junge von 68f.
Ayres, Robert 527f.
ayurvedische Medizin 638
Babbage, Charles 523
„Babyboom" 423, 636f., 649
Ballungsgebiete 599, 796
Bananenrepubliken 573
Banden 135, 137, 140, 157, 292, 796
Bar–Ernten 62, 562, 566f., 573, 640, 796
Barth, Frederick 279
die Batak 213
Bauern 234, 236, 335, 505, 600, 796
- in Revolutionen 658–662, 671
Beach, Frank 208f.
Beamte (Definition) 308f., 380, 807
Beattie, John 416
Beauvoir, Simone de 190
Becker, Howard 498
bedingte Verurteilung 153
Bedürfnisse (biologische) 44
Begegnungen (Encounters) 111–122, 130, 684, 783
begrenzter Krieg 376, 796
Belgien 535
Bell, Daniel 702f.
Bendix, Reinhard 258
Benedict, Ruth 725
Bentham, Jeremy 323
Bergarbeiterstreik (GB, 1984) 342, 540
Berk, Richard 679
Berle, Adolf 531
Berliner Mauer (Öffnung) 675f.
Berlusconi, Silvio 591
Bernstein, Basil 460f., 464, 468
Beschäftigung 520–530, 544f., 796
- und Arbeitsteilung 189, 521–525, 748
- und ethnische Minderheiten 245, 288, 295f.
- und Frauen 190–198, 201, 204, 248–250, 254f., 262f., 295, 425f., 546–548, 552
- und Gesundheit 162, 642f.
- informelle 549f.
- lebenslange –, in Japan 314f.
- als Sozialisationsinstanz 88
- Zukunft der 550–553
- *siehe auch* Arbeit; Arbeitslosigkeit

Beschäftigung (Definition) 520
Bestrafung 14f., 132f., 152–155
betriebliche Mitbestimmung 529f., 796
Bettelheim, Bruno 89f.
Bevölkerung 626–637
Bevölkerungsbewegungen (historische) 280f.
Bevölkerungswachstum 63, 628, 632f.
Bewährung 153
Bezugspersonen *siehe* Kinder und Bezugspersonen
Bibliotheken (Benützung) 779–782
Bigotte (aktive, ängstliche) 278
Bilder
    – Klassen– 246–248
    – von Religion und Geschlecht 500f.
Bilder der Klassenstruktur 246–248
Bildung 93, 362, 448–481, 721, 783
    – und Dritte Welt 453, 471f.
    – und Eliten 360
    – und Geschlecht 184f., 467f.
    – höhere 454–456, 470, 472
    – und Schulen 21, 86f., 450–454, 479
    – und Ungleichheit 21, 87, 456–469, 479
    – in Großbritannien 451–456, 458f.
Bildungssystem 796
binäres System der höheren Bildung 455f.
binukleare Familien 437
Biographien 736f., 796
biologische Theorien
    – der Evolution 38–40
    – der Geschlechterunterschiede 178–181
    – der Rasse 273f., 282f.
    – des sozialen Wandels 690–694
    – Soziobiologie 40–43, 54, 179
    – des Verbrechens 134–137, 145, 159
biomedizinisches Gesundheitsmodell 639
Black Power–Gruppen 289f., 399
Black Women's Prison Scheme 298
Blatch, Harriet Stanton 201
Blau, Peter 257, 310
Blickkontakt 100, 112
blue–collar–Arbeiter 237, 242, 244f., 250f., 254–256, 531, 703f.
    – und Aufstände (Unruhen) 678
    – und soziale Mobilität 256–262
    – und Wahlverhalten 337–341
Blumberg, Paul 530
Blutrache 132, 330
Bohannan, Paul 151, 430
Bolivien 166
Bolschewiken 659
Bonney, Norman 250
Booth, Charles 263, 265
Booth, William 263
Bowlby, John 74–76
Bowles, Samuel 462, 464

Brahmanen, die 231
Brasilien 281, 284f., 561, 564, 566f., 573, 575, 592
Braverman, Harry 254f., 523
Briggs, Mae 114–116
British Broadcasting Corporation (BBC) 476
British Crime Surveys (BCS) 147
Broca, Paul 134
Brooke Bond Teehandelsgesellschaft 570
Brownmiller, Susan 207f., 212
Bruttosozialprodukt (BSP) 564, 566, 796
Bryan, Beverley 470
Buchdruck 450
Bücher *siehe* Kinderbücher
Buddhismus 490f., 495, 501
Bulgarien 366, 368
Bundy, Ted 129
die Burakumin 270, 272
Bürgerkrieg 670, 679
bürgerliche Religion 494, 796
Bürgerrechte 332, 796
Bürgerrechtsbewegung (USA) 201, 287–292, 350, 497, 678, 682f.
Bürgerrechtsgesetz (Civil Rights Act, USA) 290, 457
Burgess, Ernest 602, 604
Bürokratie 307–316, 325, 354, 356, 536f., 751, 766, 796
    – Definition der 307
Buschmänner 122f.
Butler, David 338
Campagna, David 221
Campaign for Nuclear Disarmament (CND, GB) 385, 681
Campbell, Anne 151, 157f.
Cargo–Kulte 36, 503
Carlen, Pat 158
Carlstein, Tommy 117, 119, 123
Carneiro, Robert 698f.
Castells, Manuel 606, 608–610
Centers, Richard 246
Chancengleichheit 172, 195f., 346
Chiang Kai–shek 661
Chicago 600f., 612
Chicagoer Schule 138, 602–606, 609
chiliastische Bewegungen 499, 503–505, 681, 796
China 282, 306, 522, 598,
    – Bevölkerungsbegrenzung in 635
    – Clansystem der *tsu* 413f., 420
    – Handel 561, 583, 660, 664
    – Vergleich mit Indien 671–673
Chinesische Revolution 658, 660f., 670
Chinesisches (Kaiser–) Reich 37, 57, 308, 374f.
Chodorow, Nancy 187f., 189
Christentum 484f., 488f., 495f., 512
    – und Geschlecht 499–503
    – und Sexualverhalten 209f.

– *siehe auch* Protestantismus
Church of England (1985) 613
ciudades perdidas 622
Clark, Kenneth und Mamie 277
Clausewitz, Carl von 379
Cloward, Richard A. 140, 149
Cohen, Albert 140
Coleman, James 457–459
colonias proletarias 622
Common sense–Vorstellungen 17–19, 23, 744, 796
Computer 17, 252, 254, 318f., 473, 475, 526f., 700
Comte, Auguste 748, 752f.
Congress of Racial Equality (CORE, USA) 288
Cooley, Charles Horton 306
Coward, Rosalind 186, 202f.
Crewe, Ivor 338f.
Crompton, Rosemary 254f.
Cushing, Frank Hamilton 725
Dahl, Robert A. 357
Dänemark 535, 537
Darwin, Charles 39f., 102
Datensätze 732
Davies, James 665–667, 682
Dear, Michael 172
Delhi 621, 627
Delinquenz 135, 140–142
Demographie 628–631, 634, 648f., 796
demographischer Übergang 634, 783f.
Demokratie 350–357, 456f., 678, 693, 702, 796
  – und Bürokratie 311, 314
  – und Nationalismus 363
  – Theorien der 353–357
  – Typen der 351–353
demokratische sozialistische Parteien 311, 334, 337, 338
demokratischer Elitismus 353–357, 797
Demonstrationen *siehe* Protestbewegungen
Dependenztheorie 572f., 797
Deprivation (mütterliche) 75f., 721f.
Desegregation 288
de–skilling 254
Deutschland 299, 334f., 345f., 375, 405, 474
  – industrielle Beziehungen in 530, 535
deviante Subkulturen 129, 138, 140, 149, 151, 797
Devianz 128–131, 784
  – Definition der 128f.
  – Erklärungen der 134–146
  – und Geisteskrankheit 167–172
  – und Gesellschaftsordnung 172f.
  – *siehe auch* Verbrechen
dialektische Interpretation des Wandels 695, 797
Die protestantische Ethik und der Geist des Kapitalismus 495, 766, 770

Dienstleistungsbranchen 522, 548, 703f., 797
Dienstleistungsgesellschaft 702
Dienstleistungsklasse 253, 459
differentielle Assoziation 138, 140, 144, 797
Differenzierung 691–693, 797
Diplomatie 104
direkte Demokratie *siehe* partizipatorische Demokratie
Diskriminierung, 784
  – und Alter 651f.
  – und Rasse 272–274, 279
  – in Brasilien 284f.
  – in Europa 299f., 301
  – in Großbritannien 294–298
  – in Südafrika 285–287
  – in USA 287–292
Disziplin 321f.
  – militärische 379
Diversion (Alternative zur Haftstrafe) 154
Docklands–Projekt 617f., 620
Dokumentenforschung 714, 716, 731–737, 797
Dolcino, Fra 504
Domhoff, G. William 359
Donaldson, Margaret 82f.
Dore, Ronald 314
„die vier Drachen" Asiens 564f., 575, 583
dramaturgisches Modell 113–116, 797
Dritte Welt 50, 61–63, 561–574, 575, 577f., 583, 588, 707, 797
  – Beschäftigung 190, 522
  – Bevölkerung 627, 629, 630f., 633f., 635f.
  – Bildung 453f., 471f.
  – Familienstrukturen 420–422
  – Krankheit 639–641
  – Medien 87f., 591–593
  – Militär 390, 400
  – Revolution in der 658
  – Schichtung 234
  – Unterstützung für die 568f.
  – Urbanismus 600, 620–623
  – Zwischenlager 619, 797
drittes Alter 94
Drogen 143, 149, 151, 164–167, 218, 292
Drogenhandel 165f.
duale Schließung 239, 244
Dugdale, Richard 135
die Dukes 135
Duncan, Otis Dudley 257
Dunham, Katherine 284
Dunn, John 657, 661
Durchschnittsberechnungen 720
Durkheim, Émile 362, 719, 748f., 751, 755, 769
  – über Anomie 139
  – und Funktionalismus 752f.
  – über das Geschlecht 768
  – über Konsens und Konflikt 763f.

Index

– über Religion 491, 493–496, 499
– über Struktur und Handlung 761–763
Dyer, Gwynne 378
Dysfunktionen 754
East Bay (Melanesien) 213f.
Echikson, William 676
die Edwardsfamilie 135
Egozentrismus von Kindern 81, 797
Ehe 37f., 46, 412, 784
  – in Großbritannien 422–426, 435
  – und Liebe 12f., 16, 18, 418–422
  – und sexuelle Beziehungen 12, 210f., 416, 418
  – Typen von 414–416
  – *siehe auch* Scheidung
Ehrenlisten 360
ehrerbietiger Traditionalismus 247
Ehrlich, Paul R. 627f.
Eibl–Eibesfeldt, I. 103
Eindrucksmanipulation 113f.
eineiige Zwillinge 468f.
eingeschränkte patriarchalische Familie 418f., 797
Einklammerungen 112f., 122, 130
Einkommen 240–242, 797
Einwanderung 292–298, 300, 511
Ekman, Paul 102f.
elaborierte Codes 460f., 797
Elektronikindustrie 521f., 576
Elektronische Datenverarbeitung (EDV) *siehe* Informationstechnologie
elektronische Kommunikation 318f., 475, 591, 704f.
Elektroschocktherapie 168
Eliten 353–361
Elshtain, J. B. 179, 248f.
elterliche Scheidung 430
Eltern und Sozialisation 67, 86
  – Entwicklung der Geschlechtsidentität 181f., 185f.
  – *siehe auch* Mütter
Emotion und Gesichtsausdruck 100, 102–104
emotionale Scheidung 430
Empfängnisverhütung 211, 633, 635
empirische Untersuchungen 20, 797
Ende der Geschichte 704–706
Endogamie 272, 421, 798
Energieverbrauch 636
Entfremdung 492, 798
Entkerkerung 22, 170–172, 798
Entkoppelung 428–430
Entkriminalisierung 166
Entscheidungsfindung 'von unten nach oben' 313, 316
Entwicklungsfragen 20, 798
Entwicklungshilfe 568f.

Entwicklungsländer *siehe* Dritte Welt
Episoden des Wandels 696, 698f., 798
Erikson, Robert 258
Erlösungsbewegungen 681, 798
Ernährung und Gesundheit 567, 640–642
Erste Welt 50, 63, 566f., 798
Erster Weltkrieg 293, 373, 376, 383f., 659, 731f.
  – und Frauen 333, 387f.
Erwachsenenalter 93
Eskimos 37
esprit de corps 381, 798
die Eta 270
Ethik und Forschung 740–743
ethische Religionen 490f., 798
ethnische Beziehungen 269–303
  – Antagonismus 274–278, 682
  – Beispiele 283–300, 301
  – psychologische Interpretationen 274–278
  – soziologische Interpretationen 278–283
  – Zukunftsaussichten 300f.
Ethnizität 271, 784
ethnische Gruppen 270–274, 369
ethnische Minderheiten 805
  – und Beschäftigung 245, 288, 295f., 542, 614
  – und Bildung 288f., 459, 470
  – die Burakumin, die Eta 270, 272
  – und Familie 424
  – und Polizei 298
  – und Schichtung 236, 245, 248, 297
  – und Verbrechen 140, 149, 151, 298
Ethnologie 24f., 42, 46, 48, 51, 134, 208, 691, 737, 752f., 756, 798
Ethnomethodologie 104–108, 169, 798
ethnozentrische Multis 576, 798
Ethnozentrismus 45f., 279, 282, 798
Ethologen 42
Etikettierungstheorie 141–144, 146, 169, 798
Europa 365, 366–369
  – ethnische Beziehungen 299f.
  – Familien in 416–420
  – Krieg in 375
  – politische Parteien 334f.
  – *siehe auch* einzelne europäische Länder
Europäische Gemeinschaft (EG) 195, 364–366, 583
  – und Einwanderung 300
Europäische Gemeinschaft für Kohle und Stahl 364
Europäische Wirtschaftsgemeinschaft (EWG) 364
  – *siehe auch* Europäische Gemeinschaft
European Atomic Energy Community 364
Evans–Pritchard, E. E. 55
Evolution 38–41, 44, 798

evolutionäre Theorien des Wandels 690–694, 696, 705
evolutionäre Universalien 692f.
Exogamie 421, 798
Experimente 734–736, 740f., 799
exponentielles Wachstum 631f., 799
externe Arena 573f., 799
FACS (Facial Action Coding System) 102f.
Fagan, Jeffrey 442
Fähigkeitseinschränkungen 119f.
Falklandkrieg 346, 384
Faludi, Susan 202
Falwell, Jerry
Familie 16, 46f., 329, 411–447, 784
– Alternativen zur 442–445
– in Großbritannien 422–426, 435
– und Scheidung 426–434
– und sexueller Mißbrauch 84f., 92, 437–441
– und Sozialisation 84f.
– und Wiederverehelichung 417, 423, 434–437
Familien (Philippinen) 422
Familienbeziehungen in Europa 416–420
Familienkapitalismus 532f., 799
Familienstrukturen 420–422
Faschismus 201
– siehe auch Nationalsozialismus
Fatal Attraction 202
Feeney, Floyd 144
Feldstudien 714, 723–726, 735, 737, 813
– ethnologische 753
Femininität 177, 186f., 799
Feminisierung der Arbeit 254f.
Feminismus 183f., 186, 198–203, 213, 216, 424, 784
– und Politik 346
– und Krieg 385f., 387–389
Fernsehen 87, 184, 337, 473, 475–479, 513
– und Globalisierung der Medien 588–592, 676
– und Gewalt 477f.
Feudalismus 232, 235f., 416f., 662f., 695, 765
Feuerbach, Ludwig 491f.
Finkelhor, David 206, 438, 440f.
Finnland 345, 347
Firestone 570
Firmen siehe Unternehmen
Fischer, Claude 605f.
Five Percent Nation-Gruppe 157
flexible Arbeitszeit 551
flexible Fertigung 526–529, 538, 579
Fließbandarbeit 524f., 579
Flüchtlinge 293f., 295, 331
Ford 523f., 528, 579
Ford, Clellan 208f.

Fordismus 523f., 527f., 799
formale Beziehungen 310, 784
formale operationale Periode 82, 799
formale Organisationen 306f., 680
Forschungsmethoden 713–745, 781f., 785
– dokumentarische 714, 716, 731–736
– und Ethik 740–743
– Experimente 734–736, 740f.
– Feldforschung 714, 723–726, 735, 737
– statistische Begriffe 720
– Strategie 714–718
– Triangulation 738
– Umfragen 716, 726–731, 735, 737
fortgeschrittene primitive Gesellschaft 693
Fortpflanzungsfamilie 414, 799
Fortschritt 666, 691f., 705
Foster, Janet 138
Foucault, Michel 14, 319f., 322, 323
Fragebögen 26, 714, 716, 726–731, 736
Fraiberg, Selma 72f.
Frank, André Gunder 573f.,
Frankreich 380
– Arbeit und industrielle Beziehungen 534, 551
– Bildung und Kommunikation 454f., 474
– Einwanderung 299
– Feminismus 198f.
– organisiertes Verbrechen 163
Französische Revolution 397, 656, 663, 670, 677–699
Frauen
– und Alter 650f.
– und Arbeit siehe unter Beschäftigung
– und Bildung 184f., 469f.
– in der Dritten Welt 564
– in der Familie 93, 421, 425f., 442
– und Gewerkschaften 537
– und Krieg 385–390
– und Politik 333, 339, 345–348, 367f.
– und Religion 499–503, 511
– und Schichtung 248–250
– und soziale Mobilität 259–263
– Stereotypen über Schwarze 275, 298
– und Verbrechen 155–159
Frauen für den Frieden (BRD) 389
Freihandel 583
Freiheit 95f., 172, 670f., 702f.
Freisemester 551
Fremlin, J. H. 628
French, Marilyn 202f., 212
Freud, Sigmund
– über die Entwicklung der Geschlechteridentität 185f.
– über die Entwicklung des Kindes 77–80, 136
– über Fehlleistungen 109–111

– über Verbrechen 136
Freunde 86, 431
Friedan, Betty 388
Friedensbewegungen 349, 385, 387–389
Friedman, Milton 341
Friesen, W. 102f.
Frist, Thomas 645
Fruchtbarkeit 630, 634–637, 785
frühkindliche Bezugspersonen 72–76, 78, 187
Führerschaft 355, 682, 698
Fukuyama, Francis 705
Fundamentalismus 799
   – christlicher 513
   – islamischer 506, 508f.
Funktionalismus 752–755, 758–760, 763, 799
Furnivall, J. K. 271
Galbraith, J. K. 547
Gans, Herbert 605
Garfinkel, Harold 105f.
Gartenbaugesellschaften *siehe* Agrargesellschaften
Gastarbeiter 245
Geburtenraten 629–634, 636
Gefängnisse 15, 22, 133f., 152–155, 322f.
   – Frauen in –n 158
   – Gefängnisexperiment 734–736
Gefängnisurlaub 154
gegenseitige Zerstörung 403
Gehirnwäsche 90, 510
Geist des Kapitalismus 495, 771f.
Geisteskrankheit siehe psychische Krankheit
gelegentliche Homosexualität 214
Gellner, E. 331, 362, 694
Gemeindeabgabe (GB, Poll Tax) 342
gemeinnützige Dienstleistungen als Tatausgleich 154
Gemeinschaftspflege 22, 170f.
General Household Surveys (GB) 147
General Motors 524, 528, 579
Generationenfolge 67, 94f.
genetisches Erbe 41–44
   – und Evolution 38–41, 43f.
   – und Geschlechterunterschiede 178–181
   – und Intelligenz 467–469
   – und Krieg 385–388
   – und kriminelles Verhalten 134–137, 145, 159
   – und psychische Krankheit 167f., 170
   – und Rasse 273f., 282f.
„Genie"–Beispiel 69f.
Genovese, Katherine 604f.
Gentrification 617f., 620, 623, 801
geozentrische Multis 576, 799
Gerbner, G. 477f.
Gershuny, Jonathan 425f.
Gesamtschule 452

geschaffene Umwelt 606–610
Geschenkeaustausch 56f.
Geschichte 698
   – Ende der 704–706
   – und soziologische Denkweise 25
Geschichten *siehe* Kinderbücher
Geschichtsauffasssung (umfassende) 705
Geschlecht (soziales) 176–225, 685, 707, 761, 768f., 785
   – und biologische Theorien 178–181
   – Definitionen 177f.
   – und Erziehung 184f., 470
   – und Familienstrukturen 425f.
   – und Fernsehwerbung 479
   – und Gewalt in der Familie 203f.
   – und Krieg 385–390
   – und Politik 345–348, 367f.
   – und Religion 499–503, 511
   – und Schichtung 248–250, 256
   – und sexuelle Belästigung 204f.
   – und soziale Mobilität 259, 261–263
   – und Sozialisation 159, 179–188
   – und Theorien der Entwicklung 185–189
   – und Verbrechen 155–159
   – und Vergewaltigung 142, 159, 205–208
   – *siehe auch* Beschäftigung und Frauen; Feminismus
Geschlechterunterschiede 178–181
   – und Sozialisation 181–189
Geschlechtervertrag 158
geschlechtsindifferente Erziehung 185
geschlossene häusliche Kernfamilie 418, 799
Gesellschaft (Definition) 38, 785
Gesetze 799
   – und Selbsthilfegruppen 324f.
   – und Verbrechen 132, 142–144
   – und Zwangsgewalt 329, 330
„Gesicht" und Wertschätzung 104
Gesichtsausdruck 71f., 100, 102–104
Gesten 102f., 111f.
Gesundheit 13f., 17, 240, 417, 633, 637–648
Gesundheitssysteme 643–647
Gewalt 349, 765
   – in der Familie 84f., 203f., 347, 439, 441f., 799
   – und Fernsehen 477f.
   – und kollektive Aktion 534, 657, 663, 668–671, 676, 682
   – kriminelle 148, 151, 155, 159, 161, 172, 292, 298f., 650f.
   – militärische 381, 707
   – *siehe auch* Aggression; Vergewaltigung
Gewalt gegen Frauen 159, 203f., 442
Gewalt in der Familie 84f., 203f., 347, 439, 441f.
Gewaltmanagement 800
Gewerkschaften 338, 356, 361, 534–541, 684, 800

Ghost Dance 504f.
Gilligan, Carol 188f.
Gintis, Herbert 462, 464
Gissing, George 601
Glass, David 260
Gleichheit 702, 707
globale Erwärmung 587
globale Stadt 619f., 800
Globalisierung 24, 51, 117f., 559–596, 785
- und Dritte Welt 561–571
- und Gefährdung der Umwelt 583–588
- internationale Integration 578–581
- der Medien 588–593
- und nicht-staatliche Akteure 581–583
- und subkultureller Nationalismus 363
- Theorien der 571–575
- *siehe auch* multinationale Unternehmen
Glücksspiel 163, 166
Gobineau, Joseph Arthur de 282f.
Goffman, Erving 100, 105, 108, 110–114, 122f., 130, 169, 479, 758
- über Aggregate 305
- über das dramaturgisches Modell 113f.
- über höfliche Gleichgültigkeit 100f., 112f., 122
- über Kerkerorganisationen 322, 723f.
- über Vorder- und Hinterbühne 114, 118
Goldberg, Ray 569
Goldstein, Paul J. 220
Goldthorpe, John 249, 250, 253, 255, 258, 260
Golfkrieg (Kuwait) 384
Goode, William J. 420
Gorbatschow, Michail 404, 675
Gorz, André 551f., 652
Gournay, M. de 307
Gouze, Marie 198f.
Graef, Roger 298
Greenham Common (Friedenscamp ab 1981) 389
Grenzgänger (Südafrika) 286
Griechenland (antikes) 230f., 352, 388, 485, 638
Großbritannien (Vereinigtes Königreich) 383
- Arbeitskonflikte 534f., 537, 539f.
- Armut 263, 264f.
- Bevölkerung 629, 636f.
- Berufswelt 250–252, 255f.
- Bildung 451–456, 458f., 465–467
- Eliten 360f.
- ethnische Beziehungen 272, 292–298
- Familienleben 422–426, 434
- Feminismus 200f.
- Gesundheitsversorgung 643–645
- kollektive Aktion 668
- Medien 475–477
- Militär 382–385
- Politik 336–343, 346f., 359–361

- Religion 494, 509–511
- Schichtung 242–245
- soziale Mobilität 259–261
- Urbanismus 613–618
- Verbrechen und Bestrafung 147, 153, 158, 165f.
große Narrative 705
Großfamilien 414, 417, 420–422, 800
Grüne Partei 334
„grüne Revolution" 571
„grüne" Bewegung 586, 588
Gruppen 304–327
- Einflüsse auf 316–320
- Formen der 305–307
- japanische Firmen 313–316
- und Selbsthilfe 324f.
- Überwachung und Disziplin 320–322
- *siehe auch* Bürokratie; Kerkerorganisationen
Gruppenproduktion 528f., 800
Gruppenschließung 239, 244, 279, 283
Guerillabewegungen 397–400, 667f., 800
die Gururumba 56f.
Gymnasium 452
Habermas, Jürgen 27, 344
Haft *siehe* Gefängnisse
Hägerstrand, Torsten 119f.
Haiti 561
Hale, Sir Matthew 206
Hall, Edward T. 116f.
Hall, Ross Hume 639, 647f.
Halsey, A. H. 459
Handel 55f., 59, 279, 572, 574
Handeln
- beabsichtigte und unbeabsichtigte Konsequenzen 21f.
- und Sozialstruktur 760–763
Handelsnetzwerke 63, 566f., 583, 800
Handlungsfelder 684, 800
Harding, Vincent 289
Hare Krishna-Kult 129
Harlow, Harry 75, 76, 78
Harris, Marvin 49
Harrison, Paul 614
Hartley, Eugene 277
Hartmann, Heidi 425
Harvey, David 606f., 609
Hausarbeit 197f., 425f., 546f., 800
Hausfrauen 250, 419
HAVAS (französische Nachrichtenagentur) 589
Havel, Vaclav 674
Hawley, Amos 603
Heath, Anthony 258, 260, 337, 339
das Heilige 493, 800
Heilsreligion 496
Held, David 350f., 356

Henslin, James 114–116
Heritage, John 105
Herzkrankheiten 13, 209, 240, 642
Heseltine, Michael 342, 614
Heterosexualität 208–213, 800
　– und AIDS 217–219
High–trust–Systeme 528f., 800
Hinduismus 231, 489f., 495f., 499
Hinrichtungen 14f., 133, 154f.
Hinterbühne 114, 118, 321, 800
Hintergrunderwartungen 105–107
historischer Materialismus 690, 694–697, 705, 749–751, 800
Historizität 683f., 800
Hitachi 314
Hitler, Adolf 283, 698
HIV *siehe* AIDS
Hobson, J. A. 572
Hodge, F. W. 725
Hodge, Robert 478
höfliche Gleichgültigkeit 100, 112f., 122, 130, 800
höhere Bildung 454–456, 470, 472, 800
höhere Schulen 451
Homelands 286
Homosexualität 208, 213–216, 218, 801
　　– Homosexuellenfamilien 444
homosexuelle Subkulturen 214f., 217, 608
Homosexuellenfamilien 444
Hongkong 561, 564f., 575
Hopi–Indianer 754f.
„Hoppla"–Beispiel 110
horizontale Mobilität 257, 801
Hormone, und Aggressionen 179f.
Hospital Corporation of America (HCA) 645f.
Howard, John 323
Hughes, Everett 605
Hughes, Howard 128f.
Hughes, Martin 461
Hunger 567–569
Hungersnot 567–569, 633
Huntington, Samuel 368f., 381f.
Hüttensiedlungen 621f., 641
Hypothesen 716, 729, 801
IBM 314, 591
Idealtypus 801
　– der Bürokratie 308–311, 315f.
Ideologie 61, 496, 765, 785f.
Illich, Ivan 462–464, 472
Imperialismus 572f., 786
Indianer 36, 123f., 283, 375, 504f.
Indien 404, 561, 575
　　– Bevölkerung 635
　　– Bildung in 471f.
　　– Dehli 621, 627
　　– Kaste 231–233
　　– verglichen mit China 671–673

Individualismus 18, 247, 676
　– *siehe auch* affektiver Individualismus
Industrialisierung 15, 18, 59–61, 124, 132
　– und Familie 419
　– des Krieges 18f., 61, 375f., 383, 402, 405, 786
　– und Nahrungsmittelproduktion 569–571
　– und Umwelt 586–588
　– der Schwellenländer 564f., 574, 580
Industriekapitalismus *siehe* Kapitalismus
industrielle Revolution 60
Industrieroboter 526–528
Information (als Wirtschaftsgrundlage) 702f.
Informationsgesellschaft 702
Informationstechnologie 252, 262, 318f., 377, 700, 705, 801
informelle Beziehungen 310, 786
informelle Ökonomie 549f., 801
Inkastaat 57f.
innenstädtische Wohngebiete 292, 295, 603, 786
　– Verfall der –n 297, 611–615, 623
„innerer Kreis" 359
Innovationszentren 618, 801
Innovatoren 139
Instinkte 18, 43f., 801
institutioneller Kapitalismus 253, 533, 801
Intelligenz 467–469, 801
Interessensgruppen 356f., 393, 801
　– und soziale Bewegungen 681
Intergenerationsmobilität 257, 260f., 801
intermediäre Gesellschaften 693
internationale Arbeitsteilung 521f., 578–581, 801
internationale Organisationen 581–583
Internationale Post- und Telekommunikationsunion 582
Interviews 714, 716, 726, 729f., 736
Interviews (wiederholte) 729
Intime Distanz 116
Intime Untersuchungen 114–116
Intragenerationsmobilität 257, 259, 261, 801
Invasion (ökologisch) 602f.
Inzest 46f., 437–440
IQ (Intelligenzquotient) 467–469, 801
Irak 400, 598
Iran 421, 506–509, 515, 591, 656
Irische Einwanderer in England 292f.
Irland 383, 394, 454, 568
　– *siehe auch* Nordirland
Irrsinn *siehe* psychische Krankheit
Islam 484, 489, 499
Islamische Revolution 421, 506–509, 656
Israel 386, 404, 443
Italien 103, 132, 163, 183, 299, 346
Iyer, Pico 591
Jackman, Mary und Robert 246

Jäger- und Sammlergesellschaften 50, 51–54, 59, 248, 520, 586, 690f., 694, 696f., 801f.
- und Krankheiten 640
- Krieg in 374, 379
- Politik der 329f., 697
- soziale Interaktion in 122f.

James, William 70
Japan
- Burakumin 270, 272
- Beschäftigung 314f., 545
- Industrie 313–316, 522–528, 578f.
- Militär 391, 405
- Multis 575–577

Jati 231
Jefferson, Thomas 283
Jencks, Christopher 459, 462
Jenkins, Roy 294
Jensen, Arthur 467f.
Joachimismus 504f.
Job-sharing 551
Johnson, Chalmers 663–665
Jones, Gareth 254f.
Joseph, Keith 341
Juden 293, 512
- Diskriminierung gegen 237, 271, 276f., 293, 678

Judentum 488, 495
Jugend 92
Jugendarbeitslosigkeit 542f.
Jugoslawien 366, 369
junge Erwachsene 93
Junta 393
Kalter Krieg 349, 400–404
Kalvinismus *siehe* Puritanismus
Kamata, Satoshi 315
Kamin, L. J. 469
Kanada 345, 375, 590
Kapitalismus 238f., 801
- Bildung und 462
- Marx' Auffassung des 235f., 240, 662f., 694–696, 700, 749f., 765f.
- Osteuropa und 674–676, 705
- und sozialer Wandel 700f.
- und Sozialismus 706f.
- Webers Auffassung des 495, 750f., 766, 770–773

Kapitalisten 235, 802
kapitalistische Weltwirtschaft 573
Kastenwesen 231–233, 802
katholische Kirche 501, 502f., 509, 511f., 635
Katz, Elihu 592
Kausalität 719, 786
Kausalzusammenhang 718–723, 802
Kautionsüberwachung 153
Kelly, Joan 432
Kerkerorganisationen 88, 214, 322f., 802

Kernfamilien 414, 417f., 420, 423, 802
Kernländer 573f., 580f., 802
Keynes, John Maynard 541
Kharigiten 506
Khomeini, Ayatollah 508
Kibbuzim 443, 802
Kinder
- Entwicklung der 67–88
- Entwicklung der Geschlechtsidentität der 181–188
- und Ethnizität 277
- Prostitution 221f.
- Rechte der 91f., 421
- und Scheidung und Wiederverehelichung 431–437
- und sexueller Mißbrauch 84f., 92, 437–441

Kinder und Bezugspersonen 72–76, 83f.
Kinderbetreuung 193f., 196f., 249f., 347
Kinderbücher 183–185, 277, 470
Kindheit 91f., 419, 425f., 443
King, Martin Luther, Jr. 288, 292
Kino 590, 592
Kinsey, Alfred 210f., 214f.
Kirchen 497–499, 802
Klassenbewußtsein 245–248, 255, 802
Klassenbewußtseins-Untersuchungen
- Bilder des Klassenbewußtseins 246–248
- Reputationsmethode 245
- subjektiver Ansatz 245f.

Klassenkampf 662f., 695, 749f., 763–765, 768f.
Klassenstruktur 230, 232–265, 786
- und Familienstruktur 424
- und Geschlecht 248–250
- und Religion 510f.
- Theorien der 234–239
- in traditionellen Staaten 59
- und Wahlverhalten 335–339
- Wandel der 250–256

Klassenunterschiede im Haushalt 249f., 254
klassischer Nationalismus 362
Klientel 381, 802
Klöster 118, 501f.
kodifiziertes Wissen 703f.
Kognition 77, 80–83, 802
Kohorten 423f.
kollektive Aktion 667–669, 677–680, 786
- siehe auch Revolutionen; soziale Bewegungen

kollektiver Konsum 608, 802
Kolonialisierung der Zeit 121f.
Kolonialismus 61f., 280–282, 333, 375, 383, 496, 508, 561–563, 566, 691, 802
- und Bildung 471f.
- und Imperialismus 572f., 574
- und Krankheit 640

Kommunen 442f.
Kommunikation 692, 786
Kommunikationssysteme 472f., 698
- *siehe auch* Massenmedien
Kommunismus 63, 334, 365f., 663, 673, 706, 750, 802
- in China 661, 671
- in Südafrika 287
Konfessionen 498f., 802
Konflikt 787
- und Konsens 760, 763-765
- *siehe auch* Klassenkampf; industrieller Konflikt
Konformisten 139
Konformität 128, 130f., 140f., 787
- *siehe auch* Devianz
Konfrontationspolitik 336
Konfuzianismus 485f., 491
Konglomerate 576, 802
konkrete operationale Periode 82, 803
Konkurrenz 355-357, 453, 646, 765, 803
Konkurrenz (ökologisch) 603f.
Konsens 760, 763-765, 787
Konservative Partei (GB) 337-339, 341-344, 346
- und Bildungswesen 453, 456
- und Gewerkschaften 537
- und die Rolle der Familie 445
konstitutionelle Monarchen 353, 803
konstitutiver Symbolismus 693
Konsumgesellschaften 256, 652
kontraintuitives Denken 772, 803
Kontrollen im Forschungsprozeß 721f., 803
kontrollierte Aufmerksamkeit 109
Konversation 100, 104-109, 803
Konversationsanalyse 737f., 803
Konzentrationslager 89f., 271
Konzessionsgesellschaften 562, 570, 803
kooperative Organisationen 530
Koppelungseinschränkungen 120f.
Körpersprache *siehe* nonverbale Kommunikation
Korrelation 719-723, 787
Korrelationskoeffizienten 720, 803
Krankenhäuser 15, 638, 641, 643, 645f.
Krankenpfleger(innen) 317
Krankheit 13f., 17, 240, 417, 637-648
Krankheit 240, 637, 638-643, 651
Krebs 13, 240, 642f., 722f.
Krieg 372-408
- und Aggression 17f., 378f., 386
- und die Entwicklung von Staaten 695-699
- und Frauen 385-390
- Industrialisierung des -es 18f., 375f., 383, 402, 404f.

- und prämoderne Gesellschaften 54-56, 58, 59, 374
Kriminalstatistik 146-156, 205, 297, 734
kriminelle Netzwerke 163, 165f., 803
kritische Situationen 88-90, 803
Kroatien 366
Krupat, Edward 606
Ku-Klux-Klan 283, 287f.
Kübler-Ross, Elisabeth 95
Kulte 498f., 803
Kultur 36-65, 787
- agrarische 54, 56f.
- Definition der 37f.
- der Jäger und Sammler 51-54
- moderne 59-63
- der prämodernen Gesellschaften 49-59
- der traditionellen Staaten 57-61
- und Wandel 698, 701-703
- der Weidegesellschaften 54-56, 64
Kultur der Armut 296f.
Kultur des Widerstandes 297
kulturelle Identität 45f.
kulturelle Reproduktion 464-467, 787
kulturelle Universalien 46-49, 803
kulturelle Vielfalt 27, 37f., 44f., 64, 116, 208f., 301, 423
kultureller Pluralismus 300, 803
die !Kung 122-124
Labour Partei 336-342, 346f., 361, 452, 534
Lächeln 71f., 103
Ladendiebstahl 155f.
Landes, David 689
Laqueur, Walter 398f.
latente Funktionen 754, 803
Lazarsfeld, Paul 728f., 731
Le Bon, Gustave 677-679
Lebensdauer 631, 803
Lebenserwartung 13, 17, 292, 631, 646, 649, 803
Lebensgemeinschaft 443f., 803
Lebensplanung 551
Lebenszyklus 91-94, 423f.
Lee, Laurie 83
Legitimationskrisen 344, 803
Lehrplan (landesweiter) 453f., 469
Lemert, Edwin 141
Lenin, V. I. 572, 659, 660
Leonard, Graham 503
Lesbentum 159, 203, 213, 215f., 804
Lever, William Hesketh 570
Lévi-Strauss, Claude 752, 756
Lewontin, Richard 178, 181
Liberaldemokraten (GB) 337, 340
liberale Demokratien 369, 673-676, 706, 804
Liberale Partei (GB) 338
Lie, Suzanne 470
Liebe und Ehe 12f., 16, 18, 418-422

Liebe–Bombardement 510
links, linke Politik 334f., 343
Lipset, Seymour Martin 258
Literarizität 450, 471f., 671, 693, 804
Lobotomie 168
Lockwood, David 247
Lofland, John 14
Logan, John 609f., 618f.
lokale Behörden (GB) 615f.
lokale Gemeinschaft *siehe* Region
lokaler Nationalismus 331f., 362, 363
lokales Wissen 472, 804
Lombroso, Cesare 134f.
London 138, 165, 292f., 599, 601, 613–615, 617– 620
Los Angeles 291, 647
Low–trust–Systeme 528f., 804
Lungenkrankheiten 13, 642, 722f.
Lunt, Paul 245
Lynchjustiz 679
Macht 61, 227f., 608, 765, 787
    – und Devianz 141f.
    – und Gewerkschaften 535f.
    – in Organisationen 311f.
    – in prämodernen Gesellschaften 51, 55, 57
    – *siehe auch* militärische Macht; Patriarchat
Machteliten 357–361, 804
MacPike, Loralee 216
Maddox, Brenda 435
Mafia 163
Magie 13, 486, 787f.
Mahayana–Buddhismus 501
Makrosegregation 285, 804
Makrosoziologie 124, 804
Malinowski, Bronislaw 486, 753f.
Malthus, Thomas 632f.
Malthusianismus 633, 804
Manager (Unternehmen) 531f.
Managerkapitalismus 533, 804
Mandela, Nelson 287
manifeste Funktionen 754, 804
Mann, Peter 734
Männerbefreiung 212
männliche Ausdrucksschwäche 188, 440, 804
männliche Prostitution 219–222
Mao Zedong 661, 667
Markt 368, 672f., 676
Marshall, Gordon 250, 255, 261
Marshall, S. L. A. 378f.
Marshall, T. H. 243, 332
Marx, Karl 362, 572, 606, 662, 694f., 745f., 751, 758, 765–767
    – betriebliche Mitbestimmung 529f.
    – Geschlecht 768
    – Klasse 234–240, 255, 551f., 764

    – Kommunismus 673
    – Religion 491–493, 496, 506
    – Revolution 662f.
    – *siehe auch* Kapitalismus; materialistische Geschichtsphilosophie
Marxismus 673f., 750, 758f., 804
Maschinenproduktion 804
Maskulinität 177, 186f., 203, 206, 212, 215, 804
Massengesellschaft 256
Massenmedien 87f., 110f., 437, 473–479, 804
    – und Kommunismus 675f.
    – Globalisierung der 588–593
Massenverbreitung 804
Massey, Jack C. 645
Maße der zentralen Tendenz 720
materialistische Geschichtsphilosophie 690, 694–697, 705, 749–751, 805
materielle Kultur 37, 48f.
matrilineare Vererbung 423, 805
matrilokale Familien 414, 423, 805
Maya 58
Mbuti–Pygmäen 53
Mead, George Herbert
    – kindliche Entwicklung 79f., 83f., 86
    – symbolischer Interaktionismus 751f., 757f.
Means, Gardiner 531
Median 720, 805
Medien *siehe* Massenmedien
Medienimperialismus 591–593
Medizin *siehe* Gesundheit
Mednick, S. 135f.
Megalopolis 599, 805
Mehrwert 235, 805
Meinungsumfragen 730
Melbin, Murray 121
Menschen als tierische Art 38–44
Menschenaffen *siehe* Primaten
Merton, Robert K. 139f., 148, 278, 753–755, 770
Mesosegregation 285, 805
Mexiko 564, 575, 633f.
Mexiko City 620–623, 647
Michels, Robert 311
Midlife–crisis 93
Mietstreik 538
Migration 299f., 620, 737
Mikroelektronik *siehe* Mikrotechnologie
Mikrosegregation 285, 805
Mikrosoziologie 124, 805
Mikrotechnologie 552, 704
Milgram, Stanley 740f.
Militär 308, 375–385
    – Rüstungsausgaben 400–405
    – modernes 381–385
    – und Politik 358, 390–400
Militärclique 393

Militärherrschaft 353, 390f., 393f., 788
militärisch–industrieller Komplex 391f., 805
militärische Ausbildung 379
militärische Gesinnung 381, 805
militärische Macht 227f., 674, 676, 695–697, 701, 707
militärische Organisation 379–381
Miller, Steven 527f.
Mills, C. Wright 24f.
– Machteliten 357f., 361
Minderheitengruppen *siehe* ethnische Minderheiten
Miner, Horace 45f.
Ministerium für Welthandel und Industrie (Japan) 576f.
Mitsubishi 577f.
Mittelschicht 234, 243f., 246, 252, 254f., 460, 805
Mittelwerte (Durchschnittsberechnungen) 720, 805
Mobilisierung 667, 805
Mobilität *siehe* soziale Mobilität
Modulproduktionsort 618, 805
Modus (Durchschnittsberechnungen) 720, 806
Molotch, Harvey 108, 609f., 618f.
Monarchien 332, 353
Mondragon–Genossenschaften 530
Monetarismus 341
Mongolen 374
Moniz, Antonio Egas 168
Monogamie 37, 414f., 422, 806
Monopole 532, 806
Monotheismus 485, 488, 806
Moonies 510, 512
Moral 80, 136, 189, 485
Moral Majority 513
Mord 132, 142, 149f., 155, 292, 441
Morris, Jan 177
multilineare Evolution 692, 806
multinationale Unternehmen 533, 575–580, 590f., 618, 806
multiple Souveränität 669, 806
Murdoch, Rupert 591
Murdock, George 46, 414f.
Mutation 39f., 806
mütterliche Deprivation 75f., 721f., 806
Nachrichten 473f., 589, 591f.
Nacirema–Beispiel 45f.
Naher Osten 166, 566, 589
Nahrung
– kulturelle Unterschiede 45
– Produktion 567–571
– Ressourcen und Bevölkerungswachstum 633f.
National American Women Suffrage Association 387
National Association for the Advancement of Colored People (NAACP, USA) 287f.
National Crime Survey (USA) 147
National Front (GB) 294
National Health Service (GB) 342, 643–647
National Organization of Women (NOW, USA) 346
National Society of Women's Suffrage (GB, 1867) 200
National Urban League (USA) 287f.
Nationalismus 331f., 362f., 509, 511, 513, 661, 674, 676, 788, 806
Nationalsozialismus 89f., 271, 283, 294, 389, 397, 535
Nationalstaaten 61–63, 331f., 379, 806
– verglichen mit der EG 365
NATO (North Atlantic Treaty Organization) 400
natürliche Auswahl 39
Nelson, William 142, 144
Neo–Imperialismus 572f., 806
neolokales Wohnen 423, 806
Neto, Agostino 563
Neu–linker Realismus 148f.
„Neue Rechte"–Politik 344
Neurosen 77, 167, 807
Neustädte 613
New York City 600f., 604f., 612, 619f.
– Finanzkrise 612
– Wohnen 22
– Straßenbanden 157
Newcastle (Australien) 120
nicht–industrielle Zivilisationen *siehe* traditionelle Staaten
nicht–institutioniales politisches Handeln 348–350
nicht–staatliche Akteure 581–583, 807
Niederlande 183, 299
niederländische Immigranten in Großbritannien 293
Nippon–Konzern 545
Non–Konformität *siehe* Devianz
non–verbale Kommunikation 100, 102–104, 111f., 807
Nonnen 501f.
„Norden", der 62
Nordirland 147, 238, 383, 511, 515
Normen 37, 44, 128, 130f., 788
Norwegen 347, 475
Nuer 55f.
Nuklearwaffen 377, 381, 384f., 403–406
– und Frauen 389
O'Casey, Sean 396
O'Leary, Virginia 470
Obdachlosigkeit 129, 613f.
Obere Arbeiterklasse 244
Obere Mittelschicht 244, 246

Oberschicht 234, 236, 242f., 246, 252f., 807
- und Macht 243, 357–361
Objektivität 26f., 788
Ödipuskomplex 78, 80, 136, 186, 807
offene Familie 417–419, 807
offene Fragebögen 726–728
öffentliche Distanz 116, 807
öffentliches Gesundheitswesen 643–647, 807
Offizier (Definition) 380
Ohlin, Lloyd E. 140, 142, 149
Ökologie 807
- Umwelt 571, 707
- städtische 602–604, 609,
Ökonomie 520, 788
- Japans 313
Oligarchien 311, 807
- und Militärherrschaft 393f., 807
Oligopole 532, 576, 807
Oneida–Gemeinschaft 442f.
Oral history 737
Organisationen 306f., 788
- *siehe auch* Bürokratie; Gruppen
Organisationen und kollektives Handeln 667
organisiertes Verbrechen 163–166, 807
Ost–West–Kulturvergleiche 36f.
Ostdeutschland 366, 674f.
Österreich 299
Osteuropa 362f., 365f., 586
- Einwanderung aus 299
- Revolutionen von 1989 477, 673–676, 766
- Frauen in 367f., 389
Ouchi, William 313, 316
Paarungsrituale 43f.
Pahl, Ray 256, 312, 549f.
Paine, Alice 201
Panelstudien 729
Panoptikum 323
Parias 237, 807
Park, Robert 602–604
Parkin, Frank 239, 244, 248
Parkinson, C. Northcote 307
Parks, Rosa 288, 682
Parsons, Talcott 664, 692–694, 752–754, 760, 764
Partei (Max Weber) 237f.
Parten, Mildred 74
Partisans of Peace (UdSSR) 582
partizipatorische Demokratie 352–354, 357, 807
passiver Konsum 463
Patriarchat 171, 189–198, 212, 222, 789
- und Familie 418–420
patrilineare Vererbung 423, 808
patrilokale Familien 414, 808
Pazifismus 387–390, 808
- *siehe auch* Friedensbewegungen
Pearton, Maurice 376
Peer–Gruppen 85f., 138, 184, 186, 808

Peers–Würde 360
Penisneid 186
Pensionierung *siehe* Verrentung
Peripherien 573f., 808
Perlmutter, Amos 393
Perlmutter, H. V. 576
personalisierte Homosexualität 214
persönliche Distanz 116
persönlicher Raum 116, 808
Pethick–Lawrence, Emmeline 389
physische Umwelt von Organisationen 319f., 696f., 699
Piaget, Jean 77, 80–84, 86
Pilotstudien 728
PLO (Palestine Liberation Organization) 396f.
Plummer, Kenneth 214
plurale Gesellschaften 271, 808
Pluralismus
- kultureller 301
- und Postmoderne 704–706
pluralistische Demokratietheorien 355f., 358, 361, 808
Polen 258, 366f., 422, 674f.
Politik 328–371, 789
- Definition 330
- und Dritte Welt
- Frauen in der 345–348, 367f.
- Machteliten 357–361
- in modernen Staaten 60, 331–333
- nicht–institutionalisierte 348–350
- Parteien 334–345, 354f., 366f., 808
- und Religion 511, 513, 515
- und Wandel 697, 701
politische Initiativen und Soziologie 28
politische Legitimität 390, 393, 804
politische Parteien 334–345, 354f., 366f.
politische Rechte 286f., 332f., 808
- und Frauen 200f., 345–347
politische Sekten 334, 349
politischer Apparat 329, 808
politisches Asyl 295
Polizei 131, 162, 204
- Verhörstudien 738
- verglichen mit dem Militär 330f., 390f., 393
- und Minderheitengruppen 298
Poll Tax (Gemeindeabgabe) 342, 615
Polyandrie 415, 808
Polygamie 414f., 808
Polygynie 415f., 808
Polytechnics (GB) 455f.
Polytheismus 488f., 808
polyzentrische Multis 576, 808
Pompadour, Madame de 347
Popova, Nadja 386
Positivismus 26, 808

Post–Mangelgesellschaft 702
Postfeminismus 202
postindustrielle Gesellschaften 702–704, 707f., 789
postkolonialer Nationalismus 362f.
postmoderne Gesellschaft 702, 704–706
Postsysteme 581–583
Powell, Enoch 294
prä–operationales Stadium 81, 808
Prädestination 771
prämoderne Gesellschaften 49–59, 63
    – Familie und Arbeit in 59, 190
    – Marxsches Klassensystem in 235
    – Bevölkerungswachstum 632f.
Präsenzdienst 380, 384
Pressebarone 474
Prestige 237, 808
primäre Abweichung 141
primäre Arbeitsmärkte 548, 809
primäre Sektoren 522, 809
Primärgruppen 306, 310, 320, 324, 809
Primaten 40, 47, 74, 179f.
private Gesundheitsversorgung 643, 645–647, 809
privatisierte Arbeiter 247
Privatisierung 341f.
Privatisierung der Krankenhäuser (GB) 644f.
Privatschulen 453
Produktion 520
    – und die globale Stadt 619f.
    – und Patriarchat 189–198
Produktionskräfte 662, 694f., 809
Produktionsmittel 235–237, 239, 309, 809
Produktivität 242
das Profane 493, 499, 809
professionals 192f., 253, 258, 262, 316f., 703, 794
Projektion 275, 809
proletarischer Traditionalismus 247
Proletariat *siehe* Arbeiterklasse
Propheten 488, 505, 809
Prostitution 156, 166, 210f., 218–222, 809
Protestantismus und Kapitalismus 495, 751, 766, 770–773
Protestbewegung 348–350, 667–669, 673, 680–685
Provenzo, Eugene 476
Psychiatrie 167–169
psychiatrische Anstalten 15, 22, 133f., 323, 723f.
psychische Krankheit 134, 167–172, 240, 322f., 437, 440, 785
psychische Scheidung 430
Psychoanalyse 77, 809
psychologische Theorien
    – des Verbrechens 136f., 145
    – der Intelligenz 467–469
    – der Rassenbeziehungen 274–278

Psychopathen 136, 809
Psychopharmaka 168, 171
Psychosen 167, 809
Pubertät 178
public schools 360, 453
Punkhorst, Emmeline 201, 387, 388f.
Puritanismus 495, 766, 771–773
Pygmäen 53
Qualität des Arbeitslebens 529
Radcliffe–Brown, A. R. 753, 754
Randolph, A. Philip 288
Rank Xerox 318
Rapoport, R. 423f.
Rasse(n) 809
    – und Biologie 273f.
    – und Rassismus 282f.
Rassenbeziehungen *siehe* ethnische Beziehungen
Rassenintegration 149, 289–292, 293f.
Rassensegregation 231f., 287–289, 457
    – *siehe auch* Apartheid
Rassenunruhen 285, 287–291, 679f.
Rassismus 274, 282f., 295–299, 691, 789
Rassisten 274
rationale Entscheidung und Verbrechen 144f.
Rationalisierung 766, 809
Rauchen 643, 722f.
Raum (Restrukturierung) 607, 609f.
Raum–Zeit–Interaktion 117–122
Rauschgift *siehe* Drogen
Reaktionsrufe 108f., 809
Rebellion(en) 140, 789
    – verglichen mit Revolutionen 658
rechte, rechtsgerichtete Politik 202, 334, 343f., 346, 513
rechtliche Scheidung 430
Rede 104–108, 809
Referenden 352f., 357
Reflexe 43f.
Reformbewegungen 681, 809
Regeln *siehe* Normen
Regierung 166, 306, 329–331, 789
    – als Arbeitgeber 253
    – Definition der 330
    – Frauen und 347f., 367f.
    – und Militärmacht 227f.
    – und offizielle Statistik 732–734
    – und Protestbewegungen 350, 683
    – Terrorismus der 394, 397, 670f.,
    – Theorien der 343–345
    – und Wirtschaft 701
    – *siehe auch* Thatcherismus
Regierungsverbrechen 162
Region 85, 88, 363, 511
Regionalisierung 118, 809

Reiche 57, 374f.
- *siehe auch* Chinesisches Reich, Römisches Reich
Reichtum
- und Gesundheit 13f., 18
- und Klasse 234, 237, 239, 240–242, 259f.
- in prämodernen Gesellschaften 51, 54–58
Reinkarnation 490
relative Armut 263f., 809
relative Deprivation 666, 770, 810
Religion 44, 46, 95, 270, 482–518, 690, 693, 789
- und AIDS 217
- Arten der 487–491
- und Bildung 454
- chiliastische Bewegungen 499, 503–505, 681
- Definition der 485f.
- und Geschlecht 499–503, 511
- in Großbritannien 494, 509–511
- und Krieg 387
- Organisationen 497–499
- und Säkularisierung 506, 515f., 701
- und soziale Kohäsion 493f., 748, 753f.,
- Theorien der 491–497, 751
- in den USA 511–513
religiöse Rechte 513
Religiosität 516
Rentnerzentren (Pensionistenstädte) 619, 810
repräsentative Stichprobe 728
repräsentative Mehrparteiendemokratie 352, 810
Reproduktionsfähigkeit 630, 810
Reputationsstudien über das Klassenbewußtsein 245
residuale Regelverletzung 169, 810
Resozialisation 88–90, 810
Ressourcen (natürliche) 587f., 636, 707
Ressourcenallokation und Gruppenschließung 279
restringierte Codes 460, 461, 810
Restrukturierung des Raumes 607, 609f.
Reuters 589
Revitalisierung von Wohngegenden 22, 28
Revolutionen 349, 655–687, 790
- Beispiele für 658–661
- Definitionen der 657f.
- Konsequenzen der 670–673
- Theorien der 661–669
- *siehe auch* kollektive Aktion; soziale Bewegungen
Revolutionsterror 670f., 810
Reynolds, R. J. 576
Riis, Jakob 601
Rituale 485f., 493f., 497, 499, 790
Ritualismus 139
Roboter (industrielle) 526–528

rohe Geburtenraten 629, 790
rohe Sterberaten 630, 790
Rollen 79
romantische Liebe *siehe* affektiver Individualismus
Römisch–katholische Kirche *siehe* Katholische Kirche
Römisches Reich 57, 59, 230f., 488, 598
Roosevelt, Franklin D. 288
Rosenhan, D. L. 168f.
Routinen des Alltagslebens 101
die Ruanda 415
Rubin, Lillian 212
Rubinstein, William 259f.
Rückfälle 152
Rudé, George 678
Rumänien 366f., 675
Rundfunk– und Fernsehsprecher 110f.
Russische Revolution 21f., 658–660, 670, 674
Rußland 369, 583, 663, 665
- *siehe auch* Sowjetunion
Rutter, Michael 458f.
safe sex 217f.
Sahlins, Marshall 42, 53
Säkularisierung 506, 515f., 701, 790
Sammlergesellschaften *siehe* Jäger– und Sammlergesellschaften
San Francisco 608, 612
Sanders, William B. 738
Sandman Ladies 157
Sanktionen 131, 810
- ökonomische 286f.
Sargant, William 90
Sassen, Saskia 619f.
Satellitenstädte 613
Saudi–Arabien 345
Säugetiere 40, 67
Säuglingssterblichkeit 417, 631, 634, 639, 642, 646, 810
Saussure, Ferdinand de 755f.
Sayers, Janet 188
Schamanen 487, 810
Scheff, Thomas 169f.
Scheidung 19, 201, 219, 421, 423, 426–435
Schichtung 229–268, 791
- und Geschlecht 248–250, 256
- und Mobilität 233, 256–263
- Systeme der 230–234
- Theorien der 234–239
- *siehe auch* Klassenstruktur; Armut
Schiiten 506–509
Schiller, Herbert 591f.
Schizophrenie 75, 167–169, 810
Schließung von Gruppen 239, 279, 283
Schmelztiegelmodell 300, 810
Schmitter, Philippe 365f.

Schönwetterliberale 278
Schrift und Kultur 47f., 698
Schulen 86f., 450–454, 479
 – und Desegregation 288
 – und Geschlecht 184f., 469–470
 – in Großbritannien 451–453, 458f.
 – und Ungleichheit 21, 456–458
Schulfinanzierungsprogramm (GB, 1992) 453
Schulgesetz (GB, Education Act 1944) 452f.
Schuller, Tom 652
Schumpeter, Joseph 355–357
„schwarz" 282f.
Schweden 196f., 211, 249, 258, 265, 345, 347, 444, 535
Schweiz 151
Schwellenländer 564f., 574, 580, 810
Schwimmer, Rosika 389
scientology 738–740, 741–743
Scott, John 243, 253, 360
SDI (Strategic Defence Initiative) 403f.
Seestreitkräfte 374, 384
Sekten 497f., 810
sekundäre Abweichung 141
sekundäre Arbeitsmärkte 548, 810
sekundärer Sektor 522, 810
Sekundärgruppen 306, 810
Selbstaufklärung 28, 810
Selbstbewußtheit 26, 77, 80, 96, 757, 790
Selbstbewußtsein 77, 80, 84, 96
Selbsterkenntnis, Soziologie und 23, 28
Selbstgefühl 187f.
Selbsthilfegruppen 28, 324f., 621
Selbstmord 17, 26, 44, 139, 719, 749
selbstregulierende Systeme 664
Selbstversorgung 549f.
Selbstvervollkommnung 702
Selbstwertgefühl (Arbeit) 544
Semiotik 48f., 756f., 811
semiperiphere Gebiete 573f., 811
die Seniang 209
senso–motorisches Stadium 81, 811
Serbien 366
serielle Monogamie 422, 811
Sex (Definition) 177f., 811
Sexismus 811
Sextourismus 221
sexuelle Aktivität 41–45, 178, 208–216, 421, 811
 – und AIDS 212, 216–219
 – und Ehe 12f., 210f., 416, 418
 – Homosexualität 208, 213–218
 – *siehe auch* Prostitution
sexuelle Belästigung 204f., 811
sexueller Mißbrauch 84f., 92, 437–441
Sheldon, William A. 135
sientific management 523, 525

Singapur 564f., 575
sinnhafte Aktivitäten 26, 811
Sippe 316, 413f., 420, 811
Situations–Interpretation der Kriminalität 144–146
situationsbedingte Homosexualität 214
Sklaverei 59, 230f., 280, 283, 285, 496f., 566f., 811
 – Abschaffung der (USA) 199, 287
 – in Brasilien 281, 284
Skocpol, Theda 21, 657, 669
Slowenien 366
Smelser, Neil 682f., 684
Smith, Adam 523
sogo shosha 576f.
Söldner 380
Solidarität (Solidarnosc) 674f.
Somme (Schlacht im Ersten Weltkrieg, 1916) 373, 376
Sorokin, Pitrim 257
Souveränität 331, 811
Sowjetunion 63, 582f., 586, 673
 – Frauen und Krieg 386
 – militärische Macht 397, 400–405, 674, 676
 – politischer Zusammenbruch 365f., 369, 675
 – Revolutionsterror 671
Sozialdarwinismus 691f., 811
Sozialdemokratische Partei (Deutschland) 311, 334
Sozialdemokratische Partei (GB) 337f.
soziale Bewegungen 28, 657, 668, 680–685, 790
 – und Urbanismus 608f.
soziale Distanz 116, 811
soziale Einschränkungen 760, 761–763, 811
soziale Gruppen 305, 760, 791
Soziale Institutionen 101, 693, 707, 763, 791
 – Definition der 409
soziale Interaktion 33f., 99–126
 – non–verbale Kommunikation 100, 102–104, 111
 – persönlicher Raum 116
 – Sprache 47, 108–111
 – Raum und Zeit 117–122
 – Rede 104–108
 – *siehe auch* Begegnungen (encounters)
soziale Kategorien 305f., 811
soziale Kohäsion 493f., 748, 753f.
soziale Mobilität 233, 256–263, 791
soziale Position 113, 791
 – *siehe auch* Status
soziale Rechte 333, 343, 811
soziale Reproduktion 22f., 812
soziale Rollen 113, 791
soziale Scheidung 430
soziale Schichtung *siehe* Schichtung

Soziale Schließung 239, 244, 279, 283, 812
soziale Transformation 22, 812
sozialer Evolutionismus 690–694, 791
sozialer Wandel 16f., 38, 557f., 689–710, 791f.
    – Einflüsse auf den –n 696–698
    – Episoden des –n –s 698f.
    – in jüngster Zeit 699–702
    – und Sozialismus und Kapitalismus 706f.
    – Theorien des –n –s 495, 690-696, 749-751, 760f., 765f.
soziales Selbst 80, 812
Sozialisation 66–98, 460, 792
    – und Freiheit 95f.
    – und frühe Entwicklung 70–76
    – und Geschlecht 159, 179–188
    – Instanzen der 84–88
    – Resozialisation 88–90
    – Theorien der 77–84
    – unsozialisierte Kinder 68–70
Sozialisationsinstanzen 83–90, 812
Sozialismus 663, 706f., 750, 766, 812
Sozialistische Parteien 334
    – *siehe auch* Labour Partei
Sozialökologie 602–604, 609f., 792
Sozialstrukturen 23, 760–763
Soziobiologie 41, 43, 54, 179, 385, 812
Soziologen 29
Soziologie 9, 16f., 28f., 792
    – Definition der 12
    – praktische Bedeutung der 27–29, 743f.
soziologische Denkweise 24f., 812
soziologische Fragen 19–21
Spencer, Christopher 526
spezifische Geburten- und Sterberaten 630
Spiele (Kinder) 74, 79f., 182f.
Spielzeug und geschlechtsspezifische Sozialisation 182
Sprachcodes 460f., 464
Sprache 47, 108–111, 130, 362
    – und Sinn 755f., 757
    – Sozialisation 69f., 96
    – *siehe auch* Rede
Staat(en) 329–333, 792
    – und Krieg 401f.
    – *siehe auch* Regierung; Nationalstaaten; traditionelle Staaten
Staatenlose 331
staatenlose Gesellschaften 329, 812
Staatsbürger 331, 332f., 352, 812
Staatsgebiet 332f.
Staatsgesellschaften 329, 812
Staatsnationen 363
Staatsstreich 657, 812
Stadt der Zentralen 618, 812
Städte *siehe* Urbanismus
Stadtguerillas 399

städtische Finanzkrisen 612f., 615f.
Stammwähler 337f.
Stand 237, 792
Standardabweichung 720, 812
standardisierte Fragebögen 726f.
Stände 232
Stanton, Elizabeth Cady 385f., 388, 500
„Star Wars" 403f.
Statham, June 185, 470
statistische Begriffe 720
statistische Tabellen 732f.
Status 239
stehende Heere 374f., 380, 383, 812
Stein, Peter 445
Sterberaten 417, 630–634, 639
Stereotypen 149, 192, 220, 274f., 277, 279, 298, 651, 812
Stichproben 728, 812
Stieffamilien 435–437, 812
Stokes, Donald 338
Stone, Lawrence 417f.
Straus, Murray A. 441f.
Streiks 534–541, 813
    – Bergarbeiterstreik (GB, 1984) 342, 540
Strukturalismus 752, 755–758, 760, 813
strukturelle Förderlichkeit 682
strukturelle Spannung 682
Student Nonviolent Coordinating Committee (SNCC) 289
subjektiver Ansatz 245f.
Subkultur 45, 84, 276, 300, 424, 813
    – deviante 129, 138, 140, 149, 151
    – homosexuelle 214–217
subkultureller Nationalismus 363
    – *siehe auch* lokaler Nationalismus
Suburbanisierung 607, 610, 613–615, 813
Südafrika 232, 284, 285–287
Südasiaten in Großbritannien 295f., 424
„Süden", der 62
Südkorea 522, 564f., 575
Suez-Krise 384
Suffragetten 200, 346, 813
Suggestivfragen 727
Sukzession (ökologisch) 602f., 813
Sündenböcke 275, 301, 813
Sunniten 508
Sutherland, Edwin H. 138, 140, 160, 737
Symbole 48f., 757f., 813
    – kulturelle 282
    – religiöse 485f., 487, 493, 494
Symbolischer Interaktionismus 79, 757f., 760, 762, 813
Symbolismus (konstitutiver) 693
Szasz, Thomas 170
Tagebücher 737
Taiwan 564f., 673

Tannenbaum, Frank 535
Taoismus 491, 495
Täter–Opfer–Versöhnungsprogramme 154
Tatsachenfragen 19, 813
Taylorismus 523, 525–529, 552, 813
Technologie 689, 693, 765, 813
Teenager 92
teilnehmende Beobachtung *siehe* Feldstudien
Teilzeitarbeit 192, 542f., 548, 551f.
Telefonumfragen 730
Telekommunikation 377, 471, 578, 589, 591
Teletext 475
Terkel, Studs 388
Territorien 332f., 693
Terrorismus 349, 394–397, 670f., 813
tertiärer Sektor 522, 813
testikuläres Feminisierungssyndrom 180, 813
Thatcherismus 337, 341–343, 365, 445
The Social Register 359
theoretische Ansätze 747–769, 773, 792
theoretische Dilemmas 760–769, 813
theoretische Fragen 20f., 813
Theorien 769–773, 792f.
Theorien mittlerer Reichweite 770
therapeutische Gemeinschaften 154
Thomas, W. I. 737
Thompson, Warren S. 634
Tiere 67
    – Aggression bei –n 179
    – menschliche Entwicklung aus –n 38–43
    – und Sprache 47
    – *siehe auch* Primaten
Tilly, Charles 375, 667–669, 677, 679, 681
Times–Warner 591
Tizard, Barbara 461
Tizard, Sir Henry 384
Tocqueville, Alexis de 656
Tod 13, 91, 93–95
die Toda 415
Todesstrafe 14f., 154f.
Toffler, Alvin 325, 702
Tokio 619f.
Totale Organisationen *siehe* Kerkerorganisationen
totaler Krieg 376f., 814
Totemismus 487, 493, 814
TOUCH (Selbsthilfegruppe) 324
Tough, Joan 461
Touraine, Alain 683f., 702
Townsend, Peter 264
Toyota 315
traditionelle Staaten 50, 57–59, 60, 607, 814
    – Arbeit 322, 520–522
    – Gesundheit und Krankheit 638
    – militärische Macht 375, 695–698
    – Schichtung 232

    – und sozialer Wandel 690f., 693, 696–699
    – Sozialisation 91
    – Verbrechen und Bestrafung 14f., 133
Veränderungsbewegungen 681
traditionelle Städte 57, 598f.
transnationale Unternehmen *siehe* multinationale Unternehmen
Treibhauseffekt 587
Trennung 428–430, 433
Trennungsschmerz 431
Triangulation 738, 814
Tripp, David 478
Trobriand–Insulaner 486
Troeltsch, Ernst 497f.
Truth, Sojourner 199f.
Tschechoslowakei 366–369, 674f.
tsu–Sippe 413f., 420
Überbau (Marxsche Theorie) 694f.
Überforderung des Staates 343–345, 814
Übergangsklassen 236, 814
Überlebensarmut 263, 265
Überwachung 320–322, 814
Überwachung in der Gemeinschaft 153f.
UdSSR *siehe* Sowjetunion
Ukraine 674
Umfragen 716, 726–731, 735, 737, 814
Umwelt 583–588
    – und Gesundheit 647f.
    – physische 319f., 696f., 699
Umwelt und Veranlagung 41–43
Umweltökologie 571, 707, 814
Umweltverschmutzung 587, 622f., 647f.
unabhängige Variablen 721, 814
unbeabsichtigte Konsequenzen 21f., 814
das Unbewußte 77, 79, 83, 95, 109f., 793
UNESCO–Studienkommission für Kommunikationsprobleme 592
Ungarn 366, 369, 674f.
Ungleichgewicht 663–665, 814
Ungleichheit 29, 227, 230, 520, 681
    – und Bildung 21, 87, 456–469, 479
    – und Ethnizität 272, 300
    – globale 566–568, 571–575, 589, 593, 706f.
    – des Vermögens 57–59, 240, 263–265, 279
    – *siehe auch* Klassenstrukturen; Partriarchat
Unilever 570
unilineare Evolution 692, 814
Universitäten 452, 454–456, 470
UNO–Hochkommissar für das Flüchtlingswesen 295
Unruhen *siehe* Aufstände
unsozialisierte Kinder 68–70
Unterbau (Marxsche Theorie) 694f.
untere Arbeiterschicht 244
untere Mittelschicht 244
unterentwickelte Länder *siehe* Dritte Welt

Unterklasse 245, 296–298, 541–546, 550, 552, 814
Unternehmen 530–533
   – japanische 313–316
   – und Politik 359
   – multinationale 533, 575–580, 590f., 618
Unternehmensmord 162
Unternehmer 531, 772, 814
Unterschicht 246
unzentrierte Interaktion 111, 116–122, 677, 814
urbane Dörfler 605
Urbanisierung 15f., 60, 814
Urbanismus 101, 219, 597–625, 700, 815
   – Dritte Welt 600, 620–623
   – internationale Einflüsse 618–620
   – Merkmale des modernen 599–601
   – Theorien des 602–610
   – westlicher 610–618
   – Zeitgeographie 119–122
Ursprungsmythen 485
Useem, Michael 359, 533
Usurpation 239
van den Berghe, Piere 285
Variablen 719, 815
varna 231
Vaughan, Diane 428f.
vecindadas 622
vertikale Integration 579
verallgemeinerter Anderer 80, 815
Veranlagung
   – und Umwelt 41–43
   – Gefährdung der Umwelt 583–588
verborgener Lehrplan 86, 463f., 469, 815
Verbrechen 14–16, 132–167, 265, 737, 793
   – und Geschlecht 155–159
   – ohne Opfer 166f.
   – organisiertes 163–166
   – der Reichen und Mächtigen 141, 159–162
   – und soziale Deprivation 140, 149, 297, 298, 614
   – Theorien des –s 134–146
   – *siehe auch* Bestrafung
Verbrechen der Mächtigen 159–162, 815
Verbrechen ohne Opfer 166f., 815
Verbrechensopfer–Untersuchungen 148f., 156
Verbürgerlichungs– These 255
Verdoppelungszeit 632, 815
Verehelichung über Schichtgrenzen 279, 360
Vereinigte Staaten von Amerika 375
   – Armut 264
   – Bildung 454f., 457f., 470, 476f.
   – Bürgerrechte 201, 284, 287–292, 350, 497, 678, 682f.
   – Feminismus 199f., 201
   – Gesundheitswesen 645–647
   – Gewerkschaften 534–537, 540

   – Krieg 384–389, 391f., 400–404
   – Medien 474f., 589–593
   – Nahrungsmittelproduktion 571
   – als plurale Gesellschaft 271, 290, 300f., 355
   – Politik 335, 345–347, 353, 357–359, 728f.
   – Religion 511–513
   – Schichtung 230, 232, 239, 242, 246, 257
   – Stereotypen über Schwarze 275, 283
   – Unruhen 285, 288–291, 679, 680
   – Urbanismus 599–608, 610–613, 618f.
   – Verbrechen 146f., 150f., 154–156, 160, 163, 206
Vereinigungskirche (Moon–Sekte) 510, 512
Vereins– und Versammlungsgesetze 349
Vereinte Nationen 200, 581f.
Vererbung *siehe* genetisches Erbe
Vergewaltigung 142, 159, 205–208, 815
Vergleich zwischen Heiligem und Profanem 493, 499
vergleichende Fragen 20, 815
Verkehr 377, 473, 577f., 603, 623, 647
„verlorene Briefe"–Experiment 156
Veröffentlichung von Forschungsergebnissen 741f.
Verrentung 94, 250, 264, 542, 551, 649–651
Verschiebung 275, 815
Versprecher 109–111
vertikale Mobilität 256–262, 815
Verwandtschaft 329f., 412–414, 437, 605, 693f., 793
Videos 476f., 589
   – Verwendung in der Forschung 737f.
Videospiele 476
Vietnamkrieg 90, 221, 392, 398
Volk, das 350f.
Völkerbund 581
Volksschulen (Grundschulen) 451
Volkszählungen 629, 733
Vorderbühne 114, 118, 815
Vorurteile 793
   – rassische 274, 276f.
Waffen 374–377, 381, 384f., 707
   – Ausgaben für 400–405
   – *siehe auch* Nuklearwaffen
Waffenhandel 376, 400f., 815
Wahlen 340f., 728f.
   – und Fernsehen 337, 473, 479
   – *siehe auch* Wählerverhalten
„Wahlen und Wähler" (The People's Choice) 728f., 731
Wahlverhalten 286f., 332f., 335–341, 473, 728f.
   – und Frauen 199–201, 345–347
Wahrnehmungs–Entwicklung 70f.
Walesa, Lech 674
Wallerstein, Immanuel 573f.

Wallerstein, Judith 432
Wallis, Roy 738–743
Wandel *siehe* sozialen Wandel
Wanderarbeiter 285
Warner, W. Lloyd 245
Warren, Robert Penn 275
WASPs (White Anglo–Saxon Protestants) 358
Wasserstoffbombe 384
Wealth of Nations, The 523
Weber, Max 362, 750f.
 – über die Bürokratie 308–311, 313, 315f., 320f., 325
 – über den demokratischen Elitismus 354–357
 – über Kapitalismus und Protestantismus 495, 751, 766, 770–773
 – über Klassen 234, 236–238
 – über die Religion 491, 495–498, 506
 – über den Wandel 696, 766
Wechselwähler 337–339, 341
Weeza and the Sex Girls 157
Wehrdienstverweigerer 387f.
Weidegesellschaften 50, 54f., 59, 815
Weinen des Kleinkindes 71f.
Weiss, Robert 430f.
„weiß" 282, 284
„weiße Bürgerräte" (USA) 288
Weitzmann, Leonore 183
Weltinformationsordnung 589, 815
Weltkriege 375f., 387, 548, 701
 – *siehe auch* Erster Weltkrieg; Zweiter Weltkrieg
Weltreligionen (Max Weber) 495f.
Weltsystemtheorie 573f., 815f.
Werbung 473f., 590
 – Fernsehen 184, 476f., 479
Werte 37, 44, 80, 85, 139f., 793
Westindier in Großbritannien 293, 295, 297
Wettrüsten 401–404, 816
white–collar–Verbrechen 141, 160–162, 816
WHO (World Health Organization) 567, 582, 641
Widersprüche (Klassen) 662, 665, 682, 816
widersprüchliche Klassenlagen 238f., 816
Wiederverehelichung 417, 423, 434–437
Willis, Paul 465–467
Wilson, Edward O. 41f.
Wilson, Woodrow 389, 581
Winkler, Jack 312
Wirth, Louis 602, 604–606
wirtschaftliche Scheidung 430
wirtschaftliche Verflechtung 521, 816
Wirtschaftsleben 519–555
 – Dritte Welt 633f.
 – informelle Ökonomie 549f.
 – und sozialer Wandel 700, 702–704, 749f., 761, 765f.

 – *siehe auch* Arbeitslosigkeit; Arbeitsteilung; Gewerkschaften; Unternehmen
Wirtschaftssanktionen 286f.
Wirtschaftswachstum 265, 343, 564, 574, 588, 675, 701, 707
Wissenschaft 701, 705, 793, 816
 – Soziologie als 25f., 748, 751
 – Webers Auffassung der 766
Wissensgesellschaft 702
„wohlfahrtsabhängig" 297
Wohlfahrtsleistungen 265, 333, 343f., 543f., 612f., 671
 – *siehe auch* Gesundheitssysteme
Wohlfahrtsstaat 333, 816
Wohnen 616f.
Wolch, Jennifer 172
Wolfgang, Marvin 151
Wollstonecraft, Mary 198
Woman's Bible, The 500
Women Against the Ordination of Women (GB) 503
Women's Action for Nuclear Disarmament (USA) 389
Women's Peace Party (WPP,USA, 1914) 389
Worsley, Peter 36f., 505, 560
Wright, Erik Olin 238f., 244
Young, Jock 148
Young, Michael 652
Zammuner, Vanda Lucia 183
Zeit (metrische) 118f., 816
Zeit–Raum
 – Konvergenz 117, 816
 – Interaktion 117–122
Zeit–räumliche Zonen 121f.
Zeitbudgetanalyse 425f.
Zeitgeographie 119–121, 123f., 816
Zeitpläne 322
Zeitungen 87, 337, 473–475, 589
 – in der Forschung 734, 781
zentrierte Interaktion 111f., 677, 816
Zeremonien 485f., 493f., 497, 499
Zerubavel, Eviatar 119
zielgerichtete Masse 677, 816
Zimbardo, Philip 734–736
Zivilisationen *siehe* traditionelle Staaten
Znaniecki, Florian 737
Zufallsstichprobe 728
Zuñi–Indianer 735
Zwangsgewalt 329f., 816
Zweite Welt 50, 63, 816
Zweiter Weltkrieg 271, 288, 373, 376f., 378, 386, 389, 397, 423, 451

Index von Mary Madden
(deutsche Fassung von Josef Hödl)

NAUSNER & NAUSNER VERLAG

Bibliothek Sozialwissenschaftlicher Emigranten (BSE)

Viele Autoren mußten in den dreißiger Jahren aus den totalitären und autoritären Diktaturen flüchten. Im Exil fanden sie eine zweite Heimat und die Möglichkeit ihre wissenschaftlichen Arbeiten fortzusetzen und zu publizieren.
In der BSE (16 Bände) erscheinen nun die Schriften in der Muttersprache der Vertriebenen und rekonstruieren die unterbrochene Kontinuität der sozialwissenschaftlichen Analyse.

Marie Jahoda
Sozialpsychologie der Politik und Kultur
Ausgewählte Schriften herausgegeben und eingeleitet von Christian Fleck

1. Auflage 1995
170 x 240 mm
387 Seiten
Hardcover
öS 540,-- / DM 70,-- / sfr 65,--
ISBN 3-901402-02-0

Der erste Band der Bibliothek Sozialwissenschaftlicher Emigranten bringt eine Auswahl der Aufsätze von Marie Jahoda, die sie zwischen 1938 und 1990 geschrieben hat und die im deutschen Sprachraum weitgehend unbekannt sind. Diese Erstübersetzungen und Erstveröffentlichungen behandeln u.a. die Sozialpsychologie der politischen Konformität, die Folgen des McCarthyismus auf Hochschullehrer, Beamte und Künstler, den Antisemitismus und die Frage, wie dieser erforscht werden kann. Methodologische und metatheoretische Abhandlungen, Auseinandersetzungen mit der Psychoanalyse und drei autobiographische Texte vervollständigen die Auswahl.

Marie Jahoda wurde in Wien geboren, 1937 aus Österreich ausgebürgert und lebt nach Aufenthalten in New York, London und Sussex heute als emeritierte Professorin der Sozialpsychologie in Südengland.

Die ausführliche Einleitung des Herausgebers stellt Leben und Werk Jahodas dar. Der erzwungenen Migration aus Österreich, dem Akkulturationsproblem in der angloamerikanischen Welt und dem Wandel der Forschungsinteressen wird besonderes Augenmerk geschenkt.

NAUSNER & NAUSNER
VERLAG

Neuerscheinung Herbst 1995

Emil Lederer
Der Massenstaat
*Gefahren der klassenlosen Gesellschaft
herausgegeben und eingeleitet von Claus–Dieter Krohn*

170 x 240 mm 216 Seiten
Hardcover
öS 398,-- / DM 56,-- / sfr 56,--
ISBN 3-901402-03-9

Als zweiter Band der Bibliothek sozialwissenschaftlicher Emigranten erscheint hier erstmals in deutscher Übersetzung Emil Lederers "The State of the Masses. The Threat of the Classless Society". Das Buch erschien posthum erstmals 1940 und gilt seither unter Kennern als früher Klassiker der Analyse des nationalsozialistischen Totalitarismus.

Emil Lederer wurde 1882 in Pilsen geboren, studierte in Wien Rechts– und Wirtschaftswissenschaften. Nach dem Ersten Weltkrieg lehrte er Nationalökonomie und Soziologie in Heidelberg und später in Berlin, von wo er 1933 emigrieren mußte. In New York bildete er gemeinsam mit anderen deutschen Emigranten die University in Exile, die spätere Graduate Faculty der New School for Social Research, deren erster Dekan er bis zu seinem frühen Tod 1939 war.

Die umfassende Einleitung des Herausgebers stellt die intellektuelle Biographie Lederers von seiner Herkunft in Österreich über seinen schulebildenden Einfluß an der Universität Heidelberg bis hin zu seiner Wirksamkeit in der Emigration vor. Im Mittelpunkt stehen dabei seine soziologischen und wirtschaftstheoretischen Forschungen vor und nach dem Ersten Weltkrieg und während der Weltwirtschaftskrise seit Ende der zwanziger Jahre sowie die Akkulturationsprozesse nach der erzwungenen Emigration in seinem Zufluchtsland U.S.A.

Ihre Bestellung können Sie schriftlich oder mittels Fax direkt an:
Nausner&Nausner Verlag, 8010 Graz, Leechgasse 56
Tel.: 0316/38 21 84-0   Fax: 38 21 84-6 senden.

NAUSNER & NAUSNER VERLAG

A-8010 GRAZ, LEECHGASSE 56
TEL: 0316/38 21 84-0, FAX: 38 21 84-6

H. G. Zilian/Bertram Malle
Spreu und Weizen

Das Verhalten der Arbeitskräftenachfrage
mit einem Vorwort von Kurt Rothschild

1. Auflage 1994
170 x 240 mm 340 Seiten
Paperback
öS 298,-- / DM 38,80 / sfr 38,80
ISBN 3-901402-00-4

Wenn die internationalen Verflechtungen dichter werden, das Wirtschaftsleben allgemein eine Beschleunigung erfährt, dann wächst der Konkurrenzdruck.

Das zwingt Arbeitgeber, Lohnkosten spürbar niedrig zu halten und die qualitativen Anforderungen kräftig anzuheben.

Die vorliegende empirische Studie belegt, daß die Arbeitswelt mehr und mehr einer Sortiermaschine gleicht: die schwächeren Arbeitskräfte werden ausgefiltert. Gleichzeitig fallen deren Marktchancen, denn die lebhafte Nachfrage verstärkt den Mechanismus und das unabhängig von der Intensität der Suche nach Arbeitskräften.

Wie verhalten sich jene, die Arbeitskräfte suchen? Die Studie, eine theoretisch differenzierte und empirisch abgesicherte Analyse, wendet sich an Arbeitsmarktforscher, an Personalverantwortliche und alle Praktiker, die über Arbeitskräfte entscheiden.

Ihre Bestellung können Sie schriftlich oder mittels Fax direkt an:
Nausner&Nausner Verlag, 8010 Graz, Leechgasse 56
Tel.: 0316/38 21 84-0   Fax: 38 21 84-6 senden.

Die Emanzipation der Frau – ein Segen der Geschichte oder Irrtum der Moderne? Eine Streitschrift.

Die Frau an sich – eine typologische Erkundungsreise
Das Weib